10.1.1.2.1 Stille Gesellschaft ... 139
10.1.1.2.2 Offene Handelsgesellschaft (OHG) ... 140
10.1.1.2.3 Kommanditgesellschaft (KG) ... 143
10.1.1.2.4 GmbH & Co. KG ... 145
10.1.1.2.5 Gesellschaft bürgerlichen Rechts ... 146
10.1.1.2.6 Partnerschaftsgesellschaft (PartG) ... 148
10.1.2 Kapitalgesellschaften ... 149
10.1.2.1 Gesellschaftsformen mit beschränkter Haftung ... 149
10.1.2.1.1 Gesellschaft mit beschränkter Haftung (GmbH) ... 153
10.1.2.1.2 Unternehmergesellschaft (haftungsbeschränkt) (UG [haftungsbeschränkt]) als Sonderform der GmbH ... 154
10.1.2.2 Aktiengesellschaft (AG) ... 155
10.1.2.3 Kommanditgesellschaft auf Aktien ... 158
10.1.3 Eingetragene Genossenschaft (eG) ... 159
10.2 Publizitätspflicht von Unternehmen ... 163
10.3 Öffentlich-rechtliche Körperschaften und Anstalten ... 165
10.3.1 Körperschaften ... 165
10.3.2 Anstalten ... 165

Menschliche Arbeit im Unternehmen

1 Die Mitarbeiter des Unternehmens ... 169
1.1 Leitende und ausführende Arbeit ... 169
1.2 Leistungsbereitschaft und Arbeitsbedingungen ... 170
1.3 Humanisierung der Arbeit ... 174
1.3.1 Ursachen der Arbeitsfeldverkleinerung ... 174
1.3.2 Auswirkungen der Arbeitsfeldverkleinerung ... 175
1.3.3 Maßnahmen zur Humanisierung der Arbeit ... 176
1.3.3.1 Arbeitsfeldvergrößerung ... 177
1.3.3.2 Konflikthandhabung ... 179
1.3.3.3 Verbesserung des Arbeitsumfeldes ... 182
1.4 Personalpolitik ... 186
1.4.1 Personalplanung ... 187
1.4.2 Personalbeschaffung ... 188
1.4.3 Personalauswahl ... 191
1.4.4 Personalbeurteilung ... 196
1.5 Rechtliche Stellung der Mitarbeiter im Unternehmen ... 201
1.5.1 Kaufmännischer Auszubildender ... 201
1.5.1.1 Ausbildungsordnung ... 201
1.5.1.2 Ausbildungsvertrag ... 205
1.5.1.2.1 Mindestinhalte des Ausbildungsvertrages ... 205
1.5.1.2.2 Rechte und Pflichten aus dem Ausbildungsvertrag ... 209
1.5.1.3 Berufliche Bildung im dualen System ... 210
1.5.1.3.1 Lernort Betrieb ... 212
1.5.1.3.2 Lernort Berufsschule ... 212
1.5.1.4 Weiterbeschäftigung nach der Ausbildung ... 213
1.5.2 Kaufmännischer Angestellter ... 215
1.5.3 Handlungsbevollmächtigter ... 221
1.5.4 Prokurist ... 222
1.5.5 Unternehmensleitung ... 226

1.6 Rechtliche Stellung der selbstständigen Mitarbeiter außerhalb des Unternehmens .. 226
1.6.1 Vertragshändler ... 227
1.6.2 Kommissionär ... 227
1.6.3 Frachtführer ... 228
1.6.4 Spediteur ... 228
1.6.5 Handelsvertreter ... 229
1.6.6 Handelsmakler ... 229

2 Rechtliche und soziale Sicherung der Mitarbeiter des Unternehmens ... 233
2.1 Sozialpartner und Tarifvertrag ... 233
2.1.1 Tarifvertragsparteien ... 233
2.1.2 Tarifautonomie ... 234
2.1.3 Tarifvertragsarten ... 235
2.1.4 Tarifvertragsverhandlungen ... 236
2.2 Entlohnung im Betrieb ... 237
2.2.1 Begriff des Lohns ... 237
2.2.2 Problem des gerechten Lohns ... 238
2.2.3 Lohnformen ... 238
2.2.4 Mitarbeiterbeteiligung ... 241
2.3 Arbeitszeitmodelle ... 242
2.3.1 Vollzeitarbeit ... 243
2.3.2 Teilzeitarbeit ... 244
2.4 Arbeitsschutzrechte ... 247
2.4.1 Arbeitszeitgesetz ... 247
2.4.2 Gewerbeordnung ... 248
2.4.3 Jugendarbeitsschutzgesetz ... 248
2.4.4 Mutterschutzgesetz ... 249
2.4.5 Gesetz zum Elterngeld und zur Elternzeit ... 251
2.4.6 Schwerbehindertenrecht ... 252
2.5 Allgemeiner und besonderer Kündigungsschutz ... 253
2.6 Recht auf Teilzeit ... 256
2.7 Allgemeines Gleichbehandlungsgesetz ... 257
2.8 Pflegezeit- und Familienpflegezeitgesetz ... 259
2.9 Arbeitsgerichtsbarkeit ... 262
2.10 Versicherungen ... 266
2.10.1 Gesetzliche Sozialversicherung ... 266
2.10.1.1 Krankenversicherung ... 269
2.10.1.2 Pflegeversicherung ... 274
2.10.1.3 Rentenversicherung ... 276
2.10.1.4 Arbeitslosenversicherung ... 280
2.10.1.5 Unfallversicherung ... 280
2.10.2 Sozialgerichtsbarkeit ... 282
2.10.3 Sozialhilfe als Hilfe zum Lebensunterhalt ... 283
2.10.4 Individualversicherungen ... 284

3 Interessenvertretung und Mitbestimmung der Arbeitnehmer ... 291
3.1 Interessenvertretung im Betrieb ... 291
3.1.1 Betriebsrat ... 292
3.1.2 Jugend- und Auszubildendenvertretung ... 295
3.2 Mitbestimmung im Unternehmen ... 297

4 Unternehmensführung und Entscheidungsprozesse . 302
4.1 Unternehmerische Entscheidungsprozesse ... 302
4.2 Führung als Steuerung menschlichen Verhaltens ... 306
4.2.1 Führungsstile ... 308
4.2.1.1 Autoritärer Führungsstil ... 309
4.2.1.2 Kooperativer Führungsstil ... 309
4.2.2 Führungstechniken ... 311
4.2.2.1 Führung durch Ausnahmeregelung (Management by Exception) ... 311
4.2.2.2 Führung durch Aufgabenübertragung (Management by Delegation) ... 312
4.2.2.3 Führung durch Zielvereinbarung (Management by Objectives) ... 312
4.2.3 Grundsätze der Mitarbeiterführung ... 313
4.2.3.1 Anerkennung und Lob ... 314
4.2.3.2 Kritik und Tadel ... 314
4.3 Organisation als Gestaltung unternehmerischer Strukturen und Prozesse ... 317
4.3.1 Voraussetzungen, Aufgabenbereiche und Gestaltungsgrundsätze der Organisation ... 318
4.3.2 Organisationsentscheidungen der Aufbau- und Ablauforganisation ... 320
4.3.2.1 Aufbauorganisation zur Gestaltung unternehmerischer Strukturen ... 321
4.3.2.1.1 Phasen der Aufbauorganisation ... 321
4.3.2.1.2 Arten der Aufbauorganisation ... 323
4.3.2.1.3 Weisungssysteme im Unternehmen ... 325
4.3.2.1.4 Entscheidungssysteme im Unternehmen ... 328
4.3.2.2 Ablauforganisation zur Gestaltung unternehmerischer Prozesse ... 329
4.3.2.2.1 Elemente der Ablauforganisation ... 330
4.3.2.2.2 Darstellungsmöglichkeiten von Arbeitsabläufen ... 333
4.3.3 Modell des Regelkreises zur Darstellung organisatorischer Prozesse ... 335

Betrieblicher Leistungsprozess

1 Zielsetzungen von Unternehmen ... 340
1.1 Ziele erwerbswirtschaftlicher Unternehmen ... 341
1.2 Ziele gemeinwirtschaftlicher Unternehmen ... 346
1.3 Ziele genossenschaftlicher Unternehmen ... 346
2 Leistungsprozesse in Sach- und Dienstleistungsunternehmen ... 348
2.1 Zusammenwirken von Unternehmen verschiedener Wirtschaftsbereiche ... 348
2.2 Sach- und Dienstleistungsunternehmen ... 348
2.2.1 Betriebe zur Gewinnung von Rohstoffen oder Naturprodukten ... 349
2.2.2 Fertigungsbetriebe ... 349
2.2.2.1 Fertigungstypen ... 350
2.2.2.2 Fertigungsverfahren ... 351
2.2.3 Dienstleistungsbetriebe ... 351
2.2.3.1 Handelsbetriebe ... 352
2.2.3.2 Kreditinstitute ... 353
2.2.3.3 Versicherungsinstitute ... 353
2.2.3.4 Öffentliche Versorgungsbetriebe ... 354
2.2.3.5 Absatzvermittler und private Transporteure ... 354

2.3 Funktionen in Sach- und Dienstleistungsunternehmen 354
2.3.1 Sachleistungsunternehmen 354
2.3.2 Dienstleistungsunternehmen 357

3 Das Unternehmen als Marktteilnehmer auf den Beschaffungs- und Absatzmärkten 359
3.1 Beschaffungsmärkte 359
3.2 Absatzmärkte 360
3.3 Abhängigkeit des Unternehmens von den Beschaffungs- und Absatzmärkten 361

4 Grundbegriffe der Kostenlehre 364
4.1 Kostenbegriff 364
4.2 Kostenarten 366
4.2.1 Kosten nach der Art der eingesetzten Produktionsfaktoren 366
4.2.2 Kosten nach der Abhängigkeit vom Beschäftigungsgrad 367
4.2.3 Kosten nach der Menge der hergestellten bzw. abgesetzten Güter 370
4.2.4 Kosten nach der Verrechnung in der Kalkulation 371
4.2.5 Kritische Absatzmenge 371

5 Marketing für Waren und Dienstleistungen 375
5.1 Produkt- und Sortimentspolitik 376
5.1.1 Produktgestaltung 376
5.1.2 Verpackung 376
5.1.3 Kennzeichnung 383
5.1.4 Sortimentsgestaltung 383
5.2 Preispolitik und Verkaufsbedingungen 385
5.2.1 Preispolitik 385
5.2.2 Vereinbarungen über Verkaufsbedingungen 387
5.3 Vertriebspolitik 388
5.3.1 Absatzwege 389
5.3.2 Absatzformen 389
5.3.2.1 Betriebseigene Mitarbeiter 389
5.3.2.2 Betriebsfremde Mitarbeiter 390
5.4 Werbung als Teilbereich der Kommunikationspolitik 390
5.4.1 Arten der Werbung 391
5.4.2 Funktionen der Werbung 393
5.4.3 Werbemittel und Werbeträger 393
5.4.4 Werbegrundsätze 395
5.4.5 Kosten der Werbung 396
5.4.6 Werbeerfolgskontrolle 396

6 Zahlungsverkehr 399
6.1 Entwicklung und Wesen des Geldes 399
6.2 Funktionen und Begriff des Geldes 401
6.3 Geldarten und Geldersatzmittel 403
6.4 Zahlungsarten 405
6.4.1 Barzahlung 405
6.4.2 Halbbare Zahlung 408
6.4.2.1 Eröffnung eines Kontos 408
6.4.2.2 Arten der halbbaren Zahlung 409

6.4.3 Bargeldlose Zahlung ... 412
6.4.3.1 SEPA-Zahlungen ... 413
6.4.3.1.1 SEPA-Überweisung ... 415
6.4.3.1.2 SEPA-Lastschriftverfahren ... 418
6.4.3.2 Verrechnungsschecks ... 419
6.4.3.3 Sonderformen der bargeldlosen Zahlung ... 422
6.4.3.4 Vorteile des bargeldlosen Zahlungsverkehrs ... 426

7 Investition und Finanzierung ... 429
7.1 Zusammenhang zwischen Investition und Finanzierung ... 429
7.2 Investitionsanlässe ... 430
7.3 Finanzierungsarten ... 432
7.3.1 Innenfinanzierung ... 433
7.3.2 Außenfinanzierung ... 434
7.4 Kreditarten ... 435
7.4.1 Warenkredite ... 435
7.4.2 Geldkredite ... 437
7.5 Kreditantrag ... 440
7.6 Prüfung der Kreditwürdigkeit ... 441
7.6.1 Auskünfte über den Kreditnehmer ... 441
7.6.2 Beurteilung der Unternehmenssituation ... 442
7.6.3 Vertragsgestaltung und Kreditzusage ... 443
7.7 Kreditsicherungsmöglichkeiten ... 443
7.7.1 Personalkredite ... 444
7.7.2 Realkredite ... 446
7.8 Kredit ersetzende Maßnahmen ... 449
7.8.1 Leasing ... 449
7.8.2 Factoring ... 452
7.9 EXKURS: Kapitalwertpapiere ... 456
7.9.1 Vertretbare Kapitalwertpapiere ... 458
7.9.1.1 Festverzinsliche Wertpapiere ... 458
7.9.1.2 Aktien ... 460
7.9.1.3 Sonderformen ... 462
7.9.2 Nicht vertretbare Kapitalwertpapiere ... 463
7.9.3 Kursnotierung und Verzinsung auf dem Rentenmarkt ... 464

8 Unternehmenskrisen ... 467
8.1 Ursachen für Unternehmenskrisen ... 468
8.2 Maßnahmen bei Krisen im Unternehmen ... 468
8.2.1 Sanierung ... 469
8.2.2 Liquidation ... 469
8.2.3 Insolvenz ... 470
8.2.3.1 Insolvenzverfahren ... 470
8.2.3.2 Insolvenzplan ... 474

Markt und Preis

1 **Begriff und Funktion des Marktes** **476**

2 **Marktarten** **477**

3 **Anbieter- und Nachfragerverhalten** **480**
3.1 Anbieterverhalten 480
3.1.1 Typische Angebotsfunktion 480
3.1.2 Atypische Angebotsfunktion 482
3.1.3 Sonderfälle 482
3.2 Nachfragerverhalten 483
3.2.1 Typische Nachfragefunktion 483
3.2.2 Atypische Nachfragefunktion 485
3.2.3 Sonderfälle 485

4 **Preisbildung** **487**
4.1 Preisbildung auf vollkommenen polypolistischen Märkten 487
4.2 Preisbildung auf unvollkommenen polypolistischen Märkten 491
4.3 Preisbildung im Oligopol 492
4.4 Preisbildung im Monopol 493

5 **Preis- und Mengenpolitik des einzelnen Unternehmens bei unterschiedlichen Marktsituationen** **496**
5.1 Vollkommene Märkte 496
5.2 Unvollkommene Märkte 497

6 **Kooperation und Konzentration von Unternehmen aus wettbewerbsrechtlicher Sicht** **498**
6.1 Gründe für die Zusammenarbeit von Unternehmen 498
6.2 Kooperationsformen 498
6.3 Konzentrationsformen und Konzentrationskontrolle 501
6.3.1 Kartell 501
6.3.2 Konzern 502
6.3.3 Trust 504
6.4 Bedeutung von Unternehmenszusammenschlüssen 505

7 **Verbraucherschutz auf den Märkten** **507**
7.1 Verbraucherberatung 507
7.2 Rechtsnormen zum direkten Schutz des Verbrauchers 508
7.2.1 Bürgerliches Gesetzbuch (BGB) 508
7.2.1.1 Allgemeine Geschäftsbedingungen 508
7.2.1.2 Außerhalb von Geschäftsräumen abgeschlossene Verträge 509
7.2.1.3 Fernabsatzverträge 509
7.2.1.4 Verbraucherdarlehensverträge 512
7.2.2 Insolvenzordnung 513
7.2.3 Preisangabenverordnung 517
7.2.4 Gesetz über die Haftung für fehlerhafte Produkte 518
7.3 Rechtsnormen zum indirekten Schutz des Verbrauchers 519
7.3.1 Gesetz gegen den unlauteren Wettbewerb 520
7.3.2 Markengesetz 522
7.3.3 Designgesetz 523
7.3.4 Gebrauchsmustergesetz 524
7.3.5 Gesetz gegen Wettbewerbsbeschränkungen 524

Steuern

1 **Notwendigkeit der Besteuerung** ... **528**
2 **Steuerarten** ... **529**
3 **Steuererhebungsverfahren am Beispiel der Personensteuern** ... **530**
4 **Personensteuern** ... **531**
4.1 Einkommensteuer ... 531
4.2 Lohnsteuer ... 536
4.3 Körperschaftsteuer ... 540
5 **Realsteuern** ... **540**
5.1 Grundsteuer ... 540
5.2 Gewerbesteuer ... 541
6 **Verkehrsteuern** ... **542**
6.1 Umsatzsteuer ... 542
6.2 Versicherungsteuer ... 544

Wirtschaftsordnungen

1 **Wirtschaftsordnung als Teil der Gesellschaftsordnung** ... **548**
2 **Idealtypische Wirtschaftsordnungen** ... **549**
2.1 Modell der freien Marktwirtschaft ... 550
2.1.1 Funktionsweise des Modells ... 550
2.1.2 Ordnungsmerkmale des Modells ... 550
2.1.3 Mängel der freien Marktwirtschaft ... 551
2.2 Modell der Zentralverwaltungswirtschaft ... 552
2.3 Modellvergleich von Marktwirtschaft und Zentralverwaltungswirtschaft ... 552
3 **Realtypische Wirtschaftsordnung am Beispiel der sozialen Marktwirtschaft** ... **553**
3.1 Wesen der sozialen Marktwirtschaft in der Bundesrepublik Deutschland ... 553
3.2 Ordnungsmerkmale der sozialen Marktwirtschaft ... 553

Grundzüge der Wirtschaftspolitik in der sozialen Marktwirtschaft

1 **Erweiterter Wirtschaftskreislauf** ... **557**
2 **Messzahlen der gesamtwirtschaftlichen Leistung** ... **559**
2.1 Bruttoinlandsprodukt ... 560
2.2 Bruttonationaleinkommen ... 562
2.3 Volkseinkommen ... 563
3 **Grundlagen der Wirtschaftspolitik** ... **566**
3.1 Träger der Wirtschaftspolitik ... 566
3.2 Hauptziele der Wirtschaftspolitik ... 567
3.2.1 Stabilität des Preisniveaus ... 568
3.2.2 Vollbeschäftigung ... 569
3.2.3 Außenwirtschaftliches Gleichgewicht ... 570
3.2.4 Wirtschaftswachstum ... 571
3.2.5 Abgeleitete Ziele ... 572
3.2.6 Zielkonflikte der Wirtschaftspolitik ... 575

3.3 Gesamtwirtschaftliche Ungleichgewichte 577
3.3.1 Geldwertschwankungen 578
3.3.1.1 Binnenwert des Geldes 578
3.3.1.2 Verbraucherpreisindex 579
3.3.1.3 Inflation 581
3.3.1.4 Deflation 586
3.3.1.5 Stagflation 588
3.3.2 Beschäftigungsniveau und Wirtschaftswachstum im Konjunkturverlauf 589

4 Staatliche Wirtschaftspolitik 595
4.1 Bereiche staatlicher Wirtschaftspolitik 596
4.2 Mittel staatlicher Wirtschaftspolitik 596
4.2.1 Geldpolitik 598
4.2.1.1 Träger der Geldpolitik 598
4.2.1.1.1 Europäische Zentralbank 598
4.2.1.1.2 Europäisches System der Zentralbanken 602
4.2.1.1.3 Deutsche Bundesbank 602
4.2.1.2 Giralgeldschöpfung 605
4.2.1.3 Orientierungsgrößen der Geldpolitik 605
4.2.1.4 Geldpolitisches Instrumentarium 607
4.2.2 Fiskalpolitik 609
4.2.3 Außenwirtschaftspolitik 612
4.2.4 Lohnpolitik 614

5 Außenwirtschaft und Außenwirtschaftspolitik 619
5.1 Bedeutung des Außenhandels für die Bundesrepublik Deutschland 619
5.2 Zahlungsbilanz 620
5.2.1 Teilbilanzen der Zahlungsbilanz 620
5.2.2 Zahlungsbilanzschema und Zahlungsbilanzausgleich 623
5.3 Außenwert des Geldes 624
5.3.1 Freie Wechselkurse 625
5.3.2 Feste Wechselkurse 626
5.4 Währungssysteme 627
5.5 Internationale Organisationen und Abkommen 627
5.6 Probleme der Weltwirtschaft 631

6 Wachstum und Wachstumspolitik 634
6.1 Begriff des wirtschaftlichen Wachstums 635
6.2 Bestimmungsgründe des Wachstums 637
6.3 Wachstumspolitische Maßnahmen 638
6.4 Grenzen des Wachstums 640

Verzeichnis der Gesetze und Rechtsverordnungen 646
Stichwortverzeichnis 648

Grundlagen des Wirtschaftens

1 Notwendigkeit des Wirtschaftens

1.1 Bedürfnisse und Bedarf

Ausgangspunkt wirtschaftlichen Handelns sind die Wünsche des Menschen nach Wohnung, Kleidung und Nahrung. Darüber hinaus hat er zahlreiche weitere Anliegen (wie z. B. Besuch von Theatern oder Museen), deren Ausführung dazu beiträgt, sein Leben angenehmer zu gestalten.

Zur Erfüllung der zum Teil lebensnotwendigen Wünsche entstehen beim Menschen **Mangelgefühle,** die er zu beseitigen sucht. Diese Mangelempfindungen werden im wirtschaftlichen Sprachgebrauch als **Bedürfnisse** bezeichnet, die das Bestreben hervorrufen, den Mangel zu beheben.

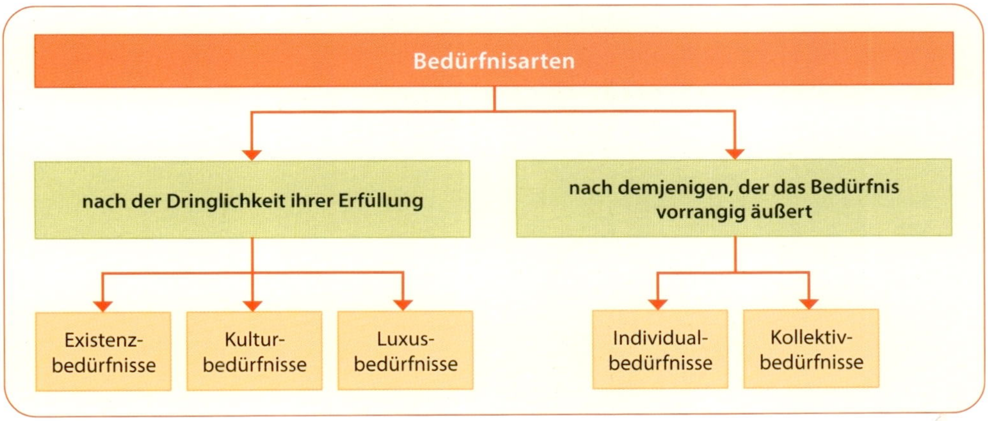

▶ Bedürfnisarten nach der Dringlichkeit ihrer Erfüllung

Eine wichtige Unterscheidung der Bedürfnisse ist die nach ihrer Dringlichkeit:

- **Existenzbedürfnisse** wie Essen, Trinken oder Wohnen müssen vorrangig behoben werden, da ihre Befriedigung lebensnotwendig ist.
- **Kulturbedürfnisse** gehen über das Existenzminimum hinaus und werden dadurch geweckt, dass der Mensch in einer bestimmten Gesellschaft mit einer besonderen Kultur lebt. Die Befriedigung dieser Bedürfnisse wie z. B. Unterhaltung, Bildung oder Reisen wird in der Gesellschaft weitgehend als selbstverständlich betrachtet.
- **Luxusbedürfnisse** sind solche, die prinzipiell als entbehrlich anzusehen sind (Sportwagen, wertvoller Schmuck).

Welchem Bereich ein bestimmtes Bedürfnis zuzuordnen ist, hängt häufig von der spezifischen Situation des Menschen ab. Einzelne Bedürfnisse können von bestimmten Personen als selbstverständlich betrachtet werden (Durchführung einer Weltreise), während sie von Mitgliedern anderer sozialer Schichten als Luxus empfunden werden. Bedürfnisse sind auch im Zeitablauf wandelbar und ändern sich durch technische und gesellschaftliche Entwicklungen. Der Wunsch nach einer Auslands-Urlaubsreise oder nach einem Laptop war zunächst ein Luxusbedürfnis, wird jedoch heute als üblich eingestuft.

2 Merkur-Nr. 0124

▶ Bedürfnisse nach demjenigen, der das Bedürfnis vorrangig äußert

Bedürfnisse können weiter in **Individual- und Kollektivbedürfnisse** unterschieden werden, und zwar je nachdem, ob ein Bedürfnis eher von einer einzelnen Person ausgeht oder alle Mitglieder der Gesellschaft dieses Bedürfnis gleichermaßen äußern.

- **Individualbedürfnisse:** ein Nahrungsmittel, ein Möbelstück, eine Erholungsreise.
- **Kollektivbedürfnisse** (Gemeinschafts- oder Sozialbedürfnisse): Schulen, Krankenhäuser, Straßen, Umweltschutz, Rechtssicherheit.

Inwieweit der Mensch seine Bedürfnisse tatsächlich befriedigen kann, hängt in der Regel von seiner Vermögens- und Einkommenssituation, d. h. von der ihm zur Verfügung stehenden **Kaufkraft,** ab. Die Summe der mit Kaufkraft versehenen Bedürfnisse wird als **Bedarf** bezeichnet. Dieser kann durch den Erwerb bestimmter Güter gedeckt werden. Wird der Bedarf auf diese Weise durch einen Kaufentschluss am Markt wirksam, wird er zur **Nachfrage.**

1.2 Güter als Mittel der Bedürfnisbefriedigung

Alle Mittel, die die Bedürfnisse befriedigen, nennt man **Güter.** Sie sind für den Menschen von Nutzen, weil sie ein bestehendes Mangelgefühl beseitigen.

▶ Freie Güter

Nicht alle Güter werden durch wirtschaftliche Tätigkeit erstellt. Mittel, die die Natur unbeschränkt und unentgeltlich zur Verfügung stellt (Luft, Sonnenlicht, Meerwasser, Wüstensand, Steine im Gebirge), ohne dass zu ihrer Erlangung Arbeit geleistet werden muss, nennt man **freie Güter.** Sie sind im Verhältnis zu den Bedürfnissen reichlich vorhanden und deshalb **nicht** Gegenstand des Wirtschaftens.

Infolge der zunehmenden Einwirkungen des Menschen auf die Natur durch Umweltbelastungen (Luft- und Gewässerverschmutzung) werden die freien Güter allerdings nicht nur oft nachhaltig in ihrer Qualität geschädigt, sondern auch stetig verringert. Aufgrund dieser zunehmenden Knappheit ergibt sich zusehends die Notwendigkeit, auch mit freien Gütern wirtschaften zu müssen.

▶ Wirtschaftliche Güter

Ökonomisch von Bedeutung sind vor allem die wirtschaftlichen Güter, die durch folgende **Merkmale** charakterisiert sind:

- Die meisten Güter, die der Mensch benötigt, stellt die Natur nur in einem begrenzten Umfang und meist nicht in direkt verbrauchsgerechtem Zustand zur Verfügung (Rohstoffe, Energie). Diese nur unter Arbeitseinsatz nutzbaren Güter sind **knapp** und deshalb muss mit ihnen **gewirtschaftet** werden. Ein Gut wird dann knapp, wenn bei gleichbleibendem Angebot die Nachfrage steigt. **Relativ knapp** sind Güter, die prinzipiell in beliebiger Menge hergestellt werden können; **absolut knapp** sind Güter, die sich nicht vermehren lassen (z. B. der Boden).
- Die Herstellung bzw. die Bearbeitung wirtschaftlicher Güter verursachen **Kosten.**
- Wirtschaftliche Güter werden am **Markt** angeboten und erzielen einen **Preis.**
- **Materielle Güter (Sachgüter)** sind körperlicher Natur und dienen entweder als **Produktionsgüter** zur Herstellung wirtschaftlicher Güter oder finden in Form von **Konsumgütern** unmittelbare Verwendung zur Bedürfnisbefriedigung.

  Sowohl Produktions- als auch Konsumgüter können **Verbrauchsgüter** (das Gut wird beim Verbrauchsvorgang „vernichtet") oder **Gebrauchsgüter** (das Gut wird über einen längeren Zeitraum „genutzt") sein.

- **Immaterielle Güter** sind **Dienstleistungen** (menschliche Leistungen, die der Bedürfnisbefriedigung dienen, z. B. bereitgestellt durch Rechtsanwälte, Ärzte, Banken, Versicherungen) und **Rechte** (Patente, Lizenzen).

Immaterielle Güter kommen wie materielle Güter sowohl im Produktions- als auch im Konsumbereich vor.

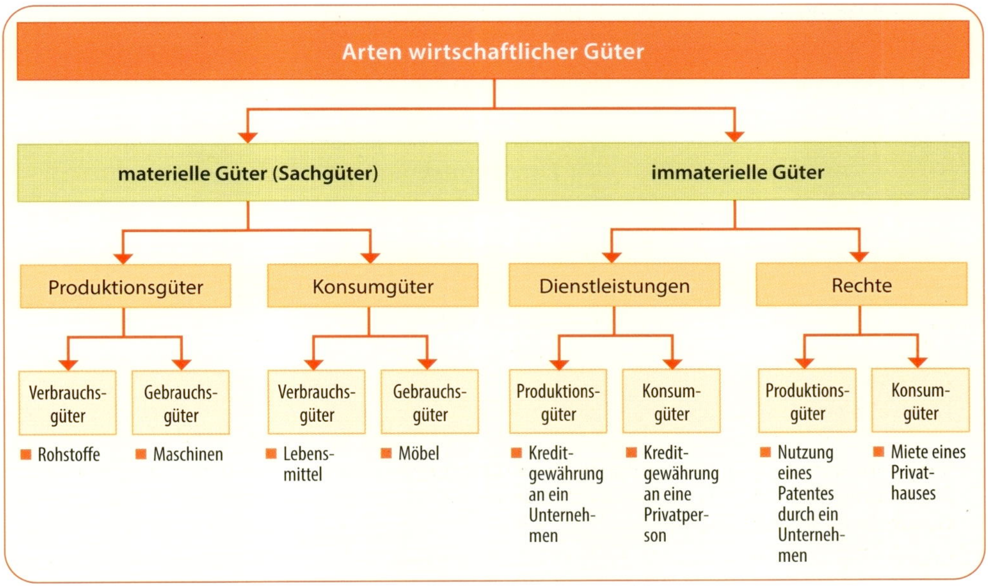

1.3 Ökonomisches Prinzip

Wirtschaftliche Entscheidungen müssen planvoll und vernünftig (rational) getroffen werden, wenn der angestrebte Erfolg bestmöglich erreicht werden soll. Wirtschaftlich arbeiten bedeutet, mit knappen Gütern eine **optimale Bedürfnisbefriedigung** zu erzielen. Als Grundsatz wirtschaftlichen Handelns gilt das ökonomische Prinzip **(Rationalprinzip, Prinzip der Wirtschaftlichkeit)**, wobei in zwei Einzelprinzipien unterschieden werden kann:

▶ Maximalprinzip

Mit einem gegebenen Einsatz von Mitteln soll der größtmögliche (maximale) Erfolg (Nutzen, Leistung) erzielt werden.

- Ein Ehepaar versucht, mit dem zur Verfügung stehenden Haushaltsgeld einen höchstmöglichen Nutzen für die Familie zu erreichen.
- Ein Textilunternehmen ist bestrebt, aus einer bestimmten Menge Stoff durch geeignetes Zuschneiden möglichst viele Damenblusen anzufertigen.

▶ Minimalprinzip

Ein bestimmter Erfolg soll mit dem geringsten (minimalen) Einsatz von Mitteln erreicht werden.

- Ein Konsument ist bestrebt, für den Kauf bestimmter Lebensmittel möglichst wenig Geld auszugeben.
- Für den Warenversand wird die preisgünstigste Versandart gewählt.

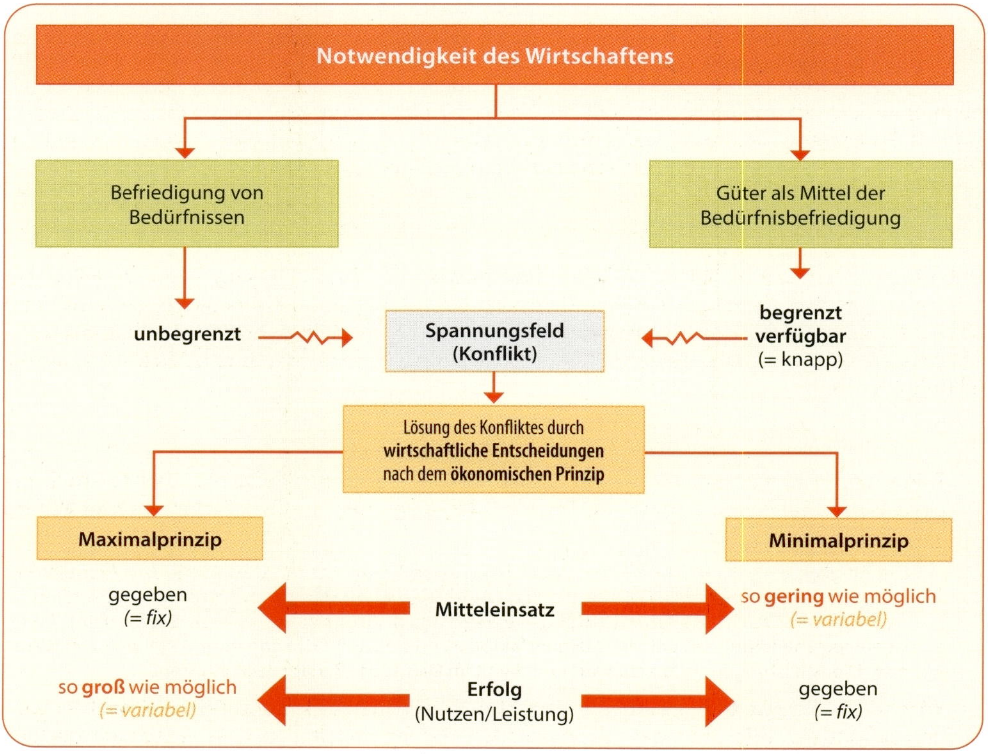

Beim ökonomischen Prinzip werden Aufwand und Nutzen in ein Verhältnis zueinander gesetzt. Das Ergebnis gibt Aufschluss über den **Erfolg wirtschaftlichen Handelns.** Das Maximalprinzip erfordert die Ergiebigkeit der Mittelverwendung, das Minimalprinzip bedingt die Sparsamkeit der einzusetzenden Mittel.

Spätestens seitdem die **Belastungen der Umwelt** weltweit bedrohliche Ausmaße (z. B. Waldsterben, Klimawandel) angenommen haben, die unsere natürlichen Lebensgrundlagen beeinträchtigen, ist deutlich geworden, dass **wirtschaftliches Handeln auch ökologischen Erfordernissen** gerecht werden muss. Die Realisierung von Umweltschutzmaßnahmen berührt daher stets auch ökonomische Interessen.

> So erfordern die Vermeidung oder Beseitigung von Umweltbelastungen zusätzliche Investitionen, die oft einen erheblichen Kapitaleinsatz bedingen. Die dadurch verursachten Kosten stehen der erwerbswirtschaftlichen Zielsetzung des Unternehmens, die bestmögliche Verzinsung des eingesetzten Kapitals zu erreichen, entgegen. Andererseits können innovative Umweltschutzmaßnahmen (wie etwa die Entwicklung eines rohstoff- oder eines energiesparenden Produktionsverfahrens) zukunftsorientierte Märkte eröffnen.

Bei Zielkonflikten im Spannungsfeld zwischen ökonomischen Belangen und ökologischen Notwendigkeiten sollte immer dann der **Ökologie** der Vorrang eingeräumt werden, wenn bei der Verfolgung wirtschaftlicher, politischer und gesellschaftlicher Interessen mit Beeinträchtigungen der Umwelt (z. B. Gefahren für die menschliche Gesundheit oder Bedrohung unserer natürlichen Lebensgrundlagen) zu rechnen ist.

2 Produktionsfaktoren

Die vielfältigen **Bedürfnisse** der Menschen und der sich daraus durch Kaufkraft am Markt ergebende **Bedarf** erfordern es, dass die zur Bedürfnisbefriedigung notwendigen **Güter** von Unternehmen produziert und für die Verbraucher bereitgestellt werden. Für diesen Produktionsprozess sind als Grundelemente **Produktionsfaktoren** notwendig, die nach volkswirtschaftlichen und betriebswirtschaftlichen Faktoren unterschieden werden können.

2.1 Volkswirtschaftliche Produktionsfaktoren

Unter Produzieren im volkswirtschaftlichen Sinn wird das Beschaffen, Erzeugen und Verteilen von Gütern verstanden. Die Produktion von Gütern kann nur erfolgen, wenn **menschliche Arbeit** und das in der Natur vorfindbare Gut **Boden** eingesetzt werden (ursprüngliche Produktionsfaktoren). Als zusätzliche (abgeleitete) Faktoren kommen das **Kapital** sowie das **menschliche Know-how** (Bildung) hinzu.

▶ Produktionsfaktor Arbeit

Träger des Produktionsfaktors Arbeit ist der Mensch. Volkswirtschaftlich bedeutet Arbeit die bewusste geistige und körperliche Tätigkeit des Menschen, die auf **Einkommenserzielung** gerichtet ist.

> Die Tätigkeit einer Bankkauffrau dient dem Erwerb von Einkommen und ist somit dem Produktionsfaktor Arbeit zuzurechnen. Hält sich die Angestellte in ihrer Freizeit durch körperliche Aktivitäten fit, erfüllt sie zwar auch eine Arbeitsleistung, die allerdings nicht zur Schaffung von Gütern dient. Arbeit ist entsprechend nur dann ein Produktionsfaktor, wenn sie zur Produktion oder Verteilung von Waren oder Dienstleistungen vollbracht wird und damit im Dienst der Bedarfsdeckung steht.

Körperliche Tätigkeiten verlangen vermehrt manuelle Kenntnisse und Fertigkeiten. Hier werden besondere Anforderungen an Muskelkraft, Beweglichkeit und Geschicklichkeit gestellt. Grundvoraussetzung ist aber auch eine gründliche Schulung oder Ausbildung, die das notwendige Wissen zur Ausführung der Tätigkeit vermittelt.

Geistige Tätigkeit ist eher durch Planungs-, Kontroll- und Leitungsaufgaben gekennzeichnet, die Wissen und Denkvermögen stärker fordern. Auch hier ist eine entsprechende Ausbildung Voraussetzung.

▶ Produktionsfaktor Boden (Natur)

Der Produktionsfaktor Boden ist absolut knapp, d.h. nicht vermehrbar. Beim Boden handelt es sich um einen umfassenden Oberbegriff für alle von der Natur zur Verfügung gestellten **„natürlichen Hilfsquellen"** (Ressourcen), insbesondere um alle für die Produktion von Gütern erforderlichen **Rohstoffe** und **Naturkräfte.**

> Der Boden leistet durch seine wirtschaftliche Nutzung einen dreifachen Beitrag:
>
> - **Abbaufunktion** durch Nutzung von Rohstoff- und Energievorkommen (Kohle, Erze, Erdöl, Erdgas, Wasser, Sonnenenergie);
> - **Anbaufunktion** in der Land- und Forstwirtschaft (Ackerbau, Viehzucht, Anbau von Obst, Wein, Gemüse und Holz sowie Fischfang);
> - **Standortfunktion** für Unternehmen und Haushalte (landwirtschaftliche Betriebe sind von Bodenqualität und klimatischen Bedingungen abhängig; Industriebetriebe sind teilweise an bestimmte Standorte zu Rohstoffen, Energiequellen und Transportwegen gebunden).

In den letzten Jahren wurde im Zusammenhang mit den von der Natur zur Verfügung gestellten Ressourcen immer wieder die Forderung erhoben, Belastungen des Produktionsfaktors

Boden (Natur) zu vermeiden bzw. bereits vorhandene Schäden nachträglich zu beseitigen. In den hohen Kosten des Umweltschutzes (z. B. für geeignete Maßnahmen zum Gewässerschutz, zur Luftreinhaltung oder zur Lösung des Müllproblems) spiegelt sich somit der Preis für den Produktionsfaktor Boden (Natur) wider.

▶ Produktionsfaktor Kapital

Der Produktionsfaktor Kapital ist schwieriger zu beschreiben als die Faktoren Arbeit und Boden (Natur). Produzieren ist nur durch Kombination dieser beiden **ursprünglichen (originären) Produktionsfaktoren** möglich. Kapital ist dagegen von Anfang an kein ursprünglicher, sondern ein **abgeleiteter (derivativer) Produktionsfaktor,** der erst durch das Zusammenwirken der Produktionsfaktoren Arbeit und Boden (Natur) entstehen kann.

Unter dem **Produktionsfaktor Kapital** sind alle materiellen Ergebnisse wirtschaftlicher Tätigkeit zu verstehen, die nicht zum unmittelbaren Verbrauch, sondern zur weiteren Gütererstellung bestimmt sind. Man bezeichnet sie deshalb als **produzierte Produktionsmittel** (Gebäude, Maschinen, Vorprodukte u. a.).

Kapital kann nur dadurch gebildet werden, dass nicht alle mit den ursprünglichen Produktionsfaktoren Arbeit und Boden erzeugten Güter sofort konsumiert, sondern gespart werden. Erst durch einen vorübergehenden Konsumverzicht wird es möglich, Kapital zu bilden, um damit später mehr Güter erzeugen zu können.

Ein Landwirt, der die Erträge des Bodens und seiner Arbeit nicht restlos verbraucht, wird nach einiger Zeit in der Lage sein, die angesparten Mittel in Maschinen zu investieren, die das spätere Produktionsergebnis wesentlich verbessern.

▶ Produktionsfaktor menschliches Know-how (Bildung)

Da auch der Stand des naturwissenschaftlichen, technischen, handwerklichen oder kaufmännischen Wissens die Ergiebigkeit und Qualität der im Produktionsprozess eingesetzten ursprünglichen (originären) Produktionsfaktoren Boden und Arbeit steigern, gilt **Bildung** ebenso wie das **Kapital** als **abgeleiteter (derivativer) Produktionsfaktor.**

Das durch Aus- und Fortbildung oder Erfahrung erworbene **„menschliche Know-how"** ermöglicht es nicht nur, Umfang und Qualität der Produktion zu steigern, sondern fördert auch den vernünftigen Umgang mit den anderen Produktionsfaktoren. Nicht die sinnlose Ausbeutung von Natur und Arbeitskräften sichert auf längere Sicht die Produktivität, sondern der überlegte Einsatz dieser wertvollen Produktionsfaktoren.

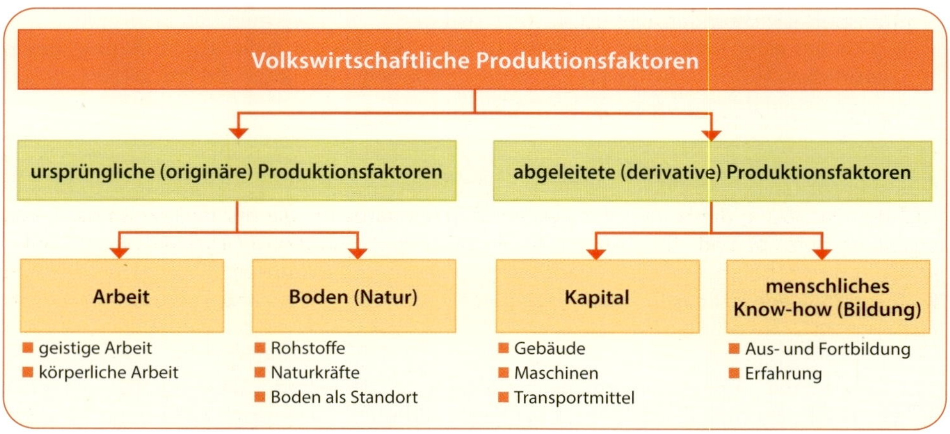

Das in Unternehmen vorhandene Wissen wird immer mehr zum entscheidenden Produktionsfaktor und ist dadurch mittlerweile genauso wichtig wie Kapital und Arbeit. Das Wissensmanagement hat die Aufgabe, den Erwerb, die Entwicklung, den Transfer und die Konservierung von Wissen systematisch zu organisieren.

Kritisiert wird am Wissensmanagement, dass der Begriff undifferenziert ist und „Wissen" nicht stark genug von den Begriffen „Daten" und „Informationen" abgegrenzt wird.

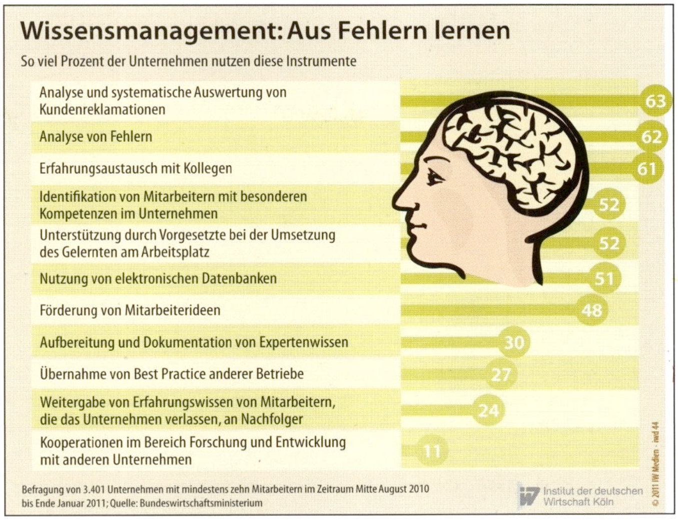

Quelle: iw-dienst: Informationen aus dem Institut der deutschen Wirtschaft Köln, Nr. 44 vom 3. November 2011

2.2 Betriebswirtschaftliche Produktionsfaktoren

Die volkswirtschaftlichen Produktionsfaktoren Arbeit, Boden (Natur), Kapital und Bildung beziehen sich auf die Gesamtwirtschaft eines Landes. Die Betriebswirtschaftslehre hingegen bestimmt **betriebswirtschaftliche (einzelwirtschaftliche) Produktionsfaktoren** für den betrieblichen Leistungsprozess.

Die Erstellung der betrieblichen Leistung erfolgt dabei durch das Zusammenwirken folgender Produktionsfaktoren:

- Einsatz von **menschlicher Arbeitskraft**
- Einsatz von **Betriebsmitteln** in Form von Grundstücken, Gebäuden, Maschinen, Werkzeugen, Transporteinrichtungen, Büroausstattung usw.
- Verwendung von **Werkstoffen** in Form von Rohstoffen (z. B. Holz für ein Möbelstück), Hilfsstoffen (z. B. Farbe) und Betriebsstoffen (z. B. Strom)
- Nutzung von **Rechten** wie Patente, Lizenzen, Miet- oder Pachtverträge

In einem Unternehmen werden die Faktoren menschliche Arbeitskraft, Betriebsmittel, Werkstoffe und Rechte so miteinander kombiniert, dass das angestrebte Produktionsziel erreicht wird. Die wichtige Steuerung dieses Prozesses erfolgt durch Mitarbeiter, die nur indirekt an der Leistungserstellung beteiligt sind. Ihre Aufgabe ist die **Leitung, Planung** und **Organisation** des Unternehmens, d. h., sie nehmen Managementfunktionen wahr. Die Tätigkeit dieser **leitenden Arbeitskräfte** (z. B. Geschäftsführer, Abteilungsleiter) bildet einen **selbstständigen betriebswirtschaftlichen Produktionsfaktor.**

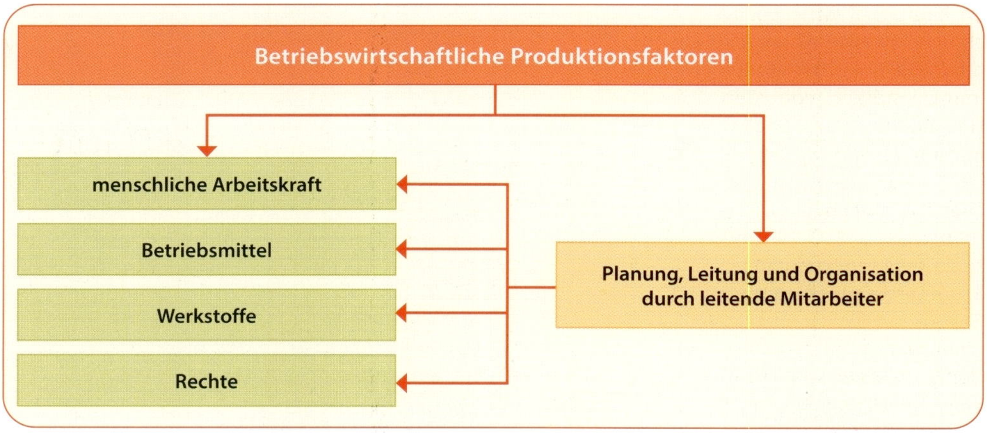

2.3 Kombination und Substitution der Produktionsfaktoren

Die zentrale Aufgabe von Unternehmen, Güter für die Bedarfsdeckung bereitzustellen, wird durch die **Kombination der Produktionsfaktoren** Arbeit, Boden (Natur), Kapital und menschliches Know-how (Bildung) erreicht. Das mengenmäßige Ergebnis des Zusammenwirkens der Produktionsfaktoren ist der **Ertrag** (Produktionsmenge oder Output).

Kann eine bestimmte Menge eines Produktionsfaktors durch eine bestimmte Menge eines anderen ersetzt werden, sind also Produktionsfaktoren ganz oder teilweise gegeneinander austauschbar (substituierbar), ohne dass sich der Ertrag ändert, handelt es sich um die **Substitution von Produktionsfaktoren.**

In Handelsbetrieben werden **computergestützte Warenwirtschaftssysteme** eingesetzt. Sie gestatten es, den für betriebliche Entscheidungsprozesse erforderlichen Informationsbedarf vom Warenein- bis zum Warenausgang wirtschaftlich zu decken.

Dieser Einsatz rechnergestützter Warenwirtschaftssysteme ist mit einer **Substitution von Produktionsfaktoren** verbunden:

- **Ersatz körperlicher Arbeit** (Ablesen und manuelles Erfassen des auf dem Warenetikett aufgedruckten Einzelpreises) **durch Kapital** (über Lesestifte oder Scanner maschinelle Erfassung der Artikelcodierung und Abruf des dazu gespeicherten Preises);
- **Ersatz geistiger Arbeit** (zeitaufwendige und umständliche Auswertungen des für betriebliche Entscheidungsprozesse benötigten Datenmaterials wie z. B. Tagesumsatz, Umsatz in Prozent des Gesamtumsatzes für einzelne Artikel bzw. Warengruppen, Lagerumschlagshäufigkeit, -dauer und -zinsen) **durch Kapital** (die im Betrieb eingesetzte Hard- und Software gestattet zu jedem Zeitpunkt die artikelgenaue, lückenlose und aktuelle Verarbeitung und Aufbereitung der mengen- und wertmäßigen Warenbewegungsdaten).

3 Arbeitsteilung

In der Versorgung ihrer Person bzw. ihrer Familie waren die Menschen der Frühkulturen autark, d.h., sie bestritten ihren Lebensunterhalt durch Jagen, Fischen, Sammeln und erzeugten alle Güter selbst, die sie zur Befriedigung ihrer Bedürfnisse benötigten. In dieser Wirtschaftsform der geschlossenen Hauswirtschaft **(reine Naturalwirtschaft)** bestanden zwischen den Selbstversorgungseinheiten noch keine Tauschbeziehungen.

Im Laufe der wirtschaftlichen Entwicklung wurde die Erstellung von Gütern immer stärker von den Haushalten an andere Stätten (Handwerksbetriebe, Produktions- und Dienstleistungsunternehmen) verlagert. Dies führte zu einer zunehmenden **Spezialisierung** bei der Güterherstellung und zu einer weitgehenden Trennung zwischen dem Konsum in Haushalten und der Produktion in Unternehmen. Der Grund für diese Entwicklung beruhte auf der Erkenntnis, dass nicht jeder alles machen kann und es gesamtwirtschaftlich ertragreicher ist, nur diejenigen Tätigkeiten zu übernehmen, die man am besten auszuführen in der Lage ist. Auf diesem Verständnis von spezialisierter Arbeitsweise beruht die **Arbeitsteilung im Wirtschaftsprozess.**

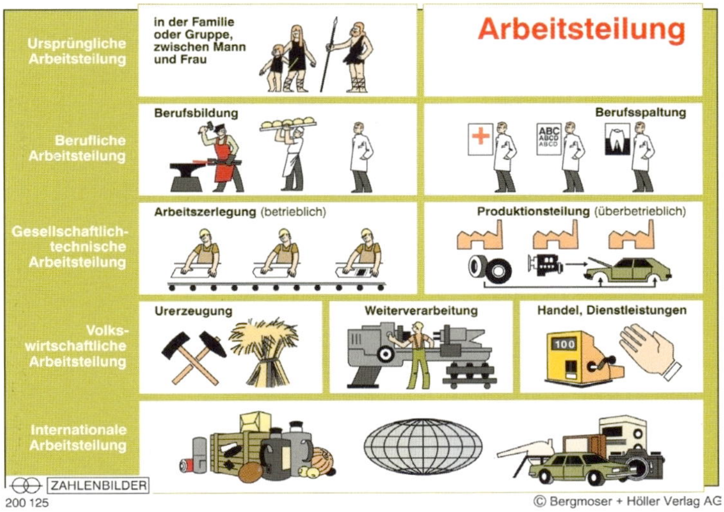

3.1 Arten der Arbeitsteilung im Wirtschaftsprozess

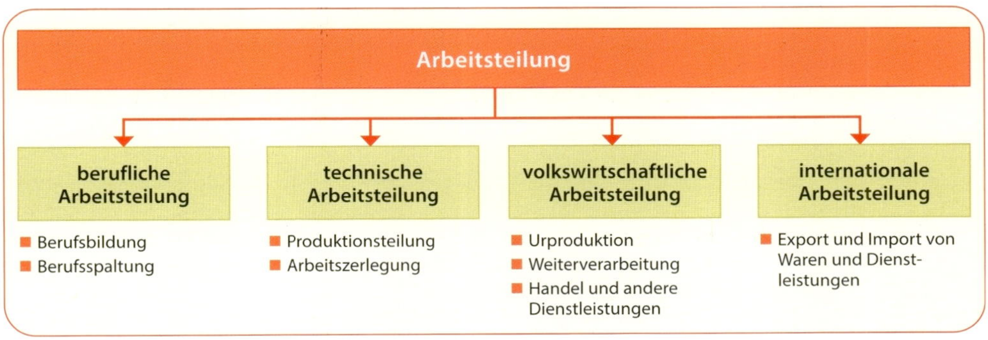

3.1.1 Berufliche Arbeitsteilung

Die älteste Form der Arbeitsteilung entwickelte sich bereits in der geschlossenen Hauswirtschaft, wenn je nach Geschlecht und Alter einzelne Familienmitglieder unterschiedliche Arbeiten zur Befriedigung der Lebensbedürfnisse ausführten: Männer verrichteten die körperlich schwereren Aufgaben des Jagens und der Feldarbeit, Frauen stellten Kleidung her und versorgten den Haushalt, Kinder halfen beim Sammeln von Früchten.

▶ Berufsbildung

Zu einer weitergehenden Arbeitsteilung kam es erst, als sich Teilleistungen verselbstständigten. Der Bauer fertigte seine landwirtschaftlichen Geräte nicht mehr selbst an, sondern tauschte seine Agrarprodukte gegen die benötigten Werkzeuge beim Schmied ein, der sich auf deren Herstellung spezialisiert hatte. Mit der Zunahme von Produktion und Handel entwickelten sich dann im Laufe der Zeit durch Nutzung der besonderen Neigungen und Fähigkeiten des Menschen die Berufe der Handwerker und Händler.

▶ Berufsspaltung

Mit fortschreitender Entwicklung von Technik und Wirtschaft kam es innerhalb der einzelnen Grundberufe zu weiteren **Aufgabenteilungen** und zunehmender Spezialisierung innerhalb eines Berufszweiges. Dieser Vorgang der Berufsspaltung (z. B. Schmied, Maschinenschlosser, Kunstschmied) setzt sich auch heute noch fort.

3.1.2 Technische Arbeitsteilung

Während die berufliche Arbeitsteilung die Spezialisierung der in unterschiedlichen Aufgabenbereichen tätigen Menschen betrifft, vollzieht sich die technische Arbeitsteilung in den Unternehmen.

▶ Produktionsteilung

Die meisten Unternehmen stellen heute ein Gut vom Rohstoff bis zum Fertigerzeugnis nicht mehr selbst her, sondern beschränken sich auf Teilproduktionsprozesse. An der Erstellung eines Endproduktes sind eine Reihe von zuliefernden und weiterverarbeitenden Unternehmen beteiligt. Diese **Form der überbetrieblichen Arbeitsteilung** (z. B. Rohstoffgewinnung, Halbfabrikatherstellung, Fertigfabrikatherstellung) wird als **Produktionsteilung** bezeichnet.

- Ein Forstarbeiter schlägt Holz, ein Sägewerk verarbeitet es weiter, ein Möbelhersteller fertigt Schränke an.
- Ein Landwirt baut Getreide an, der Mühlenbetrieb mahlt es zu Mehl, die Bäckerei stellt Brot und Backwaren her.

▶ Arbeitszerlegung

Innerhalb eines Unternehmens bedeutet Arbeitsteilung die Zerlegung von Arbeitsvorgängen in einzelne selbstständige Teilabschnitte. Dabei entfallen auf eine Person oder eine Gruppe von Mitarbeitern nur noch Teilverrichtungen bei der Herstellung eines Gutes. Die Aufspaltung des Arbeitsprozesses kann dabei so weit gehen, dass der einzelne Arbeiter nur noch bestimmte Handgriffe ausübt, wie sie bei Fließbandarbeit üblich sind. Diese **innerbetriebliche Form der Arbeitsteilung** nennt man **Arbeitszerlegung.**

3.1.3 Volkswirtschaftliche Arbeitsteilung

Arbeitsteilung erstreckt sich nicht nur auf Menschen und Unternehmen, sondern umfasst auch den gesamten Bereich der Volkswirtschaft. In ihr sind Unternehmen in folgenden **Wirtschaftsbereichen** tätig:

▶ Urproduktion *(primärer Wirtschaftsbereich)*

Der Abbau von Bodenschätzen und die Gewinnung von Naturprodukten werden als **Urproduktion** bezeichnet.

- Bergbau und Energiegewinnung
- Land- und Forstwirtschaft
- Jagd und Fischerei

▶ Weiterverarbeitung *(sekundärer Wirtschaftsbereich)*

Die Produkte der Urerzeugung müssen in der Regel noch durch Industrie oder Handwerk weiterverarbeitet werden.

- **Industriezweige**
  - Grundstoffindustrie (chemische Industrie, Eisen schaffende Industrie)
  - Investitionsgüterindustrie (Stahlbau, Maschinenbau, Flugzeugbau)
  - Konsumgüterindustrie (Nahrungsmittel, Kleidung, Möbel)
- **Handwerkszweige**
  - Waren produzierendes Handwerk (Metallverarbeitung)
  - Dienstleistungshandwerk (Gebäudereinigung, Friseur)

▶ Handel und andere Dienstleistungen *(tertiärer Wirtschaftsbereich)*

Güter, die durch Unternehmen hergestellt werden, müssen dem Ort ihrer Verwendung zugeführt werden.

- **Binnenhandel**
  Großhandel, Einzelhandel
- **Außenhandel**
  Export, Import

Darüber hinaus zählen zum tertiären Wirtschaftsbereich weitere Dienstleistungsunternehmen:

- **Kreditinstitute**
  Banken, Sparkassen, Kreditgenossenschaften
- **Versicherungen**
- **Öffentliche Versorgungsbetriebe**
  Stadtwerke für Strom, Gas und Wasser; Nahverkehrsbetriebe
- **Transportunternehmen**
  Spediteure

3.1.4 Internationale Arbeitsteilung

Die internationale Arbeitsteilung zeigt sich in den durch Export und Import von Waren und Dienstleistungen gekennzeichneten Außenhandelsbeziehungen der einzelnen Volkswirtschaften. Gründe für die Beteiligung am internationalen Handel sind:

- bestimmte Güter müssen vom Ausland bezogen werden, da sie **im Inland nicht oder nicht in ausreichendem Maße** vorhanden sind;
  - Rohstoffe wie Gold, Silber, Blei, Eisenerz, Erdöl, Erdgas
  - Südfrüchte und Gewürze
- Güter, die **im Inland nur mit höheren Kosten zu produzieren sind, werden importiert;**
- Güter mit **besserer Qualität** (z. B. Maschinen und Fahrzeuge) können trotz höherer Preise an das Ausland verkauft werden.

In der internationalen Arbeitsteilung spezialisieren sich somit einzelne Volkswirtschaften auf die Erstellung bestimmter Leistungen, die sie besonders günstig erbringen können. Die am Außenhandel beteiligten Länder tauschen dann ihre Güter aus und kommen damit in den Genuss der vergleichsweise günstigeren Produkte. Das immer engere Zusammenwachsen der Weltwirtschaft wird auch als **Globalisierung** bezeichnet.

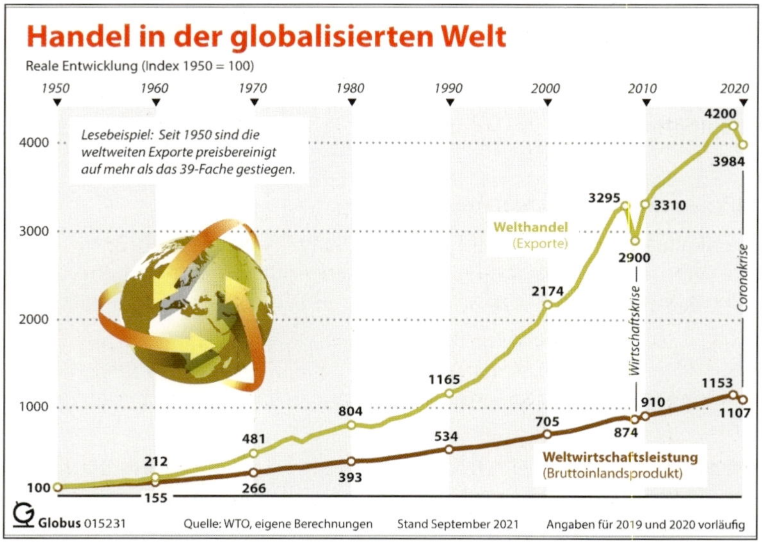

Wenn man in Schweden Orangen aus Marokko kaufen kann, in den USA Autos aus Deutschland, in Deutschland Smartphones aus China, dann zeigt dies: Die Volkswirtschaften der Welt werden immer mehr zu einer einzigen globalen Wirtschaft. Arbeitsteilung heißt die Devise. Ein Rückblick auf die zweite Hälfte des 20. Jahrhunderts macht dies deutlich. Die weltweite Produktion hat sich von 1950 bis heute verelffacht; das Welthandelsvolumen aber ist auf mehr als das 39-Fache gestiegen. Der Welthandel ist es, der ein Wachstum der Weltproduktion in diesem Ausmaß ermöglicht hat. Er erlaubt es den beteiligten Volkswirtschaften, sich auf jene Leistungen zu konzentrieren, die sie beherrschen und die den größten Ertrag für sie bringen. Die anderen Güter, die benötigt werden, können besser von den Ländern zugekauft werden, die darauf spezialisiert sind, oder bei denen, die sie preiswerter herstellen können.

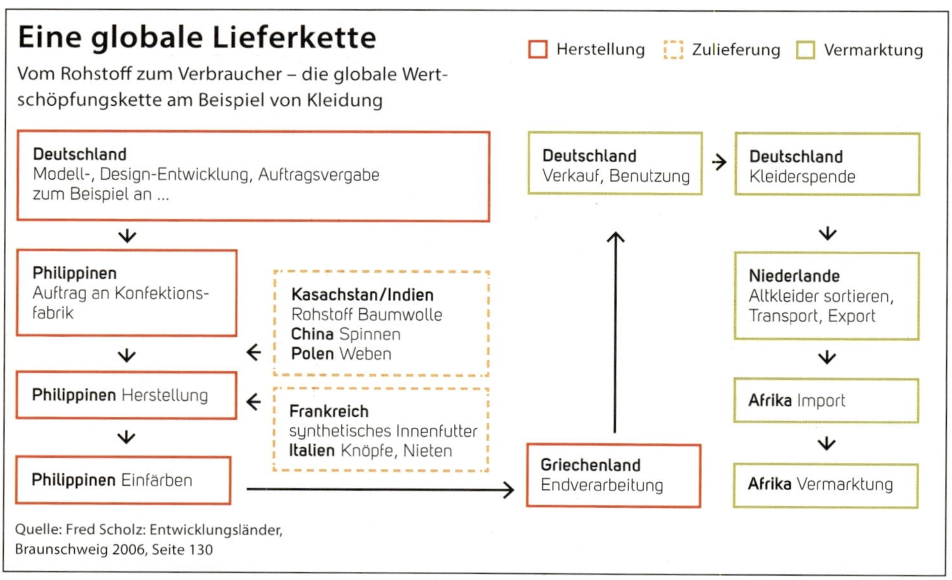

Quelle: Stiftung Jugend und Bildung in Zusammenarbeit mit dem Bundesministerium für Arbeit und Soziales: Sozialpolitik Grundwissen soziale Globalisierung, Arbeitsheft Sekundarstufe II Ausgabe 2017/2018, S. 13

3.2 Auswirkungen der Arbeitsteilung auf die Wirtschaftssubjekte

Mit der Arbeitsteilung im Produktions- und Wirtschaftsprozess wurden nicht nur Fortschritte für die dort beschäftigten Wirtschaftssubjekte (Mitarbeiter, inländische und ausländische Unternehmen, Konsumenten) erreicht. Nicht selten müssen auch nachteilige Wirkungen in Kauf genommen werden.

Mit der beruflichen und technischen Arbeitsteilung:

- führten Tätigkeiten zu einseitigen körperlichen und geistigen Beanspruchungen. Mit der Monotonie der Aufgabenstellung wächst die Gefahr gesundheitlicher Schäden und die Arbeitsfreude nimmt ab.
- wurden Mitarbeiter durch hohe Spezialisierung stärker an einen Arbeitsplatz oder an ein Unternehmen gebunden. Manchmal kann diese geringere Mobilität nur durch teure und zeitraubende Umschulungsmaßnahmen aufgehoben werden.
- wuchs die Entfremdung vom Ergebnis der Arbeit. Der Einzelne erbringt nur noch einen kleinen Beitrag zur Erstellung des Gesamtproduktes. Er kann sich durch seine Arbeitsleistung häufig nicht mehr mit dem Endprodukt identifizieren.
- nahm die Abhängigkeit von den anderen am Arbeitsprozess beteiligten Partnern zu. Der Ausfall eines Lieferanten, Streiks in der Zuliefererindustrie, schlechte oder verspätete Arbeitsleistungen einer vorgelagerten Abteilung usw. stellen das eigene Arbeitsergebnis infrage.

} **Nachteile**

- konnten die speziellen Begabungen Einzelner besser gefördert und eingesetzt werden.
- wurden Maschinen besser ausgelastet.
- ließen sich technische Entwicklungen schneller und gezielter vorantreiben und durchsetzen.
- wurde die Produktvielfalt, die unsere heutigen Märkte kennzeichnet, erst möglich.

} **Vorteile**

Mit der volkswirtschaftlichen Arbeitsteilung:

- kann es zu Über- oder Unterproduktionen in verschiedenen Wirtschaftsbereichen kommen. Grobe Fehlplanungen führen zu Krisen ganzer Branchen mit den verbundenen Problemen der Arbeitslosigkeit.
- wächst die Abhängigkeit vom Markt. Kein Wirtschaftssubjekt ist mehr in der Lage, benötigte Güter selbst zu erstellen. Wird der Regelmechanismus des Preises für Angebot und Nachfrage außer Kraft gesetzt, kommt es zu Versorgungsengpässen mit Auswirkungen auf den Wert einer Währung.

} **Nachteile**

- wird die Arbeitsproduktivität gesteigert. Mehr Güter in besserer Qualität sorgen für eine reichhaltige Versorgung.
- können Güter preiswerter angeboten werden.

} **Vorteile**

Mit der internationalen Arbeitsteilung:

Nachteile

- wächst die gegenseitige Abhängigkeit der Volkswirtschaften. In Ländern mit hohem Exportanteil wie der Bundesrepublik Deutschland ist der Wohlstand der Bürger nicht zuletzt auch vom Außenhandel abhängig.
- werden Länder, die vom Güterimport abhängig sind, bei Preiserhöhungen des Exportlandes häufig ihre Versorgung nur durch Verschuldung sichern können.
- sind Arbeitsplätze im Inland gefährdet, wenn Produktionen deshalb eingestellt werden, weil die entsprechenden Güter aus dem Ausland billiger zu beziehen sind oder weil aufgrund niedriger Lohnkosten im Ausland die einheimische Produktion dorthin verlegt wird.

Vorteile

- wachsen die Staaten nicht nur wirtschaftlich, sondern auch kulturell und politisch enger zusammen.
- kann die Versorgung der Weltbevölkerung gesichert werden.
- wird der Güteraustausch zwischen den Staaten ermöglicht.

Dimensionen der Globalisierung

Zusammenwachsen der Kulturen

Gesellschaft: die Welt als globales Dorf

- globale Konsumgewohnheiten
- Angleichung des Lebensstils
- Nationalstaaten verlieren an Bedeutung
- Multikulturalismus
- Mobilität der Bevölkerung (Auslandsaufenthalte, Migration)
- internationale Belegschaften

weltweiter Handel

Wirtschaft: der Weltbinnenmarkt

- Abbau von Handelsschranken und Transportkosten
- weltweite Mobilität von Waren, Dienstleistungen, Geld, Aktien/Wertpapieren und Arbeit
- internationale Arbeitsteilung bei der Produktion
- Handelsgemeinschaften und Abkommen (EU/Europa, ASEAN/Südostasien, NAFTA/Nordamerika)

Informationsgesellschaft

Kommunikation: die vernetzte Welt

- weltweiter Zugang zu Informationen (Internet)
- grenzüberschreitender Austausch von Wissen und Meinungen (soziale Medien)
- Ausbau der digitalen Kommunikationstechnologien, Zusammenarbeit an unterschiedlichen Standorten möglich

grenzüberschreitende Bedrohungen

Sicherheit: die Welt als Risikogemeinschaft

- Klimawandel, Umweltzerstörung
- Armut, Hunger
- internationaler Terrorismus
- Kluft zwischen Reich und Arm
- Ressourcenknappheit
- Flucht
- Finanz- und Schuldenkrisen

Quelle: eigene Darstellung

Quelle: Stiftung Jugend und Bildung in Zusammenarbeit mit dem Bundesministerium für Arbeit und Soziales: Sozialpolitik Grundwissen soziale Globalisierung, Arbeitsheft Sekundarstufe II Ausgabe 2017/2018, S. 3

4 Einfacher Wirtschaftskreislauf

Die wirtschaftlichen Abläufe in einer Volkswirtschaft sind außerordentlich kompliziert und zeigen auf den ersten Blick ein Bild verwirrender Vielfalt. Millionen privater Haushalte und Tausende von Unternehmen unterhalten zueinander ökonomische Beziehungen. Zur vereinfachenden Verdeutlichung dieser vielfältigen Strukturen wird der ständige Vorgang von Produktion in Unternehmen und Konsum in Haushalten im **Modell eines Wirtschaftskreislaufes** dargestellt. Hierbei bleiben im **einfachen Wirtschaftskreislauf** die Aktivitäten des Staates und des Bankensystems im Wirtschaftsprozess sowie die Außenhandelsbeziehungen unberücksichtigt (erweiterter Wirtschaftskreislauf; vgl. S. 557 f.).

Alle gleichartigen Wirtschaftseinheiten werden zu den Sektoren (Ausschnitten)

- **Unternehmen** und **Haushalte**

und alle Wert- und Mengenbewegungen zum

- **Güterstrom** und **Geldstrom**

zusammengefasst.

Güterkreislauf

Die privaten Haushalte stellen den Unternehmen die Produktionsfaktoren Arbeit oder auch Boden (Natur) zur Verfügung. Die Unternehmen kombinieren die produktiven Faktoren im Produktionsprozess und erzeugen auf diese Weise **Güter,** die sie wiederum an die Haushalte verkaufen. Der Güterkreislauf besteht demnach aus den Faktorleistungen der Haushalte und der Güterbereitstellung durch die Unternehmen (Güterströme oder Realströme).

Geldkreislauf

Für ihre Faktorleistungen erhalten die Haushalte als Gegenleistung von den Unternehmen **Geldeinkommen** (Lohn). Diese Einkommen der Haushalte stellen für die Unternehmen Kosten dar. Die produzierten Güter werden an die Haushalte veräußert, wodurch Erlöse an die Unternehmen zurückfließen. Der Geldkreislauf bewegt sich somit **gegenläufig** zum Güterkreislauf: Einem Strom von Sachgütern und Dienstleistungen (Güterkreislauf) fließt ein gleich großer Geldstrom (Geldkreislauf) entgegen.

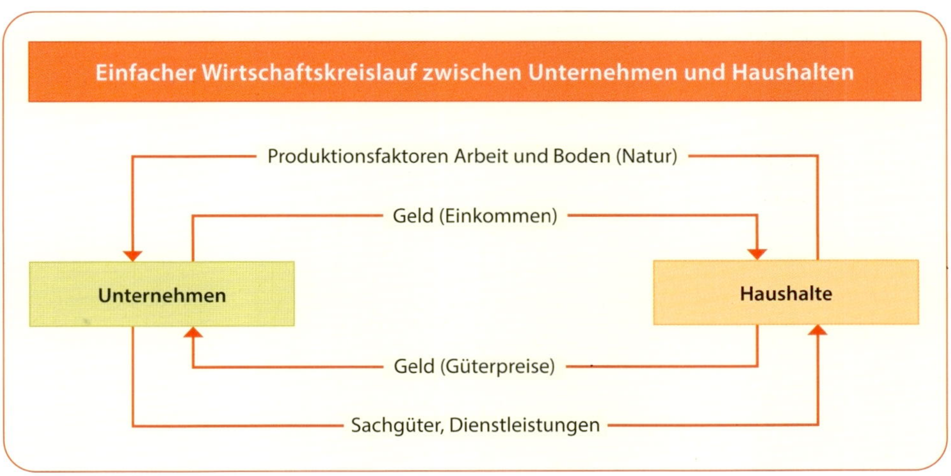

▶ Begriff des Marktes

Das Modell des einfachen Wirtschaftskreislaufes zeigt, dass von Haushalten und Unternehmen **Angebot** und **Nachfrage** ausgehen. Private Haushalte bieten insbesondere menschliche Arbeitskraft an und fragen Sachgüter und Dienstleistungen nach. Unternehmen unterbreiten dieses Güterangebot und erheben selbst Nachfrage nach den Leistungen der Haushalte.

Den Ort, an dem Anbieter und Nachfrager zusammentreffen, bezeichnet man als **Markt** (vgl. S. 476 ff.).

▶ Zusammenfassung

Grundlagen des Wirtschaftens

Notwendigkeit des Wirtschaftens

- **Bedürfnisse** des Menschen als Mangelempfindungen
  - Existenzbedürfnisse
  - Kulturbedürfnisse
  - Luxusbedürfnisse
  - Individualbedürfnisse
  - Kollektivbedürfnisse
- **Bedarf** als Summe der durch Kaufkraft zu realisierenden Bedürfnisse
- **Güter** als Mittel der Bedürfnisbefriedigung
  - Freie Güter: Luft, Sonnenlicht, Meerwasser
  - Wirtschaftliche Güter: knapppe Güter, mit denen gewirtschaftet werden muss:
    - **materielle Güter** (Sachgüter) als Produktions- oder Konsumgüter
    - **immaterielle Güter** in Form von Dienstleistungen und Rechten
- **Ökonomisches Prinzip (Rationalprinzip, Prinzip der Wirtschaftlichkeit)**
  - **Maximalprinzip** (mit gegebenen Mitteln den größtmöglichen Erfolg erzielen)
  - **Minimalprinzip** (einen bestimmten Erfolg mit geringsten Mitteln erreichen)

Produktionsfaktoren

- **Volkswirtschaftliche Produktionsfaktoren**
  Arbeit, Boden (Natur), Kapital, menschliches Know-how (Bildung)
- **Betriebswirtschaftliche Produktionsfaktoren**
  menschliche Arbeitskraft, Betriebsmittel, Werkstoffe, Rechte, Leitungsfunktionen

Arbeitsteilung

- **Berufliche Arbeitsteilung**
  Berufsbildung, Berufsspaltung
- **Technische Arbeitsteilung**
  Produktionsteilung, Arbeitszerlegung
- **Volkswirtschaftliche Arbeitsteilung**
  Urproduktion, Weiterverarbeitung, Handel und andere Dienstleistungen
- **Internationale Arbeitsteilung**
  Export und Import von Waren und Dienstleistungen

Einfacher Wirtschaftskreislauf

- **Güter- und Geldströme** zwischen Unternehmen und Haushalten
- **Markt** als Ort, an dem Angebot und Nachfrage von Unternehmen und Haushalten zusammentreffen

Aufgaben

1

(1) *Nennen Sie zehn Bedürfnisse, die Sie selbst haben, und ordnen Sie diese nach ihrer Dringlichkeit!*

(2) *Warum wird der Wunsch nach Rechtssicherheit des Bürgers zu den Kollektivbedürfnissen gezählt?*

(3) *Erläutern Sie die folgenden drei Begriffe: Bedürfnis, Bedarf und Nachfrage!*

(4) *Wodurch kann ein freies Gut zu einem wirtschaftlichen Gut werden?*

(5) *Welche Beispiele kann man bei folgender Einteilung anführen?*

  a) *Produktionsgüter als Verbrauchs- bzw. Gebrauchsgüter*

  b) *Konsumgüter als Verbrauchs- bzw. Gebrauchsgüter*

(6) *Geben Sie jeweils zwei Dienstleistungen für den Produktions- und Konsumgüterbereich an!*

(7) *Nennen Sie Beispiele aus Ihrem Ausbildungsbetrieb für die Anwendung des Maximalprinzips und des Minimalprinzips!*

(8) *Warum werden Arbeit und Boden (Natur) als ursprüngliche (originäre) Produktionsfaktoren und Kapital sowie menschliches Know-how (Bildung) als abgeleitete (derivative) Faktoren bezeichnet?*

(9) *Wie werden die Produktionsfaktoren aus volkswirtschaftlicher und betriebswirtschaftlicher Sicht gegliedert?*

(10) *Geben Sie betriebswirtschaftliche Produktionsfaktoren Ihres Ausbildungsbetriebes an!*

(11) *Schildern Sie die wirtschaftsgeschichtliche Entwicklung der Arbeitsteilung!*

(12) *Unterscheiden Sie zwischen Produktionsteilung und Arbeitszerlegung!*

(13) *Worauf begründet sich die internationale Arbeitsteilung?*

(14) *Stellen Sie in einer Übersicht die Vor- und Nachteile der Arbeitsteilung für den Menschen dar!*

(15) *Nennen Sie Gründe für die Beteiligung einer Volkswirtschaft am internationalen Handel!*

(16) *Erläutern Sie die folgenden drei Begriffe: Güterkreislauf, Geldkreislauf und Markt!*

3 Merkur-Nr. 0124

Rechtliche Rahmenbedingungen des Wirtschaftens

1 Aufbau der Rechtsordnung

1.1 Privates und öffentliches Recht

Jeder Mensch benötigt zur Entfaltung seiner Persönlichkeit und zur Gestaltung des Lebens ein hohes Maß individueller Freiheit. Missbraucht der Einzelne jedoch diese Freiheitsspielräume, kann es zu Benachteiligungen und Ungerechtigkeiten gegenüber anderen kommen. Zur Ermöglichung eines sozialen Miteinanders vieler Menschen ist es daher notwendig, die persönlichen Freiheiten durch **Rechtsnormen** (Gesetze, Vorschriften, Verordnungen) zu begrenzen. Damit wird es möglich, einen Interessenausgleich zwischen den Anliegen des Einzelnen und den Erfordernissen der Gemeinschaft zu schaffen. Diese Rechtsnormen aus dem **privaten** und dem **öffentlichen Recht** bilden in ihrer Gesamtheit die **Rechtsordnung.**

Staatlich festgelegte Rechtsnormen = Rechtsordnung

Privatrecht regelt die Rechtsbeziehungen zwischen gleichberechtigten Personen	**öffentliches Recht** ordnet die Interessen einzelner Personen den Erfordernissen der Gemeinschaft unter
insbesondere: ■ Bürgerliches Recht ■ Handelsrecht ■ Gesellschaftsrecht ■ Arbeitsvertragsrecht ■ Scheck- und Wechselrecht	*insbesondere:* ■ Arbeitsschutzrecht ■ Steuerrecht ■ Verwaltungsrecht ■ Staatsrecht ■ Kirchenrecht ■ Strafrecht ■ Völkerrecht

▶ Privatrecht

Das Privatrecht regelt die Beziehungen der einzelnen Bürger untereinander. Nach dem **Grundsatz der Gleichberechtigung** können die Rechtsverhältnisse zwischen den Beteiligten weitgehend frei gestaltet werden.

> Beginn, Inhalt und Zeitdauer eines Vertrages können grundsätzlich individuell geregelt werden. Dies gilt für den Fall des Erwerbs von Waren ebenso wie für den Abschluss eines Arbeitsvertrages oder die Gründung eines Unternehmens.

In Fällen bürgerlicher Rechtsstreitigkeiten müssen die Parteien eine Entscheidung vor den **Zivilgerichten** anstreben.

Der Staat greift in diese privaten Angelegenheiten nur dann ein, wenn gleichzeitig öffentliche Interessen berührt, d.h., wenn von den Vertragspartnern bestehende Rechtsnormen verletzt werden.[1]

---

1 Mit dem geplanten Steuerentlastungsgesetz 2022 sollen die Bezieher niedriger Einkommen aufgrund der drastischen Preissteigerungen bei Heizöl, Gas, Benzin, Diesel und Strom steuerlich entlastet werden, indem der Grundfreibetrag für 2022 rückwirkend ab dem 1. Januar 2022 von derzeit 9 984,00 EUR auf 10 347,00 EUR (bzw. 20 694,00 EUR für Ehepaare oder eingetragene Lebenspartner) angehoben werden soll.

▶ Öffentliches Recht

Das öffentliche Recht regelt Rechtsfragen, die von allgemeinem Interesse sind. Hier trifft der einzelne Bürger auf den Staat und dessen Organe als Vertreter der Gemeinschaft. Im öffentlichen Recht ist es **nicht** möglich, Rechtsverhältnisse wie zwischen gleichberechtigten Partnern frei zu regeln. Vielmehr muss sich der Bürger den Erfordernissen des Staates unterordnen.

> Ein Arbeitgeber kann sich nicht durch einen Vertrag mit dem Staat von den für alle Betriebe geltenden Arbeitsschutzbestimmungen befreien lassen. Gleichfalls ist es nicht möglich, über die Höhe oder den Zeitpunkt von Steuerzahlungen zu verhandeln.

Gegen rechtswidrige Maßnahmen des Staates kann sich der Einzelne mithilfe der **Verwaltungsgerichte** zur Wehr setzen.

Handelt der Staat allerdings wie „ein Bürger", schließt er also z. B. Kaufverträge ab oder gründet er selbst ein Unternehmen, **gelten auch für ihn die Bestimmungen des Privatrechts.**

1.2 Rechtsquellen

Das Grundgesetz *(GG)* der Bundesrepublik Deutschland bestimmt in Artikel 20, dass die Rechtsprechung an „Gesetz und Recht" gebunden ist. **Gesetzesrecht** und **Gewohnheitsrecht** bilden also gemeinsam den Rechtsrahmen. Ergänzt werden diese Rechtsquellen durch die **ständige Rechtsprechung** der Gerichte. Dabei kommt vor allem den Urteilen des Bundesverfassungsgerichtes große Bedeutung zu, dessen Entscheidungen die übrigen Gerichte sowie die Organe des Bundes und der Länder binden.

> Mindestens seit 1978 war der **Grundfreibetrag der Einkommensteuer** (vgl. S. 535) nach einem Beschluss des Bundesverfassungsgerichtes verfassungswidrig. Es wurde nicht gewährleistet, dass dem Bürger nach Zahlung seiner Einkommensteuerschuld von seinem Einkommen so viel verblieb, wie er zur Bestreitung seines Lebensunterhalts mindestens benötigte.
>
> Das Einkommen, so das Bundesverfassungsgericht, müsse in der Höhe steuerfrei gestellt werden, in der der Staat Bedürftigen zur Befriedigung ihres existenznotwendigen Bedarfs öffentliche Mittel (Sozialhilfeleistungen) zur Verfügung stellt. Da nach dem Urteilsspruch des Bundesverfassungsgerichts (25. September 1992) der durchschnittliche Sozialhilfebedarf den Grundfreibetrag deutlich überstieg, wurde der Gesetzgeber aufgefordert, spätestens 1996 Abhilfe zu schaffen.
>
> Demzufolge änderte sich der steuerliche Grundfreibetrag ab 1. Januar 1996 von 5616 DM für Ledige auf 12095 DM und für Verheiratete von 11232 DM auf 24191 DM. Dieser künftig jeweils an das Existenzminimum anzupassende Grundfreibetrag stieg 2004 auf 7664 EUR bzw. 15328 EUR. Insbesondere zur Entlastung kleiner Einkommen ist dieser seitdem gültige Grundfreibetrag ab 2022 auf 9984 EUR (für Alleinstehende) bzw. 19968 EUR (für Ehepaare oder eingetragene Lebenspartner) angehoben worden.[1]

▶ Gesetzesrecht

Zum **Gesetzesrecht** zählen alle von staatlichen Organen erlassenen Rechtsnormen.

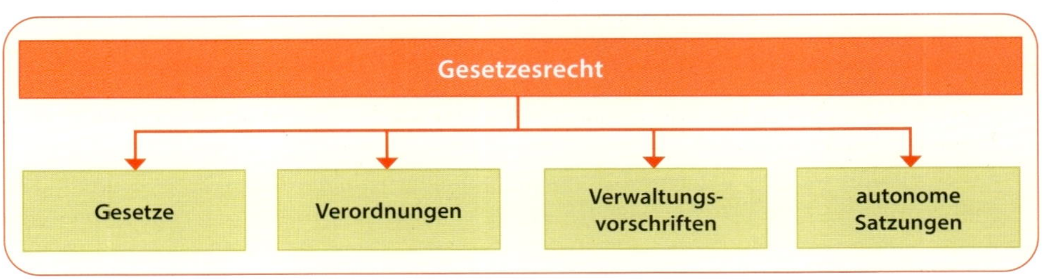

1 Mit dem geplanten Steuerentlastungsgesetz 2022 sollen die Bezieher niedriger Einkommen aufgrund der drastischen Preissteigerungen bei Heizöl, Gas, Benzin, Diesel und Strom steuerlich entlastet werden, indem der Grundfreibetrag für 2022 rückwirkend ab dem 1. Januar 2022 von derzeit 9984,00 EUR auf 10347,00 EUR (bzw. 20694,00 EUR für Ehepaare oder eingetragene Lebenspartner) angehoben werden soll.

- **Gesetze** werden von den in der Verfassung bestimmten gesetzgebenden Organen (Legislative) erlassen, also durch Bundestag und Bundesrat oder die einzelnen Landtage bzw. Senate.

  Zu den Rechtsnormen mit Gesetzesqualität zählen z. B. das Grundgesetz, das Bürgerliche Gesetzbuch, das Handelsgesetzbuch, das Strafgesetzbuch oder die Steuergesetze.

- **Verordnungen** werden von den gesetzesvollziehenden Organen (Exekutive) erlassen, also durch die Bundesregierung bzw. einen Bundesminister oder die Länderregierungen und ergänzen die von der Legislative verabschiedeten Gesetze. Voraussetzung zum Erlass einer Verordnung ist allerdings, dass vorab eine ausdrückliche Ermächtigung im betreffenden Gesetz vorgesehen wurde.

  In § 26 UStG wird festgelegt, dass die Bundesregierung bzw. der Bundesminister der Finanzen einzelne Vorschriften dieses Gesetzes in der Umsatzsteuer-Durchführungsverordnung ändern oder ergänzen kann.

- **Verwaltungsvorschriften,** die den Handlungsrahmen für Verwaltungsbehörden beschreiben, werden von übergeordneten Behörden den untergeordneten Stellen vorgegeben.

  Zur Ausführung des Umsatzsteuergesetzes und der Umsatzsteuer-Durchführungsverordnung durch die Finanzämter erlässt der Bundesfinanzminister als vorgesetzte Dienstbehörde „Allgemeine Verwaltungsvorschriften zur Ausführung des Umsatzsteuergesetzes (Umsatzsteuer-Richtlinien)".

- **Autonome Satzungen** werden von Körperschaften, Anstalten und Stiftungen des öffentlichen Rechts (vgl. S. 38, S. 165) zur Regelung ihrer Aufgaben und Angelegenheiten selbst erlassen.

  - Gemeinden legen in Satzungen den Hebesatz der Gewerbe- und der Grundsteuer bzw. die Gebühren für Müllabfuhr und Straßenreinigung fest.
  - Krankenkassen legen in den Satzungen z. B. fest, wer Mitglied werden kann und wie die Organe (Vertreterversammlung, Vorstand, Geschäftsführung) zusammengesetzt sind.

▶ Gewohnheitsrecht

Während Gesetzesrecht durch Staatsorgane erlassen und schriftlich niedergelegt wird, entsteht das ungeschriebene Gewohnheitsrecht durch **langjähriges praktisches Handeln in der Gesellschaft.** Diese allgemein anerkannten Regeln gelten häufig für solche Rechtsfelder, in denen es an einer niedergeschriebenen Rechtsnorm mangelt oder für neuere gesellschaftliche Entwicklungen, für die noch keine Gesetze oder Verordnungen erlassen worden sind. Gewohnheitsrecht hat heute allerdings nicht mehr die Bedeutung wie in früheren Zeiten.

Ein Arbeitgeber zahlt auf freiwilliger Basis, d. h. ohne dass es im Arbeits- bzw. Tarifvertrag oder in einer Betriebsvereinbarung festgelegt ist, bereits seit zumindest drei Jahren **ohne Vorbehalte** ein Weihnachtsgeld in Höhe eines 13. Monatsgehaltes. In diesem Fall entsteht Gewohnheitsrecht, also ein Anspruch der Arbeitnehmer auf Weiterzahlung dieser Gratifikation.

▶ Handelsbrauch

Bei zweiseitigen Handelskäufen, bei denen also das Geschäft für beide Vertragspartner ein Handelsgeschäft ist (vgl. S. 52 f.), gilt neben dem Gesetzesrecht auch der Handelsbrauch. Handelsbräuche sind demnach **geschäftliche Gepflogenheiten zwischen Kaufleuten,** die sich aufgrund langjähriger Praxis in verschiedenen Wirtschaftsbranchen oder an einzelnen Handelsplätzen herausgebildet haben.

Wohnen bei einem Kaufvertragsabschluss Käufer und Verkäufer in verschiedenen Städten, soll nach dem Gesetz der Verkäufer einer Ware den Teil der Versandkosten bis zur Versandstation (z. B. Bahnhof, Flughafen) tragen, während der Käufer alle anderen Kosten übernimmt. Davon abweichend kann nach Handelsbrauch *(§ 346 HGB)* jede andere Kostenaufteilung möglich sein, falls sie für eine bestimmte Branche üblich ist.

1.3 Objektives und subjektives Recht

Der durch Gesetzes- und Gewohnheitsrecht bzw. Handelsbrauch gemeinsam gebildete Rechtsrahmen wird als **objektives Recht** bezeichnet. Innerhalb dieser Rechtsnormen kann nun der Einzelne seine Interessen und Ansprüche individuell ausgestalten **(subjektives Recht).** Damit stellt das subjektive Recht eine Rechtsposition dar, deren Verwirklichung dem Willen der einzelnen Person überlassen bleibt.

Im Rahmen bestehender Gesetze (objektives Recht) kann der Einzelne (subjektives Recht):

- sein Haus vermieten, verkaufen, verschenken oder beleihen;
- bei der Lieferung einer mit Mängeln behafteten Ware nach zwei erfolglosen Nachbesserungsversuchen zwischen den Rechten Rücktritt, Minderung, Schadensersatz oder Ersatz vergeblicher Aufwendungen wählen;
- ausstehende Geldforderungen durch eine Klage auf Zahlung oder ein gerichtliches Mahnverfahren einziehen.

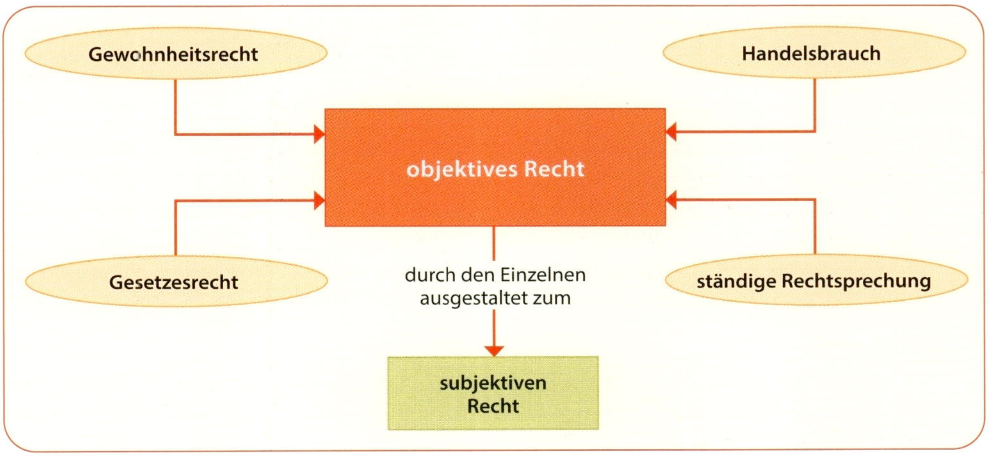

2 Rechtssubjekte

Die in der bestehenden Rechtsordnung verankerten Rechte und Pflichten setzen immer ein **Rechtssubjekt,** d.h. **eine Person als Träger dieser Rechte und Pflichten** voraus. Damit ist die Teilnahme am Rechts- und Geschäftsverkehr den rechts- und geschäftsfähigen natürlichen und juristischen Personen vorbehalten.

2.1 Natürliche und juristische Personen

- **Natürliche Personen** sind alle Menschen unabhängig von Alter, geistiger oder körperlicher Leistungsfähigkeit.
- **Juristische Personen** stellen keine natürlichen Rechtssubjekte dar. Erst wenn bestimmte Auflagen, die die Rechtsordnung juristischen Personen auferlegt, erfüllt sind (z.B. Handelsregistereintragung oder staatliche Verleihung), werden sie ähnlich wie natürliche Personen zu Trägern von Rechten und Pflichten und können am Geschäftsverkehr teilnehmen.

Rechtssubjekte

natürliche Personen

- alle Menschen

juristische Personen

des Privatrechts

- **Kapitalgesellschaften**
  - Allianz Versicherung AG
  - Hamburg Mannheimer Versicherung AG
  - Deutsche Bank AG
- **Versicherungsverein auf Gegenseitigkeit (VVaG)**
  - Docura Brandkasse Deutscher Lehrer VVaG
  - Gothaer Lebensversicherung a. G.
- **Genossenschaften**
  - Edeka eG
  - Volks- und Raiffeisenbanken
- **eingetragene Vereine**
  - Deutsches Rotes Kreuz e. V.
  - Arbeitsgemeinschaft der Verbraucher e. V.
- **Stiftungen**
  - Stiftung Volkswagenwerk
  - Stiftung Warentest

des öffentlichen Rechts

- **Körperschaften**
  - Bund, Länder, Gemeinden
  - Kirchen
  - Industrie- und Handelskammern, Handwerkskammern
  - Allgemeine Ortskrankenkassen und Ersatzkassen
  - Bundesagentur für Arbeit
  - Deutsche Rentenversicherung Bund
- **Anstalten**
  - Rundfunk- und Fernsehanstalten
  - Sparkassen
  - Universitäten
- **Stiftungen**
  - Stiftung Preußischer Kulturbesitz
  - Deutsche Studienstiftung

2.2 Rechtsfähigkeit *(§§ 1, 21 f. BGB)*

Rechtsfähigkeit ist das Vermögen von Personen, Rechte und Pflichten übernehmen zu können.

Rechtsfähigkeit

Rechte

u. a.

- Eigentumsrecht
- Zahlungsanspruch
- Kündigungsrecht

Pflichten

u. a.

- Zahlungspflicht
- Schadensersatzpflicht
- Pflicht zur Prüfung von Waren

Natürliche Personen erlangen Rechtsfähigkeit mit der Geburt *(§ 1 BGB)* und verlieren sie mit dem Tod.

Juristische Personen des Privatrechts erlangen Rechtsfähigkeit durch Gründung oder Eintragung in ein öffentliches Register (Vereins-, Handels- oder Genossenschaftsregister) und verlieren sie durch Auflösung oder Löschung aus diesem Register.

Juristische Personen des öffentlichen Rechts, die ihre Rechtsfähigkeit durch Gesetz oder Verwaltungsakt (staatliche Verleihung) erlangen und diese durch Beschluss der jeweils zuständigen Behörde verlieren, werden insbesondere in Form der Körperschaft oder Anstalt (vgl. S. 165) tätig.

Juristische Personen werden – im Gegensatz zu natürlichen Personen – allein durch ihre Rechtsfähigkeit noch **nicht** in die Lage versetzt, selbst im Rechtsverkehr tätig zu werden. Erst mithilfe natürlicher Personen, die in Organen (z. B. Aufsichtsrat und Vorstand einer AG) bestimmte Funktionen erfüllen, können Rechtshandlungen vorgenommen werden.

2.3 Geschäftsfähigkeit *(§§ 104 – 113 BGB)*

Die Rechtsordnung gestattet nur solchen Personen den Abschluss von Rechtsgeschäften, bei denen ein bestimmtes Maß an Urteilsvermögen und Entscheidungsfähigkeit vorhanden ist. Daher kann nicht jede rechtsfähige Person ohne Weiteres z. B. einen Kauf-, Miet- oder Arbeitsvertrag abschließen. Dazu bedarf es der **Geschäftsfähigkeit.**

> Eine noch Minderjährige kann zwar rechtswirksam ein Wohnhaus erben (Rechtsfähigkeit), dieses jedoch nicht von sich aus verkaufen (Geschäftsfähigkeit).

Das Maß der Geschäftsfähigkeit hängt vom Alter sowie von der körperlichen und geistigen Leistungsfähigkeit ab. Daher sieht das Bürgerliche Gesetzbuch *(BGB)* **drei Abstufungen** in der Geschäftsfähigkeit vor.

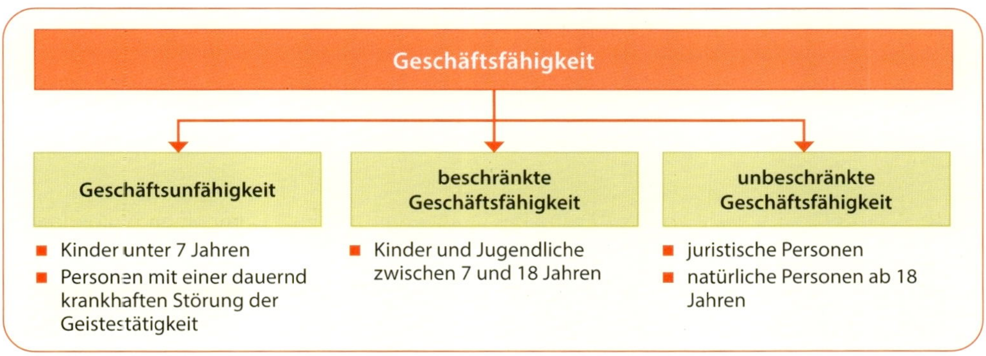

▶ Geschäftsunfähigkeit *(§ 104 BGB)*

Geschäftsunfähig sind Kinder unter 7 Jahren sowie Menschen, die sich in einem dauernden Zustand krankhafter Störung der Geistestätigkeit befinden. Diese Personen können keine rechtsgültigen Geschäfte abschließen, für sie handeln **Eltern, Vormund oder Betreuer.**

> Die sechsjährige Petra kauft für 19 EUR eine DVD. Ein Kaufvertrag kommt dabei nicht zustande, da Petra noch geschäftsunfähig ist. Ihre Eltern können die Ware an den Einzelhändler zurückgeben und die Erstattung des Kaufpreises verlangen.
>
> Wird ein Kind allerdings von einer unbeschränkt geschäftsfähigen Person (z. B. mit einem Einkaufszettel) zu einem Einzelhändler geschickt, so tritt es dort als **Bote** auf. In diesem Fall kommt ein gültiger Kaufvertrag zwischen dem Kaufmann und dem Auftraggeber des Kindes (z. B. den Eltern) zustande.

▶ Beschränkte Geschäftsfähigkeit *(§ 106 BGB)*

Kinder und Jugendliche vom 7. bis 18. Lebensjahr sind beschränkt geschäftsfähig. Rechtsgeschäfte, die von beschränkt Geschäftsfähigen abgeschlossen werden, bedürfen der **Zustimmung des gesetzlichen Vertreters** *(§§ 107, 108 BGB)*.

> Der Kauf eines Mountainbikes durch eine Siebzehnjährige ist nur dann endgültig, wenn die Eltern vorher ihre **Einwilligung** erteilt haben oder nachträglich ihre **Genehmigung** geben.

In bestimmten Fällen ist die Zustimmung des gesetzlichen Vertreters zu Rechtsgeschäften beschränkt Geschäftsfähiger **nicht** erforderlich:

- **wenn nur ein rechtlicher Vorteil erlangt wird (Schenkung)** *(§ 107 BGB)*

  > Ein Onkel schenkt seinem zehnjährigen Patenkind eine wertvolle Briefmarkensammlung, die es auch ohne Zustimmung seiner Eltern behalten kann.

- **wenn Rechtsgeschäfte mit Mitteln des Taschengeldes beglichen werden** *(§ 110 BGB)*

  > Eine siebzehnjährige Schülerin kauft sich neue Jeans. Dazu braucht sie die Zustimmung ihrer Eltern nicht, da sie die Anschaffung der Hose mit ihrem laufenden Taschengeld bar bezahlt.

- **für Tätigkeiten, die ein beschränkt Geschäftsfähiger in einem vorher genehmigten Arbeitsverhältnis ausübt** *(§ 113 I BGB)*

  > Eine siebzehnjährige Angestellte wird beauftragt, Büromaterial zu bestellen. Dieser Kaufvertrag ist rechtswirksam, da die Angestellte durch den unterschriebenen Arbeitsvertrag die generelle Zustimmung zum Abschluss von Rechtsgeschäften hat, die sich aus einem solchen Arbeitsverhältnis ergeben.

▶ Unbeschränkte Geschäftsfähigkeit

Unbeschränkte Geschäftsfähigkeit besitzen alle juristischen Personen sowie alle natürlichen Personen ab 18 Jahren *(Volljährigkeit gemäß § 2 BGB)*, sofern Letztere nicht geschäftsunfähig sind. Diese Personen können **selbstständig alle Rechtsgeschäfte abschließen.**

3 Rechtsobjekte

Gegenstand von Rechtshandlungen sind **Rechtsobjekte.** Über diese **Sachen und Rechte** können natürliche und juristische Personen (Rechtssubjekte) im Rahmen der bestehenden Rechtsnormen frei verfügen.

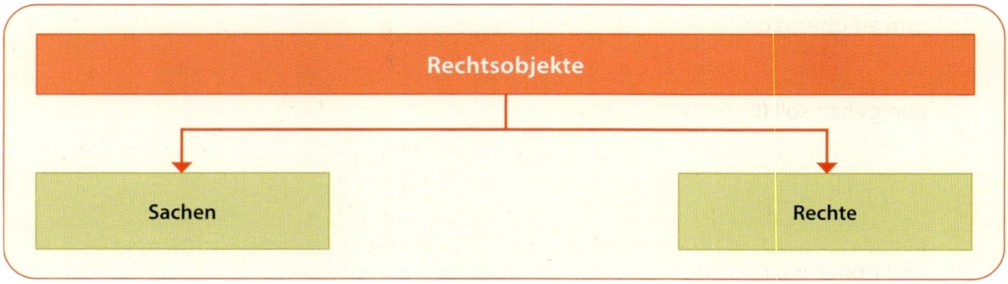

3.1 Sachen

Sachen sind körperliche Gegenstände *(§ 90 BGB).*

Bewegliche und unbewegliche Sachen

Unbewegliche Sachen sind Grundstücke (sowie mit ihnen fest verbundene Bestandteile) und im weiteren Sinne auch Schiffe, die im Schiffsregister eingetragen sind. Alle anderen Gegenstände des Rechtsverkehrs zählen hingegen zu den beweglichen Sachen.

Vertretbare und nicht vertretbare Sachen

Vertretbare Sachen sind bewegliche Sachen, die sich nach Zahl, Maß oder Gewicht bestimmen lassen *(§ 91 BGB).* Vertretbare Sachen werden häufig den **Gattungssachen** (vgl. S. 51) zugerechnet, da sie durch andere Sachen der gleichen Art ausgetauscht, d. h. ersetzt werden können (z. B. Geld, Kaffeemaschinen, Heizöl oder Kartoffeln).

Neben Grundstücken und eingetragenen Schiffen zählen alle Einzelstücke, d. h. solche Gegenstände, die aufgrund ihres einmaligen Charakters nicht oder nicht ohne Weiteres wiederbeschafft werden können, zu den nicht vertretbaren Sachen. Nicht vertretbare Sachen werden entsprechend häufig mit **Stücksachen** gleichgesetzt (vgl. S. 51).

> Bei dem Originalgemälde „Mona Lisa" von Leonardo da Vinci handelt es sich um eine nicht vertretbare Sache, während ein Poster dieses Gemäldes eine vertretbare Sache darstellt.

Eigentum und Besitz an einer Sache

Im Sachenrecht ist die Unterscheidung bedeutsam, ob eine Person die **rechtliche** oder nur die **tatsächliche Herrschaft** über eine Sache ausübt.

- **Eigentum** *(rechtliche Herrschaft über eine Sache)*

Wer Eigentümer einer Sache ist, hat die rechtliche Gewalt, d. h., er darf – soweit nicht das Gesetz oder Rechte Dritter entgegenstehen – mit dieser Sache nach Belieben verfahren und andere von jeder Einwirkung ausschließen *(§ 903 BGB).*

> Der Eigentümer eines Grundstückes kann zwar andere Personen am Betreten seines Gartens hindern, er muss allerdings die nach Gesetz zulässigen – im Interesse der Allgemeinheit liegenden – Einschränkungen dulden *(Art. 14 GG).* So muss der Eigentümer Vermessungen auf seinem Grundstück erlauben oder Sachen herausgeben, die auf sein Grundstück gelangt sind (z. B. Ball, Modellflugzeug).

Das **Eigentum an beweglichen Sachen** wird durch **Übertragung** verschafft, d. h. durch Einigung und Übergabe.

Durch einen Kauf- oder Schenkungsvertrag verpflichtet sich der eine Vertragspartner, Eigentum zu übertragen **(Verpflichtungsgeschäft).** Aus diesem vertraglichen Verhältnis ergibt sich die Verpflichtung, dass der bisherige Eigentümer die Sache dem Erwerber übergibt **(Übergabe)** und sich beide darüber verständigt haben **(Einigung),** dass auf ihn das Eigentum übergehen soll **(Erfüllungsgeschäft).**

> Der bisherige Eigentümer eines Kraftfahrzeuges schließt mit seinem Vertragspartner einen Kaufvertrag ab (Verpflichtungsgeschäft). Er übergibt dem Käufer den Pkw und übereignet die Sache durch Herausgabe des Kraftfahrzeugbriefes (Erfüllungsgeschäft).

Befindet sich die Sache bei einem Dritten, erfolgt die Eigentumsübertragung durch Einigung und Abtretung *(§ 931 BGB).*

Zur Sicherung eines gewährten Darlehens tritt der Darlehensnehmer seine Forderungen gegenüber Dritten (Kunden) an das Kreditinstitut als Darlehensgeber ab (**Zession,** vgl. S. 445 f.).

Eine Besonderheit der Eigentumsübertragung wird durch § 932 BGB geregelt. In bestimmten Fällen muss der Veräußerer einer Sache nicht Eigentümer sein und trotzdem kann der Erwerber das Eigentum an der Sache erhalten.

Verkauft ein Juwelier, der von einem Kunden einen Ring zum Schätzen angenommen hat, dieses Schmuckstück an einen **gutgläubigen Dritten,** so wird dieser Eigentümer der Sache.

Der gute Glaube schützt allerdings einen Erwerber dann nicht, wenn die Sache dem eigentlichen Eigentümer gestohlen wurde oder sonstwie abhandengekommen ist.

Das **Eigentum an unbeweglichen Sachen** wird durch **Einigung** zwischen Veräußerer und Erwerber *(Auflassung, § 925 BGB)* und anschließender **Eintragung** (z. B. in das Grundbuch) übertragen *(§ 873 BGB).* Zusätzlich ist die notarielle Beurkundung des zwischen beiden Parteien geschlossenen Vertrages notwendig *(§ 311 b I BGB).*

- **Besitz** *(tatsächliche Herrschaft über eine Sache)*

In den meisten Fällen ist der Eigentümer einer Sache auch der Besitzer. Damit hat dieser neben der rechtlichen auch die tatsächliche Gewalt über einen körperlichen Gegenstand. **Eigentümer ist, wem eine Sache gehört. Besitzer ist, wer eine Sache hat.**

Ein Eigentümer kann sein Haus vermieten, verpachten oder verleihen und damit den Benutzer zum Besitzer machen.

Der Besitz an beweglichen und unbeweglichen Sachen wird durch die Erlangung der tatsächlichen Gewalt über die Sache erworben *(§ 854 BGB).*

Selbst ein Dieb, der sich eine Sache widerrechtlich angeeignet hat, besitzt den körperlichen Gegenstand. Besitz bezeichnet ein „Haben" und nicht ein „Haben-dürfen", sagt somit nichts über die Berechtigung des Besitzes aus.

3.2 Rechte

Neben Sachen können auch Rechte wie z. B. Patente, Eigentums-, Bezugs- oder Stimmrechte zum Objekt des Rechtsverkehrs werden.

▶ Absolute und relative Rechte

- **Absolute Rechte** wirken gegen jedermann.

Der Eigentümer eines Grundstückes kann:

- andere Personen am Betreten des Grundstückes hindern;
- das Grundstück veräußern oder mit einer Grundschuld belasten.

Zu den absoluten Rechten zählen auch die Persönlichkeitsrechte *(§ 823 I BGB)* wie z. B. das Recht auf körperliche Unversehrtheit oder der Schutz der Privatsphäre.

- **Relative Rechte** bestehen nur zwischen bestimmten Personen.

- Ein Käufer, dem eine mangelhafte Ware geliefert worden ist, kann z. B. das Recht auf Nacherfüllung nur gegenüber dem Verkäufer der Ware geltend machen.
- Eine Angestellte kann ihr Recht auf Kündigung nur gegenüber dem Arbeitgeber durchsetzen, bei dem sie beschäftigt ist.

▶ Zusammenfassung

Grundlagen des Rechts

Rechtsgebiete

- **Privatrecht**
  regelt die Rechtsbeziehungen zwischen gleichberechtigten Partnern
- **öffentliches Recht**
  ordnet die Interessen Einzelner den Erfordernissen der Gemeinschaft unter

Rechtsquellen

- **Gesetzesrecht**
  durch Staatsorgane erlassen und schriftlich niedergelegt
  - Gesetze
  - Verordnungen
  - Verwaltungsvorschriften
  - autonome Satzungen
- **Gewohnheitsrecht**
  durch langjähriges praktisches Handeln in der Gesellschaft anerkannte Regeln
- **Handelsbrauch**
  „Gewohnheitsrecht" zwischen Kaufleuten

objektives Recht

Ausgestaltung durch ↓ den Einzelnen zum

subjektiven Recht

Rechtssubjekte

- **als Rechtssubjekte** besitzen natürliche und juristische Personen **Rechtsfähigkeit,** d. h., sie sind Träger von Rechten und Pflichten
- **Geschäftsfähigkeit** gestattet es ihnen, im Rechtsverkehr zu handeln, d. h. Rechtsgeschäfte abzuschließen

Rechtsobjekte

- **Sachen** sind körperliche Gegenstände
  - bewegliche Sachen
  - unbewegliche Sachen
  - vertretbare Sachen
  - nicht vertretbare Sachen
- **Eigentümer** einer Sache ist, wem sie gehört, wer die rechtliche Gewalt über sie hat
- **Besitzer** einer Sache ist, wer sie hat, wer die tatsächliche Gewalt über sie ausübt
- **Rechte**
  - absolute Rechte wirken gegen jedermann
  - relative Rechte wirken nur zwischen bestimmten Personen

Aufgaben

2

(1) Bestimmen Sie in folgenden Fällen, ob Rechtsnormen des privaten oder öffentlichen Rechts berührt werden. Begründen Sie Ihre Meinung!

a) Die 18-jährige Irmgard Mull schließt einen Ausbildungsvertrag zur Versicherungskauffrau ab.

b) Das Finanzamt Dortmund fordert von Frau Werner die Kfz-Steuer ein.

c) Herr Mohn wird vom Gericht aufgefordert, als Zeuge in einer Strafsache auszusagen.

d) Der Hobbygärtner Peter Ahl leiht sich von seinem Nachbarn einen Sack Düngetorf.

e) Herr Siek wird nach einer Radarkontrolle mit einer Geschwindigkeit von 65 km/h innerhalb einer geschlossenen Ortschaft von der Polizei gestoppt.

(2) Erläutern Sie den folgenden Satz: Das subjektive Recht kann innerhalb des objektiven Rechts ausgestaltet werden!

(3) Stellen Sie am Beispiel Ihres Ausbildungsbetriebes die Beziehungen zu den juristischen Personen des öffentlichen Rechts dar!

(4) Wie erlangen natürliche bzw. juristische Personen die Rechtsfähigkeit?

(5) Erläutern Sie die Abstufungen in der Geschäftsfähigkeit! Welche Gründe mögen den Gesetzgeber veranlasst haben, das Maß der Geschäftsfähigkeit vom Alter und von der körperlichen und geistigen Leistungsfähigkeit abhängig zu machen?

(6) Nehmen Sie zu der These Stellung, dass nur natürliche Personen über Rechtsobjekte verfügen können!

(7) Was versteht man unter nicht vertretbaren Sachen?

(8) Ordnen Sie den nachfolgenden fünf Begriffsbestimmungen den jeweils zutreffenden Rechtsbegriff zu!

Begriffsbestimmungen:

① Befähigung, Rechte und Pflichten übernehmen zu können

② tatsächliche Verfügungsgewalt über eine Sache

③ rechtliche Verfügungsgewalt über eine Sache

④ Personenvereinigung bzw. Vermögensmasse mit eigener Rechtspersönlichkeit

⑤ Befähigung, Rechtsgeschäfte abschließen zu können

Rechtsbegriffe:

a) juristische Person

b) Eigentum

c) Besitz

d) Geschäftsfähigkeit

e) Rechtsfähigkeit

(9) Erläutern Sie an einem selbst gewählten Beispiel, wie das Eigentum an beweglichen bzw. unbeweglichen Sachen verschafft wird!

(10) Bei einem Wohnungseinbruch wird Ihnen Ihre Digitalkamera entwendet. Wer ist Eigentümer bzw. Besitzer, wenn die Polizei das Diebesgut bei einem Hehler sicherstellt?

(11) Grenzen Sie absolute gegen relative Rechte ab!

4 Zustandekommen, Nichtigkeit und Anfechtbarkeit von Rechtsgeschäften

▶ Zustandekommen von Rechtsgeschäften

Die Rechtsordnung der Bundesrepublik Deutschland ermöglicht es allen natürlichen und juristischen Personen, ihre Rechtsbeziehungen untereinander durch eigenen Willen frei zu gestalten **(Privatautonomie).** Im Sinne des BGB ist die Erklärung, mit der eine Person ihren Willen äußert, um eine **Rechtsfolge herbeizuführen,** eine **Willenserklärung.**

- Ein Kaufmann mietet in einem Geschäftshaus Büroräume **(Schaffung eines neuen Rechtsverhältnisses).**
- Nach einiger Zeit erfolgt auf Antrag des Vermieters eine Mietpreiserhöhung **(Änderung eines bestehenden Rechtsverhältnisses).**
- Zwei Jahre später kündigt der Kaufmann den Mietvertrag **(Auflösung eines Rechtsverhältnisses).**

Alle Rechtsgeschäfte kommen durch **entsprechende Willenserklärungen der Beteiligten** zustande.

■ Arten der Rechtsgeschäfte

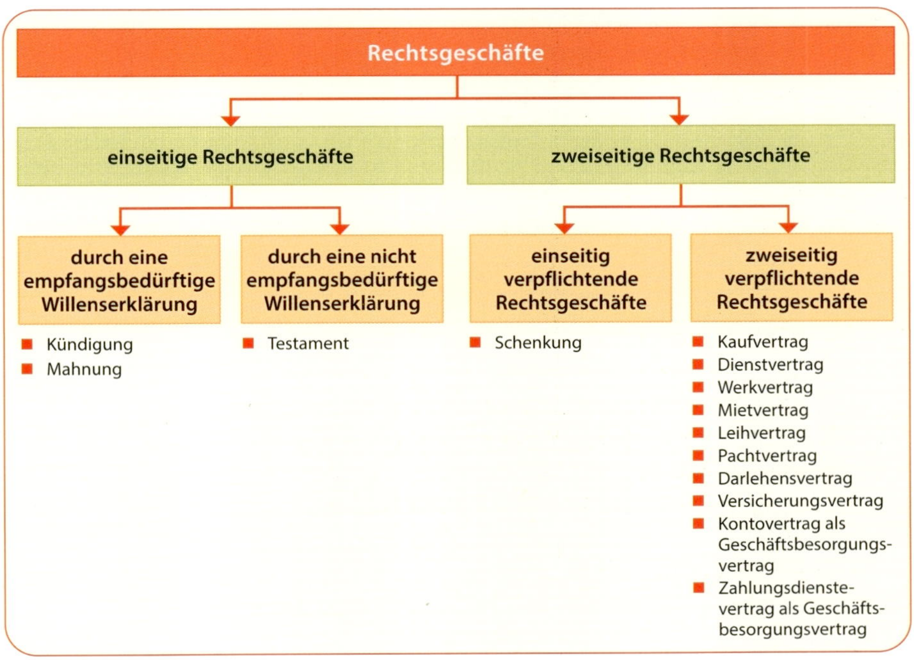

➤ Einseitige und zweiseitige Rechtsgeschäfte

Rechtsgeschäfte, die bereits durch **eine Willenserklärung** zustande kommen, bezeichnet man als einseitige Rechtsgeschäfte. Die durch mindestens **zwei Willenserklärungen** zustande kommenden Rechtsgeschäfte nennt man zweiseitige (bzw. mehrseitige) Rechtsgeschäfte.

➤ Empfangsbedürftige und nicht empfangsbedürftige Willenserklärungen

Zur Wirksamkeit eines Rechtsgeschäftes ist die Abgabe einer Willenserklärung allein nicht immer ausreichend. Nur bei **nicht empfangsbedürftigen Willenserklärungen**

(z. B. Testament) reicht die einseitige Erklärung des Willens für das Zustandekommen des Rechtsgeschäftes bereits aus; es wird unmittelbar nach Eintritt des Erbfalles wirksam.

Empfangsbedürftige Willenserklärungen führen nur dann zu Rechtsgeschäften, wenn sie der entsprechenden Person zugegangen sind, d. h. wenn diese Person vom Inhalt der Erklärung hätte Kenntnis nehmen können *(§ 130 I BGB)*.

> Wird ein Brief, der eine empfangsbedürftige Willenserklärung enthält, vom Zusteller in den Briefkasten geworfen, so gilt sie als zugegangen. Allerdings sollte der Absender zur Beweisführung für den zugestellten Brief das Schreiben per Übergabe-Einschreiben „Eigenhändig" mit Rückschein versenden.

- **Einseitig und zweiseitig verpflichtende Rechtsgeschäfte**

Bei einseitig verpflichtenden Rechtsgeschäften werden nur einem Vertragspartner Leistungspflichten auferlegt, während bei zweiseitig verpflichtenden Rechtsgeschäften Leistungen und Gegenleistungen zwischen den Vertragspartnern ausgetauscht werden müssen.

> Eine Schenkung begründet in der Regel keine Leistungspflicht des Beschenkten, da die Zuwendung unentgeltlich erfolgt *(§ 516 BGB)*. Wird hingegen die Schenkung mit Auflagen verbunden *(§ 525 BGB)* – z. B. verpflichtet sich ein Kind, für das ihm von seinen Eltern übertragene Haus Ausgleichszahlungen an die Geschwister zu leisten –, so wird auch für den Beschenkten eine Leistungspflicht festgelegt.

Formen der Willenserklärungen

Nach dem **Grundsatz der Formfreiheit** sind Willenserklärungen zur Herbeiführung von Rechtsgeschäften im Allgemeinen an keine besondere Form gebunden. Willenserklärungen können daher:

- mündlich (einschließlich telefonisch),
- schriftlich (einschließlich per Fax, über Internet oder E-Mail),
- durch schlüssiges Verhalten (konkludentes Verhalten)

abgegeben werden.

Der Wille muss nicht unbedingt ausdrücklich durch Worte erklärt werden; es genügt, wenn dieser durch ein bestimmtes Verhalten **schlüssig,** d. h. erkennbar geäußert wird.

> - Abgabe eines Antrages bei einer Versteigerung durch Handzeichen
> - Entnahme von Waren aus Automaten
> - Ein Kunde entnimmt Waren aus einem Regal im Supermarkt, legt sie in den Einkaufswagen und geht zur Kasse. Dort erfasst eine Mitarbeiterin die Einzelbeträge und rechnet ab.

Allerdings sieht der Gesetzgeber für **einige Rechtsgeschäfte bestimmte Formen** für die Abgabe von Willenserklärungen vor:

- **Gesetzliche Schriftform** *(§ 126 BGB)*

> - Kündigung von Berufsausbildungs- *(§ 22 III BBiG)* oder Arbeitsverhältnissen, wobei die elektronische Form ausgeschlossen ist *(§ 623 BGB)*
> - Kündigung eines Mietvertrages *(§ 568 I BGB)*
> - Abschluss eines Verbraucherdarlehensvertrages *(§ 492 I BGB)* einschließlich des Rechts auf Widerruf *(§ 495 BGB)*

- **Öffentliche Beglaubigung** *(§ 129 BGB)*

Vor einem Notar oder Amtsgericht wird die eigenhändige Unterschrift des Erklärenden öffentlich beglaubigt.

- Ausschlagung einer Erbschaft *(§ 1945 BGB)*
- Antrag auf Eintragung in ein öffentliches Register (z. B. Handelsregister) *(§ 12 HGB)*

➤ **Notarielle Beurkundung** *(§ 128 BGB)*

Die Beurkundung einer Willenserklärung durch einen Notar ist beim Grundstückserwerb vorgeschrieben *(§ 311b I BGB)*

Ein Verstoß gegen eine gesetzlich vorgeschriebene oder vereinbarte Form führt zur **Nichtigkeit** des Rechtsgeschäftes.

Nichtigkeit von Rechtsgeschäften

Werden bestimmte Voraussetzungen, die vom BGB an rechtswirksame Willenserklärungen gestellt werden, nicht erfüllt, ist das Rechtsgeschäft **nichtig,** d. h. **von Anfang an unwirksam.** Gründe für nichtige Rechtsgeschäfte sind:

- **Abgabe einer Willenserklärung durch einen Geschäftsunfähigen** *(§ 105 I BGB)*
- **Abgabe einer Willenserklärung im Zustande der Bewusstlosigkeit oder der vorübergehenden Störung der Geistestätigkeit** *(§ 105 II BGB)*
- **Die Zustimmung** (= Einwilligung im Voraus oder Genehmigung im Nachhinein) **durch den gesetzlichen Vertreter zum Rechtsgeschäft eines beschränkt Geschäftsfähigen erfolgt nicht** *(§ 107 BGB)*
- **Verstoß gegen eine gesetzlich vorgeschriebene oder vereinbarte Form** *(§ 125 BGB)*
- **Verstoß gegen ein gesetzliches Verbot** *(§ 134 BGB)*

  Ein Einzelhändler, der Tabakwaren an Kinder oder Jugendliche verkauft, verstößt gegen das Jugendschutzgesetz *(§ 10 I JuSchG).*

- **Sittenwidrigkeit eines Rechtsgeschäftes** *(§ 138 BGB)*

  Ein Kreditgeber nutzt die Zwangslage seines Vertragspartners zu Wucherzinsen aus.

- **Scheingeschäft** *(§ 117 BGB)*

  Zur Verminderung der Grunderwerbsteuer, die beim Kauf eines Grundstückes nach der Höhe des Kaufpreises zu berechnen ist, wird im Kaufvertrag ein Preis ausgewiesen, der erheblich unter dem tatsächlich vereinbarten liegt.

- **Scherzgeschäft** *(§ 118 BGB)*

  Anlässlich einer Karnevalsveranstaltung bestellt ein Gast zu vorgerückter Stunde 1 000 Flaschen Sekt für seine fünf Begleiter und sich.

Anfechtbarkeit von Rechtsgeschäften

Ist ein Rechtsgeschäft wirksam zustande gekommen, kann es unter bestimmten Voraussetzungen nachträglich angefochten werden. Bis zu dieser Anfechtung ist das Rechtsgeschäft wirksam, **danach verliert es seine Gültigkeit** und wird als von Anfang an **nichtig** angesehen *(§ 142 BGB).*

Eine Anfechtung ist in folgenden Fällen möglich:

- **Anfechtung wegen Erklärungs- oder Inhaltsirrtums** *(§ 119 BGB)*

  - **Erklärungsirrtum:** In einem Kaufvertrag wird der tatsächliche Preis der Ware in Höhe von 5 000 EUR versehentlich mit 500 EUR ausgewiesen.

(Typisch für einen Erklärungsirrtum ist es, sich zu verschreiben oder zu versprechen, ohne diesen Fehler zu bemerken.)

- **Inhaltsirrtum:** Ein Galerist verkauft einer Kundin ein Gemälde als Reproduktion, das sich noch vor der Bezahlung des vereinbarten Preises als wertvolles Original herausstellt.

- **Anfechtung wegen falscher Übermittlung** *(§ 120 BGB)*

  Die Willenserklärung wird von einer dritten Person oder einer Einrichtung unrichtig weitergeleitet.

  Der einer Bank erteilte Dauerauftrag wird von einem Mitarbeiter mit falschen Daten elektronisch erfasst.

- **Anfechtung wegen arglistiger Täuschung oder widerrechtlicher Drohung** *(§ 123 BGB)*

  - Der Verkäufer eines Gebrauchtwagens verneint wider besseres Wissen die Frage, ob es sich um ein Unfallfahrzeug handelt.
  - Ein Hauseigentümer verbindet die Forderung nach höherer Miete mit der Drohung, Wasser und Heizung abzustellen, falls der neue Mietpreis nicht umgehend bezahlt würde.

Zur wirksamen Anfechtung ist eine **fristgemäße Anfechtungserklärung** notwendig. Erst damit wird die zuvor rechtswirksam abgegebene Willenserklärung nichtig. Fristgemäß heißt bei Anfechtungen:

- wegen Erklärungs- oder Inhaltsirrtums bzw. unrichtiger Übermittlung ohne schuldhaftes Zögern, d. h. **unverzüglich nach Feststellung des Irrtums** *(§ 121 BGB),*

- wegen arglistiger Täuschung oder widerrechtlicher Drohung **binnen eines Jahres nach Kenntnis der Täuschung bzw. Wegfall der Zwangslage** *(§ 124 BGB).*

Eine Anfechtung ist grundsätzlich ausgeschlossen, wenn seit dem Zustandekommen des Rechtsgeschäftes zehn Jahre verstrichen sind.

5 Vertragsarten

Verträge sind Rechtsgeschäfte, bei denen mindestens zwei Personen ihren Willen übereinstimmend äußern. Diese beiden Willenserklärungen werden als **Antrag** und **Annahme** abgegeben.

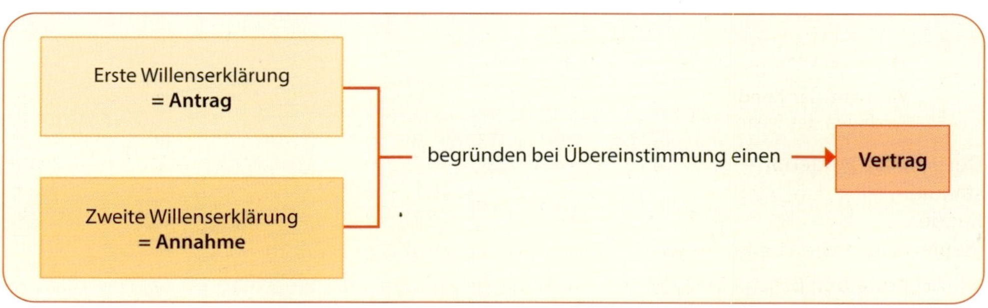

5.1 Der Kaufvertrag als Grundform vertraglicher Regelungen *(§§ 433 ff. BGB)*

5.1.1 Zustandekommen des Kaufvertrages

Voraussetzung zum Abschluss eines Kaufvertrages sind zwei übereinstimmende Willenserklärungen, die als **Antrag** und **Annahme** bezeichnet werden. Mit dem Antrag wendet sich derjenige, der einen Kaufvertrag abschließen möchte, an seinen Partner. Die Annahme ist die Willenserklärung desjenigen, an den sich der Antrag richtet.

Antrag und Annahme können vom Verkäufer oder vom Käufer ausgehen:

- Hat der Käufer noch keine konkreten Vorstellungen über die zu erwerbende Ware, wird er seinen Kaufwunsch vortragen **(Anfrage),** der **Antrag** aber wird vom Verkäufer formuliert werden.

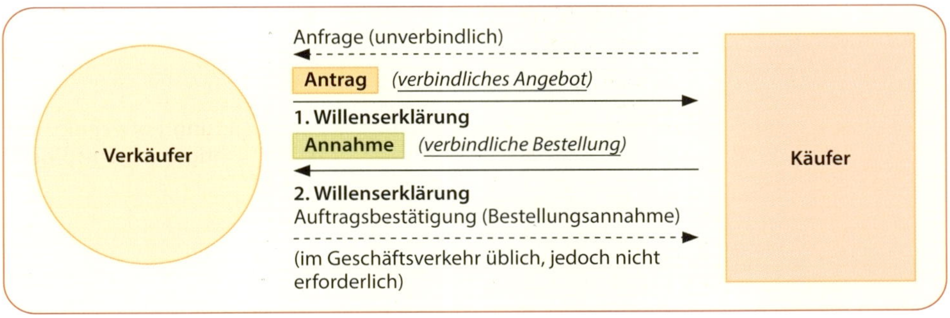

- Hat sich der Kunde bereits vorab für eine bestimmte Ware entschieden, wird er selbst den **Antrag** an den Verkäufer richten.

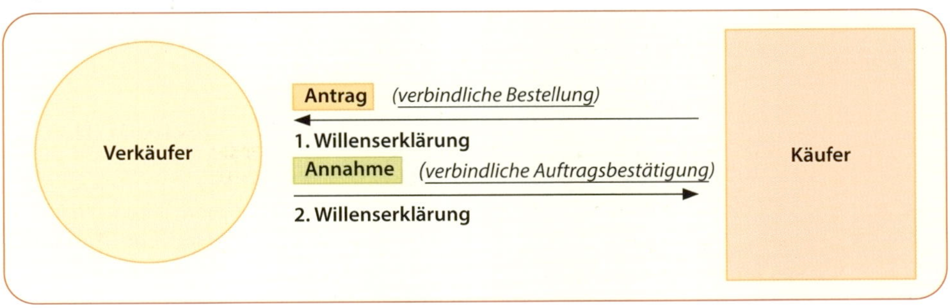

Ein Kunde betritt eine Buchhandlung, nimmt einen Reiseführer aus dem Regal und legt diesen dem Verkäufer vor (Antrag). Der Verkäufer prüft das Exemplar und geht zur Kasse (Annahme).

Wünscht der Kunde ein zurzeit nicht vorrätiges Buch (Antrag = Bestellung), kommt erst durch das Ausfüllen des Bestellscheines (Annahme = Auftragsbestätigung) ein Kaufvertrag zustande.

Der **Antrag** (Angebot – vgl. S. 68 ff.) muss sich **an eine bestimmte Person** richten und so vollständig und unmissverständlich formuliert sein, dass ein Kaufvertrag durch bloße Bejahung des Kunden abgeschlossen werden kann. An diesen einmal abgegebenen Antrag ist der Verkäufer (Käufer) gebunden. In das Angebot sind aufzunehmen:

- Art, Güte und Beschaffenheit der zu liefernden Ware,
- Preis pro Einheit der Ware,

4 Merkur-Nr. 0124

- Lieferungsbedingungen (Lieferzeit, Verpackungskosten, Beförderungskosten),
- Zahlungsbedingungen,
- Erfüllungsort,
- Gerichtsstand.

Mit der **Annahme** (Bestellung – vgl. S. 81) lässt der Käufer (Verkäufer) den Kaufvertrag entstehen, d. h., er erkennt die vereinbarten Vertragsbedingungen an. Eine Änderung des Vertragsinhaltes würde die Ablehnung des Antrages bedeuten *(§ 150 II BGB)*. Gleichzeitig würde aber ein neuer Antrag formuliert, der nun zunächst vom Vertragspartner angenommen werden müsste.

> Ein Einzelhändler übersendet seinem Kunden ein Angebot (Antrag) über eine digitale Videokamera. Der Kunde erklärt sich mit den Vertragsbestandteilen einverstanden, verlangt aber zusätzlich die unentgeltliche Überlassung von zwei Speicherkarten. Die mit dieser Annahme verbundene Änderung des Antrages stellt damit einen neuen Antrag dar, den der Händler zunächst annehmen müsste.

5.1.2 Erfüllung des Kaufvertrages

Ist ein Kaufvertrag durch zwei inhaltlich übereinstimmende Willenserklärungen zustande gekommen, ergeben sich für die Vertragsparteien bestimmte **Pflichten** *(§ 433 BGB)*. Dabei sind die Pflichten des einen Vertragspartners zugleich die Rechte des anderen:

Pflichten aus dem Kaufvertrag *(§ 433 BGB)*

Pflichten des Verkäufers = Rechte des Käufers	**Pflichten des Käufers** = Rechte des Verkäufers
■ ordnungsgemäße Übergabe (zur richtigen Zeit am richtigen Ort) der mangelfreien Ware ■ Eigentumsübertragung	■ Annahme der ordnungsgemäß gelieferten Ware ■ Zahlung des vereinbarten Kaufpreises

Bei Lieferung einer bestellten Warensendung wird der Käufer zunächst deren Ordnungsgemäßheit (Adresse, Stückzahl und Transportverpackung sowie die Mangelfreiheit der Waren) überprüfen **(Wareneingangsprüfung).**

Ist die Warenlieferung nicht für den Käufer bestimmt oder weist die Verpackung erhebliche Beschädigungen auf bzw. lehnt der Transporteur die Bestätigung des Mangels ab, sollte die Annahme der Sendung verweigert werden.

Erst wenn sichergestellt ist, dass die Lieferung äußerlich nicht zu beanstanden ist, wird der Käufer den Erhalt der Sendung quittieren.

Die Zahlung des vereinbarten Kaufpreises erfolgt üblicherweise auf eine **Rechnung** des Lieferanten. Vor Bezahlung der Rechnung ist es allerdings unbedingt erforderlich, die angegebenen Beträge und die Zahlungsbedingungen mit dem Angebot bzw. der Bestellung zu vergleichen **(Rechnungsprüfung).** Ergeben sich Beanstandungen, ist die Rechnung umgehend beim Lieferanten zu reklamieren.

5.1.3 Besondere Arten des Kaufvertrages

Arten des Kaufvertrages

nach der Art und Beschaffenheit der Ware
- Stückkauf
- Gattungskauf
- Kauf auf Probe oder auf Besichtigung
- Kauf zur Probe
- Spezifikationskauf
- Ramschkauf

nach den Vertragspartnern

Kaufvertrag
- zwischen Privatpersonen (Verbrauchern)
- zwischen Verbraucher und Unternehmer
- zwischen Kaufleuten

nach dem Zahlungszeitpunkt (ggf. als Fixgeschäft bzw. Fixhandelskauf)
- Zahlung vor Lieferung
- Zahlung bei Lieferung
- Zahlung nach Lieferung

nach der Lieferzeit der Ware (ggf. als Fixgeschäft bzw. Fixhandelskauf)
- Tageskauf/Sofortkauf
- Terminkauf
- Kauf auf Abruf

▶ Kaufvertragsarten nach der Art und Beschaffenheit der Ware

- Bei einem **Stückkauf** handelt es sich um den Erwerb einer genau **identifizierbaren Ware,** die bei Zerstörung oder Verlust nicht ersetzbar ist.

  Modellkleid; Gemälde; Gebrauchtwagen der Marke X, Baujahr 20.., Kilometerstand 12 000

- Bei einem **Gattungskauf** wird die Ware durch die Vertragspartner **nach Gattungsmerkmalen** wie Farbe, Material, Gewicht usw. festgelegt. Die Auswahl des einzelnen Stückes aus dieser Gattung wird dem Verkäufer überlassen.

  Kauf eines Neuwagens mit dreimonatiger Lieferzeit; Kauf von 3 000 l Heizöl

- Bei einem **Kauf auf Probe oder auf Besichtigung** *(§ 454 BGB)* überlässt der Verkäufer dem Käufer die Ware für eine bestimmte Zeit. Der Käufer erhält damit die Möglichkeit, die Ware auszuprobieren, zu prüfen und sich anschließend **zum Kauf oder zur Rückgabe zu entschließen.** Durch den Kauf auf Probe ist ein Kaufvertrag erst bedingt zustande gekommen, d. h., der Kaufvertrag entsteht erst, wenn der Käufer nach der Prüfung sein Einverständnis erklärt.

  Ein Pianist beabsichtigt, ein neues Klavier zu erwerben. Bevor er sich fest zum Kauf entschließt, möchte er das Instrument eine Woche testen.

- Beim **Kauf zur Probe** bezieht der Käufer zunächst **eine kleinere Menge Ware, um diese auszuprobieren.** Es liegt ein endgültiger (unbedingter) Kauf vor, bei dem der Käufer dem Verkäufer unverbindlich zu erkennen gibt, dass Nachbestellungen erfolgen werden, wenn die gelieferte Ware den Erwartungen entspricht. Diese Form des Kaufs ist bei der Einführung neuer Waren üblich.

  Ein Weinhändler bestellt 10 Flaschen einer bestimmten Spätlese zur Probe mit dem Hinweis, dass bei Gefallen weitere 500 Flaschen derselben Qualität zum selben Preis geliefert werden müssten.

- Beim **Spezifikationskauf** (Bestimmungskauf) *(§ 375 HGB)* bestimmt der Käufer **zunächst nur die Warenart und die Gesamtmenge.** Innerhalb einer bestimmten Frist hat er das Recht, die Ware nach Form, Farbe, Maß usw. näher festzulegen. Versäumt der Käufer diese Frist, wird die Spezifizierung der Ware durch den Verkäufer vorgenommen.

> Auf einer Modemesse im Frühjahr bestellt ein Einzelhändler 100 Herrenanzüge zur Lieferung im September. Bis Ende Juni wird er mitteilen, in welchen Farben und Größen er die Anzüge benötigt.

- Beim **Ramschkauf** wird Ware **„in Bausch und Bogen"** bzw. **„en bloc"** erworben. Die gesamte Warenmenge wird ohne Rücksicht auf den Zustand einzelner Stücke in der Regel zu einem Pauschalpreis gekauft.

> Bei der Geschäftsauflösung eines Möbelhauses wird der gesamte Warenbestand von einem Händler zum Pauschalpreis von 100 000 EUR erworben.

▶ Kaufvertragsarten nach den Vertragspartnern

Zu unterscheiden sind:

- **Kaufverträge zwischen Privatpersonen (Verbrauchern)** *(§§ 433 ff. BGB)*

  Hier werden die Geschäfte nur zu privaten Zwecken durchgeführt **(bürgerlicher Kauf). Verbraucher** ist jede natürliche Person, die ein Rechtsgeschäft zu einem Zweck abschließt, der weder ihrer gewerblichen noch ihrer selbstständigen beruflichen Tätigkeit zugerechnet werden kann *(§ 13 BGB).*

  > Aufgrund einer privaten Kleinanzeige erwirbt ein Rentner einen gebrauchten Pkw.

- **Kaufverträge, bei denen ein Verbraucher (Privatperson)** entweder eine **Ware** *(§ 241 a BGB)* oder eine neben dem Verkauf der Ware vereinbarte **Dienstleistung von einem Unternehmer erwirbt** *(§§ 433 ff. BGB und die speziellen Vorschriften zum Verbrauchsgüterkauf gemäß §§ 474 ff. BGB)*

  Unternehmer sind natürliche oder juristische Personen, die beim Abschluss eines Rechtsgeschäfts in Ausübung ihrer gewerblichen oder selbstständigen beruflichen Tätigkeit handeln *(§ 14 BGB).*

  > Ein Rentner kauft einen Neuwagen in einem Autohaus.

- **Kaufverträge zwischen Kaufleuten** *(zweiseitiger Handelskauf gemäß §§ 343 ff. HGB)*

  > Ein Großhändler erwirbt bei einem Autohaus 25 Pkw, die zur Kundenbetreuung im Außendienst benötigt werden.

▶ Kaufvertragsarten nach dem Zahlungszeitpunkt

- Bei der **Zahlung vor Lieferung** wird entweder der gesamte Kaufpreis oder es werden Teilbeträge vor Lieferung der Ware entrichtet.
- Die **Zahlung bei Lieferung** ist die gesetzlich vorgeschriebene Regelung, bei der die Warenlieferung und die Zahlung des Kaufpreises „Zug um Zug" erfüllt werden.
- Bei der **Zahlung nach Lieferung** wird dem Käufer ein Zahlungsaufschub gewährt. Er begleicht die Rechnung innerhalb einer bestimmten Frist (Zielkauf) oder kommt seiner Zahlungsverpflichtung in Teilbeträgen nach (Ratenkauf).

Die pünktliche Erfüllung der Zahlungsverpflichtung des Käufers kann auch Gegenstand eines **Fixgeschäftes** *(§ 323 II Nr. 2 BGB)* unter Nichtkaufleuten bzw. – bei Handelskäufen – eines **Fixhandelskaufes** *(§ 376 HGB)* sein. In diesem Fall steht und fällt das Geschäft mit der **Einhaltung oder dem Versäumnis des Zahlungszeitpunktes** seitens des **Käufers,** der sich vertraglich verpflichtet hat, seine Leistung – **nämlich die Zahlungspflicht** – genau zu einer festbestimmten Zeit oder innerhalb einer festbestimmten Frist zu bewirken. Je nach Vertragspartner führen Fixkäufe zu unterschiedlichen Rechten des Gläubigers. Die pünktliche Erfüllung der Lieferpflicht (vgl. S. 53) kann ebenfalls Gegenstand eines Fixgeschäftes sein.

▶ Kaufvertragsarten nach der Lieferzeit der Ware

- Beim **Tageskauf (Sofortkauf)** hat der Verkäufer unmittelbar nach Abschluss des Kaufvertrages zu liefern.
- Beim **Terminkauf** hat die Lieferung innerhalb einer vereinbarten Frist zu erfolgen.
- Beim **Kauf auf Abruf** kann der Käufer innerhalb einer angemessenen Frist den Zeitpunkt der Lieferung selbst bestimmen.

Die pünktliche Erfüllung der Lieferpflicht des Verkäufers kann auch Gegenstand eines **Fixgeschäftes** *(§ 323 II Nr. 2 BGB)* unter Nichtkaufleuten bzw. – bei Handelskäufen – eines **Fixhandelskaufes** *(§ 376 HGB)* sein. In diesem Fall steht und fällt das Geschäft mit der **Einhaltung oder dem Versäumnis des vereinbarten Liefertermins** seitens des **Verkäufers,** der sich vertraglich verpflichtet hat, seine Leistung – **nämlich die Lieferpflicht** – genau zu einer festbestimmten Zeit oder innerhalb einer festbestimmten Frist zu erfüllen.

Im Handelsverkehr ergibt sich der Fixcharakter eines Geschäftes aus Klauseln wie „fix", „präzis", „genau" oder „exakt", die der Zeitbestimmung hinzugefügt werden. Formulierungen wie „schleunigst" oder „umgehend" führen ebensowenig zu einem Fixgeschäft wie die alleinige Angabe einer Zeitbestimmung, die lediglich den Fälligkeitszeitpunkt der Leistung festlegt.

> Bei typischen Saisonartikeln wie z.B. Weihnachtsbäumen oder Osterhasen liegt demgegenüber ein Fixkauf vor, ohne dass es eines besonderen Hinweises bedarf. Hier ergibt sich der Fixcharakter des Geschäftes aus der erkennbaren Zweckbestimmung.
>
> Im Gegensatz zum **relativen Fixgeschäft** gemäß *§ 323 II Nr. 2 BGB* bzw. *§ 376 HGB,* bei dem es bei Nichteinhaltung der Leistungszeit grundsätzlich möglich ist, das Versäumte nachzuholen, ist die Leistungszeit beim **absoluten Fixgeschäft** so entscheidend, dass die Leistung bei Nichteinhaltung **nicht** mehr nachholbar ist. Es liegt Unmöglichkeit vor. Dies ist etwa der Fall, wenn sich eine Band, die anlässlich einer Party zum Tanz aufspielen soll, verspätet und erst gegen ca. 1:30 Uhr erscheint.

Je nach Vertragspartner (bürgerlicher Kauf bzw. Handelskauf) lassen sich **Fixgeschäfte** *(§ 323 II Nr. 2 BGB)* bzw. **Fixhandelskäufe** *(§ 376 HGB)* unterscheiden. Dabei führt die Nichteinhaltung der Leistungszeit bzw. -frist **(d.h. der Lieferpflicht des Verkäufers oder der Zahlungspflicht des Käufers)** zu **unterschiedlichen Rechtsfolgen:**

- **Rechte des Gläubigers beim Fixgeschäft** *(§ 323 II Nr. 2 BGB)*
  - Bei Nichteinhaltung der Leistungszeit bzw. -frist ist der Gläubiger berechtigt, ohne Mahnung **vom Vertrag zurückzutreten.** Unterbleibt der Rücktritt, der nach Ablauf der festbestimmten Frist erklärt werden muss, besteht der Anspruch des Gläubigers auf Leistungserfüllung gegenüber dem Schuldner weiter.
  - **Schadensersatz** ist nach den allgemeinen Regeln des BGB zum Schuldnerverzug geltend zu machen. Dies bedeutet, dass der Schuldner die Verspätung der Leistung zu vertreten hat *(§ 286 IV BGB).*
- **Rechte des Gläubigers beim Fixhandelskauf** *(§ 376 HGB)*
  - Da das Handelsrecht **Interessenwegfall** unterstellt, muss der Gläubiger, falls er an der Erfüllung des Vertrages noch interessiert ist, dies gegenüber dem Schuldner sofort anzeigen, nachdem der Leistungszeitpunkt bzw. die -frist verstrichen ist. Mit dieser Erklärung geht jedoch der Charakter des Fixgeschäftes verloren.
  - Besteht der Gläubiger nicht auf Erfüllung des Vertrages, kann er ohne Mahnung und Nachfristsetzung **vom Vertrag zurücktreten** und – sofern der Schuldner in Verzug ist, d.h. die Nichteinhaltung der Leistungszeit zu vertreten hat – **Schadensersatz wegen Nichterfüllung verlangen.** Die Nachfristsetzung ist nicht erforderlich.

5.1.4 Vertragsfreiheit und allgemeine Geschäftsbedingungen

Die Vertragsfreiheit ist im Grundgesetz der Bundesrepublik Deutschland *(Art. 2 GG)* fest verankert. Jedermann hat das Recht, Willenserklärungen abzugeben, den Inhalt eines Vertrages frei zu gestalten und über den Zeitpunkt des Abschlusses oder der Auflösung des Vertrages nach eigenem Ermessen zu entscheiden.

Obwohl die Inhalte eines Kaufvertrages grundsätzlich von den Vertragspartnern im Rahmen der **Privatautonomie** frei bestimmbar sind, erfährt dieser Grundsatz eine Einschränkung. Um den Ablauf des täglichen Geschäftsverkehrs einfacher und zeitsparender zu gestalten, enthalten die vom Verkäufer einheitlich vorformulierten Vertragsbedingungen, die **allgemeinen Geschäftsbedingungen,** Bestimmungen zu Lieferungs- und Zahlungsbedingungen, Garantiezeiten, Folgen aus Störungen bei der Abwicklung eines Kaufvertrages, Eigentumsvorbehalt sowie Erfüllungsort und Gerichtsstand. Man findet die allgemeinen Geschäftsbedingungen in der Regel als **Kleingedrucktes** auf der Rückseite von Angeboten oder Kaufvertragsformularen.

Die Regelungen des BGB zu den allgemeinen Geschäftsbedingungen gelten zwar grundsätzlich auch für Verträge zwischen **Unternehmern** (vgl. S. 52), bezwecken jedoch in erster Linie den **Schutz des Verbrauchers.**

Die Regelungen des Rechts der Allgemeinen Geschäftsbedingungen **verbieten** u.a. folgende Bestimmungen in allgemeinen Geschäftsbedingungen *(§ 309 BGB):*

- die Verkürzung der zweijährigen gesetzlichen Gewährleistungsfrist,
- die Möglichkeit von kurzfristigen Preiserhöhungen bei Warenlieferungen, wenn zwischen vereinbartem Liefertermin und Kaufvertragsabschluss vier Monate liegen,
- die Verpflichtung, dem Verkäufer z. B. bei Nichtabnahme oder verspäteter Abnahme der Ware eine Vertragsstrafe zu zahlen,
- dass sich der Verkäufer für die Erbringung einer Leistung (z. B. Lieferung einer Ware) eine unangemessen lange oder nicht hinreichend bestimmte Frist vorbehält,
- die für den Käufer unzumutbare Änderung der im Kaufvertrag versprochenen Leistung durch den Verkäufer.

Allgemeine Geschäftsbedingungen finden auch bei Werk-, Dienst-, Miet-, Pacht- und Gelddarlehensverträgen Anwendung. Darüber hinaus gelten die allgemeinen Geschäftsbedingungen in Gestalt der **„allgemeinen Versicherungsbedingungen"** (AVB) grundsätzlich auch für Versicherungsverträge.

Allgemeine Geschäftsbedingungen

Umfang der Lieferpflicht

1. Der Umfang der Bestellung ergibt sich aus dem schriftlichen Angebot und/oder der schriftlichen Auftragsbestätigung des Lieferers. Bei mündlicher oder telefonischer Bestellung ist die schriftliche Auftragsbestätigung des Lieferers maßgebend. Bis zur schriftlichen Auftragsbestätigung sind die Angebote freibleibend; Zwischenverkauf bleibt vorbehalten. Nebenabreden bedürfen der schriftlichen Bestätigung.

Preise und Zahlungsbedingungen

2. Die Preise gelten ab Werk oder Niederlassung des Lieferers einschließlich Verpackung, Fracht und Aufstellung. Bei Regalen und Geldschränken werden Fracht und Aufstellung gesondert in Rechnung gestellt.
3. Die Transportverpackung wird im Rahmen der gesetzlichen Bestimmungen zurückgenommen.

4. Treten nach Ablauf von 4 Monaten nach Vertragsabschluss Materialpreis- oder Lohn- und Gehaltserhöhungen ein oder werden Steuern und Abgaben erhöht, so ist der Lieferer berechtigt, seine Preise entsprechend anzugleichen. Anzahlungen und Vorausleistungen sind ohne Einfluss auf die Preise. Sie werden gutgeschrieben und auf den sich endgültig ergebenden Preis verrechnet.

5. Rechnungen sind innerhalb von 10 Tagen ab Rechnungsdatum mit 2 Prozent Skonto oder nach 30 Tagen netto zu zahlen. Der Lieferer behält sich vor, bei Aufträgen von 15 000 EUR und höher ein Drittel der Auftragssumme nach Erhalt der Auftragsbestätigung, ein Drittel nach Anzeige der Versandbereitschaft und den Rest nach erfolgter Lieferung bzw. Montage anzufordern. Verzögert sich die Auslieferung aus Gründen, die der Lieferer nicht zu vertreten hat, so kann der Lieferer auch bei Aufträgen bis zu 15 000 EUR zwei Drittel der Vertragssumme als Anzahlung verlangen.

Eigentumsvorbehalt

6. Alle Lieferungen erfolgen unter Eigentumsvorbehalt. Das Eigentum geht erst dann auf den Besteller über, wenn er seine gesamten Verbindlichkeiten aus den Lieferungen getilgt hat. Das gilt auch dann, wenn der Kaufpreis für bestimmte, vom Besteller bezeichnete Warenlieferungen bezahlt ist. Bei laufender Rechnung gilt das vorbehaltene Eigentum als Sicherung für die Saldoforderung des Lieferers.

7. Der Besteller ist berechtigt, die gelieferte Ware im gewöhnlichen Geschäftsverkehr zu seinen normalen Geschäftsbedingungen zu veräußern. Verpfändungen oder Sicherheitsübereignungen sind ihm untersagt.

Gefahrenübergang und Versand

8. Der Lieferer versendet stets auf Rechnung und Gefahr des Bestellers, auch bei Franko-Lieferungen. Die Gefahr geht auf den Besteller über, sobald die Sendung das Werk verlassen hat. Vom gleichen Zeitpunkt an haftet der Besteller für Schäden, die Dritten gegenüber entstehen können. Ist die Ware versandbereit und verzögert sich die Versendung oder die Annahme aus Gründen, die der Lieferer nicht zu vertreten hat, so geht die Gefahr mit dem Zugang der Anzeige der Versandbereitschaft auf den Besteller über.

9. Der Lieferer ist berechtigt, diese Ware auf Kosten des Bestellers und für dessen Rechnung und Gefahr anderweitig einzulagern, wenn die Abnahmeverpflichtung um länger als 4 Wochen verzögert wird.

10. Versandweg, Versandart und Versandmittel sind unter Ausschluss der Haftung und ohne Gewähr für billigsten Transport dem Lieferer überlassen.

Transportschäden und Versicherung

11. Transportschäden müssen beim Empfang der Ware sofort angezeigt werden. Bei Bahntransporten ist von der Güterabfertigung eine bahnamtliche Bescheinigung zur Geltendmachung von Ersatzansprüchen über den Schaden zu verlangen. Diese ist uns umgehend einzusenden. Wird verabsäumt, diese Bescheinigung zu beschaffen, wird jeder Ersatzanspruch abgelehnt.

12. Die Versicherung der Waren gegen Transportschäden wird nur auf Wunsch des Bestellers vorgenommen. Der Lieferer berechnet in diesem Fall die ihm entstandenen Kosten, übernimmt aber keine Verantwortung für die Durchführung der Versicherung.

Gewährleistungsansprüche

13. Offensichtliche Mängel müssen binnen 8 Tagen nach Empfang der Waren oder Beendigung der Montage, wenn diese vom Lieferer vorgenommen wurde, schriftlich gerügt werden.

14. Ist die Ware infolge von Material- oder Verarbeitungsfehlern mangelhaft, so ist der Lieferer verpflichtet, sie nach seiner Wahl entweder nachzubessern oder kostenlos durch einwandfreie Ware zu ersetzen. Dem Besteller bleibt das Recht vorbehalten, bei Fehlschlagen der Nachbesserung oder Ersatzlieferung Herabsetzung der Vergütung oder nach seiner Wahl Rückgängigmachung des Vertrages zu verlangen. Dies gilt jedoch nur dann, wenn der Besteller die Ware nicht verändert hat.

15. Weitere Gewährleistungsansprüche des Bestellers sind ausgeschlossen. Eine Haftung ist ausgeschlossen, wenn die Ware sich nicht mehr im Zustand der Ablieferung befindet, d. h. insbesondere, sofern der Besteller Änderungen oder Instandsetzungsarbeiten veranlasst hat.

16. Gewährleistungsansprüche verjähren 2 Jahre nach Erhalt der Ware. Schadensersatzansprüche bleiben beschränkt auf den Fall groben Verschuldens oder Vorsatzes.

Erfüllungsort und Gerichtsstand

17. Erfüllungsort ist der Sitz des Lieferers.

18. Gerichtsstand ist Hamburg. Das gilt auch für Wechsel- und Scheckklagen. Ist der Käufer Gewerbetreibender im Sinne des HGB oder Nichtkaufmann, so wird hiermit ausdrücklich vereinbart, dass Ansprüche im Wege des Mahnverfahrens (§§ 688 ff. ZPO) an dem Gerichtsstand Hamburg geltend gemacht werden können (§ 38 Abs. 3 Ziff. 2 b ZPO).

5.2 Sonstige Vertragsarten im Überblick

▶ Dienstvertrag *(§§ 611 ff. BGB)*

Durch den Abschluss eines Dienstvertrages verpflichtet sich ein Partner, bestimmte Tätigkeiten (Dienste) auszuführen, der andere, die vereinbarte Vergütung zu zahlen. Bei diesem Vertragsverhältnis steht nicht der Arbeitserfolg im Mittelpunkt, sondern **die Tätigkeit als solche,** d. h. das Bemühen um sorgfältige Ausführung des Dienstes.

Der Patient, der einen Arzt aufsucht, schließt mit diesem in der Regel einen Dienstvertrag. Der Mediziner wird bemüht sein, durch seine Behandlung die Gesundheit des Patienten wiederherzustellen, ohne aber den Erfolg seiner Arbeit garantieren zu können.

Dienstverträge nach dem BGB werden mit Angehörigen freier Berufe abgeschlossen wie z. B. mit frei praktizierenden Ärzten und Zahnärzten sowie Rechtsanwälten, Steuerberatern oder Wirtschaftsprüfern.

Für Dienstverträge, die mit abhängig Beschäftigten (Arbeitnehmern) geschlossen werden, gelten hingegen insbesondere die Vorschriften des Arbeitsvertragsrechts. Solche Verträge bezeichnet man als **Arbeitsverträge.** Ihre Inhalte werden heute nur noch selten zwischen dem einzelnen Arbeitnehmer und Arbeitgeber ausgehandelt, sondern durch **Tarifverträge** für eine Vielzahl von Beschäftigten festgelegt. Tarifvertragsparteien sind dabei Gewerkschaften, einzelne Arbeitgeber oder Arbeitgeberverbände (Sozialpartner).

▶ Werkvertrag *(§§ 631 ff. BGB)*

Mit dem Abschluss eines Werkvertrages verpflichtet sich **der Beauftragte nicht nur eine Tätigkeit auszuführen, sondern auch einen bestimmten Erfolg („ein von Sach- und Rechtsmängeln freies Werk") zu garantieren.** Der Auftraggeber muss die Erstellung des vereinbarten Werkes bezahlen.

Reparatur einer Uhr, Übersetzung eines Buches, Anlegen eines Besucherparkplatzes durch einen Bauunternehmer, Tapezieren der Geschäftsräume.

▶ Mietvertrag *(§§ 535 ff. BGB)*

Durch einen Mietvertrag verpflichtet sich der Vermieter, **eine Sache einem anderen auf Zeit zum Gebrauch zu überlassen.** Der Mieter hat dafür den vereinbarten Mietpreis zu entrichten.

Vermietet werden häufig Geschäftsräume, Lagerhallen, Wohnungen und möblierte Zimmer.

Gegenstand von Mietverträgen sind allerdings auch Autos oder Boote. Die im täglichen Sprachgebrauch verwandten Begriffe wie Auto- oder Bootsverleih sind daher irreführend.

▶ Leihvertrag *(§§ 598 ff. BGB)*

Die Leihe ist eine **unentgeltliche Überlassung einer Sache zum Gebrauch.** Der Entleiher ist verpflichtet, die Sache pfleglich zu behandeln, sie nicht weiterzuverleihen und nach Ablauf der vereinbarten Zeit zurückzugeben.

> Herr Maiweg verleiht seine Fotoausrüstung und Angelgeräte für die Dauer eines dreiwöchigen Urlaubs an seinen Freund.

▶ Pachtvertrag *(§§ 581 ff. BGB)*

Die Pacht unterscheidet sich von der Miete dadurch, dass sie **nicht nur den Gebrauch eines Gegenstandes umfasst, sondern auch den in der Pachtzeit erwirtschafteten Ertrag.** Der Pächter hat den vereinbarten Pachtzins zu entrichten.

> Verpachtet werden Werkshallen mit Maschinen, Tankstellen, Gaststätten, land- und forstwirtschaftliche Flächen.
>
> Erträge resultieren aus der Herstellung bzw. dem Verkauf der mit den gepachteten Maschinen und Anlagen produzierten Güter oder aus der Verwertung von Früchten und Holz.

▶ Darlehensvertrag *(§§ 488 ff. BGB bzw. §§ 607 ff. BGB)*

Beim Darlehensvertrag verpflichtet sich der Darlehensgeber, dem Darlehensnehmer entweder

- einen Geldbetrag in der vereinbarten Höhe (= **Gelddarlehensvertrag** – vgl. S. 437 f.) zur Verfügung zu stellen **oder**
- eine vereinbarte andere vertretbare Sache (= **Sachdarlehensvertrag**) zu überlassen.

Darlehensvertrag

Gelddarlehensvertrag *(§§ 488 ff. BGB)*		**Sachdarlehensvertrag** *(§§ 607 ff. BGB)*
■ **Zahlung des geschuldeten Zinses** (sofern nichts anderes vertraglich vereinbart worden ist: nach Ablauf je eines Jahres und – wenn das Darlehen vor Ablauf eines Jahres zurückzuerstatten ist – bei der Rückerstattung) ■ **Rückerstattung des zur Verfügung gestellten Geldbetrages bei Fälligkeit**	*vertragstypische Pflichten des Darlehensnehmers*	■ **Zahlung eines Darlehensentgeltes** (spätestens bei Rückerstattung der überlassenen Sache) ■ **Rückerstattung von Sachen gleicher Art, Güte und Menge bei Fälligkeit**
von der Kündigung des Darlehensgebers oder des Darlehensnehmers **unter Einhaltung einer dreimonatigen Kündigungsfrist**	*Wovon hängt die Fälligkeit ab, wenn für die Rückerstattung vertraglich keine Zeit bestimmt worden ist?*	**von der Kündigung** des Darlehensgebers oder des Darlehensnehmers, wobei ein auf unbestimmte Zeit abgeschlossener Sachdarlehensvertrag **jederzeit** von jedem Vertragspartner ganz oder teilweise gekündigt werden kann

- **Gelddarlehen:** Eine Auszubildende nimmt bei ihrer Bank ein Darlehen in Höhe von 3 200 EUR auf, um so den Kauf eines gebrauchten Pkw zu finanzieren. Während der vertraglich vereinbarten Laufzeit entrichtet die Auszubildende Zinsen.
- **Sachdarlehen:** Ein Hobbygärtner besorgt sich bei seinem Nachbarn einen Sack Torf. Der Empfänger verpflichtet sich dabei, Torf in gleicher Art, Güte und Menge zurückzugeben und gleichzeitig das eventuell vereinbarte Darlehensentgelt zu entrichten.

Versicherungsvertrag *(§ 241 BGB, § 1 VVG)*

Mit Abschluss eines Versicherungsvertrages verpflichtet sich der Versicherungsnehmer, **die Prämie zum vereinbarten Zahlungstermin zu leisten.** Der Versicherer trägt als Gegenleistung **die Gefahr vor Eintritt des Versicherungsfalles** und muss bei einer Schadensmeldung **die Sach-, Personen- oder Vermögensschäden ersetzen.**

Ein Maschinenbau-Unternehmer schließt für seine betrieblich genutzten Gebäude eine Sturmversicherung ab. Er hat damit die Gewähr, dass die Gefahr auf das Versicherungsunternehmen übergeht, d. h. im Versicherungsfall die durch Sturm verursachten Schäden an den Gebäuden reguliert werden.

Kontovertrag als Geschäftsbesorgungsvertrag

Die Geschäftsverbindung zwischen Kunde und Kreditinstitut erfolgt im Allgemeinen aufgrund eines **Kontovertrages.** Dabei handelt es sich um einen **entgeltlichen Geschäftsbesorgungsvertrag** *(§ 675 BGB).* Das beauftragte Kreditinstitut verpflichtet sich, die Geschäfte für den Kunden (Auftraggeber) auszuführen. Für diese Geschäftsbesorgungen erhält das beauftragte Kreditinstitut z. B. in Form von Buchungsgebühren oder Provisionen ein Entgelt.

Zu den entgeltlichen Geschäftsbesorgungen der Kreditinstitute im Auftrag der Kunden gehören u. a.:

- der An- und Verkauf von Wertpapieren,
- der Einzug von Schecks und Wechseln,
- die Einlösung von Schecks und Wechseln.

Zahlungsdienstevertrag als Geschäftsbesorgungsvertrag

Eine spezielle Form des Kontovertrages ist der in § 675 f BGB geregelte **Zahlungsdienstevertrag.** Dabei verpflichtet sich ein Zahlungsdienstleister – in der Regel ein Geldinstitut – einen Zahlungsvorgang für den Zahlungsdienstnutzer, den Kunden des Geldinstituts, auszuführen. Der Zahlungsdienstleister stellt einen Geldbetrag bereit, übermittelt ihn oder hebt ihn im Auftrag seines Kunden ab.

- Ein Kunde beauftragt sein Geldinstitut, eine Arztrechnung zu überweisen.
- Ein Versicherungsunternehmen lässt durch seine Hausbank mittels SEPA-Lastschriftverfahren die Beiträge für Hausratversicherungen seiner Kunden abbuchen.

Durch einen **Einzelzahlungsdienstevertrag** wird nur ein einmaliger Zahlungsvorgang vereinbart. Durch einen **Zahlungsdiensterahmenvertrag** sind ein oder mehrere aufeinanderfolgende Zahlungsvorgänge (etwa über ein Girokonto) vom Zahlungsdienstleister auszuführen.

Ein Zahlungsdienstleister muss den Zahlungsauftrag seines Kunden so ausführen, dass die Zahlung bis zum Ende des folgenden Geschäftstages beim Zahlungsdienstleister des Vertragspartners eingeht *(§ 675 s BGB).*

Der Kunde (Zahlungsdienstnutzer) kann einen Zahlungsdiensterahmenvertrag fristlos kündigen *(§ 675 h BGB).* Davon abweichend kann eine Kündigungsfrist von maximal einem Monat vereinbart werden.

▶ Zusammenfassung

Rechtsgeschäfte und Vertragsarten

Rechtsgeschäfte

- **Zustandekommen** durch ein- oder zweiseitige (mehrseitige) Willenserklärungen.
- **Willenserklärungen** in mündlicher oder schriftlicher Form bzw. durch konkludentes Verhalten.
- **Nichtige Rechtsgeschäfte** sind von Anfang an unwirksam.
- **Anfechtbare Rechtsgeschäfte** verlieren mit der Anfechtung ihre Gültigkeit.

Vertragsarten

Verträge sind Rechtsgeschäfte, bei denen mindestens zwei Personen ihren Willen übereinstimmend äußern.

- **Kaufvertrag**
  - Erwerb einer Sache.
  - **Eine Sache wird übereignet, d.h., der Empfänger wird Eigentümer.**
- **Dienstvertrag**
  - Verpflichtung zur sorgfältigen Ausführung einer bestimmten Tätigkeit.
  - **Eine Tätigkeit wird geschuldet.**
- **Werkvertrag**
  - Erstellung eines Werkes.
  - **Ein bestimmer Erfolg** („ein von Sach- und Rechtsmängeln freies Werk") **wird garantiert.**
- **Mietvertrag**
  - Überlassung einer Sache zum Gebrauch
- **Leihvertrag**
  - unentgeltliche Überlassung einer Sache zum Gebrauch
- **Pachtvertrag**
  - Überlassung von Sachen zum Gebrauch und zur Erwirtschaftung von Erträgen

Eine Sache wird überlassen, d.h., der Empfänger wird vorübergehend Besitzer.

- **Darlehensvertrag**
  - Überlassung von Geld (**Gelddarlehensvertrag**).
  - Überlassung einer anderen vertretbaren Sache (**Sachdarlehensvertrag).**
  - **Eine Sache wird übereignet, d.h., der Empfänger wird Eigentümer.**
- **Versicherungsvertrag**
  - **Entrichtung der Prämie bzw. des Beitrages** durch den Versicherungsnehmer.
  - **Gefahrtragung bzw. Ersatz des eingetretenen Schadens** durch die Versicherung.
- **Kontovertrag als Geschäftsbesorgungsvertrag**
  - Das beauftragte Kreditinstitut verpflichtet sich, **Geschäftsbesorgungen** (wie z.B. Einzug von Schecks und Wechseln) **für die Kunden auszuführen.**
  - Der Kunde zahlt dafür **ein entsprechendes Entgelt.**
- **Zahlungsdienstevertrag als Geschäftsbesorgungsvertrag**
  - Das beauftragte Geldinstitut verpflichtet sich, einen **einmaligen Zahlungsvorgang** (Einzelzahlungsdienstevertrag) bzw. **einen oder mehrere aufeinanderfolgende Zahlungsvorgänge** (Zahlungsdiensterahmenvertrag) für den Kunden auszuführen.
  - Der Zahlungsvorgang muss bis zum **Ende des folgenden Geschäftstages** abgewickelt sein.

Aufgaben

3

(1) *Nennen Sie die drei grundsätzlichen Möglichkeiten, durch Willenserklärungen Rechtsgeschäfte herbeizuführen!*

(2) *Obwohl die Abgabe von Willenserklärungen zur Herbeiführung von Rechtsfolgen im Allgemeinen formfrei ist, hat der Gesetzgeber dennoch für einige Rechtsgeschäfte Formvorschriften erlassen. Welche Rechtsfolge tritt bei einem Verstoß gegen eine solche Formvorschrift ein?*

(3) *Grenzen Sie Nichtigkeit und Anfechtbarkeit von Rechtsgeschäften ab!*

(4) *Beurteilen Sie bei folgenden Fällen, ob die Rechtsgeschäfte gültig, nichtig oder anfechtbar sind. Begründen Sie Ihre Meinung!*

a) *Der 6-jährige Peter holt am Kiosk zwei Päckchen Kaugummi, indem er dem Verkäufer einen Zettel mit der schriftlichen Anweisung der Mutter zum Kauf übergibt.*

b) *Der Geschäftsführer eines abstiegsgefährdeten Bundesligaklubs vereinbart mit der gegnerischen Mannschaft für den Fall eines Sieges seines Teams die Zahlung einer Prämie von 250 000 EUR.*

c) *Der betrunkene Paul schenkt seinem Zechkumpan Erwin, ohne zu wissen, was er tut, seine wertvolle Armbanduhr.*

d) *Herr Wagner verkauft an Herrn Burg seine Eigentumswohnung. Um die Notariatsgebühren einzusparen, will man auf die Beurkundung des Kaufvertrages verzichten.*

e) *Frau Werner, die ohne jede Kaufabsicht erstmals eine Auktion besucht, winkt ihrer Freundin zu. Der Versteigerer, der dieses Handzeichen als Höhergebot deutet, erteilt Frau Werner den Zuschlag, als nach seiner dreimaligen Wiederholung des neuen Höchstgebotes kein Übergebot mehr abgegeben wird, sodass Frau Werner als Meistbietende eine wertvolle Antiquität gekauft hat.*

f) *Der Rentner Paul Otto erwirbt Aktien, von denen er sich einen Anstieg des Kurses verspricht. Als die Kurse jedoch sinken, will er den Kauf rückgängig machen.*

g) *Eine 16-Jährige kauft ohne Einwilligung ihrer Eltern im Internet ein Handy auf Raten. Als die Erziehungsberechtigten später vom Kauf erfahren, verweigern sie die Zustimmung zu diesem Geschäft.*

h) *Eine Mitarbeiterin ist aufgrund ihrer guten Zeugnisse eingestellt worden. Drei Wochen später stellt sich jedoch heraus, dass sie ihre Bewerbungsunterlagen gefälscht hat.*

i) *Eine 6-Jährige kauft von ihrem Taschengeld ein Malbuch.*

(5) *Verdeutlichen Sie je an einem selbst gewählten Beispiel die Anfechtung wegen Inhaltsirrtums, Erklärungsirrtums und arglistiger Täuschung!*

(6) *Die Anfechtung ist eine einseitige, nicht empfangsbedürftige Willenserklärung. Nehmen Sie Stellung zu dieser Behauptung!*

(7) *Das Ehepaar Peters sucht eine günstige Mietwohnung. Bei einer Wohnungsbesichtigung erklärt der Eigentümer: „Die Wohnung können Sie zum 1. Oktober dieses Jahres beziehen." Familie Peters erklärt sich damit einverstanden. Kennzeichnen Sie Antrag und Annahme dieses Rechtsgeschäftes!*

(8) *Welche Pflichten ergeben sich auf der Geld- und Warenseite für die Vertragsparteien aus einem Kaufvertrag?*

(9) *Über welche Inhalte sollte ein Angebot zweckmäßigerweise Auskunft geben?*

(10) *Welche rechtliche Wirkung hat eine Bestellung, die sich auf ein vorausgegangenes Angebot bezieht?*

(11) *Um welche Kaufvertragsarten handelt es sich in den folgenden Fällen?*

a) *Die Geschäftsführerin einer GmbH kauft für ihren Sohn aufgrund einer privaten Kleinanzeige einen gebrauchten Computer.*

b) *Zur optimalen Nutzung seiner CAD-Anlage will ein Hersteller von Aluminiumfenstern einen 49-Zoll-Farbbildschirm mit der dazugehörigen Grafikkarte für einen Zeitraum von 14 Tagen testen.*

c) *Ein Vorstandsmitglied einer AG erhält einen neuen Dienstwagen.*

d) *Ein Spediteur bestellt in einem Sportfachgeschäft eine Taucherausrüstung. Wunschgemäß zahlt der Kunde einen Betrag von 500 EUR an.*

e) *Auf der CeBIT in Hannover bestellt ein Einzelhändler bei einem taiwanischen Aussteller 1000 Festplatten, die exakt am 12. August geliefert werden sollen. Zugriffszeiten, Speicherkapazitäten und Bauhöhe will er jedoch erst im Mai festlegen.*

f) *In einem Räumungsverkauf eines Werkzeug- und Eisenwarengeschäftes wegen Aufgabe des Geschäftsbetriebes gelingt es Herrn Müller, einem begeisterten Heimwerker, am letzten Tag des Verkaufes den gesamten Vorrat an Werkzeugen zu einem äußerst günstigen Preis zu erstehen.*

g) *Aufgrund der großen Nachfrage ordert der Inhaber eines Sportfachgeschäftes im Februar noch 100 Paar Schlittschuhe mit dem Hinweis, dass die Lieferung der Sportgeräte bis spätestens 5. März erfolgen müsse.*

h) *Für den bevorstehenden 75. Geburtstag der Oma bestellt die Enkelin in einer Konditorei genau zum 18. Februar eine Torte.*

(12) *Im Anschluss an die Aufsichtsratssitzung am 18. Mai 20.. soll ein kaltes Büfett angeboten werden. Der Partyservice sichert die Lieferung der Speisen und Getränke fix zu 19:00 Uhr zu.*

Der Fahrer des Lieferanten, der während der Mittagspause kräftig dem Alkohol zugesprochen hat, verursacht um 18:35 Uhr einen Verkehrsunfall, bei dem die Speisen durch auslaufendes Benzin ungenießbar werden. Die Schadensersatzforderungen des Kunden (Bewirtungskosten in einem nahe gelegenen Restaurant) weist der Partyservice zurück, da weder eine Nachfrist gesetzt noch der Nachweis des Interessenwegfalles geführt worden sei.

Nehmen Sie kritisch Stellung zu diesem Vorfall und begründen Sie Ihre Meinung!

(13) *Verdeutlichen Sie am Beispiel des Kaufvertrages, inwieweit der Grundsatz der Privatautonomie durch allgemeine Geschäftsbedingungen eingeschränkt wird!*

(14) *Grenzen Sie Dienst-, Werk-, Miet-, Leih-, Pacht- und Darlehensvertrag voneinander ab!*

(15) Um welche Vertragsart handelt es sich bei den nachfolgenden Vorgängen?

a) Eine Auszubildende bestellt im Katalog eines Versandhauses per Nachnahme eine Schreibtischleuchte. Als diese durch den Postzusteller geliefert wird, nimmt die Kundin die Ware entgegen und entrichtet den vereinbarten Preis.

b) Die Richard Meyer GmbH stellt eine Mitarbeiterin für die Personalabteilung ein.

c) Eine Auszubildende überlässt einer Bekannten unentgeltlich für 14 Tage Fachliteratur.

d) Eine Kauffrau für Büromanagement überzieht das Girokonto bei ihrer Hausbank.

e) Eine Schneiderin näht für eine Kundin ein Abendkleid.

f) Bei einem Betriebsausflug unternimmt das Personal eines Großhandelsunternehmens eine Kanufahrt auf der Ruhr. Der Preis beträgt 300 EUR.

g) Ein Einzelhändler lässt durch ein auf Klimatechnik spezialisiertes Unternehmen eine neue Klimaanlage liefern und in die Geschäftsräume einbauen.

h) Ein Kaufmann für Büromanagement arbeitet in einem Handwerksbetrieb für ein Monatsgehalt in Höhe von 1 650 EUR.

i) Ein Landwirt stellt seinem Nachbarn gegen Entgelt eine Ackerfläche zur Verfügung, die dieser zum Anbau von Getreide nutzt.

j) Eine von starken Zahnschmerzen geplagte Angestellte sucht ihre Zahnärztin zwecks Behandlung auf.

k) Eine Auszubildende stellt ihre Digitalkamera unentgeltlich ihrer Freundin für deren dreiwöchigen Urlaub zur Verfügung.

l) Beim Backen eines Geburtstagskuchens für ihre Enkelin stellt eine Großmutter fest, dass sie vergessen hat, Zucker einzukaufen. Deshalb geht sie zur Nachbarin und borgt sich 1 kg Zucker.

6 Warenbeschaffung

6.1 Beschaffungsplan

Grundlage für die erfolgreiche Verkaufs- bzw. Produktionstätigkeit eines Unternehmens ist die Warenbeschaffung. Sie muss sicherstellen, dass die zur Durchführung der unternehmerischen Aufgaben **benötigten Gütermengen in der erforderlichen Art und Qualität termingerecht zur Verfügung stehen.**

Ein sorgfältig erarbeiteter Beschaffungsplan ist daher Voraussetzung, dass der vorgesehene **Produktions- und Absatzprozess** (im Fertigungsbetrieb) oder die **Weiterveräußerung** von Waren (im Handelsbetrieb) störungsfrei und erfolgreich ablaufen können.

Zur Erstellung des Beschaffungsplanes sammelt die Abteilung Einkauf die Bedarfsmeldungen aus allen Unternehmensbereichen, um diese Anforderungen aufeinander abstimmen zu können. Dabei sind folgende Fragen zu beantworten:

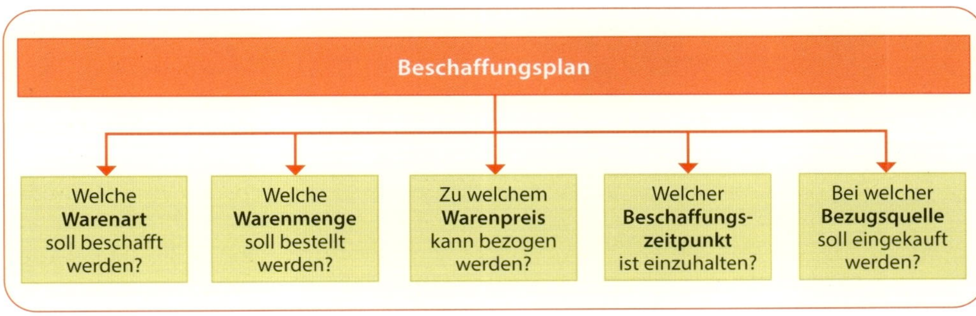

▶ Welche Warenart soll beschafft werden?

Bei der Entscheidung über die zu beschaffende **Warenart** ist abzuwägen, mit welchen Qualitäten, Güteklassen, Eigenschaften (wie etwa Umweltverträglichkeit, Abfallquantität und -qualität sowie Recycling- und Entsorgungseignung), Normen, Abmessungen, Gestaltungen usw. die Güter erworben werden sollen. Warenarten sind z. B.:

- **Roh-, Hilfs- und Betriebsstoffe** (bei der Herstellung eines Büroschrankes ist der Rohstoff Holz, Hilfsstoffe sind Farben und Leim, Betriebsstoffe sind die zum Antrieb der eingesetzten Maschinen benötigte Energie oder die zur Wartung erforderlichen Schmierstoffe);
- **Halbfabrikate** wie Bleche und **Zulieferteile** wie Scheinwerfer, Reifen oder Batterien bei der Herstellung eines Pkw;
- **Betriebsmittel** (zur Herstellung bzw. zum Vertrieb von langfristig nutzbaren Waren wie Maschinen, Kühltheken, Verkaufsregalen, Lastkraftwagen);
- **Büromaterial**;
- **Waren, die vom Handelsbetrieb zur Weiterveräußerung erworben werden.**

Im **Fertigungsbetrieb** bestimmt das jeweilige Produktions- und Absatzprogramm die Art und Qualität der einzusetzenden Güter.

Im **Handelsbetrieb** legt die Sortimentsplanung, d.h. die Bestimmung der Gesamtheit aller Waren, die zum Verkauf gelangen sollen, die zu beschaffenden Warenarten fest. Das **Sortiment** eines Handelsbetriebes wird dabei durch folgende Einflussgrößen bestimmt:

- **Geschäftszweig:** z.B. Lebensmittel, Textilien, Möbel, Lederwaren;
- **Betriebsform:** wie Fachgeschäft, Spezialgeschäft, Warenhaus, Kaufhaus, Großhandlung;
- **Konkurrenz:** Zusammenstellung des eigenen Sortiments unter Berücksichtigung der Konkurrenzangebote;
- **Standort:** Ausrichtung des Warensortiments in Qualität und Preis je nach Lage des Geschäftes;
- **Kaufkraft:** Sortimentszusammenstellung gemäß den Einkommensverhältnissen der im Einzugsbereich des Geschäftes wohnenden Kunden;
- **Verbrauchsgewohnheiten:** Gestaltung des Angebotes nach Kaufgewohnheiten, Anfragen und Wünschen der Verbraucher;
- **Marktneuheiten:** Auf Messen und Ausstellungen neu vorgestellte Waren (Produktinnovationen, vgl. S. 383 f.) können das Sortiment erweitern.

▶ Welche Warenmenge soll beschafft werden?

Die zu beschaffende **Warenmenge** ergibt sich im Wesentlichen aus den entsprechenden Produktions-, Verkaufs- und Lagerhaltungsplanungen.

- **Wird zu viel eingekauft,**
  - erhöht sich der Lagerbestand und die Kosten der Lagerhaltung steigen;
  - besteht die Gefahr, dass Waren verderben oder überaltern.
- **Wird zu wenig eingekauft,**
  - kann es zu Störungen im Produktionsablauf kommen, d.h., Maschinen bleiben unausgelastet, Mitarbeiter unbeschäftigt, Termine können nicht eingehalten werden;
  - ist das Unternehmen nicht lieferbereit, d.h., es verliert Kunden. Kommt es häufiger zu derartigen Engpässen, werden die Abnehmer auf Dauer zur Konkurrenz abwandern.

Grundlage der Mengenfestlegung sind stets die Beschaffungszahlen der zurückliegenden Zeiträume. Allerdings kann eine Reihe von Umständen dazu beitragen, dass sich die Bestellmenge für die Zukunft verändert:

- **Auftragseingänge** (Produktions- oder Dienstleistungsaufträge) entwickeln sich positiver oder negativer als erwartet;
- **Einkommensveränderungen bzw. veränderte Ertragssituationen** der Käufer durch hohe Lohnabschlüsse, Kurzarbeit oder Arbeitslosigkeit der Kunden bzw. durch eine verbesserte oder nachlassende Gewinnentwicklung der Unternehmen;
- **Staatliche Maßnahmen** wie Steuererhöhungen z.B. bei Benzin oder Zigaretten;
- **Politische Ereignisse** wie die Arbeitsmarktreformen (Hartz I–IV) oder durch Streiks in der Automobilindustrie ausgelöste Lieferengpässe;
- **Verbesserte Verkehrsanbindung** durch neue Nahverkehrslinien, Straßenausbau, Parkhäuser und Parkplätze;
- **Konkurrenzbetriebe,** die sich in der Nähe niederlassen oder ähnliche Waren bzw. Dienstleistungen bereitstellen;

- **Wandlung im Kaufverhalten** infolge bestimmter Modetrends, neu auf dem Markt erschienener Produkte oder Veränderungen in den Konsumgewohnheiten;
- **Besondere Veranstaltungen,** die das Unternehmen selbst durchführt (Werbeaktionen, Geschäftsjubiläen) oder die an seinem Geschäftssitz stattfinden (Jahrmärkte, Ausstellungen, Tagungen, Festwochen);
- **Starke Abweichungen von normalen jahreszeitlichen Witterungsverhältnissen** bei besonders warmem Sommer (Getränke) oder sehr kaltem Winter (Kleidung).

Wie die Bestellmenge für das nächste Quartal bestimmt werden kann, zeigt folgende Kalkulation:

	abgesetzte Menge einer bestimmten Ware im letzten Quartal	500
–	erwarteter Umsatzrückgang aufgrund Eröffnung eines Konkurrenzbetriebes 15 %	75
+	erwartete Umsatzsteigerung aufgrund gestiegener Kundeneinkommen 10 %	50
–	Lagerbestand	70
+	Mindestbestand am Lager zur Aufrechterhaltung ständiger Verkaufsbereitschaft	50
=	Bestellmenge für das nächste Quartal	455

Zu welchem Warenpreis kann bezogen werden?

Sach- und Dienstleistungsbetriebe müssen sich häufig infolge der Konkurrenzsituation am Markt an einem bestimmten Verkaufspreis ausrichten. Aus diesem Grund ist es erforderlich, vorab Höchstpreise für den Einkauf von Materialien und weiterzuveräußernden Waren festzulegen, die nicht überschritten werden dürfen.

Ausgangspunkt für diese Einkaufspreiskalkulation im Handel ist der Nettoverkaufspreis einer Ware. Im Wege der **Rückwärtskalkulation** wird unter Anrechnung von z. B. Rabatten, Skonti, Löhnen, Verwaltungskosten, Zinsen, Abschreibungen und unter Berücksichtigung eines angemessenen Gewinns jener Listeneinkaufspreis bestimmt, der beim Einkauf nicht überschritten werden darf.

Ein Großhändler kann ein LCD-Fernsehgerät nur zum Nettoverkaufspreis von 1 100 EUR an seine Kunden veräußern. Mithilfe der **Rückwärtskalkulation** ermittelt er den Listeneinkaufspreis, den er höchstens an den Hersteller zahlen kann.

	Listeneinkaufspreis	**673,16 EUR**
–	10 % Liefererrabatt ([i. H.] ➜ Listeneinkaufspreis = 100 %)	67,32 EUR
=	**Zieleinkaufspreis** (Warenwert)	**605,84 EUR**
–	3 % Liefererskonto ([i. H.] ➜ Zieleinkaufspreis = 100 %)	18,18 EUR
=	**Bareinkaufspreis**	**587,66 EUR**
+	Bezugskosten (je Stück)	12,13 EUR
=	**Bezugspreis/Einstandspreis**	**599,79 EUR**
+	30 % Handlungskosten ([a. H.] ➜ Bezugspreis = 100 %) (Zinsen, Abschreibungen, Miete, Steuern, Werbung, Personal usw.)	179,94 EUR
=	**Selbstkostenpreis**	**779,73 EUR**
+	30 % Gewinnzuschlag ([a. H.] ➜ Selbstkostenpreis = 100 %)	233,92 EUR
=	**Barverkaufspreis**	**1 013,65 EUR**
+	3 % Kundenskonto ([v. H.] ➜ Zielverkaufspreis = 100 %)	31,35 EUR
=	**Zielverkaufspreis**	**1 045,00 EUR**
+	5 % Kundenrabatt ([v. H.] ➜ Nettoverkaufspreis = 100 %)	55,00 EUR
=	**Nettoverkaufspreis/Listenverkaufspreis**	**1 100,00 EUR**

5 Merkur-Nr. 0124

Welcher Beschaffungszeitpunkt ist einzuhalten?

Zur Vermeidung von Störungen in der Güterproduktion sowie zur ständigen Liefer- und Verkaufsbereitschaft bei Handelswaren sind die benötigten Artikel so rechtzeitig zu bestellen, dass sie stets dann verfügbar sind, wenn ihr Einsatz im Herstellungsprozess bzw. ihre Weiterveräußerung erforderlich wird.

Folgende Größen beeinflussen den Beschaffungszeitpunkt:

- **Lieferzeit,** also der Zeitraum zwischen Bestellung und Lieferung;
- **Umsatzgeschwindigkeit,** die ausdrückt, wie häufig ein bestimmter Artikel in einem festgelegten Zeitraum (z. B. einem Monat bzw. einem Jahr) verkauft bzw. verarbeitet wird;
- **Lagerfähigkeit,** die abhängig ist von der Haltbarkeit der entsprechenden Warenart;
- **Lagergröße und Lagerausstattung,** wodurch eine sachgerechte Lagerung der Waren ermöglicht wird;
- **Angebotstermine der Lieferanten:** Einige Waren müssen in bestimmten Zeiträumen bestellt werden (Saison- und Modeartikel), andere sind nicht immer erhältlich (Frischfisch nur in der entsprechenden Fangzeit);
- **Voraussichtliche Preisentwicklung:** Werden in absehbarer Zeit Preiserhöhungen erwartet, wird eine Bestellung nach Möglichkeit vorzeitig abgegeben. Stehen Preissenkungen bevor, wird versucht, den Auftrag noch aufzuschieben.

Bei welcher Bezugsquelle soll eingekauft werden?

Nach der Bestimmung der zu beschaffenden Waren hinsichtlich Art, Menge und Preis bleibt festzulegen, an welchen Anbieter der Auftrag vergeben werden soll. Dabei ist zu beachten, ob der infrage kommende Verkäufer die günstigsten Lieferungs- und Zahlungsbedingungen einräumt und die Waren in der geplanten Lieferzeit auch zur Verfügung stellen kann.

Sollen Waren beschafft werden, die bereits früher eingekauft wurden, ist die Bezugsquelle bekannt. **Neue Lieferanten** müssen dann ermittelt werden, wenn:

- der bisherige Anbieter gewechselt werden soll (der Kunde ist mit seinem Lieferanten unzufrieden oder dieser ist augenblicklich nicht lieferbereit);
- das Sortiment um neue Produkte erweitert werden soll;
- geänderte Produktionsabläufe den Einsatz neuer Roh-, Hilfs- und Betriebsstoffe erforderlich machen.

Informationen über mögliche Anbieter liefern dabei insbesondere:

- **Branchenadressbücher** (ABC der deutschen Wirtschaft);
- **Branchenverzeichnis der Deutschen Telekom Medien GmbH** („Gelbe Seiten");
- **Internet;**
- **Anzeigen in Tageszeitungen und Fachzeitschriften;**
- **Besuche von Messen, Ausstellungen, Tagungen;**
- **Berufsverbände, Industrie- und Handelskammern sowie Handwerkskammern;**
- **Hinweise von Geschäftsfreunden;**
- **Angebote, Prospekte, Kataloge und Preislisten von Lieferanten, zu denen bisher keine Geschäftsbeziehungen bestanden.**

Um stets über mögliche Bezugsquellen unterrichtet zu sein und die wichtigsten Angaben über Anbieter und Waren jederzeit einsehen zu können, werden alte und neue Lieferanten in der **Bezugsquellenkartei** erfasst. Diese Kartei kann sowohl nach Lieferanten **(Lieferantenkartei)** als auch nach Artikeln **(Warenkartei)** geordnet sein. Dieses manuelle Hilfsmittel ist zunehmend von computergestützten Organisationsverfahren abgelöst worden. Mittels entsprechender Software angelegte und gepflegte **Waren- und Lieferantendateien** enthalten alle erforderlichen Informationen.

- **Auszug aus einer Bezugsquellendatei nach Lieferanten (Lieferantendatei)**

Lieferant: Werkmeister GmbH Steelerstr. 119 45139 Essen Tel. 0201 317015				**Lieferungsbedingungen:** ab Werk, Preis einschließlich Verpackung, Lieferzeit 2 Wochen **Zahlungsbedingungen:** 3 % Skonto bei Zahlung innerhalb 10 Tagen, Mengenrabatt bis 25 %		
Warenart	**Bestell-Nr.**	**Artikel-Nr.**	**Angebot vom**	**Bestellung vom**	**Preis je Einheit**	**Bemerkungen**
Zweiseitiges Standregal	6025	126	28.07.20..	30.07.20..	636,70 EUR	gute Standfestigkeit
Geräte-transporttisch	9060	134	06.09.20..	09.10.20..	282,00 EUR	–
Informations-vitrine	9002	161	12.10.20..	20.10.20..	811,00 EUR	auch mit Beleuchtung lieferbar
Ablagewagen mit 8 Schüben	1093	174	28.10.20..	03.12.20..	297,00 EUR	auch lieferbar mit 4 und 6 Schüben

- **Auszug aus einer Bezugsquellendatei nach Artikeln (Warendatei)**

Artikel: Zweiseitiges Standregal 2 000 x 1 000 x 600 mm					**Artikel-Nr.** 126	
Lieferant	**Bestell-Nr.**	**Angebot vom**	**Bestellung vom**	**Preis je Einheit**	**Lieferungs- und Zahlungsbedingungen**	**Bemerkungen**
Werkmeister GmbH Steelerstr. 119 45139 Essen Tel. 0201 317015	6025	28.07.20..	30.07.20..	636,70 EUR	ab Werk, Preis einschl. Verpackung, Lieferzeit 2 Wochen, 3 % Skonto bei 10 Tagen, Mengenrabatt bis 25 %	gute Standfestigkeit
Lagerausstatter Heinrich Fink e.K. Steingasse 16 48143 Münster Tel. 0251 16154	3016 A	23.08.20..		698,00 EUR	frei Haus, Lieferzeit 4 Wochen, 3 % Skonto innerhalb 14 Tagen	Testurteil gut
Hoffmann KG Randersackerer Str. 90 97074 Würzburg Tel. 0931 286019	111730	29.10.20..	04.11.20..	674,00 EUR	unfrei, Preis zuzüglich Verpackung, Lieferzeit 3 Wochen, 3 % Skonto innerhalb 10 Tagen	schwieriger Zusammenbau der Einzelteile

6.2 Anfrage

Hat sich der Kaufinteressent zur Beschaffung bestimmter Waren entschlossen und mögliche Bezugsquellen festgestellt, versucht er durch **Anfragen** bei verschiedenen Anbietern genauere Informationen über Lieferungsmöglichkeiten und Lieferungsbedingungen einzuholen. Ziel ist die Ermittlung der **günstigsten Bezugsquelle.** Die Anfrage ist an keine Form gebunden und kann demnach schriftlich (auch als Telefax oder E-Mail) oder mündlich (auch telefonisch) erfolgen.

▶ Rechtliche Wirkung der Anfrage

Die Anfrage, die für den Kaufinteressenten **keine rechtliche Wirkung** hat, ist unverbindlich und verpflichtet nicht zum Kauf. Neben der Beschaffung von Informationen dient die Anfrage auch dazu, bestehende Geschäftsverbindungen fortzusetzen bzw. neue anzuknüpfen.

▶ Inhalt der Anfrage

- **Allgemeine Anfrage**

  Der Interessent möchte sich einen allgemeinen Überblick über das Lieferprogramm eines Anbieters verschaffen.

  > Eine allgemeine Anfrage enthält etwa die Bitte um Übersendung eines Kataloges, einer Preisliste sowie der Lieferungsbedingungen. Es kann aber auch der Wunsch nach dem Besuch eines Außendienstmitarbeiters geäußert werden.

- **Bestimmte Anfrage**

  In diesem Fall wünscht der Kaufinteressent genaue Angaben über Waren wie z. B. Qualitäten, Preise, Lieferzeiten oder Zahlungsbedingungen eines Artikels.

6.3 Angebot

Als Antwort auf eine Anfrage erhält der Kaufinteressent vom Anbieter ein **Angebot.** Auch in diesem Fall gibt es keine Formvorschrift. In der Regel wird ein Angebot schriftlich (einschließlich Telefax oder E-Mail) unterbreitet, es kann jedoch auch mündlich (einschließlich telefonisch) abgegeben werden.

Von einem „stillschweigenden" Angebot spricht man z. B. dann, wenn ein Kunde in den Geschäftsräumen des Anbieters Waren zur Mitnahme vorfindet.

6.3.1 Arten des Angebotes

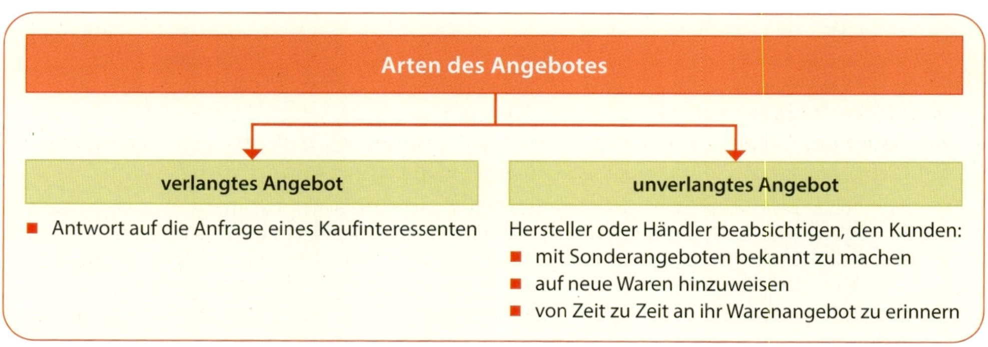

6.3.2 Rechtliche Wirkungen des Angebotes

Das Angebot ist eine verbindliche Erklärung des Anbieters (Willenserklärung) an den Kaufinteressenten, Waren unter bestimmten Bedingungen zu liefern. Dies bedeutet, dass der Anbieter nachträglich keine Veränderungen an dieser Erklärung mehr vornehmen kann *(§ 145 BGB)*. Das Angebot wird mit dem Ziel abgegeben, dass zu einem späteren Zeitpunkt ein Kaufabschluss **(Kaufvertrag)** zwischen Anbieter und Anfragendem zustande kommt. Aus diesem Grund muss das Angebot so vollständig und unmissverständlich formuliert sein, dass ein **Vertrag durch bloße Bejahung** des Kaufinteressenten abgeschlossen werden kann.

Von der dargestellten Verbindlichkeit eines Angebotes gibt es allerdings folgende **Ausnahmen:**

▶ „Angebot" an die Allgemeinheit

Spricht ein „Angebot" **nicht** eine bestimmte Person an, sondern richtet es sich an eine Vielzahl von Personen (Allgemeinheit), ist es für den „Anbietenden" nicht bindend. Es ist vielmehr als „Aufforderung zur Abgabe eines Antrages" anzusehen, d.h. als Aufforderung zum Eintritt in Kaufvertragsverhandlungen. Solche „Angebote" an die Allgemeinheit sind z.B. Schaufensterauslagen, unaufgefordert zugesandte Warenkataloge sowie Prospekte, Anzeigen und Plakate.

> Ein Möbelhändler besucht die Verkaufsausstellung eines Herstellers. Hier findet er einen Rollschrank zum Preis von 4000 EUR. Als er das Möbelstück erwerben will, wird ihm mitgeteilt, der Schrank sei versehentlich falsch ausgezeichnet worden, er koste nämlich 5000 EUR.
>
> Der „Anbieter" ist an den ersten Preis **nicht** gebunden, da es sich nicht um ein Angebot an eine bestimmte Person, sondern um ein „Angebot" an die Allgemeinheit handelt.

▶ Freibleibendes Angebot

Angebote sind in allen Bestandteilen grundsätzlich bindend. Will der Anbieter es sich jedoch vorbehalten, bestimmte Einzelheiten noch bis zur Annahme zu ändern, können **Freizeichnungsklauseln** in das Angebot aufgenommen werden.

> Freizeichnungsklauseln können sein:
>
> - Lieferzeit freibleibend, Lieferzeit unverbindlich
> - Preise freibleibend, Preise unverbindlich, Preisänderungen vorbehalten
> - Solange der Vorrat reicht

▶ Angebot mit Fristsetzung

Der Lieferant kann für die Gültigkeit seines Angebotes eine Frist setzen. Nach Ablauf dieses Datums ist er an das Angebot nicht mehr gebunden *(§ 148 BGB)*.

> Ein Einzelhändler erhält am 01.10.20.. das Angebot eines Großhändlers über einen Posten besonders günstiger Fernsehgeräte. Allerdings ist der Hinweis enthalten, dass dieses Angebot nur bis zum 31.10.20.. Gültigkeit habe.

▶ Angebot unter Anwesenden

Wird einem Kaufinteressenten in dessen Anwesenheit ein Angebot unterbreitet, ist es nur **für die Dauer des Gesprächs bindend** *(§ 147 I BGB)*. Anwesenheit bedeutet, dass sich Kunde und Verkäufer persönlich treffen oder miteinander telefonieren.

> Der Außendienstmitarbeiter einer Büroausstattungs-GmbH bietet einem Unternehmer mehrere Schreibtische im Gesamtwert von 10000 EUR an. Der Kunde kann sich nicht sofort entscheiden, ruft allerdings am nächsten Tag den Verkäufer an und bittet um Lieferung. Der Vertreter erklärt jetzt jedoch, die Schreibtische hätten sich zu seinem Bedauern um 500 EUR verteuert.
>
> Da das Angebot **nicht** sofort während des Gesprächs angenommen wurde, hat der Kunde keinen Anspruch darauf, die Schreibtische zu dem am Vortag genannten Preis zu beziehen.

▶ Angebot unter Abwesenden

Wird einem Kaufinteressenten in dessen Abwesenheit ein Angebot unterbreitet, gilt es nur so lange, wie der Anbietende **unter normalen Umständen eine Antwort erwarten darf** *(§ 147 II BGB).*

> Wer ein Angebot durch Brief, Telefax oder E-Mail abgibt, darf erwarten, dass die Annahme des Angebotes mindestens auf gleich schnellem Wege erfolgt.

6.3.3 Widerruf des Angebotes

Ein Angebot wird in dem Augenblick verbindlich, in dem es den Empfänger erreicht. Stellt der Anbieter jedoch fest, dass ihm bei der Formulierung ein Fehler unterlaufen ist, kann er das Angebot widerrufen. Gleiches gilt, wenn der Anbieter sein Angebot nicht aufrechterhalten will. Ein solcher Widerruf ist allerdings nur dann wirksam, **wenn er vor oder gleichzeitig mit dem Angebot eingeht** *(§ 130 I BGB).*

> Wer ein schriftliches Angebot per Postzusteller unterbreitet hat, müsste den Widerruf durch Telefax oder E-Mail übermitteln.

6.3.4 Inhalte des Angebotes

Ein **aussagefähiges** Angebot sollte Informationen zu folgenden Einzelheiten beinhalten:

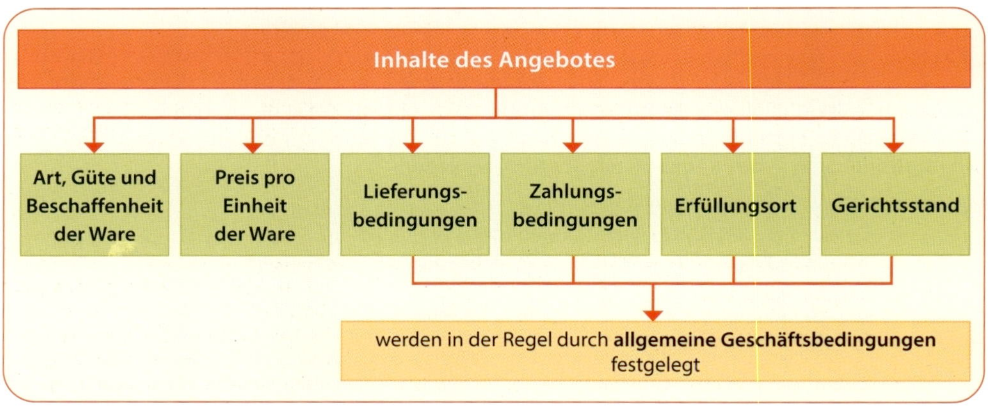

6.3.4.1 Art, Güte und Beschaffenheit der Ware

Die Art der Ware wird durch einen **handelsüblichen Namen** gekennzeichnet wie z.B. Polstermöbel, Eisenwaren, Lebensmittel oder Textilien.

Güte und Beschaffenheit der Ware können verdeutlicht werden durch:

- **Abbildungen und Beschreibungen** bei Elektrogeräten, Möbeln, Werkzeugen;
- **Muster und Proben** bei Stoffen, Papier, Tapeten, Leder;
- **Güteklassen** zur Angabe von Warenqualitäten;
  - **Handelsklassen** bei Eiern, Obst, Kartoffeln,
  - **Typen** bei Mehl, Kraftfahrzeugen,

- **Marken und Gütezeichen**
  - **Marken** (vgl. S. 522 f.) verwendet der Hersteller, um seine Produkte zu kennzeichnen und von denen anderer abzugrenzen;
  - **Gütezeichen,** die bestimmte Qualitätszusicherungen in einem Wort- oder Bildzeichen zertifizieren, werden von Verbänden oder Organisationen vergeben;

Neues Qualitätsprädikat für Energieprodukte

RAL-Gütezeichen bestätigt CO_2-Neutralität

Der Klimaschutz stellt unseren Umgang mit Energie vor neue Herausforderungen. Insbesondere bei der Wärmeerzeugung kommt es darauf an, den Ausstoß klimaschädlicher Treibhausgase wie CO_2 möglichst global zu verringern. Ein neues Qualitätsprädikat zur Kennzeichnung von Brennstoffen bietet deutschen Heizungsbesitzern dafür jetzt einen wesentlich größeren Spielraum. Selbst wer bisher schon konsequent auf einen sparsamen Einsatz von Energie geachtet hat, kann sich dank des „RAL-Gütezeichens CO_2-kompensierte Energieprodukte" noch effizienter an der notwendigen Emissionsminderung beteiligen. Wärmebrennstoffe mit diesem Gütezeichen sind nämlich CO_2-neutral, weil die von ihnen verursachten CO_2-Emissionen vollständig durch Klimaschutzprojekte wieder ausgeglichen werden.

Die Zuverlässigkeit dieser Kompensationen basiert auf weltweit anerkannten Zertifizierungssystemen. So genannte Minderungszertifikate für CO_2-Ausgleichsmaßnahmen werden von Klimaschutz-Investoren verkauft und finanzieren auf diese Weise z. B. Waldaufforstungen oder den Bau von Wasserkraftwerken und Solaranlagen. Voraussetzung ist, dass die Projekte nicht ohnehin erfolgt wären, sondern erst durch den Zertifikathandel möglich wurden. Wenn ein Energiehändler für jede Tonne CO_2, die bei der Verbrennung der von ihm verkauften Produkte entsteht, ein solches Zertifikat erwirbt, gilt beispielsweise die entsprechende Menge Heizöl als kompensiert und damit als CO_2-neutral.

Das „RAL-Gütezeichen CO_2-kompensierte Energieprodukte" bescheinigt aber nicht nur die grundsätzliche CO_2-Neutralität der jeweiligen Energie, sondern auch eine umfassende und dauerhafte Überwachung dieser wichtigen Eigenschaft. Die zertifizierten Klimaschutzprojekte werden nämlich zum Teil in weit entfernten Ländern der Welt durchgeführt. Das ist uneingeschränkt möglich, weil Schadstoffemissionen ebenso wie deren Vermeidung unabhängig von Landesgrenzen sind und sich deshalb stets global auswirken. Die Distanz erfordert aber auch wirksame Kontrollmechanismen. Denn ein deutscher Heizölverbraucher hat natürlich keine Möglichkeit, die Ausgleichsverrechnungen für seine privaten Heizungsabgase z. B. mit einem Biomasse-Projekt in Asien auf Richtigkeit zu prüfen. Dies übernehmen deshalb die Sachverständigen bzw. Prüfstellen, die die Vergabekriterien für das RAL-Gütezeichen überwachen. Sie achten unter anderem streng darauf, dass Minderungszertifikate für eine Tonne CO_2-Vermeidung nicht mehrfach verkauft werden. Um für ihre Produkte das Gütezeichen zu erhalten, müssen die Energiehändler den Kontrolleuren sämtliche Unterlagen wie Kaufverträge mit Zertifikatsanbietern, Verrechnungsabläufe oder Stilllegungs-Nachweise genutzter Zertifikate zur Einsicht überlassen.

Quelle: https:/www.guetezeichen-energiehandel.de/das-gutezeichen/#CO2neutralitaet, Abruf am 04.01.2020

- **Herkunft der Ware,** die durch das Anbaugebiet bezeichnet wird wie bei Wein, Südfrüchten, Kaffee, Tabak;
- **Jahrgang der Ware** bei Antiquitäten, Spirituosen;
- **Zusammensetzung der Ware** wie Prozent Alkohol in Spirituosen, Prozent Fett in Käse und Wurst, Goldgehalt in Schmuckstücken.

Fehlen im Angebot Angaben über Art und Güte der Ware, so ist davon auszugehen, dass bei späterer Lieferung der Artikel in **mittlerer Art und Güte** geliefert werden muss *(§ 243 BGB bzw. § 360 HGB).*

6.3.4.2 Preis pro Einheit der Ware

Der Preis, der den in Geld ausgedrückten Wert einer Ware darstellt, bezieht sich auf eine bestimmte Mengeneinheit zuzüglich der Umsatzsteuer.

Warenpreise können auf folgende Einheiten bezogen sein:

- **gesetzliche Maßeinheiten** (m, m², l, kg);
- **Stückzahlen** (Stück, Dutzend, Stiege);
- **handelsübliche Bezeichnungen** (Sack, Kiste, Fass, Ballen, Waggon).

6.3.4.3 Lieferungsbedingungen

Neben Mitteilungen zur Qualität und zum Preis einer Ware enthält ein Angebot auch Angaben über Beförderungs- und Verpackungskosten sowie zur Lieferzeit **(Lieferungsbedingungen).**

Lieferungsbedingungen

- Beförderungskosten
- Verpackungskosten
- Lieferzeit

▶ Beförderungskosten

Grundsätzlich hat der Käufer die Ware beim Verkäufer abzuholen, d. h., **Warenschulden sind Holschulden.** Versendet der Lieferant die Ware an einen Kunden am gleichen Ort **(Platzkauf),** hat der Käufer alle Beförderungskosten zu tragen. Befindet sich das Unternehmen des Käufers an einem anderen Ort **(Versendungskauf),** trägt der Verkäufer die Kosten bis zur Versandstation (z. B. Bahnhof oder Flughafen) und der Käufer alle weiteren Kosten *(§ 448 I BGB).*

Diese **gesetzliche Regelung kann durch vertragliche Bestimmungen zwischen den Vertragspartnern verändert werden** bzw. diese Vereinbarungen richten sich nach dem Handelsbrauch *(§ 346 HGB):*

Beförderungsbedingungen	Bedeutung	
	Verkäufer in Erfurt übernimmt:	Käufer in München übernimmt:
„ab Lager", „ab Werk"	–	alle Beförderungskosten
„ab Erfurt", „ab hier" „unfrei" (gesetzl. Regelung beim Versendungskauf)	Anfuhrkosten (Beförderungskosten vom Werk oder Lager bis zur Versandstation)	Verladekosten, Frachtkosten, Entladekosten und Zustellkosten bis zu seinem Unternehmen
„frei Waggon"	Anfuhrkosten und Verladekosten	Frachtkosten, Entladekosten und Zustellkosten
„frei Bahnhof dort" „frei dort", „frachtfrei"	Anfuhrkosten, Verladekosten und Fracht	Entladekosten und Zustellkosten
„frei Haus", „frei Lager", „frei Werk"	alle Beförderungskosten	–

▶ Verpackungskosten

Die Kosten der Versandverpackung trägt grundsätzlich der Käufer *(§ 448 I BGB)*. Die Vertragspartner können von dieser gesetzlichen Regelung wiederum abweichende Vereinbarungen treffen:

- **Verpackungskosten werden nicht gesondert berechnet**

  („Preis einschließlich Transportverpackung")

- **Verpackungskosten werden zusätzlich berechnet**

  Zum Warenpreis wird ein gesonderter Verpackungspreis ausgewiesen („Preis zuzüglich 30 EUR Transportverpackung"). Sofern der Käufer die Verpackung zurückgeben kann, werden ihm die Verpackungskosten ganz oder teilweise gutgeschrieben („Transportverpackung 30 EUR, bei Rücksendung volle Gutschrift").

  In der Regel wird die Verpackung zum Selbstkostenpreis berechnet. In Ausnahmefällen wird zur Berechnung der Verpackungskosten der Preis der Ware zugrunde gelegt („brutto für netto").

  > Beim Kauf einer Kiste Äpfel im Gesamtgewicht von 10 kg wird für den Verpackungsanteil der Kiste in Höhe von 500 g der gleiche Preis wie für die Äpfel berechnet.

- **Verpackungskosten fallen nicht an,** da der Käufer die Transportverpackung selbst stellt.

▶ Lieferzeit

Das Gesetz verpflichtet den Verkäufer, Waren sofort zu liefern *(§ 271 I BGB)*. In den Lieferungsbedingungen können allerdings andere Vereinbarungen getroffen werden:

Lieferzeit

Tageskauf/Sofortkauf (gesetzliche Regelung)	**Terminkauf**	**Fixgeschäft** bzw. **Fixhandelskauf**	**Kauf auf Abruf**
■ sofortige Lieferung – Lieferung unmittelbar nach Vertragsabschluss	■ Lieferung innerhalb einer vereinbarten Frist – Lieferung innerhalb vier Wochen – Lieferung in der 20. Woche	■ Lieferung zu einem genau festgelegten Zeitpunkt – Lieferung zum 23. August fix – Lieferung fest am dritten Tag vor Silvester	■ Lieferung kann vom Käufer innerhalb einer bestimmten Frist angefordert werden – Lieferung kann in Teilmengen innerhalb von sechs Monaten abgerufen werden

6.3.4.4 Zahlungsbedingungen

Zahlungsbedingungen enthalten Angaben über den Zahlungszeitpunkt und über eventuelle Preisnachlässe.

Zahlungszeitpunkt

Zahlungszeitpunkt

Zahlung vor Lieferung	Zahlung bei Lieferung (gesetzliche Regelung)	Zahlung nach Lieferung
■ Anzahlung/Vorauszahlung	■ „Zug-um-Zug-Geschäft"	■ Zielkauf ■ Ratenkauf

Zahlung vor Lieferung

Vor der Warenlieferung wird ein Teil des Kaufpreises (in seltenen Fällen der gesamte Kaufpreis) vom Kunden gefordert. Dieser Zahlungszeitpunkt bietet sich bei großen Aufträgen, bei Spezialanfertigungen oder bei Kaufverträgen mit neuen oder in der Vergangenheit „zahlungsschwachen" Kunden an.

Zahlung bei Lieferung

Die **gesetzliche Regelung** sieht eine sofortige Bezahlung der Ware bei Lieferung vor *(§§ 271, 433 II BGB)*, d. h., der Verkäufer händigt die Ware aus, der Käufer entrichtet den Kaufpreis. Die Abwicklung des Geschäftes geschieht „Zug um Zug". Gezahlt werden kann bar (einschließlich Nachnahme) oder durch Scheck.

Zahlung nach Lieferung

- **Zielkauf** *(Warenkredit des Lieferanten)*

  Mit der Zahlung nach Lieferung wird ein Zahlungsaufschub (Zielkauf) gewährt, z. B. „Zahlung innerhalb 30 Tagen ohne Abzug". Zahlt der Kunde vorzeitig, kann er vom Rechnungsbetrag einen bestimmten Prozentsatz **(Skonto)** einbehalten, z. B. „Zahlung innerhalb 30 Tagen netto Kasse, innerhalb 10 Tagen 3 % Skonto". Diese Zahlungen erfolgen in der Regel bargeldlos (z. B. durch Überweisung).

  Dieser Skontoabschlag sollte stets genutzt werden. Bei einem Rechnungsbetrag von 4 000 EUR ergäbe sich für die genannte Zahlungsbedingung eine Einsparung von:

Rechnungsbetrag	4 000 EUR
– 3 % Skonto	120 EUR
= Überweisungsbetrag	3 880 EUR

  3 % Skonto für 20 Tage (Lieferantenkreditzeitraum) entsprechen (bei Anwendung der kaufmännischen Überschlagsrechnung) einem Jahreszins von 54 %.

- **Ratenkauf** *(Teilzahlungsgeschäft)*

  Bei Ratenkäufen verpflichtet sich der Kunde, beim Erhalt der Ware eine Anzahlung zu leisten und den Restbetrag in Raten (meist monatlich) zu begleichen. Teilzahlungsgeschäfte werden häufig mit Privatpersonen (Konsumenten) beim Kauf höherwertiger Gebrauchsgüter (Möbel, Pkw, Fernsehgeräte) abgeschlossen. Jeder Ratenkauf ist ein **Kreditgeschäft,** bei dem der Verkäufer eine Vorleistung erbringt, indem er die Sache liefert, ohne sofort den vollen Kaufpreis zu erhalten.

Sowohl beim Zielkauf als auch beim Ratenkauf behält sich der Verkäufer solange das Eigentum an der Ware vor, bis der volle Kaufpreis entrichtet ist. Er liefert unter **Eigentumsvorbehalt** (vgl. S. 447 f.).

▶ Preisnachlässe

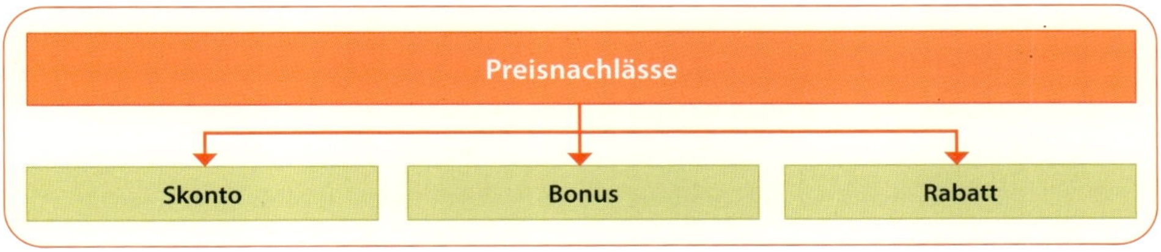

- **Skonto** ist der nachträglich gewährte Nachlass für vorzeitige Zahlung, d.h., ein eingeräumtes Zahlungsziel wird nicht voll in Anspruch genommen.
- **Bonus** ist eine nachträglich (z.B. am Jahresende) gewährte Vergütung auf den erzielten Umsatz.

  Ein Hersteller gewährt seinen Kunden folgende gestaffelte Boni auf die bei ihm pro Jahr erworbenen Waren:
  - bis zu 150 000 EUR: 3 % Bonus
  - über 150 000 EUR: 5 % Bonus
- **Rabatt** ist ein sofortiger Preisnachlass, der aus verschiedenen Anlässen gewährt wird.

Rabattarten	Erläuterung
Barzahlungsrabatt	bei sofortiger Bezahlung reduziert sich der Kaufpreis
Mengenrabatt	richtet sich nach der Menge (Stück, m, m^2, l, kg) **einer** Bestellung
Naturalrabatt	besondere Form des Mengenrabattes, bei der sich die Anzahl der erhaltenen Waren, aber nicht der Einzelpreis pro Wareneinheit verändert (z.B. beim Kauf von 10 Flaschen Wein wird eine weitere Flasche kostenlos mitgeliefert)
Sonderrabatt	bei besonderen Anlässen wie Geschäftsjubiläum, Filialeröffnung oder bei neu einzuführenden Artikeln
Treuerabatt	für langjährige gute Kunden

6.3.4.5 Erfüllungsort

Beim Abschluss eines Kaufvertrages verpflichten sich die Vertragspartner, bestimmte Leistungen zu erbringen: Der Verkäufer muss die Ware mangelfrei und rechtzeitig liefern, der Käufer hat die Ware anzunehmen und den Kaufpreis fristgemäß zu zahlen.

Der Ort, an dem diese Leistungen erbracht werden müssen, ist der **Erfüllungsort.**

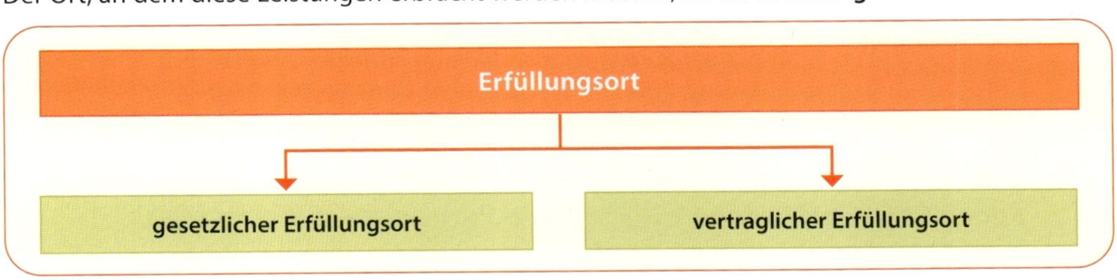

Gesetzlicher Erfüllungsort

Nach dem Bürgerlichen Gesetzbuch ist der Erfüllungsort dort, wo der **Schuldner seinen Wohnsitz oder gewerblichen Sitz hat** *(§ 269 BGB)*. Dies bedeutet:

- Der **Erfüllungsort für die Lieferung** der Ware ist der **Wohn- bzw. Geschäftssitz des Verkäufers.**
- Der **Erfüllungsort für die Zahlung** des Kaufpreises ist der **Wohn- bzw. Geschäftssitz des Käufers.**

Beim gesetzlichen Erfüllungsort gibt es also

- **zwei Vertragsparteien** und
- **zwei Erfüllungsorte.**

> Ein Großhändler aus Essen kauft Waren beim Hersteller in Dresden. Der Erfüllungsort für die Lieferung ist Dresden, für die Kaufpreiszahlung Essen.

Vertraglicher Erfüllungsort

Die Kaufvertragspartner vereinbaren in der Regel untereinander einen bestimmten Ort als Erfüllungsort. Nur wenn eine derartige Vereinbarung **nicht** getroffen wird, gilt die gesetzliche Regelung. Beim vertraglichen Erfüllungsort gibt es also

- **zwei Vertragsparteien** und
- **einen Erfüllungsort.**

Im täglichen Geschäftsverkehr wird in der Regel der Wohn- bzw. Geschäftssitz des Verkäufers zum vertraglichen Erfüllungsort erklärt.

> Das Möbelhaus Ferdinand Eiche OHG in Jena kauft beim Hersteller in München Wohnzimmerschränke. In den allgemeinen Geschäftsbedingungen des Produzenten steht: „Erfüllungsort für beide Teile ist München."

Gefahrenübergang

Aus dem Kaufvertrag ergibt sich für den Verkäufer die Verpflichtung, die Ware an den Käufer zu übergeben. Mit der Übergabe der Ware am Erfüllungsort geht auch die Gefahr des Verlustes, der Beschädigung oder des Verderbs vom Verkäufer auf den Käufer über.

Der Gefahrenübergang ist abhängig von der „Art der Schuld", d. h. der Unterscheidung in **Holschuld, Schickschuld** und **Bringschuld.**

Warenschulden sind Holschulden

Bei Holschulden hat der Käufer die Ware am Wohn- oder Geschäftssitz des Verkäufers abzuholen. In der Regel wird jedoch dem Käufer die Ware vom Lieferanten zugestellt oder ein Spediteur mit der Anlieferung beauftragt. Der Käufer trägt aber in jedem Fall das Transportrisiko, da der Verkäufer mit der Bereitstellung der Ware an seinem Wohn- bzw. Geschäftssitz seine Leistungspflicht bereits erfüllt hat. Wird die Ware ohne Verschulden des Verkäufers auf dem Transport vernichtet oder beschädigt (z. B. durch einen Verkehrsunfall), so hat der Käufer keinen Anspruch auf eine Ersatzlieferung und muss außerdem den vollen Kaufpreis zahlen. Trifft den Verkäufer allerdings ein Verschulden (etwa dadurch, dass er die Ware mit einem eigenen Lkw anliefert und einen Unfall selbst verschuldet), haftet er für den entstandenen Schaden.

- **Geldschulden sind Schickschulden**

  Für Geldschulden ist eine Besonderheit zu beachten: In der Regel schuldet der Käufer die Zahlung des Kaufpreises zwar an seinem Wohn- bzw. Geschäftsort. Da Geldschulden jedoch Schickschulden sind, trägt er trotzdem bei einer Zahlungsüberweisung das Risiko, dass das Geld nicht beim Empfänger ankommt *(§ 270 BGB)*.

  > Ein Fertigungsbetrieb bezahlt die Rechnung seines Lieferanten durch SEPA-Überweisung. Sofern der Lieferant keinen Zahlungseingang feststellen könnte, müsste der Käufer nochmals zahlen. (Allerdings wäre es in diesem Fall möglich, die Bank haftbar zu machen.)

- **Bringschuld**

  Bei einigen Waren ist es unerlässlich, dass die Übergabe durch den Verkäufer erst am Wohn- bzw. Geschäftsort des Käufers erfolgen kann. In diesem Fall ist auch dort der Erfüllungsort. Hieraus folgt, dass die Gefahr des Verlustes, der Beschädigung oder des Verderbs solange beim Verkäufer liegt.

  > Eine Gemeinde bestellt für ihr Verwaltungsgebäude 200 000 l Heizöl. Diese Ware kann erst an ihrem „Geschäftssitz" übergeben werden. Bis dahin trägt der Heizöllieferant das Risiko.

6.3.4.6 Gerichtsstand

Der **Gerichtsstand** ist der Ort, an dem Streitigkeiten, die sich aus unzureichender Erfüllung der Kaufvertragsvereinbarungen zwischen den Vertragspartnern ergeben können, ausgetragen werden.

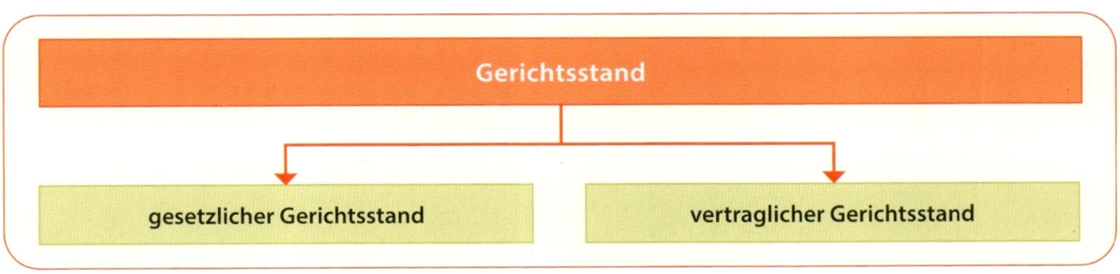

▶ Gesetzlicher Gerichtsstand

Der gesetzliche Gerichtsstand ist der Wohn- bzw. Geschäftssitz des Schuldners, für **Warenschulden also der des Verkäufers,** für **Geldschulden der des Käufers.**

> Zwischen einem Hersteller in Stuttgart und einem Großhandelsunternehmen in Hamburg ist ein Kaufvertrag abgeschlossen worden. Bei einer gerichtlichen Auseinandersetzung über verspätete oder mangelhafte Warenlieferung wäre der Gerichtsstand in Stuttgart. Ein Streit über die Kaufpreiszahlung würde in Hamburg ausgetragen.

▶ Vertraglicher Gerichtsstand

Zwischen Kaufleuten kann beim zweiseitigen Handelskauf ein von der gesetzlichen Regelung abweichender Gerichtsstand vereinbart werden. Dies wird in der Regel der Wohn- bzw. Geschäftssitz des Verkäufers sein.

> Die Textilfabrik Schlöndorf GmbH in Köln schließt mit einem Warenhaus in Leipzig einen Kaufvertrag ab. In den allgemeinen Geschäftsbedingungen der Textilfabrik heißt es: „Erfüllungsort und Gerichtsstand ist für beide Teile Köln."

Die Vereinbarung eines vertraglichen Gerichtsstandes zwischen einem Kaufmann und einer Privatperson ist **nicht** zulässig, um den Verbraucher als wirtschaftlich Schwächeren zu schützen. Dadurch soll z. B. vermieden werden, dass Privatpersonen bei Streitigkeiten grundsätzlich zum Gericht am Wohnsitz des Verkäufers reisen müssten.

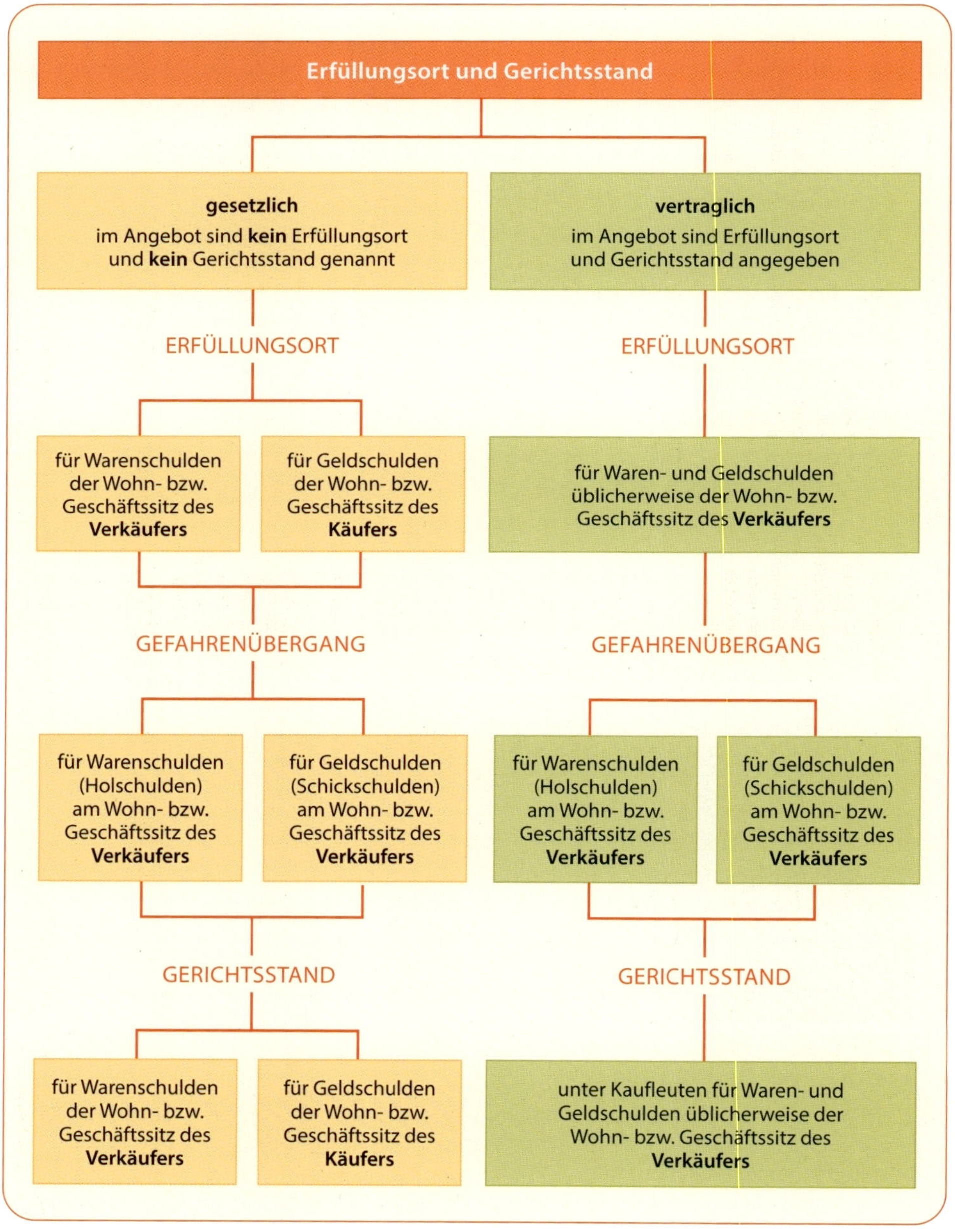

Inhalte eines aussagefähigen (= vollständigen) Angebotes im Überblick

	Art, Güte und Beschaffenheit der Ware	**Menge** *(z. B. Stück, Liter, kg, 1 000 Blatt)* ggf. Angabe von Mindest- oder Höchstbestellmengen	**Nettopreis je Mengeneinheit** Preisnachlässe in Form von ■ Rabatten *(z. B. Barzahlungs-, Mengen-, Natural-, Sonder- oder Treuerabatt)* ■ Boni	**Lieferungsbedingungen** ① Versandkosten (Warenschulden sind Holschulden!) ② Verpackungskosten ③ Lieferzeit	**Zahlungsbedingungen** Preisnachlass in Form von ■ Skonti	**Erfüllungsort** *(EO)* (= Ort, an dem die Vertragsparteien ihre Pflichten erfüllen müssen)	**Gerichtsstand** *(GS)* (= Ort, an dem Rechtsstreitigkeiten aus dem Kaufvertrag vor Gericht ausgetragen werden müssen)	**Eigentumsvorbehalt** (zur Absicherung der Forderung wird der Käufer zunächst „nur" Besitzer, die Eigentumsübertragung erfolgt erst nach der Bezahlung)
gesetzliche Regelung*	mittlere Art und Güte	–	–	zu ① und ②: sind vom **Käufer** zu tragen zu ③: sofortige Lieferung (= „Zug-um-Zug-Geschäft")	■ sofortige Bezahlung (= „Zug-um-Zug-Geschäft") ■ **Käufer** trägt die Kosten der Zahlung	■ EO + GS für **Warenschuldner** (= Lieferung): Wohn- bzw. Geschäftssitz des **Verkäufers** ■ EO + GS für **Geldschuldner** (= Zahlung): Wohn- bzw. Geschäftssitz des **Käufers**		–
Beispiele für vertragliche Regelungen	■ Abbildungen und Beschreibungen ■ Muster und Proben ■ Güteklassen ■ Marken und Gütezeichen	–	–	■ frei Haus ■ frei Waggon ■ Preis einschließlich Verpackung ■ brutto für netto (= für die Verpackung gilt der Preis der Ware) ■ Terminkauf ■ Fixgeschäft ■ Kauf auf Abruf	■ Anzahlung ■ Vorauszahlung ■ Nachnahme ■ Zielkauf ■ Ratenkauf	abweichende vertragliche Regelung möglich ■ EO für Waren- und Geldschulden: üblicherweise Wohn- bzw. Geschäftssitz des **Verkäufers** ■ GS (nur möglich zwischen Kaufleuten beim zweiseitigen Handelskauf): für Waren- und Geldschulden üblicherweise Wohn- bzw. Geschäftssitz des **Verkäufers (Ausnahme:** bei Abzahlungsgeschäften: GS jedoch **immer** am Wohnsitz des **Käufers)**		–

* gesetzliche Regelung gilt nur dann, sofern **keine** (!) besondere vertragliche Regelung getroffen worden ist

häufig vorformuliert durch **AGB** (= **A**llgemeine **G**eschäfts**b**edingungen), die der eine Vertragspartner (= **Verkäufer**) dem anderen Vertragspartner (= **Käufer**) **einseitig** stellt, ohne dass diese Klauseln im Einzelnen zuvor ausgehandelt worden sind

1. AGB vereinfachen den Abschluss von „Massenverträgen" (→ „Rationalisierungsgedanke" bei Kaufvertragsverhandlungen).
2. AGB begrenzen das Risiko des Verkäufers durch Einschränkung seiner Vertragspflichten: Um jedoch Benachteiligungen des wirtschaftlich schwächeren **Verbrauchers** zu verhindern: → **Schutz des Verbrauchers durch entsprechende Bestimmungen des „Bürgerlichen Gesetzbuches"** *(§§ 305 ff. BGB)*.

6.3.5 Angebotsvergleich als Voraussetzung für die Kaufentscheidung

Die auf die Anfrage des Kaufinteressenten eingegangenen Angebote werden im Rahmen der **Bezugskalkulation** miteinander verglichen, **um die günstigste Einkaufsmöglichkeit zu ermitteln.** Bei gleicher Qualität der Waren entscheiden Lieferzeit und Preis (einschließlich Beförderungs- und Verpackungskosten abzüglich möglicher Rabatte und Skonti) über die Bestellung (Auftragserteilung).

Die Richard Meyer GmbH erhält auf ihre Anfragen nach Stahlschränken Angebote von drei Lieferanten. Die wichtigsten Inhalte werden im folgenden **Angebotsvergleich** für jeweils einen Stahlschrank gegenübergestellt.

Inhalte des Angebotes	Büromöbelfabrik Bernd Rupert KG	Bürohaus Stein KG	Büroausstatter Werner Kötter e. Kfm.
Angebotspreis pro Stück	1 380,00 EUR	1 450,00 EUR	1 250,00 EUR
Rabatt	15 %	10 %	12 %
Beförderungskosten für die Gesamtlieferung	frei Haus	ab Werk, Beförderungskosten 120,00 EUR	frachtfrei, Entlade- und Zustellkosten 32,00 EUR
Verpackungskosten für die Gesamtlieferung	–	38,50 EUR	48,00 EUR
Zahlungsbedingungen	Bei Zahlung innerhalb von 10 Tagen 3 % Skonto	Bei Zahlung innerhalb von 2 Wochen 2 % Skonto	Zahlbar innerhalb 30 Tagen ohne Abzug

Die rechnerische Auswertung der vorstehenden Angebote ergibt folgende Bezugspreise:

	Büromöbelfabrik Bernd Rupert KG	Bürohaus Stein KG	Büroausstatter Werner Kötter e. Kfm.
Angebotspreis für 3 Stück	4 140,00 EUR	4 350,00 EUR	3 750,00 EUR
– Rabatt	621,00 EUR	435,00 EUR	450,00 EUR
= Zieleinkaufspreis	3 519,00 EUR	3 915,00 EUR	3 300,00 EUR
– Skonto	105,57 EUR	78,30 EUR	–
= Bareinkaufspreis	3 413,43 EUR	3 836,70 EUR	3 300,00 EUR
+ Beförderungskosten	–	120,00 EUR	32,00 EUR
+ Verpackungskosten	–	38,50 EUR	48,00 EUR
= Bezugspreis (Einstandspreis)	**3 413,43 EUR**	**3 995,20 EUR**	**3 380,00 EUR**

Die **Bezugskalkulation** ergibt als preisgünstigstes Angebot das des Büroausstatters Werner Kötter e. Kfm. Da dieses Unternehmen allerdings laut Angebot erst nach zwölf Wochen liefern kann, entscheidet sich die Richard Meyer GmbH zur Bestellung beim zweitgünstigsten Lieferanten, der Büromöbelfabrik Bernd Rupert KG, die eine Lieferung innerhalb von vier Wochen zugesagt hat.

6.4 Bestellung (Auftrag)

Durch den Angebotsvergleich hat der Kaufwillige das für sich günstigste Angebot ermittelt. Diesem Lieferanten erteilt er den Auftrag. Die Bestellung (= **Auftrag**) ist an keine Form gebunden, sie kann zwar mündlich (auch telefonisch) abgegeben werden, wird jedoch in der Regel schriftlich (auch per Telefax bzw. E-Mail) unterbreitet. In der Praxis werden mündlich aufgegebene Bestellungen zur Vermeidung von Irrtümern und zum Beweis schriftlich wiederholt.

▶ Rechtliche Wirkung der Bestellung

Die Bestellung ist eine **verbindliche Erklärung** des Käufers (Willenserklärung) gegenüber dem Verkäufer, Waren zu festgelegten Bedingungen zu erwerben.

▶ Widerruf der Bestellung

Eine Bestellung wird in dem Augenblick verbindlich, zu dem sie den Empfänger erreicht. Stellt der Käufer jedoch fest, dass ihm bei der Formulierung des Auftrages ein Fehler unterlaufen ist oder will er den Auftrag nicht aufrechterhalten, kann er die Bestellung widerrufen. Ein solcher Widerruf ist allerdings nur dann wirksam, **wenn er vor oder gleichzeitig mit dem Auftrag eingeht** *(§ 130 I BGB)* **oder vorbehalten wurde** („freibleibend").

▶ Inhalt der Bestellung

■ Bestellung auf ein Angebot

Liegt der Bestellung ein Angebot zugrunde, bezieht sich der Kunde auf die dort mitgeteilten Einzelheiten, insbesondere:

- **Art der Ware und Artikelnummer;**
- **Menge der Ware;**
- **Preis der Ware.**

■ Bestellung ohne Angebot

Ging dem Auftrag kein spezielles Angebot voraus, muss die Bestellung jene Punkte enthalten, die üblicherweise in einem Angebot beinhaltet sind.

6.5 Bestellungsannahme (Auftragsbestätigung)

Nach Eingang einer Bestellung **kann** der Lieferant den Auftrag schriftlich bestätigen. Die im Angebot und im Auftrag bereits vereinbarten Bedingungen werden im Bestätigungsschreiben (= **Auftragsbestätigung**) nochmals wiederholt. Diese Angaben sollte der Käufer unbedingt mit seiner Bestellung vergleichen.

▶ Rechtliche Wirkung der Bestellungsannahme

Die rechtliche Wirkung der Auftragsbestätigung ist unterschiedlich:

■ Bestellung erfolgt aufgrund eines Angebotes

Die Bestellungsannahme dient in diesem Falle zur nochmaligen Bestätigung bzw. Kontrolle der bereits getroffenen Vereinbarungen.

■ Bestellung erfolgt ohne Angebot

Bei häufig wiederkehrenden Bestellungen bei einem Lieferanten wird der Kunde nicht in jedem Fall erneut ein Angebot einholen. Der Auftrag erfolgt vielmehr unter den ohnehin bekannten Bedingungen. Bei einer Bestellung ohne Angebot **muss** der Lieferant sein Einverständnis zur Ausführung des Auftrages abgeben. Dies erfolgt durch die Auftragsbestätigung.

▶ Zusammenfassung

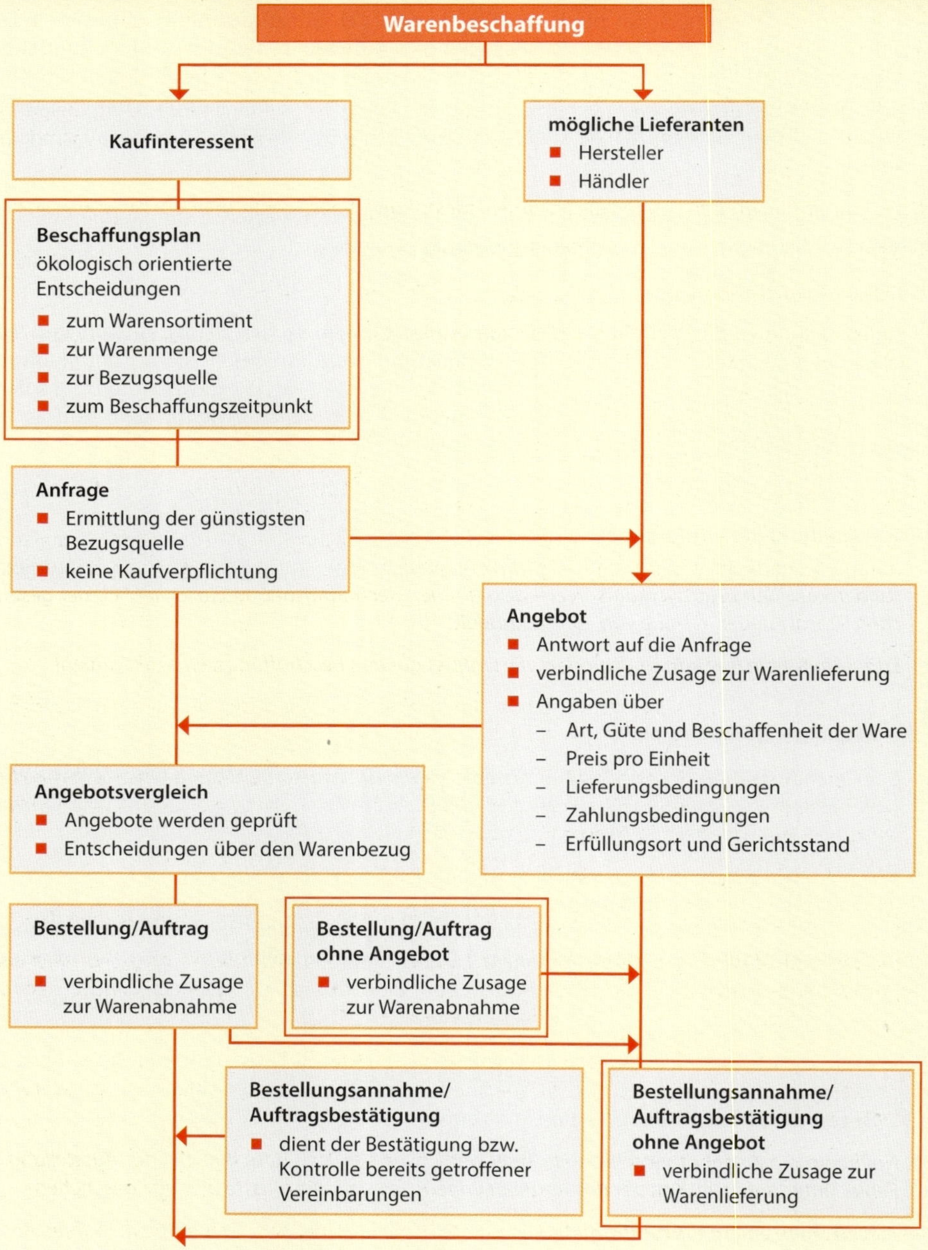

Warenbeschaffung **mit** Anfrage und Angebot

Warenbeschaffung **ohne** Anfrage und Angebot

Aufgaben

4

(1) *Welchen Zweck erfüllt ein Beschaffungsplan?*

(2) *Erläutern Sie am Beispiel Ihres Ausbildungsbetriebes, inwieweit sich Beschaffungsentscheidungen an ökologischen Belangen orientieren! Wo sehen Sie gegebenenfalls Verbesserungsmöglichkeiten?*

(3) *Welche Einflussgrößen können die Sortimentsgestaltung eines Handelsbetriebes bestimmen?*

(4) *Nennen Sie Auswirkungen einer falsch bestellten Warenmenge!*

(5) *Welche Faktoren können zur Änderung der bisher üblichen Bestellmengen führen?*

(6) *Erstellen Sie mithilfe eines Tabellenkalkulationsprogrammes zu den nachfolgenden Daten eine Rückwärtskalkulation!*

- *Listenverkaufspreis: 48,99 EUR*
- *Kundenrabattsatz: 2,5 %*
- *Kundenskontosatz: 3 %*
- *Gewinnzuschlagssatz: 5 %*
- *Handlungskostenzuschlagssatz: 35 %*
- *Bezugskosten je Stück: 0,29 EUR*
- *Liefererskontosatz: 2 %*
- *Liefererrabattsatz: 10 %*

(7) *Kalkulieren Sie den Listeneinkaufspreis auf der Basis der zuvor genannten Daten unter der Annahme neu, dass es sich bei dem Listenverkaufspreis in Höhe von 48,99 EUR nicht um den Netto-, sondern um den Bruttoverkaufspreis – also um den Rechnungsbetrag einschließlich der gesetzlichen Umsatzsteuer in Höhe von 19 % – handelt!*

(8) *Erläutern Sie die Bestimmungsgrößen, die Einfluss auf den Beschaffungszeitpunkt haben!*

(9) *Welche Informationsquellen stehen einem Unternehmen bei der Suche nach neuen Bezugsquellen zur Verfügung?*

(10) *Die Geschäftsleitung der Stroiber KG, die eine veraltete Computeranlage durch moderne Hardware ersetzen will, beauftragt Frau März mit der Beschaffung. Anhand welcher Informationsquellen könnte die Angestellte mögliche Bezugsquellen ermitteln?*

(11) *In welchen Fällen ist ein Angebot nicht verbindlich?*

(12) *Wann muss ein Angebot, das telefonisch abgegeben wird, spätestens angenommen werden?*

(13) *Ein Elektrogroßhändler unterbreitet einem Einzelhändler ein schriftliches Angebot über einen Posten Waschmaschinen. Wie lange ist der Großhändler an sein Angebot gebunden, wenn es keine Fristsetzung oder Freizeichnungsklauseln enthält?*

(14) *In einem Schaufenster ist eine Vase zu einem Preis von 49,50 EUR ausgezeichnet. Ist der Verkäufer an diesen Preis gebunden, wenn es sich nicht um einen Auszeichnungsfehler handelt? Begründen Sie Ihre Ansicht!*

(15) *Nachdem ein Angebot verschickt ist, stellt der Kaufmann fest, dass ihm bei der Ausstellung ein Fehler unterlaufen ist. Kann er das Angebot widerrufen und wie müsste dies ggf. geschehen?*

(16) *Stellen Sie in einem Kurzvortrag Marken und Gütezeichen aus dem Geschäftszweig Ihres Ausbildungsbetriebes vor!*

(17) *Welche Beförderungskosten haben Käufer und Verkäufer zu tragen, wenn im Kaufvertrag „ab hier", „frei Waggon" oder „frei Werk" als Beförderungsbedingungen vereinbart wurden?*

(18) Ermitteln Sie unter Berücksichtigung der nachfolgenden Informationen die vom Käufer zu tragenden Beförderungskosten, wenn sich die Vertragsparteien auf die nachfolgenden Bedingungen festgelegt haben:

a) ab Werk

b) frei Haus

c) frei Waggon

d) unfrei

Zu berücksichtigende Beförderungskosten:

- Preis für Straßentransport je km: 2,10 EUR
- Verladekosten auf die Eisenbahn: 75,00 EUR
- Preis für Schienentransport je km: 0,80 EUR
- Entladekosten von der Eisenbahn: 75,00 EUR

Zu berücksichtigende Entfernungen:

Verkäufer	Lkw	Versandbahnhof	Zug	Empfangsbahnhof	Lkw	Käufer
	Straße		Schiene		Straße	
	← 35 km →		← 250 km →		← 15 km →	

(19) Was bedeuten die Klauseln „Preis einschließlich Transportverpackung" bzw. „brutto für netto"?

(20) Erläutern Sie den Unterschied zwischen „Termin- und Fixkauf"!

(21) Nennen Sie Fälle, in denen sich ein Unternehmen für einen Fixhandelskauf entscheiden wird!

(22) Worin liegt der Vorteil eines Kaufs auf Abruf?

(23) Ein Kunde hat unsere Ausgangsrechnung fristgerecht unter Abzug von 3 % Skonto innerhalb der eingeräumten Frist beglichen, indem er einen Betrag in Höhe von 2 580,78 EUR auf unser Bankkonto überwiesen hat. Berechnen Sie den Bruttorechnungsbetrag des Zielverkaufs!

(24) Ein Rechnungsbetrag über 10 000 EUR kann „innerhalb 30 Tagen netto Kasse" oder „innerhalb 10 Tagen mit 2 % Skonto" beglichen werden. Um die Rechnung bis zum zehnten Tag begleichen zu können, müsste jedoch ein kurzfristiger Bankkredit aufgenommen werden, der durch den Eingang erwarteter Einnahmen nach 20 Tagen ausgeglichen werden könnte. Jahreszins 10 %. Würden Sie den Skonto ausnutzen? Begründen Sie Ihre Meinung!

(25) Grenzen Sie Bonus und Skonto voneinander ab!

(26) Erläutern Sie den Unterschied zwischen Mengenrabatt und Naturalrabatt!

(27) Mathias Zweig aus Köln hat das von der Zwiehoff GmbH in Düsseldorf vor zwei Monaten gelieferte Fernsehgerät trotz Mahnungen nicht bezahlt. Wo kann der Lieferant seine Forderungen gerichtlich einklagen?

(28) Ein Einzelhändler hat die Rechnung seines Großhändlers durch SEPA-Überweisung beglichen. Beim Lieferanten ist die Zahlung allerdings nicht eingegangen. Der Einzelhändler, der den Zahlungsbeleg vorweisen kann, ist der Meinung, seine Leistungspflicht erfüllt zu haben. Nehmen Sie hierzu Stellung!

(29) Auf die Anfrage eines Großhändlers gehen Angebote von drei Herstellern ein. Ermitteln Sie das preisgünstigste Angebot!

Inhalte der Angebote	Hersteller		
	A	B	C
Angebotspreis pro Stück	102,00 EUR	95,00 EUR	77,00 EUR
Rabatt	20 %	15 %	10 %
Beförderungskosten für die Gesamtlieferung	frachtfrei, Zustellung 5,00 EUR	frei Haus	ab Werk, Anfuhr 5,00 EUR Fracht 10,00 EUR Zustellung 5,00 EUR
Verpackungskosten für die Gesamtlieferung	15,00 EUR	8,50 EUR	Preis einschließlich Transportverpackung
Zahlungsbedingungen	bei Zahlung innerhalb 14 Tagen 2 % Skonto	bei Zahlung innerhalb 14 Tagen 3 % Skonto	zahlbar innerhalb 30 Tagen ohne Abzug

(30) *Welche Kriterien können bei gleichen Einzelpreisen verschiedener Lieferanten für die Auftragserteilung ausschlaggebend sein?*

(31) *Erläutern Sie die rechtlichen Auswirkungen einer Auftragsbestätigung auf*

a) eine Bestellung ohne vorheriges Angebot

b) eine Bestellung mit vorherigem Angebot!

7 Lager

7.1 Bedeutung der Lagerhaltung

▶ Ziele der Lagerhaltung

Um stets verkaufsbereit zu sein, ist es für ein Handelsunternehmen unerlässlich, Waren kurz-, mittel- oder auch langfristig aufbewahren zu können. Die Beschaffung benötigter Artikel wird zeitlich und mengenmäßig in der Regel jedoch nicht so durchführbar sein, dass der Weiterverkauf augenblicklich nach Anlieferung erfolgen kann.

Das Lager übernimmt diese **Ausgleichsfunktion** zwischen Beschaffung und Absatz. Ähnlich wie eine Talsperre sorgt das Lager dafür, dass Nachfrageschwankungen überbrückt werden können.

Eine sinnvolle Lagerhaltung bietet demnach wesentliche **Vorteile:**

- den Kunden kann ein vollständiges Warensortiment vorgestellt werden,
- die Liefer- und Verkaufsbereitschaft bleibt gewährleistet,
- der Ausgleich zwischen Warenbeschaffung und Warenabsatz wird sichergestellt.

Darüber hinaus können:

- Preisvorteile beim Bezug von Waren genutzt werden (Mengenrabatte, Senkung der Versandkosten),
- besonders günstige Angebote der Lieferanten in Anspruch genommen werden (Gelegenheitseinkäufe).

▶ Arten des Lagers

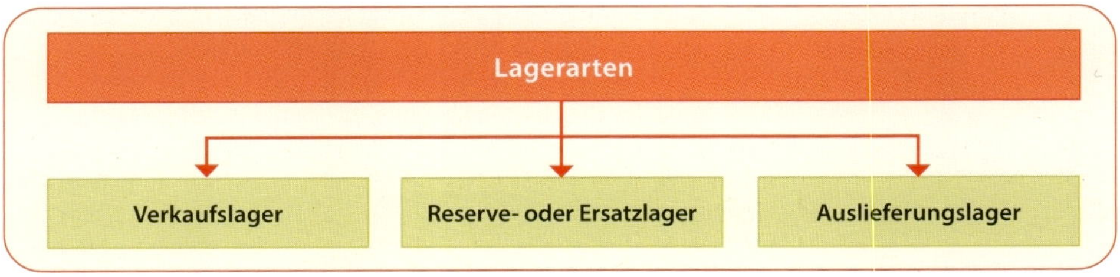

- **Verkaufslager**

  In den Verkaufsräumen kleinerer Einzelhandelsgeschäfte kann das gesamte Warensortiment verkaufsbereit zur Verfügung stehen. Eine zusätzliche Lagerhaltung entfällt aus Platzgründen oder weil die Nachfrage relativ einheitlich und überschaubar ist.

- **Reserve- oder Ersatzlager**

  Größere Unternehmen benötigen in jedem Fall ein zusätzliches Reserve- oder Ersatzlager. Waren, die im Verkaufsraum noch in ausreichender Menge ausliegen bzw. solche, die noch zum Verkauf vorbereitet werden müssen (auspacken, prüfen, auszeichnen), werden hier bereitgehalten. Das Reservelager sollte sich möglichst nahe an den Verkaufsräumen befinden, damit ein rasches Auffüllen benötigter Artikel möglich ist.

- **Auslieferungslager**

  Darüber hinaus werden in einigen Branchen Auslieferungslager an verschiedenen Orten eingerichtet, um eine rasche Belieferung der Abnehmer zu gewährleisten (z. B. im Möbelhandel).

7.2 Lagereinrichtung

▶ Lagergröße

Die Größe des Lagers richtet sich danach:

- **welche Warenart** bereitgehalten werden soll (z. B. Schmuck, Bekleidung oder Möbel);
- **wie viel Artikel** im Durchschnitt umgesetzt werden (z. B. 5 oder 20 Fernsehgeräte pro Tag);
- **wie viel Zeit** benötigt wird, um die Waren zu beschaffen (Lieferzeit z. B. 2 Tage oder 4 Wochen).

▶ Erreichbarkeit der Waren

Die übersichtliche Anordnung der Waren im Lager ermöglicht ein reibungsloses und gefahrloses Arbeiten. Bei der Einrichtung und Kontrolle des Lagerraumes sollte daher darauf geachtet werden, dass Durchgänge ausreichend breit und nicht zugestellt sind. Jeder Warenart ist eine bestimmte Lagerstelle zuzuordnen, die für das Personal aus einem **Lagerplan** ersichtlich sein muss.

▶ Lagerausstattung

Regale, Schränke und Ständer ermöglichen je nach Warenart ein ordnungsgemäßes Lagern der Güter. Lichtschutzeinrichtungen, Kühl- und Klimaanlagen schützen vor Qualitätsverlusten.

Gabelstapler, Aufzüge, Paletten, Transportbänder und Kräne dienen der sachgemäßen Beförderung innerhalb der Lagerräume. Alarmanlagen, Feuerlöscheinrichtungen und besonders zu verschließende Behältnisse sichern die lagernden Waren. Packtische, Waagen, Zählautomaten und Messlatten ermöglichen eine Kontrolle und sachgemäße Verkaufsvorbereitung.

7.3 Arbeiten im Lager

Da der Lagerbestand einen erheblichen Wert für das Unternehmen darstellt, ist der Überwachung und Pflege der Ware besondere Aufmerksamkeit zu widmen.

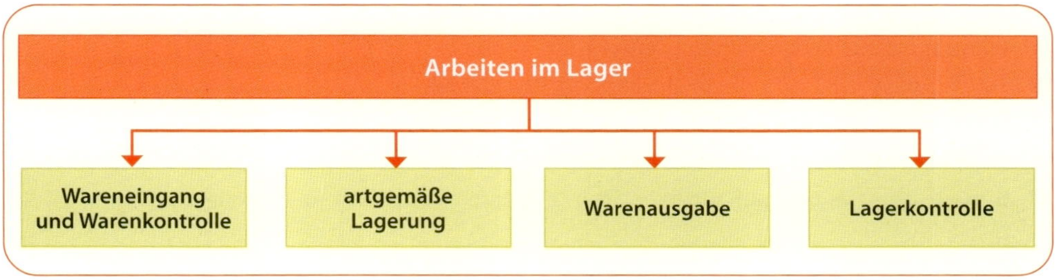

7.3.1 Wareneingang und Warenkontrolle

Bei Lieferung einer bestellten Warensendung wird der Käufer zunächst deren Ordnungsmäßigkeit (Adresse, Stückzahl und Transportverpackung sowie die Mangelfreiheit der Ware) überprüfen **(Wareneingangsprüfung).**

▶ Adresse, Stückzahl und Transportverpackung

Beim **Wareneingang** sind die Adresse und die Anzahl der gelieferten Versandstücke zu kontrollieren und mit den Begleitpapieren (z.B. Lieferschein oder Frachtbrief) zu vergleichen. Werden Unstimmigkeiten in der gelieferten Stückzahl festgestellt oder ist die Transportverpackung beschädigt, wird ein entsprechender Vermerk in den Begleitpapieren angebracht und vom Transporteur (Fahrer des Lieferanten, Beauftragten der Deutschen Post AG, der Deutschen Bahn AG oder privater Fuhrunternehmen und Paketdienste, Spediteur) bestätigt. Damit wird sichergestellt, dass:

- die fehlenden Stücke nachgeliefert werden müssen,
- bei einer später festgestellten (aufgrund der Verpackungsbeschädigung eingetretenen) Warenbeeinträchtigung eine Reklamation erfolgreich durchgesetzt werden kann.

Ist die Warenlieferung nicht für den Käufer bestimmt oder weist die Transportverpackung erhebliche Beschädigungen auf bzw. lehnt der Transporteur die Bestätigung des Mangels ab, sollte die Annahme der Sendung verweigert werden.

Erst wenn sichergestellt ist, dass die Lieferung äußerlich nicht zu beanstanden ist, wird der Käufer die Sendung quittieren.

▶ Mangelfreiheit der Waren

Die **Warenlieferung** durch den Hersteller oder Großhändler stellt für das bestellende Unternehmen einen zweiseitigen Handelskauf dar (Kaufvertrag zwischen Kaufleuten, vgl. S. 52). Damit ist es verpflichtet, die Waren **unverzüglich** auf Mängel zu untersuchen. Wird im Rahmen der Wareneingangsprüfung ein Sach- oder Rechtsmangel festgestellt, ist umgehend eine schriftliche Mitteilung an den entsprechenden Lieferanten zu veranlassen *(§ 377 HGB)*.

Ist die Ware hingegen mangelfrei, wird sie in das Lager aufgenommen und dort eingeordnet. Der Neuzugang wird buchtechnisch erfasst.

7.3.2 Artgemäße Lagerung

Die artgemäße, d.h. auf die jeweilige Beschaffenheit der Ware abgestimmte Lagerung ist Voraussetzung dafür, dass Artikel ohne Qualitätsverlust über längere Zeit aufbewahrt werden können.

Je nach Warenart sind folgende Einflüsse auszuschließen:

- **Wärme** (z.B. bei Lebensmitteln, Süßigkeiten, Wein);
- **Feuchtigkeit** (z.B. bei Möbeln, Bekleidung, Papierwaren);
- **Trockenheit** (z.B. bei Wolle, Tabakwaren);
- **Licht** (z.B. bei Stoffen, Büchern, Farben);
- **Geruchsübertragung auf andere Waren** (z.B. durch Fisch, Käse, Parfümerieartikel).

Voraussetzung für eine der Warenart entsprechende Lagerung ist, dass das Lager und seine Einrichtungen ständig gepflegt und auf Funktionstauglichkeit überprüft werden.

7.3.3 Warenausgabe

Zu den Aufgaben der Lagerhaltung gehört es ferner, dafür Sorge zu tragen, dass die Waren bei Anforderung unverzüglich und reibungslos in den Verkaufsraum übernommen werden können.

▶ Sicherstellung der Verkaufsbereitschaft

Häufig ist es sinnvoll, die Preisauszeichnung bereits im Lager durchzuführen. Zudem müssen die Waren ausgepackt und eventuell gesäubert bzw. zusammengesetzt werden (Gartengeräte, Möbel, Haushaltsgeräte).

▶ Ausgabebuchung

Die Ausgabe der Waren ist schriftlich festzuhalten. Wie der Eingang von Waren wird auch der Abgang in der Lagerdatei vermerkt. Damit wird eine fortlaufende Kontrolle des Lagerbestandes ermöglicht.

7.3.4 Lagerkontrolle

Die Lagerkontrolle umfasst Maßnahmen der qualitäts-, mengen- und wertmäßigen Überprüfung. Es muss stets bekannt sein, in welchem Umfang sich der Lagerbestand durch Verkäufe, Verderb, Schwund oder Diebstahl verringert hat.

Um sicherzustellen, dass die Waren auch durch längere Lagerung nicht an Qualität verlieren, sind ständige Stichproben erforderlich.

- Verderblichkeit von Lebensmitteln
- Farbverluste bei Textilien
- Korrosion bei Eisen- und Stahlwaren

Um Angaben über die Mengenbestände und deren Wert zu erhalten, ist der Anfangsbestand des Lagers mit den Zu- und Abgängen zu verrechnen. Dabei wird gleichzeitig deutlich, welche Artikel des Sortiments in ungenügendem Umfang nachgefragt und daher aus dem Angebot herausgenommen werden sollten (**Ladenhüter**).

Zur Mengen- und Wertkontrolle der Lagerbestände stehen verschiedene Ermittlungsverfahren zur Verfügung:

Verfahren zur Mengen- und Wertkontrolle der Lagerbestände

- **laufende Lagerkontrolle**
- **Inventur und Inventar**
- **Lagerkennzahlen als Maßstab für eine wirtschaftliche Lagerhaltung**

▶ Laufende Lagerkontrolle

Aus der **Lagerkontrollkarte** geht der jeweils aktuelle Bestand eines Artikels hervor. Zugänge und Abgänge werden kontinuierlich vermerkt.

Artikel: Handtaschen

Art.-Nr. 387431

Meldebestand: 25

Mindestbestand: 5

Karte Nr.

Dat.	Zugang	Abgang	Bestand	Beleg	Dat.	Zugang	Abgang	Bestand	Beleg	Dat.	Zugang	Abgang	Bestand	Beleg
2. Jan.			39											
8. Jan.		14	25											
12. Jan.	35	20	40											
20. Jan.		4	36											
26. Jan.		12	24											
5. Febr.	36	20	40											

▶ Inventur und Inventar

Die **Inventur** ist eine mengen- und wertmäßige Bestandsaufnahme, die der Kaufmann für jedes Geschäftsjahr durchzuführen hat *(§ 240 HGB)*. Durch Zählen, Messen, Wiegen und Schätzen wird der tatsächliche Bestand (**Ist-Menge**) eines jeden Artikels erfasst und auf einem Inventurzählzettel oder in der EDV festgehalten. Häufig ergeben sich durch Schwund, Diebstahl, Verderb, fehlerhafte Eintragungen in der Lagerkartei oder unkorrekte Inventuraufnahme Abweichungen zu dem Warenbestand, der laut Lagerkartei vorhanden sein müsste (**Soll-Menge**).

Auszug aus einer Inventurliste

Inventur Bestandsaufnahme am 2. Januar 20.. Blatt-Nr 13

Lagerstelle / Abteilung Kostenstelle

Artikelgruppe Eisenwaren

	Gegenstand	Lager-Nr Bestell-Nr	Menge	Einheit kg Stück usw.			Inventurwert einzeln	Inventurwert gesamt	Bemerkungen
1	Harken	642323	10	St.					
2	Schaufeln	673485	20	St.					
3	Spaten	724217	20	St.					
4	Maschendraht	382415	98	m					
5	Pappnägel	427710	20	kg					
6	Kupferkabel 3-adrig	583224	524	m					
7	Schrauben M 6 x 60	653213	10,4	kg					
8	Maurerhammer	387554	25	St.					
9	Kreuzschraubendreher	323810	17	St.					
10									

Die einzelnen Artikel werden mit den entsprechenden Preisen zu einer Vermögensübersicht aufaddiert.

Durch die Inventur werden jedoch nicht nur die mit Einstandspreisen versehenen Vermögenswerte des Kaufmanns (z. B. Warenbestände, Lager- und Ladeneinrichtung, Fahrzeuge) ermittelt, sondern auch alle Schulden wie z. B. Warenverbindlichkeiten und Darlehen.

Die durch die Inventur festgestellten Vermögensteile und Schulden werden abschließend in einem besonderen Bestandsverzeichnis, dem **Inventar,** in folgender Gliederung ausgewiesen:

A. Vermögensteile

I. Anlagevermögen (z. B. Gebäude)

II. Umlaufvermögen (z. B. Waren)

B. Schulden

I. Langfristige Verbindlichkeiten (z. B. Hypotheken)

II. Kurzfristige Verbindlichkeiten (z. B. Schulden bei Lieferanten)

C. Reinvermögen (Eigenkapital)

A − B = C

Das Inventar muss mit Ort und Datum versehen und vom Geschäftsinhaber **eigenhändig** unterschrieben werden *(§ 245 HGB).* Die Inventarverzeichnisse sind zehn Jahre lang aufzubewahren *(§ 257 HGB).*

Lagerkennzahlen als Maßstab für eine wirtschaftliche Lagerhaltung

Für ein Handelsunternehmen ist es notwendig, so viel Waren am Lager zu halten, dass es stets liefer- und verkaufsbereit ist. Aus Kostengründen gilt es dabei jedoch, zwischen zu großen und zu kleinen Lagerbeständen abzuwägen, indem jener **optimale Lagerbestand** ermittelt wird, der eine möglichst **hohe Liefer- und Verkaufsbereitschaft** gewährleistet und dabei gleichzeitig **möglichst geringe Kosten der Lagerhaltung** verursacht (**Zielkonflikt der Lagerhaltung**).

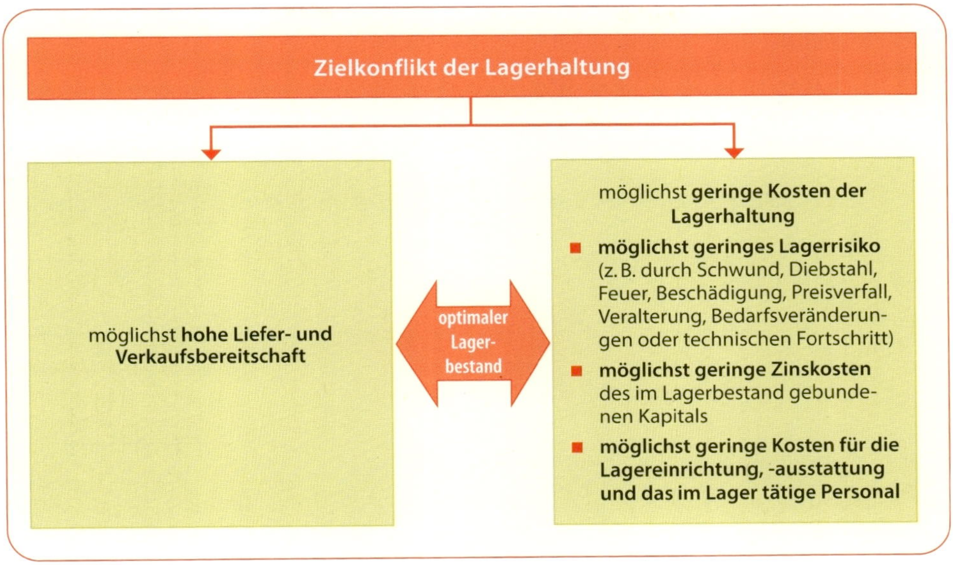

Eine sinnvolle Lagerhaltung gewährleistet darüber hinaus auch, dass Preisvorteile bei der Beschaffung der Waren (Mengenrabatte, Sonderangebote oder geringere Bezugskosten) genutzt werden können. Ebenso kann durch eine entsprechend angepasste Lagerhaltung – zumindest zeitweise – vorhersehbaren Preiserhöhungen wirksam begegnet werden.

- Zu **große Lagerbestände** bergen vielfältige Risiken: Sie erhöhen die Lagerhaltungskosten, entziehen dem Unternehmen finanzielle Mittel, die anderweitig besser einzusetzen wären, und erhöhen die Gefahr des Diebstahls oder der Beschädigung, bewirken Verluste durch Veralterung bzw. notwendige Preissenkungen der gelagerten Ware.
- Zu **geringe Lagerbestände** können demgegenüber überhastete und teure Bestellungen erforderlich machen.

Daher müssen die Lagerbestände und der Lagerumschlag ständig wert- und mengenmäßig erfasst und als aussagefähige **Kennzahlen** dargestellt werden, um so die Entscheidungsgrundlage für eine optimale Lagerhaltung liefern zu können.

- **Mindestbestand**

  Zum Schutz vor unvorhersehbaren Ereignissen (Ausfall eines Lieferanten, plötzliche Mehrnachfrage nach bestimmten Artikeln) ist ein **Mindestbestand** notwendig, der dauernd am Lager gehalten werden muss.

- **Meldebestand**

  Eine Bestellung hat so rechtzeitig zu erfolgen, dass eine Nachfrage jederzeit gedeckt werden kann, ohne den Mindestbestand anzugreifen. Der Meldebestand bestimmt daher den **Bestellzeitpunkt für eine neue Warenlieferung.**

Meldebestand = Mindestbestand + (Tagesverbrauch x Lieferzeit in Tagen)

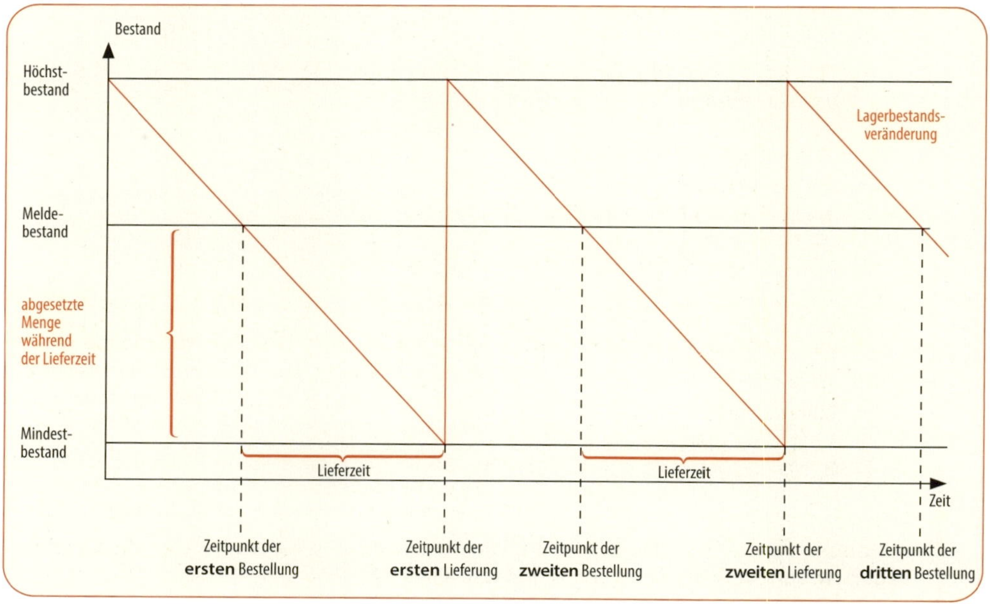

Ein Lederwareneinzelhändler muss zur Beschaffung einer bestimmten Sorte roter Damenhandtaschen mit einer Lieferzeit von 10 Tagen rechnen. Als Mindestbestand legt er aufgrund seiner langjährigen Erfahrung 5 Stück fest, als Höchstbestand 40. Zudem geht er von einem durchschnittlichen täglichen Absatz von 2 Stück aus.

Meldebestand = 5 + (2 x 10) = 25 Stück

Sind am Lager also nur noch 25 Handtaschen dieses Typs vorrätig, muss der Einzelhändler so viel Stück ordern, dass der vorab festgelegte Höchstbestand bei Lieferung wieder erreicht wird.

Berechnung der Bestellmenge (Bestellmengendisposition)

	Höchstbestand
–	Mindestbestand
+	Menge, die zum Bestellzeitpunkt den Meldebestand unterschritten hat
=	**Bestellmenge**

Bestellmenge = 40 – 5 + 0 = 35 Stück

Höchstbestand

Der **Höchstbestand** legt die maximale Menge an Waren fest, die am Lager vorrätig sein soll. Er wird jeweils nach Eintreffen der neuen Lieferung erreicht und hängt ab:

- vom Mindestbestand und der täglich abgesetzten Menge,
- von der Größe der Lagerfläche,
- von den finanziellen Möglichkeiten des Unternehmens,
- von der Art (Lagerfähigkeit) der Waren.

Durchschnittlicher Lagerbestand

Diese Kennzahl gibt an, welche Warenmenge (z. B. Stück) oder – unter Rückgriff auf den Einstands- bzw. Bezugspreis – welcher Warenwert (in Euro) durchschnittlich während eines bestimmten Zeitabschnittes am Lager vorhanden ist. Der **durchschnittliche Lagerbestand** kann sowohl aufgrund von Jahres- als auch von Monatsinventuren berechnet werden.

- Berechnung des durchschnittlichen Lagerbestandes bei **Jahresinventur**

$$\textbf{Durchschnittlicher Lagerbestand} = \frac{\textbf{Jahresanfangsbestand + Jahresendbestand}}{\textbf{2}}$$

Jahresanfangsbestand:	100 Stück
Jahresendbestand:	200 Stück
durchschnittlicher Lagerbestand $= \frac{100 + 200}{2} =$	150 Stück

- Berechnung des durchschnittlichen Lagerbestandes bei **Monatsinventur**

$$\textbf{Durchschnittlicher Lagerbestand} = \frac{\textbf{Jahresanfangsbestand + 12 Monatsendbestände}}{\textbf{13}}$$

Jahresanfangsbestand:	100 Stück
Jahresendbestand (Dez.):	200 Stück
11 Monatsendbestände (Jan. – Nov.):	2 300 Stück
durchschnittlicher Lagerbestand $= \frac{100 + 2\,500}{13} =$	200 Stück

Umschlagshäufigkeit

Mit dieser Kennzahl wird ausgedrückt, wie **oft der durchschnittliche Lagerbestand das Lager pro Jahr verlässt,** also **umgeschlagen** wird.

$$\textbf{Umschlagshäufigkeit} = \frac{\textbf{Wareneinsatz pro Jahr in Euro}}{\textbf{durchschnittlicher Lagerbestand in Euro}}$$

Der Wareneinsatz ist der Wert der Waren zum Bezugspreis (Anschaffungspreis).

Will man die Umschlagshäufigkeit nur **mengenmäßig** ermitteln, gilt:

$$\textbf{Umschlagshäufigkeit} = \frac{\textbf{Menge der abgesetzten Waren pro Jahr}}{\textbf{durchschnittlicher Lagerbestand}}$$

- Wareneinsatz 400 000 EUR;
  durchschnittlicher Lagerbestand 50 000 EUR
  Umschlagshäufigkeit $= \frac{400\,000 \text{ EUR}}{50\,000 \text{ EUR}} = 8$
- Menge der abgesetzten Ware 100 000 Stück;
  durchschnittlicher Lagerbestand 10 000 Stück
  Umschlagshäufigkeit $= \frac{100\,000}{10\,000} = 10$

- **Durchschnittliche Lagerdauer**

  Die **Lagerdauer** ist der Zeitraum zwischen Wareneingang und Warenausgang. Die durchschnittliche Lagerdauer kann errechnet werden aus:

$$\textbf{Durchschnittliche Lagerdauer} = \frac{\textbf{360 Tage}}{\textbf{Umschlagshäufigkeit}}$$

Wareneinsatz 200 000 EUR; durchschnittlicher Lagerbestand 40 000 EUR

$$\text{Umschlagshäufigkeit} = \frac{200\,000 \text{ EUR}}{40\,000 \text{ EUR}} = \underline{\underline{5}}$$

$$\textbf{Durchschnittliche Lagerdauer} = \frac{360 \text{ Tage}}{5} = \underline{\underline{72 \text{ Tage}}}$$

7.3.5 Wirtschaftlichkeit der Lagerhaltung

Hauptziel der Lagerhaltung ist es, die Liefer- und Verkaufsbereitschaft immer gewährleisten zu können. Würden dazu möglichst große Mengen der einzelnen Artikel in Reserve gehalten, wäre zwar die Lieferbereitschaft jederzeit gesichert, die **Kosten der Lagerhaltung** und damit auch der Preis pro Artikel würden allerdings unverhältnismäßig erhöht.

Zu den **Lagerhaltungskosten** zählen:

- **Kosten der Einrichtung und des Betriebes**

  Wartung der Lagerausstattung, Abschreibung, Strom- und Heizungskosten, Zinsen für das in die Einrichtung investierte Kapital.

- **Kosten der Verwaltung**

  Löhne und Gehälter für die Mitarbeiter im Lager und Aufwendungen für Büromaterial.

- **Risikokosten**

  Mengenverluste durch Beschädigung, Diebstahl oder Verderb; Wertverluste durch Geschmacks- und Modewandel, durch nach dem Einkauf der Waren notwendige Preissenkungen; Versicherungsprämien.

- **Zinskosten**

  Mit dem im Lagerbestand gebundenen Kapital kann der Kaufmann keine Zinserträge bei seiner Bank erwirtschaften. Je nach Lagerdauer und dem beim Geldinstitut zu erreichenden Zinssatz ergibt sich die Höhe des Lagerzinses. Je kürzer die Lagerdauer (je höher also die Umschlagshäufigkeit), desto geringer fällt dieser Kostenanteil aus.

Wareneinsatz pro Jahr	durchschnittlicher Lagerbestand	Umschlagshäufigkeit	durchschnittliche Lagerdauer	Zinskosten pro durchschnittlicher Lagerdauer (Jahreszins 6 %)
400 000 EUR	50 000 EUR	$\frac{400\,000 \text{ EUR}}{50\,000 \text{ EUR}} = 8$	$\frac{360 \text{ Tage}}{8} = 45$ Tage	0,75 % von 50 000 EUR = $\underline{\underline{375 \text{ EUR}}}$ (für 45 Tage)
400 000 EUR	40 000 EUR	$\frac{400\,000 \text{ EUR}}{40\,000 \text{ EUR}} = 10$	$\frac{360 \text{ Tage}}{10} = 36$ Tage	0,6 % von 40 000 EUR = $\underline{\underline{240 \text{ EUR}}}$ (für 36 Tage)

Durch einen zu hohen Lagerbestand wird zudem die allgemeine finanzielle Situation des Unternehmens negativ beeinflusst. Die im Lager gebundenen Geldbeträge können nicht für andere notwendige Investitionen (Umbau der Geschäftsräume, Erneuerung der Ladeneinrichtung, Kauf von Fahrzeugen usw.) ausgegeben werden oder es wird sogar erforderlich, diese Anschaffungen durch Kredite zu finanzieren.

Das Unternehmen sollte daher bemüht sein, mit einem gut kalkulierten Lagerbestand sowohl die Verkaufsbereitschaft zu gewährleisten als auch die Kosten der Lagerhaltung möglichst gering zu halten.

▶ Zusammenfassung

Das Lager

Ziele der Lagerhaltung

- Aufrechterhaltung der Verkaufsbereitschaft durch den Ausgleich zwischen Beschaffung und Absatz
- Möglichkeit der Wahrnehmung von besonders günstigen Angeboten bzw. der Ausnutzung von Mengenrabatten
- niedrige Lagerkosten

→ **Zielkonflikt** ←

Arten des Lagers

- Verkaufslager
- Reserve- oder Ersatzlager
- Auslieferungslager

Arbeiten im Lager

- Wareneingang und Warenkontrolle
- artgemäße Lagerung
- Warenausgabe
- Lagerkontrolle

Lagerkontrolle

- laufende Lagerkontrolle durch Lagerkontrollkarten
- mengen- und wertmäßige Erfassung der Lagerbestände zu einem bestimmten Stichtag durch Inventur und Inventar
- **Lagerkennzahlen:**
  - Mindestbestand
  - Meldebestand
  - Höchstbestand
  - durchschnittlicher Lagerbestand
  - Umschlagshäufigkeit
  - durchschnittliche Lagerdauer

Wirtschaftlichkeit der Lagerhaltung

- **anfallende Kosten:**
  - für Einrichtung und Betrieb
  - für die Verwaltung
  - für die Absicherung gegen Risiken
  - für die entgangene Verzinsung
- **Zielkonflikt:**
  - Folgen zu **hoher Lagerbestände:** zu hohe Kosten, aber jederzeitige Lieferbereitschaft
  - Folgen zu **niedriger Lagerbestände:** geringere Kosten, aber Gefahr der Lieferungsunfähigkeit

Aufgaben

5

(1) *Nennen Sie Gründe, die ein Handelsunternehmen zur Einrichtung eines Lagers veranlassen werden!*

(2) *Erläutern Sie den Unterschied zwischen einem Verkaufslager und einem Reserve- oder Ersatzlager!*

(3) *Von welchen Faktoren hängt die Größe des Lagers ab?*

(4) *Welche Kontrollen sollten beim Wareneingang durchgeführt werden?*

(5) *Warum ist es im Rahmen eines zweiseitigen Handelskaufs von besonderer Bedeutung, die Wareneingangskontrolle sorgfältig durchzuführen?*

(6) *Beschreiben Sie Ursachen, die dazu führen können, dass die aus der Lagerkontrollkarte zu entnehmenden Zahlenangaben über den Warenbestand von dem tatsächlichen Bestand abweichen, der durch die Inventur ermittelt worden ist!*

(7) *Erläutern Sie die Begriffe Inventur und Inventar!*

(8) *Die Lieferzeit eines Artikels, für den ein Mindestbestand von 15 Stück festgelegt worden ist, beträgt 8 Tage. Berechnen Sie:*

a) den Meldebestand, wenn täglich ein Warenabsatz von 5 Stück unterstellt wird,

b) die Bestellmenge, wenn sich der Höchstbestand auf 100 Stück belaufen soll, und der Meldebestand zum Zeitpunkt der Bestellung bereits um 10 Stück unterschritten worden ist!

(9) *Folgende Bestände wurden in einem Einzelhandelsunternehmen ermittelt:*

2. Jan.	18 500 EUR	30. April	19 000 EUR	31. Aug.	19 000 EUR
31. Jan.	15 500 EUR	31. Mai	19 500 EUR	30. Sept.	18 500 EUR
28. Febr.	16 500 EUR	30. Juni	22 000 EUR	31. Okt.	17 000 EUR
31. März	14 000 EUR	31. Juli	23 000 EUR	30. Nov.	22 000 EUR
				31. Dez.	25 500 EUR

Berechnen Sie:

a) den durchschnittlichen Lagerbestand bei Monatsinventur,

b) den durchschnittlichen Lagerbestand bei Jahresinventur,

c) die Umschlagshäufigkeit, wenn ein jährlicher Wareneinsatz von 880 000 EUR angenommen wird,

d) die durchschnittliche Lagerdauer!

Wie ändern sich die Lagerumschlagshäufigkeit und die durchschnittliche Lagerdauer, wenn sich der Wareneinsatz auf 440 000 EUR verringert, und welchen Einfluss hat diese Änderung auf die Kosten der Lagerhaltung?

(10) *Für das Geschäftsjahr 20.. sind der Lagerbuchhaltung eines Unternehmens unter anderem auch die nachstehenden Angaben in Euro zu entnehmen:*

Anfangsbestand der Waren:	*7 775 EUR*
Endbestand der Waren:	*6 275 EUR*

Ermitteln Sie

a) den durchschnittlichen Lagerbestand in Euro,

b) die Umschlagshäufigkeit bei einem Wareneinsatz pro Jahr in Höhe von 63 225 EUR,

c) die durchschnittliche Lagerdauer in Tagen.

(11) Berechnen Sie zu den Daten des nachfolgenden Auszuges aus einer Lagerdatei

a) den durchschnittlichen Lagerbestand in Stück bei jährlicher Inventur,

b) den durchschnittlichen Lagerbestand in Stück bei monatlicher Inventur,

c) den Wareneinsatz in Stück,

d) die mengenmäßige Umschlagshäufigkeit unter Berücksichtigung Ihres Ergebnisses zu Nr. 11 b),

e) die durchschnittliche Lagerdauer in Tagen.

Auszug aus einer Lagerdatei				
Art.-Nr.:	**110-832**		Höchstbestand:	30
			Mindestbestand:	8
Datum	**Text**	**Zugang Lager**	**Abgang Lager**	**Bestand**
02.01	AB (= Inventurbestand)			22
20.01.	ELS 105	203		225
01.02.	ALS 100		195	30
02.02.	ALS 101		20	10
25.05.	ELS 323	300		310
26.05.	ALS 377		255	55
28.07.	ALS 504		25	30
08.08.	ELS 344	250		280
10.08.	ALS 522		100	180
11.08.	ALS 524		150	30
21.11.	ELS 657	238		268
24.11.	ALS 793		138	130
26.11.	ALS 798		58	72
31.12.	EB (lt. Inventur)			72

(12) Welche Haupteinflussgrößen schlagen sich in den Lagerhaltungskosten nieder? Nennen Sie Beispiele!

(13) Ein Handelsunternehmen setzt jährlich Waren im Wert von 600 000 EUR ein. Der durchschnittliche Lagerbestand beträgt 50 000 EUR. Errechnen Sie die Zinskosten pro durchschnittlicher Lagerdauer, wenn ein jährlicher Zinssatz von 8 % unterstellt wird!

(14) Erläutern Sie den Zielkonflikt der Lagerhaltung!

8 Störungen bei der Vertragserfüllung und deren Rechtsfolgen am Beispiel des Kaufvertrages

Mit dem Abschluss eines Kaufvertrages haben sich die Vertragsparteien – wie bei jedem anderen Vertrag – zur Ausführung bestimmter Leistungen verpflichtet. Bei der Nichterfüllung dieser Pflichten kann es zu Störungen kommen, die erhebliche Folgen für denjenigen haben, dem ein derartiges Versäumnis nachzuweisen ist.

Pflichten aus dem Kaufvertrag und mögliche Störungen

Verkäufer (Warenschuldner)		Käufer (Geldschuldner)	
Pflichten	**Störungen**	**Pflichten**	**Störungen**
Übergabe der Ware und Eigentumsübertragung, d. h. ■ rechtzeitige Lieferung ■ mangelfreie Lieferung	■ Lieferungsverzug ■ Lieferung mangelhafter Ware	■ Annahme der Ware ■ Zahlung des Kaufpreises	■ Annahmeverzug ■ Zahlungsverzug

8.1 Lieferungsverzug

▶ Wesen des Lieferungsverzuges

Eine der sich aus dem Abschluss eines Kaufvertrages ergebenden Pflichten für den Verkäufer ist die rechtzeitige (termingerechte) Lieferung der vereinbarten Ware an den Käufer. Leistet der Verkäufer nicht oder nicht rechtzeitig, gerät er in Lieferungsverzug.

▶ Voraussetzungen des Lieferungsverzuges

■ **Fälligkeit der Lieferung**

➤ **Bei unbestimmter Lieferzeit**

Ist im Kaufvertrag keine bestimmte Lieferzeit vereinbart, hat die Leistung sofort zu erfolgen *(§ 271 BGB)*. Geschieht dies nicht, muss der Käufer den Verkäufer formlos zur dringenden Lieferung auffordern. Erst mit dem Zugang dieser Mahnung kommt der Lieferer in Verzug *(§ 286 I BGB)*. Diese Mahnung muss bestimmt und eindeutig formuliert sein und nach Eintritt der Fälligkeit erfolgen. Der Verkäufer soll informiert werden, dass der Käufer die Leistung gerade zu diesem Zeitpunkt erwartet.

➤ **Bei kalendermäßig bestimmter Lieferzeit**

Bereits ohne Mahnung kommt der Verkäufer in Verzug, wenn die im Kaufvertrag festgelegte Lieferung kalendermäßig bestimmt ist *(§ 286 II BGB)*.

> Lieferung am 22. Mai 20 . .
> Lieferung in der neunten Woche des Jahres

Darüber hinaus kommt es vor, dass nach dem Willen der vertragsschließenden Parteien der Zeitpunkt, an dem der Verkäufer die Leistung erbringen muss, so wesentlich ist, dass mit der Einhaltung das gesamte Geschäft stehen oder fallen soll. Handelt es sich um einen **Fixhandelskauf** zwischen Kaufleuten (vgl. S. 53), kann der Käufer – bei Nichteinhaltung des Liefertermins seitens des Verkäufers – ohne Mahnung und Nachfristsetzung sofort vom Vertrag zurücktreten *(§ 376 HGB),* da das Handelsgeschäft für ihn sinnlos geworden ist.

> Anlässlich seines 25-jährigen Geschäftsjubiläums am 1. Oktober 20.. bestellt der Inhaber einer Spedition bei einem Party-Service ein Büfett, um seine Mitarbeiter, Kollegen und Geschäftsfreunde bewirten zu können. Werden die Speisen zu diesem genau fixierten Zeitpunkt nicht geliefert, ist eine Nachholbarkeit der Leistung für ihn ohne Interesse.

- **Verschulden des Lieferers**

Eine grundsätzliche Voraussetzung für den Lieferungsverzug ist das **Verschulden des Verkäufers** *(§ 286 IV BGB).* Ein Verschulden liegt vor bei:

- **Fahrlässigkeit,** d.h., der Verkäufer handelt nicht so sorgfältig, wie es erforderlich ist.
- **Vorsatz,** d.h., der Verkäufer liefert mit Absicht nicht rechtzeitig.

Den Verkäufer trifft kein Verschulden, wenn die Lieferungsverzögerung durch höhere Gewalt (Hochwasser, Erdbeben, Streik usw.) entstanden ist.

- **Nachholbarkeit der Lieferung**

Der Lieferungsverzug ist lediglich eine vorübergehende Leistungsstörung, d.h., der Verkäufer liefert zwar nicht rechtzeitig, er kann die Ware aber später liefern. Kann die Lieferung allerdings **auf Dauer** nicht mehr erbracht werden, so wird die Durchführung des gesamten Kaufvertrages unmöglich *(§ 275 I BGB)* und somit liegt auch kein Lieferungsverzug vor.

> Der Inhaber einer Galerie verkauft ein Originalgemälde an einen Kunden. Bevor das Bild ausgeliefert werden kann, wird es zerstört. In diesem Fall ist die Leistung nicht nachholbar.

Rechte des Käufers aus dem Lieferungsverzug

Ist ein Verkäufer in Lieferungsverzug, so kann der Käufer unter verschiedenen Rechten wählen:

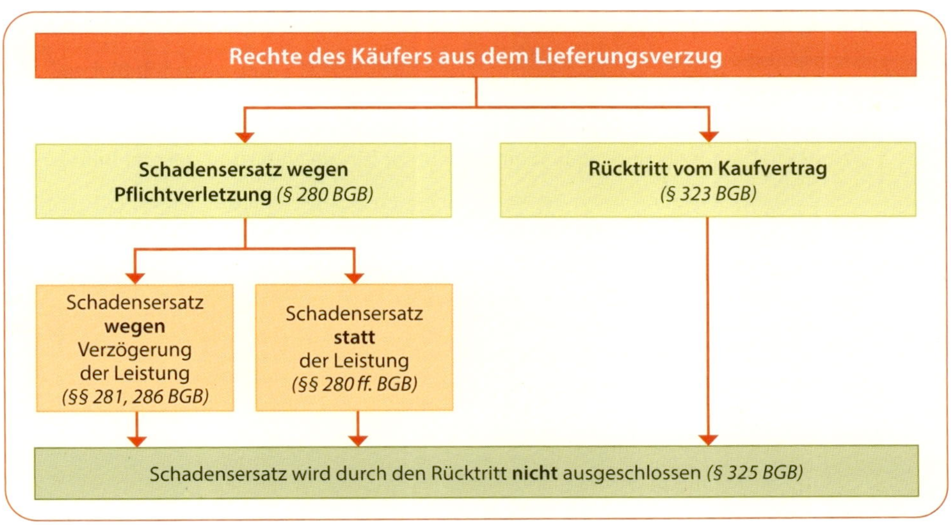

Schadensersatz wegen Pflichtverletzung

Verletzt der Verkäufer die Lieferpflicht, kann der Käufer Ersatz des entstandenen Schadens verlangen, wenn der Schuldner vorsätzlich oder fahrlässig gehandelt hat. Der zu ersetzende Schaden umfasst neben den entstandenen Kosten auch einen entgangenen Gewinn *(§ 252 BGB)*.

Schadensersatz wegen Verzögerung der Leistung

Liefert der Verkäufer nicht rechtzeitig und leistet er auch auf eine Mahnung des Käufers nicht, so gerät er durch die Mahnung in Lieferungsverzug *(§ 286 I BGB)*, es sei denn, die Lieferung ist kalendermäßig fest bestimmt.

> Ein Bau- und Heimwerkermarkt hat für den 1. April 20.. die Wiedereröffnung vorgesehen. Die Lieferung der benötigten Ladeneinrichtung ist für den 15. März 20.. fest zugesagt. Der Lieferant kommt in Lieferungsverzug, sodass die Eröffnung auf den 2. Mai 20.. verschoben werden muss. Der für diesen Zeitraum entgangene Gewinn von 10 000 EUR wird beim Lieferanten als Schaden geltend gemacht.

Schadensersatz statt der Leistung

Liefert der Verkäufer nicht, kann der Käufer Schadensersatz statt der Leistung verlangen, wenn er eine angemessene Frist zur Leistung oder Nacherfüllung bestimmt hat *(§§ 280 III, 281 BGB)*. Dies ist nicht erforderlich, wenn der Verkäufer die Lieferung endgültig verweigert hat.

> Zur Eröffnung einer Facharztpraxis kann das unbedingt benötigte EKG-Gerät von diesem Lieferanten endgültig nicht mehr geliefert werden. Eine Reihe von bereits fest terminierten Untersuchungen kann daher nicht durchgeführt werden. Der entgangene Gewinn von 1000 EUR wird beim Lieferanten als Schaden geltend gemacht.

Rücktritt vom Kaufvertrag

Der Käufer kann auch vom Vertrag zurücktreten. In diesem Fall muss er dem Verkäufer eine angemessene Nachfrist zur Warenlieferung einräumen *(§ 323 I BGB)*.

> Diese Möglichkeit wird der Käufer dann wählen, wenn er die Ware sofort von einem anderen Lieferanten beziehen kann, möglicherweise sogar zu einem günstigeren Preis.

Besonderheit

Zur Wahrnehmung der Rechte „Schadensersatz" oder „Rücktritt vom Kaufvertrag" muss der Käufer **grundsätzlich eine Nachfrist für die Lieferung gesetzt haben.**

Die Nachfristsetzung beim Recht auf „Schadensersatz" ist jedoch dann entbehrlich, wenn der Verkäufer die Leistung endgültig verweigert *(§ 281 II BGB)*.

Die Nachfristsetzung beim „Rücktritt vom Kaufvertrag" entfällt, wenn

- der Verkäufer die Leistung endgültig verweigert *(§ 323 II BGB)* oder
- der Verkäufer die Leistung zu einem im Vertrag bestimmten Termin nicht bewirkt und der Käufer im Vertrag sein Interesse an der Leistung an die Rechtzeitigkeit gebunden hat *(§ 323 II BGB)*.

8.2 Annahmeverzug

▶ Wesen des Annahmeverzuges

Während es sich beim Lieferungsverzug um eine Pflichtverletzung des Verkäufers handelt, liegt beim Annahmeverzug eine Pflichtverletzung durch den Käufer vor. Der Käufer gerät in Annahmeverzug, wenn er:

- die angebotene Leistung nicht annimmt *(§ 293 BGB)* oder
- Mitwirkungshandlungen unterlässt, wodurch die Ausführung der Warenlieferung verhindert wird.

> Ein Steuerberater hat beim Einrichtungshaus Groll GmbH 120 m^2 Teppichboden für seine Geschäftsräume bestellt. Bei Abschluss des Kaufvertrages behielt er sich vor, den Teppichboden erst dann abzurufen, wenn die Renovierung der Geschäftsräume abgeschlossen ist, spätestens jedoch nach sechs Monaten (Kauf auf Abruf). Fordert der Steuerberater den Teppichboden nicht innerhalb dieser Frist an, gerät er in Annahmeverzug.

▶ Voraussetzung des Annahmeverzuges

- **Fälligkeit der Leistung**
  - In der Regel wird eine Leistung zu einem festgelegten Termin fällig.
  - Ist kein Zeitpunkt für die Lieferung bestimmt, muss die beabsichtigte Warenzustellung eine angemessene Zeit vorher angekündigt werden. Erfolgt diese Ankündigung nicht und wird die Ware überraschend geliefert, kommt der Käufer **nicht** in Annahmeverzug, wenn er die Lieferung nicht entgegennimmt *(§§ 271, 299 BGB)*.
- **Angebot der Leistung**

  Der Verkäufer hat dem Käufer die Leistung in der Form anzubieten, wie sie im Kaufvertrag vereinbart wurde *(§ 294 BGB)*. Daraus folgt, dass die Ware:
  - zur richtigen Zeit,
  - an den richtigen Ort,
  - in der richtigen Art und Weise (mangelfrei)

  geliefert wird.
- **Nichtannahme der Leistung**

  Der Annahmeverzug tritt ein, wenn der Käufer die ihm ordnungsgemäß angebotene Ware nicht annimmt *(§ 293 BGB)*.

Besonderheiten

- Im Gegensatz zum Lieferungsverzug ist es beim Annahmeverzug keine Voraussetzung, dass den Gläubiger ein Verschulden trifft.

  > Der Käufer kommt auch dann in Annahmeverzug, wenn er die Waren deshalb nicht annimmt, weil er sich aufgrund eines Unfalls zur stationären Behandlung in ein Krankenhaus begeben musste.

- Der Annahmeverzug verbessert die Rechtsposition des Verkäufers, der einen am Verhalten des Käufers gescheiterten Leistungsversuch unternommen hat **(Haftungsminderung):** Für die Zeit des Annahmeverzuges hat der Verkäufer nicht mehr jede Fahrlässigkeit, sondern nur noch **grobe Fahrlässigkeit und Vorsatz** zu vertreten *(§ 300 I BGB)*. Damit trägt der Käufer das Risiko der Verschlechterung des zu liefernden Gegenstandes, wenn die sich während des Annahmeverzuges ereignenden Umstände dem Verkäufer nur als normale Fahrlässigkeit anzurechnen sind. Dasselbe gilt für den Untergang des Leistungsgegenstandes *(§ 275 I BGB)*.

> Ein Kaufvertrag über einen Neuwagen enthält die Vereinbarung, das Fahrzeug am 15. November auszuliefern. Krankheitsbedingt kann der Käufer diesen Termin nicht einhalten. Durch ein am darauffolgenden Tag plötzlich einsetzendes Unwetter wird der Pkw, den der Verkäufer aus Platzmangel im Freien auf dem Betriebsgelände abgestellt hat, erheblich beschädigt. Ein Schadensersatzanspruch des Käufers besteht nicht, da der Verkäufer nicht vorsätzlich oder grob fahrlässig gehandelt hat.

▶ Rechte des Verkäufers aus dem Annahmeverzug

■ Klage auf Annahme der Ware

Hat der Käufer die Ware nicht angenommen, ist der Verkäufer trotzdem nicht von seiner Leistungspflicht befreit, d. h., er muss weiterhin in der Lage bleiben, die Ware zu liefern. Der Verkäufer wird jedoch gegebenenfalls:

- **den Käufer** auf Annahme der Ware **verklagen** und
- **die Ware** in der Zwischenzeit auf Kosten und Gefahr des Käufers in einem „öffentlichen Lagerhaus" oder in „sonst sicherer Weise" (z. B. beim Amtsgericht) **hinterlegen.**

Beim **Handelskauf** ist jede Art von Waren hinterlegungsfähig *(§ 373 I HGB);* beim **bürgerlichen Kauf** nur Geld, Wertpapiere, Urkunden und andere Wertgegenstände *(§ 372 BGB).*

■ Selbsthilfeverkauf (Versteigerung, freihändiger Verkauf)

Eine Klage auf Annahme der Ware nimmt in der Regel längere Zeit in Anspruch. Der Verkäufer kann somit bis zu einer Gerichtsentscheidung nicht über den ihm aus dem Kaufvertrag zustehenden Geldbetrag verfügen. Aus diesem Grunde wird er versuchen, einen **Selbsthilfeverkauf** durchzuführen.

Beim **Handelskauf** kann jede Ware zum Selbsthilfeverkauf gebracht werden *(§ 373 HGB),* beim **bürgerlichen Kauf** sind Waren, die sich nicht zur Hinterlegung eignen, zu versteigern oder freihändig zu verkaufen *(§§ 383 I, 385 BGB).*

Macht der Verkäufer von einem dieser Rechte Gebrauch, muss er Folgendes beachten *(§§ 383, 385 BGB und § 373 HGB):*

- Der Selbsthilfeverkauf muss dem Käufer **angedroht** werden, es sei denn, es handelt sich um leicht verderbliche Waren wie Fisch, Obst, Gemüse usw. **(Notverkauf).**
- Nimmt der Käufer trotz Androhung des Selbsthilfeverkaufs die Ware nicht an, kann sie **öffentlich versteigert** werden. Ort und Zeitpunkt der Versteigerung, die durch einen Gerichtsvollzieher oder einen Notar vorgenommen wird, sind dem Käufer mitzuteilen, damit er selbst mitbieten kann. Den Mindererlös zwischen Rechnungsbetrag und Versteigerungspreis hat der Käufer zu ersetzen, ein eventueller Mehrerlös (abzüglich der Kosten) muss ihm ausgezahlt werden.

- Waren mit einem **Börsen- oder Marktpreis** (derjenige Preis, zu dem eine Ware zu einem bestimmten Zeitpunkt allgemein erhältlich ist) müssen nicht öffentlich versteigert, sondern können z. B. durch einen öffentlich bestellten Handelsmakler **„freihändig verkauft"** werden.

- **Kostenerstattung**

  Der Verkäufer kann vom Käufer den Ersatz seiner Mehrkosten verlangen, die ihm durch Ausgaben für die Lagerung oder die Pflege der Ware entstanden sind *(§ 304 BGB)*.

8.3 Lieferung mangelhafter Ware

Wesen der Lieferung mangelhafter Ware

Der Verkäufer ist verpflichtet, dem Käufer die Ware **frei von Sach- und Rechtsmängeln** zu liefern.

Arten von Mängeln

Sachmangel *(§ 434 BGB)*

Rechtsmangel *(§ 435 BGB)*

Die Sache (Ware) entspricht **nicht** den **subjektiven Anforderungen** (also den individuellen Beschaffenheitsvereinbarungen) *(§ 434 II BGB)*	Die Sache (Ware) entspricht **nicht** den **objektiven Anforderungen** (also der Branchenüblichkeit oder der vom Kunden üblicherweise zu erwartenden Beschaffenheit) *(§ 434 III BGB)*	Die Sache (Ware) entspricht **nicht** den **Montageanforderungen** (soweit überhaupt eine Montage erforderlich ist) *(§ 434 IV BGB)*	Statt der vertraglich geschuldeten Sache (Ware) wird eine **andere Sache (Ware)** geliefert *(§ 434 V BGB)*
■ die vereinbarte Beschaffenheit fehlt (zur Beschaffenheit gehören neben der **Menge** insbesondere auch die Art und Qualität der Sache) ■ die Eignung für die nach dem Vertrag vorausgesetzte Verwendung fehlt ■ das vereinbarte Zubehör und die vereinbarten Anleitungen (einschließlich der Montage- und Installationsanleitungen) fehlen	■ die Eignung für die gewöhnliche Verwendung fehlt ■ Fehlen einer Beschaffenheit, die bei Sachen derselben Art üblich ist und die der Käufer unter Berücksichtigung der Art der Sache und der öffentlichen Äußerungen (insbesondere in der Werbung oder auf dem Etikett) erwarten kann (zur Beschaffenheit zählen neben der **Menge** auch Qualität und sonstige Merkmale der Sache wie etwa Haltbarkeit und Sicherheit) ■ die Beschaffenheit entspricht nicht der Probe oder dem Muster des Verkäufers ■ Fehlen von Zubehör einschließlich der Verpackung, der Montage- und Installationsanleitung sowie anderer Anleitungen, deren Erhalt der Käufer erwarten kann	■ die Montage ist unsachgemäß durchgeführt worden ■ die zwar unsachgemäß durchgeführte Montage beruht entweder auf einer unsachgemäßen Montage durch den Verkäufer oder auf einem Mangel in der Montageanleitung	

Sachmangel

Eine Sache (Ware) ist frei von Sachmängeln, wenn sie den subjektiven Anforderungen, den objektiven Anforderungen und – sofern überhaupt eine Montage erforderlich ist – den Montageanforderungen entspricht. Ist nur eine diese Voraussetzungen nicht erfüllt, ist die Ware mängelbehaftet.

Die Sache entspricht nicht den subjektiven Anforderungen

Ein Sachmangel liegt vor, wenn die zwischen Käufer und Verkäufer individuell ausgemachten Beschaffenheitsvereinbarungen nicht erfüllt sind. Dies ist der Fall, wenn die Sache

- nicht die vereinbarte Beschaffenheit hat. Zu der Beschaffenheit gehören insbesondere Art, Menge, Qualität, Funktionalität, Kompatibilität und sonstige Merkmale der Sache, für die die Kaufvertragsparteien Anforderungen vereinbart haben;
- sich nicht für die nach dem Vertrag vorausgesetzte Verwendung eignet;
- nicht mit dem im Vertrag vereinbarten Zubehör und den vereinbarten Anleitungen (einschließlich Montage- und Installationsanleitungen) übergeben wird.

- statt der bestellten Silikon-Schutzhülle wird eine Handyhülle aus Leder geliefert
- der zur Erweiterung des häuslichen WLAN-Netzes bestellte Repeater lässt sich nicht in das vorhandene WLAN-Netz einbinden
- Lieferung eines Outdoor-Whirlpools ohne Installationsanleitung
- Verkauf eines gebrauchten Pkw unter Angabe einer falschen Kilometerlaufleistung
- statt der bestellten 50 werden nur 20 Bürostühle geliefert

Die Sache entspricht nicht den objektiven Anforderungen

Ein Sachmangel liegt auch vor, wenn die Sache nicht der Branchenüblichkeit oder der vom Kunden üblicherweise zu erwartenden Beschaffenheit entspricht. Dies ist der Fall, wenn die Sache

- sich nicht für die gewöhnliche Verwendung eignet;
- eine Beschaffenheit aufweist, die bei Sachen derselben Art üblich ist und die der Käufer unter Berücksichtigung der Art der Sache und der öffentlichen Äußerungen erwarten kann. Dabei bezieht sich diese Beschaffenheit insbesondere auch auf solche Eigenschaften der Sache, die in Werbeaussagen des Verkäufers oder eines anderen Glieds der Vertragskette hervorgehoben werden, die die Ware anschließend jedoch nicht besitzt. Dies ist allerdings nicht der Fall, wenn die Werbeaussage für jedermann als offensichtlich übertrieben erkennbar ist (z. B. „Mit unseren Vitamindragees lernen Sie fliegen!"). Zu der Beschaffenheit gehören Menge, Qualität und sonstige Merkmale der Sache, einschließlich ihrer Haltbarkeit, Funktionalität, Kompatibilität und Sicherheit.
- nicht der Beschaffenheit einer Probe oder eines Musters entspricht, die oder das der Verkäufer dem Käufer vor Vertragsabschluss zur Verfügung gestellt hat;
- nicht mit dem Zubehör einschließlich der Verpackung, der Montage- oder Installationsanleitung sowie anderer Anleitungen übergeben wird, deren Erhalt der Käufer erwarten kann.

- Schrauben mit Gewindefehler
- mit einem Elektroauto, dessen Reichweite in der Werbung mit 650 km angegeben worden ist, kann nur eine Strecke von 320 km zurückgelegt werden, bevor die nächste Ladestation angefahren werden muss
- defektes Display bei einem Smartphone
- Waschmaschine ohne VDE-Prüfzeichen
- die gelieferten Fliesen sind nicht frostsicher

- der gelieferte Stoff entspricht nicht dem Muster, das der Verkäufer dem Käufer vor Vertragsabschluss zur Verfügung gestellt hat
- Smart-TV ohne Fernbedienung

Die Sache entspricht nicht den Montageanforderungen

Soweit überhaupt eine Montage durchzuführen ist, liegt ein Sachmangel auch vor, wenn die Montage

- unsachgemäß durchgeführt worden ist oder
- die zwar unsachgemäß durchgeführte Montage entweder auf einer unsachgemäßen Montage durch den Verkäufer oder aber auf einem Mangel in der Montageanleitung beruht.

- Bei der Montage der Einbauküche wird das zu montierende Kochfeld beschädigt.
- Auch wenn der Käufer die Montage – wie etwa eines erworbenen Schrankes – selbst übernimmt, die Bauanleitung aber so schlecht ist, dass ihm dies unmöglich ist, liegt ein Sachmangel vor.

Statt der vertraglich geschuldeten Sache wird eine andere Sache geliefert

Ein Sachmangel ist ebenfalls gegeben, wenn eine andere als die vertraglich geschuldete Sache geliefert wird.

- Lieferung von A4-Papier anstelle von Papier im Format A3

Rechtsmangel

Ein Rechtsmangel liegt vor, wenn Dritte gegen den Käufer mehr Rechte in Anspruch nehmen können, als dies im Kaufvertrag vereinbart wurde. (Aus dem Kaufvertrag ist nicht ersichtlich, dass Dritte Rechte an der Sache haben.)

- Ein Auszubildender veräußert ein Tablet, obwohl er dieses noch nicht abgezahlt hat.
- Der Verkauf von DVD-Raubkopien stellt ebenfalls einen Rechtsmangel dar, da dem Käufer verschwiegen wird, dass die Rechte Dritter (hier Urheberrechte) verletzt werden.

Liegt ein Sach- oder Rechtsmangel vor, kann der Käufer gemäß § 437 BGB

- Nacherfüllung verlangen,
- vom Vertrag zurücktreten oder den Kaufpreis mindern,
- Schadensersatz oder Ersatz vergeblicher Aufwendungen verlangen.

Voraussetzung dafür ist jedoch, dass **kein Mangelausschluss** vorliegt und dass die vorgeschriebenen **Rügefristen** eingehalten worden sind.

Mangelausschluss

Der Käufer wird eine erworbene Ware stets auf eventuelle Mängel prüfen. Bleibt ihm ein Mangel jedoch infolge grober Fahrlässigkeit unbekannt, kann der Käufer seine Rechte nur noch dann geltend machen, wenn der Verkäufer:

- **entweder den Mangel arglistig verschwiegen hat**

  Verschweigt ein Gebrauchtwagenhändler, dass der vom Käufer zu erwerbende Pkw einen Unfallschaden hatte, stehen dem Käufer die Gewährleistungsrechte auch dann zu, wenn er das Fahrzeug in keiner Weise auf Mängelfreiheit geprüft hat.

- **oder eine Garantie für die Beschaffenheit der Sache übernommen hat** *(§§ 442, 444 BGB)*

  Der Gebrauchtwagenhändler gibt eine dreijährige Garantie auf „alle laufenden Teile" und der Käufer überprüft die Mangelfreiheit nicht. Dennoch behält er seine Gewährleistungsansprüche, da der Verkäufer die Mangelfreiheit garantiert hat.

▶ Rügefristen bei der Verjährung von Mängelansprüchen *(§ 438 BGB)*

Gewährleistungsansprüche verjähren nach unterschiedlichen Zeiträumen. Danach kann der Käufer die ihm zustehenden Rechte nicht mehr durchsetzen.

Wichtige Verjährungsfristen von Mängelansprüchen

5 Jahre

bei **Bauwerken und bei Sachen, die für ein Bauwerk verwendet worden sind**

Beispiel:
- Montage einer Fotovoltaikanlage auf dem Dach eines Einfamilienhauses

3 Jahre

bei **Mängeln, die der Verkäufer arglistig verschwiegen hat**

Beispiel:
- ein als unfallfrei verkaufter Pkw hatte einen Unfallschaden

2 Jahre

bei **Verbrauchsgüterkäufen** (alle Käufe, bei denen ein Verbraucher entweder eine Ware *[§ 241 a Abs. 1 BGB]* bei einem Unternehmer erwirbt oder bei denen neben dem Verkauf einer Ware die Erbringung einer Dienstleistung durch den Unternehmer vereinbart wird) *(§ 474 BGB)*

Allerdings tritt diese Verjährungsfrist von Mängelansprüchen erst **4 Monate nach dem Auftreten des Mangels** ein. Daher haftet der Unternehmer bei spät auftretenden Mängeln innerhalb dieser 2-jährigen Gewährleistungsfrist bis zu 28 Monate.

Der Zeitraum, innerhalb dessen der Käufer seine Gewährleistungsansprüche geltend machen kann, wird als **Rügefrist** bezeichnet. Bei Nichtbeachtung dieser vorgeschriebenen Rügefristen verliert der Käufer seine Rechte, die sich aus der mangelhaften Lieferung einer Ware ergeben. Daher wird der Käufer festgestellte Mängel in einer **Mängelrüge,** die zwar formfrei ist, in der Regel aber aus Beweisgründen schriftlich abgefasst wird, genau bezeichnen.

▶ Rügefristen nach den Vertragspartnern

- **Verbrauchsgüterkauf** *(§§ 474 ff. BGB)*

  Beim Kaufvertrag zwischen einer Privatperson und einem Unternehmen beträgt die **gesetzliche Gewährleistungsfrist,** die nicht vor Ablauf von 4 Monaten nach Auftreten des Mangels eintritt, **zwei Jahre.** Besonders vorteilhaft für den Verbraucher ist dabei die **Beweislastumkehr:** Der Unternehmer muss nachweisen, dass die Ware zum Zeitpunkt der Übergabe mangelfrei gewesen ist. Diese Beweislastumkehr gilt jedoch nur während **der ersten 12 Monate nach dem Kauf** *(§ 476 BGB).*

  Beim Kaufvertrag über gebrauchte Waren beträgt die Gewährleistungsfrist **ein Jahr.**

- **Bürgerliche Käufe**

  Bei Kaufverträgen zwischen Privatpersonen können Gewährleistungsansprüche ausgeschlossen werden.

- **Handelskäufe** *(§ 377 HGB)*

  Bei Käufen zwischen Unternehmern hat der Käufer die Ware nach der Lieferung **unverzüglich zu prüfen.** Verstößt er gegen diese Pflicht, gilt die Ware als genehmigt, es sei denn, dass der

Mangel nicht erkennbar gewesen ist. Wird ein **offener Mangel** festgestellt, muss der Käufer prüfen, ob es sich um einen Platzkauf oder einen Distanzkauf handelt:

- Beim **Platzkauf** (Käufer und Verkäufer wohnen im selben Ort) kann der Käufer die Annahme der mangelhaften Lieferung verweigern und die Ware sofort zurückschicken.
- Beim **Distanzkauf** (Käufer und Verkäufer wohnen in unterschiedlichen Orten) muss der Käufer bei Beanstandung der Ware zunächst für deren ordnungsgemäße Lagerung sorgen *(§ 379 HGB)*.

Hat ein **nicht erkennbarer Mangel** vorgelegen, muss die Mängelrüge unverzüglich nach Entdeckung des Mangels erfolgen, spätestens allerdings innerhalb von **zwei Jahren.**

Im Falle **arglistig verschwiegener Mängel** verjähren die Ansprüche nach **drei Jahren** *(§ 197 BGB)*.

Gewährleistungsrechte des Käufers aus der Lieferung mangelhafter Ware

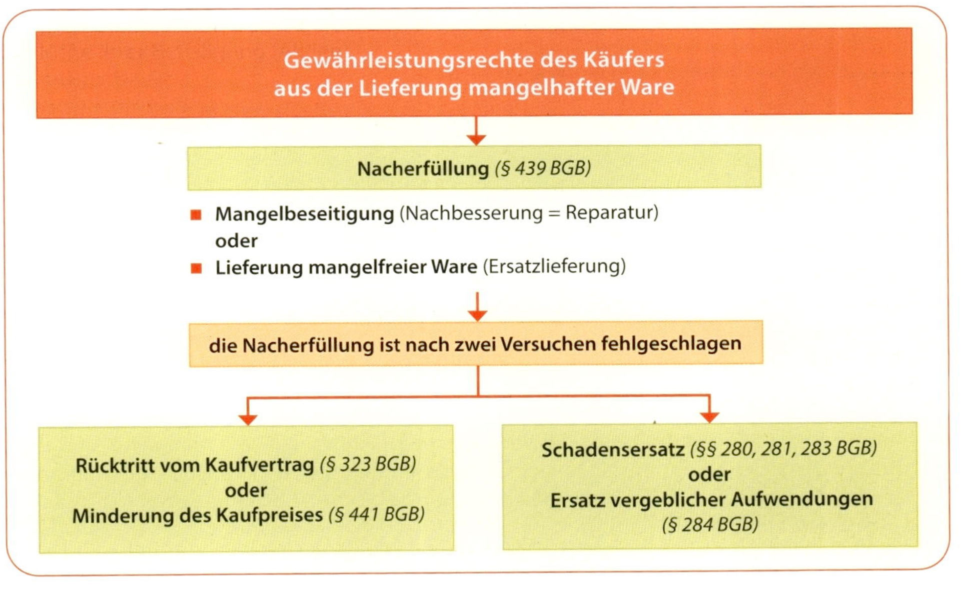

Nacherfüllung

Dem Kunden steht es frei, sich für die **Mangelbeseitigung** (Nachbesserung = Reparatur) zu entscheiden oder die **Lieferung mangelfreier Ware** zu beanspruchen (Ersatzlieferung). Allerdings kann der Verkäufer dann auf einer dieser beiden Möglichkeiten bestehen, falls die Alternative für ihn mit unverhältnismäßig hohen Kosten verbunden oder unmöglich ist.

Gelingt die Nacherfüllung nicht, d. h., ist der Käufer anschließend nicht im Besitz einer mangelfreien Ware (nach § 440 BGB hat der Käufer **zwei Nachbesserungsversuche** zuzulassen), hat der Käufer **nun** wahlweise folgende Rechte:

- **Rücktritt vom Kaufvertrag oder Minderung des Kaufpreises**

  Rücktritt vom Kaufvertrag bedeutet, dass der Käufer die Ware gegen Erstattung des Kaufpreises zurückgibt. Bei der Minderung erhält der Käufer demgegenüber einen Preisnachlass auf die erstandene Ware.

  > Vom Kaufvertrag zurücktreten wird der Käufer dann, wenn er die gewünschte Ware sofort anderweitig und eventuell sogar günstiger erwerben kann. Von der Minderung wird der Käufer dann Gebrauch machen, wenn der Mangel relativ unerheblich und die Preisherabsetzung angemessen ist.

- **Schadensersatz oder Ersatz vergeblicher Aufwendungen**

  Ist dem Käufer durch die mangelhafte Ware ein erkennbarer Schaden entstanden, so kann er entsprechend Schadensersatz verlangen.

  > Eine vom Verkäufer ausdrücklich als nicht ausfärbend bezeichnete Bluse verliert bei der ersten Wäsche die Farbe und verdirbt sämtliche andere in der Maschine befindlichen Textilien.

  Sind dem Käufer im Vertrauen auf den Erhalt der mangelfreien Leistung zusätzliche Aufwendungen entstanden, kann er diese einfordern.

  > Eine genau auf die baulichen Gegebenheiten abgestimmte Einbauküche wird nicht geliefert und der Verkäufer hat die Lieferung endgültig abgelehnt. Alle im Vorfeld bauseits notwendigen Vorbereitungsmaßnahmen wie die Verlegung von Strom- und Wasseranschlüssen bzw. die Fliesenarbeiten sind damit hinfällig. Alle ihm dafür entstandenen Kosten wird der Käufer nun vom Verkäufer zurückverlangen.

8.4 Zahlungsverzug

▶ Wesen des Zahlungsverzuges

Aufgrund eines Kaufvertrages ist der Verkäufer verpflichtet, die Ware mangelfrei und rechtzeitig zu liefern. Der Käufer muss die Lieferung annehmen und den vereinbarten Kaufpreis zahlen. Erfüllt der Käufer die Zahlungspflicht nicht oder nicht rechtzeitig, kommt er in Zahlungsverzug *(§ 433 II BGB).*

▶ Voraussetzung des Zahlungsverzuges

- **Fälligkeit der Zahlung**

  - **Bei unbestimmtem Zahlungstermin**

    Ist kein genauer Zahlungszeitpunkt festgelegt worden, kommt der Käufer spätestens 30 Tage nach Fälligkeit und Zugang einer Rechnung oder einer gleichwertigen Zahlungsaufstellung (z. B. Mahnung) in Verzug. Für einen **Verbraucher** als Schuldner gilt dies jedoch nur, wenn der Verkäufer auf diese Folgen zuvor in der Rechnung oder Zahlungsaufstellung besonders hingewiesen hat *(§ 286 III BGB).*

    > Einem Handwerksbetrieb wird eine Rechnung am 30. April zugestellt. Damit wäre der Käufer automatisch am 31. Mai in Verzug.

Bei kalendermäßig bestimmtem Zahlungstermin

Ist ein fester Termin zur Zahlung des Kaufpreises vereinbart, kommt der Käufer sofort in Verzug, wenn er nicht bis zum festgelegten Zeitpunkt gezahlt hat *(§ 286 II BGB)*.

> Zahlung bis zum 15. März 20..

Rechte des Verkäufers aus dem Zahlungsverzug

Ist ein Käufer in Zahlungsverzug, so kann der Verkäufer unter verschiedenen Rechten wählen:

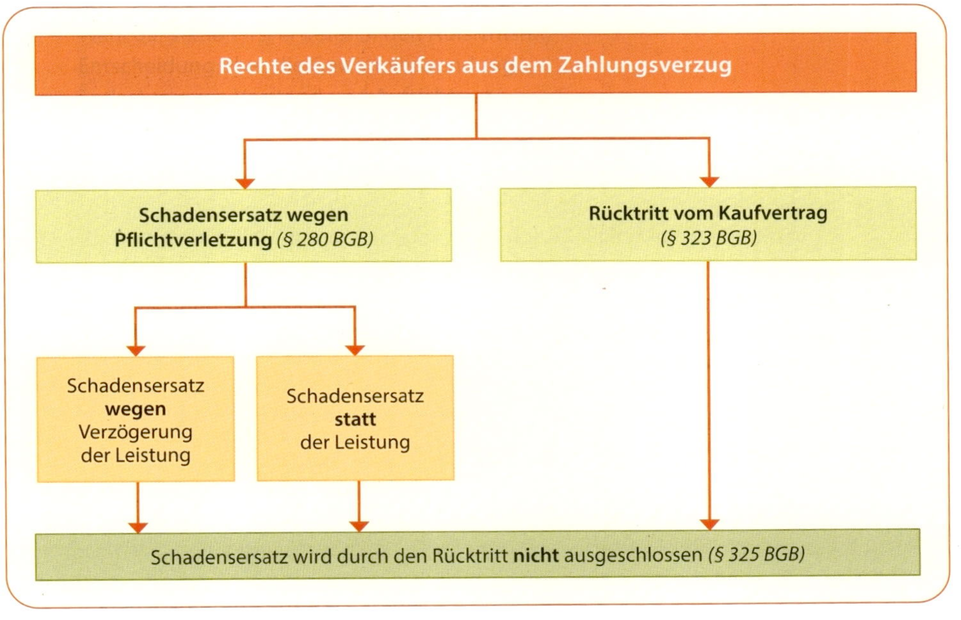

Schadensersatz wegen Pflichtverletzung

Neben der Forderung auf Zahlung des Kaufpreises kann der Verkäufer zusätzlich Ersatz des ihm entstandenen Schadens verlangen *(§ 280 I BGB)*.

Schadensersatz wegen Verzögerung der Leistung

Zahlt der Käufer nicht rechtzeitig, kann der Verkäufer Verzugsschäden geltend machen.

Verzugszinsen

Ab Verzug ist der Verkäufer berechtigt, ohne Weiteres Verzugszinsen zu verlangen. Der Verzugszinssatz beträgt für das Jahr 5 %-Punkte über dem **Basiszinssatz** *(§ 288 I BGB)*. Dieser Basiszinssatz, der jeweils zum 1. Januar und 1. Juli eines jeden Jahres angepasst wird, beträgt zurzeit (Januar 2022) – 0,88 % *(§ 247 I BGB)*. Bei Rechtsgeschäften, an denen ein **Verbraucher nicht** beteiligt ist, beträgt der Zinssatz 9 %-Punkte[1] über dem Basiszinssatz *(§ 288 II BGB)*.

1 8 %-Punkte bei Verzugsbeginn vor dem 29. Juli 2014.

Zinssätze (jeweils am 1. Januar des Jahres)			
Jahr	Basiszinssatz (§ 247 I BGB)	Verzugszinssatz bei	
		Verbrauchergeschäften (§ 288 I BGB)	Handelsgeschäften (§ 288 II BGB)
2014	– 0,63 %	4,37 %	7,37 %
2015	– 0,83 %	4,17 %	8,17 %
2016	– 0,83 %	4,17 %	8,17 %
2017	– 0,88 %	4,12 %	8,12 %
2018	– 0,88 %	4,12 %	8,12 %
2019	– 0,88 %	4,12 %	8,12 %
2020	– 0,88 %	4,12 %	8,12 %
2021	– 0,88 %	4,12 %	8,12 %

- **Verzugsschaden**

  Entsteht dem Verkäufer ein höherer Verzugsschaden, etwa durch die Notwendigkeit einer Kreditaufnahme infolge des ausstehenden Zahlungseinganges, so kann er diese Aufwendungen ebenfalls geltend machen *(§ 288 IV BGB)*. Für diese Mehraufwendungen besteht allerdings **Nachweispflicht.**

> **Schadensersatz statt der Leistung**

Zahlt der Käufer nicht, kann der Verkäufer Schadensersatzansprüche geltend machen, wenn der Verkäufer eine angemessene Frist zur Zahlung bestimmt hat *(§ 281 BGB)*. Dies ist nicht erforderlich, wenn der Käufer die Zahlung endgültig verweigert hat.

Auf dieses Recht wird der Verkäufer dann zurückgreifen, wenn er die nicht bezahlte Ware an einen anderen Kunden verkaufen kann, allerdings zu einem niedrigeren Preis. Die Differenz zwischen diesem Verkaufserlös und dem im Kaufvertrag zuvor vereinbarten höheren Preis wird er als Schaden geltend machen.

- **Rücktritt vom Kaufvertrag**

Der Verkäufer kann auch vom Kauf zurücktreten. In diesem Fall muss er dem Käufer eine angemessene Nachfrist zur Zahlung einräumen *(§ 323 I BGB)*.

Von dieser Möglichkeit wird der Verkäufer z. B. dann Gebrauch machen, wenn er in Erfahrung gebracht hat, dass der Käufer nicht zahlen kann. Durch Rücktritt vom Kaufvertrag würde der Verkäufer wenigstens seine Ware zurückerhalten.

Besonderheit

Eine Nachfristsetzung für die Wahrnehmung der Rechte „Schadensersatz“ bzw. „Rücktritt vom Kaufvertrag“ ist in folgenden Fällen **nicht** notwendig:

- der Käufer verweigert die Zahlung endgültig;
- es handelt sich um einen Fixhandelskauf *(§ 376 HGB)*.

▶ Zusammenfassung

Störungen von Rechtsgeschäften am Beispiel des Kaufvertrages

Lieferungsverzug

die vertraglich vereinbarte Lieferung erfolgt nicht oder nicht termingerecht

↓

wahlweise Rechte des **Käufers:**

- Schadensersatz wegen Pflichtverletzung
  - wegen Verzögerung der Leistung
  - statt der Leistung
- Rücktritt vom Kaufvertrag

Annahmeverzug

die Annahme der Ware erfolgt nicht oder nicht termingerecht

↓

wahlweise Rechte des **Verkäufers:**

- Klage auf Annahme der Ware
- Selbsthilfeverkauf
- Kostenerstattung

Lieferung mangelhafter Ware

die gelieferte Ware hat einen Sach- oder Rechtsmangel

↓

Rechte des **Käufers:**

- Nacherfüllung
  - Mangelbeseitigung oder
  - Lieferung mangelfreier Ware

nach zwei erfolglosen Versuchen:

- Rücktritt vom Kaufvertrag oder Minderung des Kaufpreises
- Schadensersatz oder Ersatz vergeblicher Aufwendungen

Zahlungsverzug

die Zahlung des Kaufpreises erfolgt nicht oder nicht termingerecht

↓

wahlweise Rechte des **Verkäufers:**

- Schadensersatz wegen Pflichtverletzung
  - wegen Verzögerung der Leistung
  - statt der Leistung
- Rücktritt vom Kaufvertrag

Aufgaben

6

(1) *Welche Voraussetzungen müssen erfüllt sein, damit ein Verkäufer in Lieferungsverzug kommt?*

(2) *Wann kann bei nicht rechtzeitiger Lieferung auf eine Mahnung verzichtet werden?*

(3) *Vereinbarungsgemäß sollte die Lieferung einer neuen Fakturierungssoftware umgehend erfolgen. Bis heute ist die Lieferung allerdings noch nicht eingetroffen. Der Besteller ist der Meinung, man könne sofort vom Vertrag zurücktreten. Nehmen Sie zu diesem Sachverhalt kritisch Stellung!*

(4) *Welches dem Käufer beim Lieferungsverzug zustehende Recht würden Sie in den folgenden Fällen in Anspruch nehmen?*

a) *Nach der Auftragserteilung sind die Preise um 6 % gefallen und ein anderer Lieferant kann kurzfristig liefern.*

b) *Die Ware ist bei einem anderen Lieferanten zu einem allerdings 8 % höheren Preis sofort erhältlich.*

c) *Die bestellte Ware ist bei keinem anderen Lieferanten erhältlich.*

(5) *Warum bezeichnet man den Annahmeverzug auch als Gläubigerverzug?*

(6) *Erläutern Sie die beim Annahmeverzug eintretende Haftungsminderung des Verkäufers!*

(7) Beschreiben Sie die Rechte des Verkäufers beim Annahmeverzug!

(8) Nennen Sie am Beispiel Ihres Ausbildungsbetriebes je zwei Beispiele für Sachmängel, bei denen die vertraglich vereinbarte Beschaffenheit der Ware fehlt und bei denen die Ware sich nicht zu der im Vertrag vorausgesetzten Verwendung eignet!

(9) Um welchen Mangel handelt es sich in den nachfolgenden Fällen? Benennen Sie dabei auch den nach Ihrer Meinung zutreffenden Paragrafen des BGB!

a) Statt eines digitalen ISDN-Telefons wird ein analoges Telefon geliefert.

b) Ein 24-Zoll-TFT-Bildschirm weist an vier Stellen einen großflächigen Ausfall an Pixeln auf. Insgesamt sind ca. 20 % der gesamten Bildschirmfläche davon betroffen.

c) Auf einem Laptop, der laut Kaufvertrag mit dem Betriebssystem „Windows 11" ausgeliefert werden sollte, ist „Windows 10" installiert worden.

d) Ein Hersteller wirbt für seinen Energiedrink: „Red Bull verleiht Flügel!"

e) Ein Händler verkauft Software, ohne die dazu erforderliche Lizenz des Software-Herstellers als geistiger Urheber zu besitzen.

f) Ein Neuwagen verbraucht durchschnittlich 7,9 l Kraftstoff auf 100 km, obwohl der Hersteller in seiner Werbung einen wesentlichen geringeren Durchschnittsverbrauch von 4,0 l/100 km hervorgehoben hat.

g) Kauf einer Musik-CD, die sich auf dem heimischen CD-Player nicht abspielen lässt.

h) Bedingt durch eine fehlerhafte Montageanleitung eines Herstellers aus Übersee kann der Aufbau eines neuen Fitnessgerätes

1. nicht erfolgen

2. dennoch erfolgreich abgeschlossen werden.

i) Kauf einer Musik-CD, die sich nicht auf einem PC abspielen lässt. Auf der Verpackung der CD ist diese Möglichkeit mit einem deutlich sichtbaren Hinweis des Herstellers vermerkt.

j) Von den bestellten 1 000 Paketen A4-Kopierpapier, weiß, 80 g/m² erhält der Kunde nur 990 Pakete.

(10) Welche Rügefristen gibt es bei der Verjährung von Mängelanspüchen?

(11) Was versteht man unter einem Verbrauchsgüterkauf?

(12) Erläutern Sie an einem selbst gewählten Fall die Gewährleistungsfristen beim Verbrauchsgüterkauf und definieren Sie den Begriff „Beweislastumkehr"!

(13) Was versteht man unter Nacherfüllung?

(14) Auch bei der Erfüllung von den mit Lieferanten abgeschlossenen Kaufverträgen können sich gelegentlich Kaufvertragsstörungen ergeben. Entscheiden Sie, welche der folgenden drei Aussagen nach den gesetzlichen Vorschriften auf die nachfolgend genannten Situationen zutrifft.

Aussagen:

① Der Käufer muss eine angemessene Nachfrist setzen.

② Der Käufer kann eine Ersatzlieferung verlangen.

③ Der Käufer kann sofort vom Kaufvertrag zurücktreten.

Ordnen Sie zu diesem Zweck der entsprechenden Situation die Ziffer vor der jeweils zutreffenden Aussage zu!

Situationen:

a) Der Verkäufer hat statt der bestellten gelben DIN-A5-Karteikarten weiße Karteikarten geliefert.

b) Vereinbarungsgemäß sollte der Verkäufer die Ware fix zum 28.07.20.. liefern. Auch am nächsten Tag ist die bestellte Ware noch nicht eingetroffen.

(15) *Erläutern Sie, wann ein Käufer, dem mangelhafte Ware geliefert worden ist, vom Recht auf Nacherfüllung, Rücktritt, Minderung, Schadensersatz oder Ersatz vergeblicher Aufwendungen Gebrauch machen wird!*

(16) *Welche Voraussetzung muss erfüllt sein, damit ein Zahlungsverzug vorliegt?*

(17) *Welche gesetzlichen Verzugszinsen können zurzeit beim Zahlungsverzug eingefordert werden?*

(18) *Unter welcher Voraussetzung ist es möglich, dass ein Verkäufer von einem säumigen Kunden einen höheren Zinssatz als den aktuellen Mahnzins fordern kann?*

(19) *Entscheiden Sie bei den nachfolgenden sieben Auszügen aus Geschäftsbriefen, um welche Kaufvertragsstörung es sich jeweils handelt!*

a) „... sehen wir uns gezwungen, Ihnen Verzugszinsen in Rechnung zu stellen."

b) „Die Abrechnung über den durchgeführten Selbsthilfeverkauf fügen wir diesem Schreiben bei."

c) „..., sehen wir uns gezwungen, die Ware bei einem anderen Lieferanten zu beziehen. Die dadurch ggf. entstehenden Mehrkosten werden wir Ihnen in Rechnung stellen."

d) „Leider können wir Ihren Ansprüchen nicht mehr nachkommen, da die gesetzliche Gewährleistungsfrist von 2 Jahren seit mehr als 12 Wochen abgelaufen ist."

e) „... teilen wir Ihnen mit, dass wir mit der von Ihnen vorgeschlagenen Kaufpreisminderung einverstanden sind."

f) „..., treten wir hiermit vom Kaufvertrag zurück."

g) „Die für die Lagerung der Ware entstehenden Kosten werden wir Ihnen in Rechnung stellen."

8.5 Mahnverfahren

Erfüllt ein Schuldner **(Geld- oder Warenschuldner)** seine Verpflichtungen aus dem Kaufvertrag nicht, wird er in der Regel durch eine Mahnung aufgefordert, die entsprechende Schuld zu begleichen. Prinzipiell nimmt der Gläubiger bei Verzug nicht sofort die Hilfe von Gerichten in Anspruch (gerichtliches Mahnverfahren), sondern mahnt den Schuldner zunächst mehrfach selbst an (außergerichtliches oder kaufmännisches Mahnverfahren).

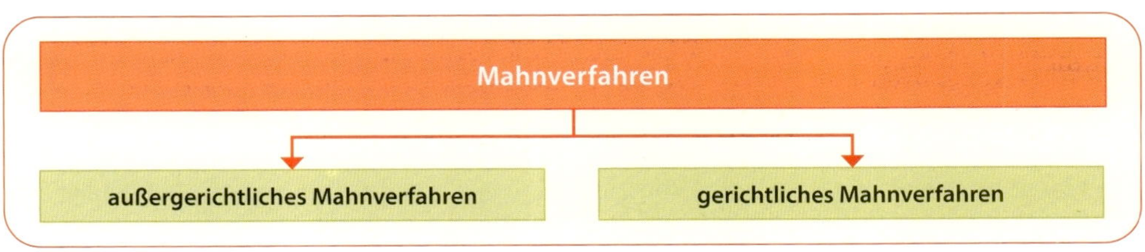

8.5.1 Außergerichtliches Mahnverfahren

▶ Wesen des außergerichtlichen Mahnverfahrens

Die im außergerichtlichen Mahnverfahren durchgeführte Mahnung ist eine dringende Aufforderung des Gläubigers an den Schuldner, die im Kaufvertrag vereinbarte Leistung **(Geldzahlung bzw. Warenlieferung)** jetzt durchzuführen. Diese Mahnung ist zwar formfrei, aus Gründen der Beweissicherheit wird allerdings in der Regel die schriftliche Form gewählt. Die inhaltliche Gestaltung der Mahnung ist keinen festen Regeln unterworfen. Ein Hinweis auf Verzugsfolgen, Rechtsnachteile und Zahlungsfristen ist im allgemeinen Geschäftsverkehr üblich bzw. gegenüber Verbrauchern sogar vorgeschrieben.

8 Merkur-Nr. 0124

▶ Durchführung des außergerichtlichen Mahnverfahrens

In der Praxis wird der Gläubiger beim Mahnen die jeweiligen Geschäftsverbindungen mit dem Schuldner insgesamt würdigen. So ist es z. B. möglich, dass ein sonst guter Kunde lediglich eine Zahlungsverpflichtung übersehen oder vergessen hat. Eine abgestufte Mahnfolge ist daher in den meisten Fällen sinnvoll, aber nicht Bedingung. Bezogen auf einen Zahlungsverzug ergäbe sich beispielsweise folgende Reihenfolge:

- **Persönliches Erinnerungsschreiben**

  Die 1. Mahnung gilt als höfliche **Zahlungserinnerung.** Eine Kopie der Rechnung wird mit der Bitte beigefügt, das Konto auszugleichen.

- **Ausdrückliche Mahnung**

  Mit der 2. Mahnung wird ausdrücklich auf die Fälligkeit der Zahlung hingewiesen, eine Frist gesetzt und ein kombinierter SEPA-Überweisungsauftrag/Zahlschein (vgl. S. 417) beigefügt.

- **Androhung des Einzugs durch ein Inkassoinstitut (3. Mahnung)**

  Der Schuldner wird aufgefordert – unter Hinweis auf die zusätzlich entstehenden Kosten und unter erneuter Fristsetzung – die Leistung umgehend zu bewirken. Bei überfälligen Zahlungsverpflichtungen wird der Einzug durch ein Inkassoinstitut angedroht. **Inkassoinstitute** sind Unternehmen, die gewerbsmäßig Forderungen bei Geldschuldnern einziehen. Für den Gläubiger liegt der Vorteil der Inanspruchnahme eines Inkassoinstituts darin, dass er Kosten bei der Überwachung der Zahlungseingänge sparen kann. Anfallende Gebühren und Verzugszinsen werden dem säumigen Schuldner in Rechnung gestellt.

- **Klageandrohung (4. Mahnung)**

  Ist die Leistung aufgrund der 3. Mahnung noch nicht erfolgt, d. h., hat der Schuldner bei Zahlungsforderungen die Zahlung an das Inkassoinstitut verweigert, so erfolgt eine scharfe 4. Mahnung mit der Bestimmung einer endgültig letzten Frist. Die Klage auf Zahlung oder die Einleitung eines gerichtlichen Mahnverfahrens wird angedroht.

8.5.2 Gerichtliches Mahnverfahren *(§§ 688 – 703 d ZPO)*

▶ Wesen und Zulässigkeit des gerichtlichen Mahnverfahrens

Hat der Gläubiger mit der letzten Mahnung im außergerichtlichen Mahnverfahren keinen Erfolg, kann er entweder sofort **Klage auf Zahlung** erheben (vgl. S. 120) oder aber – sofern nicht mit Einwendungen des Schuldners zu rechnen ist – ein gerichtliches Mahnverfahren einleiten. Gegenüber dem normalen Zivilprozess eröffnet das gerichtliche Mahnverfahren dem Gläubiger die Möglichkeit, seine Forderungen schnell und kostensparend einzutreiben, ohne dass es einer langwierigen Prozessführung bedarf.

Allerdings können durch dieses Verfahren nur Geldschulden eingefordert werden. Damit der Mahnbescheid dem Antragsgegner auch tatsächlich zugestellt werden kann, muss der Aufenthaltsort des Schuldners, also dessen Wohn- (bei natürlichen Personen) bzw. Geschäftssitz (bei juristischen Personen), bekannt sein. Darüber hinaus darf der im gerichtlichen Mahnverfahren geltend gemachte Anspruch **nicht** von einer noch nicht erbrachten Gegenleistung abhängig sein.

> Um seinen Anspruch auf Zahlung des Kaufpreises gegenüber dem Käufer auf dem Wege des gerichtlichen Mahnverfahrens geltend machen zu können, müsste entweder der Verkäufer die Ware bereits geliefert haben oder es müsste zwischen den Vertragsparteien vereinbart worden sein, den gesamten Kaufpreis bzw. einen bestimmten Teilbetrag vor der Lieferung der Ware zu entrichten.

 129 615

▶ Zuständigkeit und Durchführung des gerichtlichen Mahnverfahrens

Sachlich wird das Mahnverfahren von den Amtsgerichten durchgeführt, wobei eine maschinelle Bearbeitung zulässig ist. Die entsprechenden bundeseinheitlichen Vordrucke bzw. Vordrucksätze können z. B. über den Schreibwareneinzelhandel bezogen werden.

■ Mahnverfahren bei Gerichten, die die Verfahren maschinell bearbeiten

Bei maschineller Bearbeitung des Mahnverfahrens ist der Antrag auf Erlass eines Mahnbescheides unter Benutzung des dafür gesetzlich vorgeschriebenen Vordruckes **ausschließlich** bei dem im jeweiligen Bezirk dafür zuständigen Amtsgericht, dem **zentralen Mahngericht,** zu stellen. Die Verwendung einheitlicher Formulare, der Einsatz elektronischer Datenverarbeitung sowie die Konzentration aller Mahnverfahren auf zentrale Mahngerichte sollen eine schnellere und rationellere Bearbeitung gerichtlicher Mahnverfahren gewährleisten.

So müssen z. B. Gläubiger mit Wohn- bzw. Geschäftssitz in Baden-Württemberg ihre Anträge auf Erlass eines Mahnbescheides beim Amtsgericht Stuttgart einreichen. Dieses zentrale Mahngericht weist alle Mahnverfahren zurück, die nicht auf maschinell zu bearbeitenden Vordrucken beantragt werden. In Nordrhein-Westfalen sind die Amtsgerichte Hagen oder Euskirchen die zuständigen zentralen Mahngerichte.

Der in gut lesbarer Blockschrift oder mit einer Schreibmaschine ausgefüllte Vordruck mit seinen 53 fortlaufend nummerierten Zeilen ist in einfacher Ausfertigung einzureichen. Hinweise zum sachgerechten Ausfüllen des entsprechenden Formulars sind bei den Amtsgerichten erhältlich. Wesentlich ist, dass die Hauptforderung (Zeilen 32 – 34 des Antragsformulars) durch eine entsprechende **Anspruchskatalognummer** beschrieben werden muss.

Das zentrale Mahngericht speichert die im eingehenden Antragsformular enthaltenen Angaben in einem Datensatz, der für das jeweilige Verfahren angelegt wird. Ist der Antrag vollständig und zulässig ausgefüllt, erstellt das Amtsgericht maschinell den Mahnbescheid.

Hauptforderungs-Katalog *(Auszug)*

Die Hinweise in Klammern bitte unbedingt beachten.

Bezeichnung	Katalog-Nr.	Bezeichnung	Katalog-Nr.
Anzeigen in Zeitungen u. a.	1	⋮	
Ärztliche oder zahnärztliche Leistung	2	Vergleich, außergerichtlicher	39
Bürgschaft	3	Vermittlungs-/Maklerprovision (nicht aus Ehemaklervertrag)	40
Darlehensrückzahlung	4	Versicherungsprämie/-beitrag	41
Dienstleistungsvertrag (keine Ansprüche aus Arbeitsvertrag – Zuständigkeit des Arbeitsgerichts)	5	Versorgungsleistung – Strom, Wasser, Gas – (Abn./Zähler-Nr. in Zeile 32 – 34 in der 3. Spalte eintragen.)	42
Frachtkosten	6	Warenlieferungen	43
Geschäftsbesorgung durch Selbstständige (z.B. Rechtsanwälte, Steuerberater)	7	Werkvertrag/Werklieferungsvertrag	44
Handwerkerleistung	8	Zeitungs-/Zeitschriftenbezug	45
Heimunterbringung	9	Zinsrückstände/Verzugszinsen (gilt nur für Zinsen, bei denen die zugrunde liegende Forderung nicht gleichzeitig geltend gemacht wird. Zinsen in diesen Fällen nicht in Zeile 40 – 43 bezeichnen.)	46
Hotelkosten (z. B. Übernachtung, Verzehr, Getränke)	10		
Kaufvertrag	11		
⋮			

Im Fall der Geldforderung aus einem Kaufvertrag ist die Katalognummer 11 zu notieren.

Mahnverfahren bei Gerichten, die die Verfahren nicht maschinell bearbeiten

Zur Einleitung des gerichtlichen Mahnverfahrens füllt der Gläubiger (Antragsteller) einen amtlichen Vordrucksatz aus. Der vollständig ausgefüllte Vordrucksatz ist bei dem am Wohn- bzw. Geschäftssitz des Gläubigers örtlich zuständigen Amtsgericht zur Bearbeitung einzureichen.

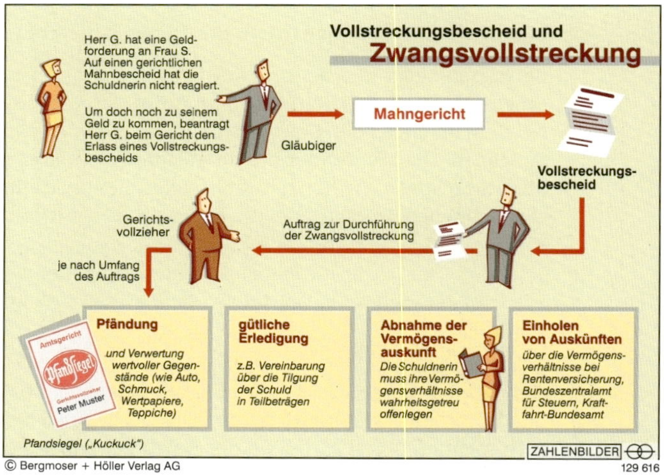

129 616

Der **Mahnbescheid** wird dem Schuldner von Amts wegen zugestellt *(§ 693 I ZPO)*. Das Gericht prüft **nicht,** ob dem Antragsteller der geltend gemachte Anspruch zusteht. Der Bescheid enthält die Aufforderung, innerhalb von zwei Wochen nach Zustellung des Mahnbescheides zu zahlen oder **Widerspruch** einzulegen. Unternimmt der Antragsgegner innerhalb dieser Frist nichts, kann der Gläubiger einen **Vollstreckungsbescheid** erwirken. Bestreitet der Schuldner jedoch die gegen ihn geltend gemachte Forderung entweder durch **Erhebung des Widerspruchs gegen den Mahnbescheid** oder durch **Einlegung** des **Einspruchs gegen den Vollstreckungsbescheid,** wird das Mahnverfahren in ein normales Zivilgerichtsverfahren übergeleitet. Das entsprechende Verfahren wird dann vor dem dafür jeweils sachlich zuständigen Gericht durchgeführt. Sofern nicht vertraglich ein anderer Gerichtsstand vereinbart worden ist, ist das Gericht zuständig, in dessen Bezirk der Antragsgegner wohnt bzw. seinen Geschäftssitz hat.

Antrag auf Erlass eines Mahnbescheids

– Nicht verwendbar für Rechtsanwälte und registrierte Inkassodienstleister –

Raum für Vermerke des Gerichts

Zeilen-Nummer

1 Datum des Antrags: 05.07.20 . . C — **Bitte beachten Sie die Ausfüllhinweise!**

2 **Antragsteller** — Bei mehreren Antragstellern: Es wird versichert, dass der in Spalte 1 Bezeichnete bevollmächtigt ist, die weiteren zu vertreten.

Spalte 1	Spalte 2 Weiterer Antragsteller
3 1 = Herr, 2 = Frau; Vorname	1 = Herr, 2 = Frau; Vorname
4 Nachname	Nachname
5 Straße, Hausnummer – bitte kein Postfach! –	Straße, Hausnummer – bitte kein Postfach! –
6 Postleitzahl, Ort, Ausl. Kz.	Postleitzahl, Ort, Ausl. Kz.

7 **Spalte 3 Nur Firma, juristische Person u. dgl. als Antragsteller** — Rechtsform, z. B. GmbH, AG, OHG, KG

8 3 = nur Einzelfirma, 4 = nur GmbH u. Co KG, sonst Rechtsform: GmbH

Vollständige Bezeichnung

9 Richard Meyer, Gesellschaft für Büro-, Daten- und Kommunikationstechnik mbH

Fortsetzung von Zeile 9

10 Straße, Hausnummer – bitte kein Postfach! – | Postleitzahl | Ort | Ausl. Kz.

11 Westfalendamm 72 | 44141 | Dortmund

Gesetzlicher Vertreter	Gesetzlicher Vertreter (auch weiterer)
12 3 ◄ Nr. der Spalte, in der der Vertretene bezeichnet ist	◄ Nr. der Spalte, in der der Vertretene bezeichnet ist
Stellung (z. B. Geschäftsführer, Vater, Mutter, Vormund)	Stellung
13 Geschäftsführer	
Vor- und Nachname	Vor- und Nachname
14 Richard Meyer	
Straße, Hausnummer – bitte kein Postfach! –	Straße, Hausnummer – bitte kein Postfach! –
15 Malvenweg 12	
Postleitzahl, Ort, Ausl. Kz.	Postleitzahl, Ort, Ausl. Kz.
16 44289 Dortmund	

17 **Antragsgegner** — Falls der Antragsgegner unter das Zusatzabkommen zum NATO-Truppenstatut fällt, bitte Ausfüllhinweise beachten. — ◁ Antragsgegner sind Gesamtschuldner

Spalte 1	Spalte 2 Weiterer Antragsgegner
18 1 = Herr, 2 = Frau; Vorname	1 = Herr, 2 = Frau; Vorname
19 Nachname	Nachname
20 Straße, Hausnummer – bitte kein Postfach! –	Straße, Hausnummer – bitte kein Postfach! –
21 Postleitzahl, Ort, Ausl. Kz.	Postleitzahl, Ort, Ausl. Kz.

22 **Spalte 3 Nur Firma, juristische Person u. dgl. als Antragsgegner** — Rechtsform, z. B. GmbH, AG, OHG, KG

23 3 = nur Einzelfirma, 4 = nur GmbH u. Co KG, sonst Rechtsform: OHG

Vollständige Bezeichnung

24 Rolf Mertens OHG

Fortsetzung von Zeile 24

25 Straße, Hausnummer – bitte kein Postfach! – | Postleitzahl | Ort | Ausl. Kz.

26 Osterfeldstr. 23 | 44339 | Dortmund

Gesetzlicher Vertreter	Gesetzlicher Vertreter (auch weiterer)
27 3 ◄ Nr. der Spalte, in der der Vertretene bezeichnet ist	◄ Nr. der Spalte, in der der Vertretene bezeichnet ist
Stellung (z. B. Geschäftsführer, Vater, Mutter, Vormund)	Stellung
28 Vor- und Nachname	Vor- und Nachname
29 Werner Michaelis	
Straße, Hausnummer – bitte kein Postfach! –	Straße, Hausnummer – bitte kein Postfach! –
30 Kirchstraße 1 a	
Postleitzahl, Ort, Ausl. Kz.	Postleitzahl, Ort, Ausl. Kz.
31 58099 Hagen	

EMA1 /1 BW EMA1 /1R

Fassung 01. 06. 2010

Bitte die nächste Vordruckseite beachten!

Bezeichnung des Anspruchs

I. Hauptforderung – siehe Katalog in den Hinweisen –

Zeilen-Nummer	Katalog-Nr.	Rechnung/Aufstellung/Vertrag oder ähnliche Bezeichnung	Nr. der Rechng./des Kontos u. dgl.	Datum bzw. Zeitraum (TT.MM.JJ) vom	bis	Betrag EUR
32	11	Rechnung	1234	30.01.20 . .		692,54
33						
34						

35 Postleitzahl | Ort als Zusatz bei Katalog-Nr. 17, 19, 20, 90 | Ausl. Kz. | Vertragsart als Zusatz bei Katalog-Nr. 28 | -Vertrag

36 **Sonstiger Anspruch – nur ausfüllen, wenn im Katalog nicht vorhanden –** mit Vertrags-/Lieferdatum/Zeitraum vom ... bis ...

37 Fortsetzung von Zeile 36 | vom | bis | Betrag EUR

38 **Nur bei Abtretung oder Forderungsübergang:** Datum — Seit diesem Datum ist die Forderung an den Antragsteller abgetreten/auf ihn übergegangen.

39 Früherer Gläubiger – Vor- und Nachname, Firma (Kurzbezeichnung) | Postleitzahl | Ort | Ausl. Kz.

IIa. Laufende Zinsen

Zeilen-Nummer	Zeilen-Nr. der Hauptforderung	Zinssatz %	oder %-Punkte über Basiszinssatz	1 = jährl. 2 = mtl. 3 = tägl.	Betrag EUR nur angeben, wenn abweichend vom Hauptforderungsbetrag.	Ab Zustellung des Mahnbescheids, wenn kein Datum angegeben. ab oder vom	bis
40	32	16		1		30.01.20 . .	Zahlungstag
41							
42							

IIb. Ausgerechnete Zinsen

Gemäß dem Antragsgegner mitgeteilter Berechnung für die Zeit

43 vom | bis | Betrag EUR

III. Auslagen des Antragstellers für dieses Verfahren

Vordruck/Porto Betrag EUR	Sonstige Auslagen Betrag EUR	Bezeichnung
14,75		

IV. Andere Nebenforderungen

Mahnkosten Betrag EUR	Auskünfte Betrag EUR	Bankrücklastkosten Betrag EUR	Inkassokosten Betrag EUR	Anwaltsvergütung für vorgerichtl. Tätigkeit Betrag EUR	Sonstige Nebenforderung Betrag EUR	Bezeichnung
44						

Ein streitiges Verfahren wäre durchzuführen vor dem

45 [1] ◀ 1 = Amtsgericht, 2 = Landgericht, 3 = Landgericht – KfH, 6 = Amtsgericht – Familiengericht, 8 = Sozialgericht — in Postleitzahl 44137 Ort Dortmund — [X] ◁ Im Falle eines Widerspruchs beantrage ich die Durchführung des streitigen Verfahrens.

Prozessbevollmächtigter des Antragstellers

46 [ ] ◀ 3 = Rechtsbeistand, 4 = Herr, Frau, 9 = Verbraucherzentrale, -verband — Betrag EUR — **Ordnungsgemäße Bevollmächtigung versichere ich.** Bei Rechtsbeistand: **Anstelle** der Auslagenpauschale (Nr. 7002 VV RVG) werden die nebenstehenden Auslagen verlangt, deren Richtigkeit versichert wird. — [ ] ◁ Der Antragsteller ist nicht zum Vorsteuerabzug berechtigt.

47 Vor- und Nachname/Bezeichnung

48 Straße, Hausnummer – **bitte kein Postfach!** – | Postleitzahl | Ort | Ausl. Kz.

49 IBAN oder: | Bankleitzahl | Konto-Nr. | BIC (Bank Identifier Code)

Von **Kreditgebern (auch Zessionar)** zusätzlich zu machende Angaben bei Anspruch aus Verbraucherdarlehensvertrag (§§ 491 ff BGB):

Zeilen-Nr. der Hauptforderung	Vertragsdatum	Effektiver Jahreszins	Zeilen-Nr. der Hauptforderung	Vertragsdatum	Effektiver Jahreszins	Zeilen-Nr. der Hauptforderung	Vertragsdatum	Effektiver Jahreszins
50								

51 Geschäftszeichen des Antragstellers/Prozessbevollmächtigten

Ich erkläre, dass der Anspruch von einer Gegenleistung abhängt, die bereits erbracht wurde oder nicht von einer Gegenleistung abhängt.

Ich beantrage, einen Mahnbescheid zu erlassen und in diesen die Kosten des Verfahrens aufzunehmen.

52 **An das
Amtsgericht Hagen
– Mahnabteilung –**

53 **58081 Hagen**
Postleitzahl, Ort

Unterschrift des Antragstellers/Vertreters/Prozessbevollmächtigten

Richard Meyer

EMA1 /2 BW EMA1 /2R

Fassung 01. 06. 2010

Wirkungen des gerichtlichen Mahnverfahrens

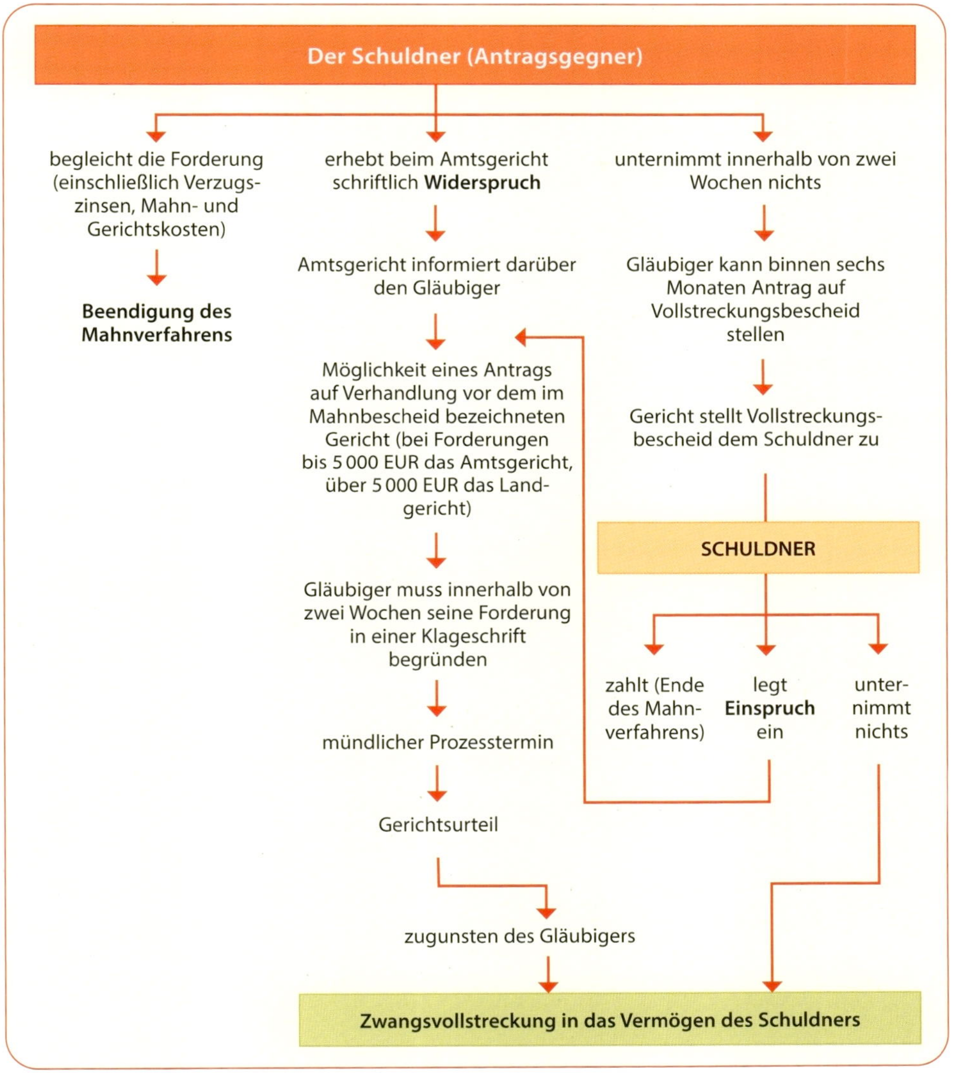

Zuständig für die **Zwangsvollstreckung** ist das Mahngericht bzw. der gerichtlich bestellte Gerichtsvollzieher. Bei Geldforderungen wird die Zwangsvollstreckung durch Pfändung von Gegenständen und deren anschließende Versteigerung oder durch Pfändung von Teilen des Lohnes des Schuldners bewirkt. Möglich ist auch, sich im Eigentum des Schuldners befindliche Grundstücke oder Gebäude zu versteigern.

Bleibt auch eine Pfändung erfolglos, hat der Schuldner auf Antrag des Gläubigers ein Vermögensverzeichnis anzufertigen und diese Angaben **an Eides statt** zu versichern. Verweigert der Schuldner die eidesstattliche Versicherung, kann gegen ihn vom Gericht die Haft angeordnet werden.

Gelingt es nicht, im gerichtlichen Mahn- oder Vollstreckungsverfahren bestehende Forderungen einzutreiben, hat der Gläubiger die Möglichkeit, innerhalb der Verjährungsfrist erneut zu versuchen, seinen Anspruch durchzusetzen.

8.6 Klage auf Zahlung

Ist der Gläubiger allerdings der Ansicht, dass der Schuldner der Forderung im gerichtlichen Mahnverfahren widersprechen wird, ist es zweckmäßig, sofort **Klage auf Zahlung** zu erheben **(Klageverfahren).** Zuständig für dieses Verfahren sind ebenfalls die Instanzen der Zivilgerichtsbarkeit (vgl. S. 124 ff.).

8.7 Verjährung

▶ Wesen der Verjährung

Ansprüche (z.B. Forderungen aus Kaufverträgen wie etwa Gewährleistung oder Zahlung des Kaufpreises) müssen innerhalb eines bestimmten Zeitraumes – **der Verjährungsfrist** – geltend gemacht werden.

Wichtige Verjährungsfristen *(bis zu 1 Jahr)*	
Frist und Fristbeginn	**Anspruch**
sofort nach Lieferung	Untersuchungs- und Rügepflicht bei zweiseitigem Handelskauf *(§ 377 I HGB)*
unverzüglich nach Feststellung des Irrtums	Anfechtungsfrist für die Anfechtung einer Willenserklärung wegen Erklärungs- oder Inhaltsirrtums *(§ 121 I BGB)*
2 Wochen ab Zustellung des Mahnbescheids	Widerspruch des Antragsgegners gegen einen gerichtlichen Mahnbescheid *(§ 694 I ZPO)*
3 Wochen ab Zugang der Kündigung eines Arbeitsverhältnisses	Anrufung des Arbeitsgerichtes zwecks Feststellung, ob eine Kündigung sozial ungerechtfertigt ist *(§ 4 I KSchG)*
30 Tage nach Fälligkeit und Zugang einer Rechnung oder einer gleichwertigen Zahlungsaufforderung	Zahlungsverzug eines Geldschuldners *(§ 286 III BGB)*
6 Monate ab Zugang der deutlich gestalteten Widerrufsbelehrung beim Verbraucher	Widerrufsrecht bei Verbraucherverträgen *(§ 355 I BGB)*
1 Jahr nach Kenntnis der Täuschung bzw. Wegfall der Zwangslage	Anfechtungsfrist für die Anfechtung einer Willenserklärung wegen arglistiger Täuschung oder widerrechtlicher Drohung *(§ 124 I BGB)*

Ohne Verjährung würde ein Schuldner oft in Beweisschwierigkeiten kommen, da ihm nicht zugemutet werden kann, seine Beweismittel (Rechnungen, Quittungen, Bankbelege) über unbegrenzte Zeit aufzubewahren. Nach längerer Zeit können die wirklichen Rechtsverhältnisse häufig nicht mehr eindeutig festgestellt werden.

Ist eine Forderung verjährt, kann der Schuldner die Leistung verweigern *(§ 214 I BGB);* sie kann dann auch nicht mehr eingeklagt werden.

▶ Verjährungsfristen

Verjährungsfristen	betroffene Ansprüche	Beispiele
2 Jahre	Verbrauchsgüterkäufe *(§ 474 BGB)*	Gewährleistungsansprüche wegen einer mit Sach- oder Rechtsmängeln behafteten ■ Ware *(§ 241 a BGB)* bei Kaufverträgen, die zwischen einem Verbraucher und einem Unternehmer geschlossen worden sind ■ Dienstleistung bei Kaufverträgen, die zwischen einem Verbraucher und einem Unternehmer geschlossen worden sind und bei denen neben dem Verkauf der Ware die Erbringung einer Dienstleistung vereinbart worden ist
	Reiseverträge *(§ 651 g II BGB)*	Ansprüche auf Minderung des Reisepreises bei Mängeln einer Urlaubsreise gegenüber dem Reiseveranstalter
3 Jahre	**Regelverjährungsfrist** *(§ 195 BGB)*	■ Vergütungsforderungen aus Kaufverträgen über bewegliche Sachen gegenüber dem Käufer einer Ware ■ Gewährleistungsansprüche wegen arglistig verschwiegener Mängel gegenüber dem Verkäufer einer Ware ■ Ansprüche aus Arzthaftung
5 Jahre	Bauwerke und Sachen, die für ein Bauwerk verwendet worden sind *(§ 438 BGB)*	Gewährleistungsansprüche aus Baumängeln an Gebäuden
10 Jahre	Rechte an Grundstücken *(§ 196 BGB)*	Vergütungsforderungen aus Grundstückskaufverträgen
30 Jahre	Ansprüche aus rechtskräftigen Urteilen und vollstreckbaren Urkunden *(§ 197 BGB)*	■ Gerichtsurteile ■ Vollstreckungsbescheide ■ notariell beurkundete Forderungen

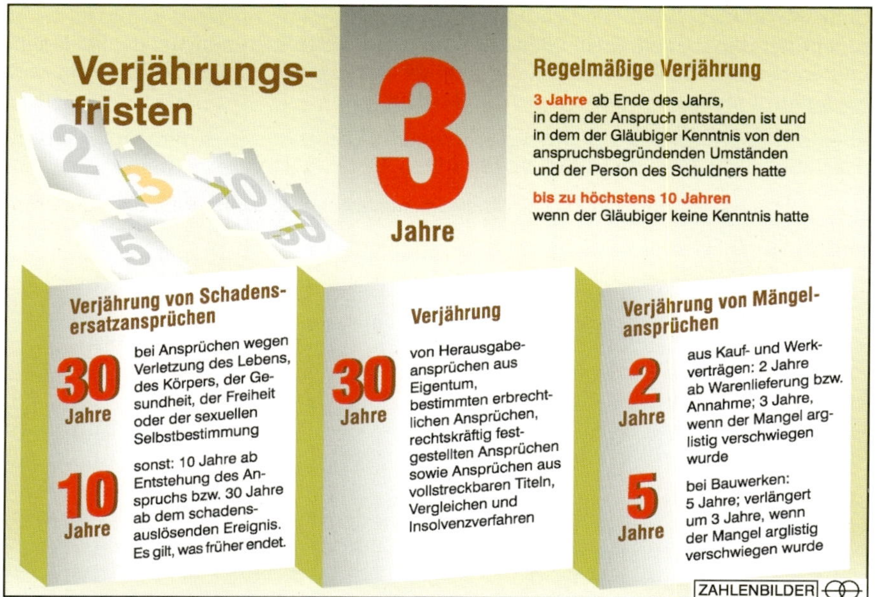

© Bergmoser + Höller Verlag AG 128 045

▶ Beginn der Verjährungsfristen

Beginn der Verjährungsfristen

Verjährungsfrist von 3 Jahren	Verjährungsfristen von 2, 5, 10 oder 30 Jahren
Beginn mit dem **Ablauf des Jahres, in dem der Anspruch entstanden ist,** d.h. zum 31. Dezember 20..	Beginn mit dem **Entstehen des Anspruchs,** z.B. 17. Juli 20..

▶ Hemmung und Neubeginn der Verjährung

■ Hemmung der Verjährung

Bei der Hemmung wird die Verjährungsfrist **um den Zeitraum der Hemmung verlängert.** Die Verjährung wird u.a. gehemmt:

- für den Zeitraum von Verhandlungen zwischen Schuldner und Gläubiger, ob ein Anspruch gerechtfertigt ist, bis eine der Vertragsparteien die Fortsetzung der Verhandlungen verweigert: Die Verjährung tritt frühestens **drei Monate** nach dem Ende der Hemmung ein *(§ 203 BGB).*
- durch Klageerhebung, die Zustellung eines Mahnbescheides, den Beginn eines Schiedsverfahrens oder die Anmeldung von Ansprüchen im Insolvenzverfahren: Die Hemmung endet **sechs Monate** nach einer rechtskräftigen Entscheidung oder anderweitigen Erledigung des Rechtsstreites *(§ 204 BGB).*

- **Neubeginn der Verjährung**
  Mit dem Neubeginn der Verjährungsfrist wird die bereits verstrichene Zeit hinfällig. Damit beginnt die **volle Verjährungsfrist von Neuem.** Gründe für den Neubeginn können sein *(§ 212 BGB):*
  - Der Schuldner erkennt den Anspruch des Gläubigers z. B. durch Abschlags- oder Zinszahlungen an bzw. er bittet um Stundung der Schuld.
  - Es wird eine gerichtliche oder behördliche Vollstreckungshandlung vorgenommen oder beantragt.

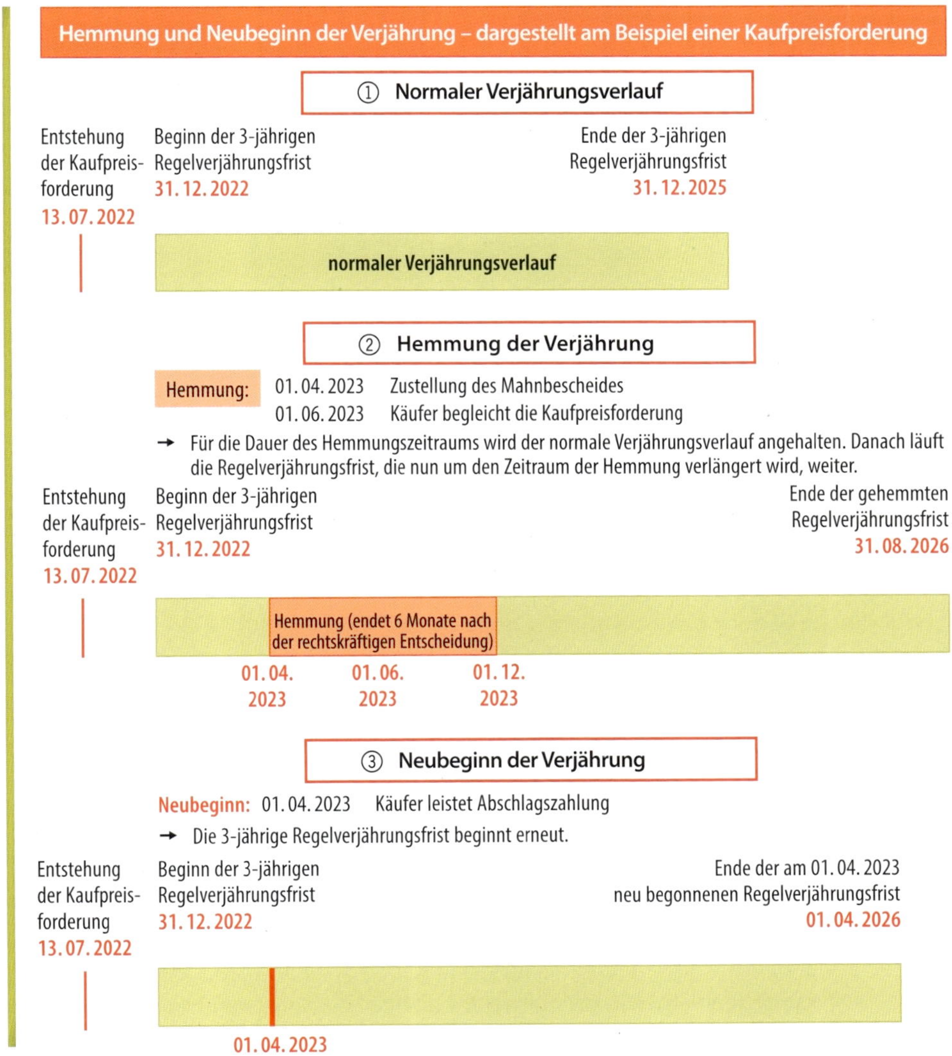

Wird ein bereits verjährter Anspruch irrtümlich erfüllt, so kann der Schuldner das Geleistete nicht zurückfordern *(§ 214 II BGB).*

8.8 EXKURS: Zivilgerichtsbarkeit

8.8.1 Gerichtlicher Instanzenweg

Streitigkeiten aus Rechtsgeschäften, die sich zwischen einzelnen Bürgern aus dem Privatrecht ergeben (Zivilsachen), werden vor ordentlichen **Zivilgerichten** entschieden. „Einzelne Bürger" können alle natürlichen und juristischen Personen sein, die Rechtsgeschäfte innerhalb des Privatrechts eingehen (z. B. Privatpersonen, Kaufleute, Unternehmen).

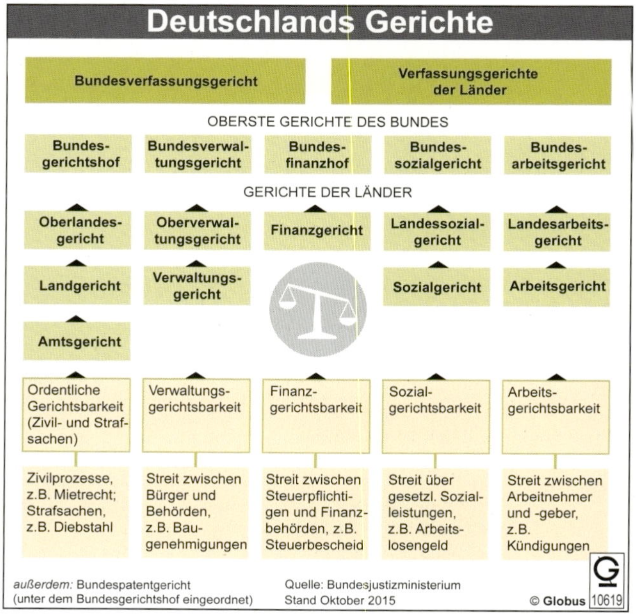

Einbrüche, Streit um Baugenehmigungen oder Ärger wegen einer Kündigung: Rechtsstreitigkeiten werden in Deutschland vor verschiedenen Gerichten ausgetragen. Arbeits-, Sozial-, Finanz- und Verwaltungsgerichte beschäftigen sich mit ihrem jeweiligen Spezialbereich, Amts- und Landgerichte kümmern sich um Straftaten und zivile Angelegenheiten wie Streit mit dem Vermieter, unbezahlte Rechnungen oder Scheidungen. Wer vor Gericht gezogen ist und mit dem gefällten Urteil nicht einverstanden ist, kann in der Regel in die nächste Instanz gehen, also vor das nächsthöhere Gericht ziehen („Instanzenzug"). Die Wege und Mittel unterscheiden sich je nach Gericht. Bei einem Fall vor einem Amtsgericht beispielsweise kann Berufung gegen das Urteil eingelegt werden, dann muss das Landgericht als nächste Instanz den Fall noch einmal neu aufrollen. Die Entscheidungen bei Rechtsstreitigkeiten fällen Richter – entweder ein einzelner oder mehrere Berufsrichter – oder Berufs- und Laienrichter (sogenannte Schöffen) gemeinsam. Das höchste Gericht in Deutschland ist das Bundesverfassungsgericht. Es ist allerdings kein Gericht im Instanzenzug. Es entscheidet, ob bestimmte Gesetze verfassungswidrig sind, also ob sie das Grundgesetz der Bundesrepublik Deutschland verletzen. So kippte das Verfassungsgericht 2010 das damalige Gesetz zur Vorratsdatenspeicherung.

8.8.2 Instanzen der ordentlichen Zivilgerichtsbarkeit

Bei Rechtsstreitigkeiten in Zivilsachen ist zunächst zu prüfen, welches Gericht in der ersten Instanz angerufen werden muss.

▶ Erste Instanz

- **Amtsgerichte** *(§§ 22 ff. GVG)*

  Beim Amtsgericht entscheidet ein Richter in bürgerlichen Rechtsstreitigkeiten bis zu einem Höchststreitwert von 5 000 EUR. Ohne Rücksicht auf den Streitwert wird vor Amtsgerichten **immer** in folgenden Auseinandersetzungen verhandelt:
  - Mietstreitigkeiten *(§ 23 GVG)*
  - Zwangsvollstreckung *(§§ 704 ff. ZPO)*
  - Insolvenzverfahren *(§ 2 InsO)*.

■ **Landgerichte** *(§§ 59 ff. GVG)*

Verfahren bei Landgerichten werden in der Regel vor drei Richtern (dem Vorsitzenden und zwei Beisitzern) verhandelt. Landgerichte sind sachlich zuständig für Prozesse mit einem Streitwert von mehr als 5 000 EUR. Ohne Rücksicht auf den Streitwert wird das Landgericht bei Streitigkeiten aus Scheck- und Wechselgeschäften tätig.

Ein gerichtliches Verfahren beginnt mit dem Einreichen der Klageschrift durch den Kläger. Daraufhin fordert das Gericht den Beklagten zur Stellungnahme auf (Klageerwiderung) und setzt einen mündlichen Verhandlungstermin fest. Findet dieser Termin vor einem Amtsgericht statt, können die Parteien ihre Interessen selbst wahrnehmen oder sich von einem Anwalt vertreten lassen. Vor Landgerichten besteht Anwaltszwang.

Die mündliche Verhandlung endet entweder mit

- einem **Vergleich,** d. h., die Parteien einigen sich durch gegenseitiges Entgegenkommen oder
- einem **Urteil,** d. h. der Entscheidung des oder der Richter.

Zweite Instanz

Gegen das Urteil aus erster Instanz kann **Berufung** vor der nächsthöheren Instanz eingelegt werden. Diese zweite Instanz ist für **Urteile des Amtsgerichtes das Landgericht** und **für Urteile des Landgerichtes das Oberlandesgericht.**

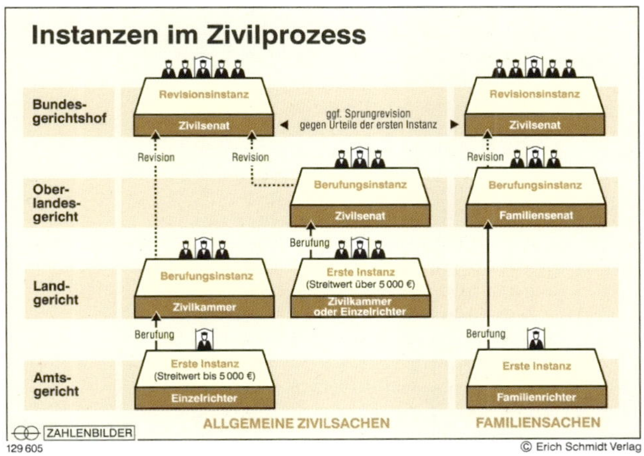

■ **Berufungsinstanzen** *(§ 511 ZPO)*

Hier wird der gesamte **Rechtsstreit neu verhandelt,** falls der Streitwert 600 EUR übersteigt. Das Verfahren findet vor drei Richtern statt.

Dritte Instanz

Gegen das Urteil eines Landgerichtes, das durch die Berufung gegen eine Amtsgerichtsentscheidung erlassen wurde, kann **kein** weiteres Rechtsmittel eingelegt werden.

Gegen das Urteil eines Oberlandesgerichtes, das durch die Berufung gegen eine Landgerichtsentscheidung erlassen wurde, ist **Revision** beim Bundesgerichtshof möglich. Voraussetzung ist, dass die Revision vom Oberlandesgericht zugelassen wurde. Sie ist zuzulassen, wenn die Rechtssache grundsätzliche Bedeutung hat oder die Fortbildung des Rechts eine Entscheidung des Bundesgerichtshofes erfordert *(§ 543 ZPO).*

Bei Rechtsstreitigkeiten mit **grundsätzlicher Bedeutung** und wenn beide Parteien einverstanden sind, kann gegen ein Urteil des Landgerichtes auch sofort Revision beim Bundesgerichtshof eingelegt werden (**Sprungrevision** *gemäß § 566 ZPO).* In diesem Fall wird die Berufungsinstanz Oberlandesgericht übersprungen.

■ **Bundesgerichtshof** *(§§ 123 ff. GVG)*

Der Bundesgerichtshof mit Sitz in Karlsruhe entscheidet unter Mitwirkung von fünf Berufsrichtern über die Revision. In diesem Verfahren werden die **Tatsachen nicht neu untersucht.**

Der Bundesgerichtshof überprüft vielmehr, ob das Urteil der Vorinstanz rechtlich einwandfrei war. Ist dies nicht der Fall, wird der Vorgang in der Regel zur Neuverhandlung an die entsprechende Vorinstanz zurückverwiesen. Nur in Ausnahmefällen fällt der Bundesgerichtshof selbst eine höchstrichterliche Entscheidung.

▶ Zusammenfassung

Überwachung und Einzug von Außenständen (Geldforderungen)

Mahnverfahren

außergerichtliches Mahnverfahren

- dringende Aufforderung an den Schuldner, seinen Verpflichtungen nachzukommen
- formfrei, aus Beweisgründen in der Regel allerdings schriftlich
- abgestufte Mahnfolge
  1. Mahnung: höfliche Zahlungserinnerung
  2. Mahnung: ausdrückliche Mahnung mit Zahlungsfristsetzung
  3. Mahnung: Androhung des Einzuges durch ein Inkassoinstitut
  4. Mahnung: Setzen einer endgültig letzten Frist und Androhung der Klage auf Zahlung oder der Einleitung eines gerichtlichen Mahnverfahrens

gerichtliches Mahnverfahren

- Mahnbescheid
- Vollstreckungsbescheid
- Zwangsvollstreckung

Verjährung von Forderungen

- **Wirkung der Verjährung:** nach Ablauf der Frist können die Forderungen nicht mehr eingeklagt werden
- **Fristen**
  - **3 Jahre (Regelverjährungsfrist):** Beginn der Frist mit Ablauf des Jahres, in dem der Anspruch entstanden ist
  - **2, 5, 10 oder 30 Jahre:** Beginn der Frist mit Entstehung des Anspruches
- **Hemmung und Neubeginn der Verjährung**
  - **Hemmung:** Verjährung läuft nach Wegfall des Hemmungsgrundes weiter, wobei die Verjährungsfrist um den entsprechenden Zeitraum verlängert wird
  - **Neubeginn:** die bereits verstrichene Zeit wird hinfällig, die volle Verjährungsfrist beginnt erneut

Aufgaben 7

(1) *Aus welchem Grund ist es für ein Unternehmen bedeutsam, ausstehende Forderungen innerhalb bestimmter Fristen anzumahnen?*

(2) *Erläutern Sie den zentralen Unterschied zwischen außergerichtlichem und gerichtlichem Mahnverfahren!*

(3) *Warum ist im allgemeinen Geschäftsverkehr eine abgestufte Mahnfolge innerhalb des außergerichtlichen Mahnverfahrens sinnvoll?*

(4) *Schreiben Sie für Ihren Ausbildungsbetrieb eine Zahlungserinnerung, in der ein Kunde höflich zur Begleichung einer fälligen Rechnung aufgefordert wird!*

(5) *Muss ein außergerichtliches Mahnverfahren durchgeführt worden sein, um ein gerichtliches Mahnverfahren einleiten zu können?*

(6) *Welche Gründe sprechen für die Einleitung eines gerichtlichen Mahnverfahrens gegenüber der sofortigen Klageerhebung?*

(7) *Unter welchen Voraussetzungen ist die Einleitung eines gerichtlichen Mahnverfahrens zulässig?*

(8) *Aus welchem Grund überprüft das zuständige Amtsgericht nicht die Rechtmäßigkeit einer Forderung beim Erlass eines Mahnbescheides?*

(9) *Welches Amtsgericht wäre für die Bearbeitung eines von Ihrem Ausbildungsbetrieb eingeleiteten gerichtlichen Mahnverfahrens zuständig?*

(10) *Welche Konsequenzen ergeben sich für einen Schuldner, der auf einen Mahnbescheid*

  a) *nicht reagiert*

  b) *Widerspruch erhebt?*

(11) *Welche Folgen ergeben sich für einen Schuldner, der auf einen zugestellten Vollstreckungsbescheid*

  a) *nicht reagiert*

  b) *Einspruch einlegt?*

(12) *Gerichtsvollzieher Schnell soll beim Malermeister Enders e. Kfm. eine Pfändung durchführen. Welche der folgenden Gegenstände dürfte Herr Schnell nicht in die Pfändung einbeziehen: hochwertige Hi-Fi-Anlage, Vorrat an Farben, Wertpapiere, Waschmaschine, antike Eichentruhe, wertvolle Wandteppiche, Bücher über Speziallackierungen, größere Summe Bargeld?*

(13) *Beschreiben Sie an einem selbst gewählten Beispiel den Unterschied zwischen Hemmung und Neubeginn der Verjährung!*

(14) *Für welche Ansprüche gelten die Verjährungsfristen von zwei bzw. drei Jahren und wann setzen diese ein?*

(15) *Nach längerer Zeit überweist ein Schuldner einen Teilbetrag der Rechnungsforderung an den Gläubiger. Welche Auswirkung hat diese Zahlung auf die Verjährung des Anspruchs?*

(16) *Wodurch kann die Verjährungsfrist neu beginnen oder gehemmt werden?*

(17) *In einem Großhandelsunternehmen müssen ausstehende Forderungen hinsichtlich ihrer Verjährung überprüft werden.*

  a) *Welche Verjährungsfrist gilt, wenn die Waren einem Einzelhändler gemäß Lieferschein nachweislich ordnungsgemäß und mangelfrei geliefert worden sind und kein Erklärungs- oder Inhaltsirrtum vorliegt?*

  b) *Geben Sie in den folgenden beiden Fällen jeweils den letzten Tag (Datum im Format: TT.MM. GJ) der Verjährungsfrist an. Die ursprüngliche Kaufpreisforderung ist bereits am 13. August des Geschäftsjahres (GJ) 01 entstanden, und zwar aufgrund …*

    b1) *… einer ordnungsgemäßen und mangelfreien Lieferung der Waren an einen Einzelhändler.*

    b2) *… einer ordnungsgemäßen und mangelfreien Lieferung der Waren an einen Einzelhändler, wobei der Kunde am 4. März des Geschäftsjahres 02 um Stundung der Schuld gebeten hat.*

(18) *Die Offene-Posten-Liste eines Großhandelsunternehmens enthält unter anderem auch eine am 28. 11. des Geschäftsjahres (GJ) 04 fällige Ausgangsrechnung, die mehrfach – zuletzt am 04. 04. des Geschäftsjahres 05 – gemahnt worden ist. An welchem Tag endet die Verjährungsfrist (Datum im Format: TT. MM. GJ)?*

9 Handelsrechtliche Grundlagen des Unternehmens

9.1 Kaufmannseigenschaft

Im täglichen Sprachgebrauch ist es üblich, diejenigen Mitarbeiter eines Unternehmens, die kaufmännische Tätigkeiten ausüben, als „Kaufleute" zu bezeichnen.

Kaufmann im Sinne des Handelsgesetzbuches ist dagegen nur derjenige, der ein **Handelsgewerbe betreibt** *(§1 I HGB).*

Nach dem Handelsgesetzbuch *(§1 II HGB)* ist ein Handelsgewerbe **jeder Gewerbebetrieb,** es sei denn, dass das Unternehmen nach Art oder Umfang **keinen** in kaufmännischer Weise eingerichteten Geschäftsbetrieb erfordert.

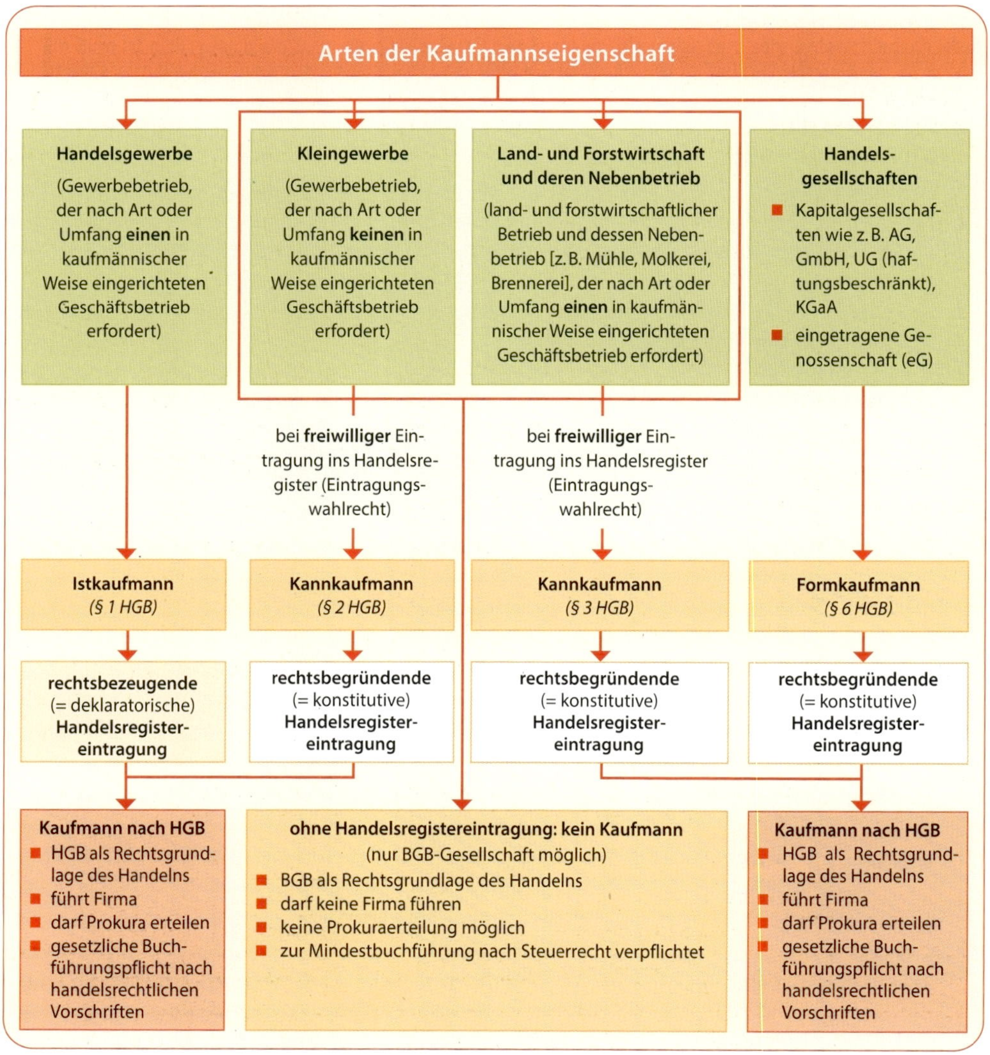

Ein Handelsgewerbe ist dann gegeben, wenn folgende Kennzeichen vorliegen:

- Eine **selbstständige auf Dauer** angelegte Tätigkeit,
- die **nach außen erkennbar ist** und
- die mit **Gewinnerzielungsabsicht** durchgeführt wird.

Besonderheit

Angehörige **freier Berufe** (Ärzte, Rechtsanwälte, Steuerberater, Künstler, Architekten) betreiben **kein** Gewerbe, obwohl die aufgeführten Merkmale auch auf sie zutreffen.

Notwendigkeit eines in kaufmännischer Weise eingerichteten Geschäftsbetriebes

Wann im Einzelfall Art oder Umfang der Tätigkeit einen in kaufmännischer Weise eingerichteten Geschäftsbetrieb erfordern, ist gesetzlich nicht geregelt. Vielmehr hat der Bundesgerichtshof dazu in einem Urteil festgestellt, dass bei einer solchen Entscheidung über die **Notwendigkeit kaufmännischer Einrichtungen** die Verhältnisse des einzelnen Betriebes *in ihrer Gesamtheit zu würdigen sind.*

Insbesondere sind dabei in Betracht zu ziehen:

- die Zahl der Beschäftigten und die Art ihrer Tätigkeit,
- der Umsatz,
- das Anlage- und Betriebskapital,
- die Vielfalt der erbrachten Leistungen und Geschäftsbeziehungen,
- die Inanspruchnahme von Kredit,
- die Teilnahme am Wechselverkehr.

Die Entscheidung, ob ein in kaufmännischer Weise eingerichteter Geschäftsbetrieb notwendig ist, trifft das Amtsgericht – ggf. mit Unterstützung der zuständigen Industrie- und Handelskammer oder Handwerkskammer.

Ein in kaufmännischer Weise eingerichteter Geschäftsbetrieb wird zudem an einer kaufmännischen Buchführung erkennbar. Die Steuergesetzgebung legt fest, wer buchführungspflichtig ist.

§ 141 I Abgabenordnung *(AO)* nennt **vier Kriterien,** nach denen gewerbliche Unternehmer sowie Land- und Forstwirte verpflichtet sind, selbst dann Bücher zu führen und aufgrund jährlicher Bestandsaufnahmen Abschlüsse zu erstellen, wenn sich aus § 140 AO aufgrund anderer Gesetze (wie z. B. HGB, AktG, GmbHG oder GenG) **keine Buchführungspflicht** ergibt:

- Umsätze von mehr als 600 000 EUR im Kalenderjahr **oder**
- selbst bewirtschaftete land- und forstwirtschaftliche Flächen mit einem Wirtschaftswert von mehr als 25 000 EUR **oder**
- ein Gewinn aus Gewerbebetrieb von mehr als 60 000 EUR im Wirtschaftsjahr **oder**
- ein Gewinn aus Land- und Forstwirtschaft von mehr als 60 000 EUR im Kalenderjahr.

Ist also eines dieser Kriterien zur Buchführungspflicht erfüllt, wird davon ausgegangen, dass auch ein in kaufmännischer Weise eingerichteter Geschäftsbetrieb erforderlich ist.

9 Merkur-Nr. 0124

© Erich Schmidt Verlag 201 325

Benötigt ein Unternehmen **keinen** in kaufmännischer Weise eingerichteten Geschäftsbetrieb (z. B. bei kleineren Betrieben wie Imbissstände oder Kioske), so gilt es trotzdem dann als Handelsgewerbe, wenn die Firma des Unternehmens ins Handelsregister eingetragen ist (Kaufmann gemäß § 2 HGB). Der Unternehmer kann freiwillig entscheiden, ob er dies tun will oder nicht.

9.2 Firma

Allen Kapitalgesellschaften, Personenhandelsgesellschaften und Einzelkaufleuten ist freigestellt, wie sie die Firma, also den Namen des Unternehmens, festlegen wollen. Generell müssen dabei allerdings folgende Grundsätze beachtet werden:

▶ Grundsätze der Firmenwahl

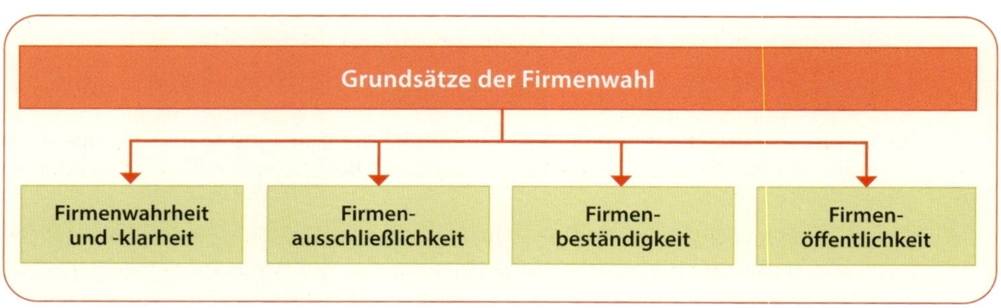

- **Firmenwahrheit und -klarheit**

  Die Firma muss zur Kennzeichnung des Kaufmanns geeignet sein und Unterscheidungskraft besitzen. Sie darf keine Angaben enthalten, die geeignet sind, über gesellschaftliche Verhältnisse, die für die angesprochenen Verkehrskreise wesentlich sind, irrezuführen *(§ 18 HGB)*.

  > - Beim „Schuhhaus Georg Albers e. K." erwarten Kunden, dass es sich um ein Schuhe anbietendes Fachgeschäft handelt und nicht etwa um einen Betrieb, der ausschließlich Schuhe repariert.
  > - Die Firma „Bayreuther Lebensversicherung AG" erweckt den Eindruck, es handele sich um das einzige oder doch mindestens bedeutendste Unternehmen dieser Branche am Ort. Ist dies nicht der Fall, dürfte die Firma unter dieser Bezeichnung nicht geführt werden.

- **Firmenausschließlichkeit**

  Die Firma muss sich von den bereits am Ort vorhandenen Handelsnamen deutlich unterscheiden *(§ 30 HGB)*.

- **Firmenbeständigkeit**

  Wechselt der Inhaber eines Unternehmens, darf die bisherige Firma beibehalten werden. Voraussetzung ist allerdings, dass der frühere Geschäftsinhaber oder dessen Erben zustimmen *(§ 22 HGB)*.

  Mit der Firma wird häufig ein Bild, eine Vorstellung über das Unternehmen und dessen Leistungen verbunden **(Image).** Ist es im Laufe langjähriger Geschäftstätigkeit gelungen, durch die Qualität der Produkte und die ansprechende Geschäftspolitik das Vertrauen der Kunden zu gewinnen, stellt der Name eines Unternehmens einen erheblichen Wert dar. Dieser **Firmenwert** sollte auch beim Wechsel des Geschäftsinhabers erhalten bleiben können.

  > Herrmann Jüttner möchte aus Altersgründen sein Unternehmen, eine bekannte und angesehene Facheinzelhandlung, an Martin Bonhoff veräußern. Beide einigen sich, dass das Unternehmen unter der alten Firma weitergeführt werden soll, da der gute Ruf, der mit diesem Namen verbunden ist, Bonhoff den Eintritt in das Geschäftsleben erleichtern kann. Bonhoff firmiert also weiter unter „Spielwaren Hermann Jüttner e. Kfm". Denkbar wäre auch der Zusatz „Spielwaren Hermann Jüttner e. Kfm.– Nachfolger".

  Nicht möglich ist es, die Firma **ohne** das dazugehörige Handelsgeschäft zu veräußern *(§ 23 HGB)*.

  > Herrmann Jüttner könnte daher nicht den Facheinzelhandelsbetrieb aufgeben und einem anderen Unternehmen erlauben, seinen bisherigen Handelsnamen zu führen, ohne dass dieses auch das Handelsgeschäft weiterführt.

- **Firmenöffentlichkeit**

  Jeder Kaufmann ist verpflichtet, die Firma oder mögliche spätere Änderungen des Handelsnamens zur Eintragung in das Handelsregister anzumelden *(§§ 29, 31 HGB)*. Damit wird gewährleistet, dass die Öffentlichkeit – also Kunden, Lieferanten, Banken und Behörden – erfährt, unter welcher Firma Geschäftsvorgänge abgewickelt werden.

▶ Firmierung verschiedener Unternehmensformen

- Die Firma des **Einzelkaufmanns** muss die Bezeichnung „eingetragener Kaufmann" oder „eingetragene Kauffrau" oder eine Abkürzung dieser Begriffe wie „e. K.", „e. Kfm." oder „e. Kfr." enthalten *(§ 19 HGB)*.
- Bei der **offenen Handelsgesellschaft** *(§ 19 HGB)*, der **Kommanditgesellschaft** *(§ 19 HGB)*, der **Gesellschaft mit beschränkter Haftung** *(§ 4 GmbHG)* bzw. **der Unternehmergesellschaft (haftungsbeschränkt)** *(§ 5 a GmbHG)* und der **Aktiengesellschaft** *(§ 4 AktG)* muss die Firma

entweder die vollständige Angabe der Rechtsform (etwa Aktiengesellschaft) enthalten oder eine allgemein verständliche Abkürzung (z. B. bei der Aktiengesellschaft „AG").

- Bei der **Genossenschaft** muss die Firma die Bezeichnung „Genossenschaft" oder die Abkürzung „e. G." enthalten *(§ 3 GenG)*.

9.3 Handelsregister

▶ Begriff

Das Handelsregister ist ein öffentliches Verzeichnis **aller Kaufleute.** In dieses **elektronisch geführte Register**[1] müssen eine Reihe von Informationen über das Unternehmen eingetragen werden, die für die Öffentlichkeit, insbesondere die Geschäftspartner der Kaufleute, wesentlich sind. Damit dient das Handelsregister der Sicherheit im Rechts- und Geschäftsverkehr mit Kaufleuten.

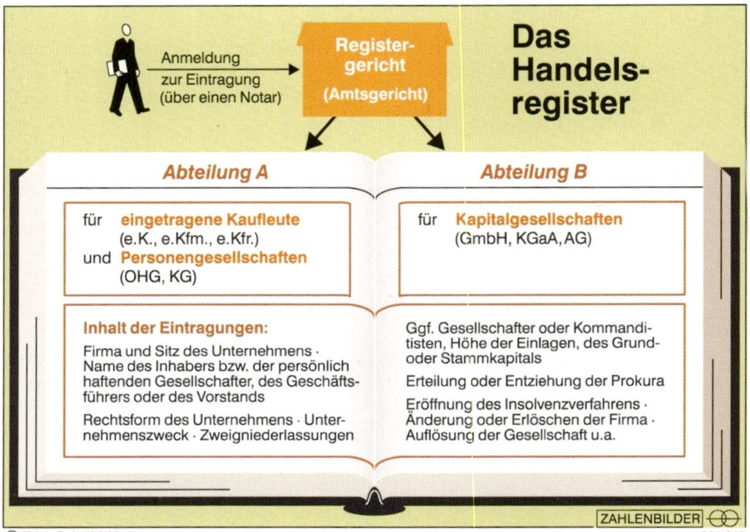

© Erich Schmidt Verlag 201 315

Zuständig für die Eintragung ist das Amtsgericht, in dessen Bezirk sich die Niederlassung des Kaufmanns befindet *(§ 8 HGB)*.

Das Handelsregister wird in zwei Abteilungen geführt:

- **Abteilung A**

  Einzelkaufleute (z. B. e. Kfr.) und Personengesellschaften (z. B. OHG, KG, GmbH & Co. KG)

- **Abteilung B**

  Kapitalgesellschaften (z. B. GmbH, UG [haftungsbeschränkt], AG, KGaA) und Versicherungsvereine auf Gegenseitigkeit

Für **Genossenschaften** wird ein gesondertes **Genossenschaftsregister** bei den Amtsgerichten elektronisch geführt.

▶ Bekanntmachung der Eintragungen

Das Amtsgericht macht die Registereintragungen in dem elektronischen Informations- und Kommunikationssystem bekannt, das von der Landesjustizverwaltung für die Abwicklung des elektronischen Abrufverfahrens der Handelsregisterdaten bestimmt worden ist *(§ 10 HGB)*. Das

1 Dies gilt auch für das Genossenschafts- und Partnerschaftsregister.

zu diesem Zweck bundesweit einheitlich aufgebaute elektronische Unternehmensregister ermöglicht unter der Internetadresse „www.unternehmensregister.de" den schnellen und komfortablen Abruf aller publikationspflichtigen Unternehmensdaten aus dieser zentralen Datenbank.

Abfragen von Handelsregistereintragungen sind auch über eine spezielle Suchmaschine möglich, die unter „www.handelsregisterbekanntmachungen.de" eingestellt worden ist.

Somit kann jeder Interessierte Einsicht in das Handelsregister sowie in die zum Handelsregister eingereichten Dokumente nehmen und Ausdrucke (von den Eintragungen und den eingereichten Dokumenten) verlangen bzw. Abschriften (von den nur in Papierform vorliegenden Schriftstücken) fordern *(§ 9 HGB).*

Anmeldungen zur Eintragung und Einreichungen

Anmeldungen zur Eintragung in das Handelsregister sind elektronisch in öffentlich beglaubigter Form einzureichen *(§ 12 I HGB).* Die zum Handelsregister einzureichenden Dokumente sind elektronisch vorzulegen. Dabei genügt die Übermittlung einer elektronischen Aufzeichnung, wenn eine Urschrift oder eine einfache Abschrift vorzulegen ist oder für das Dokument die Schriftform bestimmt ist. Ein mit einem einfachen elektronischen Zeugnis[1] versehenes Dokument ist jedoch dann zu übermitteln, wenn ein notariell beurkundetes Dokument oder eine öffentlich beglaubigte Abschrift einzureichen ist *(§ 12 II HGB).*

Die Anmeldung auf Eintragung in das Handelsregister erfolgt
- beim Einzelunternehmen durch den Inhaber,
- bei Personengesellschaften (OHG, KG) durch die Gesellschafter,
- bei der GmbH bzw. der UG (haftungsbeschränkt) durch den bzw. die Geschäftsführer,
- bei der AG durch die Gründer, Vorstands- und Aufsichtsratsmitglieder.

Inhalt und Wirkung der Eintragung

Der Kaufmann kann nicht beliebige Tatsachen, die er der Öffentlichkeit mitteilen möchte, in das Handelsregister aufnehmen lassen. Er muss sich daran halten, was das Gesetz als **eintragungsfähig** ansieht. Dazu gehören u. a.:

- Firma und Ort der Niederlassung *(§ 29 HGB),*
- entsprechend der Unternehmensform die Inhaber, Gesellschafter, Geschäftsführer oder Vorstandsmitglieder,
- Änderungen der Firma, ihrer Inhaber oder eine Verlegung der Niederlassung *(§ 31 HGB),*
- Erteilung und Widerruf von Prokura *(§ 53 HGB)* **(nicht von Handlungsvollmacht!),**
- Auflösung des Unternehmens *(§ 31 HGB).*

Grundsätzlich soll das Handelsregister nur Tatsachen bekannt machen, die bereits entstanden sind. Diese Eintragungen haben **rechtsbezeugende** (deklaratorische) **Wirkung.**

Bereits mit dem Abschluss des Gesellschaftsvertrages existieren eine OHG oder eine KG. Durch die Eintragung in das Handelsregister wird daher nur diese Tatsache der Öffentlichkeit bekannt gemacht.

In einigen Fällen ist dagegen die Eintragung notwendig, um eine Rechtslage überhaupt erst zu schaffen. Diese Eintragungen haben **rechtsbegründende** (konstitutive) **Wirkung.**

Kleinbetriebe werden erst durch die Eintragung in das Handelsregister zum Kaufmann.

---

1 Das zu übermittelnde Dokument muss mit einer qualifizierten elektronischen Signatur nach dem Signaturgesetz versehen sein, die auf einem Zertifikat beruht, das auf Dauer prüfbar ist. Mit dem Zeugnis muss eine Bestätigung der Notareigenschaft durch die zuständige Stelle verbunden sein. Das Zeugnis soll ferner Ort und Tag der Ausstellung angeben *(§ 39 a BeurkG).*

▶ Schutz des Vertrauens

Sind Informationen über ein Unternehmen in das Handelsregister eingetragen **und** bekannt gemacht worden, darf der Kaufmann darauf vertrauen, dass sie von der Öffentlichkeit zur Kenntnis genommen wurden *(§ 15 II HGB)*.

Wurde einem Prokuristen die Vollmacht entzogen (Löschung im Handelsregister und Veröffentlichung) und schließt dieser danach noch einen Kaufvertrag mit einem Lieferanten ab, ist diese Vereinbarung für den Inhaber des Unternehmens **nicht** mehr bindend.

Hat sich der Lieferant als Kaufmann nicht über die Bekanntmachung der Handelsregistereintragung informiert, handelt er fahrlässig und hat keinen Anspruch auf Erfüllung des Geschäftes.

9.4 Sonstige Anmeldevorschriften

Grundsätzlich ist jeder natürlichen und juristischen Person nach freier Wahl die Ausübung eines Gewerbes gestattet *(§ 1 I GewO)*. Zur Einrichtung bestimmter Gewerbe wird allerdings im Interesse der Allgemeinheit verlangt, dass der Unternehmer besondere Voraussetzungen erfüllt. Diese Anforderungen können in besonderen fachlichen Qualifikationen begründet sein (z. B. Meisterpflicht bei der Eröffnung eines Handwerksbetriebes für Elektroinstallationen), aber auch in allgemeinen Forderungen wie Sachkunde, Zuverlässigkeit oder geordneten Vermögensverhältnissen bestehen.

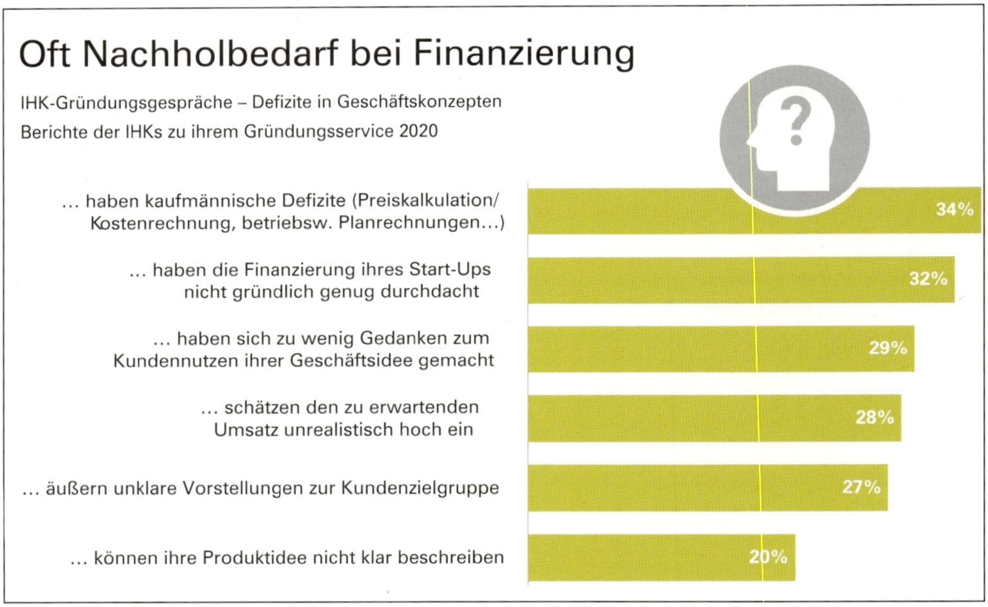

Quelle: DIHK-Gründerreport 2021, hrsg. vom Deutschen Industrie- und Handelskammertag [21.01.2022].

Versicherungsunternehmen bedürfen zur Eröffnung des Geschäftsbetriebes zunächst der Erlaubnis der Aufsichtsbehörde. Für die Zulassung ist in der Regel die Bundesanstalt für Finanzdienstleistungsaufsicht (BaFin) in Bonn zuständig *(§ 5 VAG)*.

Im Grundsatz haben Gewerbetreibende folgende Anmeldevorschriften zu beachten:

Anmeldevorschriften für einen Gewerbetreibenden

- **Amtsgericht**
  Eintragung der Firma in das Handels- oder Genossenschaftsregister
- **Gewerbebehörde**
  (Amt für öffentliche Ordnung)
  Anzeige der Unternehmensgründung
  verständigt:
  - **Finanzamt**
    steuerliche Erfassung
  - **Amt für Arbeitsschutz und Sicherheitstechnik**
    Überwachung von Arbeitsrechts- und Arbeitsschutzbestimmungen
  - **Kammer**
    z. B. Industrie- und Handelskammer, Handwerkskammer oder berufsständische Kammern
  - **Berufsgenossenschaft**
    Zahlungsempfänger der Beiträge zur gesetzlichen Unfallversicherung
- **Krankenkasse**
  Zahlungsempfänger der Beiträge zur Kranken-, Pflege-, Renten- und Arbeitslosenversicherung
- **Berufsorganisation**
  z. B. Einzelhandelsverband oder Gesamtverband der deutschen Versicherungswirtschaft e.V.

▶ Zusammenfassung

Handelsrechtliche Grundlagen des Unternehmens

Überprüfung der Kaufmannseigenschaft

Kaufmann/Kauffrau

- benötigt entweder einen in kaufmännischer Weise eingerichteten Geschäftsbetrieb oder
- lässt sich freiwillig in das Handelsregister eintragen

Wahl der Firma (des Handelsnamens)

- Kaufleute führen eine Firma und melden diese beim Amtsgericht zur Eintragung in das entsprechende Register (Handels- oder Genossenschaftsregister) an
- die Wahl des Handelsnamens ist abhängig von der gewählten Rechtsform des Unternehmens und den Grundsätzen der Firmenwahl

Eintragung in das entsprechende Register

Handels- oder Genossenschaftsregister als Verzeichnis aller Kaufleute, das von den Amtsgerichten elektronisch geführt wird

Erfüllung der weiteren Anmeldevorschriften

bei der Gewerbebehörde (sie verständigt das Finanzamt, das Amt für Arbeitsschutz und Sicherheitstechnik, die Kammer und die Berufsgenossenschaft), der Krankenkasse und der Berufsorganisation

Aufgaben 8

(1) *Was ist unter einem Handelsgewerbe zu verstehen?*

(2) *Entscheiden Sie, ob in den genannten Fällen ein Handelsgewerbe vorliegt oder nicht. Begründen Sie Ihre Meinung!*

a) *Beim Sommerfest in einer Kleingartenanlage werden Getränke an die Gäste verkauft.*

b) *Eine 27-jährige kaufmännische Angestellte gibt in einem Autohaus ihren alten Kleinwagen in Zahlung, als das von ihr bestellte Elektroauto ausgeliefert wird.*

c) *Zwei Freundinnen schließen sich zusammen, um für alte und kranke Menschen ambulante Pflegedienstleistungen anbieten zu können.*

d) *Eine pensionierte Lehrerin spekuliert ab und zu an der Börse.*

e) *Der Hausmeister eines Berufskollegs verkauft während der großen Pausen Getränke an die Schüler.*

f) *Nach Absolvierung der Meisterprüfung eröffnet Erich Letter eine Buchdruckerei.*

(3) *Prüfen Sie in den folgenden Fällen, ob und welche Kaufmannseigenschaft im Sinne des HGB vorliegt!*

a) *Huber OHG, Büromaschinengroßhandel*

b) *Zementwerke GmbH mit 53 Beschäftigten*

c) *Grillstube*

d) *Kino als Familienbetrieb*

e) *Spedition Wagner e. K.*

f) *Hotel mit 30 Beschäftigten*

g) *Werbeagentur mit jährlichen Umsätzen von mehr als 700 000 EUR*

h) *Schreinermeister Wurm macht sich zusammen mit seinem Gesellen selbstständig*

i) *die als Nebenbetrieb zur Landwirtschaft anzusehende Kornbrennerei mit einem jährlichen Umsatz von mehr als 100 000 EUR*

(4) *Verdeutlichen Sie, was unter der Firma eines Unternehmens zu verstehen ist!*

(5) *Welche Gründe könnten einen neuen Geschäftsinhaber dazu veranlassen, das Unternehmen unter der alten Firma fortzuführen?*

(6) *Gegen welchen Grundsatz der Firmenwahl verstößt Tobias Sinn-Leffers, der sein neu einzurichtendes Bekleidungsgeschäft mit „Sinn-Leffers GmbH" firmieren möchte?*

(7) *Ein Kaufmann will folgende Tatbestände über sein Unternehmen in das Handelsregister eintragen lassen. Prüfen Sie, welche Eintragungen nicht zulässig sind!*

a) *Erteilung von Prokura*

b) *Umsatz im letzten Geschäftsjahr*

c) *Anzahl der Mitarbeiter*

d) *Erteilung von Handlungsvollmacht*

e) *Ort der Niederlassung*

(8) *Erläutern Sie die Begriffe „rechtsbezeugende" und „rechtsbegründende" Wirkung der Handelsregistereintragung!*

(9) *Welchen besonderen Schutz bieten Eintragungen in das Handelsregister und deren Bekanntmachungen für das entsprechende Unternehmen?*

(10) *In welchen der nachfolgenden Aussagen wird*

① der Istkaufmann,

② der Kannkaufmann,

③ der Formkaufmann,

④ weder der Ist- noch der Kann- oder der Formkaufmann

angesprochen? Ordnen Sie den Aussagen die Ziffer vor der jeweils zutreffenden Antwort zu!

Aussagen:

a) Die Bentig UG (haftungsbeschränkt) ist im Handelsregister (Abteilung B) eingetragen.

b) Die Hollmann OHG ist im Handelsregister (Abteilung A) eingetragen.

c) Martin Kurz, Inhaber der „Baustoffgroßhandlung Kurz e. Kfm.", ist im Handelsregister (Abteilung A) eingetragen.

d) Landwirtin Monika Plass, Inhaberin eines kleinen Hofladens, in dem Biogemüse verkauft wird, ist im Handelsregister (Abteilung A) eingetragen.

e) Holger Emts betreibt in Strandnähe einen kleinen Stehimbiss, ohne dass eine Eintragung in das Handelsregister erfolgt ist.

(11) *Entscheiden Sie bei den ersten vier Aussagen der Aufgabe 10, ob die jeweilige Eintragung in das Handelsregister*

① deklaratorische Wirkung oder

② konstitutive Wirkung

hat. Ordnen Sie zu diesem Zweck den einzelnen Aussagen die Ziffer vor der jeweils zutreffenden Antwort zu.

10 Unternehmensformen

10.1 Unternehmensformen des privaten Rechts

Bei der Gründung eines Unternehmens wird die **Wahl der geeigneten Rechtsform** insbesondere durch folgende Gegebenheiten bestimmt:

- **Was ist der Gegenstand des Unternehmens,** d. h., welche Produkte sollen hergestellt, welche Waren verkauft oder welche Dienstleistungen angeboten werden?

  Für bestimmte Unternehmenstätigkeiten schreibt der Gesetzgeber Unternehmensformen vor: Privatrechtliche Versicherungsunternehmen können zwischen der Rechtsform einer AG und der eines Versicherungsvereins auf Gegenseitigkeit (VVaG) wählen; freiberuflich Tätige können sich in Form der BGB-Gesellschaft oder einer Partnerschaft zusammenschließen.

- **Wie viele Personen sind an der Unternehmensgründung beteiligt?**
- **Wie viel Kapital ist vorhanden bzw. kann beschafft werden?**
- **Soll nur mit dem Geschäftsvermögen des Unternehmens oder auch mit dem Privatvermögen der Beteiligten gehaftet werden?**
- **In welcher Art beabsichtigen die Gründer im Unternehmen „mitzuarbeiten"**, d. h., wollen sie nur Kapital zur Verfügung stellen oder auch ihre Arbeitskraft einsetzen?

Innerhalb des Privatrechts stehen folgende Unternehmensformen zur Wahl:

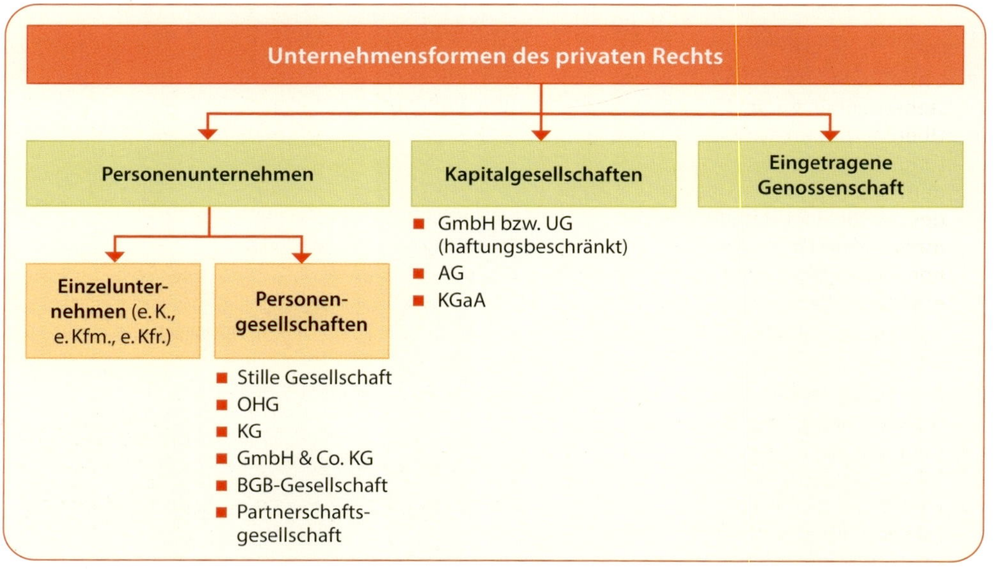

10.1.1 Personenunternehmen

10.1.1.1 Einzelunternehmen

Die meisten Unternehmen in der Bundesrepublik Deutschland sind Einzelunternehmen. Der Inhaber trägt alle Pflichten und kann sämtliche Rechte in Anspruch nehmen, die sich aus dem Geschäftsbetrieb ergeben.

- Der Einzelunternehmer bringt das **Kapital** allein aus seinem Privatvermögen oder durch Bankkredite auf.
- Hieraus folgt die gesamte Übernahme des Risikos bei Kapitalverlust, d.h., er haftet **unbeschränkt** mit dem **Geschäfts- und Privatvermögen.** Allerdings fällt ihm auch der gesamte erwirtschaftete **Gewinn** zu.
- Der Inhaber eines Einzelunternehmens leitet das Geschäft allein, muss also seine **Entscheidungen** nicht mit anderen abstimmen und kann somit rasch handeln.

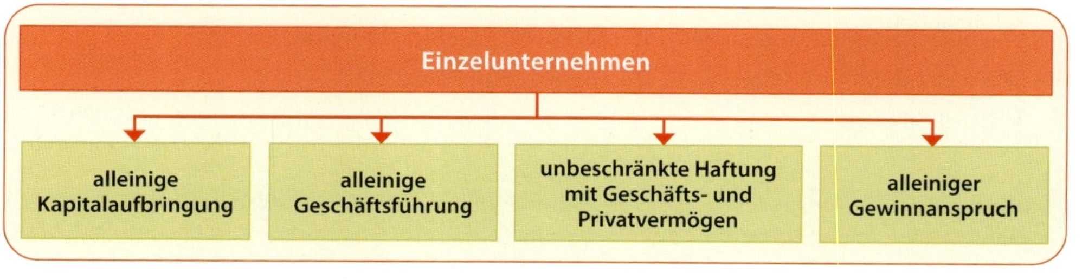

▶ Nachteile eines Einzelunternehmens

Die Nachteile dieser Unternehmensform bestehen zunächst in der Übernahme des Haftungsrisikos auch mit dem **Privatvermögen** des Einzelunternehmers. Probleme können sich zudem daraus ergeben, dass er Entscheidungen allein treffen muss.

Eine besondere Schwierigkeit liegt in der nur begrenzt möglichen Erhöhung von Eigen- und Fremdkapital, die z. B. für eine Geschäftserweiterung notwendig werden kann. Das **Eigenkapital** kann nur erhöht werden durch:

- Übertragung von Privatvermögen auf das Unternehmen oder
- nicht entnommenen Gewinn.

Für eine Person ist diese Art der Bereitstellung von Kapital nur in beschränktem Umfang möglich. Auch die Zuführung von **Fremdkapital** scheitert häufig an den nicht ausreichend vorhandenen Sicherheiten (Grundstücke, Gebäude, Wertpapiere), die von Banken gefordert werden.

10.1.1.2 Personengesellschaften

Bei Personengesellschaften schließen sich mindestens zwei Personen zusammen, um ein Unternehmen zu gründen. In diesem Fall haften einer oder mehrere der Beteiligten unbeschränkt mit dem **Geschäfts- und Privatvermögen** für die Verbindlichkeiten des Unternehmens. Mindestens ein Gesellschafter leitet das Unternehmen **persönlich.**

10.1.1.2.1 Stille Gesellschaft (§§ 230 – 237 HGB)

▶ Begriff

Bei der Gründung eines Unternehmens tritt häufig das Problem auf, das erforderliche Kapital zu beschaffen. Der Geschäftsinhaber könnte sich deshalb bemühen, eine Person zu finden, die sich mit einer **Kapitaleinlage** (Geld- oder Sachwerte) beteiligt. Dieser „stille Gesellschafter" tritt nach außen **nicht** in Erscheinung, sein eingebrachtes Kapital geht in das Vermögen des Geschäftsinhabers über.

▶ Gründung

Die Gründung der stillen Gesellschaft erfolgt durch den Abschluss eines formlosen Vertrages zwischen dem Geschäftsinhaber und dem stillen Gesellschafter. Schließt der Geschäftsinhaber mit mehreren Personen Gesellschaftsverträge ab, entstehen ebenso viele voneinander unabhängige stille Gesellschaften. Es erfolgt **keine Eintragung** in das Handelsregister. Jede Person kann stiller Gesellschafter werden, d. h., sie braucht kein Kaufmann zu sein. Auch für juristische Personen ist diese Form der Beteiligung möglich.

▶ **Rechte und Pflichten**

Die Geschäftsführung wird allein durch den Inhaber des Handelsgewerbes ausgeübt. Er vertritt das Unternehmen nach außen und schließt **unter seiner Firma** alle Geschäfte ab. Der stille Gesellschafter hat kein Recht und keine Verpflichtung zur Mitarbeit. Ihm steht ein angemessener Gewinnanteil zu, von etwaigen Verlusten kann er sich vertraglich ausschließen lassen. Wurde ein derartiger Ausschluss nicht vereinbart, haftet er für Verbindlichkeiten nur bis zur Höhe seiner Einlage. Der stille Gesellschafter kann zum Ende des Geschäftsjahres Einblick in die Bilanz und die ihr zugrunde liegenden Unterlagen verlangen.

▶ **Auflösung**

- Beschluss des Inhabers und des stillen Gesellschafters,
- Kündigung des Vertrages spätestens sechs Monate vor Ablauf des Geschäftsjahres,
- Insolvenz des Geschäftsinhabers,
- Tod des Geschäftsinhabers (nicht beim Tod des stillen Gesellschafters).

▶ **Bedeutung**

Die Konstruktion einer stillen Gesellschaft gibt dem Kaufmann die Möglichkeit der Kapitalbeschaffung, ohne den Kapitalgeber an geschäftlichen Entscheidungen beteiligen zu müssen. Darüber hinaus wird für Außenstehende nicht erkennbar, dass ein anderer eine Einlage in das Unternehmen eingebracht hat.

10.1.1.2.2 Offene Handelsgesellschaft (OHG) (§§ 105 – 160 HGB)

▶ **Begriff** *(§ 105 I HGB)*

Bei einer OHG schließen sich mindestens zwei Personen mit dem Ziel zusammen, ein Handelsgewerbe unter gemeinsamer Firma zu betreiben. Alle Gesellschafter haften für die Verbindlichkeiten des Unternehmens **unbeschränkt mit ihrem Geschäfts- und Privatvermögen.**

▶ **Gründung**

Die Gründung einer OHG setzt den Abschluss eines Gesellschaftsvertrages voraus. In ihm werden die Rechte und Pflichten der einzelnen Gesellschafter festgelegt. Der Vertrag ist zwar an keine bestimmte Form gebunden, wird in der Regel jedoch schriftlich abgefasst. Er muss nur dann notariell beurkundet werden, wenn einer der Gesellschafter ein Grundstück in das Unternehmen einbringt.

Die OHG wird in das Handelsregister eingetragen, wodurch der Geschäftsbetrieb offiziell aufgenommen wird. Wird ein Unternehmen als OHG gegründet und ist ein in kaufmännischer Weise eingerichteter Geschäftsbetrieb erforderlich (Istkaufmann), so entsteht dieses Unternehmen in der Regel schon mit dem Beginn der Geschäfte, selbst wenn zu diesem Zeitpunkt noch keine Handelsregistereintragung erfolgt ist.

▶ **Pflichten und Rechte der Gesellschafter untereinander (Innenverhältnis)** *(§§ 109 – 122 HGB)*

Die Rechte und Pflichten der Gesellschafter können im **Gesellschaftsvertrag** frei vereinbart werden. Nur wenn dort zu bestimmten Punkten **keine Regelungen** vorgesehen sind, **gelten die entsprechenden gesetzlichen Bestimmungen** *(HGB, BGB)*, die im Folgenden dargestellt werden.

Pflichten der Gesellschafter

Einlagepflicht *(§ 706 BGB)*

Bei der Gründung der OHG ist jeder Gesellschafter verpflichtet, die vereinbarten Einlagen (Geld, Wertpapiere, Grundstücke, Gebäude, Maschinen, Werkzeuge, Geschäftseinrichtungen usw.) zu leisten. Damit werden diese Geld- oder Sachleistungen Bestandteile des Gesellschaftsvermögens.

Pflicht zur Mitarbeit *(§ 114 HGB)*

Jeder Gesellschafter ist zur Mitarbeit in der Geschäftsführung berechtigt und verpflichtet. Der Gesellschaftsvertrag kann allerdings einen oder mehrere Gesellschafter von der Geschäftsführung ausschließen.

Wettbewerbsverbot *(§ 112 I HGB)*

Ohne Einwilligung der anderen darf kein Gesellschafter im gleichen Handelszweig Geschäfte auf eigene Rechnung ausführen oder als persönlich haftender Gesellschafter einem anderen Unternehmen der gleichen Branche angehören.

Verlustbeteiligung *(§ 121 III HGB)*

Endet ein Geschäftsjahr mit einem Verlust, so muss dieser von allen Gesellschaftern zu gleichen Teilen getragen werden. Es erfolgt eine entsprechende Kürzung der auf den Kapitalkonten der Gesellschafter geführten Anteile.

Rechte der Gesellschafter

Geschäftsführung *(§§ 114 – 117 HGB)*

Sind alle oder mehrere Gesellschafter zur Geschäftsführung berechtigt, darf jeder von ihnen allein handeln, es sei denn, einer der anderen geschäftsführenden Gesellschafter widerspricht einer bestimmten Handlung. Ist im Gesellschaftsvertrag festgelegt, dass die geschäftsführenden Gesellschafter nur gemeinsam handeln können, so bedarf jeder Geschäftsabschluss der Zustimmung aller.

Die Möglichkeit für einen geschäftsführenden Gesellschafter, Geschäfte allein abzuschließen, ist allerdings auf **gewöhnliche Geschäfte** (täglich anfallende Vorgänge wie der An- und Verkauf von Waren) beschränkt. Für nicht alltägliche Geschäfte (z. B. Kauf eines Grundstücks, grundlegende Veränderung im Warenangebot, Gewährung eines besonders hohen Kredits an einen Kunden) ist der Beschluss aller Gesellschafter bzw. bei der Erteilung von Prokura der Beschluss aller geschäftsführenden Gesellschafter notwendig.

Gewinnverteilung *(§ 121 HGB)*

Vom erwirtschafteten Gewinn erhält jeder Gesellschafter am Ende des Geschäftsjahres zunächst 4 % seines Kapitalanteils. Der gegebenenfalls darüber hinausgehende Betrag wird zu gleichen Teilen (also „nach Köpfen") verteilt.

Ein Jahresgewinn von 90 000 EUR soll gemäß dieser Regelung verteilt werden:

Gesellschafter	Kapitalanteil (Einlage)	4 % Zinsen auf die Einlage	Kopfanteil	Gesamtgewinn
Weiß	90 000 EUR	3 600 EUR	42 000 EUR	45 600 EUR
Schwarz	60 000 EUR	2 400 EUR	42 000 EUR	44 400 EUR
	150 000 EUR	6 000 EUR	84 000 EUR	90 000 EUR

Der Gesamtbetrag, den jeder Gesellschafter erhält, wird seinem Kapitalkonto gutgeschrieben.

- **Privatentnahme** *(§ 122 HGB)*

  Jeder Gesellschafter kann bereits während des Jahres Geld bis zum Betrag von 4 % seines Kapitalanteils der Geschäftskasse entnehmen. Damit soll ihm die Bestreitung seines Lebensunterhaltes ermöglicht werden. Diese vorab entnommenen Beträge werden mit dem späteren Gewinnanteil verrechnet.

  > Im Gesellschaftsvertrag einer OHG wird in der Regel folgende Vereinbarung über Entnahmen und Gewinnverteilung getroffen:
  >
  > Die Gesellschafter erhalten ein monatliches Geschäftsführergehalt in bestimmter Höhe (Entnahmen). Am Jahresende wird der verbleibende Reingewinn in der Weise aufgeteilt, dass zunächst ein bestimmter Prozentsatz als Verzinsung auf die jeweiligen Kapitalanteile der Gesellschafter an diese ausgeschüttet wird. Der Rest wird nach Köpfen verteilt.

- **Kündigungsrecht** *(§ 132 HGB)*

  Jeder Gesellschafter ist berechtigt, den Gesellschaftsvertrag zum Schluss eines Geschäftsjahres mit einer Frist von mindestens sechs Monaten zu kündigen.

Das Verhältnis der Gesellschaft gegenüber Dritten (Außenverhältnis) *(§§ 123 – 130 b HGB)*

Während die Gesellschafter untereinander (Innenverhältnis) ihre Rechtsbeziehungen im Gesellschaftsvertrag frei regeln können, sind sie in ihrem Verhältnis zu Kunden, Lieferanten, Banken usw. (Außenverhältnis) an bestimmte gesetzliche Vorgaben gebunden.

Vertretung *(§§ 125 f. HGB)*

Jeder Gesellschafter ist grundsätzlich berechtigt, die OHG allein gegenüber Außenstehenden zu vertreten **(Einzelvertretungsmacht).** Selbst dann, wenn einer der Gesellschafter einen Vertrag mit einem Kunden, Lieferanten oder einer Bank abschließt und seine Mitgesellschafter die ausgehandelten Bedingungen später ablehnen, ist die Vereinbarung rechtswirksam. Die Einzelvertretungsmacht gilt sowohl für gewöhnliche als auch für außergewöhnliche Rechtsgeschäfte.

> Bold und Krause, die beiden Gesellschafter einer OHG, haben im Gesellschaftsvertrag „Gesamtgeschäftsführung" vereinbart (Innenverhältnis). Krause erwirbt ohne Zustimmung Bolds eine neue Kühlanlage. Der Kaufvertrag ist wirksam, da Krause „Einzelvertretungsmacht" hat (Außenverhältnis). Allerdings verstößt er in diesem Fall gegen die vereinbarte Gesamtgeschäftsführung. Bold könnte, falls durch den Kauf der Anlage der OHG ein Schaden entstünde, Krause zum Ersatz dieses Schadens heranziehen.

Im Gesellschaftsvertrag kann allerdings festgelegt werden, dass einzelne Gesellschafter von der Vertretung ausgeschlossen sind.

Abweichend von der Regelung zur Einzelvertretung kann zudem **„Gesamtvertretung"** (d. h., alle oder mehrere Gesellschafter sind nur gemeinsam zur Vertretung berechtigt) vereinbart werden oder es wird bestimmt, dass ein Gesellschafter nur gemeinsam mit einem Prokuristen handeln darf. Derartige Änderungen der gesetzlichen Vertretungsmacht sind allerdings nur zulässig, wenn sie ins Handelsregister eingetragen werden, damit sich Außenstehende über diese Sachlage informieren können.

Haftung *(§§ 128 – 130 HGB)*

Grundsätzlich entspricht die Haftung der Gesellschafter einer OHG der des Einzelunternehmers. Die Haftung ist:

- **unbeschränkt,** d. h., sie bezieht sich auf das Geschäfts- und Privatvermögen,

- **unmittelbar,** d. h., ein Gläubiger kann sich zum Ausgleich bestehender Verbindlichkeiten direkt an einen (beliebigen) Gesellschafter wenden,
- **solidarisch** (gesamtschuldnerisch), d. h., jeder Gesellschafter haftet allein für alle Schulden der Gesellschaft.

Jeder Gesellschafter, der aus der OHG ausscheidet, haftet noch fünf Jahre für die bei seinem Ausscheiden bestehenden Verbindlichkeiten. Tritt ein Gesellschafter neu in die OHG ein, so haftet auch er für die zu diesem Zeitpunkt bestehenden Schulden.

- **Auflösung** *(§§ 131 ff. HGB)*
  - Auflösungsgründe einer OHG können sein:
  - Ablauf der vereinbarten Dauer der OHG,
  - Auflösungsbeschluss der Gesellschafter,
  - gerichtliche Entscheidung,
  - Eröffnung des Insolvenzverfahrens über das Vermögen der OHG oder eines Gesellschafters.

Bedeutung der OHG

Die OHG ist eine typische Personengesellschaft. Wie der Einzelunternehmer, so bringen die Gesellschafter der OHG das Kapital selbst auf, führen das Unternehmen persönlich und tragen das volle Risiko. Die OHG bietet die Möglichkeit der Aufgabenverteilung auf die Gesellschafter bei gleicher Verantwortung und ist aufgrund der unbeschränkten, unmittelbaren und solidarischen Haftung von hoher Kreditwürdigkeit. Gleichzeitig bewirkt dieses Haftungsrisiko (mit Geschäfts- und Privatvermögen) allerdings, dass nur noch selten kleine und mittlere Unternehmen in dieser Rechtsform gegründet werden.

10.1.1.2.3 Kommanditgesellschaft (KG) (§§ 161 – 177a HGB)

Begriff *(§ 161 HGB)*

Die Kommanditgesellschaft (KG) ist wie die offene Handelsgesellschaft (OHG) eine Personengesellschaft, deren Zweck auf den Betrieb eines Handelsgewerbes unter gemeinschaftlicher Firma gerichtet ist. Allerdings unterscheidet man bei ihr zwei Arten von Gesellschaftern:

- **Komplementär**

  Dieser haftet für die Verbindlichkeiten des Unternehmens wie alle Gesellschafter einer OHG, nämlich mit seinem Privat- und Geschäftsvermögen **(Vollhafter).**

- **Kommanditist**

  Er haftet gegenüber Dritten als Gesamtschuldner nur bis zur Höhe seiner noch nicht geleisteten Kapitaleinlage **(Teilhafter).** Diese persönliche Haftung entfällt, wenn die Kommanditeinlage geleistet ist.

Gründung *(§ 162 HGB)*

Mindestens ein Komplementär und ein Kommanditist schließen einen Gesellschaftsvertrag ab. In das Handelsregister werden eingetragen:

- die Namen aller Gesellschafter,
- die Höhe der Kapitaleinlagen der Kommanditisten.

Nur die Zahl der Kommanditisten wird öffentlich bekannt gegeben.

Pflichten und Rechte der Gesellschafter untereinander (Innenverhältnis) *(§§ 164–169 HGB)*

- **Komplementär**

  Für die Vollhafter gelten die **gleichen Bestimmungen wie für die Gesellschafter der OHG** *(§ 161 II HGB)*, d. h., sie führen die Geschäfte des Unternehmens.

- **Kommanditist**

  - **Einlagepflicht** laut Gesellschaftsvertrag (Geld- oder Sachwerte) *(§ 706 BGB)*
  - **Geschäftsführung** *(§ 164 HGB)*

    Die Kommanditisten sind von der Geschäftsführung ausgeschlossen. Bei außergewöhnlichen Geschäften steht ihnen allerdings ein Widerspruchsrecht zu, d. h., ihre Zustimmung ist erforderlich.
  - **Kontrollrecht** *(§ 166 I HGB)*

    Die Kommanditisten können den Jahresabschluss anhand der entsprechenden Einzelunterlagen überprüfen.
  - **Gewinnbeteiligung** *(§ 168 HGB)*

    Komplementäre und Kommanditisten erhalten zunächst vom Gewinn 4 % als Verzinsung ihres Kapitalanteils. Der Rest wird in einem angemessenen Verhältnis verteilt, d. h., die Mitarbeit und die Vollhaftung der Komplementäre werden stärker bewertet als die Teilhaftung der Kommanditisten.

Im Gesellschaftsvertrag ist festgelegt, dass alle Teilhaber gemäß HGB zunächst 4 % ihrer Kapitalanteile erhalten. Der Restgewinn soll zu 75 % an den Komplementär und zu je 12,5 % an die beiden Kommanditisten fallen. Bei einem Jahresgewinn von 312 000 EUR ergibt sich folgende Gewinnverteilung:

Gesellschafter	Kapitalanteil (Einlage)	4 % Zinsen auf die Einlage	Kopfanteil	Gesamtgewinn
Komplementär	100 000 EUR	4 000 EUR	225 000 EUR	229 000 EUR
Kommanditist 1	100 000 EUR	4 000 EUR	37 500 EUR	41 500 EUR
Kommanditist 2	100 000 EUR	4 000 EUR	37 500 EUR	41 500 EUR
	300 000 EUR	12 000 EUR	300 000 EUR	312 000 EUR

- **Kündigungsrecht** *(§ 132 HGB)*

  Der Kommanditist kann mit einer Frist von sechs Monaten zum Ende des Geschäftsjahres kündigen.

Das Verhältnis der Gesellschafter gegenüber Dritten (Außenverhältnis)

Komplementär

Für die Vollhafter gelten die **gleichen Bestimmungen wie für die Gesellschafter der OHG** *(§ 161 II HGB)*, d.h., sie vertreten das Unternehmen nach außen.

Kommanditist

- **Vertretung** *(§ 170 HGB)*

  Kommanditisten sind **nicht** zur Vertretung der KG gegenüber Dritten berechtigt.

- **Haftung** *(§ 171 I HGB)*

  Die Kommanditisten haften gegenüber Dritten als Gesamtschuldner nur bis zur Höhe ihrer noch nicht geleisteten Kapitaleinlage. Diese persönliche Haftung entfällt, wenn die Kommanditeinlage geleistet ist.

Auflösung

Für die KG gelten die gleichen Auflösungsgründe wie für die OHG *(§ 131 HGB)*. Allerdings ist der Tod eines Kommanditisten **kein** Auflösungsgrund *(§ 177 HGB)*.

Bedeutung der KG

Die KG bietet dem Einzelunternehmen oder der OHG die Möglichkeit zur Erweiterung der Kapitalgrundlage, ohne dem Geldgeber (Kommanditisten) Einfluss auf die Geschäftsführung oder gar die Vertretung einzuräumen. Ferner ist das Unternehmen nicht mit festen Zinsverpflichtungen belastet wie bei einem Darlehen oder Bankkredit.

10.1.1.2.4 GmbH & Co. KG *(GmbHG und §§ 161 – 177 a HGB)*

Begriff

Die GmbH & Co. KG ist eine Personengesellschaft (Kommanditgesellschaft), bei der

- eine GmbH (Gesellschaft mit beschränkter Haftung) als Komplementär auftritt und
- natürliche Personen die Kommanditisten sind.

Durch diese Konstruktion haftet, obwohl es sich um eine Personengesellschaft handelt, keine natürliche Person mit ihrem Privatvermögen. Neben den in der Regel geringen Einlagen der Kommanditisten steht als Haftungskapital nur das Stammkapital der GmbH (mindestens 25 000 EUR) zur Verfügung.

▶ Gründung

Zur Errichtung einer GmbH & Co. KG ist ein Gesellschaftsvertrag zwischen der GmbH und den Kommanditisten erforderlich. Eine GmbH & Co. KG kann dadurch gegründet werden, dass:

- zu einer bestehenden GmbH Kommanditisten hinzutreten,
- eine GmbH Komplementär bei einer bestehenden KG wird,
- GmbH und GmbH & Co. KG aufeinanderfolgend gegründet werden.

▶ Pflichten und Rechte der Gesellschafter

Es gelten dieselben Pflichten und Rechte wie bei einer KG. Zu beachten sind allerdings folgende Besonderheiten:

- Der Komplementär (GmbH) haftet nur mit seinem Geschäftsvermögen.
- Die Vertretung der GmbH & Co. KG nach außen wird durch die Geschäftsführer der GmbH wahrgenommen.

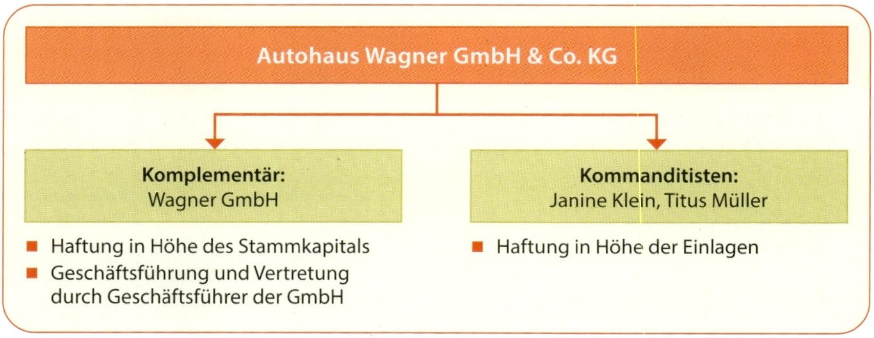

▶ Bedeutung der GmbH & Co. KG

In den letzten zwei Jahrzehnten sind zunehmend Unternehmen in Form der GmbH & Co. KG gegründet worden. Ein wichtiger Grund liegt in der Haftungsbeschränkung im Vergleich zur KG.

10.1.1.2.5 Gesellschaft bürgerlichen Rechts (BGB-Gesellschaft) (§§ 705 – 740 BGB)

▶ Begriff

Die Gesellschaft bürgerlichen Rechts ist eine Sonderform der Personengesellschaft. Bei ihr schließen sich mindestens zwei Personen zur Erreichung eines gemeinsamen Zieles zusammen *(§ 705 BGB)*. Im Gegensatz zu den anderen Gesellschaftsformen kann die BGB-Gesellschaft auch zu **nicht gewerbsmäßigen Zwecken** gegründet werden.

Die BGB-Gesellschaft bietet für bestimmte Tätigkeiten die einzige Möglichkeit, eine Gesellschaft zu gründen. Sie findet Anwendung bei:

- **der gemeinsamen Durchführung einzelner Geschäftsvorfälle**

  Mehrere Banken schließen sich zusammen, um einen Großkredit für einen Kunden aufbringen zu können (Konsortium) bzw. um Aktien an der Börse unterzubringen.

- **nicht gewerbsmäßigen Zwecken**

  Zwei Städte betreiben gemeinsam ein Theater; mehrere Personen schließen sich zur Förderung der deutsch-französischen Freundschaft zusammen.

Gründung

Die Gründung der Gesellschaft bürgerlichen Rechts erfolgt durch Abschluss eines formlosen Vertrages zwischen den Gesellschaftern. Gesellschafter können sowohl Privatpersonen als auch Kaufleute (natürliche und juristische Personen) sein.

Die Gesellschaft kann auch durch schlüssiges Verhalten zustande kommen, d.h., es werden vorab zwischen den Gesellschaftern keine vertraglichen Regelungen vereinbart.

Mehrere Personen unternehmen eine gemeinsam gebuchte Reise.

Firma

Da die BGB-Gesellschaft keine Handelsgesellschaft ist und an ihr auch Privatpersonen beteiligt sein können, kann sie **nicht** ins Handelsregister eingetragen werden, kann **keine** Firma geführt werden, gelten für sie **nicht** die Bestimmungen des Handelsgesetzbuches.

Rechte und Pflichten

Die Gesellschafter sind verpflichtet, an dem gemeinsamen Zweck der Gesellschaft mitzuwirken. Sie haben die im Gesellschaftsvertrag festgelegten Beiträge *(§ 706 BGB)* entweder in Form von Geld- oder Sachwerten oder auch in Form von Arbeitsleistungen zu entrichten.

Die einzelnen Gesellschafter haben, sofern es sich um einen gewerbsmäßigen Zweck handelt, Anspruch auf Gewinnbeteiligung.

Geschäftsführung und Vertretung

Zur Geschäftsführung und Vertretung sind alle Gesellschafter nur gemeinschaftlich berechtigt und verpflichtet *(§§ 707, 709, 714 BGB)*, es sei denn, im Gesellschaftsvertrag ist eine andere Vereinbarung getroffen.

▶ Haftung

Jeder Gesellschafter haftet für die während seiner Zugehörigkeit zur BGB-Gesellschaft entstandenen Verbindlichkeiten.

▶ Auflösung

Die Gesellschaft bürgerlichen Rechts endet:

- mit Erreichung des vereinbarten Zwecks *(§ 726 BGB),*
- durch Tod eines Gesellschafters *(§ 727 BGB),*
- durch Kündigung eines Gesellschafters *(§ 723 BGB),*
- durch Eröffnung des Insolvenzverfahrens über das Vermögen der Gesellschaft oder eines Gesellschafters *(§ 728 BGB).*

10.1.1.2.6 Partnerschaftsgesellschaft (PartG) (§ 1 – 11 PartGG)

▶ Begriff

Die Partnerschaftsgesellschaft (PartG) ist eine Personengesellschaft, bei der sich Angehörige Freier Berufe (Rechtsanwälte, Ärzte, Steuerberater, Architekten, Ingenieure, Künstler u.a.) zusammenschließen können *(§ 1 PartGG)*. Angehörige einer Partnerschaft können nur natürliche Personen sein.

▶ Gründung

Die Gründung erfolgt durch Abschluss eines Partnerschaftsvertrages, der **schriftlich** abzufassen ist. Er muss

- den Namen und den Sitz der Partnerschaft,
- den Namen und den Vornamen sowie den in der Partnerschaft ausgeübten Beruf und Wohnsitz jedes Partners,
- den Gegenstand der Partnerschaft

enthalten *(§ 3 PartGG).*

▶ Firma

Die Partnerschaftsgesellschaft ist **keine Handelsgesellschaft,** obwohl einzelne Bestimmungen des Handelsgesetzbuches *(HGB)* auf sie zutreffen. Sie wird in das bei den Amtsgerichten geführte Partnerschaftsregister eingetragen und führt **keine** Firma. Der Name der Partnerschaft muss den Namen mindestens eines Partners mit dem Zusatz „und Partner" oder „Partnerschaft" sowie die Berufsbezeichnung aller in der Partnerschaft vertretenen Berufe enthalten *(§ 2 PartGG).*

▶ Rechte und Pflichten

Die Partner erbringen ihre beruflichen Leistungen unter Beachtung des jeweiligen Berufsrechts *(§ 6 PartGG)*. Der Partnerschaftsvertrag regelt die Einlagepflichten (Sach- und Geldeinlagen) und die Gewinnbeteiligung.

- **Geschäftsführung und Vertretung**

  Zur Geschäftsführung und Vertretung ist jeder Partner berechtigt, es sei denn, im Partnerschaftsvertrag ist eine andere Regelung enthalten.

- **Haftung**

  Die Partner haften gesamtschuldnerisch mit dem Vermögen der Partnerschaftsgesellschaft und ihrem Privatvermögen *(§ 8 PartGG)*.

  Allerdings ist die Haftung für Schäden aus einer fehlerhafter Berufsausübung auf denjenigen beschränkt, der innerhalb der Partnerschaft die berufliche Leistung zu erbringen hat *(§ 8 PartGG)*.

- **Auflösung**

  Verliert ein Partner die erforderliche Zulassung zu dem ausgeübten Freien Beruf, so scheidet er aus der Partnerschaft aus *(§ 9 PartGG)*.

  Auflösungsgründe für die Partnerschaft ingesamt können sein *(§ 131 HGB)*:

  - Ablauf der vereinbarten Zeit,
  - Beschluss der Partner,
  - gerichtliche Entscheidung,
  - Eröffnung des Insolvenzverfahrens über das Vermögen der Partnerschaft.

10.1.2 Kapitalgesellschaften

Bei **Personengesellschaften** haftet mindestens ein Gesellschafter mit seinem Geschäfts- und Privatvermögen (Ausnahme: GmbH & Co. KG), der die Geschäfte des Unternehmens führt und die Gesellschaft nach außen vertritt.

Demgegenüber kennen **Kapitalgesellschaften keine persönliche Haftung.** Hier ist es nur das von den Gesellschaftern aufgebrachte Kapital (Gesellschaftsvermögen), das für die Verbindlichkeiten des Unternehmens einsteht. Diese Gesellschafter sind aber häufig nicht an der Unternehmensleitung beteiligt. Während für Personengesellschaften natürliche Personen (Eigentümer) charakteristisch sind, besitzen Kapitalgesellschaften eine **eigene Rechtspersönlichkeit,** d.h., sie sind **juristische Personen.**

Darüber hinaus zeichnen sich Kapitalgesellschaften dadurch aus, dass der Gesetzgeber mit dem Drittelbeteiligungsgesetz 2004 *(DrittelbG)* und dem Mitbestimmungsgesetz 1976 *(MitbestG)* eine Interessenvertretung und Mitbestimmung der Arbeitnehmer in den Unternehmensorganen (Vorstand/Aufsichtsrat) vorschreibt, um so zu einer Demokratisierung der Arbeitswelt beizutragen (vgl. S. 297 ff.).

10.1.2.1 Gesellschaftsformen mit beschränkter Haftung *(§§ 1 – 85 GmbHG)*

Gemäß GmbH-Gesetz *(GmbHG)* sind **zwei Gesellschaftsformen mit beschränkter Haftung** zu unterscheiden, wobei vor allem die Höhe des Mindeststammkapitals den wesentlichen Unterschied zwischen beiden Gesellschaftsformen ausmacht.

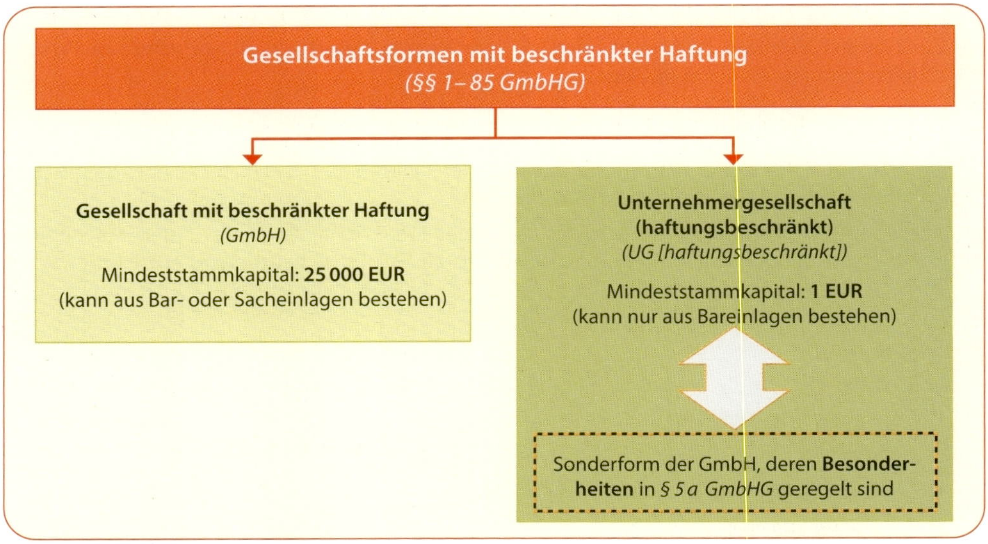

Bei beiden Gesellschaftsformen handelt es sich um Kapitalgesellschaften mit eigener Rechtspersönlichkeit (juristische Personen), bei denen die Haftung für die Verbindlichkeiten der GmbH bzw. der UG (haftungsbeschränkt) allein auf das Gesellschaftsvermögen beschränkt ist.

Diese Haftungsbeschränkung entsteht jedoch erst mit der Eintragung der GmbH bzw. der UG (haftungsbeschränkt) in das Handelsregister (konstitutive [rechtsbegründende] Wirkung der Handelsregistereintragung). Bis zur Handelsregistereintragung haften die Gesellschafter der GmbH bzw. UG (haftungsbeschränkt) persönlich und solidarisch.

Beide Gesellschaftsformen gelten als **Handelsgesellschaft,** auch wenn der Gegenstand des Unternehmens **nicht im Betrieb eines Handelsgewerbes** (vgl. S. 128 f.) besteht *(§ 13 III GmbHG).*

▶ Gründung einer GmbH bzw. einer UG (haftungsbeschränkt) *(§§ 1 ff. GmbHG)*

Die zu **jedem gesetzlich zulässigen Zweck** zu errichtende GmbH bzw. UG (haftungsbeschränkt) kann durch eine oder mehrere Personen gegründet werden. Der dazu erforderliche Gesellschaftsvertrag **(Satzung)** muss von einem Notar beurkundet werden, der die erforderlichen Gründungsunterlagen zum Handelsregister elektronisch übermittelt.

Bei der Gründung einer GmbH bzw. einer UG (haftungsbeschränkt) können die Gesellschafter zwischen **zwei Gründungsmöglichkeiten** wählen:

- **Möglichkeit 1:** Die Gesellschafter wählen das schnellere und kostengünstigere **vereinfachte Verfahren.** Für diese Standardgründung der Gesellschaft **muss** eines der beiden **Musterprotokolle** verwendet werden, die in der Anlage zum GmbHG bestimmt sind. Dabei handelt es sich entweder um das
  - **Musterprotokoll für die Gründung einer Einpersonengesellschaft** oder das
  - **Musterprotokoll für die Gründung einer Mehrpersonengesellschaft mit bis zu drei Gesellschaftern.**

  Inhaltliche Veränderungen der standardisierten Musterprotokolle sind **nicht** zulässig. Die Verwendung dieses Musterprotokolls, das zugleich Gesellschaftsvertrag, Geschäftsführerbestellung und Gesellschafterliste ist, ist insbesondere an folgende Voraussetzungen geknüpft:
  - Die zu gründende Gesellschaft hat **höchstens drei Gesellschafter** und **maximal einen Geschäftsführer.**

– Die Stammkapitaleinlagen erfolgen ausschließlich als **Bareinlage.** Eine **Sachgründung** mittels Musterprotokoll ist **nicht** zulässig.

Musterprotokoll

für die Gründung einer Mehrpersonengesellschaft mit bis zu drei Gesellschaftern

(Anlage zu § 2 I a GmbHG)

UR. Nr. ....

Heute, den ....,

erschienen vor mir, ...,

Notar/-in mit dem Amtssitz in ....,

Herr/Frau[1] ....[2],

Herr/Frau[1] ....[2],

Herr/Frau[1] ....[2]

1. Die Erschienenen errichten hiermit nach § 2 Abs. 1 a GmbHG eine Gesellschaft mit beschränkter Haftung unter der Firma ....
mit dem Sitz in ....
2. Gegenstand des Unternehmens ist ....
3. Das Stammkapital der Gesellschaft beträgt .... €
(i.W. .... Euro) und wird wie folgt übernommen:

   Herr/Frau[1] ....übernimmt
   einen Geschäftsanteil mit einem Nennbetrag in Höhe von .... €
   (i.W. .... Euro) (Geschäftsanteil Nr. 1).

   Herr/Frau[1] .... übernimmt
   einen Geschäftsanteil mit einem Nennbetrag in Höhe von .... €
   (i.W. .... Euro) (Geschäftsanteil Nr. 2).

   Herr/Frau[1] .... übernimmt
   einen Geschäftsanteil mit einem Nennbetrag in Höhe von .... €
   (i.W. .... Euro) (Geschäftsanteil Nr. 3).

   Die Einlagen sind in Geld zu erbringen, und zwar sofort in voller Höhe/zu 50 Prozent sofort, im Übrigen sobald die Gesellschafterversammlung ihre Einforderung beschließt[3]).
4. Zum Geschäftsführer der Gesellschaft wird Herr/Frau[4]) ....
....,
geboren am ...., wohnhaft in ....
...., bestellt.
Der Geschäftsführer ist von den Beschränkungen des § 181 des Bürgerlichen Gesetzbuchs befreit.
5. Die Gesellschaft trägt die mit der Gründung verbundenen Kosten bis zu einem Gesamtbetrag von 300 €, höchstens jedoch bis zum Betrag ihres Stammkapitals. Darüber hinausgehende Kosten tragen die Gesellschafter im Verhältnis der Nennbeträge ihrer Geschäftsanteile.
6. Von dieser Urkunde erhält eine Ausfertigung jeder Gesellschafter, beglaubigte Ablichtungen die Gesellschaft und das Registergericht (in elektronischer Form) sowie eine einfache Abschrift das Finanzamt – Körperschaftsteuerstelle –.
7. Die Erschienenen wurden vom Notar/von der Notarin insbesondere auf Folgendes hingewiesen:
....

Hinweise:

[1] Nicht Zutreffendes streichen. Bei juristischen Personen ist die Anrede Herr/Frau wegzulassen.

[2] Hier sind neben der Bezeichnung des Gesellschafters und den Angaben zur notariellen Identitätsfeststellung ggf. der Güterstand und die Zustimmung des Ehegatten sowie die Angaben zu einer etwaigen Vertretung zu vermerken.

[3] Nicht Zutreffendes streichen. Bei der Unternehmergesellschaft muss die zweite Alternative gestrichen werden.

[4] Nicht Zutreffendes streichen.

- **Möglichkeit 2:** Der Gründungsvertrag wird individuell so auf die entsprechenden Bedürfnisse der zu gründenden Gesellschaft zugeschnitten, dass auch über die gesetzlich vorgeschriebenen Mindestinhalte hinausgehende Regelungen zwischen den Gesellschaftern vereinbart werden können (z. B. mehr als drei Gründungsgesellschafter, Bestellung mehrerer Geschäftsführer). Bei diesem Gründungsvertrag ist für eine GmbH auch eine Gründung mit Sacheinlagen möglich.

Sowohl bei der Standardgründung unter Verwendung des Musterprotokolls als auch bei der individuellen Ausgestaltung bedarf es der notariellen Beurkundung des Gesellschaftsvertrages.

Gesellschafter einer GmbH bzw. einer UG (haftungsbeschränkt)

Die Gesellschafter stellen der GmbH bzw. der UG (haftungsbeschränkt) **das jeweils gesetzlich vorgeschriebene Mindeststammkapital** (bei einer GmbH: 25 000 EUR bzw. bei einer UG [haftungsbeschränkt]: 1 bis 24 999 EUR) in Form ihrer Geschäftsanteile zur Verfügung. Der Nennbetrag jedes Geschäftsanteils muss auf **volle Euro** lauten. Ein Gesellschafter kann bei der Errichtung der Gesellschaft auch mehrere Geschäftsanteile übernehmen. Die Höhe der Nennbeträge der einzelnen Geschäftsanteile kann verschieden sein. Allerdings muss die Summe der Nennbeträge aller Geschäftsanteile mit dem Stammkapital übereinstimmen.

Ferner bestimmen die Gesellschafter den oder die Geschäftsführer der Gesellschaft. Diese können entweder die Gesellschafter selbst sein oder andere Personen werden zum Geschäftsführer bzw. zu den Geschäftsführern bestimmt.

Organe der GmbH bzw. UG (haftungsbeschränkt)

- **Geschäftsführer** *(§§ 6, 35 ff. GmbHG)*

  Der oder die Geschäftsführer leiten das Unternehmen und vertreten es nach außen.

- **Gesellschafterversammlung** *(§§ 48 ff. GmbHG)*

  Sie wird durch den oder die Geschäftsführer einberufen und hat folgende Aufgaben:

  - Feststellung des Jahresabschlusses und der Gewinnverwendung,
  - Bestellung und Abberufung von Geschäftsführern,
  - Bestellung von Prokuristen,
  - Überwachung der Geschäftsführung.

  Beschlüsse werden mit einfacher Mehrheit gefasst, wobei auf jeden Euro eines Geschäftsanteils eine Stimme entfällt *(§ 47 II GmbHG)*.

- **Aufsichtsrat** *(§ 52 GmbHG)*

  Die Bestellung eines Aufsichtsrates kann durch die Satzung vorgeschrieben sein.

  Für eine GmbH mit mehr als 500 Arbeitnehmern ist nach den Mitbestimmungsgesetzen ein Aufsichtsrat zu bilden. In diesem Fall werden auch Vertreter der Arbeitnehmer an der Überwachung der Geschäftsführung beteiligt.

Pflichten und Rechte der Gesellschafter einer GmbH bzw. UG (haftungsbeschränkt)

- **Einzahlung der Stammeinlagen** *(§ 19 GmbHG)*
- **Gewinnverwendung** *(§ 29 GmbHG)*

  Die Verteilung des Jahresüberschusses erfolgt im Verhältnis der Geschäftsanteile, sofern im Gesellschaftsvertrag kein anderer Verteilungsmaßstab festgesetzt worden ist.

▶ Auflösung der GmbH bzw. UG (haftungsbeschränkt) *(§§ 60 ff. GmbHG)*

Auflösungsgründe einer GmbH bzw. UG (haftungsbeschränkt) können sein:

- Ablauf der im Gesellschaftsvertrag bestimmten Zeit,
- Auflösungsbeschluss der Gesellschafter mit Dreiviertelmehrheit,
- Eröffnung des Insolvenzverfahrens.

10.1.2.1.1 Gesellschaft mit beschränkter Haftung (GmbH)

Für die GmbH ist ein Mindestkapital von 25 000 EUR (**Stammkapital oder gezeichnetes Kapital**) vorgeschrieben *(§ 5 I GmbHG)*. Es setzt sich aus der Summe der Nennbeträge aller Geschäftsanteile der einzelnen Gesellschafter zusammen.

▶ Firma *(§ 4 GmbHG)*

Die Firma der Gesellschaft muss die Bezeichnung „Gesellschaft mit beschränkter Haftung" oder eine allgemein verständliche Abkürzung dieser Bezeichnung enthalten.

▶ Anmeldung der GmbH zur Eintragung in das Handelsregister *(§ 7 GmbHG)*

Die GmbH ist bei dem Gericht, in dessen Bezirk sie ihren Sitz hat, zur Eintragung in das Handelsregister anzumelden. Die Anmeldung darf erst dann erfolgen, wenn auf jeden Geschäftsanteil, soweit nicht Sacheinlagen vereinbart sind, **ein Viertel des Nennbetrags** eingezahlt ist. Insgesamt muss auf das Stammkapital mindestens so viel eingezahlt sein, dass der Gesamtbetrag der eingezahlten Geldeinlagen zuzüglich des Gesamtnennbetrags der Geschäftsanteile, für die Sacheinlagen zu leisten sind, die Hälfte des gesetzlich vorgeschriebenen Mindeststammkapitals (also 12 500 EUR) erreicht.

▶ Bedeutung der GmbH

Die GmbH hat zunehmend an Bedeutung gewonnen. Dies ist zum einen auf das relativ geringe Mindeststammkapital und – im Vergleich zu den Personengesellschaften (OHG, KG) – zum anderen auf die Möglichkeit der Haftungsbeschränkung zurückzuführen.

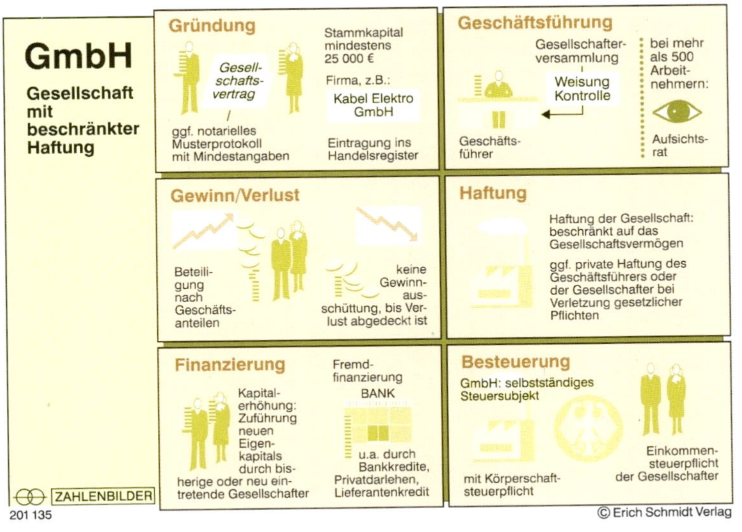

10.1.2.1.2 *Unternehmergesellschaft (haftungsbeschränkt) (UG [haftungsbeschränkt]) als Sonderform der GmbH* *(§ 5 a GmbHG)*

Die Unternehmergesellschaft (haftungsbeschränkt) ist **keine eigene Rechtsform,** sondern eine **Sonderform der GmbH.** Indem sie auch ohne das sonst für die Errichtung einer GmbH vorgeschriebene Mindeststammkapital von 25 000 EUR gegründet werden kann, ermöglicht diese Sonderform gerade solchen Existenzgründern, die am Anfang wenig Stammkapital haben und benötigen, den Zugang zu einer Kapitalgesellschaft, bei der die Haftung gegenüber den Gläubigern auf das Gesellschaftsvermögen des Unternehmens beschränkt ist.

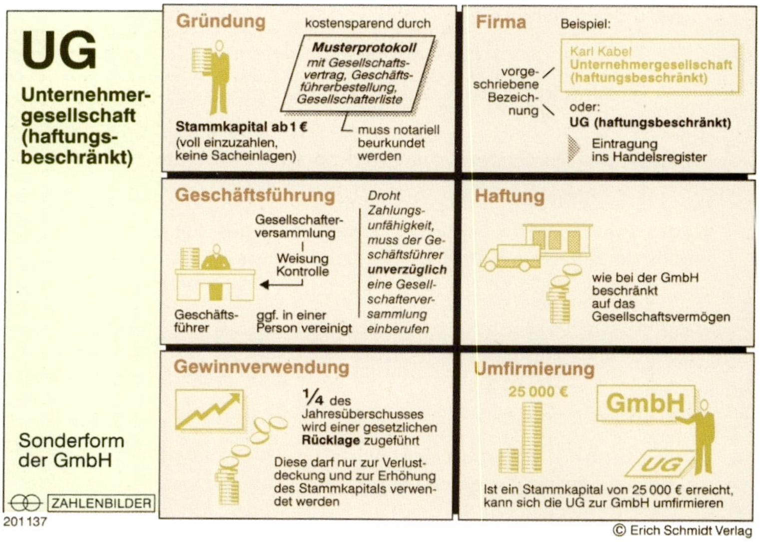

Das **Stammkapital** der UG (haftungsbeschränkt) beträgt **mindestens 1 EUR.** Allerdings sollten sich die Unternehmensgründer darüber bewusst sein, dass die Insolvenzgefahr der UG (haftungsbeschränkt) umso höher ist, je niedriger das Stammkapital gewählt wird.

▶ Firma *(§ 5 a GmbHG)*

Die Firma der Gesellschaft muss die Bezeichnung „Unternehmergesellschaft (haftungsbeschränkt)" oder „UG (haftungsbeschränkt)" führen. Eine Abkürzung des Rechtsformzusatzes „haftungsbeschränkt" ist **nicht** zulässig.

▶ Anmeldung der UG (haftungsbeschränkt) zur Eintragung in das Handelsregister *(§ 5 a II GmbHG)*

Die Unternehmergesellschaft (haftungsbeschränkt) ist bei dem Gericht, in dessen Bezirk sie ihren Sitz hat, zur Eintragung in das Handelsregister anzumelden. Die Anmeldung darf erst dann erfolgen, wenn das Stammkapital in voller Höhe eingezahlt ist. Sacheinlagen sind ausgeschlossen.

▶ Gesetzliche Rücklage *(§ 5 a III GmbHG)*

Die Unternehmergesellschaft (haftungsbeschränkt) **muss** eine gesetzliche Rücklage bilden, in die 25 % des erwirtschafteten Gewinns fließen müssen, um so das Mindeststammkapital der herkömmlichen GmbH nach und nach anzusparen. Erreicht das Stammkapital zusammen mit den so gebildeten Rücklagen schließlich den Betrag von 25 000 EUR, **kann** das Unternehmen unter Beibehaltung seines bisherigen Namens entweder den Rechtsformzusatz wechseln – also von „Unternehmergesellschaft (haftungsbeschränkt)" bzw. „UG (haftungsbeschränkt)" in „GmbH" – oder aber auch die bisherige Firma unverändert beibehalten.

▶ Bedeutung der UG (haftungsbeschränkt)

Mit dieser Rechtsform kommt der Gesetzgeber den Bedürfnissen jener Existenzgründer entgegen, die anfangs nur wenig Stammkapital aufbringen und benötigen sowie schnell, einfach und kostengünstig ein haftungsbeschränktes Unternehmen gründen wollen.

Indem die erwirtschafteten Gewinne nicht in voller Höhe ausgeschüttet werden dürfen, kann die UG (haftungsbeschränkt) auf diese Art und Weise das Mindeststammkapital der herkömmlichen GmbH nach und nach ansparen. Damit bietet diese Rechtsform eine Alternative zu ausländischen Rechtsformen mit geringer Kapitalausstattung (wie z. B. die englische Limited).

10.1.2.2 Aktiengesellschaft (AG) *(§§ 1 – 410 AktG)*

▶ Begriff

Die Aktiengesellschaft gilt als **Handelsgesellschaft,** auch wenn der Gegenstand des Unternehmens **nicht im Betrieb eines Handelsgewerbes** (vgl. S. 128 f.) besteht *(§ 3 AktG)*. Die Gesellschafter **(Aktionäre),** die mit Einlagen an dem in Anteile **(Aktien)** zerlegten **Grundkapital** beteiligt sind, haften nicht persönlich für die Verbindlichkeiten der Gesellschaft, sondern nur bis zur Höhe ihrer Beteiligung (Aktien).

▶ Gründung *(§§ 2 ff. AktG)*

Zur Gründung einer AG sind eine oder mehrere Personen erforderlich. Sie schließen einen Gesellschaftsvertrag **(Satzung)** ab, der durch einen Notar beurkundet werden muss. Aufsichtsrat und Vorstand werden gebildet. Mindestens ein Viertel des notwendigen Grundkapitals muss zur Verfügung gestellt werden. Anschließend wird die AG durch den oder die Gründer, den Aufsichtsrat und den Vorstand beim Handelsregister angemeldet.

▶ Grundkapital *(§§ 1, 6 ff. AktG)*

Die AG besitzt ein in Aktien zerlegtes Grundkapital (= gezeichnetes Kapital). Die Mindesthöhe des Grundkapitals beträgt 50 000 EUR. Aktien sind Urkunden über die Beteiligung an einer AG. Maßgebend für die Größe dieser Beteiligung ist der auf der **Nennbetragsaktie** aufgedruckte Betrag, der **Nennwert.** Der Mindestnennwert ist 1 EUR, höhere Beträge müssen auf volle Euro lauten. Möglich ist auch, das Grundkapital auf **Stückaktien** aufzuteilen, die keinen eigenen Nennbetrag besitzen, sondern einen bestimmten Anteil am Grundkapital verbriefen.

Aktien

Nennbetragsaktien

- lauten auf mindestens 1 EUR
- höhere Aktiennennbeträge müssen auf volle Euro lauten
- Anteil am Grundkapital bestimmt sich nach dem Verhältnis ihres Nennbetrages zum Grundkapital

Stückaktien

- lauten auf keinen Nennbetrag, sodass sie in gleichem Umfang am Grundkapital der AG beteiligt sind
- der auf die einzelne Aktie entfallende Betrag des Grundkapitals darf 1 EUR nicht unterschreiten
- Anteil am Grundkapital bestimmt sich nach der Zahl der Aktien

Das Grundkapital einer Aktiengesellschaft beträgt 500 000 EUR.

- Die Aktien werden als **Nennbetragsaktien** herausgegeben. Dabei ist z. B. folgende Stückelung möglich:

10 000 Aktien zu je	10 EUR	=	100 000 EUR
1 000 Aktien zu je	100 EUR	=	100 000 EUR
300 Aktien zu je	1 000 EUR	=	300 000 EUR

- Die Aktien werden als **Stückaktien** herausgegeben. Bei einer unterstellten Menge von 2 000 herausgegebenen Aktien entfällt auf jede Stückaktie $^{1}/_{2000}$ des Grundkapitals, also 250 EUR.

- Die meisten der an Börsen gehandelten Aktien sind **Inhaberaktien** (vgl. S. 461). Ihre Besitzer können sie jederzeit über Banken frei veräußern.
- Ist eine Aktie mit dem Namen des Eigentümers versehen, handelt es sich um eine **Namensaktie.** Sie kann nur durch Indossament übertragen werden.
- **Vorzugsaktien** sind mit besonderen Rechten ausgestattet (z. B. eine Bevorzugung bei der Gewinnverteilung).

Das Grundkapital der AG setzt sich aus der Summe aller Aktiennennbeträge oder aller Stückaktien zusammen.

Vom **Nennwert** einer Aktie ist allerdings ihr **Kurswert** zu unterscheiden. Der Kurswert ist der Wert, zu dem die Aktie an der Börse gehandelt wird. Er ergibt sich durch Angebot und Nachfrage, ist in der Regel höher als der Nennwert und spiegelt die jeweilige wirtschaftliche Situation des Unternehmens wider.

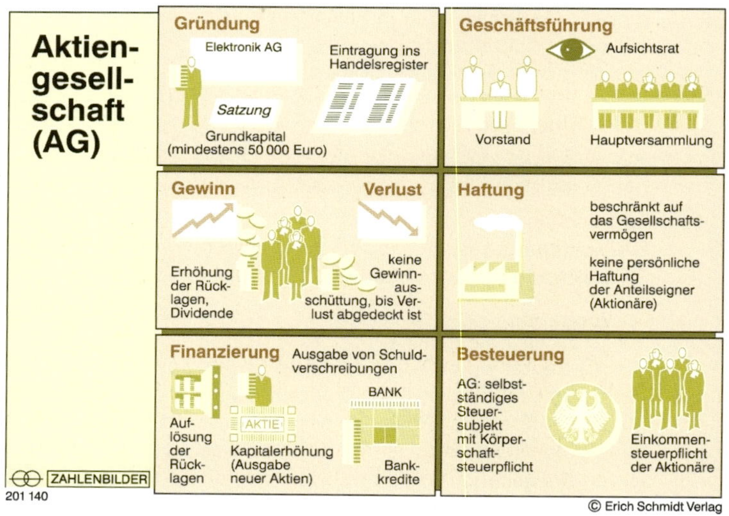

▶ Organe der AG

Als juristische Person kann die AG nicht selbst handeln. Zur Durchführung ihrer Geschäfte benötigt sie daher bestimmte Organe, in denen natürliche Personen die Entscheidungen treffen.

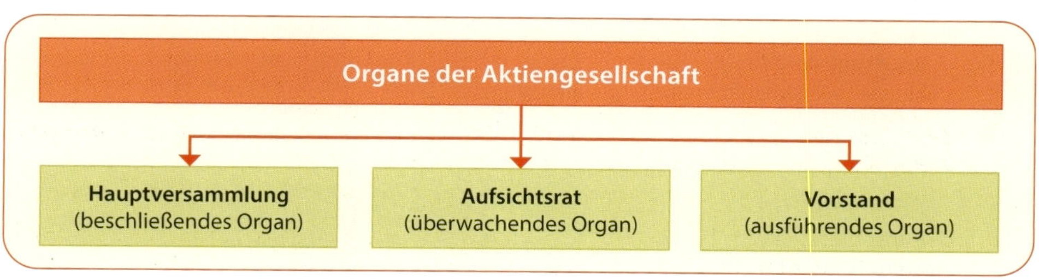

- **Hauptversammlung** *(§§ 118 – 137 AktG)*

  Die Hauptversammlung ist das **beschließende Organ** der AG. Sie besteht aus allen Aktionären und wird mindestens einmal jährlich vom Vorstand einberufen. Beschlüsse werden mit Mehrheit der abgegebenen Stimmen gefasst, wobei das Stimmrecht nach Aktiennennbeträgen, bei Stückaktien nach deren Anzahl, ausgeübt wird. Jeder Aktionär hat in der Hauptversammlung das Recht, Auskünfte über die Gesellschaft zu verlangen. Kleinaktionäre übertragen ihr Stimmrecht häufig an Bankenvertreter, sodass diese für eine Vielzahl von Beteiligten handeln können.

  Aufgaben der Hauptversammlung sind:

  - Wahl der Aktionärsvertreter in den Aufsichtsrat,
  - Entscheidung über die Gewinnverwendung,
  - Entlastung von Vorstand und Aufsichtsrat,
  - Beschluss über grundsätzliche Fragen des Unternehmens (Satzungsänderungen, Kapitalerhöhung oder -herabsetzung, Auflösung der Gesellschaft).

- **Aufsichtsrat** *(§§ 95 –116 AktG)*

  Der Aufsichtsrat ist das **überwachende Organ** der AG. Seine **Aufgaben** sind:

  - Bestellung des Vorstandes auf fünf Jahre,
  - Überwachung der Geschäftsführung des Vorstandes (Überprüfung des Jahresabschlusses und des Vorschlages zur Gewinnverteilung),
  - Einberufung einer außerordentlichen Hauptversammlung, wenn dies das Wohl der Gesellschaft erfordert.

  Damit der Aufsichtsrat diesen Aufgaben gerecht werden kann, dürfen seine Mitglieder **nicht** gleichzeitig im Vorstand vertreten sein.

- **Vorstand** *(§§ 76 – 94 AktG)*

  Der Vorstand ist das **ausführende Organ** der AG. Er leitet die Geschäfte und vertritt die Gesellschaft nach außen. Seine **Aufgaben** sind:

  - Geschäftsführung und Vertretung,
  - regelmäßige Unterrichtung des Aufsichtsrates über die Geschäftslage,
  - Aufstellung des Jahresabschlusses,
  - Einberufung der ordentlichen Hauptversammlung einmal jährlich.

Gewinnverteilung *(§ 60 AktG)*

Die Anteile der Aktionäre am Gewinn **(Dividende)** bestimmen sich nach ihren Anteilen am Grundkapital. Diese Dividende stellt für den Aktionär eine Verzinsung des eingesetzten Kapitals dar.

Auflösung der AG *(§ 262 AktG)*

Auflösungsgründe einer AG können sein:

- Ablauf der in der Satzung bestimmten Zeit,
- Beschluss der Hauptversammlung mit mindestens drei Viertel des zu diesem Zeitpunkt vertretenen Grundkapitals,
- Eröffnung des Insolvenzverfahrens über das Vermögen der Gesellschaft,
- der Beschluss, durch den die Eröffnung des Insolvenzverfahrens mangels Masse abgelehnt worden ist, wird rechtskräftig.

▶ Bedeutung der AG

Die AG, die sich besonders als Gesellschaftsform für Großunternehmen eignet, ermöglicht die Aufbringung bedeutender finanzieller Mittel dadurch, dass zahlreiche Einzelpersonen Geschäftsanteile in kleiner Stückelung (Aktie) übernehmen können. Das unternehmerische Risiko wird damit auf viele Aktionäre verteilt. Kapital und Unternehmensleitung sind getrennt. Der Aktionär (Kapitalgeber), der seine Aktie jederzeit veräußern kann, ist nicht auf Dauer an die Gesellschaft gebunden. Mit der Leitung des Unternehmens können Fachkräfte betraut werden, ohne dass diese selbst Kapital aufbringen müssen. Dabei kann allerdings die Situation eintreten, dass die Geschäftsleitung durch fehlerhafte Entscheidungen die Gesellschaft und deren Aktionäre schädigt, ohne selbst mit eigenem Kapital haften zu müssen.

10.1.2.3 Kommanditgesellschaft auf Aktien (KGaA) *(§§ 278 – 290 AktG)*

▶ Begriff

Die KGaA ist eine Kapitalgesellschaft mit eigener Rechtspersönlichkeit (juristische Person). Im Gegensatz zur AG gibt es in dieser Rechtsform zwei Arten von Gesellschaftern:

- **mindestens ein persönlich haftender Gesellschafter (Komplementär),** der eine ähnliche Stelle einnimmt wie der Komplementär in einer KG,
- **Kommanditaktionäre,** die das in Aktien zerlegte Grundkapital aufbringen und nur in Höhe ihrer Einlagen für die Verbindlichkeiten des Unternehmens haften.

▶ Gründung *(§ 280 AktG)*

Zur Gründung einer KGaA sind mindestens fünf Personen notwendig, unter denen sich die persönlich haftenden Gesellschafter befinden müssen. Das Grundkapital beträgt mindestens 50 000 EUR.

▶ Geschäftsführung und Vertretung *(§ 278 II AktG)*

Die persönlich haftenden Gesellschafter üben die Geschäftsführung und Vertretung der KGaA aus.

▶ Organe *(§§ 283 ff. AktG)*

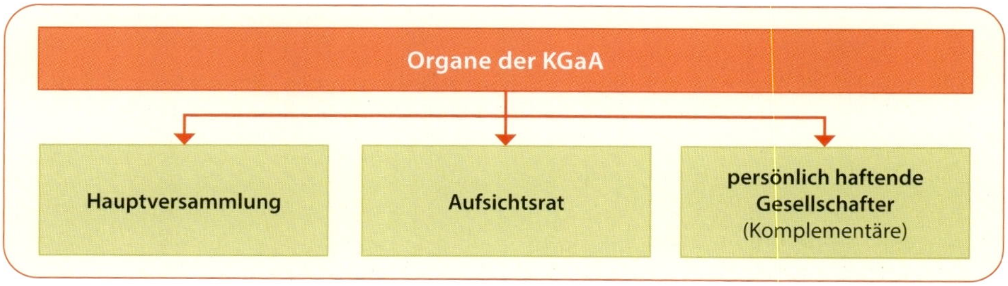

Die Hauptversammlung wird von den Kommanditaktionären gebildet. Der Aufsichtsrat hat die Geschäftsführung und Vertretung der KGaA durch die Komplementäre zu überwachen. Komplementäre können nicht dem Aufsichtsrat angehören, sie üben eine ähnliche Funktion wie die Vorstandsmitglieder einer AG aus.

▶ Gewinnverteilung

Die Gewinnverteilung wird bei der KGaA in der Regel im Gesellschaftsvertrag festgelegt. Fehlt dort eine derartige Aussage, gelten die gesetzlichen Bestimmungen zur KG.

▶ Bedeutung der KGaA

Diese Unternehmensform vereinigt die Vorteile der AG hinsichtlich der Kapitalbeschaffung und der Risikoverteilung auf mehrere Aktionäre mit dem Vorteil eines persönlich haftenden Gesellschafters der KG, der das Unternehmen leitet und letztlich für die Verbindlichkeiten auch mit seinem Privatvermögen einstehen muss.

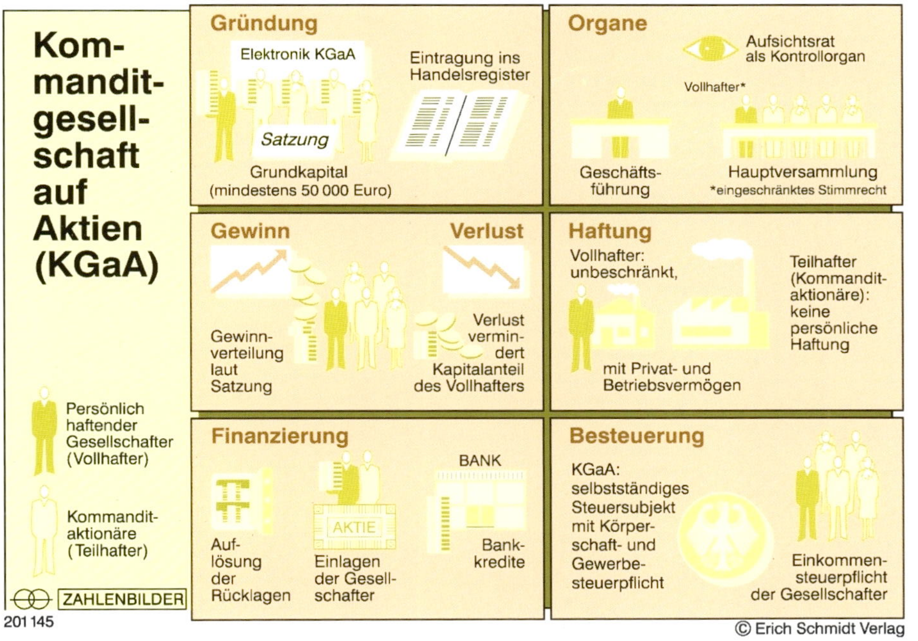

10.1.3 Eingetragene Genossenschaft (eG) *(§§ 1 – 165 GenG)*

▶ Begriff

Eingetragene Genossenschaften verfolgen insbesondere das Ziel, durch den Zusammenschluss ihrer Mitglieder (Genossen) dem Einzelnen ähnliche Vorteile zu verschaffen, wie sie sonst nur Großunternehmen in Anspruch nehmen können (preisgünstiger Einkauf, bessere Produktionsmöglichkeiten, größere Absatzmöglichkeiten). Damit ist die Gewinnerzielung nicht das ursprüngliche Ziel, sondern die **Selbsthilfe** der Mitglieder untereinander. Der Zweck einer Genossenschaft kann aber auch darauf gerichtet sein, durch einen gemeinsamen Geschäftsbetrieb die sozialen oder kulturellen Belange ihrer Mitglieder zu fördern.

Bei eingetragenen Genossenschaften, die als **Kaufleute** im Sinne des HGB gelten, handelt es sich um juristische Personen mit eigener Rechtspersönlichkeit.

▶ Arten von Genossenschaften

Genossenschaften können nach folgenden **Tätigkeitsbereichen** unterschieden werden:

- **Einkaufsgenossenschaften**
  - im Einzelhandel (Edeka, Rewe)
  - im Handwerk (Metzgereigenossenschaften)
  - in der Landwirtschaft (zum Erwerb von Saatgut, Düngemitteln und Maschinen)
- **Produktions- und Absatzgenossenschaften**
  Molkerei-, Winzer-, Obst- und Gemüseverwertungsgenossenschaften
- **Kreditgenossenschaften**
  Raiffeisenbanken, Volksbanken
- **Baugenossenschaften**
  Wohnungsbau, Wohnungsverwaltung
- **Verkehrsgenossenschaften**
  Straßenverkehrsbetriebe, Binnenschifffahrt
- **Soziale oder kulturelle Genossenschaften**
  Sportstättengenossenschaften

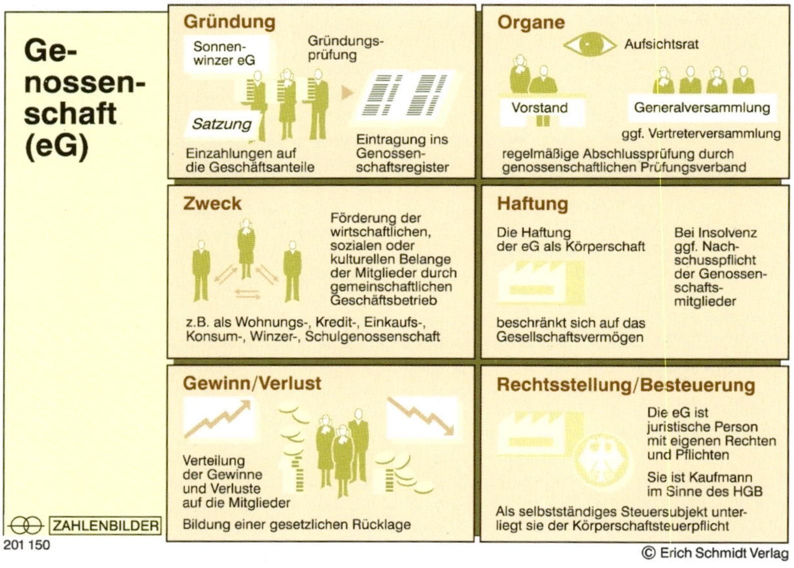

▶ Gründung *(§§ 4 ff. GenG)*

Zur Gründung einer Genossenschaft sind mindestens **drei Mitglieder** erforderlich, die den Gesellschaftsvertrag **(Satzung)** schriftlich festlegen müssen. Nach der Wahl der Organe wird die Genossenschaft bei dem Gericht in das **Genossenschaftsregister** eingetragen, in dessen Bezirk die Genossenschaft ihren Sitz hat. Die Satzung, in der auch ein Mindestkapital der Genossenschaft bestimmt werden kann, kann auch Sacheinlagen als Einzahlungen auf den Geschäftsanteil zulassen.

▶ Mitgliedschaft *(§ 15 GenG)*

Zum Erwerb der Mitgliedschaft muss vom einzelnen Genossen eine Beitrittserklärung unterzeichnet werden, die beim zuständigen Gericht aufbewahrt wird. Damit wird er in die Liste der dort geführten Mitglieder aufgenommen. Eine Übertragung der Mitgliedschaft auf andere ist nicht möglich.

▶ Haftung *(§§ 2, 6 GenG)*

Jedes Mitglied muss sich mit der in der Satzung festgelegten Einlage **(Geschäftsanteil)** an der Genossenschaft beteiligen. Der Einlagebetrag ist für alle Mitglieder gleich hoch. Allerdings kann die Satzung bestimmen, dass sich Mitglieder mit mehreren Geschäftsanteilen beteiligen können.

Die Mitglieder haften gegenüber der Genossenschaft nur in Höhe ihrer Einlagen, es sei denn, die Satzung sieht vor, dass die Mitglieder im Insolvenzfall weitere Zahlungen zu leisten haben **(Nachschusspflicht).** Wurde diese Nachschusspflicht vertraglich ausgeschlossen, haftet gegenüber den Gläubigern nur das Gesellschaftsvermögen.

▶ Organe

Ähnlich wie die Aktiengesellschaft besitzt auch die Genossenschaft drei Organe.

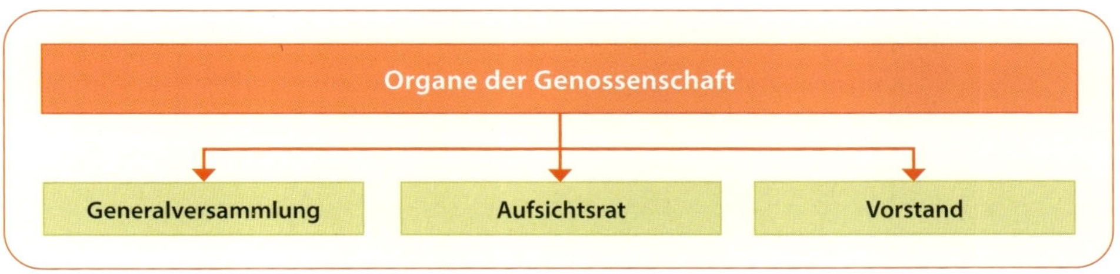

■ Generalversammlung *(§§ 43 ff. GenG)*

Oberstes Organ der Genossenschaft ist die Generalversammlung, in der jedes Mitglied (unabhängig von der Anzahl seiner Geschäftsanteile) nur eine Stimme hat. Ihre **Aufgaben** sind:

- Wahl von Aufsichtsrat und Vorstand,
- Beschluss über die Gewinn- und Verlustverteilung,
- Entlastung von Vorstand und Aufsichtsrat.

■ Aufsichtsrat *(§§ 9, 36 ff. GenG)*

Der Aufsichtsrat besteht aus mindestens drei Personen und überwacht den Vorstand bei dessen Geschäftsführung. Bei Genossenschaften von nicht mehr als 20 Mitgliedern kann – durch eine entsprechende Bestimmung in der Satzung – auf einen Aufsichtsrat verzichtet werden. In diesem Fall nimmt die Generalversammlung die Rechte und Pflichten des Aufsichtsrates wahr.

- **Vorstand** *(§§ 24 ff. GenG)*

  Der Vorstand besteht aus mindestens zwei Personen. Bei Genossenschaften von nicht mehr als 20 Mitgliedern kann die Satzung bestimmen, dass der Vorstand aus einer Person besteht. Die **Aufgaben** des Vorstandes umfassen:

  - Geschäftsführung und Vertretung,
  - Aufstellung des Jahresabschlusses und des Lageberichtes,
  - Führung des Verzeichnisses der Genossen,
  - Einberufung der Generalversammlung.

Pflichten und Rechte der Genossen

- **Leistung der festgelegten Einlage**
- **Nutzung genossenschaftlicher Einrichtungen**
- **Beteiligung am Gewinn oder Verlust** *(§§ 19 f. GenG)*

  Da eine Genossenschaft nicht als ursprüngliches Ziel die Gewinnerzielung hat, kann die Satzung einen Ausschluss der Gewinnverteilung vorsehen. In diesem Fall ist die Einzahlung der Gewinne in eine gesetzliche Rücklage vorgesehen, die spätere eventuelle Verluste ausgleichen soll.

  Wird die Gewinnverteilung nicht ausgeschlossen, erfolgt sie im Verhältnis der Geschäftsguthaben der einzelnen Mitglieder.

- **Kündigung** *(§ 65 GenG)*

  Die Kündigung der Mitgliedschaft durch einen Genossen kann schriftlich zum Schluss eines Geschäftsjahres mit mindestens dreimonatiger Frist erfolgen.

Auflösung der Genossenschaft *(§§ 78 ff. GenG)*

Auflösungsgründe einer Genossenschaft können sein:

- Beschluss der Generalversammlung mit mindestens drei Viertel der abgegebenen Stimmen,
- Ablauf der in der Satzung vereinbarten Zeit,
- Auflösung durch das Gericht bei Absinken der Mitgliederzahl unter drei Personen,
- Eröffnung des Insolvenzverfahrens.

Bedeutung der Genossenschaft

Die Genossenschaften – entstanden während der Industrialisierung des 19. Jahrhunderts – waren zunächst vorwiegend Selbsthilfeorganisationen sozial und wirtschaftlich schwacher Gruppen. Heute sind sie in weitem Umfang zu kaufmännisch geführten Unternehmen geworden, die vor allem ihre Mitglieder im Konkurrenzkampf mit den Großunternehmen unterstützen.

Für die Rechtsbeziehungen zu Lieferanten, Kunden, Banken und Gesellschaftern benötigt jedes Unternehmen ein juristisches Kleid: die Rechtsform. Diese hängt von vielen Merkmalen ab, beispielsweise von der Unternehmensgröße, der Eigentümerstruktur und Fragen der Haftung. Rund zwei Drittel der 3,3 Millionen deutschen Unternehmen sind Einzelunternehmen. Dabei handelt es sich in der Regel um Kleinstunternehmen, deren Inhaber persönlich mit ihrem gesamten Privatvermögen haften. Nur 18 Prozent der Unternehmen hierzulande sind Kapitalgesellschaften, ganz überwiegend haben sie die Rechtsform der Gesellschaft mit beschränkter Haftung (GmbH). Neben den 554 000 GmbHs zählen auch die rund 8 000 Aktiengesellschaften zu den Kapitalgesellschaften. Zu den Körperschaften des öffentlichen Rechts gehören unter anderem städtische Verkehrsbetriebe und Sparkassen, während unter den Genossenschaften beispielsweise Volks- und Raiffeisenbanken, aber auch Wohnungsbaugenossenschaften zu finden sind.

10.2 Publizitätspflicht von Unternehmen

Die **jährliche Rechnungslegung** eines Unternehmens besteht aus dem:

- **Jahresabschluss** (der Bilanz gem. *§§ 266 ff. HGB* und der Gewinn- und Verlustrechnung gem. *§§ 275 ff. HGB),*
- **Anhang** (mit Erläuterungen zu einzelnen Positionen des Jahresabschlusses gem. *§§ 284 ff. HGB),*
- **Lagebericht** gemäß *§ 286 HGB* (Darstellung des Geschäftsverlaufes einschließlich des Geschäftsergebnisses und der Lage der Kapitalgesellschaft, sodass ein den tatsächlichen Verhältnissen entsprechendes Bild vermittelt wird. Ferner ist im Lagebericht auch die voraussichtliche Entwicklung mit wesentlichen Chancen und Risiken zu beurteilen und zu erläutern.)

Mit diesen Unterlagen sollen Anteilseigner, Kunden, Lieferanten, Gläubiger und staatliche Stellen über die Entwicklung des Unternehmens im letzten Geschäftsjahr informiert werden. Diese umfassende **Veröffentlichungspflicht** gilt allerdings nicht für alle Unternehmen.

▶ Kapitalgesellschaften

Bei Kapitalgesellschaften richtet sich die Art der Rechnungslegung nach drei Größenklassen *(§ 267 HGB).*

	Größenklasse *(§ 267 HGB)*			Umfang der Rechnungslegung			
	Bilanzsumme (in Mio. EUR)	Umsatzerlöse (in Mio. EUR)	Beschäftigte im Jahresdurchschnitt	Bilanz	GuV	Anhang	Lagebericht
kleine Kapitalgesellschaften	mindestens zwei der drei nachstehenden Merkmale werden **nicht** überschritten:				–		–
	6	12	50				
mittelgroße Kapitalgesellschaften	mindestens zwei der für kleine Kapitalgesellschaften geltenden Merkmale werden überschritten **und** jeweils mindestens zwei der drei nachstehenden Merkmale werden **nicht** überschritten:						
	20	40	250				
große Kapitalgesellschaften*	mindestens zwei der für mittelgroße Kapitalgesellschaften geltenden Merkmale werden überschritten:						
	20	40	250				

* Eine Kapitalgesellschaft gilt stets als große, wenn sie durch die von ihr ausgegebenen Wertpapiere (z. B. Aktien, Schuldverschreibungen oder Genuss- und Optionsscheine) **einen organisierten Markt in Anspruch nimmt** oder **die Zulassung zum Handel an einem organisierten Markt beantragt worden ist** *(§ 267 IV HGB)*. Gemäß Wertpapierhandelsgesetz versteht man unter organisiertem Markt einen Markt, der

- von staatlich anerkannten Stellen geregelt und überwacht wird,
- regelmäßig stattfindet und
- für das Publikum unmittelbar oder mittelbar zugänglich ist *(§ 2 V WpHG)*.

Große und mittelgroße Kapitalgesellschaften müssen elektronisch die Rechnungslegung in der umfassenden Form bis spätestens vor Ablauf des neunten Monats nach Beginn des neuen Geschäftsjahres beim Betreiber des elektronischen Bundesanzeigers einreichen und große zudem die Veröffentlichung im elektronischen Bundesanzeiger veranlassen *(§ 325 HGB)*. **Kleinere Kapitalgesellschaften** reichen Bilanz und Anhang bis vor Ablauf des zwölften Monats nach Beginn des neuen Geschäftsjahres ein *(§ 326 HGB)*.

▶ Personenunternehmen

Große Einzelunternehmen und Personengesellschaften unterliegen ebenfalls dann der Publizitätspflicht, wenn mindestens zwei der drei folgenden Merkmale zutreffen *(§ 1 I PublG)*:

- die Bilanzsumme übersteigt 65 Mio. EUR,
- die Umsatzerlöse betragen über 130 Mio. EUR,
- die Beschäftigtenzahl liegt über 5 000.

Diese Unternehmen haben bis vor Ablauf des dritten Monats nach Beginn des neuen Geschäftsjahres die Bilanz *(Aufstellung gem. § 5 PublG)* beim Handelsregister einzureichen.

Kleinere und mittlere Personenunternehmen müssen hingegen ihren Jahresabschluss nicht publizieren.

▶ Genossenschaften

Für **Genossenschaften** gibt es eine Publikationspflicht in der beschriebenen Weise nicht.

10.3 Öffentlich-rechtliche Körperschaften und Anstalten

Sowohl das Privatrecht als auch das öffentliche Recht weisen bestimmten Organisationen eigene Rechtsfähigkeit zu. Im Bereich des **Privatrechts** sind Kapitalgesellschaften, Versicherungsvereine auf Gegenseitigkeit, Genossenschaften, eingetragene Vereine und Stiftungen solche juristischen Personen (vgl. S. 37 f.).

Juristische Personen des öffentlichen Rechts werden insbesondere in Form der Körperschaft oder Anstalt tätig.

10.3.1 Körperschaften

Körperschaften werden durch gesetzliche Vereinbarungen gegründet. Ihre Mitglieder (in der Regel natürliche Personen) besitzen Mitwirkungs- und Mitbestimmungsrechte.

> Eine Stadt ist Körperschaft des öffentlichen Rechts. Die Bürger wirken durch Wahlen und die Übernahme ehrenamtlicher Aufgaben (z. B. freiwillige Feuerwehr) an der Entwicklung der Stadt mit.

Gebietskörperschaften

Gebietskörperschaften erfassen – unabhängig von ihrem Willen – alle Personen, die in einem bestimmten Gebiet wohnen.

> Gebietskörperschaften sind Städte und Gemeinden, die Bundesländer oder bestimmte Landschaftsverbände.

Personenkörperschaften

Personenkörperschaften stellen an die Mitgliedschaft besondere Voraussetzungen. Hier sind nicht alle in einem Gebiet lebende Personen Mitglied, sondern nur bestimmte Personen.

> Anwälte, Ärzte, Zahnärzte, Apotheker u.a. sind in Kammern organisiert. Auch Gewerbebetriebe und Handwerksbetriebe sind in der Industrie- und Handelskammer bzw. der Handwerkskammer Mitglied.

Die Träger der gesetzlichen Sozialversicherung sind Körperschaften des öffentlichen Rechts.

> Im Bereich der **Kranken- und Pflegeversicherung** sind z. B. Allgemeine Ortskrankenkassen (AOK) und Ersatzkassen, in der **Rentenversicherung** die Bundesträger (Deutsche Rentenversicherung Bund bzw. Deutsche Rentenversicherung Knappschaft-Bahn-See) sowie die Regionalträger (z. B. Deutsche Rentenversicherung Westfalen) und in der **Unfallversicherung** die Berufsgenossenschaften Körperschaften des öffentlichen Rechts. Darüber hinaus ist der Träger der **Arbeitslosenversicherung**, die Bundesagentur für Arbeit in Nürnberg, eine rechtsfähige Körperschaft des öffentlichen Rechts.

10.3.2 Anstalten

Während Körperschaften Mitglieder haben, sind Anstalten für „Benutzer" da, die bestimmte Leistungen gegen Entgelt beanspruchen können.

> Bei öffentlich-rechtlichen Rundfunk- und Fernsehanstalten sind die Hörer und Seher Benutzer, d. h., sie können die Programme empfangen, haben aber keine Mitwirkungsrechte. Gleiches gilt für Sparkassen, bei denen die Kunden zwar bestimmte Dienste beanspruchen, nicht aber Einfluss auf Arbeitsweise oder Organisationsform nehmen können.
>
> Auf dem Gebiet der Feuerversicherungen sind öffentlich-rechtliche Anstalten (z. B. Feuersozietät Berlin) tätig.

Rechtsformen von Unternehmen

Unternehmensform / Merkmale	Einzelunternehmen	Personengesellschaften						Kapitalgesellschaften				Eingetragene Genossenschaft
		Stille Gesellschaft	OHG	KG	GmbH & Co. KG	BGB-Gesellschaft	Partnerschaftsgesellschaft	Gesellschaftsformen mit beschränkter Haftung		AG	KGaA	
								GmbH	UG (haftungsbeschränkt)			
Kapitalaufbringung	Einzelunternehmer bringt Kapital allein auf	Einzelunternehmer und stiller Gesellschafter	mindestens 2 Gesellschafter	mindestens 2 Gesellschafter: Komplementär und Kommanditist	mindestens 2 Gesellschafter	mindestens 2 Gesellschafter	mindestens 2 Gesellschafter	mindestens 1 Gesellschafter mit 25 000 EUR Stammkapital	mindestens 1 Gesellschafter mit 1 EUR Stammkapital	mindestens 1 Aktionär mit 50 000 EUR Grundkapital	mindestens 5 Personen mit 50 000 EUR Grundkapital	mindestens 3 Mitglieder
Haftung	mit Privat- und Geschäftsvermögen	Einzelunternehmer mit Privat- und Geschäftsvermögen; Stiller mit Einlage	alle Gesellschafter mit Privat- und Geschäftsvermögen	Komplementäre wie bei OHG; Kommanditisten nur bis zur Höhe ihrer noch nicht geleisteten Einlage	Komplementäre mit Geschäftsvermögen der GmbH; Kommanditisten mit Einlagen	alle Gesellschafter mit Privat- und Gesellschaftsvermögen	alle Gesellschafter mit Privat- und Gesellschaftsvermögen	Gesellschaftsvermögen[1]		Gesellschaftsvermögen[1]	Komplementäre auch mit Privatvermögen; Kommanditaktionäre mit Einlagen	Mitglieder mit Geschäftsanteilen
Geschäftsführung	Einzelunternehmer	Einzelunternehmer; Kontrollrecht des Stillen	gewöhnliche Geschäfte: jeder Gesellschafter allein; außergewöhnliche Geschäfte: alle Gesellschafter gemeinsam	Komplementäre; Zustimmung der Kommanditisten bei außergewöhnlichen Geschäften erforderlich	Geschäftsführer der GmbH; Zustimmung der Kommanditisten bei außergewöhnlichen Geschäften erforderlich	alle Gesellschafter gemeinsam	alle Gesellschafter gemeinsam	Geschäftsführer; Kontrolle durch Gesellschafterversammlung und Aufsichtsrat		Vorstand; Kontrolle durch Hauptversammlung und Aufsichtsrat	persönlich haftende Gesellschafter; Kontrolle durch Aufsichtsrat	Vorstand; Kontrolle durch Generalversammlung und Aufsichtsrat
Vertretung	Einzelunternehmer	Einzelunternehmer	jeder Gesellschafter allein	Komplementäre	Geschäftsführer der GmbH	alle Gesellschafter gemeinsam	alle Gesellschafter gemeinsam	Geschäftsführer		Vorstand	Komplementäre	Vorstand
Gewinnzuweisung	allein an den Einzelunternehmer	an Einzelunternehmer und Stillen in angemessenem Verhältnis	4 % auf Kapitalanteil, Rest nach Köpfen	4 % auf Kapitalanteil, Rest in angemessenem Verhältnis	4 % auf Kapitalanteil, Rest in angemessenem Verhältnis	nach Köpfen	individuell festlegbar	im Verhältnis der Geschäftsanteile		im Verhältnis der Aktiennennbeträge oder Stückanteile (Dividende)	Gewinnanteile der Komplementäre und Gewinnausschüttung an die Kommanditaktionäre werden in der Satzung geregelt	im Verhältnis der Geschäftsguthaben der einzelnen Mitglieder
Publizitätspflicht	ja (gemäß gesetzlicher Vorschriften – PublG bzw. HGB)											nein

1 Das Verlustrisiko des Gesellschafters (GmbH bzw. UG [haftungsbeschränkt]) bzw. Aktionärs (AG) ist auf die Höhe der Einlage begrenzt.

Aufgaben

9

(1) *Durch welche Gegebenheiten wird die Wahl der geeigneten Rechtsform eines Unternehmens bestimmt?*

(2) *Welche Vor- und Nachteile bietet das Einzelunternehmen gegenüber Personen- und Kapitalgesellschaften?*

(3) *Welche Merkmale sind allen Personengesellschaften gegenüber allen Kapitalgesellschaften gemeinsam?*

(4) *Aus welchem Grund wird der stille Gesellschafter als „still" bezeichnet?*

(5) *Erläutern Sie die Begriffe „Innenverhältnis" und „Außenverhältnis" sowie „Geschäftsführung" und „Vertretung" am Beispiel der OHG!*

(6) *Die Haftung der Gesellschafter einer OHG ist unbeschränkt, unmittelbar und solidarisch. Erläutern Sie diese Aussage!*

(7) *Wagner, Schulz und Strauß wollen ein Handelsgewerbe unter gemeinsamer Firma gründen. Gegenstand des Unternehmens ist der Handel mit Hard- und Software.*

   a) *Welche Rechtsform – mit welcher Firmenbezeichnung – kann z. B. gewählt werden, wenn alle Gesellschafter mitarbeiten wollen und jeder bereit ist, auch mit seinem Privatvermögen zu haften?*

   b) *Welche Rechtsform – mit welcher Firmenbezeichnung – kann z. B. gewählt werden, wenn Frau Schulz nicht bereit ist, über einen Betrag von 35 000 EUR hinaus zu haften?*

(8) *Laut Entwurf soll der Gesellschaftsvertrag einer neu zu gründenden OHG die Regelung enthalten, den erwirtschafteten Gewinn am Ende des Geschäftsjahres zwischen den beiden Gesellschaftern im Verhältnis der geleisteten Kapitalanteile, nämlich 60 zu 40, zu verteilen. Gesellschafter Wend wendet gegenüber seiner Partnerin ein, dass dieser Passus des Vertrages gegen die im § 121 HGB enthaltene Regelung (4 % auf den Kapitalanteil, der darüber hinausgehende Betrag zu gleichen Teilen) verstoße. Wer hat Recht? Begründen Sie Ihre Meinung!*

(9) *An einer KG sind drei Gesellschafter beteiligt, und zwar Frau Klein als Komplementär mit einer Kapitaleinlage in Höhe von 200 000 EUR und die beiden Kommanditisten Frau Moritz (mit 100 000 EUR) und Herr Koll (mit 75 000 EUR). Vereinbarungsgemäß soll der erwirtschaftete Jahresgewinn in Höhe von 195 000 EUR nach der gesetzlichen Regelung gemäß HGB verteilt werden. Bei der Gründung sind sich die drei Gesellschafter seinerzeit im Gesellschaftsvertrag einig geworden, dass der Restgewinn zu 80 % an den Komplementär und zu je 10 % an die beiden Kommanditisten fallen soll. Ermitteln Sie den auf jeden der drei Gesellschafter entfallenden Gewinnanteil!*

(10) *Worin weicht eine GmbH & Co. KG von den anderen Personengesellschaften ab?*

(11) *Warum nimmt die BGB-Gesellschaft unter den Personengesellschaften eine Sonderstellung ein?*

(12) *Konstruieren Sie für die verschiedenen Anwendungsbereiche der BGB-Gesellschaft jeweils ein Beispiel!*

(13) *Verdeutlichen Sie Unterschiede zwischen Personen- und Kapitalgesellschaften!*

(14) *An der Wenzig GmbH sind laut Gesellschaftsvertrag insgesamt drei Gesellschafter mit folgenden Geschäftsanteilen beteiligt:*

- *Frau Berg mit einem Geschäftsanteil in Höhe von 52 500 EUR,*
- *Frau Wasserhold mit einem Geschäftsanteil in Höhe von 20 500 EUR und*
- *Herr Krollmann mit einem Geschäftsanteil in Höhe von 17 000 EUR.*

a) *Berechnen Sie die Höhe des Stammkapitals!*

b) *Wie viel Euro erhält jeder Gesellschafter, wenn der Jahresüberschuss der Wenzig GmbH in Höhe von 156 000 EUR verteilt werden soll und in der Satzung kein vom GmbHG abweichender Verteilungsmaßstab festgesetzt worden ist?*

(15) *Nennen Sie Argumente, die für die Gründung einer GmbH bzw. einer Unternehmergesellschaft (haftungsbeschränkt) mittels des standardisierten Musterprotokolls sprechen!*

(16) *Was versteht man unter dem Stammkapital einer GmbH bzw. UG (haftungsbeschränkt)?*

(17) *Beschreiben Sie die Funktionen der Organe bei einer GmbH bzw. UG (haftungsbeschränkt)!*

(18) *Erläutern Sie die Begriffe: Grundkapital, Inhaber-, Namens- und Vorzugsaktie, Nennwert, Kurswert!*

(19) *Diplom-Kauffrau Breuer ist zum Vorstandsmitglied einer Aktiengesellschaft bestellt worden. Welches Gremium hat diese Bestellung vorgenommen?*

(20) *Dürfen Vorstand und Aufsichtsrat die Änderung der Satzung einer AG beschließen?*

(21) *Verdeutlichen Sie die beiden Arten der Gesellschafter bei einer KGaA!*

(22) *Welche der nachfolgenden Aussagen treffen*

① *nur auf die OHG,*

② *nur auf die KG,*

③ *nur auf die GmbH bzw. UG (haftungsbeschränkt),*

④ *sowohl auf die OHG und die KG als auch auf die GmbH bzw. UG (haftungsbeschränkt),*

⑤ *weder auf die OHG und die KG noch auf die GmbH bzw. UG (haftungsbeschränkt)*

zu? Ordnen Sie den Aussagen die Ziffer vor der jeweils zutreffenden Antwort zu!

Aussagen:

a) *Alle Gesellschafter haften auch mit ihrem privaten Vermögen.*

b) *Das gesetzlich vorgeschriebene Mindestkapital beträgt 50 000 EUR.*

c) *Alle Gesellschafter haften nur mit ihrer Kapitaleinlage.*

d) *Mindestens ein Gesellschafter haftet auch mit seinem privaten Vermögen.*

e) *Die Gesellschaft ist eine juristische Person und hat daher eine eigene Rechtspersönlichkeit.*

f) *Mitarbeitern kann Prokura erteilt werden.*

g) *Der oder die Geschäftsführer leiten das Unternehmen und vertreten es nach außen.*

(23) *Welchen Zweck verfolgen Genossenschaften in erster Linie?*

(24) *Vergleichen Sie das Stimmrecht der Aktionäre einer AG mit dem Stimmrecht von Genossenschaftsmitgliedern!*

(25) *Mehrere Landwirte wollen sich zu einer Absatzgenossenschaft zusammenschließen. Wie kann die Genossenschaft firmieren und unter welchen Voraussetzungen gilt die Genossenschaft als entstanden?*

(26) *In der Generalversammlung einer Genossenschaft fordern fünf der neun Genossen die Auflösung der Gesellschaft. Vier wünschen ein Fortbestehen. Ist durch diesen Beschluss eine rechtsgültige Auflösung der Genossenschaft möglich?*

(27) *Stellen Sie die Publizitätspflicht der Kapitalgesellschaften der der Personengesellschaften gegenüber!*

(28) *Welches wesentliche Merkmal unterscheidet Körperschaften und Anstalten?*

(29) *Stellen Sie Mitwirkungsrechte von Bürgern eines Bundeslandes dar!*

(30) *Welche Aufgaben übernehmen Anstalten und Körperschaften im Versicherungswesen?*

Menschliche Arbeit im Unternehmen

1 Die Mitarbeiter des Unternehmens

1.1 Leitende und ausführende Arbeit

Arbeitsleistungen, die Mitarbeiter eines Unternehmens erbringen, können **ausführender** oder **leitender Art** sein.

▶ Leitende Arbeit

Als leitende (dispositive) Arbeit werden Arbeitsleistungen bezeichnet, die die Leitung und Lenkung betrieblicher Vorgänge betreffen. Weisungsbefugnis steht in erster Linie der Geschäftsleitung zu. Sie kann allerdings ihre Führungsaufgaben an untergeordnete Personen abtreten (delegieren). An Mitarbeiter, die leitende Funktionen innerhalb des Betriebes wahrnehmen, werden besondere Anforderungen gestellt. Entschlusskraft, Verantwortungsbewusstsein und die Fähigkeit zur Menschenführung sind wesentliche Eigenschaften.

- Die **obere Leitungsebene** (das Topmanagement) bilden bei Personengesellschaften und Einzelunternehmen die Eigentümer (Eigentümerunternehmen); bei der Kommanditgesellschaft also die unbeschränkt haftenden Komplementäre, bei der OHG alle Gesellschafter.

  Bei Kapitalgesellschaften und Genossenschaften ist die obere Leitungsebene mit Angestellten besetzt (Managerunternehmen); bei der Aktiengesellschaft und der Genossenschaft ist dies der Vorstand, bei der GmbH bzw. der UG (haftungsbeschränkt) der oder die Geschäftsführer.
- Die **mittlere Leitungsebene** (das mittlere Management) bilden Personen, die bestimmte Funktionsbereiche wie Einkauf, Verkauf, Finanz- und Rechnungswesen oder Produktion leiten. Zu ihnen zählen u. a. Werksleiter, Einkaufs- oder Verkaufsleiter.
- Der **unteren Leitungsebene** (dem unteren Management) gehören die Leiter einzelner Abteilungen oder Werkstätten (wie z.B. der Leiter einer Lohnbuchhaltung, der Werkmeister oder der Lagerleiter) an.

▶ Ausführende Arbeit

Ausführende Arbeiten sind in der Regel objektbezogen und unmittelbar mit der Leistungserstellung verknüpft.

In einem großen Lebensmittelgeschäft zählen zur ausführenden Arbeit u.a. die Tätigkeiten der Fleisch- und Wurstwarenfachverkäufer/-innen, der Kassierer/-innen, der Raumpfleger/-innen oder der Auslieferungsfahrer.

Auf den verschiedenen **Ebenen der Unternehmenshierarchie** verändern sich die Anteile dispositiver und ausführender Arbeit. Während sich der Anteil ausführender Arbeit von den unteren zu den oberen Organisationsebenen verringert, nimmt der Anteil dispositiver Tätigkeiten zu. Vom Auszubildenden bis zur Unternehmensleitung wird also ein zunehmendes Maß an Verantwortung übertragen.

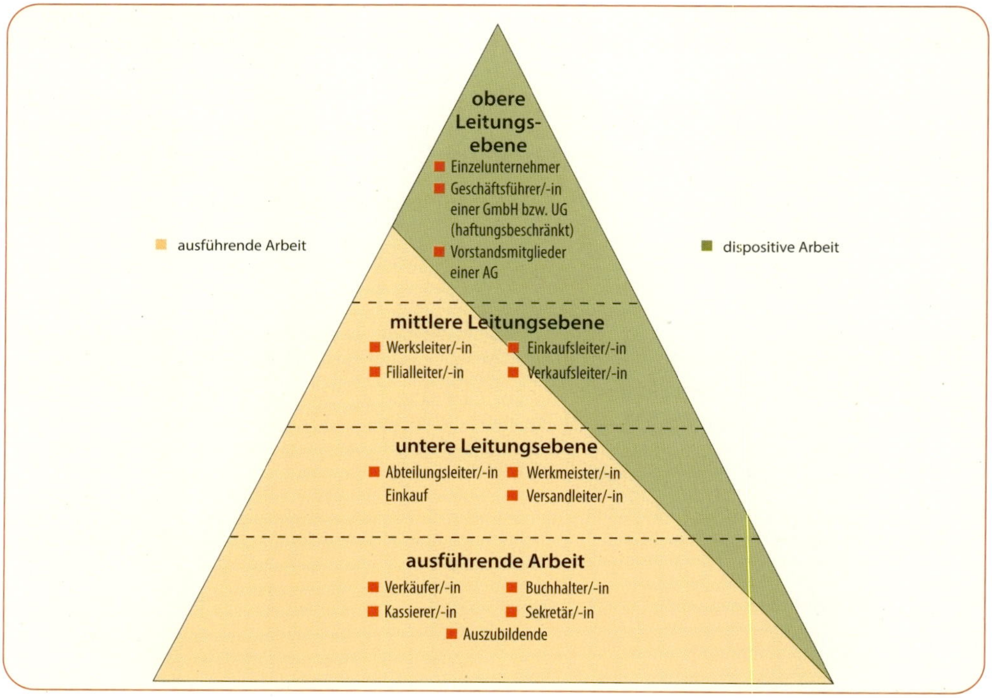

1.2 Leistungsbereitschaft und Arbeitsbedingungen

Leistungsvermögen und Leistungsbereitschaft des Einzelnen am Arbeitsplatz hängen von persönlichen Voraussetzungen und gesellschaftlichen Rahmenbedingungen ab. Daneben haben besondere betriebliche Gegebenheiten Einfluss auf den Leistungswillen des Mitarbeiters.

Viele dieser Einflussgrößen stehen in Wechselbeziehung zueinander. Die **persönliche Qualifikation** kann durch betriebliche Aus- und Fortbildungsmaßnahmen ergänzt und an veränderte Bedingungen angepasst werden. Geistige und körperliche **Gesundheit** werden durch eine sinnvolle Gestaltung des Arbeitsplatzes und durch die Übertragung von interessanten Tätigkeiten und Verantwortung aufrechterhalten. Gemeinsam ist allen Einflussgrößen, dass sie über die Aufrechterhaltung oder Verbesserung der Leistungsfähigkeit und Leistungsbereitschaft das Erreichen der Unternehmensziele sichern.

Entlohnung: Meistens als gerecht empfunden

So viel Prozent der Beschäftigten in Deutschland empfinden ihren … als gerecht

	… Brutto-verdienst	… Netto-verdienst
Männer	60,5	55,6
Frauen	61,4	55,3
Westdeutschland	63,2	57,3
Ostdeutschland	50,0	46,4
Belastungen mit Steuern und Sozialabgaben		
Weniger als 16 Prozent	71,9	73,1
Zwischen 16 und 25 Prozent	59,7	57,4
Zwischen 26 und 35 Prozent	54,0	49,8
Mehr als 35 Prozent	63,8	53,0
Transferempfänger		
Ja	56,2	54,1
Nein	61,1	55,5
Beschäftigungsumfang		
Vollzeit	58,7	52,3
Teilzeit	61,5	56,2
Geringfügig beschäftigt	78,7	80,0
Nach Tarif bezahlt		
Ja	63,2	56,0
Nein	56,3	51,8
Außertariflich bezahlt	71,3	64,9
Insgesamt	60,9	55,4

Stand: 2015

Ursprungsdaten: Sozio-oekonomisches Panel
© 2018 IW Medien / iwd

iwd

Quelle: iw-dienst: Informationen aus dem Institut der deutschen Wirtschaft Köln, Nr. 6 vom 15.03.2018, S. 6

Während die **Leistungsfähigkeit** das vom Einzelnen kurzfristig nicht beeinflussbare grundlegende Vermögen zur Leistungserbringung darstellt, bezieht sich die **Leistungsbereitschaft** auf den Willen zur Erreichung eines Zieles.

▶ Arbeitsplatzunabhängige Einflussgrößen

Zu den nicht von einem bestimmten Arbeitsplatz ausgehenden Einflüssen auf die Leistungsbereitschaft zählen die persönlichen Voraussetzungen des Arbeitnehmers sowie die gesellschaftlichen Rahmenbedingungen.

- **Persönliche Voraussetzungen des Arbeitnehmers**

  Verschiedene Arbeitstätigkeiten stellen unterschiedliche Ansprüche an das körperliche und geistige **Leistungsvermögen** des Einzelnen. Bei fortlaufender Über- aber auch Unterforderung kann es zur Leistungsverweigerung kommen. Nicht selten sind krankheitsbedingte Fehlzeiten die Folge. Körperliche und geistige Leistungsfähigkeit bedeutet keinesfalls, dass nicht auch Schwerbehinderte in den Arbeitsprozess einbezogen werden können. Entspricht ihr Leistungsvermögen den Anforderungen des Arbeitsplatzes, kann die Bedingung der Leistungsbereitschaft durchaus erfüllt sein.

  Einige Mitarbeiter möchten sich nicht über die „normalen Arbeitsanforderungen" hinaus in ihrem Aufgabenbereich einsetzen. Sie sind zufrieden mit der Tätigkeit, die sie ausführen und streben keine „berufliche Karriere" an. Andere möchten „weiterkommen", werden also aus ihrer individuellen Leistungsbereitschaft stärker motiviert sein.

Ähnlich wie körperliche und geistige Voraussetzungen spielen auch **persönliche Qualifikationen** (Kenntnisse und Fertigkeiten) für die Arbeitszufriedenheit und damit die Leistungsbereitschaft eine wichtige Rolle. Auch hier können Über- oder Unterforderungen zur Leistungsverweigerung führen.

Gesellschaftliche Rahmenbedingungen

Neben den persönlichen Voraussetzungen des einzelnen Mitarbeiters haben die vom Staat festgelegten Regelungen bzw. die in der Gesellschaft vorhandenen Normen und Werte **Einfluss auf die Motivation** der im Unternehmen Beschäftigten. Die Höhe der Steuern und Sozialabgaben ist ebenso Einflussfaktor wie das soziale Ansehen des Berufes in der Gesellschaft. Die hohe steuerliche Belastung der Entgelte für Überstunden oder Sonn- und Feiertagsarbeit wirken ebenso demotivierend wie eine Geringschätzung der ausgeübten Tätigkeit durch andere. Von besonderer Bedeutung sind zudem staatliche Regelungen, die grundlegende Voraussetzungen der Arbeitstätigkeiten festlegen oder die zwischen den Tarifvertragsparteien ausgehandelten Vereinbarungen.

Gesetzliche Regelungen:

- Betriebsverfassungsgesetz, Mitbestimmungsgesetze
- Arbeitszeitgesetz, Jugendarbeitsschutzgesetz, Mutterschutzgesetz, Gesetz zum Elterngeld und zur Elternzeit, Schwerbehindertenrecht, Gewerbeordnung, Kündigungsschutzgesetz, Antidiskriminierungsgesetz
- Tarifvertragsgesetz

Sonstige rechtliche Grundlagen:

- Unfallverhütungsvorschriften, Arbeitsstättenverordnung

Tarifvertragliche Regelungen:

- Lohn, Urlaub, Zuschläge, Arbeitszeit

Betriebliche Einflussgrößen

Durch das Unternehmen können die sozialen Bedingungen im Betrieb und die Gestaltung des einzelnen Arbeitsplatzes und der Arbeitsverfahren beeinflusst werden.

Soziale Bedingungen im Betrieb

Die Leistungsbereitschaft des Einzelnen ist abhängig von den Beziehungen zu Kollegen und Vorgesetzten. Werden ihm – im Rahmen seiner Möglichkeiten – eigene Entscheidungsspielräume eingeräumt (vgl. Führungstechniken S. 311 ff.) und ist das Führungsverhalten der Vorgesetzten kooperativ (vgl. Führungsstile S. 308 ff.), wird sich die Arbeitszufriedenheit positiv auf die Erreichung der Unternehmensziele auswirken. Anerkennung von Vorgesetzten ist dabei genauso bedeutend wie konstruktive Kritik. Auch die vom Unternehmen angebotenen Fortbildungsmöglichkeiten und die damit verbundenen Aufstiegschancen verstärken die **Einsatzbereitschaft der Mitarbeiter.**

In **Betriebsvereinbarungen** (schriftliche Verträge zwischen Betriebsrat und Unternehmensleitung) festgelegte Verbesserungen des Arbeitsumfeldes (auf die betrieblichen Gegebenheiten abgestellte gerechte Entlohnung, gleitende Arbeitszeit, Länge und Häufigkeit der Pausen, betriebliche Altersversorgung, individuelle Ausrichtung der Urlaubstage) tragen zur Arbeitszufriedenheit bei.

- **Arbeitsplatzgestaltung**

  Maßnahmen zur Verbesserung der Arbeitsverfahren und der Arbeitsplatzumgebung wirken direkt auf den einzelnen Arbeitsplatz ein.

  - **Arbeitsverfahren**

    Maßnahmen zur Verbesserung von Arbeitsverfahren dienen der Erleichterung schwerer körperlicher Arbeiten, der Verringerung des Anteils an monotonen Tätigkeiten und dem Schutz vor Gefahren im Arbeitsprozess.

    > Schwere körperliche Arbeiten können durch Maschinen und Automaten vermindert, monotone Arbeiten durch Maßnahmen der Arbeitsorganisation reduziert werden; gefährliche Arbeiten lassen sich durch entsprechende Schutzmaßnahmen entschärfen.

  - **Arbeitsplatzumgebung**

    Durch den Einfluss der Arbeitsplatzumgebung bestimmen sich sowohl Qualität als auch Quantität der erbrachten Leistung. Zu den Maßnahmen, die eine leistungsfördernde Arbeitsplatzumgebung schaffen, zählen u.a.:

    - Temperatur- und Luftregulierung
    - Lärm- und Staubschutz
    - Beleuchtung und Farbgestaltung.

▶ Zusammenfassung

Menschliche Arbeit im Unternehmen

Leitende und ausführende Arbeit

- Von den unteren zu den oberen Organisationsebenen innerhalb der Unternehmenshierarchie ist ein zunehmender Anteil an **leitender** bei abnehmendem Umfang an **ausführender Arbeit** festzustellen

Bestimmungsgrößen der Leistungsbereitschaft und Arbeitsbedingungen der Mitarbeiter

- **Arbeitsplatzunabhängige Faktoren**
  - **persönliche Voraussetzungen** wie etwa Gesundheit, Leistungsbereitschaft oder persönliche Qualifikationen
  - **gesellschaftliche Rahmenbedingungen** wie etwa Steuern, Sozialabgaben, soziales Ansehen eines Berufes oder gesetzliche und tarifliche Regelungen
- **Betriebliche Faktoren**
  - **soziale Bedingungen** wie etwa das Verhältnis zu Kollegen und Vorgesetzten, Entscheidungsspielräume, Aufstiegsmöglichkeiten/Fortbildungsmaßnahmen, Anerkennung, Betriebsvereinbarungen
  - **Arbeitsplatzgestaltung** wie etwa Arbeitsverfahren oder Arbeitsplatzumgebung

Aufgaben

10

(1) Beschreiben Sie Art und Umfang der von Ihnen in Ihrem Ausbildungsbetrieb überwiegend zu verrichtenden Arbeiten ausführender Art!

(2) Stellen Sie für Ihren Ausbildungsbetrieb die verschiedenen Ebenen der Unternehmenshierarchie dar!

(3) Erläutern Sie den Begriff „leitende Arbeit"!

(4) Geben Sie Beispiele dafür, wie arbeitsplatzunabhängige und betriebliche Einflussgrößen die Leistungsbereitschaft der Mitarbeiter bestimmen können!

(5) Warum sollte ein Unternehmen bestrebt sein, die betrieblichen Größen, die die Leistungsbereitschaft und Arbeitsbedingungen bestimmen, für den einzelnen Mitarbeiter möglichst positiv zu gestalten?

1.3 Humanisierung der Arbeit

Alle Ansätze zur Verbesserung der Bedingungen, unter denen die Mitarbeiter in einem Unternehmen ihre Arbeitstätigkeit erbringen, bezeichnet man als **Humanisierung der Arbeit.** Ziel solcher Maßnahmen ist es, vor allem den Arbeitsinhalt, aber auch das Arbeitsumfeld sowohl nach ökonomischen als auch nach menschlichen (humanen) Kriterien zu gestalten.

1.3.1 Ursachen der Arbeitsfeldverkleinerung

Die durch die Industrialisierung – in Deutschland um 1840 beginnend – ausgelösten gesellschaftlichen und wirtschaftlichen Entwicklungen führten in den Unternehmen zu einer technischen Arbeitsteilung. Im Rahmen dieser technischen Arbeitsteilung wurde der Herstellungsprozess eines Gutes vom Rohstoff bis zum Fertigerzeugnis in mehrere Teilproduktionsprozesse zerlegt, die in Unternehmen verschiedener Wirtschaftsstufen abliefen (z. B. von der Holzgewinnung in einem Wald über die Weiterverarbeitung des Holzes in einem Sägewerk bis zum fertigen Schrank in einer Möbelfabrik). Ferner hat diese **Produktionsteilung** zu **Arbeitszerlegungen** innerhalb der Unternehmen geführt, indem man den Aufgabenbereich eines Mitarbeiters oder einer kleinen Gruppe von Mitarbeitern bei der Herstellung eines Gutes in viele kleine, sich ständig wiederholende Teilverrichtungen zerlegte, die zum Teil – wie etwa bei der Fließbandarbeit – nur einen ganz bestimmten Handgriff umfassen.

Die positiven Begleiterscheinungen der Industrialisierung (wie z. B. die Produktion von Massenartikeln, der Ausbau des Verkehrswesens und seine Bedeutung für den Bezug und Absatz von Waren und Dienstleistungen, das wachsende frei verfügbare Einkommen der privaten Haushalte sowie die veränderten Ver- und Gebrauchsgewohnheiten der Bevölkerung), die insgesamt gesehen den Lebensstandard der Bevölkerung erhöht haben, sind aber in der Regel für den einzelnen Mitarbeiter im Unternehmen auch mit nachteiligen Konsequenzen verbunden. So bedeuten – je nach Aufgabenbereich eines Mitarbeiters im Unternehmen – die durch Produktionsteilung und Arbeitszerlegung hervorgerufenen Veränderungen eine mehr oder weniger große **Arbeitsfeldverkleinerung,** die durch die Gestaltung des Aufgabenbereichs nach rein ökonomischen Gesichtspunkten hervorgerufen wird.

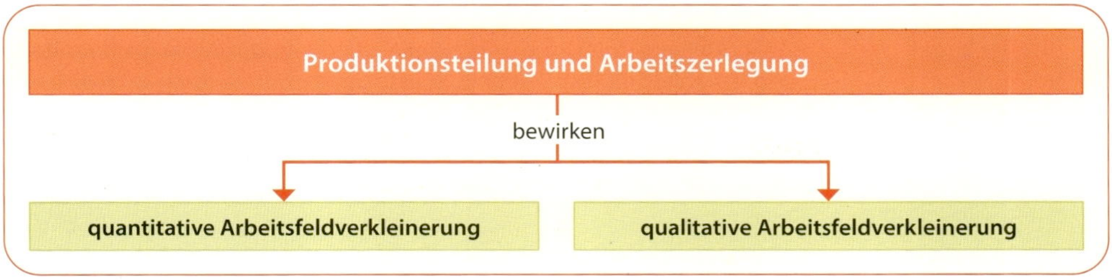

▶ Quantitative Arbeitsfeldverkleinerung

Zur quantitativen Arbeitsfeldverkleinerung werden solche Maßnahmen gerechnet, die den **Tätigkeitsbereich** eines Arbeitnehmers innerhalb seines Aufgabenbereiches einschränken.

> Während der Tätigkeitsbereich eines Tischlermeisters bei der Herstellung eines Schreibtisches alle Arbeiten von der Planung bis zum fertigen Endprodukt (Auswahl des zu verarbeitenden Holzes, Anfertigung einer maßstabsgerechten Zeichnung, Zuschnitt und Zusammenleimen bzw. -dübeln der Einzelteile) umfasst, könnte der industrielle Fertigungsprozess in einer Möbelfabrik – insgesamt auf fünf Arbeitsplätze aufgeteilt – in folgenden Teilprozessen ablaufen: Zuschnitt des linken Seitenteils, Zuschnitt des rechten Seitenteils, Zuschnitt der Arbeitsplatte, Montage der Einzelteile, Endkontrolle.

▶ Qualitative Arbeitsfeldverkleinerung

Die qualitative Arbeitsfeldverkleinerung umfasst Einengungen im jeweiligen **Entscheidungs- und Kontrollbereich** eines Mitarbeiters.

> Bei der industriellen Massenproduktion eines bestimmten Schreibtischmodells entzieht sich etwa die Auswahl des zu verarbeitenden Holzes dem Entscheidungsbereich des in der Fertigung tätigen Mitarbeiters. Der Kontrollbereich eines beim Zuschnitt der Einzelteile beschäftigten Arbeiters beschränkt sich lediglich auf die Einhaltung der vom Konstruktionsbüro vorgegebenen Maße des Werkstückes.

1.3.2 Auswirkungen der Arbeitsfeldverkleinerung

Indem der einzelne Mitarbeiter des Unternehmens innerhalb eines in der Regel mehrstufigen Prozesses der Leistungserstellung und -verwertung nur noch eine ganz bestimmte Teilverrichtung durchführt, steht der Einzelne dem Endprodukt, zu dem er „nur" einen kleinen Beitrag geleistet hat, oft fremd gegenüber. Für dieses Phänomen hat Karl Marx den Begriff der **Entfremdung** geprägt. Die Entfremdung des einzelnen Mitarbeiters im Unternehmen kann dabei vor allem folgende Aspekte umfassen:

- **Entfremdung des Mitarbeiters vom Ergebnis seiner Tätigkeit:** Der einzelne Mitarbeiter im Unternehmen überschaut den gesamten Prozess der Leistungserstellung und -verwertung nicht mehr.
- **Entfremdung des Mitarbeiters von anderen Mitarbeitern des Unternehmens:** Die mit der Arbeitszerlegung oft verbundene Arbeitsorganisation (z. B. die räumliche Trennung einzelner Arbeitsplätze in den Abteilungen Fertigung, Einkauf und Buchhaltung oder die Einzelarbeitsplätze einer Fließbandfertigung, die dem dort eingesetzten Mitarbeiter aufgrund vorgegebener Taktzeiten ein hohes Maß an Konzentration und Arbeitseinsatz abverlangen) behindert in der Regel die zwischenmenschliche Kommunikation im Unternehmen. Ein möglicherweise zwischen einzelnen Mitarbeitern oder Abteilungen ausgetragener Konkurrenzkampf (etwa bei der Bewerbung zweier Arbeitskollegen um die frei werdende Stelle des Abteilungsleiters oder bei der Verteilung der Mittel eines gekürzten Budgets zwischen den Abteilungen „Werbung" und „IT") kann die zwischenmenschlichen Beziehungen im Unternehmen nachteilig beeinflussen.

- **Entfremdung des Mitarbeiters von seiner Teilverrichtung:** Die eigene Arbeit wird nur noch als „Job" gesehen; eine unmittelbare Bedürfnisbefriedigung (wie z. B. der Bedürfnisse nach Kontakt, Freundschaft, Anerkennung, Unabhängigkeit, Freiheit, Selbstständigkeit, Selbstvertrauen oder nach Entfaltung der eigenen Persönlichkeit) kann nur außerhalb der Arbeit realisiert werden.

  Mit der **Entfremdung** verliert der einzelne Mitarbeiter im Unternehmen oft sein Verantwortungsgefühl, seine Motivation und Leistungsbereitschaft, aber auch seine Kreativität sowie seine Kritikfähigkeit und -willigkeit.

1.3.3 Maßnahmen zur Humanisierung der Arbeit

Ansätze zur Gestaltung der Arbeitswelt nach ökonomischen und humanen Gesichtspunkten zielen darauf ab,

- das **Arbeitsfeld** (bzw. die Arbeitsinhalte) zu vergrößern;
- über eine **Konflikthandhabung** (Vermeidung bzw. Beseitigung von Konflikten) sowohl die Arbeitszufriedenheit und damit die Leistungsbereitschaft des Einzelnen als auch das Betriebsklima positiv mitzubestimmen;
- das **Arbeitsumfeld** zu verbessern.

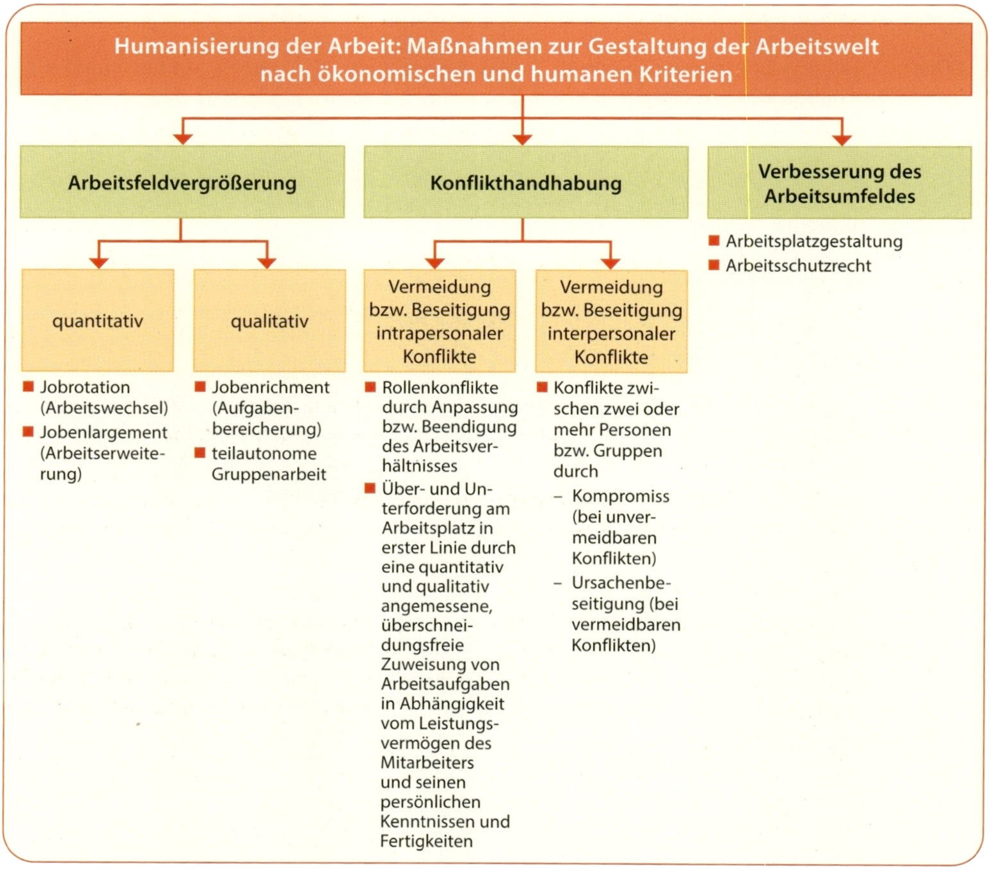

An der Realisierung dieser **Maßnahmen zur Humanisierung der Arbeit** sind verschiedene Interessengruppen innerhalb des Unternehmens (z. B. Unternehmensleitung, Betriebsrat, Jugend- und Auszubildendenvertretung, aber auch der Sicherheitsbeauftragte) beteiligt. Außerhalb des Unternehmens bemühen sich auf Arbeitnehmerseite die Gewerkschaften und auf Arbeitgeberseite die Arbeitgeberverbände darum, die Arbeitswelt nach ökonomischen und humanen Gesichtspunkten zu gestalten. Daneben verfolgen öffentlich-rechtliche Organisationen wie z. B. die Kirchen, die Berufsgenossenschaften, die Ämter für Arbeitsschutz und Sicherheitstechnik oder der Technische Überwachungsverein (TÜV) diese Absicht. Der Staat unterstützt durch Gesetze und Verordnungen auf den Gebieten des Arbeitsschutzrechtes und der Arbeitsplatzgestaltung diese Bemühungen.

1.3.3.1 Arbeitsfeldvergrößerung

Quantitative und qualitative Maßnahmen zur Arbeitsfeldvergrößerung wirken der Inhaltsarmut am Arbeitsplatz und der einseitigen (monotonen) körperlichen und geistigen Belastung eines Mitarbeiters innerhalb seines begrenzten Tätigkeits-, Entscheidungs- und Kontrollspielraumes im gesamten unternehmerischen Leistungserstellungs- und -verwertungsprozess entgegen, ohne dabei jedoch wichtige ökonomische Größen (wie z. B. Produktivität, Wirtschaftlichkeit oder Rentabilität, vgl. S. 342 ff.) außer Acht zu lassen. Diese häufig mit Veränderungen innerhalb der Arbeitsorganisation im Unternehmen (Aufbau- und Ablauforganisation, vgl. S. 320 ff.) verbundenen Maßnahmen können nicht nur die Zufriedenheit der Mitarbeiter eines Unternehmens und damit ihre Leistungsbereitschaft und Motivation erhöhen, sondern werden sich – z. B. durch einen geringeren Ausschuss infolge von Bearbeitungsfehlern bei der Fertigung – auch positiv auf den wirtschaftlichen Erfolg des Unternehmens am Markt auswirken.

▶ Quantitative Arbeitsfeldvergrößerung

Durch Maßnahmen zur quantitativen Arbeitsfeldvergrößerung wird der jeweilige **Tätigkeitsspielraum** eines Mitarbeiters im Unternehmen abwechslungsreicher gestaltet, indem die mit der quantitativen Arbeitsfeldverkleinerung verbundene übermäßige Spezialisierung wieder rückgängig gemacht wird.

■ Jobrotation (Arbeitswechsel)

Der Arbeitswechsel beinhaltet einen **systematischen innerbetrieblichen Stellenwechsel,** durch den die Arbeitsinhalte variieren. Der Mitarbeiter führt also im Zeitablauf nacheinander unterschiedliche Teilaufgaben aus, ohne dass dabei allerdings der ursprünglich zu bewältigende Aufgabenkomplex verändert wird.

> In einem Fertigungsbetrieb werden Wasserpumpen in Fließbandfertigung hergestellt. An sechs verschiedenen Einzelarbeitsplätzen des Fließbandes werden die insgesamt 32 Einzelteile der Wasserpumpe montiert. Ein weiterer Mitarbeiter versorgt die Kollegen am Fließband mit den benötigten Einzelbauteilen, die er mit einem Hubwagen aus dem Eingangslager herbeischafft. Ein anderer Mitarbeiter ist für die Verpackung und den Transport der fertig montierten Wasserpumpen in das Auslieferungslager zuständig. Im Wochenzyklus tauschen diese acht Mitarbeiter nacheinander ihre Einzelarbeitsplätze am Fließband, wobei jeder Arbeitnehmer zunächst sechs Wochen am Fließband arbeitet und anschließend je eine Woche die Einzelteile aus dem Lager herbeischafft und verteilt bzw. die fertig montierten Wasserpumpen verpackt und in das Auslieferungslager transportiert.

Wie häufig ein Arbeitnehmer innerbetrieblich zwischen mehreren Arbeitsplätzen rotiert, kann von den Entscheidungen der Unternehmensleitung, aber auch von den Bedürfnissen des Arbeitnehmers (etwa bei einer bestehenden Minderung der Erwerbsfähigkeit) abhängen. Jobrotation ist jedoch nicht in allen Unternehmensbereichen möglich und sinnvoll. Häufig erfordert die Bewältigung der konkreten Aufgaben eines Arbeitsplatzes spezielle Qualifikationen des Stelleninhabers.

In der Regel widerspricht Jobrotation dem Bedürfnis von Arbeitnehmern nach stabilen sozialen Kontakten am Arbeitsplatz und wird von den betroffenen Mitarbeitern häufig auch nur als ein Wechsel zwischen verschiedenen monotonen und inhaltsarmen Arbeiten empfunden.

- **Jobenlargement (Arbeitserweiterung)**

Hier wird der Tätigkeitsbereich eines Mitarbeiters – bei gleichbleibendem Schwierigkeitsgrad – durch gleichartige oder ähnlich strukturierte Arbeitsaufgaben mengenmäßig ausgedehnt. Ziel solcher Maßnahmen ist es, die in mehrere Teilaufgaben zerfallende Arbeitsaufgabe wieder zu einer Ganzheit zu erweitern.

> In einem Fotofachgeschäft sind die routinemäßig anfallenden Teilaufgaben folgendermaßen geregelt: Für die Verkaufsberatung der Kunden stehen vier Verkäufer bereit, während das Kassieren und Verpacken der Fotoartikel wieder in den Zuständigkeitsbereich je eines weiteren Mitarbeiters fallen.
>
> Durch geänderte Zuständigkeiten können die einzelnen bei der Bedienung eines Kunden zu bewältigenden Teilaufgaben insofern wieder zusammengefasst werden, als der Verkäufer, der einen Kunden beraten hat, auch alle anderen Tätigkeiten übernimmt.

Qualitative Arbeitsfeldvergrößerung

Maßnahmen der qualitativen Arbeitsfeldvergrößerung beziehen sich auf den **Entscheidungs- und Kontrollbereich** eines Mitarbeiters im Unternehmen. Durch die Vergrößerung des gesamten Aufgabenkomplexes sind die Ansätze zur qualitativen Arbeitsfeldvergrößerung in der Regel auch mit einer mengenmäßigen Erweiterung des Tätigkeitsbereiches eines Mitarbeiters verbunden, gehen jedoch aufgrund des erhöhten Schwierigkeitsgrades über die Maßnahmen zur quantitativen Arbeitsfeldvergrößerung hinaus.

- **Jobenrichment (Aufgabenbereicherung)**

Von einer Aufgabenbereicherung spricht man, wenn Arbeitsaufgaben unter Erhöhung des Schwierigkeitsgrades bzw. der an einen Mitarbeiter gestellten Anforderungen durch Planungs-, Entscheidungs- bzw. Kontrollaufgaben bereichert werden.

> Die bisher auf insgesamt vier Einzelarbeitsplätze aufgeteilten verschiedenen Tätigkeiten bei der Herstellung eines Schrankes werden zum Aufgabenkomplex nur eines Mitarbeiters zusammengefasst (Jobenlargement). Der Tätigkeitsbereich dieses Mitarbeiters erstreckt sich aber nicht nur auf den Zuschnitt und die Montage der Einzelteile, sondern darüber hinaus auch auf Kontrollaufgaben (etwa bei der Endkontrolle des Werkstückes). Zur Bewältigung von Planungsaufgaben bei der Konstruktion müsste der Mitarbeiter unter anderem auch über entsprechende Kenntnisse des technischen Zeichnens verfügen oder – bei Einsatz eines rechnergestützten Entwicklungs- und Konstruktionssystems (CAD) – mit der Datenverarbeitungsanlage vertraut sein.

Jobenrichment stellt aufgrund der verschiedenen Schwierigkeitsgrade, die mit den innerhalb eines größeren Aufgabenkomplexes zu bewältigenden Teilaufgaben verbunden sind, höhere Anforderungen an die Qualifikation von Mitarbeitern in einem Unternehmen. Gelingt es, durch Übertragung von Kontrollaufgaben die Arbeitsaufgaben zu bereichern, kann die vom jeweiligen Mitarbeiter durchzuführende Eigenkontrolle zu größerer Leistungsbereitschaft anspornen als die durch einen Kollegen ausgeübte Fremdkontrolle.

- **Teilautonome Gruppenarbeit**

Teilautonome Gruppenarbeit liegt dann vor, wenn ein ganzer Aufgabenkomplex als Block einer Gruppe von Mitarbeitern zur Bewältigung übertragen wird. Die Gruppe regelt dann in eigener Zuständigkeit autonom, d.h. selbstständig und selbstverantwortlich, die organisatorische Aufteilung des Komplexes in Teilaufgaben und stellt die Erledigung des gesamten Aufgabenbereiches sicher. Eine direkte Zuweisung bestimmter Einzelaufgaben an den einzelnen Mitarbeiter durch eine höhere Leitungsebene in der Unternehmenshierarchie findet also nicht mehr statt.

Ein Hersteller für Kosmetikartikel beauftragt eine große Werbeagentur, für ein neu am Markt zu platzierendes Produkt eine ansprechende Verpackung zu gestalten. Die Geschäftsleitung der Werbeagentur überträgt diesen Auftrag einem Team von Mitarbeitern in der Abteilung „Design". Diese Gruppe regelt autonom Zuständigkeit und Ablauf aller zur Bewältigung des Auftrages auszuführenden Tätigkeiten (von der Ideenentwicklung bis hin zur Präsentation mehrerer Verpackungsvorschläge zwecks Auswahl durch den Kunden). Die Teamchefin, die in erster Linie eine Beratungsfunktion erfüllt, koordiniert die einzelnen Teilaufgaben und stellt so die Bewältigung des Aufgabenkomplexes sicher. Gleichzeitig ist sie das Bindeglied zur Geschäftsleitung.

1.3.3.2 Konflikthandhabung

Vor allem aus dem Zusammenwirken von Mitarbeitern in der Organisationsstruktur des Unternehmens, die durch Über- und Unterordnungsverhältnisse von Menschen gekennzeichnet ist, entstehen Konflikte. Diese Konflikte innerhalb des Unternehmens, die sich in Spannungen, Auseinandersetzungen oder Zusammenstößen äußern, können sich sowohl negativ als auch positiv auf das Unternehmen und die in ihm tätigen Mitarbeiter auswirken.

Konfliktsituationen ziehen negative Konsequenzen nach sich, indem sie beim einzelnen Mitarbeiter zu Stress und Unzufriedenheit führen oder den geregelten Ablauf von Prozessen im Unternehmen stören.

Andererseits kann oft erst das Austragen von Konflikten durch den Abbau der bestehenden Spannungen eine stressfreie Atmosphäre ermöglichen und klare Verhältnisse schaffen. Im Extremfall können Konflikte (z.B. durch neue Ideen von Mitarbeitern) sogar den Anstoß für organisatorische Veränderungen im Unternehmen geben, wenn Verbesserungsvorschläge bei der Gestaltung unternehmerischer Strukturen und Prozesse berücksichtigt werden.

Treten Spannungen bzw. Auseinandersetzungen innerhalb einer Person auf, spricht man von **intrapersonalen Konflikten.** Die im Unternehmen zwischen Arbeitgeber und Arbeitnehmern, zwischen einzelnen Mitarbeitern oder zwischen verschiedenen formellen bzw. informellen Gruppen möglichen Spannungen, Auseinandersetzungen und Zusammenstöße nennt man **interpersonale Konflikte.**

▶ Vermeidung bzw. Beseitigung intrapersonaler Konflikte

Intrapersonale Konflikte, die vor allem durch Rollenkonflikte oder durch Über- bzw. Unterforderung des einzelnen Mitarbeiters an dem ihm in der Organisationsstruktur zugewiesenen Arbeitsplatz entstehen, beeinflussen über die Arbeitszufriedenheit die Leistungsbereitschaft des Arbeitnehmers.

■ Rollenkonflikte

Sie entspringen aus einer Unstimmigkeit bzw. einem Widerspruch zwischen den Anforderungen, die ein Arbeitsplatz an einen Mitarbeiter innerhalb der unternehmerischen Organisationsstruktur stellt und dessen individuellen Zielen, Bedürfnissen, Wertvorstellungen oder Weltanschauungen.

- Ein Außendienstmitarbeiter soll künftig eine neue Marketingstrategie vertreten, obwohl er persönlich die aggressivere Kundenansprache ablehnt.
- Ein Angestellter in einer chemischen Fabrik ist nicht mit allen Entscheidungen der Geschäftsleitung über erforderliche Umweltschutzmaßnahmen einverstanden.

Der einzelne Arbeitnehmer spielt also eine Rolle, die durch Erwartungen der Unternehmensleitung, seiner direkten Vorgesetzten, der Kollegen und Untergebenen bestimmt ist. Daher kann es möglich sein, dass sich ein Mitarbeiter nicht so verhält, wie er es selbst möchte, sondern er sieht die Erwartungen, die andere an seine Person stellen, als die für sein Verhalten bestimmende Größe an. Ein Grund für diese Rollenübernahme mag darin liegen, dass sonst Schwierigkeiten erwartet werden, die in Form von persönlicher Ablehnung oder Übergehung bei Beförderungen die Einhaltung dieser Erwartungen erzwingen. Konfliktverstärkend kommt hinzu, dass der Einzelne nicht nur diese eine Rolle im Berufsleben spielt, sondern gleichzeitig noch die Rolle als Freund/Freundin, als Vater/Mutter, als Ehemann/Ehefrau, als Sportvereinsmitglied, als Mitglied einer Gewerkschaft oder einer politischen Partei ausfüllt.

Führen Rollenkonflikte bei einem Mitarbeiter zu einem mit seinen persönlichen Zielen, Bedürfnissen, Wertvorstellungen oder Weltanschauungen unvereinbaren Handeln und Verhalten innerhalb eines Unternehmens, sollte sich dieser Arbeitnehmer aufgrund der nicht möglichen Anpassung um die Beendigung seines Arbeitsverhältnisses bemühen.

- **Über- und Unterforderung am Arbeitsplatz**

Je nach Bildung (Schulabschluss) und Ausbildung werden mit der Berufstätigkeit bestimmte Erwartungen verknüpft. Je qualifizierter ein Mitarbeiter ist, desto mehr wird er eine Tätigkeit erwarten, die Selbstständigkeit und Verantwortlichkeit voraussetzt. Stimmen diese Vorstellungen nicht mit der Berufswirklichkeit überein, kann Unzufriedenheit die Folge sein. Insofern können Über- oder Unterforderungen im Beruf Ursache für ein gestörtes Arbeitsverhältnis sein. Im Extremfall können sie zur Leistungsverweigerung führen.

Zur **Überforderung** eines Mitarbeiters an seinem Arbeitsplatz wird es vor allem dann kommen, wenn ein Stelleninhaber die ihm übertragenen Arbeitsaufgaben – etwa aufgrund vorgegebener Termine oder aufgrund der Fülle der in seinen Zuständigkeitsbereich fallenden Teilaufgaben – zeitlich nicht bewältigen kann. Solche Konflikte lassen sich vermeiden, indem Vorgesetzte den ihnen unterstellten Mitarbeitern realistische Zeiträume für die Erledigung von Aufgaben einräumen oder durch einen entsprechenden Personalbestand die Bewältigung der Aufgaben gewährleisten.

Kann ein Mitarbeiter aufgrund persönlicher Voraussetzungen (wie z. B. seiner beruflichen Qualifikation) den Anforderungen seines Arbeitsplatzes nicht entsprechen, sollte dieser Arbeitnehmer entweder an einen seiner fachlichen Qualifikation entsprechenden Arbeitsplatz im Unternehmen versetzt werden oder es sollte ihm die Teilnahme an inner- oder außerbetrieblichen Fortbildungsmaßnahmen zwecks Erwerb der erforderlichen Kompetenzen ermöglicht werden. Häufig wird ein Mitarbeiter auch dadurch überfordert, dass mehrere übergeordnete Stellen (Vorgesetzte) ihm Anweisungen erteilen, die sich in sachlicher oder zeitlicher Hinsicht widersprechen. In einem solchen Fall sollten die Kompetenzen zwischen den übergeordneten Stellen durch entsprechende organisatorische Maßnahmen eindeutig und klar geregelt werden (z. B. durch Stellenbeschreibungen).

Zur **Unterforderung** kann es kommen, wenn Arbeitsverrichtungen immer wieder in der gleichen Weise ablaufen und dadurch inhaltsarm und monoton werden.

Hier können die Maßnahmen zur quantitativen und qualitativen Arbeitsfeldvergrößerung Abhilfe schaffen. Ein Unternehmen sollte stets darum bemüht sein, die in ihm tätigen Mitarbeiter so in der Organisationsstruktur einzusetzen, dass die einem Arbeitnehmer übertragenen Arbeitsaufgaben auch seinen persönlichen Voraussetzungen gerecht werden, d. h. seinem Leistungsvermögen sowie seinen Kenntnissen und Fertigkeiten.

Vermeidung bzw. Beseitigung interpersonaler Konflikte

Interpersonale Konflikte sind in erster Linie auf Interessengegensätze zwischen mindestens zwei Personen oder Gruppen zurückführbar, aber auch auf unterschiedliche Auffassungen. Innerhalb eines Unternehmens können sich die interpersonalen Konflikte, die das Betriebsklima mitbestimmen, allein schon deshalb verstärkt äußern, weil die mit der Aufbauorganisation realisierte Gestaltung der unternehmerischen Strukturen gleichzeitig ein **Herrschaftssystem** begründet, in dem Macht und Geltungsstreben eine Rolle spielen können.

Eine zwischen mindestens zwei Personen oder Gruppen auftretende **Konfliktsituation** lässt sich allgemein dadurch charakterisieren, dass zur Durchsetzung der eigenen Interessen bzw. Anschauungen versucht wird, den anderen zu beeinflussen, zu unterdrücken oder gar zu besiegen. Diese im sozialen Spannungsfeld eines Unternehmens unvermeidbar auftretenden Konflikte können – falls sie nicht zu einer für die Beteiligten befriedigenden Einigung (z.B. durch Kompromiss) führen – zur Leistungsminderung oder -verweigerung bzw. zum Motivationsverlust des einzelnen Mitarbeiters beitragen. Im Extremfall sind unvermeidbare Konflikte, in denen keine Einigung erzielt werden konnte, Ursache von Krankheiten oder führen zur Beendigung des Arbeitsverhältnisses.

Interpersonale Konflikte im Unternehmen entzünden sich vor allem an:

- konkurrierenden Zielen (etwa bei der Zielfestlegung der Lagerhaltung: Zu hohe Lagerbestände verursachen hohe Kosten, gewährleisten aber die jederzeitige Produktions- bzw. Lieferbereitschaft. Bei zu niedrigen Lagerbeständen fallen zwar geringe Kosten an, jedoch besteht die Gefahr der Produktions- bzw. Lieferunfähigkeit);
- geplanten Veränderungen organisatorischer Strukturen oder Prozesse (z.B. Rationalisierungsmaßnahmen, Einführung neuer Technologien, Betriebsstilllegungen);
- Autonomie-, Macht- und Geltungsstreben von Gruppen oder einzelnen Mitarbeitern im Unternehmen (z.B. beim Kampf zwischen zwei Abteilungen um die Verteilung eines gekürzten Budgets oder Auseinandersetzungen zwischen Kollegen bei der Bewerbung um eine frei werdende höher dotierte Stelle in der Unternehmenshierarchie);
- Überschneidungen infolge nicht eindeutig zwischen Vorgesetzten geregelten Kompetenzen (Entscheidungs- und Weisungsbefugnissen);
- einer ungerecht empfundenen Behandlung oder Beurteilung eines Mitarbeiters durch Vorgesetzte;
- persönlichen Abneigungen;
- einem mit einer zu engen Kontrolle und Überwachung verbundenen autoritären Führungsstil eines Vorgesetzten;
- Fragen der Personalpolitik (Einstellung, Versetzung oder Entlassung von Mitarbeitern);
- einem zu hohen Arbeitstempo oder zu großem Termindruck;
- der Frage des „gerechten Lohnes" (Verdienstunterschiede, Lohnhöhe).

Die sich aus Sachfragen bei der betrieblichen Leistungserstellung und -verwertung ergebenden **unvermeidbaren Konflikte** sollten durch einen für alle Beteiligten vertretbaren Kompromiss (niederlagenfreie Lösung) beigelegt werden, weil die strukturell bedingten Konfliktursachen nicht beseitigt werden können. In vielen Fällen – so bei Fragen der Lohnhöhe, der Arbeitszeit, des Urlaubsanspruches – wird nicht direkt zwischen den Parteien, sondern durch betrieblich bzw. überbetrieblich organisierte Interessenverbände (Arbeitgeber – Betriebsrat; Arbeitgeberverband – Gewerkschaft) verhandelt.

Viele Konflikte innerhalb des Unternehmens lassen sich jedoch vermeiden, indem die Ursachen – z.B. durch ein geändertes Führungsverhalten oder durch eine verbesserte Gestaltung der Organisationsstruktur – beseitigt werden. Bei persönlichen Differenzen zwischen Mitarbeitern sollte sich allerdings der Einzelne selbst – z.B. durch ein klärendes Gespräch – um eine Lösung des Konfliktes bemühen.

1.3.3.3 Verbesserung des Arbeitsumfeldes

Ein Unternehmen ist im Rahmen der Humanisierung der Arbeit auch an einer angemessenen Gestaltung bzw. Verbesserung des Arbeitsumfeldes interessiert. Die dazu geeigneten Maßnahmen der **Arbeitsplatzgestaltung** und des **Arbeitsschutzrechtes** werden aber nicht nur humanen Zwecken gerecht, sondern verfolgen gleichzeitig auch wirtschaftliche Interessen des Arbeitgebers, denn die Produktivität eines Unternehmens wird u. a. auch von der Einsatzbereitschaft und Gesundheit der in ihm tätigen Arbeitnehmer mitbestimmt.

▶ Arbeitsplatzgestaltung

Eine angemessene und zweckmäßige Gestaltung von Arbeitsplätzen ist in erster Linie von der Art der Aufgaben abhängig, die der einzelne Mitarbeiter an seinem Arbeitsplatz zu bewältigen hat. Seine persönliche **Arbeitszufriedenheit,** die die Quantität und Qualität der zu erbringenden Leistung bestimmt, wird durch die Arbeitsplatzgestaltung insofern berührt, als er sich in der Umgebung seines Tätigkeitsfeldes subjektiv wohlfühlen sollte. Dies kann u.a. durch eine räumlich ausreichende, mit möglichst viel Tageslicht versehene, vor Lärm- sowie Staubeinwirkungen geschützte und farbig abgestimmte Gestaltung des unmittelbaren Arbeitsumfeldes erreicht werden. Zur Arbeitsplatzgestaltung (vgl. S. 173) zählen neben diesen Maßnahmen zur Verbesserung der unmittelbaren Arbeitsplatzumgebung auch die zur **Erleichterung der Arbeitsverfahren** (vgl. S. 173), die vor allem eine möglichst kraftsparende und bewegungsangepasste (körpergerechte) Tätigkeitsverrichtung sicherstellen sollen.

▶ Arbeitsschutzrecht

Das Arbeitsschutzrecht (vgl. S. 247ff.) umfasst Vorschriften, die den Arbeitnehmer in Ausübung seiner Erwerbstätigkeit vor Schaden an Leben und Gesundheit bewahren sollen. Neben der Gewerbeordnung (vgl. S. 248) und dem Arbeitszeitgesetz (vgl. S. 247f.) können u.a. folgende **Gesetze und Verordnungen** für ein Unternehmen von Bedeutung sein:

- **Gesetz über die Bereitstellung von Produkten auf dem Markt** *(Produktsicherheitsgesetz-ProdSG)*

  Nach dem **Produktsicherheitsgesetz** *(ProdSG)* ist eine Markteinführung von Produkten nur zulässig, wenn die Sicherheit und Gesundheit von Personen dadurch nicht gefährdet wird. Es regelt die Sicherheit von Geräten, Produkten und Anlagen. Dazu zählen etwa Haushalts- und Sportgeräte, Spielzeug, Textilien, Möbel, Elektroartikel, Werkzeuge oder Maschinen.

  Für Produkte, die für den Verbraucher bestimmt sind, gelten besondere Pflichten: Hersteller, Importeure und Händler müssen Informationen zur sicheren Anwendung bereitstellen. Außerdem ist eine Kontaktanschrift anzugeben. Zudem muss das Produkt dauerhaft überwacht werden.

  Nach positiver Prüfung eines Produktes durch eine von der Zentralstelle der Länder (ZLS) bestimmte **Prüfstelle** (z.B. TÜV, DEKRA) darf das Zeichen „GS-Geprüfte Sicherheit“ verwendet werden.

- **Gesetz zum Schutz vor gefährlichen Stoffen** *(Chemikaliengesetz – ChemG)*

  Dieses Gesetz schützt den Arbeitnehmer vor den Einwirkungen z.B. sehr giftiger, hochentzündlicher, krebserregender, ätzender, erbgutverändernder oder explosionsgefährlicher Stoffe wie etwa beim Umgang mit radioaktiven Materialien, Lacken, Säuren, Laugen, Sprengstoffen oder Arzneimitteln.

- **Verordnung zum Schutz vor Gefahrstoffen** *(Gefahrstoffverordnung – GefStoffV)*

  Diese sich auf das Chemikaliengesetz stützende Gefahrstoffverordnung schützt sowohl den Arbeitnehmer z. B. beim Gebrauch, bei Herstellung, Lagerung, Abfüllung oder Vernichtung gefährlicher Stoffe im Betrieb als auch die Bevölkerung beim Verkauf dieser gefährlichen Stoffe am Markt, indem etwa gefährliche Stoffe auf Verpackungen bzw. Transportbehältnissen mit **Gefahrensymbolen** gekennzeichnet sein müssen.

Gefahrensymbole

(nach dem global harmonisierten System zur Einstufung und Kennzeichnung von Chemikalien [**G**lobally **H**armonized **S**ystem of Classification, Labelling and Packaging of Chemicals – GHS])

GHS01: explosionsgefährlich

GHS02: entzündbar

GHS06: giftig

- **Unfallverhütungsvorschriften der jeweiligen Berufsgenossenschaft** in ihrer Eigenschaft als Träger der gesetzlichen Unfallversicherung

Stabile Beitragslast

Beiträge der Arbeitgeber zur Unfallversicherung in Prozent des gesamten Arbeitsentgelts

2010	2019	2020	
3,95	3,25	3,34	Bauwirtschaft
2,17	1,73	1,78	Verkehrswirtschaft, Post-Logistik, Telekommunikation
1,72	1,38	1,45	Nahrungsmittel und Gastgewerbe
1,44	1,33	1,36	Rohstoffe und chemische Industrie
1,48	1,21	1,21	Holz und Metall
1,13	1,00	1,00	Energie, Textil, Elektro, Medienerzeugnisse
0,99	0,94	0,94	Handel und Warendistribution
0,91	0,81	0,78	Verwaltung
0,76	0,73	0,74	Gesundheitsdienst und Wohlfahrtspflege
1,32	1,14	1,14	Berufsgenossenschaften der gewerblichen Wirtschaft insgesamt

Gewerbliche Wirtschaft: ohne landwirtschaftliche Berufsgenossenschaft und ohne Unfallversicherungsträger der öffentlichen Hand; Verwaltung: einschließlich Bahnen, Glas/Keramik

Quellen: Deutsche Gesetzliche Unfallversicherung, Institut der deutschen Wirtschaft

iwd

Quelle: iwd: Informationen aus dem Institut der deutschen Wirtschaft Köln, Nr. 6 vom 17. März 2022, Seite 12

Andererseits schützen die **Vorschriften des Arbeitsschutzrechtes** auch besondere Personengruppen wie etwa:

- **Arbeitnehmer,** die noch nicht 18 Jahre alt sind *(JArbSchG,* vgl. S. 248 f.),
- in einem Beschäftigungsverhältnis stehende **Frauen während und nach der Schwangerschaft** *(MuSchG,* vgl. S. 249 f.),
- **schwerbehinderte Arbeitnehmer** *(SGB IX*, vgl. S. 252 f.).

▶ Zusammenfassung

Humanisierung der Arbeit

Humanisierung

Unter Beachtung ökonomischer und humaner Gesichtspunkte Ansätze zur verbesserten Gestaltung der Arbeitswelt, die sich vor allem auf die **Arbeitsinhalte** und das **Arbeitsumfeld** erstrecken.

Ursachen der Arbeitsfeldverkleinerung

Die durch die Industrialisierung hervorgerufene Produktionsteilung und Arbeitszerlegung bedeuten für den einzelnen Arbeitnehmer je nach Aufgabenbereich eine mehr oder weniger große **Einschränkung seines Tätigkeits-** (quantitative Arbeitsfeldverkleinerung) **bzw. Entscheidungs- und Kontrollbereiches** (qualitative Arbeitsfeldverkleinerung).

Auswirkungen der Arbeitsfeldverkleinerung

Entfremdung des Mitarbeiters
- vom Ergebnis seiner Tätigkeit;
- von Kollegen;
- von seiner Teilverrichtung,

häufig verbunden mit einem Verlust an Verantwortungsgefühl, Motivation, Leistungsbereitschaft und Kreativität.

Ansätze zur Humanisierung der Arbeit

Arbeitsfeldvergrößerung mit dem Ziel, der Inhaltsarmut und der Monotonie innerhalb des begrenzten Tätigkeits-, Entscheidungs- und Kontrollbereiches des Mitarbeiters entgegenzuwirken.

- **Vergrößerung des Tätigkeitsbereiches** (quantitative Arbeitsfeldvergrößerung) durch:
  - systematischen innerbetrieblichen Stellenwechsel **(Jobrotation);**
  - Erweiterung der in mehrere Teilaufgaben zerfallenden Arbeitsaufgabe zu einer Ganzheit **(Jobenlargement).**
- **Vergrößerung des Entscheidungs- und Kontrollbereiches** (qualitative Arbeitsfeldvergrößerung) durch:
  - Bereicherung der Arbeitsaufgaben durch höhere Anforderungen, die durch Planungs-, Entscheidungs- und Kontrollspielräume hervorgerufen werden **(Jobenrichment);**
  - Übertragung eines Aufgabenkomplexes als Block auf eine Gruppe von Mitarbeitern, die selbstständig und selbstverantwortlich die Gesamtaufgabe bewältigt **(teilautonome Gruppenarbeit).**

Handhabung intrapersonaler und interpersonaler Konflikte sowohl zur Steigerung der Arbeitszufriedenheit und der Leistungsbereitschaft des einzelnen Mitarbeiters als auch zur Verbesserung des Betriebsklimas.

- **Vermeidung bzw. Beseitigung intrapersonaler Konflikte** durch:
  - Anpassung bzw. Beendigung des Arbeitsverhältnisses bei den aus einem inneren Zwiespalt hervorgerufenen Rollenkonflikten;
  - eine vom Leistungsvermögen und den persönlichen Qualifikationen eines Mitarbeiters abhängige quantitativ und qualitativ angemessene überschneidungsfreie Zuweisung von Arbeitsaufgaben bei Über- und Unterforderungen am Arbeitsplatz.
- **Vermeidung bzw. Beseitigung interpersonaler Konflikte** durch:
  - Kompromiss bei unvermeidbaren Konflikten;
  - Beseitigung der Ursachen bei vermeidbaren Konflikten.

Verbesserung des Arbeitsumfeldes durch Maßnahmen der Arbeitsplatzgestaltung und durch Beachtung arbeitsschutzrechtlicher Bestimmungen.

- Die **Arbeitsplatzgestaltung** umfasst Maßnahmen zur Verbesserung der unmittelbaren Arbeitsplatzumgebung (z.B. ausreichende Beleuchtung, Schutz vor Lärm- und Staubeinwirkungen) als auch zur Erleichterung der Arbeitsverfahren (z.B. durch Gewährleistung einer möglichst kraftsparenden und bewegungsangepassten Tätigkeitsverrichtung).
- Die **Vorschriften des Arbeitsschutzrechtes** schützen
  - den Arbeitnehmer in Ausübung seiner Erwerbstätigkeit vor Schäden an Leben und Gesundheit (z.B. Gewerbeordnung, Arbeitszeitgesetz, Produktsicherheitsgesetz, Chemikaliengesetz, Gefahrstoffverordnung, Unfallverhütungsvorschriften der zuständigen Berufsgenossenschaft);
  - besondere Personengruppen (z.B. Jugendarbeitsschutzgesetz, Mutterschutzgesetz, Schwerbehindertenrecht gemäß SGB IX).

Aufgaben 11

(1) *Was versteht man unter dem Begriff „Humanisierung" der Arbeit?*

(2) *Nennen und beschreiben Sie Ursachen und Auswirkungen der Arbeitsfeldverkleinerung!*

(3) *Grenzen Sie die quantitative und qualitative Arbeitsfeldverkleinerung gegeneinander ab!*

(4) *Welche Bedeutung kann den Ansätzen zur Humanisierung der Arbeit für den Arbeitgeber bzw. für den im Unternehmen tätigen Mitarbeiter zukommen?*

(5) *Stellen Sie Maßnahmen zur quantitativen Vergrößerung des Arbeitsfeldes dar!*

(6) *Was versteht man unter Jobenrichment?*

(7) *Erläutern Sie an einem selbst gewählten Beispiel intrapersonale und interpersonale Konflikte!*

(8) *Schildern Sie Situationen, in denen Sie in Ihrem Ausbildungsbetrieb Rollenkonflikte miterlebten und beschreiben Sie deren Konflikthandhabung!*

(9) *Beschreiben Sie Situationen aus Ihrem Ausbildungsbetrieb, an denen sich interpersonale Konflikte entzündet haben und erläutern Sie, wie diese Konflikte gelöst wurden!*

(10) *Erläutern Sie an Beispielen unvermeidbare und vermeidbare Konflikte!*

(11) *Nehmen Sie kritisch Stellung zu der folgenden Behauptung: „Die Ansätze zur Humanisierung der Arbeitswelt sollten lediglich auf die Maßnahmen zur Vergrößerung des Arbeitsfeldes beschränkt bleiben."*

(12) *Nennen und beschreiben Sie die wesentlichen Vorschriften des Arbeitsschutzrechtes, die den Arbeitnehmer in Ausübung seiner Erwerbstätigkeit vor Schaden an Leben und Gesundheit schützen!*

(13) *Nennen Sie mindestens fünf Bestimmungen aus der für Ihren Ausbildungsbetrieb gültigen Unfallverhütungsvorschrift!*

1.4 Personalpolitik

Eine wesentliche Aufgabe der betrieblichen Personalpolitik ist, die in den verschiedenen Funktionsbereichen des Unternehmens benötigten **Mitarbeiter bereitzustellen,** damit die leistungswirtschaftlichen Unternehmensziele erreicht werden können.

Entscheidungen der betrieblichen Personalpolitik sind nicht isoliert – etwa als reine Verwaltungsaufgabe – zu betrachten, sondern stehen vielmehr in einem engen wechselseitigen Zusammenhang mit den unternehmenspolitischen Entscheidungen in den übrigen Funktionsbereichen.

Art und Umfang personalpolitischer Maßnahmen in einem Großhandelsunternehmen wie etwa Einstellung oder Versetzung von Mitarbeitern hängen einerseits von den Aufgaben ab, die z. B. in der Abteilung „Einkauf" anfallen. Andererseits können die Ergebnisse der Personalpolitik aber auch die in den übrigen Bereichen des Unternehmens zu fällenden Entscheidungen beeinflussen, denn die Qualität unternehmenspolitischer Maßnahmen in den anderen Abteilungen (wie Rechnungswesen/Controlling oder Verkauf) wird wesentlich durch die persönlichen Qualifikationen und den Einsatzwillen der Beschäftigten bestimmt. Eine dringend erforderliche Kapazitätsausweitung kann etwa an einem Mangel qualifizierter Bewerber auf dem Arbeitsmarkt scheitern.

Um ein Unternehmen leistungswirksam mit einem **bedarfsgerechten Personalbestand** ausstatten zu können, muss vor allem ermittelt werden,

- wie viele Mitarbeiter (quantitativ),
- mit welchen Qualifikationen (qualitativ),
- wann (zeitlich) und
- wo (in welchen betrieblichen Abteilungen)

benötigt werden. Zur Bewältigung dieser betrieblichen Teilaufgabe werden unter anderem auch folgende **Instrumente der Personalpolitik** eingesetzt:

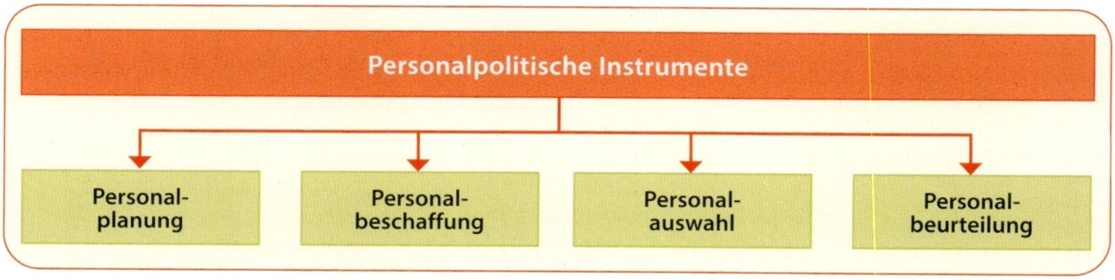

1.4.1 Personalplanung

Innerhalb der Personalplanung, die gleichzeitig auch die Grundlage für die anderen personalpolitischen Instrumente darstellt, wird der Personalbestand **(Personalbestandsplan)** ermittelt und in quantitativer, qualitativer, zeitlicher und örtlicher Hinsicht dem zukünftigen Personalbedarf **(Personalbedarfsplan)** gegenübergestellt. Da der Personalbestand nur selten mit dem Personalbedarf übereinstimmen wird, kommt es zu einer **Personalüberdeckung bzw. -unterdeckung.** Daher zählt es auch zu den Aufgaben der Personalplanung, geeignete Maßnahmen einzuleiten, damit der festgestellte Personalbedarf gedeckt werden kann.

Maßnahmen bei Personalüberdeckung (Personalbestand > Personalbedarf):

- Kündigung von Mitarbeitern,
- Aufhebungsverträge zum Ausscheiden von Mitarbeitern aus dem Unternehmen,
- Maßnahmen des vorgezogenen Ruhestandes aufgrund eines Sozialplans.

Maßnahme bei Personalunterdeckung (Personalbestand < Personalbedarf):

- Neueinstellung von Mitarbeitern.

▶ Personalbestandsplan

Der Personalbestandsplan zeigt ausgehend vom aktuellen Bestand die Veränderungen bis zu einem festgelegten Stichtag auf und dokumentiert so die voraussichtliche Mitarbeiterzahl. Der so ermittelte Personalbestand kann jedoch nur die der Personalabteilung bereits bekannten Personalveränderungen berücksichtigen. Personalveränderungen ergeben sich durch Zu- und Abgänge von Mitarbeitern.

In einem Versicherungsunternehmen können **Zugänge** erfolgen durch:

- Einstellung neuer Mitarbeiter,
- Rückkehr längerfristig nicht tätig gewesener Mitarbeiter (etwa durch Inanspruchnahme der Elternzeit),
- Übernahme von Auszubildenden nach Bestehen der Abschlussprüfung.

Abgänge ergeben sich z. B. durch:

- Kündigung von Arbeitsverhältnissen,
- Ausscheiden von Mitarbeitern durch Erreichen der Altersgrenze,
- Nichtübernahme von Auszubildenden nach Bestehen der Abschlussprüfung.

Alle sich so ergebenden Personalveränderungen werden zu einem Stichtag – etwa zum 31. Dez. 20 . . – im **Personalbestandsplan** zusammengefasst.

Abteilungen / Personalbestand	Personalabteilung	Rechtsabteilung	Personenversicherungen	Sachversicherungen	Vermögensversicherungen	Summe
Bestand 1. Jan. 20 . .	13	8	110	14	17	162
+ voraussichtliche Zugänge	4	–	2	1	3	10
– voraussichtliche Abgänge	3	1	4	–	1	9
voraussichtlicher Bestand 31. Dez. 20 . .	14	7	108	15	19	163

▶ Personalbedarfsplan

Hier wird auf Basis der aktuellen Daten versucht, die zukünftige Entwicklung des Personalbedarfs zu planen. Dabei kann z. B. ausgehend von Erfahrungswerten aus der Vergangenheit bzw. aufgrund mathematischer Verfahren vor allem folgenden Faktoren Rechnung getragen werden, die den **Personalbedarf** eines Unternehmens bestimmen:

- unerwartet auftretende (vorübergehende) Ausfälle von Mitarbeitern durch Unfall oder Krankheit;
- unerwartete Abgänge von Mitarbeitern durch Kündigung oder Eintritt einer Erwerbsunfähigkeit;
- Veränderungen innerbetrieblicher Strukturen und Prozesse, z. B. hervorgerufen durch Kapazitätsausweitungen bzw. -einschränkungen oder Rationalisierungsmaßnahmen;
- derzeitige und zukünftige Nachfrage nach den vom Unternehmen auf dem Absatzmarkt angebotenen Sachleistungen bzw. bereitgestellten Dienstleistungen.

In **quantitativer** Hinsicht führen diese Bestimmungsfaktoren zu einem Reserve-, Ersatz-, Neu- oder Zusatz- bzw. Freistellungsbedarf von Mitarbeitern im Unternehmen. Unter **qualitativen** Gesichtspunkten ist der Personalbedarf so zu planen, dass die Kenntnisse und Fähigkeiten der Mitarbeiter bzw. Bewerber mit den jeweiligen Anforderungen eines Arbeitsplatzes in Einklang gebracht werden können. Einen ersten Anhaltspunkt dazu kann eine Gegenüberstellung der Stellenanforderungen mit dem erlernten bzw. ausgeübten Beruf des Mitarbeiters bzw. Bewerbers liefern.

In der Regel wird jedoch eine Differenzierung des qualitativen Personalbedarfs in ungelernte, angelernte, ausgebildete und hoch qualifizierte Arbeitnehmer allein nicht ausreichen. Um einer qualitativen Personalbedarfsplanung gerecht zu werden, kann das aus den Arbeitsanforderungen einer Stelle abgeleitete **Anforderungsprofil** (Soll) mit dem **Fähigkeitsprofil** (Ist) des Mitarbeiters bzw. Bewerbers verglichen werden. Dieses Fähigkeitsprofil sollte Art und Umfang der Kenntnisse und Fähigkeiten widerspiegeln, die ein Arbeitnehmer durch seine Berufsausbildung und -praxis erworben hat.

1.4.2 Personalbeschaffung

Zeigt der Personalbedarfsplan eine Lücke in der Stellenbesetzung auf, wird die freie Stelle zur Besetzung ausgeschrieben. Dies erfolgt häufig zunächst innerbetrieblich **(interne Personalbeschaffung),** um den bereits im Unternehmen tätigen Mitarbeitern die Möglichkeit zur Bewerbung zu geben. Der Betriebsrat kann die innerbetriebliche Ausschreibung der zu besetzenden Stelle verlangen *(§ 93 BetrVG 1972).* Ausgeschriebene Stellen lassen sich intern vor allem über entsprechende Ausbildungs-, Fortbildungs- oder Umschulungsmaßnahmen sowie durch Versetzung qualifizierter Mitarbeiter besetzen.

▶ Maßnahmen zur externen Personalbeschaffung

Ist es nicht möglich oder zweckmäßig, eine freie Stelle betriebsintern zu besetzen, müssen externe Bewerber angesprochen werden. Maßnahmen zur **externen Personalbeschaffung** sind vor allem abhängig von der Situation auf dem Arbeitsmarkt, dem erforderlichen Anforderungsprofil der zu besetzenden Stelle und dem Fähigkeitsprofil eines Bewerbers. Da es sich bei den Entscheidungen über die Einstellung von Bewerbern um bedeutsame und langfristige Entschlüsse handelt, wird das Unternehmen den Beschaffungsmaßnahmen und dem Auswahlverfahren größte Sorgfalt und Aufmerksamkeit widmen.

Jedes zweite Unternehmen stattet neue Mitarbeiter mit Smartphones und Tablets der neuesten Generation aus. Auch das Nahverkehrsticket steht hoch im Kurs, wenn es um Mitarbeiterwerbung geht. Die mit Abstand häufigste Maßnahme sind kostenlose Getränke. 92 Prozent der Unternehmen setzen darauf. Jedes fünfte Unternehmen (21 Prozent) bietet auch kostenloses Essen, etwa Obstkörbe oder eine Kantine, in der Mitarbeiter kostenlos essen können. Viele Unternehmen kehren sich ab von den starren Arbeitsbedingungen und ermöglichen ihren Mitarbeitern Gleitzeitarbeit (71 Prozent). Zwei Drittel (65 Prozent) bieten Arbeitszeitkonten für flexible Arbeitszeiten und 46 Prozent setzen auf Vertrauensarbeitszeit. Ein Dienstwagen bei Vertragsunterzeichnung ist eher die Ausnahme: Zwölf Prozent der Unternehmen bieten neuen Mitarbeitern einen Firmenwagen an. Für die Studie wurden 856 Geschäftsführer und Personalverantwortliche quer durch alle Branchen im September 2019 befragt, welche Maßnahmen sie ergreifen, um neue Mitarbeiter zu werben.

Einschaltung von Arbeitsvermittlungsstellen

Zunächst kann das Unternehmen versuchen, die Stelle über die Einschaltung der von der Bundesagentur für Arbeit eingerichteten Arbeitsvermittlungsstellen zu besetzen. Deren örtliche **Jobcenter** vermitteln vorwiegend im regionalen Bereich Stellen der unteren Hierarchieebenen. Die Landesstellen und die Zentralstelle für Arbeitsvermittlung sowie die Fachvermittlungsdienste dienen der überregionalen Vermittlung besonders qualifizierter Fach- und Führungskräfte. **Private Arbeitsvermittler** ergänzen das Dienstleistungsangebot.

Stellenanzeigen

Häufig versuchen Unternehmen, einen direkten Kontakt zu Stellensuchenden auf dem Arbeitsmarkt herzustellen. Zu diesem Zweck werden in regionalen und überregionalen **Zeitungen** und **Zeitschriften** Stellenanzeigen veröffentlicht. Die zielgruppengerechte Auswahl der Zeitung bzw. Zeitschrift wird dabei ebenso wie die Wahl des Anzeigentermins von der Art der ausgeschriebenen Stelle abhängen. Während freie Stellen der unteren und mittleren Ebene der Unternehmenshierarchie meist in lokalen oder regionalen Tageszeitungen ausgeschrieben werden, veröffentlichen Unternehmen Stellenangebote für Fach- und Führungskräfte eher in überregionalen Tages- oder Wochenzeitungen und Fachzeitschriften.

Das Unternehmen kann dabei eine den Namen des Inserenten enthaltende offene Stellenanzeige aufgeben. Vereinzelt wird auch eine Stellenanzeige unter einer Kennziffer **(Chiffre)** veröffentlicht. Anhand dieser Kennziffer kann dann das Bewerbungsschreiben über die Zeitung oder Zeitschrift an das inserierende Unternehmen weitergeleitet werden.

Aufgrund der fehlenden Informationen über das inserierende Unternehmen ist es aber dem Stellensuchenden allerdings nicht möglich, gezielt auf eine unter einer Chiffre veröffentlichten Anzeige zu antworten. Ferner besteht die Gefahr, dass sich ein Stellensuchender bei seiner Antwort auf eine Chiffreanzeige bei dem Unternehmen bewirbt, bei dem er zurzeit beschäftigt ist.

Quelle: Institut der deutschen Wirtschaft Köln e.V.: Informationen aus dem Institut der deutschen Wirtschaft, Nr. 7 vom 28.03.2019, S. 5

Personalleasing

Das Personalleasing kann sich für ein Unternehmen anbieten, wenn **kurzfristig** Arbeitsplätze besetzt werden müssen wie etwa bei überraschender Kündigung, Krankheit von Mitarbeitern oder bei einem nicht ausreichenden Personalbestand infolge einer vorübergehenden Kapazitätsausweitung.

Bei der Personalbeschaffung durch Leasing überlässt der gewerbsmäßige **Leasinggeber** (Personalleasing-Unternehmer) dem **Leasingnehmer** (Auftraggeber) gegen Zahlung eines Entgeltes Arbeitskräfte, die unter Fortbestand des Rechtsverhältnisses zum Leasinggeber verpflichtet sind, für den Betrieb des Auftraggebers nach dessen Weisung zu arbeiten. Häufig verwandte Begriffe wie „Leiharbeiter" oder „Verleihfirma" sind rechtlich unzutreffend, da es sich beim Personalleasing nicht um einen – unentgeltlichen – Verleih handelt.

Schließt ein Unternehmen als Auftraggeber mit einem gewerbsmäßigen Personalleasinggeber einen **Arbeitnehmerüberlassungsvertrag,** bedarf es einer Erlaubnis der Bundesagentur für Arbeit. Eine Arbeitsvermittlung wie bei einer „normalen" Neueinstellung liegt jedoch nicht vor, da der Auftraggeber nicht als Arbeitgeber der Arbeitskraft auftritt. Alle Arbeitgeberpflichten (einschließlich der Lohnzahlung) liegen nämlich aufgrund des mit dem Arbeitnehmer geschlossenen Dienstvertrages beim Leasingunternehmen.

Den mit Personalleasing verbundenen **hohen Kosten** stehen als **Vorteile** eine flexiblere Anpassung an kurzfristig auftretende Engpässe und – durch Wegfall von Fehlentscheidungen bei der Einstellung eigener Mitarbeiter – ein geringeres Risiko gegenüber.

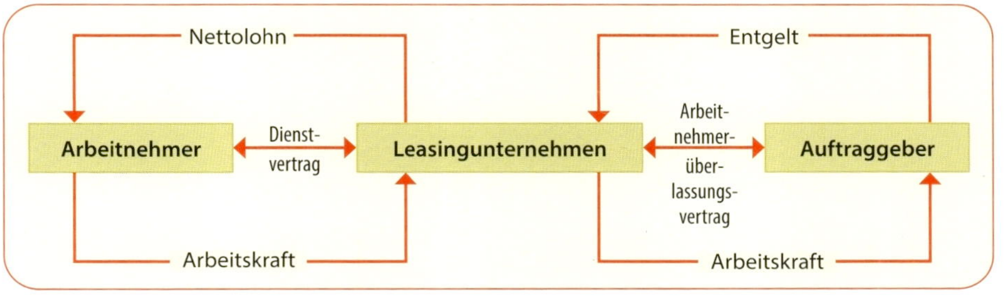

Neben dem Personalleasing, den Stellenanzeigen und den Arbeitsvermittlungsstellen als den wichtigsten Möglichkeiten zur externen Personalbeschaffung kann ein Unternehmen **darüber hinaus** auch Mitarbeiter gewinnen:

- über **Kontakte** zu Schulen, Fachhochschulen und Universitäten, um Absolventen zu interessieren,
- durch **Vermittlung** über die bereits im Unternehmen beschäftigten Mitarbeiter,
- durch **Beauftragung eines Personalberaters,** der das Unternehmen bei der Suche und Auswahl von Mitarbeitern (etwa durch Formulierung von Anzeigentexten, durch Einholung von Empfehlungen, Auskünften oder durch Prüfung, Vergleich und Bewertung der eingegangenen Bewerbungsunterlagen) gewerbsmäßig unterstützt.

1.4.3 Personalauswahl

Nach dem **Eingang der Bewerbungsunterlagen** als Ergebnis externer Personalbeschaffungsmaßnahmen muss eine Auswahl durchgeführt werden, um den für die offene Stelle bestqualifizierten Bewerber zu ermitteln. Dazu wird sich das Unternehmen eines einheitlichen, sachlichen (objektiven) Kriterienkataloges bedienen, um persönliche (subjektive) Eindrücke von Bewerbern (wie z.B. Vorurteile, Zu- oder Abneigung) auf ein Minimum zu reduzieren.

> Derzeit wird im Rahmen einer Studie geprüft, ob **anonyme Bewerbungen** zu besseren Jobchancen für ältere Bewerber, Frauen oder Ausländer führen. Indem in solchen anonymisierten Bewerbungsunterlagen sowohl das Foto als auch der Name, das Geburtsdatum, der Familienstand sowie die Adresse des Bewerbers fehlen, sollen – **diskriminierungsfrei** – gleiche Jobchancen geschaffen werden. Ziel ist es, die Einladung zum Vorstellungsgespräch ausschließlich von der jeweiligen fachlichen Qualifikation des Stellensuchenden abhängig zu machen und nicht von dessen Herkunft oder dessen sozialem Status.

Anonyme Bewerbung hat es schwer

Die Jobsuche ist für junge Frauen und Menschen mit Migrationsgeschichte besonders schwierig – wegen Vorurteilen hat ihre Bewerbung trotz Qualifikationen oft weniger Chancen. Dieses Problem könnte man lösen, meinen die einen. Aber nicht alle sind dafür.

Berlin – Der Name klingt nach Migrationshintergrund, die junge Frau will sicherlich bald ein Kind, der Mann im Rollstuhl schafft die Arbeit bestimmt nicht – gängige Vorurteile, mit denen viele Bewerberinnen und Bewerber zu kämpfen haben und durch die sie diskriminiert werden. Nach Einschätzung der Antidiskriminierungsstelle des Bundes ist Diskriminierung im deutschen Arbeitsmarkt immer noch weit verbreitet. Rund ein Viertel der Diskriminierungsverfahren im Arbeitsleben werden während der Arbeitssuche und Bewerbung gemacht. Anonymisierte Bewerbungsverfahren könnten Abhilfe schaffen – setzen sich in Deutschland aber seit Jahren nicht durch. „Nachholbedarf gibt es aus unserer Sicht bei privaten Unternehmen", sagt Bernhard Franke, kommissarischer Leiter der Antidiskriminierungsstelle.

In Deutschland verbietet das Allgemeine Gleichbehandlungsgesetz (AGG) Diskriminierung auf allen Ebenen des Arbeitslebens. Das herkömmliche deutsche Bewerbungsverfahren mache es aber vor allem jungen Frauen und Menschen mit Migrationsgeschichte besonders schwer, zum Zug zu kommen, sagt Franke. Das belegten viele Studien und auch Beratungsfragen.

Anonymisierte Bewerbungsprozesse setzen genau hier an: Sie seien ein Instrument, um Diskriminierungsfreiheit zu gewährleisten, erklärt Vera Egenberger vom Deutschen Gewerkschaftsbund (DGB). Persönliche Informationen der Bewerber wie etwa Name, Alter oder Adresse werden dabei von den Qualifikationen abgekoppelt. „Der Bewerber wird zur Nummer." Eine Auswahl finde daher rein auf Basis der Kompetenzen statt. So habe jeder die Chance, bis zum Bewerbungsgespräch zu kommen, sagt die Expertin für den Bereich Migration und Antirassismuspolitik. „Mehrere Pilotprojekte haben gezeigt, dass das Verfahren leicht umzusetzen ist und Benachteiligungen beim ersten Schritt im Bewerbungsverfahren minimieren kann", sagt Franke.

In Deutschland ist es trotzdem noch nicht Usus. Üblich seien nicht-anonyme Bewerbungen, bei denen auch die persönlichen Faktoren immer noch als Auswahlkriterium angesetzt werden, sage Egenberger. Eins der zentralen Probleme dabei: Das Foto, das hierzulande nahezu standardmäßig zu einer Bewerbung gehört und der Expertin zufolge Raum für Vorurteile und Diskriminierungen bietet. Auch die Antidiskriminierungsstelle kritisiert diese gängige Praxis. International seien Bewerbungsverfahren beispielsweise mit Foto seit vielen Jahren nicht mehr üblich. Besonders im angelsächsischen Raum seien standardisierte Verfahren wie das anonymisierte Verfahren verbreitet.

Ein weiteres zentrales Problem bei nicht-anonymen Bewerbungen sieht Egenberger in der Bekanntgabe des Namens. In Deutschland würden oft Assoziationen aufgrund von Namen vorgenommen – hinsichtlich beispielsweise eines Migrationshintergrundes. Viele Deutsche hätten etwa einen polnischen oder türkischen Namen.

Trotz der weiterhin bestehenden Kritik habe sich in den vergangenen Jahren etwas getan in puncto diskrimnierungsfreie Bewerbungsverfahren, sind sich Franke und Egenberger einig. Bereits jetzt liefen Bewerbungsprozesse im öffentlichen Dienst, etwa in der Verwaltung von Ländern oder Städten, diskriminierungsfrei ab. Verwaltungen seien laut Egenberger erheblich weiter als private Firmen. Zwar handelten einige Firmen schon vorbildlich, das seien aber Ausnahmen. Franke sieht moderne Personalverwaltungen auf einem guten Weg. „Ich bin zuversichtlich, dass weitere Unternehmen folgen werden."

Es gibt also Fortschritte, sagt Egenberger. „Aber längst nicht genug". Für die Zukunft ist sie optimistisch: „Es gibt schon ein Gespür dafür, dass man etwas anders machen sollte." Sie rechne damit, dass sich anonyme Bewerbungsverfahren in den nächsten zehn bis zwanzig Jahren durchsetzen könnten.

Die Bundesvereinigung der Deutschen Arbeitgeberverbände (BDA) misst anonymisierten Bewerbungen keine wesentliche Rolle bei. „Bewerbungsverfahren sollen in ein erfolgreiches und möglichst nachhaltiges Arbeitsverhältnis führen", teilt der BDA mit. „Die gegenseitige Grundlage für Vertrauen ist dabei umfassende Information, deshalb ist in Bewerbungsverfahren Transparenz in beide Richtungen so wichtig." Transparenz und eine klare Unternehmenspolitik trügen nachhaltiger gegen Diskriminierung bei als die anonyme Bewerbung.

■ **dpa**

Quelle: Westfälischer Anzeiger vom 29. Januar 2020

Analyse der Bewerbungsunterlagen

Zunächst erfolgt eine erste Analyse der Bewerbungsunterlagen, um festzustellen, ob die durch geeignete Unterlagen von den Bewerbern nachgewiesenen Qualifikationen den Mindestanforderungen des zu besetzenden Arbeitsplatzes genügen.

Folgende Unterlagen können inhaltlich und formal Basisinformationen über den Bewerber, seinen Ausbildungsgang, seine berufliche Laufbahn und seinen Lebensweg liefern:

- Bewerbungsschreiben;
- Lichtbild des Bewerbers;
- Lebenslauf;
- Schul- und Ausbildungszeugnisse;
- Arbeitszeugnisse;
- Personalfragebogen;
- Empfehlungen;
- polizeiliches Führungszeugnis;
- Ergebnis einer ärztlichen Untersuchung.

Darüber hinaus kann der Gesamteindruck der vorgelegten Unterlagen u. a. auch Rückschlüsse auf die sprachliche Ausdrucksgewandtheit, den Wortschatz oder den Ordnungssinn des Bewerbers zulassen.

Bewerbungsschreiben ade

Bahn will von möglichen Azubis nur noch Lebenslauf und Zeugnisse – und das online

Berlin. – Die Deutsche Bahn will bei angehenden Azubis künftig auf das Bewerbungsschreiben verzichten. Ab Herbst soll es möglich sein, über eine Online-Plattform nur noch Lebenslauf und Zeugnisse einzureichen. „Wir wollen es den Bewerbern so einfach wie möglich machen", sagte Personalerin Carola Hennemann. Der Konzern will dieses Jahr rund 19000 Mitarbeiter einstellen, darunter 3600 Auszubildende.

In den nächsten Jahren gehen bei der Bahn Tausende Mitarbeiter in Rente. Etwa die Hälfte der Belegschaft wird den Konzern in den kommenden zehn Jahren aus Altersgründen verlassen, wie das Unternehmen erklärt. Neben IT-Experten oder Ingenieuren sucht die Bahn auch Leute, die Lokführer oder Fahrdienstleiter werden wollen.

„Für Schüler ist so ein Motivationsschreiben schon schwierig", sagte Hennemann, die die Personalgewinnung in Baden-Württemberg leitet und bundesweit für die Einstellung von Ingenieuren zuständig ist. „Auch andere sind froh, wenn sie nicht so viel schreiben müssen. Wir prüfen die Motivation der Bewerber sowieso nochmal in einem Gespäch ab."

Dass kein Anschreiben mehr hochgeladen werden muss, soll für Bewerber gelten, die 2019 als Azubis anfangen wollen. Der Staatskonzern prüft, bei welchen Berufsgruppen es noch Sinn macht, auf ein Anschreiben zu verzichten. „Wir schauen, welche Erfahrungen wir damit machen. Und dann werden wir das ausweiten", sagte ein Bahnsprecher.

Nicht nur die Bahn steht vor einer Pensionierungswelle, auch andere Unternehmen oder öffentliche Verwaltungen suchen Leute. Sie konkurrieren zum Beispiel um Ingenieure. Einen Engpass gibt es auch bei Lokführern. Hier bemühen sich der Staatskonzern Bahn und seine privaten Wettbewerber seit geraumer Zeit stärker um Nachwuchs.

Denn beim Fernverkehr steht die Bahn auch vor einer Herausforderung: Union und SPD fordern in ihrem Koalitionsvertrag, dass im Jahr 2030 rund 280 Millionen Fahrgäste in ICE und Intercity unterwegs sind. Das wären doppelt so viele wie im vergangenen Jahr. Der Konzern selbst hatte sich 180 Millionen zum Ziel für 2030 gesetzt.

Bisher hat die Deutsche Bahn für rund 12000 von 19000 Stellen in diesem Jahr Mitarbeiter gefunden. 10000 davon haben nach Angaben des Bahnsprechers bereits ihre Arbeit begonnen. „In Regionen, in denen wir Vollbeschäftigung haben, ist die Suche natürlich schwieriger, in Bayern und Baden-Württemberg zum Beispiel", sagt Hennemann.

13 Merkur-Nr. 0124

> Seit Längerem nutzt die Bahn intern auch einen Bonus zur Personalsuche: Wirbt ein Mitarbeiter einen neuen Kollegen, bekommt er 1 500 Euro. Die Bahn sucht heute auch stärker im Ausland als früher. „Aus Spanien, Griechenland haben wir schon Ingenieure nach Baden-Württemberg geholt", sagt Hennemann. „Und wir haben für die S-Bahn in Stuttgart auch schon Lokführer aus Kroatien eingestellt, die Deutsch sprechen." Die Bahn schult auch Quereinsteiger um. „Da hat auch Ü-50 noch die Chance, einen neuen Weg einzuschlagen." ■
> **dpa**

Quelle: Westfälischer Anzeiger vom 26. Juli 2018

Nach der Auswertung der Unterlagen lassen sich drei Gruppen von Bewerbern unterscheiden:

- Bewerber, die für die Stelle ungeeignet sind,
- Bewerber, die für die Stelle geeignet erscheinen, deren Unterlagen jedoch nicht vollständig vorliegen,
- geeignet erscheinende Bewerber mit vollständig vorgelegten Unterlagen.

Ungeeigneten Bewerbern sollte unter Beifügung aller eingereichten Unterlagen schnellstmöglich eine Absage zugesandt werden. Geeignet erscheinenden Bewerbern wird die Möglichkeit zur Vervollständigung ihrer Unterlagen gegeben.

▶ Vorstellungsgespräch

Die nach der Analyse der vollständigen Bewerbungsunterlagen in die engere Auswahl kommenden Bewerber werden zu einem **Vorstellungsgespräch** eingeladen. Durch dieses Gespräch kann das Unternehmen:

- über einen Bewerber einen **persönlichen Eindruck** gewinnen,
- zusätzliche, in den vorgelegten Unterlagen nicht genannte **Qualifikationen** des Bewerbers feststellen und in die Bewerbungsunterlagen aufnehmen,
- **Interessen und Erwartungen** des Bewerbers in Erfahrung bringen,
- den Bewerber näher **über die zu besetzende Stelle informieren,**
- dem Bewerber **einen positiven Eindruck** vermitteln.

Erlaubt und verboten

Unbequeme oder überraschende Fragen sind im Vorstellungsgespräch keine Seltenheit. Manche Fragen sind unzulässig und müssen nicht beantwortet werden, andere sollen dem Bewerber gründlich auf den Zahn fühlen.

Erlaubte Fragen

Erzählen Sie etwas von sich!
Gemeint ist nicht, dass der Bewerber anfängt, aus dem Nähkästchen zu plaudern. Vielmehr erwartet der Arbeitgeber Informationen zur beruflichen Biografie.

Welche Stärken/Schwächen haben Sie?
Ein Klassiker, mit dem Bewerber rechnen müssen. Der Arbeitgeber möchte herausfinden, ob man eigene Schwachpunkte benennen kann und wie man mit ihnen umgeht.

Warum wollen Sie Ihre aktuelle Stelle verlassen?
Negative Bemerkungen über den aktuellen Arbeitgeber sind tabu. Lieber ausführen, was an der neuen Stelle reizvoll ist.

Haben Sie noch Fragen?
Jetzt bloß nicht mit den Schultern zucken. Wer nicht fragt, signalisiert unter Umständen Desinteresse.

Verbotene Fragen

Sind Sie schwanger?
Fragen nach der privaten Lebensplanung sind unzulässig. Dazu gehören Fragen nach einer beabsichtigten Heirat oder einem Kinderwunsch. Privatleben und Intimsphäre sind geschützt.

Haben Sie eine Erkrankung?
Diese Frage ist nur dann erlaubt, wenn
- dadurch die konkrete Tätigkeit beeinträchtigt wird,
- wegen einer geplanten Operation oder Kur mit Arbeitsunfähigkeit zu rechnen ist,
- ansteckende Krankheiten vorliegen, die Kollegen gefährden könnten.

Welcher Religion gehören Sie an?
Nur wer sich bei einem religiös geprägten Unternehmen bewirbt, muss darüber Auskunft geben.

Was verdienen Sie aktuell?
Die Frage ist unzulässig, wenn die bisherige Vergütung nichts mit der angestrebten Stelle zu tun hat.

Quelle: Stiftung Warentest: FINANZtest 10/2012, S. 16

Im Anschluss an das Vorstellungsgespräch sollten das Verhalten und die Motive des Bewerbers genauer untersucht werden.

- **Untersuchtes Verhalten:**
  Auftreten, Verhandlungsgeschick, Sprache, Selbstvertrauen, Anpassungsfähigkeit, Zielstrebigkeit
- **Untersuchte Motive:**
  Beweggründe für den schulischen, beruflichen und privaten Werdegang

Checkliste für das Vorstellungsgespräch

- Anreiseweg zeitlich so einplanen, dass man ca. 15 Minuten vor dem Termin eintrifft.
- Das eigene Bewerbungsschreiben vorher nochmals sorgfältig durchlesen.
- Informationen über das Unternehmen einholen.
- Zum Vorstellungsgespräch mitnehmen:
  - das Einladungsschreiben des Unternehmens
  - die eigenen Bewerbungsunterlagen
  - Block und Kugelschreiber
- Überlegungen darüber anstellen, welche eigenen Fragen man im Vorstellungsgespräch stellen will.
- Das Vorstellungsgespräch zu Hause mit Bekannten oder Freunden mehrfach durchspielen.
- Angemessenes äußeres Erscheinungsbild (Kleidung, Frisur u. a.).
- Verhalten während des Gesprächs:
  - Aufregung möglichst abbauen
  - Persönliche Vorstellung beim Betreten des Raumes
  - Wird eine Frage nicht richtig verstanden oder benötigt man Bedenkzeit, ist die Bitte nach Wiederholung der Frage angebracht
  - Möglichst deutlich und verständlich sprechen
  - Aktive Teilnahme an der Gesprächsführung, d. h. Mitgestaltung der Unterredung
  - Nachfrage am Ende des Gesprächs, bis zu welchem Zeitpunkt eine Entscheidung über die Einstellung fallen wird

Eignungstest

Das Bild, das während des Vorstellungsgespräches vom Bewerber entstanden ist, kann durch einen – an das Einverständnis des Bewerbers gebundenen – **Eignungstest** ergänzt werden, wenn die offene Stelle dem Bewerber besondere persönliche und fachliche Eigenschaften abverlangt, die weder aus den vorgelegten Unterlagen noch aus dem durchgeführten Vorstellungsgespräch hervorgehen. Allerdings ist die Durchführung solcher Tests umstritten, da sie in Hinblick auf Leistungsfähigkeit oder Belastbarkeit des Bewerbers nur eine geringe Aussagekraft besitzen.

▶ Eignungsuntersuchung

Oft schließt eine **ärztliche Eignungsuntersuchung** das Auswahlverfahren ab. Mit ihr soll die körperliche Belastbarkeit des Bewerbers festgestellt werden. Das Ergebnis der Untersuchung wird in einer **Tauglichkeitsbescheinigung** dokumentiert.

Auf Basis der vorgelegten Bewerbungsunterlagen, der durchgeführten Vorstellungsgespräche und der stattgefundenen Tests bzw. Eignungsuntersuchungen kann die Entscheidung erfolgen, welcher Bewerber eingestellt werden soll. Dabei muss der Arbeitgeber die Beteiligungsrechte des Betriebsrates (vgl. S. 293 f.) beachten.

Wenn Arbeitgeber neue Mitarbeiterinnen und Mitarbeiter suchen, ist vor allem eines gefragt: Fachkenntnis. Die neuen Kolleginnen und Kollegen sollen ihr „Handwerk" beherrschen und im Betrieb möglichst nach kurzer Einarbeitung ihre Aufgaben erfüllen. Immer mehr rücken allerdings auch andere Eigenschaften in den Blickpunkt: die sogenannten Soft Skills, also im weitesten Sinne soziale Kompetenz. Das hat eine Untersuchung des Bundesarbeitgeberverbandes der Personaldienstleister (BAP) ergeben. An der Spitze der gewünschten Eigenschaften steht die Teamfähigkeit: In rund zwei Dritteln der Jobangebote ist zu lesen, dass Teamplayer gesucht werden. Mit großem Abstand taucht Verantwortungsbewusstsein als zweitwichtigste Qualifikation auf (35,5 Prozent). Erst an letzter Stelle steht die Höflichkeit – möglicherweise auch, weil höflicher Umgang mit anderen Menschen als eine Selbstverständlichkeit gesehen wird und es daher keiner besonderen Erwähnung in einer Stellenanzeige bedarf.

Haben sich in dem Unternehmen, in dem eine Stelle intern besetzt werden soll, **mehrere Mitarbeiter auf diese Stelle beworben,** wird das Unternehmen unter Rückgriff auf die in der Personalabteilung geführten Unterlagen (Personalakte, die u.a. auch Beurteilungen enthalten wird) eine Auswahl treffen.

1.4.4 Personalbeurteilung

Die Personalbeurteilung ist ein wesentliches **Instrument betrieblicher Personalpolitik,** das Aussagen darüber bereitstellt, ob und inwieweit ein Mitarbeiter hinsichtlich Eignung und Leistung den Anforderungen und Erwartungen eines Arbeitsplatzes entspricht.

Personalbeurteilungen werden in die **Personalakte** des betreffenden Mitarbeiters aufgenommen und können vom Arbeitnehmer eingesehen werden *(§ 83 I BetrVG 1972).* Auf sein Verlangen kann er zum Inhalt der Personalakte Erklärungen abgeben, die in diese aufgenommen werden müssen *(§ 83 II BetrVG 1972).*

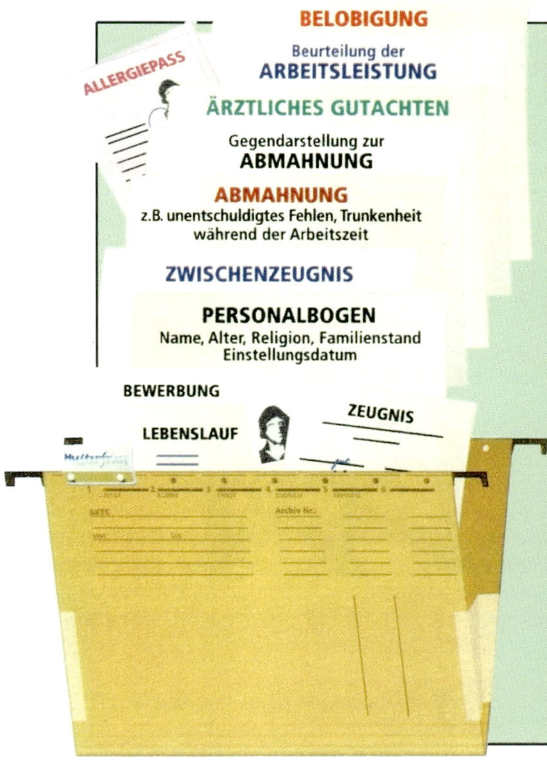

DIESE UNTERLAGEN KÖNNTE IHRE PERSONALAKTE ENTHALTEN

Es gibt keine gesetzliche Vorschrift über ihren Inhalt. In aller Regel enthält eine Personalakte jedoch folgende Elemente:

- Einen **Personalbogen,** der persönliche Daten des Arbeitnehmers enthält. So sieht der Chef auf einen Blick, wessen Mappe er vor sich hat.
- Die **Bewerbungsmappe** mit Lebenslauf und Zeugnissen wird meist komplett beigelegt.
- Beantragt der Arbeitnehmer ein **Zwischenzeugnis**, wird eine Kopie davon zusammen mit den anderen Unterlagen aufbewahrt.
- Bevor eine **Abmahnung** oder eine Beschwerde in die Personalakte gelangt, muss der Mitarbeiter informiert werden.
- Zu jeder Abmahnung kann man eine **Gegendarstellung** schreiben, die der Arbeitgeber den gesammelten Papieren beilegen muss.
- Es besteht keine Pflicht, dem Chef ein **ärztliches Gutachten** auszuhändigen. Vertraut man es ihm jedoch an, muss es in der Akte verschlossen aufbewahrt werden.
- Führt die Firma Beurteilungen der **Arbeitsleistung** durch, so landet das Ergebnis bei den anderen Daten.
- Eine **Belobigung** für herausragendes Engagement oder eine besondere Leistung gehört ebenfalls in die Akte.

Aufgaben der Personalbeurteilung

Der Personalbeurteilung kommt vor allem bei den Maßnahmen der **internen Personalbeschaffung** eine besondere Bedeutung zu, wenn etwa über Versetzungen, Beförderungen oder Teilnahme von Mitarbeitern an Aus- und Fortbildungsmaßnahmen entschieden werden soll.

Darüber hinaus kann die Personalbeurteilung **Informationen** als Entscheidungsgrundlage bzw. -hilfe über die individuelle Lohnfestsetzung oder die Entlassung eines Mitarbeiters liefern. Eine als fair und gerecht empfundene **objektive Beurteilung** durch einen Vorgesetzten kann einen Mitarbeiter in der Anerkennung seiner Leistungen bestärken bzw. kann ihn motivieren, erkannte Mängel in seinem Persönlichkeits-, Verhaltens- oder Leistungsbild auszugleichen.

Häufigkeit der Personalbeurteilung

Personalbeurteilungen können sowohl regelmäßig, d.h. zu festgesetzten Terminen, als auch fallweise durchgeführt werden. **Regelmäßige Beurteilungen,** die halbjährlich, jährlich oder zweijährlich erfolgen, dienen in der Regel dazu, über einen Mitarbeiter kontinuierlich und umfassend Informationen zu gewinnen. Zu besonderen Anlässen wie z.B. Ablauf der Probezeit, Kündigung des Arbeitsverhältnisses, anstehenden Beförderungen oder Gehaltserhöhungen können **fallweise Beurteilungen** von Mitarbeitern vorgenommen werden.

Beurteilungskriterien

Der **Aussagewert von Personalbeurteilungen** hängt wesentlich davon ab, inwieweit es dem Beurteiler gelingt, seine persönlichen Eindrücke, Wertvorstellungen, Gefühle, Einstellungen oder auch seine Sympathie bzw. Antipathie gegenüber dem zu Beurteilenden nicht in das Beurteilungsergebnis mit einfließen zu lassen. Diese Gefahr besteht umso mehr,

- je weniger sich die Beurteilung auf die in der Regel messbare **Leistung** eines Mitarbeiters beschränkt,
- wenn aufgrund nicht oder nur in geringem Umfang messbarer Kriterien Aussagen über die **Eignung** eines Arbeitnehmers gemacht werden sollen.

> - **Quantitative Kriterien** messen vor allem die Leistungsmenge wie die Zahl der bearbeiteten Werkstücke oder der Vertragsabschlüsse bzw. die Umsatzhöhe.
> - **Qualitative Kriterien** erstrecken sich eher auf die subjektive, nicht oder nur schlecht messbare Eignung von Mitarbeitern wie Treue (Loyalität), Zuverlässigkeit, Aufrichtigkeit, Führungsverhalten, Initiative, Kreativität bei ungewöhnlichen, unerwarteten oder neuartigen Problemstellungen.

Damit Personalbeurteilungen miteinander verglichen werden können, sollte bei der Beurteilung von Mitarbeitern ein möglichst **objektiver und einheitlicher Kriterienkatalog** eingesetzt werden. Nur so ist gewährleistet, dass unterschiedliche Beurteiler (im Idealfall) zu demselben bzw. zu einem ähnlichen Ergebnis kommen.

Eine brauchbare und aussagefähige Personalbeurteilung könnte sich etwa auf die folgenden **Beurteilungskriterien** erstrecken:

- **zum Persönlichkeitsbild:**
  - äußeres Erscheinen
  - Allgemeinbildung
  - Umgangsform
  - Auffassungsgabe
  - Ausdrucksvermögen
  - Selbstbewusstsein
- **zum Leistungsbild:**
  - Fleiß
  - Entschlusskraft
  - Ausdauer
  - Belastbarkeit
  - Arbeitssorgfalt
  - Verantwortungsbereitschaft
  - Fachkenntnisse
  - Spezialwissen
  - Arbeitsqualität
  - Fehlerhäufigkeit
  - Arbeitsplanung
  - Pünktlichkeit
  - Zielstrebigkeit
  - Zuverlässigkeit
  - Arbeitstempo
  - Kreativität
  - Selbstständigkeit
  - Lernbereitschaft
- **zum Verhalten gegenüber Vorgesetzten und Kollegen (Verhaltensbild):**
  - Kooperation
  - Mitteilungsbereitschaft
  - Aggressivität
  - Sensibilität
  - Hilfsbereitschaft
  - Aufgeschlossenheit

- **zusätzliche Kriterien zur Beurteilung des Führungsverhaltens gegenüber unterstellten Mitarbeitern:**
  - Durchsetzungsvermögen
  - Überzeugungsvermögen
  - Delegationsbereitschaft
  - Gleichbehandlung von Mitarbeitern
  - Organisationstalent
  - Ausgeglichenheit
  - Verständnis für Mitarbeiter
  - Motivationsfähigkeit
  - Mitarbeiterüberwachung (Kontrolle)

In der betrieblichen Praxis orientieren sich Personalbeurteilungen vorwiegend an den Einzelkriterien zum Leistungs-, aber auch zum Verhaltensbild eines Mitarbeiters.

Bei allen Bemühungen des Beurteilers um Objektivität kann eine Personalbeurteilung dennoch mit folgenden **Fehlerquellen und Schwierigkeiten** verbunden sein:

- Begünstigungsabsichten von Mitarbeitern (Protektion),
- Schädigungsabsichten z. B. aus Rache, Vergeltungssucht, Neid,
- Dilemma, einen Mitarbeiter beurteilen zu müssen, der qualifizierter ist als der Beurteiler,
- Temperament und augenblickliche Stimmungen bzw. Sorgen des Beurteilers können eine Beurteilung zu gut oder zu schlecht ausfallen lassen,
- Abwertung von Leistungen anderer, um einen eingearbeiteten Fachmann nicht an andere Abteilungen zu verlieren bzw. um die eigene Position nicht zu gefährden,
- Wegloben unbequemer Mitarbeiter,
- Sympathie und Antipathie gegenüber dem zu Beurteilenden,
- Vorurteile, die zu schablonenhaften Denkweisen führen können wie etwa: Ein Mitarbeiter, der häufiger zu spät am Arbeitsplatz erscheint, kann einfach nicht fleißig, zielstrebig oder belastbar sein bzw. über gute Fachkenntnisse verfügen,
- zu nachsichtige Beurteilung von Mitarbeitern, um selbst nicht zur Rechenschaft gezogen zu werden.

▶ Beurteilungsgespräch

Der beurteilte Mitarbeiter hat das Recht auf **Erörterung der Leistungsbeurteilung** *(§ 82 II BetrVG 1972)*. Aber auch zur Vermeidung von Fehlern und zur Beseitigung von Konflikten ist es ratsam, die Beurteilung zusammen mit dem betroffenen Arbeitnehmer zu besprechen. In diesem Beurteilungsgespräch sollte der Vorgesetzte, der in der Regel auch die Beurteilung erstellt hat, die positiven Seiten herausstellen, aber auch die Verbesserungsmöglichkeiten der Leistung bzw. des Verhaltens eines Mitarbeiters aufzeigen.

Der Arbeitnehmer sollte sich zur Personalbeurteilung äußern können. Führt das Beurteilungsgespräch für den Vorgesetzten zu neuen wichtigen Erkenntnissen, die er bei der Abgabe der Personalbeurteilung nicht hatte, sollte der Vorgesetzte zur Korrektur seiner Beurteilung bereit sein.

▶ Zusammenfassung

Personalpolitik

Wesentliche Aufgabe der Personalpolitik

bedarfsgerechte und leistungswirksame **Ausstattung des Unternehmens mit Personal** in quantitativer, qualitativer, zeitlicher und örtlicher Hinsicht, damit die Unternehmensziele realisiert werden können

Erfüllung dieser Aufgabe durch personalpolitische Instrumente

- **Personalplanung**
  - Gegenüberstellung von **Personalbestandsplan** und **Personalbedarfsplan**
  - Bereitstellung geeigneter Maßnahmen, um bei **Über- bzw. Unterdeckung** den Personalbestand zu sichern
- **Personalbeschaffung**
  - **interne Personalbeschaffung** vor allem durch innerbetriebliche Stellenausschreibung, Versetzung und Schulungsmaßnahmen
  - **externe Personalbeschaffung** vor allem durch Einschaltung der Arbeitsvermittlungsstellen, Stellenanzeigen im Internet und in den Printmedien sowie Personalleasing
- **Personalauswahl**
  - Ermittlung des für eine offene Stelle bestqualifizierten Bewerbers durch **Analyse der Bewerbungsunterlagen, Vorstellungsgespräch** und **Eignungstest** bzw. **ärztliche Untersuchung** (bei externer Personalbeschaffung) oder durch **Rückgriff auf die Personalakte** (bei interner Personalbeschaffung)
- **Personalbeurteilung**
  - Aussagen über Mitarbeiter hinsichtlich ihrer **Eignung und Leistung,** die vor allem bei Beförderungen, Versetzungen, Entlassungen oder Festsetzung der Lohnhöhe als Entscheidungsgrundlage dienen
  - Vergleichbarkeit von Personalbeurteilungen ist am ehesten gegeben bei einem einheitlichen **Kriterienkatalog,** der möglichst objektiv das Persönlichkeits-, Leistungs- und Verhaltensbild des Beurteilten widerspiegelt
  - **Fehlerquellen und Schwierigkeiten** bei Personalbeurteilungen sind in aller Regel nicht auszuschließen

Aufgaben 12

(1) Erläutern Sie die Aufgabe der betrieblichen Personalpolitik!

(2) Welche Maßnahmen kann ein Unternehmen ergreifen, um eine Personalüberdeckung zu beseitigen?

(3) Grenzen Sie Personalbestandsplan und Personalbedarfsplan gegeneinander ab!

(4) Erläutern Sie die Maßnahmen zur externen Personalbeschaffung!

(5) Grundsätzlich können Unternehmen das von ihnen benötigte Personal intern oder extern beschaffen. Welche Vor- und Nachteile sind mit der

a) internen bzw.

b) externen Personalbeschaffung

verbunden?

(6) *Ein Großhandelsunternehmen sucht einen Sachbearbeiter/eine Sachbearbeiterin für die Personalabteilung. Erstellen Sie eine Stellenanzeige für die örtliche Tageszeitung!*

(7) *Was versteht man unter Personalleasing?*

(8) *Skizzieren Sie den Ablauf eines Personalauswahlverfahrens aufgrund einer Stellenanzeige in einer Tageszeitung!*

(9) *Welche Kriterien einer Personalbeurteilung halten Sie für besonders objektiv und aussagekräftig? Begründen Sie Ihre Meinung!*

(10) *Welche Fehlerquellen kann eine Personalbeurteilung aufweisen?*

1.5 Rechtliche Stellung der Mitarbeiter im Unternehmen

1.5.1 Kaufmännischer Auszubildender *(§§ 1 ff. BBiG)*

Kaufmännischer Auszubildender ist, wer einen Berufsausbildungsvertrag zur Erlernung kaufmännischer Tätigkeiten abgeschlossen hat. Der wesentliche Inhalt eines solchen Vertrages muss schriftlich festgelegt sowie vom Ausbildenden und Auszubildenden (bei Minderjährigen auch von dessen gesetzlichen Vertretern) unterzeichnet werden *(§ 11 BBiG)*. Der Berufsausbildungsvertrag regelt die Rechte und Pflichten dieser Vertragspartner.

Grundlage einer einheitlichen und ordnungsgemäßen Berufsausbildung in der Bundesrepublik Deutschland ist das **Berufsbildungsgesetz** *(BBiG)*. Es sieht vor, dass Ausbildungsberufe durch Ausbildungsordnungen beschrieben werden *(§ 4 BBiG)*.

1.5.1.1 Ausbildungsordnung

Die vorgeschriebenen Mindestinhalte der jeweils maßgeblichen Ausbildungsordnung sind wie folgt gestaltet:

▶ Bezeichnung des staatlich anerkannten Ausbildungsberufes

Zu den anerkannten Ausbildungsberufen zählen u. a.

- Bankkaufmann/-kauffrau
- Industriekaufmann/-kauffrau
- Kaufmann/Kauffrau für Versicherungen und und Finanzen
- Tourismuskaufmann/-kauffrau
- Kaufmann/Kauffrau für Marketingkommunikation
- Automobilkaufmann/-kauffrau
- Fachinformatiker/-informatikerin
- Sozialversicherungsfachangestellte(r)
- Kaufmann/Kauffrau im Einzelhandel
- Kaufmann/Kauffrau für Büromanagement
- Steuerfachangestellte(r)
- Kaufmann/Kauffrau im Gesundheitswesen
- Kaufmann/Kauffrau für Groß- und Außenhandelsmanagement
- Kaufmann/Kauffrau für Spedition und Logistikdienstleistung

▶ Ausbildungsdauer

Die Ausbildungszeit beträgt in der Regel drei Jahre. Dieser Zeitraum kann um ein halbes oder sogar ein Jahr verkürzt werden, wenn zu erwarten ist, dass der/die Auszubildende das Ausbildungsziel in der gekürzten Zeit erreichen wird *(§ 8 BBiG)*. Verkürzungen der Ausbildungszeit sind üblich, wenn der/die Auszubildende über die Hochschul- oder Fachhochschulreife verfügt bzw. wenn er/sie einen Realschulabschluss erworben hat. Der Antrag auf Verkürzung der Ausbildungszeit kann von dem/der Auszubildenden bzw. vom ausbildenden Betrieb an die zuständige Kammer (für kaufmännische Auszubildende häufig die Industrie- und Handelskammer) gestellt werden, die dann unter Berücksichtigung der bisherigen schulischen und berufspraktischen Leistungen entscheidet. Der erfolgreiche Besuch einer einjährigen Berufsfachschule (Handelsschule) oder des Berufsgrundschuljahres kann als erstes Jahr der Berufsausbildung angerechnet werden. Allerdings trifft diese Regelung nicht auf alle Bundesländer zu.

Ausbildungsberufsbild

Fertigkeiten, Kenntnisse und Fähigkeiten, die Gegenstand der Berufsausbildung sind, werden im **Berufsbild** dargestellt.

Ausbildungsberufsbild: Kaufmann/Kauffrau für Versicherungen und Finanzen

(§ 4 der Verordnung über die Berufsausbildung)

(1) Gegenstand der **gemeinsamen Ausbildung** sind mindestens die folgenden Fertigkeiten, Kenntnisse und Fähigkeiten:

1. Der Ausbildungsbetrieb:
   - 1.1 Stellung, Rechtsform und Struktur,
   - 1.2 Berufsbildung,
   - 1.3 Personalwirtschaft, arbeits-, sozial- und tarifrechtliche Vorschriften,
   - 1.4 Sicherheit und Gesundheitsschutz bei der Arbeit,
   - 1.5 Umweltschutz;
2. Arbeitsgestaltung, kaufmännische Steuerung und Kontrolle:
   - 2.1 Arbeits- und Selbstorganisation,
   - 2.2 Datenschutz und Datensicherheit,
   - 2.3 Anwenden einer Fremdsprache bei Fachaufgaben,
   - 2.4 Betriebliches Rechnungswesen,
   - 2.5 Kosten- und Leistungsrechnung,
   - 2.6 Controlling;
3. Kundenberatung und Verkauf:
   - 3.1 Vorbereitung von Beratungs- und Verkaufsprozessen,
   - 3.2 Durchführung von Beratungs- und Verkaufsgesprächen,
   - 3.3 Nachbereitung von Beratungs- und Verkaufsgesprächen;
4. Versicherungs- und Finanzprodukte;
5. Bestandskundenmanagement:
   - 5.1 Vertragsservice,
   - 5.2 Kundenbetreuung.

Der Vermittlung der Fertigkeiten, Kenntnisse und Fähigkeiten nach der Nummer 4 ist die Produktliste der Anlage 1 zugrunde zu legen.

(2) Gegenstand der Ausbildung in der **Fachrichtung Versicherung** sind mindestens die folgenden Fertigkeiten, Kenntnisse und Fähigkeiten:

1. Schaden- und Leistungsbearbeitung,
2. zwei im Ausbildungsvertrag festzulegende Wahlqualifikationseinheiten aus der Auswahlliste gemäß Absatz 4.

(3) Gegenstand der Ausbildung in der **Fachrichtung Finanzberatung** sind mindestens die folgenden Fertigkeiten, Kenntnisse und Fähigkeiten:

1. Anlage in Finanzprodukte,
2. zwei im Ausbildungsvertrag festzulegende Wahlqualifikationseinheiten aus der Auswahlliste nach Absatz 5.

(4) Die Auswahlliste gemäß Absatz 2 Nr. 2 umfasst folgende Wahlqualifikationseinheiten:

1. Kundengewinnung und Bestandsausbau:
   - 1.1 Gewinnung von Neukunden,
   - 1.2 Ausbau bestehender Kundenbeziehungen;
2. Marketing;
3. Steuerung und Verkaufsförderung in der Vertriebseinheit:
   - 3.1 Steuerung in der Vertriebseinheit,
   - 3.2 Verkaufsförderung in der Vertriebseinheit;
4. Risikomanagement:
   - 4.1 Risikoanalyse,
   - 4.2 Antragsannahme;
5. Vertrieb von Produkten der betrieblichen Altersvorsorge:
   - 5.1 Kundenberatung von Arbeitgebern und Arbeitnehmern,
   - 5.2 Angebot und Antrag;
6. Vertrieb von Versicherungsprodukten für Gewerbekunden:
   - 6.1 Kundenberatung,
   - 6.2 Angebot und Antrag;
7. Optimierung von Kundenbeziehungen und Versicherungsbeständen:
   - 7.1 Optimierung von Kundenbeziehungen,
   - 7.2 Optimierung von Versicherungsbeständen;
8. Schadenservice und Leistungsmanagement.

(5) Die Auswahlliste nach Absatz 3 Nr. 2 umfasst folgende Wahlqualifikationseinheiten:
1. Finanzierungsberatung von gewerblichen Kunden;
2. Optimierung von Finanzproduktbeständen der Kunden;
3. Private Immobilienfinanzierung und Versicherungen;
4. Vertrieb von Produkten der betrieblichen Altersvorsorge:
4.1 Kundenberatung von Arbeitgebern und Arbeitnehmern,
4.2 Angebot und Antrag.

Quelle: Verordnung über die Berufsausbildung zum Kaufmann für Versicherungen und Finanzen/zur Kauffrau für Versicherungen und Finanzen vom 17. Mai 2006, die durch Artikel 1 der Verordnung vom 27. Mai 2014 geändert worden ist

Prüfungsanforderungen

Nach Beendigung der Ausbildungszeit wird die **Abschlussprüfung** in der Fachrichtung Versicherung bzw. Finanzberatung vor der Industrie- und Handelskammer abgelegt. Diese Prüfung kann auch in zwei zeitlich auseinanderfallenden Teilen durchgeführt werden *(§ 5 BBiG)*.

Abschlussprüfung zum Kaufmann/zur Kauffrau für Versicherungen und Finanzen in der Fachrichtung Versicherung *(§ 9 der Verordnung über die Berufsausbildung)*

(1) Die Abschlussprüfung in der Fachrichtung Versicherung erstreckt sich auf die in der Anlage 2 Abschnitt I und II aufgeführten Fertigkeiten, Kenntnisse und Fähigkeiten sowie auf den im Berufsschulunterricht zu vermittelnden Lehrstoff, soweit er für die Berufsausbildung wesentlich ist.

(2) Die Prüfung besteht aus den Prüfungsbereichen:
1. Versicherungswirtschaft sowie Schaden- und Leistungsbearbeitung,
2. Wirtschafts- und Sozialkunde,
3. Kundenberatungsgespräch,
4. Fallbezogenes Fachgespräch.

Die Prüfung ist in den Prüfungsbereichen nach den Nummern 1 und 2 schriftlich und in den Prüfungsbereichen nach den Nummern 3 und 4 mündlich durchzuführen.

3) Die Anforderungen in den Prüfungsbereichen sind:
1. im Prüfungsbereich Versicherungswirtschaft sowie Schaden- und Leistungsbearbeitung:
   In höchstens 180 Minuten soll der Prüfling praxisbezogene Aufgaben oder Fälle bearbeiten und dabei zeigen, dass er die Bedarfssituation von Privatkunden analysieren und Lösungsvorschläge erarbeiten, Anträge prüfen, Verträge service- und bestandsorientiert bearbeiten, die Berechtigung und die Höhe von Leistungen feststellen, Kosten und Erträge von Versicherungsprodukten ermitteln sowie den betriebswirtschaftlichen Erfolg anhand von Kennziffern und Statistiken beurteilen kann. Hierfür kommen insbesondere folgende Gebiete in Betracht:
   a) Versicherungs- und Finanzprodukte,
   b) Vertragserhaltung und -service,
   c) Rechnungswesen und Controlling,
   d) Leistungsfeststellung und Schadenregulierung.
2. im Prüfungsbereich Wirtschafts- und Sozialkunde:
   In höchstens 60 Minuten soll der Prüfling praxisbezogene Aufgaben oder Fälle bearbeiten und dabei zeigen, dass er wirtschaftliche und gesellschaftliche Zusammenhänge der Berufs- und Arbeitswelt darstellen kann;

3. im Prüfungsbereich Kundenberatungsgespräch:
   In einem Beratungsgespräch von höchstens 20 Minuten Dauer soll der Prüfling auf der Grundlage einer von zwei ihm zur Wahl gestellten Aufgaben zeigen, dass er Gespräche mit Kunden situationsbezogen vorbereiten, verkaufsorientiert führen und auf Kundenargumente angemessen reagieren kann. Bei der Aufgabenstellung sind die produktbezogenen betrieblichen Ausbildungsschwerpunkte des Auszubildenden zugrunde zu legen. Dem Prüfling ist nach der Wahl der Aufgabe eine Vorbereitungszeit von höchstens 15 Minuten einzuräumen.
4. im Prüfungsbereich Fallbezogenes Fachgespräch:
   In einem Fachgespräch von höchstens 15 Minuten Dauer über eine selbstständig durchgeführte betriebliche Fachaufgabe soll der Prüfling zeigen, dass er komplexe Aufgaben bearbeiten, seine Vorgehensweise begründen, Problemlösungen in der Praxis erarbeiten, Hintergründe und Schnittstellen erläutern und Ergebnisse bewerten kann (Anforderungen); der Prüfling erstellt für jede der beiden gewählten Wahlqualifikationseinheiten nach § 4 Absatz 4 einen höchstens dreiseitigen Report über die Durchführung einer betrieblichen Fachaufgabe; der Ausbildende hat zu bestätigen, dass die Fachaufgaben von dem Prüfling im Betrieb selbständig durchgeführt worden sind; die Reporte sollen jeweils eine Beschreibung der Aufgabenstellung, der Planungs- und der Durchführungsphase sowie eine Auswertung beinhalten; sie sind dem Prüfungsausschuss vor der Durchführung der Prüfung im Prüfungsbereich Fallbezogenes Fachgespräch zuzuleiten; die Reporte werden nicht bewertet; bewertet werden die Leistungen, die der Prüfling im fallbezogenen Fachgespräch zeigt; aus den beiden betrieblichen Fachaufgaben wählt der Prüfungsausschuss eine Aufgabe aus; ausgehend von dieser Fachaufgabe und dem dazu erstellten Report entwickelt der Prüfungsausschuss das fallbezogene Fachgespräch so, dass die vorstehend genannten Anforderungen an den Prüfling nachgewiesen werden können; Gegenstand des fallbezogenen Fachgesprächs sind neben dieser betrieblichen Fachaufgabe auch die damit zusammenhängenden Fertigkeiten, Kenntnisse und Fähigkeiten der zugrunde liegenden Wahlqualifikationseinheit.

(4) Sind die Prüfungsleistungen in bis zu zwei schriftlichen Prüfungsbereichen mit „mangelhaft" bewertet worden, so ist auf Antrag des Prüflings oder nach Ermessen des Prüfungsausschusses in einem der mit „mangelhaft" bewerteten Prüfungsbereiche die schriftliche Prüfung durch eine mündliche Prüfung von etwa 15 Minuten zu ergänzen, wenn diese für das Bestehen der Prüfung den Ausschlag geben kann. Der Prüfungsbereich ist vom Prüfling zu bestimmen. Bei der Ermittlung des Ergebnisses für diesen Prüfungsbereich sind die Ergebnisse der schriftlichen Arbeit und der mündlichen Ergänzungsprüfung im Verhältnis 2 : 1 zu gewichten.

(5) Die Prüfungsbereiche sind wie folgt zu gewichten:

1. Versicherungswirtschaft sowie Schaden- und Leistungsbearbeitung	40 Prozent,
2. Wirtschafts- und Sozialkunde	10 Prozent,
3. Kundenberatungsgespräch	25 Prozent,
4. Fallbezogenes Fachgespräch	25 Prozent

(6) Zum Bestehen der Abschlussprüfung müssen im Gesamtergebnis sowie in mindestens drei der vier Prüfungsbereiche mindestens ausreichende Leistungen erbracht worden sein. Werden die Prüfungsleistungen in einem Prüfungsbereich mit „ungenügend" bewertet, so ist die Prüfung nicht bestanden.

Quelle: Verordnung über die Berufsausbildung zum Kaufmann für Versicherungen und Finanzen/zur Kauffrau für Versicherungen und Finanzen vom 17. Mai 2006, die durch Artikel 1 der Verordnung vom 27. Mai 2014 geändert worden ist

Besteht der/die Auszubildende die Abschlussprüfung nicht, so kann er/sie diese noch zweimal wiederholen *(§ 37 BBiG)*; der Ausbildungsvertrag verlängert sich auf Antrag des/der Auszubildenden, höchstens jedoch um ein Jahr *(§ 21 BBiG)*. Sofern die Abschlussprüfung in zwei zeitlich auseinanderfallenden Teilen durchgeführt wird, ist der erste Teil nicht eigenständig wiederholbar *(§ 37 BBiG)*.

1.5.1.2 Ausbildungsvertrag

Neben den allgemeinen Erläuterungen des Ausbildungsberufes durch die Ausbildungsordnung werden Einzelheiten der Berufsausbildung im **Ausbildungsvertrag** niedergelegt *(§ 10 BBiG)*. Ein solcher Vertrag wird zwischen dem/der Auszubildenden und dem Ausbildenden geschlossen. Die wesentlichen Vertragsinhalte sind schriftlich niederzulegen *(§ 11 BBiG)*. Dazu werden die z.B. von den Industrie- und Handelskammern herausgegebenen Vertragsformulare genutzt. Ist der/die Auszubildende noch nicht volljährig (18 Jahre), müssen zusätzlich die Eltern oder gegebenenfalls der Vormund den Vertrag mitunterzeichnen, der dann bei der Industrie- und Handelskammer in das Verzeichnis der Berufsausbildungsverhältnisse eingetragen wird *(§ 36 BBiG)*. Diese Eintragung ist Voraussetzung dafür, dass der/die Auszubildende zur Abschlussprüfung vor der Industrie- und Handelskammer zugelassen wird *(§ 43 BBiG)*.

1.5.1.2.1 Mindestinhalte des Ausbildungsvertrages

Der Ausbildungsvertrag enthält gemäß § 11 BBiG Angaben über:

- **Art, sachliche und zeitliche Gliederung der Berufsausbildung,** insbesondere die Berufstätigkeit, für die ausgebildet werden soll.

  Der Verlauf der Ausbildung im Betrieb richtet sich nach dem Plan, den das ausbildende Unternehmen für den Auszubildenden/die Auszubildende zu erstellen hat. Dieser Ausbildungsplan, der die sachliche und zeitliche Gliederung der Berufsausbildung darstellt, soll sich nach dem jeweiligen **Ausbildungsrahmenplan** richten.

Für die Berufsausbildung zum Kaufmann für Versicherungen und Finanzen/zur Kauffrau für Versicherungen und Finanzen sollen die im Ausbildungsberufsbild für beide Fachrichtungen („Versicherungen" und „Finanzen") **gemeinsam** genannten Fertigkeiten, Kenntnisse und Fähigkeiten zu folgenden Themenbereichen in sachlicher und zeitlicher Hinsicht wie folgt vermittelt werden:

Lfd. Nr.	Teil des Ausbildungsberufsbildes	Für beide Fachrichtungen gemeinsam zu vermittelnde Fertigkeiten, Kenntnisse und Fähigkeiten gemäß § 4 Abs. 1 Nr. 1 bis 5	Zu vermitteln im Ausbildungsjahr 1	2	3
1	Der Ausbildungsbetrieb				
1.1	Stellung, Rechtsform und Struktur	a) Zielsetzung und Geschäftsfelder des ausbildenden Betriebes sowie seine Stellung am Markt beschreiben	X		
		b) Rechtsform, Aufbau- und Ablauforganisation sowie Zuständigkeiten im Ausbildungsbetrieb erläutern	X		
		c) über Vertriebswege und Kooperationsbeziehungen des Ausbildungsunternehmens informieren und mit anderen Vertriebswegen der Branche vergleichen	X		
1.2	Berufsbildung	a) Rechte und Pflichten aus dem Ausbildungsvertrag feststellen und die Aufgaben der an der Berufsausbildung Beteiligten beschreiben	X		
		b) den betrieblichen Ausbildungsplan mit der Ausbildungsordnung vergleichen und unter Nutzung von Arbeits- und Lerntechniken zu seiner Umsetzung beitragen	X		
		c) betriebliche und überbetriebliche Fortbildungsmöglichkeiten in der Branche nennen und den Nutzen für die berufliche und persönliche Entwicklung sowie für den Betrieb darstellen	X		
1.3	Personalwirtschaft, arbeits-, sozial- und tarifrechtliche Vorschriften	a) die für das Arbeitsverhältnis wichtigen arbeits- und sozialrechtlichen Bestimmungen beschreiben und anhand praktischer Beispiele erläutern	X		

Lfd. Nr.	Teil des Ausbildungsberufsbildes	Für beide Fachrichtungen gemeinsam zu vermittelnde Fertigkeiten, Kenntnisse und Fähigkeiten gemäß § 4 Abs. 1 Nr. 1 bis 5	Zu vermitteln im Ausbildungsjahr		
			1	2	3
		b) tarifvertragliche Regelung, Dienst- oder Betriebsvereinbarung sowie betriebliche Übung unterscheiden			
		c) Mitbestimmungs- und Mitwirkungsrechte betriebsverfassungsrechtlicher Organe erklären	X		
		d) die Notwendigkeit des partnerschaftlichen Zusammenwirkens der Mitarbeiter im Innen- und Außendienst begründen	X		
		e) Nachweise für das Arbeitsverhältnis erläutern und die Positionen der eigenen Entgeltabrechnung beschreiben	X		
		f) Rechte und Pflichten aus dem Arbeitsvertrag erläutern	X	X	
		g) Ziele, Bedeutung sowie Instrumente der Personalführung und -entwicklung im Ausbildungsunternehmen beschreiben		X	
		h) Ziele, Grundsätze und Kriterien bei Personalplanung, -beschaffung und -einsatz beschreiben		X	
		i) Rechtsstellung, Aufgaben, Befugnisse, Vertragsarten und Vergütungssysteme von Mitarbeitern im Innendienst, im angestellten Außendienst und im selbstständigen Außendienst unterscheiden		X	
1.4	Sicherheit und Gesundheitsschutz bei der Arbeit	a) Gefährdung für Sicherheit und Gesundheit am Arbeitsplatz feststellen sowie Maßnahmen zu ihrer Vermeidung ergreifen	X		
		b) berufsbezogene Arbeitsschutz- und Unfallverhütungsvorschriften anwenden	X		
		c) Verhaltensweisen bei Unfällen beschreiben sowie erste Maßnahmen einleiten	X		
		d) Vorschriften des vorbeugenden Brandschutzes anwenden; Verhaltensweisen bei Bränden beschreiben und Maßnahmen zur Brandbekämpfung ergreifen	X		
1.5	Umweltschutz	Zur Vermeidung betriebsbedingter Umweltbelastungen im beruflichen Einwirkungsbereich beitragen, insbesondere			
		a) mögliche Umweltbelastungen durch den Ausbildungsbetrieb und seinen Beitrag zum Umweltschutz an Beispielen erklären	X		
		b) für den Ausbildungsbetrieb geltende Regelungen des Umweltschutzes anwenden	X		
		d) Möglichkeiten der wirtschaftlichen und umweltschonenden Energie- und Materialverwendung nutzen	X		
		d) Abfälle vermeiden; Stoffe und Materialien einer umweltschonenden Entsorgung zuführen.	X		

Quelle: Anlagen 2 und 3 zu § 5 der Verordnung über die Berufsausbildung zum Kaufmann für Versicherungen und Finanzen/zur Kauffrau für Versicherungen und Finanzen vom 17. Mai 2006, die durch Artikel 1 der Verordnung vom 27. Mai 2014 geändert worden ist

▶ Beginn und Dauer der Berufsausbildung

Die Ausbildung beginnt mit dem im Berufsausbildungsvertrag festgelegten Zeitpunkt, in der Regel zum 1. August eines Jahres.

Gemäß Ausbildungsordnung erstreckt sich die Berufsausbildung auf einen Zeitraum von drei Jahren, wobei ggf. eine entsprechende Vor- bzw. Ausbildung des/der Auszubildenden angerechnet werden kann.

▶ Ausbildungsmaßnahmen außerhalb der Ausbildungsstätte

Ausbildungsmaßnahmen außerhalb der Ausbildungsstätte, die das Bildungsangebot des Lernorts Betrieb ergänzen, stellen im kaufmännischen Bereich eher die Ausnahme dar. Eine solche Verfahrensweise ist jedoch denkbar, wenn spezielle Fertigkeiten und Kenntnisse, die laut Berufsbild Gegenstand der Ausbildung sein sollen, innerhalb des ausbildenden Betriebes **nicht** vermittelt werden können.

Allerdings sind Ausbildungsmaßnahmen in benachbarten Betrieben oder überbetrieblichen Ausbildungsstätten von vornherein im Berufsausbildungsvertrag schriftlich festzulegen. Teile der Berufsausbildung können auch im Ausland durchgeführt werden, wenn dies dem Ausbildungsziel dient *(§ 2 BBiG)*.

▶ Dauer der regelmäßigen täglichen Arbeitszeit

Jugendliche dürfen nach dem Jugendarbeitsschutzgesetz (vgl. S. 248 f.) nur an fünf Tagen in der Woche und mit nicht mehr als 8,5 Stunden täglich beschäftigt werden *(§§ 8, 15 JArbSchG)*.

▶ Dauer der Probezeit

Das Ausbildungsverhältnis beginnt mit der Probezeit, die **mindestens einen Monat** und **höchstens vier Monate** betragen darf *(§ 20 BBiG)*.

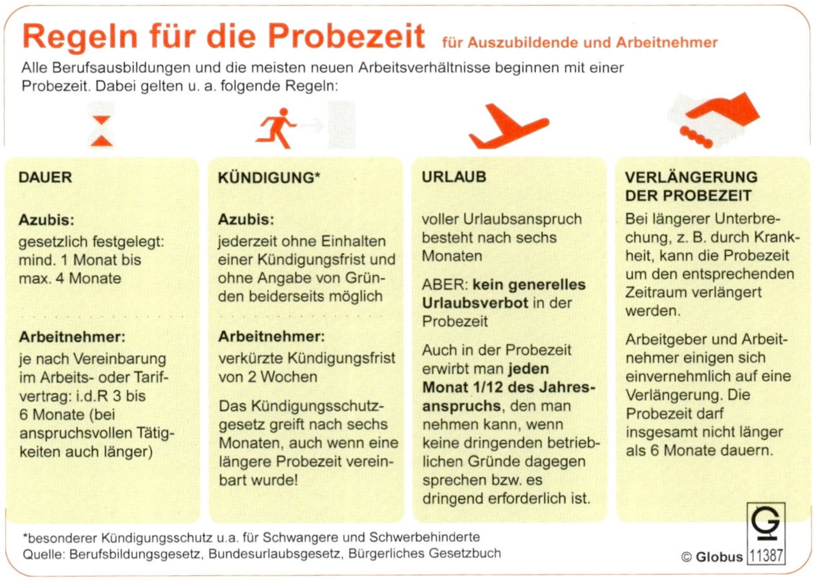

▶ Voraussetzungen, unter denen der Berufsausbildungsvertrag gekündigt werden kann

■ Kündigung in der Probezeit

Stellt der/die Auszubildende **in der Probezeit** fest, dass er/sie die gewählte Ausbildung nicht fortführen möchte, kann er/sie als noch nicht Volljährige(r) das Vertragsverhältnis nur mit der vorherigen Einwilligung seiner/ihrer Erziehungsberechtigten, allerdings ohne Angabe von Gründen, kündigen.

Kommt der Ausbildende in dieser Zeit zu der Ansicht, dass der/die Auszubildende für diese Berufstätigkeit nicht geeignet erscheint, ist er ebenfalls – ohne Angabe von Gründen – zur Vertragsauflösung berechtigt *(§ 22 BBiG)*. Bei minderjährigen Auszubildenden ist diese Kündigungserklärung gegenüber den Erziehungsberechtigten abzugeben.

- **Ordentliche Kündigung**

  Entscheidet sich der/die Auszubildende erst **nach der Probezeit,** die Ausbildung aufzugeben oder sich in einem anderen Beruf ausbilden zu lassen, muss er/sie eine Kündigungsfrist von vier Wochen einhalten. Ein solches „ordentliches" Kündigungsrecht hat der Ausbildende nach Ablauf der Probezeit nicht mehr.

- **Fristlose Kündigung**

  Allerdings haben sowohl der Arbeitgeber als auch der/die Auszubildende ein Recht auf „fristlose" Kündigung, wenn ein **wichtiger Grund** vorliegt.

  - **Kündigungsgründe für den Betrieb**

    Ständige Unpünktlichkeit des/der Auszubildenden, Fernbleiben vom Berufsschulunterricht, Tätlichkeiten, Diebstahl

  - **Kündigungsgründe für Auszubildende**

    Verstöße gegen die Ausbildungspflicht und gegen die Freistellung zum Besuch der Berufsschule, Nichtgewährung von Urlaub und Nichtzahlung der Ausbildungsvergütung

Darüber hinaus kann das Ausbildungsverhältnis zu jeder Zeit aufgelöst werden, wenn Betrieb und Auszubildende(r) dies gemeinsam wünschen.

Zahlung und Höhe der Vergütung

Die Ausbildungsvergütung ist spätestens am letzten Arbeitstag eines Monats zu zahlen *(§ 18 BBiG)* und muss in jedem Ausbildungsjahr steigen *(§ 17 BBiG)*.

Zum ersten Mal gibt es in Deutschland eine gesetzliche Untergrenze für die Vergütung von Azubis. So steht es im reformierten Berufsbildungsgesetz, das der Bundestag kürzlich verabschiedet hat. Die Regelung ist im Januar 2020 in Kraft getreten und gilt für alle Auszubildenden, die 2020 eine Berufsausbildung nach dem Berufsausbildungsgesetz oder der Handwerksordnung beginnen. Die Regelung gilt nicht für sogenannte landesrechtlich geregelte

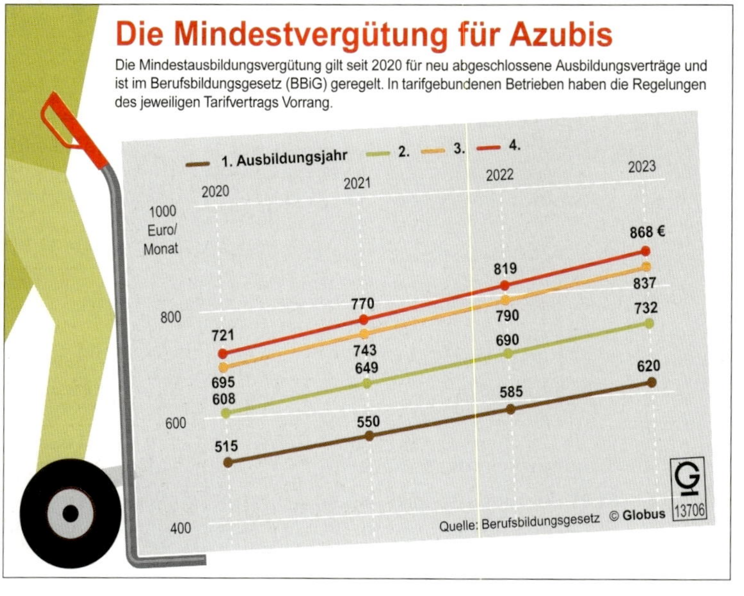

Berufe wie z. B. Erzieher. Es gilt auch nicht für die reglementierten Berufe im Gesundheitswesen, denn dort gilt das Berufsbildungsgesetz nicht. Mit der neuen Regelung sollen Azubis im ersten Ausbildungsjahr mindestens 515 Euro pro Monat erhalten. Die Vergütung steigt dann bis auf 721 Euro im vierten Ausbildungsjahr. Die Mindestausbildungsvergütung wird dann bis 2023 Jahr für Jahr angehoben. Ein Azubi, der 2023 beginnt, soll dann mindestens 620 Euro im ersten Jahr erhalten. Der Mindestlohn gilt nur dort, wo es keine Tarifverträge für Azubis gibt. Wo es Tarifverträge gibt, liegen die Vergütungen in der Regel über dem neuen Mindestlohn. Es gibt allerdings auch Ausnahmen: So verdienten laut Bundesinstitut für Berufsbildung (BIBB) im Jahr 2018 Raumausstatter-Lehrlinge nur 480 Euro pro Monat im Osten und 498 Euro im Westen, angehende Fleischer in Ostdeutschland nur 310 Euro.

▶ Dauer des Urlaubs

Während Jugendlichen bis zu 18 Jahren bezahlter Erholungsurlaub nach den Bestimmungen des Jugendarbeitsschutzgesetzes (vgl. S. 249) zu gewähren ist, erhalten ältere Auszubildende Urlaub nach dem jeweils gültigen Ausbildungs- oder Tarifvertrag.

1.5.1.2.2 Rechte und Pflichten aus dem Ausbildungsvertrag

Aus dem Ausbildungsvertrag ergeben sich für beide Vertragspartner Rechte und Pflichten, deren Grundlage die §§ 14 – 19 BBiG sind.

Pflichten des/der Auszubildenden = Rechte des Ausbildenden	**Pflichten des Ausbildenden = Rechte des/der Auszubildenden**
■ Der/die Auszubildende hat darum bemüht zu sein, Kenntnisse und Fertigkeiten zu erwerben, die zur Erreichung des Ausbildungszieles erforderlich sind. ■ Sorgfältige Ausführung der aufgetragenen Tätigkeiten. ■ Teilnahme an Ausbildungsmaßnahmen, insbesondere am Berufsschulunterricht. ■ Führung des Berichtsheftes als Tätigkeitsnachweis. ■ Befolgen von Anweisungen des Ausbildenden. ■ Beachtung der für die Ausbildungsstätte geltenden Betriebsordnung. ■ Sorgfältige Behandlung der Waren und der Geschäftseinrichtung. ■ Ärztliche Untersuchungen vor Beginn der Ausbildung und vor Ablauf des ersten Ausbildungsjahres.	■ Vermittlung der Fertigkeiten und Kenntnisse, die zum Erreichen des Ausbildungszieles erforderlich sind. ■ Der Ausbildende hat selbst auszubilden oder einen geeigneten Ausbilder zu beauftragen. ■ Kostenlose Bereitstellung von Ausbildungsmitteln. ■ Freistellung zum Berufsschulbesuch und zur Ablegung von Prüfungen. ■ Überprüfung der Berichtsheftführung. ■ Übertragung von Verrichtungen, die nur dem Ausbildungszweck dienen und die den körperlichen Kräften des/der Auszubildenden angemessen sind. ■ Charakterliche Förderung und Vermeidung sittlicher und körperlicher Gefährdungen. ■ Ausstellung eines Zeugnisses nach Beendigung der Ausbildung. ■ Urlaubsgewährung und Zahlung von Ausbildungsvergütung.

14 Merkur-Nr. 0124

1.5.1.3 Berufliche Bildung im dualen System

In der Bundesrepublik Deutschland erfolgt die Berufsausbildung vor allem innerhalb **des dualen Systems:** Zwei voneinander unabhängige Ausbildungsträger (Lernorte), und zwar **Betrieb** und **Berufsschule,** verfolgen gemeinsam das Ziel, in einem geordneten Ausbildungsgang jene Fertigkeiten und Kenntnisse zu vermitteln, die für den gewählten Ausbildungsberuf im jeweiligen Berufsbild festgeschrieben sind.

DAS DUALE SYSTEM DER BERUFSAUSBILDUNG IN DEUTSCHLAND

Voraussetzungen
Je nach Ausbildungsberuf erwarten die Arbeitgeber bestimmte Schulabschlüsse von den Bewerbern. Gesetzlich vorgeschrieben sind sie jedoch nicht. Lediglich für Gesundheits- und Sozialberufe und für Berufe im öffentlichen Dienst und in der Verwaltung gibt es besondere Zugangsbestimmungen.

Bewerbung
direkt bei den Betrieben. Die Berufsberatung der Arbeitsagentur hilft durch Ausbildungsstellenvermittlung.

duale Ausbildung	**1. Ausbildung im Betrieb (rund 70 Prozent)**	**2. Ausbildung in der Berufsschule (rund 30 Prozent)**
zwei bis dreieinhalb Jahre, je nach Beruf Ausbildungsvergütung je nach Beruf und Bundesland, im Durchschnitt 876 Euro monatlich (Stand 2017)	durch Ausbilder und Meister nach bundeseinheitlichen Ausbildungsordnungen (in der Regel drei bis vier Tage wöchentlich)	fachtheoretischer, fachpraktischer und allgemeinbildender Unterricht durch Fachlehrer nach Lehr- oder Bildungsplänen, die mit den betrieblichen Ausbildungsordnungen abgestimmt sind (ein bis zwei Tage wöchentlich, zum Teil auch als Blockunterricht)

Abschluss
nach erfolgreicher Abschlussprüfung vor dem Prüfungsausschuss der zuständigen Stelle für Berufsbildung (zum Beispiel Industrie- und Handelskammer oder Handwerkskammer)

Quelle: eigene Darstellung nach: Bundesinstitut für Berufsbildung

Quelle: Arbeitsgemeinschaft Jugend und Bildung e.V. in Zusammenarbeit mit dem Bundesministerium für Arbeit und Soziales: Sozialpolitik, Ausgabe 2018/2019, Seite 21

▶ Berufsausbildung vor neuen Herausforderungen

Vor allem der mit dem **Einsatz neuer Technologien** (z.B. moderne Informations- und Kommunikationsmedien, Robotereinsatz, neue Verfahrenstechniken, Digitalisierung) verbundene organisatorische Wandel stellt das Bildungs- und Beschäftigungssystem der Bundesrepublik Deutschland vor neue Aufgaben. Die sich so wandelnde Arbeitswelt bestimmt die künftigen – teils zusätzlichen, teils aber auch neuen – Anforderungen an die betrieblichen Mitarbeiter.

Die Corona-Pandemie hat das Thema noch mal stärker in den Fokus der Unternehmen gerückt: Digitalisierung. Ob es um digitale Kommunikation mit den Kunden geht, um fachspezifische Softwarekenntnisse oder um sicheres Recherchieren im Internet, die digitalen Fähigkeiten der Fachkräfte werden immer wichtiger. Rund 68 Prozent der Unternehmen halten es für wichtig, dass ihre Mitarbeiterinnen und Mitarbeiter berufs- oder fachspezifische Software anwenden können. Die große Mehrheit der Betriebe hält zudem die Fähigkeit, mit Kollegen und Kunden digital kommunizieren zu können, für besonders relevant. Ähnlich sind die Prioritäten auch in der Ausbildungszeit gesetzt. Zu den wichtigsten Ausbildungsinhalten zählen die sichere Softwareanwendung sowie die digitale Kommunikation. Im Frühjahr 2020 wurden 788 ausbildende Unternehmen in Deutschland im Rahmen des Projekts „Netzwerk Q 4.0“ befragt.

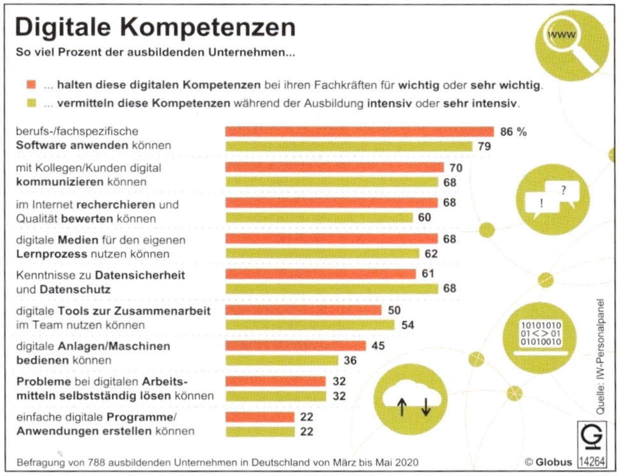

Neben einer **qualifizierten Berufsausbildung (Fachkompetenz)** sind als weitere Voraussetzung für eine erfolgreiche **berufliche Handlungsfähigkeit** auch **berufsübergreifende Qualifikationen** erforderlich. Diese gewinnen in Gestalt der **Sozial- und der Methodenkompetenz** zunehmend an Bedeutung.

Berufsübergreifende Qualifikationen

Sozialkompetenz

Fähigkeit zu **Kommunikation und Kooperation mit Dritten** wie z. B.

- Teamarbeit
- Kritikfähigkeit und -willigkeit
- Kommunikationsbereitschaft und -fähigkeit
- Einsatzbereitschaft in der Gruppe
- gruppenorientierte Verantwortungsübernahme
- Konfliktbewältigung in der Gruppe

Methodenkompetenz

Fähigkeit zur **selbstständigen Aneignung neuer Kenntnisse und Fertigkeiten** wie z. B.

- Denken in komplexen Zusammenhängen
- Abstraktionsvermögen
- Organisationsvermögen
- Problemerkennungs- und -lösungsfähigkeit
- Kreativität

Mithilfe der berufsübergreifenden Qualifikationen kann der Einzelne neben einer breit angelegten beruflichen Grundbildung dazu befähigt werden, sich auf neue Entwicklungen und Gegebenheiten in der zukünftigen Arbeitswelt einzustellen, um so auf Dauer seine berufliche Qualifikation anzupassen und zu erhalten.

1.5.1.3.1 Lernort Betrieb

Während der Berufsschule die überwiegend berufstheoretische Ausbildung übertragen wurde, obliegt dem Betrieb die vorwiegend berufspraktische Ausbildung. Dabei bilden insbesondere die **Ausbildungsordnung** (vgl. S. 201 ff.) und der **Ausbildungsvertrag** (vgl. S. 205 ff.), aber auch das **Berufsbildungsgesetz** (BBiG, vgl. S. 201) die rechtlichen Grundlagen für eine einheitliche und ordnungsgemäße Berufsausbildung. Darüber hinaus hat der ausbildende Betrieb die Vorschriften des **Jugendarbeitsschutzgesetzes** zu beachten, sofern der/die Auszubildende das 18. Lebensjahr noch **nicht** vollendet hat.

Innerhalb der betrieblichen Berufsausbildung übernehmen die berufsständischen Vertretungen, insbesondere die **Industrie- und Handelskammern,** nicht nur Verwaltungs- und Koordinationsaufgaben, sondern nehmen zugleich Aufsichts-, Schlichtungs- und Prüfungsaufgaben wahr.

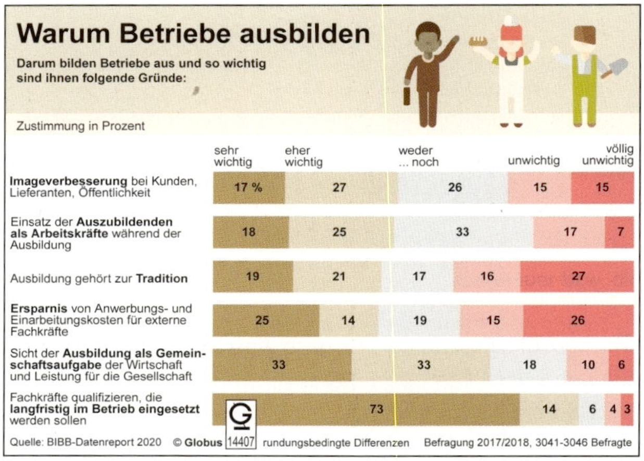

Fachkräfte sind rar und sie selber auszubilden ist gerade in Zeiten des Fachkräftemangels eine Investition in die Zukunft. Diese Meinung vertreten viele deutsche Unternehmen, wie eine Befragung des Bundesinstituts für Bildung zeigt. Darin gaben 73 Prozent an, dass Fachkräfte zu qualifizieren, die langfristig im Betrieb bleiben, ein sehr wichtiger Grund sei, um auszubilden. Während der Ausbildung können die Betriebe ihre Azubis kennenlernen und ihnen auch betriebsspezifisches Wissen vermitteln. Folglich können sich die Unternehmen bei der Übernahme sicher sein, dass der oder die Auszubildende zum Betrieb passt und gute Arbeit leistet. 63 Prozent der befragten Unternehmen waren mit dem Kosten-Nutzen-Verhältnis ihrer Ausbildungen sehr zufrieden oder zufrieden. Unzufrieden oder völlig unzufrieden zeigten sich hingegen nur neun Prozent. Die Ergebnisse der Umfrage verdeutlichen, dass Fachkräftegewinnung der wichtigste Grund ist, Ausbildungsplätze anzubieten. Gleichzeitig sieht sich ein Großteil der Firmen auch gesellschaftlich in der Verantwortung: Zwei Drittel halten es für sehr wichtig oder eher wichtig, einen Teil zur Gemeinschaftsaufgabe der Wirtschaft beizutragen.

1.5.1.3.2 Lernort Berufsschule

Neben allgemein bildenden Inhalten vermittelt die Berufsschule den Auszubildenden insbesondere die für die Ausübung einer qualifizierten Berufstätigkeit notwendigen fachlichen Kenntnisse und Fertigkeiten. So werden nicht nur Religionslehre, Politik, Deutsch und Sport, sondern vor allem berufsbezogene Unterrichtsfächer erteilt.

Da das Berufsschulwesen aufgrund der Kulturhoheit in den Zuständigkeitsbereich der einzelnen Bundesländer fällt, unterliegt die schulische Berufsausbildung den entsprechenden Schulgesetzen der Länder (z. B. Berufsschulpflicht,[1] Anrechenbarkeit des erfolgreichen Besuchs einer einjährigen Berufsfachschule bzw. des Berufsgrundschuljahres als erstes Jahr der Berufsausbildung[2]).

1 Unabhängig davon, wann das Ausbildungsverhältnis begonnen wird, dauert die Berufsschulpflicht grundsätzlich drei Jahre. Sie endet jedoch spätestens mit Ablauf des Schuljahres, in dem der/die Auszubildende das 21. Lebensjahr vollendet.

2 Die Anrechnung bestimmt sich nach den entsprechenden Vorschriften der jeweils zuständigen Bundesministerien.

Insbesondere die Vermittlung des berufstheoretischen Unterrichtsstoffes erfolgt auf der Grundlage von **länderspezifischen Lehrplänen.** Diese orientieren sich wiederum am bundeseinheitlichen **Rahmenlehrplan,** den die „Ständige Kultusministerkonferenz" (KMK) für den jeweiligen Ausbildungsberuf erlassen hat.

Die gesetzliche Schulpflicht umfasst eine zehnjährige allgemeine Schulpflicht[1] **(Vollzeitschulpflicht),** an die sich die Pflicht zum Besuch der Berufsschule **(Berufsschulpflicht)** anschließt.

Die Berufsschulpflicht dauert in der Regel bis zum Ablauf des Schuljahres, in dem der Auszubildende das 18. Lebensjahr vollendet. Wird vor Vollendung des 18. Lebensjahres ein Ausbildungsverhältnis aufgenommen, besteht darüber hinaus bis zu dessen Beendigung die Pflicht zum Besuch der Berufsschule. Wer erst nach Vollendung des 18. Lebensjahres ein Ausbildungsverhältnis beginnt, ist zwar nicht berufsschulpflichtig, wird jedoch in der Regel die Berufsschule als Teil der Berufsausbildung besuchen.[2]

▶ Teilzeit- und Blockunterricht

Der Berufsschulunterricht findet entweder als **Teilzeitunterricht** oder als **Blockunterricht** statt. Beim Teilzeitunterricht ist der/die Auszubildende den größten Teil der Woche im Betrieb und besucht in der Regel an bis zu zwei Tagen die Berufsschule. Beim Blockunterricht wird der gesamte Berufsschulunterricht in einem Block (12–14 Wochen) oder zwei Blöcken (je 6–7 Wochen) pro Ausbildungsjahr zusammengefasst.

1.5.1.4 Weiterbeschäftigung nach der Ausbildung

Wird der/die Auszubildende nach Abschluss der Berufsausbildung weiterbeschäftigt, ohne dass hierüber etwas vereinbart wurde, so gilt er/sie als auf unbestimmte Zeit angestellt *(§ 24 BBiG).*

Der/die Auszubildende kann sich bereits innerhalb der letzten sechs Monate der Ausbildung verpflichten, nach erfolgreicher Abschlussprüfung ein unbefristetes Arbeitsverhältnis mit dem Ausbildungsbetrieb einzugehen *(§ 12 I BBiG).* Er/sie wird damit **kaufmännischer Angestellter/kaufmännische Angestellte** (vgl. S. 215 ff.).

---

1 Diese Regelung gilt nicht für alle Bundesländer.

2 Für Nordrhein-Westfalen gilt folgende Regelung: Wenn ein/eine Auszubildende(r) vor Vollendung des 21. Lebensjahres eine Berufsausbildung beginnt, bleibt er/sie bis zu deren Beendigung berufsschulpflichtig.

▶ Zusammenfassung

Berufliche Bildung im dualen System

Berufsbildungsgesetz (BBiG)
- Festlegung der Inhalte der Ausbildungsordnung
- Festlegung der Inhalte des Ausbildungsvertrages

Schulgesetze der Bundesländer
- Pflicht zum Besuch der Berufsschule
- Anrechenbarkeit einer Vor- bzw. Ausbildung

Länderspezifischer Lehrplan

Festlegung der schulischen Inhalte

Ausbildungsordnung
- Bezeichnung des staatlich anerkannten Ausbildungsberufes
- Ausbildungsdauer
- Ausbildungsberufsbild
- Prüfungsanordnungen

Ausbildungsvertrag
- Gliederung der Berufsausbildung
- Beginn und Dauer der Berufsausbildung
- Ausbildungsmaßnahmen außerhalb der Ausbildungsstätte
- Arbeitszeit
- Probezeit
- Kündigung
- Vergütung
- Urlaub
- Rechte und Pflichten des/der Auszubildenden und des Ausbildenden

Vermittlung von
- **Fachkompetenz**
- **berufsübergreifenden Qualifikationen**
  - Sozialkompetenz
  - Methodenkompetenz

Lernort Betrieb
berufspraktische Ausbildung

Lernort Berufsschule
berufstheoretische Ausbildung im Teilzeit- oder Blockunterricht

Abschlussprüfung

Aufgaben 13

(1) *Welche Mindestinhalte sieht die Ausbildungsordnung für Ihren Ausbildungsberuf vor?*

(2) *Welchen Zweck erfüllt die im Ausbildungsvertrag vereinbarte Probezeit?*

(3) *Welche Kündigungsmöglichkeiten bestehen während bzw. nach der Probezeit aufseiten des/der Auszubildenden bzw. des ausbildenden Betriebes?*

(4) *Nennen Sie weitere Bestimmungen, die der Ausbildungsvertrag gemäß BBiG enthalten muss!*

(5) *Erläutern Sie an Beispielen die Rechte und Pflichten des/der Auszubildenden!*

(6) *Definieren Sie den Begriff „duales Ausbildungssystem"!*

(7) *Nennen Sie die wesentlichen Rechtsgrundlagen für die Berufsbildung im dualen Ausbildungssystem und stellen Sie deren Bedeutung dar!*

(8) *Skizzieren Sie die Aufgaben der beiden Lernorte Betrieb und Berufsschule innerhalb des dualen Ausbildungssystems!*

(9) *Erläutern Sie „Teilzeit- und Blockunterricht"!*

(10) *Eine 17-jährige Auszubildende möchte wissen, in welchen der nachfolgend genannten Rechtsquellen sie sich bezüglich der nachstehenden Fragen informieren kann. Ordnen Sie den Fragen die Ziffer vor der jeweils zutreffenden Rechtsquelle zu!*

Rechtsquellen:

- ① *Handelsgesetzbuch*
- ② *Jugendarbeitsschutzgesetz*
- ③ *Jugendschutzgesetz*
- ④ *Ausbildungsordnung*
- ⑤ *Berufsbildungsgesetz*
- ⑥ *Bürgerliches Gesetzbuch*
- ⑦ *Bundesurlaubsgesetz*
- ⑧ *Betriebsverfassungsgesetz 1972*

Fragen:

a) *Kann das Berufsausbildungsverhältnis gekündigt werden?*

b) *Muss im Anschluss an den Berufsschulunterricht noch im Ausbildungsbetrieb gearbeitet werden?*

c) *Welcher Urlaubsanspruch steht minderjährigen Auszubildenden zu?*

d) *Welche Pausenzeiten stehen minderjährigen Auszubildenden zu?*

e) *Zu welchem Zeitpunkt hat der Ausbildungsbetrieb die vereinbarte Ausbildungsvergütung spätestens zu zahlen?*

f) *Auf welche Prüfungsfächer erstreckt sich die Abschlussprüfung?*

g) *Auf welchen Zeitraum erstreckt sich die Probezeit höchstens?*

h) *Können minderjährige Auszubildende in die Jugend- und Auszubildendenvertretung gewählt werden?*

1.5.2 Kaufmännischer Angestellter *(§§ 59 ff. HGB)*

▶ Begriff *(§ 59 HGB)*

Der kaufmännische Angestellte (im HGB als Handlungsgehilfe bezeichnet) ist ein Mitarbeiter, der in einem Handelsbetrieb kaufmännische Arbeiten verrichtet. Er steht in einem festen Arbeitsverhältnis und bezieht ein Gehalt.

> **Zu diesem Mitarbeiterkreis gehören:** Verkäufer; Sachbearbeiter im Rechnungswesen, der IT, dem Vertrieb; Kassenpersonal.
>
> **Keine kaufmännischen Angestellten sind:** Kraftfahrer, Handwerker, Pförtner und Hausdetektive.

▶ Pflichten des kaufmännischen Angestellten

■ Dienstleistungspflicht

Der kaufmännische Angestellte ist verpflichtet, diejenigen Arbeiten zu verrichten, die im **Arbeitsvertrag** mit dem Arbeitgeber festgelegt wurden.

> Grundlage des Arbeitsvertrages ist der für die jeweilige Branche gültige Tarifvertrag, der durch Betriebsvereinbarungen und individuelle Absprachen zwischen den Vertragsparteien ergänzt werden kann. Im Tarifvertrag und in Betriebsvereinbarungen festgelegte Regelungen sind Mindestbedingungen, die im Arbeitsvertrag nicht unterschritten werden dürfen.

■ Treuepflicht

Der kaufmännische Angestellte hat an der Erreichung der Unternehmensziele mitzuwirken und nachteilige Handlungen zu unterlassen. Deshalb muss er über **Betriebs- und Geschäftsgeheimnisse** Verschwiegenheit wahren. Zudem ist er verpflichtet, drohende oder entstandene Schäden oder Störungen im Arbeitsvorgang zu melden.

■ Wettbewerbsverbot *(§ 60 I HGB)*

Ohne Einwilligung des Arbeitgebers darf der kaufmännische Angestellte **kein eigenes Handelsgeschäft** betreiben. Selbst gelegentliche Geschäfte darf er im Geschäftszweig seines Arbeitgebers nicht abwickeln **(gesetzliches Wettbewerbsverbot).**

Darüber hinaus kann schriftlich vereinbart werden, dass dieses Wettbewerbsverbot auch noch für die Zeit bis zu zwei Jahren nach Beendigung des Arbeitsverhältnisses Gültigkeit haben soll **(vertragliches Wettbewerbsverbot).** In diesem Fall muss dem kaufmännischen Angestellten allerdings monatlich eine Entschädigung gezahlt werden *(§§ 74 – 75 d HGB).*

▶ Pflichten des Arbeitgebers

■ Fürsorgepflicht *(§ 62 I HGB)*

Der Arbeitgeber muss das Geschäft so einrichten und die Arbeitszeit so einteilen, dass die Gesundheit des Arbeitnehmers nicht beeinträchtigt wird.

■ Gehaltszahlung *(§§ 63 I, 64 HGB)*

Spätestens am Ende eines Monats muss der Arbeitgeber das vereinbarte Gehalt zahlen, dessen Höhe durch **Tarif- bzw. Arbeitsvertrag** festgelegt worden ist. Im Krankheitsfall hat der Angestellte Anspruch darauf, dass sein Gehalt bis zu sechs Wochen weitergezahlt wird. Zur Vergütung zählen auch:

- **Zuschläge,**
- **Provisionen und Gewinnbeteiligungen,**
- **Gratifikationen** (vgl. S. 241).

■ Urlaubsgewährung

Die Dauer des jährlichen Urlaubs richtet sich nach den Tarifvereinbarungen.

■ Pflicht zur Ausstellung eines Zeugnisses *(§ 109 GewO)*

Bei der Beendigung des Arbeitsverhältnisses kann der kaufmännische Angestellte ein schriftliches Arbeitszeugnis über Art und Dauer der Beschäftigung fordern **(einfaches Zeugnis).** Darüber hinaus kann er verlangen, dass dieses auch über Leistung und Verhalten Auskunft gibt **(qualifiziertes Zeugnis).**

Arbeitszeugnis bei Beendigung eines Arbeitsverhältnisses

Inhalte eines einfachen Zeugnisses

- **Bezeichnung des Arbeitnehmers** mit Vor- und Zunamen, ggf. Anschrift
- **Angabe der Beschäftigungsdauer** (Beginn und Ende)
- **Bezeichnung der Art der geleisteten Tätigkeit** in wenigen Worten, in der Regel durch Nennung der Berufsbezeichnung (z. B. Kauffrau im Gesundheitswesen)

Inhalte eines qualifizierten Zeugnisses

- **Eingangssatz** (enthält die gleichen Inhalte wie das einfache Zeugnis, die in einem Satz zusammengefasst werden)
- **Tätigkeitsbeschreibung** (Angabe der verrichteten Tätigkeiten einschließlich der beruflichen Entwicklung)
- **Leistungsbewertung** (Angabe darüber, wie die Mitarbeiterin/der Mitarbeiter diese zuvor genannten Tätigkeiten erledigt hat)
- **Führungsbewertung** (Angabe über die Führung der Mitarbeiterin/des Mitarbeiters)
- **Gesamtbewertung** („Note" als Zusammenfassung der Leistungs- und Führungsbewertung)
- **Abschlusssatz** (Art des Ausscheidens sowie Angabe von Gründen dafür – sofern dies für die ausscheidende Mitarbeiterin/den ausscheidenden Mitarbeiter günstig ist)

Insbesondere die Beurteilung problematischer Mitarbeiter (z. B. Unpünktlichkeit, Unzuverlässigkeit, schlechte Arbeitsleistung, renitentes Verhalten gegenüber Vorgesetzten) eröffnet ein **Spannungsfeld** bei der Ausstellung eines Arbeitszeugnisses. Dieses besteht darin,

- dass das Zeugnis einerseits vom verständigen Wohlwollen für den Arbeitnehmer getragen sein soll, um das weitere berufliche Fortkommen des ausscheidenden Mitarbeiters nicht zu erschweren **(Wohlwollenspflicht)** und
- dass andererseits der Inhalt des Zeugnisses wahr sein muss **(Wahrheitspflicht).**

In der betrieblichen Praxis wird dieser Zwiespalt qualifizierter Arbeitszeugnisse, die **keine negativen Beurteilungen** enthalten dürfen, jedoch umgangen. Dies geschieht vor allem dadurch, dass

- die Beurteilung durch überwiegend positive Formulierungen erfolgt, wobei über standardisierte Ausdrucksweisen negative Sachverhalte bzw. Eigenschaften „kodiert" werden;
- durch offenkundiges Nichterwähnen Kritik geübt wird, indem z. B. einzelne Wörter in wichtigen Aussagen oder sogar ganze Aussagen, die einen wichtigen Bestandteil des Zeugnisses darstellen, bewusst weggelassen werden;
- positive Aussagen eingesetzt werden, die eine spezielle negative Bedeutung besitzen (z. B. „Wegen seiner Pünktlichkeit war er stets ein gutes Vorbild.")

Qualifiziertes Zeugnis

Maschinenfabrik Holte GmbH Dortmund, 30. September 20 . .
Inselstr. 89
44143 Dortmund

Zeugnis

Frau Sabine E i c k m a n n, geb. am 16. Oktober 19 .. in Dortmund, wohnhaft in 45136 Essen, Oststr. 7, war vom 1. August 19 .. bis 30. September 20 .. in der Abteilung Materialwirtschaft unseres Unternehmens als Industriekauffrau tätig.

Ihr Aufgabenbereich erstreckte sich auf die Abwicklung des Einkaufs und die Erledigung der Korrespondenz. Alle anfallenden Arbeiten erledigte Frau Eickmann aufgrund ihrer sehr guten Fachkenntnisse mit absoluter Zuverlässigkeit stets zu unserer vollsten Zufriedenheit, sodass wir mit ihren Leistungen jederzeit und ohne Vorbehalt zufrieden waren.

Ihr Sinn nach Gerechtigkeit und ihr kollegiales Wesen zeichneten sie vor ihren Mitarbeitern aus. Frau Eickmann war stets hilfsbereit und freundlich.

Frau Eickmann verlässt uns auf eigenen Wunsch. Wir können sie fachlich und persönlich sehr empfehlen. Für ihren weiteren Berufsweg wünschen wir ihr viel Erfolg.

Maschinenfabrik Holte GmbH

ppa. *Werner Althaus*

Werner Althaus

Checkliste

So überprüfen Sie Ihr Arbeitszeugnis

Ihr Zeugnis muss vollständig und richtig sein. Prüfen Sie folgende Punkte:

Tätigkeitsbeschreibung

- Sind Tätigkeit, Position und Werdegang richtig dargestellt? Bei Führungskräften müssen die Kompetenz und auch die Zahl der unterstellten Mitarbeiter erwähnt werden. Die wichtigsten Aufgaben sollten vor den unwichtigen aufgeführt sein.
- Ist die Tätigkeit konkret beschrieben? Pauschale Schlagwörter („Die Mitarbeiterin war mit administrativen Aufgaben betraut") reichen nicht.

Leistungsbeurteilung

- Die Leistungsbeurteilung sollte individuell sein und nicht nur allgemeine Floskeln enthalten, die in fast jedem Zeugnis stehen könnten.
- Wurden alle für den Beruf wichtigen Fähigkeiten und Eigenschaften genannt und Irrelevantes weggelassen? Die Kreativität des Buchhalters muss nicht erwähnt werden, sein Zahlenverständnis sehr wohl.
- Doppelte Verneinungen sind nichts Gutes. „Er erzielte nicht unerhebliche Verkaufserfolge" meint: Er hat keine tollen Erfolge erzielt.
- Schränkt der Arbeitgeber Aussagen ein? „Er hat sich im Rahmen seiner Fähigkeiten eingesetzt" ist negativ.
- Achtung bei doppeldeutigen Sätzen wie „er war stets bestrebt, seinen Aufgaben gerecht zu werden". Beim Leser kommt an: Die Mühe des Arbeitnehmers war oft erfolglos.
- Die Leistungsbewertung sollte mit der Zufriedenheitsfloskel abschließen. Sie besteht aus einem Wort, das die Qualität der Arbeit umschreibt (etwa „Zufriedenheit") und einem Zeitfaktor wie „stets", „jederzeit" oder „immer". Damit kann der Arbeitgeber weitere Abstufungen bei der Beurteilung vornehmen. Die Floskel: „Er hat die ihm übertragenen Aufgaben stets zu unserer vollsten Zufriedenheit erledigt", entspricht der Note 1.

- Passt die Zufriedenheitsformel zur gesamten Leistungsbeurteilung? Widersprüche wecken Misstrauen.

Verhaltensbeurteilung

- Ist das Verhalten zu allen relevanten Personen wie Chefs und Kollegen erwähnt? Auch die Reihenfolge ist wichtig: Es deutet auf Zoff mit dem Vorgesetzten hin, wenn im Satz „Sein Verhalten gegenüber Kollegen und Vorgesetzten war einwandfrei" nicht die Vorgesetzten vor den Kollegen genannt werden.
- Sagt das Zeugnis Konkretes zu Persönlichkeit und Sozialkompetenz? Es ist schlecht, wenn bei einer Sekretärin nichts zur Diskretion steht.
- Achten Sie auf Floskeln, die negativ ausgelegt werden könnten. Die „kommunikationsfreudige Mitarbeiterin" ist mitunter eine Quasselstrippe.

Schlussformulierungen

- Im Endzeugnis: Wurde angegeben, dass die Kündigung auf eigenen Wunsch oder betriebsbedingt (etwa wegen Reduzierung der Belegschaft) erfolgte? Wenn nicht, lässt das Raum für Spekulationen. Äußert der Arbeitgeber Dank und Bedauern über den Weggang?
- Ist ein plausibler Grund für ein Zwischenzeugnis angegeben? Etwa: „Herr X wechselt zum ... in die Abteilung ... und bat aus diesem Grund um ein Zwischenzeugnis."

Allgemeines

- Ist das Zeugnis zum Ende des Arbeitsverhältnisses ausgestellt? Ein späteres Datum könnte auf einen Rechtsstreit hindeuten.
- Ist der Unterzeichner ranghöher und kann er den Arbeitnehmer beurteilen?
- Zwischenzeugnisse müssen in der Gegenwartsform verfasst sein, Endzeugnisse in der Vergangenheitsform. Etwas anderes gilt für Eigenschaften, die fortdauern: „Er verfügt über ausgezeichnete Fachkenntnisse, die er gewinnbringend einsetzen konnte."
- Stehen im Zeugnis mehrere Passivsätze wie „wurde bei uns beschäftigt" oder „hatte zu bearbeiten", kann das ein Hinweis auf Unselbstständigkeit und mangelnde Initiative sein.
- Die Beschäftigungsdauer sollte sich in der Länge des Zeugnisses widerspiegeln. In der Regel sollte das Zeugnis zwei Seiten nicht überschreiten. Minimum sind etwa 350 Wörter.
- Das Zeugnis sollte wie üblich gegliedert sein: Überschrift, Einleitung, Tätigkeitsbeschreibung (oft tabellarisch), Leistungs-, Verhaltensbeurteilung und Schlussformulierungen.
- Stimmen die Formalien wie Überschrift, Vor- und Zuname, Geburtsdatum, Ein- und Austrittsdatum, Unterschrift, Ausstellungsort und -datum? Das Zeugnis darf nicht handschriftlich verfasst sein und muss auf Geschäftspapier der Firma stehen. Prüfen Sie das Zeugnis auf Rechtschreibfehler, Flecken oder handschriftliche Korrekturen.

Quelle: Stiftung Warentest: FINANZtest Nr. 5/2009, S. 19f.

Streitfall Arbeitszeugnis

Bescheinigt ein Arbeitgeber seinem Arbeitnehmer im Zeugnis, dass er die ihm übertragenen Aufgaben „zur vollen Zufriedenheit" erfüllt hat, entspricht das der Schulnote „Befriedigend".
Möchte der Arbeitnehmer eine bessere Beurteilung haben und klagt deswegen, muss er vor Gericht auch beweisen, dass seine Leistungen besser waren.
Dies gilt auch dann, wenn in seiner Branche überwiegend gute („stets zur vollen Zufriedenheit") oder sehr gute („stets zur vollsten Zufriedenheit") Noten üblich sind.
Zu diesem Urteil kam das Bundesarbeitsgericht (Az 9 AZR 584/13).

Der Arbeitnehmer hat die ihm übertragenen Aufgaben ... erledigt.	Entspricht der Note
Stets zu unserer vollsten Zufriedenheit	1 (sehr gut)
Stets zu unserer vollen Zufriedenheit	2 (gut)
Zu unserer vollen Zufriedenheit	2–3 (vollbefriedigend)
Stets zu unserer Zufriedenheit	3 (befriedigend)
Zu unserer Zufriedenheit	4 (ausreichend)
Insgesamt/im Großen und Ganzen zu unserer Zufriedenheit	5 (mangelhaft)
Zu unserer Zufriedenheit zu erledigen versucht/führte die übertragenen Aufgaben mit großem Fleiß und Interesse durch	6 (ungenügend)

Quelle: Stiftung Warentest: FINANZtest Nr. 2/2015, S. 11

▶ Beendigung des Arbeitsverhältnisses *(§§ 622 f., 626 BGB)*

In der Regel sind Arbeitsverhältnisse auf Dauer angelegt, also **unbefristet.** Zu ihrer Beendigung ist deshalb eine **schriftliche Kündigung** notwendig, die sowohl vom Arbeitgeber als auch vom Arbeitnehmer – auch gegen den Willen des Betroffenen – erklärt werden kann. Nur in bestimmten Ausnahmefällen (bei zeitlich befristeten Arbeitsverhältnissen[1]) ist eine Kündigung nicht erforderlich. Allerdings muss schon beim Abschluss des Vertrages ein sachlicher Grund (z. B. Vertretung eines erkrankten Arbeitnehmers) vorgelegen haben. Ein solches für eine bestimmte Zeit eingegangenes **befristetes Arbeitsverhältnis** endet mit Ablauf der vereinbarten Zeit, ohne dass es einer Kündigung bedarf.

Somit bedarf es zur Beendigung eines unbefristeten Arbeitsverhältnisses immer entweder einer **ordentlichen** oder einer **außerordentlichen Kündigung.** Im Gegensatz zur außerordentlichen Kündigung, bei der das Arbeitsverhältnis mit sofortiger Wirkung (fristlos) aufgelöst wird, endet das Arbeitsverhältnis bei einer ordentlichen Kündigung erst nach Ablauf der Kündigungsfrist.

▶ Ordentliche Kündigung

■ Gesetzliche Kündigung

Die **gesetzliche Grundkündigungsfrist** beträgt für alle Arbeitnehmer vier Wochen zum Fünfzehnten oder zum Ende eines Kalendermonats *(§ 622 I BGB)*. Damit ist es bei einer **Betriebszugehörigkeit von unter zwei Jahren** grundsätzlich möglich, ein unbefristetes Arbeitsverhältnis nach Ablauf der Probezeit vier Wochen nach dem Zugang der Kündigungserklärung zu beenden.

Je länger ein Arbeitnehmer in einem Betrieb beschäftigt ist, desto länger ist auch seine Kündigungsfrist. Sie kann auf bis zu sieben Monate ansteigen. Geregelt sind die gesetzlichen Kündigungsfristen in Paragraf 622 des Bürgerlichen Gesetzbuches (BGB). Die sogenannte Grundkündigungsfrist durch den Arbeitgeber beträgt vier Wochen zum 15. oder zum letzten Tag eines Kalendermonats. Nach zwei Jahren Betriebszugehörigkeit muss der Arbeitgeber eine Frist von einem Monat zum Ende eines Kalendermonats einhalten. Nach zehn Jahren beträgt die Frist bereits vier Monate. Sie steigt bis auf sieben Monate für Arbeitnehmer, die 20 Jahre und länger im Betrieb beschäftigt sind. Für Arbeitnehmer, die kündigen wollen, beträgt die gesetzliche Kündigungsfrist immer vier Wochen zum 15. oder zum letzten Tag eines Kalendermonats. In Tarifverträgen können allerdings abweichende Kündigungsfristen vereinbart werden. Auch in einzelnen Arbeitsverträgen können andere Fristen festgelegt werden. Kürzere Fristen als vom Gesetzgeber vorgesehen können nur in besonderen Ausnahmefällen vereinbart werden. Längere sind aber möglich, wobei die Frist für den Arbeitnehmer nie länger sein darf als für den Arbeitgeber.

1 Befristete Arbeitsverhältnisse können für die Dauer von maximal 24 Monaten abgeschlossen werden. Diese Arbeitsverhältnisse sind – ohne spezielle Begründungen – **nur** für Neueinstellungen zulässig.

Beabsichtigt jedoch ein Arbeitgeber, einem Arbeitnehmer ordentlich zu kündigen, gelten einseitig **verlängerte Kündigungsfristen.** Je nach Dauer der Betriebszugehörigkeit ist die Kündigung, die jeweils zum Monatsende erfolgen muss, unter Einhaltung einer Frist von einem Monat (nach zweijähriger Betriebszugehörigkeit) bis zu sieben Monaten (nach 20-jähriger Betriebszugehörigkeit) möglich.

- **Vertragliche Kündigung**

  Einzelvertraglich kann zwischen Arbeitgeber und Arbeitnehmer eine kürzere als die o. g. Grundkündigungsfrist nur vereinbart werden,

  - wenn ein Arbeitnehmer zur vorübergehenden Aushilfe (bis zu einer Dauer von drei Monaten) eingestellt ist,
  - wenn der Arbeitgeber in der Regel nicht mehr als zwanzig Arbeitnehmer (ausschließlich Auszubildender) beschäftigt und die Kündigungsfrist vier Wochen nicht unterschreitet *(§ 622 V BGB).*

Fristlose Kündigung *(außerordentliche Kündigung)*

Ohne Einhaltung einer Kündigungsfrist (fristlos) kann das Arbeitsverhältnis von jedem Vertragspartner nur aus einem **wichtigen Grund** aufgelöst werden.

> **Kündigungsgründe für den Arbeitgeber:** Betrug, Diebstahl, Tätlichkeiten, wiederholte Trunkenheit am Arbeitsplatz, häufiges Zuspätkommen.
>
> **Kündigungsgründe für den Arbeitnehmer:** keine Gehaltszahlungen, keine Urlaubsgewährung, Verletzung der Fürsorgepflicht.

Eine fristlose Kündigung muss jedoch spätestens innerhalb von **zwei Wochen nach Bekanntwerden des Kündigungsgrundes** erfolgt sein *(§ 626 II BGB).*

(Weitere Bestimmungen zum allgemeinen und besonderen Kündigungsschutz vgl. S. 253 ff.)

1.5.3 Handlungsbevollmächtigter *(§§ 54 ff. HGB)*

Aus dem Kreis der kaufmännischen Angestellten erhalten einige Vollmachten, um besondere Aufgaben im Unternehmen selbstständig und eigenverantwortlich wahrnehmen zu können. Dieser Personenkreis handelt dann im Namen und für Rechnung seines Arbeitgebers.

Begriff *(§ 54 I HGB)*

Eine Handlungsvollmacht kann sich auf alle Tätigkeiten, die im täglichen Geschäftsverkehr anfallen, erstrecken.

Arten und Umfang der Handlungsvollmacht

- **Generalhandlungsvollmacht**

  Sie bezieht sich auf **alle gewöhnlichen Tätigkeiten** in einem Handelsgewerbe.

  > Abteilungsleiter werden mit der Durchführung aller anfallenden Geschäfte betraut wie Einkauf und Verkauf von Waren, Zahlungsabwicklungen, Einstellung und Entlassung von Mitarbeitern.

- **Arthandlungsvollmacht**

  Sie bezieht sich nur auf **bestimmte Arten von Geschäften.**

  Geschäfte gleicher Art werden dauernd von einer Person ausgeführt wie die Bestellung bestimmter Waren durch den Einkäufer oder die Entgegennahme von Zahlungen an einer Kasse bzw. der Abschluss von Versicherungsverträgen durch Versicherungsvermittler.

- **Spezialhandlungsvollmacht**

  Sie bezieht sich nur auf **ein einzelnes Geschäft.**

  Anmietung eines Lagerraumes, Entgegennahme einer Warensendung, Einlösung eines Barschecks.

▶ Erteilung der Handlungsvollmacht

Eine Handlungsvollmacht kann vom Geschäftsinhaber oder seinem Prokuristen erteilt werden. Allerdings können Handlungsbevollmächtigte selbst beschränkte **Untervollmachten** erteilen.

Der Generalhandlungsbevollmächtigte erteilt:
- Arthandlungsvollmacht oder
- Spezialhandlungsvollmacht.

Der Arthandlungsbevollmächtigte erteilt:
- Spezialhandlungsvollmacht.

▶ Zeichnung der Handlungsvollmacht *(§ 57 HGB)*

Der Handlungsbevollmächtigte unterzeichnet üblicherweise so, dass er zur Firma den Zusatz **i. A.** (im Auftrag) oder **i. V.** (in Vollmacht) mit seinem Namen anfügt.

Export Müller OHG	Maschinenbau-Krause GmbH
i. A. *Büchner*	i. V. *Kreuzberg*
Büchner	Kreuzberg

▶ Erlöschen der Handlungsvollmacht

Gründe für die Beendigung des Vollmachtsverhältnisses sind:
- Auflösung des Arbeitsverhältnisses,
- Widerruf durch den Vollmachtgeber,
- endgültige Einstellung des Geschäftsbetriebes.

1.5.4 Prokurist *(§§ 48 ff. HGB)*

▶ Begriff

Die Prokura (lat. procurare = besorgen, verwalten) ist eine besonders weitgefasste Vollmacht, die dazu berechtigt, ein Unternehmen voll zu vertreten. Der Prokurist kann also – im Gegensatz zum Handlungsbevollmächtigten – **auch außergewöhnliche Geschäfte** abschließen.

Arten der Prokura

- **Einzelprokura**

  Die Einzelprokura ermächtigt den Prokuristen allein, d. h. selbstständig, alle Geschäfte des Handelsbetriebes auszuführen.

- **Gesamtprokura**

  Bei der Gesamtprokura dürfen nur zwei oder mehr Prokuristen gemeinsam das Unternehmen vertreten.

- **Filialprokura**

  In diesem Fall ist der Prokurist lediglich berechtigt, die Geschäfte einer Filiale abzuwickeln.

- **Gemischte Prokura**

  Gemischte Prokura bedeutet, dass der Prokurist nur gemeinsam mit einem geschäftsführenden Gesellschafter einer OHG oder KG, dem Geschäftsführer einer GmbH bzw. einer UG (haftungsbeschränkt) oder einem Vorstandsmitglied einer AG handeln darf.

Umfang der Prokura *(§§ 49 f. HGB)*

Die Prokura ermächtigt zu allen Arten von gerichtlichen und außergerichtlichen Geschäften und Rechtshandlungen, die der Betrieb irgendeines Handelsgewerbes mit sich bringt. Sie umfasst demnach auch außergewöhnliche Geschäfte, allerdings **mit Ausnahme folgender Vorfälle:**

- Verkauf des Geschäfts,
- Änderung oder Löschung der Firma,
- Anmeldung der Insolvenz,
- Prokuraerteilung an andere Mitarbeiter,
- Vornahme von Anmeldungen zum Handelsregister,
- Unterschreiben von Bilanzen oder Steuererklärungen,
- Leisten eines Eides für den Unternehmensinhaber,
- Veräußerung oder Belastung von Grundstücken (falls ihm nicht eine zusätzliche Befugnis hierzu erteilt wurde).

Ein Kunde, der mit einem Prokuristen Geschäfte abschließt, kann sich grundsätzlich darauf verlassen, dass dieser tatsächlich das Unternehmen in allen Fällen (mit Ausnahme der oben genannten) vertreten darf. **Eine Beschränkung der Vollmacht gegenüber Außenstehenden ist somit nicht möglich.** Allerdings kann der Handlungsspielraum des Prokuristen für Tätigkeiten innerhalb des Unternehmens durch den Inhaber begrenzt werden.

> Wurde einem Prokuristen die Ausstellung von Schecks über mehr als 750 000 EUR untersagt und unterzeichnet er trotzdem einen solchen Scheck, so ist dieser zwar dem Außenstehenden gegenüber gültig (Außenverhältnis). Der Prokurist haftet jedoch gegenüber dem Unternehmensinhaber für einen möglicherweise eintretenden Schaden (Innenverhältnis).

Erteilung der Prokura *(§§ 48 I, 53 I HGB)*

Die Prokura kann nur vom Inhaber des Handelsgeschäftes und nur durch ausdrückliche Erklärung erteilt werden. Sie muss zur Eintragung in das Handelsregister angemeldet werden.

Zeichnung der Prokura *(§ 51 HGB)*

Der Prokurist hat in der Weise den Geschäftsverkehr abzuzeichnen, dass er zur Firma seinen Namen mit einem die Prokura andeutenden Zusatz anfügt. Dieser Zusatz lautet **ppa.** (per procura).

Zeichnung bei Einzelprokura

Klaus Wagner GmbH
Industrieanlagenbau

ppa. *Friedrich*
Friedrich

Zeichnung bei Gesamtprokura

Arndt, Hendler, Schneider OHG
CNC-Fräserei

ppa. *Schäfer*
Schäfer

ppa. *Ellermann*
Ellermann

201 335 © Bergmoser + Höller Verlag AG

Erlöschen der Prokura

Die Prokura erlischt durch:

- Widerruf des Vollmachtgebers,
- Auflösung des Arbeitsverhältnisses,
- Geschäftsaufgabe, Eröffnung des Insolvenzverfahrens oder Verkauf des Geschäftes.

Die Vollmacht bleibt allerdings so lange bestehen, bis eine Löschung im Handelsregister erfolgt ist. So werden außenstehende Dritte so lange geschützt, bis sie von der Löschung erfahren können.

Übersicht: Prokura und Handlungsvollmacht

	Prokura	Handlungsvollmacht
Arten der Vollmachten	Ausführung **aller** Rechtsgeschäfte innerhalb irgendeines Handelsgewerbes (1) **Einzelprokura** Ein Prokurist handelt allein (2) **Gesamtprokura** Mehrere Prokuristen handeln gemeinsam (3) **Filialprokura** Der Prokurist handelt nur für eine Niederlassung des Unternehmens (4) **Gemischte Prokura** Der Prokurist handelt zusammen mit einem geschäftsführenden Gesellschafter einer OHG oder KG, dem Geschäftsführer einer GmbH bzw. einer UG (haftungsbeschränkt) oder einem Vorstandsmitglied einer AG	(1) **Generalhandlungsvollmacht** Ausführung aller **gewöhnlichen** Rechtsgeschäfte innerhalb eines Handelsgewerbes (2) **Arthandlungsvollmacht** Rechtsgeschäfte **gleicher Art** werden **dauernd** ausgeführt (3) **Spezialhandlungsvollmacht** Durchführung nur **eines bestimmten** Rechtsgeschäftes
Umfang der Vollmachten (1) Familien- oder erbrechtliche Rechtshandlungen (2) Das Unternehmen veräußern, die Firma ändern oder löschen bzw. Insolvenz anmelden (3) Prokura erteilen (4) Anmeldungen zum Handelsregister (Ausnahme: Gemischte Prokura) (5) Bilanzen oder Steuererklärungen unterschreiben (6) Eid für den Unternehmer leisten (7) Grundstücke veräußern oder belasten (8) Grundstücke erwerben (9) Prozesse führen (10) Aufnahme von Darlehen (11) Eingehen von Wechselverbindlichkeiten (12) Eingehen einer Bürgschaft (13) Mitarbeiter einstellen und entlassen (14) Warenein- und -verkauf (15) Abwicklung von Zahlungsgeschäften		(Bezogen auf Generalhandlungsvollmacht)

	Prokura	Handlungsvollmacht
Erteilung der Vollmachten	(1) Durch Geschäftsinhaber oder deren gesetzliche Vertreter (2) Ausdrückliche schriftliche oder mündliche Erklärung (3) Handelsregistereintragung notwendig	(1) Durch Geschäftsinhaber oder Prokuristen (2) Beschränkte Untervollmachten auch durch Handlungsbevollmächtigte (3) Schriftlich, mündlich, durch schlüssige Handlung oder stillschweigende Duldung (4) Keine Handelsregistereintragung
Zeichnung der Vollmachten	(1) Firma mit Namen des Bevollmächtigten und Zusatz ppa. (= per procura) (2) Eintragung dieser Zeichnung beim Handelsregister	Firma mit Namen des Bevollmächtigten und Zusatz i. V. (= in Vollmacht) bzw. i. A. (= im Auftrag)
Erlöschen der Vollmachten	(1) Ende des Anstellungsverhältnisses (2) Widerruf durch den Vollmachtgeber (3) Durch Eröffnung des Insolvenzverfahrens, Veräußerung des Geschäftes oder Geschäftsaufgabe (4) Die Prokura bleibt so lange bestehen, bis sie im Handelsregister gelöscht ist	(1) Ende des Anstellungsverhältnisses (2) Widerruf durch den Vollmachtgeber (3) Endgültige Einstellung des Geschäftsbetriebes
	Die Vollmachten erlöschen **nicht** durch den Tod des Geschäftsinhabers oder durch den Wechsel des Eigentümers	

Legende zum Umfang der Vollmachten:

= Vertretungsvollmacht ist gesetzlich verboten

= Vertretung nur mit zusätzlicher besonderer Vollmacht

= Vertretung ohne zusätzliche besondere Vollmacht

1.5.5 Unternehmensleitung

Die Leitung eines Unternehmens besteht entweder aus einer Person oder aus einigen wenigen Personen. Bei einem **Einzelunternehmen** führt der Eigentümer die Geschäfte selbst. **Personengesellschaften** (z. B. KG, OHG) werden von den persönlich haftenden Gesellschaftern geleitet. In **Kapitalgesellschaften** üben die Geschäftsführer (GmbH bzw. UG [haftungsbeschränkt]) bzw. die Vorstandsmitglieder (AG) die unternehmerischen Funktionen aus.

1.6 Rechtliche Stellung der selbstständigen Mitarbeiter außerhalb des Unternehmens

Neben den durch einen Arbeitsvertrag fest angestellten kaufmännischen Mitarbeitern wird sich ein Unternehmen in bestimmten Fällen der Unterstützung **selbstständiger Kaufleute** bedienen. Die Zusammenarbeit zwischen Unternehmen und selbstständigen Kaufleuten wird in speziellen Verträgen geregelt. Diese Mitarbeiter lassen sich danach unterscheiden, ob sie in **eigenem oder fremdem** Namen auftreten.

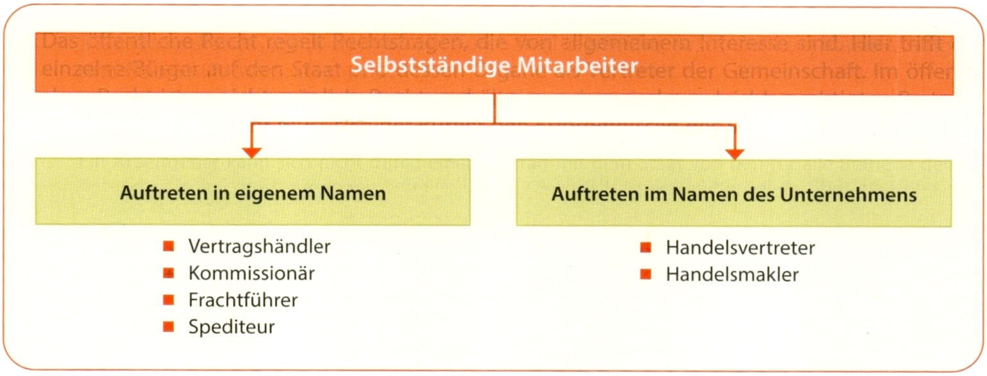

1.6.1 Vertragshändler

Vertragshändler sind zwar rechtlich selbstständig, wirtschaftlich aber vom jeweiligen Unternehmen, dessen Produkte verkauft werden sollen, abhängig. Sie sind in die entsprechende Verkaufsorganisation fest eingebunden.

> Das Vertragshändlersystem ist die typische Absatzform im Kraftfahrzeuggewerbe, u. a. bei VW, Audi, Ford, Opel und BMW.

Zu den Aufgaben der Vertragshändler gehören Lagerhaltung, Kundenberatung und Kundendienst, der Transport der Waren zum Kunden und die Abwicklung der Garantieverpflichtungen. Vertragshändler handeln in **eigenem Namen und auf eigene Rechnung.**

1.6.2 Kommissionär *(§§ 383 ff. HGB)*

Kommissionäre sind selbstständige Kaufleute, die es gewerbsmäßig übernehmen, **für Rechnung eines anderen,** aber **in eigenem Namen,** Waren oder Wertpapiere zu kaufen oder zu verkaufen.

Zwischen dem Kommissionär, seinem Auftraggeber (Kommittent) und dem Kunden entsteht dabei folgendes Dreiecksverhältnis:

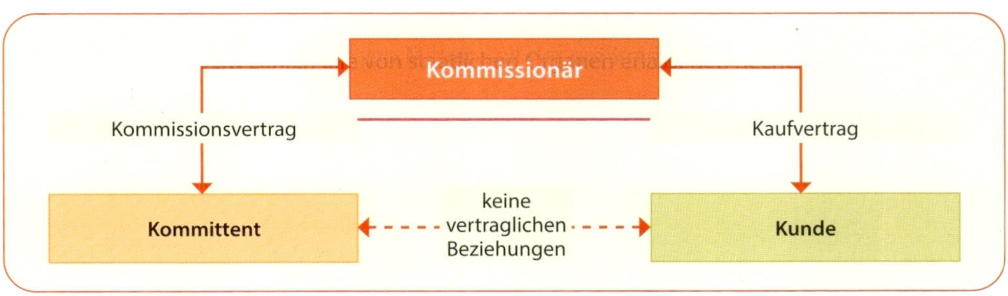

Bei einer **Verkaufskommission** verpflichtet sich der Kommittent im Kommissionsvertrag, Waren zu liefern. Der Kommissionär hat den vom Kunden erhaltenen Kaufpreis unter Abzug seiner Provision und eventueller Aufwendungen an den Auftraggeber (Kommittent) weiterzuleiten.

Bei einer **Einkaufskommission** verpflichtet sich der Kommissionär, Waren zu besorgen und diese an den Auftraggeber zu übereignen. Der Kommittent seinerseits hat den Kaufpreis zuzüglich Provision und Aufwendungen an den Kommissionär zu erstatten.

Kommissionäre können für ihre Auftraggeber von Fall zu Fall, aber auch auf Dauer tätig werden. Sie müssen das Geschäft mit Sorgfalt ausführen, den Weisungen des Kommittenten folgen, dessen Interessen vertreten und ihn von der Ausführung der Kommission unterrichten.

Kommissionsgeschäfte haben heute in folgenden Bereichen besondere Bedeutung:

- An- und Verkauf von Wertpapieren über Banken,
- Warenein- und Warenverkäufe im Exportgeschäft,
- An- und Verkauf von Kunstgegenständen und Antiquitäten,
- Abgabe von Waren zum Verkauf vom Hersteller oder Großhändler an den Einzelhändler vor allem dann, wenn es sich um neue Produkte oder modische Artikel handelt, bei denen der Absatzerfolg ungewiss erscheint.

  Der Einzelhändler hat bei einem solchen Kommissionsgeschäft die Möglichkeit, **nicht verkaufte Waren an den Lieferanten zurückzugeben.**

1.6.3 Frachtführer

Frachtführer sind selbstständige Kaufleute, die die gewerbsmäßige Beförderung von Gütern übernehmen. Sie befassen sich allerdings nicht mit den zum Transport notwendigen Vor- und Hilfsleistungen (u. a. Abschluss von Versicherungen, Beschaffung von Zolldokumenten).

Frachtführer handeln in **eigenem Namen,** aber für **fremde Rechnung** (des Auftraggebers). Zu ihnen zählen Unternehmen des Straßengüterverkehrs und der Binnenschifffahrt *(§ 425 HGB)* sowie Luftfrachtunternehmen. Sie werden aufgrund eines **Frachtvertrages** tätig, der ihre Rechte und Pflichten beschreibt.

1.6.4 Spediteur

Der Spediteur ist Kaufmann, der gewerbsmäßig **in eigenem Namen, aber für fremde Rechnung** (des Versenders) die Beförderung von Gütern durch einen Frachtführer (bei Land-, Binnenwasser- und Luftfrachtgeschäften) oder Verfrachter (bei Seefrachtgeschäften) besorgt *(§ 407 HGB).* Er tritt damit als **Transportvermittler** auf und übernimmt meist alle zum Transport gehörenden Hilfsgeschäfte wie etwa Versicherung und Lagerung der Ware oder Besorgung von erforderlichen Dokumenten wie z. B. Frachtbrief und Zolldeklaration.

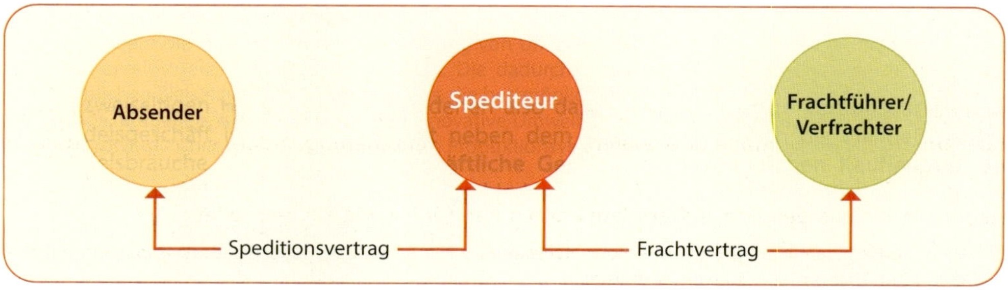

Oft übernimmt der Spediteur auch selbst die Aufgabe des Frachtführers bzw. Verfrachters, indem er die Ware **mit eigenen Transportmitteln** befördert (**Selbsteintritt**).

1.6.5 Handelsvertreter *(§§ 84 ff. HGB)*

Handelsvertreter sind selbstständige Kaufleute, die ständig damit betraut sind, für einen anderen

- Geschäfte zu vermitteln **(Vermittlungsvertreter),**
- Geschäfte abzuschließen **(Abschlussvertreter).**

Dabei handeln sie **in fremdem Namen und auf fremde Rechnung.**

Um den Handelsvertreter vom Reisenden, der Angestellter im Unternehmen ist, abgrenzen zu können, sind alle Anzeichen zu werten, die gegen eine unselbstständige Tätigkeit sprechen.

Merkmale einer unselbstständigen Beschäftigung sind etwa der Anspruch auf bezahlten Urlaub, die Einbehaltung von Steuern und Sozialversicherungsbeiträgen durch das Unternehmen oder die Festlegung einer bestimmten Arbeitszeit.

Handelsvertreter sind in ihrer Tätigkeit nicht an ein Unternehmen gebunden. Sie können also für mehrere Auftraggeber Geschäfte vermitteln oder abschließen. Allerdings darf sich die Vertretung **nicht** auf konkurrierende Produkte, sondern höchstens auf sich ergänzende (komplementäre) Waren erstrecken.

Für einen Handelsvertreter wäre es denkbar, dass er sowohl die Vertretung für einen Sportbekleidungshersteller als auch für ein Unternehmen, das Fitnessgeräte anbietet, übernimmt.

Soll die Tätigkeit für Konkurrenzbetriebe **(Wettbewerbsverbot)** auch nach der Beendigung des Vertragsverhältnisses zwischen dem Unternehmen und dem Handelsvertreter ausgeschlossen werden (höchstens für zwei Jahre möglich), ist hierfür eine angemessene Entschädigung zu zahlen.

Der Handelsvertreter schließt mit seinem Auftraggeber einen **Dienstvertrag.** Er verpflichtet sich, beim Abschluss oder bei der Vermittlung von Geschäften die Interessen des von ihm betreuten Unternehmens zu wahren und Geschäftsabschlüsse unverzüglich zu melden. Dafür erhält er eine **Provision** bzw. bei Beendigung des Vertragsverhältnisses mit seinem Auftraggeber einen **Ausgleich** für die angebahnten Geschäftsbeziehungen, die erst später zu Vorteilen für das vertretene Unternehmen führen.

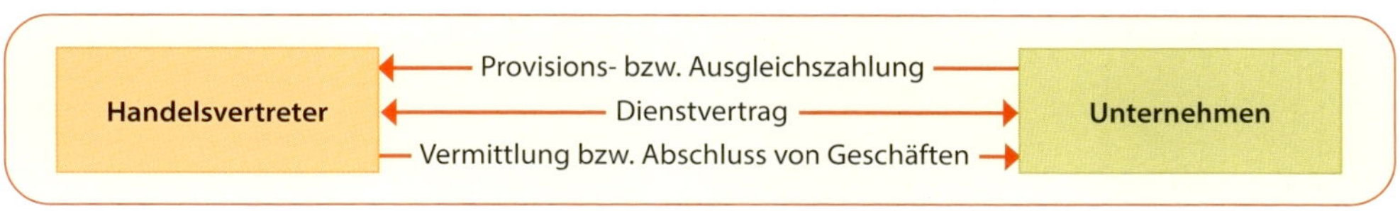

1.6.6 Handelsmakler *(§§ 93 ff. HGB)*

Handelsmakler sind selbstständige Kaufleute, die es von **Fall zu Fall** übernehmen, für Personen oder Unternehmen Verträge über Waren, Wertpapiere, Versicherungen oder Güterbeförderungen zu vermitteln.

Handelsmakler werden also **in fremdem Namen und für fremde Rechnung** tätig.

Nicht zu den Handelsmaklern zählen die **Zivilmakler** wie Grundstücks- und Hypothekenmakler, Heiratsvermittler, Theater- oder Konzertvermittler.

Kommt durch die Vermittlung des Maklers ein gewünschter Vertrag zustande, verpflichtet sich der Auftraggeber, eine **Provision** (Courtage) zu zahlen.

▶ Zusammenfassung

Rechtliche Stellung der Unternehmensmitarbeiter

Mitarbeiter im Unternehmen

- **Mitarbeiter in der Unternehmensleitung**
  verantwortlich für alle Geschäftsvorfälle im Unternehmen
- **Prokuristen**
  Vollmacht zur Ausführung gewöhnlicher und außergewöhnlicher Geschäftsvorfälle
- **Handlungsbevollmächtigte**
  Vollmacht zur Ausführung gewöhnlicher Geschäftsvorfälle
- **andere kaufmännische Angestellte**
  ohne besondere Vollmacht

selbstständige Mitarbeiter außerhalb des Unternehmens

handeln in

- **eigenem Namen und auf eigene Rechnung**
  - Vertragshändler
- **eigenem Namen und auf fremde Rechnung**
  - Kommissionär
  - Frachtführer
  - Spediteur
- **fremdem Namen und auf fremde Rechnung**
  - Handelsvertreter
  - Handelsmakler

Beendigung von Arbeitsverhältnissen

ordentliche Kündigung

unter Einhaltung gesetzlicher bzw. vertraglicher Fristen

- gesetzliche Kündigung: vier Wochen zum Fünfzehnten oder zum Monatsende
- gesetzlich verlängerte Kündigung: je nach Dauer der Betriebszugehörigkeit bis zu sieben Monaten zum Monatsende
- vertragliche Kündigung: mindestens einen Monat

außerordentliche Kündigung

fristlos aus wichtigem Grunde, spätestens 14 Tage nach Bekanntwerden des Kündigungsgrundes

Arbeitszeugnis

einfaches Arbeitszeugnis

gibt Aufschluss über Dauer und Art der Beschäftigung

qualifiziertes Arbeitszeugnis

- gibt Aufschluss über:
  1. Dauer und Art der Beschäftigung
  2. Führung und Leistung
- steht seitens des Beurteilers im Spannungsfeld zwischen der Wohlwollens- und Wahrheitspflicht

Aufgaben

14

(1) *Entscheiden Sie, ob es sich in den folgenden Fällen um einen kaufmännischen Angestellten handelt. Begründen Sie Ihre Ansicht!*

a) *In einem Bekleidungsgeschäft hilft die Ehefrau des Inhabers gelegentlich ohne Entgelt aus.*

b) *Ein Kraftfahrzeugschlosser arbeitet im Fuhrpark einer Spedition.*

c) *Ein Buchhalter ist in der Abteilung Rechnungswesen angestellt.*

(2) *Der Leiter des Rechnungswesens einer Maschinenfabrik möchte nach Beendigung seines Dienstverhältnisses bei einem Konkurrenzunternehmen eine Stellung annehmen. Sein früherer Arbeitgeber möchte diese Anstellung vorläufig verhindern. Was kann er tun?*

(3) *Welche Rechte und Pflichten ergeben sich für den kaufmännischen Angestellten aus einem Arbeitsvertrag?*

(4) *Worin unterscheidet sich ein qualifiziertes von einem einfachen Arbeitszeugnis?*

(5) *Zeigen Sie auf, in welchem Zwiespalt qualifizierte Arbeitszeugnisse stehen können!*

(6) *Unterstellt, Sie wollen sich nach Ihrer Ausbildung in einem anderen Unternehmen bewerben. Erstellen Sie für diesen Fall Ihre persönlichen Bewerbungsunterlagen!*

(7) *Eine 32-jährige kaufmännische Angestellte, die seit 14 Jahren in demselben Unternehmen tätig ist, will zum 1. September eine neue Stelle antreten. Wann muss die Angestellte spätestens kündigen?*

(8) *Welche gesetzliche Kündigungsfrist gemäß BGB gilt jeweils, wenn der Arbeitgeber eines Unternehmens mit derzeit 53 Arbeitnehmern überlegt, ob er den drei nachfolgend genannten Beschäftigten ordentlich kündigen sollte?*

Gehen Sie dabei von der Annahme aus, dass die Kündigungsfristen in den jeweiligen Arbeitsverträgen nicht geregelt worden sind! Benutzen Sie zur Lösung dieser Aufgabe auch die Grafik „Die gesetzlichen Kündigungsfristen" (vgl. S. 220)!

a) *Barbara Lopat, 52 Jahre, seit 16 Jahren und zwei Monaten in diesem Unternehmen beschäftigt.*

b) *Werner Smolinski, 32 Jahre, seit sieben Jahren in diesem Unternehmen beschäftigt.*

c) *Mehmet Özkan, 24 Jahre, seit sechs Jahren und einen Monat in diesem Unternehmen beschäftigt.*

(9) *Zu welchem Zeitpunkt würde das Arbeitsverhältnis von Werner Smolinski (vgl. Aufgabe 8) frühestens enden,*

a) *wenn der Angestellte die ordentliche Kündigung am 22. August des Jahres erklärt?*

b) *wenn der Arbeitgeber nach vorausgegangener Abmahnung wegen erneuter Trunkenheit am Arbeitsplatz in einem letzten Gespräch mit dem Betroffenen am 13. Juli des Jahres die außerordentliche Kündigung ausspricht?*

c) *wenn der Arbeitgeber die ordentliche Kündigung am 15. August des Jahres erklärt?*

(10) *In welchem Ausnahmefall ist eine Kündigung nicht erforderlich?*

(11) *Aus welchen Gründen werden einige kaufmännische Mitarbeiter mit besonderen Vollmachten ausgestattet?*

(12) *Erläutern Sie, welche der folgenden Vorfälle für einen Handlungsbevollmächtigten zulässig und welche unzulässig sind!*

a) *Ein Generalhandlungsbevollmächtigter entscheidet im Rahmen seiner Vertretungsmacht über die Aufnahme eines Darlehens über 2 000 000 EUR.*

b) *Der Handlungsbevollmächtigte einer Druckerei bestellt 1 000 Rosenstöcke zur Gestaltung des vor dem Betriebsgebäude liegenden Grundstücks.*

c) *Ein kaufmännischer Angestellter, dem Handlungsvollmacht für den Einkauf von Rohstoffen erteilt wurde, vergibt an einen seiner Mitarbeiter Handlungsvollmacht zur Begleichung der Einkaufsrechnungen.*

d) *Der Handlungsbevollmächtigte Berger unterzeichnet stets den Geschäftsverkehr neben dem Firmenstempel nur mit seinem Namen.*

e) *Der neue Eigentümer eines Unternehmens ist der Ansicht, dass er alle vom bisherigen Inhaber erteilten Handlungsvollmachten erneut aussprechen müsse.*

(13) *Der 22-jährige Michael arbeitet als kaufmännischer Angestellter im Unternehmen seines Vaters, das er bereits in einigen Jahren übernehmen soll. Damit er sich schon heute an verantwortungsvolle Entscheidungen gewöhnen kann, will ihm der Vater Prokura erteilen. Welche Art von Prokura wäre für diesen Fall zweckmäßig?*

(14) *Der Inhaber eines Möbelhauses ist der Ansicht, dass sein Einkaufsleiter bereits durch die Stellung im Unternehmen Prokura hätte und damit auf eine besondere Erklärung verzichtet werden könne. Nehmen Sie zu dieser Ansicht Stellung!*

(15) *Stefan Zweig, Inhaber eines Autohauses, ist über seinen Prokuristen Wiener äußerst erbost. Dieser hat, obwohl es ihm ausdrücklich untersagt worden war, einen Oldtimer aus der Sammlung von Herrn Zweig verkauft, noch dazu weit unter Wert. Stefan Zweig ist der Ansicht, dass dieser Kaufvertrag keine Gültigkeit besitze und damit das Auto zurückgegeben werden müsse.*

Erläutern Sie die rechtlichen Möglichkeiten, die Herr Zweig gegenüber dem Käufer des Wagens bzw. seinem Prokuristen hat!

(16) *Detlef Ewers, der Eigentümer eines Blumengroßhandels, widerruft durch einen Brief und durch Aushang im Unternehmen die an seinen Prokuristen erteilte Vollmacht. Dieser verkauft trotzdem an einen Kunden einen großen Posten Orchideen zur Hälfte des festgelegten Preises. Daraufhin fordert Herr Ewers vom Käufer die Restsumme mit dem Hinweis, dass der Prokurist bei Vertragsabschluss keine Berechtigung mehr gehabt habe, im Namen des Unternehmens zu handeln. Der Kunde widerspricht und weigert sich, Änderungen am Kaufvertrag hinzunehmen. Aus welchem Grund ist die Haltung des Kunden rechtlich einwandfrei?*

(17) *Der Prokurist einer Werbeagentur ordert zulasten des Unternehmens die Gesamtausgabe von Schillers Werken. Ist diese Handlungsweise mit der Vollmacht eines Prokuristen vereinbar? Begründen Sie Ihre Ansicht!*

(18) *Stellen Sie Vertragshändler und Kommissionäre gegenüber!*

(19) *Welche Aufgaben übernehmen Frachtführer und Spediteure?*

2 Rechtliche und soziale Sicherung der Mitarbeiter des Unternehmens

Ausschlaggebend für den Unternehmenserfolg sind neben der bestehenden Organisationsstruktur und den Fähigkeiten der Mitarbeiter vor allem die **sozialen Rahmenbedingungen** (Entlohnung, Sozialleistungen, Möglichkeiten der Interessenvertretung und Mitbestimmung der Arbeitnehmer im Unternehmen, Arbeitsschutzmaßnahmen), unter denen sich die Zusammenarbeit aller am Arbeitsprozess beteiligten Gruppen vollzieht.

2.1 Sozialpartner und Tarifvertrag

2.1.1 Tarifvertragsparteien

Bei der Einstellung eines neuen Mitarbeiters werden nur in einzelnen Fällen die Arbeitsbedingungen zwischen Arbeitgeber und Arbeitnehmer gesondert geregelt. Im Allgemeinen gelten die zwischen den Tarifvertragsparteien ausgehandelten **Tarifverträge** als Grundlage des Arbeitsverhältnisses für eine Vielzahl von Arbeitgebern und Arbeitnehmern. Tarifvertragsparteien **(Sozialpartner)** sind Gewerkschaften, einzelne Arbeitgeber sowie Vereinigungen von Arbeitgebern.

Einzelarbeitsvertrag:
Einzelner Arbeitgeber mit einzelnem Arbeitnehmer, z. B. ein Chemieunternehmen mit seinem Geschäftsführer.

Tarifvertrag als Grundlage des Arbeitsverhältnisses:
Arbeitgeber mit Gewerkschaft (z. B. VW AG mit IG Metall, Bezirk Hannover) oder Arbeitgeberverband mit Gewerkschaft (z. B. Arbeitgeberverband des privaten Bankgewerbes mit Gewerkschaft ver.di).

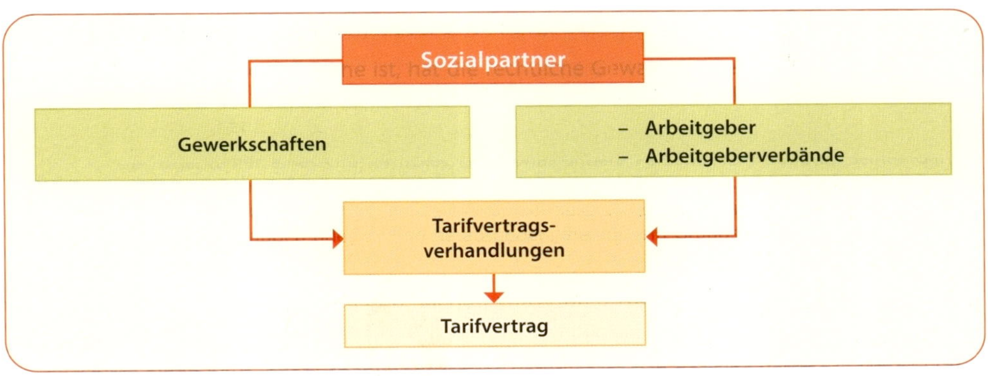

▶ Dachorganisationen der Deutschen Gewerkschaften

Innerhalb der Dachorganisationen der deutschen Gewerkschaften kommt dem **Deutschen Gewerkschaftsbund (DGB)** mit seinen acht Einzelgewerkschaften eine herausragende Bedeutung zu.

Kaufleute für Versicherungen und Finanzen können Mitglied der Vereinigten Dienstleistungsgewerkschaft ver.di sein.

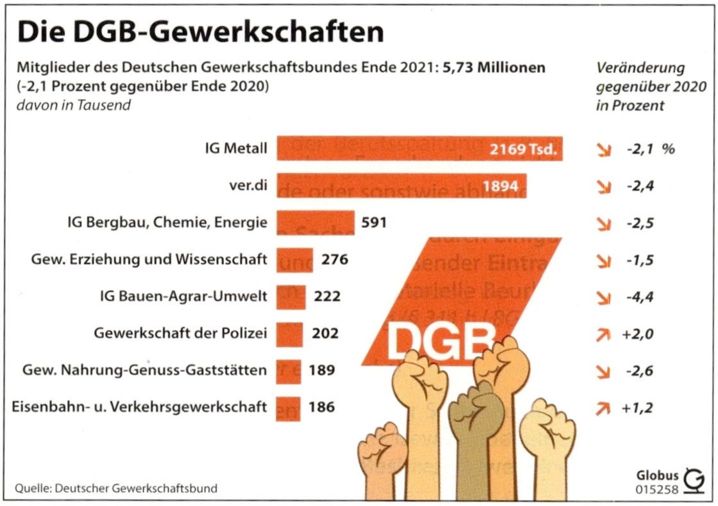

▶ Bundesvereinigung der Deutschen Arbeitgeberverbände

Spitzenorganisation der Arbeitgeberverbände ist die **Bundesvereinigung der Deutschen Arbeitgeberverbände (BDA).** Sie ist sowohl fachlich (in Bundesfachverbände) als auch regional (in Landesvereinigungen) gegliedert.

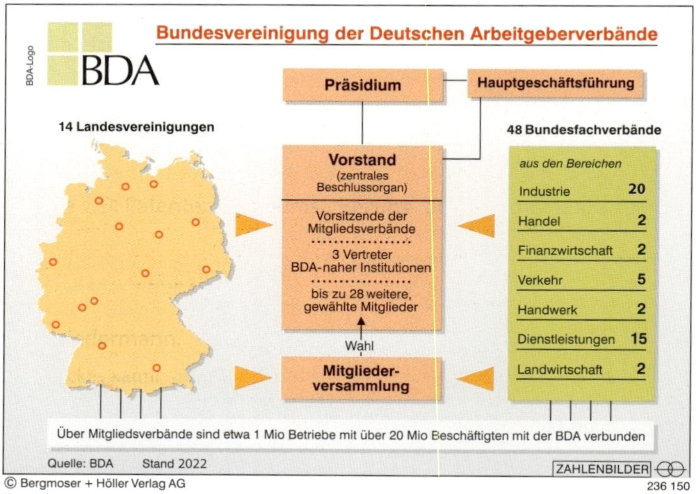

© Bergmoser + Höller Verlag AG 236 150

2.1.2 Tarifautonomie

Tarifautonomie bedeutet, dass die Vertreter der Arbeitgeber und Arbeitnehmer **unabhängig von anderen** die Arbeitsbedingungen und Arbeitsvergütungen in Tarifverhandlungen autonom vereinbaren können. Vor allem soll der Staat in diese Auseinandersetzungen nicht eingreifen.

2.1.3 Tarifvertragsarten

Tarifverträge regeln die Rechte und Pflichten der Tarifvertragsparteien und enthalten Bestimmungen über die Inhalte, den Abschluss und die Beendigung von Arbeitsverhältnissen. Sie bedürfen der Schriftform *(§ 1 TVG)*.

Tarifverträge legen **Mindestinhalte** (Mindestvergütungen, Mindesturlaubstage) für die Arbeitsverhältnisse fest. Zulässig sind allerdings Änderungen dieser Regelungen zugunsten der Arbeitnehmer *(§ 4 TVG)*.

In einem Arbeitsvertrag wird folgende Regelung zwischen einem Arbeitgeber und seinem neuen Mitarbeiter getroffen:

„Unter Berücksichtigung spezieller Kenntnisse erhalten Sie für Ihre Tätigkeit zusätzlich monatlich 100 EUR zu dem für die entsprechende Entgeltgruppe tarifvertraglich festgelegten Bruttoentgelt."

Neben übertariflichen Zulagen können einzelarbeitsvertraglich auch andere Inhalte (wie z. B. längere Kündigungsfristen oder zusätzlicher Urlaub) vereinbart werden.

Nach dem Inhalt unterscheidet man:

- **Mantel- oder Rahmentarifverträge,** in denen allgemeine Arbeitsbedingungen wie Arbeitszeit, Urlaub, Mehrarbeit, Sonn- und Feiertagsarbeit geregelt werden.
- **Vergütungstarifverträge,** die die Höhe der Löhne, Gehälter und Ausbildungsvergütungen für eine befristete Dauer (häufig für ein Jahr) festlegen.

Im Jahr 2020 arbeiteten von je 100 Beschäftigten 43 in Unternehmen mit einem Branchentarifvertrag. Dabei war die Tarifbindung im Westen deutlich höher als im Osten: 45 vs. 32 Prozent. 2019 arbeiteten noch 46 bzw. 34 Prozent in einem Betrieb mit Branchentarifvertrag. Das zeigt: Branchentarifverträge sind weiterhin rückläufig. Mitte der 1990er-Jahre hatten im Westen noch 70 und im Osten noch 56 Prozent der Angestellten einen Branchentarifvertrag. Die Zahl der Firmen- oder Haustarifverträge blieb von 2019 zu 2020 weitestgehend ähnlich. Ganz ohne Tarifvertrag – und damit ohne tarifvertraglich festgelegte Lohngruppen, Arbeitszeiten und Urlaubsregelungen – arbeiteten 2020 47 Prozent im Westen und 57 Prozent im Osten. Doch das heißt nicht automatisch, dass die Beschäftigten nicht von Tarifverträgen profitierten. Denn einige Betriebe orientieren sich stark oder teilweise an ihnen. 2020 war das bei 41 Prozent der Beschäftigten im Osten und bei 35 Prozent der Beschäftigten im Westen der Fall. Da es 2019 sowohl im Osten als auch im Westen nur 24 Prozent waren, wird deutlich, dass die Anlehnung an Tarifverträge zunimmt.

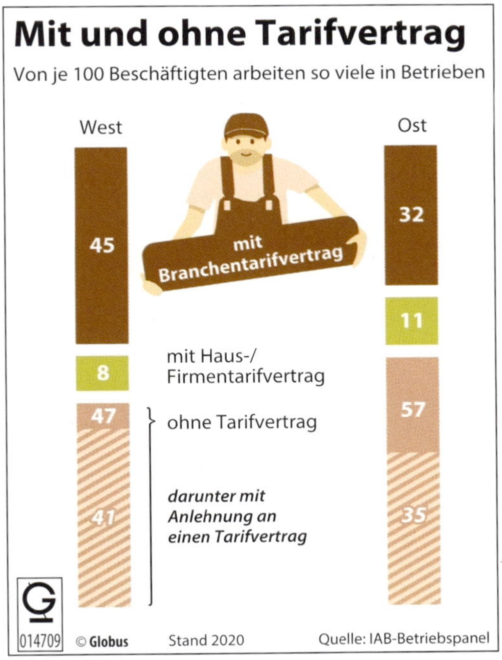

2.1.4 Tarifvertragsverhandlungen

An einen bestehenden Tarifvertrag sind die Parteien gebunden. Auch nach Kündigung oder Ablauf der vereinbarten Zeit gilt er weiter, bis ein neuer Vertrag ausgehandelt wurde *(§ 4 TVG).*

Die Aushandlung eines neuen Tarifvertrages vollzieht sich in folgenden Schritten:

- **Kündigung** des bestehenden Tarifvertrages durch die Tarifkommission der Arbeitgeber oder in der Regel durch die Tarifkommission der Gewerkschaft.
- Die Tarifparteien einigen sich auf einen **Verhandlungstermin,** bei dem häufig die Gewerkschaft ihre Forderungen nach Verbesserung des Tarifinhalts bekannt gibt. Die Arbeitgebervertreter werden ihrerseits eigene Vorstellungen für einen Vertragsabschluss darlegen. Diese Tarifvertragsverhandlungen können bereits von **Warnstreiks** begleitet werden.
- Kommt es im Laufe der Tarifverhandlungen zu keiner Einigung, kann eine Partei das **Scheitern** dieser Verhandlungen erklären. In diesem Fall bleibt es entweder für einige Zeit bei einem „tariflosen" Zustand oder es kommt zur **Schlichtung.**
- In einer Vielzahl von Tarifverträgen ist für diese Situation die Anrufung einer **Schieds- oder Schlichtungsstelle** vorgesehen. In ihr sind die gleiche Anzahl von Vertretern der Tarifparteien und ein unparteiischer Vorsitzender vertreten. Ziel ist das Erreichen eines für beide Seiten kompromissfähigen Verhandlungsergebnisses.
- Erkennen die Tarifparteien den Spruch der Schlichtungsstelle nicht an, werden die Verhandlungen für gescheitert erklärt. Die Friedenspflicht erlischt, d.h., es dürfen **Arbeitskampfmaßnahmen** ergriffen werden.
- Zur Vorbereitung eines **Streiks** wird in der Regel eine Urabstimmung unter den Mitgliedern der zuständigen Gewerkschaft durchgeführt. Bei einer vorgenommenen Urabstimmung muss die in der Satzung festgelegte Mitgliederzahl (in der Regel 75 %) den Streik befürworten. In diesem Fall wird die Arbeitsniederlegung durch die Gewerkschaft ausgerufen.
- Mögliche Gegenmaßnahme der Arbeitgeber ist die **Aussperrung,** wobei die bestehenden Arbeitsverhältnisse bis zur Beendigung des Arbeitskampfes **ruhen.** Damit werden die Lohn- und Gehaltszahlungen eingestellt. Wird der Arbeitskampf beendet, müssen die Arbeitsverhältnisse wieder hergestellt werden. Aufgelöst bleiben nur solche mit Arbeitnehmern, die sich Verfehlungen haben zu Schulden kommen lassen.

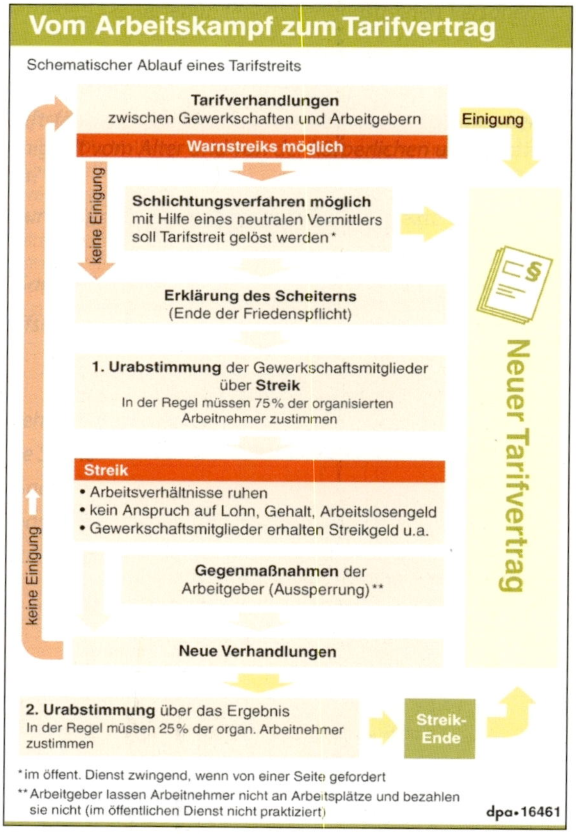

- Bereits während des Arbeitskampfes nehmen die Tarifparteien die Verhandlungen wieder auf. Kommt es zu einem Verhandlungsergebnis, müssen 25 % der Gewerkschaftsmitglieder diesem Kompromiss und damit der **Beendigung des Streiks** zustimmen.
- Ein **neuer Vertrag** beendet die Tarifauseinandersetzungen.

2.2 Entlohnung im Betrieb

2.2.1 Begriff des Lohns

Arbeitsentgelt

Lohn im engeren Sinne

- Lohn des Arbeiters
- Gehalt des Angestellten
- Gehalt des Beamten (Besoldung)
- Gage des angestellten Künstlers
- sonstige Lohnbestandteile
  - Gratifikationen
  - Zuschläge
  - Provisionen
  - Tantiemen

Lohn im weiteren Sinne

- Einkünfte von Freiberuflern (Honorare)
- Einkünfte von Unternehmern

▶ Lohn im engeren Sinne

Lohn ist der Preis für geleistete menschliche Arbeit. Unter diesem Begriff werden verschiedene Formen des Arbeitsentgeltes zusammengefasst, und zwar sowohl der Lohn des Arbeiters, das Gehalt des Angestellten und Beamten, die Gage des Künstlers als auch Zulagen, Prämien, Gratifikationen, Tantiemen und Provisionen, die ein Arbeitnehmer zusätzlich zu seinem vertraglich vereinbarten, in der Regel auch tariflich gebundenen Arbeitsentgelt erhält.

Der Lohnbegriff im engeren Sinne erstreckt sich auf **alle Einkünfte eines Arbeitnehmers aus nichtselbstständiger Arbeit,** die

- entweder individuell durch **einzelarbeitsvertragliche Vereinbarungen** mit dem Arbeitgeber (**Einzelarbeitsvertrag,** vgl. S. 233)
- oder – wie in den allermeisten Fällen – durch **kollektivvertragliche Vereinbarungen (Tarifvertrag,** vgl. S. 233) zwischen den Sozialpartnern

ausgehandelt und festgelegt worden sind.

▶ Lohn im weiteren Sinne

Die durch selbstständige Arbeit erzielten Einkünfte eines freiberuflich Tätigen (Arzt, Rechtsanwalt, Steuerberater) oder eines Unternehmers können nur im weitesten Sinne dem Lohnbegriff zugeordnet werden.

Einkünfte aus Kapitalvermögen (Zinsen, Dividenden) sowie Einkünfte aus Vermietung und Verpachtung (vgl. S. 531) zählen jedoch **nicht** zum Lohn.

2.2.2 Problem des gerechten Lohns

Eine in der Diskussion um die Arbeitsentgelte immer wieder aufgeworfene Frage ist die nach der **Lohngerechtigkeit.** Aussagen zum Problem des **„absolut gerechten Lohns"** können nur Meinungen von Einzelnen wiedergeben, da es keinen objektiven Maßstab dafür gibt, was gerecht ist.

Aussagen über einen **„relativ gerechten Lohn"** lassen sich schon eher durch einen Vergleich verschiedener Tätigkeiten treffen. Die Entlohnung sollte sich nach dem Wert der Leistung richten und im Verhältnis zum Lohn anderer Mitarbeiter, die „höhere" oder „niedrigere" Tätigkeiten verrichten, angemessen sein. Die Festlegung dieser Leistungsrelationen als Kriterium zur Lohnfindung stößt jedoch auf Schwierigkeiten. Einerseits sind Arbeitsleistungen und Arbeitsergebnisse nur schwerlich messbar (Tätigkeiten eines Pförtners, Lehrers, Polizeibeamten), andererseits können verschiedene Arbeitsverrichtungen nicht immer sinnvoll miteinander verglichen werden (z. B. Buchhalter und Verkäufer). Die konsequente Verfolgung des **Leistungsprinzips** bei der Lohnfindung würde für gleiche Leistung gleichen Lohn voraussetzen. Neben der Arbeitsleistung sind jedoch auch soziale Überlegungen zur Festlegung der Lohnhöhe maßgebend. Dieses **Bedarfsprinzip** („jedem nach seinen Bedürfnissen") geht davon aus, dass die Einkommenshöhe auch nach Kriterien wie Alter, Familienstand, Kinderzahl abzustufen ist.

Die in der Praxis angewandte Form der Entgeltfindung ist **eine Mischform,** die sowohl dem Leistungs- als auch dem Bedarfskriterium Rechnung trägt. Die Festsetzung der Lohnhöhe erfolgt deshalb unter Beachtung folgender Einzelbewertungen:

- **Anforderungsgerechter Lohn:** Durch Verfahren der Arbeitsbewertung werden die körperlichen und geistigen Anforderungen einer Arbeitstätigkeit bestimmt.
- **Leistungsgerechter Lohn:** Der individuellen Leistung des Einzelnen wird Rechnung getragen.
- **Sozial gerechter Lohn:** Bei der Höhe des Entgelts werden soziale Komponenten berücksichtigt (u. a. auch die Dauer der Betriebszugehörigkeit).

2.2.3 Lohnformen

Verfahren zur Berechnung des Entgeltes für eine Arbeitsleistung werden als **Lohnformen** bezeichnet.

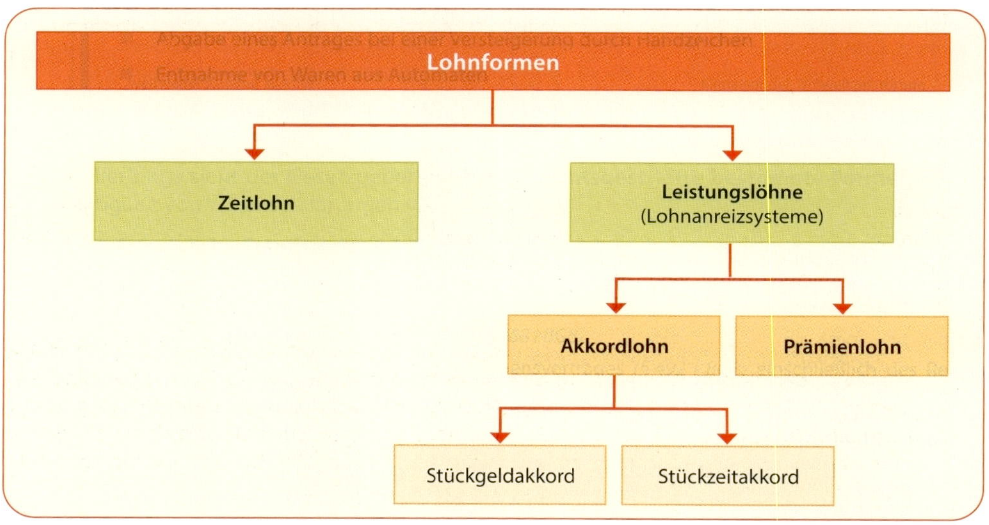

▶ Zeitlohn

Die Höhe des Entgelts beim Zeitlohn wird so bestimmt, dass für eine feste Zeiteinheit (z. B. Stunde für einen Arbeiter oder Monat für einen Angestellten/Beamten) ein bestimmter gleichbleibender Lohnsatz gezahlt wird. Der Bruttolohn ist das Produkt aus Arbeitszeit und Lohnsatz je Zeiteinheit, wobei die Höhe des Lohnsatzes durch den Arbeitsvertrag bestimmt ist und anforderungs- und leistungsgerecht sein sollte.

Bruttolohn = Anzahl der Zeiteinheiten x Lohnsatz je Zeiteinheit

Lohnsatz je Zeiteinheit (Stunde):	15,97 EUR
geleistete Stunden im Monat:	160
Bruttolohn: 160 x 15,97 EUR:	2 555,20 EUR

Obwohl beim Zeitlohn keine unmittelbare gegenseitige Abhängigkeit von Lohn und Leistung gegeben ist, ist die Meinung, dass damit nur die Anwesenheitszeit eines Arbeitnehmers bezahlt werde, unzutreffend.

Die Höhe des Zeitlohns richtet sich nach Ausbildung und Erfahrung des Mitarbeiters, die für einen bestimmten Arbeitsplatz vorausgesetzt werden muss.

Anwendungsbereiche des Zeitlohns	Beispiele
Qualitätsarbeiten	Zahntechniker, Juwelier, Optiker
Gefährliche Arbeiten	Feuerwehr
Tätigkeiten, bei denen der Arbeitnehmer das Arbeitstempo nicht beeinflussen kann	Arbeiten am Fließband
Arbeitsleistungen, die nur schwerlich messbar sind oder einem einzelnen Mitarbeiter nicht direkt zugerechnet werden können	Bürotätigkeiten, Ausbilder

Der Nachteil des Zeitlohns liegt darin, dass er – abgesehen von der Möglichkeit der jährlichen Lohnsatzsteigerung – keinerlei Anreize zur Leistungssteigerung bietet und außerdem zu Unzufriedenheit führen kann, wenn ein Arbeitnehmer festzustellen glaubt, dass er mehr leistet als sein Kollege, der den gleichen Zeitlohn erhält.

▶ Leistungslöhne *(Lohnanreizsysteme)*

Bei diesen Entlohnungssystemen besteht eine direkte Beziehung zwischen Lohnhöhe und Leistung. Die Leistung muss messbar und in Beziehung zu einer Normalleistung zu setzen sein.

■ Akkordlohn

Bewertungsmaßstab beim Akkordlohn ist die **Menge der tatsächlich gefertigten Werkstücke je Zeiteinheit** (Stunde, Tag, Woche oder Monat). In den Tarifverträgen sind **Akkordrichtsätze** vereinbart, denen eine „Normalleistung" zugrunde liegt. Der Begriff der Normalleistung geht von der Vorstellung einer durchschnittlichen und dem Arbeitnehmer langfristig „zumutbaren" Beanspruchung aus. Der für die „Normalleistung" gezahlte Akkordrichtsatz setzt sich zusammen aus den Komponenten:

- **Grundlohnsatz** (Geldbetrag je Stunde für Zeitlohnarbeit in einer bestimmten Lohngruppe), der dem tariflichen oder dem darüberliegenden betrieblichen Mindestlohn entspricht, und dem
- **Akkordzuschlag,** der zwischen 8 und 25 % des Grundlohnsatzes beträgt.

Damit wird die mit dem Akkord verbundene erhöhte Arbeitsleistung honoriert. Wird die „Normalleistung" überschritten, so wächst der Akkordlohn mit jeder zusätzlichen Leistungseinheit; bei Nichterreichen der Normalleistung (z. B. vorübergehend nach einer Krankheit) wird der tariflich garantierte Mindestlohn gezahlt.

Arbeitsmengenabhängige Entlohnung ist für Tätigkeiten möglich, bei denen das mengenmäßige Arbeitsergebnis einem einzelnen Arbeitnehmer **(Einzelakkord)** oder einer Gruppe von Mitarbeitern **(Gruppenakkord)** zugerechnet werden kann. Akkordlohn kann dort gezahlt werden, wo das Arbeitstempo von den Arbeitnehmern zu beeinflussen ist.

- **Stückgeldakkord**

  Beim Stückgeldakkord wird je Mengeneinheit (z. B. Stück, laufende m, m^2) ein bestimmter Lohnsatz gezahlt.

Bruttolohn = Stückakkordsatz x Stückzahl

Der Grundlohn eines Drehers beträgt 15,00 EUR pro Stunde, der festgelegte Akkordzuschlag 20 %. Die Vorgabezeit, d. h. die zur Erbringung einer bestimmten Arbeitsaufgabe angesetzte Normalleistung, beträgt 10 Minuten pro Stück.

Welchen Stundenlohn erzielt der Dreher, wenn er 8 Stück in 60 Minuten fertigt?

Grundlohn	15,00 EUR
Akkordzuschlag 20 %	+ 3,00 EUR
Akkordrichtsatz	18,00 EUR

Normalleistung je Stunde = $\frac{60}{10}$ = 6 Stück

Stückakkordsatz = $\frac{\text{Akkordrichtsatz}}{\text{Normalleistung je Stunde}} = \frac{18}{6} = 3{,}00$ EUR

Bruttolohn/Stunde = 3 x 8 = **24,00 EUR**

- **Stückzeitakkord**

  Beim Stückzeitakkord wird für die Ausführung einer Arbeitsverrichtung eine bestimmte Vorgabezeit (Zeitakkordsatz) angegeben, bei deren Unterschreitung der Arbeitnehmer seinen Stundenverdienst erhöht.

Bruttolohn = Zeitakkordsatz x Minutenfaktor x Stückzahl

(Angaben und Fragestellung wie beim Beispiel zum Stückgeldakkord)

Normalleistung je Stunde = 6 Stück

Zeitakkordsatz (Zeitsatz) = $\frac{\text{60 Minuten}}{\text{Normalleistung je Stunde}} = \frac{60}{6} = 10$ Minuten

Minutenfaktor (der Verdienst je Minute bei Normalleistung)

$= \frac{\text{Akkordrichtsatz pro Stunde}}{60} = \frac{18}{60} = 0{,}30$ EUR

Bruttolohn/Stunde = 10 x 0,3 x 8 = **24,00 EUR**

- **Prämienlohn**

  Bei einer Prämienentlohnung wird zu einem vereinbarten **leistungsunabhängigen Grundlohn** (Fixum, das nicht unter dem tariflichen Lohn liegen darf) eine zusätzliche **leistungsabhängige Prämie** gezahlt.

  Prämien können als **Leistungsanreiz** gewährt werden für:

  - Verringerung der Ausschussproduktion,
  - Material- und Energieersparnis,
  - Reduzierung der Warte-, Leerlauf- und Reparaturzeiten,
  - hohe Ausbringungsmengen.

  In einem Fertigungsbetrieb wird ein Stundenlohn von 20,00 EUR gezahlt. Die Vorgabezeit je Stück beträgt 10 Arbeitsstunden. Je nach Unterschreitung dieser Vorgabezeit erhält der einzelne Mitarbeiter neben dem Grundlohn eine Präme von 50 % des ersparten Zeitlohns, während der andere Teil dem Betrieb zufällt:

Leistung in Stück bei 100 Std.	Leistungsveränderung in %	Prämie = 50 % des ersparten Lohns in EUR	Lohn in EUR	durchschn. Std.-Lohn in EUR	prozentuale Veränderung Durchschn.-Std.-Lohn	Lohnstückkosten je Stück über Normalleistung
20	–	–	2 000	20,00	–	–
22	10	100	2 100	21,00	5 %	50
24	20	200	2 200	22,00	10 %	50
30	50	500	2 500	25,00	25 %	50
40	100	1 000	3 000	30,00	50 %	50

Sonstige Lohnbestandteile

- **Gratifikationen** werden zu bestimmten Anlässen gezahlt.

  Weihnachtsgeld, Zahlung eines Geldbetrages zum 25-jährigen Dienstjubiläum

- **Zuschläge** für Mehr-, Spät-, Nacht-, Sonn- und Feiertagsarbeit, für gefährliche und schmutzige Arbeiten.
- **Provisionen** berechnen sich in einem bestimmten Prozentsatz vom erzielten Umsatz.

  - Versicherungsvertreter im Außendienst erhalten ein tarifvertraglich festgelegtes Mindesteinkommen, auf das die durch Versicherungsvertragsabschlüsse erzielten Provisionen teilweise angerechnet werden können. Die Provisionen werden entweder in Abhängigkeit von der Vertragssumme (z. B. bei Lebensversicherungen) einmalig oder in Abhängigkeit von den Prämienzahlungen (z. B. bei Kfz-Versicherungen) laufend gewährt.
  - Verkäufer im Einzelhandel erhalten als Provision einen bestimmten Prozentsatz vom erzielten Umsatz.

- **Tantiemen** erhalten außertarifliche Mitarbeiter. Der Betrag ist abhängig vom jeweils erzielten Jahresergebnis des Unternehmens.

2.2.4 Mitarbeiterbeteiligung

Der Jahresgewinn eines Unternehmens steht rechtlich dem Kapitalgeber zu. Diesem Anspruch wird seit Langem entgegengehalten, dass der Gewinn nicht nur durch die Bereitstellung des Kapitals, sondern ebenso durch die Arbeitsleistung der Mitarbeiter erwirtschaftet wird. Deshalb werden in manchen Unternehmen alle Mitarbeiter zusätzlich am **Jahresgewinn** beteiligt.

Neben einer Auszahlung von Geldbeträgen kann eine Mitarbeiterbeteiligung aber auch über die Ausgabe von **Belegschaftsaktien** oder anderen **Beteiligungspapieren** erfolgen, durch die die Arbeitnehmer Miteigentümer am Unternehmen werden.

16 Merkur-Nr. 0124

2.3 Arbeitszeitmodelle

In der Bundesrepublik Deutschland waren 2020 etwa 44,6 Millionen Menschen entweder als **Arbeitnehmerinnen und Arbeitnehmer** *(Arbeiterinnen und Arbeiter, Angestellte, Auszubildende, Beamtinnen und Beamte, geringfügig Beschäftigte sowie Soldatinnen und Soldaten)* oder als **Selbstständige** erwerbstätig.

Gegenüber den Selbstständigen sind jedoch alle Arbeitnehmer als **abhängig Beschäftigte** – 2020 etwa 33,4 Millionen Personen – hinsichtlich Zeit, Dauer und Ort der auszuführenden Arbeiten an die Weisungen eines Arbeitgebers gebunden. Dieser Teil der Bevölkerung ist

- entweder als **Normalarbeitnehmerinnen und Normalarbeitnehmer** (Personen in einem Beschäftigungsverhältnis, das entweder in **Vollzeit** und unbefristet oder in **Teilzeit mit mehr als 20 Wochenstunden** ausgeübt wird) bzw.
- als **atypisch Beschäftigte** (Personen in einem Beschäftigungsverhältnis, das befristet, in **Teilzeit** von 20 Stunden oder weniger, geringfügig oder als Zeitarbeitsverhältnis ausgeübt wird)

erwerbstätig.

Kernerwerbstätige[1] nach einzelnen Erwerbsformen (in 1 000)										
Jahr[2]	insgesamt[3]	Selbstständige	abhängig Beschäftigte							
				Normalarbeitnehmer/-innen		atypisch Beschäftigte				
							und zwar[4]			
		zusammen	zusammen	zusammen	Teilzeit über 20 Wochenstunden	zusammen	befristet	Teilzeit	geringfügig	Zeitarbeit
2000	33 530	3 418	29 862	23 850	1 720	6 012	2 265	3 944	1 749	–
2005	33 116	3 795	28 992	22 138	1 979	6 854	2 498	4 673	2 416	–
2010	35 145	3 917	31 076	23 131	2 571	7 945	2 858	4 942	2 517	743
2012	35 444	3 917	31 391	23 682	2 729	7 709	2 640	4 937	2 489	717
2014	35 879	3 744	32 021	24 515	3 226	7 506	2 464	4 868	2 335	666
2015	36 155	3 688	32 367	24 832	3 410	7 534	2 531	4 844	2 339	666
2016	37 051	3 653	33 296	25 641	3 597	7 655	2 655	4 807	2 169	737
2017	37 159	3 590	33 475	25 757	3 671	7 718	2 550	4 788	2 177	932
2018	37 282	3 473	33 724	26 214	3 847	7 509	2 460	4 644	2 047	925
2019	37 665	3 433	34 159	26 825	4 102	7 333	2 296	4 650	2 013	853
2020	36 574	3 081	33 406	26 425	4 521	6 981	2 174	4 409	1 950	641

[1] nur Erwerbstätige im Alter von 15 bis 64 Jahren, nicht in Bildung, Ausbildung oder einem Wehr-/Zivil- sowie Freiwilligendienst
[2] bis 2004 Ergebnisse für eine Berichtswoche im Frühjahr; ab 2005 Jahresdurchschnittsergebnisse sowie geänderte Erhebungs- und Hochrechnungsverfahren
[3] umfasst auch mithilfende Familienangehörige, die in der Tabelle nicht gesondert ausgewiesen sind
[4] Angaben lassen sich nicht aufsummieren, da sich die Gruppen überschneiden

In Anlehnung an: Statistisches Bundesamt (https://www.destatis.de)

2.3.1 Vollzeitarbeit

Die werktägliche Arbeitszeit von Arbeitnehmern darf grundsätzlich 8 Stunden nicht überschreiten (*§ 3 ArbZG* – vgl. S. 247 f.). Daraus ergibt sich eine Vollzeitarbeitszeit von 40 Stunden in der Woche oder 160 Stunden monatlich. In vielen tarifvertraglichen Regelungen zwischen den zuständigen Sozialpartnern sind Arbeitszeiten festgelegt worden, die 37,5 Wochenstunden entsprechen. Die darüber hinaus vom Arbeitnehmer geleisteten Arbeitsstunden müssen vom Arbeitgeber gesondert vergütet oder zumindest in entsprechender Freizeit abgegolten werden.

Die Ausgestaltung einer Vollzeit-Arbeitsstelle ist hinsichtlich der Festlegung der Arbeitszeit recht unterschiedlich.

- Viele Arbeitnehmer haben eine „geregelte" Arbeitszeit. Von montags bis freitags gehen sie ihrer Beschäftigung von morgens bis nachmittags nach. Wann die Arbeitszeit genau beginnt und endet, richtet sich zum einen nach der Branche (z. B. im Einzelhandel je nach Ladenöffnungszeit), zum anderen hängt die Arbeitszeit aber auch von der Pausenregelung ab und auch vom Arbeitszeitmodell des Unternehmens. So können bei „Gleitzeitsystemen" die Mitarbeiter in bestimmten Grenzen selbst bestimmen, wann sie mit der Arbeit beginnen und wann sie diese beenden wollen.
- In einigen Branchen ist es üblich, auch an Wochenenden und Feiertagen zu arbeiten (Gastronomie, Not- und Rettungsdienste, Gesundheitswesen, öffentliche Verkehrsbetriebe, Einzelhandel u. a.). Dann müssen die Wochenend- bzw. Feiertagsdienste durch beschäftigungsfreie Werktage ausgeglichen werden.
- In einer Reihe von Unternehmen werden nicht nur während der „normalen" Arbeitszeiten Güter hergestellt, sondern es wird in zwei oder drei Schichten gearbeitet. Die Mitarbeiter wechseln dann – in der Regel wöchentlich – von der Frühschicht (häufig von 06:00 bis 14:00 Uhr) zur Spätschicht (von 14:00 bis 22:00 Uhr) und zur Nachtschicht (von 22:00 bis 6:00 Uhr).

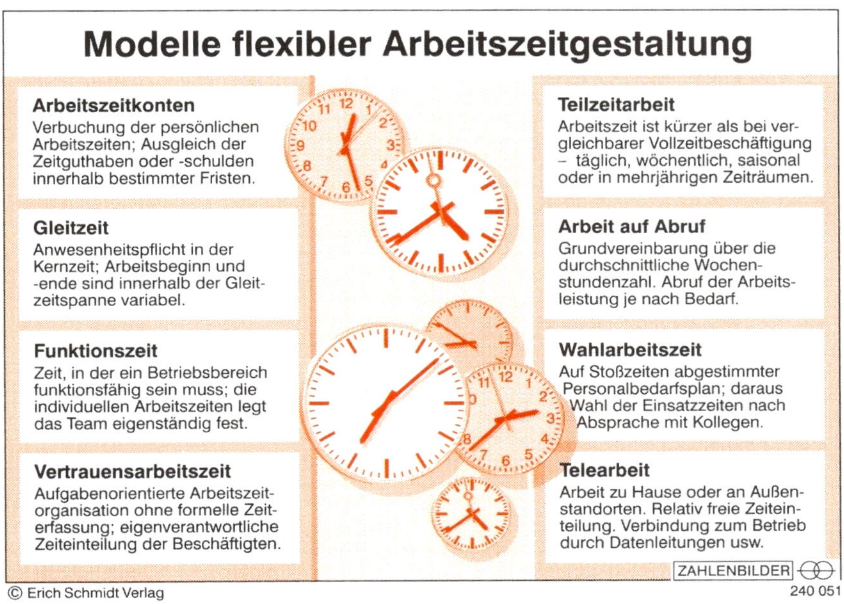

2.3.2 Teilzeitarbeit

Teilzeitbeschäftigte haben sich entschieden, dem Unternehmen nicht über die für normale Arbeitsverhältnisse übliche Arbeitszeit zur Verfügung zu stehen: Diese Gruppe der Erwerbstätigen arbeitet weniger Stunden in der Woche. Der Schwerpunkt dieser „Teilzeitarbeit" liegt eindeutig im Dienstleistungsgewerbe.

▶ Herkömmliche Teilzeitarbeit

Bleiben Lage und Verteilung der Arbeit ähnlich einer Vollzeitarbeitsstelle und ist nur die wöchentliche Arbeitszeit im Vergleich zu Vollzeitkräften verringert, spricht man von „herkömmlicher Teilzeitarbeit". Der Mitarbeiter steht dem Unternehmen dann anstelle von beispielhaft 37,5 Stunden nur 20 oder 30 Stunden zur Verfügung.

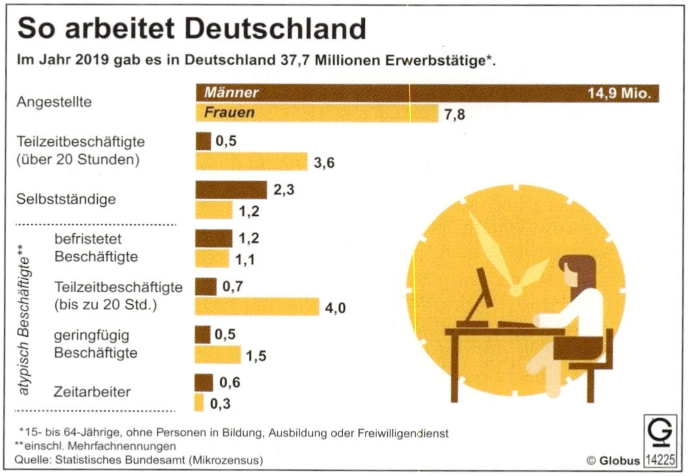

26,8 Millionen Beschäftigte in Deutschland arbeiteten im Jahr 2019 in einem sogenannten Normalarbeitsverhältnis. Darunter fallen alle Erwerbstätigen mit einer unbefristeten und voll sozialversicherungspflichtigen Tätigkeit, die mindestens 20 Stunden in der Woche arbeiten. Der Anteil der Männer in Normalarbeitsverhältnissen lag mit 77,1 Prozent deutlich über dem Anteil der Frauen (64,5 Prozent). Im Vergleich zum Vorjahr ist die Zahl der Frauen in Normalarbeitsverhältnissen um rund 319 000 bzw. 2,9 Prozent gestiegen. Insgesamt stieg der Anteil der Normalbeschäftigten von 70,3 Prozent im Jahr 2018 auf aktuell 71,2 Prozent. Der Anteil der atypisch Beschäftigten, dazu zählen unter anderem geringfügig Beschäftigte, befristet Beschäftigte und Zeitarbeiter, ging entsprechend zurück – von 20,1 auf 19,5 Prozent. Zu beachten ist, dass es bei den atypisch Beschäftigten zu Mehrfachnennungen kommt, d. h., wenn jemand zum Beispiel befristet tätig ist, kann er diese Beschäftigung auch in Teilzeit mit weniger als 20 Stunden ausüben und somit in beiden Gruppen vertreten sein.

▶ Arbeitsplatzteilung

Möglich ist auch, dass sich zwei Arbeitnehmer einen Vollzeit-Arbeitsplatz teilen **(Jobsharing).** Sie sind dann nur jeweils für die Hälfte der Vollzeitarbeit im Unternehmen und übergeben danach ihre Aufgaben an den Mitarbeiter, mit dem sie sich eine Vollzeitstelle teilen.

▶ Arbeit auf Abruf

Hier erfolgt der Arbeitseinsatz eines Teilzeitbeschäftigten nach dem Arbeitsanfall im Betrieb. Allerdings muss auch hier die Gesamtarbeitszeit (pro Woche, Monat oder Jahr) festgelegt sein, damit sich der Beschäftigte auf einen bestimmten Mindestverdienst einrichten kann.

▶ Gewerbliche Minijobs bis zu monatlich 450,00 EUR[1]

Ein Großteil der Teilzeitbeschäftigten übt als **einzige Tätigkeit** einen „450-Euro-Job" aus, verdient also monatlich bis zu 450 EUR brutto für netto. Der Arbeitgeber zahlt pauschal an die Bundesknappschaft als zuständige Einzugsstelle 30 % Abgaben, und zwar 2 % Pauschalsteuern sowie 28 % Sozialversicherungsbeiträge (13 % Krankenversicherung sowie 15 % Rentenversicherung, vgl. S. 268).

Regeln für Minijobs

So viel Prozent des Verdienstes sind bei geringfügiger Beschäftigung als Steuern oder Sozialabgaben vom Arbeitnehmer und/oder Arbeitgeber abzuführen:

	Lohnsteuer (pauschal)[1, 2]	Kranken-versicherung	Renten-versicherung
450-Euro-Minijob, gewerblich und in Privathaushalten Verdiensthöchstgrenze: durchschnittlich 450 Euro im Monat			
insgesamt	2 %	5 %	18,6 % (mind. jedoch 32,55 Euro)[3]
davon zahlt der … … Arbeitgeber	2 %	13 % (gewerbl.) bzw. 5 % (privat)	15 % (gewerbl.) bzw. 5 % (privat)
… Arbeitnehmer	–	–	3,6 % (gewerbl.) bzw. 13,6 % (privat) bei Verdienst unter 175 Euro: 32,55 € abzgl. Arbeitg.-Anteil
Kurzfristiger Minijob von Anfang an auf 3 Monate oder 70 Tage im Jahr begrenzt, Verdiensthöchstgrenze: keine			
insgesamt	25 %[4]	–	–
davon zahlt der … … Arbeitgeber	25 %[4]	–	–
… Arbeitnehmer	–	–	–

1 bei 450-Euro-Minijob: Arbeitgeber-Pauschale kann durch Abzug vom Verdienst auf Arbeitnehmer umgewälzt werden
2 alternativ kann auch die normale Besteuerung gewählt werden
3 18,6 % von 175 Euro (Mindestentgelt, das zur Berechnung herangezogen wird, auch wenn der tatsächliche Verdienst darunter liegt)
4 zzgl. Solidaritätszuschlag und Kirchensteuer

Stand 2022
Angaben für den Regelfall

Quelle: Minijob-Zentrale © Globus 10057

Minijobs sollen insbesondere Geringverdienern eine Möglichkeit bieten, einer zusätzlichen Arbeit nachzugehen. Mittlerweile haben mehr als sieben Millionen Menschen einen solchen Job. Der Verdienst aus einem Minijob (höchstens 450,00 Euro im Monat) ist für den Arbeitnehmer steuer- und zum großen Teil auch abgabenfrei. Verpflichtend ist allerdings die Zahlung von Beiträgen in die Rentenversicherung. Hinzukommen kann unter Umständen noch die vom Arbeitgeber abzuführende Lohnsteuer-Pauschale, die dieser allerdings durch Abzug vom Verdienst auf seinen Angestellten abwälzen darf. Alternativ zur pauschalen Lohnsteuer-Abgabe kann auch die normale individuelle Besteuerung des Arbeitnehmers gewählt werden. Vorsicht für den Minijobber ist geboten, wenn sein Verdienst unter 175,00 Euro liegt. Das ist das Mindestentgelt, das bei der Berechnung des Beitrags zur Rentenversicherung zu Grunde gelegt wird; das heißt, dass in jedem Fall je Minijob 32,55 Euro in die Rentenversicherung einzuzahlen sind. Der Arbeitgeber zahlt 15 Prozent (bzw. fünf Prozent bei Minijobs im Privathaushalt) auf den tatsächlichen Verdienst, der Arbeitnehmer muss jedoch die gesamte Differenz zu den 32,55 Euro tragen. Dies kann im schlechtesten Fall dazu führen, dass der Minijobber am Ende kein Arbeitsentgelt ausgezahlt bekommt und eventuell sogar noch einen Restbetrag zu erstatten hat. Die Pauschale des Arbeitgebers für Lohnsteuer, Kranken- und Rentenversicherung je Minijob liegt insgesamt zwischen zwölf (Minijob im Privathaushalt) und 30 Prozent (Minijob im gewerblichen Bereich).

▶ Altersteilzeit

Ältere Arbeitnehmer (ab 55 Jahren) können nach dem **Altersteilzeitgesetz** *(AltTZG)* ihre Arbeitsleistung auf die Hälfte der tariflich festgelegten Arbeitszeit reduzieren. Voraussetzung ist, dass sie in den letzten 5 Jahren vor Beginn der Altersteilzeit mindestens 1 080 Kalendertage versicherungspflichtig beschäftigt gewesen sind.

Ist die Möglichkeit in Altersteilzeit zu gehen **nicht** in einem Tarifvertrag oder einer Betriebsvereinbarung geregelt, müssen sich Arbeitgeber und Arbeitnehmer darüber freiwillig einigen.

Für die Ausgestaltung der Altersteilzeit gibt es verschiedene Möglichkeiten. Man kann etwa nur noch halbe Tage arbeiten oder man arbeitet zunächst (etwa 3 Jahre) in Vollzeit, um dann (nochmals 3 Jahre) von der Arbeitsleistung befreit zu werden.

---

1 Mit der ab dem 1. Oktober 2022 geplanten Anhebung des gesetzlichen Mindestlohnes auf 12,00 EUR soll auch die bisherige Minijobverdienstgrenze von 450,00 EUR auf 520,00 EUR im Monat erhöht werden.

Dabei erhält man über die gesamte Zeit nur noch 50 Prozent des ursprünglichen Lohns. Zusätzlich stockt der Arbeitgeber diesen Betrag um mindestens 20 Prozent auf (Tarifverträge oder Betriebsvereinbarungen sehen teilweise höhere Aufstockungen vor).

Die für die Altersteilzeit zu zahlenden Aufstockungsbeträge und die zusätzlichen Rentenversicherungsbeiträge muss der Arbeitgeber zahlen. Diese Beträge sind steuer- und sozialversicherungsbeitragsfrei.

▶ Zusammenfassung

Rechtliche und soziale Sicherung

Tarifvertragsparteien

- einzelne Arbeitgeber oder Arbeitgeberverbände führen unabhängig von Außenstehenden (vor allem dem Staat) Tarifvertragsverhandlungen mit den Gewerkschaften

Entlohnungsmodelle

- **Lohnbegriff im engeren Sinne:** alle Einkünfte eines Arbeitnehmers aus nichtselbstständiger Arbeit
- **Lohnformen:**
  - Zeitlohn
  - Leistungslöhne wie Akkord- und Prämienlohn
  - sonstige Lohnbestandteile (wie Gratifikationen, Zuschläge, Provisionen und Tantiemen), die in Tarifverträgen, Betriebsvereinbarungen oder im Einzelarbeitsvertrag festgelegt werden können
- **Mitarbeiterbeteiligung:** zusätzliche Beteiligung der Arbeitnehmer am Jahresgewinn

Arbeitszeitmodelle

- **Vollzeitarbeit:** übliche Arbeitszeit liegt bei 40 Stunden wöchentlich, wobei durch tarifvertragliche Regelungen größtenteils eine wöchentliche Arbeitszeit von 37,5 Stunden festgeschrieben worden ist
- **Teilzeitarbeit:** Verringerung der für normale Arbeitsverhältnisse üblichen Arbeitszeit je Woche durch:
  - herkömmliche Teilzeitarbeit
  - Arbeitsplatzteilung
  - Arbeit auf Abruf
  - gewerbliche Minijobs bis zu monatlich 450 EUR
  - Altersteilzeit

Aufgaben 15

(1) Welche Bedeutung hat die Tarifautonomie für das Wirtschaftsleben der Bundesrepublik Deutschland?

(2) Erläutern Sie, was in Tarifverträgen festgelegt wird!

(3) Unterscheiden Sie zwischen Streik und Aussperrung!

(4) Beschreiben Sie den Verlauf einer Tarifvertragsverhandlung!

(5) Wodurch unterscheidet sich der Einzelarbeitsvertrag von einem Arbeitsvertrag, dem ein Tarifvertrag zugrunde liegt?

(6) *Welche Formen des Arbeitsentgeltes werden unter dem Begriff „Lohn" zusammengefasst?*

(7) *Diskutieren Sie Vor- und Nachteile der einzelnen Lohnformen!*

(8) *Begründen Sie, warum es sinnvoll erscheint, die Mitarbeiter eines Unternehmens an dessen jährlichem Erfolg zu beteiligen!*

(9) *Welche Gründe könnten Arbeitnehmer veranlassen, statt der üblichen Vollzeittätigkeit ein Teilzeitarbeitsverhältnis abzuschließen?*

(10) *Erläutern Sie die verschiedenen Formen der Teilzeitarbeit!*

(11) *Was könnte Ursache dafür sein, dass älteren Arbeitnehmern das Angebot unterbreitet wird, ihre Arbeitszeit auf die Hälfte der sonst üblichen zu verringern und dafür Zuschüsse zu gewähren?*

(12) *Diskutieren Sie mögliche Nachteile der Teilzeitarbeit!*

2.4 Arbeitsschutzrechte

Die gesetzlichen Bestimmungen zum Arbeitsschutz umfassen alle Maßnahmen, die den Arbeitnehmer in Ausübung seiner Erwerbstätigkeit vor Schaden an Leben und Gesundheit bewahren sollen. Die Einhaltung der Arbeitsschutzvorschriften wird durch die **Ämter für Arbeitsschutz und Sicherheitstechnik** sowie durch die **Berufsgenossenschaften** überwacht.

Zum Rechtsbereich des Arbeitsschutzes zählen u. a. folgende wesentliche gesetzliche Vorschriften:

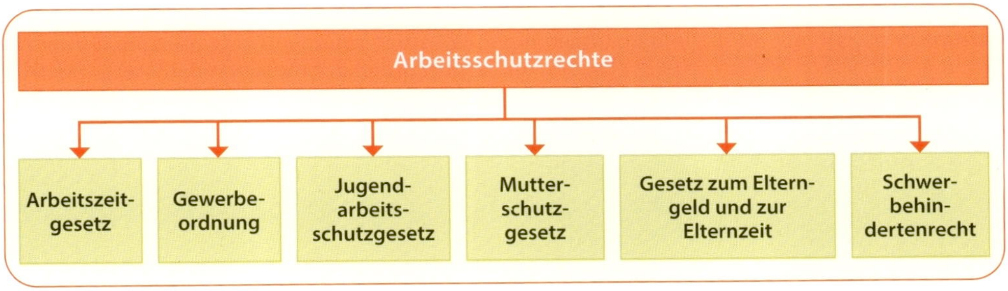

2.4.1 Arbeitszeitgesetz *(§§ 1–26 ArbZG)*

Das Arbeitszeitgesetz zielt vor allem darauf ab, die Sicherheit und den Gesundheitsschutz der Arbeitnehmer – im Sinne dieses Gesetzes verstanden als Arbeiter und Angestellte sowie die zu ihrer Berufsbildung Beschäftigten *(§ 2 II ArbZG)* – bei der Arbeitszeitgestaltung zu gewährleisten und die Rahmenbedingungen für flexible Arbeitszeiten zu verbessern *(§ 1 I ArbZG)*.

Die werktägliche Arbeitszeit darf acht Stunden (ohne Ruhepausen) nicht überschreiten. Eine Verlängerung auf bis zu zehn Stunden ist möglich, wenn innerhalb von sechs Kalendermonaten oder innerhalb von 24 Wochen im Durchschnitt acht Stunden werktäglich nicht überschritten werden *(§ 3 ArbZG)*. Nach Beendigung der täglichen Arbeitszeit müssen Arbeitnehmer und Auszubildende eine ununterbrochene Ruhezeit von mindestens 11 Stunden haben *(§ 5 I ArbZG)*. Die Arbeit ist durch im Voraus festgesetzte Ruhepausen zu unterbrechen, die in Zeitabschnitte von jeweils mindestens 15 Minuten aufgeteilt werden können. Je nach Dauer der Arbeitszeit betragen diese Ruhepausen insgesamt mindestens 30 Minuten (Arbeitszeit von mehr als sechs bis zu neun Stunden) bzw. 45 Minuten (Arbeitszeit von mehr als neun Stunden) *(§ 4 ArbZG)*.

Nacht- und Schichtarbeit ist für Frauen und Männer ebenfalls auf acht Stunden begrenzt. Sie kann auf bis zu zehn Stunden verlängert werden, wenn innerhalb eines Kalendermonats oder innerhalb von vier Wochen im Durchschnitt acht Stunden werktäglich nicht überschritten werden *(§ 6 II ArbZG)*.

2.4.2 Gewerbeordnung *(§§ 102 a – 120 f GewO)*

▶ Aufgaben

Die Gewerbeordnung verpflichtet die Unternehmer, Arbeitsräume, Betriebsvorrichtungen, Maschinen und Geräte so einzurichten und zu unterhalten, dass ein gefahrloser Arbeitsbetrieb möglich ist und die Arbeitnehmer gegen Gesundheitsrisiken geschützt sind. Insbesondere ist für ausreichend Licht und Belüftung zu sorgen. Ferner sind Umkleide-, Wasch- und Toilettenräume sowie Gemeinschaftsunterkünfte bereitzustellen.

▶ Sonn- und Feiertagsarbeit

In der Gewerbeordnung ist die Regelung der Sonn- und Feiertagsarbeit enthalten. Sie gilt für alle gewerblichen Arbeitnehmer einschließlich der Personen, die im Handelsgewerbe beschäftigt sind. Die Arbeit an Sonn- und Feiertagen ist nach dieser Bestimmung grundsätzlich verboten. Allerdings gibt es zahlreiche Ausnahmen wie z. B. Arbeiten in Notfällen oder die Bewachung von Betriebsanlagen.

2.4.3 Jugendarbeitsschutzgesetz *(JArbSchG)*

Arbeitnehmer, die das **18. Lebensjahr noch nicht vollendet haben,** erhalten durch das Jugendarbeitsschutzgesetz *(JArbSchG)* einen besonderen Schutz. Es schreibt im Einzelnen vor:

- Für die Zulassung zur Arbeit gilt im Grundsatz ein Mindestalter von 15 Jahren. Eine Beschäftigung unter 15 Jahren ist allerdings im Rahmen eines Berufsausbildungsverhältnisses gestattet *(§ 7 JArbSchG)*.
- Die Dauer der täglichen Arbeitszeit kann bis zu 8,5 Stunden betragen, die Wochenarbeitszeit ist allerdings auf 40 Stunden begrenzt.
- Jugendliche dürfen in der Regel nur an 5 Tagen in der Woche beschäftigt werden *(§ 8 JArbSchG)*.
- An Samstagen und Sonntagen dürfen Jugendliche normalerweise nicht beschäftigt werden. Eine Ausnahme von dem Beschäftigungsverbot gilt u. a. für „offene Verkaufsstellen", zu denen unter anderem Bäckereien zählen. Eine Beschäftigung an einem Samstag ist allerdings auch nur dann zulässig, wenn die Jugendlichen an einem berufsschulfreien Arbeitstag derselben Woche freigestellt werden.

  In Betrieben mit einem Betriebsruhetag kann die Freistellung an diesem Tag erfolgen. Werden die Jugendlichen am Samstag nicht 8 Stunden beschäftigt, kann der Unterschied zwischen der tatsächlichen und der höchstzulässigen Arbeitszeit an dem Tag bis 13:00 Uhr ausgeglichen werden, an dem die Jugendlichen freizustellen sind *(§§ 16 f. JArbSchG)*.
- Die tägliche ununterbrochene Freizeit muss mindestens 12 Stunden betragen *(§ 13 JArbSchG)*.
- Grundsätzlich erfolgt eine Beschäftigung nur in der Zeit von 06:00 – 20:00 Uhr *(§ 14 JArbSchG)*.
- An Berufsschultagen mit einer Unterrichtszeit von mehr als 5 Unterrichtsstunden dürfen Jugendliche nicht mehr beschäftigt werden. Diese Regelung ist aber nur für einen Unterrichtstag pro Woche vorgesehen *(§ 9 JArbSchG)*.

- Die Dauer des Urlaubs richtet sich nach dem Alter und beträgt:
  - bis zu 16 Jahren 30 Werktage,
  - bis zu 17 Jahren 27 Werktage,
  - bis zu 18 Jahren 25 Werktage *(§ 19 JArbSchG)*.
- Bei einer Arbeitszeit zwischen 4,5 und 6 Stunden muss insgesamt eine 30-minütige, bei einer Arbeitszeit von mehr als 6 Stunden eine insgesamt 60-minütige Ruhepause gewährt werden. Als Ruhepause gilt nur eine Arbeitsunterbrechung von mindestens 15 Minuten *(§ 11 JArbSchG)*.

© Erich Schmidt Verlag 280 040

2.4.4 Mutterschutzgesetz *(MuSchG)*

Zum bestmöglichen Schutz der Gesundheit der Frau und ihres Kindes am Arbeitsplatz während der Schwangerschaft, nach der Entbindung und in der Stillzeit hat der Gesetzgeber im Mutterschutzgesetz einen besonderen **Gesundheits- und Kündigungsschutz** geregelt.

© Bergmoser + Höller Verlag AG 141 213

Das Mutterschutzgesetz gilt jedoch nicht nur für alle schwangeren und stillenden Frauen in einem Beschäftigungsverhältnis (Voll- oder Teilzeit, geringfügiges Beschäftigungsverhältnis [Minijob], Befristung, Probezeit oder Berufsausbildung), sondern auch für Frauen, die in unterschiedlichen Vertragsbeziehungen zu Arbeitgebern, Auftraggebern oder auch zu Institutionen stehen können (z.B. als Schülerinnen, Studentinnen, Praktikantinnen oder Entwicklungshelferinnen).

Gleichzeitig werden durch dieses Gesetz auch die materiellen Leistungen gesichert.

Entbindet eine Frau nicht an dem errechneten Geburtstermin, der sich aus dem ärztlichen Zeugnis oder dem Zeugnis einer Hebamme oder eines Entbindungspflegers ergibt, verkürzt oder verlängert sich die sechswöchige Schutzfrist vor der Entbindung entsprechend. In dieser Zeit darf der Arbeitgeber eine schwangere Frau nicht beschäftigen, es sei denn, dass die Schwangere auf eigenen Wunsch ausdrücklich weiterarbeiten möchte *(§ 3 I MuSchG)*. Während der acht- bzw. zwölfwöchigen Schutzfrist nach der Entbindung besteht jedoch ein **absolutes Beschäftigungsverbot.** Bei einer vorzeitigen Entbindung verlängert sich die Schutzfrist nach der Entbindung um den Zeitraum, der vor der Niederkunft nicht in Anspruch genommen werden konnte *(§ 3 II MuSchG)*. Bei der Überschreitung des errechneten Geburtstermins verkürzt sich die acht- bzw. zwölfwöchige Schutzfrist nach der Entbindung nicht.

Der Arbeitgeber hat die Arbeitsbedingungen so zu gestalten, dass **Gefährdungen** einer schwangeren oder stillenden Frau oder ihres Kindes möglichst **vermieden werden und eine unverantwortbare Gefährdung ausgeschlossen ist** *(§ 9 II MuSchG)*. So sind z.B. Sitzgelegenheiten und Möglichkeiten kurzer Arbeitsunterbrechungen einzurichten *(§ 9 III MuSchG)*. Schwangere oder stillende Frauen dürfen insbesondere keine getaktete Arbeit in einem vorgeschriebenen Zeittempo ausüben, wenn die Art der Arbeit oder das Arbeitstempo eine unverantwortbare Gefährdung für die Schwangere oder ihr Kind darstellt *(§§ 11 VI, 12 V MuSchG)*. Werden unverantwortbare Gefährdungen festgestellt, hat der Arbeitgeber für jede Tätigkeit einer schwangeren oder stillenden Frau vor dem Ausspruch eines Beschäftigungsverbotes gegen den Willen der Beschäftigten zu prüfen, ob der vorhandene Arbeitsplatz mit verhältnismäßigem Aufwand sicher umgestaltet werden kann. Alternativ ist zu prüfen, ob die schwangere oder stillende Frau an einem anderen geeigneten Arbeitsplatz im Betrieb zumutbar eingesetzt werden kann *(§ 13 MuSchG)*.

Schwangeren oder stillenden Frauen, die 18 Jahre oder älter sind, ist Mehrarbeit verboten. Maximal 8,5 Stunden täglich oder 90 Stunden pro Doppelwoche (einschließlich Sonntage) sind zulässig. Für unter 18-Jährige gelten maximal 8 Stunden täglich oder 80 Stunden pro Doppelwoche *(§ 4 I MuSchG)*. Nach Beendigung der täglichen Arbeitszeit muss der Arbeitgeber schwangeren oder stillenden Frauen eine ununterbrochene Ruhezeit von mindestens 11 Stunden gewähren *(§ 4 II MuSchG)*. Nachtarbeit ist zwischen 20:00 und 06:00 Uhr verboten. Ausnahmen sind bis 22:00 Uhr genehmigungsfähig, wenn keine gesundheitlichen Gründe dagegen sprechen *(§ 5 I MuSchG)*. Bei Sonn- und Feiertagsarbeit, die unter bestimmten Voraussetzungen zulässig sein kann *(§ 6 I MuSchG)*, darf die Schwangere nicht alleine auf dem Arbeitsplatz eingesetzt werden *(§ 6 II MuSchG)*.

Während der Schwangerschaft, bis zum Ablauf von vier Monaten nach einer Fehlgeburt nach der zwölften Schwangerschaftswoche und bis zum Ende ihrer Schutzfrist nach der Entbindung, mindestens jedoch bis zum Ablauf von vier Monaten nach der Entbindung besteht gegenüber einer Frau ein **Kündigungsschutz** *(§ 17 I MuSchG)*.

An diese Schutzfristen kann sich die Elternzeit anschließen, die – gerechnet von der Geburt – nach 36 Monaten endet *(§ 15 BEEG)*,

Die in einem Beschäftigungsverhältnis stehende Frau erhält als pflichtversichertes Mitglied einer gesetzlichen Krankenkasse für den Zeitraum der Schutzfristen vor und nach der Entbindung *(§ 3 MuSchG)* – also in den letzten sechs Wochen vor und bis zum Ablauf von acht Wochen nach der Entbindung[1] – sowie für den Entbindungstag von ihrer Krankenkasse ein **Mutterschaftsgeld** von maximal 13 EUR pro Kalendertag (also je nach Länge des Monats höchstens 403 EUR). Die Differenz zwischen diesem Betrag und dem vollen Nettoarbeitsentgelt ist für diese Zeit vom Arbeitgeber mit seinem **Zuschuss zum Mutterschaftsgeld** auszugleichen *(§ 19 f. MuSchG)*. Bei ärztlichen Beschäftigungsverboten außerhalb der Schutzfristen vor oder nach der Entbindung hat der Arbeitgeber das durchschnittliche Arbeitsentgelt der letzten drei abgerechneten Kalendermonate vor dem Eintritt der Schwangerschaft als **Mutterschutzlohn** *(§ 18 MuSchG)* zu zahlen.

---

1 Bei Früh- und Mehrlingsgeburten verlängert sich die Schutzfrist nach der Entbindung auf 12 Wochen. Wird vor Ablauf von acht Wochen nach der Entbindung bei einem Kind eine Behinderung ärztlich festgestellt, kann die Schutzfrist auf Antrag ebenfalls auf 12 Wochen verlängert werden.

2.4.5 Gesetz zum Elterngeld und zur Elternzeit *(BEEG)*

▶ Elterngeld

Für Kinder, die ab dem 01.09.2021 geboren sind, wird auf schriftlichen Antrag hin, und zwar zusätzlich zum Kindergeld, **Elterngeld** gezahlt. Da sich die Höhe des Elterngeldes am vorherigen Nettoeinkommen desjenigen berufstätigen Elternteils orientiert, der nach der Geburt eines Kindes seine Arbeit wegen der Babybetreuung unterbricht,[1] ist das Elterngeld eine **einkommensabhängige Lohnersatzleistung.**

© Bergmoser + Höller Verlag AG 141 214

Das Elterngeld beträgt 67 % des in den letzten 12 Monaten vor der Geburt des Kindes verdienten Nettolohns (höchstens jedoch 1 800 EUR monatlich) und wird für einen Zeitraum von maximal 12 Monaten gewährt.

Liegt das vor der Geburt des Kindes erzielte monatliche Nettoeinkommen über 1 200 EUR, wird das Elterngeld in Stufen gekürzt, indem der Prozentsatz von 67 % – und zwar um 0,1 Prozentpunkte für je 2 EUR, um die das maßgebliche Einkommen den Betrag von 1 200 EUR überschreitet – auf maximal 65 % sinkt. Bei Arbeitnehmern, die vor der Geburt des Kindes weniger als 1 000 EUR verdient haben, erhöht sich der Prozentsatz von 67 % um 0,1 Prozentpunkte für je 2 EUR, um die das maßgebliche Einkommen den Betrag von 1 000 EUR unterschreitet, auf bis zu 100 % des entfallenden Nettolohns. Alleinerziehenden mit einem zu versteuernden Jahreseinkommen von mehr als 250 000 EUR (bzw. 300 000 EUR bei Elternpaaren) wird kein Elterngeld mehr gezahlt.

Der Anspruchszeitraum verlängert sich um zwei weitere Monate, wenn der andere Partner wegen der Kleinkindbetreuung seine Berufstätigkeit für mindestens zwei Monate unterbricht. Alleinerziehenden wird das Elterngeld für 14 Monate gewährt. Die angegebenen Bezugszeiten können auch verdoppelt werden: In diesem Fall reduzieren sich allerdings die pro Monat gezahlten Beträge auf die Hälfte. Ein über 300 EUR liegendes Elterngeld wird auf andere Sozialleistungen (z. B. Arbeitslosengeld I oder Mutterschaftsgeld) angerechnet.

Beide Elternteile können sich die Bezugsdauer des Elterngeldes beliebig aufteilen, sofern bei einem der Partner mindestens zwei Monate verbleiben. Das Elterngeld kann auch abwechselnd (z. B. acht Monate die Mutter und anschließend sechs Monate der Vater) oder zeitgleich (z. B. Mutter und Vater parallel jeweils sieben Monate) in Anspruch genommen werden.

---

1 Wer nach der Geburt eines Kindes seine Arbeitszeit auf höchstens 32 Wochenstunden verringert, hat ebenfalls Anspruch auf Elterngeld, und zwar in Höhe von bis zu 67 % der durch die Teilzeitbeschäftigung verursachten Lohneinbuße.

Mütter oder Väter, die vor der Geburt nicht erwerbstätig gewesen sind, erhalten als Elterngeld einen Sockelbetrag in Höhe von 300 EUR monatlich. Bei Empfängern von Sozialhilfeleistungen und Hartz-IV-Beziehern wird dieser Sockelbetrag in voller Höhe als Einkommen (insbesondere auf das Arbeitslosengeld II) angerechnet.

▶ ElterngeldPlus

Anstelle des Elterngeldes (Basiselterngeld) kann auch ElterngeldPlus gewählt oder beides kombiniert in Anspruch genommen werden. ElterngeldPlus erhalten Elternpaare, die in Teilzeit arbeiten, um mehr Betreuungsleistungen erbringen zu können. Statt 12 bis 14 Monate beim Elterngeld verlängert sich die Bezugszeit beim ElterngeldPlus auf 24 bis 28 Monate.[1] Allerdings betragen die monatlichen Zahlungen nur die Hälfte des Elterngeldes, also 150 EUR bis maximal 900 EUR monatlich.

Die sonstigen Regelungen zum Elterngeld gelten auch für das ElterngeldPlus, allerdings werde alle Mindestbeträge halbiert.

2.4.6 Schwerbehindertenrecht *(SGB IX)*

▶ Vorschriften zur Beschäftigung von Schwerbehinderten

Rechtsgrundlage für den **Schutz schwerbehinderter Arbeitnehmer** ist das Neunte Buch des Sozialgesetzbuches. Schwerbehinderte sind Personen, die infolge körperlicher, geistiger oder seelischer Erkrankung in ihrer Erwerbsfähigkeit nicht nur vorübergehend um mindestens 50 % gemindert sind *(§ 2 SGB IX)*. Das Gesetz legt den privaten und öffentlichen Arbeitgebern, die über mindestens 20 Arbeitsplätze verfügen, die Verpflichtung auf, Schwerbehinderte auf wenigstens 5 % der Arbeitsplätze zu beschäftigen *(§ 71 SGB IX)*. Innerhalb dieses Pflichtsatzes sind besonders schwerbehinderte Arbeitnehmer sowie Schwerbehinderte, die das 50. Lebensjahr vollendet haben, in einem angemessenen Anteil zu beschäftigen *(§ 72 SGB IX)*.

Bei der **Besetzung freier Arbeitsstellen** sind die Arbeitgeber verpflichtet zu prüfen, ob Schwerbehinderte beschäftigt werden können; gegebenenfalls sind Bewerbungen mit der Vertrauensperson[2] der Schwerbehinderten zu erörtern. Schwerbehinderte Arbeitnehmer sind ihren Fähigkeiten und Kenntnissen entsprechend zu beschäftigen. Zudem sind besondere Sicherheitsvorkehrungen zu treffen *(§ 81 SGB IX)*. Die Kündigung des Arbeitsverhältnisses eines Schwerbehinderten bedarf der vorherigen Zustimmung des **Integrationsamtes** *(§ 85 SGB IX)*. Die Integrationsämter sind auf Länderebene eingerichtet und für die Erhebung der Ausgleichsabgabe, den Kündigungsschutz und die begleitende Hilfe für schwerbehinderte Menschen im Arbeitsleben zuständig *(§ 102 SGB IX)*.

▶ Zahlung einer Ausgleichsabgabe

Wer als Arbeitgeber die vorgeschriebene Zahl Schwerbehinderter nicht beschäftigt, hat für jeden unbesetzten Pflichtplatz eine **Ausgleichsabgabe** in Höhe von mindestens 105 EUR je Monat zu zahlen. Der Arbeitgeber kann sich durch diese Zahlungen nicht von der Verpflichtung befreien, Schwerbehinderte einzustellen *(§ 77 SGB IX)*.

---

1 Entscheiden sich die Eltern, gleichzeitig für 2 bis 4 Monate jeweils zwischen 24 bis 32 Wochenstunden während der ElternPlus-Zeit zu arbeiten, gibt es einen Partnerschaftsbonus von vier zusätzlichen ElternPlus-Monaten je Elternteil.

2 In Betrieben mit wenigstens fünf schwerbehinderten Menschen werden eine Vertrauensperson und ein Stellvertreter gewählt *(§ 94 SGB IX)*.

Ausgleichsabgabe:
Wofür sie verwendet wird

Unternehmen mit mindestens 20 Arbeitsplätzen müssen 5 Prozent davon mit schwerbehinderten Beschäftigten besetzen. Erfüllen sie diese Quote nicht, müssen sie für jede unbesetzte Stelle eine Ausgleichsabgabe zahlen.

So viele Millionen Euro aus der Ausgleichsabgabe wurden 2016 zur Unterstützung von Betrieben verwendet, die Menschen mit Behinderungen beschäftigen

		Fallzahlen
Leistungen bei außergewöhnlichen Belastungen	151,7	45.879
Behindertengerechte Einrichtung von Arbeits- und Ausbildungsplätzen	27,0	9.507
Schaffung von Arbeits- und Ausbildungsplätzen	18,9	2.057
Prämien und Zuschüsse zur Berufsausbildung	0,7	329
Prämien für ein betriebliches Eingliederungsmanagement	0,2	k. A.
Insgesamt	198,4	57.772

Leistungen bei außergewöhnlichen Belastungen: zum Beispiel Ausgleich für Leistungseinschränkungen von Mitarbeitern mit Behinderung

Quelle: Institut der deutschen Wirtschaft

iwd

Quelle: https://www.iwd.de/artikel/ausgleichsabgabe-millionen-fuer-inklusion-im-job-410502/

2.5 Allgemeiner und besonderer Kündigungsschutz

Während die Regelungen des Arbeitsschutzrechtes (vgl. S. 247 ff.) die Mitarbeiter vor Schäden an Leben und Gesundheit bewahren sollen, dienen die Kündigungsschutzbestimmungen – wie das Tarifvertragsrecht – eher der materiellen Sicherung der Arbeitnehmer.

▶ Allgemeiner Kündigungsschutz

Arbeitnehmer, die mindestens sechs Monate dem Unternehmen angehören, sind gegen eine ordentliche Kündigung, die **sozial ungerechtfertigt** ist, geschützt *(§ 1 KSchG)*.[1] Eine ordentliche Kündigung wird nur dann wirksam, wenn sie durch Gründe gerechtfertigt werden kann,

- die **in der Person des Arbeitnehmers** liegen
  (krankheits- oder altersbedingtes Nachlassen von Fähigkeiten, die für die Tätigkeit wesentlich sind; Fehlen oder Wegfallen der Arbeitserlaubnis);

1 Die Vorschriften des KSchG zum allgemeinen Kündigungsschutz *(§§ 1–14 KSchG)* gelten für Neueinstellungen in Betrieben und Verwaltungen des privaten und öffentlichen Rechts, in denen regelmäßig **mehr als zehn Arbeitnehmer** – Auszubildende ausgenommen – beschäftigt werden *(§ 23 I KSchG)*.

- die **im Verhalten des Arbeitnehmers** begründet sind (Arbeitsverweigerung; andauernd schlechte Arbeitsleistung);
- die sich **aus betrieblichen Erfordernissen** ergeben (Personalverringerung infolge Umsatzrückganges).

Ein Arbeitsverhältnis kann auf unterschiedliche Weise enden. Etwa wenn ein befristeter Arbeitsvertrag ausläuft, wenn eine bestimmte Altersgrenze erreicht wird – oder eben auch durch die Kündigung durch den Arbeitgeber. Das Kündigungsrecht soll zweierlei garantieren: Arbeitnehmer sollen vor übereilten und sozial ungerechtfertigten Kündigungen geschützt sein. Arbeitgeber müssen aber auch in der Lage sein, Arbeitnehmer entlassen zu können, wenn es die wirtschaftliche Situation erfordert oder wenn ein Arbeitnehmer für seine Position ungeeignet ist. Der Paragraf eins des Kündigungsschutzgesetzes (KSchG) besagt, dass eine Kündigung grundsätzlich nur dann sozial gerechtfertigt und damit rechtswirksam ist, wenn sie durch Gründe, die in der Person oder im Verhalten des Arbeitnehmers liegen oder durch dringende betriebliche Erfordernisse bedingt ist. Eine fristgemäße oder fristlose Kündigung muss schriftlich erfolgen. Die Angabe von Gründen ist bei fristgemäßen Kündigungen grundsätzlich nicht erforderlich. In besonderen Fällen ist sie jedoch gesetzlich vorgesehen (z.B. im Mutterschutzgesetz), oder der Tarifvertrag enthält eine entsprechende Vereinbarung. Unter die Regelungen des Kündigungsschutzgesetzes fallen nur Betriebe mit mehr als zehn Arbeitnehmern; außerdem greift der gesetzliche Kündigungsschutz nur bei den Arbeitnehmern, die seit mindestens sechs Monaten beschäftigt sind.

Bei der Kündigung aus **betrieblichen Gründen** muss allerdings hinzukommen, dass der Arbeitgeber bei der Auswahl der zu kündigenden Mitarbeiter **soziale Gesichtspunkte** in ausreichendem Maß berücksichtigt hat. Es muss zunächst denjenigen Arbeitnehmern gekündigt werden, die von dieser Maßnahme am wenigsten „hart getroffen" sind.

Infolge eines drastischen Umsatzrückganges sieht sich ein Industriebetrieb gezwungen, von seinen Mitarbeitern zehn zu entlassen. Damit die ordentliche Kündigung aus dringenden betrieblichen Erfordernissen überhaupt rechtswirksam werden kann, muss der Arbeitgeber unter Beachtung der Dauer der Betriebszugehörigkeit, des Lebensalters, eventueller Unterhaltsverpflichtungen und einer Schwerbehinderung eine Auswahl unter den Beschäftigten treffen. In die **Sozialauswahl** sind solche Arbeitnehmer nicht einzubeziehen, deren Weiterbeschäftigung wegen ihrer Kenntnisse, Fähigkeiten und Leistungen oder zur Sicherung einer ausgewogenen Personalstruktur im betrieblichen Interesse liegt.

Würde in diesem Industriebetrieb ein Betriebsrat bestehen, müsste dieser vor der Kündigung angehört worden sein. Ferner hätte der Arbeitgeber die Gründe für die Kündigung mitzuteilen. Die fehlende bzw. nicht ordnungsgemäße Anhörung des Betriebsrates würde zur **Unwirksamkeit der Kündigung** führen *(§ 102 BetrVG)*. Würde darüber hinaus der Arbeitnehmer die Kündigung für sozial ungerechtfertigt halten, könnte er innerhalb einer Woche Einspruch beim Betriebsrat einlegen, der dann versuchen würde, eine Einigung mit dem Arbeitgeber herbeizuführen *(§ 3 KSchG)*.

Hält ein Arbeitnehmer eine ordentliche Kündigung für sozial ungerechtfertigt und will seinen Anspruch auf Beibehaltung des Arbeitsverhältnisses wahren, muss er innerhalb einer Frist von **drei Wochen** nach Zugang der Kündigung **Kündigungsschutzklage** beim Arbeitsgericht erheben *(§ 4 KSchG).*

Erhebt der Arbeitnehmer bis zum Ablauf der Frist keine Kündigungsschutzklage, hat er mit dem Ablauf der Kündigungsfrist Anspruch auf eine **Abfindung,** wenn der Arbeitgeber in der Kündigungserklärung auf diesen Anspruch hingewiesen hat. Die Höhe dieser Abfindung beträgt 0,5 Monatsgehälter für jedes Beschäftigungsjahr bei diesem Arbeitgeber *(§ 1 a KSchG).*

Nur wenige bekommen eine Abfindung

Es ist ein Irrtum, dass Arbeitgeber eine Kündigung stets mit einer Abfindung versüßen. Das gewerkschaftsnahe Wirtschafts- und Sozialwissenschaftliche Institut (WSI) befragte Arbeitnehmer, denen im Jahr 2007 gekündigt wurde. Nur 16 Prozent von ihnen erhielten eine Abfindung.

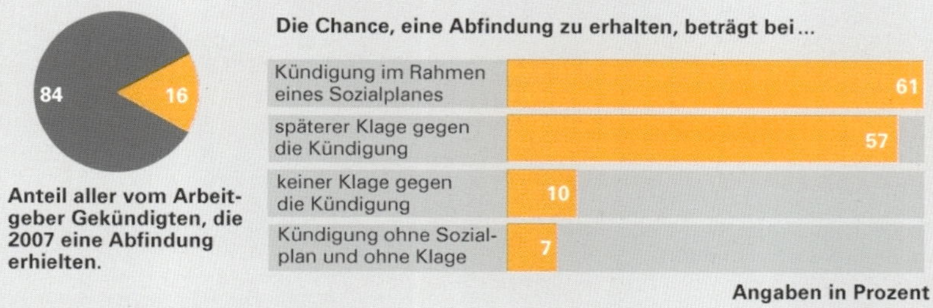

Quelle: WSI/TNS Infratest 2008

Quelle: Stiftung Warentest: FINANZtest Nr. 1/2010, S. 16

Besonderer Kündigungsschutz

Neben dem allgemeinen Kündigungsschutz unterliegen **bestimmte Arbeitnehmergruppen,** die als besonders schutzbedürftig gelten, **zusätzlichen Beschränkungen bei ordentlichen Kündigungen durch den Arbeitgeber:**

- **Betriebsratsmitglieder und Mitglieder der Jugend- und Auszubildendenvertretung** sind bis zu einem Jahr nach Ablauf ihrer Amtszeit nicht kündbar *(§ 15 I und II KSchG).*
- **Auszubildenden** kann nach Ablauf der Probezeit nicht mehr ordentlich gekündigt werden *(§ 22 BBiG).*
- **Schwerbehinderte** können nur dann vom Arbeitgeber gekündigt werden, wenn die vorherige Zustimmung des Integrationsamtes vorliegt *(§ 85 SGB IX).*
- **Schwangere Frauen und Mütter** genießen während der Schwangerschaft, bis zum Ablauf von vier Monaten nach einer Fehlgeburt nach der zwölften Schwangerschaftswoche und bis zum Ende ihrer Schutzfrist nach der Entbindung, mindestens jedoch bis zum Ablauf von vier Monaten nach der Entbindung, Kündigungsschutz *(§ 17 MuSchG).* Die Schutzfrist erweitert sich um die Dauer der Elternzeit[1] *(§ 18 BEEG).*
- **Mitarbeitern in Pflegezeit,** die von der Arbeitsleistung vollständig *(PflegeZG)* oder teilweise *(FPfZG)* freigestellt worden sind, um einen nahen Angehörigen in der häuslichen Umgebung pflegen zu können, darf von der Ankündigung bis zur Beendigung der Pflege*)* nicht gekündigt werden *(§ 5 PflegeZG).*

1 Arbeitnehmer haben Anspruch auf Elternzeit bis zur Vollendung des dritten Lebensjahres eines Kindes *(§ 15 II BEEG).*

2.6 Recht auf Teilzeit

Beschäftigte in Unternehmen mit mehr als 15 Mitarbeitern haben nach sechsmonatiger Betriebszugehörigkeit das Recht, ihre tarifvertraglich festgelegte Arbeitszeit (etwa 37,5 Wochenstunden) zu verringern, **also in Teilzeit zu arbeiten.**

Der Mitarbeiter muss den Antrag auf Teilzeitarbeit drei Monate vor dem geplanten Beginn stellen. Das Unternehmen kann den Antrag nur ablehnen, wenn durch die Teilzeitarbeit Organisation, Arbeitsabläufe oder die Arbeitssicherheit im Betrieb wesentlich beeinträchtigt würden.

Zehn Millionen Personen gingen im Jahr 2011 in Deutschland einer Teilzeittätigkeit nach, 84 Prozent von ihnen freiwillig. Für gut jeden Fünften der Teilzeitbeschäftigten haben nach Angaben des Statistischen Bundesamtes familiäre Gründe zum Entschluss der Verringerung der Arbeitszeit geführt: 22 Prozent gaben die Betreuung von Kindern oder anderen Angehörigen an, 24 Prozent nannten sonstige familiäre Verpflichtungen. Nach dem im Jahr 2001 in Kraft getretenen Teilzeit- und Befristungsgesetz haben Arbeitnehmer in Unternehmen mit mehr als 15 Mitarbeitern einen Anspruch auf Teilzeitarbeit. Voraussetzung ist allerdings, dass sie bereits ein halbes Jahr im Unternehmen sind und dass der Arbeitszeitverringerung keine betrieblichen Gründe entgegenstehen. Wer einmal in Teilzeit gegangen ist, kann erst dann erneut eine Verringerung der Arbeitszeit beantragen, wenn eine Frist von zwei Jahren verstrichen ist.

Über den Antrag auf Teilzeitarbeit muss innerhalb von zwei Monaten schriftlich entschieden werden. Geschieht dies nicht, reduziert sich die Arbeitszeit gemäß dem Wunsch des Arbeitnehmers.

Wird der Wunsch auf Teilzeittätigkeit abgelehnt, kann das zuständige Arbeitsgericht die Rechtmäßigkeit der Verweigerung des Arbeitgebers prüfen.

Will ein Teilzeitbeschäftigter die Arbeitszeit später wieder verlängern, muss das Unternehmen ihn bevorzugt berücksichtigen, falls ein geeigneter Arbeitsplatz zur Verfügung steht. Ansonsten kann auch dieser Anspruch beim Arbeitsgericht eingeklagt werden.

2.7 Allgemeines Gleichbehandlungsgesetz

Das „Allgemeine Gleichbehandlungsgesetz" (Antidiskriminierungsgesetz – *AGG*) soll Benachteiligungen im Beruf aufgrund *(§ 7 AGG)*

- des Geschlechts,
- der Rasse oder ethnischen Herkunft,
- der Religion oder Weltanschauung,
- des Alters,
- einer Behinderung oder
- der sexuellen Identität (z. B. Homosexualität)

verhindern. Geschützt werden unter anderem Arbeitnehmer und Auszubildende. Sie dürfen weder bei der Einstellung, den Beschäftigungs- und Arbeitsbedingungen, beim beruflichen Aufstieg oder bei der Beendigung eines Beschäftigungsverhältnisses aufgrund der Benachteiligungskriterien schlechter behandelt werden als andere Mitarbeiter.

Diskriminierende Stellenanzeige

Berlin. Schreibt ein Arbeitgeber eine Stelle als Position in einem „jungen Team" aus, kann das als unzulässige Diskriminierung gelten. Darauf weist die Antidiskriminierungsstelle des Bundes hin. Im Allgemeinen Gleichbehandlungsgesetz (AGG) ist festgelegt, dass Stellenausschreibungen keine unmittelbaren Altersangaben enthalten dürfen. Aber auch indirekte Formulierungen zum gewünschten Alter der Bewerber sind zu vermeiden. Bewerber können auf Grundlage des AGG klagen, wenn Stellenausschreibungen nicht neutral formuliert sind. Das kann neben der Alter auch Angaben zum Geschlecht, der sexuellen Identität oder der Zugehörigkeit zu einer Religionsgemeinschaft betreffen. Anzeigen, die Menschen mit Behinderung explizit ausschließen, sind ebenfalls diskriminierend. ■ **dpa**

Quelle: Westfälischer Anzeiger vom 13. Oktober 2018

Dabei wird zwischen unmittelbarer und mittelbarer Benachteiligung unterschieden:

- **Unmittelbare Benachteiligung** *(§ 3 I AGG)* liegt vor, wenn Mitarbeiter eine weniger günstige Behandlung erfahren als andere Personen in gleicher Situation.
- **Mittelbare Benachteiligung** *(§ 3 II AGG)* ist dann gegeben, wenn Vorschriften, Kriterien oder Verfahren dazu beitragen, Mitarbeiter zu diskriminieren.

Auch **Belästigungen** (Einschüchterung, Anfeindung, Erniedrigung, Entwürdigung oder Beleidigung) und sexuelle Belästigungen gelten als Benachteiligungen *(§ 3 III, IV AGG)*.

17 Merkur-Nr. 0124

Aber nicht alle unterschiedlichen Behandlungen von Mitarbeitern sind Benachteiligungen.

- Kirchliche Einrichtungen müssen keine Mitarbeiter anderer Religionsgemeinschaften beschäftigen.
- Für bestimmte Berufsgruppen gelten Altersmindestgrenzen (etwa bei Busfahrern) oder Altershöchstgrenzen (zum Beispiel für Piloten).
- Wird ein männlicher Bewerber zur „Frauenbeauftragten" abgelehnt, ist dies nicht diskriminierend.

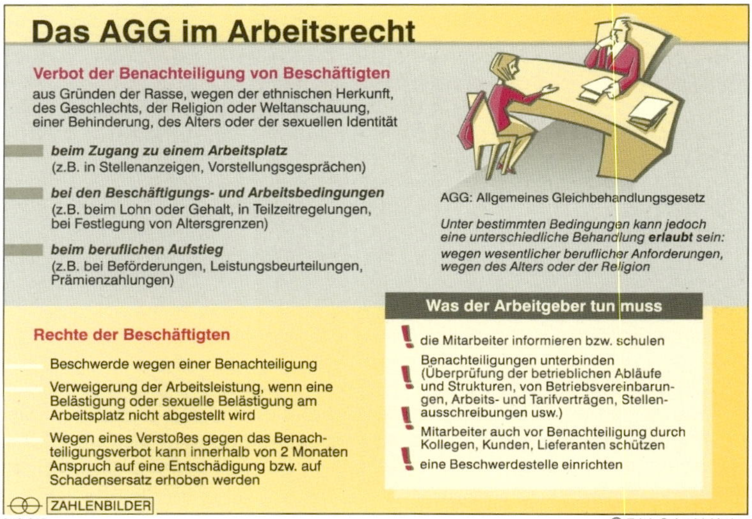

243 815 © Erich Schmidt Verlag

Arbeitgeber haben die Pflicht, ihre Mitarbeiter über die Unzulässigkeit von Benachteiligungen zu informieren.

Dieser Informationspflicht kann ein Arbeitgeber etwa durch folgende Maßnahmen nachkommen:

- Aushang am „Schwarzen Brett"
- Bekanntgabe im Intranet
- Betriebsversammlung

Arbeitgeber haben vorrangig Vorgesetzte in Aus- und Fortbildungsmaßnahmen entsprechend zu schulen. Verstoßen Mitarbeiter trotzdem gegen diese Vorschriften, kann der Arbeitgeber abmahnen, umsetzen oder sogar kündigen.

Der Arbeitgeber hat zudem eine **Beschwerdestelle** (dies kann der Personalleiter oder der Betriebsrat sein) einzurichten.

Liegt eine Benachteiligung vor, besitzt der Arbeitnehmer folgende Rechte:

- **Beschwerderecht**

  Bei Vorgesetzten oder der Beschwerdestelle kann auf die Benachteiligung hingewiesen werden.

- **Leistungsverweigerungsrecht** *(§ 14 AGG)*

  Reagiert der Arbeitgeber auf die Beschwerde nicht oder ist er selbst für die Belästigung verantwortlich, kann der Mitarbeiter die Tätigkeit einstellen.

- **Entschädigung** *(§ 15 II AGG)*

  Für immaterielle Schäden kann eine angemessene Entschädigung in Geld (Schmerzensgeld) verlangt werden.

- Wer eine Bewerberin deswegen nicht einstellt, weil sie ein Kind im Grundschulalter hat, begeht eine mittelbare Diskriminierung und schuldet der Bewerberin Schadensersatz. Mit der Absage erhielt eine Bewerberin ihre Bewerbungsunterlagen zurück. Auf dem Lebenslauf war neben der Textzeile vermerkt, dass die Bewerberin verheiratet sei und ein Kind habe. Dies reichte dem Gericht aus, eine Diskriminierung zu vermuten. Der Bewerberin wurde eine Entschädigung von 3 000 EUR zugesprochen (Landesarbeitsgericht Hamm – Az.: 11 Sa 335/13).
- Eine Stellenanzeige mit der Formulierung „Geschäftsführer gesucht" kann diskriminierend sein und damit gegen das Allgemeine Gleichbehandlungsgesetz verstoßen – so ein Urteil des Oberlandesgerichts Karlsruhe (AZ 17 U 99/10). Dies – so die Urteilsbegründung – gilt jedenfalls, wenn im weiteren Text der Stellenanzeige nicht ausdrücklich auch weibliche Bewerber angesprochen werden. Denn die Überschrift erweckt den Eindruck, dass für die ausgeschriebene Position nur männliche Bewerber infrage kommen. Im verhandelten Fall wurde daher einer Frau, die sich erfolglos auf diese Stelle beworben hatte, in der zweiten Instanz eine Entschädigung von ca. 13 000 EUR zugesprochen, da das Antidiskriminierungsgesetz vorschreibe, dass eine Stellenausschreibung geschlechtsneutral formuliert werden muss. Dies sei im verhandelten Fall jedoch versäumt worden. Da das stellenausschreibende Unternehmen die für die Personalauswahl maßgeblichen Erwägungen nicht dargelegt hat, vermuteten die Richter eine Benachteiligung wegen des Geschlechts.
- Erhält eine Frau weniger Lohn für gleiche Arbeit als die männlichen Kollegen, hat sie Anspruch auf Lohnnachzahlung und Entschädigung. Darauf weist der Deutsche Anwaltverein hin. Er bezieht sich auf eine Entscheidung des Landesarbeitsgerichts Rheinland-Pfalz – Az: 4 Sa 517/13. In dem verhandelten Fall arbeitete eine Frau in der Produktion bei einem Schuhhersteller. Der Arbeitgeber zahlte bis Ende 2012 den in der Produktion beschäftigten Frauen bei gleicher Tätigkeit einen geringeren Stundenlohn als Männern. Anwesenheitsprämie, Weihnachtsgeld und Urlaubsgeld berechnete er für die beschäftigten Frauen ebenfalls auf der Grundlage des niedrigeren Stundenlohnes. Hieraus ergab sich für die Frau für die Jahre 2009 bis 2012 eine Vergütungsdifferenz von über 8 000 EUR brutto. Die Frau klagte auf die Nachzahlung dieses Betrags und eine Entschädigung wegen geschlechtsspezifischer Benachteilung. Die Klage der Frau war erfolgreich. Ihr Arbeitgeber musste ihr nicht nur die Vergütungsdifferenz, sondern auch eine Entschädigung in Höhe von 6 000 EUR zahlen. Die niedrigere Entlohnung beruhe allein auf dem Geschlecht der Mitarbeiterin, so das Gericht. Sie sei eine unmittelbare geschlechtsbezogene Ungleichbehandlung, die nicht gerechtfertigt ist. **dpa**

- **Schadensersatzpflicht** *(§ 15 I AGG)*

  Bei materiellen Schäden – hier hat der Arbeitgeber die Pflichtverletzung zu vertreten – ist Schadensersatz zu leisten.

  - Ein Mitarbeiter wird diskriminierend nicht befördert.
  - Ein Arbeitnehmer muss benachteiligt schon mit 60 Jahren aus dem Arbeitsverhältnis ausscheiden.

2.8 Pflegezeit- und Familienpflegezeitgesetz

Sowohl das Pflegezeit- als auch das Familienpflegezeitgesetz regeln Möglichkeiten der Freistellung von der Arbeit, um nahe Angehörige pflegen zu können. Pflegezeit und Familienpflegezeit dürfen dabei gemeinsam eine Gesamtdauer von 24 Monaten je pflegebedürftigem nahen Angehörigen nicht überschreiten *(§ 2 FPfZG)*.

▶ Pflegezeitgesetz *(PflegeZG)*

Das Pflegezeitgesetz will die Möglichkeit, nahe Angehörige in häuslicher Umgebung zu pflegen und trotzdem berufstätig sein zu können, verbessern *(§ 1 PflegeZG)*.

Tritt eine akute Pflegesituation ein, können Pflegende bis zu zehn Arbeitstage von der Arbeit fernbleiben *(§ 2 PflegeZG)*. Für diese Zeit gibt es ein Pflegeunterstützungsgeld, das von der Pflegeversicherung des zu pflegenden Angehörigen übernommen wird.

Berufstätige Angehörige sind von der Arbeitstätigkeit vollständig oder teilweise freizustellen, wenn sie einen pflegebedürftigen nahen Angehörigen in häuslicher Umgebung länger pflegen. Der Arbeitgeber muss spätestens zehn Arbeitstage vor Beginn der Pflege darüber unterrichtet werden, für wie lange und in welchem Umfang die Freistellung erfolgen soll *(§ 3 PflegeZG)*.

Grundsätzlich ist die Pflegebedürftigkeit durch Vorlage einer Bescheinigung der Pflegekasse oder des medizinischen Dienstes der Krankenversicherung nachzuweisen *(§ 3 PflegeZG)*.

Diese Pflegezeit beträgt höchstens sechs Monate. Ist der nahe Angehörige nicht mehr pflegebedürftig oder die häusliche Pflege durch den nahen Angehörigen nicht mehr möglich, endet die Pflegezeit vier Wochen nach Eintritt der veränderten Umstände *(§ 4 PflegeZG)*.

Für diese Pflegezeit kann beim Bundesamt für Familie und zivilgesellschaftliche Aufgaben ein zinsloses Darlehen beantragt werden, um so den Einkommensverlust abzufedern. Es beträgt die Hälfte der Differenz zwischen dem Nettoentgelt vor und während der Pflegezeit. Das Darlehen muss nach Ende der Pflegezeit in Raten zurückgezahlt werden *(§ 3 PflegeZG)*.

Ein Rechtsanspruch auf sechs Monate Freistellung besteht gegenüber Arbeitgebern, die mehr als 15 Arbeitnehmer beschäftigen *(§ 3 PflegeZG.)*

Arbeitgeber dürfen von der Ankündigung der Pflege bis zu deren Beendigung das Arbeitsverhältnis **nicht kündigen** *(§ 5 PflegeZG)*.

▶ Familienpflegezeitgesetz *(FPfZG)*

Sind nahe Verwandte länger pflegebedürftig, haben pflegende Angehörige die Möglichkeit, für einen Zeitraum von maximal 24 Monaten ihre Arbeitszeit auf bis zu 15 Wochenstunden zu reduzieren *(§ 2 FPfZG)*. Arbeitgeber müssen darüber acht Wochen vor Beginn der Familienpflegezeit informiert werden *(§ 2a FPfZG)*. Ein Rechtsanspruch darauf besteht allerdings nur für Betriebe mit über 25 Beschäftigten (außer Auszubildenden) *(§ 2 FPfZG)*.

Die Pflegebedürftigkeit des nahen Angehörigen ist durch Vorlage einer Bescheinigung der Pflegekasse oder des medizinischen Dienstes der Krankenversicherung nachzuweisen *(§ 2a FPfZG)*.

Pflegende, die die Familienpflegezeit in Anspruch nehmen, haben für diese Zeit Anspruch auf ein zinsloses Darlehen. Auch hier beträgt die Höhe die Hälfte der Differenz vom Nettoentgelt vor und während der Pflegezeit. Es wird direkt beim Bundesamt für Familie und zivilgesellschaftliche Aufgaben beantragt und muss nach Ende der Familienpflegezeit in Raten zurückgezahlt werden *(§ 3 FPfZG)*.

Während der Familienpflegezeit darf das Arbeitsverhältnis **nicht gekündigt** werden *(§ 5 PflegeZG)*.

Pflegende Arbeitnehmer: Worauf haben Sie Anspruch?

Kurzfristige pflegebedingte Arbeitsverhinderung: Wer in einer akuten Pflegesituation die pflegebedingte kurze Auszeit in Anspruch nehmen möchte, muss dies unverzüglich seinem Arbeitgeber mitteilen. Das sollte – ähnlich wie bei einer eigenen Krankmeldung – spätestens morgens bei Arbeitsbeginn telefonisch erfolgen. Dabei sollte man nicht nur mitteilen, dass man eine Freistellung nach § 2 des Pflegezeitgesetzes nehmen will, sondern auch, wie viele Tage man der Arbeit fernbleiben möchte. Der Arbeitgeber kann später eine ärztliche Bescheinigung verlangen, in der steht, dass der Angehörige „voraussichtlich pflegebedürftig" ist und die Freistellung des Beschäftigten erforderlich ist, um die Pflege zu organisieren. Der Arbeitgeber muss die Bescheinigung nicht unbedingt verlangen. Sie ist aber in jedem Fall notwendig, um später von der Pflegekasse des Pflegebedürftigen das Pflegeunterstützungsgeld zu bekommen.

Pflegezeit- und Familienpflegezeit: Wenn Pflegebedürftige für längere Zeit Hilfe brauchen, können pflegende Angehörige das oft nicht neben ihrem Job leisten. Dann gibt es für sie zwei Möglichkeiten:

- Für maximal sechs Monate können sie **„Pflegezeit"** nach § 3 des Pflegezeitgesetzes nehmen. Der nahe Angehörige muss in häuslicher Umgebung gepflegt werden. Dieser Rechtsanspruch besteht aber nur für Arbeitnehmer aus Betrieben mit mehr als 15 Beschäftigten. Die Pflegezeit kann wahlweise als Aus- oder Teilzeit genommen werden. Der ausfallende Lohn kann teilweise durch ein staatliches Darlehen ersetzt werden.
- Aber auch sechs Monate Pflegezeit reichen in vielen Fällen nicht aus. Darum gibt es zusätzlich noch den Anspruch auf eine **„Familienpflegezeit"**. Dabei handelt es sich um eine pflegebedingte Arbeitszeitreduzierung. Die Arbeitszeit muss mindestens 15 Stunden pro Woche betragen. Dieser Anspruch gilt nur für Beschäftigte aus Unternehmen mit mehr als 25 Beschäftigten. Auszubildende zählen nicht mit.

Familienpflegezeit und Pflegezeit dürfen zusammen maximal 24 Monate dauern. Anspruch auf beide Varianten besteht nur, wenn der Angehörige mindestens in den Pflegegrad 1 eingruppiert ist.

	Kurzzeitige pflegebedingte Arbeitsverhinderung	Pflegezeit	Familienpflegezeit
Ankündigungsfrist	keine	zehn Arbeitstage	acht Wochen
Gilt für welche Betriebe?	alle Betriebe	Betriebe mit mehr als 15 Beschäftigten	Betriebe mit mehr als 25 Beschäftigten (ohne Auszubildende)
Gilt für welche Arbeitnehmer?	alle Arbeitnehmer, auch befristet Beschäftigte und Minijobber		
Gilt für welche Angehörigen?	Ehegatten, Lebenspartner, Partner einer eheähnlichen Gemeinschaft, Großeltern, Eltern, Geschwister, Kinder, Adoptiv- und Pflegekinder, Enkelkinder sowie Schwiegereltern, Schwiegerkinder, Stiefeltern, Schwäger und Schwägerinnen, gleichgeschlechtliche Partner, auch wenn keine eingetragene Lebenspartnerschaft besteht		
Gilt für welche Grade von Pflegebedürftigkeit?	„voraussichtliche Pflegebedürftigkeit" (nach ärztlicher Bescheinigung)	mindestens Pflegegrad 1	
Dauer	bis zu zehn Arbeitstage	bis zu sechs Monate	bis zu 24 Monate (einschließlich der Pflegezeit)
Arbeitszeit	Auszeit vom Job	wahlweise Auszeit oder Teilzeit	nur Teilzeit mit mindestens 15 Arbeitsstunden pro Woche
Finanzieller Ausgleich	Pflegeunterstützungsgeld	rückzahlbares zinsloses Darlehen, das den Einkommensverzicht teilweise ausgleicht	
Kündigungsschutz	ja, von der Ankündigung bis zur Beendigung der Arbeitsverhinderung	ja, von der Ankündigung bis zur Beendigung der Pflegezeit	ja, von der Ankündigung bis zur Beendigung der Familienpflegezeit

In Anlehnung an: Deutsche Rentenversicherung Bund: Zukunft jetzt, Ausgabe 3.2016, S. 24 ff.

2.9 Arbeitsgerichtsbarkeit

▶ Zuständigkeit

Trotz der durch Arbeitsverträge, Tarifverträge, Betriebsvereinbarungen und Arbeitsschutzvorschriften festgelegten Rechte und Pflichten von Arbeitgebern und Arbeitnehmern lassen sich Streitigkeiten aus Arbeitsverhältnissen nicht ausschließen. Zuständig für die Lösung dieser Probleme sind die **Arbeitsgerichte.** Sie entscheiden über Rechtsstreitigkeiten aus:

- **dem Arbeitsverhältnis zwischen Arbeitgeber und Arbeitnehmer**
  - Klagen auf Lohnzahlung, Urlaubsgewährung oder Recht auf Teilzeit
  - Wirksamkeit von Kündigungen
- **dem Bereich des Tarifwesens und des Arbeitskampfes**

  Auseinandersetzung zwischen einer Gewerkschaft und einem Arbeitgeberverband über die Wirksamkeit eines Tarifvertragsabschlusses oder die Zulässigkeit von Streiks und Aussperrungen
- **dem Betriebsverfassungsgesetz und den Mitbestimmungsgesetzen**

  Anfechtung einer Betriebsratswahl oder Auseinandersetzungen bei der Wahl von Vertretern der Arbeitnehmer in den Aufsichtsrat

▶ Arbeitsgerichtsverfahren

■ Arbeitsgerichte

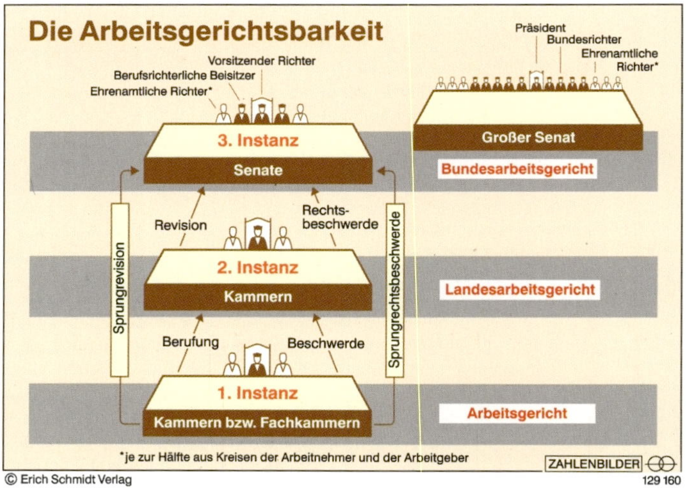

Das Verfahren beginnt mit der Erhebung der Klage vor dem örtlich zuständigen Arbeitsgericht, dessen Kammern aus einem Vorsitzenden und je einem ehrenamtlichen Richter aus Kreisen der Arbeitnehmer und Arbeitgeber bestehen *(§ 16 ArbGG)*. Die mündliche Verhandlung des Rechtsstreits wird zunächst vom Vorsitzenden allein mit dem Zweck einer **gütlichen Einigung** der Parteien geführt *(§ 54 ArbGG)*. Bleibt diese Güteverhandlung erfolglos, so schließt sich die weitere Verhandlung vor der Kammer, d. h. vor dem Vorsitzenden und den ehrenamtlichen Richtern, an *(§ 55 ArbGG)*. Am Ende der Beweisaufnahme wird das Verfahren vor dieser ersten Instanz mit einem **Urteil** abgeschlossen *(§§ 60 f. ArbGG)*.

Vor den Arbeitsgerichten können die Parteien (Arbeitgeber und Arbeitnehmer) den Rechtsstreit selbst führen oder ihre Interessen durch Vertreter ihrer Verbände bzw. einen Rechtsanwalt wahrnehmen lassen.

■ Landesarbeitsgerichte

Gegen das Urteil des Arbeitsgerichts kann **Berufung** beim Landesarbeitsgericht eingelegt werden, wenn der Streitwert 600 EUR übersteigt oder die 1. Instanz in ihrem Urteil die Berufung zugelassen hat *(§ 64 ArbGG)*. Die Landesarbeitsgerichte bestehen aus Kammern mit einem Vorsitzenden und zwei ehrenamtlichen Richtern als Vertreter der Arbeitgeber- und Arbeitnehmerseite *(§ 35 ArbGG)*.

Der Rechtsstreit wird durch Vertreter der Arbeitgeber- bzw. Arbeitnehmerverbände oder Rechtsanwälte geführt.

- **Bundesarbeitsgericht**

Gegen das Urteil des Landesarbeitsgerichts *(§ 69 ArbGG)* kann **Revision** beim Bundesarbeitsgericht eingelegt werden. Die Revision muss im Urteil des Landesarbeitsgerichts zugelassen werden. Sie ist zuzulassen, wenn die Rechtssache von grundlegender Bedeutung ist *(§ 72 ArbGG)*. Verweigert das Landesarbeitsgericht eine Revision, kann Beschwerde beim Bundesarbeitsgericht eingelegt werden *(§ 72a ArbGG)*.

Gegen das Urteil eines Arbeitsgerichts kann sofort Revision beim Bundesarbeitsgericht eingelegt werden **(Sprungrevision)**, wenn:

- der Gegner schriftlich zustimmt und wenn sie vom Arbeitsgericht zugelassen wird,
- die Rechtssache grundlegende Bedeutung hat *(§ 76 ArbGG)*.

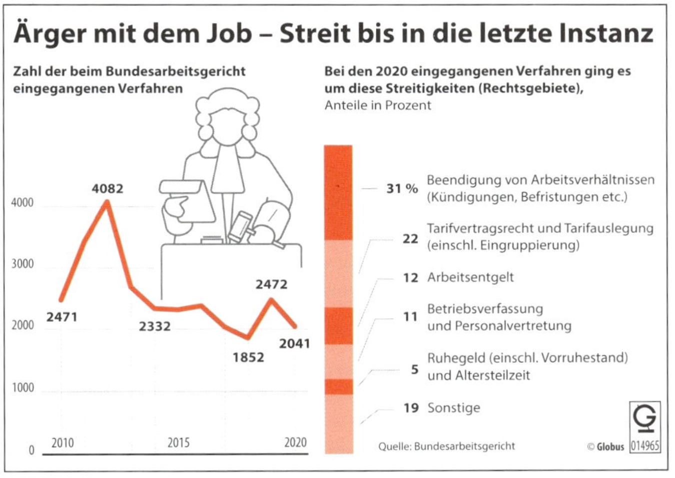

Das Bundesarbeitsgericht hat seinen Sitz in Erfurt *(§ 40 ArbGG)*. Es besteht aus Senaten, in denen ein Vorsitzender, zwei berufsrichterliche Beisitzer und jeweils ein ehrenamtlicher Richter aus Kreisen der Arbeitnehmer und Arbeitgeber tätig sind *(§ 41 ArbGG)*. Vor dem Bundesarbeitsgericht besteht Anwaltszwang *(§ 11 ArbGG)*.

▶ Zusammenfassung

Rechtliche Sicherung der Mitarbeiter

Arbeitsschutzrechte

Rechtsbereich	Betroffene	wichtige Inhalte
Arbeitszeitgesetz	Arbeitgeber und Arbeitnehmer (Arbeiter, Angestellte und Auszubildende)	– gewährleistet vor allem die Sicherheit und den Gesundheitsschutz bei der Arbeitszeitgestaltung – verbessert die Rahmenbedingungen für flexible Arbeitszeiten

Gewerbeordnung	Arbeitgeber und -nehmer in Gewerbebetrieben	– sichere Arbeitsplatzgestaltung – Regelung von Sonn- und Feiertagsarbeit
Jugendarbeitsschutzgesetz	Arbeitgeber, die Jugendliche unter 18 Jahren beschäftigen	– Regelung der Arbeits- und Ruhezeiten – Beschäftigung an Berufsschultagen – Urlaub – Ruhepausen
Mutterschutzgesetz	Arbeitgeber, Auftraggeber und Institutionen, bei denen schwangere und stillende Frauen in einem Beschäftigungsverhältnis oder in unterschiedlichen Vertragsbeziehungen stehen	– Gesundheitsschutz – Kündigungsschutz – Gestaltung der Arbeitsbedingungen derart, dass eine unverantwortbare Gefährdung ausgeschlossen ist – Schutzfristen vor und nach der Entbindung – Mutterschaftsgeld, Zuschuss zum Mutterschaftsgeld und Mutterschutzlohn
Gesetz zum Elterngeld und zur Elternzeit	Eltern, deren Kinder nach dem 01.09.2021 geboren sind	Zahlung von Elterngeld: – maximal 1 800 EUR monatlich für 12 Monate – Sockelbetrag von 300 EUR monatlich
	Eltern, deren Kinder nach dem 1. Juli 2015 geboren worden sind	Zahlung von ElterngeldPlus: – maximal 900 EUR monatlich für 24 Monate – Sockelbetrag von 150 EUR monatlich
Schwerbehindertenrecht	Arbeitgeber, die Schwerbehinderte bzw. über 20 Arbeitnehmer beschäftigen	– Pflicht zur Beschäftigung – Zahlung einer Ausgleichsabgabe – sinnvoller Einsatz von Schwerbehinderten

Kündigungsschutzbestimmungen

Allgemeiner Kündigungsschutz	Besonderer Kündigungsschutz
■ Schutz gegen **sozial ungerechtfertigte Kündigungen** – bei ordentlicher Kündigung durch den Arbeitgeber, – bei Beschäftigung von mindestens 11 Arbeitnehmern – bei sechsmonatigem Bestehen eines Arbeitsverhältnisses	■ für **bestimmte Arbeitnehmergruppen** wie Betriebsratsmitglieder, Jugendvertreter, Auszubildende, Schwerbehinderte, Schwangere und Mütter, Mitarbeiter in Pflegezeit

Recht auf Teilzeit

Tarifliche Arbeitnehmer besitzen einen Rechtsanspruch auf verringerte Arbeitszeit, wenn nicht betriebliche Gründe entgegenstehen

Allgemeines Gleichbehandlungsgesetz

untersagt Benachteiligungen im Arbeitsleben aufgrund des Geschlechts, der Rasse, der Religion, des Alters oder einer Behinderung

Pflegezeit- und Familienpflegezeitgesetz

regeln den Rechtsanspruch
- auf vollständige *(PflegeZG)* bzw.
- teilweise Freistellung *(FPfZG)*

von der Arbeit bis zu einer Gesamtdauer von 24 Monaten, um einen nahen Angehörigen pflegen zu können

Arbeitsgerichtsbarkeit

Instanzen der Arbeitsgerichtsbarkeit (Arbeits-, Landesarbeits- und Bundesarbeitsgericht) entscheiden bei Streitigkeiten aus
- dem Arbeitsverhältnis zwischen Arbeitgeber und -nehmer
- dem Bereich des Tarifwesens und des Arbeitskampfes
- dem Betriebsverfassungsgesetz und den Mitbestimmungsgesetzen

Aufgaben 16

(1) Welche Bedeutung hat das Arbeitsschutzrecht für den einzelnen Arbeitnehmer?

(2) Wer überwacht die Einhaltung der Arbeitsschutzbestimmungen?

(3) In welchen Gesetzen sind Bestimmungen über folgende Einzelaspekte des Arbeitsschutzes enthalten:
a) Einrichtung von Arbeitsräumen und Betriebsvorrichtungen,
b) Ruhepausen für Arbeiter, Angestellte und Auszubildende,
c) Beschäftigungsverbot an bestimmten Berufsschultagen,
d) Verbot schwerer körperlicher Arbeiten,
e) Beschäftigungsverbot für die Zeit zwischen 20:00 und 06:00 Uhr?

(4) Eine siebzehnjährige Verkäuferin soll nach bestandener Kaufmannsgehilfenprüfung 45 Stunden in der Woche arbeiten. Dies sei, so ihr Arbeitgeber, die allgemeine gesetzliche Höchstarbeitszeit. Nehmen Sie zu diesem Fall kritisch Stellung!

(5) Erläutern Sie den Kündigungsschutz, indem Sie die wichtigsten Bestimmungen des allgemeinen Kündigungsschutzes denen des besonderen Kündigungsschutzes gegenüberstellen!

(6) Was versteht man unter einer Kündigungsschutzklage?

(7) Welche Gründe könnten ausschlaggebend dafür sein, dass je ein Vertreter der Arbeitgeber und Arbeitnehmer als Laienrichter bei Arbeitsgerichtsprozessen mitwirken?

(8) Beschreiben Sie die Verfahrensweise der Verhandlung eines Rechtsstreites vor dem Arbeitsgericht!

(9) Nennen Sie ein Beispiel, wann eine Kündigung aus „sozialen Gründen" ungerechtfertigt sein könnte!

(10) Welche Rechte hat ein Arbeitnehmer, wenn er im Berufsleben von anderen Arbeitnehmern oder dem Arbeitgeber benachteiligt wird?

2.10 Versicherungen

Versicherungen sind Gefahrengemeinschaften, die natürliche und juristische Personen vor unvorhersehbaren Schäden schützen. Diese Absicherungen können sich sowohl auf Risiken, denen der Einzelne im Laufe seines Lebens ausgesetzt ist (Krankheit, Pflegebedürftigkeit, Unfall, Arbeitslosigkeit, Folgen des Alters), als auch auf Beeinträchtigungen der Sach- und Vermögenswerte (Diebstahl, Feuer usw.) erstrecken. In diesem Zusammenhang ist zwischen der Sozialversicherung und den Individualversicherungen zu unterscheiden.

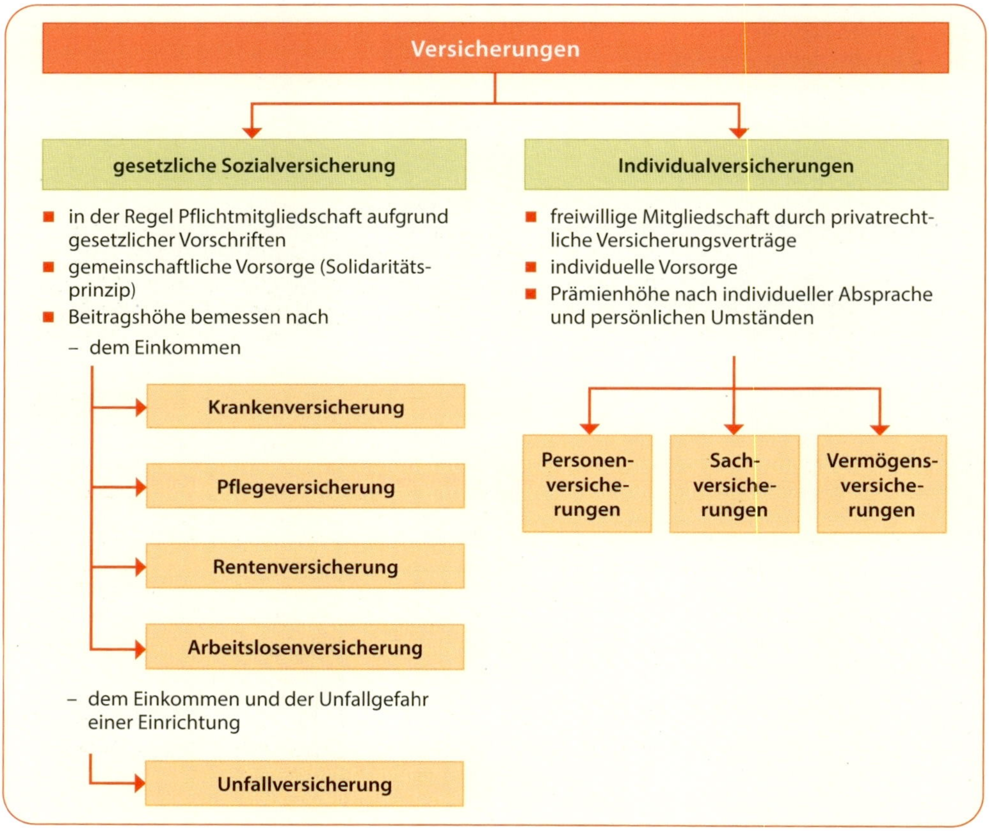

2.10.1 Gesetzliche Sozialversicherung

Die Sozialversicherung dient der Absicherung von Risiken, denen der Mensch in seinem Leben ausgesetzt ist wie Krankheit, Pflegebedürftigkeit, Arbeitslosigkeit, Unfall und den Folgen des Alters. Für die soziale Sicherheit in diesen Bereichen zahlt der Arbeitnehmer **Pflichtbeiträge,** d.h., die Sozialversicherung ist – im Gegensatz zur freiwilligen privaten Versicherung – gesetzlich vorgeschrieben. Die Mehrheit der Bevölkerung gehört dieser Zwangsversicherung an. Kennzeichen der Sozialversicherung ist das **„Solidaritätsprinzip"** („einer für alle, alle für einen"). Demzufolge leisten die im Arbeitsprozess stehenden Versicherten Zahlungen für diejenigen, die dauernd oder vorübergehend nicht erwerbstätig sind.

Im Jahr 1881 wurde der Grundstein für die gesetzliche Sozialversicherung gelegt. Damals richtete Kaiser Wilhelm I. eine Botschaft an den Reichstag, die eine umfassende Gesetzgebung zur sozialen Sicherung der Arbeitnehmer einleitete. Soziale Sicherung als staatliche Aufgabe – das war weltweit neu: Der Weg zum sozialen Staat begann. Noch im 19. Jahrhundert wurden gesetzliche Krankenversicherung, Unfallversicherung sowie Invaliditäts- und Altersversicherung für Arbeiter geschaffen. Die Angestelltenversicherung folgte 1911. Dieses Versicherungssystem wurde zum Vorbild für viele andere Länder. Nur die Arbeitslosenversicherung fehlte noch; sie wurde 1927 eingeführt (zuvor hatte es nur Erwerbslosenfürsorge gegeben). In der Bundesrepublik waren wichtige Wegmarken beispielsweise die Einführung der „dynamischen Rente“, die die Rentner an der allgemeinen wirtschaftlichen Entwicklung beteiligt, und die Einführung der sozialen Pflegeversicherung. Weitere Maßnahmen der vergangenen Jahre dienten überwiegend der Reform der Sozialsysteme und waren dem wachsenden Kostendruck und der demografischen Entwicklung geschuldet.

Die soziale Absicherung erfolgt heute im Wesentlichen über fünf Versicherungszweige, wobei Einkommensgrenzen **(Beitragsbemessungsgrenzen)** und **Beitragssätze** jährlich neu festgelegt werden.

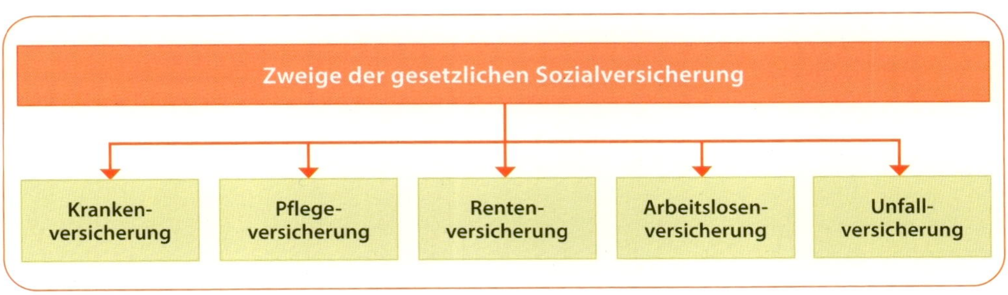

Beitragsbemessungsgrenzen und Beitragssätze 2022

	Krankenversicherung[1]	Pflegeversicherung[1]	Rentenversicherung	Arbeitslosenversicherung
monatliche Beitragsbemessungsgrenze ■ West ■ Ost	4837,50 EUR 4837,50 EUR		7050,00 EUR 6750,00 EUR	
Beitragssatz in % vom Bruttoentgelt (grundsätzlich **je zur Hälfte** von Arbeitgeber [AG-Anteil] und Arbeitnehmer [AN-Anteil] zu tragen.)	14,6 %*	3,05 %**	18,6 %	2,4 %
	AN-Anteil	**AN-Anteil**	**AN-Anteil**	**AN-Anteil**
	7,3 % + Zusatzbeitrag zur Hälfte	1,525 % bzw. 1,525 % + 0,35 % = 1,875 %	9,3 %	1,2 %
	AG-Anteil	**AG-Anteil**	**AG-Anteil**	**AG-Anteil**
	7,3 % + Zusatzbeitrag zur Hälfte	1,525 %	9,3 %	1,2 %
Beitragssatz in % bei gewerblichen Minijobs bis zu monatlich 450 Euro[2] (Arbeitgeber zahlt **pauschal** 30 % Abgaben, und zwar: ■ Sozialversicherung 28 % ■ Steuern 2 % Der Arbeitnehmer verdient also monatlich bis zu 450 Euro[2] brutto für netto.)	13 %	–	15 % (AG-Anteil) 3,6 % (AN-Anteil) (Da alle ab 2013 neu beginnenden Minijobs automatisch rentenversichert sind, trägt der Minijobber die Differenz zwischen dem vollen Beitrag zur Rentenversicherung und dem AG-Anteil selbst. Auf Antrag kann sich der Minijobber jedoch auch von dieser Versicherungspflicht befreien lassen.)	–

* Dieser bundeseinheitliche **allgemeine Beitragssatz** in Höhe von 14,6 % enthält noch **nicht** den krankenkassenindividuellen Zusatzbeitrag, den jede gesetzliche Krankenkasse – je nach Finanzlage – seit Januar 2015 erheben darf. Der Spitzenverband der gesetzlichen Krankenkassen (GKV) ist verpflichtet, eine laufend aktualisierte Übersicht dieser einkommensabhängigen Zusatzbeiträge im Internet zu veröffentlichen *(§ 242 V SGB V)*.

** Der AN-Anteil kinderloser Versicherter, die älter als 23 Jahre sind, erhöht sich – bei **unverändertem AG-Anteil** – um weitere 0,35 Prozentpunkte.

1 Die **allgemeine Krankenversicherungspflichtgrenze,** ab der sich ein Arbeitnehmer von der gesetzlich verankerten Versicherungspflicht befreien lassen und sich privat versichern kann, beläuft sich auf ein monatliches Bruttoentgelt in Höhe von 5362,50 EUR.

2 Mit der ab dem 1. Oktober 2022 geplanten Anhebung des gesetzlichen Mindestlohnes auf 12,00 EUR soll auch die bisherige Minijobverdienstgrenze von 450,00 EUR auf 520,00 EUR im Monat erhöht werden.

Deutschland ist eine schnell alternde Gesellschaft. Kommen heute auf je 100 erwerbsfähige Bürger im Alter zwischen 20 und 66 Jahren 30 Menschen im Rentenalter (67 Jahre und älter), so werden es im Jahr 2030 bereits 41 Ältere sein. Und die Lebenserwartung nimmt weiterhin zu. Dies und die niedrige Geburtenrate führen dazu, dass im Jahr 2060 dann 100 erwerbsfähigen Menschen 54 Ältere gegenüberstehen werden. Die Bevölkerung altert nicht nur, ihre Zahl sinkt auch insgesamt. Diese Entwicklungen können zwar durch Zuwanderung etwas gedämpft, aber nicht aufgehalten werden. Das stellt die Sozialsysteme, insbesondere das Renten-, Kranken- und Pflegeversicherungssystem, in den nächsten Jahrzehnten vor große Herausforderungen. Das Statistische Bundesamt hat für seine Bevölkerungsprognosen verschiedene Varianten zu Grunde gelegt. Die Variante in unserem Schaubild geht von Geburtenziffern ähnlich den heutigen aus; außerdem wird eine Zuwanderung (netto) von 200 000 Menschen pro Jahr angenommen.

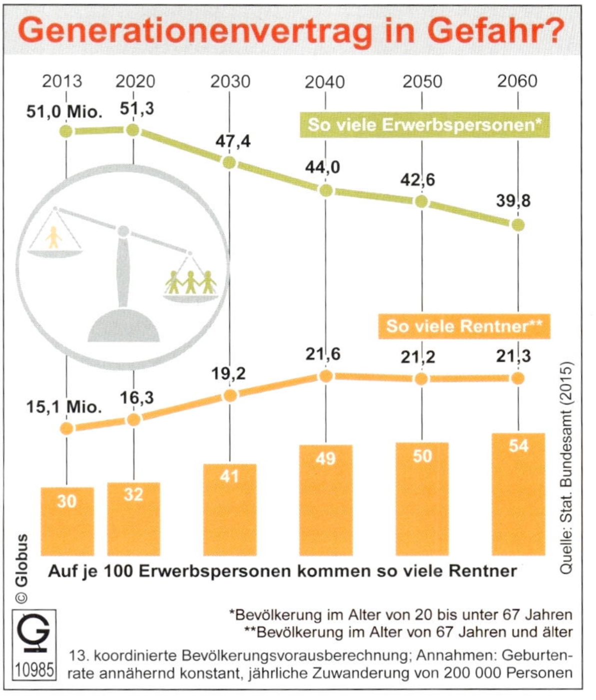

2.10.1.1 Krankenversicherung

Das 5. Sozialgesetzbuch *(SGB V)* bildet die Rechtsgrundlage für die gesetzliche Krankenversicherung.

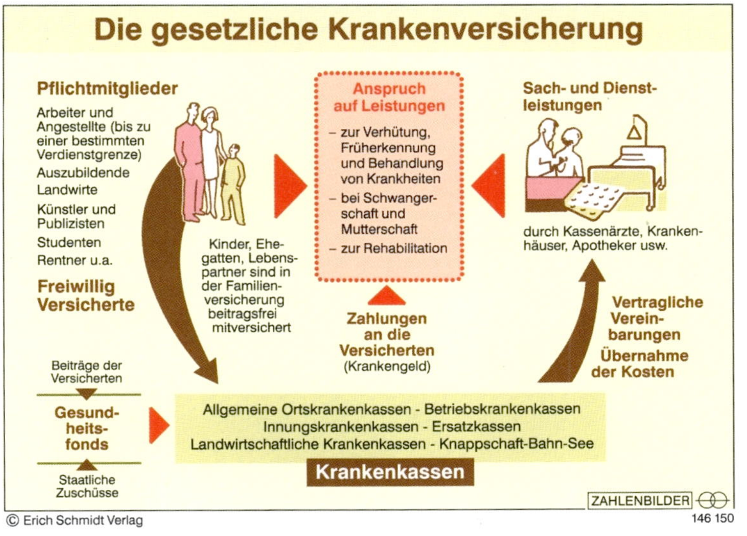

© Erich Schmidt Verlag

▶ Beitrag

Der von Arbeitgeber und Arbeitnehmer je zur Hälfte zu tragende **allgemeine Krankenversicherungsbeitragssatz** des Pflichtversicherten in Höhe von 14,6 % (Bruttoentgelt liegt unterhalb der Beitragsbemessungsgrenze) bzw. freiwillig Versicherten (Bruttoentgelt übersteigt die Beitragsbemessungsgrenze) wird sofort vom Lohn abgezogen und vom Arbeitgeber – zusammen mit dessen Anteil – an den Sozialversicherungsträger überwiesen. Bereits seit 2015 darf jede gesetzliche Krankenkasse neben diesem allgemeinen Beitragssatz in Höhe von 14,6 % einen **prozentualen Zusatzbeitrag** festlegen. Für 2022 hat das Bundesministerium für Gesundheit im Bundesanzeiger einen durchschnittlichen Zusatzbeitrag in Höhe von 1,3 % veröffentlicht *(§ 242 SGB V)*, sodass sich in der Summe ein durchschnittlicher Krankenversicherungsbeitragssatz in Höhe von 15,9 % ergibt. Dieser krankenkassenindividuelle Zusatzbeitrag, der bis einschließlich 2018 nur von deren Mitgliedern – also nur von den Arbeitnehmern – zu zahlen war, wird bereits seit 2019 wieder paritätisch durch Arbeitgeber und Arbeitnehmer finanziert.

Seit der Einführung des **Gesundheitsfonds** im Jahre 2009 zahlen gesetzlich Krankenversicherte von ihrem monatlichen Bruttoentgelt einen für alle Krankenkassen **einheitlichen allgemeinen Beitragssatz** (derzeit – Stand Januar 2022 – 14,6 %). Darüber hinaus dürfen die gesetzlichen Krankenkassen je nach Finanzlage einen kassenindividuellen Zusatzbeitrag erheben. Versicherte, deren Krankenkasse einen solchen einkommensabhängigen Zusatzbeitrag erhebt oder erhöht, besitzen ein Sonderkündigungsrecht, um zu einer anderen gesetzlichen Krankenkasse wechseln zu können. Bereits seit 2019 tragen Arbeitgeber und Arbeitnehmer diese Zusatzbeiträge jeweils wieder zur Hälfte.

Höhe des monatlichen Bruttoentgeltes	Arbeit**nehmer**anteil[1]			Arbeit**geber**anteil[1]			**Summe der Arbeitnehmer- und Arbeitgeberanteile zur gesetzlichen Krankenversicherung**
	7,3 %	0,65 %	**Σ 7,95 %**	7,3 %	0,65 %	**Σ 7,95 %**	**15,9 %**
4 700,00 EUR	343,10 EUR	30,50 EUR	**373,65 EUR**	343,10 EUR	30,55 EUR	**373,65 EUR**	**747,30 EUR**
4 800,00 EUR	350,40 EUR	31,20 EUR	**381,60 EUR**	350,40 EUR	31,20 EUR	**381,60 EUR**	**763,20 EUR**
4 900,00 EUR[2]	353,14 EUR	31,44 EUR	**384,58 EUR**	353,14 EUR	31,44 EUR	**384,58 EUR**	**769,16 EUR**
5 000,00 EUR[2]	353,14 EUR	31,44 EUR	**384,58 EUR**	353,14 EUR	31,44 EUR	**384,58 EUR**	**769,16 EUR**

1 unter Berücksichtigung eines individuellen Zusatzbeitrages, den die zuständige Krankenkasse auf zum Beispiel 1,3 % festgesetzt hat.

2 Der **über** der aktuellen Beitragsbemessungsgrenze (4 837,50 EUR) liegende Verdienst wird bei der Berechnung des Krankenversicherungsbeitrages **nicht** berücksichtigt.

Für Arbeitnehmer, die kein über der Entgeltgrenze für gewerbliche Minijobs liegendes Einkommen erzielen, sind pauschal 13 % als Beitrag zu entrichten. Arbeitnehmer mit Einkommen unterhalb der **Geringverdienergrenze** zahlen keinen **eigenen Beitrag** zur Krankenversicherung. In diesem Fall übernimmt der Arbeitgeber den vollen Betrag, d. h. den Arbeitgeber- **und** Arbeitnehmeranteil zur Krankenversicherung.

▶ Aufgaben der Krankenversicherung

Die Krankenversicherung übernimmt Aufgaben zur Erhaltung oder Wiederherstellung der Gesundheit.

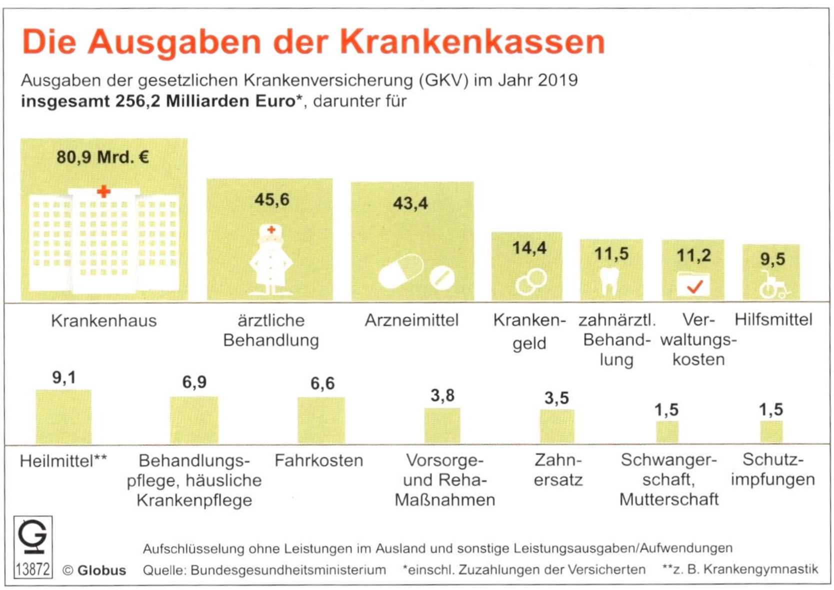

Die gesetzlichen Krankenkassen haben das Jahr 2019 mit einem Defizit von 1,5 Milliarden Euro abgeschlossen. Nach Angaben des Bundesgesundheitsministeriums standen Ausgaben von rund 251,9 Milliarden Euro Einnahmen von 250,4 Milliarden Euro gegenüber. Einschließlich der Zuzahlungen der Versicherten lagen die Ausgaben sogar bei 256,2 Milliarden Euro. Insgesamt verfügt die gesetzliche Krankenversicherung nun über ein Finanzpolster von 19,8 Milliarden Euro. – Die Ausgaben je Versicherten stiegen im vergangenen Jahr um 4,9 Prozent. Größter Ausgabenposten war die Krankenhausbehandlung, für die die Krankenkassen und die Versicherten 80,9 Milliarden Euro aufbrachten. Das waren drei Milliarden Euro mehr als im Vorjahr. An zweiter Stelle folgten die Ausgaben für ärztliche Behandlungen in Höhe von 45,6 Milliarden Euro (plus 1,7 Milliarden Euro gegenüber 2018).

Das Prinzip der Solidarität gehört zu den wesentlichen Merkmalen der gesetzlichen Krankenversicherung. Doch weil die Bevölkerung altert, ist es fraglich, inwieweit dieses Prinzip auf Dauer gewährleistet bleibt. Reformpläne müssen diesen Aspekt berücksichtigen.

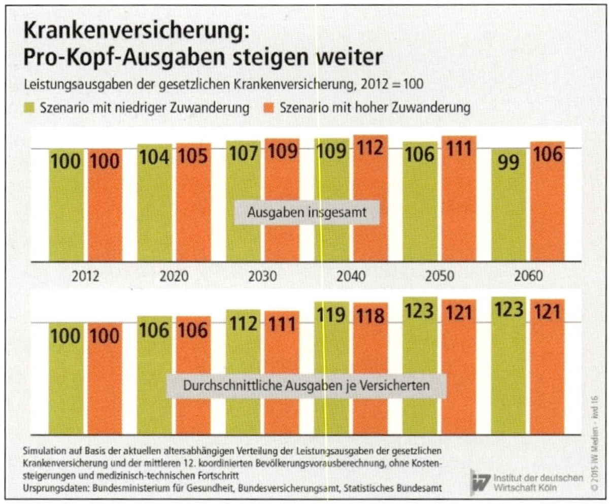

Quelle: iw-dienst: Informationen aus dem Institut der deutschen Wirtschaft Köln, Nr. 16 vom 16. April 2015, S. 3.

Gesundheitsfonds als weiterer Reformansatz zur Finanzierung der gesetzlichen Krankenversicherung

Nach bereits zahlreichen Gesundheitsreformbemühungen in der Vergangenheit ist mit dem **Gesundheitsfonds** ein weiterer Versuch unternommen worden, die nachhaltige und sozial ausgewogene Finanzierung des Gesundheitssystems sicherzustellen.

Die von den Arbeitgebern an die Krankenkassen zu überweisenden Beiträge (einschließlich der Zusatzbeiträge) fließen direkt in diesen vom Bundesversicherungsamt verwalteten Gesundheitsfonds, der auch aus Steuermitteln bezuschusst wird. Je nach Risikostruktur (Alter, Geschlecht, Krankheiten und Einkommen der Versicherten) und je nach Zusatzbeitrag erhalten dann die gesetzlichen Krankenkassen ihre Zuweisungen zurück, um so ihre Ausgaben finanzieren zu können.

In der gesetzlichen Krankenversicherung gibt es seit 2015 einen einheitlichen Beitragssatz von 14,6 Prozent. Er wird je zur Hälfte von Arbeitgeber und Arbeitnehmer getragen. Der Gesetzgeber erlaubt zudem einen einkommensabhängigen Zusatzbeitrag, wenn die Kassen mit dem Geld nicht auskommen. Er wird ebenfalls in Prozent berechnet: Wer mehr verdient, zahlt also einen höheren Zusatzbeitrag. Diesen Zusatzbeitrag trugen bis 2018 nur die Arbeitnehmer; die Arbeitgeber beteiligten sich nicht daran. Union und SPD haben sich im Frühjahr 2018 in ihren Koalitionsverhandlungen darauf geeinigt, wieder zur paritätischen Finanzierung zurückzukehren. Arbeitgeber und Arbeitnehmer teilen sich also

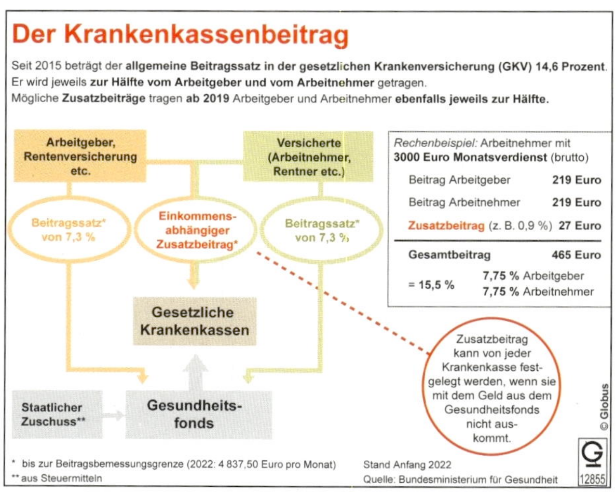

ab 2019 auch diesen Zusatzbeitrag jeweils zur Hälfte. Dazu ein Beispiel: Bei einem durchschnittlichen Zusatzbeitrag von 0,9 Prozent und einem monatlichen Bruttoverdienst von 3 000 Euro beträgt der Zusatzbeitrag 27 Euro, von denen der Arbeitnehmer dann nur noch 13,50 Euro tragen muss. Das bedeutet aufs Jahr gerechnet eine Entlastung von gut 160 Euro.

Aufgrund der aktuellen Arbeitsmarkt- und Wirtschaftslage sowie wegen der Corona-Pandemie droht den gesetzlichen Krankenkassen in den nächsten Jahren ein dauerhaftes zweistelliges Milliardenloch, zu dessen Beseitigung Beitragserhöhungen und/oder Leistungskürzungen denkbar sind.

Gesetzliche Krankenversicherung

	1991	2000	2010	2015	2018	2019
Anzahl in 1.000[1]						
Mitglieder	50.270	51.036	51.374	53.659	56.599	56.898
Pflichtmitglieder ohne Rentner	30.990	29.206	30.065	31.241	33.664	33.932
Rentner	14.169	15.302	16.848	16.747	16.842	16.882
freiwillige Mitglieder	5.111	6.528	4.461	5.672	6.093	6.084
Zahl der Versicherten	°	°	69.803	70.728	72.781	73.053
in EUR						
Beitragsbemessungsgrenze[2]	°	39.574	45.000	49.500	53.100	54.450
Versicherungspflichtgrenze[2, 3]	°	39.574	49.950	54.900	59.400	60.750
Beitragssatz in Prozent[4]	°	13,6	14,0	14,6	14,6	14,6
zusätzlicher Beitragssatz in Prozent[5]	°	°	0,9	0,9	1,0	0,9
jährliche Leistungsausgaben je Versicherten	1440	1.944	2.363	2.857	3.108	3.278
in Mrd. EUR						
Einnahmen	92,1	133,8	175,6	212,6	241,4	250,6
davon:						
Beitragseinnahmen[6]	88,5	130,1	160,8	195,8	224,9	233,1
Ausgaben	93,6	133,8	176,0	213,7	239,4	252,3
davon:						
Leistungsausgaben	88,8	125,9	165,0	202,0	226,2	239,5
Krankenstand Mitglieder in Prozent[7]	°	4,2	3,7	3,9	4,3	4,3

1 Stand am 01.07.1991 und 2000 Jahresdurchschnitte
2 Jahresbruttoeinkommen
3 ab 2010 abweichend von der Beitragsbemessungsgrenze
4 bis 2010 durchschnittlicher Beitragssatz, ab 2015 allgemeiner Beitragssatz
5 2010 zusätzlicher Beitragssatz der Mitglieder in Höhe von 0,9 Prozent ohne Berücksichtigung krankenkassenspezifischer Zusatzbeiträge, ab 2015 krankenkassenindividueller Zusatzbeitragssatz der Mitglieder (Angabe des Durchschnitts)
6 ab 2010 Beitragseinnahmen des Gesundheitsfonds einschl. Forderungen sowie Beitragseinnahmen der Krankenkassen
7 arbeitsunfähige kranke Mitglieder in Prozent der Mitglieder mit Anspruch auf Krankengeld (Jahresdurchschnitte), 1990 und 2000 arbeitsunfähige kranke Pflichtmitglieder in Prozent der Pflichtmitglieder

Quelle: BMG

Quelle: Gesamtverband der Deutschen Versicherungswirtschaft e.V. (GDV): Statistisches Taschenbuch der Versicherungswirtschaft 2020, Berlin 2020, Tabelle 119

Um trotz aller Probleme auch zukünftig eine gute medizinische Versorgung unter Nutzung der Möglichkeiten des medizinischen Fortschritts finanzieren zu können,

- ist der seit Januar 2011 maßgebliche Beitragssatz der Arbeitgeber **dauerhaft auf 7,3 % festgeschrieben worden,**
- müssen künftige Kostensteigerungen oder Einnahmenrückgänge in der gesetzlichen Krankenversicherung nach dem Willen des Gesetzgebers seit Januar 2015 **allein von den Versicherten** über **deren Zusatzbeiträge** getragen werden, **und zwar in unbegrenzter Höhe.** Die Finanzierung dieses Zusatzbeitrages erfolgt jedoch bereits seit Januar 2019 wieder paritätisch.

Die Höhe dieses Zusatzbeitrages, den die jeweilige Krankenkasse, die mit den ihr aus dem Gesundheitsfonds zugewiesenen Geldern zur Finanzierung ihrer Ausgaben nicht auskommt, legt dabei jede Krankenkasse individuell fest. Indem Versicherte, denen Zusatzbeiträge abverlangt werden, aufgrund eines Sonderkündigungsrechts zu einer anderen Krankenkasse wechseln können, verspricht sich der Gesetzgeber von diesen Beitragsunterschieden einen stärkeren Wettbewerb zwischen den einzelnen Krankenkassen.

2.10.1.2 Pflegeversicherung

Die Pflegeversicherung, die als fünfte Säule der Sozialversicherung das allgemeine Lebensrisiko der Pflegebedürftigkeit absichern soll, ist eine **Pflichtversicherung** für alle Mitglieder der gesetzlichen Krankenversicherung. Dieser Personenkreis wird grundsätzlich von der Kasse pflegeversichert, die sie auch vor dem Krankheitsrisiko schützt.

Privat Krankenversicherte müssen das Risiko der Pflegebedürftigkeit im Rahmen ihrer individuellen Vorsorge durch eine entsprechende Vertragsversicherung abdecken, die gleichwertige Leistungen wie die gesetzliche Pflegeversicherung vorsieht.

Zudem wird der Abschluss einer die gesetzlichen oder privaten Pflegeversicherung **ergänzenden privaten Pflege-Zusatzversicherung** staatlich gefördert. Einkommensunabhängig werden 60 EUR pro Jahr gewährt *(§ 126 f. SGB XI)*. Da der Vertragsabschluss dieser privaten Pflege-Zusatzversicherung unabhängig von Vorerkrankungen ist, darf es keine Gesundheitsprüfung, Leistungsausschlüsse und Risikozuschläge geben.

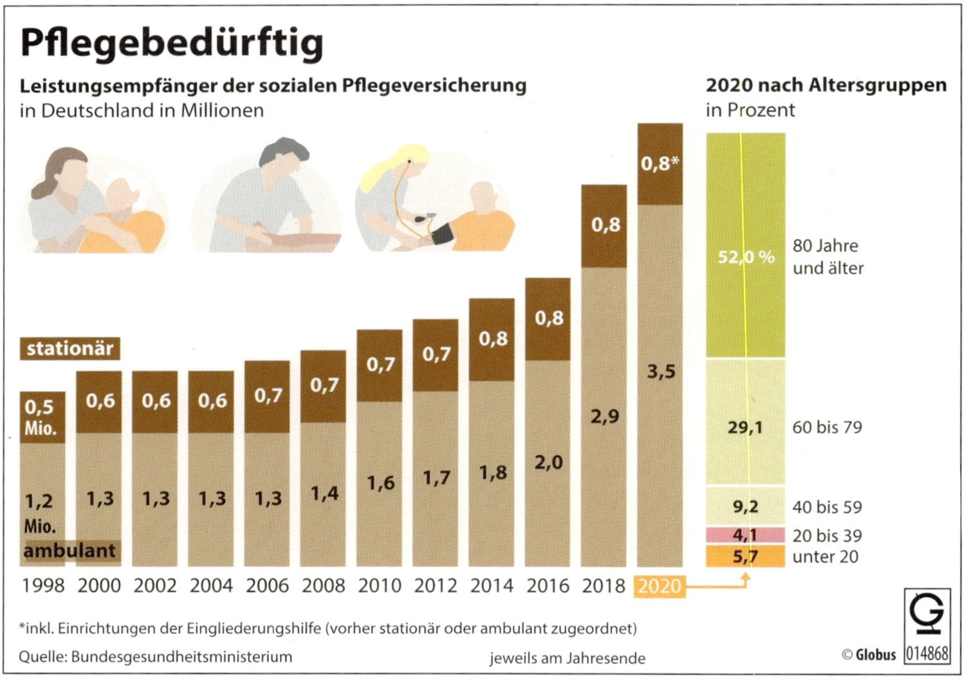

Beitrag

Der Pflegeversicherungsbeitrag pflichtversicherter Arbeitnehmer in Höhe von 3,05 % wird von Arbeitgeber und Arbeitnehmer je zur Hälfte aufgebracht. Für alle kinderlosen Pflichtversicherten erhöht sich dieser Beitrag um 0,35 % des beitragspflichtigen Einkommens. Ausgenommen von diesem Beitragszuschlag sind sowohl kinderlose Versicherte, die das 23. Lebensjahr noch nicht vollendet haben, als auch Bezieher von Arbeitslosengeld (hier zahlt die Bundesagentur für Arbeit die Beiträge). Rentner tragen ihren Beitrag allein.

Zum Ausgleich der Arbeitgeberkosten haben die Bundesländer den Buß- und Bettag als Feiertag abgeschafft. (**Ausnahme:** In Sachsen, wo dieser Feiertag nicht gestrichen worden ist, tragen die Arbeitnehmer einen Beitrag von 2,375 % [2,025 % + 0,35 %] und die Arbeitgeber 1,025 % des beitragspflichtigen Einkommens.)

Leistungen der Pflegeversicherung

In Abhängigkeit vom Grad der festgestellten Pflegebedürftigkeit erstrecken sich die Pflegegeld- (monatlich bis zu 901 EUR) und- sachleistungen (monatlich bis zu 2095 EUR) auf die **häusliche Pflege.** Der Hilfebedarf Pflegebedürftiger muss die Bereiche der Körperpflege, der Ernährung, der Mobilität und der häuslichen Versorgung umfassen.

Im **vollstationären Bereich** werden bis zu 2 005 EUR monatlich übernommen. Die Kosten für Unterkunft und Verpflegung trägt der Versicherte selbst.

Soziale Pflegeversicherung

	1995	2000	2010	2016	2018	2019
Anzahl in 1.000						
Mitglieder[1]	50.915	50.948	51.253	55.160	56.513	°
Versicherte[1]	71.901	71.319	69.785	71.450	72.808	°
Zahl der Leistungsempfänger[2]	1.061	1.822	2.288	2.749	3.685	°
ambulant	1.061	1.261	1.578	1.974	2.905	°
stationär	–	561	710	775	780	°
in EUR						
Beitragsbemessungsgrenze[3]	35.893	39.574	45.000	50.850	53.100	54.450
Beitragssatz in Prozent[4]	1,0	1,7	1,95	2,35	2,55	3,05
in Mrd. EUR						
Einnahmen	8,41	16,54	21,78	32,03	37,72	47,24
davon:						
Beitragseinnahmen	8,31	16,31	21,64	31,96	37,65	46,53
Ausgaben	4,97	16,67	21,45	31,00	41,27	43,95
davon:						
Leistungsausgaben	4,42	15,86	20,43	28,29	38,25	40,69
Zuführung zum Pflegevorsorgefonds	–	–	–	1,29	1,41	1,48
Mittelbestand Pflegevorsorgefonds	–	–	–	2,44	5,17	7,18

1 Stand am 01.07.
2 Stand am 31.12.
3 bis 2000 früheres Bundesgebiet, ab 2010 Deutschland; Jahresbruttoeinkommen
4 kinderlose Mitglieder haben ab 01.01.2005 einen um 0,25 Prozentpunkte erhöhten Beitragssatz zu tragen

Quelle: BMG

Quelle: Gesamtverband der Deutschen Versicherungswirtschaft e.V. (GDV): Statistisches Taschenbuch der Versicherungswirtschaft 2020, Berlin 2020, Tabelle 120

2.10.1.3 Rentenversicherung

Die Rentenversicherung ist eine Versicherung für einen Großteil der Bevölkerung. Die geleisteten Beiträge werden nicht für den Einzelnen als Rücklage angesammelt, sondern sofort wieder an andere Anspruchsberechtigte als Renten oder sonstige Leistungen ausgezahlt **(Umlageverfahren).** Besonderes Kennzeichen der Rentenversicherung ist, dass die heutigen Beitragszahler die Renten der bereits aus dem Erwerbsleben Ausgeschiedenen finanzieren.

Sie erwerben dadurch den Anspruch an die künftige Generation, dass durch deren Beitragszahlung ihre spätere Rentenversorgung gesichert wird **(Generationenvertrag).**

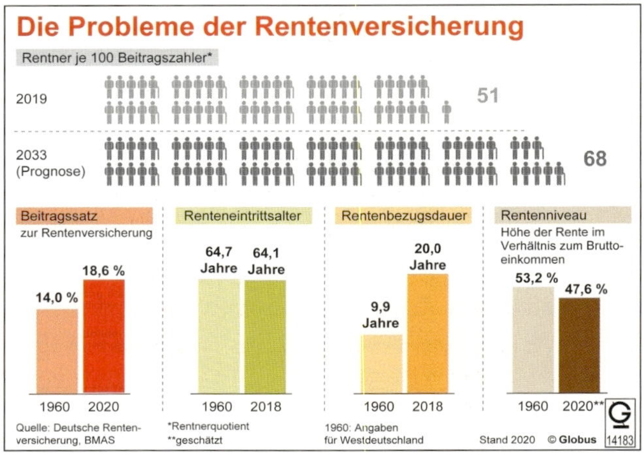

Deutschland ist geprägt durch eine schnell alternde Gesellschaft. Die Lebenserwartung nimmt weiter zu, die Geburtenrate ist niedrig. Der demografische Wandel führt dazu, dass immer mehr Ältere der jüngeren Generation gegenüberstehen werden. Das stellt die Sozialsysteme, insbesondere die gesetzliche Rentenversicherung, in den nächsten Jahrzehnten vor große Herausforderungen. Mit der stufenweisen Einführung der „Rente mit 67" wird das gesetzliche Renteneintrittsalter Schritt für Schritt heraufgesetzt. Wer früher in Rente gehen möchte, muss Abschläge in Kauf nehmen. Bereits in den vergangenen Jahren ist das tatsächliche durchschnittliche Renteneintrittsalter wieder gestiegen – in Westdeutschland von 62,6 Jahren im Jahr 2000 auf 64,2 Jahre im Jahr 2019, in Ostdeutschland von 60,8 Jahre auf 63,6 Jahre im Jahr 2018. Damit kommt es – zumindest in Westdeutschland – dem durchschnittlichen Renteneintrittsalter wieder näher, das wir bereits einmal vor 59 Jahren hatten. Denn: 1960 war ein Rentner in der Bundesrepublik durchschnittlich 64,7 Jahre alt, wenn er sich aus dem Berufsleben verabschiedete.

Das Rentenniveau heute und morgen

Im Jahr 2015 hatte der sogenannte Standard- oder Eckrentner (45 Beitragsjahre mit dem jeweiligen Verdienst des Durchschnittsarbeitnehmers) ein Rentenniveau von 47,5 Prozent des durchschnittlichen Bruttoentgelts in diesem Jahr (jeweils nach Abzug der Sozialversicherungsbeiträge und vor Steuern). Nach den Plänen der Bundesregierung wird das Rentenniveau bis 2029 auf 44,6 Prozent sinken.

Das IW Köln hat ausgerechnet, wie hoch das Rentenniveau sein wird, wenn man die längere Lebensarbeitszeit – Stichwort: Rente mit 67 – berücksichtigt, also bis zu zwei zusätzliche Beitragsjahre unterstellt.

Rentenniveau vor Steuern in der gesetzlichen Rentenversicherung für den Standardrentner

■ Standardrentner 2015 und nach dem Rentenversicherungsbericht 2015 der Bundesregierung
■ Standardrentner mit längerer Lebensarbeitszeit

	Beitragsjahre	Monatliche Rente in Euro	**Rentenniveau**	Monatliche Rente in Euro	Beitragsjahre
2015	45	1.314	47,5	–	–
2020	45	1.517	47,6 / 48,5	1.544	45,8
2025	45	1.680	46,0 / 47,4	1.730	46,3
2029	45	1.824	44,6 / 46,6	1.905	47,0

Ursprungsdaten: Bundesministerium für Arbeit und Soziales
© 2016 IW Medien / iwd

Institut der deutschen Wirtschaft Köln

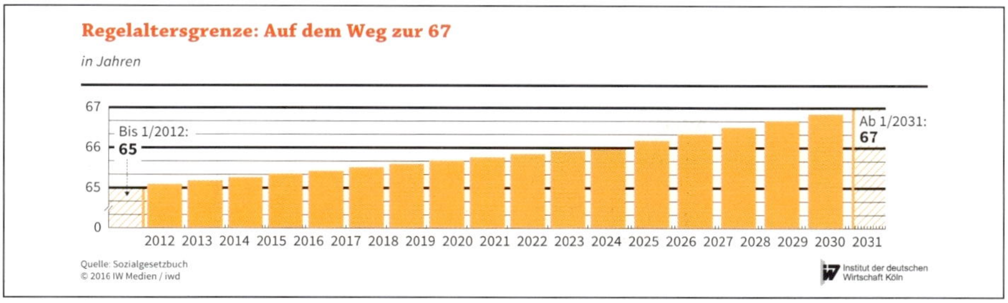

Quelle: Institut der deutschen Wirtschaft Köln: Informationen aus dem Institut der deutschen Wirtschaft Köln, Nr. 34 vom 17.11.2016, Seite 6f.

▶ Beitrag

Der Rentenversicherungsbeitrag pflichtversicherter Arbeitnehmer wird je zur Hälfte von Arbeitgeber und Arbeitnehmer aufgebracht und zunächst an die zuständige Krankenkasse überwiesen. Diese leitet dann ihrerseits den entsprechenden Betrag an den jeweiligen Träger der Rentenversicherung weiter. Neben den Beiträgen von Arbeitgebern und Arbeitnehmern wird die Finanzierung der Renten durch Beiträge der Bundesagentur für Arbeit (für Bezieher von Arbeitslosengeld) bzw. durch einen Zuschuss des Bundes gesichert.

Wie bei der gesetzlichen Krankenversicherung wird die Höhe des zu entrichtenden Beitrages nur bis zur Beitragsbemessungsgrenze (vgl. S. 268) berechnet. Allerdings liegt die Entgeltgrenze der Rentenversicherung über der der Krankenversicherung. Die aus der Krankenversicherung maßgebliche Einkommensgröße für Geringverdiener (Arbeitgeber zahlt während der Berufsausbildung den Beitrag zur Sozialversicherung allein) und für gewerbliche Minijobs gilt auch in der Rentenversicherung.

▶ Aufgaben der Rentenversicherung

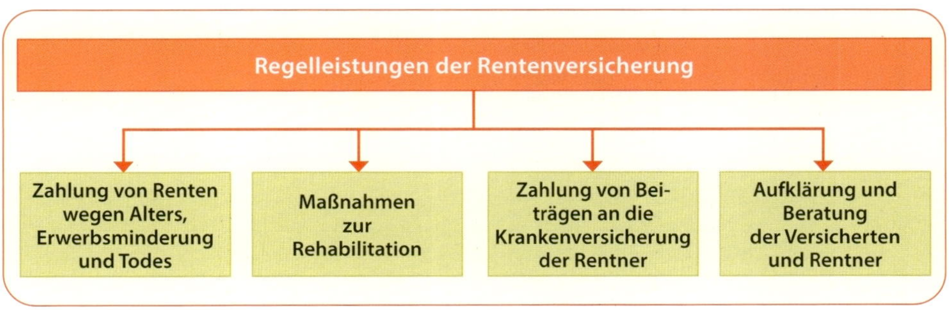

▶ Rentenversicherungsreform

Durch das **Rentenreformgesetz** und weitere Reformbestrebungen sollen die langfristigen finanziellen Probleme gelöst werden, die sich für die gesetzliche Rentenversicherung daraus ergeben, dass – bei hoher Arbeitslosigkeit und angespannter Lage der öffentlichen Kassen – einerseits die Zahl der Rentner steigt und gleichzeitig auch die Rentenbezugsdauer zunimmt, während andererseits die Zahl der Kinder abnimmt.

Für die über das Umlageverfahren finanzierte Rentenversicherung bedeutet dies, dass künftig immer weniger Beitragszahler immer mehr zur Finanzierung der Renten beizutragen haben. Dieser **demografische Wandel** spiegelt sich nicht zuletzt auch in der Höhe des Rentenversicherungsbeitragssatzes wider, der in den vergangenen Jahrzehnten kontinuierlich gestiegen ist (z. B. von 14 % [im Jahr 1960] auf 18,6 % [seit 2018]).

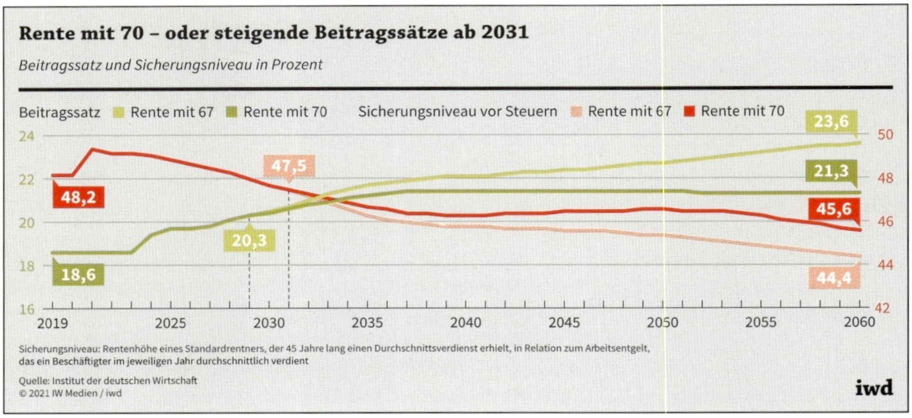

Quelle: iwd: Informationen aus dem Institut der deutschen Wirtschaft Köln, Nr. 13 vom 24. Juni 2021, Seite 7

Gesetzliche Rentenversicherung

	1990 [1]	2000	2010	2015	2018	2019
Anzahl in 1.000						
aktiv Versicherte [2]	24.128	33.830	35.370	37.027	38.727	°
Rentenbestand [3]	15.013	23.144	25.013	25.520	25.695	°
Altersrenten	8.523	15.338	17.619	18.027	18.247	°
Erwerbsminderungsrenten	1.846	1.894	1.589	1.788	1.825	°
Renten wegen Todes	4.644	5.912	5.805	5.704	5.623	°
in EUR						
Beitragsbemessungsgrenze [4]						
West	38.652	52.764	66.000	72.600	78.000	80.400
Ost	x	43.562	55.800	62.400	69.600	73.800
Beitragssatz in Prozent	18,7	19,3	19,9	18,7	18,6	18,6
durchschnittliche monatliche Rentenzahlbeträge [5]	602	698	740	822	906	°
monatliche Standardrente [6]	911	1.118	1.224	1.314	1.441	1.487
Rentenniveau in Prozent [7]	50,2	48,2	47,2	44,1	44,6	°
in Mrd. EUR						
Einnahmen	108,6	206,3	244,7	270,4	306,6	321,0
davon:						
Beitragseinnahmen	89,4	162,2	184,4	206,6	235,9	247,4
Bundeszuschüsse zur allgemeinen Rentenversicherung	15,2	42,3	59,0	62,4	69,5	72,3
Ausgaben [8]	103,7	205,7	242,6	272,0	302,2	319,1
davon:						
ausgezahlte Renten	89,9	177,8	211,0	236,2	263,0	277,0

1 früheres Bundesgebiet
2 am 31. 12. Beiträge entrichtende Versicherte ohne Rentenbezug
3 Stand am 31. 12.
4 allgemeine Rentenversicherung, Jahresbruttoeinkommen
5 Altersrenten in der allgemeinen Rentenversicherung
6 Monatsrente eines „Standardrentners" (Versicherter, der während 45 Versicherungsjahren stets ein Entgelt in Höhe des Durchschnittsentgeltes aller Versicherten bezogen hat), brutto; früheres Bundesgebiet; Stand am 01.07.
7 Jahresrente eines Standardrentners (Versicherter, der während 45 Versicherungsjahren stets ein Entgelt in Höhe des Durchschnittsentgelts aller Versicherten bezogen hat) in Prozent des Jahresarbeitsentgelts eines Durchschnittverdieners, brutto; früheres Bundesgebiet
8 ohne Transferzahlungen innerhalb der gesetzlichen Rentenversicherung

Quelle: DRV

Quelle: Gesamtverband der Deutschen Versicherungswirtschaft e. V. (GDV): Statistisches Taschenbuch der Versicherungswirtschaft 2020, Berlin 2020, Tabelle 118

„Riester-Rente" als private Altersvorsorge

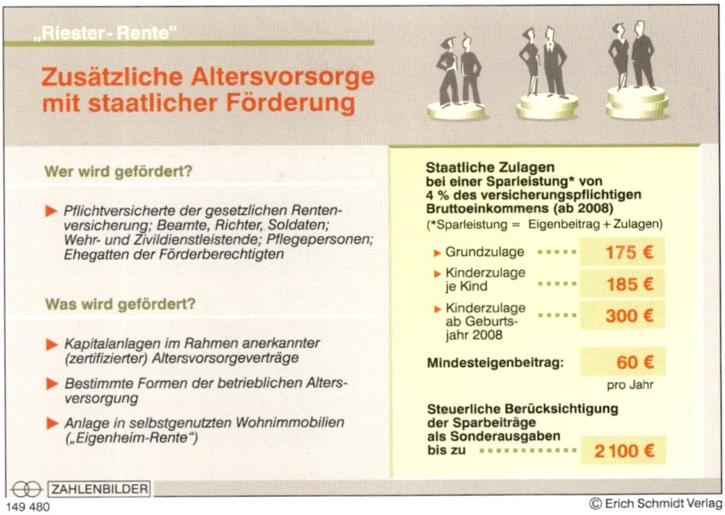

© Erich Schmidt Verlag

Ziel der „Riester-Rente" ist es, die in der gesetzlichen Rentenversicherung absehbaren Lücken mithilfe staatlicher Unterstützung zu schließen, indem Arbeitnehmer auf freiwilliger Basis zusätzlich zur gesetzlichen Rente individuell eine **private Altersvorsorge** aufbauen. Im Gegensatz zur umlagefinanzierten gesetzlichen Rente ist die private „Riester-Rente" jedoch **kapitalgedeckt.**

Kern der staatlichen Förderung ist eine von Familienstand und Kinderzahl abhängige **Zulage** (Grundzulage und Kinderzulage), die auf solche Sparleistungen gewährt wird, die in entsprechend zertifizierte Altersvorsorgeverträge (z. B. Bank-, Bonussparpläne, Investmentfonds) eingezahlt werden. Anstelle der Zulage kann sich im Rahmen des Sonderausgabenabzuges jedoch für den Vorsorgesparer auch ein **Steuervorteil** ergeben. Das Finanzamt überprüft automatisch, ob die Zulage oder der Sonderausgabenabzug für den Vorsorgesparer günstiger ist.

Riester-Renten: Beiträge und Verträge Bestand

	Verträge		Lfd. Beitrag für ein Jahr	
	Anzahl in Tsd.	*Veränderung ggü. Vorjahr*	*in Mio. EUR*	*Veränderung ggü. Vorjahr*
2011	10 829	4,9 %	5 350	6,5 %
2012	10 856	0,3 %	5 421	1,3 %
2013	10 835	–0,2 %	5 450	0,5 %
2014	10 846	0,1 %	5 531	1,5 %
2015	10 803	–0,4 %	5 543	0,2 %
2016	10 726	–0,7 %	5 628	1,5 %
2017	10 652	–0,7 %	5 690	1,1 %
2018	10 591	–0,6 %	5 747	1,0 %
2019	10 532	–0,6 %	5 814	1,2 %
2020	10 445	–0,8 %	5 833	0,3 %

Quelle: Gesamtverband der Deutschen Versicherungswirtschaft e. V. (GDV), www.gdv.de/de/zahlen-und-fakten/versicherungsbereiche/riester-und-basisrenten-24046 [09. 03. 2022].

2.10.1.4 Arbeitslosenversicherung

Die Arbeitslosenversicherung ist eine Pflichtversicherung für alle Auszubildenden, Arbeiter und Angestellten. Ein freiwilliger Beitritt (z.B. für Selbstständige) ist nicht möglich. Nicht von der Arbeitslosenversicherung erfasst werden zudem alle Beamte.

▶ Beitrag

Der Beitrag zur Arbeitslosenversicherung wird je zur Hälfte von Arbeitgebern und Arbeitnehmern getragen, direkt vom Lohn abgezogen und gemeinsam mit den anderen Sozialversicherungsbeiträgen zunächst an die Krankenkasse und von dieser an die Bundesagentur für Arbeit in Nürnberg überwiesen.

Die für die Rentenversicherung maßgeblichen Einkommensgrenzen, also die Beitragsbemessungsgrenze sowie die Entgeltgrenze für Geringverdiener und gewerbliche Minijobs (vgl. S. 268), gelten auch in der Arbeitslosenversicherung.

▶ Aufgaben der Bundesagentur für Arbeit

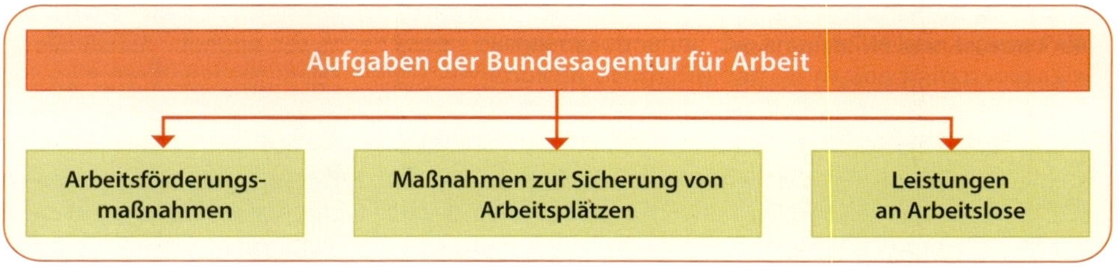

Gesetzliche Arbeitslosenversicherung

	1991	2000	2010	2015	2018	2019
Anzahl in 1.000						
Beschäftigte[1]	°	27.842	27.967	30.771	32.870	33.407
Empfänger von Arbeitslosengeld[2]	1.328	1.695	1.024	834	715	750
in EUR						
Beitragsbemessungsgrenze[3]						
West	39.881	52.764	66.000	72.600	78.000	80.400
Ost	20.861[4]	43.562	55.800	62.400	69.600	73.800
Beitragssatz in Prozent	6,8	6,5	2,8	3,0	3,0	2,5
in Mrd. EUR						
Einnahmen	35,89	49,61	37,07	35,16	39,34	°
davon:						
Beitragseinnahmen	34,29	46,36	22,61	29,94	34,17	°
Ausgaben	36,77	50,47	45,21	31,44	33,11	°
davon:						
Arbeitslosengeld[5]	12,14	23,61	16,60	14,85	13,76	°
Leistungen der aktiven Arbeitsförderung	11,83	21,24	14,98	7,89	7,87	°

1 Stand am 30.06.
2 Jahresdurchschnitte; ab 2010 Arbeitslosengeld I
3 Jahresbruttoeinkommen
4 ab 01.07.
5 bei Arbeitslosigkeit, einschl. Erstattungen an ausländische Versicherte; ab 2010 Arbeitslosengeld I

Quelle: BA

Quelle: Gesamtverband der Deutschen Versicherungswirtschaft e.V. (GDV): Statistisches Taschenbuch der Versicherungswirtschaft 2020, Berlin 2020, Tabelle 122

2.10.1.5 Unfallversicherung

In der gesetzlichen Unfallversicherung sind alle Arbeitnehmer **unabhängig von der Höhe ihres Monatseinkommens** pflichtversichert. Der Versicherungsschutz erstreckt sich bei abhängig Beschäftigten, Schülern, Studenten und pflichtversicherten Unternehmern sowohl auf die Arbeitsstelle bzw. Schule oder Hochschule als auch auf den unmittelbaren Weg von und zur Arbeits- bzw. Ausbildungsstätte.

Personen, die in Unglücksfällen Hilfe leisten, sind während der Hilfeleistung versichert, Kinder in Kindertagesstätten während des Kindertagesstättenbesuches.

▶ Beitrag

Die Beiträge zur Unfallversicherung werden vom Arbeitgeber bzw. von der öffentlichen Hand **allein** getragen. Die Höhe des jeweiligen Beitrages richtet sich nach dem Verdienst der Versicherten und den Gefahrenklassen, in die das einzelne Unternehmen eingestuft ist.

▶ Aufgaben der Unfallversicherung

Aufgaben der Unfallversicherung

Maßnahmen zur Unfallverhütung

- Erlass von Unfallverhütungsvorschriften
- Überwachung der Einhaltung dieser Vorschriften
- Ahndung von Verstößen gegen die Unfallverhütungsvorschriften
- Durchführung von Ausbildungslehrgängen

Leistungen bei Arbeitsunfall, Wegeunfall und Berufskrankheit

- Heilbehandlung
- Übergangsgeld
- Berufshilfe
- Verletztenrente
- Sterbegeld
- Rente an Hinterbliebene
- Abfindung

Gesetzliche Unfallversicherung*

	1990	2000	2010	2015	2017	2018
Anzahl in 1.000						
Versicherte	41.134	57.960	61.880	65.899	66.804	68.918
Rentenbestand	921	1.143	965	884	852	834
meldepflichtige Unfälle	1.860	1.749	1.272	1.126	1.148	1.140
nachrichtlich:						
Versicherte in der Schülerunfallversicherung	°	17.363	17.123	17.171	17.507	17.574
in Mrd. EUR						
Einnahmen	8,28	13,88	14,50	14,98	16,08	16,15
davon:						
Beitragseinnahmen	7,57	12,07	11,92	13,18	13,99	14,01
Ausgaben	8,13	13,73	14,40	14,99	16,14	16,25
davon:						
Renten	3,81	5,67	5,65	5,65	5,85	5,91
Heilbehandlung	1,18	2,48	3,02	3,52	3,79	3,92
Unfallverhütung	0,36	0,76	0,97	1,18	1,26	1,29

* ohne Schülerunfallversicherung; bis 1990 früheres Bundesgebiet

Quelle: BMAS

Quelle: Gesamtverband der Deutschen Versicherungswirtschaft e.V. (GDV): Statistisches Taschenbuch der Versicherungswirtschaft 2020, Berlin 2020, Tabelle 121

Weniger Unfälle quer durch alle Branchen

Gemeldete Arbeitsunfälle je 1.000 Vollarbeiter in der gewerblichen Wirtschaft

Berufsgenossenschaften der gewerblichen Wirtschaft insgesamt

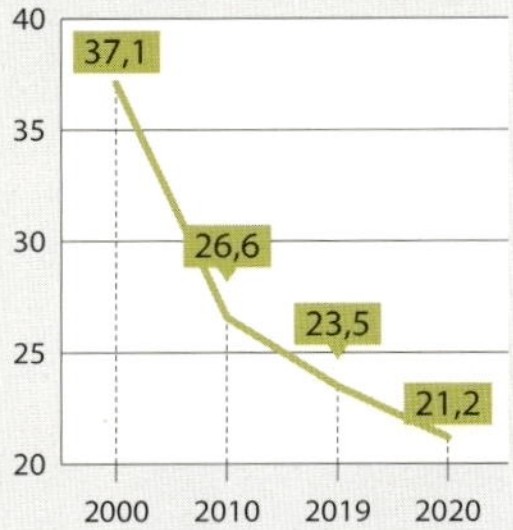

	2000	2010	2019	2020
Bauwirtschaft	90,4	66,5	52,0	49,8
Verkehrswirtschaft, Post-Logistik, Telekommunikation	48,8	43,5	43,1	39,0
Nahrungsmittel und Gastgewerbe	56,0	40,1	33,5	31,6
Holz und Metall	58,3	42,6	32,8	31,4
Handel und Warenlogistik	32,6	26,9	23,6	22,2
Rohstoffe und chemische Industrie	30,8	19,2	19,0	17,4
Energie, Textil, Elektro, Medienerzeugnisse	22,9	21,8	17,9	16,0
Gesundheitsdienst und Wohlfahrtspflege	15,9	15,7	15,7	13,9
Verwaltung	19,0	15,8	14,2	11,4

Vollarbeiter: Teilzeitkräfte umgerechnet auf Vollzeitarbeitsplätze; gewerbliche Wirtschaft: ohne landwirtschaftliche Berufsgenossenschaft und ohne Unfallversicherungsträger der öffentlichen Hand; Verkehrswirtschaft, Post-Logistik, Telekommunikation: bis 2015 Transport und Verkehrswirtschaft; Verwaltung: einschließlich Bahnen, Glas/Keramik

Quelle: Deutsche Gesetzliche Unfallversicherung
© 2022 IW Medien / iwd

iwd

Quelle: iwd: Informationen aus dem Institut der deutschen Wirtschaft Köln, Nr. 6 vom 17. März 2022, Seite 12

2.10.2 Sozialgerichtsbarkeit

Für alle Streitigkeiten auf dem Gebiet des Sozialrechts gibt es eine besondere Sozialgerichtsbarkeit. An der Rechtsprechung wirken Berufsrichter und ehrenamtliche Richter (Laienrichter) mit. Der Instanzenzug ist dreistufig.

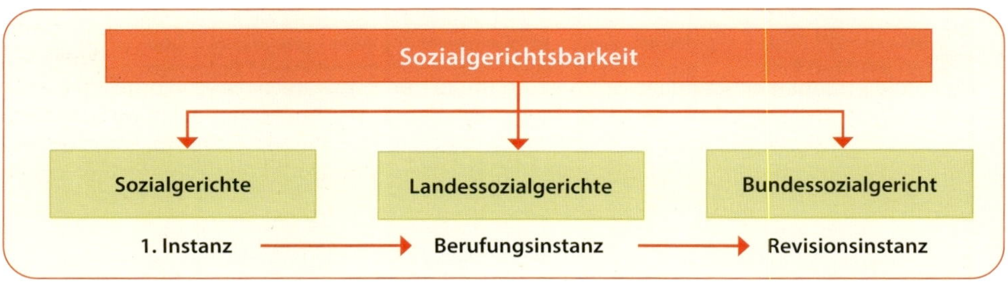

Vor der Klageerhebung vor einem Sozialgericht kann es in allen Angelegenheiten der Kranken-, Pflege-, Arbeitslosen-, Unfall- und Rentenversicherung zunächst ein **Vorverfahren** geben. Hier wird gegen die Entscheidung eines Sozialversicherungsträgers (z. B. einen Rentenbescheid) Widerspruch erhoben. Über diesen entscheidet eine aus Arbeitnehmer und Arbeitgebervertretern zusammengesetzte Widerspruchsstelle.

Wird der Einspruch des Versicherten zurückgewiesen, kann er gegen diese Entscheidung den Klageweg beschreiten.

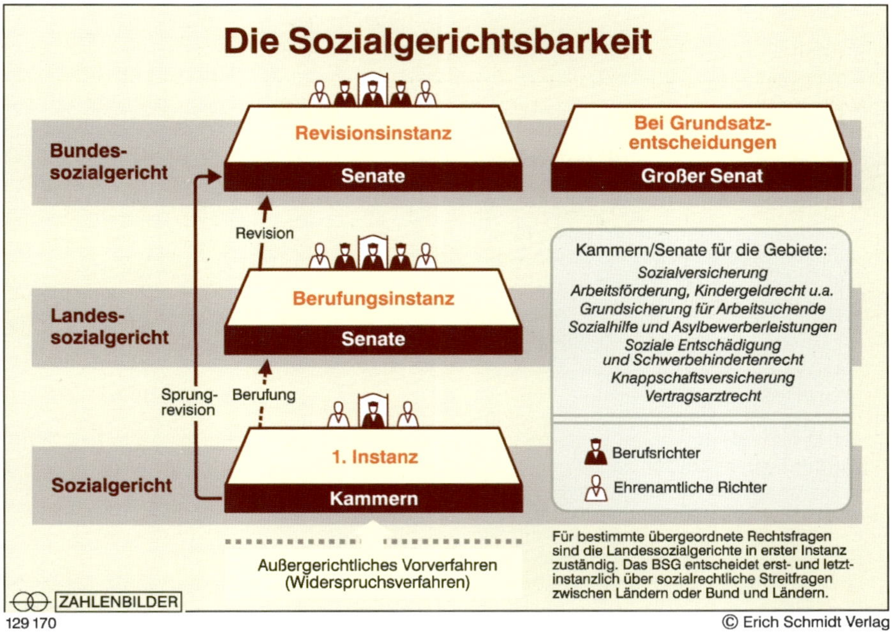

© Erich Schmidt Verlag

2.10.3 Sozialhilfe als Hilfe zum Lebensunterhalt

▶ Wesen der Sozialhilfe

Die Leistungen der gesetzlichen Sozialversicherung sollen den Menschen möglichst umfassend gegen die Wechselfälle des Lebens schützen. Dennoch gibt es immer wieder Ereignisse, durch die Personen in materielle Not geraten und deren Folgen nicht durch vorgelagerte Leistungen der Sozialversicherungsträger behoben werden können. Gründe für wirtschaftliche Problemsituationen können eine zu kleine Rente, ein zu geringes Arbeitseinkommen oder eine so lang andauernde Arbeitslosigkeit sein, dass der Zeitraum für die Zahlung des **Arbeitslosengeldes I** überschritten wird.

▶ Rechtsgrundlage

Immer dann, wenn der notwendige Lebensunterhalt nicht oder nicht ausreichend aus eigenen Kräften und Mitteln bestritten werden kann, besteht **für nicht erwerbsfähige Personen und deren Haushalte** Anspruch auf **Sozialhilfe.** Die gesetzliche Grundlage bildet das **Sozialgesetzbuch** *(SGB XII)*.

▶ Leistungsbedingungen

Unbedeutend für die Gewährung der Sozialhilfe ist der Grund für die eingetretene Notlage. Wichtig ist jedoch, dass dem nicht erwerbsfähigen Hilfebedürftigen kein ausreichendes Einkommen oder Vermögen für den Lebensunterhalt zur Verfügung stehen bzw. dass Angehörige keine Unterstützung zahlen können. Sozialhilfe als **Hilfe zur Selbsthilfe** wird nur so lange gewährt, wie Bedürftigkeit besteht. Sozialhilfeempfänger haben alles daranzusetzen, sich selbst aus der Notsituation zu befreien.

Regelleistungen der Sozialhilfe

Die Sozialhilfe wird in Form von pauschalisierten Regelleistungen gezahlt. Gegenüber der Sozialhilfe, die den Grundbedarf nicht erwerbsfähiger Personen sichert, stellt jedoch das **Arbeitslosengeld II** (Hartz IV) eine Grundsicherung für erwerbsfähige Hilfebedürftige gemäß SGB II dar. Als erwerbsfähig gilt dabei, wer mindestens drei Stunden täglich arbeiten kann. Die Regelleistungen des Arbeitslosengeldes II werden ebenfalls pauschalisiert gezahlt und entsprechen in ihrer Höhe denen der Sozialhilfe.

Erwerbsfähige Personen in Deutschland, die ihren Lebensunterhalt nicht aus eigenen Mitteln bestreiten können, haben die Möglichkeit, Arbeitslosengeld II (Hartz IV) zu beantragen. Sind sie leistungsberechtigt, erhalten sie monatlich einen pauschalen Betrag in der Höhe des vom Gesetzgeber festgelegten sogenannten Regelbedarfs. Für Alleinstehende, Alleinerziehende und Volljährige mit einem minderjährigen Partner liegt dieser seit Januar 2022 bei 449 Euro. Von diesem Betrag sollen Kosten für Ernährung, Kleidung, Haushaltsenergie, Körperpflege, Hausrat sowie Kosten für Bedürfnisse des täglichen Lebens gedeckt werden. Neben diesen Regelsätzen können Berechtigte Einmalleistungen – zum Beispiel für die Wohnungsausstattung – erhalten. Zudem werden die Kosten für Unterkunft und Heizung, soweit sie angemessen sind, übernommen.

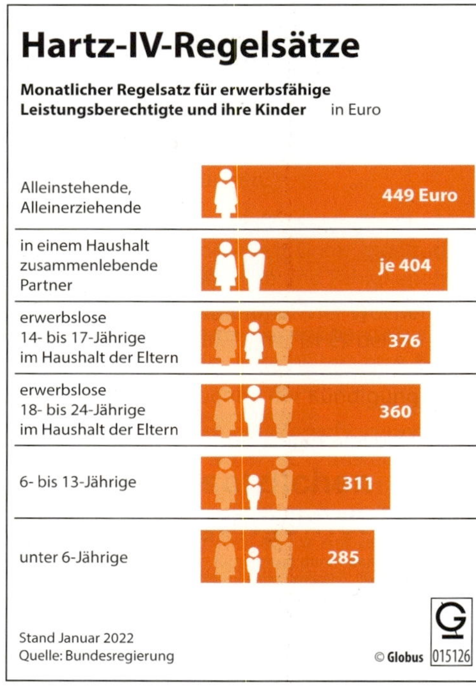

2.10.4 Individualversicherungen

Während die Sozialversicherung als Zwangsversicherung nur personenbezogene Risiken deckt, umfassen die auf der Grundlage freiwilliger Verträge beruhenden Individualversicherungen personen-, sach- und vermögensbezogene Risiken. In der gesetzlichen Sozialversicherung sind das Versicherungsverhältnis und die Leistungen aufgrund bestimmter gesetzlicher Vorschriften geregelt. Die Beiträge richten sich nach dem Einkommen des Versicherten. Eine Individualversicherung kommt demgegenüber durch **freie vertragliche Vereinbarungen** zwischen dem Versicherten und der privaten Versicherungsgesellschaft zustande.

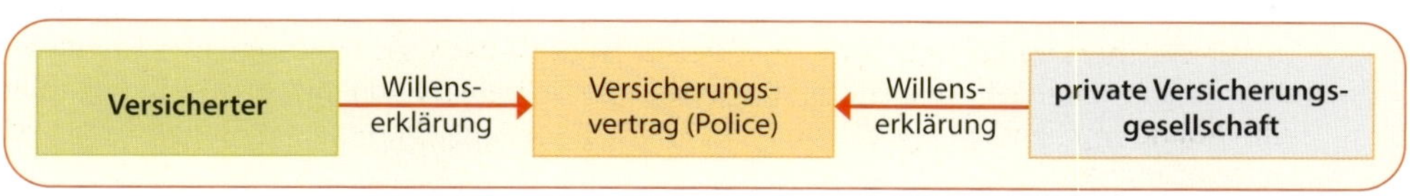

Die Höhe der vom Versicherten zu zahlenden Prämie richtet sich nach der Art des Risikos und dem Umfang der vereinbarten Leistungen.

Arten der Individualversicherungen

Personenversicherungen	Sachversicherungen	Vermögensversicherungen
■ private Krankenversicherung ■ private Unfallversicherung ■ Lebensversicherung	■ Feuerversicherung ■ Leitungswasserversicherung ■ Sturmversicherung ■ Einbruchdiebstahlversicherung ■ Glasbruchversicherung	■ Haftpflichtversicherung ■ Rechtsschutzversicherung
	Kraftfahrtversicherung – Vollkaskoversicherung – Teilkaskoversicherung	– Kraftfahrzeughaftpflichtversicherung

Personenversicherungen

Wie die verschiedenen Zweige der gesetzlichen Sozialversicherung, so dienen auch die privatvertraglich abgeschlossenen Versicherungen dem Schutz vor Lebensrisiken einzelner Personen.

Private Krankenversicherung

Je nach Versicherungsvereinbarung können durch eine private Krankenversicherung **Krankheitskosten** (Arztkosten, Arzneimittel), **Krankenhauskosten** und **Krankenhaustagegelder** gezahlt werden. Je nach Prämienhöhe werden unterschiedliche Leistungen gewährt. Eine volle Kostenerstattung wird häufig nicht vereinbart. Der Versicherte erhält dann einen Prämiennachlass und soll außerdem durch eine gewisse Selbstbeteiligung zur verantwortungsbewussten Inanspruchnahme der Versicherung veranlasst werden. Je geringer das Eintrittsalter ist, desto niedriger wird die Prämie bemessen. Die private Krankenversicherung, die für nicht Pflichtversicherte die gesetzliche Krankenversicherung ersetzt, bietet aber auch für Pflichtversicherte ergänzende Leistungen an.

> Eine Kauffrau für Büromanagement, die aufgrund ihrer Einkommensverhältnisse in der gesetzlichen Krankenkasse pflichtversichert ist, schließt bei einer privaten Krankenversicherung eine Zusatzversicherung ab, die es ihr u. a. bei einem Krankenhausaufenthalt ermöglicht, als Privatpatientin behandelt bzw. untergebracht zu werden.

Private Unfallversicherung

Bei Unfällen **im privaten Bereich** (Haushalt, Freizeit, Sport, Urlaub) gewährt die gesetzliche Unfallversicherung keine Leistungen. Hierfür ist der Abschluss einer privaten Unfallversicherung erforderlich. Sie erstattet die Kosten der Heilbehandlung nach einem Unfall, zahlt eine Abfindung bzw. laufende Renten oder bei Tod des Versicherten eine Abfindung an die Hinterbliebenen.

Personen, die nicht der gesetzlichen Unfallversicherung unterliegen (selbstständig Tätige wie Ärzte und Zahnärzte), können auch für ihre berufliche Tätigkeit eine private Unfallversicherung abschließen.

Lebensversicherung

Ähnlich wie die gesetzliche Rentenversicherung bezweckt auch die Lebensversicherung eine **Alters- oder Hinterbliebenenversorgung.** Die Vertragsvereinbarungen beinhalten in der Regel, dass der Versicherte bei Erreichen eines bestimmten Alters („Erlebensfall") die vereinbarte Summe als einmalige Zahlung oder in Form wiederkehrender Leistungen als Rente erhält. Beim vorzeitigen Ableben des Versicherten bekommen die Hinterbliebenen die gesamte Vertragssumme ausbezahlt.

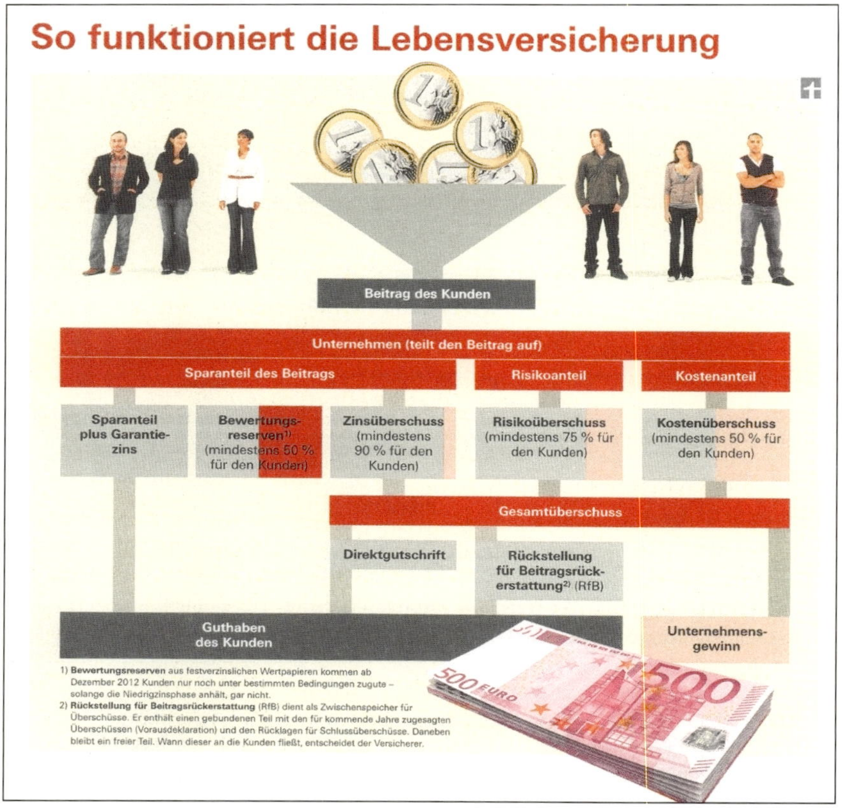

Glossar: Drei Arten von Überschüssen

Zinsüberschuss

Vom Beitrag des Kunden zieht der Versicherer Abschluss-, Verwaltungs- und Risikokosten ab. Übrig bleibt der Sparanteil, er fließt in die Kapitalanlage. Auf diesen Sparanteil erhält der Kunde den bei Vertragsbeginn garantierten Zins. Erwirtschaften die Kapitalmanager eines Versicherers mit dem Sparbeitrag aber mehr als den Garantiezins, machen sie Zinsüberschüsse. Davon müssen sie mindestens 90 Prozent an ihre Kunden weiterreichen.

Risikoüberschuss

Aus der Kalkulation des „Sterblichkeitsrisikos" der Kunden ergibt sich ein Risikoüberschuss: Bei Kapitallebensversicherungen gibt es einen Risikoüberschuss, wenn weniger Kunden vor Vertragsende sterben, als vom Versicherer kalkuliert. Bei Rentenversicherungen entsteht so ein Überschuss, wenn die Kunden früher sterben als gerechnet. Den Kunden stehen 75 Prozent der Risikoüberschüsse zu.

Kostenüberschuss

Wenn die Verwaltungskosten durch ein effektives Kostenmanagement niedriger sind als kalkuliert, entsteht ein Kostenüberschuss. Davon bekommen die Kunden 50 Prozent.

Quelle: Stiftung Warentest: FINANZtest, Nr. 1/2013, S. 45

▶ Sachversicherungen

Die wichtigste Aufgabe der Sachversicherungen ist es, Schutz gegen Ereignisse (u. a. Feuer, Wasser und Sturm sowie Verluste durch Diebstahl und Glasbruch) zu bieten, die **Sachschäden** hervorrufen.

- **Feuerversicherung**

  Sie reguliert Schäden, die durch Brand, Blitzschlag oder Explosion entstanden sind. Hinzu kommt die Absicherung von Folgeschäden durch Löschwasser, Aufräum- oder Abbrucharbeiten.

- **Leitungswasserversicherung**

  Sie ersetzt Schäden, die durch Wasser infolge von Rohrbrüchen (Frost, Rost, Überdruck) entstehen.

- **Sturmversicherung**

  Sie ersetzt Schäden an Gebäuden, die durch Sturm (ab Windstärke acht) verursacht worden sind.

- **Einbruchdiebstahlversicherung**

  Sie leistet bei Einbruch oder Diebstahl für entwendete, zerstörte oder beschädigte Gegenstände sowie für Beschädigungen am Gebäude selbst.

- **Glasbruchversicherung**

  Durch diese Sachversicherung werden zerbrochene Fensterscheiben, Glastüren, Schrank- und Bildverglasungen sowie Glasplatten ersetzt.

- **Kraftfahrtversicherung**

  Bei der **Kraftfahrzeughaftpflichtversicherung** handelt es sich um eine vom Staat vorgeschriebene **Pflichtversicherung,** die dem Versicherungsnehmer die Gewissheit gibt, dass Schäden, die mit seinem Fahrzeug angerichtet werden, abgedeckt sind.

  Schäden am eigenen Fahrzeug müssen selbst getragen werden, es sei denn, es ist eine **freiwillige Voll- oder Teilkaskoversicherung** abgeschlossen worden.

▶ Vermögensversicherungen

Vermögensversicherungen bieten Schutz gegen **Vermögensschäden,** die u.a. durch Haftpflichtansprüche Dritter hervorgerufen werden können.

- **Haftpflichtversicherung**

  Sie gewährt dem Versicherten Schutz gegen Schäden, für die er anderen Personen gegenüber ersatzpflichtig ist.

- **Rechtsschutzversicherung**

  Der Versicherungsschutz erstreckt sich insbesondere auf Rechtsanwalts- und Gerichtskosten, die bei der Rechtsverfolgung (Durchsetzung eigener Ansprüche) und bei der Rechtsverteidigung (Abwehr fremder Ansprüche) entstehen.

▶ Zusammenfassung

Soziale Sicherung der Mitarbeiter

gesetzliche Sozialversicherung

Pflichtversicherung für die Mehrzahl der Bevölkerung:
- Krankenversicherung
- Pflegeversicherung
- Rentenversicherung
- Arbeitslosenversicherung
- Unfallversicherung

Sozialhilfe

Staatliche Hilfe für nicht erwerbsfähige Personen, die den notwendigen Lebensunterhalt nicht oder nicht ausreichend selbst bestreiten können:
- u.a. als pauschalisierte Regelleistungen

Individualversicherung

Freiwillige, auf die persönlichen Belange des Einzelnen abgestellte Versicherungen:
- Personenversicherungen
- Sachversicherungen
- Vermögensversicherungen

Gesetzliche Sozialversicherung

Zweige / Merkmale	Krankenversicherung	Pflegeversicherung	Rentenversicherung	Arbeitslosenversicherung	Unfallversicherung
Pflichtversicherte	u.a. ■ Auszubildende ■ Arbeiter und Angestellte (bis zu einer bestimmten Einkommenshöhe) ■ Rentner ■ Arbeitslose	■ alle Mitglieder der gesetzlichen Krankenversicherung	u.a. ■ Auszubildende ■ Arbeiter ■ Angestellte ■ Arbeitslose	■ Auszubildende ■ Arbeiter ■ Angestellte	u.a. ■ Auszubildende ■ Arbeiter ■ Angestellte ■ Arbeitslose ■ Schüler ■ Studenten
Finanzierung	■ Beiträge durch Arbeitgeber und Arbeitnehmer ■ Beiträge der Rentner ■ Beiträge der Bundesagentur für Arbeit ■ Zuschuss des Bundes	■ Beiträge durch Arbeitgeber und Arbeitnehmer ■ Beiträge der Rentner ■ Beiträge der Bundesagentur für Arbeit	■ Beiträge durch Arbeitgeber und Arbeitnehmer je zur Hälfte ■ Beiträge der Bundesagentur für Arbeit ■ Zuschuss des Bundes	■ Beiträge durch Arbeitgeber und Arbeitnehmer je zur Hälfte	■ Arbeitgeber allein

Gesetzliche Sozialversicherung					
Zweige / Merkmale	Krankenversicherung	Pflegeversicherung	Rentenversicherung	Arbeitslosenversicherung	Unfallversicherung
Leistungen	■ Gesundheitsuntersuchungen ■ Krankenbehandlung ■ Krankengeld ■ Fahrkosten (in Ausnahmefällen) ■ Leistungen bei Schwangerschaft und Mutterschaft	je nach Pflegebedürftigkeit: ■ bei häuslicher Pflege: – Sachleistungen – Pflegegeld ■ bei stationärer Pflege: – Erstattung pflegebedingter Aufwendungen	■ Zahlung von Renten wegen Alters, Erwerbsminderung und Todes ■ Maßnahmen zur Rehabilitation ■ Zahlung von Beiträgen an die Krankenversicherung der Rentner ■ Aufklärung und Beratung der Versicherten und Rentner	■ Arbeitsförderungsmaßnahmen ■ Maßnahmen zur Sicherung von Arbeitsplätzen ■ Leistungen an Arbeitslose	■ Maßnahmen zur Unfallverhütung ■ Leistungen bei Arbeitsunfall, Wegeunfall und Berufskrankheit
Träger	■ Allgemeine Ortskrankenkassen ■ Betriebskrankenkassen ■ Innungskrankenkassen ■ See-Krankenkasse ■ Ersatzkassen ■ Landwirtschaftliche Krankenkassen ■ Bundesknappschaft	■ Pflegekassen, die bei jeder Krankenkasse errichtet worden sind	■ Deutsche Rentenversicherung Bund ■ Deutsche Rentenversicherung Knappschaft-Bahn-See ■ Regionalträger der Deutsche Rentenversicherung ■ Landwirtschaftliche Alterskassen	■ Bundesagentur für Arbeit ■ Regionaldirektionen ■ Agenturen für Arbeit	■ Berufsgenossenschaften ■ Bundesagentur für Arbeit ■ Bund, Länder und Gemeinden

Aufgaben 17

(1) Grenzen Sie die gesetzliche Sozialversicherung von den Individualversicherungen ab!

(2) Nennen Sie die wichtigsten Grundsätze der gesetzlichen Sozialversicherung!

(3) Erläutern Sie den Begriff „Beitragsbemessungsgrenze" und stellen Sie deren Bedeutung für die Berechnung des an einen Arbeitnehmer zu überweisenden Nettoentgelts dar!

(4) Entscheiden Sie, welche Aussagen über die Auswirkungen der Beitragsbemessungsgrenze(n) richtig oder falsch sind!

a) Die Beitragsbemessungsgrenzen werden jährlich der allgemeinen Lohn- und Gehaltsentwicklung angepasst.

b) Wenn das sozialversicherungspflichtige Arbeitsentgelt eines Angestellten oder eines Arbeiters die für die Rentenversicherung maßgebliche Beitragsbemessungsgrenze übersteigt, ist dieser Arbeitnehmer nicht mehr rentenversicherungspflichtig.

c) Ein pflichtversicherter Arbeitnehmer zahlt Beiträge zur gesetzlichen Krankenversicherung. Bei einem Arbeitsentgelt oberhalb der Beitragsbemessungsgrenze stellt die niedrigere Beitragsbemessungsgrenze die Grundlage dar für die Berechnung der von Arbeitnehmer und Arbeitgeber zu tragenden Krankenversicherungsbeiträge.

19 Merkur-Nr. 0124

d) *Die Beitragsbemessungsgrenze der Krankenversicherung ist niedriger als die der Renten- und Arbeitslosenversicherung.*

e) *Die Beitragsbemessungsgrenze gilt nur für Angestellte.*

f) *Ein Arbeitnehmer, dessen Arbeitsentgelt die Beitragsbemessungsgrenze der Krankenversicherung übersteigt, ist grundsätzlich nicht mehr krankenversicherungspflichtig.*

g) *Die Beitragsbemessungsgrenzen gelten für alle fünf Zweige der gesetzlichen Sozialversicherung.*

(5) *Welche wesentlichen Leistungen werden von den einzelnen Zweigen der Sozialversicherung im Rahmen ihrer gesetzlichen Aufgaben erbracht?*

(6) *Ein Auszubildender besucht nach Dienstschluss eine Kunstausstellung in der Nachbargemeinde. Auf dem anschließenden Heimweg fällt er unglücklich und bricht sich den rechten Arm. Besteht ein Anspruch auf Leistungen der gesetzlichen Unfallversicherung? Begründen Sie Ihre Meinung!*

(7) *Nennen Sie wesentliche Unfallverhütungsvorschriften, die für Ihren Ausbildungsbetrieb Gültigkeit besitzen!*

(8) *Welche der nachfolgenden Leistungen werden von welchem Zweig der gesetzlichen Sozialversicherung erbracht?*

a) *Zahlung eines Zuschusses zum notwendig gewordenen Zahnersatz*

b) *Zahlung einer Verletztenrente nach einem Arbeitsunfall*

c) *Geldzahlung nach dem unverschuldeten Verlust des Arbeitsplatzes*

d) *Durchführung einer Umschulungsmaßnahme*

e) *Zahlung von Krankengeld nach Ablauf von sechs Wochen*

f) *Bewilligung einer Geldleistung wegen Erwerbsminderung*

g) *Kostenübernahme für die regelmäßige tägliche ambulante Versorgung einer Alleinstehenden durch das Deutsche Rote Kreuz*

h) *Kostenübernahme für die Vorsorgeuntersuchung einer schwangeren Arbeitnehmerin*

i) *Zahlung von Geldleistungen an die Hinterbliebenen eines verstorbenen Versicherten*

j) *Zahlung von Geldleistungen an die Hinterbliebenen eines bei einem Arbeitsunfall tödlich verletzten Versicherten*

k) *Kostenübernahme für den ambulanten Hilfebedarf in Härtefällen*

l) *Zahlung von Geldleistungen für den Betreuungsaufwand eines Demenzkranken*

(9) *Die Beitragssätze der Sozialversicherung steigen seit Jahren. Trotz der eingeleiteten Reformen scheinen weitere Beitragserhöhungen bzw. Leistungsbeschränkungen vorprogrammiert zu sein.*

a) *Erörtern Sie das Für und Wider weiterer Beitragserhöhungen!*

b) *Unterbreiten Sie Vorschläge zur Lösung der anstehenden Probleme!*

(10) *In welchen Fällen übernimmt die Sozialhilfe die finanzielle Grundversorgung Bedürftiger?*

(11) *Beschreiben Sie am Beispiel Ihres Ausbildungsbetriebes, durch welche Individualversicherungen die zur Leistungserstellung und -verwertung benötigten Sach- und Vermögenswerte geschützt sind!*

(12) *Grenzen Sie die Zweige der Individualversicherungen gegeneinander ab!*

(13) *Ein bisher in der gesetzlichen Krankenversicherung Pflichtversicherter, dessen monatliches Einkommen nun die maßgebliche Beitragsbemessungsgrenze bei Weitem übersteigt, erwägt den Wechsel in die private Krankenversicherung. Wäre der Angestellte, der als Alleinverdiener für seine Frau und seine drei schulpflichtigen Kinder sorgt, damit gut beraten? Begründen Sie Ihre Meinung!*

(14) *Erläutern Sie den besonderen Charakter, den die Kraftfahrtversicherung unter den Individualversicherungen einnimmt!*

3 Interessenvertretung und Mitbestimmung der Arbeitnehmer

Arbeitnehmer sollen die Möglichkeit haben, an Entscheidungen innerhalb des Unternehmens mitzuwirken, um gemeinsam ihre besonderen Interessen gegenüber den Arbeitgebern wahrnehmen zu können. Daher hat der Gesetzgeber rechtliche Grundlagen zur Interessenvertretung und Mitbestimmung der Arbeitnehmer geschaffen.

Interessenvertretung und Mitbestimmung der Arbeitnehmer

im Betrieb (Betriebsrat)	**im Unternehmen** (Vorstand/Aufsichtsrat)
■ **Betriebsverfassungsgesetz 1972**	■ **Drittelbeteiligungsgesetz 2004** für Kapitalgesellschaften (zum Beispiel GmbH, AG) mit mehr als 500 Mitarbeitern ■ **Mitbestimmungsgesetz 1976** für Kapitalgesellschaften (zum Beispiel GmbH, AG) mit mehr als 2 000 Mitarbeitern

3.1 Interessenvertretung im Betrieb

Das Betriebsverfassungsgesetz 1972 *(BetrVG 1972)* stellt die gesetzliche Grundlage für die Interessenvertretung der Arbeitnehmer an Entscheidungen in solchen **Betrieben dar, die in privatrechtlicher Trägerschaft stehen** (z. B. Einzelunternehmen, OHG, AG, GmbH oder UG [haftungsbeschränkt]).

3.1.1 Betriebsrat

Grundinformationen über den Betriebsrat

Der Betriebsrat, der die von den Mitarbeitern eines Betriebes gewählte Vertretung der Arbeitnehmer gegenüber dem Arbeitgeber darstellt, kann für Betriebe mit mindestens fünf wahlberechtigten Arbeitnehmern, von denen drei wählbar sein müssen, gebildet werden. Dies gilt auch für gemeinsame Betriebe mehrerer Unternehmen *(§ 1 I BetrVG).*

Ein gemeinsamer Betrieb mehrerer Unternehmen wird vermutet, wenn

- zur Verfolgung arbeitstechnischer Zwecke die Betriebsmittel sowie die Arbeitnehmer von den Unternehmen gemeinsam eingesetzt werden oder
- die Spaltung eines Unternehmens zur Folge hat, dass von einem Betrieb ein oder mehrere Betriebsteile einem an der Spaltung beteiligten anderen Unternehmen zugeordnet werden, ohne dass sich dabei die Organisation des betroffenen Betriebes wesentlich ändert *(§ 1 II BetrVG).*

Arbeitnehmerbegriff *(§ 5 BetrVG)*

Arbeitnehmer (Arbeitnehmerinnen und Arbeitnehmer) im Sinne des Betriebsverfassungsgesetzes sind Arbeiter und Angestellte einschließlich der zu ihrer Berufsausbildung Beschäftigten, unabhängig davon, ob sie im Betrieb, im Außendienst oder mit Telearbeit beschäftigt werden. In Heimarbeit Tätige, die in der Hauptsache für den Betrieb arbeiten, gelten ebenfalls als Arbeitnehmer *(§ 5 I BetrVG).* Leitende Angestellte zählen jedoch **nicht** dazu *(§ 5 III BetrVG).*

Wahl und Zusammensetzung des Betriebsrates *(§§ 7–20 BetrVG)*

Alle Arbeitnehmer, die das 16. Lebensjahr vollendet haben, sind wahlberechtigt. Wählbar sind alle wahlberechtigten Arbeitnehmer, die das 18. Lebensjahr vollendet haben und dem Betrieb mindestens sechs Monate angehören.

Die Größe des Betriebsrates *(§ 9 BetrVG)* richtet sich dabei

- in Betrieben mit bis zu 51 wahlberechtigten Arbeitnehmern ausschließlich nach der **Zahl der Wahlberechtigten;**
- in Betrieben mit über 51 wahlberechtigten Arbeitnehmern – unabhängig davon, ob die Wahlberechtigung gegeben ist oder nicht – **nach der Zahl aller beschäftigten Arbeitnehmer.**

Der Betriebsrat, der in geheimer und unmittelbarer Wahl gewählt wird *(§ 14 I BetrVG),* soll sich möglichst sowohl aus Arbeitnehmern der einzelnen Organisationsbereiche als auch aus den verschiedenen Beschäftigungsarten der im Betrieb tätigen Arbeitnehmer zusammensetzen *(§ 15 I BetrVG).* Besteht ein Betriebsrat aus mindestens drei Mitgliedern, muss das Geschlecht, das in der Belegschaft in der Minderheit ist, mindestens entsprechend seinem zahlenmäßigen Verhältnis im Betriebsrat vertreten sein *(§ 15 II BetrVG).*

Amtszeit des Betriebsrates *(§§ 21–25 BetrVG)*

Der in geheimer und unmittelbarer Wahl gewählte Betriebsrat bleibt vier Jahre im Amt.

Schutz der Betriebsratsmitglieder *(§ 38 BetrVG, § 15 KSchG)*

In Betrieben mit mehr als 200 Arbeitnehmern muss eine bestimmte Zahl von Betriebsratsmitgliedern von der Arbeitsleistung freigestellt werden. Die **ordentliche Kündigung** eines Mitgliedes des Betriebsrates ist bis zu einem Jahr nach Beendigung seines Amtes **unzulässig.**

Zusammenarbeit zwischen Betriebsrat und Arbeitgeber

Regelmäßige Betriebsversammlung *(§§ 42 ff. BetrVG)*

Der Betriebsrat hat in jedem Kalendervierteljahr eine **Betriebsversammlung** für alle Arbeitnehmer einzuberufen, zu der auch Vertreter der Arbeitgeberseite eingeladen werden.

Mindestens einmal jährlich wird hier vom Arbeitgeber über:

- das Personal- und Sozialwesen (einschließlich des Stands der Gleichstellung von Frauen und Männern im Betrieb sowie der Integration der im Betrieb Beschäftigten ausländischen Arbeitnehmer),
- die wirtschaftliche Lage und Entwicklung des Betriebes und
- den betrieblichen Umweltschutz

berichtet, sofern dadurch nicht Betriebs- oder Geschäftsgeheimnisse gefährdet werden *(§ 43 II BetrVG)*.

Einigungsstelle *(§ 76 BetrVG)*

Zur Beilegung von Meinungsverschiedenheiten zwischen Arbeitgeber und Betriebsrat ist bei Bedarf eine **Einigungsstelle** einzurichten. Durch Betriebsvereinbarungen kann eine ständige Einigungsstelle eingerichtet werden. Sie setzt sich aus einer gleichen Anzahl von Arbeitgeber- und Arbeitnehmervertretern (paritätische Besetzung) und einem unparteiischen Vorsitzenden, auf dessen Person sich beide Seiten einigen müssen, zusammen. Die in der Einigungsstelle getroffenen Übereinkünfte werden schriftlich in Form von **Betriebsvereinbarungen** niedergelegt.

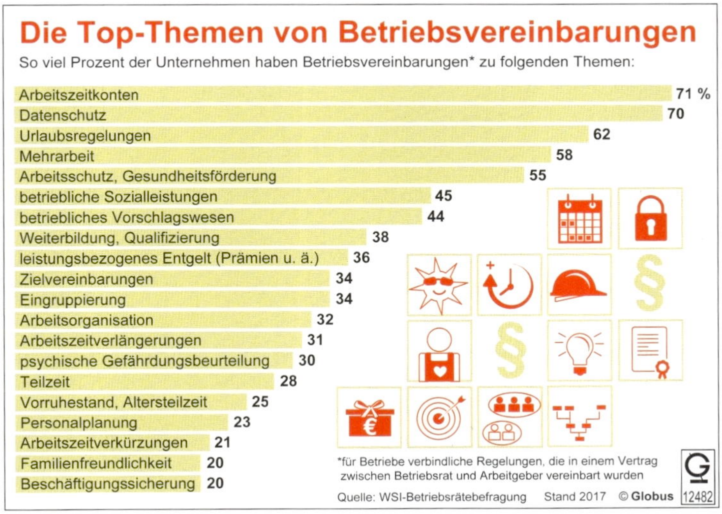

Beteiligungsrechte des Betriebsrates

Allgemeine Aufgaben *(§ 80 BetrVG)*

Der Betriebsrat hat folgende allgemeine Aufgaben zu erfüllen:

- **Überwachung** der Durchführung der zugunsten der Arbeitnehmer geltenden Gesetze, Verordnungen, Unfallverhütungsvorschriften, Tarifverträge und Betriebsvereinbarungen;
- **Förderung** der Belange von Jugendlichen und Auszubildenden, Schwerbehinderten, älteren und ausländischen Arbeitnehmern.

- **Rechte des Betriebsrates** *(§§ 81 ff. BetrVG)*

  - **Mitbestimmung:** Die Wirksamkeit bestimmter betrieblicher Maßnahmen ist von der **Zustimmung** des Betriebsrates abhängig. Verweigert der Betriebsrat die Zustimmung, entscheidet die Einigungsstelle.

    > Arbeitszeitregelungen, Urlaubspläne, Ausschreibung von Arbeitsplätzen im Betrieb, Durchführung betrieblicher Berufsbildungsmaßnahmen

  - **Mitwirkung:** Bei anderen betrieblichen Maßnahmen hat der Betriebsrat ein **Widerspruchsrecht** (gegen einen solchen Widerspruch kann der Arbeitgeber vor dem Arbeitsgericht klagen).

    > Kündigung von Arbeitnehmern, Einstellung oder Versetzung von Mitarbeitern

  - **Information und Beratung:** Der Betriebsrat wird über Maßnahmen **unterrichtet** bzw. er **berät** oder **verhandelt** mit dem Arbeitgeber.

    > Personalplanung, Berufsbildungsfragen, Rationalisierungsvorhaben, Einschränkung oder Stilllegung des Betriebes oder von Teilen des Betriebes

Quelle: Informationsdienst des Instituts der deutschen Wirtschaft Köln, Nr. 17, 2002

3.1.2 Jugend- und Auszubildendenvertretung *(§§ 60 ff. BetrVG)*

Wahl und Zusammensetzung der Jugend- und Auszubildendenvertretung

Neben dem Betriebsrat **kann** es eine gesonderte Jugend- und Auszubildendenvertretung geben, wenn mindestens fünf Arbeitnehmer beschäftigt werden,

- die unter 18 Jahre sind (jugendliche Arbeitnehmer) **oder**
- die zu ihrer Berufsausbildung beschäftigt sind *(§ 60 I BetrVG).*

Darüber hinaus muss der Betrieb bereits über einen Betriebsrat verfügen, da dieser die Wahl der Jugend- und Auszubildendenvertretung vorzubereiten und durchzuführen hat *(§ 80 I Nr. 5 BetrVG).* Wahlberechtigt sind alle jugendlichen Arbeitnehmer und Auszubildende. Wählbar sind alle Mitarbeiter, die das 25. Lebensjahr noch nicht vollendet haben oder die zu ihrer Berufsausbildung beschäftigt sind *(§ 61 II BetrVG).*

Jugend- und Auszubildendenvertreter werden für zwei Jahre gewählt, ihre Anzahl richtet sich nach der Zahl der im Betrieb tätigen Jugendlichen und Auszubildenden *(§ 62 I BetrVG).*

Die Jugend- und Auszubildendenvertretung, die in geheimer und unmittelbarer Wahl gewählt wird *(§ 63 I BetrVG),* soll sich möglichst aus Vertretern der verschiedenen Beschäftigungsarten und Ausbildungsberufe der im Betrieb tätigen jugendlichen Arbeitnehmer und Auszubildenden zusammensetzen *(§ 62 II BetrVG).* Besteht eine Jugend- und Auszubildendenvertretung aus mindestens drei Mitgliedern, muss das Geschlecht, das unter den in § 60 I genannten Arbeitnehmern in der Minderheit ist, mindestens entsprechend seinem zahlenmäßigen Verhältnis im Ausschuss vertreten sein *(§ 62 III BetrVG).*

Rechte der Jugend- und Auszubildendenvertretung

Die Jugend- und Auszubildendenvertretung kann zu allen Betriebsratssitzungen einen Vertreter entsenden. Bei Tagesordnungspunkten, die besonders jugendliche Arbeitnehmer und Auszubildende betreffen, hat die gesamte Jugend- und Auszubildendenvertretung Teilnahme- und Stimmrecht.

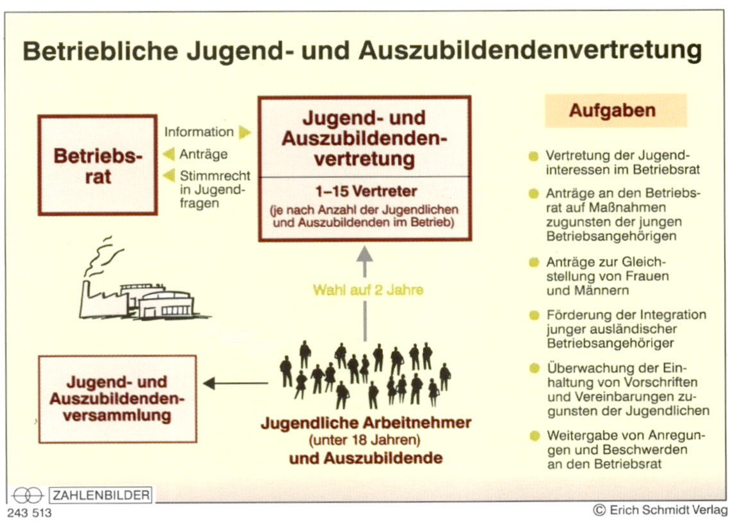

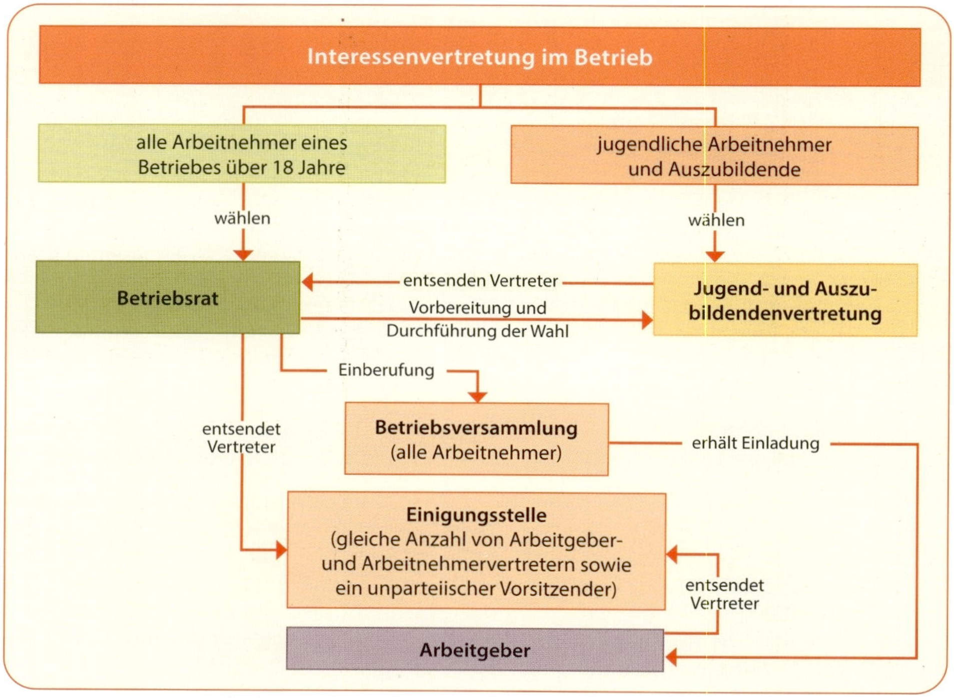

Betriebliche Interessenvertretung: Unterschiedlich präsent

In so viel Prozent der Unternehmen in Deutschland gab es im Jahr 2018 ...

	... einen Betriebsrat	... ein anderes Vertretungsorgan
5 bis 49 Mitarbeiter	6,9	8,8
50 bis 249 Mitarbeiter	39,4	8,5
250 und mehr Mitarbeiter	69,8	11,8
Eigentümergeführt	5,5	7,8
Managergeführt	33,8	10,4
Flächen-/Haustarifbindung	23,4	8,1
Keine Tarifbindung	8,1	11,8
Produzierendes Gewerbe	14,5	6,5
Dienstleistungen	9,8	9,7

Anderes Vertretungsorgan: zum Beispiel Mitarbeitervertretung
Befragung von 1.210 Unternehmen im Juli und August 2018 im Rahmen des IW-Personalpanels

Quelle: Institut der deutschen Wirtschaft

iwd

Quelle: iwd: Information aus dem Institut der deutschen Wirtschaft Köln, Nr. 17 vom 14. August 2020, Seite 10

3.2 Mitbestimmung im Unternehmen

Die Mitbestimmung der Arbeitnehmer durch die Organe des Betriebsverfassungsgesetzes 1972 wird durch die Mitbestimmung in den Unternehmensorganen (Vorstand/Aufsichtsrat) ergänzt und erweitert. In beiden Fällen wird der Grundsatz der Arbeitnehmermitbestimmung im Arbeitsleben verwirklicht, um zu einer Demokratisierung der Arbeitswelt beizutragen.

Im Gegensatz zum Betriebsverfassungsgesetz 1972 schaffen die gesetzlichen Regelungen der Mitbestimmung in den Unternehmensorganen **keine eigenen neuen Gremien,** sondern bedienen sich der bereits bestehenden Organe. In erster Linie sind dies bei Aktiengesellschaften der **Aufsichtsrat** und der **Vorstand.**

Während der Vorstand die Geschäfte der Aktiengesellschaft führt und sie nach außen vertritt **(ausführendes Organ),** überwacht der Aufsichtsrat die Geschäftsführung des Vorstands **(überwachendes Organ).**

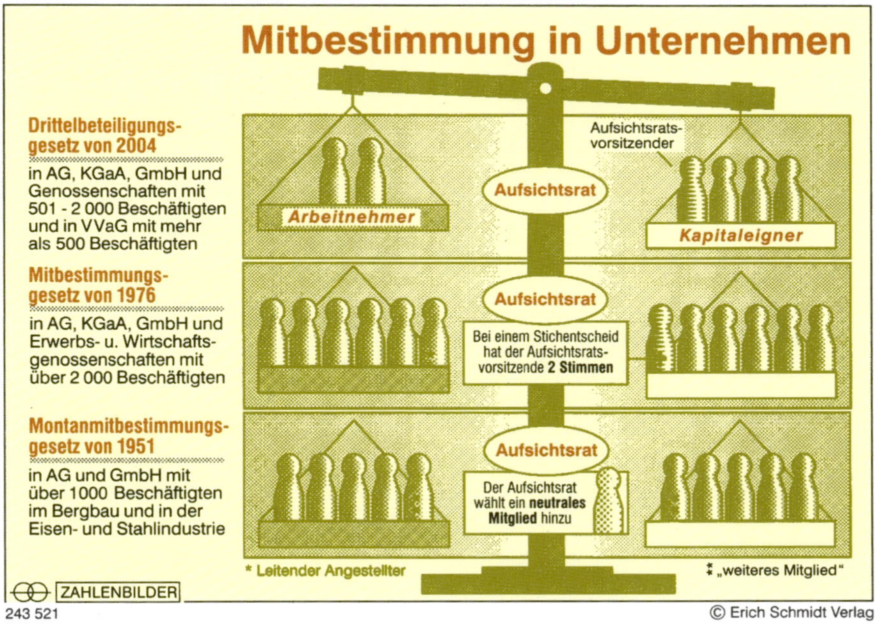

▶ Drittelbeteiligungsgesetz 2004

Bei Aktiengesellschaften und bei Gesellschaften mit beschränkter Haftung mit 501 bis 2 000 Mitarbeitern muss der Aufsichtsrat zu **einem Drittel aus Vertretern der Arbeitnehmer** bestehen *(§ 4 I DrittelbG).*

Damit diese Beteiligung der Arbeitnehmer im Aufsichtsrat auch praktisch durchführbar ist, sieht § 95 AktG vor, dass der Aufsichtsrat aus drei Mitgliedern besteht bzw. aus einer höheren Zahl, die durch drei teilbar sein muss.

Die Vertreter der Arbeitnehmer werden in allgemeiner, geheimer, gleicher und unmittelbarer Wahl von allen Arbeitnehmern, die das 18. Lebensjahr vollendet haben, bestimmt *(§ 5 DrittelbG).*

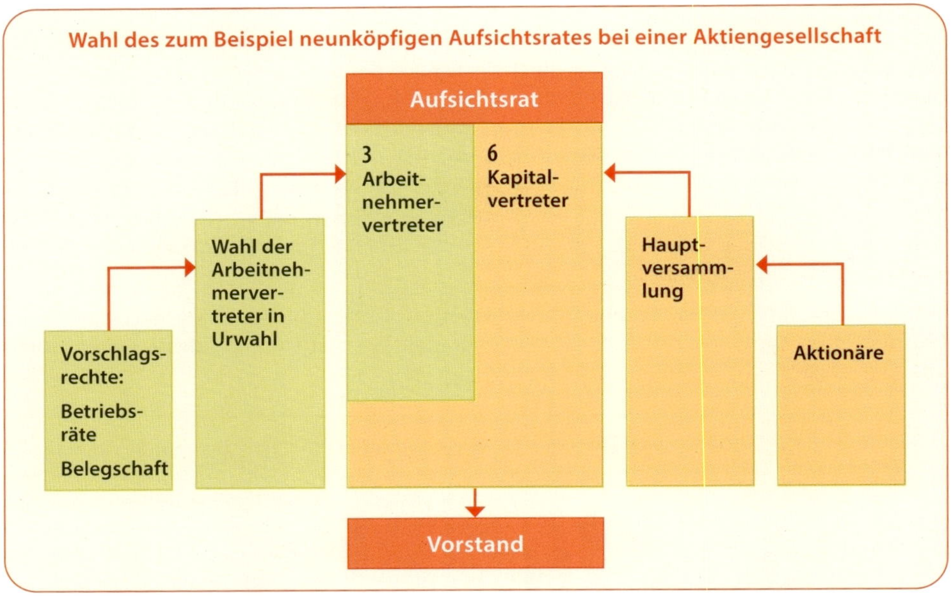

Quelle: Bundesministerium für Arbeit und Soziales: Mitbestimmung – eine gute Sache, Bonn 2019, S. 70

▶ Mitbestimmungsgesetz 1976

Bei Aktiengesellschaften und GmbHs mit mehr als 2 000 Arbeitnehmern haben die Mitarbeiter ein erweitertes Mitbestimmungsrecht *(§ 1 MitbestG)*. Sie verfügen über die gleiche Anzahl von Vertretern im Aufsichtsrat wie die Anteilseigner.

Der Aufsichtsrat ist gemäß *§ 7 I MitbestG* wie folgt zusammengesetzt:

- **Unternehmen mit in der Regel nicht mehr als 10 000 Arbeitnehmern:**
  je sechs Aufsichtsratsmitglieder der Anteilseigner und der Arbeitnehmer
- **Unternehmen mit in der Regel mehr als 10 000 Arbeitnehmern:**
  je acht Aufsichtsratsmitglieder der Anteilseigner und der Arbeitnehmer
- **Unternehmen mit in der Regel mehr als 20 000 Arbeitnehmern:**
  je zehn Aufsichtsratsmitglieder der Anteilseigner und der Arbeitnehmer

Unter den Aufsichtsratsmitgliedern der Arbeitnehmer müssen sich **Vertreter der Gewerkschaften** befinden *(§ 7 II MitbestG)*, und zwar:

- zwei Vertreter bei einem 12- bis 16-köpfigen Aufsichtsrat;
- drei Vertreter bei einem 20-köpfigen Aufsichtsrat.

Zudem ist ein Vertreter der leitenden Angestellten in den Aufsichtsrat zu wählen *(§ 15 II MitbestG)*.

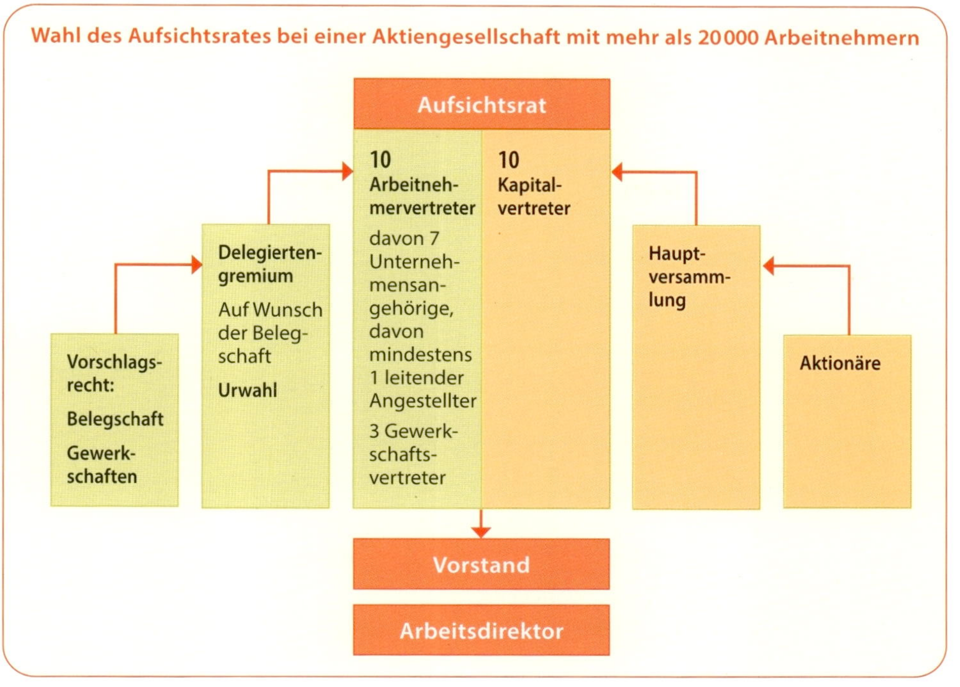

Quelle: Bundesministerium für Arbeit und Soziales: Mitbestimmung – eine gute Sache, Bonn 2019, S. 74

Zwar besteht eine paritätische Besetzung des Aufsichtsrates mit Vertretern der Anteilseigner und der Arbeitnehmer, in der Praxis wird sich diese Verteilung jedoch zugunsten der Arbeitgeberseite verschieben, und zwar aus folgendem Grund:

- **Ergibt eine Abstimmung im Aufsichtsrat Stimmengleichheit** und führt eine erneute Abstimmung wieder zu einer Patt-Situation, räumt *§ 29 II MitbestG* dem Aufsichtsratsvorsitzenden doppeltes Stimmrecht ein.

  Wenn die zur Wahl des Aufsichtsratsvorsitzenden und seines Stellvertreters benötigte Zweidrittelmehrheit im Aufsichtsrat nicht erreicht wird, sieht *§ 27 II MitbestG* vor, dass in einem zweiten Wahlgang der **Aufsichtsratsvorsitzende von den Vertretern der Anteilseigner** und dessen Stellvertreter von den Arbeitnehmervertretern **gewählt wird.**

Damit dürfte in der Regel ein Übergewicht der Arbeitgebervertreter im Aufsichtsrat bestehen.

▶ Zusammenfassung

Interessenvertretung und Mitbestimmung der Arbeitnehmer

im Betrieb

- **Betriebsrat**
  - Betriebsversammlung
  - Einigungsstelle
- **Jugend- und Auszubildendenvertretung**

im Unternehmen

Inhalt / Gesetz	Drittelbeteiligungsgesetz 2004	Mitbestimmungsgesetz 1976
Geltungsbereich	für Kapitalgesellschaften mit 501 bis 2 000 Arbeitnehmern	für Kapitalgesellschaften mit mehr als 2 000 Arbeitnehmern
Zusammensetzung des Aufsichtsrates	⅓ Arbeitnehmervertreter ⅔ Vertreter der Anteilseigner die Anzahl ist abhängig von der Größe der Gesellschaft	½ Arbeitnehmervertreter ½ Vertreter der Anteilseigner die Zahl ist abhängig von der Größe der Gesellschaft
Wahl der Arbeitnehmervertreter in den Aufsichtsrat	durch allgemeine, geheime, gleiche und unmittelbare Wahl unter allen Arbeitnehmern, die das 18. Lebensjahr vollendet haben	– Unternehmen mit nicht mehr als 8 000 Arbeitnehmern: direkt durch die wahlberechtigten Arbeitnehmer – Unternehmen mit mehr als 8 000 Mitarbeitern: indirekt durch Delegierte
Wahl der Vertreter der Anteilseigner in den Aufsichtsrat	durch das jeweils befugte Wahlorgan, z. B. bei Aktiengesellschaften die Hauptversammlung	durch das jeweils befugte Wahlorgan, z. B. bei Aktiengesellschaften die Hauptversammlung
Ausschlag bei Stimmengleichheit im Aufsichtsrat	---	die Stimme des Aufsichtsratsvorsitzenden, der in der Regel den Vertretern der Anteilseigner angehört (doppeltes Stimmrecht)
Wer bestellt den Arbeitsdirektor?	---	der Aufsichtsrat, auch gegen die Stimmen der Arbeitnehmervertreter
Wertung	Informationsrechte für die Arbeitnehmervertreter	Übergewicht der Vertreter der Anteilseigner im Aufsichtsrat

Aufgaben

18

(1) *Grenzen Sie die Interessenvertretung und Mitbestimmung der Arbeitnehmer durch den Betriebsrat von der durch Aufsichtsrat/Vorstand ab!*

(2) *Beschreiben Sie die „Organe" der Mitbestimmung nach dem Betriebsverfassungsgesetz 1972!*

(3) *Nennen Sie Rechte des Betriebsrates und verdeutlichen Sie diese jeweils an einem Beispiel!*

(4) *Nehmen Sie zu der folgenden Behauptung kritisch Stellung und begründen Sie Ihre Meinung!*

In betriebsratsfähigen Betrieben sind stets ein Betriebsrat zu bilden und eine Jugend- und Auszubildendenvertretung zu wählen.

(5) *Aus welchem Grund hat der Gesetzgeber gerade für Betriebsratsmitglieder einen besonderen Kündigungsschutz vorgesehen?*

(6) *An welche Voraussetzungen ist die Wahl einer Jugend- und Auszubildendenvertretung nach dem Betriebsverfassungsgesetz 1972 gebunden?*

(7) *Neben dem Arbeitsvertrag, den Tarifverträgen und den Arbeitsschutzgesetzen regeln zusätzlich Betriebsvereinbarungen das Arbeitsverhältnis des einzelnen Mitarbeiters. Erklären Sie den Begriff Betriebsvereinbarung!*

(8) *Verdeutlichen Sie, wer in Abstimmungen des Aufsichtsrates nach den vorgestellten Mitbestimmungsmodellen in der Regel den Ausschlag gibt!*

(9) *Diskutieren Sie Gründe, die zu einem nach Unternehmensgrößen abgestuften Mitbestimmungsrecht geführt haben könnten!*

(10) *Beschreiben Sie die Ursache, die zu einem Übergewicht der Arbeitgeber bei Abstimmungen im Aufsichtsrat führt! Für diese Unternehmen soll das Mitbestimmungsgesetz 1976 gelten.*

(11) *Erläutern Sie die Interessenvertretung und Mitbestimmung am Beispiel Ihres Ausbildungsbetriebes!*

4 Unternehmensführung und Entscheidungsprozesse

4.1 Unternehmerische Entscheidungsprozesse

Die konkrete Art und Weise, in der ein Unternehmen seine **Leistungen erstellt und verwertet,** ist das Ergebnis unternehmerischer Entscheidungen. Sie erstrecken sich nicht nur auf die Gestaltung von Strukturen und Prozessen (Organisation, vgl. S. 317 ff.), sondern auch auf die Steuerung menschlichen Verhaltens im Unternehmen (Führung, vgl. S. 306 ff.).

Entscheidungen sind Prozesse der **Willensbildung** und **Willensdurchsetzung.** Der unternehmerische Entscheidungsprozess lässt sich in folgende Phasen einteilen:

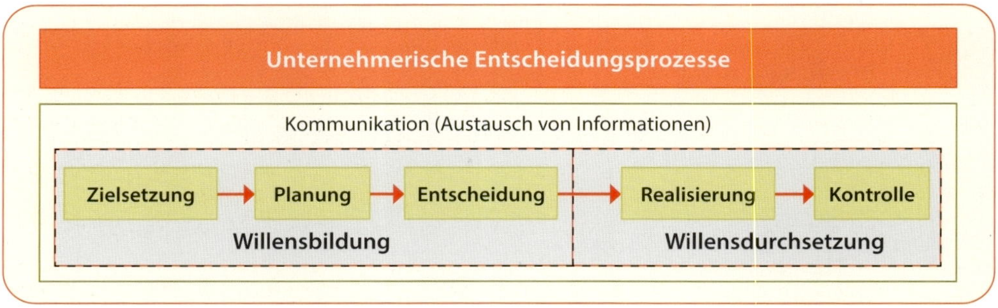

Unternehmerische Entscheidungen werden auf der Grundlage von **Informationen** getroffen. Information ist Wissen, das in jeder Phase des Entscheidungsprozesses ein zweckgerichtetes Handeln ermöglicht. Da der unternehmerische Entscheidungsprozess verschiedene Leitungsebenen innerhalb der Unternehmenshierarchie berührt, kommt der Kommunikation, d.h. dem Austausch von Informationen – etwa zwischen Vorgesetzten und den ihnen unterstellten Mitarbeitern, aber auch zwischen einzelnen Funktionsbereichen des Unternehmens – in den jeweiligen Phasen des Prozesses erhebliche Bedeutung zu. Erfolgreich verlaufende **Kommunikationsprozesse** bestimmen nicht nur den Grad der Zielerreichung mit, sondern sichern darüber hinaus auch langfristig den Unternehmenserfolg.

Innerhalb der einzelnen Phasen des Entscheidungsprozesses können sich **Rückkopplungen** ergeben. Dabei werden Art, Umfang und Auswirkungen dieser Rückkopplungen vor allem geprägt durch:

- die **Informationen,** die innerhalb des Entscheidungsprozesses zur Verfügung stehen;
- die **Meldebefugnisse und -pflichten,** die die mit der Willensdurchsetzung beauftragten Mitarbeiter gegenüber den Entscheidungsträgern haben. Inwieweit es dann allerdings erforderlich sein wird, Zielsetzungen, Handlungsalternativen (Planung) bzw. getroffene Entscheidungen zu revidieren, hängt im Einzelfall vom Entscheidungsträger ab.

▶ Zielsetzung

Die Phase der Zielsetzung, die am Anfang des unternehmerischen Entscheidungsprozesses steht, bezieht sich auf einen erwünschten Zustand (Soll), den das Unternehmen in der Zukunft zu erreichen sucht. Dabei sollten die Ziele eindeutig nach **Inhalt, Ausmaß** und **Zeit** formuliert sein.

- Die Kosten einer Spedition sollen innerhalb der nächsten drei Jahre (Zeit) um 8% (Ausmaß) gesenkt werden (Inhalt).

- Nach Bestehen ihrer Kaufmannsgehilfenprüfung sollen zur Deckung des Personalbedarfs im Jahr 2024 (Zeit) fünf Auszubildende für den Beruf „Industriekaufmann/-kauffrau" (Ausmaß) in ein unbefristetes Arbeitsverhältnis übernommen werden (Inhalt).

Ziele werden nicht nur von der oberen **Leitungsebene des Unternehmens** gesetzt (diese formuliert, ohne konkrete Handlungsanweisungen zu geben, meist nur relativ globale **Oberziele),** sondern auch von den mittleren und unteren Leitungsebenen. Diese wiederum setzen jeweils für ihren Funktionsbereich die vorgegebenen Oberziele in zweckentsprechende **Zwischenziele** um, aus denen dann für die Aufgaben- und Tätigkeitsbereiche einzelner oder mehrerer Mitarbeiter innerhalb des Funktionsbereiches geeignete **Unter- bzw. Teilziele** in Form konkreter Handlungsanweisungen abgeleitet werden. Auf diese Weise entsteht ein hierarchisch strukturiertes **Zielsystem,** in dem jedes Zwischenziel mit Blick auf das übergeordnete Ziel Mittelcharakter besitzt und mit Blick auf das nachgeordnete einen Ziel- bzw. Zweckcharakter einnimmt.

In einem Maschinenbauunternehmen wird von der Geschäftsleitung das Oberziel „Steigerung des Umsatzes um 14 Millionen EUR für das folgende Geschäftsjahr" vorgegeben. Für die Leistungssparte Nutzfahrzeuge wird als Zwischenziel festgelegt, für das nächste Jahr den Umsatz für Bagger um 5 Millionen EUR sowie den Umsatz für Planierraupen um 2,5 Millionen EUR zu steigern. Dazu werden u.a. folgende Unter- bzw. Teilziele für die Werbeabteilung bzw. für den Außendienst formuliert:

- Durchführung einer Werbeaktion zur Erhöhung des Bekanntheitsgrades der hergestellten Produkte;
- Erhöhung der Anzahl der Kundenkontakte durch die Außendienstmitarbeiter, um neue Kunden zu gewinnen.

Innerhalb des unternehmerischen Zielsystems können Ziele:

- unabhängig voneinander erreichbar sein **(neutrale bzw. indifferente Zielbeziehungen)**

  Die Unternehmensziele „5%ige Kostensenkung im Beschaffungsbereich" und „3%ige Kostensenkung im Absatzbereich im Jahr 20 . ." können durch entsprechend geeignete Maßnahmen erreicht werden, ohne dass die Erfüllung des einen Zieles das andere negativ oder positiv beeinflusst.

- sich ergänzen **(komplementäre Zielbeziehungen)**

  „Verminderung des Ausschusses um 10%" in einem Fertigungsbetrieb bedeutet zugleich eine bessere Erfüllung des Zieles „Kostensenkung im Produktionsbereich um 100000 EUR".

- sich behindern **(in Konflikt stehende Zielbeziehungen)**

  - Bei **konkurrierenden Zielen** behindern sich zwei Ziele, ohne sich aber gegenseitig völlig auszuschließen. Die Realisierung von auferlegten Umweltschutzmaßnahmen bei der Entsorgung von Industrieabfällen kann mit dem Ziel „Kosteneinsparungen in Höhe von 500000 EUR im nächsten Geschäftsjahr" konkurrieren.
  - Bei sich **widersprechenden Zielen** liegt ein Zielkonflikt vor, bei dem die Erfüllung der einen Zielsetzung aus logischen Gründen die Realisierung der anderen vollständig ausschließt. So können aus dem erwirtschafteten Gewinn einer Aktiengesellschaft entweder Gewinnanteile ausgeschüttet oder thesauriert, d.h. im Rahmen einer Selbstfinanzierung zur Stärkung der Finanzkraft den Rücklagen zugeführt werden.

Mit seinem Zielsystem versucht das Unternehmen, sein grundsätzliches Ziel erwerbswirtschaftlicher, gemeinwirtschaftlicher bzw. genossenschaftlicher Art (vgl. S. 340ff.) zu erfüllen. Allerdings wird das Unternehmen mit seiner Zielsetzung auch den Interessen Dritter Rechnung tragen wie z.B. Mitarbeitern, Eigen- sowie Fremdkapitalgebern, Kunden, Lieferanten, Staat, Gewerkschaften und Arbeitgeberverbänden.

Planung

In der Planungsphase werden systematisch Entscheidungen vorbereitet, um die unternehmerischen Zielsetzungen zu verwirklichen. Da die gesetzten Ziele häufig auf mehreren Wegen erreichbar sind, bedarf es zunächst einer Analyse der Ausgangssituation bzw. des ungelösten Problems, um in einem weiteren Schritt möglichst alle geeignet erscheinenden Handlungsalternativen erfassen zu können. Die Handlungsalternativen müssen natürlich den betrieblichen Rahmenbedingungen Rechnung tragen. Die Planungsphase ist abgeschlossen, wenn die verschiedenen Lösungsmöglichkeiten ausgearbeitet, ihre Konsequenzen ermittelt und bewertet worden sind.

Ein Kreditinstitut beschließt die Leistungsbereitschaft und Arbeitszufriedenheit seiner Mitarbeiter zu steigern. Folgende Handlungsalternativen erscheinen im Einzelnen möglich:

- Einrichtung einer Cafeteria
- Einbau einer Klimaanlage
- Einführung der Telearbeit
- Angebot betrieblich organisierter Freizeitaktivitäten (Schwimmen, Gymnastik, Kegeln usw.)
- Zahlung einer Sonderprämie

Planung als gedankliche Verfolgung aller möglichen Handlungsalternativen bezieht sich als **Gesamtplanung** auf das Unternehmen als Ganzes, als **Teilplanung** auf einzelne Funktionsbereiche (Absatz, Beschaffung, Fertigung usw.).

Nach der Fristigkeit lassen sich die langfristige (strategische), die mittelfristige (taktische) und die kurzfristige (operative) Planung unterscheiden. Die **langfristige** Planung umfasst i. d. R. einen Zeitraum von mehr als fünf Jahren und kann, da sie von erheblicher Unsicherheit geprägt ist, nur eine Grob- bzw. Globalplanung sein. Die **mittelfristige** Planung ist detaillierter und umfasst einen Zeitraum von einem bis zu fünf Jahren. Die **kurzfristige** Planung erfolgt noch ausführlicher und bezieht sich auf Zeiträume bis zu einem Jahr.

Entscheidung

Die Entscheidungsphase baut auf der Planungsphase auf. Dabei wird man sich für die im Hinblick auf die Zielsetzung optimale Handlungsalternative entscheiden. Häufig können aber nicht alle Konsequenzen alternativer Handlungsmöglichkeiten vorausgesehen werden. Nach dem **Grad der Sicherheit** unterscheidet man daher folgende Arten von Entscheidungen:

- **Entscheidungen unter Sicherheit** zeichnen sich dadurch aus, dass das Ergebnis der Entscheidung eindeutig ist und dem Entscheidungsträger aufgrund der ihm zur Verfügung stehenden vollkommenen Information bekannt ist.

  Ein Kommissionär, der mit seinem Kfz einen selbstverschuldeten Verkehrsunfall verursacht hat, steht vor folgenden Alternativen: Bei der Selbstregulierung des Schadens hätte er dem Unfallgegner sofort einen Betrag in Höhe von 800 EUR zu zahlen (Alternative 1). Würde der entstandene Sachschaden durch die Kraftfahrzeughaftpflichtversicherung reguliert, müsste er in den folgenden Jahren aufgrund der Rückstufung in den Schadensfreiheitsklassen höhere Prämien an die Versicherung zahlen, wobei sich diese zusätzlich zu leistenden Prämien insgesamt auf eine Summe von 1 000 EUR beliefen (Alternative 2).

- Bei **Entscheidungen unter Risiko** können mehrere Ergebnisse erwartet werden, deren Eintritt zwar wahrscheinlich, jedoch nicht mit Sicherheit vorausgesagt werden kann.

  Ein Unternehmer beabsichtigt, mittelfristig einen bestimmten Geldbetrag in Aktien anzulegen. Dabei möchte er eine möglichst hohe Rendite (bezogen auf den Kurswert des Wertpapiers) erzielen. Das Risiko seiner Entscheidung liegt darin, dass der Kurswert der Aktie und die Höhe der an die Aktionäre auszuschüttenden Dividende je nach Ertragslage der Aktiengesellschaft von Jahr zu Jahr schwanken kann. Im Extremfall ist es sogar möglich, dass eine Aktiengesellschaft über mehrere Jahre hinweg keine Ertragsanteile ausschüttet. Der Unternehmer wird sich schließlich für den Kauf solcher Aktien entscheiden, für die aufgrund der Erfahrungen aus den vergangenen Geschäftsjahren hohe Renditen wahrscheinlich sind.

- Von **Entscheidungen unter Unsicherheit** spricht man, wenn über den Eintritt eines Ergebnisses nur spekuliert werden kann, weil der Entscheidungsträger nicht auf Erfahrungen oder sonstiges geeignetes Datenmaterial zurückgreifen kann.

  Ein völlig neuartiges Produkt soll am Markt eingeführt werden (Produktinnovation). Innerhalb der dazu erforderlichen Marketingstrategie wurden die Maßnahmen der Preispolitik, Vertriebspolitik und Werbung festgelegt. Ob nun das Ziel des Unternehmens realisiert werden kann, hängt u.a. vom Nachfrageverhalten der Käufer und vom Verhalten der Konkurrenz ab, aber auch von allgemeinen Rahmenbedingungen (wie etwa der wirtschaftlichen und politischen Lage, Bedarfsveränderungen, Stand und Fortschritt der Technik oder den gesetzlichen Bestimmungen).

Realisierung

Nach vollzogener Willensbildung schließt sich innerhalb des unternehmerischen Entscheidungsprozesses die Realisierung an. Dabei gilt es, die in den einzelnen Funktionsbereichen des Unternehmens erforderlichen Voraussetzungen für die Durchsetzung des Willens zu schaffen. Dies ist Aufgabe betrieblicher **Organisation** (vgl. S. 317 ff.) und **Führung** (vgl. S. 306 ff.).

Kontrolle

Die Phase der Kontrolle schließt den unternehmerischen Entscheidungsprozess ab. Durch geeignete Kontrollmaßnahmen kann der Entscheidungsträger feststellen, inwieweit die Zielvorgaben verwirklicht worden sind. Dazu werden die nach Inhalt, Ausmaß und Zeit formulierten Ziele den Entscheidungsresultaten (Ist) gegenübergestellt. Abweichungen, deren Ursachen ermittelt werden müssen, lösen Rückkopplungen auf die Realisierung oder sogar auf die Phasen der Willensbildung aus. Ein wichtiges Kontrollinstrument sind die auf den Daten des betrieblichen **Rechnungswesens** aufbauenden Kennzahlen (vgl. S. 342 ff.). Art und Umfang der Kontrollmaßnahmen hängen vor allem von den Entscheidungen der Führung, also von der Führungstechnik und dem Führungsstil, ab.

Zusammenfassung

Unternehmerische Entscheidungsprozesse

Entscheidungen

Prozesse der Willensbildung und -durchsetzung zur
- konkreten **Gestaltung** unternehmerischer Strukturen und Prozesse
- **Steuerung** menschlichen Verhaltens im Unternehmen auf der Grundlage von Information und Kommunikation

Phasen

- **Zielsetzung:** bezieht sich nach Inhalt, Ausmaß und Zeit auf einen erwünschten zukünftigen Zustand (Soll)
- **Planung:** systematisches Vorbereiten von Entscheidungen durch Suche und Bewertung der Handlungsalternativen
- **Entscheidung:** Auswahl der optimalen Handlungsalternative im Hinblick auf die Zielerreichung, differenzierbar nach dem Grad der Sicherheit in Entscheidungen unter Sicherheit, Risiko oder Unsicherheit

20 Merkur-Nr. 0124

- **Realisierung:** Umsetzung der Entscheidung durch Schaffen der dazu nötigen Voraussetzungen in Organisation und Führung
- **Kontrolle:** Überprüfung der Zielvorgaben durch Soll-Ist-Vergleich

Aufgaben

19

(1) *Erläutern Sie den Ablauf eines Entscheidungsprozesses anhand der von Ihnen getroffenen Berufswahl und stellen Sie dabei die Informationen dar, die Ihren Entscheidungsprozess gestützt haben!*

(2) *Welche Bedeutung kommt der Zielsetzung innerhalb des Entscheidungsprozesses zu? Begründen Sie Ihre Meinung!*

(3) *Warum sollten Zielvorgaben nach Inhalt, Ausmaß und Zeit möglichst eindeutig sein?*

(4) *Was versteht man unter einem hierarchisch strukturierten Zielsystem?*

(5) *Stellen Sie die für das folgende Ziel geeignet erscheinenden Handlungsalternativen dar!*

„Reduzierung krankheitsbedingter Ausfallzeiten von Mitarbeitern um 20 % innerhalb der nächsten fünf Jahre."

(6) *Um welche Art von Entscheidung handelt es sich in den folgenden Fällen?*

a) *Ein Kreditinstitut kalkuliert die Kontoführungsentgelte neu.*

b) *Ein Industriebetrieb entschließt sich, neue Produkte in das Fertigungsprogramm aufzunehmen.*

c) *Die Rechnung eines Großhändlers ist „innerhalb 30 Tagen netto Kasse, innerhalb 10 Tagen unter Abzug von 3 % Skonto" zahlbar.*

(7) *Erläutern Sie die Phasen der Willensdurchsetzung an einem selbst gewählten Beispiel aus Ihrem Ausbildungsbetrieb!*

4.2 Führung als Steuerung menschlichen Verhaltens

Durch die Festlegung einzelner Arbeitsvorgänge (Ablauforganisation, vgl. S. 329ff.), vor allem aber mit der im Rahmen der Aufbauorganisation (vgl. S. 321 ff.) geregelten Gestaltung unternehmerischer Strukturen wird darüber informiert, welche Stelleninhaber innerhalb ihrer Zuständigkeitsbereiche Weisungen erteilen bzw. Entscheidungen vorbereiten und durchsetzen sollen. Die Organisationsstruktur eines Unternehmens beinhaltet daher nicht nur sachbezogene, sondern in erheblichem Umfang auch **personenbezogene Aspekte.** Mit dem Wachstum der Betriebe, ihrer zunehmenden Spezialisierung und Komplexität sowie der vermehrten Teilung von Aufgaben in kleinste Arbeitsverrichtungen hat die **Mitarbeiterführung** ständig an Bedeutung gewonnen.

Den meisten Stelleninhabern werden – wenn auch häufig in begrenztem Rahmen – **Führungsaufgaben** abverlangt. Wie dieses notwendige Führungsverhalten gestaltet werden soll, ist ein wesentliches Problem jeder Organisation.

Unter **Führung** versteht man die Steuerung des Verhaltens einzelner Mitarbeiter zur Bewältigung von Aufgaben. Betrachtet man innerhalb der Führung die zur betrieblichen Leistungserstellung und -verwertung von den Mitarbeitern eines Unternehmens zu bewältigenden Aufgaben in der Folge ihrer zeitlichen Erfüllung, so erstrecken sich diese Führungsaufgaben auf einen Prozess, der in vier aufeinanderfolgenden Stufen abläuft: Zielsetzung, Planung, Realisierung und Kontrolle.

Ein Unternehmen der Kommunikations- und Informationsbranche beabsichtigt, den Umsatz für das nächste Geschäftsjahr um 10 % zu steigern **(Zielsetzung).** Zur Verwirklichung ist u. a. daran gedacht, durch intensivere Werbemaßnahmen **(Werbeplan)** den Bekanntheitsgrad der neu ins Leistungsangebot aufgenommenen Produkte zu erhöhen. Schließlich realisiert das Unternehmen seinen Werbeplan, indem es das Werbebudget für das kommende Geschäftsjahr um 15 % erhöht und den Etat in geeigneter Weise zeitlich und sachlich auf die einzelnen Werbemittel und -träger verteilt **(Realisierung).** Das betriebliche Rechnungswesen liefert dem Unternehmen das erforderliche Datenmaterial zur Feststellung, ob bzw. in welchem Umfang die Zielsetzung erreicht worden ist **(Kontrolle).**

Viele Mitarbeiter kündigen „innerlich"

Münster (dpa) – Innerliche Kündigungen von Mitarbeitern durch bewussten Verzicht auf Engagement und Initiative haben sich bereits zu einem „gefährlichen Trend" mit hohen Verlusten für deutsche Unternehmen entwickelt. Das betonte Professor Fritz Raidt (Mainz), Präsident der „Akademie für Führungskräfte der Wirtschaft", bei einem Kolloquium der Akademie für leitende Mitarbeiter in Münster.

Gefährlich sei diese Resignation und damit Leistungsminderung auch deshalb, weil sie wie ein „schleichendes Gift" nur schwer zu erkennen sei. Raidt vertrat den Standpunkt, dass innerliche Kündigungen meistens durch Führungsfehler verursacht werden. Schon das Ausbleiben von Kritik oder Beschwerden bei der Betriebsleitung könne ein bedenkliches Anzeichen für innerliches Aussteigen von Mitarbeitern sein, denen dieser Wandel anfangs oft selbst noch nicht bewusst sei.

Weitere Signale könnten Humorlosigkeit, unterkühltes Benehmen und das Vortäuschen einer konfliktfreien Harmonie sein. Höchst alarmierend sei es, wenn engagierte Mitarbeiter plötzlich für nichts mehr Interesse zeigten oder wenn aus debattierfreudigen Kollegen auf einmal Ja-Sager würden. Als gefährliches Phänomen stufte es Raidt ein, sollten Mitarbeiter eines Tages ihre Kompetenzen nicht mehr voll wahrnehmen.

Führungsfehler, die zu innerlichen Kündigungen führen können, seien unter anderem unzureichende Informationen oder Kompetenzübertragungen, fehlende Sinngebung für Entscheidungen, ungerechte Beurteilungen und fehlendes Verständnis für persönliche Schwierigkeiten von Mitarbeitern. Um innere Kündigungen zu vermeiden, sollten Chefs solche Fehler abstellen und eine vertrauensvolle Zusammenarbeit anstreben, damit im Betrieb wieder das unverzichtbare „Wir-Gefühl" hergestellt werde, dessen Fehlen sich katastrophal auswirken müsse.

Führung im Unternehmen bezieht sich insbesondere auf den Bereich der zwischenmenschlichen Beziehungen, wenn Vorgesetzte und die ihnen unterstellten Mitarbeiter bzw. Mitarbeitergruppen direkt bei der Umsetzung unternehmerischer Entscheidungen bzw. bei der Realisierung der Unternehmensziele auf den einzelnen Ebenen der Unternehmenshierarchie (vgl. S. 169 f.) im Prozess der betrieblichen Leistungserstellung und -verwertung zusammenwirken.

Fehler bei der Gestaltung der Wechselbeziehungen (Interaktionen) zwischen Vorgesetzten und den von ihnen geführten Mitarbeitern bzw. Mitarbeitergruppen (Personalführung) können weitgehend durch die Wahl geeigneter Führungsstile und Führungstechniken, aber auch durch die Beachtung gewisser Grundsätze der Mitarbeiterführung vermieden werden.

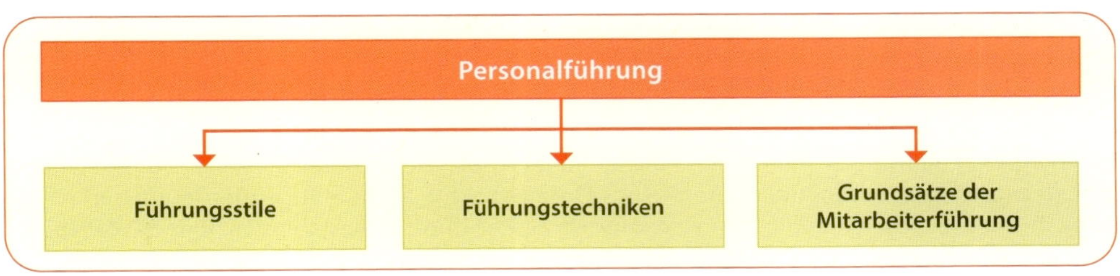

4.2.1 Führungsstile

Führungsstile beschreiben die Art und Weise, wie Vorgesetzte Entscheidungen treffen bzw. Anordnungen übermitteln, koordinieren und kontrollieren. Dabei kann sich die Wahl des Führungsstils eines Vorgesetzten in erster Linie an der zu bewältigenden (Teil-)Aufgabe oder eher an den Bedürfnissen und Erwartungen der ihm unterstellten Mitarbeiter orientieren.

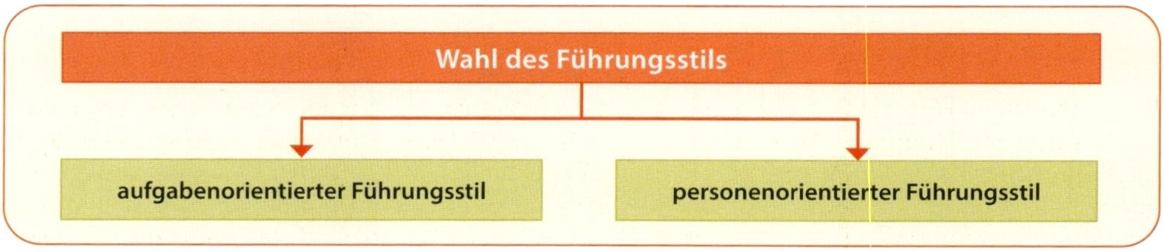

▶ Aufgabenorientierter Führungsstil

Bei einem aufgabenorientierten Führungsstil liegt das Hauptinteresse des Vorgesetzten auf der Leistungserstellung. Persönliche Beziehungen zwischen Vorgesetztem und den ihm unterstellten Mitarbeitern bei der Bewältigung von Teilaufgaben zur Erfüllung der betrieblichen Gesamtaufgabe werden unterdrückt.

▶ Personenorientierter Führungsstil

Bemüht sich ein Vorgesetzter vor allem darum, gute persönliche Beziehungen zwischen den Gruppenmitgliedern aufzubauen und aufrechtzuerhalten, um dadurch ein angenehmes Betriebsklima bei der Lösung der betrieblichen Gesamtaufgabe zu schaffen, spricht man von einem personenorientierten Führungsstil.

Ein Vorgesetzter mit einem aufgabenorientierten Führungsstil wird kraft der ihm übertragenen Autorität mangelhafte Arbeitsverrichtungen tadeln und die ihm unterstellten Mitarbeiter durch Vorgaben (etwa durch das Setzen von Terminen oder Dringlichkeiten bei der Aufgabenerfüllung) zu größeren Anstrengungen anspornen.

Der Umgang zwischen einem Vorgesetzten, der einen personenorientierten Führungsstil praktiziert, und seinen Mitarbeitern wird eher durch gegenseitiges Verständnis, Vertrauen und Partnerschaft gekennzeichnet sein.

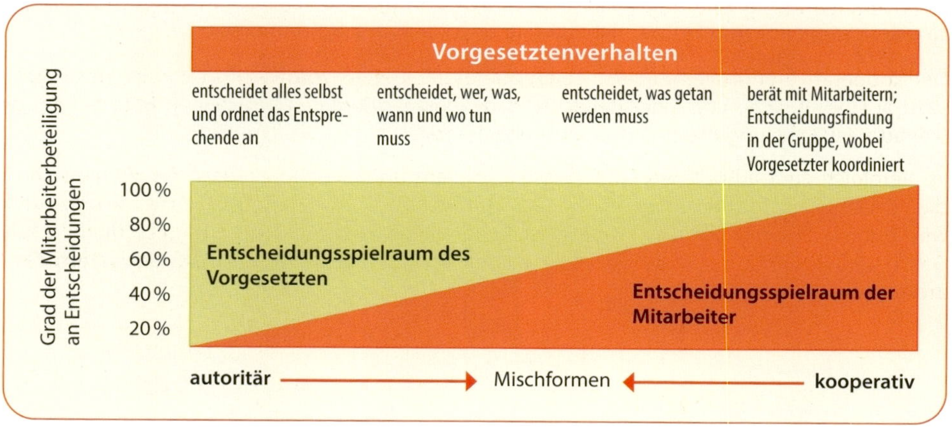

In der betrieblichen Praxis treten reine Ausprägungen dieser beiden Orientierungen allerdings selten auf. Vorgesetzte werden ihren Führungsstil in der Regel sowohl in Abhängigkeit von der zu bewältigenden Aufgabe als auch unter Berücksichtigung der Bedürfnisse und Erwartungen der ihnen unterstellten Mitarbeiter wählen. Die Bandbreite möglicher Führungsstile erstreckt sich vom autoritären bis zum kooperativen Führungsstil.

4.2.1.1 Autoritärer Führungsstil

Beim autoritären Führungsstil, der durch eine starke Machtkonzentration in der Person des Vorgesetzten geprägt ist, erfolgen Zielsetzung, Entscheidungsfindung und -durchsetzung allein durch die **Führungskraft des Vorgesetzten.** Führung wird durch die aus der Unternehmenshierarchie abgeleitete Amtsautorität einer Person gegenüber mehreren Geführten wahrgenommen, indem der Vorgesetzte von den ihm unterstellten Mitarbeitern die widerspruchslose Ausführung seiner Anordnungen verlangt.

Eine straff gegliederte Unternehmensorganisation begünstigt den einseitigen Informationsfluss („Befehle") vom Vorgesetzten zum Mitarbeiter. Da der Vorgesetzte seine Entscheidungen ohne Anhörung der Mitarbeiter fällt, sodass deren Kenntnisse, Erfahrungen und Ideen unberücksichtigt bleiben, liegen die Verantwortung und Kompetenz allein in der Hand des Führenden. Er selbst kontrolliert; eine Eigenkontrolle durch den Ausführenden gibt es nicht.

Einer raschen Entscheidungsfähigkeit und Klarheit der Entscheidungsbefugnisse stehen jedoch die Nachteile häufiger Fehlentscheidungen, Desinteresse, fehlender Motivation – die Mitarbeiter werden zu reinen Befehlsempfängern – und die Gefahr des Gruppenverfalls gegenüber.

4.2.1.2 Kooperativer Führungsstil

Grundlage des kooperativen Führungsstils ist die **„beratende Willensbildung"**, indem Führungskraft und Geführte im Rahmen partnerschaftlicher Beziehungen gemeinsam an der Zielsetzung und am Entscheidungsprozess beteiligt sind. Dabei findet ein ständiger Informationsaustausch zwischen Vorgesetztem und Mitarbeiter bzw. Mitarbeitergruppen statt. Im Rahmen vorher festgelegter Zuständigkeiten entscheidet und denkt der einzelne Stelleninhaber mit. Durch diese Delegation von Entscheidungsbefugnissen trägt der Mitarbeiter für seinen Tätigkeitsbereich die Eigenverantwortung und kontrolliert die mitbestimmten Leistungsziele weitgehend selbst. Die Führungskraft wird stärker zum Betreuer, der berät, anregt und motiviert.

Der kooperative Führungsstil setzt einen aufgeschlossenen Vorgesetzten voraus, der unter Verzicht auf persönliche Vorrechte bereit ist, Arbeiten zu delegieren und seinen Mitarbeitern einen Freiraum zur Erfüllung dieser Aufgaben einzuräumen.

Im Vergleich zum autoritären Führungsstil, bei dem unterstellt wird, dass der Vorgesetzte über die höhere Einsicht und den größeren Sachverstand als die ihm unterstellten Mitarbeiter verfügt, wird ein kooperativer Führungsstil in aller Regel eher zu sachgerechten Entscheidungen führen. Darüber hinaus entlastet dieser Führungsstil den Vorgesetzten und dürfte die **Motivation der Mitarbeiter erhöhen.**

Übersicht: Merkmale des autoritären und kooperativen Führungsstils

Kriterium	autoritär	kooperativ
Vorgesetztenverhalten	■ entscheidet alles allein unter Berufung auf seine Position (Amtsautorität) ■ befiehlt (beauftragt) bis in die Einzelheiten ■ lässt keine Kritik an seinen Entscheidungen zu ■ informiert die Untergebenen nur über das Notwendigste ■ erwartet in erster Linie: Pünktlichkeit, Ordnung, Aufrechterhaltung der Disziplin, Anerkennung der gegebenen Zustände	■ berät Entscheidungen zusammen mit den Mitarbeitern, zeigt Alternativen auf und stellt sein Fachwissen zur Verfügung (Fachautorität) ■ empfiehlt und regt zur Selbstentscheidung in den Einzelheiten an ■ ist dankbar für Kritik und Anregungen ■ gibt Informationen weiter und berät die Mitarbeiter ■ erwartet in erster Linie: Zusammenarbeit, Mitdenken, Mitverantwortung
Art der Autoritätsausübung	■ absolute Überwachung mit ständigen Kontrollen ■ destruktive (zerstörende) Kritik ■ persönliches Lob und Anerkennung	■ Steuerung der Mitarbeiter durch sachliche Begründung und Überzeugung; Mitarbeiter melden ihre Ergebnisse; weitgehend Selbstkontrolle ■ konstruktive Kritik (Zeigen des besseren Weges!) ■ sachliche Anerkennung der geleisteten Arbeit (beurteilt wird die Gruppe und ihre Arbeit, nicht die Person!)
Mitarbeiterverhalten	■ Gehorsam, Disziplin, hohe Leistung unter Druck, d. h. bei Anwesenheit des Vorgesetzten; Anpassung, evtl. Opposition ■ Gefahr einer schlechten Gruppenmoral („Radfahrerei", „Suche nach dem Sündenbock"); Wettbewerbsverhalten, evtl. Cliquenbildung	■ bedingte Entscheidungsfreiheit – eingeengt durch Empfehlung, Anregung und Übereinkunft in der Gruppe ■ hohe Leistung – insbesondere hinsichtlich der Qualität – ohne ständige „Gängelei" durch den Vorgesetzten ■ stabile und gute Motivation in der Gruppe
Verantwortung	■ Vorgesetzter fühlt sich für alles verantwortlich	■ Vorgesetzter und Arbeitsgruppe verantworten gemeinsam
Betriebsklima	■ gespannte Atmosphäre ■ Untergebene sind in der Regel unzufrieden und daher apathisch oder aggressiv ■ Bedürfnis nach Achtung und Anerkennung sowie Selbstentfaltung bleibt unbefriedigt	■ gelockerte Atmosphäre ■ Mitarbeiter sind in der Regel zufrieden und arbeiten freundlich und vertrauensvoll zusammen ■ soziale Bedürfnisse, Statusstreben und Selbstverwirklichungsdrang werden in der Gruppe weitgehend abgesättigt
Vorteile	■ klare, einheitliche und schnelle Entscheidungen ■ einfache und durchschaubare Trennung von Entscheidung und Ausführung	■ höhere Entscheidungsqualität und einfachere Durchsetzung und Umsetzung ■ Identifikation der Mitarbeiter mit den Zielen, Entscheidungen und Maßnahmen führt zu geringeren Fehlzeiten und geringerer Fluktuation
Nachteile	■ Denkfähigkeit der Untergebenen bleibt unausgenutzt ■ erzeugt Desinteresse an der Arbeit bei den Untergebenen	■ Entscheidungen werden durch lange Diskussionen evtl. verzögert ■ verlangt von den Mitarbeitern entsprechende Qualifikation und ständiges Engagement

In der betrieblichen Praxis dürfte die Anwendung eines autoritären bzw. kooperativen Führungsstils in seiner reinsten Ausprägung eher die Ausnahme darstellen. Stattdessen werden **Mischformen** – wie etwa ein **bürokratischer Führungsstil** – vorzufinden sein.

> Ein bürokratischer Führungsstil, der vor allem in öffentlichen Verwaltungen, aber auch in Körperschaften und Anstalten des öffentlichen Rechts zu finden ist, zeichnet sich in erster Linie durch einen hohen Grad an Reglementierung und Organisation aus. Die Befugnisse der einzelnen Mitarbeiter sind durch schriftliche Anweisungen und Vorschriften präzise bestimmt und abgegrenzt. Auch die Abläufe der zu verrichtenden Tätigkeiten sind durch Regeln ausführlich festgelegt. Häufig läuft ein bürokratischer Führungsstil Gefahr, dass der Führungsapparat durch die Tendenz zur Überorganisation bzw. Überreglementierung starr und unwirtschaftlich wird.

4.2.2 Führungstechniken

Während Führungsstile die von einem Vorgesetzten realisierte Art der Führung ihm unterstellter Mitarbeiter darstellen, handelt es sich bei den **Führungstechniken** um jene grundsätzlichen Möglichkeiten, wie Führungsaufgaben (d. h. Zielsetzung, Planung, Realisierung und Kontrolle) in einem Unternehmen bewältigt werden können.

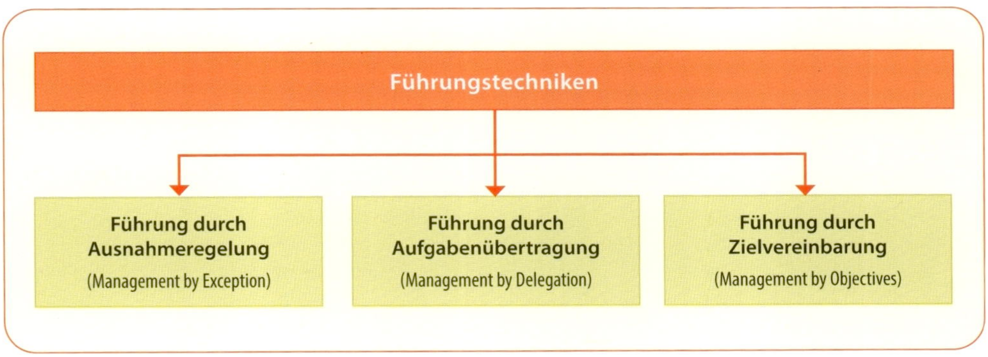

4.2.2.1 Führung durch Ausnahmeregelung *(Management by Exception)*

Bei dem Prinzip **„Führung durch Ausnahmeregelung"** erhält der einzelne Mitarbeiter innerhalb eines genau vorgegebenen Rahmens Entscheidungsfreiheit und Verantwortung. Die Rahmenbedingungen werden durch die Routinemäßigkeit eines Vorganges gesteckt. Fällt ein Vorgang aus dem Rahmen des normalen Betriebsablaufes heraus, hat der Mitarbeiter seinem Vorgesetzten die Entscheidung zu überlassen.

> Der Einkäufer eines Unternehmens ist berechtigt, eigenverantwortlich Aufträge bis zu 5 000 EUR zu vergeben. Darüber hinausgehende Abschlüsse bedürfen der Zustimmung des Vorgesetzten.

Der Vorgesetzte wird ebenfalls eingeschaltet, wenn vorgegebene Ziele für einen Planungszeitraum nicht erfüllt werden können. Durch Management by Exception werden leitende Mitarbeiter von Routinearbeiten befreit, indem die ausführenden Mitarbeiter eine **begrenzte Entscheidungsbefugnis** erhalten. Die Beschränkung auf Routinearbeiten und der Zwang zur Meldung (auch bei negativen Abweichungen vom Soll) wirken sich nachteilig auf die Motivation der Mitarbeiter aus.

Als besonders schwierig stellt sich bei dieser Management-Technik die exakte Formulierung der Aufgaben- und Kompetenzbereiche der Mitarbeiter dar, wenn zu entscheiden ist, ob es sich bei einem Problem um einen Routine- oder um einen Ausnahmefall handelt.

4.2.2.2 Führung durch Aufgabenübertragung *(Management by Delegation)*

Durch das Prinzip der **„Führung durch Aufgabenübertragung"**, das eine Weiterentwicklung des Prinzips „Führung durch Ausnahmeregelung" darstellt, soll die übergeordnete Stelle in einem Unternehmen durch entsprechende Übertragung (Delegation) von Aufgaben entlastet werden. Die **Entscheidungsbefugnisse** der Mitarbeiter werden über den normalen Betriebsablauf hinaus auf nahezu alle zu treffenden Entscheidungen **ausgedehnt,** sodass nicht nur einzelne Aufgaben, sondern auch Kompetenzen und Handlungsverantwortung delegiert werden. Damit wird es möglich, die Leistungsfähigkeit des einzelnen Mitarbeiters voll in Anspruch zu nehmen. Der Vorgesetzte legt die zu erreichenden Ziele fest und stellt die erforderlichen Informationen zur Verfügung. Die Selbstkontrolle des Mitarbeiters wird ergänzt durch gelegentliche Stichproben und Erfolgskontrollen der höheren Führungsebene.

Voraussetzung zur Realisierung dieses Konzeptes ist, dass der einzelne Mitarbeiter über genügend Fachkompetenz und Erfahrung verfügt und bereit ist, Verantwortung zu tragen. Die Übertragung wiederholt auftretender Entscheidungen auf bestimmte Mitarbeiter setzt die **Ausarbeitung von Stellenbeschreibungen** voraus.

Kompetenzfestlegung durch Stellenbeschreibung

Allgemeine Merkmale	Beispiel
1. Stellenbeschreibung	Leiter der Auftragsabwicklung
2. Unterstellungsverhältnis	dem Abteilungsleiter Verkauf unterstellt
3. Zielsetzung	Sicherstellung einer reibungslosen Auftragserledigung
4. Aufgaben	Abgabe von Angeboten, Auftragsbearbeitung
5. Kompetenzen	Anleitung und Kontrolle von drei Sachbearbeitern; selbstständige Abwicklung aller Aufträge
6. Stellvertreter	Sachbearbeiter für Angebote

4.2.2.3 Führung durch Zielvereinbarung *(Management by Objectives)*

Das Konzept der **„Führung durch Zielvereinbarung"** stellt die umfassendste Einbeziehung des Mitarbeiters in die Entscheidungsfindung dar. Bei dieser Führungstechnik wird die Zusammenarbeit zwischen Vorgesetztem und Mitarbeiter durch das **gemeinsame Festlegen von Zielen** gekennzeichnet sein.

Die Unternehmensleitung legt in einem ersten Schritt die groben Oberziele (Globalziele) fest. Daran anschließend werden mit den einzelnen Abteilungsleitern Teilziele vereinbart, die – unter Einbeziehung der betroffenen Mitarbeiter – wiederum in den einzelnen Abteilungen in Unterziele umgesetzt werden. Häufig ist eine Veränderung einzelner Zielvorgaben möglich. So entsteht nach und nach eine **Zielhierarchie** aus Unternehmens-, Bereichs-, Gruppen- und Stellenzielen.

Zielermittlungsprozess durch Management by Objectives

Unternehmensleitung gibt Globalziel vor:	*12 % Kostensenkung*
Teilziele werden mit den einzelnen Abteilungsleitern gemeinsam festgelegt:	z. B. Einsparung in den Abteilungen ■ Verkauf 3 % ■ Werbung 4 % ■ Lagerhaltung 5 %
In den einzelnen Abteilungen werden gemeinsam Möglichkeiten der Realisierung des Teilziels besprochen:	■ z. B. prüfen die Mitarbeiter der Abteilung Lagerhaltung, wie bei Aufrechterhaltung der Lieferbereitschaft Kosten eingespart werden könnten; welche Produkte in zu hoher Stückzahl vorhanden sind, wie das Bestellwesen verbessert werden könnte ■ Unterziele werden formuliert
Periodische Leistungsüberprüfung durch gemeinsame Analyse des Soll-(= Ziel) und Ist-(= erreichten) Zustandes: Evtl. Revision der Teil- und Unterziele Neue Globalzielfestlegung:	■ Kostenentwicklung wird gemeinsam analysiert ■ bestimmte Unterziele sind unrealistisch, andere lassen sich verwirklichen ■ Abweichungen von den Zielvorgaben werden diskutiert, geänderte Einsparungsraten festgelegt ■ Kostenersparnis von 8 % im nächsten Geschäftsjahr

Die **Beteiligung der Mitarbeiter** wirkt motivierend und führt zu einer stärkeren Identifikation mit den Unternehmenszielen. Sie werden mit mehr Bereitschaft aufgenommen und getragen. Durch den gemeinsamen Zielermittlungsprozess wird ein ständiger Informationsaustausch gewährleistet. Bei Abweichungen von den festgelegten Sollzielen trifft diejenige Führungsebene, die mit der entsprechenden Vollmacht ausgestattet ist, die notwendige Entscheidung.

4.2.3 Grundsätze der Mitarbeiterführung

Die Zusammenarbeit zwischen Vorgesetzten und den ihnen unterstellten Mitarbeitern bzw. Mitarbeitergruppen sollten den **Grundsätzen der Mitarbeiterführung** entsprechen. Damit sind vor allem jene Umgangsformen gemeint, die den menschlichen Kontakt zwischen Vorgesetzten und Mitarbeitern kennzeichnen.

Die Art und Weise, wie Vorgesetzte etwa in Gesprächen den ihnen unterstellten Mitarbeitern Anerkennung und Lob aussprechen oder auch ein Fehlverhalten oder eine Fehlleistung kritisieren und tadeln, kann sich positiv oder negativ auf die Umsetzung unternehmerischer Entscheidungen (bzw. auf die Realisierung der Unternehmensziele auf den einzelnen Ebenen der Unternehmenshierarchie) auswirken.

4.2.3.1 Anerkennung und Lob

Durch Anerkennung und Lob kann die Motivation und damit die **Leistungsbereitschaft** und Arbeitszufriedenheit eines Mitarbeiters positiv verstärkt werden, wenn sie nicht übertrieben und nicht zu häufig von einem Vorgesetzten ausgesprochen werden. Anerkennung als die schwächere Form einer positiven Verstärkung sollte insbesondere solchen Mitarbeitern zuteil werden, die monotone Arbeiten verrichten. Ein Mitarbeiter sollte gelobt werden, wenn eine Leistung unter besonders schwierigen Bedingungen (z.B. Bewältigung einer Aufgabe unter großem Zeitdruck) erbracht wurde. Im Einzelfall kann der Vorgesetzte entscheiden, ob er Anerkennung oder das Lob gegenüber dem jeweiligen Mitarbeiter in einem größeren Kreis von Kollegen oder aber – zur Vermeidung von Neid und Missgunst – im Gespräch unter vier Augen ausspricht.

4.2.3.2 Kritik und Tadel

Ein Vorgesetzter wird bei falschen Verhaltensweisen seiner Mitarbeiter gegenüber Kollegen oder bei nicht ausreichenden Leistungen Kritik und Tadel einsetzen. Während Kritik die **Mängel einer Arbeitsleistung** aufzeigen soll, also in der Regel sachbezogen ist, richtet sich der Tadel eher an eine Person bzw. deren **Einstellung zur Arbeit.** Sollen Kritik und Tadel jedoch einen positiven Einfluss auf die zukünftige Arbeitsleistung bzw. Arbeitseinstellung eines Mitarbeiters nehmen, müssen sie unter vier Augen, d.h. in einem Gespräch zwischen Vorgesetztem und Mitarbeiter, eingesetzt werden. Nur ein ruhiges, sachliches Gespräch, in dem der Vorgesetzte aufbauende (konstruktive) Kritik übt, wird dazu geeignet sein, die Leistung eines Mitarbeiters in der Zukunft zu verbessern. Auf jeden Fall ist eine zerstörende (destruktive) oder gar ironische Kritik zu vermeiden.

Ein **konstruktives Kritikgespräch** wird folgenden Anforderungen entsprechen:

- Im **Gespräch** mit dem jeweiligen Mitarbeiter lässt der Vorgesetzte deutlich werden, dass er den Mitarbeiter weiterhin schätzt und auch für die Zukunft von einer guten und vertrauensvollen Zusammenarbeit ausgeht.
- Dem Mitarbeiter ist Gelegenheit zu geben, sein Fehlverhalten oder seine Fehlleistung zu erklären sowie zur geäußerten Kritik **Stellung zu nehmen.**
- **Ursachen und Folgen** des Fehlverhaltens oder der Fehlleistung sind zu durchleuchten, um dem Mitarbeiter die Einsicht zu vermitteln, dass er sich falsch verhalten oder die Leistung nicht im erforderlichen Umfang erbracht hat.
- Es sollte eine **Vereinbarung** zwischen den beiden Gesprächspartnern über die zukünftige Zusammenarbeit getroffen werden, um ein Fehlverhalten bzw. eine Fehlleistung für die Zukunft auszuschließen. Dabei können auch Kontrollen vereinbart werden, deren Durchführung dem Vorgesetzten später die Möglichkeit einräumt, das geänderte Verhalten des Mitarbeiters durch Bestätigung zu einem Erfolgserlebnis werden zu lassen.

Nicht nur ein situationsangemessener Einsatz von Anerkennung und Lob bzw. Kritik und Tadel durch einen Vorgesetzten kann langfristig dazu beitragen, dass das Unternehmen sein Zielsystem auf den einzelnen Stufen der Hierarchie erreicht. Der Vorgesetzte sollte darüber hinaus gegenüber den persönlichen und beruflichen Belangen seiner Mitarbeiter aufgeschlossen und im täglichen Umgang mit den ihm unterstellten Mitarbeitern hilfsbereit, höflich, ermutigend und gerecht sein.

Zusammenfassung

Führung als Steuerung menschlichen Verhaltens im Unternehmen

Führung

Steuerung des Verhaltens einzelner Mitarbeiter zur gemeinsamen Bewältigung von Führungsaufgaben (Zielsetzung, Planung, Realisierung und Kontrolle) beim Zusammenwirken von Vorgesetzten und den ihnen unterstellten Mitarbeitern bzw. Mitarbeitergruppen im Rahmen der betrieblichen Leistungserstellung und -erbringung

Personalführung

Gestaltung der Interaktion zwischen Vorgesetzten und Mitarbeitern durch die Wahl des Führungsstils, der Führungstechnik und unter Beachtung der Grundsätze der Mitarbeiterführung

- **Führungsstil:** Art und Weise, wie Weisungen erteilt, Entscheidungen vorbereitet und durchgeführt werden
  - **nach dem Hauptinteresse des Vorgesetzten**
    aufgabenorientiert (die zu bewältigende Teilaufgabe steht im Mittelpunkt) bzw. **personenorientiert** (die guten persönlichen Beziehungen zwischen den Gruppenmitgliedern stehen im Mittelpunkt)
  - **nach dem Grad der Beteiligung von Mitarbeitern an Entscheidungen**
    autoritär (Zielsetzung und Entscheidungsfindung durch die Führungskraft) bzw. **kooperativ** (Beteiligung der Mitarbeiter an Entscheidungsprozessen)
- **Führungstechniken:** Form der Ausgestaltung des kooperativen Führungsstils in der Betriebspraxis
  - **Führung durch Ausnahmeregelung**
    (Management by Exception): Mitarbeiter erhalten Entscheidungsbefugnisse für regelmäßig auftretende Aufgaben; darüber hinausgehende Entscheidungen trifft der Vorgesetzte
  - **Führung durch Aufgabenübertragung**
    (Management by Delegation): Übertragung von Verantwortung auf die Mitarbeiter für alle gewöhnlich auftretenden Arbeiten; übersteigt ein Problem einen festgelegten Entscheidungsspielraum, greift jedesmal der Vorgesetzte ein
  - **Führung durch Zielvereinbarung**
    (Management by Objectives): Die Mitarbeiter sind an der Umsetzung der Globalziele auf den einzelnen Stufen des Unternehmens in eine Zielhierarchie beteiligt
- **Grundsätze der Mitarbeiterführung:** Sie gestalten die zwischenmenschlichen Kontakte von Vorgesetzten zu Mitarbeitern und sichern langfristig die Verwirklichung der Unternehmensziele
  - positive Verstärkung durch Anerkennung und Lob
  - konstruktive Kritik und Tadel zur positiven Einflussnahme auf die zukünftige Arbeitsleistung bzw. Arbeitseinstellung eines Mitarbeiters
  - Aufgeschlossenheit für die persönlichen und beruflichen Belange der MItarbeiter
  - Hilfsbereitschaft, Höflichkeit, Ermutigung bei Fehlern und Gerechtigkeit

Aufgaben

(1) *Was versteht man unter dem Begriff „Führung"?*

(2) *Nennen und beschreiben Sie die Führungsaufgaben an einem selbst gewählten Beispiel aus der betrieblichen Praxis!*

(3) *Warum bedarf es im Unternehmen der Personalführung?*

(4) *Grenzen Sie folgende Begriffe gegeneinander ab!*

a) *Aufgabenorientierter und personenorientierter Führungsstil.*

b) *Autoritärer und kooperativer Führungsstil.*

(5) *Diskutieren Sie, wie in der betrieblichen Praxis der Führungsstil von Vorgesetzten gestaltet sein sollte!*

(6) *Nennen Sie mögliche Nachteile eines autoritären bzw. eines kooperativen Führungsstils!*

(7) *Erläutern Sie, was unter „Management by Delegation" und „Management by Exception" zu verstehen ist und verdeutlichen Sie Ihre Ausführungen durch Beispiele!*

(8) *Skizzieren Sie den Ablauf der Konkretisierung und Durchsetzung des von der Unternehmensleitung vorgegebenen Globalziels „Umsatzsteigerung um 10 % im nächsten Geschäftsjahr" in einem nach dem Prinzip des „Management by Objectives" geführten Unternehmen!*

(9) *Zeigen Sie Vor- und Nachteile der einzelnen Führungstechniken im Hinblick auf Arbeitszufriedenheit und Leistungsbereitschaft der geführten Mitarbeiter auf!*

(10) *Welcher Führungsstil wird in Ihrem Ausbildungsbetrieb überwiegend angewendet?*

(11) *Bestimmen Sie in den folgenden beiden Fällen den Führungsstil des Vorgesetzten!*

In einem Kaufhaus soll die neu eingetroffene Winterkollektion eingeräumt und ausgestellt werden.

a) *Die Abteilungsleiterin „Damenoberbekleidung" ruft ihre Mitarbeiter zusammen, gibt jedem genaueste Anweisungen, was er wo und wann zu tun hat, reagiert auf Einwände und Hinweise ihrer Untergebenen mit: „Hier bestimme immer noch ich!"*

b) *Der Leiter der Abteilung „Herrenbekleidung" berät gemeinsam mit seinen Mitarbeitern, wie die erhaltene Kollektion am günstigsten präsentiert werden könnte. Er hört ihre Argumente und gibt Hinweise. Man einigt sich dann auf eine bestimmte Angebotsform.*

(12) *Stellen Sie fest, um welche Führungstechnik es sich handelt!*

a) *Ein Großhändler für Elektrogeräte will die Zahl der Reklamationsfälle um mindestens 30 % senken. Er informiert seine Abteilungsleiter und berät mit ihnen Möglichkeiten der Durchsetzung. Jedem wird eine bestimmte Teilaufgabe zur Erreichung des Gesamtziels übertragen, die die Abteilungsleiter wiederum mit ihren Mitarbeitern besprechen und als Unterziele formulieren. Jeder einzelne Mitarbeiter versucht nun eigenverantwortlich, die ihm übertragene Teilaufgabe zu erfüllen.*

b) Der Geschäftsführer eines Verlages überträgt seiner Sekretärin die Aufgabe, die Termingestaltung eigenverantwortlich zu übernehmen. Er möchte nur rechtzeitig über die festgelegten Gesprächsorte und -zeiten informiert werden.

c) Der Küchenchef einer Betriebskantine leitet eigenverantwortlich die gesamte Abwicklung des Wareneinkaufs, der Zubereitung und der Ausgabe der Mahlzeiten. Zu diesem Zweck steht ihm ein monatliches Budget von 50 000 EUR zur Verfügung. Überschreitet er diesen Rahmen um mehr als 5 %, ist die Geschäftsleitung umgehend einzuschalten.

(13) Verdeutlichen Sie den richtigen Einsatz von Anerkennung und Lob bzw. Kritik und Tadel zur Steigerung der Leistungsbereitschaft von Mitarbeitern!

(14) Nehmen Sie kritisch Stellung zu der folgenden Behauptung:

Bei der Gestaltung der direkten Wechselbeziehung zwischen Vorgesetzten und den von ihnen geführten Mitarbeitern ist die Beachtung der Grundsätze der Mitarbeiterführung bzw. der allgemeinen Umgangsformen überflüssig!

(15) Ein Mitarbeiter hat einen wichtigen Bestelltermin versäumt. Skizzieren Sie den möglichen Ablauf eines konstruktiven Kritikgespräches zwischen diesem Mitarbeiter und seinem Vorgesetzten!

4.3 Organisation als Gestaltung unternehmerischer Strukturen und Prozesse

Zur Erfüllung seiner Zielsetzung benötigt das Unternehmen ein System von Regelungen, durch das einzelne Teilaufgaben im Rahmen der betrieblichen Gesamtaufgabe der Leistungserstellung und -verwertung in bestmöglicher Weise erfüllt werden können. Daher ist es notwendig, nicht nur die Tätigkeiten der einzelnen Mitarbeiter aufeinander abzustimmen, sondern auch zwischen den Elementen **„Mitarbeiter"** und **„Sachmittel"** sowie zwischen **„Sachmitteln"** Beziehungen aufzubauen.

Für das System „Unternehmen" können Beziehungen zwischen folgenden Teilsystemen unterschieden werden.

- **Mensch-Mensch-Systeme**

  Integration von Mitarbeitern in das Unternehmen und Beteiligung an den festgelegten Zielen z. B. durch Einstellungsgespräche, Mitarbeiterbesprechungen oder Weiterbildungsmaßnahmen.

- **Mensch-Sachmittel-Systeme**

  Sinnvolle Gestaltung von Arbeitsverläufen, an denen Menschen und Sachen (Werkzeuge, Werkstoffe, Maschinen) beteiligt sind, etwa durch Rationalisierungsmaßnahmen oder Arbeitsplatzgestaltung.

- **Sachmittel-Sachmittel-Systeme**

  Integration komplexer Maschinensysteme in das Unternehmen z. B. durch den Einsatz von rechnergesteuerten Fertigungsanlagen oder Datenverarbeitungssystemen.

  Die Art, wie diese Menge von Elementen eines Systems einander zugeordnet sind, bezeichnet man als **Struktur;** den zielgerichteten Aufbau und die planvolle Gestaltung des Systems aus seinen Elementen als **Organisation.** Verdeutlicht werden kann dieser Zusammenhang am

Beispiel des menschlichen Organismus. Organe („Werkzeuge") wie Herz, Lunge oder Nieren erfüllen nur begrenzte Einzelfunktionen. Erst durch die organisatorische Verflechtung dieser Elemente untereinander ist das Funktionieren des Gesamtsystems gewährleistet.

Maßnahmen zur Schaffung notwendiger Rahmenbedingungen für unternehmerische Handlungen sind in der Regel bewusst geplant. Sie werden als **formale Organisation** bezeichnet. Diese wird ergänzt, überlagert und teilweise sogar beschränkt durch geplante, spontan gewachsene Beziehungen zwischen Elementen des Systems „Unternehmen". Diese **informale Organisation** entsteht dadurch, dass die im Unternehmen Beschäftigten ihre eigenen Wünsche und Ziele verfolgen, zu bestimmten Mitarbeitern freundschaftliche Beziehungen – auch über die Arbeitsstätte hinaus – unterhalten und wieder andere Kollegen aufgrund von persönlichen Neigungen und Erwartungen ablehnen. Ein reibungsloser und sinnvoller Ablauf des betrieblichen Leistungsprozesses erfordert sowohl eine geplante Gestaltung der Struktur des Systems „Unternehmen" als auch eine geplante Gestaltung der im Unternehmen ablaufenden Prozesse. Dabei müssen bestimmte Voraussetzungen, Aufgabenbereiche und Gestaltungsgrundsätze der Organisation beachtet werden.

4.3.1 Voraussetzungen, Aufgabenbereiche und Gestaltungsgrundsätze der Organisation

▶ Voraussetzungen der Organisation

Eine Voraussetzung für Organisation ist die **Teilbarkeit von Aufgaben.** Diese erstreckt sich in **personeller Hinsicht** auf die Übertragung bestimmter Teilaufgaben auf einzelne Mitarbeiter im Unternehmen. In **zeitlicher Hinsicht** ist die Problemstellung zu lösen, in welcher Reihenfolge die einzelnen Arbeitsschritte aufeinander folgen sollen.

Nachdem ein Lieferant eine Rechnung geschickt hat, durchläuft dieser Beleg beim Käufer in der folgenden Reihenfolge verschiedene Aufgabenbereiche:

- Frau Wald aus der Abteilung Einkauf bestätigt die Richtigkeit der bestellten Warenmenge durch Vergleich der Rechnung mit der Bestellung.
- Herr Kurz, der den Eingang der bestellten Waren am Lager überwacht, bestätigt den korrekten Wareneingang.
- Herr Müller aus der Abteilung Rechnungsprüfung kontrolliert die rechnerische Richtigkeit der Rechnung.
- Frau Ahlig aus der Abteilung Rechnungswesen verbucht den Geschäftsvorfall.
- Frau Köhler, die für die reibungslose Abwicklung des Zahlungsverkehrs zuständig ist, weist den Betrag fristgerecht innerhalb der eingeräumten Skontofrist zur Zahlung an.
- Die kaufmännische Auszubildende Wirk legt die Rechnung ab.

Selbst wenn die zur Erledigung einer Aufgabe erforderlichen Arbeiten nur von einem Mitarbeiter verrichtet werden, muss eine zeitliche Aufgabenteilung möglich sein.

Eine weitere Voraussetzung für die Organisation ist die **Wiederholbarkeit gleicher oder ähnlicher Aufgaben.**

Sich ständig wiederholende Teilaufgaben sind z. B. Einkauf, Verkauf, Entgeltzahlungen, Kundenbetreuung, Rechnungsüberprüfung, Überwachung der Außenstände, Angebotseinholung und -abgabe.

Aufgabenbereiche der Organisation

Die durch Organisation zu schaffenden Rahmenbedingungen können sich auf die Gestaltung von Aufgaben mit Dauercharakter, auf von Fall zu Fall auftretende oder auf spontane Aufgabenstellungen beziehen:

- **Generelle Regelungen** werden für stets wiederkehrende, relativ gleichbleibende Aufgaben benötigt. Sie ermöglichen es, einen gleichmäßigen wirtschaftlichen Ablauf von Tätigkeiten zu gewährleisten und geben dem Betriebsablauf ein festes Handlungsgerüst, das auf Dauer und Stabilität angelegt ist.

  > Regelungen über Mitarbeitereinstellungen; Abwicklung von Entgeltzahlungen; Prokuraerteilung an kaufmännische Angestellte

  Je mehr Vorschriften für sich ständig wiederholende Vorgänge in einem Unternehmen festgelegt sind, desto weniger Spielraum ist den einzelnen Mitarbeitern gegeben, nach eigenem Ermessen tätig zu werden. Der organisatorische Rahmen des Betriebsablaufs ist relativ starr.

- **Fallweise Regelungen ermöglichen ein elastischeres Vorgehen und ein schnelleres Angleichen an veränderte Bedingungen. Ziel dieser Disposition** ist es, voraussehbare oder nicht in jeder Einzelheit wiederkehrende Aufgaben möglichst schnell und sicher bewältigen zu können.

  > Vollmachten an kaufmännische Angestellte z. B. für Einkäufe bis 5 000 EUR; Verhaltensvorschriften bei Unfällen; Reklamationsabwicklungen

  Jedem Mitarbeiter wird damit ein angemessener Entscheidungsspielraum zuerkannt. Innerhalb dieses Rahmens hat er eigenverantwortlich zu handeln und zu entscheiden.

- Für zahlreiche **Einzelaufgaben** bestehen in einem Unternehmen vielfach keine oder nur äußerst vage Anweisungen. Damit ist man auf spontane Entscheidungen – auf **Improvisationen** – angewiesen. Diese ungewöhnlichen, unerwarteten oder neuartigen Probleme zwingen zu Augenblicksentscheidungen.

  > Unerwarteter Ausfall eines Lieferanten, Spezialaufträge, Streiks, Maschinenschäden

  Improvisationen sind für den täglichen Betriebsablauf von erheblicher praktischer Bedeutung. Es wäre kaum möglich und auch nicht wirtschaftlich, für alle sporadisch auftretenden, sich ständig verändernden Anforderungen generelle Regelungen festzulegen.

Die ideale Organisation eines Unternehmens dürfte dann gegeben sein, wenn folgende Voraussetzungen erfüllt sind.

- Durch **generelle Regelungen** werden alle stets wiederkehrenden, relativ gleichbleibenden Aufgaben bearbeitet.
- Durch **fallweise Regelungen** sind die voraussehbaren, aber nicht in jeder Einzelheit wiederkehrenden unregelmäßigen Aufgaben erfasst.
- Durch **spontane Entscheidungen** (Improvisationen) wird auf ungewöhnliche, unerwartete oder neuartige Probleme reagiert.

Mit der Betriebsgröße und der Vielzahl von Handlungsabläufen nimmt gleichzeitig die Tendenz zu, fallweise oder einzelne Entscheidungen zu generalisieren. Dieser Grundsatz wird als **„Substitutionsprinzip der Organisation"** bezeichnet.

Ein neu gegründeter Betrieb prüft in jedem Einzelfall die Abgabe von Angeboten und gestaltet sie speziell nach den Anforderungen des entsprechenden Kunden. Im Laufe der Zeit wird durch den zunehmenden Auftragseingang eine Dokumentvorlage entworfen, in die nur noch die entsprechenden Angaben einzutragen sind.

Als Ziel sollte jedoch stets ein Gleichgewicht zwischen Stabilität und Anpassungsfähigkeit (Elastizität) sowie zwischen Organisation und Improvisation erhalten bleiben.

▶ Gestaltungsgrundsätze der Organisation

Die organisatorische Struktur eines Unternehmens sollte den folgenden **Gestaltungsgrundsätzen** entsprechen.

- **Grundsatz der Zweckmäßigkeit**
  Alle organisatorischen Maßnahmen müssen sich im Rahmen des unternehmerischen Gesamtzieles bewegen, d. h., die Organisationsstruktur muss dem Unternehmenszweck entsprechen.

- **Grundsatz der Wirtschaftlichkeit**
  Das Wirtschaftlichkeitsprinzip beinhaltet die Forderung nach einem möglichst günstigen Verhältnis zwischen den einzusetzenden Mitteln und dem angestrebten Ziel (Minimalprinzip). Unter den möglichen organisatorischen Regelungen sind deshalb diejenigen auszuwählen, die ein hohes Maß an Wirtschaftlichkeit ermöglichen.

- **Grundsatz des organisatorischen Gleichgewichts**
  Organisationsprinzipien dürfen nicht erstarren, sondern müssen wandelbar sein. Sie sind ständig daraufhin zu überprüfen, ob sie noch den jeweiligen Bedürfnissen entsprechen. Von dem Verhältnis von Organisation, Improvisation und Disposition hängt es ab, ob sich ein Unternehmen in einem ausgewogenen Zustand zwischen Stabilität und Flexibilität befindet und weder Über- noch Unterorganisation vorherrscht.

- **Grundsatz der Koordination**

  Eine zweckmäßig gestaltete Organisation muss ihre Maßnahmen so aufeinander abstimmen (koordinieren), dass eine reibungslose Zusammenarbeit der einzelnen Stellen in einem Unternehmen gewährleistet ist. Diese Koordination bezieht sich sowohl auf die Gestaltung unternehmerischer Strukturen, d. h. die Gliederung des Unternehmens in funktionsfähige Teileinheiten und deren Koordination **(Aufbauorganisation),** als auch auf die Gestaltung unternehmerischer Prozesse, d. h. die Ordnung von Arbeitsabläufen durch Festlegen des inhaltlichen, räumlichen und zeitlichen Zusammenwirkens von Mitarbeitern, Betriebsmitteln und Arbeitsgegenständen **(Ablauforganisation,** vgl. S. 329 ff.).

4.3.2 Organisationsentscheidungen der Aufbau- und Ablauforganisation

Unter Organisation wird das durch bestimmte Regelungen erreichte Zusammenwirken der am Unternehmensprozess beteiligten Produktionsfaktoren zur optimalen Durchführung der geplanten Zielsetzung verstanden. Organisationsentscheidungen befassen sich mit der Durchsetzung der Planungsentscheidungen im Unternehmen, und zwar in den beiden Teilbereichen **Aufbauorganisation** und **Ablauforganisation.**

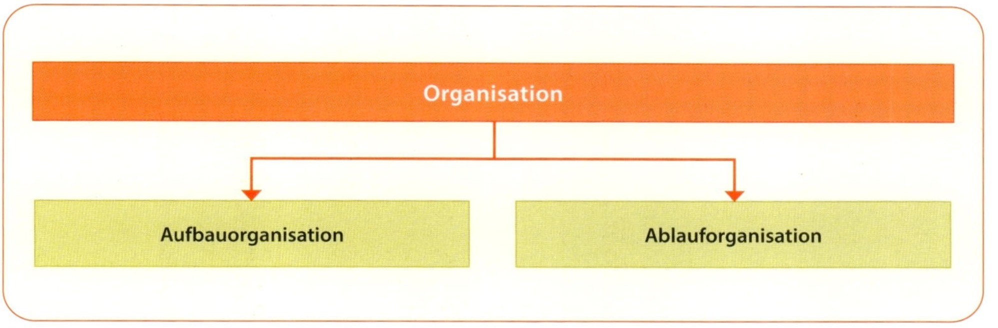

Maßnahmen der Aufbau- und Ablauforganisation sollten möglichst gleichzeitig geplant bzw. sollte die Durchführung dieser Maßnahmen schrittweise aneinander angepasst werden, denn die Aufbauorganisation setzt einerseits der Ablaufgestaltung Rahmenbedingungen, während andererseits Abläufe nur sinnvoll gestaltet werden können, wenn diese Bedingungen bestimmten Anforderungen genügen.

4.3.2.1 Aufbauorganisation zur Gestaltung unternehmerischer Strukturen

Die **Aufbauorganisation** beschäftigt sich mit der Gliederung des Unternehmens in funktionsfähige Teileinheiten und deren Koordination. Sie schafft den Rahmen, in dem sich alle Handlungen vollziehen und regelt Zuständigkeiten und Verantwortungsbereiche der einzelnen Stellen.

4.3.2.1.1 Phasen der Aufbauorganisation

Ausgangspunkt für jede Organisation ist die dem Unternehmen gestellte Gesamtaufgabe. Unterschiedliche Aufgaben in Produktions-, Verarbeitungs-, Handels- oder Dienstleistungsbetrieben erfordern demnach unterschiedliche Aufbauorganisationen. So hat in einem produzierenden Unternehmen der Bereich Fertigung größere Bedeutung, während diese in einem Handelsbetrieb eher dem Einkauf zukommt. Aufgrund eines bestimmten Unternehmensaufbaus lässt sich deshalb erkennen, wo der Schwerpunkt der Tätigkeit liegt.

Der **Organisation als Führungsinstrument** fällt zunächst ganz allgemein die Aufgabe zu, die Unternehmensleitung bei der Durchführung ihrer Zielvorstellungen in den einzelnen Phasen der Aufbauorganisation zu unterstützen.

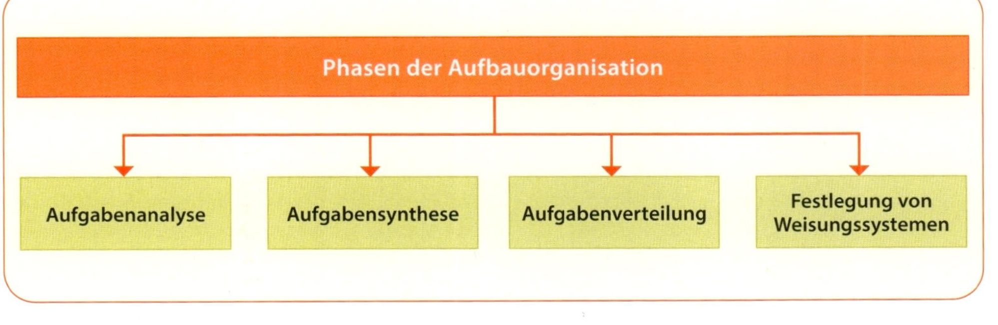

21 Merkur-Nr. 0124

▶ Aufgabenanalyse

Im Rahmen der Aufgabenanalyse wird nach den Organisationsgrundsätzen der **Teilbarkeit** und **Wiederholbarkeit** der Aufgaben die Gesamtaufgabe so lange aufgelöst, bis keine weiter sinnvoll teilbaren Bereiche mehr entstehen.

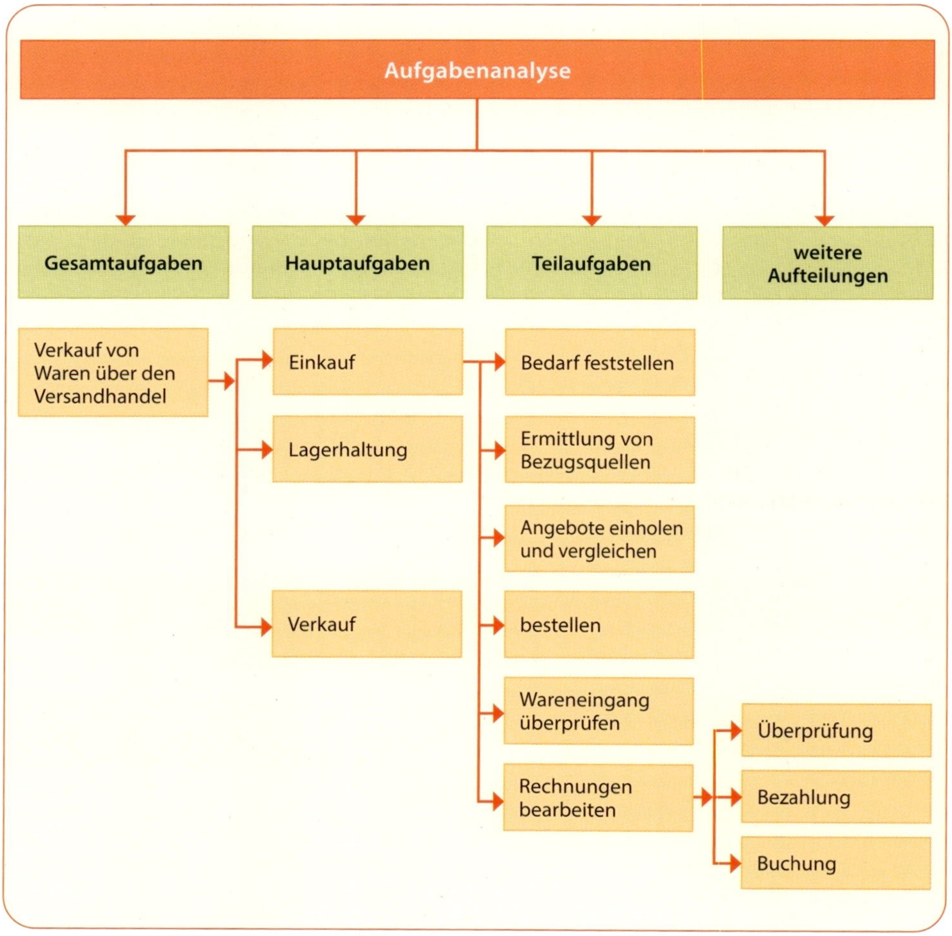

▶ Aufgabensynthese

Im Rahmen der Aufgabensynthese werden Aufgaben zusammengelegt und damit Stellen bzw. Abteilungen gebildet. So könnten im obigen Fall die bei allen Hauptaufgaben auftretenden Fragen der Buchung, der Finanzierung oder der Personalangelegenheiten zu eigenen Stellen oder Abteilungen zusammengefasst werden. Während eine **Stelle** die kleinste Gliederungseinheit in der Organisationsstruktur darstellt, werden **Abteilungen** innerhalb des Systems „Unternehmen" gebildet, um Teilaufgaben innerhalb der einzelnen Hauptaufgaben (Funktionen) bei der Lösung der betrieblichen Gesamtaufgabe wahrnehmen zu können.

Aufgabenverteilung

Bei der Aufgabenverteilung (Stellenbesetzung) geht es darum, einzelnen Personen aufgrund ihrer Qualifikation bestimmte **Stellenaufgaben** zuzuweisen, z.B. durch die Ernennung einer Abteilungsleiterin oder einer Sachbearbeiterin für Einkauf oder Verkauf. So wird jeder Stelle ein Mitarbeiter als Aufgabenträger zugeordnet.

Festlegung von Weisungssystemen

Bei der Festlegung von Weisungssystemen (vgl. S. 325 ff.) geht es um die Bestimmung von Entscheidungs- und Weisungsbefugnissen im Unternehmen. Diese organisatorischen Regelungen beziehen sich sowohl auf die mit Leitungsaufgaben betrauten Stellen der obersten Leitungsebene (Entscheidungssysteme, vgl. S. 328 f.) als auch auf die Entscheidungs- und Weisungsbefugnisse von den im Unternehmen beschäftigten sonstigen Mitarbeitern. Die **Stellenbeschreibung** als wichtiges Instrument der betrieblichen Organisation gibt u.a. Auskunft über die jeweiligen Entscheidungs- und Weisungsbefugnisse bzw. über die Aufgaben eines Mitarbeiters im Unternehmen.

4.3.2.1.2 Arten der Aufbauorganisation

Je nachdem, ob man den organisatorischen Aufbau einer Unternehmensstruktur nach **Sachbereichen** oder nach **personellen Aspekten** gliedert, unterscheidet man eine **funktionsorientierte** oder **personenorientierte Aufbauorganisation.**

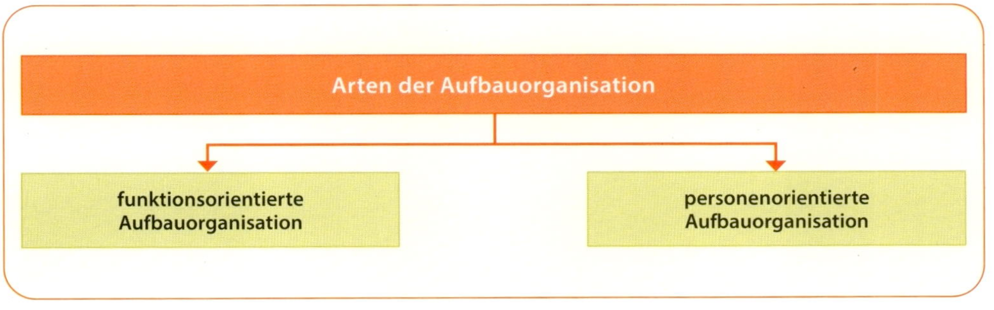

Funktionsorientierte Aufbauorganisation

Die Analyse der Aufgaben eines Unternehmens führt zu der Überlegung, welche verwandten Teilaufgaben sich sachlich zu Aufgabenbereichen zusammenfassen lassen. Hieraus ergibt sich die Bildung von Abteilungen nach **funktionellen Gesichtspunkten.** Die Funktionsbereiche eines Unternehmens nach bestimmten Sachbereichen (wie etwa Beschaffung, Produktion, Absatz und Finanzierung) spiegeln dessen Aufgabengliederung wider. Nach welchen funktionellen Aspekten ein Unternehmen gegliedert wird, ist in der betrieblichen Praxis u.a. von der Branche, der gewählten Rechtsform, der Betriebsgröße oder den personellen Voraussetzungen abhängig.

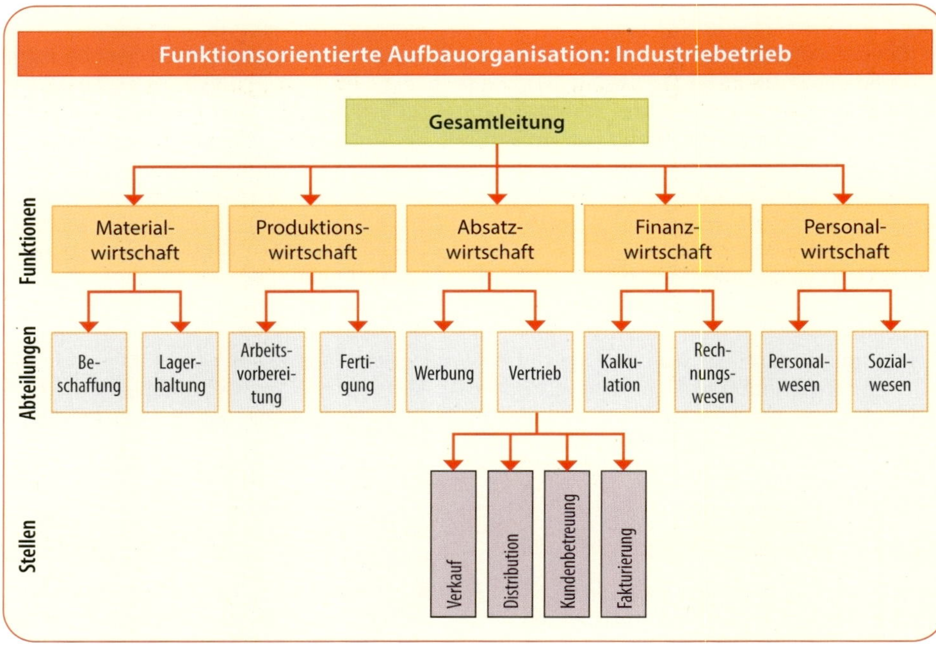
Funktionsorientierte Aufbauorganisation: Industriebetrieb
Gesamtleitung
Funktionen
Abteilungen
Stellen
Material-wirtschaft
Produktions-wirtschaft
Absatz-wirtschaft
Finanz-wirtschaft
Personal-wirtschaft
Be-schaffung
Lager-haltung
Arbeits-vorberei-tung
Ferti-gung
Werbung
Vertrieb
Kalku-lation
Rech-nungs-wesen
Personal-wesen
Sozial-wesen
Verkauf
Distribution
Kundenbetreuung
Fakturierung

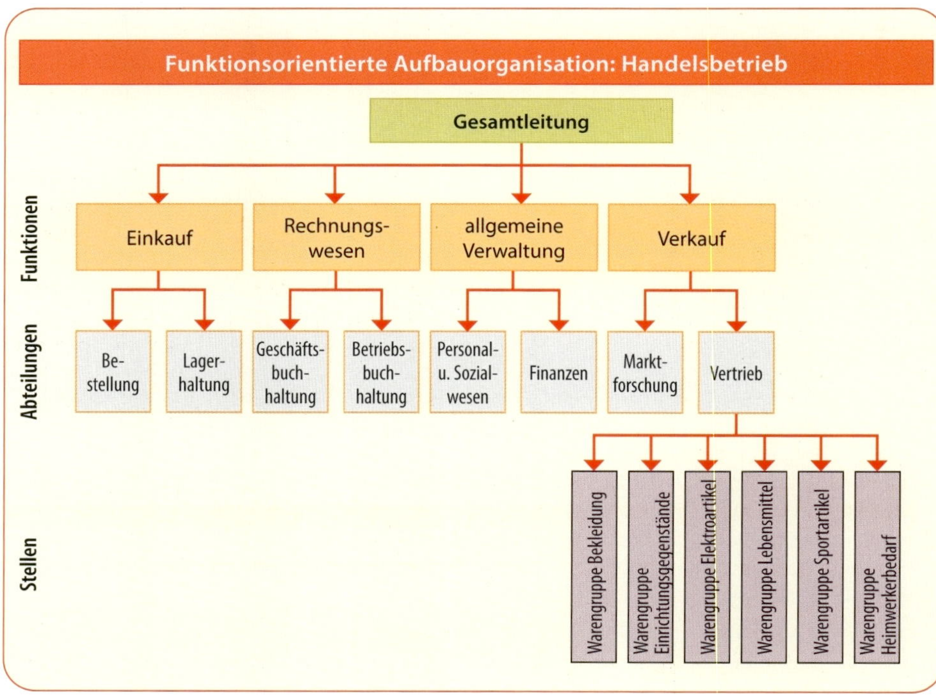
Funktionsorientierte Aufbauorganisation: Handelsbetrieb
Gesamtleitung
Funktionen
Abteilungen
Stellen
Einkauf
Rechnungs-wesen
allgemeine Verwaltung
Verkauf
Be-stellung
Lager-haltung
Geschäfts-buch-haltung
Betriebs-buch-haltung
Personal-u. Sozial-wesen
Finanzen
Markt-forschung
Vertrieb
Warengruppe Bekleidung
Warengruppe Einrichtungsgegenstände
Warengruppe Elektroartikel
Warengruppe Lebensmittel
Warengruppe Sportartikel
Warengruppe Heimwerkerbedarf

▶ Personenorientierte Aufbauorganisation

Eine Gliederung nach **personellen Gesichtspunkten** ist häufig bei der Errichtung eines Unternehmens festzustellen. In diesem Fall werden Teilaufgaben solchen Personen zugeordnet, die über eine entsprechende Qualifikation verfügen. Dabei können völlig unterschiedliche Aufgabenbereiche auf eine Person übertragen werden, weil diese entsprechende Kenntnisse und Fähigkeiten besitzt. Allerdings kommt es auch vor, dass Einfluss und Ausübung persönlicher Macht die Zuordnung bestimmen. Problematisch wird eine solche Organisationsform allerdings bei Personalwechsel, da dann eine Ersatzkraft mit gleichartigen Fähigkeiten wie die ausgeschiedene gefunden oder eine Umstrukturierung dieser Aufbauorganisation vorgenommen werden muss.

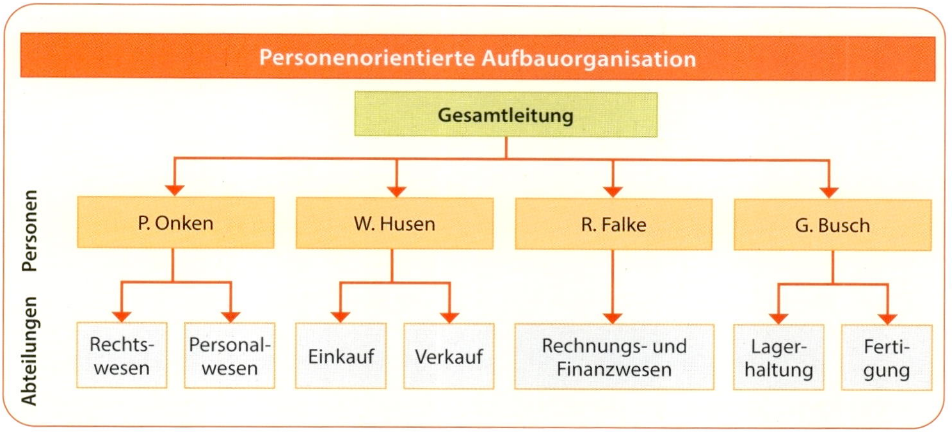

4.3.2.1.3 Weisungssysteme im Unternehmen

Ziel der hierarchischen Gliederung der Aufbauorganisation eines Unternehmens ist es, Entscheidungs- und Anordnungsbefugnisse festzulegen. Die mit Leitungsaufgaben betrauten Stellen werden **Instanzen** genannt, die über die Kompetenz (sachliche Zuständigkeit) verfügen, Mitarbeitern verbindliche Weisungen zu erteilen. Das System der über- und untergeordneten Stellen (Instanzenaufbau) wird als **Hierarchie** bezeichnet. Dieses Weisungssystem ist der Rahmen, innerhalb dessen sich Entscheidungen und Anordnungen vollziehen. Je nachdem, wie innerhalb eines Unternehmens die Weisungsbefugnisse (Befehlsweg von „oben nach unten") bzw. die Meldebefugnisse und -pflichten (Meldeweg für Informationen über die Aufgabenerfüllung „von unten nach oben") gestaltet sind, lassen sich folgende Formen von Weisungssystemen unterscheiden.

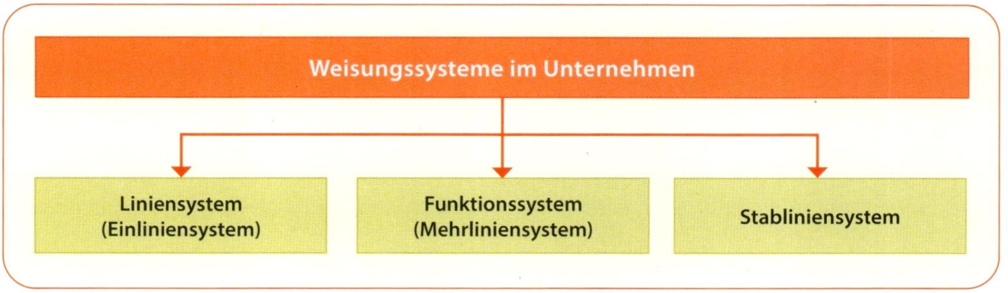

▶ Liniensystem *(Einliniensystem)*

Bei diesem System verläuft von der Unternehmensleitung über die Abteilung bis zu den Sachbearbeitern ein **eindeutiger Befehlsweg.** Eine deutliche Linie verbindet auf jeder Zwischenstufe Vorgesetzte und Untergebene. Da jeder Mitarbeiter nur einem Vorgesetzten persönlich und arbeitsmäßig unterstellt ist und somit jeder untergeordneten Stelle nur eine Stelle übergeordnet ist, handelt es sich um ein **Einliniensystem.** Der Weisungsweg von oben nach unten wird durch den Meldeweg über den Aufgabenvollzug von unten nach oben ergänzt. Dieses Liniensystem ist die denkbar straffste Organisationsform, findet jedoch nur in kleineren Unternehmen Anwendung. In Einliniensystemen wird das Prinzip der Auftragserteilung realisiert.

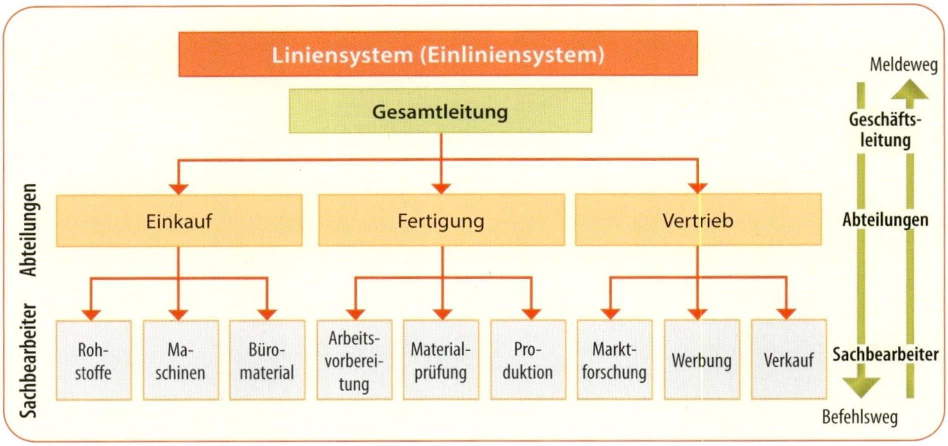

Vorteile	Nachteile
■ übersichtlicher Unternehmensaufbau ■ Klarheit der Weisungsbefugnisse ■ keine Überschneidung von Kompetenzen ■ gute Kontrollmöglichkeiten	■ Überlastung der oberen Leitungsebene mit Kommunikations- und Kontrollaufgaben ■ langer und schwerfälliger Dienstweg ■ Erschwerung von Spezialisierung ■ Gefahr von Fehlentscheidungen

▶ Funktionssystem *(Mehrliniensystem)*

Diese auf das Funktionsmeistersystem von TAYLOR zurückgehende Gliederung der Organisationsstruktur versucht, die Überbeanspruchung der Entscheidungsträger mithilfe von **Experten** aufzufangen. Die Weisungsbefugnisse sind deshalb auf verschiedene fachlich zuständige Instanzen verteilt, sodass jede Stelle mehrere unmittelbar vorgesetzte Stellen haben kann, wobei jede dieser Stellen nur hinsichtlich bestimmter Aufgaben (Funktionen) weisungsberechtigt ist. Fällt die Erfüllung einer Aufgabe teilweise auch in die Zuständigkeit mehrerer Funktionsbereiche (Abteilungen), führt das **Mehrliniensystem** jedoch zu einem Geflecht von Überschneidungen, weil jeder Aufgabenträger gleichzeitig von mehreren Vorgesetzten Anweisungen erhält.

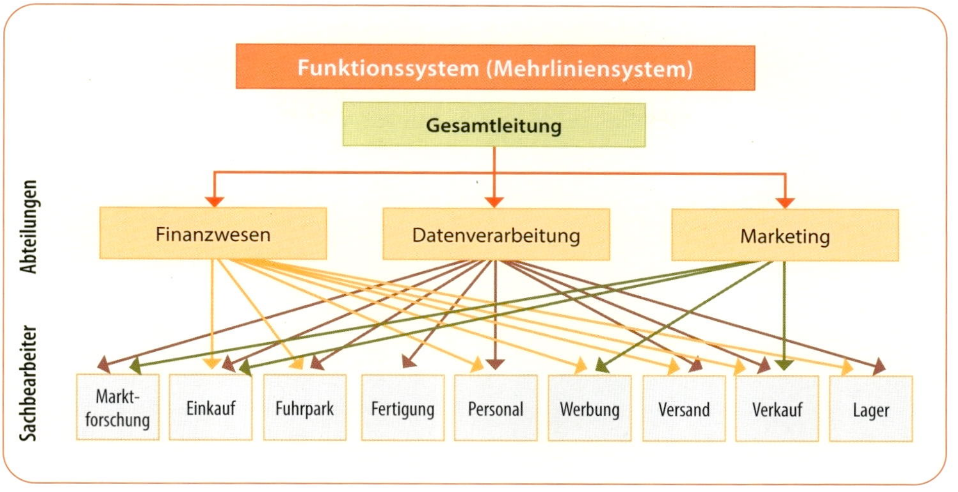

Vorteile	Nachteile
■ Vorgesetzte sind Spezialisten ■ Weisungserteilung nur durch Experten ■ Beseitigung langer Dienstwege ■ kürzere Befehlswege	■ kein einheitlicher Befehlsfluss ■ zu vielfältige Weisungsquellen ■ Kompetenzüberschneidungen führen zu Auseinandersetzungen (interpersonalen Konflikten)

▶ Stabliniensystem

Das Stabliniensystem ist die in den Unternehmen **typische Organisationsform,** mit der die Vorteile des Linien- und Funktionssystems zusammengefasst werden. Der einheitliche Weisungsweg wird beibehalten, wobei den Leitungsstellen beratende **Stabsstellen** zugeordnet sind, die nur Empfehlungen anbieten und über keine Anordnungsbefugnis verfügen. Die Mitarbeiter der Stabsstellen beraten die Führungskräfte z. B. in Fragen der Forschung und Entwicklung oder des Rechts.

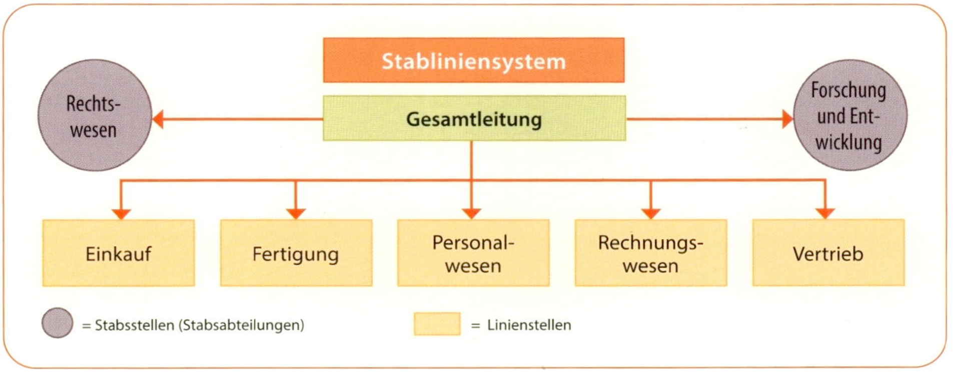

Vorteile	Nachteile
■ eindeutige Weisungsbefugnisse ■ klare Verantwortungsbereiche ■ keine Kompetenzschwierigkeiten ■ Erhöhung der Entscheidungssicherheit durch Beratung der Stabsstellen ■ Entlastung der Geschäftsleitung	■ Gefahr von Auseinandersetzungen zwischen Stabs- und Linienstellen ■ Möglichkeit der Anhäufung von Expertenmacht bei den Stabsstellen ■ Trennung von Entscheidungsvorbereitung und Übernahme von Verantwortung

In Großunternehmen mit stark differenzierten Produktionsprogrammen kann für jede Produktgruppe eine **Sparte** gebildet werden. Ein solches Unternehmen wird dadurch in übersichtliche, leicht zu lenkende Teilbetriebe gegliedert. Die Unterteilung der einzelnen Sparten kann nach jedem der zuvor genannten Weisungssysteme erfolgen.

Spartenorganisation eines Großunternehmens der chemischen Industrie

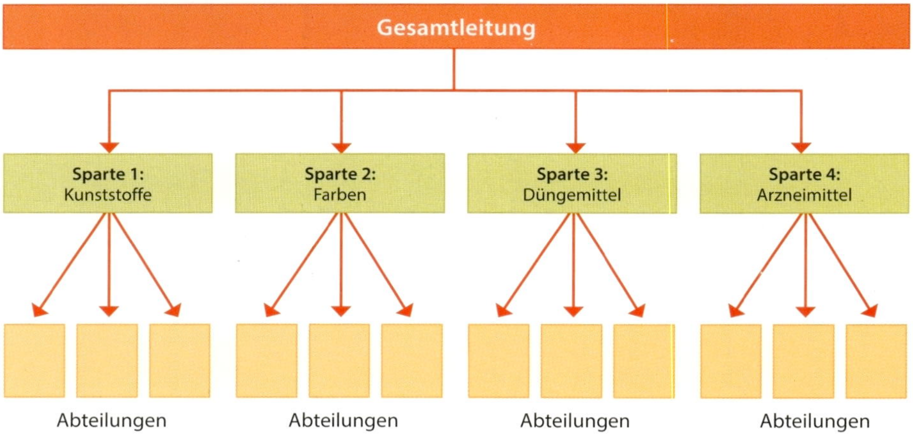

4.3.2.1.4 Entscheidungssysteme im Unternehmen

Die oberste Leitung eines Unternehmens besteht entweder aus einer bzw. wenigen Personen. Beide Erscheinungsformen spielen eine wichtige Rolle bei der Frage der Entscheidungsdelegation, die nach dem **Direktorialprinzip** (Zentralisation) oder dem **Kollegialprinzip** (Dezentralisation) vorgenommen werden kann.

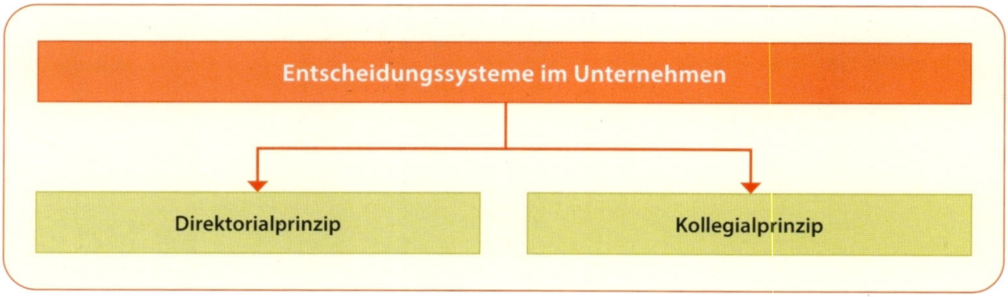

▶ Direktorialprinzip

Beim Direktorialprinzip ist die Leitung eines Unternehmens auf eine oder wenige Personen des Spitzen-Managements konzentriert, sodass von einer **Zentralisation der Entscheidungskompetenz** gesprochen wird. Die gesamte Weisungsbefugnis und Hauptverantwortung liegt z. B. beim Inhaber, dem Komplementär einer KG, den Gesellschaftern einer OHG oder den Geschäftsführern einer GmbH bzw. UG (haftungsbeschränkt).

Das Direktorialprinzip, das aufgrund der Zentralisation der Entscheidungskompetenz eine straffere Führung ermöglicht, berücksichtigt, dass manche Entscheidung nur aus der Kenntnis aller betrieblichen Zusammenhänge heraus sinnvoll gefällt werden kann.

▶ Kollegialprinzip

Beim Kollegialprinzip werden Entscheidungen durch eine Gruppe von Personen, an der auch Vertreter des mittleren Managements beteiligt sein können, getroffen. Es liegt somit eine **Dezentralisation der Entscheidungsbefugnisse** vor. Häufig wird mit Mehrheit entschieden oder es werden nur gemeinsame Entscheidungen aller Beteiligten wirksam (Gesamtprokura).

Indem durch die Dezentralisation der Entscheidungsbefugnisse die oberste Leitungsebene eines Unternehmens entlastet wird, dürfte sich die Realisierung des Kollegialprinzips auch positiv auf die **Leistungsbereitschaft und Motivation** der Mitarbeiter auswirken.

4.3.2.2 Ablauforganisation zur Gestaltung unternehmerischer Prozesse

Bereits durch die Aufbauorganisation erhält ein Unternehmen seine grundlegende Struktur und damit seinen organisatorischen Handlungsrahmen. Aufgaben (Haupt- und Teilaufgaben) werden festgelegt, Tätigkeiten einzelnen Stellen und Abteilungen (somit auch bestimmten Mitarbeitern) zugeordnet und Zuständigkeiten geregelt.

Damit ist aber noch keine ausreichende Voraussetzung geschaffen, die Unternehmensziele erfüllen zu können. Die dazu notwendigen einzelnen Arbeitsvorgänge müssen so geordnet werden, dass ein möglichst reibungsloser Betriebsablauf gewährleistet werden kann. Diese Aufgabe übernimmt die **Ablauforganisation.** Sie soll eine sinnvolle Gestaltung der einzelnen Arbeitsprozesse ermöglichen, indem die inhaltliche, zeitliche und räumliche Abfolge von Arbeitsschritten und damit das Zusammenwirken von Mitarbeitern, Betriebsmitteln und Arbeitsgegenständen nach den Wirtschaftlichkeitsanforderungen festgelegt wird. Je häufiger sich ein Arbeitsablauf wiederholt, desto notwendiger ist es, Arbeitsgangfolgen festzulegen sowie zeitliche Belastungen und kürzeste Durchlaufzeiten zu ermitteln.

Überlegungen zur inhaltlichen, zeitlichen und räumlichen Abfolge von Arbeitsschritten können etwa für:

- den Produktionsprozess, bei dem die Bearbeitung vorhandener Aufträge auf die maschinelle und personelle Ausstattung des Betriebes ausgerichtet werden muss;
- die Bearbeitung von Anfragen, Bestellungen und Rechnungen;
- die Durchführung der Inventur;
- die Einstellung neuer Mitarbeiter;
- die Abwicklung von Entgeltzahlungen

erforderlich werden.

Ziel der Ablauforganisation ist es, eine möglichst kurze (optimale) Durchlaufzeit für einen Bearbeitungsvorgang im Betrieb zu erreichen (Minimierung der Durchlaufzeiten). Das setzt voraus, dass ein Bearbeitungsobjekt nahtlos von Stelle zu Stelle weitergeleitet werden kann. Die Aufgabenträger müssen bereitstehen. Kann die geplante Abfolge nicht eingehalten werden, kommt es zu ungenutzten Kapazitäten. Sofern andernfalls die Aufgabenträger überlastet sind, führt dies zu Stauungen im Arbeitsablauf. Beide Ziele, sowohl die **Minimierung der Durchlaufzeiten** als auch die **Maximierung der Kapazitätsauslastung,** sind oft nicht miteinander vereinbar. Man spricht dann vom **Dilemma (Zwangslage) der Ablaufplanung.**

4.3.2.2.1 Elemente der Ablauforganisation

Je nachdem, ob sich organisatorische Überlegungen zu Arbeitsabläufen an inhaltlichen, zeitlichen oder räumlichen Aspekten orientieren, lassen sich folgende Elemente der Ablauforganisation unterscheiden.

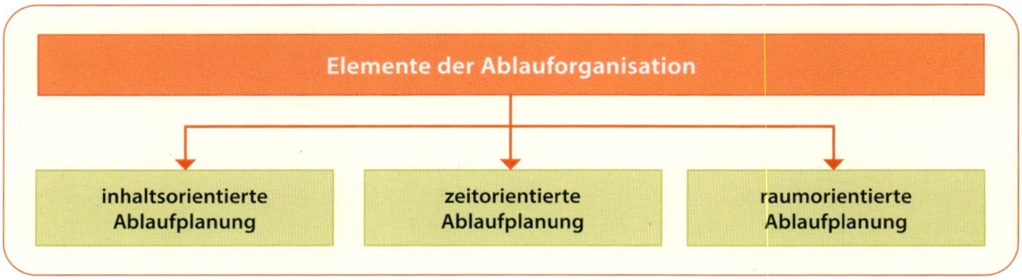

▶ Inhaltsorientierte Ablaufplanung

Im Rahmen einer inhaltsorientierten Ablaufplanung ist zu unterscheiden,

- welche Einzelverrichtungen zur Erfüllung einer (Teil-)Aufgabe notwendig sind,
- in welcher Reihenfolge die Einzelverrichtungen ausgeführt werden sollen und
- wie die Einzelverrichtungen miteinander zu verbinden sind.

> Eine inhaltsorientierte Ablaufplanung zu der im Rahmen der Aufbauorganisation festgelegten Teilaufgabe „Rechnungsausstellung“ könnte durch folgende Einzelverrichtungen beschrieben werden.
>
> **Aufbauorganisation** ↓ Teilaufgabe: Rechnungsausstellung →
>
> **Ablauforganisation** ↓ Verrichtungen:
> - Rechnung schreiben
> - Prüfung der Rechnung
> - Kopien erstellen und ablegen
> - Original durch Poststelle an Kunden absenden

▶ Zeitorientierte Ablaufplanung

Neben der Festlegung der Verrichtungen und ihrer Abfolge muss zur Gewährleistung einer effektiven Tätigkeitsabfolge die zeitliche Komponente Beachtung finden. Erst damit wird es möglich, die Leistungen innerhalb einer Abteilung und zwischen allen Stellen zeitlich so zu koordinieren, dass Aufgaben wirtschaftlich und termingerecht erfüllt werden können.

Dazu werden z.B. durch Zeitstudien die für die einzelnen Arbeitsverrichtungen tatsächlich benötigten Arbeitszeiten **(Ist-Zeiten)** ermittelt, indem jede Arbeit in getrennte, deutlich voneinander unterscheidbare Elemente zerlegt wird **(Arbeitsanalyse).** In einem weiteren Schritt wird zur Sicherung eines reibungslosen Ablaufs untersucht, ob die Arbeitsverrichtungen quantitativ und qualitativ sinnvoll aufeinander abgestimmt sind **(Arbeitssynthese).** Auf diese

Weise wird die „ideale" **Soll-Zeit** entwickelt. Ein Vergleich zwischen Soll- und Ist-Zeit offenbart Zeitabweichungen, lässt die Ursachen erkennen und erlaubt so schließlich die Beseitigung der Mängel.

Ein Werkzeugmaschinenhersteller fertigt die drei Produktsorten P_1, P_2 und P_3. Technologisch bedingt müssen die Produktsorten zwei unterschiedliche Maschinen M_1 und M_2 durchlaufen, wobei alle Sorten zunächst auf der Maschine M_1 und erst im Anschluss daran auf der Maschine M_2 bearbeitet werden. Sortenwechselzeiten für die Umstellung der beiden Maschinen auf die Produktsorten entstehen nicht. Folgende **Maschinenbelegungszeiten** fallen beim Fertigungsprozess an:

Produktsorten	**Maschinenbelegungszeiten** (in Minuten)	
	M_1	M_2
P_1	4	6
P_2	8	3
P_3	2	2

Durch Balkendiagramme werden für die im Unternehmen realisierte **Bearbeitungsreihenfolge: P_2 P_3 P_1** folgende *Ist-Zeiten* ermittelt:

- Zeit von der Bearbeitung der ersten Sorte bis einschließlich Ende der Bearbeitung der letzten Sorte **(Gesamtdurchlaufzeit aller Produktsorten)**
- Zeit sämtlicher Produktsorten, in der P_1, P_2 und P_3 vor den Maschinen warten **(Gesamtliegezeit aller Produktsorten)**
- Zeit, in der die Maschinen M_1 und M_2 auf die Bearbeitung der Produktsorten P_1, P_2 und P_3 warten **(Gesamtbrachzeit der Maschinen)**

Bearbeitungsreihenfolge: P_2 P_3 P_1

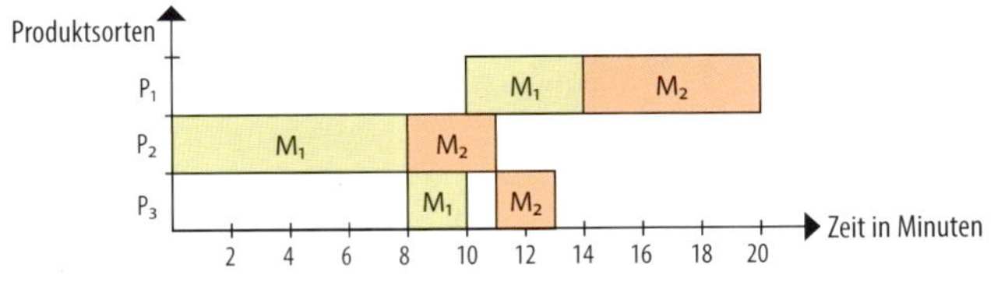

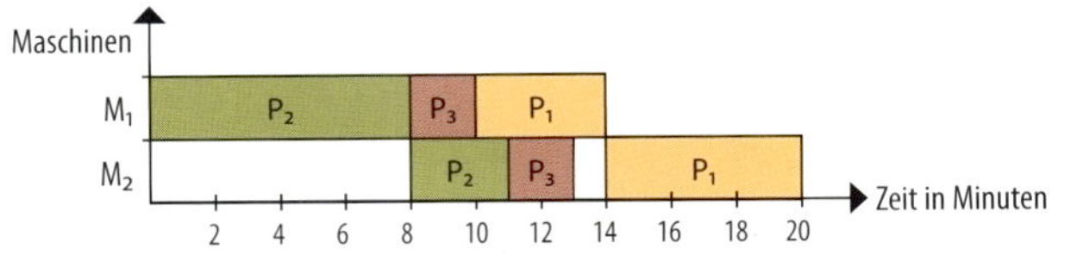

Gesamtdurchlaufzeit aller Produktsorten:	20 Minuten
Gesamtliegezeit aller Produktsorten:	35 Minuten
Gesamtbrachzeit der beiden Maschinen:	15 Minuten

Die kritische Untersuchung der zeitlichen Ablaufplanung ergibt aber eine wesentlich effektivere Bearbeitungsreihenfolge, die zu folgenden *Soll-Zeiten* führt:

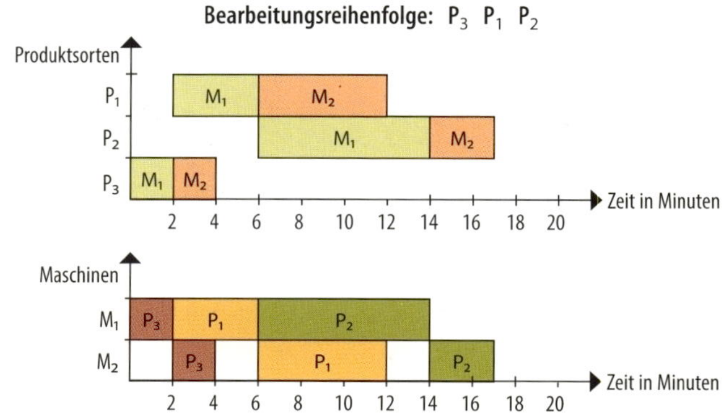

Gesamtdurchlaufzeit aller Produktsorten:	17 Minuten
Gesamtliegezeit aller Produktsorten:	26 Minuten
Gesamtbrachzeit der beiden Maschinen:	9 Minuten

Insgesamt kann also durch eine sinnvollere Bearbeitungsreihenfolge die Gesamtdurchlaufzeit um 3 Minuten, die Gesamtliegezeit aller Produktsorten um 9 und die Gesamtbrachzeit der Maschinen um 6 Minuten reduziert werden.

▶ Raumorientierte Ablaufplanung

Raumorientierte Planungen haben das Ziel, in Abhängigkeit von der durchzuführenden Aufgabe, Räumlichkeiten (Büroräume und Werkstätten, Läger und Kontrollstellen) und Betriebsmittel (Roh-, Hilfs- und Betriebsstoffe, Maschinen, Bürogeräte) in jeweils möglichst günstige Anordnungen zu bringen und den einzelnen Arbeitsplatz optimal zu gestalten. Damit wird die Übersichtlichkeit des Arbeitsablaufes gewährleistet, es werden kurze Durchlaufzeiten und kleine Förderwege erzielt und die bestmögliche Anpassung einzelner Arbeitsplätze an die jeweilige Arbeitsaufgabe wird erreicht. So sollten z. B. zu bearbeitende Werkstücke von Abteilung zu Abteilung wandern können, ohne dass sich ihre Wege ständig kreuzen. Zwischenläger und aufwendige Transporteinrichtungen werden eingespart, der Zeitaufwand wird verkürzt und damit die Durchlaufzeit minimiert.

In einem Industriebetrieb fallen die zur Erstellung eines Werkstückes notwendigen Arbeiten in der Regel in folgender Reihenfolge an: Transport vom Lager, Drehen, Fräsen, Bohren, Schleifen, Endkontrolle/Verpackung, Versand.

Die bisherige Zuordnung der Abteilungen lässt folgende Struktur mit einer Gesamttransportzeit von 56 Minuten erkennen:

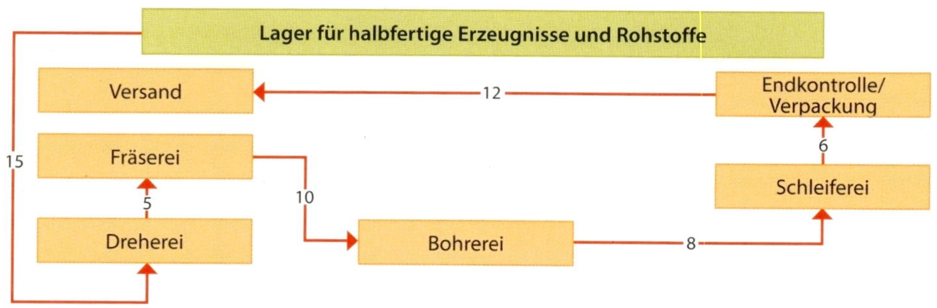

Um die Durchlaufzeit zu verringern, werden die einzelnen Abteilungen in folgender Weise räumlich umorganisiert:

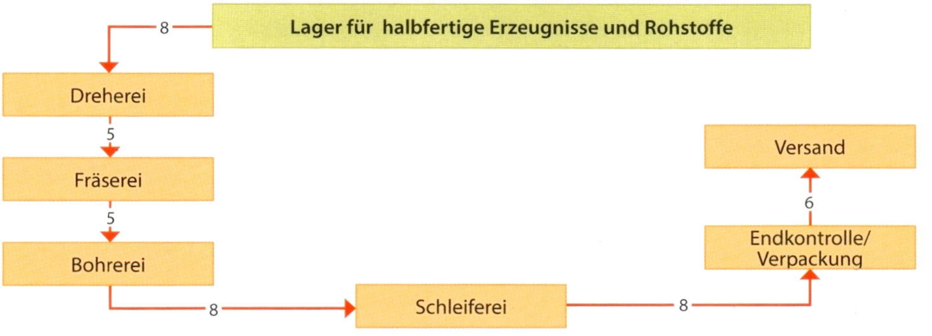

Damit wird die benötigte Transportzeit auf 40 Minuten verringert.

4.3.2.2.2 Darstellungsmöglichkeiten von Arbeitsabläufen

Die Darstellung von Arbeitsabläufen hilft, Schwachstellen in der geplanten Arbeitsdurchführung aufzuzeigen, unnötige Doppelarbeiten zu vermeiden, Zeitersparnisse zu erreichen und den Mitarbeitern eine verbindliche Arbeitsanweisung zu erteilen. Aus Ablaufdarstellungen sollte deutlich werden, wann, wo, mit welchen Hilfsmitteln, in welcher Reihenfolge und mit welcher zeitlichen Dauer einzelne Arbeitsvorgänge erledigt werden sollten.

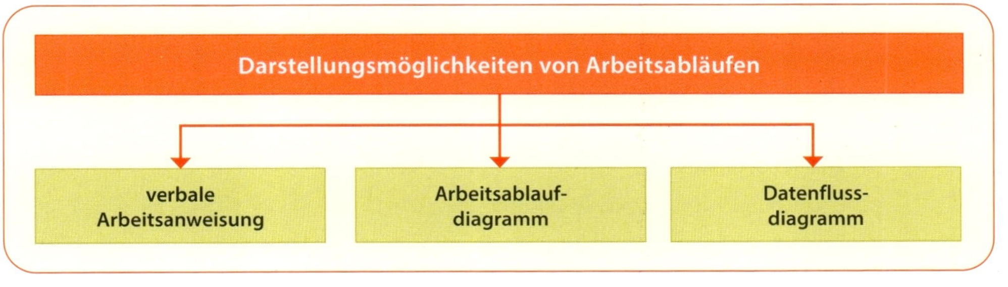

▶ Verbale Arbeitsanweisung

Verbale Ablaufdarstellungen sind in der Regel wenig übersichtlich und klar. Aus ihnen geht nicht mit einem Blick hervor, welcher Schritt dem vorherigen folgen soll und wie die einzelnen Bestandteile der Arbeitsdurchführung verbunden sind.

Ausschreibung der Stelle in den entsprechenden Tageszeitungen. Eingehende Bewerbungen werden vom zuständigen Sachbearbeiter kontrolliert. Sind alle notwendigen Voraussetzungen erfüllt, werden die Bewerber schriftlich zum Vorstellungsgespräch eingeladen. Dieses Gespräch führt die einstellende Abteilung. Eine weitere Vorauswahl wird getroffen. Die infrage kommenden Bewerber werden zur betriebsärztlichen Untersuchung geladen, und für ihre Einstellung wird die Zustimmung des Betriebsrates eingeholt. Die endgültige Entscheidung trifft die einstellende Abteilung. Ein schriftliches Angebot zur Einstellung ergeht an den Bewerber.

▶ Arbeitsablaufdiagramm

Beim Arbeitsablaufdiagramm werden die einzelnen Arbeitsschritte durch **Symbole** dargestellt. Zusätzlich können Angaben zu den Sollzeiten eingetragen werden. Die Übersicht ist klar und knapp. Allerdings gelingt es kaum, Arbeitskreisläufe oder verzweigte Abläufe abzubilden.

Die zur Erstellung gebräuchlichen Symbole sind:

Symbol	Bedeutung
○	Tätigkeit, Bearbeitung, Operation
⇨	Transport
□	Kontrolle, Überprüfung
D	Unterbrechung, Verzögerung, Wartezeit, Puffer
▽	Lagerung, Ablage, Archivierung

Abt. Personalwesen
aufgen. von: Kraus
Datum: 18. 09. 20 . .

Lfd. Nr.	Arbeitsvorgang	Bearbeitung	Transport	Überprüfung	Verzögerung	Lagerung	Zeit
1.	Ausschreibung der Stelle	●	⇨	□	D	▽	30 Tage
2.	Eingang der Bewerbungen	○	⇨	□	◗	▽	
3.	Eingehende Bewerbungen werden überprüft	○	⇨	■	D	▽	3 Tage
4.	Einladungen zum Vorstellungsgespräch	●	⇨	□	D	▽	7 Tage
5.	Vorstellungsgespräch	●	⇨	□	D	▽	1 Tag
6.	weitere Vorauswahl	○	⇨	■	D	▽	1 Tag
7.	Einladung zur betriebsärztlichen Untersuchung	●	⇨	□	D	▽	7 Tage
8.	betriebsärztliche Untersuchung	○	⇨	■	D	▽	1 Tag
9.	Zustimmung des Betriebsrates	●	⇨	□	D	▽	1 Tag
10.	Entscheidung über Einstellung	○	⇨	■	D	▽	1 Tag
11.	Angebot zur Einstellung	●	⇨	□	D	▽	7 Tage
12.	Vorgang auf Wiedervorlage	○	⇨	□	D	▼	

▶ Datenflussdiagramm

Aus dem Datenflussdiagramm wird zusätzlich die Aufteilung einzelner Arbeitsschritte auf die beteiligten Abteilungen deutlich. Übernommene Aufgaben und Verantwortungsbereiche werden erkennbar.

Erläuterung / Stelle	Personal-abteilung	Einkauf	Betriebsarzt	Betriebsrat
Ausschreibung	□			
Bewerbungseingang	□			
Überprüfung der Bewerber		□		
Einladung zum Vorstellungsgespräch	□			
Vorstellungsgespräch		□		
weitere Vorauswahl		□		
Einladung zur betriebsärztlichen Untersuchung	□			
betriebsärztliche Untersuchung			□	
Zustimmung des Betriebsrates				□
Entscheidung über Einstellung		□		
Angebot zur Einstellung	□			
Vorgang auf Wiedervorlage	□			

4.3.3 Modell des Regelkreises zur Darstellung organisatorischer Prozesse

Die zunächst nur für technische Systeme entwickelten Regelkreise sind Systeme, die die Fähigkeit zur automatischen Regelung besitzen, sodass ein bestimmtes Niveau immer aufrechterhalten bleibt.

> So ist es möglich, die Temperatur eines Raumes konstant auf dem Niveau von 22 °C zu halten, indem die Zentralheizungsanlage des Wohnhauses mithilfe von Heizkörperthermostaten automatisch gesteuert und geregelt wird. Diese vorhandene Regeleinrichtung des Systems bewirkt, dass sich bei Über- oder Unterschreitung der gewünschten Zimmertemperatur das Heizungsventil schließt oder öffnet.

Das Modell des Regelkreises kann auch auf organisatorische Prozesse eines Unternehmens übertragen werden. Eine solche Betrachtungsweise gestattet es, den Ablauf betrieblicher Prozesse (z.B. im Rahmen eines **einfachen Regelkreislaufes)** als ein sich selbst steuerndes und regelndes System zu veranschaulichen. Dabei finden folgende Begriffe Verwendung:

- Die **Führungsgröße** stellt den angestrebten Sollwert des Systems dar.
- Die **Regelstrecke** entspricht den Maßnahmen, die innerhalb des Regelkreises (betriebliches Entscheidungsfeld) getroffen werden können, um die Führungsgröße zu erreichen.
- **Störgrößen** umfassen alle inner- und außerbetrieblichen Faktoren, die sich erschwerend auf die Erreichung der Führungsgröße auswirken, weil das betriebliche Entscheidungsfeld (Regelstrecke) gestört wird.
- Das **Messwerk (Rezeptor)** gibt Informationen über den Istzustand der Regelstrecke an das Regelwerk weiter.

- Das **Regelwerk** vergleicht die Informationen des Messwerkes mit dem angestrebten Sollwert des Systems. Eine eventuell bestehende Abweichung des Istzustandes vom Sollwert wird an das Stellwerk gemeldet.
- Das **Stellwerk (Effektor)** greift in die Regelstrecke ein und beseitigt die Abweichung durch eine Korrektur des Systems, indem es die Stellgröße verändert.
- Die **Stellgröße** stellt die Gestaltungsmaßnahme dar, durch die der Istzustand mit dem Sollwert in Übereinstimmung gebracht werden kann.

Allerdings ist dieser einfache Regelkreislauf erst dann geschlossen, wenn das Messwerk den neuen Istzustand, der sich jetzt aufgrund der vorgenommenen Korrektur mit dem Sollwert deckt, im Rahmen einer **Rückkoppelung** an das Regelwerk meldet. Erst diese Rückkoppelung bewirkt letztlich die Fähigkeit des in sich geschlossenen Regelsystems „Unternehmen" zur automatischen Regelung.

Sollten jedoch die Gestaltungsmaßnahmen des Systems (Stellgrößen) nicht mehr ausreichen, um den angestrebten Sollwert zu erreichen, bedarf es in aller Regel einer Änderung der Führungsgröße.

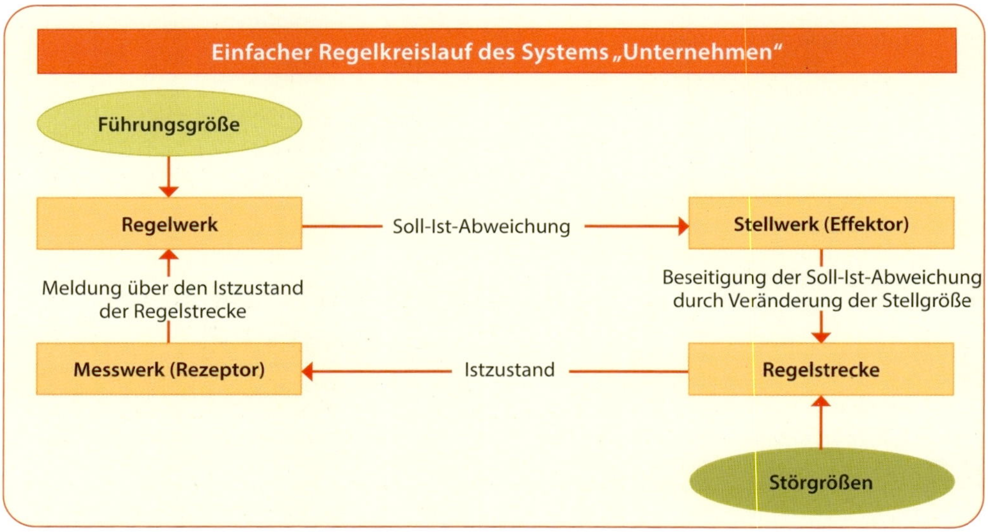

Einfacher Regelkreis

Die Geschäftsleitung einer Aktiengesellschaft legt als **Führungsgröße** eine 10 %ige Umsatzsteigerung für das nächste Jahr fest. Maßnahmen zur Erreichung dieser Sollgröße **(Regelstrecke)** sind Entscheidungen etwa in den Bereichen der

- Produkt- und Sortimentsgestaltung (Produktelimination, -diversifikation usw.)
- Preispolitik
- Werbung (Erhöhung des Werbeetats, Maßnahmen der Verkaufsförderung usw.).

Als außerbetriebliche **Störgrößen** können sowohl sämtliche Aktivitäten der Konkurrenz, die eine Realisierung der Führungsgröße beeinträchtigen, betrachtet werden als auch Veränderungen im Kundenverhalten. Innerbetrieblich können sich z. B. inter- bzw. intrapersonale Konflikte, mangelnde Koordination bzw. Konkurrenz zwischen einzelnen Abteilungen oder fehlende Motivation oder Leistungsbereitschaft einzelner Mitarbeiter erschwerend auf die Erreichung des Soll-Wertes auswirken.

Das betriebliche Rechnungswesen liefert als **Messwerk** Informationen durch artikel-, personen- oder abteilungsbezogene Umsatz- und Verkaufsstatistiken. Die Geschäftsleitung als Entscheidungsträger **(Regelwerk)** wertet die Statistiken aus und veranlasst bei Abweichungen des Ist-Wertes vom angestrebten Soll-Wert über das **Stellwerk** (wie z.B. den Leiter der Abteilung „Werbung") eine entsprechende Korrektur. Die von der Werbeabteilung realisierte Gestaltungsmaßnahme stellt die **Stellgröße** dar, indem zusätzlich zu den Werbeanzeigen in der Zeitung Handzettel an die umliegenden Haushalte verteilt werden.

Zusammenfassung

Organisation als Gestaltung unternehmerischer Strukturen und Prozesse

Organisation

System von Regelungen, nach dem die Struktur und der Ablauf eines Unternehmens gestaltet wird durch Herstellung einer Ordnung zwischen Mitarbeitern, Mitarbeitern und Sachmitteln sowie Sachmitteln und Sachmitteln

Vorausetzungen

- **Teilbarkeit von Aufgaben**
  - personell
  - zeitlich
- **Wiederholbarkeit gleicher oder ähnlicher Aufgaben**

Aufgabenbereiche

- **generelle Regelungen** für stets wiederkehrende gleichbleibende Aufgaben
- **fallweise Regelungen** für vorhersehbare, aber nicht in jeder Einzelheit wiederkehrende Aufgaben
- **Improvisationen** für ungewöhnliche, unerwartete oder neuartige spontane Ereignisse

Gestaltungsgrundsätze

- **Zweckmäßigkeit,** d.h. Organisation dient dem Unternehmensziel
- **Wirtschaftlichkeit,** d.h. Ermöglichung kostengünstiger Strukturen und Abläufe
- **organisatorisches Gleichgewicht** zwischen Stabilität und Elastizität
- **Koordination,** d.h. Abstimmung für eine reibungslose Zusammenarbeit aller Stellen im Betrieb

Aufbauorganisation

Gestaltung unternehmerischer Strukturen

Phasen

- **Aufgabenanalyse:** Aufgliederung der Gesamtunternehmensaufgabe in Haupt- und Teilaufgaben
- **Aufgabensynthese:** Zusammenfassung von Teilfunktionen und Stellen- bzw. Abteilungsbildung
- **Aufgabenverteilung:** Zuweisung bestimmter Aufgaben an einzelne Personen
- **Weisungssysteme:** Bestimmung von Entscheidungs- und Weisungsbefugnissen

Arten

- **funktionsorientierte** Gliederung nach Sachbereichen
- **personenorientierte** Gliederung nach spezifischen Qualifikationen der Stelleninhaber

Weisungssysteme

- **Liniensystem**
- **Funktionssystem**
- **Stabliniensystem**

Entscheidungssysteme

- **Direktorialprinzip** (Zentralisation)
- **Kollegialprinzip** (Dezentralisation)

Ablauforganisation

Gestaltung unternehmerischer Prozesse mit dem Ziel, möglichst kurze Durchlaufzeiten für betriebliche Bearbeitungsvorgänge zu erreichen

Elemente

- **inhaltsorientiert:** Festlegung der Einzelverrichtungen einer Aufgabe, ihrer Reihenfolge und ihrer Verbindungen
- **zeitorientiert:** zeitliche Koordination zur wirtschaftlichen und termingerechten Erfüllung einer Aufgabe durch Festlegung von Soll-Zeiten und Vergleich mit den Ist-Zeiten
- **raumorientiert:** möglichst günstige Anordnung von Räumlichkeiten und Betriebsmitteln in Abhängigkeit von der durchzuführenden Aufgabe

Darstellungsmöglichkeiten

- **verbale Arbeitsanweisung**
- **Arbeitsablaufdiagramm**
- **Datenflussdiagramm**

Regelkreis

Modell zur Darstellung organisatorischer Prozesse im Unternehmen

- **Führungsgröße**
- **Regelstrecke**
- **Störgrößen**
- **Messwerk (Rezeptor)**
- **Regelwerk**
- **Stellwerk (Effektor)**
- **Stellgröße**

Aufgaben 21

(1) Erläutern Sie die Begriffe Struktur und Organisation!

(2) Geben Sie jeweils ein Beispiel für eine formale und eine informale Organisation in Ihrem Ausbildungsbetrieb!

(3) Entscheiden Sie, in welchen der folgenden Fälle generelle Regelungen, fallweise Regelungen oder Improvisationen getroffen werden sollten!

a) Überraschend kann ein Unternehmen einen bedeutsamen Auftrag übernehmen, allerdings nur unter der Voraussetzung, dass mit der Fertigung sofort begonnen wird.

b) Die Lagerhaltung eines Unternehmens verfolgt das Ziel, jederzeit benötigte Güter anbieten zu können, den Bestand jedoch aus Wirtschaftlichkeitsgesichtspunkten so gering wie möglich zu halten.

c) Der Einkäufer eines Bekleidungshauses hat im Rahmen des ihm zur Verfügung stehenden Budgets die Möglichkeit, die Kollektion in eigener Verantwortung zusammenzustellen und zu ordern.

(4) Nennen Sie jeweils ein Beispiel für die zeitliche und personelle Teilbarkeit von Aufgaben sowie für die Wiederholbarkeit gleicher oder ähnlicher Aufgaben!

(5) Erläutern Sie das organisatorische Gleichgewicht eines Unternehmens und die Folgen, die sich durch Unter- oder Überorganisation ergeben können!

(6) *Der Inhaber eines Unternehmens, der sehr häufig Geschäftsreisen durchführt, hat sich gegenüber seinen Mitarbeitern vorbehalten, dass sämtliche Auftragsannahmen und alle notwendigen Einkäufe von ihm abgezeichnet werden. Darüber hinaus besteht er darauf, die Arbeitsverteilung auf die einzelnen Mitarbeiter stets selbst neu vorzunehmen.*

Beurteilen Sie diese Vorgehensweise hinsichtlich Zweckmäßigkeit, Wirtschaftlichkeit und Koordination organisatorischer Maßnahmen!

(7) *Grenzen Sie die Begriffe Aufbau- und Ablauforganisation gegeneinander ab!*

(8) *Unterscheiden Sie die verschiedenen Phasen der Aufbauorganisation!*

(9) *Stellen Sie Vor- und Nachteile einer funktionsorientierten und einer personenorientierten Aufbauorganisation gegenüber!*

(10) *Worin sehen Sie die Vor- und Nachteile eines zentralisierten (Direktorialprinzip) und eines dezentralisierten (Kollegialprinzip) Entscheidungssystems im Unternehmen?*

(11) *Beschreiben Sie die Weisungssysteme, die in folgenden Beispielen angesprochen werden!*

a) *Der Inhaber eines Einzelunternehmens beauftragt seinen Einkaufsleiter mit der Beschaffung eines neuen Lastkraftwagens; dieser gibt den Auftrag an den Sachbearbeiter für den Bereich Fuhrpark weiter.*

b) *Ein Mitarbeiter der Abteilung Datenverarbeitung erhält den Auftrag, den Umsatz des Unternehmens zu gliedern. Zur sinnvollen Durchführung dieser Aufgabe erhält der Mitarbeiter Weisungen aus den Abteilungen Rechnungswesen, Marketing und Einkauf, die jeweils auf ihre Zwecke ausgerichtete Anforderungen an die Strukturierung des Umsatzes stellen.*

c) *Das kaufmännische Vorstandsmitglied einer Aktiengesellschaft plant eine Vertragsabwicklung über die Errichtung einer Zweigniederlassung im Ausland. Mit der Ausarbeitung eines Vertragsentwurfs beauftragt er die seinem Ressort angegliederte Rechtsabteilung. Deren Empfehlung wird mit den übrigen Vorstandsmitgliedern abgestimmt. Im Anschluss daran erhält der Abteilungsleiter für den Außenhandel die Weisung zum Vertragsabschluss.*

(12) *Was versteht man unter dem Dilemma der Ablaufplanung?*

(13) *Entwerfen Sie für die betriebliche Teilaufgabe „Einstellung eines Mitarbeiters"*

a) *eine inhaltsorientierte Ablaufplanung und*

b) *eine zeitorientierte Ablaufplanung!*

(14) *Unterscheiden Sie die wesentlichen Methoden zur Darstellung von Arbeitsabläufen!*

(15) *Verdeutlichen Sie den Zusammenhang zwischen Aufbau- und Ablauforganisation!*

(16) *Beschreiben Sie die Bestandteile des Regelkreises!*

(17) *Stellen Sie die Wareneingangskontrolle eines Handelsbetriebes als Regelkreismodell dar!*

1 Zielsetzungen von Unternehmen

Wirtschaftliches Handeln ist stets bewusstes Handeln. Die dabei von Unternehmen verfolgten Zielsetzungen, die in zunehmendem Maße auch dem aktiven betrieblichen **Umweltschutz** (wie etwa eine ökologisch nachhaltig orientierte Materialbeschaffung oder eine verbesserte Recycling- und Entsorgungseignung von Erzeugnissen) Rechnung tragen, richten sich zunächst nach der grundsätzlichen Aufgabe, die es zu erfüllen gilt.

Grundsätzliche Zielsetzungen von Unternehmen

erwerbswirtschaftliches Ziel
- bestmögliche Verzinsung des eingesetzten Kapitals, d.h. Gewinnerzielung

gemeinwirtschaftliches Ziel
- Erfüllung staatlich vorgegebener Aufgaben, d.h. bestmögliche Versorgung der Bevölkerung mit Waren und Dienstleistungen nach dem Kostendeckungsprinzip

genossenschaftliches Ziel
- gegenseitige Unterstützung gleichberechtigter Mitglieder

Indem viele Unternehmen bei der Verfolgung ihrer erwerbswirtschaftlich, gemeinwirtschaftlich oder genossenschaftlich ausgerichteten Zielsetzung zunehmend auch Umweltaspekte gleichberechtigt mit wirtschaftlichen und auch sozialen Gesichtspunkten in Einklang zu bringen suchen, rückt das **Konzept des nachhaltigen Wirtschaftens (Nachhaltigkeit)** in den Fokus des unternehmerischen Handelns.

Unternehmen: So wichtig ist ihnen Nachhaltigkeit

Nachhaltige Entwicklung stellt einen kontinuierlichen Prozess dar, in dem die ökonomische, ökologische und soziale Dimension in Unternehmen immer wieder neu abgewogen werden.

Auf die Frage: „Welchen Stellenwert hat eine so verstandene Nachhaltigkeit für Ihr Unternehmen?" antworten so viel Prozent der Unternehmen

Nachhaltigkeit ist ein Bestandteil unseres Leitbildes	83
Nachhaltigkeit trägt zu Kostenreduktionen bei (z.B. Energie- und Materialeffizienz)	73
Nachhaltigkeit ist zur Erschließung von Zukunftsmärkten wichtig	65
Wir haben eine verantwortliche Stelle/Person für Nachhaltigkeitsbelange	62
Wir haben für uns konkrete Nachhaltigkeitsziele formuliert	60
Nachhaltigkeit ist für die Motivation der Mitarbeiter wichtig	60
Wir haben Nachhaltigkeit bereits mit unserem Kerngeschäft verknüpft (z.B. Entwicklung grüner Produkte oder Technologien)	59
Wir berücksichtigen Nachhaltigkeitsaspekte bei der Lieferantenauswahl	55
Wir kontrollieren regelmäßig die Erfüllung der Nachhaltigkeitsziele	52
Wir veröffentlichen einen Nachhaltigkeitsbericht	49
Nachhaltigkeit ist für unsere Unternehmensbewertung wichtig (Finanzmärkte)	43
Nachhaltigkeit ist für uns aufgrund kritischer Medienberichterstattung wichtig	37
Wir veröffentlichen keine Nachhaltigkeitsberichte, aber wir planen dies	10
Sonstiges	3

Mehrfachnennungen; Befragung von 157 Umweltexperten der Wirtschaft im März/April 2012
Quelle: IW-Umweltexpertenpanel

Institut der deutschen Wirtschaft Köln

Quelle: iw-dienst: Informationen aus dem Institut der deutschen Wirtschaft Köln, Nr. 24 vom 14. Juni 2012, S. 8

1.1 Ziele erwerbswirtschaftlicher Unternehmen

Erwerbswirtschaftliche Unternehmen sollen vorrangig die finanziellen Einkünfte und damit den Lebensstandard der Eigenkapitalgeber (z.B. Einzelunternehmer, Gesellschafter einer KG, OHG oder GmbH bzw. UG [haftungsbeschränkt], Anteilseigner einer AG) sichern. Zwar ist die **Gewinnerzielung** grundsätzliches Ziel aller privatwirtschaftlichen Unternehmen (in der Wirtschaftstheorie wird sogar unterstellt, dass alle Aktivitäten auf Gewinnmaximierung ausgerichtet seien), die langfristige Sicherung des Einzelunternehmens am Markt verlangt dabei aber die Beachtung weiterer Aspekte wie etwa:

- Erhaltung oder Erhöhung des **Marktanteils,**
- Ausbau der **Marktmacht,**
- **Kapazitätsausweitung** und **Umsatzsteigerung,**
- **Liquiditätssicherung,**
- **Kostensenkung,**
- Berücksichtigung **gesamtgesellschaftlicher Entwicklungen** (z.B. Umweltschutz),
- die Gewährleistung eines **qualifizierten Mitarbeiterstammes** (z.B. durch betriebliche Aus- und Fortbildung sowie durch freiwillige Sozialleistungen).

Die Verfolgung dieser unternehmerischen Einzelziele hat stets Auswirkungen auf den Einzelnen und die Gesamtgesellschaft.

- Die Erhöhung der Marktmacht großer Einzelhandelsunternehmen hat dazu geführt, dass kleinere Unternehmen vom Markt verschwanden. Die häufig am Stadtrand angesiedelten Einkaufszentren haben insofern Einfluss auf den Einzelnen, dass Einkäufe nicht täglich, sondern in größeren Abständen und mit größeren Einkaufsmengen pro Einkauf getätigt werden.
- Eine qualifizierte Berufsaus- und -fortbildung sichern gesamtwirtschaftlich den hohen Leistungsstandard der deutschen Wirtschaft und ermöglichen dem Einzelnen – neben einem größeren Handlungs- und Entscheidungsspielraum – ein höheres Einkommen.
- Entwickelt der Betreiber eines Kohlekraftwerkes ein neues Verfahren, um den Ausstoß an schädlichen Emissionen durch den Einsatz eines speziellen Filtersystems zu drosseln, eröffnet dieses technische Know-how gesamtwirtschaftliche Absatzmöglichkeiten im In- und Ausland. Für den Einzelnen ist der Einsatz einer solchen Technologie mit einer Verbesserung der Lebensqualität durch den geringeren Schadstoffanteil in der Luft verbunden.

Erwerbswirtschaftlich geführte Unternehmen verfolgen zwar in erster Linie das Ziel der bestmöglichen Verzinsung des eingesetzten Kapitals, tragen bei dieser Zielerreichung aber auch zur Erfüllung gemeinwirtschaftlicher Aufgaben bei. Ein mengen- und qualitätsmäßig ausreichendes Angebot an Gütern, die Aus- und Fortbildung breiter Bevölkerungsschichten, die Erhaltung bzw. Schaffung von Arbeitsplätzen oder die Umsetzung umweltpolitischer Notwendigkeiten liegen auch im gesamtgesellschaftlichen Interesse.

Nicht immer gelingt es allerdings, die zur Zielerreichung notwendigen unternehmerischen Mittel mit den Wünschen des Einzelnen in Übereinstimmung zu bringen. So kann u.a. eine aus betriebswirtschaftlichen Überlegungen notwendige Rationalisierungsmaßnahme (Mehreinsatz von Maschinen bei gleichzeitiger Freisetzung von Arbeitskräften) dem Ziel der Arbeitsplatzsicherung widersprechen.

Kennzahlen der Zielerreichung

Um Aussagen über den Erfolg eines Unternehmens am Markt (den Grad der Zielerreichung) machen zu können, bedarf es bestimmter Messgrößen. Datenmaterial für diese Kennzahlen liefert das betriebliche Rechnungswesen. Wichtige Kennzahlen sind Produktivität, Wirtschaftlichkeit, Rentabilität und Liquidität.

Produktivität

Das Verhältnis der mengenmäßigen Ausbringung (gemessen in Stück, kg, hl usw.) zum mengenmäßigen Einsatz der Produktionsfaktoren (Faktoreinsatz gemessen in Arbeitsstunden, Werkstoffen und Betriebsmitteln) wird als **Produktivität** bezeichnet.

$$\textbf{Produktivität} = \frac{\text{Ausbringungsmenge (Output)}}{\text{Faktoreinsatzmenge (Input)}}$$

Je nach Einsatzfaktor lassen sich folgende **Teilproduktivitäten** unterscheiden:

$$\textbf{Arbeitsproduktivität} = \frac{\text{Ausbringungsmenge (je Periode z. B. 1 Jahr)}}{\text{geleistete Arbeitsstunden (je Periode)}}$$

Durch den Einsatz verbesserter Fördermittel (z. B. Rutschen, Rollen) kann die zwischen den einzelnen Arbeitsschritten bestehende Taktzeit (Zeit, die eine Arbeitsverrichtung benötigt) einer Fließbandfertigung von 6 auf 5 Minuten verkürzt werden. Durch die Taktzeitverkürzung steigt die Menge der produzierten Werkstücke je Stunde von 10 auf 12 Einheiten. Die Arbeitsproduktivität je Stunde erhöht sich damit von 2,5 auf 3.

$$\textbf{Betriebsmittelproduktivität} = \text{z. B. } \frac{\text{Ausbringungsmenge (je Periode)}}{\text{Maschinenlaufzeit in Stunden (je Periode)}}$$

$$\textbf{Kapitalproduktivität} = \frac{\text{Ausbringungsmenge (je Periode)}}{\text{eingesetztes Kapital (je Periode)}}$$

Wirtschaftlichkeit

Die Erfolgsmesszahl aus dem Verhältnis von **Leistungen** (in Geld gemessene Ausbringungsmenge der im betrieblichen Prozess erstellten Wirtschaftsgüter) zu **Kosten** (in Geld gemessener Verzehr von wirtschaftlichen Gütern zur Erstellung und zum Absatz von Gütern) einer vergangenen Wirtschaftsperiode bezeichnet man als **Wirtschaftlichkeit.** Diese Größe gibt das Verhältnis von erbrachter Leistung zu den hierfür aufgewendeten Mitteln an. Auf diese Weise wird der Ergiebigkeits- und Sparsamkeitsgrad bei der Erstellung einer Leistung gemessen.

$$\textbf{Wirtschaftlichkeit} = \frac{\text{Leistung}}{\text{Kosten}}$$

Aus dem betrieblichen Rechnungswesen eines Herstellers genormter Kunststoffhaustüren lassen sich für die letzten drei Geschäftsjahre (01 bis 03) folgende **Daten** feststellen:

Geschäftsjahr	01	02	03
Mitarbeiterzahl	20	20	25
Lohn pro Arbeitsstunde	11,25 EUR	12,27 EUR	12,78 EUR
Gesamtarbeitsstunden	51 200	51 100	64 000
sonstige Kosten	55 000,00 EUR	42 500,00 EUR	60 000,00 EUR
Preis pro abgesetztem Gut	2 000,00 EUR	2 200,00 EUR	2 350,00 EUR
hergestellte und abgesetzte Einheiten	450	440	550

Die Berechnung der **Arbeitsproduktivitätskennzahlen**

$$\left(\frac{\text{Ausbringungsmenge pro Jahr}}{\text{geleistete Arbeitsstunden pro Jahr}}\right)$$

ergibt:

01	$\frac{450}{51\,200} = \mathbf{0{,}00879}$
02	$\frac{440}{51\,100} = \mathbf{0{,}00861}$
03	$\frac{550}{64\,000} = \mathbf{0{,}00859}$

Als **Wirtschaftlichkeitskennzahlen**

$$\left(\frac{\text{Leistung pro Jahr}}{\text{Kosten pro Jahr}}\right)$$

können ermittelt werden:

01	$\frac{900\,000}{631\,000} = \mathbf{1{,}43}$
02	$\frac{968\,000}{669\,497} = \mathbf{1{,}45}$
03	$\frac{1\,292\,500}{877\,920} = \mathbf{1{,}47}$

Obwohl die Arbeitsproduktivität abnimmt, konnte die Wirtschaftlichkeit gesteigert werden. Dieses Ergebnis ist auf den am Markt zu erzielenden höheren Verkaufspreis zurückzuführen, selbst bei steigenden Kosten der Leistungserstellung. Insgesamt hat sich das Verhältnis von Ausbringungsmenge zu geleisteten Arbeitsstunden verschlechtert, während das Verhältnis Leistung zu Kosten günstiger gestaltet werden konnte.

Rentabilität (Kapitalrentabilität)

Die Rentabilitätsberechnung gibt Aufschluss darüber, ob sich der Einsatz des Kapitals im Unternehmen gelohnt hat, also rentabel war. Die absolute Höhe des Jahresgewinns, die in der Gewinn- und Verlustrechnung als Ergebnis ausgewiesen wird, sagt hierzu nur wenig aus. Der Gewinn muss vielmehr prozentual zum **Kapital (Kapitalrentabilität)** bzw. zum **Umsatz (Umsatzrentabilität)** in Beziehung gesetzt werden.

Je nachdem, zu welcher Bezugsgröße der Gewinn ins Verhältnis gebracht wird, können verschiedene **Rentabilitätskennzahlen** unterschieden werden.

Kapitalrentabilität

Hierbei wird der Reingewinn eines Geschäftsjahres zum Eigenkapital oder zum Gesamtkapital in Beziehung gesetzt:

Eigenkapitalrentabilität

$$\textbf{Eigenkapitalrentabilität} = \frac{\text{Reingewinn x 100 \%}}{\text{Eigenkapital}}$$

Die Kennzahl gibt an, welche Rendite, also welche Verzinsung, das im Unternehmen eingesetzte Eigenkapital erzielt hat.

Gesamtkapitalrentabilität

$$\textbf{Gesamtkapitalrentabilität} = \frac{(\text{Reingewinn} + \text{Fremdkapitalzinsen}) \times 100\,\%}{\text{Gesamtkapital}}$$

Der Gewinn des Unternehmens wurde mit dem Gesamtkapital (Eigenkapital + Fremdkapital) erwirtschaftet. Insofern wird in dieser Berechnung auch der Gewinn mit dem eingesetzten Gesamtkapital verglichen. Da in der Gewinn- und Verlustrechnung der Gewinn zuvor um die Zinsen für Fremdkapital vermindert worden ist, müssen diese Zinsaufwendungen nun dem Gewinn hinzugerechnet werden.

Durch die Kennzahl zur Gesamtkapitalrentabilität ermittelt das Unternehmen, ob sich der Einsatz von Fremdkapital gelohnt hat. Dies ist dann der Fall, wenn die Eigenkapitalrentabilität größer ist als die Gesamtkapitalrentabilität. Die Aufnahme von Fremdkapital ist so lange sinnvoll, wie der dadurch erreichte Gewinnzuwachs größer als die Fremdkapitalzinsen ist.

Umsatzrentabilität

$$\textbf{Umsatzrentabilität} = \frac{\text{Reingewinn} \times 100\,\%}{\text{Umsatz}}$$

Bei dieser Rentabilitätsberechnung wird der Jahresgewinn zum Umsatz des Unternehmens in Beziehung gesetzt. Das Ergebnis zeigt den Prozentsatz des Reingewinns vom Umsatz.

Frau Berger beabsichtigt, ihre ersparten Mittel als Beteiligung an einer Aktiengesellschaft anzulegen. Dabei möchte sie ihre Entscheidung nicht nur vom derzeitigen Kurswert der Aktie abhängig machen, sondern sich zudem Informationen zur wirtschaftlichen Lage der Gesellschaft verschaffen. Aus den Jahresabschlüssen der letzten drei Jahre ermittelt sie die **Rentabilitätskennzahlen** (Zahlenangaben in 1 000 EUR):

Rentabilitätskennzahlen \ Geschäftsjahr	01	02	03
Eigenkapitalrentabilität $= \frac{\text{Gewinn} \times 100\,\%}{\text{Eigenkapital}}$	$\frac{-2\,910 \times 100\,\%}{19\,815}$ = **–14,69 %**	$\frac{-4\,906 \times 100\,\%}{14\,909}$ = **–32,91 %**	$\frac{+3\,425 \times 100\,\%}{18\,799}$ = **+18,22 %**
Gesamtkapitalrentabilität $= \frac{(\text{Gewinn} + \text{FK-Zinsen}) \times 100\,\%}{\text{Gesamtkapital}}$	$\frac{(-2\,910 + 2\,552) \times 100\,\%}{78\,048}$ = **–0,46 %**	$\frac{(-4\,906 + 2\,331) \times 100\,\%}{74\,619}$ = **–3,45 %**	$\frac{(+3\,425 + 2\,516) \times 100\,\%}{84\,041}$ = **+7,07 %**
Umsatzrentabilität $= \frac{\text{Gewinn} \times 100\,\%}{\text{Umsatz}}$	$\frac{-2\,910 \times 100\,\%}{107\,503}$ = **–2,71 %**	$\frac{-4\,906 \times 100\,\%}{103\,256}$ = **–4,75 %**	$\frac{+3\,425 \times 100\,\%}{125\,108}$ = **+2,74 %**

In den Geschäftsjahren 01 und 02 hat anstelle einer „angemessenen Verzinsung des eingesetzten Kapitals" ein „Kapitalverzehr" stattgefunden. Lediglich das Jahr 03 weist eine positive Rentabilität auf und deutet auf eine Trendwende in der wirtschaftlichen Lage des Unternehmens hin. Nachdem Frau Berger zusätzlich durch eine Gewinnanalyse erkennt, dass das positive Jahresergebnis 03 auf die Erhöhung des ordentlichen Betriebsergebnisses zurückzuführen ist, beschließt sie, die Beteiligung vorzunehmen.

Liquidität

Ein Unternehmen benötigt stets ausreichende finanzielle Mittel, um insbesondere seinen kurzfristigen Zahlungsverpflichtungen termingerecht nachkommen zu können. Zur Überprüfung einer gesicherten Zahlungsfähigkeit müssen **Liquiditätskontrollen** durchgeführt werden. Dabei unterscheidet man verschiedene **Stufen der Liquidität:**

- **Liquidität 1. Grades** *(Barliquidität)*

  Sie gibt Auskunft darüber, ob die **flüssigen Mittel** (Bargeld und Bankguthaben) ausreichen, um die sofort fälligen Verbindlichkeiten zu begleichen.

$$\textbf{Liquidität 1. Grades} = \frac{\text{flüssige Mittel} \times 100\,\%}{\text{kurzfristiges Fremdkapital}}$$

- **Liquidität 2. Grades** *(einzugsbedingte Liquidität)*

  Hierbei handelt es sich um **einzugsbedingte Mittel,** die erst durch Einzug zu flüssigen Mitteln werden (Forderungen gegen Kunden), sie dienen zum Ausgleich kurzfristiger Verbindlichkeiten.

$$\textbf{Liquidität 2. Grades} = \frac{(\text{flüssige Mittel} + \text{Forderungen}) \times 100\,\%}{\text{kurzfristiges Fremdkapital}}$$

- **Liquidität 3. Grades** *(umsatzbedingte Liquidität)*

  Dies sind Bestandteile des Umlaufvermögens, die als **umsatzbedingte Mittel** erst durch Verkauf zu flüssigen Mitteln werden (Warenvorräte). Hierdurch wird die Zahlungsbereitschaft über einen mittelfristigen Zeitraum gesichert.

$$\textbf{Liquidität 3. Grades} = \frac{\text{Umlaufvermögen} \times 100\,\%}{\text{kurzfristiges Fremdkapital}}$$

Ein Unternehmen weist in der Bilanz des letzten Geschäftsjahres folgende Warenbestände, Forderungen, Barmittel und Bankguthaben (als Umlaufvermögen) sowie sofort fällige und kurzfristige Verbindlichkeiten (als kurzfristiges Fremdkapital) aus:

Bilanz (in 1 000 EUR)

Aktiva		Passiva	
.		.	
.		.	
.		.	
Warenbestand	4 650	Verbindlichkeiten aus Lieferungen und Leistungen	19 150
Forderungen aus Lieferungen und Leistungen	11 357	sonstige kurzfristige Verbindlichkeiten	8 153
Kassenbestand	75		
Bankguthaben	8 179		
.		.	
.		.	
.		.	
	49 118		49 118

Die Liquiditätskontrolle (2. Grades) ergibt:

$$\frac{19\,611 \text{ EUR} \times 100\,\%}{27\,303 \text{ EUR}} = \underline{\underline{71{,}83\,\%}}$$

Für dieses Unternehmen kann also eine **Unterdeckung** und damit eine **Finanzierungslücke** festgestellt werden. **28,17 %** des kurzfristigen Fremdkapitals sind nicht mit zeitlich entsprechend zu erwartenden Forderungseingängen abgedeckt. Eine Umwandlung der sonstigen kurzfristigen Verbindlichkeiten in mittel- oder langfristige Verbindlichkeiten scheint geboten.

▶ Kennzahlenvergleich

Die einzelnen Kennzahlen besitzen allein wenig Aussagekraft zur Beschreibung der wirtschaftlichen Lage eines Unternehmens. Erst im Rahmen von Vergleichen verschiedener Perioden (betriebsinterner Vergleich) oder zwischen branchengleichen Unternehmen (betriebsexterner Vergleich) werden die Kennzahlen aussagefähig und geben der Unternehmensleitung Aufschluss über den Grad der Zielerreichung.

Sie ermöglichen es, geeignete Maßnahmen einzuleiten, damit bei unerwünschter Wirtschaftsentwicklung gegengesteuert werden kann. So wäre es denkbar, den Absatz auszuweiten (Preispolitik, Werbung u. a.), die Kostenstruktur zu ändern, zusätzliche finanzielle Mittel zu beschaffen oder das Produktions- bzw. Vertriebsprogramm umzustellen.

1.2 Ziele gemeinwirtschaftlicher Unternehmen

Gemeinwirtschaftliche Zielsetzung ist die Erfüllung öffentlicher Aufgaben, d. h. die **Deckung des Bedarfs** der Bevölkerung an bestimmten Waren und Dienstleistungen.

- Versorgung mit Gas, Wasser und Elektrizität (allerdings nur durch öffentlich-rechtliche Anbieter wie z. B. Stadtwerke)
- Aufrechterhaltung der Kranken- und Altersversorgung (z. B. durch die AOK und die Deutsche Rentenversicherung Bund)
- Bereitstellung von Bildungs-, Ausbildungs- und Informationsangeboten (z. B. durch Universitäten, Theater, Industrie- und Handelskammern, ZDF und ARD)

Zur Durchführung ihrer Aufgaben, eine bestmögliche Versorgung der Gemeinschaft in bestimmten Bereichen zu sichern, müssen sich gemeinwirtschaftliche Betriebe häufig damit begnügen, die Kosten zu decken **(Prinzip der Kostendeckung)** oder sie sind sogar auf **Zuschüsse** der öffentlichen Hand angewiesen. Allerdings ist die Erzielung von Gewinn nicht grundsätzlich ausgeschlossen. Häufig werden in Teilbereichen Gewinne erwirtschaftet (z. B. bei Elektrizitäts-, Gas- und Wasserwerken), die für Ersatz- und Erweiterungsinvestitionen dienen bzw. zur Deckung von Verlusten (z. B. städtische Verkehrsbetriebe) herangezogen werden.

1.3 Ziele genossenschaftlicher Unternehmen

Als genossenschaftliches Ziel steht nicht die Gewinnerzielung, sondern die **Selbsthilfe** der Mitglieder (Genossen) durch gegenseitige Förderung im Mittelpunkt wirtschaftlicher Tätigkeit (etwa bei Einkaufs-, Produktions-, Absatz- oder Kreditgenossenschaften). Erzielte Gewinne werden häufig in die Rücklagen eingestellt, um den Betrieb der Genossenschaft in möglichen Problemsituationen der Zukunft zu sichern (vgl. Seite 162).

▶ Zusammenfassung

Wirtschaftliche Zielsetzungen von Unternehmen

Erwerbswirtschaftliche Unternehmen

- **Gewinnstreben (erwerbswirtschaftliches Prinzip)**
  - **Produktivität:** Verhältnis von mengenmäßiger Ausbringung zu mengenmäßigem Einsatz von Produktionsfaktoren
  - **Wirtschaftlichkeit:** Verhältnis von Leistungen zu Kosten bei der Erstellung und Verwertung von Waren und Dienstleistungen
  - **Rentabilität:** Verhältnis von erwirtschaftetem Gewinn zu eingesetztem Kapital
  - **Liquidität:** Verhältnis von Vermögensteilen zu kurzfristigem Fremdkapital

Gemeinwirtschaftliche Unternehmen

- **Bedarfsdeckung** (gemeinwirtschaftliches Prinzip)

Genossenschaftliche Unternehmen

- **Unterstützung zur Selbsthilfe der Mitglieder** (genossenschaftliches Prinzip)

Aufgaben 22

(1) Erläutern Sie den grundlegenden Unterschied in den Zielsetzungen erwerbswirtschaftlicher und gemeinwirtschaftlicher Unternehmen!

(2) Welche „Unterziele" werden erwerbswirtschaftliche Unternehmen bei der langfristigen Gewinnerzielung berücksichtigen müssen?

(3) Nehmen Sie zu der nachfolgenden Aussage kritisch Stellung und begründen Sie Ihre Meinung!

Die Gewinnmaximierung ist stets oberstes Ziel unternehmerischen Handelns.

(4) Welche Kennzahlen sind geeignet, um Aussagen über den unternehmerischen Erfolg am Markt machen zu können?

(5) Unterscheiden Sie zwischen Wirtschaftlichkeit und Rentabilität!

(6) Welche Rentabilitätskennzahlen können je nach Bezugsgröße, zu der der Gewinn ins Verhältnis gesetzt wird, unterschieden werden?

(7) Ein Unternehmen erwirtschaftet einen Reingewinn in Höhe von 165 000 EUR. Das Eigenkapital betrug in diesem Jahr 300 000 EUR, das Fremdkapital, für das 12 % Zinsen bezahlt werden mussten, belief sich auf 250 000 EUR. Ermitteln Sie die Kennzahlen der Kapitalrentabilität. Welche Aussagen lassen die errechneten Kennzahlen zu?

(8) Welchem Zweck dienen Liquiditätskennzahlen?

(9) Berechnen Sie zu den Daten der vorliegenden Bilanz (vgl. S. 345) sowohl die Liquidität 1. Grades als auch die des 3. Grades!

(10) Warum besitzen einzelne Kennzahlen allein nur eine geringe Aussagekraft?

(11) Nennen Sie gemeinwirtschaftliche Unternehmen, die Verluste erwirtschaften und solche, die Gewinne erzielen!

(12) Beschreiben Sie Zielsetzungen von Genossenschaften anhand selbst gewählter Beispiele!

2 Leistungsprozesse in Sach- und Dienstleistungsunternehmen

2.1 Zusammenwirken von Unternehmen verschiedener Wirtschaftsbereiche

Bevor ein Gut (Ware oder Dienstleistung) dem Endverbraucher (Konsumenten) angeboten werden kann, ist es notwendig, dass Unternehmen verschiedener Wirtschaftsbereiche zusammenarbeiten.

Damit der Käufer eines Kraftfahrzeuges seinen Wagen in Betrieb nehmen kann, müssen u.a. folgende Leistungen von Unternehmen auf den Beschaffungs- und Absatzmärkten erbracht oder bereitgestellt worden sein:

- Rohölförderung z.B. in Saudi-Arabien **(Betrieb der Rohstoffgewinnung),**
- Transport des Rohöls nach Hamburg **(privater Transportbetrieb),**
- Verarbeitung des Rohöls in einer Raffinerie **(Fertigungsbetrieb),**
- Bereitstellung des Treibstoffes an Tankstellen **(Handelsbetrieb),**
- Bereitstellung von Motoröl **(Groß- und Einzelhandelsbetriebe),**
- Angebot zum Abschluss einer Kraftfahrtversicherung **(Versicherungsinstitut),**
- Angebot zur Finanzierung des Pkw-Kaufs **(Kreditinstitut).**

2.2 Sach- und Dienstleistungsunternehmen

Je nach Wirtschaftsbereich bieten Unternehmen ganz bestimmte Güter an, die letztlich zur Versorgung der Verbraucher mit Sach- und Dienstleistungen beitragen.

Zwischen **Unternehmen und Betrieb ist dann zu unterscheiden,** wenn das Unternehmen als **rechtliche Einheit mehrerer Betriebe** nur bestimmte Aufgaben für die in ihm zusammengeschlossenen Arbeitsstätten erbringt. Das Unternehmen bestimmt die übergeordneten Ziele der Einzelbetriebe wie etwa:

- die Einführung neuer Güter oder Produktionsverfahren,
- die Festlegung der Absatzwege,
- die Aufnahme von Krediten.

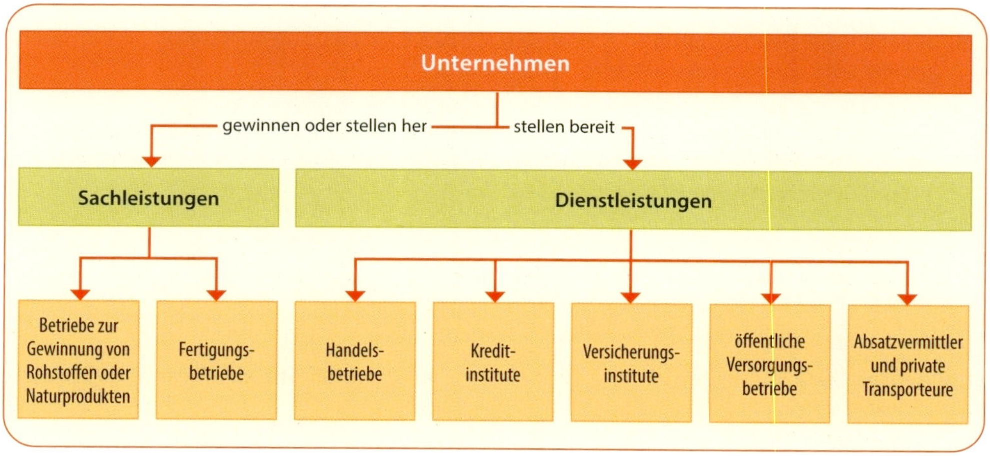

Ist nur ein Betrieb vorhanden, stellt dieser gleichzeitig das Unternehmen dar, weil alle zur Leistungserstellung notwendigen Entscheidungen und Tätigkeiten an einer Stelle getroffen bzw. durchgeführt werden.

2.2.1 Betriebe zur Gewinnung von Rohstoffen oder Naturprodukten

Der Abbau von Bodenschätzen und die Gewinnung von Naturprodukten werden als **Urproduktion** bezeichnet.

- **Betriebe zum Abbau von Bodenschätzen**
  Braun- und Steinkohlebergbau
  Gold- und Silberminen
  Sand- und Kiesgruben
  Bohrinseln zur Förderung von Erdöl oder -gas
- **Betriebe zur Gewinnung von Naturprodukten**
  Obstplantagen
  Weinberge
  Fischereibetriebe
  Baumschulen
  Hühnerfarmen

An den Abbau von Bodenschätzen schließt sich ein be- oder verarbeitender Prozess in Fertigungsbetrieben an.

Raffinieren von Rohöl
Schleifen von Rohdiamanten
Aufbereiten von Steinkohle (Zerkleinern, Entzug von unerwünschten Bestandteilen wie z.B. Steinen und Schwefel)

Naturprodukte können unverarbeitet oder verarbeitet zum Kauf angeboten werden.

Obst verarbeitet zu:	Saft, Mus, Trockenobst
Eier verarbeitet zu:	Teig- und Backwaren
Milch verarbeitet zu:	Käse, Quark, Sahne

2.2.2 Fertigungsbetriebe

In Fertigungsbetrieben werden durch Be- und Verarbeitungsprozesse Produkte hergestellt, die in dieser Form in der Natur nicht vorkommen. Aus Rohstoffen werden unter Zuhilfenahme von Hilfs- und Betriebsstoffen Waren erzeugt, die als Endprodukte an den Verbraucher verkauft oder als Zwischenprodukte einer weiteren Be- oder Verarbeitung zugeführt werden.

Ein Küchenschrank wird aus dem Rohstoff Holz unter Verwendung der Hilfsstoffe Leim, Schrauben, Scharniere und den Betriebsstoffen Öl und Energie (zum Betrieb der zur Fertigung notwendigen Maschinen) hergestellt. Er kann dann als Endprodukt veräußert werden oder als Zwischenprodukt zur Fertigung einer Einbauküche Verwendung finden.

Fertigungsbetriebe lassen sich zum einen nach der **hergestellten Stückzahl pro Produkt** (Fertigungstypen) und zum anderen nach der **organisatorischen Gestaltung des Fertigungsablaufes** (Fertigungsverfahren) unterscheiden.

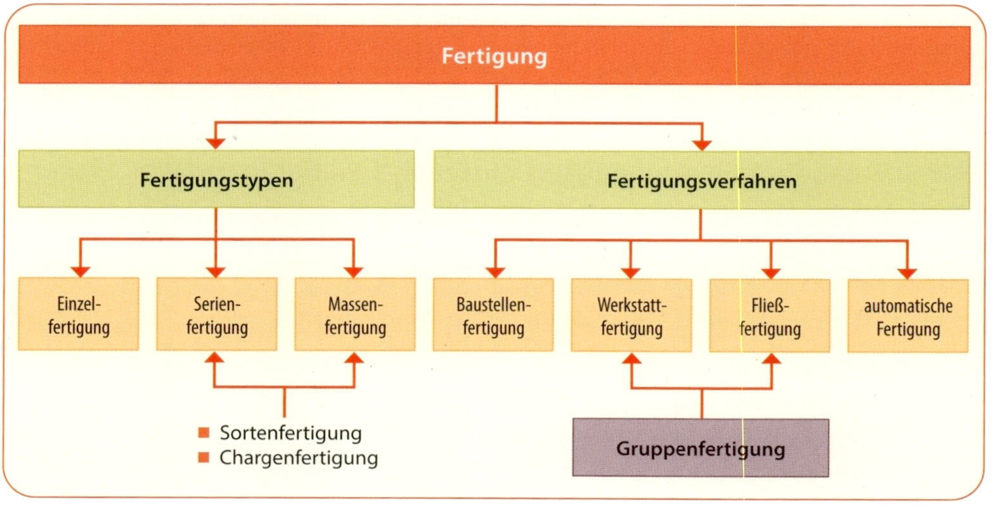

2.2.2.1 Fertigungstypen

▶ Einzelfertigung

Bei der Einzelfertigung wird ein bestimmtes Produkt jetzt nur einmal in dieser Art hergestellt, obwohl sich gleiche oder ähnliche Fertigungen im Laufe der Zeit wiederholen können. Einzelfertigungen werden in der Regel nach Auftrag erstellt, d. h., Kundenwünsche finden Berücksichtigung.

Anfertigung eines Maßanzuges; Bau von Schiffen, Maschinen, Häusern oder Brücken

▶ Serienfertigung

In diesem Fall werden von einem Produkt gleichzeitig oder direkt nacheinander mehrere Stücke hergestellt.

■ Sortenfertigung

Unterscheiden sich die in einer Serie hergestellten Waren in Farbe, Güte, Form oder Größe, handelt es sich um Sortenfertigungen.

Ein bestimmter Herrenanzug wird in verschiedenen Konfektionsgrößen, Papier in unterschiedlichen Güteklassen (Holzanteil), Schokolade in abweichenden Geschmacksrichtungen (Vollmilch, Zartbitter) oder Klinker in unterschiedlichen Farbabstufungen hergestellt.

■ Chargenfertigung

Werden Materialien zur Erstellung eines Produktes in einem Behälter zusammengefügt, spricht man von einer **Charge** (Ladung, Beschickung). Diese Fertigung ist typisch für chemische Prozesse, bei denen die Qualität von Charge zu Charge etwas unterschiedlich ausfallen kann.

Chargenfertigungen sind üblich in Brauereien, bei der Textilfärbung oder der Weinerzeugung.

▶ Massenfertigung

Bei der Massenfertigung wird ein Produkt in sehr großen Mengen hergestellt. Massenfertigungen können als Sortenfertigung (Zigarettenmarke mit und ohne Filter, Waschmittel, Schrauben, Nägel) oder als Chargenfertigung (Farben, Arzneimittel, Düngemittel) erfolgen.

2.2.2.2 Fertigungsverfahren

▶ Baustellenfertigung

Wird ein Produkt nicht im Unternehmen hergestellt, sondern werden die benötigten Materialien, Maschinen und Arbeitskräfte an einen anderen Ort verbracht, wird auf der Baustelle gefertigt. Dieses Fertigungsverfahren ist typisch für die Erstellung von Häusern, Brücken, Straßen oder den Neubau ganzer Industrieanlagen.

▶ Werkstattfertigung

Bei der Werkstattfertigung wird ein Produkt im Unternehmen gefertigt, wobei das Werkstück bei seiner Erstellung von Abteilung zu Abteilung wandert. Für einen Fertigungsbetrieb charakteristische Abteilungen sind z. B.: Dreherei, Fräserei, Schlosserei, Schweißerei, Härterei, Werkstoffprüfung.

▶ Fließfertigung

Unter Fließfertigung versteht man die Anordnung von Maschinen und Hilfsmitteln, sodass sich eine genau vorbestimmte Reihenfolge von Arbeitsschritten zur Erstellung eines Werkstückes ergibt. Zudem müssen die Zeiten zwischen den einzelnen Arbeitsschritten (Takt) festgelegt werden. Als Fördermittel können z. B. Rollen oder Rutschen eingesetzt werden. Bestimmt hingegen ein kontinuierlich laufendes Fließband den Takt, wird die Fließfertigung zur **Fließbandfertigung**.

▶ Gruppenfertigung

Die Gruppenfertigung ist eine Kombination aus Werkstatt- und Fließfertigung. In den einzelnen Werkstätten werden in diesem Fall nicht nur bestimmte Arbeitsvorgänge wie Drehen oder Schweißen durchgeführt, sondern Teile des Endproduktes komplett gefertigt, und zwar in Fließfertigung.

> Bei der Herstellung eines Pkw wird in einer Halle das Chassis, in einer anderen der Motorblock gefertigt.

▶ Automatische Fertigung

Bei der automatischen Fertigung wird die menschliche Arbeitskraft völlig durch den Einsatz elektronisch gesteuerter Automaten ersetzt. Selbst die notwendigen Transportwege werden mechanisch überbrückt.

2.2.3 Dienstleistungsbetriebe

Im Gegensatz zu Fertigungsbetrieben benötigen Dienstleistungsbetriebe für die Erbringung ihrer Leistungen keine be- oder verarbeitenden Produktionsprozesse.

Zu den Dienstleistungen zählen insbesondere die Tätigkeiten des Handels, der Unternehmen im Güter- und Nachrichtenverkehr, der Kredit- und Versicherungsinstitute sowie der öffentlichen Versorgungsbetriebe.

Ein Industrieland im klassischen Sinne ist Deutschland schon lange nicht mehr. Der Trend geht in Richtung Dienstleistungsgesellschaft, denn inzwischen arbeiten 75 % der Erwerbstätigen im Dienstleistungssektor. Dieser Bereich umfasst Handel, Banken und Versicherungen, aber auch die Gastronomie, Friseure und Paketzustelldienste, um nur einige der Branchen zu nennen, die Dienstleistungen für Verbraucher und Unternehmen anbieten. Service-Unternehmen sind arbeitsintensiv, deshalb sehen Experten in diesem Bereich das größte Job-Potenzial. Industrielle Arbeitsplätze verlieren demgegenüber an Gewicht. Von 1970 bis heute sank der Anteil des produzierenden Gewerbes (Industrie, Bergbau, Energiewirtschaft) von 38 % auf 18 %. Hier wurde die mechanische Arbeit immer mehr digitalisiert und durch Roboter ersetzt. In der Automobilproduktion beispielsweise ziehen Roboter anstelle von Arbeitern die Schrauben fest und Computerprogramme überwachen das Fließband. Auch die Corona-Krise hat gezeigt, wie schnell sich die Arbeitswelt ändern kann. Zahlreiche Unternehmen mussten von heute auf morgen ihre Mitarbeiterinnen und Mitarbeiter ins Homeoffice schicken. Was erst als Notlösung galt, ist jetzt für beide Seiten von Vorteil: Angestellte können flexibel arbeiten, Kinder und Haushalt besser organisieren und sparen eventuell Zeit für den Weg ins Büro. Arbeitgeber profitieren im besten Fall von zufriedenen Angestellten und haben geringere Ausgaben für Büroräume, Strom und Ähnliches.

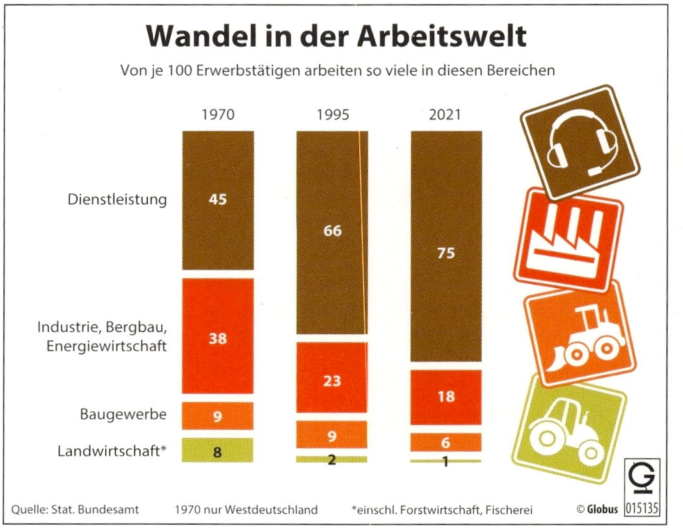

2.2.3.1 Handelsbetriebe

Handelsbetriebe, die das Bindeglied zwischen der Herstellung und dem Ge- oder Verbrauch von Waren darstellen, überbrücken die räumliche Trennung zwischen Anbietern und Nachfragern **(räumliche Überbrückungsfunktion)** sowie die Zeitspanne zwischen Fertigung und Verkauf **(zeitliche Überbrückungsfunktion für Waren).** In einigen Fällen ermöglicht der Handel seinen Kunden, die Waren sofort zu beziehen, aber erst zu einem späteren Zeitpunkt zu bezahlen **(zeitliche Überbrückungsfunktion für Geld).**

Der Handel informiert und berät über die Eigenschaften von Waren und deren Handhabung und übermittelt gleichzeitig dem Hersteller Wünsche und Anregungen der Käufer **(Informationsfunktion).**

Bei Handelsbetrieben lassen sich Groß- und Einzelhändler unterscheiden. Während der Einzelhändler seine entweder direkt vom Hersteller oder vom Großhändler bezogenen Waren in haushaltsüblichen Mengen an den Endverbraucher veräußert, verkauft der Großhändler die vom Produzenten bezogenen Waren in größeren Mengen an den Einzelhändler **(Verteilungsfunktion).** Damit stellt der Handel die Versorgung der Bevölkerung mit Waren sicher.

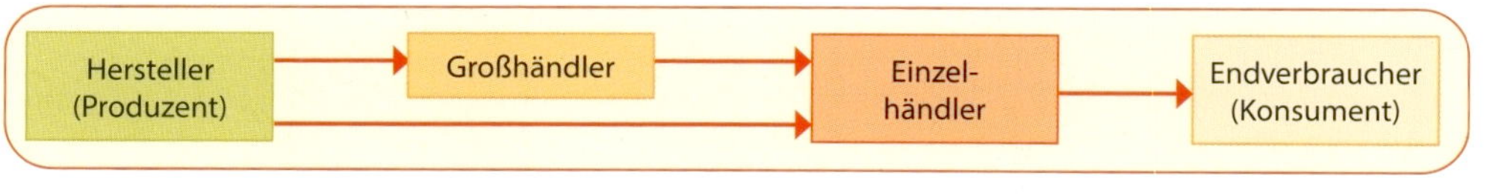

Handelsbetriebe entheben den Hersteller von seiner Aufgabe, den Verkauf von Waren selbst durchführen zu müssen. Dem Konsumenten wird erspart, benötigte Güter direkt beim Hersteller zu beziehen, sodass sich der Einkauf weniger umständlich und zeitraubend gestaltet.

2.2.3.2 Kreditinstitute

Das Dienstleistungsangebot von Banken und Sparkassen umfasst die:

- Abwicklung des Zahlungsverkehrs (Zahlungsgeschäfte),
- Anlage vorübergehend nicht benötigter Zahlungsmittel (Einlagengeschäfte),
- Durchführung von Kreditaufnahmen (Kreditgeschäfte),
- Anlage von Geldern, die für einen längeren Zeitraum nicht benötigt werden (Wertpapiergeschäfte).

Der Kundenkreis der Kreditinstitute setzt sich aus Privatpersonen, juristischen Personen des Privatrechts (z. B. Kapitalgesellschaften, Vereine) sowie den juristischen Personen des öffentlichen Rechts (z. B. Bund, Länder, Gemeinden) zusammen.

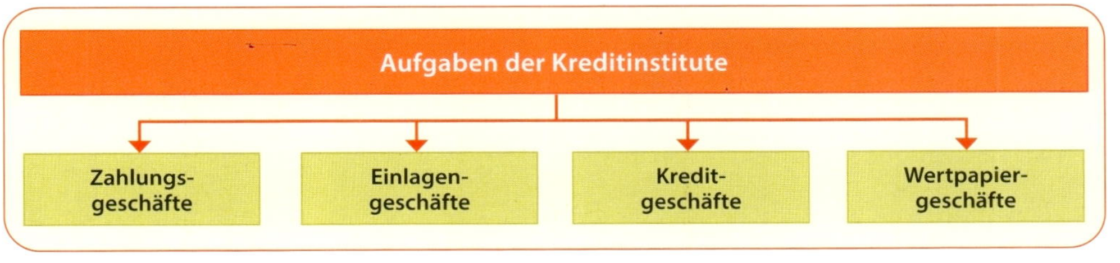

▶ Zahlungsgeschäfte

Kreditinstitute führen im Auftrag ihrer Kunden deren halbbaren bzw. bargeldlosen Zahlungsverkehr (vgl. S. 408 ff.) aus. Darüber hinaus wickeln sie den Zahlungsverkehr mit dem Ausland durch Überweisung oder Umtausch ausländischer bargeldloser Zahlungsmittel in inländische Währung **(Devisengeschäft)** ab. Sie beschaffen zudem ausländische Banknoten und Münzen **(Sortengeschäft)** bzw. stellen Reiseschecks für Auslandsreisen aus.

▶ Einlagengeschäfte *(Passivgeschäfte)*

Kreditinstitute nehmen von ihren Kunden Geldeinlagen entgegen, die je nach Anlagedauer als Sicht-, Termin- oder Spareinlagen unterschiedlich hoch verzinst werden.

▶ Kreditgeschäfte *(Aktivgeschäfte)*

Jedes Unternehmen benötigt zu seiner Gründung, aber auch zur Durchführung der laufenden Geschäftstätigkeiten Kapital. Alle Maßnahmen zur Beschaffung von Geld und Sachmitteln werden als **Finanzierung** bezeichnet. Die Durchführung von Finanzierungsmaßnahmen (vgl. S. 432 ff.) zählt zu den Aufgaben der Kreditinstitute.

▶ Wertpapiergeschäfte

Gelder, die für längere Zeit nicht benötigt werden, können über Kreditinstitute in Wertpapieren angelegt werden. Obwohl sich so häufig eine höhere Verzinsung als bei Sparguthaben erreichen lässt, ist eine solche Geldanlage – wie im Fall der Aktie – mit einem höheren Risiko verbunden (Kursverluste). **Wertpapiere** sind privatrechtliche Urkunden, die bestimmte Rechte verbriefen (vgl. S. 456 ff.).

2.2.3.3 Versicherungsinstitute

Private Versicherungsbetriebe übernehmen die Deckung von Risiken, denen natürliche und juristische Personen ausgesetzt sind.

Versicherungen

Individualversicherungen

- freiwillige Vertragsversicherungen zwischen privaten Versicherungsinstituten und Versicherungsnehmern

Sozialversicherung

- in der Regel gesetzliche Pflichtversicherung zwischen Versicherungsträger und Versicherungsnehmern

Während die Sozialversicherung (Kranken-, Pflege-, Renten-, Arbeitslosen- und Unfallversicherung; vgl. S. 266ff.) eine Zwangsversicherung ist, die nur personenbezogene Risiken abdeckt, umfassen die mit privaten Versicherungsinstituten abgeschlossenen Verträge:

- **personenbezogene Risiken** (z.B. private Krankenversicherung oder Lebensversicherung),
- **sachbezogene Risiken** (z.B. Feuer-, Sturm- oder Einbruchdiebstahlversicherung),
- **vermögensbezogene Risiken** (z.B. Haftpflicht- oder Rechtsschutzversicherung).

Individualversicherungen übernehmen die Deckung eines Geldbedarfs in Schadensfällen. Mit den von einer Vielzahl von Versicherungsnehmern gezahlten **Prämien bzw. Beiträgen** können Schäden und Verluste ausgeglichen werden. Über das Bestehen eines Versicherungsvertrages zwischen Versicherungsnehmer und privatem Versicherungsinstitut wird ein Vertrag, die **Police,** ausgestellt, in der Rechte und Pflichten der Beteiligten genau festgelegt sind.

2.2.3.4 Öffentliche Versorgungsbetriebe

Öffentliche Versorgungsbetriebe unterstehen Bund, Ländern oder Gemeinden und dienen der Bereitstellung von Dienstleistungen. So beliefern Stadtwerke die Haushalte und Unternehmen mit Strom, Gas, Wasser oder Fernwärme. Verkehrsbetriebe übernehmen den Transport von Gütern und Personen.

> Überregionale öffentliche Verkehrsbetriebe sind etwa der „Verkehrsverbund Rhein-Ruhr (VRR)" oder die „Kölner Verkehrsbetriebe" (KVB).

2.2.3.5 Absatzvermittler und private Transporteure

Absatzvermittler (*Kommissionär,* vgl. S. 227f.; *Handelsmakler,* vgl. S. 229 und *Handelsvertreter,* vgl. S. 229) übernehmen es für Dritte, den Verkauf von Waren zu vermitteln oder selbst durchzuführen.

Im Rahmen des Güterverkehrs führen **Frachtführer** und **Spediteure** (private Transporteure, vgl. S. 228) die Beförderung von Waren zu Wasser, zu Land und in der Luft aus. Taxi- und Busbetriebe sowie Reiseveranstalter befördern Personen zu den gewünschten Zielorten.

2.3 Funktionen in Sach- und Dienstleistungsunternehmen

2.3.1 Sachleistungsunternehmen

Während Unternehmen der Urproduktion Rohstoffe oder Naturprodukte gewinnen, werden in Fertigungsbetrieben durch Be- bzw. Verarbeitungsprozesse End- oder Zwischenprodukte hergestellt.

Um diese Aufgaben erfüllen zu können, ist es notwendig, Unternehmen nach funktionellen Gesichtspunkten zu gliedern. Es werden entsprechend der Zielsetzung **Stellen** und **Abteilungen** gebildet, die bestimmte Sachaufgaben bei der Leistungserstellung und -verwertung übernehmen.

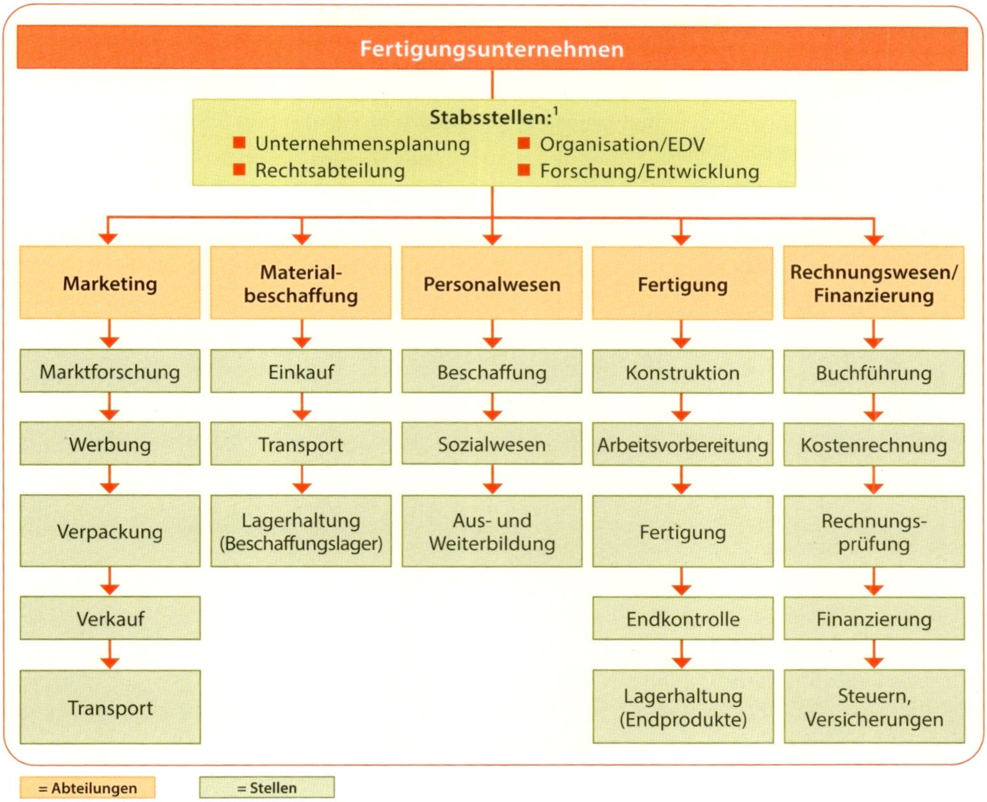

▶ Marketing

Marketing bedeutet mehr als nur den Absatz der hergestellten Produkte (vgl. S. 375 ff.). Will ein Unternehmen auf Dauer erfolgreich sein, muss es bei seinen Entscheidungen und Maßnahmen nicht nur die derzeitigen Marktgegebenheiten berücksichtigen, sondern auch deren zukünftigen Veränderungen Rechnung tragen. Damit beeinflusst Marketing alle anderen unternehmerischen Tätigkeiten. Es setzt die Steuerung des Unternehmens vom Markt voraus und bedient sich dabei folgender Instrumente:

- **Marktforschung** als systematische Marktuntersuchung mit dem Ziel der Gewinnung und Aufbereitung von Informationen für unternehmerische Entscheidungsprozesse,
- **Produkt- und Sortimentspolitik** als marktgerechte Gestaltung des Leistungsangebotes eines Unternehmens in den Bereichen der Produkt- und Sortimentsgestaltung, der Verpackung und der Kennzeichnung,

1 Stabsstellen übernehmen die Beratung und Unterstützung der anderen Abteilungen, planen und organisieren, bereiten Entscheidungen vor. Sie sind nicht weisungsberechtigt, d. h. nicht befugt, verbindliche Anordnungen zu erteilen.

- **Preispolitik** als Festlegung und laufende Anpassung der Preise für Waren oder Dienstleistungen an die sich ändernden Marktdaten,
- **Verkaufsbedingungen** als Vereinbarungen zwischen Unternehmen und seinen Kunden, die vor allem die Rabattgewährung, den Kundendienst sowie die Lieferungs- und Zahlungsbedingungen betreffen,
- **Vertriebspolitik** als Maßnahmen, die die Bereitstellung der Produkte zur richtigen Zeit, am richtigen Ort und in der richtigen Art und Weise gewährleisten sollen. Insbesondere ist dabei die Auswahl geeigneter Absatzmethoden (Entscheidungen über Absatzwege und Absatzformen) zu treffen,
- **Kommunikationspolitik** als Darstellung der Unternehmensleistungen in der Öffentlichkeit durch Werbung, Verkaufsförderung, persönlichen Verkauf und Public Relations.

Materialbeschaffung

Die zur Fertigung benötigten Güter müssen auf den Beschaffungsmärkten eingekauft werden (vgl. S. 359 f.). Dazu zählen:

- **Werkstoffe**
  - **Rohstoffe**

    Ausgangs- oder Grundstoffe, die als **Hauptbestandteile** in das zu fertigende End- oder Zwischenprodukt eingehen.

    Stahl im Maschinen- und Kraftfahrzeugbau, Holz in der Möbelindustrie
  - **Hilfsstoffe**

    Stoffe, die als **weiterer Bestandteil** (Nebenbestandteil) in das Fertigerzeugnis eingehen.

    Lacke, Nägel, Schrauben, Leim
  - **Betriebsstoffe**

    Produkte, die **nicht** in das herzustellende Erzeugnis eingehen, aber im Fertigungsprozess selbst benötigt werden.

    Schmiermittel für Maschinen, Strom, Heizöl oder Kühlmittel
- **Betriebsmittel**

  Güter, die zur Durchführung der Fertigungsprozesse erforderlich sind.

  Maschinen, Werkzeuge, Gebäude, Patente, Kraftfahrzeuge

Der Transport der zu beschaffenden Materialien kann durch unternehmenseigene Fahrzeuge oder durch fremde Transporteure (Frachtführer, Spediteure) erfolgen.

Um ständig produktionsbereit zu sein, ist es für einen Fertigungsbetrieb unerlässlich, ein Beschaffungslager einzurichten. Dieses Lager übernimmt eine Puffer- oder Ausgleichsfunktion zwischen den zeitlich häufig auseinanderfallenden Einkaufs- und Fertigungsprozessen.

Personalwesen

Neben der Beschaffung der zur Fertigung benötigten Waren ist die Auswahl und Einstellung geeigneter Mitarbeiter eine weitere wesentliche unternehmerische Funktion. Zu den Aufgaben der Personalabteilungen zählen zudem die Entlohnung (einschließlich der Abführung von Sozialversicherungsbeiträgen [vgl. S. 268 ff.] und Steuern [vgl. S. 536 ff.]) und die Schulung der Arbeitskräfte.

▶ Fertigung

Nach der konstruktiven Entwicklung eines Produktes müssen zunächst die zur Fertigung notwendigen Tätigkeiten geplant und vorbereitet werden (Arbeitsvorbereitung), bevor der eigentliche Herstellungsprozess beginnt. Unter Einsatz der **Produktionsfaktoren** wird das gewünschte Produkt gefertigt, kontrolliert und entweder zum Lager (Ausgleich zwischen Produktion und Absatz) verbracht oder sofort dem Käufer ausgeliefert.

▶ Rechnungswesen und Finanzierung

Das **Rechnungswesen** erfasst und dokumentiert den mengen- und wertmäßigen Güterstrom, der durch die Unternehmensaktivitäten ausgelöst wird. Alle Geschäftsvorfälle (Warenein- und -ausgänge, Zahlungen von Kunden und Zahlungen an Lieferanten, Mieten, Steuern, Löhne und Gehälter usw.) werden anhand von **Belegen** (z. B. Eingangs- und Ausgangsrechnungen) erfasst, aufbereitet und ausgewertet. Damit liefert das Rechnungswesen Datenmaterial für unternehmenseigene Planungs-, Steuerungs- und Kontrollzwecke, aber auch Informations- und Prüfungsunterlagen für außenstehende Personen und Institutionen (z. B. Kapitalgeber, Finanzamt, Lieferanten).

Die **Finanzierung** (vgl. S. 432 ff.) umfasst alle Maßnahmen zur Beschaffung von Geld- und Sachmitteln in einem Unternehmen.

2.3.2 Dienstleistungsunternehmen

Die Abteilungsstruktur von Dienstleistungsunternehmen unterscheidet sich im Wesentlichen von der in Sachleistungsunternehmen dadurch, dass eine Be- oder Verarbeitung (Fertigung) nicht stattfindet.

Die Funktionen der anderen Abteilungen sind je nach bereitgestellter Dienstleistung den Sachleistungsunternehmen ähnlich oder von diesen verschieden. So ist die Warenbeschaffung und Lagerung in Handelsbetrieben der in Fertigungsbetrieben verwandt, während sich die Aufgaben von Kredit- und Versicherungsinstituten in diesen Bereichen anders darstellen. Auch der Absatz von Gütern zeigt Gemeinsamkeiten. Banken und Sparkassen, Versicherungen oder öffentliche Verkehrsbetriebe treiben wie Fertigungs- und Handelsbetriebe Marktforschung und Werbung bzw. setzen ihre Produkte durch betriebseigene oder betriebsfremde Mitarbeiter ab.

Bedeutend erscheint, dass Dienstleistungsunternehmen mehr in „Kundennähe" tätig werden, d. h. ihre Leistungen stärker in direktem Kontakt mit dem Endverbraucher darstellen müssen.

▶ Zusammenfassung

Leistungsprozesse in Sach- und Dienstleistungsunternehmen

- Zur **Versorgung** der Abnehmer von Sach- und Dienstleistungen arbeiten Unternehmen verschiedener Wirtschaftsbereiche zusammen
- **Unternehmen** sind die wirtschaftliche und rechtliche Einheit eines oder mehrerer Betriebe
- Zu den **Sachleistungsunternehmen** zählen
  - Betriebe zur Gewinnung von Rohstoffen oder Naturprodukten (Urproduktion)
  - Fertigungsbetriebe, die durch Be- oder Verarbeitungsprozesse Produkte herstellen
- **Fertigungstypen** lassen sich je nach hergestellter Stückzahl pro Produkt unterscheiden in:
  - Einzelfertigung
  - Serienfertigung (Sorten- oder Chargenfertigung)
  - Massenfertigung (Sorten- oder Chargenfertigung)

- **Fertigungsverfahren** lassen sich nach der organisatorischen Gestaltung des Fertigungsablaufes unterscheiden in
  - Baustellenfertigung
  - Werkstattfertigung
  - Fließfertigung (Fließbandfertigung)
  - Gruppenfertigung
  - automatische Fertigung.
- Zu den **Dienstleistungsbetrieben** zählen
  - **Handelsbetriebe,** die die räumliche Trennung zwischen Herstellern und Abnehmern und die zeitliche Trennung zwischen Fertigung und Verkauf der Waren überbrücken
  - **Kreditinstitute,** die den Zahlungsverkehr abwickeln, Kredite vermitteln und Geld kurz- oder langfristig für ihre Kunden anlegen
  - **Versicherungsinstitute,** die personenbezogene, sachbezogene und vermögensbezogene Risiken der freiwillig bei ihnen versicherten Kunden abdecken
  - **öffentliche Versorgungsbetriebe,** die Dienstleistungen im Interesse aller Bürger bereitstellen
  - **Absatzvermittler und private Transporteure,** die den Verkauf von Waren für Dritte vermitteln oder selbst ausführen bzw. Waren oder Personen zu den gewünschten Zielorten befördern
- **Grundfunktionen** von **Sachleistungsunternehmen** sind Marketing, Materialbeschaffung, Personalwesen, Fertigung und Rechnungswesen/Finanzierung

  Bei **Dienstleistungsunternehmen** entfällt die Fertigung; je nach bereitgestellter Dienstleistung sind die anderen Funktionen denen von Sachleistungsunternehmen ähnlich oder von diesen verschieden

Aufgaben 23

(1) *Warum ist es notwendig, dass Unternehmen verschiedener Wirtschaftsbereiche bei der Güterversorgung zusammenarbeiten?*

(2) *Grenzen Sie die Begriffe „Unternehmen" und „Betrieb" voneinander ab!*

(3) *Worin unterscheiden sich Fertigungsbetriebe von Betrieben zur Gewinnung von Rohstoffen oder Naturprodukten?*

(4) *Beschreiben Sie anhand des Produktes „Handtasche" die Begriffe Roh-, Hilfs- und Betriebsstoffe!*

(5) *Erläutern Sie verschiedene Arten der Serienfertigung!*

(6) *Stellen Sie den Unterschied zwischen Fertigungstypen und Fertigungsverfahren dar!*

(7) *Welche Dienstleistungen übernehmen Handelsbetriebe?*

(8) *Grenzen Sie Aktiv- und Passivgeschäfte der Banken und Sparkassen gegeneinander ab!*

(9) *Wodurch unterscheidet sich die gesetzliche Sozialversicherung von einer Individualversicherung?*

(10) *In welcher Form stellen öffentliche Versorgungsbetriebe, Absatzvermittler und private Transporteure Ihrem Ausbildungsbetrieb Dienstleistungen zur Verfügung?*

(11) *Welche Aufgaben übernehmen Stabsstellen für die anderen Unternehmensabteilungen?*

(12) *Grenzen Sie die Begriffe „Werkstoffe" und „Betriebsmittel" gegeneinander ab!*

(13) *Beschreiben Sie die Unterschiede zwischen einem Fertigungsbetrieb und einem Dienstleistungsbetrieb Ihrer Wahl!*

3 Das Unternehmen als Marktteilnehmer auf den Beschaffungs- und Absatzmärkten

Ziel unternehmerischer Tätigkeit ist die Erstellung von Gütern (Waren und Dienstleistungen) und deren Angebot auf den **Absatzmärkten.** Die aus dem Verkauf der angebotenen Güter erzielten Erträge gestatten es dem Unternehmen, seinen zur Leistungserstellung erforderlichen Bedarf an Arbeitskräften, Kapital, Sachgütern und Dienstleistungen auf den **Beschaffungsmärkten** zu decken.

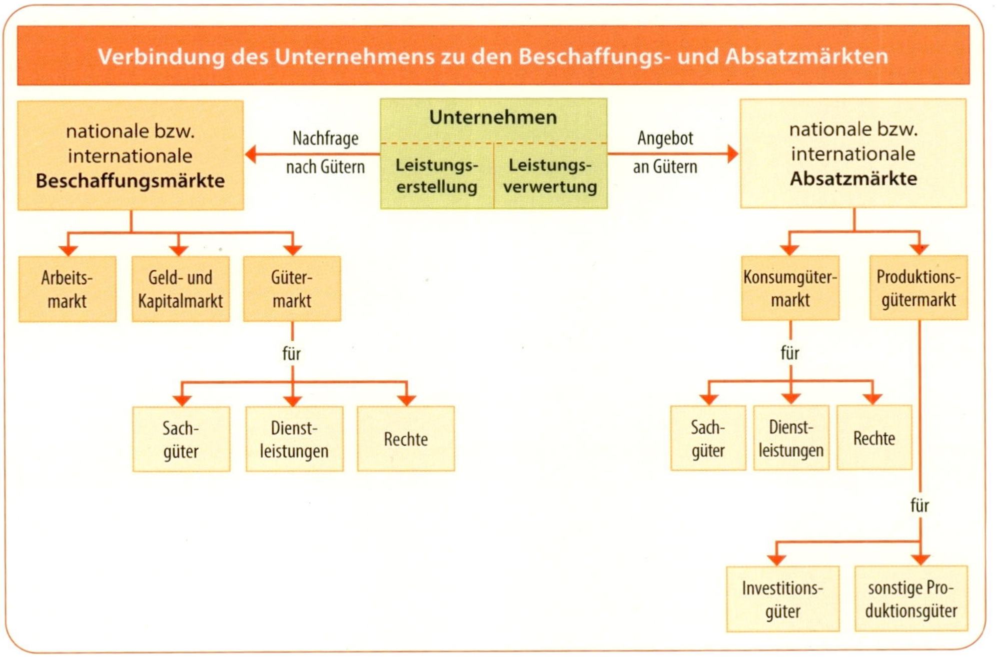

3.1 Beschaffungsmärkte

Auf den Beschaffungsmärkten erwerben die Unternehmen gegen Entgelt die zur Leistungserstellung benötigten **Produktionsfaktoren.**

▶ Arbeitsmarkt

Die von Arbeitslosen bzw. einen neuen Arbeitsplatz suchenden Personen auf dem Arbeitsmarkt angebotene **menschliche Arbeitskraft** wird von den Unternehmen nachgefragt, die ihren Bedarf an geeigneten Mitarbeitern decken müssen.

▶ Geld- und Kapitalmarkt

Der Einsatz der menschlichen Arbeitskraft im Unternehmen, die Beschaffung der für den Produktionsprozess erforderlichen Sachgüter, Dienstleistungen und Rechte, die Lagerung, die Produktion und schließlich der Absatz der betrieblichen Leistungen verursachen Kosten.

Folgende Geschäftsvorfälle führen zu Auszahlungen:

Der Bestand an Bargeld im Unternehmen verringert sich z. B. durch:

- den Barkauf von Büromaterial,
- den Erwerb von Briefmarken.

Der Bestand an Buchgeld im Unternehmen verringert sich z. B. durch:

- Überweisung der Entgelte für die Mitarbeiter,
- Mietzahlungen für die Lagerhalle per Dauerauftrag,
- Zahlung der Abschläge für Strom per SEPA-Lastschriftverfahren,
- Versand eines Postbank Schecks zur Begleichung einer Rechnung über eine ganzseitige Werbeanzeige in der regionalen Tageszeitung.

Diese Geldmittel kann sich das Unternehmen bei Bedarf auf dem **Geldmarkt** (für kurzfristige Mittel) oder auf dem **Kapitalmarkt** (für langfristige Mittel) beschaffen.

Während auf dem Geldmarkt ein Kreditinstitut dem Unternehmen kurzfristig Fremdkapital (vgl. S. 437 ff.) mit Verzinsungs- und Rückzahlungsanspruch zur Verfügung stellt bzw. ein Lieferant dem Unternehmen einen Warenkredit (vgl. S. 435 ff.) gewährt, werden über den Kapitalmarkt Maßnahmen der Beteiligungsfinanzierung (vgl. S. 434 f.) und der langfristigen Fremdfinanzierung (vgl. S. 435) abgewickelt.

▶ Gütermarkt

Das einzelne Unternehmen fragt auf dem Gütermarkt jene Waren und Dienstleistungen nach, die es zur Herstellung seiner Leistungen benötigt. Diese Güter umfassen sowohl die nur einmal im Produktionsprozess verwendbaren **Verbrauchsgüter** (z. B. Roh- und Betriebsstoffe) als auch längerlebige **Gebrauchsgüter** (z. B. Investitionsgüter wie Maschinen, Anlagen und Lagerhallen).

Dienstleistungen sind z. B. Transport- und Versicherungsleistungen Dritter.

Zu den auf dem Gütermarkt nachgefragten Produktionsgütern zählen zudem **Rechte** (Patente und Lizenzen).

3.2 Absatzmärkte

Absatzmärkte sind diejenigen Märkte, auf denen ein Unternehmen seine Sach- und Dienstleistungen den öffentlichen und privaten Haushalten, aber auch anderen Unternehmen anbietet. Auf den Absatzmärkten können alle Wirtschaftssubjekte als Nachfrager auftreten, die ihren Bedarf an Produktions- bzw. Konsumgütern decken wollen und über das dazu erforderliche Kapital verfügen. Das Absatzprogramm eines Unternehmens kann sich also sowohl auf den Konsumgütermarkt als auch auf den Produktionsgütermarkt erstrecken.

▶ Konsumgütermarkt

Der Konsumgütermarkt deckt über ein vielfältiges Angebot nicht nur den Bedarf von Einzelpersonen und Haushalten an **Verbrauchsgütern** (z. B. Lebensmitteln) und **Gebrauchsgütern** (z. B. Kleidung, Hausrat), sondern auch an **Dienstleistungen** (z. B. Kredite, private Unfallversicherung für Beruf und Freizeit) und **Rechten** (z. B. Recht auf Nutzung einer angemieteten Wohnung). Die auf dem Konsumgütermarkt angebotenen Waren und Dienstleistungen dienen unmittelbar der Befriedigung von Existenz-, Kultur- und Luxusbedürfnissen (vgl. S. 17).

▶ Produktionsgütermarkt

Auf dem Produktionsgütermarkt werden sowohl Investitions- als auch sonstige Produktionsgüter angeboten.

- **Investitionsgüter**

  Investitionsgüter sind **Sachgüter und Rechte,** die im Anlagevermögen aktiviert werden. Zu diesen Gütern zählen z. B. Maschinen, Anlagen und Gebäude, aber auch Rechte wie Konzessionen, Lizenzen und Patente.

  In Einzelfällen werden auch Dienstleistungen mit dem entsprechenden Gut aktiviert.

  > Eine numerisch gesteuerte Drehbank wird von einem Spediteur angeliefert. Der zum Betrieb der Maschine notwendige Fundamentsockel wurde von einem Bauunternehmen erstellt und die zur Anlagensteuerung notwendige Software von einem Ingenieurbüro entwickelt. Die entstandenen Kosten, die den Anschaffungspreis des erworbenen Investitionsgutes erhöhen, stellen aktivierungspflichtige Anschaffungsnebenkosten dar.

- **Sonstige Produktionsgüter**

  Zu den sonstigen auf dem Absatzmarkt angebotenen Produktionsgütern zählen vor allem Sachgüter des Umlaufvermögens (z. B. Roh-, Hilfs- und Betriebsstoffe, unfertige Erzeugnisse) und Dienstleistungen (z. B. Kredite, Versicherungen, öffentliche Versorgungsangebote) sowie die Auswahl und Vermittlung von Arbeitskräften.

3.3 Abhängigkeit des Unternehmens von den Beschaffungs- und Absatzmärkten

Im Rahmen seiner **Leistungserstellung** wird das Unternehmen insbesondere von Geschehnissen auf den Beschaffungsmärkten beeinflusst.

> Ein sprunghafter Preisanstieg eines dringend benötigten Rohstoffes auf dem Gütermarkt (z. B. Rohöl) kann sich über den höheren Einstandspreis negativ auf den Erfolg eines Unternehmens auswirken, sofern höhere Verkaufspreise der Fertigprodukte auf den Absatzmärkten nicht durchsetzbar sind.

Die erfolgreiche **Leistungsverwertung** des Unternehmens ist wiederum eng mit den Geschehnissen auf den Absatzmärkten verbunden.

> Eine infolge von Bedarfsverschiebungen stockende oder gar total ausbleibende Nachfrage nach den vom Unternehmen auf dem Konsumgütermarkt angebotenen Gütern kann über die ausbleibenden Umsatzerlöse (das Kapital ist in den zurzeit am Markt nicht absetzbaren Gütern gebunden) vor allem die Zahlungsfähigkeit (Liquidität) des Unternehmens beeinflussen.

Das Ausmaß dieser Abhängigkeiten eines Unternehmens von den nationalen bzw. internationalen Beschaffungs- und Absatzmärkten hängt insbesondere von folgenden **Faktoren** ab:

- der Art der vom jeweiligen Unternehmen gewonnenen oder hergestellten Sachleistungen bzw. bereitgestellten Dienstleistungen;
- der auf dem jeweiligen Teilmarkt vorherrschenden Marktform (vgl. S. 478) bzw. der Marktmacht des Unternehmens;
- den speziellen Risiken auf einzelnen Märkten (vor allem im Außenhandel).

▶ Art der Sach- und Dienstleistungen

Für den Handlungsspielraum eines Unternehmens ist es entscheidend, ob sich das von ihm angebotene Gut durch die **Kombination** austauschbarer (substituierbarer) oder nicht bzw. nur sehr begrenzt austauschbarer (limitationaler) **Produktionsfaktoren** erstellen lässt.

Bei konstanten Verkaufspreisen bewirken Preissteigerungen auf den Beschaffungsmärkten:

- bei **substituierbaren Produktionsfaktoren** (z. B. durch steigende Löhne oder Verteuerung von Betriebsmitteln und Werkstoffen), dass das Unternehmen eine möglichst kostengünstige Kombination der zur Herstellung des gewünschten Outputs erforderlichen Produktionsfaktoren zu erreichen sucht, indem es die teurer gewordenen Produktionsfaktoren – bei gleichbleibender Qualität des Endproduktes – ganz oder teilweise gegen preiswertere auszutauschen sucht. Dieser Ersatz von Produktionsfaktoren wird in der Regel nur längerfristig möglich sein (z. B. Substitution menschlicher Arbeitskraft durch Industrieroboter).

- bei **limitationalen Produktionsfaktoren** (z. B. steigende Preise bei nicht austauschbaren Edelmetallen), dass im Unternehmen gleichbleibende Erträge aus dem Verkauf der Güter an den Absatzmärkten höheren Kosten aus der Beschaffung der Produktionsfaktoren auf dem Arbeits-, Güter- bzw. Geld- und Kapitalmarkt gegenüberstehen.

  Das Unternehmen wird langfristig bemüht sein, über **höhere Verkaufspreise** den Kostenanstieg auszugleichen. Ist dies aufgrund besonderer Marktgegebenheiten nicht möglich, wird das Unternehmen das von der Preissteigerung betroffene Gut in geringerem Umfang nachfragen und die Produktionsmenge des von der Preissteigerung betroffenen Endproduktes verringern. Deckt der an den Absatzmärkten erzielbare Verkaufspreis langfristig nicht die bei der Leistungserstellung und -verwertung entstehenden Kosten, muss die Herstellung des jeweiligen Gutes in der Regel völlig eingestellt werden (**Produktelimination;** vgl. S. 384).

▶ Marktform auf dem jeweiligen Teilmarkt

Hinsichtlich seiner Stellung am Markt lassen sich für das einzelne Unternehmen je nach **Nachfragestruktur** (auf den Beschaffungsmärkten) bzw. **Angebotsstruktur** (auf den Absatzmärkten) mono-, oligo- oder polypolistische Märkte unterscheiden, die die jeweiligen Preissetzungsspielräume bestimmen (vgl. S. 477 ff.).

- Bei vollkommenen polypolistischen Märkten hat das einzelne Unternehmen aufgrund der bestehenden vollständigen Konkurrenz keinen Einfluss auf die Preisbildung innerhalb seiner Beschaffungs- und Absatzmaßnahmen.
- Während ein Angebotsmonopolist den Preis für sein Gut frei festlegen kann, wird der Nachfragemonopolist seine Preisvorstellung gegenüber den zahlreichen Anbietern durchzusetzen versuchen.

▶ Risiken im Außenhandel

Die Unternehmen einer Volkswirtschaft sind in aller Regel nicht nur mit den nationalen Märkten verbunden, sondern unterhalten vielfältige Handelsbeziehungen zu den **internationalen Beschaffungs- und Absatzmärkten.**

Es müssen Rohstoffe wie etwa Erdöl, Eisenerz, Kobalt, Gold, Silber, Platin, Kupfer, Blei, Chrom, Aluminium und Kautschuk auf den ausländischen Gütermärkten beschafft werden. Andererseits bieten Unternehmen der Bundesrepublik Deutschland Maschinen, Fahrzeuge, optische und feinmechanische Geräte, chemische Produkte sowie ganze Industrieanlagen auf ausländischen Märkten an.

Neben politischen Risiken und Problemen des Transports sind es vor allem **Währungsrisiken,** die mit Außenhandelsgeschäften verbunden sind. Währungsrisiken (vgl. S. 624 ff.) sind die Unwägbarkeiten der Veränderung von Austauschrelationen zwischen den beteiligten Währungen in der Zeit zwischen Vertragsabschluss und Fälligkeit der Zahlung. Dieses Kursrisiko kann durch **Devisentermingeschäfte** aufgefangen werden.

Ein Warengeschäft zwischen einem Exporteur in der Bundesrepublik Deutschland und einem Importeur aus den USA wird in US-Dollar beglichen. Am Tag des Vertragsabschlusses würde der Exporteur für den Kaufpreis von 10 000 US-Dollar 11 000 EUR erhalten. Durch eine Änderung der Austauschrelationen zwischen dem US-Dollar und dem Euro fällt der Kurs (Wert) des US-Dollars bei Fälligkeit der Zahlung auf 0,90 EUR, sodass die Warenlieferung nur noch 9 000 EUR erbringen würde. Der Exporteur, der sich gegen diesen Kursrückgang schützen will, verkauft im Rahmen eines Devisentermingeschäftes bereits heute seine Forderungen gegen den Importeur an seine Bank zum derzeitigen Wechselkurs. Damit geht das Kursrisiko auf die Bank über.

Grundsätzlich wird ein Unternehmen bemüht sein, Veränderungen auf den nationalen und internationalen Beschaffungs- und Absatzmärkten relativ frühzeitig zu erkennen, um entsprechende Maßnahmen einzuleiten. Diese Unternehmenspolitik bedingt eine umfassende **Informationspolitik** (Marktforschung), eine langfristige **Planung,** die entsprechende Handlungsspielräume eröffnet, und eine **Unternehmensorganisation,** die auf veränderte Marktbedingungen kurzfristig und angemessen reagiert.

▶ Zusammenfassung

Das Unternehmen als Marktteilnehmer auf den Beschaffungs- und Absatzmärkten

- Das Unternehmen fragt im Rahmen seiner **Leistungserstellung** auf den nationalen bzw. internationalen Beschaffungsmärkten Waren, Dienstleistungen und Rechte nach
  - der **Arbeitsmarkt** deckt den Bedarf des Unternehmens an leitenden und ausführenden Arbeitskräften
  - der **Geld- und Kapitalmarkt** deckt den Bedarf des Unternehmens an kurz- und langfristigen Mitteln zur Finanzierung von Beschaffungs-, Produktions- und Absatzmaßnahmen
  - der **Gütermarkt** deckt den Bedarf des Unternehmens an Sachgütern, Dienstleistungen und Rechten
- Das Unternehmen bietet im Rahmen seiner **Leistungsverwertung** Waren, Dienstleistungen und Rechte auf den nationalen bzw. internationalen Absatzmärkten an
  - der **Konsumgütermarkt** deckt den Bedarf der Einzelpersonen und Haushalte an Sachgütern, Dienstleistungen und Rechten
  - der **Investitionsgütermarkt** deckt den Bedarf von Unternehmen an Sachgütern (einschließlich verbundener Dienstleistungen) und Rechten des Anlagevermögens
- Die Stellung des einzelnen Unternehmens auf den nationalen bzw. internationalen **Beschaffungs- und Absatzmärkten** hängt vor allem ab von:
  - der **Art des Gutes** (substituierbare oder limitationale Produktionsfaktoren)
  - der **Marktform** (Monopol, Oligopol oder Polypol)
  - speziellen **Risiken auf den internationalen Märkten**
- **Veränderungen** auf den nationalen bzw. internationalen Beschaffungs- und Absatzmärkten führen zu **mengenmäßigen** (z. B. Drosselung der Produktion) oder zu **preismäßigen** (z. B. Abwälzen von Preissteigerungen auf den Käufer) **Veränderungen auf den Teilmärkten**

Aufgaben 24

(1) Welche Produktionsfaktoren fragen Unternehmen auf den Beschaffungsmärkten nach?

(2) Wodurch unterscheidet sich der Geld- vom Kapitalmarkt?

(3) Erläutern Sie am Beispiel Ihres Ausbildungsbetriebes, welche Investitions- und sonstigen Produktionsgüter zur Leistungserstellung und -verwertung eingesetzt werden!

(4) Aus welchen Faktoren resultiert das Ausmaß der Abhängigkeit eines Unternehmens von den Beschaffungs- und Absatzmärkten?

(5) Was versteht man unter limitationalen Produktionsfaktoren?

(6) Welche Abhängigkeiten bestehen zwischen Ihrem Ausbildungsbetrieb und den nationalen und internationalen Beschaffungs- und Absatzmärkten?

(7) Welche Möglichkeiten sehen Sie, wie die Unternehmensleitung Ihres Ausbildungsbetriebes möglichen Preissteigerungen auf den Beschaffungsmärkten begegnen könnte?

4 Grundbegriffe der Kostenlehre

4.1 Kostenbegriff

Damit ein Unternehmen im Rahmen seiner Leistungserstellung Sachleistungen gewinnen oder herstellen bzw. Dienstleistungen bereitstellen kann, müssen Produktionsfaktoren kombiniert werden. Der Einsatz dieser Produktionsfaktoren verursacht **Kosten.**

Der Auftrag an ein Bauunternehmen, in einer Garageneinfahrt Verbundsteinpflaster zu verlegen, verursacht folgende Kosten der Leistungserstellung:

- für den Materialeinsatz:

– 25 m^2 Pflastersteine	à 69,90 EUR	=	1 747,50 EUR
– 2,5 m^3 Brechsand	à 45,00 EUR	=	112,50 EUR
– 10 lfd. m Kantensteine	à 14,85 EUR	=	148,50 EUR
	Zwischensumme	=	2 008,50 EUR

- für den Einsatz der menschlichen Arbeitskraft:

– 15 Arbeitsstunden	à 72,95 EUR	=	1 094,25 EUR
Gesamtkosten der Leistungserstellung (ohne USt)			3 102,75 EUR

Drei Merkmale kennzeichnen den **wertmäßigen Kostenbegriff:**

- Es muss ein **mengenmäßiger Einsatz (Ge- oder Verbrauch) von Gütern** vorliegen.

  Verbrauch an Energie gemessen in Kilowattstunden; Verbrauch an Roh-, Hilfs- oder Betriebsstoffen gemessen in m^2, m^3, kg oder l; Gebrauch von Maschinen gemessen in Stunden.

- Der **Gütereinsatz muss in Geld ausgedrückt,** d. h. bewertet werden, damit verschiedene Produktionsfaktorkombinationen verglichen werden können.

- 3 Maschinenstunden verursachen Kosten von 926 EUR; 3 Arbeitsstunden Kosten von 259 EUR.
- Für eine Werbeanzeige in einer regionalen Tageszeitung, die ca. 100 000 Leser erreicht, müssen 39 000 EUR aufgebracht werden, für eine direkt an 25 000 Haushalte gerichtete Handzettelwerbung 19 000 EUR.

- Der **Güterverbrauch** muss **zum Zwecke der Erstellung und Verwertung** betrieblicher Leistungen bzw. zur Aufrechterhaltung der Betriebsbereitschaft erfolgen **(Leistungsbezogenheit des Güterverbrauchs).**

  Spenden an das Deutsche Rote Kreuz stellen somit keine Kosten dar, da solche Aufwendungen weder der Erstellung und Verwertung der betrieblichen Leistungen noch der Aufrechterhaltung der Betriebsbereitschaft dienen.

Somit versteht man unter Kosten den in Geld ausgedrückten leistungsbezogenen Einsatz von Produktionsfaktoren.

Da die Kostenrechnung insbesondere die Rechnungsgrundlage für unternehmerische Entscheidungen bildet, ist die lückenlose und systematische Erfassung, Aufbereitung und Auswertung aller im Unternehmen bei der Leistungserstellung und -verwertung entstehenden Kosten für die Geschäftsleitung von besonderer Bedeutung.

Insbesondere erfolgen auf Basis der **Kostenrechnung:**

- die **Preiskalkulation** (z. B. Ermittlung von Preisobergrenzen bei der Bezugskalkulation bzw. Ermittlung von Preisuntergrenzen bei der Angebotskalkulation),
- die **kurzfristige Erfolgsermittlung** (z. B. für einzelne Produktarten oder für ganze Geschäftsbereiche während eines Monats),
- die **Kontrolle der Wirtschaftlichkeit** (vgl. S. 342 f.).

Ermittlung des maximalen Einkaufspreises (Preisobergrenze)

Aus Konkurrenzgründen muss – bei gleichbleibenden Kalkulationsbedingungen (3 % Kundenskonto, 10 % Gewinn und 20 % Handlungsgemeinkosten) – der Angebotspreis für ein Gut von 120 EUR auf 100 EUR gesenkt werden.

Bezugspreis	88,18 EUR	73,48 EUR	↑ Rückwärtskalkulation
+ 20 % Handlungsgemeinkosten	17,64 EUR	14,70 EUR	
= Selbstkosten	105,82 EUR	88,18 EUR	
+ 10 % Gewinn	10,58 EUR	8,82 EUR	
= Barverkaufspreis	116,40 EUR	97,00 EUR	
+ 3 % Kundenskonto	3,60 EUR	3,00 EUR	
= Zielverkaufspreis	120,00 EUR	100,00 EUR	

Durfte der Bezugspreis vor der Angebotspreissenkung einen Betrag in Höhe von 88,18 EUR nicht übersteigen, so liegt nun der maximale Einkaufspreis bei 73,48 EUR.

4.2 Kostenarten

Die Strukturierung der in einem Unternehmen anfallenden Kosten lässt sich nach verschiedenen Kriterien vornehmen.

Kostenarten

nach der Art der eingesetzten Produktionsfaktoren

- Personalkosten
- Sachkosten
- unternehmerische Kapitalkosten
- Kosten für Leistungen Dritter (Fremdleistungskosten)
- Kosten der Gesellschaft

nach der Abhängigkeit vom Beschäftigungsgrad

- fixe Kosten
- variable Kosten
  - proportional
  - progressiv
  - degressiv

nach der Menge der hergestellten bzw. abgesetzten Güter

- Gesamtkosten
- Stückkosten

nach der Verrechnung in der Kalkulation

- Einzelkosten
- Gemeinkosten

4.2.1 Kosten nach der Art der eingesetzten Produktionsfaktoren

Verschiedene betriebliche Produktionsfaktoren verursachen bei der Leistungserstellung und -verwertung Kosten.

- **Personalkosten** entstehen durch den Einsatz der menschlichen Arbeitskraft. Neben Löhnen zählen zu dieser Kostenart der Arbeitgeberanteil zu den Sozialversicherungsbeiträgen, Anteile an vermögenswirksamen Leistungen der Mitarbeiter, Provisionen und Gratifikationen (Urlaubs- und Weihnachtsgeld). Den Personalkosten lässt sich auch der kalkulatorische Unternehmerlohn zuordnen, dem zwar keine oder keine gleich hohen Ausgaben gegenüberstehen, dessen Verrechnung aber die Genauigkeit der Kostenrechnung erhöht. Da der Eigentümer eines Unternehmens keinen Lohn erhält, sondern ihm der Gewinn aus der Unternehmenstätigkeit zusteht, werden für die persönliche Arbeitsleistung des Unternehmers Lohnkosten in der Kalkulation berücksichtigt, die etwa einem angestellten Geschäftsführer gewährt würden.

- **Sachkosten** umfassen vor allem die Kosten für Werkstoffe (Roh-, Hilfs- und Betriebsstoffe; bezogene Halbfabrikate oder Fertigteile) und Betriebsmittel (Maschinen und Anlagen, Gebäude, Betriebs- und Geschäftsausstattungen) sowie deren Instandhaltung, sofern das Unternehmen diese Arbeiten nicht durch Dritte ausführen lässt. Als Sachkosten müssen zudem kalkulatorische Abschreibungen, die den Werteverzehr der Güter des Anlagevermögens erfassen, in Ansatz gebracht werden.

- **Unternehmerische Kapitalkosten** sind kalkulatorische Zinsen, d. h. Zinsen, die für das eingesetzte Eigenkapital in der Kostenrechnung berücksichtigt werden.

- **Kosten für die Leistungen Dritter (Fremdleistungskosten)** erfassen u. a. Versicherungs-, Transport- und Beratungsleistungen (Steuerberater, Rechtsanwalt, Werbeagentur), Mieten, Pacht, Aufwendungen für Telefon, Telefax, E-Mail oder andere Kommunikationsdienste sowie für die

Versorgung mit Gas, Wasser oder Strom. Aber auch Zinsen, die für am Geld- oder Kapitalmarkt aufgenommene Mittel aufgewendet werden müssen, zählen zu dieser Kostenart.

- **Kosten der Gesellschaft** sind vor allem Steuern, die der Staat den Unternehmen auferlegt hat. Zu diesen betrieblichen Steuern zählen etwa die Gewerbesteuer, Grundsteuer, Grunderwerbsteuer, Körperschaftsteuer oder Zölle. Zwar steht diesen gesellschaftlichen Kosten keine unmittelbare staatliche Gegenleistung gegenüber, andererseits unterstützen Bund, Länder und Gemeinden die unternehmerischen Tätigkeiten etwa durch Schaffung einer geeigneten Infrastruktur (Straßen- und Flughafenbau, Ausweisung von Gewerbegebieten für Industrieansiedlungen) oder durch Sicherung bzw. Förderung des Außenhandels.

4.2.2 Kosten nach der Abhängigkeit vom Beschäftigungsgrad

Der Beschäftigungsgrad gibt als Prozentsatz das Verhältnis der tatsächlichen Beschäftigung **(Leistungserstellung)** zur möglichen Beschäftigung **(Kapazität)** eines Unternehmens an.

$$\textbf{Beschäftigungsgrad} = \frac{\text{tatsächliche Beschäftigung (Leistungserstellung)}}{\text{mögliche Beschäftigung (Kapazität)}} \times 100\,\%$$

Der Beschäftigungsgrad gibt Auskunft über die Auslastung der Kapazität eines Unternehmens. Ein **hoher Beschäftigungsgrad** deutet an, dass zusätzliche Aufträge kurzfristig nur noch bedingt übernommen werden können. Ein **niedriger Beschäftigungsgrad** lässt Schwierigkeiten auf dem Absatzmarkt erkennen oder deutet darauf hin, dass die Geschäftsleitung das Leistungsvermögen des Betriebes deshalb nicht voll ausnutzt, weil sie auch zukünftig verringerte Absatzchancen am Markt erwartet.

In Abhängigkeit vom Beschäftigungsgrad entstehen Kosten in unterschiedlicher Höhe. Dabei sind **fixe Kosten grundsätzlich vom Beschäftigungsgrad unabhängig,** während **sich variable Kosten mit dem Beschäftigungsgrad verändern.**

▶ Fixe (beschäftigungsgradunabhängige) Kosten

Fixkosten sind **beschäftigungsgradunabhängige** Kosten. Sie verharren auf einem bestimmten Niveau selbst dann, wenn nichts erzeugt wird, die Betriebsbereitschaft aber aufrechterhalten bleibt. Fixkosten müssen allerdings grundsätzlich auf einen Zeitraum bezogen werden. Zwar sind z. B. Personal-, Miet- oder Pachtkosten innerhalb der vertraglich vereinbarten Zeit nicht veränderbar, nach Ablauf der eingegangenen Fristen können sich aber durchaus Veränderungen ergeben (sie sind also im Zeitablauf veränderbar).

Welche Kosten als fix anzusehen sind, hängt allein davon ab, wie sie auf Änderungen des Beschäftigungsgrades reagieren.

> Übliche Fixkosten (bezogen auf einen Zeitabschnitt) sind etwa Personalkosten, der Anschaffungspreis für ein Kraftfahrzeug,[1] die Kosten der Betriebs- und Geschäftsausstattung,[1] betriebliche Steuern (z. B. Kfz-Steuer) oder die monatlichen Basisentgelte für den DSL-Anschluss.

1 Durch Abschreibungen verteilt auf die Jahre der Nutzung.

■ **Absolut fixe Kosten**

Absolut fixe Kosten werden durch Veränderung des Beschäftigungsgrades nicht beeinflusst. Selbst wenn nichts produziert wird, entstehen absolut fixe Kosten durch die unveränderte Aufrechterhaltung der Betriebsbereitschaft.

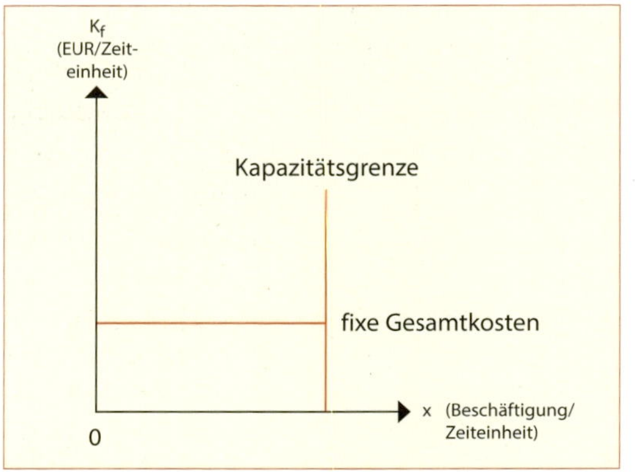

■ **Sprung- oder intervallfixe Kosten**

Im Gegensatz zu den absolut fixen Kosten sind sprung- oder intervallfixe Kosten (relativ fixe Kosten) dadurch gekennzeichnet, dass sie nach einer Kapazitätsausweitung (im personellen oder sachlichen Bereich) sprunghaft ansteigen, um dann auf dem neuen Niveau zu verharren.

In einem pharmazeutischen Unternehmen wurden in den letzten Jahren jeweils zehn Außendienstmitarbeiter neu eingestellt. Damit stiegen die fixen Kosten mit jedem Jahr sprunghaft an, um dann bis zur erneuten Einstellung von Arbeitskräften auf dem jeweils erreichten Niveau zu verharren.

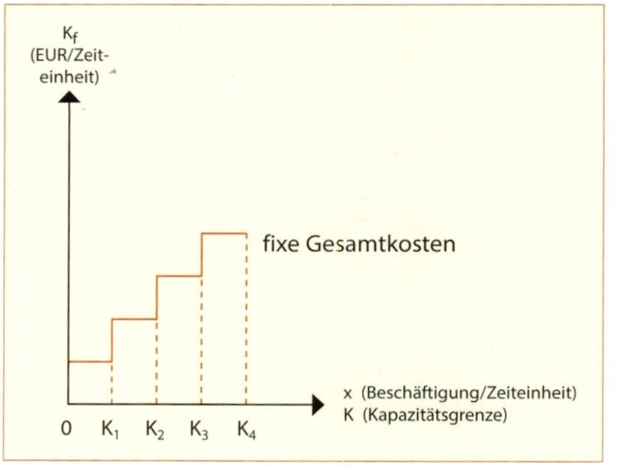

▶ Variable (veränderliche, bewegliche) Kosten

Variable Kosten sind **beschäftigungsgradabhängig;** sie ändern sich mit der tatsächlich erbrachten Leistung.

■ **Variable Kosten**

Variable Kosten sind Benzinkosten für einen Pkw, die monatlichen Tarifeinheiten eines DSL-Anschlusses, eingesetzte Roh-, Hilfs- und Betriebsstoffe, Provisionen oder der Energieverbrauch.

Bei der Bewertung, ob Kosten fix oder variabel sind, ist stets die entsprechende Bezugsgröße zu berücksichtigen. So sind z.B. bei der Erstellung eines Buches die Kosten des Satzes fix

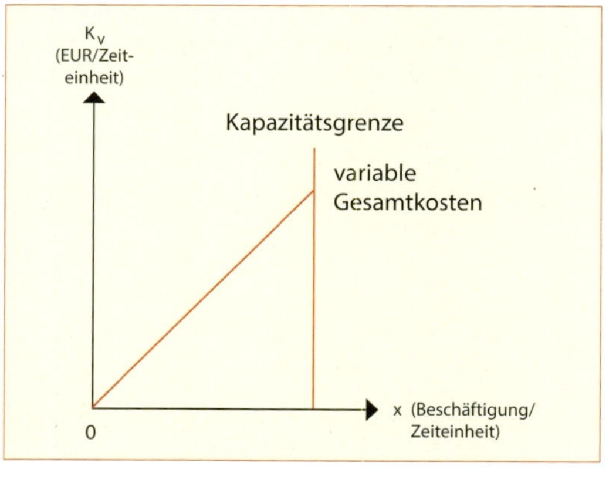

und die Kosten des Papiers variabel, falls als Bezugsgröße die Auflagenhöhe, also die Anzahl der gedruckten Bücher, gewählt wird. Wird hingegen die Seitenzahl eines Buches zur Bezugsgröße, werden auch die Satzkosten zu einer variablen Größe.

Je nach Zusammenhang zwischen Kostenverlauf und Beschäftigungsänderung lassen sich variable Kosten in proportionale, progressive und degressive Kosten unterscheiden.

$$\textbf{Reaktionsgrad der Kosten} = R = \frac{\text{prozentuale Kostenänderung}}{\text{prozentuale Beschäftigungsänderung}}$$

Proportionale Kosten

Ändern sich die Kosten im gleichen Verhältnis wie der Beschäftigungsgrad, spricht man von **proportionalen Kosten.** Bei proportionalen Kosten beträgt der Reaktionsgrad R = 1.

- Die Verpackungskosten eines Herstellers werden proportional zur Ausbringungsmenge steigen. Auch das Fertigungsmaterial und die Kosten des Wareneinsatzes im Handel zeigen diesen Kostenverlauf.
- Stattet man bei der Autoproduktion jedes Kraftfahrzeug mit einem Navigationssystem aus, verhalten sich die dafür anfallenden Kosten zur produzierten Menge proportional. Je erzeugtem Kfz sind die proportionalen Kosten dabei konstant, da jede zusätzlich erzeugte Einheit den gleichen Kostenzuwachs bewirkt.

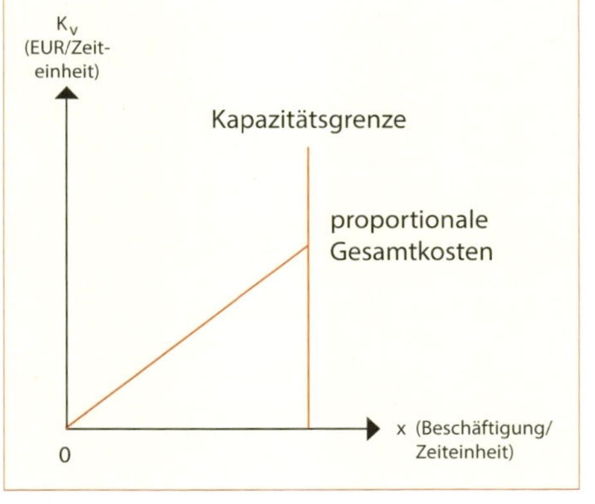

Progressive Kosten

Steigen die Kosten stärker als der Beschäftigungsgrad, spricht man von **progressiven Kosten.** In diesem Fall ist der Reaktionsgrad R größer als 1.

Progressive Kosten entstehen in der Praxis häufig bei Überbeschäftigung. Die tarifvertraglich festgelegten Überstundensätze der Mitarbeiter lassen die Kosten stärker ansteigen als den Beschäftigungsgrad. Zudem werden Wartungskosten, Werkzeugverschleiß und (aufgrund der höheren Beanspruchung) Materialverluste (Ausschuss) den Kostenverlauf ungünstig gestalten.

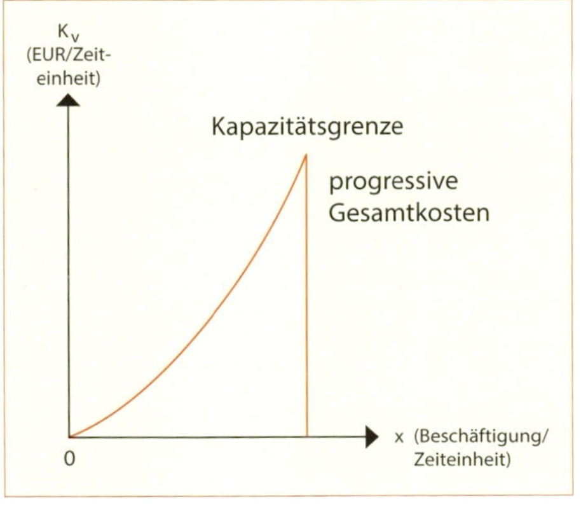

Degressive Kosten

Steigen die Kosten geringer als der Beschäftigungsgrad, ist also der Reaktionsgrad R kleiner als 1, aber größer als 0, liegt ein **degressiver Kostenverlauf** vor.

- Degressive Kostenverläufe kommen z.B. dadurch zustande, dass beim Warenbezug größere Mengen geordert und damit Mengenrabatte beansprucht werden können.
- Aber auch Löhne und Lohnnebenkosten verhalten sich in einigen Fällen degressiv. Werden zu saisonalen Engpässen (z.B. im Weihnachtsgeschäft) zusätzliche Aushilfskräfte angestellt und erhöht sich dadurch der Beschäftigungsgrad um 30%, müssen die Kosten nicht in gleichem Umfang steigen, da das Stammpersonal einen Teil der Mehrarbeit mit übernimmt.

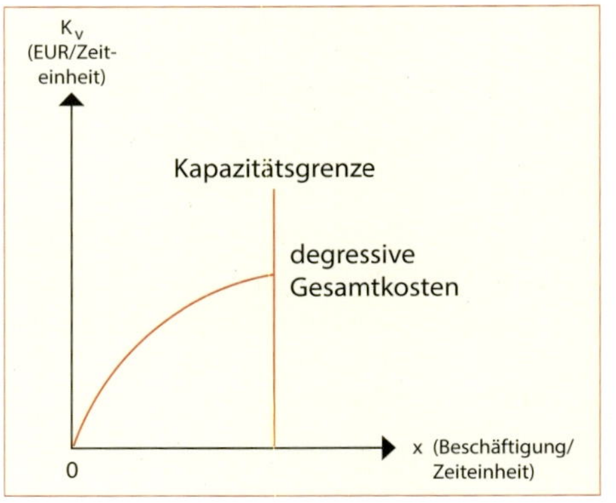

4.2.3 Kosten nach der Menge der hergestellten bzw. abgesetzten Güter

Die Summe aller fixen und variablen Kosten, die einem Unternehmen in einem bestimmten Ausbringungs- oder Absatzzeitraum entsteht, wird als **Gesamtkosten** bezeichnet.

$$K_G = K_f + K_v$$

Der vorstehende S-förmige Gesamtkostenverlauf unterstellt, dass bei niedriger Beschäftigung die unterproportionalen Kosten überwiegen, bei höherer Beschäftigung die überproportionalen. Dieser Gesamtkostenverlauf ist **ein Beispiel** für die vielfältigen in Unternehmen auftretenden Kostenkurven.

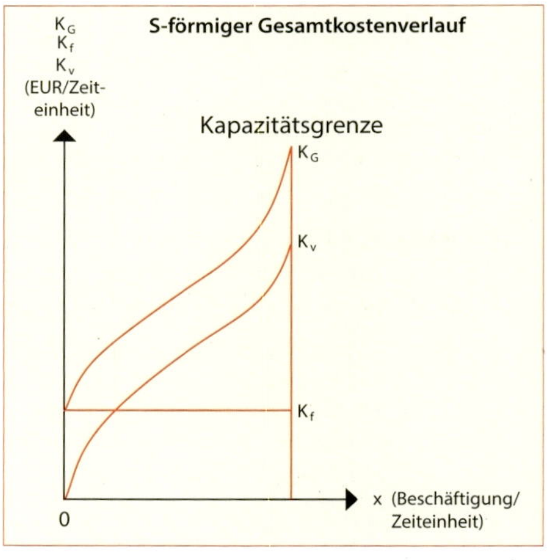

Bezieht man die Gesamtkosten auf **eine** Erzeugnis- oder Absatzeinheit, erhält man die **Stückkosten** k (Durchschnittskosten).

$$k = \frac{K_G}{x}$$

Für einen S-förmigen Gesamtkostenverlauf ergeben sich Stückkosten, die zunächst mit der Ausbringungsmenge fallen, dann aber mit zunehmender Beschäftigung ansteigen.

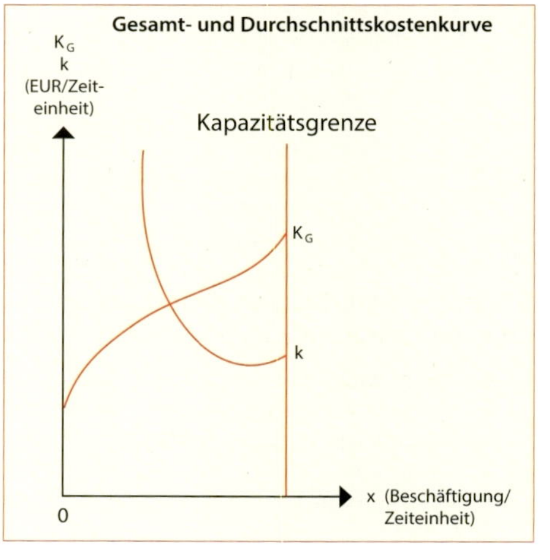

4.2.4 Kosten nach der Verrechnung in der Kalkulation

Bei dieser Unterscheidung geht es um die Zurechnung von Kosten auf einzelne Kalkulationsobjekte.

▶ Einzelkosten

Einzelkosten sind solche Kosten, die **einem Kalkulationsobjekt** eindeutig und direkt zugerechnet werden können. Im Gegensatz zur Auffassung, dass Einzelkosten nur solche Kosten sind, die einem Endprodukt (einem Kostenträger) direkt zugerechnet werden können, lässt die Bezugsgröße „Kalkulationsobjekt" eine flexiblere Handhabung der Verrechnung von Kosten im Unternehmen zu.

Typische einem Endprodukt zurechenbare Einzelkosten sind etwa Materialkosten, Fertigungslöhne, Bezugskosten im Handel oder Sondereinzelkosten des Vertriebes (Verpackung, Versandkosten, Transportversicherung). Unterstellt man als Bezugsgröße nicht das Endprodukt, sondern das Kalkulationsobjekt (z. B. eine Produktgruppe, eine Werbeaktion, eine Abteilung), können z. B. auch der Lohn eines Mitarbeiters, der etwa nur für eine Abteilung arbeitet, oder die Kosten einer PR-Anzeige (obwohl für die gesamte Produktpalette indirekt geworben wird) als Einzelkosten angesetzt werden.

▶ Gemeinkosten

Im Gegensatz zu Einzelkosten sind Gemeinkosten solche Kosten, die **nicht direkt** einem Kalkulationsobjekt, wohl aber – mittels eines entsprechenden Verteilungsschlüssels – einer **Gesamtheit von Kalkulationsobjekten** insgesamt zugeordnet werden können.

Daneben wird auch noch die Auffassung vertreten, dass **Gemeinkosten** solche Kosten sind, die nicht unmittelbar einem Endprodukt zugerechnet werden können, sondern für mehrere Kostenträger oder das Gesamtunternehmen anfallen.

- Zu den einem Endprodukt direkt nicht zurechenbaren Gemeinkosten zählen etwa Abschreibungen auf Gebäude und Maschinen, Löhne des Personals, Versicherungen, Steuern oder die Versorgung des Unternehmens mit Strom. Da eine eindeutige Zuordnung dieser Kosten auf die einzelnen Kostenträger (Endprodukte) nicht möglich ist, müssen die Gemeinkosten durch bestimmte Schlüssel (Kalkulationssätze) auf die Endprodukte verteilt werden. Als Kalkulationsgrundlage können etwa Maschinenstunden oder Fertigungslöhne dienen. Diese Verrechnung geschieht im Betriebsabrechnungsbogen (BAB).
- Wählt man als Bezugsgröße nicht ein Endprodukt, sondern ein Kalkulationsobjekt, gelingt die direkte Zuordnung besser. Das Gehalt eines Managers, der z. B. die Produktgruppe Waschmittel betreut, stellt bezogen auf das Endprodukt (ein einzelnes Waschmittel) Gemeinkosten, bezogen auf das Kalkulationsobjekt (alle Waschmittel) hingegen Einzelkosten dar.

4.2.5 Kritische Absatzmenge

Die Abhängigkeit von Kosten und Beschäftigungsgrad lässt für ein Unternehmen die Frage wichtig werden, ab welcher Leistungsmenge die entstehenden Kosten zu decken sind. Bei dieser Ermittlung der **kritischen Absatzmenge** ist also die Stückzahl der produzierten oder abgesetzten Güter bedeutsam, ab der ein Gewinn erzielt werden kann.

Eine Schreinerei hat sich auf die Herstellung von Kinderschaukelpferden spezialisiert, die überwiegend in Handarbeit gefertigt werden. Die fixen Kosten (Pacht, Abschreibung der Maschinen u. a.) betragen 10 000 EUR. Die variablen Kosten (Roh-, Hilfs- und Betriebsstoffe, Verpackungskosten etc.) steigen proportional mit der hergestellten Menge und betragen 250 EUR/Stück. Der Schreiner erzielt einen Verkaufspreis von 375 EUR/Stück. Für ihn stellt sich damit die Frage, welche Stückzahl er herstellen muss, um die Kosten zu decken.

Für dieses Beispiel muss ferner unterstellt werden, dass die Kosten und Erlöse über die betrachtete Zeiteinheit konstant bleiben und dass die hergestellte Menge auch tatsächlich am Markt abgesetzt wird.

Die folgende Tabelle gibt Auskunft über den Gesamt- und Stückgewinn bzw. -verlust in Abhängigkeit von der Leistungsmenge:

Erzeugung/ Absatz x (in Stück)	fixe Kosten K_f (in EUR)	variable Kosten K_V (in EUR)	Gesamtkosten K_G (in EUR)	Stückkosten k (in EUR)	Gesamterlös (in EUR)	Stückerlös = Preis (in EUR)	Gesamtgew./ Gesamtverlust (in EUR)	Stückgew./ Stückverlust (in EUR)
0	10 000,00	–	10 000,00*	–	–	–	– 10 000,00	–
10	10 000,00	2 500,00	12 500,00	1 250,00	3 750,00	375,00	– 8 750,00	– 875,00
20	10 000,00	5 000,00	15 000,00	750,00	7 500,00	375,00	– 7 500,00	– 375,00
30	10 000,00	7 500,00	17 500,00	583,33	11 250,00	375,00	– 6 250,00	– 208,33
40	10 000,00	10 000,00	20 000,00	500,00	15 000,00	375,00	– 5 000,00	– 125,00
50	10 000,00	12 500,00	22 500,00	450,00	18 750,00	375,00	– 3 750,00	– 75,00
60	10 000,00	15 000,00	25 000,00	416,67	22 500,00	375,00	– 2 500,00	– 41,67
70	10 000,00	17 500,00	27 500,00	392,86	26 250,00	375,00	– 1 250,00	– 17,86
80	10 000,00	20 000,00	30 000,00	375,00	30 000,00	375,00	0,00	0,00
90	10 000,00	22 500,00	32 500,00	361,11	33 750,00	375,00	1 250,00	13,89
100	10 000,00	25 000,00	35 000,00	350,00	37 500,00	375,00	2 500,00	25,00
110	10 000,00	27 500,00	37 500,00	340,91	41 250,00	375,00	3 750,00	34,09
120	10 000,00	30 000,00	40 000,00	333,33	45 000,00	375,00	5 000,00	41,67

* Kosten für die Aufrechterhaltung der Betriebsbereitschaft

Auch die grafische Darstellung verdeutlicht, dass ab einer Ausbringungsmenge von 80 Stück die Kosten gedeckt sind und über 80 Stück hinaus Gewinne erzielt werden können.

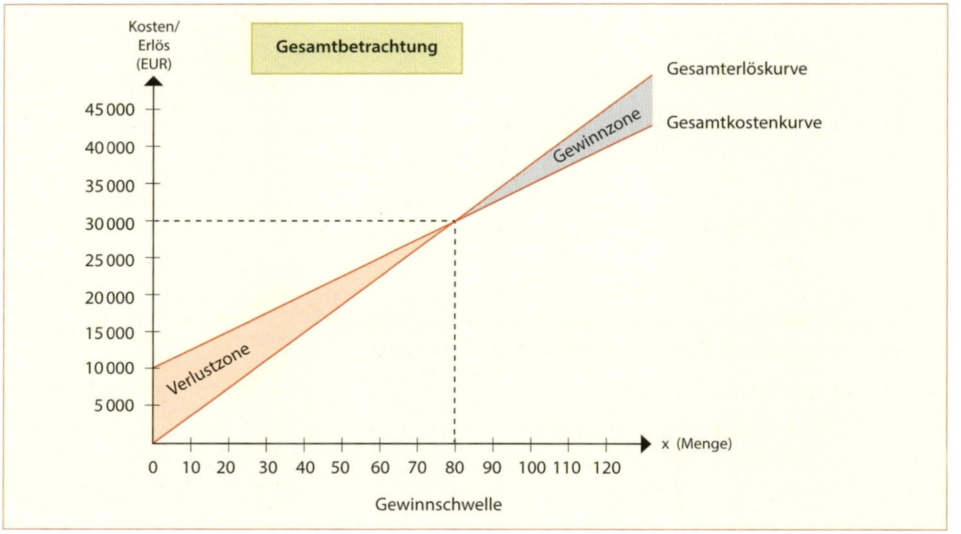

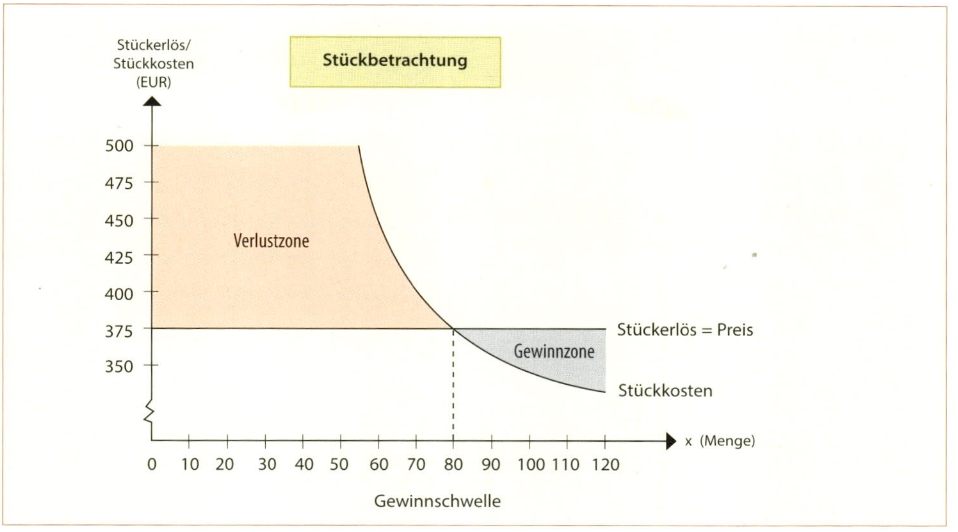

▶ Zusammenfassung

Grundbegriffe der Kostenlehre

Kosten

der in Geld bewertete leistungsbezogene Einsatz von Produktionsfaktoren

Kostenarten

nach eingesetzten Produktionsfaktoren:

- Personalkosten
- Sachkosten
- unternehmerische Kapitalkosten
- Kosten für Leistungen Dritter
- Kosten der Gesellschaft

nach dem Beschäftigungsgrad:

- **fixe,** d.h. beschäftigungsgradunabhängige Kosten
- **variable,** d.h. beschäftigungsgradabhängige Kosten
  dabei ändern sich diese Kosten bei:
  - **proportionalen Kosten** im gleichen Verhältnis wie der Beschäftigungsgrad
  - **progressiven Kosten** stärker steigend als der Beschäftigungsgrad
  - **degressiven Kosten** geringer steigend als der Beschäftigungsgrad

nach der Menge der hergestellten bzw. abgesetzten Güter:

- **Gesamtkosten** = Summe aus fixen und variablen Kosten
- **Stückkosten** (Durchschnittskosten) = $\frac{\text{Gesamtkosten}}{\text{Beschäftigungsgrad}}$

nach der Verrechnung in der Kalkulation:

- **Einzelkosten** = direkt einem Kalkulationsobjekt (bzw. einem Endprodukt) zurechenbar
- **Gemeinkosten** = nicht direkt, sondern nur über Kalkulationssätze einem Kalkulationsobjekt (bzw. einem Endprodukt) zurechenbar

Aufgaben

(1) *Erläutern Sie den Kostenbegriff und nennen Sie Ausgaben, die keine Kosten darstellen!*

(2) *Ordnen Sie den „Kosten nach der Art der eingesetzten Produktionsfaktoren" folgende Vorfälle zu!*
- a) *Reparaturkosten für das Kfz eines Außendienstmitarbeiters in einer Vertragswerkstatt*
- b) *Urlaubsgeld der Mitarbeiter*
- c) *Feuerversicherungsprämie*
- d) *Grundsteuerzahlung*
- e) *Abschreibungen der Betriebs- und Geschäftsausstattung*
- f) *Zinsen eines Bankkredites*

(3) *Welche Aussage lässt ein Beschäftigungsgrad von 50 % zu?*

(4) *Definieren Sie fixe und variable Kosten und bilden Sie jeweils Beispiele für diese Kostenarten*
- a) *in einem Kreditinstitut,*
- b) *bei einem Pkw-Hersteller,*
- c) *in einem Einzelhandelsunternehmen!*

(5) *Bilden Sie Beispiele für proportionale, progressive und degressive Kosten!*

(6) *Unterscheiden Sie zwischen Einzel- und Gemeinkosten!*

(7) *Warum ist die Bezugsgröße (Endprodukt oder Kalkulationsobjekt) bei der Festlegung von Einzel- und Gemeinkosten wichtig?*

(8) *Erläutern Sie an Beispielen für ein Unternehmen aus einem selbst gewählten Wirtschaftsbereich (Handel, Banken, Versicherungen, Industrie) die folgenden Kostenarten!*
- a) *Gesamtkosten*
- b) *Einzelkosten*
- c) *Stückkosten*
- d) *fixe Kosten*
- e) *Gemeinkosten*
- f) *variable Kosten*

(9) *Ein Industriebetrieb erzielt Gewinne, obwohl seine Gesamtkosten ständig zunehmen und der erzielte Verkaufspreis konstant bleibt. Ist dies möglich? Begründen Sie Ihre Antwort!*

(10) *Bestimmen Sie für das nachfolgende Beispiel grafisch die Gewinnschwelle sowie die Gewinn- und Verlustzone!*

Eine Stanzerei hat fixe Kosten von 150 000 EUR, variable Kosten von 50 000 EUR/1 000 Stück. Der Verkaufspreis beträgt 80 EUR/Stück.

5 Marketing für Waren und Dienstleistungen

Verschiedenen Stellen und Abteilungen werden durch die unternehmerische Organisationsstruktur spezielle Aufgaben bei der Erstellung des Leistungsprogramms zugewiesen. So ist z. B. die Abteilung Rechnungswesen/Finanzierung für die Kostenrechnung, die Finanzierung bzw. die Durchführung des Zahlungsverkehrs zuständig, während das Personalwesen etwa die Personalauswahl und -einstellung, die Aus- und Fortbildung oder grundsätzliche Fragen der Entlohnung übernimmt.

Von besonderer Bedeutung für den betrieblichen Leistungsprozess ist zudem das **Marketing,** das alle Unternehmensaktivitäten auf die Belange des Marktes oder der entsprechenden Märkte abstimmt und somit eine Unternehmensführung vom Markt bedingt.

Voraussetzung für die erfolgreiche Arbeit eines Unternehmens ist es, dass die Herstellung von Produkten und das Angebot von Waren oder Dienstleistungen auf eine entsprechende Nachfrage am Markt trifft. Die unternehmerische Tätigkeit ist somit unmittelbar abhängig von den erzielten Absatzerfolgen.

Für die Produktions- und Angebotsentscheidungen eines Unternehmens sind die derzeitigen bzw. vorhersehbaren künftigen Marktgegebenheiten ausschlaggebend. Am Beginn aller Überlegungen sollte nicht das Produkt selbst stehen, sondern die Wünsche, Bedürfnisse und Erwartungen der Abnehmer. Für eine solche **auf den Markt ausgerichtete Unternehmensführung** wird der Begriff **Marketing** verwandt.

- Ein Unternehmen, das zunächst ein Produkt entwickelt und erst anschließend Überlegungen zu dessen Verkaufsmöglichkeiten anstellt, läuft Gefahr, den Bedürfnissen des Marktes nicht gerecht zu werden.
- Werden hingegen zunächst mithilfe der Marktforschung Informationen über Kundenwünsche und bisher von Konkurrenten angebotene Produkte beschafft und zudem zukünftige Marktentwicklungen berücksichtigt (z. B. Rohstoffverteuerungen wie bei Erdöl, neue gesetzliche Bestimmungen zur Vermeidung von Umweltbelastungen), wird das aufgrund dieser Daten geplante Produktprogramm bessere Absatzchancen besitzen.

Unter Marketing werden alle unternehmerischen Aktivitäten verstanden, die – unter zunehmender Berücksichtigung ökologischer Erfordernisse – darauf abzielen, zur Erhaltung der vorhandenen Nachfrage und zur Gewinnung neuer Abnehmer ein planmäßiges Leistungsangebot bereitzustellen, dessen Inhalt und Zielsetzung maßgeblich von den Bedingungen des Absatzmarktes bestimmt werden. Marketing, das sich demzufolge mit der Suche, Entwicklung und Pflege sowie dem Ausbau von Märkten beschäftigt, führt zu einer Steuerung des Unternehmens vom Markt her.

Um alle Entscheidungen auf den Markt auszurichten, bedient sich das Unternehmen einer bestimmten **Marketingstrategie.** Die einzelnen Instrumente (Produkt- und Sortimentspolitik, Preispolitik und Verkaufsbedingungen, Vertriebspolitik sowie Werbung) werden dabei so aufeinander abgestimmt, dass sie eine an den Marktgegebenheiten ausgerichtete Handlungsstrategie, das **Marketing-Mix,** ergeben.

> Ein Unternehmen, das ohne ausreichende Kenntnisse der Märkte und unter Verzicht auf die gegenseitige Abstimmung der einzelnen Marketinginstrumente ein Produkt entwickelt, läuft Gefahr, den Marktgegebenheiten bzw. -erfordernissen und damit den Wünschen und Erwartungen der Abnehmer nicht gerecht zu werden. Werden hingegen zunächst Informationen über Beschaffungs- und Absatzmärkte, Kundenwünsche, Konkurrenten und allgemeine Marktdaten erhoben, hat das Unternehmen wesentlich bessere Aussichten, sein Produktions- und Absatzprogramm erfolgreich zu verwirklichen.

5.1 Produkt- und Sortimentspolitik

Die Produkt- und Sortimentspolitik umfasst die marktgerechte Gestaltung des Leistungsprogramms eines Unternehmens. Dabei sind Entscheidungen in folgenden vier Bereichen bedeutsam:

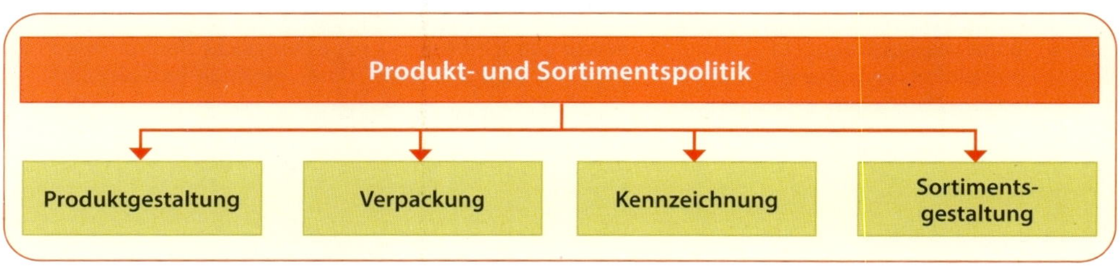

5.1.1 Produktgestaltung

Die herzustellenden und anzubietenden Waren sollten in ihrer Beschaffenheit, Verwendungsfähigkeit und Gestaltung den Kundenwünschen entsprechen.

Nur ein Angebot, das qualitativ und funktionsgerecht ist sowie in Form und Farbe den Erwartungen der Abnehmer entspricht, wird auf Dauer zu einem befriedigenden Umsatzergebnis für das Unternehmen führen. Fehlerhafte, minderwertige, umwelt- oder gar gesundheitsschädliche Produkte dürfen in einem marktgerechten Angebot nicht enthalten sein.

5.1.2 Verpackung

Die Produktverpackung, die die Waren in erster Linie bei Transport und Lagerung vor Beschädigung und Verderb schützen soll, muss auf die jeweilige Ware abgestimmt gestaltet sein und die Anforderungen an zweckmäßige Beförderung und leichte Handhabbarkeit erfüllen.

Verpackungen müssen gewährleisten, dass:

- verbrauchsgerechte Mengen angeboten und entnommen werden können;

  Waschmittel in unterschiedlichen Packungsgrößen

- ein leicht handhabbarer Umgang mit dem Produkt ermöglicht wird.

  Behälter für Flüssigkeiten sollten ein problemloses Öffnen, sicheres Wiederverschließen und vollständiges Entleeren gewährleisten.

In zunehmendem Maße sind der Verpackung auch **Servicefunktionen** übertragen worden. Diese Aufgabenstellung umfasst z. B.:

- die Möglichkeit, Lebensmittel in der Verpackung zuzubereiten und auf den Tisch zu bringen,
- die Bildung von Bedarfseinheiten (Menüs in Flugzeugen),
- die Wiederverwendungsmöglichkeit von Verpackungen (Waren verpackt in Trinkgläsern oder Eimern).

Die Verpackungspraxis wird allerdings aus Umweltüberlegungen heftig kritisiert. Insbesondere wird beklagt, dass es zu viele und zu aufwendige Verpackungen gibt, die weit über die erforderlichen Verpackungsfunktionen hinausgehen und dadurch den Müllanfall in einem Maße vergrößern, dass dieser unter ökologisch vertretbaren Gesichtspunkten nur schwerlich zu beseitigen ist. Aus diesen Feststellungen ergeben sich Forderungen in Bezug auf eine **umweltgerechte Verpackungsgestaltung:**

- Verringerung der Verpackungsmenge auf das notwendige Maß;
- Einführung wiederverwendungsfähiger Verpackungen;
- Herstellung leicht zu vernichtender bzw. recyclinggerechter[1] Verpackungen.

Verbot von Einweg-Plastik beschlossen

Riesige Mengen Plastikmüll landen jedes Jahr in den Ozeanen. Nun plant die Europäische Union drastische Gegenmaßnahmen. Einige Alltagsprodukte sollen verschwinden.

Das EU-Verbot von Plastiktellern, Trinkhalmen und anderen Wegwerfprodukten aus Kunststoff ist unter Dach und Fach. Unterhändler des Europaparlaments und der EU-Staaten einigten sich am Mittwochmorgen in Brüssel auf die Einzelheiten. Das Verbot soll dazu beitragen, die Massen von Plastikmüll in der Umwelt und in den Weltmeeren einzudämmen.

Die EU-Kommission hatte im Mai vorgeschlagen, Einmalgeschirr, Strohhalme, Wattestäbchen und andere Wegwerfartikel aus Plastik zu verbieten. Die Menge an Lebensmittel-Verpackungen und Trinkbechern soll mit Reduktionszielen zurückgedrängt werden. EU-Parlament und EU-Länder hatten die Pläne im Gesetzgebungsverfahren leicht verändert. Sie müssen die Einigung der Unterhändler noch offiziell bestätigen. In Kraft treten werden die Änderungen voraussichtlich in gut zwei Jahren.

Die Strategie gegen Plastikmüll dürfte für fast Jeden im Alltag spürbare Veränderungen bringen. Verboten werden sollen aber nur Gegenstände, für die es bessere Alternativen gibt. Bedeutsam ist das Paket vor allem für die Kunststoffbranche, die nach Behördenangaben 2015 einen Umsatz von 340 Milliarden Euro machte und 1,5 Millionen Menschen beschäftigte.

---

1 Erneute Gewinnung von Rohstoffen aus wiederaufbereitbaren Müllbestandteilen wie z. B. Altglas, Altpapier.

Die EU-Kommission verspricht sich von dem Plan große Umweltvorteile. Die Maßnahmen sollen den Ausstoß von Kohlendioxid um 3,4 Millionen Tonnen verringern. Bis 2030 könnten Umweltschäden im Wert von 22 Milliarden Euro vermieden werden, hieß es. Verbraucher könnten bis zu 6,5 Milliarden Euro sparen. Die Kommission begründet den Vorstoß vor allem mit dem Schutz der Ozeane. Mehr als 80 Prozent des Mülls in den Meeren seien Plastik.

Teil der neuen Strategie ist die Beteiligung von Herstellern an den Kosten für das Aufräumen. So könnte die Tabakindustrie künftig für das Einsammeln von Zigarettenstummeln zur Kasse gebeten werden. „Wer Wegwerfartikel wie Zigaretten herstellt, wird künftig mehr Verantwortung für den Müll übernehmen müssen", sagte Bundesumweltministerin Svenja Schulze den Zeitungen der Funke Mediengruppe. „So könnte die Zigarettenindustrie zum Beispiel an den Kosten für die Reinigung von Stränden oder Parks beteiligt werden." **(dpa)**

Quelle: https://www.fr.de/wirtschaft/eu-verbot-von-einweg-plastik-beschlossen-a-1641191?GEPC=s5 vom 19.12.2018

Verpackungsgesetz

Das **Gesetz über das Inverkehrbringen, die Rücknahme und die hochwertige Verwertung von Verpackungen (Verpackungsgesetz** – *VerpackG*) bezweckt, die Auswirkungen von Verpackungsabfällen auf die Umwelt zu vermeiden oder zu verringern. Um diese abfallwirtschaftlichen Ziele zu erreichen, regelt das Verpackungsgesetz das Verhalten der Verpflichteten so, dass Verpackungsabfälle vorrangig vermieden und darüber hinaus einer Vorbereitung zur Wiederverwendung oder dem Recycling zugeführt werden. Gleichzeitig sollen dabei die Marktteilnehmer vor unlauterem Wettbewerb geschützt werden *(§ 1 I VerpackG).*

Das Verpackungsgesetz gilt grundsätzlich für **alle Verpackungen** *(§ 2 I VerpackG),* also – vor allem neben Getränke-, Mehrweg-, Einweg-, Verbundverpackungen sowie restentleerten Verpackungen – insbesondere auch für die vom **Hersteller** aus beliebigen Materialien produzierten und an den **Vertreiber** oder **Endverbraucher** weitergegebenen

- Verkaufsverpackungen (als Service- oder Versandverpackungen),
- Umverpackungen oder
- Transportverpackungen *(§ 3 I VerpackG).*

Gegenstände, die gemäß Anlage 1 zu § 3 I VerpackG als Verpackungen gelten	Gegenstände, die gemäß Anlage 1 zu § 3 I VerpackG **nicht** als Verpackungen gelten
▪ Klarsichtfolie um CD-Hüllen ▪ Versandhüllen, die Kataloge und Magazine enthalten ▪ Blumentöpfe, die nur für den Verkauf und den Transport von Pflanzen bestimmt sind und in denen die Pflanze nicht während ihrer Lebenszeit verbleiben soll ▪ Kleiderbügel, die mit einem Kleidungsstück verkauft werden ▪ Getränkesystemkapseln (z.B. für Kaffee, Kakao, Milch), die nach Gebrauch leer sind ▪ Tragetaschen aus Papier oder Kunststoff ▪ Frischhalte- und Aluminiumfolie ▪ Etiketten, die unmittelbar am Produkt hängen oder befestigt sind	▪ Tonerkartuschen ▪ CD-, DVD- und Videohüllen, die jeweils zusammen mit einer CD, DVD oder einem Video verkauft werden ▪ Teebeutel ▪ Blumentöpfe, in denen die Pflanze während ihrer Lebenszeit verbleibt ▪ Kleiderbügel, die getrennt verkauft werden ▪ Getränkesystemkapseln, Kaffee-Folienbeutel und Kaffeepads aus Filterpapier, die zusammen mit dem verwendeten Kaffeeprodukt entsorgt werden ▪ Einpack- und Geschenkpapier, das getrennt verkauft wird ▪ RFID-Tags für die Funkfrequenzkennzeichnung

Hersteller ist dabei derjenige Vertreiber, der Verpackungen erstmals gewerbsmäßig in Verkehr bringt oder gewerbsmäßig in den Geltungsbereich des Verpackungsgesetzes einführt *(§ 3 XIV VerpackG)*. **Vertreiber** ist jeder, der Verpackungen gewerbsmäßig in Verkehr bringt, und zwar unabhängig von der Vertriebsmethode oder Handelsstufe *(§ 3 XII VerpackG)*, **Endverbraucher** ist derjenige, der die Ware in der an ihn gelieferten Form nicht mehr gewerbsmäßig in Verkehr bringt *(§ 3 X VerpackG)*.

Das Verpackungsgesetz nimmt Hersteller (und Vertreiber) in die Pflicht, sich mit ihren **systembeteiligungspflichtigen Verpackungen** – also mit den von ihnen **mit Ware befüllten Verkaufs- und Umverpackungen, die nach Gebrauch typischerweise beim privaten Endverbraucher als Abfall anfallen** *(§ 3 VIII VerpackG)* – bei einem oder mehreren der zugelassenen **dualen Systeme**[1] zur Gewährleistung der flächendeckenden Rücknahme zu beteiligen, also zu lizensieren *(§ 7 I VerpackG)*. Indem dieses neben dem öffentlich-rechtlichen Abfallbeseitigungssystem bestehende zweite Entsorgungssystem die Aufgabe übernimmt, diesen Verpackungsmüll einzusammeln und zu verwerten, werden im Gegenzug diejenigen, die diese Verkaufs- und Umverpackungen zuvor gewerbsmäßig in Umlauf gebracht haben, von ihrer erweiterten Produktverantwortung entbunden, diese Verpackungen selbst zurücknehmen und verwerten zu müssen.

Zur Finanzierung dieses Systems zahlt der Inverkehrbringer von Verpackungen ein Lizenzentgelt an die dualen Wertstoffsammelsysteme. Diese Systembeteiligungsentgelte sind dabei im Einvernehmen mit dem Umweltbundesamt und in Abstimmung mit dem Bundeskartellamt so nach ökologischen Kriterien zu gestalten, dass über die dadurch geschaffenen finanziellen Anreize

- besonders recyclingfähige Verpackungen,
- der Einsatz nachhaltiger Verpackungen aus nachwachsenden Rohstoffen sowie
- hohe ökologische Standards bei der Sammlung und Verwertung der Verpackungsabfälle

speziell gefördert werden, um so die ökologische Lenkungswirkung des Systembeteiligungsentgelts zu verstärken.

Das Verpackungsgesetz verpflichtet gleichzeitig auch die dualen Systeme zu deutlich höheren Verwertungsanforderungen der bei ihnen beteiligten Verpackungsmaterialien *(§ 16 VerpackG):*

Verpackungsmaterialien	Gesetzliche Mindest-Recyclingquoten	
	ab 2019	ab 2022
Glas	80 %	90 %
Papier, Pappe und Karton	85 %	90 %
Eisenmetalle und Aluminium	80 %	90 %
Getränkekartonverpackungen	75 %	80 %
sonstige Verbundverpackungen	55 %	70 %
Kunststoffe	58,5 %	63 %

1 Duale Systeme umfassen solche „Wertstoffsammler", die Papiertonnen bzw. -container, Altglascontainer, gelbe Tonnen oder gelbe Säcke (wie z. B. Der Grüne Punkt - Duales System Deutschland GmbH oder Landbell AG für Rückhol-Systeme) nutzen, um den eingesammelten Verpackungsmüll zu verwerten.

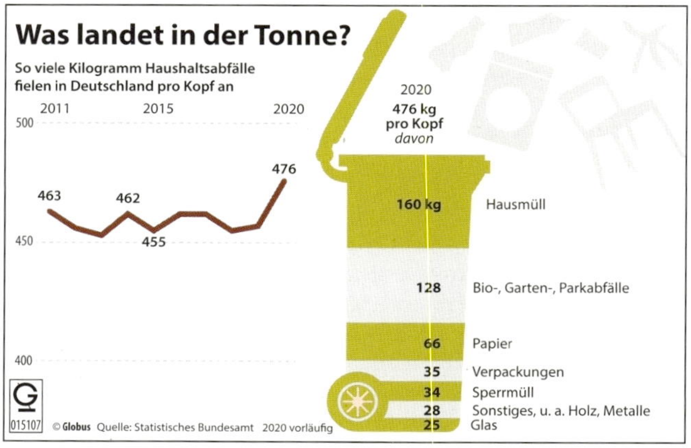

39,6 Millionen Tonnen Müll haben die privaten Haushalte im Jahr 2020 entsorgt. Das war deutlich mehr als noch im Jahr 2019, konkret: plus 1,6 Millionen Tonnen beziehungsweise vier Prozent. Pro Kopf ergab sich eine Menge von 476 Kilogramm. Im Jahr 2019 hatten die Haushaltsabfälle pro Person noch 19 Kilo weniger betragen. Diese Zunahme lässt sich vermutlich darauf zurückführen, dass viele Menschen im Jahr 2020 coronabedingt mehr Zeit zu Hause verbracht haben als sonst. Die Zahlen des Statistischen Bundesamts zeigen zudem: Insbesondere die Mengen an Wertstoffen und Bioabfällen haben zugenommen. Dabei ist Abfall aber nicht gleich Abfall. Biomüll beispielsweise ist wertvoll, denn er wird von den Abfallbetrieben weiterverarbeitet. Er kann beispielsweise zu Biogas, zu Kompost oder auch zu Flüssigdünger aufbereitet werden. Zu den Wertstoffen zählen unter anderem Papier, Verpackungen und Glas. Auch sie können teilweise weiterverarbeitet werden.

Hersteller (und Vertreiber) müssen sich vor dem Inverkehrbringen systembeteiligungspflichtiger Verpackungen elektronisch im Verpackungsregister LUCID,[1] einer Datenbank bei der **Zentralen Stelle Verpackungsregister** (ZSVR), als Produktverantwortliche registrieren lassen. Dabei sind insbesondere folgende Angaben zu hinterlegen *(§ 9 II VerpackG)*:

- Markennamen, unter denen der Hersteller seine systembeteiligungspflichtigen Verpackungen in Verkehr bringt;
- Erklärung, dass der Hersteller seine Rücknahmepflichten durch Beteiligung an einem oder mehreren Systemen oder durch eine oder mehrere Branchenlösungen erfüllt;
- Erklärung, dass die Angaben der Wahrheit entsprechen.

Die ZSVR bestätigt die Registrierung und teilt dem Hersteller seine Registrierungsnummer mit. Neben dieser Registrierungspflicht müssen Hersteller die im Rahmen einer Systembeteiligung getätigten Angaben zu den Verpackungen auch unverzüglich der ZSVR melden. Dabei sind mindestens folgende Daten zu übermitteln *(§ 10 I VerpackG):*

- Registrierungsnummer;
- Materialart und Masse der beteiligten Verpackungen;
- Name des Systems, bei dem die Systembeteiligung vorgenommen wurde;
- Zeitraum, für den die Systembeteiligung vorgenommen wurde.

Indem das duale System die mit seinen Vertragspartnern, also den Herstellern von systembeteiligungspflichtigen Verpackungen, vereinbarten lizenzierten Verpackungsmengen ebenfalls der ZSVR unter Angabe deren Registrierungsnummer zu melden hat, ist leicht feststellbar, ob es zu abweichenden Mengenangaben kommt. Damit zeigt LUCID für jeden öffentlich einsehbar, welche Hersteller bzw. Erstinverkehrbringer sich mit welchen Marken registriert haben und damit ihrer finanziellen Produktverantwortung für die Sammlung und das Recycling ihrer

1 www.verpackungsregister.org

Verpackungen nachgekommen sind. Die ZSVR, die außerdem im Zweifelsfall auf Antrag entscheidet, ob eine Verpackung systembeteiligungspflichtig ist, überwacht gleichzeitig auch die Erfüllung der Recyclingquoten und fördert nachhaltigere Verpackungen finanziell.

Verstöße gegen das Verpackungsgesetz können mit einer Geldbuße bis zu 200 000 EUR geahndet werden *(§ 34 VerpackG)*.

Gegenüber der bislang geltenden **Verordnung über die Vermeidung von Verpackungsabfällen (Verpackungsverordnung** – *VerpackV*) nimmt somit das neue Verpackungsgesetz nun Händler und Hersteller, die mit Waren befüllte Verpackungen in Verkehr bringen, deutlich stärker in die Pflicht, indem jeder, der Verkaufs- und Umverpackungen nutzt, zur finanziellen Beteiligung an einem dualen System sowie zur Registrierung und zur Meldung der von ihnen lizenzierten Verpackungsmengen bei dem ZSVR verpflichtet ist.

Gleichzeitig weitet das neue Verpackungsgesetz auch die Pfand- und Rücknahmepflichten von Getränkeverpackungen aus: So dürfen seit Januar 2019 Einweggetränkeverpackungen von Frucht- und Gemüse-Nektaren mit Kohlensäure (z. B. Saftschorlen) und Mischgetränke mit einem Molke-Anteil von mindestens 50 Prozent nur noch gegen ein Pfand von 0,25 EUR je Verpackung abgegeben werden. Einweggetränkeverpackungen sind vor dem Inverkehrbringen dauerhaft, deutlich lesbar und an gut sichtbarer Stelle als **pfandpflichtig** zu kennzeichnen *(§ 31 I VerpackG)*.

Betriebe der Lebensmittelbranche, im Verpackungsgesetz als „Letztvertreiber" bezeichnet, sind außerdem dazu verpflichtet, die Endverbraucher in der Verkaufsstelle (z. B. am Warenregal) durch deutlich sicht- und lesbare, in unmittelbarer Nähe zu den

- Einweggetränkenverpackungen befindliche Informationstafeln oder -schilder mit dem Schriftzeichen „EINWEG" darauf hinweisen, dass diese Verpackungen nach der Rückgabe nicht wiederverwendet werden *(§ 32 I VerpackG);*
- Mehrweggetränkeverpackungen befindliche Informationstafeln oder -schilder mit dem Schriftzeichen „MEHRWEG" auf die Wiederverwendbarkeit dieser Verpackungen hinzuweisen *(§ 32 II VerpackG)*.

226 Kilo Verpackungsmüll pro Kopf

Der Verbrauch von Verpackungen hat 2017 ein neues Allzeithoch erreicht. Ein Grund dafür ist der Lebensstil der Deutschen. Was tut die Politik dagegen?

Berlin – Im Netz bestellen statt ins Geschäft gehen. Getränke und Snacks auf die Hand, der Reis so praktisch portioniert: Moderne Kunsumgewohnheiten haben den Verpackungs-Verbrauch in Deutschland im Jahr 2017 auf einen Rekordwert getrieben. 18,7 Millionen Tonnen fielen insgesamt an, wie das Umweltbundesamt (UBA) am Montag mitteilte – rechnerisch waren das 226,5 Kilogramm pro Person und drei Prozent mehr als im Vorjahr. Private Verbraucher hatten daran einen Anteil von 47 Prozent und 107 Kilogramm pro Kopf.

Den Bericht veröffentlichte die Umweltbehörde zum Auftakt der Europäischen Woche der Abfallvermeidung. Als Gründe nennt sie unter anderem Trends zum Online-Versand, kleinen Portionen sowie Essen und Trinken zum Mitnehmen, aber auch überflüssige Verpackungen – wie etwa die Zahnpasta-Tube noch einmal in einer Pappschachtel steckt. Die Zahlen für 2017 liegen erst jetzt vor, weil es lange dauert, sie zu sammeln und zu überprüfen.

„Wir verbrauchen viel zu viele Verpackungen", sagte UBA-Präsidentin Maria Krautzberger. „Das ist schlecht für die Umwelt und für den Rohstoffverbrauch." Abfälle müssten möglichst schon in der Produktionsphase vermieden werden. „Auf unnötige und unnötig materialintensive Verpackungen sollte verzichtet werden." Es brauche „viel mehr Mehrweg", nicht nur bei Mineralwasser und Bier. „Auch den Kaffee kann man im Mehrwegbecher mitnehmen, und wer sein Essen mitnimmt, sollte das auch in Mehrwegbehältern tun können."

In Deutschland fällt zwar viel Verpackungsmüll an, es wird davon aber auch viel recycelt – knapp 70 Prozent. Die Quote ist stark vom Material abhängig. Sehr hoch liegt sie etwa bei Stahl mit 92,2 Prozent sowie Papier und Karton bei 87,6 Prozent und Glas mit 84,4 Prozent. Verpackungsmüll aus Kunststoff wird zu 49,7 Prozent wiederverwertet.

Die Quoten können aber täuschen: Bisher gilt als recycelt, was in die Recyclinganlage gebracht wird. Dabei wird dann nochmal aussortiert, was zu schmutzig ist oder sich aus anderen Gründen nicht zur Wiederverwendung eignet. „Bei Aluminium scheint die Quote mit 87,2 Prozent hoch", teilte das UBA mit. In dem, was als Alu gewertet wird, sei eben nur etwa 30 bis 40 Prozent reines Aluminium enthalten. Spätestens von 2020 an werde die Recyclingquote anhand dessen berechnet, was wirklich wiederverwertet wird.

Seit 2019 schreibt das Verpackungsgesetz vor, dass die Gebühren für gut recycelbare Verpackungen günstiger sein müssen als die für Produkte, die schlecht wiederverwertbar sind. dpa

Wie sich Verpackungsmüll im Alltag zumindest etwas reduzieren lässt

Tatsächlich begegnet Verbrauchern Verpackungsmüll überall im Alltag. Dabei ist es gar nicht schwer, diesen Müll zumindest etwas zu reduzieren.

LEBENSMITTEL EINKAUFEN

Sogenannte Unverpackt-Läden gibt es in immer mehr Städten, sie kommen ganz ohne Verpackung aus. Verbraucher können sich eigene Gefäße und Gläser zum Abfüllen von Nudeln, Müsli oder Milch mitbringen. Doch auch ohne solche Läden lässt sich viel Verpackungsmüll sparen: Obst und Gemüse lieber lose kaufen und in mitgebrachte Netze stecken, Brot lieber beim Bäcker kaufen, Joghurt und Milch besser in Gläsern und Flaschen als in kleinen Plastikbechern. Viele Käse- und Wursttheken akzeptieren außerdem mittlerweile mitgebrachte Behälter.

Bei Getränken empfehlen sich Mehrwegflaschen, bei Wasser tun es oft das Leitungswasser und ein Sprudler, das spart das Schleppen. Vermieden werden sollten to-go-Artikel wie abgepackte Salate sowie Fertigprodukte, auch Konservendosen produzieren viel Verpackungsmüll, hier sind Gläser die bessere Alternative. Problematisch sind auch mehrfach verpackte Süßigkeiten und kleine Einzelportionen, dann lieber zur großen Fruchtgummitüte greifen. Alle Einkäufe sollten dann am besten in mitgebrachten Taschen oder Stoffbeuteln verstaut werden.

KÖRPERHYGIENE, REINIGUNGSMITTEL

Eine gute Alternative zu Duschgeltuben und Shampooflaschen sind lose Seifen, selbstgemachte Flüssigshampoos oder Haarseifen. Doch nicht alle mögen das, daher sind hier Nachfüllpackungen eine Alternative, diese gibt es auch für Handseife, Waschmittel und Spülmittel. Generell gilt: Lieber große Verpackungen kaufen und viele kleine Flaschen. Für die Reise empfehlen sich auffüllbare Behälter. Beim Rasieren können feste Seife und Edelstahlprodukte Plastik ersetzen, bei der Damenhygiene und bei Windeln können Menstruationstassen oder Stoffprodukte eine Alternative sein.

Hausmittel wie Essigessenz, Zitronensäure und Soda eignen sich zum Entkalken und Putzen, auch Natronpulver und Kernseife sind vielseitig einsetzbar. Für die Geschirrspülmaschine ist Pulver in Pappschachteln besser als einzeln verpackte Tabs.

HAUSHALT UND KLEIDUNG

Tücher aus Baumwolle oder Bienenwachs ersetzen Plastik- und Alufolie, Trinkflaschen und Vorratsdosen aus Edelstahl oder Glas halten ebenso gut wie solche aus Plastik. Auch Schneidebretter aus Holz sind umweltfreundlicher und sorgen zudem für eine natürliche Desinfektion. Viele Utensilien wie Rührlöffel und Salatbesteck gibt es auch aus Holz oder Edelstahl. Als Mülltüten eignen sich auch alte Zeitungen.

Auch Kleidung kann viel Mikroplastik enthalten, das beim Waschen in die Umwelt gelangt. Naturfasern wie Baumwolle, Wolle, Seide, Leinen und Hanf eignen sich besser und sind gut biologisch abbaubar, auch halbsynthetische Fasern wie Viskose und Tencel sind geeignet. Problematisch sind synthetische Kunstfasern wie Polyester, Nylon und Elastan.

Quelle: Westfälischer Anzeiger vom 19. November 2019

5.1.3 Kennzeichnung

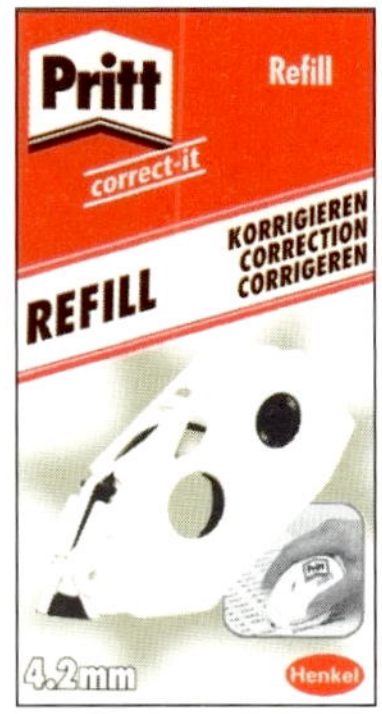

Durch die Kennzeichnung mit bestimmten Markierungen wird die Absicht verfolgt, Produkte aus der Anonymität herauszuheben, sie von Konkurrenzangeboten zu unterscheiden und bestimmte Informationen als Kaufentscheidungshilfe zu übermitteln (z.B. Anwendungsbereich, Haltbarkeit, Frische, Qualitätsmerkmale).

Die Markierung eines Produktes erfolgt durch bestimmte produktbezogene Merkmale (Marke, Zeichen, Design oder eine Kombination dieser Elemente).

5.1.4 Sortimentsgestaltung

Unter einem **Sortiment** versteht man die Gesamtheit aller von einem Unternehmen angebotenen Güter.

- Fachgeschäfte des Einzelhandels verfügen über ein tiefes, aber enges Sortiment (nur eine Warengruppe wie Lebensmittel, Schuhe, Möbel oder Sportartikel, diese aber in verschiedenen Qualitäten und Preisklassen). Warenhäuser hingegen halten sämtliche Waren des Haushaltbedarfs in vielfältigen Abstufungen bereit (breites und tiefes Sortiment).
- Kreditinstitute bieten eine breite Palette von Leistungen an, die von der Kontoführung über die Kreditgewährung bis zur Anlage von Kundengeldern reicht.

Bei herstellenden Betrieben spricht man in diesem Zusammenhang auch vom **Produktionsprogramm.**

Die Gestaltung des Produktionsprogrammes bzw. Sortimentes muss sich den ständig wandelnden Marktbedingungen anpassen, um den Verkaufserfolg zu sichern. Maßnahmen zur Veränderung der hergestellten bzw. angebotenen Produktpalette sind:

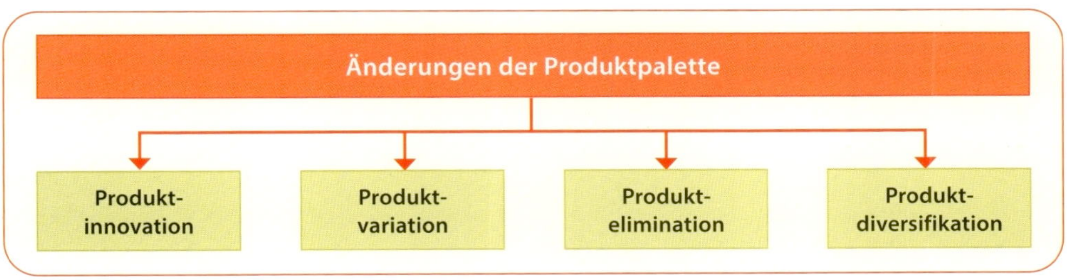

▶ Produktinnovation

Zur langfristigen Sicherung eines Unternehmens spielt die Entwicklung bzw. die Übernahme von Innovationen (Neuerungen) in die Produktpalette eine wichtige Rolle. **Produktneuheiten** erweitern das Angebot an die Kunden und verbessern damit die Absatzchancen.

- Innovationen, die in den letzten Jahren Käufer ansprachen, waren z.B. Tablet-PC, Smartphones, OLED-TV-Geräte, Saugroboter sowie Streamingdienste.
- Im Versicherungsbereich bilden bei der privaten Unfallversicherung für Senioren die Assistance-Leistungen eine Dienstleistungsneuheit. Im Fall eines Unfalls vermitteln dann Versicherungsunternehmen Hilfestellungen, die vom Menübringdienst bis zum Hunde-Sitter reichen. Dabei kann sich die Leistung des Versicherers nicht nur auf die Vermittlung von Hilfestellungen, sondern auch auf die Kostenübernahme erstrecken.

- Banken und Sparkassen ermöglichen ihren Kunden, auch nach Schalterschluss an Automaten oder per Smartphone-App bzw. Internet Bankgeschäfte zu erledigen. Hier ermöglichte eine technische Neuheit eine zusätzliche Servicefunktion im Dienstleistungsbereich.

▶ Produktvariation

Gelingt es nicht, neue Entwicklungen am Markt vorzustellen, kann ein weiteres Mittel der Produktpolitik darin bestehen, bestimmte Eigenschaften bereits bekannter Waren zu verändern, um damit Absatzmöglichkeiten zu bewahren oder zu verbessern. **Veränderungen** an schon vorhandenen Produkten können sich dabei etwa auf folgende Einzelheiten beziehen:

- **Veränderungen in Qualität, Funktionsfähigkeit oder Recycling- und Entsorgungseignung,** d.h. Änderung der technischen Konstruktion oder des Materials bzw. des Inhalts der Dienstleistungen,

  Hausratversicherungen werden um den Tatbestand des Vandalismus bei Wohnungseinbrüchen erweitert.

- **Veränderung in der Gestaltung,** d.h. der Farbe, Form oder Verpackung,
- **Veränderung der Kennzeichnung,** d.h. des Produktnamens oder des Markenzeichens.

▶ Produktelimination

Produktelimination (Elimination = Beseitigung, Entfernung) bedeutet die **Herausnahme von Gütern** aus dem bisherigen Produktionsprogramm oder Sortiment. Gründe für derartige Überlegungen können z.B. sein:

- **Änderungen der Wünsche der Abnehmer**

  Durch das ausgeprägte Sicherheitsbedürfnis werden vermehrt Kraftfahrzeuge mit fester Freisprecheinrichtung, Navigationssystem, Kurvenlicht, Seiten-Airbag und Xenon-Licht nachgefragt.

- **Veränderte gesetzliche Vorschriften**

  Durch das Einfuhrverbot bestimmter Tierfelle können entsprechende Erzeugnisse nicht mehr angeboten werden.

- **Negativer Einfluss des Produktes auf den guten Ruf (Image) des Unternehmens**

  Eine angebotene Ware ist zu reparaturanfällig oder enthält Schadstoffe.

▶ Produktdiversifikation

Unter **Diversifikation** (Abwechslung, Vielfalt) wird die **Aufnahme zusätzlicher Produkte** in das Angebot eines Unternehmens verstanden. Häufig stehen diese neuen Produkte in einem Zusammenhang mit dem bisherigen Leistungsprogramm (z.B. ein Automobilhersteller produziert auch Wohnwagen). Sie können jedoch auch ganz anderer Art sein (eine Tankstelle bietet in einem Shop Süßigkeiten und Spirituosen an). Zudem erweist es sich häufig als sinnvoll, **Zusatzangebote** in das Sortiment aufzunehmen, d.h. Angebote zu unterbreiten, die die Funktionsfähigkeit anderer Waren erst ermöglichen oder verbessern bzw. die eigentliche Ware ergänzen.

- **Waren, die die Funktionsfähigkeit anderer Produkte ergänzen oder verbessern**
  - wiederaufladbare Akkus zum MP3-Player,
  - Imprägniermittel zum Wildledermantel,
  - Elektrogeräte für Einbauküchen;

- **ergänzende Waren**
  - Hemd zum Anzug,
  - Ohrringe zur Halskette,
  - beim Kauf eines Computers wird dem Kunden gleichzeitig ein Standard-Softwarepaket angeboten;
- **sich ergänzende Dienstleistungen**
  - private Krankenversicherungen werden um Pflege- und Krankenhaustagegeldversicherungen ergänzt.

5.2 Preispolitik und Verkaufsbedingungen

Die Preispolitik eines Unternehmens umfasst sowohl die erstmalige Bestimmung der Preise für Waren und Dienstleistungen als auch deren laufende Anpassung an die sich verändernden Marktdaten.

Anpassung bedeutet für ein Unternehmen z. B.:

- die Preissenkung der Konkurrenten nachzuvollziehen,
- eine vorgenommene Preiserhöhung zurückzunehmen, wenn die Käufer das Produkt nicht mehr nachfragen,
- die Verkaufspreise aus Kostengründen (verteuerte Rohstoffe, Umweltschutzkostenüberwälzung, höhere Kreditzinsen) zu erhöhen.

Aufgabe der Preispolitik ist damit die stetige Festlegung des „richtigen Preises" unter Berücksichtigung aller unternehmerischen Zielsetzungen sowie in Abstimmung mit den anderen Marketinginstrumenten.

Neben dem Preis für eine Ware oder Dienstleistung spielen weitere Vereinbarungen bei der Entscheidung über den Kauf bzw. die Inanspruchnahme der vom Unternehmen angebotenen Leistungen eine wesentliche Rolle. So ist es für den Kunden nicht unerheblich zu wissen, welche **Rabatte** gewährt, welche Aufgaben im Rahmen des **Kundendienstes** vom Verkäufer übernommen und ob **Kreditangebote** mit dem Vertrag verbunden sind. Diese Verkaufsbedingungen sind Inhalt der zwischen Abnehmer und Anbieter auszuhandelnden **Lieferungs- und Zahlungsbedingungen.**

5.2.1 Preispolitik

Soll der Preis einer Ware oder Dienstleistung festgelegt bzw. angepasst werden **(Preisermittlung),** bietet die auf betrieblichen Daten aufbauende **Kalkulation** einen ersten Anhaltspunkt.

▶ Kalkulierter Verkaufspreis

Dem Unternehmen entstehen von der Beschaffung über die Produktion bis zum Verkauf von Gütern Kosten. Der kalkulierte Verkaufspreis sollte diese Kosten decken und zudem einen angemessenen Gewinn berücksichtigen.

Für einen Einzelhandelsbetrieb bestehen diese Kosten z. B. im Erwerb der weiterzuveräußernden Waren, in Ausgaben für Personal, Miete, Steuern. Der im Rahmen der **Vorwärtskalkulation** zu ermittelnde Bruttoverkaufspreis wird aber auch die gewährten Rabatte und Skonti einbeziehen.

Listeneinkaufspreis	**300,00 EUR**
– 10 % Liefererrabatt ([v. H.] → Listeneinkaufspreis = 100 %)	30,00 EUR
= **Zieleinkaufspreis** (Warenwert)	**270,00 EUR**

–	3 % Liefererskonto ([v. H.] → Zieleinkaufspreis = 100 %)	8,10 EUR
=	**Bareinkaufspreis**	**261,90 EUR**
+	Bezugskosten (je Stück)	13,10 EUR
=	**Bezugspreis/Einstandspreis**	**275,00 EUR**
+	30 % Handlungskostenzuschlag ([v. H.] → Bezugspreis = 100 %) (Zinsen, Abschreibungen, Miete, Steuern, Werbung, Personal usw.)	82,50 EUR
=	**Selbstkostenpreis**	**357,50 EUR**
+	30 % Gewinnzuschlag ([v. H.] → Selbstkostenpreis = 100 %)	107,25 EUR
=	**Barverkaufspreis**	**464,75 EUR**
+	2 % Kundenskonto ([i. H.] – Zielverkaufspreis = 100 %)	9,48 EUR
=	**Zielverkaufspreis**	**474,23 EUR**
+	3 % Kundenrabatt ([i. H.] → Nettoverkaufspreis = 100 %)	14,67 EUR
=	**Nettoverkaufspreis/Listenverkaufspreis**	**488,90 EUR**
+	19 % Umsatzsteuer ([v. H.] → Nettoverkaufspreis = 100 %)	92,89 EUR
=	**Bruttoverkaufspreis (Auszeichnungspreis)**	581,79 EUR

Ob sich dieser kalkulierte Preis am Markt tatsächlich durchsetzen lässt, hängt vor allem vom Verhalten der anderen anbietenden Unternehmen und der Kunden ab. Ist die Zahl der Anbieter klein oder ist sogar nur ein Anbieter vorhanden und fragen viele Kunden die Waren nach, wird sich der so ermittelte Verkaufspreis realisieren lassen. Bieten allerdings viele Konkurrenten ihre Produkte an, bestimmen **Angebot und Nachfrage** den **Marktpreis.**

▶ Marktpreis

In diesem Fall hat der Verkäufer selbst kaum Einfluss auf die Preisgestaltung. Er muss sich am **Gleichgewichtspreis** orientieren, der sich durch das Verhältnis von Angebot und Nachfrage bildet. Ist ein Artikel in großer Menge am Markt erhältlich, wird der zu erzielende Preis niedrig sein; verringert sich die angebotene Menge, steigt der mögliche Verkaufspreis.

Liegt der am Markt zu erzielende Gleichgewichtspreis über dem kalkulierten Preis, erhöht sich die Einnahme des Unternehmens. Ist der Marktpreis geringer als der errechnete Preis, kann es unter Umständen sinnvoller sein, den entsprechenden Artikel nicht mehr herzustellen oder anzubieten, da sonst Verluste drohen (Verkauf unter Herstellungs- oder Selbstkostenpreis).

▶ Verkaufspreise bei Zeitungen und Zeitschriften

Bei Zeitungen und Zeitschriften kann der Hersteller dem Einzelhändler den Verkaufspreis vorschreiben *(§ 30 GWB)*.

▶ Vorgegebene Verkaufspreise

Für Dienstleistungen bestimmter Berufsgruppen (z. B. Ärzte, Rechtsanwälte, Steuerberater) gibt es Gebührenordnungen, die eine bestimmte, vorab festgelegte Honorierung vorsehen. Auch für staatliche Leistungen werden **Gebühren** erhoben.

Die der Finanzierung gemeinschaftlicher Einrichtungen dienenden **Beiträge** werden im Gegensatz zu den Gebühren schon dann fällig, wenn lediglich die Möglichkeit der Leistungsinanspruchnahme besteht.

Gebühren und Beiträge sind somit vorgegebene „Verkaufspreise" für Dienstleistungen.

▶ Preisstrategien

Ist der Verkaufspreis der Ware oder Dienstleistung weitgehend festgelegt, können noch gewisse **„Feinabstimmungen"** vorgenommen werden.

Psychologische Preisgestaltung

Bei seiner Preisgestaltung muss das Unternehmen bestimmte, beim Kunden bestehende Preisbarrieren beachten. Jenseits dieser Schwelle wird der Kauf einer Ware nicht mehr ohne Weiteres durchgeführt. Die psychologische Preisgestaltung arbeitet daher mit **gebrochenen Preisen.**

> Ein Hersteller hochwertiger Bohrmaschinen bietet sein Produkt nicht für 408,00 EUR, sondern für 397,60 EUR an.

Rabattgewährung

Beim Verkauf eines Artikels an Konsumenten (Endverbraucher) gewähren Anbieter in bestimmten Fällen **Barzahlungsrabatte.**

Preisdifferenzierungen

Werden für die gleiche Ware von verschiedenen Kundenkreisen unterschiedliche Preise gefordert, spricht man von **Preisdifferenzierung.**

Räumliche Preisdifferenzierung

Güter werden in verschiedenen Gebieten zu unterschiedlichen Preisen abgesetzt.

> - Ein Warenhauskonzern unterhält in mehreren Städten Filialen. Je nach Kaufkraft (Einkommen) des jeweiligen Kundenkreises werden die Waren zu unterschiedlichen Preisen angeboten.
> - In der Kraftfahrtversicherung werden die Prämien unter anderem nach Zulassungsbezirken gestaffelt.

Zeitliche Preisdifferenzierung

Güter werden in verschiedenen Zeiten zu unterschiedlichen Preisen verkauft.

> Eisenbahn- und Flugtarife, Urlaubsreisen

Sachliche Preisdifferenzierung

Güter werden je nach Verwendungszweck mit unterschiedlichen Preisen versehen.

> - Salz als Speisesalz oder Streusalz
> - Mineralöl als Heizöl oder Dieselkraftstoff
> - Stromtarife für Haushalte und Industrieunternehmen (Großabnehmer)

5.2.2 Vereinbarungen über Verkaufsbedingungen

Neben dem Preis werden zwischen Käufer und Verkäufer auch andere mit dem Erwerb einer Ware oder der Inanspruchnahme einer Leistung verbundene Vereinbarungen getroffen. Beförderungs- und Verpackungskosten, Lieferzeit, Preisnachlässe (Skonto, Bonus und Rabatt) sowie Kreditgewährungen (Zielkauf, Ratenkauf) bilden den wesentlichen Inhalt der in den **Lieferungs- und Zahlungsbedingungen** festgelegten Vertragsbestandteile.

Kundendienstangebote ergänzen das Verkaufsangebot des Unternehmens.

▶ Allgemeine Serviceleistungen

Jeder Verkäufer wird bemüht sein, neben angemessenen Preisforderungen und günstigen Lieferungs- und Zahlungsbedingungen sein Angebot durch besondere Serviceleistungen zu ergänzen.

Dieser Kundendienst kann folgende **Leistungen** umfassen:

- fachkundige und höfliche Verkaufsberatung,
- Bereitstellung von Einrichtungen zur Erleichterung des Kaufs bzw. zur angenehmen Gestaltung der Einkaufsdurchführung,

  > Parkplätze, Fahrstühle und Rolltreppen, Fernsprecher, Toiletten und Waschräume, Erfrischungsräume, Getränkeangebot, Sitzgelegenheiten in den Abteilungen, Gepäckaufbewahrung, Klimaanlage, Geldautomat.

- Möglichkeiten der elektronischen Warenbestellung, der Änderung oder der Mitnahme von Waren zur Auswahl,
- Angebot von Teilzahlungsgeschäften oder Zielkäufen.

Die **Betreuung der Kunden** ist nicht mit dem Warenerwerb beendet. Oft ist es notwendig, bestellte Waren anzuliefern, sie in der Wohnung oder im Betrieb des Käufers aufzubauen oder das Bedienungspersonal einzuweisen.

> Anlieferung und Aufbau von Maschinen, Einbau von Küchen, Anschluss von Beleuchtungskörpern, Ausrichten von Satellitenanlagen, Aufnahme und Regulierung von Schadensfällen.

Auch notwendige **Reparatur- und Wartungsarbeiten** werden in eigener Werkstatt oder durch entsprechend geschulte Mitarbeiter im Außendienst ausgeführt.

▶ Kulanz

Nicht selten wird vom Käufer der Wunsch an das Unternehmen herangetragen, **Waren ohne Mängel** zurückzunehmen **(Umtausch)** oder die Gewährleistungsangebote über die gesetzlich vorgeschriebenen Garantiefristen hinaus zu verlängern.

> - Für andere Personen gekaufte DVDs, Pullover, Bücher usw. (Geschenkkäufe) sind bereits vorhanden und sollen daher gegen andere Waren umgetauscht werden.
> - Autohersteller übernehmen in bestimmten Fällen auch nach Ablauf der Garantiefrist die Kosten für den Austausch schadhafter Teile.
> - Ein Maschinenbauunternehmen erklärt sich bereit, einen Teil der Reparaturkosten für die von ihm hergestellte Anlage auch nach Ablauf der Garantiefrist zu übernehmen.

Kulanzgewährung bedeutet also eine **„Gefälligkeit"** des Unternehmens gegenüber seinen Kunden, zu der es rechtlich **nicht** verpflichtet ist, die es aber im Rahmen des Kundendienstes übernimmt.

> So können Versicherungsunternehmen im Rahmen der Kulanz Schäden regulieren, zu deren Ersatz sie nicht oder nicht in diesem Umfang verpflichtet wären.

5.3 Vertriebspolitik

Vertrieb bedeutet die Verteilung von Waren und Dienstleistungen zwischen Produzenten, Händlern und Endverbrauchern. Zur Gewährleistung der Bereitstellung der Produkte zur richtigen Zeit, am richtigen Ort und in der richtigen Art und Weise sind Überlegungen zur Auswahl der geeigneten **Absatzmethoden** notwendig.

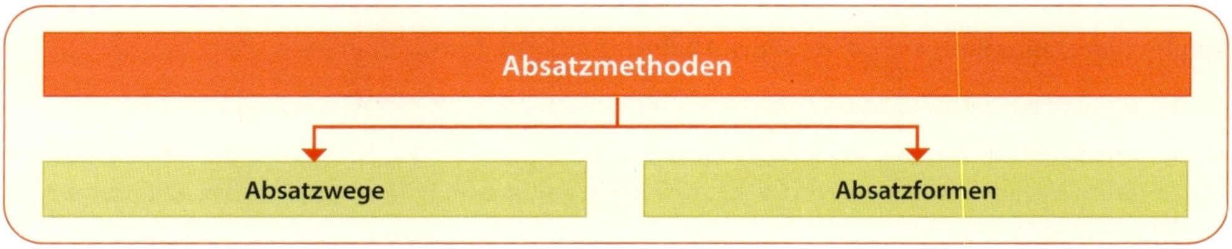

5.3.1 Absatzwege

Unternehmen können ihre Leistungen auf direktem oder indirektem Weg anbieten.

▶ Direkter Absatzweg

Beliefert der Produzent/Dienstleister unmittelbar Weiterverarbeiter oder Konsumenten, spricht man von **direktem Absatz.**

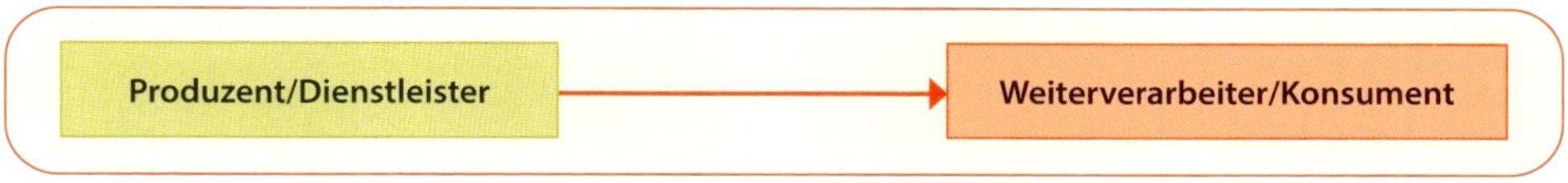

- Ein Hersteller von Kosmetika vertreibt seine Produkte sowohl durch eigenes Verkaufspersonal als auch über das Internet (Electronic Commerce).
- Im Ausstellungsraum einer Kristallglasfabrik können Konsumenten die Erzeugnisse erwerben.
- Ein Produzent von Autobatterien liefert diese zum Einbau an einen Kraftfahrzeughersteller.
- Ein Stahlwerk verkauft Stahlblöcke zur Weiterverarbeitung an eine Drahtzieherei.

Der direkte Absatz wird vorzugsweise dann gewählt, wenn es sich um technisch komplizierte, hochwertige Produkte handelt (Großmaschinen, Flugzeuge) oder wenn die Abnehmer regional konzentriert sind (Schiffsausrüstungen).

▶ Indirekter Absatzweg

Liefert der Hersteller seine Produkte an selbstständige Handelsbetriebe, die diese Waren mit Gewinnzuschlag an Weiterverarbeiter oder Konsumenten veräußern, spricht man von **indirektem Absatz.**

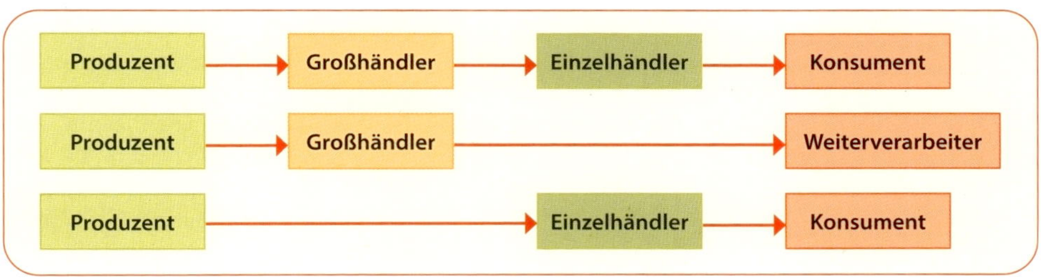

5.3.2 Absatzformen

Hat sich ein Unternehmen entschlossen, seine Produkte **direkt** zu vertreiben, muss es eine Entscheidung über die geeignete **Absatzform** treffen. Damit stellt sich die Frage, ob das Produkt dem Kunden durch betriebseigene oder betriebsfremde Mitarbeiter angeboten werden soll.

5.3.2.1 Betriebseigene Mitarbeiter

Mitarbeiter, die für ihr Unternehmen den Vertrieb der Produkte übernehmen können, sind:

- **Mitglieder der Geschäftsleitung,** die wichtige Kunden persönlich aufsuchen.
- **Reisende,** die als Angestellte des Unternehmens mit festem Gehalt und Provision die möglichen Abnehmer betreuen, übernehmen die gleichen Aufgaben wie Handelsvertreter. Allerdings sind sie nicht selbstständig.

- **Sachbearbeiter,** die Anfragen der Kunden beantworten und Aufträge bestätigen.
- **Mitarbeiter,** die in Geschäftsräumen von Filialen oder Verkaufsniederlassungen Waren und Dienstleistungen anbieten. Diese im Vertriebssystem zusammengeschlossenen Zweigniederlassungen unterstehen rechtlich und wirtschaftlich der Unternehmenszentrale.
  - Albrecht-Gruppe „Aldi", Douglas oder Kaiser's Tengelmann im Einzelhandel
  - eigene Verkaufsniederlassungen der Daimler AG
  - Filialen im Banken- und Versicherungsbereich

5.3.2.2 Betriebsfremde Mitarbeiter

Neben den zum Unternehmen gehörenden Mitarbeitern werden auch betriebsfremde Personen mit Vertriebsaufgaben betraut (**Absatzvermittler**, vgl. S. 227 ff.).

Betriebsfremde Mitarbeiter

Auftreten in eigenem Namen	Auftreten im Namen des Unternehmens
- Vertragshändler - Kommissionär	- Handelsvertreter - Handelsmakler

5.4 Werbung als Teilbereich der Kommunikationspolitik

Jeglicher Austausch von Gütern am Markt ist mit einer Vielzahl von Kommunikationsprozessen verbunden. Jedes Unternehmen muss seine Kunden stets in geeigneter Weise über den eigenen Betrieb und die angebotenen Waren bzw. Dienstleistungen unterrichten. Gleichzeitig benötigt es selbst ausreichende Kenntnisse über das Angebotsprogramm seiner Lieferanten. Mit anderen Marktpartnern in Verbindung zu treten, sie zu informieren und gleichzeitig im Sinne der Unternehmensziele zu beeinflussen, bezeichnet man als **Kommunikationspolitik,** deren zentrales Element die **Werbung** ist.

Innerhalb der Kommunikationspolitik können verschiedene Maßnahmen unterschieden werden:

Kommunikationspolitik des Unternehmens

Werbung	Öffentlichkeitsarbeit	Verkaufsförderung	persönlicher Verkauf

▶ Werbung

Werbung will dem Kunden **Informationen** über das Angebot an Waren, Dienst- und Serviceleistungen übermitteln und ihn zum Erwerb der Güter veranlassen.

▶ Öffentlichkeitsarbeit (Public Relations)

Die Produktwerbung wird durch die **positive Selbstdarstellung des Unternehmens** ergänzt. Es soll Verständnis für die eigenen Tätigkeiten geschaffen werden, ohne bestimmte Güter zu erwähnen. Ziel ist es, eine Atmosphäre des Vertrauens zwischen dem Unternehmen und seinen Lieferanten, Kunden und anderen Bezugsgruppen herzustellen. Gleichzeitig wird damit der Einsatz produktbezogener Werbeaktionen vorbereitet.

▶ Verkaufsförderung

Während sich die Werbung eher um den stetigen Absatz der Waren bemüht, wollen Verkaufsförderungsmaßnahmen einen **zusätzlichen, kurzfristigen Anreiz** zum Kauf bestimmter Produkte schaffen.

- **Verkaufsförderung bei Käufen durch Konsumenten:**
  - Verteilung von kostenlosen Proben oder Gutscheinen
  - Vorführung von Verwendungsmöglichkeiten bestimmter Produkte am Verkaufsort
  - Preisausschreiben
- **Verkaufsförderung bei Käufen durch den Handel:**
  - Bereitstellung von Werbematerial durch den Hersteller
  - Gewährung von Preisnachlässen beim Warenbezug zu einem bestimmten Zeitpunkt

▶ Persönlicher Verkauf

In diesem Fall **nimmt der Verkäufer mit dem Kunden persönlich Verbindung auf,** um durch ein gezieltes Gespräch einen Verkaufsabschluss herbeizuführen. Im Gegensatz zu den anderen, mehr unpersönlichen Formen der Kommunikationspolitik kommt es hierbei zu unmittelbaren Kontakten zwischen Außendienstmitarbeitern und Kunden.

- Abschluss von Versicherungen durch den Besuch eines Vertreters
- Beratung und Verkauf durch Reisende oder Handelsvertreter beim Einzel- oder Großhandel

5.4.1 Arten der Werbung

Die Durchführung von Werbeaktionen kann sowohl durch ein Unternehmen allein als auch in Zusammenarbeit mit anderen Unternehmen erfolgen.

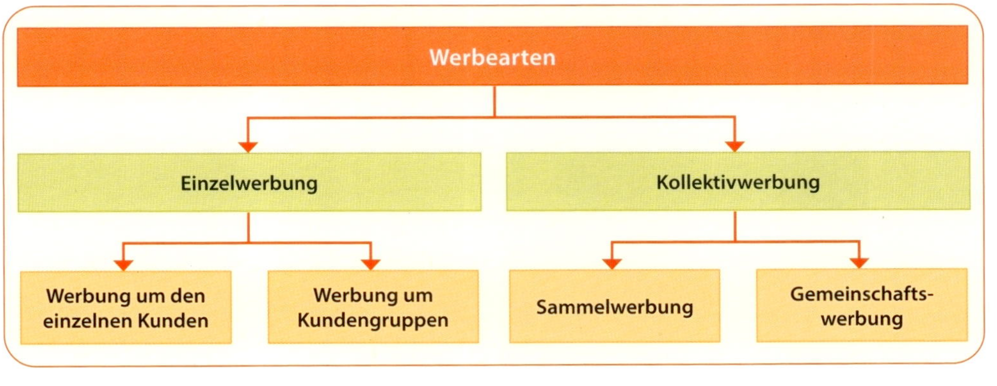

Einzelwerbung

In diesem Fall bemüht sich das Unternehmen allein um die Bekanntmachung seiner Angebote.

- **Werbung um den einzelnen Kunden**

  Zur gezielten persönlichen Information werden **Werbebriefe,** häufig unter Hinzufügung von Prospekten, versandt.

- **Werbung um Kundengruppen**

  Werbung, die sich an viele Kunden gleichzeitig richten soll, kann etwa durch Anzeigen in der Tagespresse, Homepages (Informationen im Internet), durch Werbeanschläge (Plakate), CD-ROM oder Rundfunk- und Fernsehsendungen übermittelt werden.

Kollektivwerbung

Führen mehrere Unternehmen ihre Werbeaktionen gemeinsam durch, spricht man von Kollektivwerbung.

- **Sammelwerbung**

  Da Werbemaßnahmen, die auf einen größeren Kreis von möglichen Käufern abgestimmt sind, erhebliche Kosten verursachen, schließen sich mehrere Werbetreibende für solche Aktionen zusammen. Die beteiligten Unternehmen werden dem Umworbenen namentlich bekannt gemacht.

  - **Unternehmen derselben Branche werben gemeinsam**

    Die an der Werbeaktion Beteiligten stellen ein Produkt vor, das von allen angeboten wird.

    - Die Buchhändler einer Stadt informieren über Neuerscheinungen.
    - Die Vertragshändler eines Autoherstellers kündigen die gemeinsame Vorstellung der neuen Pkw-Modelle an.
    - Hotel- und Gaststättenbetriebe stellen sich den Reisenden auf einer Tafel am Ortseingang vor.
    - Hersteller präsentieren ihr Leistungsangebot auf Ausstellungen und Messen (Möbelmesse, Spielwarenmesse, Bootsausstellung).

  - **Unternehmen verschiedener Branchen werben gemeinsam**

    Ziel dieser Vorgehensweise ist es, auf ein besonderes Ereignis, auf das Gesamtangebot an Waren eines Einkaufszentrums oder auf sich ergänzende Produkte aufmerksam zu machen.

    - Die Einzelhändler einer Region stellen sich mit ihren aktuellen Angeboten in Zeitungsbeilagen vor.
    - Verschiedene Hersteller präsentieren ihre Produkte im Werbefernsehen.
    - Ein Einkaufszentrum kündigt eine Werbeaktion (z. B. „Englische Woche") an.

- **Gemeinschaftswerbung**

  Hier treten die beteiligten Unternehmen oder Organisationen nicht namentlich in Erscheinung. Geworben wird für das Leistungsangebot einer Branche oder eines Wirtschaftszweiges. Derartige Aktionen werden von Industrie- oder Fachverbänden durchgeführt.

5.4.2 Funktionen der Werbung

Werbung verfolgt das Ziel, bisherige, möglichst aber auch neue Kunden anzusprechen, sie mit Informationen zu versorgen, ihre Aufmerksamkeit und Neugier zu wecken und für ihre Bedürfnisse das entsprechende Angebot vorzustellen.

Im Einzelnen gilt es:

- eine Unternehmensgründung oder die Einführung neuer Produkte bekannt zu machen,
- fortlaufend an die im Sortiment bzw. Produktions- oder Dienstleistungsprogramm geführten Güter zu erinnern,
- über Preisänderungen, zusätzliche Serviceleistungen oder besondere Ereignisse (z. B. Messen, Ausstellungen, Jubiläen) zu informieren,
- die eigenen Produkte von denen der Konkurrenz abzugrenzen.

5.4.3 Werbemittel und Werbeträger

Mit der Festlegung der Werbemittel und Werbeträger bestimmt das Unternehmen, auf welche Weise die Informationen dem Kunden vorgestellt werden sollen.

Als **Werbeträger,** also als Vermittlungs- und Transportmedien, stehen z. B. Zeitungen, Zeitschriften, Rundfunk und Fernsehen, Plakatanschlagflächen oder das Internet zur Auswahl.

Der deutsche Werbemarkt ist im vergangenen Jahr um knapp zwei Prozent gewachsen. Die Bruttowerbeinvestitionen der Unternehmen erreichten 2019 einen Wert von 32,6 Milliarden Euro. Neben der Fernsehwerbung, die mit 15,6 Milliarden Euro fast die Hälfte des Werbekuchens für sich beansprucht, und den Anzeigen in Zeitungen (4,9 Milliarden Euro) hat sich die Online-Werbung zu einem bedeutenden Geschäftsfeld entwickelt. Sie erreichte eine Höhe von 3,8 Milliarden Euro, fast acht Prozent mehr als im Vorjahr. Einen starken Zuwachs gab es bei der Außenwerbung (Plakate etc.). Dort verzeichnete das Marktforschungsinstitut Nielsen ein Plus von 13 Prozent auf 2,5 Milliarden Euro. Zu den werbestärksten Branchen zählten 2019 der Lebensmitteleinzelhandel, die Online-Dienstleister und die Pkw-Branche, die zwischen 1,8 und 1,6 Milliarden Euro in Werbung investierten.

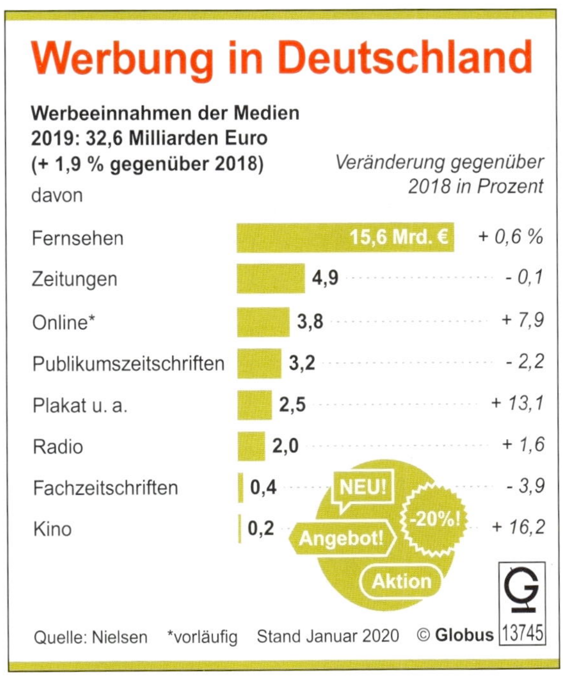

Werbemittel gestalten die Werbebotschaft. So ist z. B. der über den Werbeträger „Werbefernsehen" gesendete „Werbefilm" ein Werbemittel, das die Produktinformation in akustischer (Worte) und optischer (Bilder und Zeichen) Weise verdeutlicht.

Gestaltung	Werbemittel
optisch	■ Packungsmaterial ■ Warenpräsentation im Verkaufsraum ■ Warenpräsentation im Schaufenster ■ Schaukasten und Vitrine ■ Leuchtmittel ■ Handzettel ■ Katalog (auch als CD-ROM) und Prospekt ■ Anzeige ■ Werbebrief ■ Werbeanschlag ■ Homepage
akustisch	■ CD ■ Lautsprecherdurchsage ■ Rundfunkwerbung
optisch/akustisch	■ Videovorführung ■ Warenvorführung und Verkaufsgespräch ■ Kinowerbung ■ Fernsehwerbung ■ Computeranimation ■ Influencerwerbung auf Social-Media-Plattformen (z. B. Instagram)

Influencer-Marketing: Auch in Deutschland immer populärer

So viel Prozent der befragten deutschen Unternehmen planten diese Budgethöhe für Influencer-Marketing ein

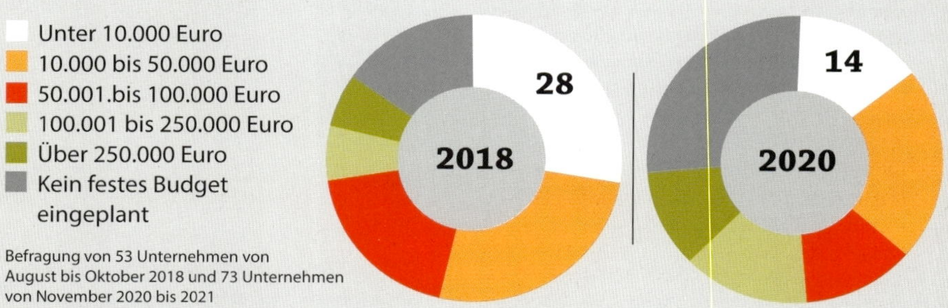

Befragung von 53 Unternehmen von August bis Oktober 2018 und 73 Unternehmen von November 2020 bis 2021

Quelle: Bundesverband Digitale Wirtschaft

iwd

Quelle: iwd: Information aus dem Institut der deutschen Wirtschaft Köln, Nr. 1 vom 6. Januar 2022, Seite 6

5.4.4 Werbegrundsätze

Bei der Planung, Gestaltung und Durchführung von Werbemaßnahmen sollten folgende Grundsätze beachtet werden:

▶ Grundsatz der Klarheit

Die durch Werbung vermittelte Information muss von den Angesprochenen verstanden werden.

▶ Grundsatz der Originalität

Eine Werbebotschaft sollte in Bild, Text oder Ton so gestaltet sein, dass sie die Aufmerksamkeit der Kunden erweckt und sich von Aussagen der Konkurrenten deutlich abhebt.

▶ Grundsatz der Einheitlichkeit

Einzelne Werbemaßnahmen müssen aufeinander abgestimmt sein. Unterstützt z. B. der Hersteller einen Einzelhändler bei dessen Werbebemühungen, müssen sich die eingesetzten Werbemittel ergänzen und dürfen sich nicht überschneiden.

> Kündigt der Hersteller ein neues Produkt überregional im Fernsehen an, kann der Einzelhändler seinerseits diese Aktion durch Handzettel, Anzeigen in der Lokalpresse oder Verkaufsförderungsmaßnahmen unterstützen.

▶ Grundsatz der Wirtschaftlichkeit

Der angestrebte Werbeerfolg sollte mit einem für das Unternehmen vertretbaren Werbeetat erreicht werden können.

▶ Grundsatz der Wahrheit

Die Aussagen in einer Werbebotschaft müssen den tatsächlichen Gegebenheiten entsprechen. Irreführungen oder Unwahrheiten sind zu unterlassen und sogar gesetzlich verboten (vgl. S. 521).

> Der Deutsche Werberat zieht Bilanz: Im Jahr 2020 gingen 1 343 Beschwerden ein, die sich auf 660 Beschwerdefälle verteilten. Im Durchschnitt meldeten Verbraucher und Organisationen damit zwölf Werbemaßnahmen pro Woche beim Werberat, u. a. weil die Werbung diskriminierend oder rassistisch war, Gewalt verherrlichte oder Angst machte. 162 von den 660 Fällen fielen nicht in den Zuständigkeitsbereich des Werberats, etwa weil es sich nicht um Wirtschaftswerbung, sondern um Werbung von Behörden oder Parteien handelte. Diese Beschwerden leitete der Werberat an eine andere Behörde oder an die Staatsanwaltschaft weiter. In 498 Fällen fällte der Werberat eine Entscheidung, wobei die meisten Vorwürfe (372) sich nach Ansicht des Rats als unbegründet herausstellten. Nur in 126 Fällen schloss sich der Werberat der Kritik an. Zwölf Firmen wurden öffentlich aufgrund ihrer Werbung gerügt. Der Grund: Sie hatten trotz der Kritik des Werberats ihre Werbemaßnahme nicht geändert bzw. gestoppt.

5.4.5 Kosten der Werbung

Die Kosten einer Werbemaßnahme richten sich vor allem nach der Gestaltung der Werbebotschaft, den gewählten Werbemitteln und Werbeträgern, der Wiederholungshäufigkeit (z.B. bei Fernseh- und Rundfunkspots) und der **„Reichweite"** der Werbemaßnahme.

Die Reichweite wird in einem sogenannten **„Tausenderpreis"** ausgedrückt. Er besagt, wie teuer es ist, 1 000 Personen eine Werbebotschaft zu übermitteln.

Für zwei Zeitungen ließe sich dieser Tausenderpreis wie folgt berechnen:

$$\text{Tausenderpreis} = \frac{\text{Preis je Anzeigenseite x 1 000}}{\text{Gesamtleserschaft pro Auflage}}$$

	Zeitung 1	Zeitung 2
Preis je Anzeigenseite	2 000 EUR	4 000 EUR
Auflage	100 000	100 000
Leser pro Exemplar (jede Zeitung wird nicht nur vom Käufer, sondern auch von anderen Personen gelesen)	2	5
Gesamtleserschaft pro Auflage	200 000	500 000
Tausenderpreis	10 EUR	8 EUR

5.4.6 Werbeerfolgskontrolle

Für den Werbetreibenden ist es nicht leicht festzustellen, inwieweit durch eine bestimmte Werbemaßnahme das angestrebte Ziel tatsächlich erreicht worden ist. Der Werbeerfolg bezieht sich nicht nur auf wirtschaftliche Größen, sondern kann auch andere positive Auswirkungen für das Unternehmen haben.

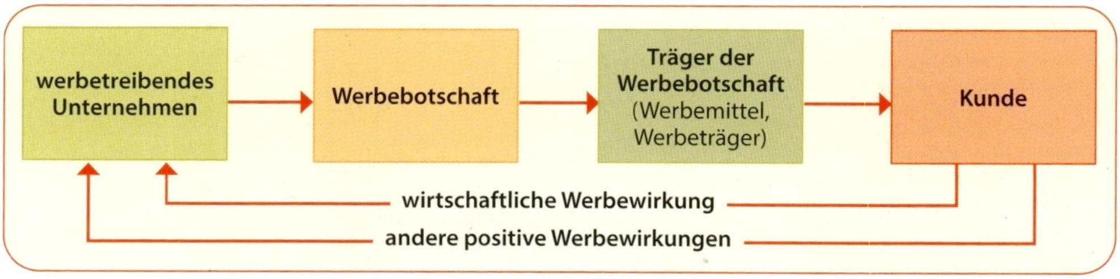

▶ Wirtschaftliche Werbewirkung

Wirtschaftliche Werbewirkungen beziehen sich auf:

- Veränderungen in den abgesetzten Gütermengen,
- Veränderungen in den erzielten Umsätzen oder Gewinnen.

▶ Andere positive Werbewirkungen

Durch eine Werbebotschaft sollte es gelingen:

- Aufmerksamkeit auf eine Ware, Dienstleistung oder ein Unternehmen zu lenken,
- Kenntnisse über Waren und Dienstleistungen zu vermitteln,

- den Kunden in die Lage zu versetzen, ein bestimmtes Gut aus den konkurrierenden Angeboten wiederzuerkennen, sich also daran zu erinnern,
- Einstellungen von Käufern zur Ware, Dienstleistung oder zum Anbieter positiv zu beeinflussen,
- die Kaufbereitschaft der Kunden für eine Ware oder Dienstleistung bei einem bestimmten Unternehmen zu schaffen.

▶ Zusammenfassung

Marketing für Waren und Dienstleistungen

Produkt- und Sortimentspolitik

- **Produktgestaltung**
  die funktionsgerecht, qualitativ angemessen und ansprechend sein soll
- **Verpackungen**
  die die Ware schützen, eine leichte Handhabbarkeit ermöglichen sollen und einer Vorbereitung zur Wiederverwendung oder dem Recycling zugeführt werden
- **Kennzeichnungen**
  die Informationen für Kunden bieten
- **Sortimentsgestaltung**
  die Zusammenstellung der angebotenen Produkte, die auf die Marktgegebenheiten abgestimmt werden muss durch:
  - Produktneuerungen
  - Produktveränderungen
  - Herausnahme von Produkten aus dem Angebot
  - Hereinnahme von Produkten in das Angebot

Preispolitik und Verkaufsbedingungen

- **Preisermittlungen**
  Festlegung der marktgerechten Preise für Waren und Dienstleistungen; Feinabstimmungen durch Preisstrategien
- **Preisstrategien**
  - psychologische Preisgestaltung
  - Rabattgewährung
  - Preisdifferenzierungen (räumlich, zeitlich, sachlich)
- **Lieferungs- und Zahlungsbedingungen**
  legen Beförderungs- und Verpackungskosten, Preisnachlässe und Kreditkosten fest
- **Kundendienst**
  zusätzliche Leistungen wie der Umtausch mangelfreier Ware, Reparatur- und Wartungsarbeiten oder Kreditgewährung

Vertriebspolitik

- **Absatzwege**
  - **direkter Absatz**
    als unmittelbare Belieferung des Weiterverarbeiters oder Konsumenten durch den Produzenten
  - **indirekter Absatz**
    als Auslieferung der Waren vom Hersteller über Handelsbetriebe an Weiterverarbeiter oder Konsumenten
- **Absatzformen**
  - **Vertrieb durch Mitarbeiter des Unternehmens**
    wie Reisende oder Verkaufspersonal
  - **Vertrieb durch betriebsfremde Mitarbeiter**
    wie Vertragshändler, Kommissionäre, Handelsvertreter oder Handelsmakler

Kommunikationspolitik, insbesondere Werbung

- **Werbung**
  Informationen über Produkte und Beeinflussung zum Kauf durch:
  - **Einzelwerbung**
    das Unternehmen macht selbst seine Angebote bekannt
  - **Kollektivwerbung**
    das Unternehmen wirbt gemeinsam mit anderen Anbietern, die namentlich bekannt gemacht werden (Sammelwerbung) bzw. deren Firma nicht genannt wird (Gemeinschaftswerbung)
- **Öffentlichkeitsarbeit**
  positive Selbstdarstellung des Unternehmens
- **Verkaufsförderung**
  zusätzliche Kaufanreize für Händler und Konsumenten
- **persönlicher Verkauf**
  der Verkäufer nimmt mit dem Kunden persönlich Kontakt auf

(1) *Erläutern Sie den Marketingbegriff!*

(2) *Welche Instrumente umfasst die Marketingstrategie eines Unternehmens?*

(3) *Was ist bei der Produktgestaltung zu beachten und welche Aufgaben sollte eine Verpackung erfüllen?*

(4) *Welche Absichten werden mit der Kennzeichnung von Produkten verfolgt?*

(5) *Was ist unter einem Sortiment zu verstehen und welche Maßnahmen können zu einer Veränderung der Produktpalette führen?*

(6) *Beschreiben Sie Produktdiversifikationen, Produktvariationen und Produkteliminationen, die sich für Ihren Ausbildungsbetrieb ergeben könnten!*

(7) *Erstellen Sie mithilfe eines Tabellenkalkulationsprogrammes zu den nachfolgenden Daten eine Vorwärtskalkulation!*
- *Listeneinkaufspreis 93,75 EUR*
- *Liefererrabattsatz: 15 %*
- *Liefererskontosatz: 3 %*
- *Bezugskosten je Stück: 3,50 EUR*
- *Handlungskostenzuschlagssatz: 40 %*
- *Gewinnzuschlagssatz: 15 %*
- *Kundenskontosatz: 3 %*
- *Kundenrabattsatz: 2 %*

(8) *Berechnen Sie den Listenverkaufspreis auf der Basis der zuvor genannten Daten unter der Annahme neu, dass die Bezugskosten nicht 3,50 EUR je Stück, sondern stattdessen 3,5 % des Warenwertes – also des Zieleinkaufspreises – betragen!*

(9) *Verdeutlichen Sie den Zusammenhang zwischen kalkuliertem Verkaufspreis und Marktpreis!*

(10) *Um welche Strategie der Preisgestaltung handelt es sich in den folgenden Fällen?*
- a) *Der Preis für ein Taschenbuch beträgt 9,99 EUR.*
- b) *Der Auszeichnungspreis einer Ware beträgt 78,80 EUR, der zu zahlende Betrag 76,60 EUR.*
- c) *Für das gleiche Arzneimittel sind in der Bundesrepublik Deutschland 40,65 EUR, in Italien 25,82 EUR zu entrichten.*

(11) *Erläutern Sie den Begriff Kulanz an Beispielen Ihres Ausbildungsbetriebes!*

(12) *Nennen Sie Beispiele für Produkte, bei denen ein direkter und andere, bei denen ein indirekter Absatzweg sinnvoll erscheint!*

(13) *Welche Absatzwege benutzt Ihr Ausbildungsbetrieb, um die Kunden zu erreichen?*

(14) *Beschreiben Sie die Funktionen der Handelsbetriebe, die diese beim Vertrieb von Waren ausüben!*

(15) *Welche Aufgaben übernehmen Öffentlichkeitsarbeit, Verkaufsförderung und persönlicher Verkauf im Rahmen der Kommunikationspolitik eines Unternehmens?*

(16) *Grenzen Sie die Sammel- von der Gemeinschaftswerbung ab!*

(17) *Entwerfen Sie für Ihren Ausbildungsbetrieb einen Werbebrief, in dem ein typisches Gut besonders herausgestellt wird!*

(18) *Beschreiben Sie Ziele, die ein Unternehmen mit Werbung verfolgen könnte!*

(19) Welche Werbemittel und -träger werden in Ihrem Ausbildungsbetrieb eingesetzt?

(20) Wie kann man die „Reichweite" einer Werbebotschaft ausdrücken?

(21) In einem Unternehmen aus der Kosmetikbranche konnte nach einer langen Entwicklungs- und Testphase ein neuartiges Produkt vorgestellt werden, dem große Absatzchancen eingeräumt werden. Erstellen Sie eine Marketing-Konzeption zur Einführung dieser Produktneuheit am Markt!

6 Zahlungsverkehr

Jeder Leistungserstellungs- oder -verwertungsprozess löst Zahlungsströme aus. So führen der Einkauf weiterzuveräußernder Waren oder die Beschaffung von Gegenständen der Betriebs- und Geschäftsausstattung zu Auszahlungen. Auch Steuerzahlungen, die Entlohnung der Mitarbeiter, Werbeaktionen und Kredittilgungen bedingen Geldabflüsse.

Zahlungen gehen dann für das Unternehmen ein, wenn Kunden gelieferte Waren oder geleistete Dienste begleichen.

6.1 Entwicklung und Wesen des Geldes

In der Versorgung ihrer Person bzw. ihrer Familien waren die Menschen der Frühkulturen autark, d.h. wirtschaftlich unabhängig. Sie bestritten den Lebensunterhalt durch Jagen, Fischen oder Sammeln. In dieser **reinen Naturalwirtschaft** bestanden zwischen den Selbstversorgungseinheiten noch keinerlei Tauschbeziehungen, d.h., die benötigten Güter wurden von den Mitgliedern einer Gemeinschaft selbst beschafft.

Reine Naturalwirtschaft

Beschaffung benötigter Güter → **Verbrauch benötigter Güter**

▶ Naturaltausch-Wirtschaft

Der Tausch Ware gegen Ware ist Kennzeichen dieser ersten eigentlichen Wirtschaftsstufe. **Ursachen** für ihre Entwicklung aus der reinen Naturalwirtschaft waren:

- die Zunahme der Bevölkerungszahl und der Zusammenschluss mehrerer Familien zu größeren Gemeinschaften,
- die zeitweise Übererzeugung von Gütern,
- die zunehmende Spezialisierung bei der Erstellung von Gütern,
- der intensive Kontakt zwischen Menschen unterschiedlicher Regionen und damit das Kennenlernen bisher unbekannter Waren.

Das, was man an eigenen Waren zu viel hatte, wurde gegen andere direkt benötigte Gegenstände getauscht.

Der Naturaltausch war jedoch mit folgenden **Problemen** verbunden:

- nur unmittelbar benötigte Waren wurden als Tauschmittel akzeptiert,
- ein entsprechender Tauschpartner konnte häufig nicht gefunden werden,
- für den Tausch fehlte ein verbindlicher Wertmaßstab,
- viele Güter ließen sich nicht teilen.

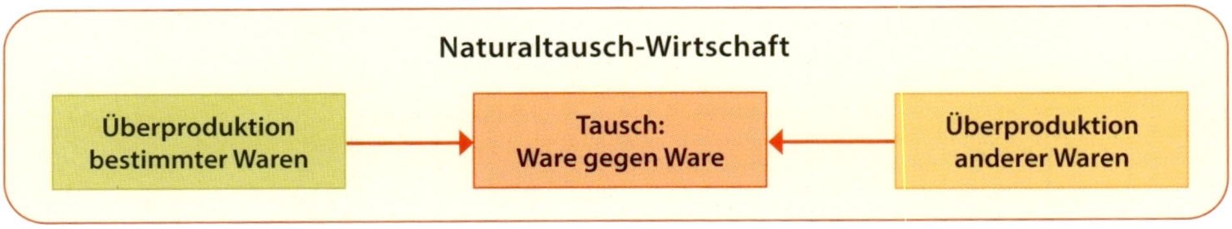

▶ Warengeld-Wirtschaft

Von der Warengeld-Wirtschaft als zweiter Wirtschaftsstufe spricht man, seitdem bestimmte Güter als **Tauschmittel** – also als „Geld" – allgemein anerkannt wurden. Sie galten als wertvoll und konnten jederzeit gegen die tatsächlich benötigten Waren weitergetauscht werden.

Zu diesen „Geldarten" gehörten:

- **Warengeld**
  - Perlen, Muscheln, Steine, Felle, Äxte, Speere, Werkzeuge (Schmuck und Gebrauchsgegenstände);
  - Zucker, Tee, Salz, Reis, Kakao, Vieh (Naturalien).
- **Symbolgeld**

  An die Stelle lebender Tiere (als Tauschmittel) traten z. B. Metallstücke, auf denen diese Tiere abgebildet waren (bildhafte Darstellungen und Verkleinerungen von Warengeld).
- **Metallgeld**
  - Stäbe, Ringe, Armreifen aus Gold, Silber oder Kupfer;
  - Edelmetallstücke (Wägegeld, das bei jedem Tauschakt neu auf Gewicht und Reinheit überprüft werden musste).

Die Warengeld-Wirtschaft führte zwar zu einer Erleichterung der Tauschaktionen; bei den als Tauschmittel eingesetzten Gütern ergaben sich aber ebenfalls **Probleme.**

Diese Güter waren nämlich:

- häufig schlecht aufzubewahren,
- manchmal schwer zu befördern,
- nicht immer teilbar.

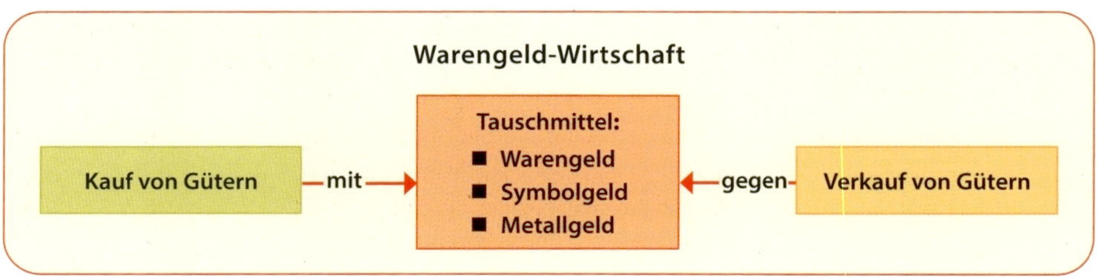

▶ Geld-Wirtschaft

Eine entscheidende Veränderung in den Tauschmittelbeziehungen kann etwa auf das 7. Jahrhundert vor Christus datiert werden. Zu dieser Zeit wurde erstmals in Lydien (im heutigen Kleinasien) eine Münze aus einer natürlich gewonnenen Gold-Silber-Mischung hergestellt.

- **Bargeld**
  - **Münzen**

    Zunächst waren es Kaiser und Könige, die die Münzhoheit für sich in Anspruch nahmen, d.h., die das Prägen durchführen durften. Später ging dieses Recht auch auf Fürsten, Bischöfe, Äbte, Grafen oder Städte über. Zu unterscheiden sind Münzen als:

    Kurantgeld = vollwertige Münzen, in der Regel aus Gold oder Silber, bei denen Präge- und Stoffwert übereinstimmen,

    Scheidegeld = unterwertige Münzen aus unedleren Metallen, bei denen der Metallwert unter dem auf der Münze aufgeprägten Nennwert liegt.
  - **Banknoten**

    Die Ausweitung des Handels und damit der Tauschaktionen machten es notwendig, das schwere, unhandliche Münzgeld durch Geldscheine zu ergänzen, die fast keinen Stoffwert mehr besaßen.
- **Buchgeld**

  Heute ist die Verwendung von **Buch- oder Giralgeld** als vollkommen stoffwertloses Geld beim Kauf oder Verkauf von Waren üblich. Der Inhaber eines Kontos bei einem Kreditinstitut kann z.B. durch Scheck, Überweisung, Kreditkarte oder sogar elektronisch (Homebanking, POS) über sein Guthaben verfügen und damit Zahlungen auf andere Konten leisten.

Erst das Erreichen der Stufe der Geldwirtschaft ermöglichte durch allgemein gültige und leicht handhabbare Zahlungsmittel den Warenaustausch in heutiger Form.

6.2 Funktionen und Begriff des Geldes

Wesentlich für die Verwendung von Geld ist nicht so sehr seine Erscheinungsform (z.B. als Warengeld, Metallgeld oder Bargeld), sondern in welchem Umfang es die folgenden Aufgaben im Wirtschaftsprozess erfüllen kann.

Tauschmittel

Geld ermöglicht bzw. erleichtert den Güteraustausch. Es wird deshalb allgemein als Tauschmittel akzeptiert, weil mit ihm jederzeit andere Güter eingetauscht werden können.

> Erwirbt eine Auszubildende in einem Bürofachgeschäft Selbstklebeetiketten, so tauscht sie Geld gegen die benötigte Ware.

▶ Gesetzliches Zahlungsmittel

Jeder Gläubiger ist verpflichtet, Banknoten zur Schuldentilgung anzunehmen. Für Münzen besteht allerdings ein eingeschränkter Annahmezwang.

> Der Verkäufer im Bürofachgeschäft ist verpflichtet, die ihm vorgelegte Banknote als Zahlungsmittel zu akzeptieren.

▶ Wertmesser und Recheneinheit

Durch Geld werden verschiedenartige Güter vergleichbar und addierbar, da sie in Geldeinheiten ausgedrückt werden können. Erst Geld in unserer heutigen Form ermöglicht es:

- Waren und Dienstleistungen zu bewerten,
- Vermögenswerte auszudrücken,
- Umsätze von Wirtschaftszweigen zu vergleichen,
- Kennzahlen zur wirtschaftlichen Lage eines Landes zu erstellen.

> Ein Unternehmen, das mehrere Angebote von Lieferanten für Büroeinrichtungen eingeholt hat, kann erst aufgrund der angegebenen Geldbeträge die einzelnen Angebote im Rahmen seiner Bezugskalkulation miteinander vergleichen.

▶ Wertaufbewahrungsmittel

Zeitlich auseinanderfallende Kauf- und Verkaufshandlungen werden erst mit Geld durchführbar. Die Wertaufbewahrungsfunktion von Geld wird allerdings dann problematisch, wenn durch Erhöhungen des Preisniveaus der Gegenwert für die angesparten Mittel deutlich sinkt. In diesem Fall erfolgt eine „Flucht in die Sachwerte", und zwar durch den Kauf von Gold, Grundstücken oder Gebäuden.

▶ Kreditmittel

Gespartes Geld kann gegen entsprechende Verzinsung über das Bankensystem für Kredite zur Verfügung gestellt werden. Der Staat, Unternehmen und Privatpersonen können dann diese Mittel zur Finanzierung von Investitionen und Verbindlichkeiten entleihen.

Funktionen des Geldes

↓

Begriff des Geldes:

Geld ist ein im Wirtschaftsprozess allgemein anerkanntes Zahlungsmittel, das die Aufgaben als Wertmesser und Recheneinheit, gesetzliches Zahlungsmittel, Tausch-, Wertaufbewahrungs- und Kreditmittel möglichst umfassend erfüllt.

6.3 Geldarten und Geldersatzmittel

▶ Geldarten

Bargeld (Münzen und Banknoten) und **Buchgeld** (Giralgeld oder Sichtguthaben) sind die gebräuchlichsten Geldarten in der Bundesrepublik Deutschland.

Buchgeld entsteht durch Einzahlung auf ein Konto oder durch das Einräumen eines Kredites. Der Inhaber des Kontos kann jederzeit auf „Sicht" über sein Guthaben verfügen, d. h., er kann es sich in Banknoten oder Münzen auszahlen lassen bzw. bargeldlos Zahlungen auf andere Konten leisten.

▶ Geldersatzmittel

Neben Münzen, Banknoten und Buchgeld finden heute folgende **Geldersatzmittel** als Zahlungsmittel Verwendung.

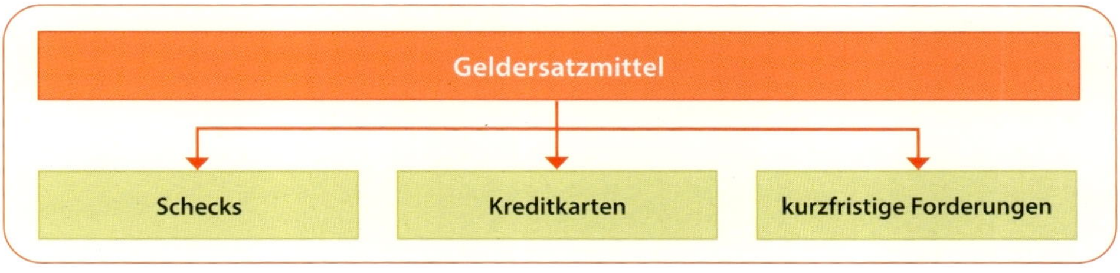

■ Schecks

Der Scheck ist eine Anweisung des Kontoinhabers an seine kontoführende Bank, gegen Vorlage einen bestimmten Geldbetrag zulasten seines Kontos

- auszuzahlen (Barscheck) oder
- einem anderen Konto gutzuschreiben (Verrechnungsscheck).

Die Funktion als Geldersatzmittel erfüllt der Scheck allerdings nur dann, wenn das Konto des Ausstellers auch eine genügende Deckung aufweist, da sonst die Bank eine Einlösung verweigern wird.

■ Kreditkarten

Mit Kreditkarten räumen bestimmte Anbieter (wie z. B. American Express International, größere Einzelhandelsunternehmen) in Zusammenarbeit mit Geldinstituten ihren Kunden Kreditspielräume ein. Bis zu einer vorab festgelegten Höchstgrenze können dann Rechnungen durch das Vorlegen einer Kreditkarte beglichen werden (vgl. S. 425).

■ Kurzfristige Forderungen

Forderungen, die kurzfristig in Geld umgewandelt werden können, dienen als Geldersatzmittel. Dazu zählen insbesondere:

- **Sparguthaben,** über das unter Einhaltung der vereinbarten Kündigungsfrist (mindestens drei Monate) frei verfügt werden kann, soweit innerhalb eines Kalendermonats bestimmte Beträge (in der Regel: 2 000 EUR) nicht überschritten werden,
- **Termingeld,** bei dem ein bestimmter Geldbetrag z. B. auf 30 Tage festgelegt wurde.

▶ Zusammenfassung

Entwicklungsstufen des Geldes

reine Naturalwirtschaft → **Natural-Tauschwirtschaft** → **Warengeld-Wirtschaft** → **Geld-Wirtschaft**

reine Naturalwirtschaft
keine Tauschbeziehungen

Natural-Tauschwirtschaft
Ware ⇆ Ware

Warengeld-Wirtschaft
Ware → Tauschmittel → Ware
- Warengeld
- Symbolgeld
- Metallgeld

Geld-Wirtschaft
Ware → Geld → Ware
- Bargeld
- Buchgeld

Ware → Geldersatzmittel → Ware
- Schecks
- Kreditkarten
- kurzfristige Forderungen

Funktionen des Geldes

- Tauschmittel
- gesetzliches Zahlungsmittel
- Wertmesser und Recheneinheit
- Wertaufbewahrungsmittel
- Kreditmittel

Aufgaben 27

(1) *Beschreiben Sie Probleme, die beim Tausch in der Natural-Tauschwirtschaft und in der Warengeld-Wirtschaft auftauchten!*

(2) *Erläutern Sie den Unterschied zwischen Kurant- und Scheidegeld! Welche Münzart ist heute im Umlauf?*

(3) *Erläutern Sie die Funktionen des Geldes!*

(4) *Überprüfen Sie, welche der Funktionen des Geldes Schecks, Banknoten oder Edelmetallstücke erfüllen!*

(5) *Was versteht man unter Buch- oder Giralgeld?*

(6) *Beschreiben Sie Geldersatzmittel!*

6.4 Zahlungsarten

Zur Begleichung von Zahlungsverpflichtungen stehen dem Schuldner verschiedene **Zahlungsarten** zur Verfügung.

Zahlungsarten

Barzahlung

- unmittelbare oder mittelbare Barabwicklung einer Zahlung

halbbare Zahlung

- Bareinzahlung auf ein Konto
- Barauszahlung von einem Konto

bargeldlose Zahlung

- Buchung zwischen Konten

6.4.1 Barzahlung

Kennzeichen dieser Zahlungsart ist, dass weder der Schuldner noch der Gläubiger ein Konto bei einer Bank oder Sparkasse benötigt, um die Zahlungsverpflichtung erfüllen zu können. Die Zahlung wird **bar** abgewickelt.

+ Pro & Kontra +++ Pro & Kontra +++ Pro & Kontra +++ Pro & Kontra +++ Pro & Kontra +

Bargeld – ein Auslaufmodell? Die Argumente in der Übersicht

Was spricht für Bargeld?

+ **Schnelligkeit:** Empfänger erhalten ihr Geld ohne Verzögerung. Bei kleinen Beträgen erleichtert dies Geschäftsabschlüsse.
+ **Ausfallsicherheit:** Das Bezahlen funktioniert ohne elektronische Verbindung und technische Infrastruktur.
+ **Anonymität:** Weil die Zahlungen nicht übers Konto laufen, bleiben Konsumgewohnheiten Privatsache.
+ **Ausgabenkontrolle:** Was ein Einkauf kostet, machen sich viele Menschen stärker bewusst, wenn sie Scheine und Münzen ausgeben, statt eine Unterschrift zu leisten oder Geheimnummer einzutippen.
+ **Krisenwährung:** Wer in einer Finanzkrise Banken misstraut, kann sich sein Guthaben bar auszahlen lassen. Er hat dann keine Forderung mehr an die Bank, sondern hält Zentralbankgeld in den Händen.
+ **(Eingeschränkte) Wahlfreiheit:** Derzeit kann man viele Einkäufe elektronisch bezahlen, muss es aber nicht. Karten werden in Deutschland nicht überall akzeptiert, vor allem nicht in kleineren Geschäften, zum Beispiel beim Bäcker oder am Kiosk. Allerdings akzeptieren viele Geschäfte auch keine größeren Bargeldbeträge. Die Miete kann ebenfalls in aller Regel nicht bar an den Vermieter gezahlt werden.

Was spricht gegen Bargeld?

- **Verfügbarkeit:** Mancher Einkauf scheitert daran, dass nicht genug Bargeld im Portemonnaie ist oder einfach nicht das passende Kleingeld, zum Beispiel für den Fahrkartenautomaten.
- **Kosten:** Der logistische Aufwand für die Bargeldversorgung ist groß und verursacht den Geschäftsbanken hohe Kosten.
- **Kriminalität:** Viele illegale Geschäfte werden bar abgewickelt. Auch wer Schwarzarbeiter beschäftigt, zahlt in der Regel bar und wer Einkünfte vorm Finanzamt verstecken will, etwa indem er diese ins Ausland schafft, tut dies oft im berüchtigten Geldkoffer. Bargeld ist zudem eine leichte Beute für Diebe und Einbrecher – Bankguthaben dagegen sind bis zu 100.000 Euro pro Person über die gesetzliche Einlagensicherung geschützt.
- **Fälschungen:** All jene, die an Falschgeld geraten sind, haben Pech gehabt. Denn anders als für beschädigte Scheine gibt es dafür keinen Ersatz.

Quelle: Institut der deutschen Wirtschaft Köln: Wirtschaft und Unterricht, Ausgabe 5 2016, S. 3

▶ Unmittelbare Barzahlung

Der Zahlungspflichtige oder ein von ihm beauftragter Bote übergibt dem Zahlungsempfänger den Betrag direkt bar. Als Bestätigung wird eine **Quittung** ausgestellt.

Ein Auszubildender wird kurzfristig mit der Beschaffung von Büromaterial beauftragt. Er lässt sich über den zu zahlenden Betrag eine Quittung ausstellen.

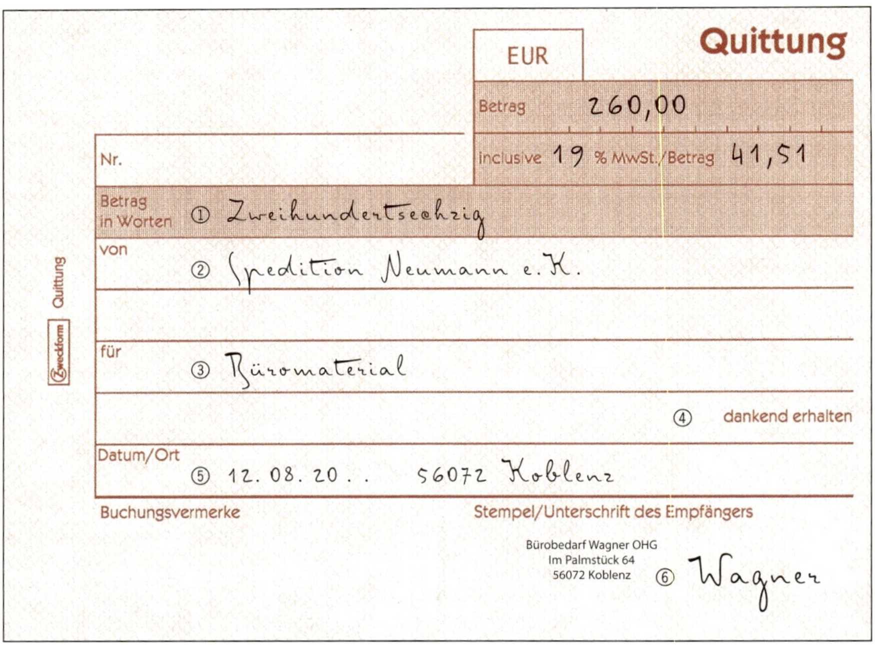

Quittung

EUR

Betrag 260,00

inclusive 19 % MwSt./Betrag 41,51

Nr.

Betrag in Worten ① Zweihundertsechzig

von ② Spedition Neumann e.K.

für ③ Büromaterial

④ dankend erhalten

Datum/Ort ⑤ 12.08.20.. 56072 Koblenz

Buchungsvermerke

Stempel/Unterschrift des Empfängers

Bürobedarf Wagner OHG
Im Palmstück 64
56072 Koblenz ⑥ Wagner

Zweckform Quittung

Eine Quittung sollte aus Beweisgründen folgende Angaben enthalten:

① Betrag
② Name des Zahlers
③ Grund der Zahlung
④ Empfangsbestätigung
⑤ Ort und Tag der Ausstellung
⑥ Unterschrift des Ausstellers (Firmenstempel allein reicht nicht)

Einer Warenlieferung, die durch einen Boten zugestellt wird, ist in der Regel eine **Rechnung** beigefügt. Soll die Sendung bar bezahlt werden, muss sich der Zahlende den Empfang des Geldes auf der Rechnung quittieren lassen.

Bestehen Zweifel daran, ob der Bote zum Einzug der Forderung berechtigt ist, ist eine telefonische Rückfrage beim Lieferanten angebracht.

▶ Mittelbare Barzahlung

Der Zahlungspflichtige kann zudem die Deutsche Postbank AG mit der Abwicklung des Barzahlungsvorganges beauftragen.

■ Minuten-Service

Der Minuten-Service gestattet nicht nur den Geldtransfer innerhalb der Bundesrepublik Deutschland, sondern auch rund um den Globus. Inzwischen stehen in über 200 Ländern ca. 500 000 Agenturen des Vertragspartners der Deutschen Postbank AG, und zwar die Western Union Financial Services GmbH, für den Geldtransfer in das In- und Ausland zur Verfügung.

WESTERN UNION | MONEY TRANSFER

Postbank Minuten-Service Auszahlung-Online

Postbank

Bitte füllen Sie den Auftrag in Druckbuchstaben aus. Please complete the form in block letters.

To receive money
Geldempfang mit Fa. Western Union Financial Services GmbH, Frankfurt am Main

Geldtransferkontrollnummer

Hinweis
Die Auszahlung kann auch ohne Kenntnis der Geldtransferkontrollnummer erfolgen

Empfänger Receiver
- Name Last name
- Vorname First name
- Straße, Hausnummer Street, number
- Postleitzahl Postal Code | Ort City, town
- Geburtsdatum Date of birth | Geburtsort Place of birth
- Staatsangehörigkeit Nationality
- Codewort codeword

Absender Sender
- Name Last name
- Vorname First name
- Land Country

Erwarteter Betrag: Expected amount: | Betrag in EUR Amount in EUR

Bitte die nachfolgenden Felder nicht ausfüllen.
Do not write in this area.

☐ Rückzahlung an Absender
☐ Storno

Legitimation durch Mitarbeiter
- Art und Nummer des Ausweises
- Ausstellende Behörde
- Ausstellungsort
- Ausstellungsdatum

Bitte die nachfolgenden Felder nicht ausfüllen.
Do not write in this area.

- Deutsche Postbank AG
- Kassenkennzahl
- Journalsatznummer
- Betrag in EUR

Auszahlungs vermerk Datum

Hinweis
Formular nicht als Faxanfrage im Offline-Fall verwenden.

Ausgezahlt: Unterschrift der Mitarbeiterin/des Mitarbeiters

Hinweis

Bei Beträgen über 12.500 Euro besteht Meldepflicht gemäß Außenwirtschaftsverordnung.

Der Vertrag über den Geldversand wird geschlossen mit der Firma Western Union Financial Services GmbH, Friedrich-Ebert-Anlage 2-14, D-60325 Frankfurt am Main. Geschäftsführer: Dr. Doris Wohlschlaegl-Aschberger, Dipl. oec. Siegfried Bergles Handelsregistereintragung: Amtsgericht Frankfurt am Main, HRB 46600.

Empfangs-bestätigung EUR EUR ______ erhalten: received:

Unterschrift Signature | Kundin/Kunde: Unterschrift Customer's signature

Auftrag für die Postbank Postbank copy

Der Absender füllt das Auftragsformular aus und zahlt den jeweiligen Betrag bar bei einer beliebigen Postfiliale ein. Mit Auftragserteilung und Einzahlung des Geldes wird dem Transferauftrag eine Geldtransferkontrollnummer, die „Money Transfer Control Number", zugeordnet, über die der Geldbetrag im angegebenen Zielland auf Anfrage des Empfängers bar ausgezahlt werden kann. Dabei ist es Aufgabe des Absenders, den Empfänger über die Möglichkeit der Auszahlung zu informieren. In Ausnahmefällen kann die Auszahlung auch durch Aushändigung eines Schecks seitens des Agenten erfolgen. Beim Minuten-Service Inland gibt es keine Betragsbegrenzung.

Kunden der Deutschen Postbank AG, die am Onlinebanking teilnehmen, können den gewünschten Betrag auch vom Girokonto abbuchen lassen.

6.4.2 Halbbare Zahlung

Bei dieser Zahlungsart wird der Zahlungsvorgang über ein Konto des Zahlungspflichtigen **oder** des Zahlungsempfängers bei einem Geldinstitut bzw. der Deutschen Postbank AG abgewickelt.

6.4.2.1 Eröffnung eines Kontos

Voraussetzung für die Teilnahme am halbbaren Zahlungsverkehr ist also, dass **einer der Beteiligten** ein Girokonto bei einem Geldinstitut oder der Deutschen Postbank AG eröffnet hat. Da ohne Girokonto die Teilnahme am Wirtschaftsleben kaum möglich ist, sind alle Kreditinstitute verpflichtet, jedem volljährigen Bürger der Europäischen Union ein **Basiskonto** anzubieten, und zwar unabhängig vom Einkommen oder von der Kreditwürdigkeit.

Allerdings ist das Basiskonto ein reines Guthabenkonto, es gibt keine Kredite und keine Möglichkeit der Kontoüberziehung.

Nur wenn das Konto ein Guthaben aufweist, können damit Bankgeschäfte (etwa SEPA-Überweisung, SEPA-Basislastschrift) abgewickelt werden.

Für die Führung eines Basiskontos kann eine monatliche Gebühr verlangt werden.

▶ Eröffnung eines Girokontos bei einem Geldinstitut

Zur Eröffnung eines Girokontos halten die Geldinstitute vorgedruckte Antragsformulare bereit, die vom Antragsteller (Vorlage des Personalausweises erforderlich) mit seinen Angaben wie Familienname, Vorname, Wohnort, Beruf, Geburtsdatum usw. ausgefüllt werden müssen. Anhand des Geburtsdatums kann überprüft werden, ob der Antragsteller das 18. Lebensjahr vollendet hat und damit unbeschränkt geschäftsfähig ist. Bei Minderjährigen bedarf die Kontoeröffnung der Zustimmung des gesetzlichen Vertreters.

Sollen mehrere Personen über das Konto verfügen können, müssen die Unterschriften der einzelnen Verfügungsberechtigten auf dem Antrag vorliegen. Anhand der hinterlegten Unterschriften kann das Geldinstitut später überprüfen, ob über das Girokonto rechtmäßig verfügt wird.

Banken und Sparkassen räumen ihren Kunden in der Regel einen Überziehungsspielraum von ein bis drei Monatsgehältern ein.

▶ Eröffnung eines Girokontos bei der Deutschen Postbank AG

Zur Eröffnung eines Girokontos bei der Deutschen Postbank AG ist ebenfalls ein Antrag auszufüllen. Der Antragsteller kann sich an eine der Center-Filialen oder an eine der Postbankfilialen wenden.

Ein Vorteil der Kontoführung bei der Deutschen Postbank AG liegt in der entgeltfreien Beförderung von Aufträgen an die Niederlassung der Postbank mittels der Girobriefumschläge. Zudem erhält der Kontoinhaber kostenfrei einen monatlichen Kontoauszug zum 3. oder 18. des Monats zugeschickt.

Bei einem Girokonto der Deutschen Postbank AG kann ebenfalls ein Überziehungskredit eingeräumt werden.

6.4.2.2 Arten der halbbaren Zahlung

Will der Zahlende den Betrag bar einzahlen und soll das Geld dem Konto des Zahlungsempfängers gutgeschrieben werden **(aus Bargeld wird Buchgeld)**, stehen folgende Zahlungsarten zur Verfügung:

- **Zahlschein der Deutschen Postbank AG**
- **Zahlschein der Geldinstitute**

Will der Zahlende den Geldbetrag von seinem Girokonto abbuchen und bar an den Empfänger auszahlen lassen **(aus Buchgeld wird Bargeld)**, stehen ihm folgende Zahlungsarten zur Verfügung:

- **Zahlungsanweisung der Deutschen Postbank AG**
- **Barscheck**

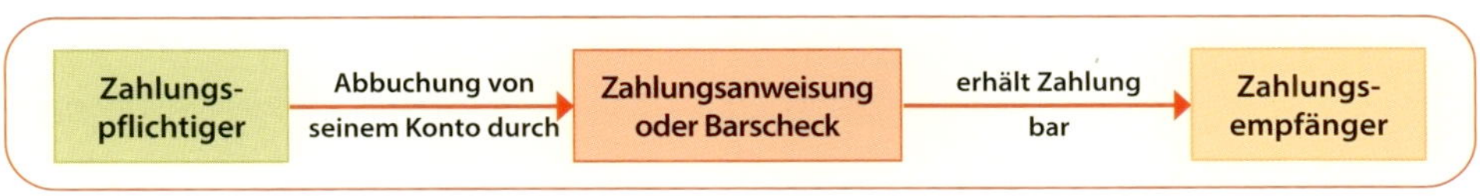

▶ Zahlschein der Deutschen Postbank AG

Der Absender zahlt bei der Postfiliale Bargeld mit dem Auftrag ein, diesen Geldbetrag dem Zahlungsempfänger auf dessen **Girokonto bei der Deutschen Postbank AG oder einem anderen Geldinstitut** gutzuschreiben. Dazu benutzt er einen **Zahlschein,** der aus einem zweiteiligen Durchschreibesatz besteht. Während das Original des Formularsatzes als Buchungsbeleg dient, erhält der Zahlungspflichtige die quittierte Durchschrift des Beleges als Nachweis über die getätigte Bareinzahlung.

Monatlich sind für Geschäftskunden fünf Bareinzahlungen auf das eigene Girokonto bei der Deutschen Postbank AG durch den Inhaber entgeltfrei.

Dieser Zahlschein findet auch bei Nachnahmen Verwendung. Bei Post-Paketen ist allerdings die Höhe des Betrages auf 3 500 EUR begrenzt.

▶ Zahlschein der Geldinstitute

Soll bar eingezahltes Geld dem Zahlungsempfänger auf dessen Girokonto bei einem Geldinstitut oder der Deutschen Postbank AG gutgeschrieben werden, füllt der Zahlende einen Zahlschein aus. Das Formular umfasst neben dem **Original,** das für das Geldinstitut als Beleg gilt, eine **Durchschrift,** die dem Zahlungspflichtigen als Einzahlungsbeleg dient.

Zu dem einzuzahlenden Betrag ist vom Absender ein Entgelt zu entrichten.

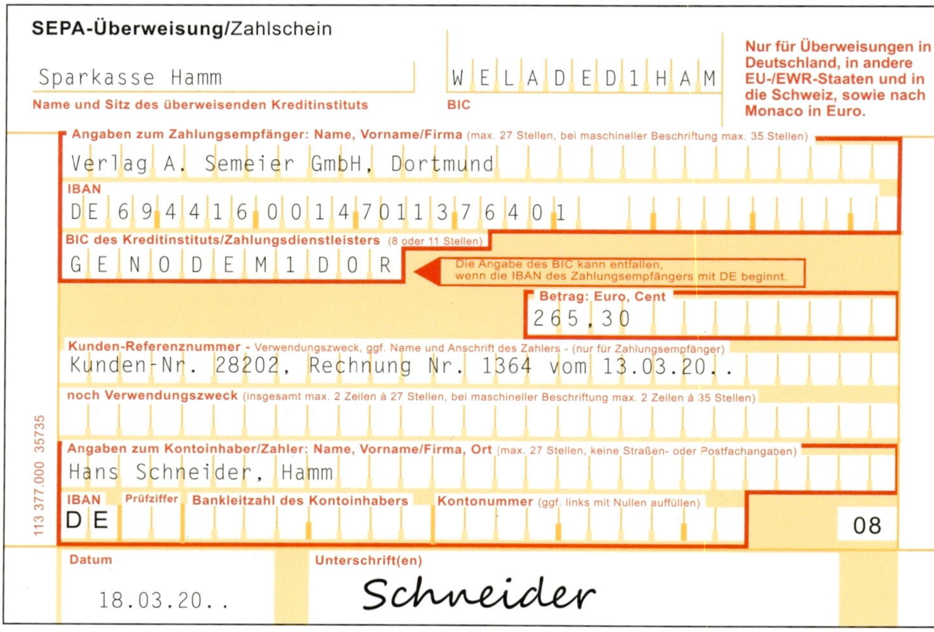

SEPA-Überweisung/Zahlschein

Sparkasse Hamm

Name und Sitz des überweisenden Kreditinstituts

WELADED1HAM

BIC

Nur für Überweisungen in Deutschland, in andere EU-/EWR-Staaten und in die Schweiz, sowie nach Monaco in Euro.

Angaben zum Zahlungsempfänger: Name, Vorname/Firma (max. 27 Stellen, bei maschineller Beschriftung max. 35 Stellen)

Verlag A. Semeier GmbH, Dortmund

IBAN

DE69441600147011376401

BIC des Kreditinstituts/Zahlungsdienstleisters (8 oder 11 Stellen)

GENODEM1DOR

Die Angabe des BIC kann entfallen, wenn die IBAN des Zahlungsempfängers mit DE beginnt.

Betrag: Euro, Cent

265,30

Kunden-Referenznummer - Verwendungszweck, ggf. Name und Anschrift des Zahlers - (nur für Zahlungsempfänger)

Kunden-Nr. 28202, Rechnung Nr. 1364 vom 13.03.20..

noch Verwendungszweck (insgesamt max. 2 Zeilen à 27 Stellen, bei maschineller Beschriftung max. 2 Zeilen à 35 Stellen)

Angaben zum Kontoinhaber/Zahler: Name, Vorname/Firma, Ort (max. 27 Stellen, keine Straßen- oder Postfachangaben)

Hans Schneider, Hamm

IBAN | Prüfziffer | Bankleitzahl des Kontoinhabers | Kontonummer (ggf. links mit Nullen auffüllen)

DE

08

113 377.000 35735

Datum

18.03.20..

Unterschrift(en)

Schneider

▶ Zahlungsanweisung der Deutschen Postbank AG

Verfügt der Zahlende über ein Girokonto bei der Deutschen Postbank AG, kann er die kontoführende Stelle durch eine Zahlungsanweisung beauftragen, einen Geldbetrag von diesem Konto abzubuchen und dem Zahlungsempfänger durch den Postzusteller bar auszahlen zu lassen.

Die Höhe des Betrages ist unbegrenzt. Die Entgelte richten sich nach der Höhe des zu zahlenden Betrages. Der Zahlungsempfänger quittiert den Erhalt des Geldbetrages rückseitig auf der Zahlungsanweisung.

▶ Barscheck

Der vom Zahlungspflichtigen ausgestellte Barscheck ist eine Anweisung an sein kontoführendes Institut, dem Zahlungsempfänger gegen Vorlage des Schecks den entsprechenden Betrag bar auszuzahlen. Der Grund dafür, dass zur Begleichung von Verbindlichkeiten im Zahlungsverkehr nur selten Barschecks verwandt werden, liegt darin, dass selbst auf einen Barscheck nur dann Bargeld ausgezahlt wird, wenn der Einreicher ihn **beim kontoführenden Institut des Ausstellers** vorlegt. Würde ein Barscheck bei einem anderen Institut vorgelegt, könnte er nur wie ein Verrechnungsscheck behandelt, d.h. dem Konto des Einreichers gutgeschrieben werden.

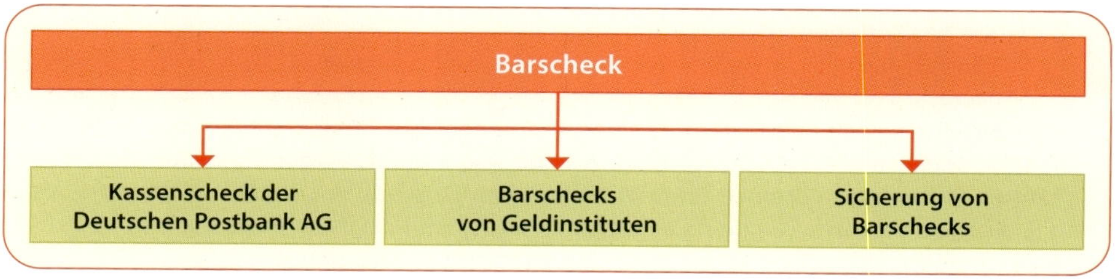

- **Kassenscheck der Deutschen Postbank AG**

  Inhaber von Girokonten bei der Deutschen Postbank AG verwenden als Barscheck zur Begleichung von Verbindlichkeiten den Kassenscheck. Der Zahlungsempfänger kann dann in der Zahlstelle der für den Aussteller kontoführenden Filiale unentgeltlich Bargeld vom Konto des Zahlungspflichtigen abheben.

- **Barschecks von Geldinstituten**

  Barschecks der verschiedenen Kreditinstitute werden nur dann an den Zahlungsempfänger bar ausgezahlt, wenn dieser sie dem **kontoführenden Institut des Zahlungspflichtigen** vorlegt. So kann etwa ein Barscheck der Sparkasse Bochum auch nur dort bar eingelöst werden.

- **Sicherung von Barschecks**

  Bei Verlust eines Barschecks sollte der Aussteller sofort den Scheck bei seiner Bank sperren lassen. Aus Sicherheitsgründen sollten Barschecks über größere Beträge **nach Entgegennahme sofort in Verrechnungsschecks umgewandelt werden** (durch Aufschrift „Nur zur Verrechnung").

EXKURS: Geldwäschegesetz *(GwG)*

Bei der **Annahme** (z.B. Bareinzahlung auf ein Konto mittels Zahlschein) **oder Abgabe** (z.B. Barauszahlung bei Vorlage eines Barschecks) **von Bargeld** sind Kreditinstitute verpflichtet, die Identität des jeweiligen Kunden festzustellen. Außerhalb der normalen Geschäftsbeziehungen sind Bareinzahlungen auf fremde Konten nur bis 1 000 EUR ohne Feststellung der Kundenidentität möglich.

Die Identität des Kunden ist durch Vorlage eines Personalausweises oder Reisepasses zu dokumentieren (bei natürlichen Personen sind Name, Geburtsort, Geburtsdatum, Staatsangehörigkeit und Anschrift zu erheben). Juristische Personen müssen einen Auszug aus dem Handels- oder Genossenschaftsregister vorlegen.

Ein möglicher Verdacht auf Geldwäsche ist nicht nur von Kreditinstituten, sondern auch durch andere Verpflichtete, die in Ausübung ihres Geschäfts oder Berufs handeln (wie etwa Versicherungsunternehmen, Versicherungsvermittler, Kapitalanlagegesellschaften, Rechtsanwälte, Wirtschaftsprüfer, Steuerberater, Immobilienmakler oder Spielbanken), zu melden.

Das Geldwäschegesetz soll verhindern, dass nicht rechtmäßig erworbene Geldbeträge über das Bankensystem oder andere Kanäle „saubergewaschen" werden. Bei jedem Geldwäscheverdacht sind daher das betroffene Kreditinstitut oder andere Verpflichtete gehalten, Anzeige zu erstatten.

6.4.3 Bargeldlose Zahlung

Beim bargeldlosen Zahlungsverkehr wird der Zahlungsvorgang über die Konten des Schuldners und des Gläubigers mittels Buchgeld abgewickelt. Der Zahlungspflichtige lässt von seinem Konto den entsprechenden Geldbetrag abbuchen und dem Konto des Zahlungsempfängers gutschreiben. Bargeld wird weder ein- noch ausgezahlt. Die Zahlung erfolgt nur buchtechnisch, d.h., sie wird durch veränderte Kontostände der Beteiligten erkennbar.

Bargeldlose Zahlung

SEPA-Zahlungen
- SEPA-Überweisung
  - SEPA-Sammelüberweisung
  - SEPA-Dauerauftrag
- SEPA-Lastschriftverfahren

Verrechnungsschecks
- Schecks von Geldinstituten
- Postbank Scheck
- Zahlungsanweisung zur Verrechnung der Deutschen Postbank AG

Sonderformen der bargeldlosen Zahlung
- BankKarten
- Kundenkreditkarten
- Internationale Kreditkarten
- Point-of-Sale-Banking (POS-Banking)

Bei der Abwicklung des bargeldlosen Zahlungsverkehrs werden **neue Informations- und Kommunikationstechnologien** eingesetzt.

Stellvertretend für alle Neuerungen seien hier genannt:

- **Onlinebanking:** Der Kontoinhaber führt im Dialogbetrieb am Computer einen SEPA-Überweisungsauftrag aus, indem er als Zugangsberechtigung seine Kontonummer, ein vier- bis achtstelliges Kennwort sowie eine Identifikationsnummer (PIN) und – für jeden einzelnen Vorgang – eine Transaktionsnummer (TAN) eingibt, durch die der Auftrag freigegeben wird. Neben der Durchführung von Überweisungen kann der Kontoinhaber jederzeit den aktuellen Kontostand abfragen, aber auch Daueraufträge einrichten, ändern oder löschen.

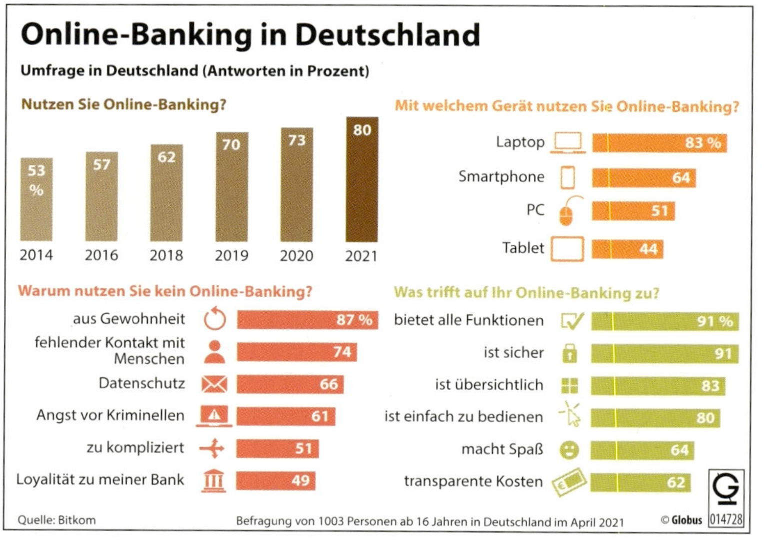

- **Ausführung beleglos eingereichter Überweisungs- oder Lastschriftaufträge,** wobei der Zahlungspflichtige seinem Geldinstitut – meist unterstützt durch spezielle Bankensoftware – die zur Abwicklung des Zahlungsvorganges benötigten Daten (insbesondere Name und Bankverbindung des Zahlungsempfängers sowie Verwendungszweck) auf Datenträgern vorlegt. Satz- und Dateiaufbau des Datenträgers müssen den „Richtlinien für den beleglosen Datenträgeraustausch" entsprechen.
- **Erledigung beleghaft eingereichter Überweisungsaufträge,** die nach dem „Abkommen über die Umwandlung beleghaft erteilter Überweisungsaufträge in Datensätze und deren Bearbeitung" (EZÜ-Abkommen) auf dem schnellsten elektronischen Wege beleglos ausgeführt werden.
- **Erledigung beleghaft eingereichter Lastschriften,** die nach dem „Abkommen über die Umwandlung beleghaft erteilter Lastschriftaufträge in Datensätze und deren Bearbeitung" (EZL-Abkommen) auf dem schnellsten elektronischen Wege beleglos ausgeführt werden.
- **Point-of-Sale-Banking** (POS-Banking, vgl. S. 425 f.).

6.4.3.1 SEPA-Zahlungen

▶ SEPA als einheitlicher Euro-Zahlungsverkehrsraum

Mit der in der Europäischen Union in vielen kleinen Schritten vollzogenen Harmonisierung des bargeldlosen Zahlungsverkehrs ist inzwischen der einheitliche Euro-Zahlungsverkehrsraum **SEPA** (**S**ingle **E**uro **P**ayments **A**rea) entstanden. Ziel von SEPA ist es, dass bargeldlose Zahlungen in Euro innerhalb Europas (**grenzüberschreitende Zahlungen**) ebenso effizient und einfach verlaufen wie die innerhalb eines Landes **(nationale Zahlungen).** Zu diesem Zweck sind zunächst für die wichtigsten Zahlungsinstrumente, und zwar die SEPA-Überweisung, die SEPA-Lastschrift und die SEPA-Kartenzahlung, einheitliche Verfahren und technische Standards ausgearbeitet worden. Die umfangreichen Anpassungen des nationalen und grenzüberschreitenden Zahlungsverkehrs an diese SEPA-Standards sollen vor allem zu Kosteneinsparungen und schnellen Geldstransfers führen.

Im einheitlichen Euro-Zahlungsverkehrsraum (SEPA) gibt es im grenzüberschreitenden bargeldlosen Zahlungsverkehr

- der 27 EU-Staaten (also der 19 Mitgliedstaaten der Eurozone [EWWU] sowie der übrigen 8 Mitgliedsländer der Europäischen Union [EU], in denen der Euro nicht die gesetzliche Währung ist),
- der 3 Länder des Europäischen Wirtschaftsraumes (EWR) [Island, Liechtenstein, Norwegen] und
- der Schweiz, San Marino, Monaco, Andorra, dem Staat Vatikanstadt und dem Vereinigten Königreich

keine landesspezifischen Unterschiede mehr zwischen den nationalen und den grenzüberschreitenden Euro-Zahlungen.

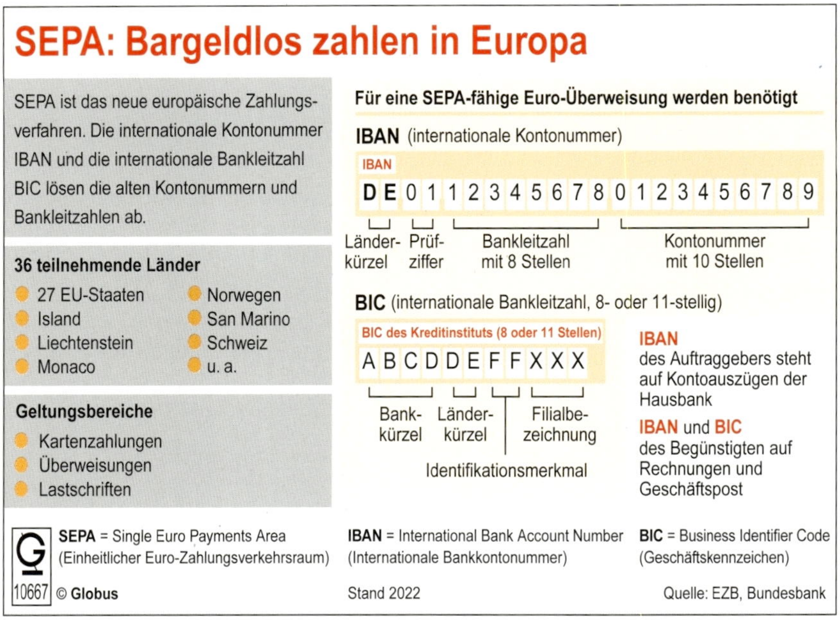

Seit dem 1. August 2014 hat das SEPA-System im Geschäftsverkehr die nationalen Überweisungs- und Lastschriftverfahren vollständig abgelöst. Für Privatkunden endete die Frist am 1. Februar 2016. Bis dahin durften sie noch die alten Kontonummern und Bankleitzahlen für Zahlungen im Inland nutzen. Hintergrund der Umstellung ist die Vereinheitlichung nationaler Überweisungen und Lastschriften im europäischen Zahlungsraum (SEPA). Die neue Zahlenkolonne heißt IBAN (International Bank Account Number). Sie enthält nicht nur Bankleitzahl und Kontonummer, sondern auch ein Länderkennzeichen (für Deutschland: DE) sowie eine zweistellige Prüfziffer. Daneben findet sich noch der BIC (Bank Identifier Code), mit dem Banken weltweit eindeutig identifiziert werden können. Er besteht aus der vierstelligen Bankbezeichnung (z. B. MARK für die Deutsche Bundesbank), dem Länderkennzeichen, der Orts- bzw. Regionalangabe (z. B. FF für Frankfurt/M.) und gegebenenfalls einer dreistelligen Filialbezeichnung. Ziel der Neuregelung ist es, grenzüberschreitend bargeldlose Zahlungen zwischen den Teilnehmerländern genau so schnell, einfach, sicher und kostengünstig zu machen wie Inlandsüberweisungen.

Um im grenzüberschreitenden bargeldlosen Zahlungsverkehr sowohl den jeweiligen Zahlungsempfänger als auch dessen kontoführendes Geldinstitut eindeutig identifizieren zu können, sind die bisher gebräuchlichen Kontonummern und Bankleitzahlen dabei sowohl durch die internationale Kontonummer **IBAN** als auch durch den **BIC** abgelöst worden. Seit Februar 2016 entfällt für Euro-Zahlungen innerhalb von SEPA die bis zu diesem Zeitpunkt verpflichtende Angabe der BIC, wenn die IBAN des Zahlungsempfängers mit DE beginnt.

IBAN (International Bank Account Number)	BIC (Bank Identifier Code)
maximal 34-stelliger alphanumerischer Code (je nach Land) **Struktur der deutschen IBAN** (genau 22-stelliger Code): ¬ 2-stelliger Ländercode* (nur Alphazeichen) ¬ 2-stellige Prüfziffer (numerische Zeichen für die Plausibilitätsprüfung bei der Auftraggeberbank) ¬ 18-stellige Kontoidentifikation – bestehend aus der 8-stelligen Bankleitzahl und der 10-stelligen Kontonummer (numerische Zeichen)	8- oder 11-stelliger Code **Struktur des BIC** ¬ 4-stelliger Bankcode, der vom jeweiligen Geldinstitut frei gewählt werden kann (nur Alphazeichen) ¬ 2-stelliger Ländercode* (nur Alphazeichen) ¬ 2-stellige Codierung des Ortes (alphanumerische Zeichen) ¬ 3-stellige Codierung der Filiale (alphanumerische Zeichen)

* z. B. DE (für Deutschland)

Am Beispiel der nachfolgenden Bankverbindung sollen sowohl Aufbau und Struktur der **deutschen IBAN** als auch der **BIC** verdeutlicht werden:

Konto-Nr.: 1420169789
BLZ: 430 500 01 (Sparkasse Bochum)

- **IBAN:** DE07 4305 0001 1420 1697 89 (Zwecks besserer Lesbarkeit wird die deutsche IBAN im Schriftverkehr [z. B. in Rechnungen] von links nach rechts in 5 Vierergruppen und eine Zweiergruppe gegliedert. Demgegenüber kennt das elektronische IBAN-Format [z. B. in SEPA-Überweisungen] jedoch keine Gliederung.)
- **BIC:** WELADED1BOC (Der BIC wird nicht gegliedert.)

IBAN und BIC können auch unter der Internet-Adresse www.iban-rechner.de berechnet bzw. überprüft werden.

6.4.3.1.1 SEPA-Überweisung

Bei der SEPA-Überweisung handelt es sich um eine einmalige Erteilung eines Überweisungsauftrages durch den Zahlungspflichtigen an sein Geldinstitut oder an die Deutsche Postbank AG. Mit seiner Unterschrift auf dem SEPA-Überweisungsformular erteilt der Zahlungspflichtige dem kontoführenden Geldinstitut den Auftrag, die entsprechende Summe an das Konto des Zahlungsempfängers weiterzuleiten.

Haben Zahlungspflichtiger und Zahlungsempfänger ihre Konten beim **gleichen Geldinstitut,** erfolgt die SEPA-Überweisung ausschließlich durch Umbuchung auf beiden von diesem Geldinstitut geführten Konten.

Herr König möchte die ihm vorliegende Rechnung der Elektrotechnik Jörgensen e. Kfm. bargeldlos, und zwar per SEPA-Überweisung, bezahlen.

€uro-Überweisung
SEPA
COMMERZBANK
Nur für Überweisungen in Deutschland und in andere EU-/EWR-Staaten in Euro
Bitte Meldepflicht gemäß Außenwirtschaftverordnung beachten!
Entgeltfreie Auskunft unter 0800 - 1234 111

Angaben zum Zahlungsempfänger: Name, Vorname/Firma (max. 27 Stellen, bei maschineller Beschriftung max. 35 Stellen)
Elektrotechnik Jörgensen e.Kfm.
IBAN
DE68490800250344226300
BIC des Kreditinstituts/Zahlungsdienstleisters (8 oder 11 Stellen)
DRESDEFF491
EUR
Betrag: Euro, Cent
569,18
Kunden-Referenznummer - Verwendungszweck, ggf. Name und Anschrift des Zahlers - (nur für Zahlungsempfänger)
Kunden-Nr. 1294
noch Verwendungszweck (insgesamt max. 2 Zeilen à 27 Stellen, bei maschineller Beschriftung max. 2 Zeilen à 35 Stellen)
Rechnung-Nr. 120818 v. 08.03.20..
Angaben zum Kontoinhaber: Name, Vorname/Firma, Ort (max. 27 Stellen, keine Straßen- oder Postfachangaben)
König, Wolfgang, Minden
IBAN
DE82490800250062888800
16
SEPA
30/33/47

BITTE NICHT VERGESSEN: 15. März 20.. W. König
Datum Unterschrift(en)

Unterhalten Zahlungspflichtiger und Zahlungsempfänger ihre Konten jedoch bei **verschiedenen Geldinstituten** (z. B. Sparkassen, Volks- und Raiffeisenbanken, Deutsche Bank, Commerzbank, Deutsche Postbank AG), erfolgt die SEPA-Überweisung unter Einschaltung eines oder mehrerer **Gironetze.** Hierbei handelt es sich um Überweisungskreise gleichartiger Geldinstitute wie z. B. das Gironetz der Sparkassen oder die Gironetze der Großbanken, die untereinander über Zentralstellen (z. B. Girozentrale) in Verbindung stehen.

Eine kaufmännische Angestellte lässt von ihrem Konto bei der Stadtsparkasse Düsseldorf 100 EUR als Spende an ein Hilfswerk überweisen.

SEPA-Überweisung/Zahlschein
Stadtsparkasse Düsseldorf
Name und Sitz des überweisenden Kreditinstituts
DUSSDEDDXXX
BIC
Für Überweisungen in Deutschland und in andere EU-/EWR-Staaten in Euro.

Angaben zum Zahlungsempfänger: Name, Vorname/Firma (max. 27 Stellen, bei maschineller Beschriftung max. 35 Stellen)
Deutsches Rotes Kreuz
IBAN
DE63370205000005023307
BIC des Kreditinstituts/Zahlungsdienstleisters (8 oder 11 Stellen)
BFSWDE33XXX
Deutsches Rotes Kreuz
Betrag: Euro, Cent
100,00
Spenden-/Mitgliedsnummer oder Name des Spenders: (max. 27 Stellen)
Brigitte Steiner
ggf. Stichwort
Spende
PLZ und Straße des Spenders: (max. 27 Stellen)
40479, Hofgartenufer 104
Angaben zum Kontoinhaber/Zahler: Name, Vorname/Firma, Ort (max. 27 Stellen, keine Straßen- oder Postfachangaben)
Steiner, Brigitte, Düsseldorf
IBAN
DE50300501100012409785
06
SPENDE
DSV 113 212.800 09715/1310

Datum
15.04.20..
Unterschrift(en)
Steiner

SEPA-Überweisungen, die – als Papierüberweisung (beleghaft) oder als Online-Überweisung (beleglos) – von den Geldinstituten oder von der Deutschen Postbank AG in aller Regel meist zeitverzögert innerhalb eines Geschäftstages ausgeführt werden, sind auch als **Echtzeitüberweisungen** (instant payment – Echtzeitzahlung) möglich. In diesem Fall kann der Empfänger über den entsprechenden Geldbetrag (maximal bis zu 15 000 EUR pro Transaktion) bereits innerhalb von wenigen Sekunden nach dem Eintreffen einer solchen **Echtzeitüberweisung** verfügen.

Einer Rechnung wird häufig auch ein bereits mit den Angaben des Zahlungsempfängers (Name, Vorname/Firma und IBAN) versehender **SEPA-Überweisungsauftrag/Zahlschein** beigefügt. Mit diesem Formular kann dann der Schuldner seine Zahlungsverpflichtung entweder bargeldlos **oder** halbbar begleichen.

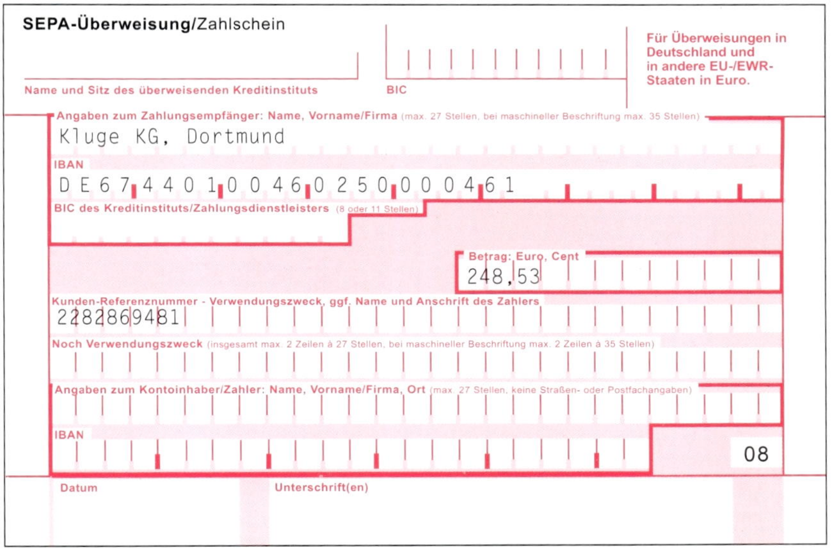
SEPA-Überweisung/Zahlschein

Name und Sitz des überweisenden Kreditinstituts

BIC

Für Überweisungen in Deutschland und in andere EU-/EWR-Staaten in Euro.

Angaben zum Zahlungsempfänger: Name, Vorname/Firma (max. 27 Stellen, bei maschineller Beschriftung max. 35 Stellen)

Kluge KG, Dortmund

IBAN

DE67 4401 0046 0250 0004 61

BIC des Kreditinstituts/Zahlungsdienstleisters (8 oder 11 Stellen)

Betrag: Euro, Cent

248,53

Kunden-Referenznummer - Verwendungszweck, ggf. Name und Anschrift des Zahlers

2282869481

Noch Verwendungszweck (insgesamt max. 2 Zeilen à 27 Stellen, bei maschineller Beschriftung max. 2 Zeilen à 35 Stellen)

Angaben zum Kontoinhaber/Zahler: Name, Vorname/Firma, Ort (max. 27 Stellen, keine Straßen- oder Postfachangaben)

IBAN

08

Datum

Unterschrift(en)

▶ SEPA-Sammelüberweisung

Um Buchungsgebühren zu sparen, können zur Vereinfachung der Auftragserteilung auch mehrere einzelne SEPA-Überweisungen in unterschiedlicher Höhe an verschiedene Zahlungsempfänger zu einer **SEPA-Sammelüberweisung** zusammengefasst werden.

▶ SEPA-Dauerauftrag

Ein Zahlungspflichtiger wird bei Verbindlichkeiten, die zu ständig wiederkehrenden Terminen immer in gleicher Höhe an denselben Zahlungsempfänger fällig werden, einen **SEPA-Dauerauftrag** erteilen. Dadurch wird das kontoführende Institut angewiesen, diese SEPA-Überweisungen bei Fälligkeit selbstständig durchzuführen.

- Mietzahlungen
- Ratenbeträge zur Tilgung eines Kredites für den Kauf eines Kraftfahrzeuges

27 Merkur-Nr. 0124

6.4.3.1.2 SEPA-Lastschriftverfahren

Das SEPA-Lastschriftverfahren eignet sich für bargeldlose Zahlungsverpflichtungen, die – oft auch zu unregelmäßigen Zeitpunkten – in unterschiedlicher Höhe fällig werden. Auftraggeber und Einreicher der SEPA-Lastschrift ist der Zahlungsempfänger. Dabei ist das **SEPA-Lastschriftmandat** der Schlüssel des SEPA-Lastschriftverfahrens.

SEPA-Lastschriftmandat (dargestellt am Beispiel einer Einmallastschrift)

MUSTER GMBH, ROSENWEG 2, 00000 IRGENDWO

Gläubiger-Identifikationsnummer DE99ZZZ05678901234

Mandatsreferenz 66 443

SEPA-Lastschriftmandat

Ich ermächtige die Muster GmbH, EINMALIG EINE ZAHLUNG von meinem Konto mittels Lastschrift einzuziehen. Zugleich weise ich mein Kreditinstitut an, DIE von der Muster GmbH auf mein Konto GEZOGENE LASTSCHRIFT einzulösen.

Hinweis: Ich kann innerhalb von acht Wochen, beginnend mit dem Belastungsdatum, die Erstattung des belasteten Betrages verlangen. Es gelten dabei die mit meinem Kreditinstitut vereinbarten Bedingungen.

____
Vorname und Name (Kontoinhaber)

____
Straße und Hausnummer

____
Postleitzahl und Ort

______________________________ ________|___
Kreditinstitut (Name und BIC)

DE__|____|____|____|____|____|__
IBAN

____
Datum, Ort und Unterschrift

Anmerkungen:

- Der Inhalt des SEPA-Lastschriftmandats ist genau festgelegt, nicht jedoch dessen Gestaltung.
- Die Gläubiger-Identifikationsnummer wird von der Deutschen Bundesbank vergeben.
- Die bis zu 35 alphanumerischen Stellen lange Mandatsreferenz wird vom Zahlungsempfänger individuell vergeben. In Verbindung mit der Gläubiger-Identifikationsnummer bezeichnet sie das jeweilige Mandat eindeutig. Die Mandatsreferenz kann im Mandat enthalten sein oder dem Zahlungspflichtigen nachträglich bekannt gegeben werden.

Quelle: Zentraler Kreditausschuss (ZKA) als Zusammenschluss der 5 Spitzenverbände der deutschen Kreditwirtschaft: Beispiel-Formulare für das SEPA-Lastschriftmandat und das Kombimandat sowie Beispiel-Kundenschreiben zur Änderung der Einzugsermächtigung vom 30. Oktober 2009, Seite 4

Dieses SEPA-Lastschriftmandat besteht aus einem **einheitlichen Autorisierungstext** und **bestimmten Angaben.**

- Es ermächtigt den Zahlungsempfänger einmalig oder wiederkehrend, national und grenzüberschreitend Euro-Beträge vom Konto des Zahlungspflichtigen mittels SEPA-Lastschrift einzuziehen **und**
- weist gleichzeitig das kontoführende Institut an, die vom Zahlungsempfänger auf das Konto des Zahlungspflichtigen gezogenen SEPA-Lastschriften einzulösen.

Das SEPA-Lastschriftverfahren innerhalb des einheitlichen Euro-Zahlungsverkehrsraums (SEPA) ist auch als **Echtzeitzahlung** (instant payment) sekundenschnell möglich.

Der Zahlungspflichtige kann einer Kontobelastung, die aufgrund einer SEPA-Lastschrift im Auftrag des Zahlungsempfängers erfolgt ist, innerhalb von bis zu acht Wochen nach dem Belastungsdatum ohne Angabe von Gründen widersprechen. Dieser Zeitraum verlängert sich auf 13 Monate, wenn die Belastungsbuchung **ohne** ein SEPA-Lastschriftmandat, also unberechtigt, durchgeführt worden ist.

Beim SEPA-Lastschriftverfahren ist zwischen der **SEPA-Basislastschrift** und der **SEPA-Firmenlastschrift** zu unterscheiden. Während der Zahlungspflichtige bei der SEPA-Basislastschrift auch ein Nicht-Verbraucher sein darf, ist die SEPA-Firmenlastschrift ausschließlich den Geschäftskunden vorbehalten.

- **SEPA-Basislastschrift:**
  - Berufsschülerin Helga Stein beauftragt ihr Geldinstitut, jeweils am Monatsende von ihrem Girokonto einen Betrag von 50 EUR auf ihr Sparkonto umzubuchen.
  - Darüber hinaus lässt die Auszubildende fällige Abschlagszahlungen für Strom und Gas, Versicherungsprämien und Telekommunikationskosten von ihrem Girokonto abbuchen.
  - Die Richard Meyer GmbH lässt fällige Abschlagszahlungen für Strom und Gas, Versicherungsprämien und Telekommunikationskosten von ihrem Geschäftskonto abbuchen.
- **SEPA-Firmenlastschrift:** Aufgrund einer entsprechenden vertraglichen Vereinbarung mit ihrem Lieferanten erfüllt die Richard Meyer GmbH ihre Zahlungsverpflichtungen gegenüber diesem Kreditor, indem Rechnungsbeträge zu festen Fälligkeitsterminen vom Geschäftskonto abgebucht werden.

Im Gegensatz zur SEPA-Basislastschrift kann einer ausgeführten SEPA-Firmenlastschrift jedoch **nicht** widersprochen werden.

6.4.3.2 Verrechnungsschecks

Legt der Zahlungsempfänger einen Verrechnungsscheck bei einem Geldinstitut oder der Deutschen Postbank AG vor, wird der entsprechende Betrag seinem Konto gutgeschrieben und das Konto des Zahlungspflichtigen in gleicher Höhe belastet. Jeder Scheck, der auf der Vorderseite handschriftlich, aufgestempelt oder aufgedruckt den Vermerk **„Nur zur Verrechnung"** trägt, wird auf diese Weise buchtechnisch erfasst, der Geldbetrag dem Scheckeinreicher also nicht direkt bar ausgezahlt.

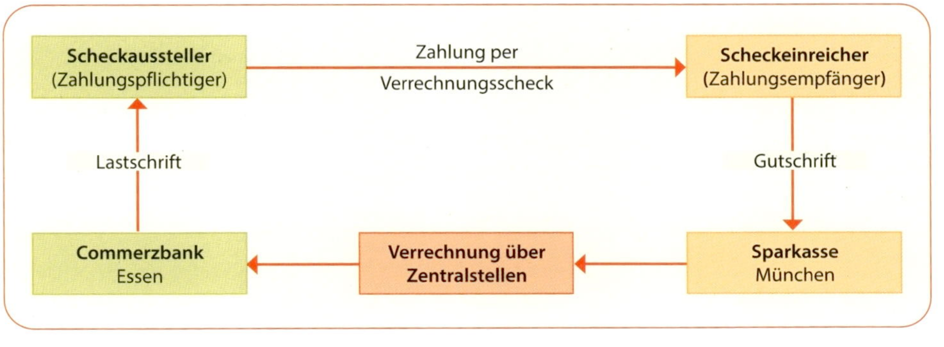

▶ Schecks von Geldinstituten

Banken und Sparkassen halten für ihre Kunden vorgedruckte Scheckformulare bereit, in denen der Aussteller nur noch Datum und Ort der Ausstellung sowie den Währungscode und den Scheckbetrag eintragen und seine Unterschrift leisten muss, um die **gesetzlichen Anforderungen,** die an einen Scheck gestellt werden, zu erfüllen. Neben diesen im Scheckgesetz zwingend vorgesehenen Angaben sind einige weitere Zusätze erlaubt, die als **kaufmännische Bestandteile** des Schecks bezeichnet werden. Diese dienen ausschließlich der Erleichterung des Scheckverkehrs.

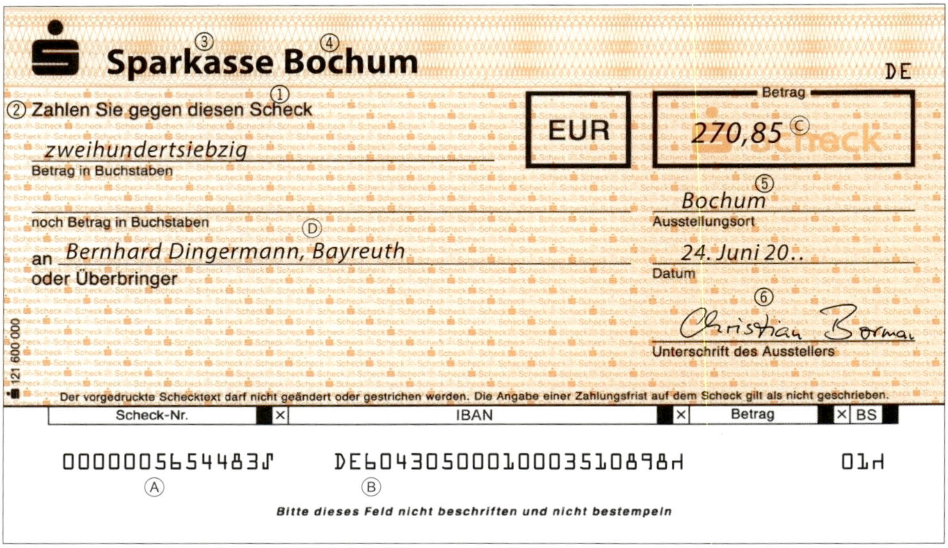

Bestandteile des Schecks	
gesetzliche Bestandteile gemäß Art. 1 ScheckG	**kaufmännische Bestandteile**
① Bezeichnung als Scheck im Text der Urkunde ② unbedingte Anweisung, eine bestimmte Geldsumme zu zahlen ③ Name des bezogenen Geldinstitutes ④ Angabe des Zahlungsortes ⑤ Angabe des Tages und des Ortes der Ausstellung ⑥ Unterschrift des Ausstellers	Ⓐ Schecknummer Ⓑ IBAN des Ausstellers Ⓒ Schecksumme in Ziffern (im Zweifel gilt der in Buchstaben geschriebene Betrag) Ⓓ Angabe des Zahlungsempfängers

Ein Scheck sollte natürlich nur dann ausgestellt werden, wenn das Konto ein ausreichendes Guthaben aufweist bzw. wenn durch den Scheck der vom Geldinstitut dem Kunden eingeräumte **Dispositions-** (im Privatkundenbereich) bzw. **Kontokorrentkredit** (im Geschäftskundenbereich) nicht überschritten wird.

Postbank Scheck

Genau wie Schecks der Geldinstitute lassen sich auch Schecks der Deutschen Postbank AG als Verrechnungsschecks ausstellen.

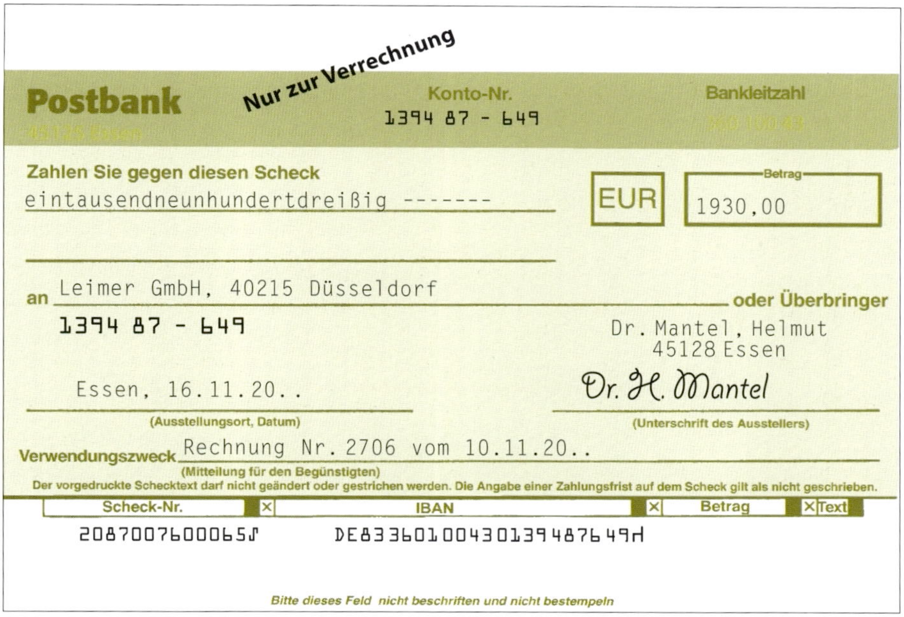
Postbank
Nur zur Verrechnung
Konto-Nr.
1394 87 - 649
Bankleitzahl
Zahlen Sie gegen diesen Scheck
eintausendneunhundertdreißig -------
EUR
Betrag
1930,00
an Leimer GmbH, 40215 Düsseldorf
oder Überbringer
1394 87 - 649
Dr. Mantel, Helmut
45128 Essen
Essen, 16.11.20..
Dr. H. Mantel
(Ausstellungsort, Datum)
(Unterschrift des Ausstellers)
Verwendungszweck Rechnung Nr. 2706 vom 10.11.20..
(Mitteilung für den Begünstigten)
Der vorgedruckte Schecktext darf nicht geändert oder gestrichen werden. Die Angabe einer Zahlungsfrist auf dem Scheck gilt als nicht geschrieben.
Scheck-Nr. | IBAN | Betrag | Text
2087007600065 DE83360100430139487649
Bitte dieses Feld nicht beschriften und nicht bestempeln

Zahlungsanweisung zur Verrechnung der Deutschen Postbank AG

Zahlungsanweisungen zur Verrechnung sind für Zahlungen an solche Empfänger bestimmt, deren Kontoverbindung nicht bekannt ist. Der Empfänger kann den Betrag seinem Postbank Girokonto oder Girokonto bei einem Kreditinstitut gutschreiben lassen. Darüber hinaus kann er sich den Betrag der Zahlungsanweisung am Schalter der Postfiliale gegen Entgelt auszahlen lassen.

Vorlagefristen für Schecks

Schecks sollen nur als Zahlungsmittel und nicht als Kreditmittel verwendet werden. Deshalb sind zu ihrer Vorlage bestimmte Fristen einzuhalten, die für in Deutschland zahlbare Schecks bestimmt sind *(Art. 29 ScheckG)*, und zwar auf:

- 8 Tage, wenn der Scheck im Inland ausgestellt ist,
- 20 Tage für im europäischen Ausland ausgestellte Schecks,
- 70 Tage bei Ausstellung in einem anderen Erdteil.

Scheckeinlieferung

Will ein Unternehmen die ihm von Kunden ausgestellten Schecks seinem Geldinstitut oder der Niederlassung der Deutschen Postbank AG zur Einlösung einreichen, wird es neben den Einzelschecks ein **Scheckeinlieferungsformular** ausgefüllt vorlegen. Darin werden die bezogenen Geldinstitute, die Scheckaussteller, die Schecknummern, die einzelnen Scheckbeträge und der Gesamtbetrag aller eingereichten Schecks aufgeführt.

Die Brenner OHG reicht ihrer kontoführenden Sparkasse die erhaltenen Kundenschecks ein, damit der Gesamtbetrag dem Geschäftskonto gutgeschrieben werden kann.

Scheck-Einlieferung

23.05.20.. J. Brenner
Datum

Ziehen Sie zu Gunsten des unten angegebenen Kontos die beigefügten Schecks ein. Die Gutschrift erfolgt Eingang vorbehalten.

	Scheck-Nummer	IBAN des Ausstellers	Betrag: Euro, Cent
1	207012060024	DE68 4504 0042 3306 4128 00	674,20
2	480015293180	DE60 4305 0001 0003 5108 98	209,50
3			
4			
5			

Bitte alle Schecks mit dem Vermerk >Nur zur Verrechnung< versehen.

Stückzahl: 02

Gesamtbetrag: Euro, Cent: 883,70

Kontoinhaber: Name; Vorname/Firma, max. 27 Stellen: Brenner OHG

IBAN: DE | Prüfzahl: 30 | Bankleitzahl des Kontoinhabers: 44152370 | Kontonummer (ggf. links mit Nullen auffüllen): 0000003160 | 80

124 800 000 So

80H

Bitte dieses Feld nicht beschriften und nicht bestempeln

6.4.3.3 Sonderformen der bargeldlosen Zahlung

Im elektronischen Zahlungsverkehr der Bundesrepublik Deutschland hat das **„Plastikgeld"** zunehmend an Bedeutung gewonnen.

Kartenart	Grundsatz	Merkmale
Wertkarte	„Zahle im Voraus"	■ Kleinere Beträge werden vorausbezahlt, indem sie auf dem Karten-Chip als Werteinheit gespeichert werden. ■ Die Wertkarte hat den Charakter einer „elektronischen Geldbörse".
Debitkarte	„Zahle gleich"	■ Die Electronic-Cash-Umsätze werden direkt oder mit geringer Zeitverzögerung vom Girokonto des Karteninhabers abgebucht. ■ Die Debitkarte dient – der bargeldlosen Zahlung von Leistungen an EC-Kartenterminals; – der Beschaffung von Bargeld an Geldautomaten. ■ Die Legitimation des Karteninhabers erfolgt über die zugehörige persönliche Geheimzahl (Personal Identification Number [PIN]).
Kreditkarte	„Zahle später"	■ Die Kartenumsätze werden zunächst gesammelt und dem Konto des Kartenbesitzers erst zu einem späteren Zeitpunkt belastet. ■ Die Kreditkarte dient – der bargeldlosen Zahlung von Leistungen bei jenen Unternehmen (z. B. Einzelhändler, Hotels), die vertraglich mit der kartenausgebenden Kreditkartenorganisation (z. B. Visa, Mastercard) verbunden sind; – der Beschaffung von Bargeld im In- und Ausland. ■ Die Legitimation des Karteninhabers erfolgt über die zugehörige persönliche Geheimzahl (Personal Identification Number [PIN]).

Der Inhaber einer entsprechenden Plastikkarte, etwa die

- eines **Geldinstituts** (z. B. SparkassenCard der Sparkasse Hamburg),
- eines bestimmten **Unternehmens** (z. B. Karstadt, IKEA, Europcar) oder
- einer **Kreditkartenorganisation** (z. B. American Express, MasterCard oder Visa),

kann **bargeldlos** Waren und Dienstleistungen bezahlen.

Ein Verkäufer, der die Plastikkarte seines Kunden akzeptiert, geht bei einer solchen bargeldlosen Zahlung des vereinbarten Kaufpreises durch den Kunden in der Regel **kein Risiko** ein, da die vorgelegte Plastikkarte glaubwürdig dessen Kreditwürdigkeit belegt. Abrechnung und Bezahlung der Waren oder Dienstleistungen erfolgen erst nachträglich durch ein Geldinstitut bzw. eine Kreditkartenorganisation, wobei unter Einschaltung eines oder mehrerer Gironetze schließlich das Konto des Kunden mit dem kreditierten Kaufpreis belastet wird.

▶ BankKarten

Bei den BankKarten, die auch als Girocard bezeichnet werden, handelt es sich um „Plastikgeld", das von den Kreditinstituten (Banken und Sparkassen) herausgegebenen wird.

Je nachdem, welches Kreditinstitut die BankKarte herausgibt, unterscheiden sich die Namen: So händigen die Sparkassen ihren Kunden die „SparkassenCard" aus, die Deutsche Postbank AG die „PostbankCard" und die Volks- und Raiffeisenbanken die „VR-BankCard".

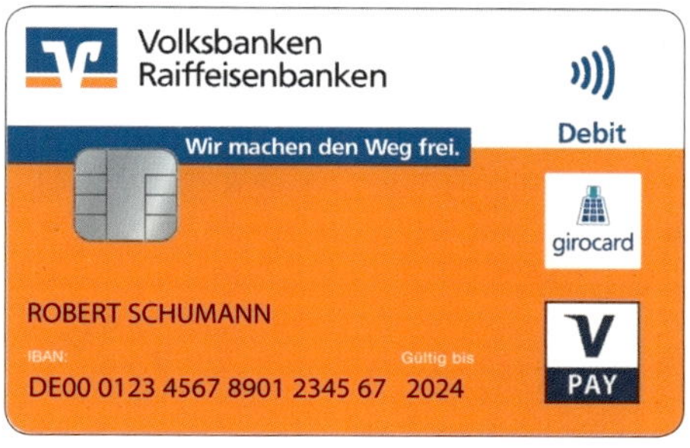

Die auf der Vorder- bzw. Rückseite der BankKarte abgebildeten **Akzeptanzsymbole** verdeutlichen, inwieweit die Plastikkarte im In- und Ausland zur bargeldlosen Bezahlung und zur Bargeldbeschaffung eingesetzt werden kann.

Wichtige Akzeptanzsymbole auf der BankKarte und deren Bedeutung	
	Akzeptanzsymbol für das **kontaktlose Bezahlen** mit Near Field Communication (NFC), einer Technik, bei das Zahlmittel (z. B. BankKarte oder Smartphone) und das Zahlterminal bei maximal 4 cm Abstand kontaktlos miteinander kommunizieren, um den Bezahlvorgang durchzuführen.
girocard	Dieses Akzeptanzsymbol vereint zwei Zahlungssysteme im Inland, und zwar ■ die Bargeldbeschaffung im deutschen Geldautomatensystem und ■ das Electronic Cash, also das bargeldlose Bezahlen mittels BankKarte und persönlicher Identifikationsnummer (PIN oder Geheimnummer).

Wichtige Akzeptanzsymbole auf der BankKarte und deren Bedeutung	
Cirrus	Akzeptanzsymbol für die Benutzung des weltweiten Geldautomatennetzes. An den so gekennzeichneten Geldautomaten kann dann im Ausland mittels BankKarte und PIN Bargeld in der jeweiligen Landeswährung beschafft werden.
girogo	Akzeptanzsymbol für das bargeldlose Bezahlen durch Verrechnung mit dem im Chip gespeicherten Guthaben von bis zu 200 EUR. Wie bei der „elektronischen Geldbörse" erfolgt das Bezahlen ohne PIN-Eingabe und ohne Unterschrift, jedoch **kontaktlos.** Der Käufer bezahlt, indem er die BankKarte vor das entsprechende Lesegerät des Verkäufers hält. Der mit einer Funkantenne ausgerüstete Chip sendet dann das entsprechende Signal an das Kassenterminal. Allerdings können nur kleinere Einkäufe bis zu 25 EUR kontaktlos bezahlt werden. Einkäufe mit Beträgen über 25 EUR müssen mit PIN-Eingabe oder Unterschrift legitimiert werden. Dies geschieht jedoch nicht kontaktlos, sondern unter Einsatz des Lesegerätes.
V PAY	Dieses Akzeptanzsymbol signalisiert das europa- bzw. weltweite bargeldlose Bezahlen mittels BankKarte und PIN. Darüber hinaus weist das Logo – je nach ausgebendem Kreditinstitut – auf die Benutzung des europa- bzw. weltweiten Geldautomatennetzes hin. An den so gekennzeichneten Geldautomaten kann dann im Ausland mittels BankKarte und PIN Bargeld in der jeweiligen Landeswährung beschafft werden. Dabei benutzt V PAY nicht die im Magnetstreifen der BankKarte unverschlüsselt gespeicherten Daten, sondern greift auf die im Chip verschlüsselt abgelegten Kundendaten zurück.

Kartenzahlungen innerhalb des einheitlichen Euro-Zahlungsverkehrsraums (SEPA) sind auch als **Echtzeitzahlung** (instant payment) sekundenschnell möglich.

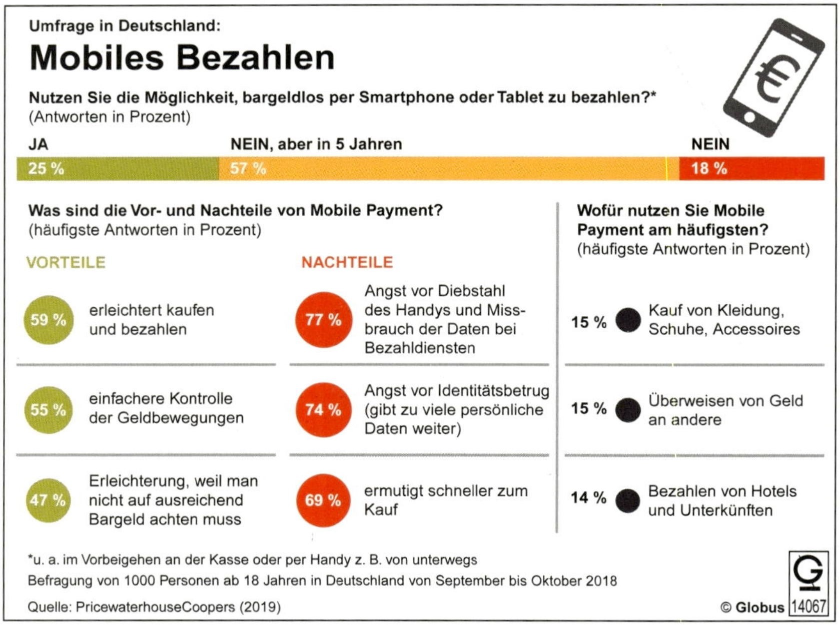

Kundenkreditkarten

Bei den Kundenkreditkarten gewährt ein bestimmtes Unternehmen in Zusammenarbeit mit einem Geldinstitut seinen Kunden einen Kredit bis zu einer vorher vereinbarten Höchstgrenze. Da eine Kundenkreditkarte jedoch nur im Bereich des ausgebenden Unternehmens zum bargeldlosen Einkauf berechtigt, stellt diese Karte eher ein Instrument zur Förderung des Absatzes dar, das gleichzeitig eine ideale Basis für kreativ gestaltete Bonus- und Rabattsysteme bildet.

Kundenkreditkarten werden z. B. von folgenden Unternehmen ausgegeben:

- **Goldene Kundenkarte:** Alsterhaus, KaDeWe
- **IKEA Contract:** IKEA
- **Cash Card:** Europcar

Internationale Kreditkarten

Der Inhaber einer internationalen Kreditkarte kann nicht nur in der Bundesrepublik Deutschland und in Europa, sondern auch im außereuropäischen Ausland in den angeschlossenen Unternehmen (Vertragspartnern der Kreditkartenorganisation) bargeldlos einkaufen bzw. Hotel- und Gastronomierechnungen bezahlen, Autos mieten oder Reisen buchen. Darüber hinaus bieten die auf dem deutschen Markt gebräuchlichsten Kreditkarten

- **MasterCard,**
- **American Express,**
- **Diners Club,**
- **Visa**

ihrem Inhaber häufig auch weitere Dienstleistungen an (z. B. Beschaffung von Bargeld im In- und Ausland, zusätzliche Unfallversicherung bei Reisen, die per Kreditkarte bezahlt worden sind). Kartenorganisationen geben auf Antrag nur an solche Bewerber Kreditkarten aus, deren Bonität und Seriosität einwandfrei sind.

Wichtige Akzeptanzsymbole auf internationalen Kreditkarten und deren Bedeutung	
paypass Visa payWave	Akzeptanzsymbol für das **kontaktlose** Bezahlen bei Einkäufen bis zu 50 EUR, indem die Kreditkarte vor das Lesegerät des Verkäufers gehalten wird. Die Abrechnung erfolgt über die Kreditkartenabrechnung. Einkäufe über höhere Beträge müssen mit PIN-Eingabe oder Unterschrift legitimiert werden. Dies geschieht kontaktlos, sodass die Kreditkarte des Kunden nicht in das Lesegerät des Verkäufers gesteckt werden muss.

Point-of-Sale-Banking (POS-Banking) – Electronic Cash

Unter **POS-Banking** versteht man ein Verfahren der bargeldlosen Zahlung von Waren und Dienstleistungen im Einzelhandel, bei dem ein Kunde – etwa mittels seiner BankKarte **(Electronic Cash)** – „elektronisch" am Ort des Verkaufs (Point of Sale) bezahlt. Das Wort „Banking" weist darauf hin, dass mit diesen Kassenterminals eine Zahlung mit direkter Buchung bei Kreditinstituten möglich ist. Der Umgang mit Bargeld entfällt, ebenso das Ausstellen von Schecks.

Nach der maschinellen Erfassung der Kassierdaten z. B. durch einen Abtaster (Scanner[1]) ermittelt die elektronische Datenkasse den Rechnungsbetrag. Mithilfe eines an dieses Kassenterminal angeschlossenen Zusatzgerätes werden die auf dem Magnetstreifen der Plastikkarte

1 Scanner erfassen über einen Lichtstrahl die auf dem Warenetikett in Form eines Strich- oder Balkencodes aufgedruckten verschlüsselten elektronisch lesbaren Daten. Ein akustisches Signal zeigt die Registrierung des Artikels an.

enthaltenen Daten des Kunden (Kontonummer und Bankleitzahl) in das System eingelesen. Der Kunde tippt dann über die Tastatur des Zusatzgerätes seine persönliche Geheimnummer (PIN) ein, die ihn als berechtigten Benutzer der Plastikkarte ausweist. Nachdem sowohl die Geheimnummer elektronisch geprüft als auch die Sperrdatei abgefragt worden sind und das Konto des Kunden eine entsprechende Deckung aufweist – die Rechnerzentrale zeigt „grünes Licht" –, wird der Rechnungsbetrag automatisch vom Bankkonto des Kunden auf das Händlerkonto umgebucht. Der Kunde erhält dann die von ihm gekaufte Ware zusammen mit einem Bon über den getätigten Einkauf.

Electronic-Cash-Beleg

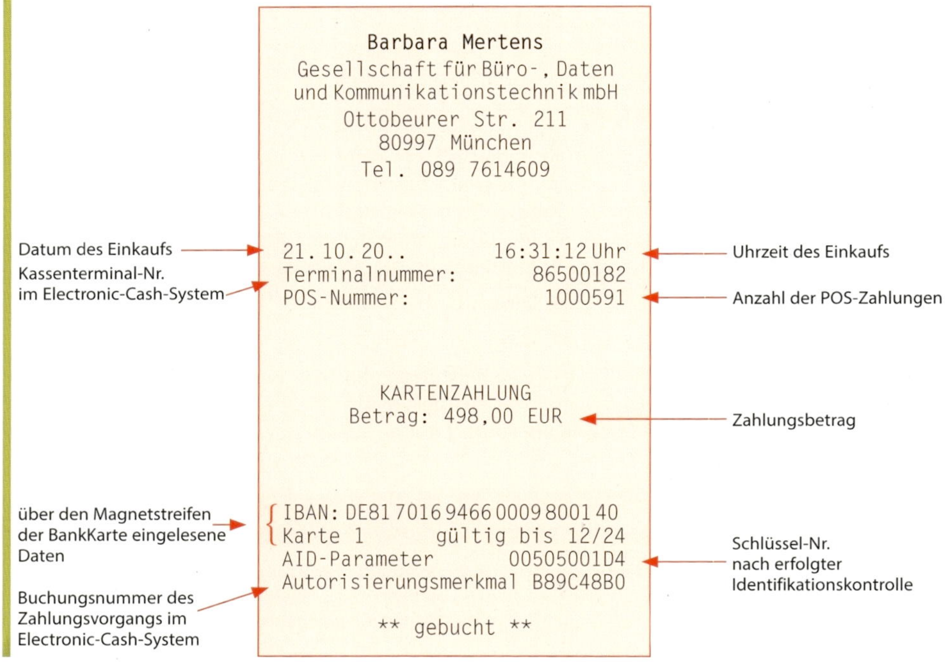
Barbara Mertens
Gesellschaft für Büro-, Daten
und Kommunikationstechnik mbH
Ottobeurer Str. 211
80997 München
Tel. 089 7614609

21.10.20.. 16:31:12 Uhr
Terminalnummer: 86500182
POS-Nummer: 1000591

KARTENZAHLUNG
Betrag: 498,00 EUR

IBAN: DE81 7016 9466 0009 8001 40
Karte 1 gültig bis 12/24
AID-Parameter 00505001D4
Autorisierungsmerkmal B89C48B0

** gebucht **

6.4.3.4 Vorteile des bargeldlosen Zahlungsverkehrs

Durch die Teilnahme am bargeldlosen Zahlungsverkehr werden die **Sicherheit** und die **Bequemlichkeit** von Zahlungsvorgängen erhöht.

Durch die Zahlung mit Überweisung oder Verrechnungsscheck entfällt die Gefahr des Verlierens von Bargeld bzw. des Diebstahls.

Geldschulden sind Bringschulden, d. h., der Schuldner ist verpflichtet, dem Gläubiger das Geld zu übergeben. Beauftragt der Zahlungspflichtige hierzu die Deutsche Postbank AG bzw. ein Kreditinstitut, so haftet er zwar weiterhin für den Zugang des Geldes, kann aber von der entsprechenden Bank oder Sparkasse Ersatz seines Schadens verlangen, falls der Geldbetrag dem Konto des Empfängers nicht gutgeschrieben wurde.

Durch die Einrichtung von **SEPA-Daueraufträgen und SEPA-Lastschriftverfahren** entfällt für den Zahlungspflichtigen die Notwendigkeit, jeden einzelnen Zahlungsvorgang gesondert zu veranlassen. Verrechnungsschecks und SEPA-Überweisungen können zur Bearbeitung versandt werden.

Aus banktechnischen Abrechnungsgründen ist die bargeldlose Zahlung – insbesondere als Echtzeitzahlung (instant payment) – gegenüber der halbbaren Zahlung **schneller.** Zudem ist die Buchung zwischen Konten im Rahmen der bargeldlosen Zahlung **kostengünstiger** als etwa die Bareinzahlung auf ein Konto, um eine Zahlungsverpflichtung im Rahmen des halbbaren Zahlungsverkehrs zu erfüllen.

Im Einzelfall gibt die jeweilige Entgeltübersicht, die im Geschäftsraum des Geldinstituts zur Einsicht aushängt, Auskunft über die Kosten des halbbaren und bargeldlosen Zahlungsverkehrs.

▶ Zusammenfassung

Zahlungsarten

Barzahlung
=
Barein- oder Barauszahlung

- unmittelbar durch den Zahlungspflichtigen oder einen Boten
- mittelbar durch den Minuten-Service

halbbare Zahlung
=
Bareinzahlung auf ein Konto **oder** Barauszahlung von einem Konto

- Zahlschein der Deutschen Postbank AG
- Zahlschein der Geldinstitute
- Zahlungsanweisung der Deutschen Postbank AG
- Barscheck der Deutschen Postbank AG oder der Geldinstitute

bargeldlose Zahlung
=
Buchung zwischen Konten

- durch SEPA-Zahlungen im einheitlichen Euro-Zahlungsverkehrsraum
  - SEPA-Überweisung
  - SEPA-Lastschriftverfahren
- durch Verrechnungsschecks wie Schecks von Geldinstituten, dem Postbank Scheck oder der Zahlungsanweisung zur Verrechnung der Deutschen Postbank AG
- Sonderformen
  - BankKarten
  - Kundenkreditkarten
  - Internationale Kreditkarten
  - Point-of-Sale-Banking (POS-Banking) bzw. Electronic Cash

Aufgaben 28

(1) *Welche Angaben sollten auf einer Quittung enthalten sein bzw. welche Belege gelten als Zahlungsbestätigung?*

(2) *An welche Voraussetzung ist die Teilnahme am halbbaren bzw. bargeldlosen Zahlungsverkehr gebunden?*

(3) *Füllen Sie für einen Zahlungsvorgang Ihres Ausbildungsbetriebes einen Zahlschein der Deutschen Postbank AG aus!*

(4) *Erläutern Sie den Stellenwert des Barschecks für den Zahlungsverkehr!*

(5) *Welche Sicherungsmöglichkeiten für Barschecks sollte man stets beachten?*

(6) *Unterscheiden Sie halbbare und bargeldlose Zahlung!*

(7) *Welche Vorteile bietet der bargeldlose Zahlungsverkehr?*

(8) *In welchen Fällen würden Sie Überweisungen durch SEPA-Dauerauftrag oder durch das SEPA-Lastschriftverfahren vornehmen?*

(9) *Grenzen Sie die gesetzlichen von den kaufmännischen Scheckbestandteilen ab!*

(10) *Ein Verkäufer erhält von einem seiner Kunden einen Verrechnungsscheck, bei dem der Euro-Betrag in Buchstaben von dem in Ziffern abweicht. Welcher Euro-Betrag wird dem Konto des Verkäufers bei Einreichung dieses Schecks gutgeschrieben?*

(11) *Wie wird ein Barscheck zum Verrechnungsscheck?*

(12) *Welche Zahlungsart würden Sie in folgenden Geschäftsvorfällen wählen?*

a) *vier zum 15. April 20. . fällige Rechnungen gegenüber verschiedenen Lieferanten*

b) *Leasingraten für das Fotokopiergerät*

c) *Zahlung der Versicherungsprämie für Feuer und Diebstahl*

d) *Lohnsteuer und Sozialversicherungsbeiträge für die Beschäftigten*

e) *monatliche Rechnung der Vertragstankstelle*

f) *monatliche Rechnung der Deutschen Telekom AG über in Anspruch genommene Kommunikationsdienste*

g) *Reisekostenvergütung für die Geschäftsreise des Prokuristen*

h) *Eingangsrechnung unseres spanischen Lieferanten in Höhe von 19600 EUR*

i) *monatliche Miete für einen angemieteten Lagerraum*

(13) *Wodurch unterscheidet sich der zur Verrechnung ausgestellte Postbank Scheck von der Zahlungsanweisung zur Verrechnung?*

(14) *Beschreiben Sie die gebräuchlichen Sonderformen der bargeldlosen Zahlung!*

(15) *Bei welchen der nachfolgenden Zahlungsvorgängen wird*

- *bar,*
- *halbbar (aus Buchgeld wird Bargeld),*
- *halbbar (aus Bargeld wird Buchgeld) oder*
- *bargeldlos*

gezahlt?

a) *Ausstellen einer Quittung*

b) *Barscheck, der beim kontoführenden Institut des Zahlungspflichtigen vorgelegt wird*

c) *Onlinebanking*

d) *Zahlung per Nachnahme, wenn die Deutsche Post AG ein Paket dem Empfänger an der Haustür zugestellt hat*

e) *Minuten-Service der Deutschen Postbank AG*

f) *Electronic Cash*

g) *Zahlschein der Sparkasse Köln*

h) *Verrechnungsscheck der Postbank München*

i) *Barscheck, der nicht beim kontoführenden Institut des Zahlungspflichtigen, sondern bei der Hausbank des Zahlungsempfängers vorgelegt wird*

j) *kontaktloses Bezahlen eines Einkaufs in Höhe von 15,00 EUR mittels girogo*

7 Investition und Finanzierung

7.1 Zusammenhang zwischen Investition und Finanzierung

Ziel eines Unternehmens ist es, die benötigten einzelwirtschaftlichen **Produktionsfaktoren zu beschaffen,** die **betrieblichen Leistungen zu erstellen und** auf den Absatzmärkten **zu verwerten.** Dieser dreiteilige betriebliche Leistungsprozess lässt sich durch **Güter- und Geldströme** charakterisieren,

- die in entgegengesetzter Richtung fließen,

  So führt in einem Fertigungsbetrieb die Beschaffung von Roh-, Hilfs- und Betriebsstoffen zu verminderten Bar- oder Buchgeldbeständen, während andererseits durch den Verkauf der betrieblichen Leistungen Geldmittel in das Unternehmen zurückfließen.

- die sich gegenseitig bedingen.

  Der betriebliche Güterstrom (Beschaffung → Leistungserstellung → Absatz) ist auf Dauer nur möglich, wenn es mindestens gelingt, die zur Aufrechterhaltung des Güterkreislaufes erforderlichen finanziellen Mittel durch die Verwertung der betrieblichen Leistungen auf dem Absatzmarkt zurückzugewinnen, um dieses Geld – ganz oder teilweise – erneut in Güter umzuwandeln. Übersteigen diese **Kapitalbindungsprozesse** zu einem bestimmten Zeitpunkt sowohl die **Kapitalfreisetzung** als auch die Möglichkeiten einer **internen Kapitalzuführung** (z.B. Selbstfinanzierung), muss über den Geld- bzw. Kapitalmarkt von Außenstehenden zusätzliches Kapital (z.B. in Form eines kurzfristigen Kredites oder einer längerfristigen Beteiligung) beschafft werden.

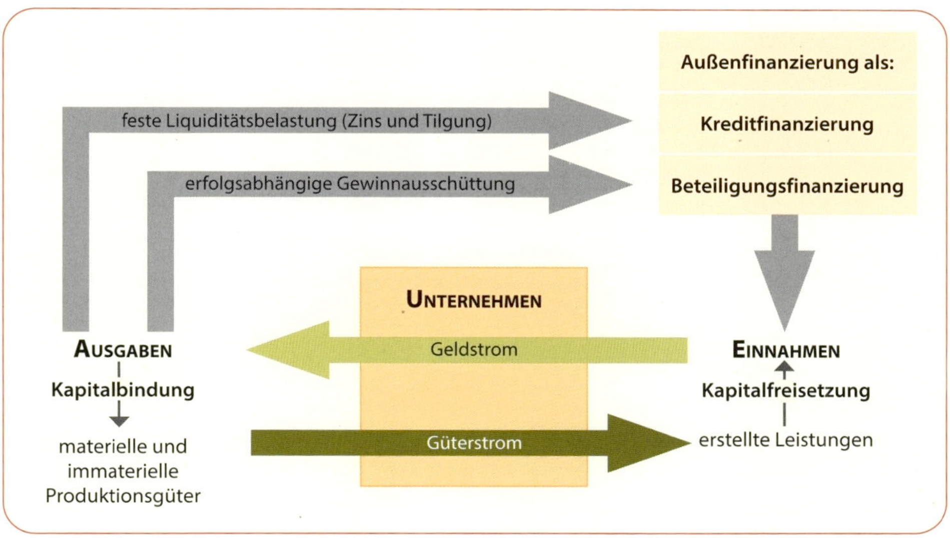

Ein in güter- und geldwirtschaftlicher Hinsicht **störungsfreier betrieblicher Leistungsprozess** ist insbesondere gebunden:

- an die zweckgerechte Verwendung des beschafften Kapitals **(Investition),**

  Alle Maßnahmen der **Kapitalverwendung,** die der Schaffung von Vermögenswerten dienen, bezeichnet man aus bilanzieller Sicht als **Investitionen,** die stets mit einer **Auszahlung** beginnen. Ihren Niederschlag in der Bilanz finden Investitionen auf der **Aktivseite** (vgl. S. 432), die Auskunft darüber gibt, in welchen Positionen des Anlage- (z.B. Gebäude, Maschinen oder Gegenstände der Betriebs- und Geschäftsausstattung) und Umlaufvermögens (z.B. Roh-, Hilfs- und Betriebsstoffe, Forderungen aus Lieferungen und Leistungen oder Bankguthaben) das beschaffte Kapital zum jeweiligen Stichtag Verwendung gefunden hat.

- an die Beschaffung von Kapital **(Finanzierung).**

  Aus bilanzieller Sicht umschreibt der Begriff der **Finanzierung** alle Maßnahmen der **Kapitalbeschaffung.** Dabei ist es unerheblich, ob die Mittel dem Unternehmen intern, also aus eigener Ertragskraft (Innenfinanzierung, vgl. S. 433 f.), oder extern, also von Dritten (Außenfinanzierung, vgl. S. 434 f.), zugeführt worden sind. Die mit einer **Einzahlung** beginnenden Finanzierungsvorgänge schlagen sich auf der **Passivseite** der Bilanz (vgl. S. 432) nieder, die Auskunft über Höhe und rechtliche Form des zur Verfügung gestellten Kapitals gibt.

7.2 Investitionsanlässe

Je nach Anlass der geplanten Investition lässt sich folgende Einteilung vornehmen:

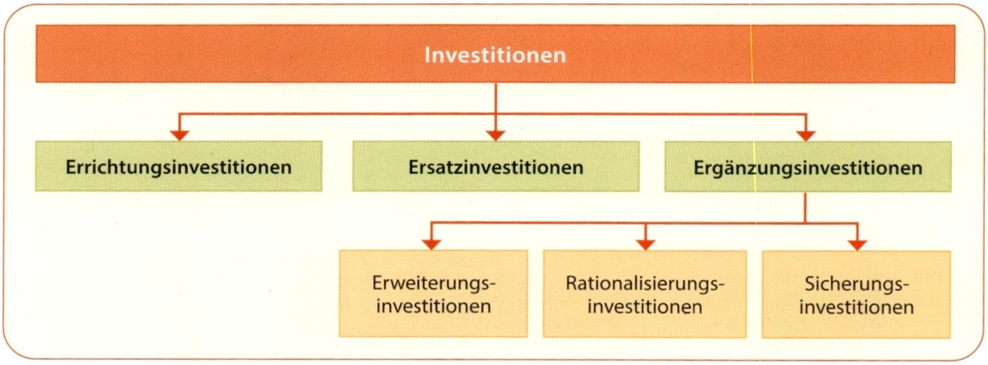

▶ Errichtungsinvestitionen

Errichtungsinvestitionen statten das Unternehmen bei der Gründung erstmalig mit dem zur Leistungserstellung notwendigen Betriebsvermögen aus.

Zur Aufnahme des Geschäftsbetriebes ist es für ein Unternehmen notwendig, Gegenstände der Betriebs- und Geschäftsausstattung, Kraftfahrzeuge sowie evtl. Grundstücke zu erwerben und Gebäude zu erstellen bzw. zu kaufen.

▶ Ersatzinvestitionen

Die in einem Unternehmen eingesetzten Produktionsmittel sind einer ständigen Abnutzung unterworfen. Vorhandene Anlagen müssen also von Zeit zu Zeit ersetzt werden. Reine **Ersatzinvestitionen,** die alte Anlagen durch technisch identische ersetzen, sind allerdings sehr selten, da in den neuen Anlagen fast immer technische Weiterentwicklungen enthalten sind.

Die vor fünf Jahren für die Außendienstmitarbeiter einer Versicherung beschafften Fahrzeuge sollen durch Pkw desselben Typs ersetzt werden. Die neu angeschafften Modelle sind allerdings auf dem aktuellen Stand der Fahrzeugtechnik.

Ergänzungsinvestitionen

Ergänzungsinvestitionen erweitern, rationalisieren oder sichern bereits vorhandene Vermögenswerte.

Erweiterungsinvestitionen

In diesem Fall erweitern Unternehmen z. B. aufgrund einer sich abzeichnenden verbesserten Auftragslage oder einer gefestigten Marktposition ihre betrieblichen Kapazitäten. Dabei kann zum einen eine vorhandene Anlage durch eine mit größerer Kapazität ersetzt werden oder es werden zusätzliche Anlagen beschafft.

Ein Bauunternehmen sieht sich durch zunehmende Auftragseingänge gezwungen, seinen Maschinenpark (Bagger, Raupen usw.) auszuweiten.

Rationalisierungsinvestitionen

Bei dieser Art von Investitionen werden wirtschaftlichere Anlagen beschafft, die entweder günstiger oder leistungsfähiger produzieren als die bisherigen oder die der Schaffung verbesserter Organisationsabläufe dienen.

- Eine Großwäscherei ersetzt ihre Waschautomaten durch energie- und wassersparendere Modelle.
- Um möglichst emissionsfrei zu sein, erprobt ein Großhandelsunternehmen den Einsatz von Elektro-Lkw im Nahbereich.

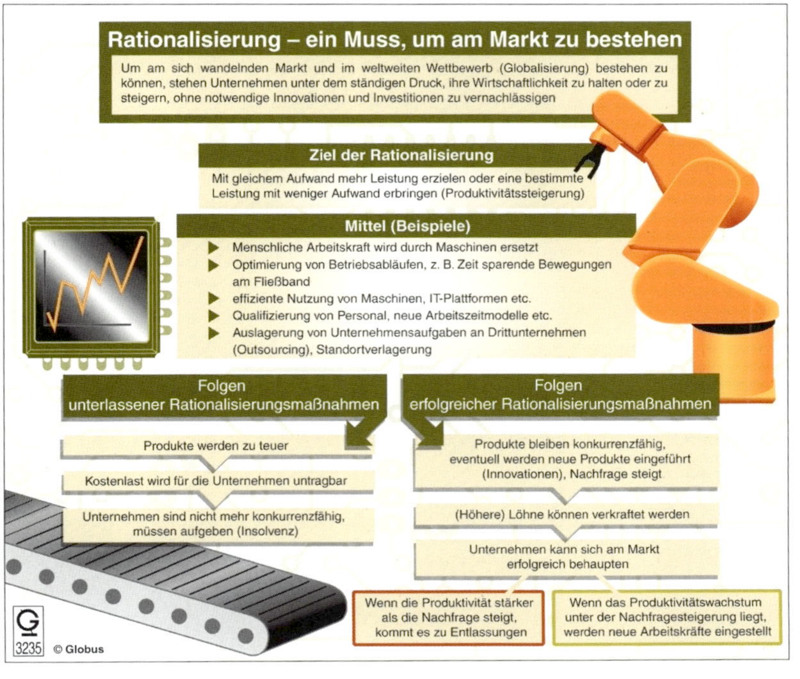

Bei dem Begriff Rationalisierung denken viele sofort an Lohnkostensenkungen und Stellenabbau. Eine Folge von Rationalisierung kann zwar die Streichung von Arbeitsplätzen sein, aber hinter diesem Begriff verbirgt sich weit mehr. Denn ohne ständige Rationalisierungs- und Investitionsmaßnahmen könnten die meisten Unternehmen am Markt nicht bestehen. So gehören auch die Produktivitätssteigerung durch bessere Nutzung von Maschinen oder die Optimierung von Abläufen zu den Rationalisierungsmaßnahmen. Um die Marktposition eines Unternehmens zu halten oder zu verbessern, reichen Rationalisierungsmaßnahmen alleine auf Dauer nicht aus. Gleichwertig sind Investitionen und Innovationen zu sehen. Durch neue Produkte und Prozesse kann einerseits die Nachfrage gesteigert werden, andererseits ergeben sich neue Bereiche für zukünftige Rationalisierungsmaßnahmen.

- **Sicherungsinvestitionen**

Um die wirtschaftliche Situation eines Unternehmens zu sichern und um vor zukünftigen, nicht genau abschätzbaren Ereignissen geschützt zu sein, können Sicherungsinvestitionen notwendig werden.

- Ein Unternehmen erwartet für das zweite Halbjahr erhebliche Preissteigerungen für die zur Produktion notwendigen Rohstoffe. Es wird, um seine Wirtschaftlichkeit zu sichern, erhöhte Sicherheitsbestände an Rohstoffen anlegen.
- Durch umfassende Investitionen im Bereich „Forschung und Entwicklung“ will ein Unternehmen seine Marktposition ausbauen.

7.3 Finanzierungsarten

Wie Kapital verwendet und beschafft wurde, lässt sich z. B. aus der **Bilanz** des Unternehmens entnehmen.

Bilanz zum 31. Dezember 20 . .

Aktiva	*(Angaben in EUR)*		**Passiva**
I. Anlagevermögen		**I. Eigenkapital**	282 045,00
Gebäude	130 000,00	**II. Fremdkapital**	
Maschinen	45 600,00	Verbindlichkeiten gegenüber Kreditinstituten	78 420,00
Fuhrpark	71 400,00	Verbindlichkeiten aus Lieferungen und Leistungen	12 500,00
Betr.- u. Geschäftsausstattung	50 000,00	Wechselverbindlichkeiten	2 100,00
II. Umlaufvermögen		Sonstige Verbindlichkeiten	5145,00
Rohstoffe	31 950,00		
Forderungen	47 695,00		
Kasse	1 250,00		
Bank	2 315,00		
	380 210,00		380 210,00

Wie wurde das Kapital **verwendet?**
= **Kapitalverwendung**
= **Investition**

Wie wurde das Kapital **aufgebracht?**
= **Kapitalbeschaffung**
= **Finanzierung**

Eigenkapital und Fremdkapital können den Unternehmen auf unterschiedliche Weise zur Verfügung gestellt werden. Dabei lassen sich u.a. folgende **Kapitalbeschaffungsmaßnahmen** unterscheiden:

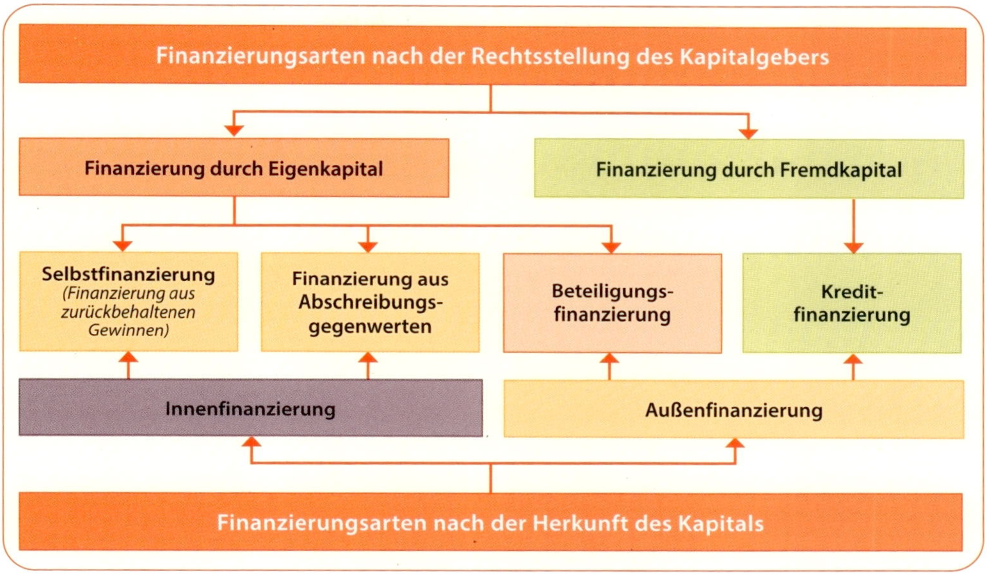

7.3.1 Innenfinanzierung

Bei der **Innenfinanzierung** bringt das Unternehmen die benötigten Mittel aus eigener Kraft auf.

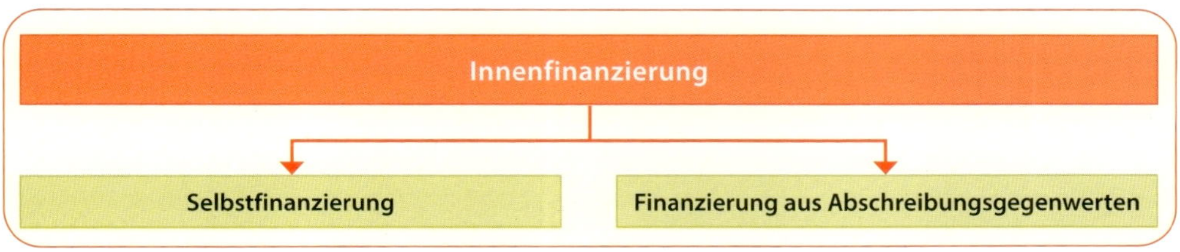

▶ Selbstfinanzierung

Die Bereitstellung von Mitteln aus den im Unternehmen erwirtschafteten Gewinnen (bei Kapitalgesellschaften durch das Nichtausschütten, bei Personengesellschaften durch die Nichtentnahme) nennt man **Selbstfinanzierung.**

- In einer Aktiengesellschaft wird nur ein Teil des Jahresüberschusses als Dividende an die Aktionäre ausgeschüttet, der Rest als Eigenkapitalanteil in die Rücklagen eingestellt.
- Ein Einzelunternehmer entnimmt nur die Hälfte des Jahresüberschusses aus dem Unternehmen, der andere Teil wird als zusätzliches Eigenkapital seinem Kapitalkonto gutgeschrieben.

▶ Finanzierung aus Abschreibungsgegenwerten

Gegenstände des Anlagevermögens (Maschinen, Anlagen, Kraftfahrzeuge, Betriebs- und Geschäftsausstattung, Gebäude) verlieren mit ihrer Nutzung bzw. im Zeitablauf an Wert. Dieser

28 Merkur-Nr. 0124

Tatsache wird dadurch Rechnung getragen, dass die jährlich für eine spätere Neuanschaffung erforderlichen Abschreibungsbeträge in den Preisen der vom Unternehmen verkauften Güter kalkuliert werden.

Werden diese Abschreibungswerte jedoch nicht aufgespart, sondern zwischenzeitlich anderen Verwendungszwecken zugeführt, liegt Innenfinanzierung vor.

Ein Unternehmen finanziert aus Eigenkapitalmitteln fünf Pkw zum Preis von jeweils 40 000 EUR. Jährlich werden 20 % der Anschaffungskosten abgeschrieben. Die Abschreibungsgegenwerte werden für die Anschaffung neuer Pkw verwandt.

Jahr	Bestand an Pkw	Gesamtwert der Anschaffungskosten	Abschreibung (20 % vom Anschaffungswert)	flüssige Mittel am Ende des Jahres	Anzahl der Pkw, die neu beschafft werden können	restliche flüssige Mittel nach dem Pkw-Kauf zu Beginn des neuen Jahres
2019	5	200 000 EUR	40 000 EUR	40 000 EUR	1	—
2020	6	240 000 EUR	48 000 EUR	48 000 EUR	1	8 000 EUR
2021	7	280 000 EUR	56 000 EUR	64 000 EUR	1	24 000 EUR
2022	8	320 000 EUR	64 000 EUR	88 000 EUR	2	8 000 EUR
2023	10	400 000 EUR	80 000 EUR	88 000 EUR	2	8 000 EUR
2024	7*	280 000 EUR	56 000 EUR	64 000 EUR	1	24 000 EUR
2025	7*	280 000 EUR	56 000 EUR	80 000 EUR	2	—
2026	8*	320 000 EUR	64 000 EUR	64 000 EUR	1	24 000 EUR

* Im Jahre 2024 sind 5 Pkw abgeschrieben, im Jahre 2025 bzw. 2026 jeweils ein weiterer Pkw.

7.3.2 Außenfinanzierung

Bei der Außenfinanzierung wird dem Unternehmen Kapital von Dritten (von Außenstehenden) zur Verfügung gestellt.

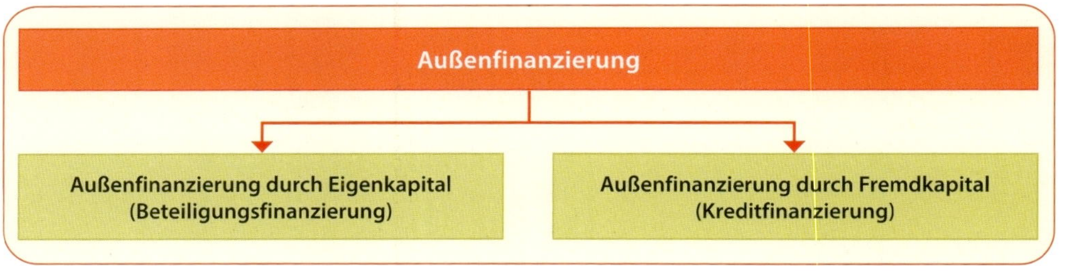

▶ Außenfinanzierung durch Eigenkapital *(Beteiligungsfinanzierung)*

Bei der Beteiligungsfinanzierung wird **Eigenkapital** zur Verfügung gestellt und damit werden **Eigentumsrechte** am Unternehmen erworben. Dies bedeutet:

- das Kapital wird dem Unternehmen zeitlich unbefristet überlassen,
- es besteht kein Anspruch auf Verzinsung des Kapitals,
- der Kapitalgeber hat Mitsprache- bzw. Kontrollrechte im Unternehmen,
- ein Gewinnbeteiligungsanspruch ist vorhanden,
- in der Regel haftet der Kapitalgeber – zumindest bis zur Höhe der geleisteten Einlage – für die Verluste des Unternehmens,

- bei freiwilliger Auflösung des Unternehmens hat der Kapitalgeber Anspruch auf anteiligen Liquidationserlös.

  - Ein neuer Gesellschafter tritt als Kommanditist in eine Kommanditgesellschaft ein.
  - Durch die Ausgabe neuer Aktien wird der Eigenkapitalanteil (Grundkapital) einer AG erhöht.

▶ Außenfinanzierung durch Fremdkapital *(Kreditfinanzierung)*

Bei der Kreditfinanzierung wird dem Unternehmen **Fremdkapital** zur Verfügung gestellt. Dies bedeutet:

- die Kreditzusage ist in aller Regel an Sicherheiten gebunden,
- die Überlassung des Kapitals ist zeitlich befristet,
- das Unternehmen ist mit festen Zinszahlungen, die als Betriebsausgaben (vgl. S. 532) steuerlich abzugsfähig sind, belastet,
- die Kapitalgeber haben in der Regel keinen Einfluss auf die Unternehmensentscheidungen,
- seitens der Kapitalgeber besteht ein Anspruch auf Rückzahlung des Kredites,
- es besteht kein Anspruch auf Gewinnbeteiligung oder Liquidationserlös,
- der Kapitalgeber hat – außer bei Insolvenz – kein Verlustrisiko.

Möglichkeiten der Kreditfinanzierung werden in der Regel von Kreditinstituten, aber auch von staatlichen Stellen oder Versicherungsinstituten angeboten.

7.4 Kreditarten

Warenkredite werden von Unternehmen (teilweise in Zusammenarbeit mit Geldinstituten) eingeräumt, um den Verkauf der eigenen Leistungen zu kreditieren, während die von Banken oder Sparkassen gewährten **Geldkredite** in der Regel **nicht** an bestimmte Warengeschäfte gebunden sind.

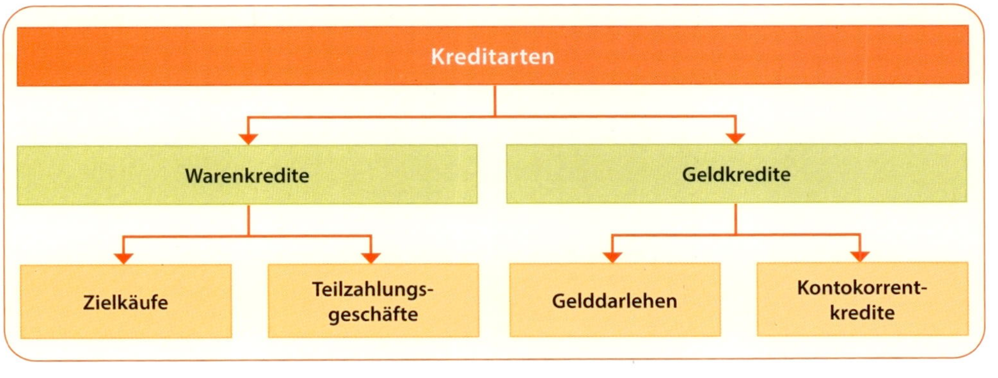

7.4.1 Warenkredite

Bei Warenkrediten erhält der Kreditnehmer Waren, die er erst zu einem späteren Zeitpunkt bezahlen muss. Warenkredite können in Form von **Konsumtionskrediten** (an Endverbraucher) oder als **Produktivkredite** (an Unternehmen bzw. Angehörige freier Berufe) vergeben werden.

▶ Zielkäufe

In diesem Fall gewährt ein Unternehmen mit der Warenlieferung seinem Kunden gleichzeitig einen Zahlungsaufschub, z. B. bei *„Zahlung innerhalb 30 Tagen netto Kasse".* Zahlt der Käufer vor Ablauf dieser Frist, kann er vom Rechnungsbetrag einen bestimmten Prozentsatz als Skonto einbehalten, z. B. bei *„Zahlung innerhalb 30 Tagen ohne Abzug, innerhalb 10 Tagen 3 % Skonto".*

▶ Teilzahlungsgeschäfte

Beim Teilzahlungsgeschäft verpflichtet sich der Kunde, auf den Kaufpreis der Ware eine Anzahlung zu leisten und den Restbetrag in mehreren Raten (meist monatlich) zu begleichen. Er hat Zinsen zu entrichten und auch sonst entstehende Kosten zu tragen. Teilzahlungsgeschäfte können nur im Zusammenhang mit Warenkäufen gewährt werden und dienen dem **Endverbraucher** zur Finanzierung von Anschaffungen.

Konsumenten, die im Rahmen eines Teilzahlungsgeschäftes den Kaufpreis in Raten zahlen, stehen unter dem Schutz des **Bürgerlichen Gesetzbuches** *(§§ 501 ff. BGB).* Die Kreditgewährung bedarf der Schriftform. Gemäß § 502 I BGB müssen bei **Teilzahlungsgeschäften** in der vom Verbraucher zu unterzeichnenden Vertragsurkunde enthalten sein:

- der **Barzahlungspreis** (Preis, den der Käufer zu entrichten hätte, wenn bei Übergabe der Sache der Preis in voller Höhe fällig wäre),
- der **Teilzahlungspreis** (Anzahlung und alle vom Verbraucher zu entrichtenden Teilzahlungen einschließlich Zinsen und sonstiger Kosten),
- **Betrag, Zahl und Fälligkeit der einzelnen Teilzahlungen,**
- der **effektive Jahreszins** (Zinsen und sonstige Kosten ausgedrückt als ein auf das Jahr bezogener Prozentsatz des Barzahlungspreises abzüglich Anzahlung unter Berücksichtigung von Zahl, Fälligkeit und Betrag der Teilzahlungen),
- die **Kosten einer Versicherung,** die im Zusammenhang mit dem Teilzahlungsgeschäft abgeschlossen wird,
- die **Vereinbarung eines Eigentumsvorbehalts oder einer anderen zu bestellenden Sicherheit.**

128 041

Gemäß § 495 I BGB steht dem Verbraucher beim Teilzahlungsgeschäft ein **Widerrufsrecht** nach § 355 BGB zu.

Ein Teilzahlungsgeschäft ist seitens des Unternehmers wegen Zahlungsverzugs des Verbrauchers nur unter der folgenden Voraussetzung **vorzeitig kündbar** (damit wäre die gesamte Restschuld des Kredites fällig):

- Der Verbraucher ist mit mindestens zwei aufeinanderfolgenden Teilzahlungen ganz oder teilweise in Verzug **und** dieser Betrag beläuft sich auf mindestens 10 % (bei einer Laufzeit von mehr als drei Jahren 5 %) des Teilzahlungspreises **und**
- der Unternehmer hat dem Verbraucher erfolglos eine zweiwöchige Frist zur Zahlung des rückständigen Betrages mit der Erklärung gesetzt, dass er bei Nichtzahlung innerhalb der Frist die gesamte Restschuld verlange *(§ 503 II BGB).*

Damit ist es einem Unternehmer **nicht** möglich, ein Teilzahlungsgeschäft sofort zu kündigen, wenn sich der Konsument vorübergehend in Zahlungsschwierigkeiten befindet.

Die Bestimmungen des BGB zu den Teilzahlungsgeschäften gelten jedoch insbesondere dann nicht, wenn der Barzahlungspreis bei Teilzahlung 200 EUR nicht übersteigt oder eine Teilzahlungsvereinbarung auf nicht mehr als drei Monate vereinbart worden ist *(§ 499 III BGB).*

Teilzahlungsgeschäfte lassen sich nach dem Kreditgeber unterscheiden:

- Kreditgewährung durch das Unternehmen selbst (bei größeren Unternehmen durch spezielle Kreditabteilungen),
- Kreditgewährung durch das Unternehmen in Zusammenarbeit mit einem Geldinstitut.
  - Manche Unternehmen verfügen über eine ihnen angeschlossene Bank, die die Kreditvergabe übernimmt, wie z. B. die V.A.G. Bank für die Vertragshändler des Autoherstellers Volkswagen.
  - Andere Unternehmen arbeiten bei der Kreditgewährung mit einem ihnen nicht angeschlossenen Geldinstitut zusammen. Dieses Institut räumt dem Kunden einen Kredit ein, für den dieser die gewünschte Ware im entsprechenden Unternehmen ersteht.

7.4.2 Geldkredite

Bei Geldkrediten hat der Kreditnehmer die Möglichkeit, über das ihm zur Verfügung gestellte Geld frei zu verfügen, d. h., er ist bei einem Warenkauf **nicht** an ein bestimmtes Unternehmen gebunden.

▶ Gelddarlehen *(§§ 488 ff. BGB)*

Gelddarlehen werden in einer Summe oder in bestimmten Teilbeträgen an den Schuldner ausgezahlt bzw. seinem Girokonto gutgeschrieben. Der Darlehensnehmer verpflichtet sich, die Darlehenssumme in oder nach einer vorab festgelegten Zeit zurückzuerstatten **(Tilgung).** Zinsen werden ab der Bereitstellung der Darlehenssumme berechnet, unabhängig davon, ob das Darlehen auch tatsächlich beansprucht wird.

Die Rückzahlung kann erfolgen als:

- **Fälligkeits- oder Kündigungsdarlehen,** d. h., die Darlehenssumme wird nach Ablauf der vereinbarten Zeit bzw. nach Kündigung des Vertrages **in einer Summe** fällig. Während der Laufzeit sind nur Zinsen zu entrichten.
- **Annuitätendarlehen,** d. h., der Schuldner zahlt über die gesamte Laufzeit **gleich hohe Beträge (Annuitäten),** die sich aus **Zins- und Tilgungsanteilen** zusammensetzen. Im Laufe der Zeit sinkt der Zinsanteil, während der Tilgungsanteil in den gleichbleibenden Annuitäten steigt.

- **Abzahlungsdarlehen,** d. h., **die Tilgung erfolgt in gleich hohen Raten.** Da damit die Restschuld laufend geringer wird, sinkt die Zinsbelastung. Die einzelnen vom Schuldner zu entrichtenden Zahlungen werden hier fortlaufend geringer.

Darlehensbedingungen:

Darlehenshöhe 10 000 EUR; effektiver Zins 12 %; Laufzeit 5 Jahre

① Fälligkeits- oder Kündigungsdarlehen				
Jahr	**Darlehenssumme/ Restschuld**	**Zins**	**Tilgung**	**jährliche Rate**
1	10 000 EUR	1 200 EUR	—	1 200 EUR
2	10 000 EUR	1 200 EUR	—	1 200 EUR
3	10 000 EUR	1 200 EUR	—	1 200 EUR
4	10 000 EUR	1 200 EUR	—	1 200 EUR
5	10 000 EUR	1 200 EUR	10 000 EUR	11 200 EUR

② Annuitätendarlehen				
Jahr	**Darlehenssumme/ Restschuld**	**Zins**	**Tilgung**	**Annuität***
1	10 000,00 EUR	1 200,00 EUR	1 574,10 EUR	2 774,10 EUR
2	8 425,90 EUR	1 011,11 EUR	1 762,99 EUR	2 774,10 EUR
3	6 662,91 EUR	799,55 EUR	1 974,55 EUR	2 774,10 EUR
4	4 688,36 EUR	562,60 EUR	2 211,50 EUR	2 774,10 EUR
5	2 476,86 EUR	297,22 EUR	2 476,88 EUR	2 774,10 EUR

③ Abzahlungsdarlehen				
Jahr	**Darlehenssumme/ Restschuld**	**Zins**	**Tilgung**	**Annuität***
1	10 000,00 EUR	1 200,00 EUR	2 000,00 EUR	3 200,00 EUR
2	8 000,00 EUR	960,00 EUR	2 000,00 EUR	2 960,00 EUR
3	6 000,00 EUR	720,00 EUR	2 000,00 EUR	2 720,00 EUR
4	4 000,00 EUR	480,00 EUR	2 000,00 EUR	2 480,00 EUR
5	2 000,00 EUR	240,00 EUR	2 000,00 EUR	2 240,00 EUR

* Annuität = jährliche Rate aus Zins und Tilgung; beim Annuitätendarlehen ist die Rate stets gleich **(feste Annuität)**, beim Abzahlungsdarlehen verringert sich die Rate **(fallende Annuität).**

Besonderheit

Neben Geld können auch andere **vertretbare Sachen als Darlehen (Sachdarlehensvertrag**, vgl. S. 57 f.) gewährt werden. In diesem Fall ist der Darlehensnehmer jedoch verpflichtet, ein Darlehensentgelt zu zahlen und bei Fälligkeit das Empfangene in Sachen gleicher Art, Güte und Menge zurückzuerstatten *(§ 607 BGB).*

Kontokorrentkredite *(§§ 355 ff. HGB)*

Der Kontokorrentkredit gehört zu den kurzfristigen Krediten und soll einen **vorübergehenden Zahlungsbedarf** decken. Aufgrund seiner hohen Zinskosten sollte er nur dann in Anspruch genommen werden, wenn der Kontostand (etwa durch den Eingang eigener Forderungen) in absehbarer Zeit ausgeglichen werden kann.

Beim Kontokorrent (laufende Rechnung) wird es dem Bankkunden gestattet, bis zu einem vorab festgelegten Höchstbetrag (Limit) selbst auch dann noch Abbuchungen vornehmen zu lassen, wenn das Konto kein Guthaben mehr aufweist. Der in Anspruch genommene Kredit wird laufend mit eingehenden Gutschriften verrechnet.

Im Gegensatz zum Gelddarlehen hat der Kontokorrentkredit den Vorteil, dass zwar eine Kreditzusage in bestimmter Höhe besteht, **Sollzinsen** aber nur für die tatsächlich beanspruchten Mittel berechnet werden. Daneben ist eine **Kreditprovision** für die Bereitstellung des Kredites (auch bei Nichtinanspruchnahme) zu zahlen (etwa 3 %). Überzieht der Kunde den eingeräumten Kreditspielraum, hat er zudem **Überziehungszinsen** zu entrichten.[1]

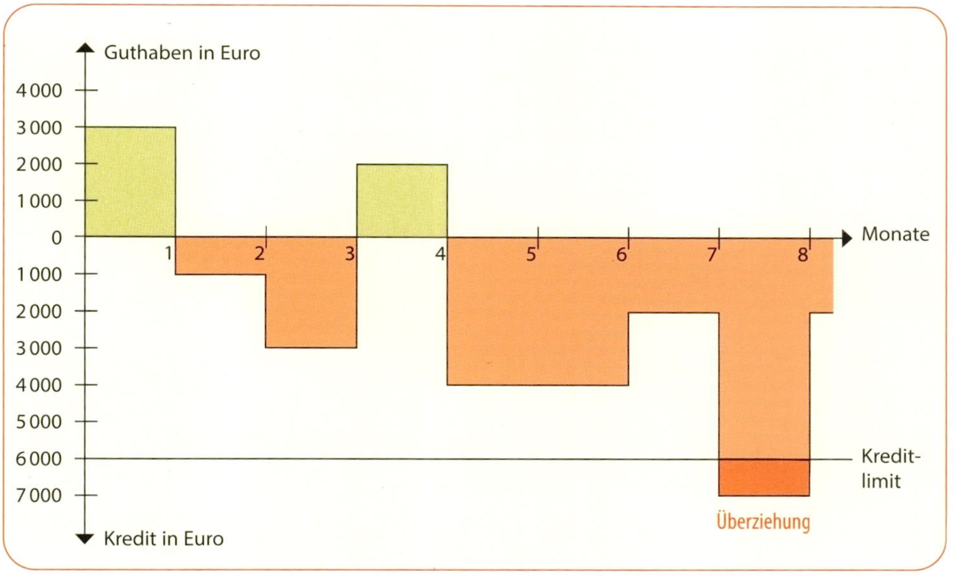

Kostenvergleich zwischen Waren- und Geldkredit

In bestimmten Situationen stellt sich die Frage, ob es günstiger ist, den Warenbezug über einen Zielkauf (Warenkredit) zu finanzieren und auf die übliche Skontoeinräumung zu verzichten oder den Rechnungsbetrag über einen Bankkredit (Geldkredit) zu begleichen und damit die Möglichkeit zu erhalten, Skonto in Anspruch zu nehmen.

Ein Großhändler muss die Rechnung seines Lieferanten in Höhe von 10 000 EUR begleichen. Die Zahlungsbedingung lautet: *„30 Tage netto Kasse; bei Zahlung innerhalb von 10 Tagen 3 % Skonto"*. Für einen Kontokorrentkredit der Hausbank wären 12 % effektiver Jahreszins zu entrichten. Der Kredit könnte durch den Eingang erwarteter Einnahmen nach 20 Tagen ausgeglichen werden.

1 Gleiches gilt bei der Überziehung der bei Gehaltskonten (Girokonten) vereinbarten Dispositionskredite.

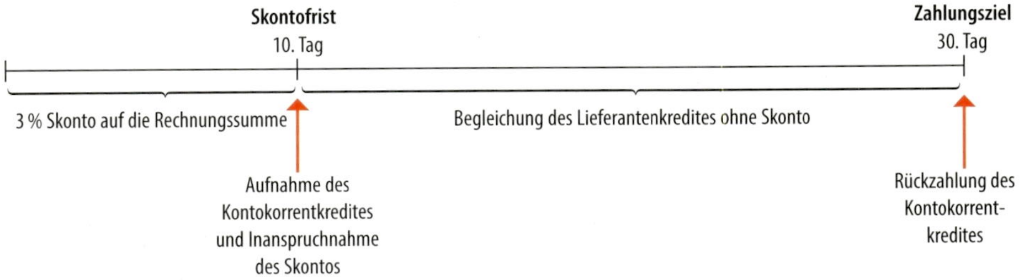

- **Skonto**
  - Bei Inanspruchnahme des Skontos müsste am 10. Tag ein Bareinkaufspreis von:

	Rechnungsbetrag	10 000 EUR
–	3 % Skonto	300 EUR
=	Überweisungsbetrag	9 700 EUR

  beglichen werden.
  - Die Inanspruchnahme des Skontos entspricht bei der in der kaufmännischen Praxis angewandten Überschlagsrechnung einer Jahresverzinsung von:

$$i = \frac{\text{Skontosatz in \% x 360}}{\text{Zahlungsziel – Skontofrist}} = \frac{3\,\% \times 360}{30 - 10} = \underline{\underline{54\,\%}}$$

- **Kontokorrentkredit**

Die Zinskosten bei Inanspruchnahme des Kontokorrentkredites belaufen sich auf:

$$Z = \frac{\text{Kapital x Tage x Prozentsatz}}{360 \times 100\,\%} = \frac{9\,700 \text{ EUR} \times 20 \times 12\,\%}{360 \times 100\,\%} = \underline{\underline{64{,}66 \text{ EUR}}}$$

Die Ersparnis bei Ausnutzung des Skontos und Aufnahme des Kontokorrentkredites beträgt:

	300,00 EUR	Skonto
–	64,66 EUR	Zinskosten
=	235,34 EUR	Ersparnis

Besteht bei kurzzeitiger Zahlungsschwierigkeit die Möglichkeit, eine Eingangsrechnung durch eine Kreditaufnahme zu finanzieren, sollte davon Gebrauch gemacht werden. **Lieferantenkredite (bei nicht ausgenutztem Skonto) gehören zu den teuersten Finanzierungsarten!** Die Begleichung von Rechnungen durch einen kurzfristigen Bankkredit wird stets vorteilhafter sein.

7.5 Kreditantrag

Banken und Sparkassen sind in ihrer Rolle als Kreditgeber bestrebt, das Risiko eines Forderungsausfalls möglichst gering zu halten. Der Kreditgewährung geht daher ein **Prüfverfahren** voraus, in dem die individuellen Verhältnisse des Kreditsuchenden beurteilt werden.

Der Kreditantrag, in dem der Kreditsuchende Angaben über seine Person und seine wirtschaftlichen Verhältnisse macht, bildet die Grundlage der Kreditgewährung. Der Kunde bestätigt mit seiner Unterschrift auf dem Kreditantrag die Richtigkeit seiner Angaben. In der Regel wird der Antragsteller zur Beurteilung seiner wirtschaftlichen Verhältnisse entsprechende Belege beibringen müssen (z. B. Grundbuch- oder Handelsregisterauszug, Versicherungs- und Bausparpolicen, Lohn- oder Gehaltsabrechnungen, Bilanzen, Einkommen-, Gewerbe- und Umsatzsteuerbescheide).

7.6 Prüfung der Kreditwürdigkeit

Das Kreditinstitut überprüft aufgrund des Kreditantrages die wirtschaftlichen Verhältnisse des Antragstellers.

7.6.1 Auskünfte über den Kreditnehmer

▶ Allgemeine Auskünfte

Da der Kreditsuchende in der Regel den Kreditwunsch seiner Hausbank vorlegt, wird diese zunächst den Antragsteller aufgrund der bisherigen Geschäftsverbindungen einschätzen. Dabei spielt auch die Zuverlässigkeit des Kunden bei der Erfüllung schon bestehender Kreditverträge eine Rolle.

Häufig hat das Kreditinstitut selbst die Möglichkeit, sich bei Geschäftsfreunden des Kreditsuchenden über dessen Ruf, den Auftragsbestand, das Zahlungsverhalten oder die finanzielle Situation des Unternehmens zu informieren. Größere Banken und Sparkassen unterhalten zu diesem Zweck besondere Abteilungen.

▶ Spezielle Auskünfte gewerblicher Auskunfteien und anderer Informationsstellen

Unterhält ein Kreditinstitut keine Geschäftsbeziehungen zu dem Kreditsuchenden oder kann es einen vorliegenden Kreditantrag anhand eigener Unterlagen nicht in gewünschtem Maße überprüfen, wird es sich zur Auskunfteinholung an gewerbliche Auskunfteien bzw. andere Informationsstellen wenden.

- **Gewerbliche Auskunfteien**

  Gewerbliche Auskunfteien wie z. B. Dun & Bradstreet Deutschland GmbH (Frankfurt a. Main), BÜRGEL Wirtschaftsinformationen (Hamburg) oder Creditreform (Neuss) stellen gegen Entgelt Informationen über Dritte im In- und Ausland zur Verfügung, insbesondere über deren Kreditwürdigkeit.

  Die von den gewerblichen Auskunfteien eingeholten Informationen werden durch den Zusatz „ohne Obligo" (o. O.) unter Vorbehalt ausgesprochen. Haftungsansprüche können daher von den Kreditgebern nur für vorsätzlich falsche Angaben der Auskunftei erhoben werden.

  Eine andere Möglichkeit der Kreditwürdigkeitsprüfung besteht in der Auskunfteinholung bei der **„Schutzgemeinschaft für allgemeine Kreditsicherung" (Schufa).** Kreditinstitute, aber auch Einzelhandelsunternehmen melden der Schufa gewährte Kleinkredite und Teilzahlungsgeschäfte. Durch die Anfrage bei der Schufa können die Kreditgeber in Erfahrung bringen, ob der Antragsteller bereits andere Kreditverpflichtungen eingegangen ist bzw. ob und inwieweit bisherige Zahlungsverpflichtungen ordnungsgemäß erfüllt worden sind.

  Mit der Unterschrift unter dem Kreditantrag ermächtigt der Kreditsuchende den Kreditgeber, bei anderen Banken oder Auskunfteien Informationen einzuholen und die Daten des Kreditvertrages etwa an die Schufa zwecks Speicherung weiterzuleiten.

  Auskunfteien übermitteln dem Anfragenden allgemeine Informationen über die finanzielle Situation des Kreditsuchenden. Kontostände werden nicht mitgeteilt. Häufig wird ein Kreditlimit angeführt, das dem Kreditnehmer nach Ansicht der Auskunftei eingeräumt werden könnte.

  Einmal pro Jahr können Verbraucher bei den Auskunfteien die über sie dort gespeicherten Daten kostenfrei abfragen *(§ 34 BDSG)*.

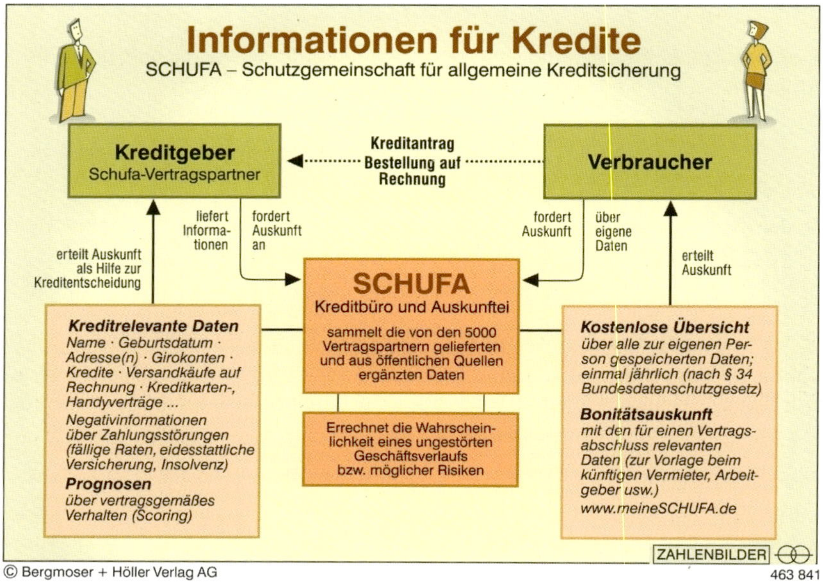

© Bergmoser + Höller Verlag AG

- **Andere Informationsstellen**

  Im Rahmen der Kreditwürdigkeitsprüfung können außerdem folgende Organisationen und Institutionen Daten über Dritte erteilen:
  - Industrie- und Handelskammern,
  - Handwerkskammern,
  - Konsulate,
  - Außenhandelsstellen,
  - Verbände (z. B. Arbeitgeberverbände),
  - Amtsgerichte durch das bei ihnen geführte Grundbuch, Genossenschaftsregister, Handelsregister, Schuldnerverzeichnis.

7.6.2 Beurteilung der Unternehmenssituation

Bei Kreditgesuchen von Unternehmen können die Kreditinstitute zudem Unterlagen des Kunden, die Auskunft über die wirtschaftliche Situation geben können, anfordern und prüfen. Zu ihnen gehören:

- Gewinn- und Verlustrechnungen sowie Bilanzen der letzten Jahre,
- Erläuterungen zu Bilanzen,
- Bilanzkennzahlen (Rentabilität, Liquidität),
- sonstige Geschäftsunterlagen (Finanzpläne, Steuerbescheide, Auftragsbestände, Umsatzentwicklung, Lagerhaltung usw.).

Werden diese Angaben den Kreditinstituten unrichtig oder unvollständig vorgelegt, um eine Kreditgewährung zu erreichen, kann der Antragsteller mit Geld- oder Haftstrafen belegt werden (Kreditbetrug gemäß *§ 265 StGB*).

7.6.3 Vertragsgestaltung und Kreditzusage

Neben den persönlichen Daten des Kreditnehmers werden im Kreditantrag bereits die **Vertragsbedingungen** niedergelegt. Dazu zählen insbesondere:

- die Kredithöhe,
- die Laufzeit,
- der Zinssatz,
- die Bearbeitungsgebühr,
- der effektive Jahreszins,
- der Tilgungsplan (Höhe, Fälligkeit und Anzahl der Raten),
- die allgemeinen Vertragsgrundlagen (allgemeine Geschäftsbedingungen).

Der Kunde wird benachrichtigt, ob über sein Kreditgesuch positiv entschieden wurde. Beide Vertragsparteien unterzeichnen den Kreditvertrag. Der vereinbarte Kredit kann nun:

- in einer Summe ausgezahlt (Gelddarlehen) oder
- als „laufende Rechnung" zur Verfügung gestellt werden (Kontokorrentkredit).

> **Besonderheit**
>
> Für entgeltliche Darlehensverträge zwischen einem **Unternehmer als Darlehensgeber** und einem **Verbraucher als Darlehensnehmer** (Verbraucherdarlehensvertrag) gelten die Bestimmungen der §§ 491 ff. BGB (vgl. S. 512).

7.7 Kreditsicherungsmöglichkeiten

Die Sicherung eines Kredites soll den Geldgeber vor Verlust schützen, wenn der Schuldner den Kredit nicht zurückzahlt. Kredite können durch die Haftung von Personen **(Personalkredite)** oder durch Gegenstände **(Realkredite)** gesichert werden.

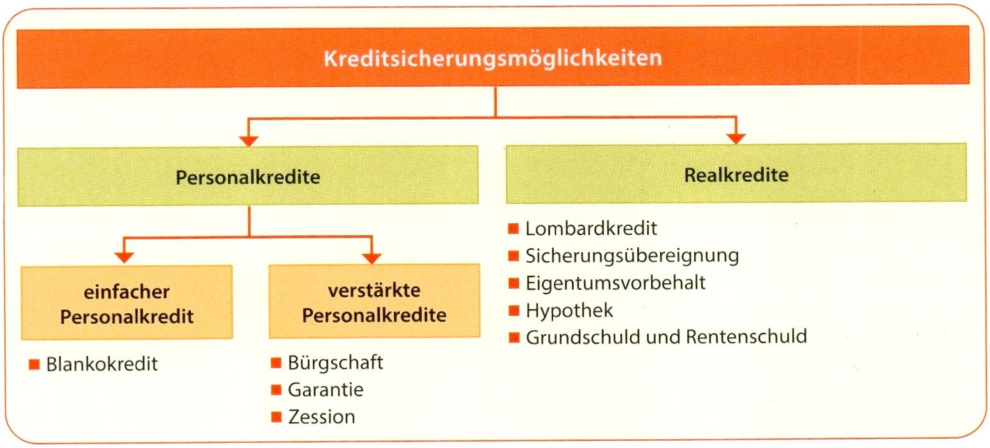

7.7.1 Personalkredite

Diese Art der Kredite wird durch den Kreditnehmer **(einfacher Personalkredit)** bzw. durch andere mithaftende Personen **(verstärkte Personalkredite)** abgesichert.

▶ Blankokredit

Beim Blankokredit ist allein die Person des Kreditnehmers ausschlaggebend für die Gewährung des Kredites. Die Bank beurteilt die bisherigen Geschäftsbeziehungen mit dem Kunden. Dessen Zahlungsverhalten, Vermögenslage und „guter Ruf" werden bei der Festlegung der Kredithöhe berücksichtigt.

▶ Bürgschaft *(§§ 765 ff. BGB)*

Zur Sicherung einer Darlehensforderung verspricht der Bürge dem Gläubiger des Schuldners, für dessen Verbindlichkeiten einzutreten, wenn dieser nicht leisten kann.

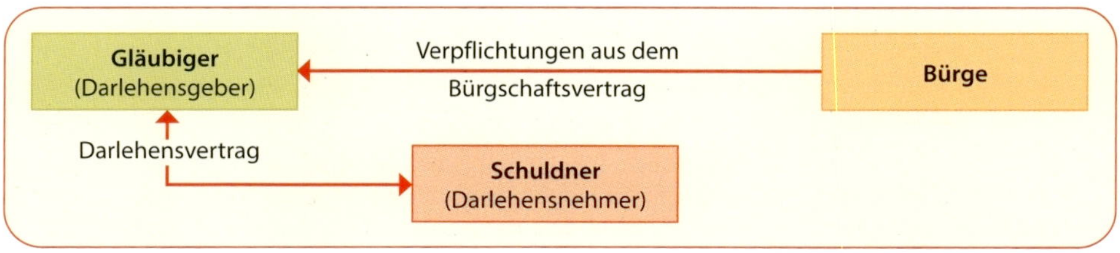

Die Bürgschaft ist ein einseitig verpflichtender Vertrag, durch den sich der Bürge zu folgenden Leistungen verpflichtet:

- **Selbstschuldnerische Bürgschaft** *(§ 773 BGB, § 349 HGB)*

  Der Gläubiger kann sofort, wenn sein Schuldner nicht leisten kann, den Bürgen auf Zahlung in Anspruch nehmen. Diese Art der Bürgschaft ist unter Kaufleuten vorgeschrieben.

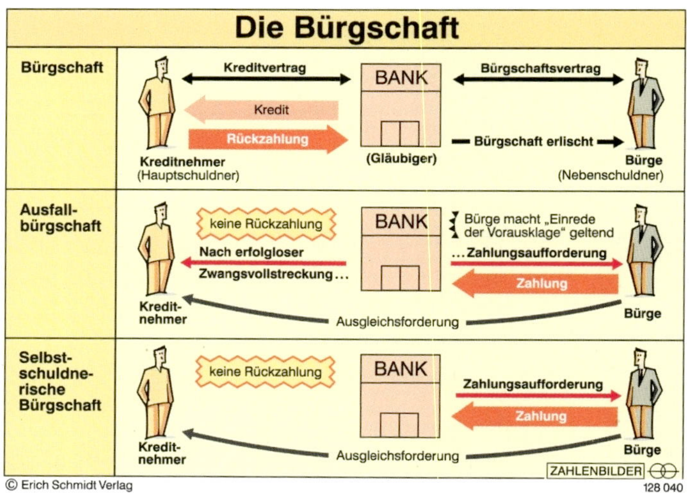

- **Ausfallbürgschaft (nachschuldnerische Bürgschaft)** *(§ 771 BGB)*

  In diesem Fall kann der Bürge erst dann in Anspruch genommen werden, wenn der Gläubiger seine Forderungen gegenüber dem Schuldner auch nicht durch die Zwangsvollstreckung in dessen Vermögen (vgl. S. 119 f.) durchsetzen konnte. Der Bürge, der das Recht auf **Einrede der Vorausklage** besitzt, haftet also erst nach dem eigentlichen Schuldner.

Bei der Bürgschaft können sich auch mehrere Personen für die Verbindlichkeit verpflichten.

Unter **Nichtkaufleuten** bedarf es immer der **Schriftform** der Bürgschaftserklärung *(§ 766 BGB)*, anderenfalls ist der Bürgschaftsvertrag nichtig.

Garantie

Ähnlich wie bei der Bürgschaft verpflichtet sich eine Person im Garantievertrag zur Übernahme eines bestimmten Risikos. Sie garantiert das Erreichen eines Erfolges bzw. übernimmt die Gefahr eines künftigen Schadens.

Garantieverträge können formlos abgeschlossen werden, wobei in der Praxis aus Beweisgründen die Schriftform üblich ist.

Im Gegensatz zur Bürgschaft, bei der eine bestimmte Schuld durch Dritte abgesichert wird, übernimmt der Garantiegeber eine umfassendere Haftung für alle eventuell auftretenden Schäden.

Zession *(§§ 398 ff. BGB)*

Zur Sicherung eines gewährten Darlehens tritt der Darlehensnehmer seine Forderungen gegenüber Kunden an das Kreditinstitut (Darlehensgeber) ab. Die Zession ist also eine Übertragung eines Anspruches vom bisherigen Gläubiger auf einen Dritten.

Neben der Abtretung von Forderungen aus Kauf- und Dienstleistungsverträgen können auch Ansprüche aus Lebensversicherungen, Bausparverträgen oder Lohn- und Gehaltszahlungen an Kreditinstitute abgetreten werden.

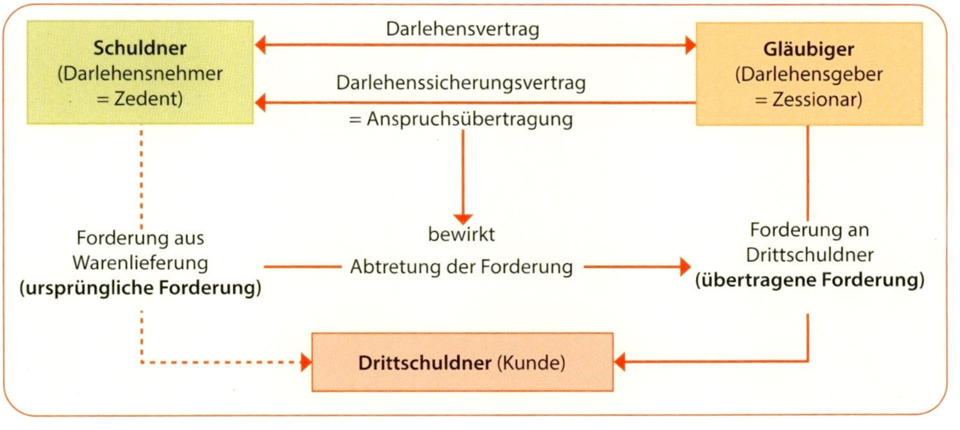

Zessionsarten

- Bei der **stillen Zession** wird dem Drittschuldner die Forderungsabtretung durch den Darlehensnehmer an das Kreditinstitut **nicht** mitgeteilt.
- Eine **offene Zession** liegt vor, wenn der Drittschuldner von der Forderungsabtretung benachrichtigt wird. In diesem Fall darf er nicht mehr an den Darlehensnehmer zahlen, sondern nur noch an das Kreditinstitut. Leistet er trotzdem an den Darlehensnehmer, ist er gegenüber dem Kreditinstitut **nicht** von seiner Leistungspflicht befreit.

- Die **Einzelzession** ist die Abtretung einer bestimmten Forderung an den Darlehensgeber.
- Bei der **Mantelzession** werden mehrere Forderungen an ein Kreditinstitut abgetreten. Begleicht ein Drittschuldner eine Forderung, muss diese vom Darlehensnehmer durch eine neue ersetzt werden. Der Darlehensnehmer ist also verpflichtet, den vorab mit dem Kreditinstitut vereinbarten Mindestbestand an abgetretenen Forderungen sicherzustellen.
- Mit der **Globalzession** verpflichtet sich der Darlehensnehmer gegenüber dem Kreditinstitut, nur bestimmte bestehende oder künftige Forderungen abzutreten. Dies kann bedeuten, dass er die Forderungen gegenüber Kunden z.B. mit den Anfangsbuchstaben A – L dem Kreditinstitut überträgt.

7.7.2 Realkredite

Realkredite werden durch bewegliche und unbewegliche Sachen (Dinge) abgesichert. Deshalb wird auch von dinglich gesicherten Krediten gesprochen.

Lombardkredit *(§§ 1204 ff. BGB)*

Eine Art dieser Kreditsicherung ermöglicht das Pfandrecht. Verpfändbar sind im Allgemeinen sowohl bewegliche Sachen als auch Rechte. Als Pfand eignen sich daher Waren (insbesondere Edelmetalle, Schmuckstücke, Kunstgegenstände) und Wertpapiere, aber auch Rechte wie Ansprüche aus Sparguthaben, Lebensversicherungen, Bausparverträgen oder Gehaltszahlungen.

Wird ein **Wertpapier** zur Sicherung des Kredites eingebracht, handelt es sich um einen **Lombardkredit.** Der Kreditnehmer bleibt Eigentümer des Papiers, das Kreditinstitut wird nur Besitzer. Die Übergabe des Wertpapieres an die Bank ist nur dann nicht notwendig, wenn sie sich bereits im Besitz des verpfändeten Wertpapieres befindet. Begleicht der Schuldner seine Verpflichtungen aus dem Kreditvertrag nicht, ist der Gläubiger berechtigt, das Pfand zu veräußern. Im normalen Pfandrecht ist die Androhung der Verwertung und die Einhaltung einer bestimmten Wartefrist zur Veräußerung vorgesehen *(§ 1234 BGB).* Im Falle des Lombardkredites entfallen diese Verpflichtungen.

Das Pfandrecht erlischt, wenn

- der Kreditnehmer seine Verbindlichkeiten beglichen hat,
- das Kreditinstitut das Pfand zurückgegeben hat.

Da nicht alle Wertpapiere feste Kurse haben, also bestimmten Wertschwankungen unterliegen, werden die Kreditinstitute Lombardkredite nicht bis zur vollen Höhe der verpfändeten Papiere gewähren. Die Beleihungsgrenze bei Aktien könnte z.B. 60 % betragen, während selbst bei festverzinslichen Wertpapieren auch nur etwa 80 – 90 % kreditiert werden.

Sicherungsübereignung *(§ 930 BGB)*

In einigen Fällen kann der Kreditnehmer zur Sicherung der notwendigen Gelder keine Wertpapiere, sondern nur solche beweglichen Sachen zur Verfügung stellen, die er zudem zur Fortführung seiner Geschäftstätigkeit unbedingt benötigt (z.B. Maschinen, Kraftfahrzeuge oder Waren). Das Kreditinstitut lässt sich in diesem Fall diese beweglichen Sachen übereignen und wird somit Eigentümer. Der Kreditnehmer kann mit den übereigneten Gegenständen weiterarbeiten, bleibt also Besitzer. Das Besitzverhältnis kann durch einen Miet-, Pacht- oder Leihvertrag zwischen Kreditgeber und -nehmer begründet werden.

Übereignete Sachen werden häufig gekennzeichnet (Anbringen einer Aufschrift bei Maschinen oder Übergabe bestimmter Eigentümerpapiere an das Kreditinstitut wie z. B. der Kraftfahrzeugbrief bei der Übereignung eines Pkw). Will der Kreditnehmer Waren, die sicherungsübereignet sind, an Dritte weiterveräußern, muss er den Verkaufserlös zur Tilgung des Kredites benutzen oder die mit diesen Mitteln neu erworbenen Waren wieder an das Kreditinstitut übereignen.

Eigentumsvorbehalt

Bei Ziel- und Teilzahlungsgeschäften nimmt der Kunde zunächst die Ware ab (er wird Besitzer und kann sie nutzen) und zahlt den Kaufpreis erst zu einem späteren Zeitpunkt.

Der Verkäufer übereignet in diesen Fällen zur Sicherung seiner Forderungen das Eigentum an der Ware so lange nicht, bis der Käufer den vollen Kaufpreis entrichtet hat. Als entsprechende Vereinbarung zwischen den beiden Vertragspartnern wird in den Kaufvertrag die Klausel *„Die Ware bleibt bis zur vollständigen Zahlung unser Eigentum"* aufgenommen.

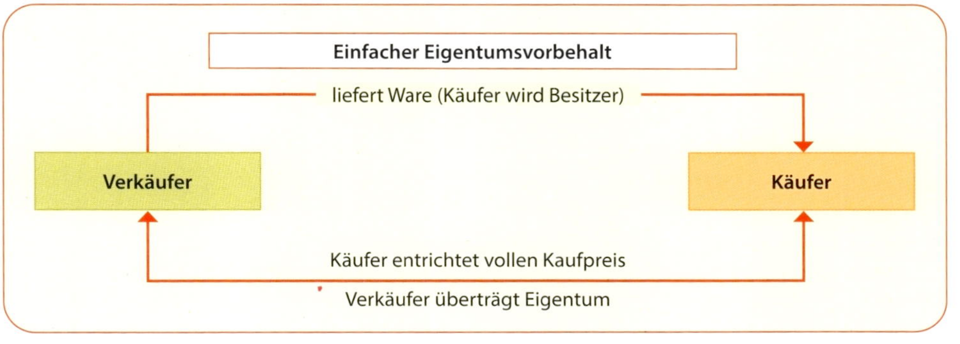

Dieser **einfache Eigentumsvorbehalt** ermöglicht also bereits die Nutzung der Ware durch den Käufer, der sie allerdings nicht weiterveräußern darf. Da eine solche Einschränkung im täglichen Geschäftsverkehr unzweckmäßig sein kann, wird zwischen Kaufleuten (z. B. Hersteller und Händler oder Großhändler und Einzelhändler) der **verlängerte Eigentumsvorbehalt** vereinbart. Dieser gestattet den Verkauf der Ware, wobei allerdings der Anspruch auf den Kaufpreis an den Lieferanten abgetreten werden muss.

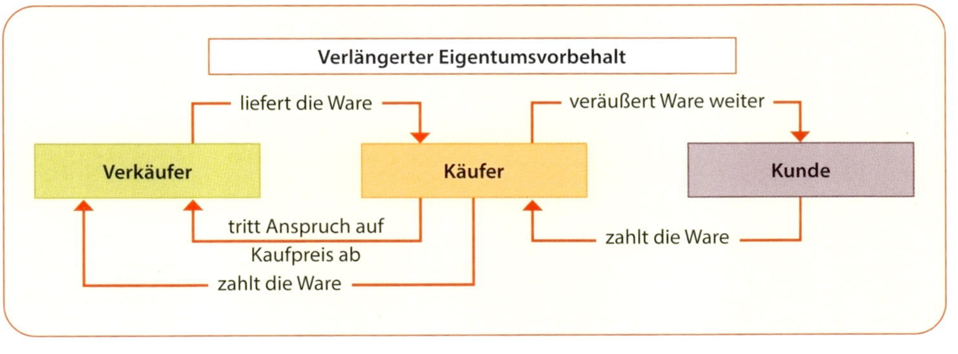

Soll nicht nur das Eigentum an einer bestimmten Warenlieferung gesichert werden, sondern möchte der Lieferant alle (oder mehrere) noch gegen diesen Kunden bestehende Forderungen schützen, kann er einen **erweiterten Eigentumsvorbehalt** vereinbaren. In diesem Fall geht das Eigentum an der letzten Warenlieferung nicht mit der Bezahlung auf den Käufer über, sondern erst dann, wenn dieser auch alle anderen vorher erhaltenen Warenlieferungen des Verkäufers beglichen hat.

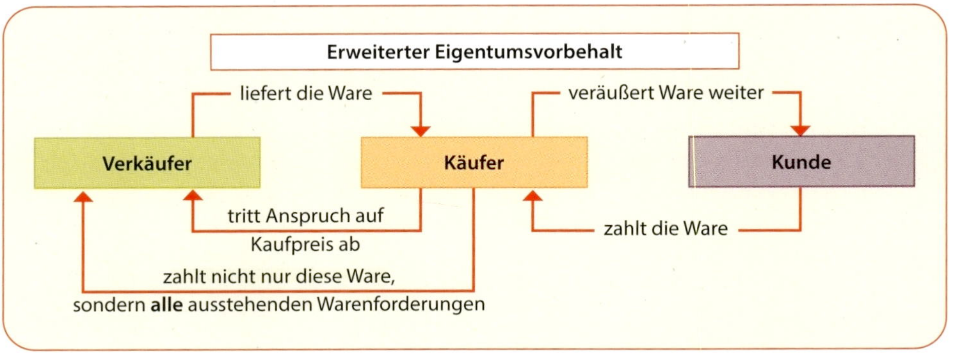

▶ Hypothek *(§§ 1113 ff. BGB)*

Die Hypothek gehört neben der Grund- und Rentenschuld zu den Grundpfandrechten. **Grundpfandrechte** gewähren eine dingliche Sicherung an unbeweglichen Sachen (Grundstücken und Gebäuden).

Zur Sicherung eines Darlehens, das für den Erwerb eines Grundstückes oder für den Bau eines Hauses aufgenommen werden soll, kann eine **Hypothek** vereinbart werden. Die Hypothek ist ins **Grundbuch**[1] einzutragen.

Dem Kreditgeber haften in diesem Fall:

- das Grundstück und die mit dem Grundstück fest verbundenen Gegenstände sowie die Erzeugnisse und Erträge des Grundstückes **(dingliche Sicherung)** sowie
- das Vermögen des Kreditnehmers **(persönliche Haftung).**

Die Hypothek setzt das Bestehen einer bestimmten Forderung voraus, d. h., ist das Darlehen zurückgezahlt, erlischt die Hypothek. Zahlt der Schuldner nicht, wird der Gläubiger zunächst das Vermögen des Schuldners in Anspruch nehmen bzw. Grundstück und Gebäude durch Zwangsvollstreckung verwerten *(§ 1147 BGB)*. **Zwangsvollstreckung** bedeutet:

- **Zwangsversteigerung,** d. h., Grundstück und Gebäude werden verkauft, der Erlös steht – bis zur Darlehenssumme – dem Gläubiger zu.
- **Zwangsverwaltung,** d. h., der Schuldner bleibt zwar Eigentümer, dem Gläubiger stehen aber die Erträge wie Miete oder Pacht zu.

1 Das Grundbuch ist ein öffentliches Register, das bei den Amtsgerichten (Grundbuchamt) elektronisch geführt wird und Auskunft über die Rechtsverhältnisse an Grundstücken gibt.

▶ Grundschuld *(§§ 1191 ff. BGB)* und Rentenschuld *(§§ 1199 ff. BGB)*

- Die **Grundschuld** ist ein Pfandrecht an einem Grundstück. Anders als bei der Hypothek haftet dem Kreditgeber **nur das Grundstück** (sowie damit verbundene Gegenstände, Erzeugnisse und Erträge).

  Es gibt **keine persönliche Haftung** des Schuldners mit seinem Vermögen. Kommt dieser also seinen Verpflichtungen nicht nach, kann – wie bei der Hypothek – **Zwangsvollstreckung** durchgesetzt werden.

  Besonderheit

  Im Gegensatz zur Hypothek setzt die Grundschuld keine Forderung voraus. Damit ist es möglich, dass der Eigentümer selbst sein Grundstück mit einer Grundschuld belastet **(Eigentümergrundschuld).** Bei einem späteren Kreditbedarf kann er dann die Grundschuld schnell und leicht an einen Gläubiger abtreten.

  Obwohl die Grundschuld nicht vom Bestehen einer Forderung abhängt, sichert sie in der Praxis häufig dennoch Forderungen von Kreditinstituten gegenüber deren Kunden, auch wenn zwischen der Kreditgewährung und der Grundstücksbelastung kein unmittelbarer rechtlicher Zusammenhang besteht.

  Ein Kreditnehmer lässt zur Sicherung eines Kontokorrentkredites bis zu einem Limit von 25 000 EUR eine Grundschuld in Höhe von 40 000 EUR zugunsten der den Kredit gewährenden Bank ins Grundbuch eintragen.

- Die **Rentenschuld** stellt ebenfalls eine Grundstücksbelastung dar. Im Gegensatz zur Grundschuld ist aber bei der Rentenschuld eine bestimmte Geldsumme aus dem Grundstück zu regelmäßig wiederkehrenden Terminen an den Berechtigten zu zahlen. Wie die Grundschuld ist auch die Rentenschuld **nicht** an das Bestehen einer Forderung geknüpft.

7.8 Kredit ersetzende Maßnahmen

7.8.1 Leasing

Durch das Leasing erwirbt ein Unternehmen[1] (Leasingnehmer) von einem Leasinggeber gegen Entgelt Nutzungsrechte an Maschinen, Ladeneinrichtungen, Kopiergeräten, Kraftfahrzeugen, EDV-Anlagen oder Gebäuden (Gegenstände des Anlagevermögens). Die Ausgestaltung des Leasingvertrages kann sehr unterschiedlich vorgenommen werden. Sie reicht vom normalen Mietvertrag bis zum verdeckten Raten-Kaufvertrag.

1 Auch für den privaten Bereich können im Rahmen des Konsumgüterleasings Pkw, Fernseh- und Videogeräte, Waschmaschinen und sogar Möbel geleast werden.

29 Merkur-Nr. 0124

▶ Direktes Leasing

Der Hersteller des Leasingobjektes tritt als Leasinggeber auf. Der Leasingnehmer zahlt die für die Nutzung zu entrichtenden Leasingraten an den Hersteller.

▶ Indirektes Leasing

Zwischen den Hersteller des Leasingobjektes und den Leasingnehmer tritt ein Unternehmen als Leasinggeber. Dieses erwirbt durch einen Kaufvertrag das Eigentumsrecht am Leasingobjekt, das es dem Leasingnehmer auf der Grundlage eines Leasingvertrages zur Nutzung überlässt.

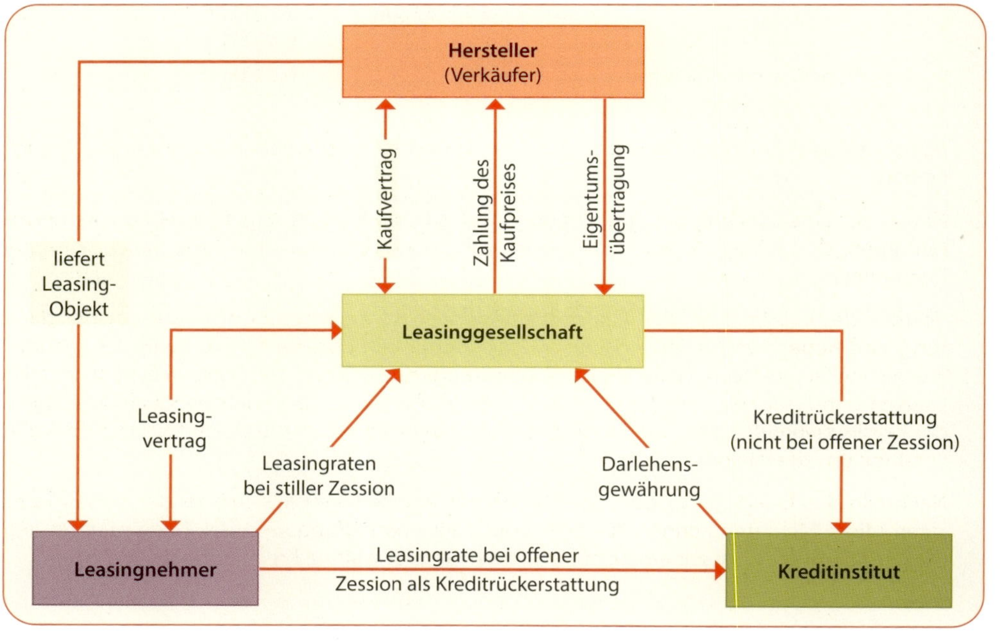

Eine besondere Leasingvariante liegt vor, wenn ein Unternehmen die Anlagegüter zunächst selbst erwirbt, um sie dann an eine Leasinggesellschaft zu verkaufen, die ihrerseits das Leasingobjekt wiederum dem Unternehmen aufgrund eines Leasingvertrages zur Nutzung überlässt („Sale – lease back"). Da die als Leasinggeber auftretenden Unternehmen (Leasinggesellschaften) in der Regel nicht in der Lage sind, die von ihnen erworbenen Leasingobjekte vollständig aus eigenen Mitteln zu finanzieren, werden sie sich über Kreditinstitute refinanzieren. In diesem Fall zahlt der Leasingnehmer die vertraglich vereinbarten Leasingraten:

- an die **Leasinggesellschaft** (bei stiller Zession) oder
- an das **Kreditinstitut,** bei dem sich die Leasinggesellschaft refinanziert hat (bei offener Zession).

In der Regel wird zwischen Leasingnehmer und -geber eine **unkündbare Grundmietzeit** vereinbart (40 – 90 % der betriebsgewöhnlichen Nutzungsdauer des Gutes), in der Leasingraten zu entrichten sind, die sich aus Tilgungs- und Kapitalkostenanteilen zusammensetzen. Zum Ende der Grundmietzeit kann das Investitionsgut dem Leasinggeber zurückgegeben werden oder – bei vorab vereinbarter Kaufoption – durch Zahlung des Restwertes in das Eigentum des Leasingnehmers übergehen.

Anschaffung eines Pkw im Wert von 80 000 EUR
(Nettokaufpreis: 67 226,89 EUR + 12 773,11 EUR Umsatzsteuer)

geschätzte jährliche km-Leistung:	50 000
Grundmietzeit:	24 Monate
Restwert nach 2 Jahren:	30 % vom Kaufpreis

Berechnung der monatlichen Leasingrate

Leasingsatz:	3,4 %		
monatliche Leasingrate	=	monatlicher Leasingsatz x Nettokaufpreis	
	=	3,4 % x 67 226,89 EUR	= 2 285,71 EUR
	+	19 % USt	434,28 EUR
monatliche Gesamt-Leasingrate	=		2 719,99 EUR

Manchmal wird zwischen dem Leasingnehmer und dem Leasinggeber auch eine Anzahlung vereinbart.

Neben der Bereitstellung des zu nutzenden Gutes kann der Leasinggeber gegen entsprechende Gebühren, d. h. höhere Raten, auch die Wartung und Reparatur der überlassenen Anlagegüter übernehmen.

Vorteile des Leasings für den Leasingnehmer bestehen darin, dass der Leasinggeber die **Wartung und Reparatur** der überlassenen Güter übernimmt. Darüber hinaus kann der Leasingnehmer schneller auf **technische Weiterentwicklungen** reagieren, da Leasingverträge mit kurzer Laufzeit den Ersatz des „veralteten" Gutes ermöglichen. Unter bestimmten Voraussetzungen hat der Leasingnehmer zudem die Möglichkeit, **Steuervorteile** durch das Absetzen der monatlichen Leasingraten zu erzielen.

Nachteile des Leasings für den Leasingnehmer ergeben sich aus den **relativ hohen Leasingraten** (diese Mietraten können 20 – 50 % über dem Anschaffungswert des Gegenstandes liegen). Leasingobjekte können zudem nicht als Sicherheiten für weitere Kreditaufnahmen dienen.

7.8.2 Factoring

Das Factoring ist eine besondere **Form der Forderungsabtretung** (Zession – vgl. S. 445 f.). Der Factor (Bank oder spezielle Factorgesellschaft) kauft Forderungen eines Kunden an, die dieser gegenüber Dritten aus Warenlieferungen geltend machen kann. Vorteil für den Factoringnehmer (Kunde) ist, dass seine Forderungen von der Bank bevorschusst werden. Er erhält also sofort und nicht erst am Fälligkeitstag seiner Forderungen Geld ausgezahlt.

Für diese **Finanzierungsfunktion** berechnet der Factor neben banküblichen Vorschusszinsen (Zins für die Zeit zwischen Auszahlung und Fälligkeit der Forderung) auch eine Gebühr für seine Leistung. Der Factor kann zudem eine **Delkrederefunktion** anbieten, d.h. das Risiko eines Forderungsausfalls übernehmen. Darüber hinaus eröffnet er seinem Kunden die Möglichkeit, für ihn die Debitorenbuchhaltung (Kundenbuchhaltung), die Rechnungsausstellung, den Forderungseinzug und ein eventuell notwendig werdendes Mahnverfahren zu übernehmen **(Dienstleistungsfunktion).** Für die Delkredere- und Dienstleistungsfunktion werden zusätzliche Gebühren berechnet.

Wie bei der Zession sind beim Factoring offene und stille Forderungsabtretungen zu unterscheiden. Die eigentliche Form des Factorings ist die der offenen Forderungsabtretung, bei der der Factor sowohl die Finanzierungsfunktion als auch die Delkredere- und Dienstleistungsfunktion übernimmt.

Während Leasingmaßnahmen der Finanzierung des Anlagevermögens dienen, stellt Factoring als Finanzierungshilfe auf das Umlaufvermögen eines Unternehmens ab.

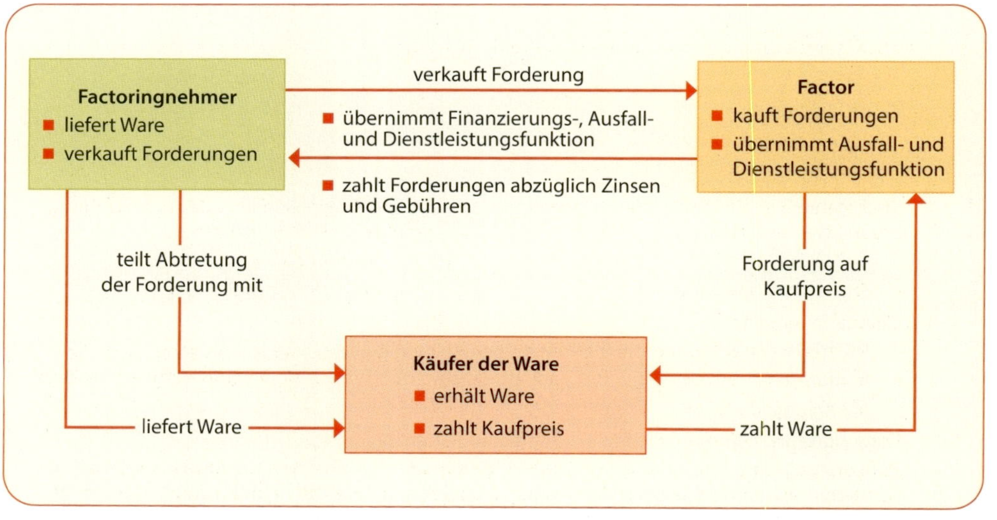

▶ Zusammenfassung

Investition und Finanzierung

Zusammenhang zwischen Investition und Finanzierung

Ein in güter- und geldwirtschaftlicher Hinsicht störungsfreier betrieblicher Leistungsprozess ist insbesondere gebunden an die:

- zweckgerichtete Verwendung des beschafften Kapitals **(Investition)** → Aktivierung in der Bilanz
  - ➤ Investitionsanlässe:
    - Errichtungsinvestitionen
    - Ersatzinvestitionen
    - Ergänzungsinvestitionen (Erweiterungs-, Rationalisierungs- und Sicherungsinvestitionen)
- Beschaffung von Kapital sowohl aus der Ertragskraft des Unternehmens als auch von Dritten **(Finanzierung)** → Passivierung in der Bilanz

Finanzierungsarten

- **Finanzierung durch Eigenkapital**
  - Selbstfinanzierung } **Innenfinanzierung**
  - Finanzierung aus Abschreibungsgegenwerten } **Innenfinanzierung**
  - Beteiligungsfinanzierung } **Außenfinanzierung**
- **Finanzierung durch Fremdkapital**
  - Kreditfinanzierung } **Außenfinanzierung**

Außenfinanzierung durch Fremdkapital (Kreditfinanzierung)

- **Arten der Kreditfinanzierung**

Warenkredite	**Geldkredite**
Kreditnehmer erhält Waren, die erst später bezahlt werden müssen	Kreditnehmer kann über das zur Verfügung gestellte Geld frei bestimmen
– Zielkäufe	– Gelddarlehen
– Teilzahlungsgeschäfte	– Kontokorrentkredite

- **Gelddarlehensarten**
  - **Fälligkeits- oder Kündigungsdarlehen**
  - **Annuitätendarlehen**
  - **Abzahlungsdarlehen**

  } einmalige Bereitstellung einer Geldsumme, die in oder nach Ablauf einer vorab festgelegten Zeit getilgt wird
- **Kontokorrentkredite**

  Zur kurzfristigen Überbrückung von Liquiditätsengpässen wird es dem Kreditnehmer gestattet, sein Konto bis zum festgelegten Kreditlimit zu überziehen. Kreditaufnahmen und Einzahlungen werden laufend miteinander verrechnet.
- **Voraussetzungen zur Gewährung eines Geldkredites**
  - Kreditantrag
  - Prüfung der Kreditwürdigkeit durch Auskunfteinholung (gewerbliche Auskunfteien)
  - Beurteilung der Unternehmenssituation (GuV, Bilanz, Bilanzkennzahlen u.a.)
  - Vertragsgestaltung, Darlehenshöhe, Zinsen, Laufzeit, Tilgungsplan u.a.

- **Kreditsicherungsmöglichkeiten**
  - **Personalkredite**
    - Blankokredit
    - Bürgschaft
    - Garantie
    - Zession
  - **Realkredite**
    - Lombardkredit
    - Sicherungsübereignung
    - Eigentumsvorbehalt
    - Hypothek
    - Grund- und Rentenschuld

Kredit ersetzende Maßnahmen

- **Leasing**
  Anlagegüter werden gegen Entgelt dem Unternehmen zur Nutzung vom Leasinggeber (Hersteller oder Leasing-Gesellschaft) überlassen. Teile des Anlagevermögens müssen also nicht gekauft, sondern können gemietet bzw. gepachtet werden.
- **Factoring**
  Ein Factor (Kreditinstitut oder Factorgesellschaft) kauft Forderungen eines Unternehmens aus Warenlieferungen auf und bevorschusst sie gegen Gebühr und Zinsabzug. Darüber hinaus kann der Factor das Risiko des Forderungsausfalls (Delkredere) und bestimmte Dienstleistungen (Buchhaltung, Rechnungsausstellung usw.) für das Unternehmen gegen Gebühr übernehmen.

Aufgaben

29

(1) Verdeutlichen Sie den Zusammenhang zwischen Investition und Finanzierung!

(2) Nennen Sie – ausgehend von Ihrem Ausbildungsbetrieb – je ein Beispiel zu einem der folgenden Investitionsanlässe!
a) Ersatzinvestition
b) Erweiterungsinvestition
c) Rationalisierungsinvestition
d) Sicherungsinvestition

(3) Erläutern Sie die drei grundsätzlichen Möglichkeiten, wie sich ein Unternehmen durch Eigenkapital finanzieren kann!

(4) Grenzen Sie die Innen- von der Außenfinanzierung ab!

(5) Entscheiden Sie bei den nachfolgenden Finanzierungsvorgängen, ob es sich um eine Innen- oder um eine Außenfinanzierung handelt!
a) Ein Unternehmen nimmt bei seiner Hausbank ein Darlehen auf.
b) Ein neuer Gesellschafter tritt in eine OHG ein.
c) Eine AG gibt neue Aktien aus.
d) Der Staat fördert die Existenzgründung eines neuen Unternehmens durch ein zinsgünstiges Darlehen.
e) Ein Großhandelsunternehmen stockt seine Warenvorräte durch Zielkäufe auf.
f) Ein Einzelunternehmen belässt die Hälfte des Jahresgewinns für Investitionszwecke im Betrieb.
g) Die Aktiva eines Unternehmens sind unterbewertet, weil ein vor einigen Jahren gekauftes Grundstück inzwischen erheblich an Wert gewonnen hat.
h) Zur Begleichung einer Verbindlichkeit gegenüber seinem Großhändler akzeptiert ein Einzelhändler einen Wechsel.

(6) Entscheiden Sie bei den Finanzierungsvorgängen der Aufgabe 5, ob es sich um eine Finanzierung durch Eigenkapital oder um eine Finanzierung durch Fremdkapital handelt!

(7) *Welche Möglichkeiten der Beteiligungsfinanzierung bestehen bei einem Einzelunternehmen bzw. bei einer OHG, KG, GmbH bzw. UG (haftungsbeschränkt) oder einer AG?*

(8) *Worin unterscheiden sich Zielkäufe von Teilzahlungsgeschäften?*

(9) *Wodurch unterscheidet sich die Annuität eines Annuitätendarlehens von der eines Abzahlungsdarlehens?*

(10) *Welcher Bestandteil der Annuität bleibt beim Abzahlungsdarlehen über die gesamte Laufzeit konstant?*

(11) *Für ein Annuitätendarlehen (Darlehenshöhe 90 000 EUR; effektiver Jahreszins 15 %; Laufzeit 6 Jahre) ist eine jährliche Annuität in Höhe von 23 781,32 EUR ermittelt worden. Berechnen Sie die jährlichen Zins- und Tilgungsanteile über die Laufzeit des Darlehens!*

(12) *Welche Kosten verursacht ein Kontokorrentkredit?*

(13) *Ein Lieferant gewährt seinem Kunden bei einer Warenlieferung im Wert von 8 500 EUR einen Zahlungsaufschub „Zahlung innerhalb 20 Tagen netto Kasse, innerhalb 8 Tagen 3 % Skonto".*
   a) *Welcher Bareinkaufspreis ist bei Inanspruchnahme des Skontos am 8. Tag zu entrichten?*
   b) *Welche Jahresverzinsung würde die Skontoinanspruchnahme bedeuten?*
   c) *Welchen Betrag kann der Kunde einsparen, wenn er zur Ausnutzung des Skontos seinen Kontokorrentkredit bei 15 % Zinsen in Anspruch nimmt?*

(14) *Durch welche Maßnahmen wird ein Kreditinstitut bestrebt sein, das Kapitalgeberrisiko einzuschränken?*

(15) *Worin besteht der Unterschied zwischen der selbstschuldnerischen Bürgschaft und der Ausfallbürgschaft?*

(16) *Wann ist es rechtlich nicht erforderlich, eine Bürgschaftserklärung schriftlich abzugeben?*

(17) *Welche Form der Kreditsicherung bietet sich an, wenn der Kreditsuchende „nur" über Wertpapiere verfügt?*

(18) *Stellen Sie die Sicherungsübereignung dem Pfandrecht gegenüber!*

(19) *Beschreiben Sie die Realsicherheiten an Immobilien!*

(20) *Verdeutlichen Sie den verlängerten Eigentumsvorbehalt!*

(21) *Für welche Form der Kreditsicherung würden Sie sich entscheiden, wenn folgende Sachen oder Rechte zur Verfügung stehen?*
   a) *Ansprüche aus Lebensversicherungen*
   b) *Familienschmuck*
   c) *Wertpapiere*
   d) *Edelmetalle*
   e) *Kraftfahrzeuge*
   f) *Lohnzahlungen*
   g) *Warenvorräte*
   h) *Produktionsanlagen*
   i) *Grundstücke*
   j) *Bausparguthaben*

(22) *Welche der folgenden Arten des Kredites/der Kreditsicherung werden in den nachfolgenden Fällen angesprochen?*

   Arten des Kredites/der Kreditsicherung:
   ① *Blankokredit*
   ② *selbstschuldnerische Bürgschaft*
   ③ *Ausfallbürgschaft*
   ④ *Zession*
   ⑤ *Lombardkredit*
   ⑥ *Sicherungsübereignung*
   ⑦ *Eigentumsvorbehalt*
   ⑧ *Hypothek*
   ⑨ *Grundschuld*

   Ordnen Sie den Fällen die Ziffer vor der jeweils zutreffenden Antwort zu!

Fälle:

a) Der Bürge besitzt das „Recht auf Einrede der Vorausklage".

b) Der Bürge hat auf das „Recht auf Einrede der Vorausklage" verzichtet.

c) Der Bürge haftet nur, wenn die erfolglose Zwangsvollstreckung gegen den Darlehensnehmer nachgewiesen ist.

d) Der Darlehensnehmer übergibt seine Wertpapiere einem Kreditinstitut.

e) Ein betriebsnotwendiger Gabelstapler, der bedingtes Eigentum eines Kreditgebers wird, kann aber weiterhin vom Schuldner genutzt werden.

f) Der Darlehensnehmer tritt einen Teil seiner Forderungen gegenüber Kunden an die Hausbank ab.

g) Ein Kredit wird durch die persönliche Haftung des Schuldners, die dingliche Sicherung durch sein Grundstück sichergestellt.

h) Ein Laptop wird erst nach der vollständigen Bezahlung Eigentum des Käufers.

i) Ein Kredit wird ausschließlich durch die dingliche Sicherung eines Grundstücks sichergestellt.

j) Bei diesem Grundpfandrecht ist das Bestehen einer Forderung nicht notwendig.

(23) Wie wird durch Leasing und Factoring die Kreditaufnahme bei Banken und Sparkassen vermieden?

7.9 EXKURS: Kapitalwertpapiere

Zur Kapitalbeschaffung – in Form von Fremd- oder Eigenkapital – werden vom Staat oder privaten Unternehmen Wertpapiere zum Kauf angeboten. Vertretbare Wertpapiere dienen dabei in erster Linie der Mittelbeschaffung, während nicht vertretbaren Wertpapieren eher die Aufgabe der Kreditsicherung zukommt.

Wertpapiere sind privatrechtliche Urkunden, die bestimmte Rechte verbriefen, d.h., ohne im Besitz dieser Urkunde zu sein, kann das entsprechende Recht aus dem Wertpapier nicht geltend gemacht werden. Es wird also grundsätzlich angenommen, dass der Inhaber des Papiers auch der Berechtigte ist.

- **Urkunden des Privatrechts** werden ohne Mitwirkung einer Amtsperson errichtet. Zu diesen Urkunden zählen z.B. das eigenhändige Testament, der Scheck, der Wechsel oder der Zinsschein.
- **Urkunden des öffentlichen Rechts,** die unter Mitwirkung von Behörden oder dazu legitimierten Einzelpersonen (z.B. Notare) ausgestellt werden, sind z.B. die Geburtsurkunde, der Personalausweis oder der Grundstückskaufvertrag.

Kapitalwertpapiere verbriefen Gläubiger- oder Teilhaberrechte.

▶ Gläubigerpapiere

Gläubigerpapiere dokumentieren Forderungsrechte. Der Inhaber der Urkunde hat Anspruch auf Rückzahlung des eingesetzten Kapitals bis spätestens zum Ablauf der vereinbarten Laufzeit und Anspruch auf feste Verzinsung innerhalb dieses Zeitraumes. Er ist Fremdkapitalgeber.

Zu den Gläubigerpapieren zählen alle festverzinslichen Wertpapiere und die nicht vertretbaren Kapitalwertpapiere wie z. B. **Grundschuld- oder Rentenschuldbrief.**

▶ Teilhaberpapiere

Teilhaberpapiere verbriefen ein Miteigentumsrecht (z. B. an einer Aktiengesellschaft oder am Vermögen eines Investmentfonds). Der Kapitalgeber hat keinen Anspruch auf feste Verzinsung seines eingesetzten Kapitals, sondern nur auf einen angemessenen Gewinnanteil. Er stellt die Mittel zudem nicht von vornherein nur für einen bestimmten Zeitraum zur Verfügung. Als Eigenkapitalgeber können ihm darüber hinaus bestimmte Verwaltungsrechte (etwa das Stimmrecht in der Hauptversammlung einer Aktiengesellschaft) eingeräumt werden. Zu den Teilhaberpapieren zählen u. a. **Aktien und Investmentzertifikate.**

Gläubigerpapiere	Teilhaberpapiere
■ feste Verzinsung ■ kaum Kursrisiko ■ befristete Laufzeit ■ Anspruch auf Rückzahlung des eingesetzten Kapitals ■ Fremdkapitalaufbringung ■ besonders gesichert durch staatliche Garantien oder Eintragungen von Grundpfandrechten	■ variabler Gewinnanteil ■ hohes Kursrisiko ■ zeitlich unbefristete Anlage ■ Verwaltungsrechte ■ Eigenkapitalaufbringung ■ keine über das Gesellschaftsvermögen hinausgehenden Sicherheiten

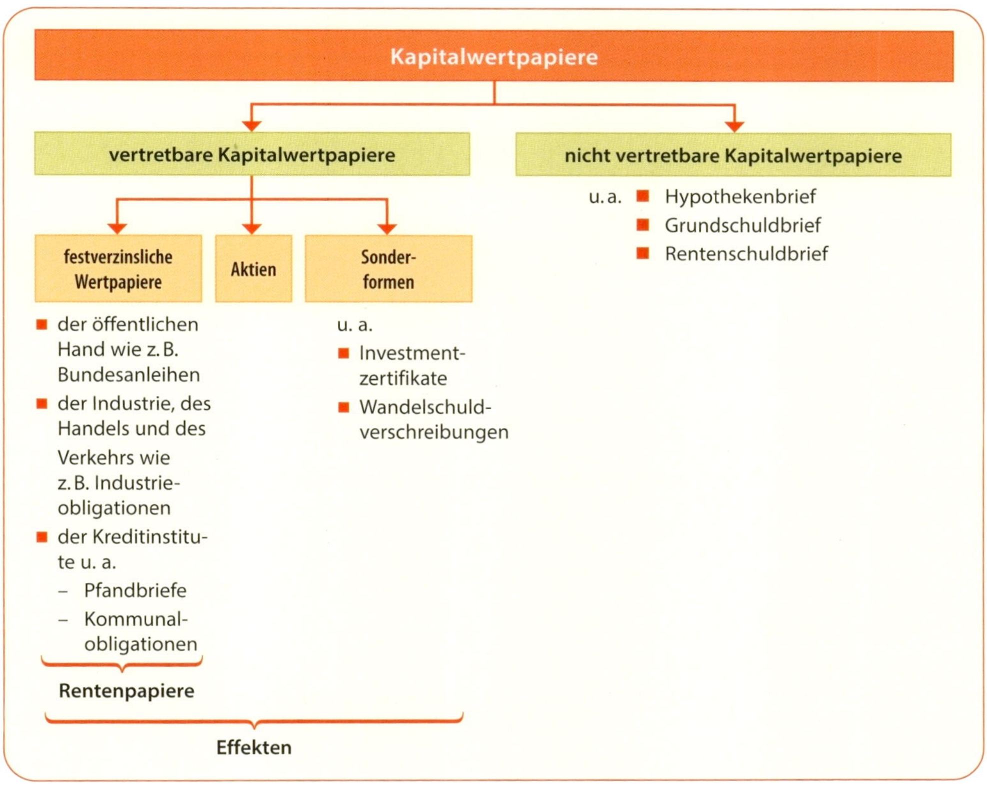

7.9.1 Vertretbare Kapitalwertpapiere

Bei den vertretbaren (fungiblen) Kapitalwertpapieren handelt es sich um festverzinsliche Wertpapiere, Aktien und einige Sonderformen von Urkunden. Vertretbare Wertpapiere sind bewegliche Sachen *(§ 91 BGB* – vgl. S. 40 f.), die als **Effekten** bezeichnet werden.

Alle 50-Euro-Aktien einer AG verbriefen die gleichen Teilhaberrechte (z. B. Recht auf Dividende). Diese Aktien sind daher untereinander austauschbar und können an der Börse frei gehandelt werden.

Effekten bestehen aus Mantel und Bogen. Während der **Mantel** (die eigentliche Urkunde) das Gläubiger- oder Teilhaberrecht verbrieft, enthält der **Bogen** die Zins-, Dividenden- oder Ertragsscheine und den Erneuerungsschein **(Talon).** Gegen Vorlage des Talons erhält der Inhaber des Papiers einen neuen Bogen, sobald alle Zins- bzw. Dividendenscheine eingelöst sind. Der Erneuerungsschein selbst ist kein Wertpapier, sondern nur Legitimationspapier.

7.9.1.1 Festverzinsliche Wertpapiere

Jeder Inhaber eines festverzinslichen Wertpapiers hat neben seinem Zinsanspruch am Ende der Laufzeit auch Anspruch auf Rückzahlung des gewährten Darlehens. Festverzinsliche Wertpapiere garantieren die in den Anleihebedingungen verbindlich vereinbarten Zinssätze für die gesamte Laufzeit. Da diese regelmäßigen Zinszahlungen einer Rente gleichkommen, bezeichnet man festverzinsliche Wertpapiere auch als **Rentenpapiere.** Aussteller (Emittenten) festverzinslicher Wertpapiere sind vor allem die öffentliche Hand, Großunternehmen aus Industrie, Handel und Verkehr sowie Kreditinstitute.

▶ Festverzinsliche Wertpapiere der öffentlichen Hand

Herausgeber von **Bundesanleihen** ist in erster Linie der Bund. Sie dienen vor allem der **Beschaffung langfristiger Finanzierungsmittel.** Neben dem Bund treten häufig auch Länder oder Kommunen als Emittenten auf. Bundesanleihen werden an der Börse gehandelt. Der Gesamtbetrag einer Anleihe ist in Teilbeträgen zu mindestens 50 EUR oder einem Vielfachen davon (Nennwert) gestückelt. Die Verzinsung wird jährlich ausgezahlt. Über den Erwerb von Bundesanleihen wird ebenfalls eine Quittung ausgestellt. Bundesanleihen werden entsprechend nicht als Mantel und Bogen ausgegeben, sondern die Forderung wird in das Bundesschuldbuch eingetragen.

▶ Festverzinsliche Wertpapiere der Industrie, des Handels und des Verkehrs

Durch die Emission von **Industrieobligationen** nehmen Großunternehmen aus Industrie, Handel und Verkehr langfristig Fremdkapital zur **Finanzierung von Investitionen** auf. Industrieobligationen sind grundsätzlich durch die Substanz (z. B. Grundstücke und Gebäude) und die Ertragskraft des jeweiligen Großunternehmens gesichert. Ihre Laufzeit beträgt in der Regel zwischen 5 und 25 Jahren. Industrieobligationen werden an der Börse gehandelt. Die Zinszahlungen erfolgen gegen Einreichung des Zinscoupons üblicherweise jährlich.

Wie soll ich mein Erspartes anlegen? Diese Frage war für Deutschlands Sparerinnen und Sparer in den vergangenen Jahren schwer zu entscheiden. Denn die „klassischen" Sparformen bringen kaum noch Zinsen. Ein großer Teil der Ersparnisse wurde im Jahr 2020 erst einmal auf Girokonten geparkt oder als Bargeld gehalten – unterm Strich über 228 Milliarden Euro nach Angaben des Bundesverbands der Deutschen Volksbanken und Raiffeisenbanken. 84 Milliarden Euro legten die Sparer bei Versicherungen an (vor allem Lebensversicherungen). Bei dem insgesamt sehr niedrigen Zinsniveau und aufgrund der Tatsache, dass immer mehr Sparkassen und Banken ab einer bestimmten Summe sogar Negativzinsen („Verwahrentgelt") verlangen, verwundert es auch nicht, dass viele Sparer sich nach anderen Anlagemöglichkeiten umschauten und sich für chancen-, aber auch risikoreichere Anlagen wie Aktien und Investmentfonds entschieden.

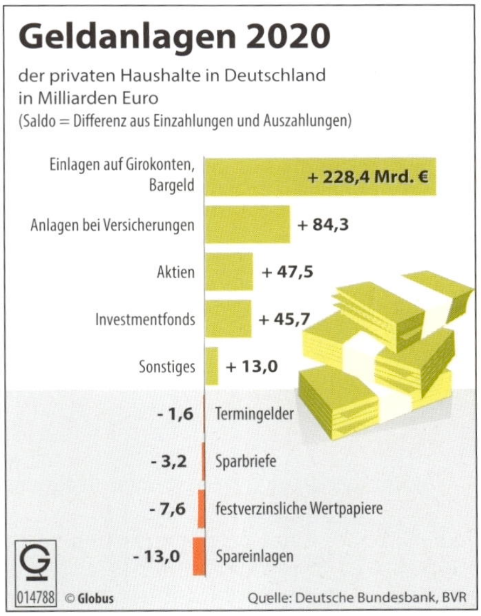

▶ Festverzinsliche Wertpapiere der Kreditinstitute

Pfandbriefe und Kommunalobligationen sind Schuldverschreibungen über Forderungsrechte und werden insbesondere von den privaten Hypothekenbanken (z. B. Frankfurter Hypothekenbank AG) ausgegeben.

■ Pfandbriefe

Pfandbriefe dienen der Deckung des langfristigen **Finanzierungsbedarfs des privaten Wohnungsbaus.** Der Inhaber eines Pfandbriefes gewährt dem Emittenten ein Darlehen mit Anspruch auf Verzinsung und Tilgung. Der Pfandbriefschuldner verleiht das Geld als Hypothekengläubiger wiederum gegen Zinsen und Tilgung an einen Hypothekenschuldner. Das Hypothekendarlehen muss durch gesetzlich vorgeschriebene Grundpfandrechte (z. B. Hypothek, Grundschuld) gesichert werden.

■ Kommunalobligationen

Die durch den Verkauf von Kommunalobligationen aufgebrachten Gelder werden vom Emittenten überwiegend in Form von Kommunaldarlehen an Bund, Länder, Gemeinden und andere öffentlich-rechtliche Körperschaften weitergeleitet. Kommunalobligationen dienen damit der Beschaffung von Mitteln, die wiederum den Kommunen zur **Finanzierung öffentlicher Investitionen** (z. B. Bau von Straßen, Wohnungen, Wasserwerken) zur Verfügung gestellt werden. Im Gegensatz zur **Kommunalanleihe,** bei der eine Gemeinde (Kommune) Emittent des Wertpapiers ist, tritt bei einer Kommunalobligation eine private Hypothekenbank (z. B. Westfälische Hypothekenbank AG, Dortmund) oder eine öffentlich-rechtliche Kreditanstalt (z. B. Westdeutsche Landesbank Girozentrale, Düsseldorf) als Emittent auf. Aus den Erträgen der beliehenen Gebäude bzw. aus den Einnahmen der öffentlichen Darlehensnehmer (z. B. Steuern) werden dann die Zinsen und Tilgungen an die ausgebende Bank gezahlt. Kommunalobligationen sind indirekt über die Steuerkraft der ausgebenden Gemeinde gesichert.

Pfandbriefe und Kommunalobligationen werden an der Börse gehandelt. Die Auszahlung der Zinsen erfolgt gegen Vorlage der entsprechenden Zinsscheine meist jährlich. Ihre Laufzeit beträgt ca. 4 – 10 Jahre.

7.9.1.2 Aktien

Im Gegensatz zu festverzinslichen Wertpapieren werden bei Aktien keine Ansprüche auf einen bestimmten Zinssatz garantiert. Je nach Ertragslage des Unternehmens können vielmehr die Dividendenzahlungen von Jahr zu Jahr schwanken oder es können sogar über mehrere Jahre hinweg keine Ertragsanteile ausgeschüttet werden. Das Anteilsrecht eines Kapitalgebers (Aktionärs) an einer Aktiengesellschaft ist zeitlich unbefristet. Soll die Beteiligung beendet werden, ist die Aktie an der Börse veräußerbar. Gemessen am Kurswert bieten Aktien eine schlechtere Rendite, da die Dividende stets auf den Nennwert bezogen wird. Dieser Nennwert liegt in der Regel erheblich unter dem Kurswert des Wertpapiers.

> Eine Aktiengesellschaft schüttet für das letzte Geschäftsjahr eine Dividende in Höhe von 10,50 EUR aus. Bei einem Aktiennennwert von 50 EUR und einem Kurswert von 156,70 EUR ergibt sich – bezogen auf den Nennwert – eine Rendite von 21 %. Bezieht man die Rendite jedoch auf den Kurswert des Wertpapiers, beträgt sie nur 6,7 %.

▶ Arten der Aktien

Aktien lassen sich dahingehend unterscheiden:

- welche Rechte sie verbriefen,
- wann sie ausgegeben werden und
- wie sie übertragen werden können.

■ Unterscheidung nach den verbrieften Rechten

➤ Stammaktien

Stammaktien sind die gewöhnlichen, von einer Aktiengesellschaft zur Beschaffung des Grundkapitals herausgegebenen Teilhaberpapiere. Sie gewähren den Aktionären die laut Aktiengesetz oder Satzung zustehenden Rechte (z. B. gleiches Stimmrecht in der Hauptversammlung, gleicher Anspruch auf Anteile am Bilanzgewinn).

➤ Vorzugsaktien

Vorzugsaktien sind durch die Satzung mit besonderen Rechten ausgestattet. Insbesondere kann sich diese Bevorzugung auf die Verteilung des Reingewinns (Dividendenvorrecht) erstrecken.

■ Unterscheidung nach dem Ausgabezeitpunkt

➤ Alte Aktien

Alte Aktien sind die vor einer eventuellen Kapitalerhöhung vorhandenen Aktien. Sie räumen ihren Inhabern bei einer Erhöhung des Aktienkapitals Bezugsrechte auf junge Aktien ein.

➤ Junge Aktien

Junge Aktien werden aufgrund einer von der Hauptversammlung beschlossenen Kapitalerhöhung ausgegeben. Sie sind allerdings häufig für das laufende Geschäftsjahr nicht voll dividendenfähig.

> Zur Finanzierung notwendiger Investitionen benötigt eine Aktiengesellschaft zusätzliche Mittel. Die Hauptversammlung beschließt eine Erhöhung des bisherigen Grundkapitals von 4 Mio. EUR um 1 Mio. EUR. Das Bezugsverhältnis beträgt also 4 : 1. Der Inhaber von vier alten Aktien kann entsprechend eine junge Aktie erwerben oder er wird seine Bezugsrechte an der Börse veräußern.

- **Unterscheidung nach der Übertragbarkeit**
  - **Inhaberaktien**

    Die meisten deutschen Aktien sind Inhaberpapiere. Der Berechtigte wird also nicht namentlich genannt. Das Eigentum an Inhaberaktien ist grundsätzlich frei übertragbar, und zwar durch Einigung und Übergabe *(§ 929 BGB).*
  - **Namensaktien**

    Die auf den Namen des Aktionärs lautenden Namensaktien sind Orderpapiere. Namensaktien sind unter Bezeichnung des Inhabers nach Namen, Wohnort und Beruf in das Aktienbuch der Aktiengesellschaft einzutragen. Die Übertragung einer Namensaktie erfolgt durch Einigung, Übergabe, Indossament und Umschreibung im Aktienbuch.

    Bei **vinkulierten Namensaktien** ist die Übertragung des Wertpapiers zusätzlich an die besondere Zustimmung des Emittenten, also der Aktiengesellschaft, gebunden *(§ 68 II AktG).* Allerdings muss die Vinkulierung in der Satzung der Gesellschaft festgelegt sein.

    Durch die Vinkulierung von Namensaktien kann der Emittent insofern eine Kontrolle über den Kreis der Aktionäre ausüben, indem er dem mit der Beschaffung von Aktienkapital (Beteiligungsfinanzierung, vgl. S. 434 f.) verbundenen Nachteil entgegenwirkt, dass die in der Gesellschaft bestehenden Besitz- und Einflussverhältnisse ohne seine Zustimmung nicht verschoben werden können.

Nennwert und Kurswert von Aktien

Der Inhaber einer Aktie ist mit dem Nennwert seines Wertpapiers am Grundkapital der Aktiengesellschaft beteiligt (Eigenkapitalgeber). Der Mindestnennwert dieser **Nennbetragsaktien** ist ein Euro, höhere Aktiennennbeträge müssen auf volle Euro lauten. Das Grundkapital kann sich aber auch aus **Stückaktien** zusammensetzen. Eine solche Aktie verbrieft einen bestimmten Anteil am Grundkapital.

Vom **Nennwert** ist der Kurswert der Aktien zu unterscheiden. **Kurswert** ist der Betrag, zu dem eine Aktie an der Börse erworben werden kann. Er ergibt sich aus Angebot und Nachfrage, kann daher erheblich schwanken und somit zu Kursgewinnen bzw. -verlusten des Anlegers führen. Lässt die wirtschaftliche Lage es zu, wird am Ende des Jahres ein bestimmter Prozentsatz auf den Nennwert als **Dividende** (Verzinsung) an den Aktionär ausgeschüttet.

Pflichten und Rechte der Aktionäre

Die Aktie verbrieft Teilhaberrechte an einer Aktiengesellschaft. Insbesondere hat der Aktionär folgende Pflichten und Rechte:

- Leistung der übernommenen Einlage *(§ 54 AktG),*
- Teilnahmerecht an der Hauptversammlung *(§ 118 I AktG),*
- Stimmrecht nach Aktiennennbeträgen, bei Stückaktien nach deren Anzahl *(§ 134 I AktG),*
- Auskunftsrecht über Angelegenheiten der Gesellschaft *(§ 131 AktG),*
- Anfechtung eines Hauptversammlungsbeschlusses wegen Verletzung des Aktiengesetzes oder der Satzung *(§ 243 AktG),*
- Recht auf Anteil am Bilanzgewinn (Dividende) nach den Anteilen am Grundkapital *(§ 58 IV, 60 I AktG),*
- Recht auf Anteil am Liquidationserlös nach den Anteilen am Grundkapital *(§ 271 II AktG).*

7.9.1.3 Sonderformen

Bei den Wertpapiersonderformen handelt es sich um solche, die sich nicht eindeutig den Gläubiger- oder Teilhaberpapieren zuordnen lassen.

- Der Inhaber eines **Investmentzertifikats** ist Miteigentümer am Fondsvermögen einer Kapitalanlagegesellschaft (Teilhaberpapier). Gleichzeitig hat er jedoch auch Anspruch auf Rücknahme des vertretbaren Kapitalwertpapiers zulasten des Fondsvermögens (Gläubigerpapier).
- Die **Wandelschuldverschreibung** ist ein Gläubigerpapier, das innerhalb eines bestimmten Zeitraumes in Aktien des Unternehmens (Teilhaberpapier) umgewandelt werden kann. Bis zur Umwandlung ist die Wandelschuldverschreibung ein Gläubigerpapier, da sie Anspruch auf Verzinsung und Rücknahme zu einem festen Mindestkurs garantiert.

▶ Investmentzertifikate

Investmentzertifikate sind Urkunden, die das Miteigentumam Fondsvermögen einer Investmentgesellschaft (Kapitalanlagegesellschaft) verbriefen. Grundgedanke des Investmentgeschäftes ist es, das Risiko der Anleger (auch kleiner Beträge) durch eine Mischung der Wertpapiere des Fondsvermögens (z. B. Aktien vieler in- oder ausländischer Unternehmen verschiedener oder ausgesuchter Branchen bzw. festverzinslicher Wertpapiere) einzuschränken (Wertpapierfonds).

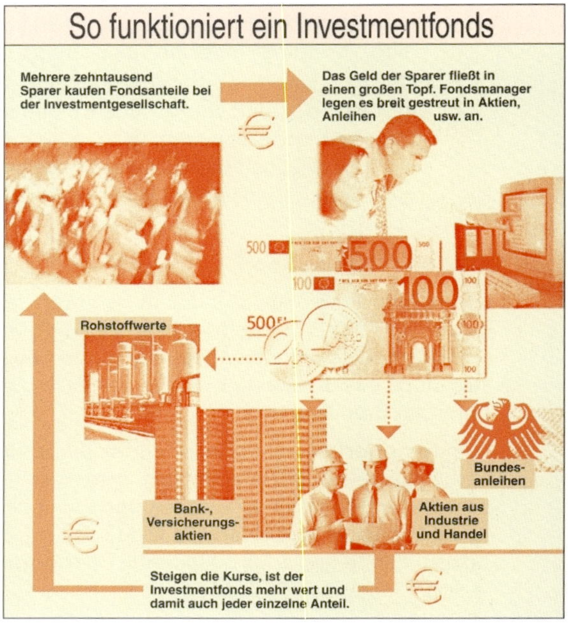

Das Fondsvermögen kann aber nicht nur aus Wertpapieren, sondern auch aus Immobilien (Immobilienfonds), Waren (Warenfonds) oder Leasinggütern (Leasingfonds) bestehen. Investmentzertifikate, die über Banken und Sparkassen verkauft werden, sind nicht börsenfähig. Die Zertifikate besitzen keinen Nennwert, sondern die einzelnen Urkunden lauten auf Anteile am Fondsvermögen (z. B. 1, 2 oder 5). Der Ertragsschein, mit dem ein Investmentzertifikat ausgestattet ist, dokumentiert den Anspruch des Anteilinhabers an der Ertragsausschüttung der Investmentgesellschaft. Das Fondsvermögen wird von einer Investmentgesellschaft treuhänderisch verwaltet.

▶ Wandelschuldverschreibungen

Wandelschuldverschreibungen (Convertible Bonds) sind festverzinsliche Wertpapiere, die dem Inhaber neben dem Forderungsrecht (Anspruch auf Verzinsung und Tilgung des zur Verfügung gestellten Kapitals) ein Sonderrecht verbriefen. Dieses Sonderrecht besteht darin, die Wandelschuldverschreibung innerhalb der Wandlungsfrist in einem festgelegten Wandlungsverhältnis – möglicherweise unter Zuzahlung eines vom Umtauschtermin abhängigen Betrages – in Aktien der ausgebenden Aktiengesellschaft umzutauschen. Durch den Umtausch wird der Gläubiger der Wandelschuldverschreibung (Fremdkapitalgeber) zum Aktionär der Gesellschaft (Eigenkapitalgeber). Mit der Ausübung des Umtauschrechtes erlischt jedoch auch der Rückzahlungs- und Zinsanspruch (Forderungsrecht). Lautet das Wandlungsverhältnis z.B. 6:1, so bedeutet dies, dass der Gläubiger Wandelschuldverschreibungen im Nennwert von 300 EUR in eine Aktie im Nennwert von 50 EUR umtauschen kann. Macht der Gläubiger von seinem Umtauschrecht jedoch keinen Gebrauch, so wird die nicht gewandelte Schuldverschreibung am Ende der Laufzeit getilgt.

Vertretbare Kapitalwertpapiere (Effekten)

	Nominalzins	Laufzeit	börsengehandelt	Sicherheit	Rücknahme	Mindestnennwert	Bescheinigung über den Erwerb
Bundesanleihen	fest, jährlich oder halbjährlich	ca. 5 Jahre	ja	Steueraufkommen des Bundes	zum Nennwert	50 EUR	Quittung des Geldinstituts und Eintragung in das Bundesschuldbuch
Industrieobligationen	fest, jährlich oder halbjährlich	ca. 5 – 25 Jahre	ja	Substanz und Ertragskraft des Unternehmens	zum Nennwert	50 EUR	Mantel und Bogen
Pfandbriefe	fest, jährlich oder halbjährlich	ca. 4 – 10 Jahre	ja	Grundpfandrechte	zum Nennwert	50 EUR	Mantel und Bogen
Kommunalobligationen	fest, jährlich oder halbjährlich	ca. 4 – 10 Jahre	ja	Steueraufkommen der Gemeinde	zum Nennwert	50 EUR	Mantel und Bogen
Aktien	variabel, jährlich	unbegrenzt	ja	Substanz und Ertragskraft des Unternehmens	zum Kurswert	1 EUR oder Anteil am Grundkapital	Mantel und Bogen
Investmentzertifikate	variabel, jährlich	unbegrenzt	nein	Fondsvermögen	zum Tageswert	1 Anteil am Vermögenswert	Mantel und Bogen
Wandelschuldverschreibungen	fest, jährlich oder halbjährlich	ca. 5 – 25 Jahre	ja	Substanz und Ertragskraft des Unternehmens	zum Nennwert	50 EUR	Mantel und Bogen

7.9.2 Nicht vertretbare Kapitalwertpapiere

Im Gegensatz zu den der Kapitalbeschaffung und -anlage dienenden vertretbaren Kapitalwertpapieren (Effekten) zeichnen sich die nicht vertretbaren Kapitalwertpapiere dadurch aus, dass jede Urkunde für sich ein individuelles Recht verbrieft. Dieses individuelle Recht ist stets ein Grundpfandrecht, das eine dingliche Sicherung an unbeweglichen Sachen (Immobilien) gewährt. Da diese Grundpfandrechte es ermöglichen, Grundstücke und grundstücksgleiche Rechte (z.B. Erbbaurecht) als Kreditsicherheiten zu verwenden, dienen die nicht vertretbaren Kapitalwertpapiere im Bankgeschäft vornehmlich als Kreditsicherheit und weniger zur Kapitalbeschaffung und -anlage. Nicht vertretbare Kapitalwertpapiere werden nicht an der Börse gehandelt.

Grundpfandrechte (Hypothek, Grund- und Rentenschuld, vgl. S. 448 f.) können Buch- oder Briefrechte sein. Beim Buchrecht wird das Grundpfandrecht lediglich im Grundbuch mit dem Vermerk „Die Erteilung eines Briefes ist nicht erfolgt." eingetragen (z. B. Buchhypothek, Buchgrundschuld). Bei der Briefhypothek wird zusätzlich zur Grundbucheintragung eine Urkunde über das Grundpfandrecht (z. B. Hypotheken-, Grundschuld-, Rentenschuldbrief) ausgestellt. Die Urkunde soll den Erwerb und die Übertragung des dinglichen Sachenrechts erleichtern.

7.9.3 Kursnotierung und Verzinsung auf dem Rentenmarkt

▶ Der Rentenmarkt

Börsen sind organisierte Märkte, auf denen vertretbare Sachen (Effekten, Waren, Devisen) nach der Börsenordnung von bestimmten zugelassenen Personengruppen gehandelt werden. In der Bundesrepublik Deutschland gibt es sieben Effektenbörsen (Düsseldorf, München, Hamburg, Frankfurt a. M., Berlin, Hannover und Stuttgart), an denen folgende vertretbare Kapitalpapiere gehandelt werden:

- **festverzinsliche Wertpapiere** wie z. B. Pfandbriefe, Kommunalobligationen, Industrieobligationen, Bundesanleihen und Wandelschuldverschreibungen,
- **Aktien** und Bezugsrechte auf junge Aktien.

Als **Rentenmarkt** wird dabei nur der **Markt für festverzinsliche Wertpapiere** bezeichnet.

▶ Kursnotierung

Kauf und Verkauf von Wertpapieren werden in der Regel über ein Kreditinstitut getätigt. Die Kurse werden durch vereidigte amtliche Kursmakler (Skontroführer) ermittelt und richten sich nach Angebot und Nachfrage.

Nach Börsenschluss wird eine Liste aller Tageskurse zusammengestellt. Dieser Kurszettel enthält bei festverzinslichen Wertpapieren neben der Bezeichnung das Ausgabejahr, die Nominalverzinsung, den aktuellen Kurs und die Kurse des letzten und vorletzten Börsentages.

Ermittlung des Einheitskurses

Bei einem Kurs von	sind bereit zu kaufen	sind bereit zu verkaufen	wird ein Umsatz erzielt von
98 EUR	800 Stück	400 Stück	400 Stück
99 EUR	750 Stück	500 Stück	500 Stück
100 EUR	700 Stück	600 Stück	600 Stück
101 EUR	650 Stück	700 Stück	650 Stück
102 EUR	600 Stück	800 Stück	600 Stück

Der größte Umsatz wird bei einem Kurs von 101 EUR erzielt (650 Stück). Dieser Kurs ist der **Einheitskurs.**

Hinter den Kursen stehen Zeichen (Kurszusätze), die Auskunft über Art und Umfang des Umsatzes geben. Einige wichtige **Kurszusätze** sind:

G	Geld	Zum notierten Kurs bestand Nachfrage oder überwog die Nachfrage. Umsätze kamen nicht oder nur in geringem Umfang zustande.
B	Brief	Zum notierten Kurs bestand Angebot oder überwog das Angebot. Umsätze kamen nicht oder nur in geringem Umfang zustande.
b, bz, bez	bezahlt	Umsätze wurden getätigt. Zum notierten Kurs glichen sich Angebot und Nachfrage aus.
bG	bezahlt und Geld	Umsätze erfolgten, aber ein Teil der Nachfrage konnte nicht befriedigt werden.
bB	bezahlt und Brief	Umsätze erfolgten, aber ein Teil des Angebotes konnte nicht befriedigt werden.

Festverzinsliche Wertpapiere, die weit geringeren Schwankungen als Aktien unterliegen, haben zum einen eine garantierte Verzinsung und sind zum anderen wesentlich risikoärmer (Rücknahme zum Nennwert) als Aktien.

Verzinsung

Festverzinsliche Wertpapiere garantieren zwar einen bestimmten Zinssatz. Dies bedeutet jedoch **nicht,** dass ein Wertpapier mit 8% Nominalverzinsung höhere Erträge erzielen muss als eines mit 6% Nominalverzinsung. Dies liegt daran, dass Wertpapiere an der Börse zu verschiedenen Kursen gehandelt werden, d.h. ihr Ausgabekurs in der Regel nicht dem auf dem Wertpapier aufgedruckten Nennwert (z.B. 50 EUR) entspricht. Zudem sind die Kosten für An- und Verkauf sowie die Besteuerung für festverzinsliche Wertpapiere unterschiedlich.

Pfandbrief:

Nennwert	1 000 EUR
Nominalzins	7,5%
Laufzeit	10 Jahre
Kaufkurs	96%
Disagio	4%

Der **Nominalzins** ist der auf dem Wertpapier aufgedruckte Zins. Er zeigt an, wie viel Zinsen unverändert Jahr für Jahr während der Laufzeit auf den Nennwert gezahlt werden.

Da der Pfandbrief in der Regel zu einem vom Nennwert abweichenden, niedrigeren Kurs erworben wird, weicht die laufende Verzinsung vom Nominalzins ab.

$$\text{laufende Verzinsung} = \frac{\text{Zinssatz x } 100\,\%}{\text{Kaufkurs}} = \frac{7{,}5\,\% \text{ x } 100\,\%}{96\,\%} = 7{,}81\,\%$$

Berücksichtigt man ferner die Tatsache, dass man den Pfandbrief zu 100% ausgezahlt bekommt, obwohl man ihn beispielsweise zum niedrigeren Kurs von 96 % gekauft hat, erhöht sich die laufende Verzinsung. Den Differenzbetrag zwischen Nennwert und Kaufkurs nennt man in diesem Fall **Disagio.**

Die Rendite (effektive Verzinsung) lässt sich nach folgender Faustformel überschlägig berechnen:

$$\text{Rendite} = \frac{\text{Zinssatz x } 100\,\%}{\text{Kaufkurs}} + \left(\frac{\text{Disagio}}{\text{Laufzeit}} \text{ x } \frac{100\,\%}{\text{Kaufkurs}}\right) = \frac{7{,}5\,\% \text{ x } 100\,\%}{96\,\%} + \left(\frac{4\,\%}{10\,\%} \text{ x } \frac{100\,\%}{96\,\%}\right) = 8{,}23\,\%$$

Liegt der Kaufkurs jedoch über 100%, wird die Rendite kleiner als die laufende Verzinsung sein. In diesem Fall muss der Differenzbetrag **(Agio)** mit negativem Vorzeichen in die Faustformel eingehen.

30 Merkur-Nr. 0124

▶ Zusammenfassung

Kapitalwertpapiere

vertretbare Kapitalwertpapiere

- dienen der Kapitalbeschaffung und -anlage
- nach Zahl, Maß oder Gewicht zu bestimmende bewegliche Sachen (Effekten)
  - **festverzinsliche Wertpapiere**
  - Aktien
  - Investmentzertifikate und Wandelschuldverschreibungen als Sonderformen

nicht vertretbare Kapitalwertpapiere

- dienen in erster Linie zur Sicherung von Krediten
- verbriefen ein individuelles Recht (Grundpfandrecht) an unbeweglichen Sachen (Immobilien)
  - Hypothekenbrief
  - Grundschuldbrief
  - Rentenschuldbrief

Kursnotierung und Verzinsung festverzinslicher Wertpapiere auf dem Rentenmarkt

- Kursfestlegung durch Börsenmakler nach Angebot und Nachfrage
- Nominalzins wird durch die Berücksichtigung des Unterschiedes zwischen Kaufkurs und Nennwert (Agio oder Disagio) zum effektiven Zins (Rendite)

Aufgaben

30

(1) *Definieren Sie den Begriff des Wertpapiers!*

(2) *Grenzen Sie Gläubiger- und Teilhaberpapiere voneinander ab und nennen Sie je drei Beispiele!*

(3) *Nehmen Sie Stellung zu folgender Behauptung: Alle Kapitalwertpapiere sind Effekten!*

(4) *Was versteht man unter vertretbaren Kapitalwertpapieren?*

(5) *Jedes Wertpapier besteht aus einem Mantel und einem Bogen. Nehmen Sie zu dieser Behauptung Stellung!*

(6) *Wodurch unterscheidet sich die Kommunalobligation von der Kommunalanleihe?*

(7) *Wodurch unterscheiden sich*

a) junge und alte Aktien,

b) Inhaber- und Namensaktien?

(8) *Nennen Sie mindestens vier Beispiele für Pflichten und Rechte eines Aktionärs, die sich aus dem Besitz einer Aktie ergeben!*

(9) *Inwieweit nehmen Investmentzertifikate und Wandelschuldverschreibungen eine Sonderstellung unter den vertretbaren Kapitalwertpapieren ein?*

(10) *Welche Unterschiede bestehen zwischen*
  a) *einer Aktie und einem Investmentzertifikat,*
  b) *einem Pfandbrief und einer Kommunalobligation,*
  c) *einer Kommunalobligation und einer Industrieobligation,*
  d) *einer Wandelschuldverschreibung und einem Investmentzertifikat?*

(11) *Erläutern Sie den Unterschied zwischen einer Buch- und einer Briefhypothek!*

(12) *Erläutern Sie den Begriff Rentenmarkt!*

(13) *Wie ermittelt sich der Einheitskurs eines Wertpapiers?*

(14) *Was bedeuten die Kurszusätze „b" und „bG"?*

(15) *Welcher Unterschied besteht zwischen dem Nominalzins und der Rendite (effektiver Zins) eines festverzinslichen Wertpapiers?*

(16) *Berechnen Sie die Rendite eines festverzinslichen Wertpapiers!*

Nennwert:	*500 EUR*	*Laufzeit:*	*10 Jahre*
Nominalzins:	*5,5 %*	*Kaufkurs:*	*98 %*

8 Unternehmenskrisen

Fehler bei Finanzierungs- und Investitionsentscheidungen können maßgeblich dazu beitragen, dass ein Unternehmen in wirtschaftliche Schwierigkeiten gerät, die – indem sie die **Zahlungs- und Ertragsfähigkeit bedrohen** – seinen Fortbestand gefährden. Zu den Anzeichen einer nachhaltigen und empfindlichen Störung des betrieblichen Leistungsprozesses zählen vor allem:

- **drastischer Umsatzrückgang,**
- **rückläufige Gewinne, die schließlich in Verluste umschlagen,**

  Verluste
  - mindern bei **Einzelunternehmen** (bzw. **Personengesellschaften)** unmittelbar die ausgewiesenen Eigenmittel, indem die Verluste auf das variable Kapitalkonto (bzw. anteilig auf die für jeden Gesellschafter getrennt zu führenden Kapitalkonten) übertragen werden,
  - sind bei **Kapitalgesellschaften** gesondert als „Verlustvortrag", „Jahresfehlbetrag" bzw. „Bilanzverlust" auszuweisen, sofern die Verluste nicht durch Gewinnrücklagen gedeckt sind. Das auf einen festen Nennbetrag oder Stückanteil lautende Grundkapital (bei einer AG) bzw. Stammkapital (bei einer GmbH bzw. UG [haftungsbeschränkt]) bleibt zunächst unverändert.

- **steigende Verschuldung:** ständig abnehmendes Eigenkapital bei zunehmendem Fremdkapital,
- **Zahlungsunfähigkeit (Insolvenz):** voraussichtlich andauernde Unfähigkeit, den Zahlungsverpflichtungen nachzukommen.

Diese Krisenanzeichen können darüber hinaus von Massenentlassungen, hoher Fluktuation der Beschäftigten, Verkäufen von Gegenständen des Anlagevermögens unter ihrem Verkehrswert oder – bei Kapitalgesellschaften – dem Austausch der gesamten Unternehmensleitung (z.B. Vorstand einer AG) begleitet sein.

8.1 Ursachen für Unternehmenskrisen

Grundsätzlich können Krisenursachen sowohl aus innerbetrieblichen Fehlentscheidungen resultieren als auch auf Einflussgrößen von außen zurückgeführt werden.

Ursachen für Unternehmenskrisen

innerbetriebliche Krisenursachen

- **Entscheidungsfehler im Finanzbereich** durch Über- oder Unterfinanzierung
- **Fehlplanungen und -entscheidungen der Geschäftsleitung** im Investitions-, Produkt- und Sortimentsbereich
- mangelhafte Auswahl von Mitarbeitern und **unzureichende Personalführung**
- **Über- oder Unterorganisation** im Betrieb
- **fehlerhafte Kapazitätsstruktur** durch zu großes oder zu geringes Anlage- und/oder Umlaufvermögen
- **hohe Privatentnahmen** (bei Personenunternehmen)

außerbetriebliche Krisenursachen

- **Absatzeinbußen** durch allgemeinen Konjunkturrückgang, Nachfrageverschiebungen (z. B. Modewandel) oder Veränderungen der Wettbewerbssituation
- **Ausfall von Forderungen**
- einschneidende **Verknappung oder Verteuerung von Rohstoffen** bzw. der zum Weiterverkauf bestimmten Güter
- **Verluste durch höhere Gewalt** (z. B. Naturkatastrophen, Streiks)
- Einbußen infolge **politischer Maßnahmen** (z. B. Steuererhöhungen, Beschränkungen im Im- und Export)

8.2 Maßnahmen bei Krisen im Unternehmen

Befindet sich ein Unternehmen in einer Krisensituation, können zur Abwendung der aufgetretenen Schwierigkeiten verschiedene Maßnahmen ergriffen werden. Gelingt es jedoch nicht, die Zahlungs- und Ertragsfähigkeit des Unternehmens

- aus eigener Kraft,
- mithilfe der Eigentümer oder
- mithilfe der Gläubiger

wiederherzustellen, ist das Unternehmen freiwillig oder gerichtlich aufzulösen.

Maßnahmen bei Krisen im Unternehmen

Sanierung

- Einleitung organisatorischer und finanzieller Maßnahmen zur Wiederherstellung der Zahlungs- und Ertragsfähigkeit ohne Hilfe der Gläubiger

Liquidation

- freiwillige Auflösung aufgrund persönlicher oder sachlicher Gründe
- Umwandlung aller Vermögenswerte in liquide Mittel, um bestehende Verbindlichkeiten zu begleichen

Insolvenz

- gerichtliche Lösung von Zahlungsschwierigkeiten
- Insolvenzplan: einvernehmliche Lösung von Zahlungsschwierigkeiten

8.2.1 Sanierung

▶ Begriff der Sanierung

Unter Sanierung versteht man alle Maßnahmen organisatorischer und finanzieller Art, die ein in Schwierigkeiten geratenes Unternehmen **aus eigener Kraft** wieder funktions- und leistungsfähig machen sollen.

▶ Organisatorische Maßnahmen

- **Neugestaltung des Unternehmens** im kaufmännischen und/oder technischen Bereich,
- Veränderungen im **Personalbestand,**
- Überprüfung und gegebenenfalls Änderung des **Sortiments bzw. Produktionsprogramms,**
- Einleitung von **Rationalisierungsmaßnahmen,**
- verstärkte Bemühungen im **Absatzbereich** durch Auftragsbeschaffung und Werbeaktionen,
- Ausweichen auf **neue Geschäftsbereiche.**

▶ Finanzielle Maßnahmen zur Neuordnung der Kapitalverhältnisse

- **Eigenfinanzierung** z. B. durch Zuführung neuer Mittel wie Kapitalerhöhung durch die bisherigen Eigentümer oder Aufnahme weiterer Gesellschafter,
- **Fremdfinanzierung** z. B. durch Aufnahme von Darlehen oder Lieferantenkrediten.

Weder finanzielle Maßnahmen noch die rein buchtechnische Beseitigung entstandener Verluste können jedoch allein den Fortbestand des Unternehmens gewährleisten. Vielmehr gilt es, die Krisenursachen zu erkennen und durch Ergreifen entsprechender organisatorischer Gegenmaßnahmen zu beseitigen.

8.2.2 Liquidation

▶ Begriff

Die Liquidation ist die freiwillige Auflösung des Unternehmens: Bestehende Verbindlichkeiten werden mit den aus dem Verkauf der Vermögenswerte stammenden liquiden Mitteln und den eingezogenen Forderungen beglichen. Der Restbetrag steht dem bzw. den Eigenkapitalgebern zu. Eine solche Auflösung ist dann sinnvoll, wenn die künftige wirtschaftliche Existenz des Unternehmens nicht mehr gesichert erscheint.

▶ Liquidationsgründe

Gründe für die freiwillige Auflösung eines Unternehmens können persönlicher oder sachlicher Natur sein.

- **Persönliche Gründe**
  - Krankheit bzw. Arbeitsunfähigkeit,
  - hohes Alter,
  - Tod des Inhabers,
  - Ausscheiden eines Gesellschafters,
  - Streit unter den Gesellschaftern oder Erben.
- **Sachliche Gründe**
  - Erreichen der Unternehmensziele,
  - erdrückender Wettbewerb,
  - Konjunkturkrisen.

▶ Liquidationsdurchführung

Der Beginn der Liquidation ist beim Handelsregister anzumelden *(§ 143 I HGB)*. Während der Liquidation erhält die Firma den Zusatz **„i. L."** („in Liquidation"). Nach Beendigung wird die Firma im Handelsregister gelöscht *(§ 157 HGB)*.

8.2.3 Insolvenz

Unternehmen[1] können in finanzielle Probleme geraten, die so schwerwiegend sind, dass Zahlungsunfähigkeit (Insolvenz) die Folge ist. Für diese Fälle regelt die **Insolvenzordnung** *(InsO)*, wie die finanziellen Schwierigkeiten zwischen Schuldner und Gläubigern gelöst werden können.

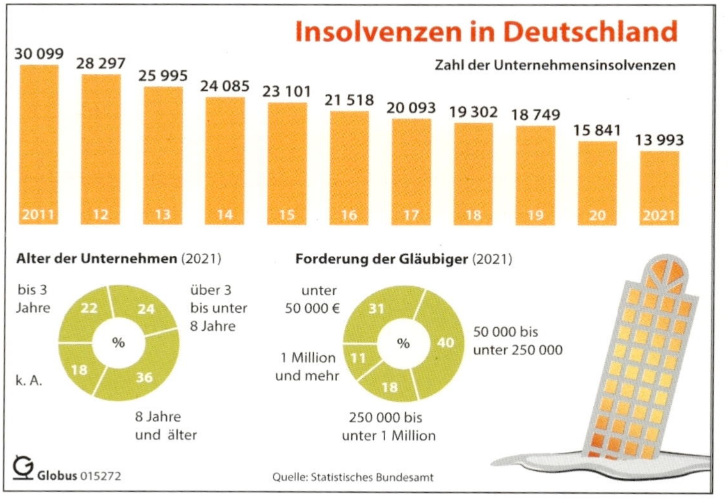

Die Zahl der insolventen Unternehmen ist im vergangenen Jahr weiter gesunken. Die Amtsgerichte registrierten 13 993 Fälle im Jahr 2021 und damit 11,7 Prozent weniger als im Jahr zuvor. Das war der niedrigste Stand seit der Einführung der Insolvenzordnung im Jahr 1999. Die meisten Unternehmensinsolvenzen gab es im Baugewerbe (2 423 Fälle). Etwa ein Drittel aller Gläubiger insolventer Unternehmen machte Ansprüche von weniger als 50 000,00 EUR geltend; 40 Prozent der Forderungen betrugen zwischen 50 000,00 und 250 000,00 EUR. Bei gut jedem zehnten Unternehmenszusammenbruch hatten Gläubiger Ansprüche über jeweils eine Million Euro oder mehr. Insgesamt summieren sich die Ansprüche aller Gläubiger auf voraussichtlich 48,3 Milliarden EUR.

8.2.3.1 Insolvenzverfahren

Zur Eröffnung des Insolvenzverfahrens ist ein Antrag an das Insolvenzgericht erforderlich. Antragsberechtigt sind – je nach Antragsgrund – Gläubiger oder Schuldner. Bei juristischen Personen besteht, spätestens drei Wochen nach Zahlungsunfähigkeit oder nachdem sich eine Überschuldung ergeben hat, nicht nur eine Antragsberechtigung, sondern eine **Antragspflicht.**

Das Insolvenzgericht prüft, ob ein Eröffnungsgrund gegeben ist und ob das Vermögen des Schuldners die Kosten des Verfahrens decken wird, sonst wird der Antrag auf Eröffnung des Insolvenzverfahrens „mangels Masse" abgelehnt *(§§ 16, 22 InsO)*. Liegen die Eröffnungsvoraussetzungen vor, erlässt das Gericht einen Insolvenzeröffnungsbeschluss.

Wird der Eröffnungsantrag mangels Masse abgelehnt, können die Gläubiger in Einzelverfahren versuchen, ihre Forderungen durchzusetzen.

1 Verbraucherinsolvenzverfahren vgl. S. 513 ff.

▶ Insolvenzeröffnung

Ein Insolvenzverfahren kann aus folgenden drei Gründen eröffnet werden:

- **Zahlungsunfähigkeit** des Schuldners, d. h., er ist nicht mehr in der Lage, seinen Zahlungsverpflichtungen nachzukommen *(§ 17 InsO)*.
- Die **Zahlungsunfähigkeit des Schuldners droht,** d. h., er ist voraussichtlich nicht mehr in der Lage, seinen Zahlungsverpflichtungen zum Fälligkeitszeitpunkt nachzukommen *(§ 18 InsO)*.
- Beim Schuldner wird **Überschuldung** festgestellt (allerdings nur bei juristischen Personen wie z. B. einer GmbH bzw. UG [haftungsbeschränkt] oder AG), d. h., sein Vermögen deckt nicht mehr die bestehenden Verbindlichkeiten *(§ 19 InsO)*.

▶ Insolvenzgericht

Für das Insolvenzverfahren zuständig sind die Amtsgerichte *(§ 2 InsO)*, und zwar jeweils das Amtsgericht, bei dem der Schuldner seinen allgemeinen Gerichtsstand hat *(§ 3 InsO)*. Das Insolvenzgericht ernennt bei Eröffnung des Insolvenzverfahrens einen **Insolvenzverwalter** (dies sind in der Regel Rechtsanwälte, Steuerberater oder Wirtschaftsprüfer), der die Abwicklung des Verfahrens übernimmt *(§ 27 InsO)*.

▶ Folgen der Insolvenzeröffnung

Wird ein Insolvenzverfahren eröffnet, hat dies einschneidende Auswirkungen:

- Der Beschluss ist sofort öffentlich bekannt zu machen (im Bundesanzeiger und einer örtlichen Publikation) sowie den Gläubigern und Schuldnern des Schuldners und dem Schuldner selbst besonders zuzustellen *(§§ 30, 9 InsO)*.
- Ist der Schuldner z. B. im Handels- oder Genossenschaftsregister eingetragen, so hat die Geschäftsstelle des Insolvenzgerichtes diesem Registergericht eine Ausfertigung des Eröffnungsbeschlusses zu übermitteln *(§ 31 InsO)*.
- Der Insolvenzverwalter wird benannt (nur vorläufig, da die Gläubiger in der ersten Gläubigerversammlung auch eine andere Person bestimmen können – *§ 56 InsO)*.
- Die Gläubiger müssen ihre Forderungen innerhalb bestimmter Fristen dem Insolvenzverwalter melden *(§ 28 InsO)*.
- Die Schuldner des Insolvenzschuldners werden aufgefordert, ihre Verbindlichkeiten nur noch an den Insolvenzverwalter zu leisten *(§ 28 InsO)*.
- Der Termin für die Gläubigerversammlung wird festgelegt *(§ 29 InsO)*.

▶ Wirkungen der Insolvenzeröffnung

- Der Schuldner kann nicht mehr über sein zur Insolvenzmasse gehörendes Vermögen verfügen oder dies verwalten *(§ 80 InsO)*. Dies obliegt dem Insolvenzverwalter.
- Der Schuldner kann nicht mehr über eigene Gegenstände verfügen *(§ 81 InsO)*.
- Die Zwangsvollstreckung einzelner Gläubiger ist während der Dauer des Insolvenzverfahrens nicht zulässig *(§ 89 InsO)*.

▶ Gläubigerausschuss *(§§ 67 ff. InsO)*

Das Insolvenzgericht kann von sich aus einen vorläufigen Gläubigerausschuss bestimmen *(§ 67 InsO)*, der allerdings durch die Gläubigerversammlung noch verändert werden kann *(§ 68 InsO)*. Er soll insbesondere die absonderungsberechtigten Gläubiger, die Insolvenzgläubiger mit den höchsten Forderungen und die Kleingläubiger vertreten *(§ 67 InsO)*. Die Mitglieder des Ausschusses haben den Insolvenzverwalter zu unterstützen und zu überwachen.

Insolvenzverfahren *(gemäß Insolvenzordnung)*

Eröffnungsgründe

① Zahlungsunfähigkeit *(§ 17 InsO)*
② drohende Zahlungsunfähigkeit *(§ 18 InsO)*
} Schuldner ist natürliche oder juristische Person

③ Überschuldung *(§ 19 InsO)*
} Schuldner ist juristische Person

Gläubiger oder Schuldner stellt beim **Amtsgericht** den **Antrag auf Eröffnung des Insolvenzverfahrens** *(§ 13 InsO)*

Amtsgericht

hat alle Maßnahmen zu treffen, die erforderlich erscheinen, um bis zur Entscheidung über den Antrag eine den Gläubigern nachteilige Veränderung in der Vermögenslage des Schuldners zu verhüten *(§ 21 InsO)*. Das Amtsgericht kann:

1. einen vorläufigen **Insolvenzverwalter bestellen**
2. ein **Verfügungsverbot bzw. eine Verfügungseinschränkung erlassen**
3. **Maßnahmen der Zwangsvollstreckung** gegen den Schuldner **untersagen oder einstellen**

Antrag auf Eröffnung des Insolvenzverfahrens wird **mangels Masse abgelehnt** *(§ 26 InsO)*

Schuldner wird ins **Schuldnerverzeichnis** eingetragen. Soweit betroffen, werden auch die zuständigen Registergerichte informiert, also z. B. das Handels- oder das Genossenschaftsregistergericht.

Dem Antrag auf Eröffnung des Insolvenzverfahrens wird **stattgegeben** *(§§ 27 ff. InsO)*

- das Amtsgericht
  - ernennt einen Insolvenzverwalter *(§ 27 InsO)*,
  - gibt den **Eröffnungsbeschluss** unverzüglich öffentlich bekannt *(§ 30 InsO)* und informiert – soweit betroffen – die zuständigen Registergerichte *(§ 31 InsO)*
- dieser Eröffnungsbeschluss enthält
  1. Firma oder Namen und Vornamen, Geschäftszweig oder Beschäftigung, gewerbliche Niederlassung oder Wohnort des Schuldners
  2. Namen und Anschrift des Insolvenzverwalters
  3. Stunde der Eröffnung

  gleichzeitig werden:
  - die Gläubiger aufgefordert, ihre Forderungen innerhalb einer Frist (mindestens 2 Wochen und höchstens 3 Monate) beim Insolvenzverwalter anzumelden *(§ 28 InsO);*
  - Termine für die **Gläubigerversammlung** bestimmt *(§ 29 InsO)*

Gläubigerversammlung

- teilnahmeberechtigt sind *(§ 74 InsO):*
  a) alle absonderungsberechtigten Gläubiger
  b) alle Insolvenzgläubiger
  c) der Insolvenzverwalter sowie
  d) der Schuldner
- beschließt, ob ein Gläubigerausschuss eingesetzt werden soll bzw. ob der vom Amtsgericht eingesetzte Gläubigerausschuss beibehalten werden soll *(§ 68 I InsO)*
- kann die vom Amtsgericht bestellten Mitglieder abwählen und andere oder zusätzliche Mitglieder des Gläubigerausschusses wählen *(§ 68 II InsO)*

Gläubigerausschuss

- Amtsgericht kann vor der ersten Gläubigerversammlung einen Gläubigerausschuss einsetzen *(§ 67 InsO)*
- Gläubigerausschuss hat den Insolvenzverwalter bei seiner Geschäftsführung zu unterstützen und zu überwachen *(§ 69 InsO)*

2 Möglichkeiten der Verwertung und Verteilung des schuldnerischen Vermögens

1. Möglichkeit: **Zwangsverteilung**

- die **Schlussverteilung,** die nur mit Zustimmung des Amtsgerichts vorgenommen werden darf, erfolgt, sobald die Verwertung der Insolvenzmasse beendet ist *(§ 196 InsO)*
- die Insolvenzgläubiger können danach ihre restlichen Forderungen gegen den Schuldner unbeschränkt geltend machen *(§ 201 InsO)*
- natürliche Personen können auf Antrag **Restschuldbefreiung** erlangen *(§§ 286–303 InsO)*

2. Möglichkeit: **Insolvenzplan**

- Ziel ist der Erhalt des Unternehmens
- Schuldner und Gläubiger stimmen zu, dass die Abwicklung des Schuldnervermögens **abweichend** von den gesetzlichen Vorschriften der InsO (z. B. als Sanierung) erfolgt *(§§ 235 ff. InsO)*
- Insolvenzplan bedarf der Bestätigung durch das Amtsgericht *(§ 248 InsO)*

Amtsgericht beschließt **die Aufhebung des Insolvenzverfahrens** *(§ 200 bzw. § 258 InsO)*

Arten von Gläubigern

- **Aussonderungsberechtigte Gläubiger** *(§ 47 InsO)* haben Eigentumsrechte (Eigentumsvorbehalt; vermietete, verpachtete oder verliehene Gegenstände) an den Gegenständen des Schuldners. Sie unterliegen nicht dem Insolvenzverfahren, sondern das Eigentum kann vorrangig zurückgefordert werden.
- **Absonderungsberechtigte Gläubiger** *(§§ 49ff. InsO)* haben ein besonderes Recht zur Befriedigung ihrer Forderungen. Zu ihnen gehören Gläubiger, deren Forderungen durch Pfandrechte oder Sicherungsübereignung in besonderer Weise geschützt sind.
- **Massegläubiger** *(§§ 53ff. InsO)* sind solche Gläubiger, deren Forderungen erst **nach** Eröffnung des Insolvenzverfahrens entstehen (u.a. Sozialplanansprüche der Arbeitnehmer, Gerichtskosten, Ansprüche des Insolvenzverwalters).
- **Insolvenzgläubiger** *(§ 38 InsO)* haben zur Zeit der Eröffnung des Insolvenzverfahrens einen persönlichen Vermögensanspruch gegen den Insolvenzschuldner.
- **Nachrangige Insolvenzgläubiger** *(§ 39 InsO)* sind solche, denen **nach** der Eröffnung des Insolvenzverfahrens entweder Kosten aus dem Insolvenzverfahren oder Zinsforderungen aus dem Insolvenzverfahren entstanden sind.

Gläubigerversammlung *(§ 74 I InsO)*

Die Gläubigerversammlung ist das oberste Organ des Insolvenzverfahrens. Sie hat u.a. folgende Aufgaben:

- die Bestätigung oder Wahl eines Insolvenzverwalters *(§ 57 InsO)*,
- die Bestellung oder Abwahl eines Gläubigerausschusses *(§§ 68, 70 InsO)*,
- die Beschlussfassung über die Schlussrechnung im Insolvenzverfahren *(§ 197 InsO)*,
- die Abstimmung vor Einstellung des Verfahrens mangels Masse *(§ 207 InsO)*.

Berichts- und Prüfungstermin

Im Berichtstermin *(§ 156 InsO)* wird darüber befunden, ob das Vermögen des Schuldners liquidiert wird oder aber ob Aussicht besteht, das Unternehmen im Ganzen oder in Teilen zu erhalten. Im Prüfungstermin *(§ 176 InsO)* werden die von den Gläubigern angemeldeten Forderungen geprüft.

Verwertung der Insolvenzmasse

Nach dem Berichtstermin hat der Insolvenzverwalter unverzüglich das zur Insolvenzmasse gehörende Vermögen zu verwerten *(§ 159 InsO)*. Dies kann etwa durch Zwangsversteigerung oder Zwangsverwaltung beziehungsweise Verkauf einzelner Gegenstände geschehen.

Schlussverteilung

Ist die Verwertung der Insolvenzmasse beendet, erfolgt die Schlussverteilung *(§ 196 InsO)*. Zunächst werden die Forderungen der absonderungsberechtigten Gläubiger und der Massegläubiger berücksichtigt. Können die Forderungen der Insolvenzgläubiger dann nicht mehr in voller Höhe befriedigt werden, erfolgt die Verteilung nach Bruchteilen *(§ 196 InsO)*.

	Erlöse aus der Insolvenzmasse	600 000 EUR
–	Forderungen der absonderungsberechtigten Gläubiger	200 000 EUR
–	Forderungen der Massegläubiger	100 000 EUR
=	für Insolvenzgläubiger verbleiben	300 000 EUR
	Forderungen von Insolvenzgläubigern	900 000 EUR

$$\textbf{Insolvenzquote} = \frac{100\,\% \times 300\,000\text{ EUR}}{900\,000\text{ EUR}} = \mathbf{33{,}33\,\%}$$

▶ Beendigung des Insolvenzverfahrens

Ist die Schlussrechnung vollzogen, beschließt das Insolvenzgericht die Aufhebung des Verfahrens. Danach können die Insolvenzgläubiger ihre restlichen Forderungen gegen den Schuldner unbeschränkt geltend machen *(§ 201 InsO).*

8.2.3.2 Insolvenzplan

Eine Alternative zur unverzüglichen Verwertung des zur Insolvenzmasse gehörenden Vermögens ist der **Insolvenzplan.** Die Aufstellung eines Insolvenzplanes kann von der Gläubigerversammlung oder vom Schuldner beantragt werden *(§ 218 InsO).*

Im Insolvenzplan können

- die Befriedigung der absonderungsberechtigten Gläubiger und der Insolvenzgläubiger,
- die Verwertung der Insolvenzmasse und deren Verteilung sowie
- die Haftung des Schuldners nach Aufhebung des Insolvenzverfahrens

abweichend von den Vorschriften der Insolvenzordnung geregelt werden *(§ 217 InsO).*

Der Insolvenzplan zielt darauf ab, Schuldner und Gläubiger besser zu stellen, als es nach dem Insolvenzverfahren denkbar wäre. So ist es möglich festzustellen,

- das Unternehmen doch noch zu sanieren,
- dass die Gläubiger auf einen Teil ihrer Forderungen verzichten oder ihre Forderungen stunden.

Mit dem im Insolvenzplan vorgesehenen Umfang der Befriedigung der Forderungen der Insolvenzgläubiger (Teilverzicht) ist der Schuldner dann von seinen restlichen Verbindlichkeiten gegenüber diesen Gläubigern befreit.

Über den Insolvenzplan stimmen die Gläubiger ab, deren Rechte und Pflichten davon berührt werden *(§ 237 InsO).* Der Plan bedarf noch der Zustimmung des Insolvenzgerichts *(§ 248 InsO).*

▶ Zusammenfassung

Unternehmenskrisen

- gefährden den Fortbestand des Unternehmens, indem sie die Zahlungs- und Ertragsfähigkeit bedrohen

Anzeichen

- drastischer Umsatzrückgang
- rückläufige Gewinne, die schließlich in Verluste umschlagen
- steigende Verschuldung
- Zahlungsunfähigkeit

Ursachen

- **innerbetrieblich**
  - Entscheidungsfehler im Finanzbereich
  - Fehlplanungen und -entscheidungen im Investitions-, Produkt- und Sortimentsbereich
  - unzureichende Personalpolitik
  - Über- oder Unterorganisation im Betrieb
  - fehlerhafte Kapazitätsstruktur
  - hohe Privatentnahmen
- **außerbetrieblich**
  - Absatzeinbußen
  - Ausfall von Forderungen
  - Verknappung oder Verteuerung von Rohstoffen
  - Verluste durch höhere Gewalt
  - Einbußen infolge politischer Maßnahmen

Maßnahmen bei Krisen im Unternehmen

- **Sanierung**
  organisatiorische und finanzielle Bemühungen zur Fortführung durch das Unternehmen selbst
- **Liquidation**
  freiwillige Auflösung durch Umwandlung der Vermögenswerte in Geld, Forderungseinzug und Begleichung der Verbindlichkeiten sowie Einstellung des Geschäftsbetriebes
- **Insolvenz**
  - gerichtliche Lösung bei Zahlungsunfähigkeit, drohender Zahlungsunfähigkeit oder Überschuldung des Schuldners durch Zwangsverteilung des schuldnerischen Vermögens gemäß Insolvenzordnung
  - Insolvenzplan: einvernehmliche Lösung von Zahlungsschwierigkeiten abweichend von den gesetzlichen Vorschriften der Insolvenzverordnung zwecks Erhalt des Unternehmens

Aufgaben 31

(1) Erläutern Sie, inwieweit Zahlungsunfähigkeit und Ertragslosigkeit die Existenz eines Unternehmens bedrohen können!

(2) Welche Anzeichen können auf Unternehmenskrisen hindeuten?

(3) Beschreiben Sie die Ursachen, die zu Unternehmenskrisen führen können!

(4) Mit welchen Maßnahmen kann eine Sanierung durchgeführt werden?

(5) Nehmen Sie kritisch Stellung zu der Behauptung, dass alle finanziellen Sanierungsmaßnahmen immer nur flankierenden Charakter besitzen können!

(6) Wann wird ein Insolvenzverfahren eröffnet?

(7) Was bedeutet es, wenn ein Insolvenzverfahren mangels Masse abgelehnt wird?

(8) Unterscheiden Sie die Gläubigerarten im Insolvenzverfahren!

(9) Ermitteln Sie die Insolvenzquote, wenn die Erlöse aus der Insolvenzmasse 2 Millionen EUR betragen, die absonderungsberechtigten Gläubiger 1,5 Millionen EUR fordern, die Massegläubiger 300 000 EUR und die Forderungen der Insolvenzgläubiger 500 000 EUR umfassen.

(10) Welchen Zweck verfolgt der Insolvenzplan?

(11) Worin besteht im Ergebnis ein zentraler Unterschied zwischen dem Insolvenzverfahren und dem Insolvenzplan?

Markt und Preis

1 Begriff und Funktion des Marktes

Überall dort, wo Angebot und Nachfrage zusammentreffen, entsteht ein **Markt.** Er kann sowohl räumlich und zeitlich begrenzt sein (Wochenmarkt) als auch an verschiedenen Orten und zu unterschiedlichen Zeiten stattfinden (Kapitalmarkt).

Die Funktion des Marktes ist es, **einen Ausgleich zwischen Angebot und Nachfrage herbeizuführen.**

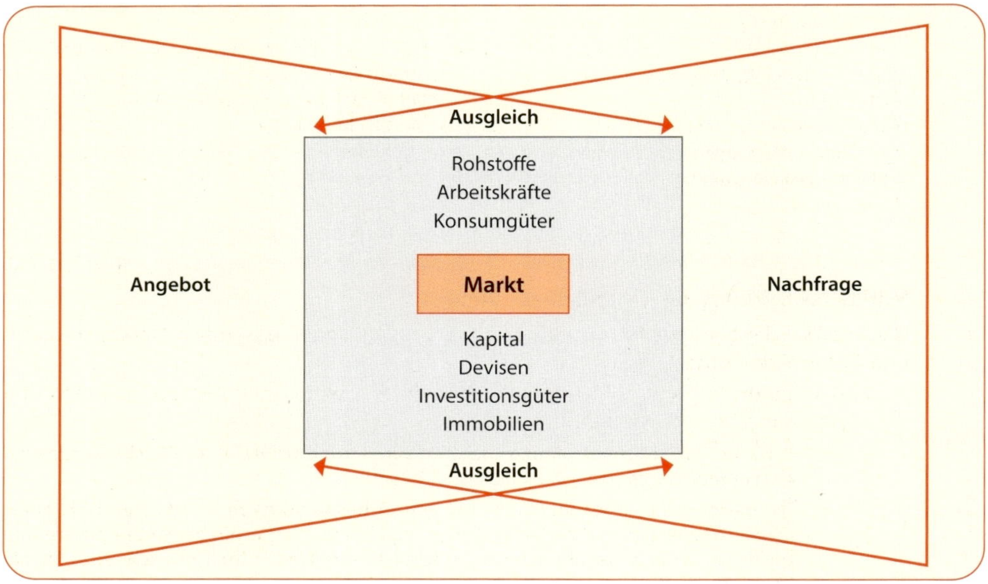

Dieser Ausgleich vollzieht sich unter Berücksichtigung der angebotenen und nachgefragten Mengen über den **Güterpreis.** Nicht alle Märkte sind funktionsfähig, d.h. können diese Ausgleichsfunktion erfüllen,

- da zu einem bestimmten Preis nur ein Teil der Nachfrage befriedigt werden kann **(Nachfrageüberhang),**

  > Für bestimmte Kfz-Modelle ist bei einem vorgegebenen Preis die Nachfrage so groß, dass die produzierten Mengen nicht ausreichen.

- da zu einem bestimmten Preis nur ein Teil des Angebots abgesetzt werden kann **(Angebotsüberhang),**

  > Der Textilfachhandel kann seine Winterkollektion aufgrund der milden Witterungslage nicht im gewohnten Umfang veräußern.

- da der Angebotspreis festgelegt ist und damit kein Preisausgleich stattfinden kann.

  > Für Dienstleistungen bestimmter Berufsgruppen (z.B. Ärzte, Rechtsanwälte, Steuerberater) gibt es **Gebührenordnungen**, die eine bestimmte, vorab festgelegte Honorierung vorsehen.

2 Marktarten

Je nach Sichtweise des Marktbetrachters lassen sich folgende Marktarten unterscheiden.

Marktarten

Märkte **ohne** direkte staatliche Einflussnahme	Märkte **mit** direkter staatlicher Einflussnahme
■ Märkte nach der Art der gehandelten Güter ■ Märkte nach der Zahl der Anbieter und Nachfrager ■ Märkte nach der Art der Preisbildung ■ Märkte nach räumlichen bzw. räumlich-zeitlichen Gesichtspunkten	■ Märkte nach dem Umfang der Marktzutrittsmöglichkeiten ■ Märkte nach dem Umfang der staatlichen Marktbeeinflussung

▶ Märkte ohne direkte staatliche Einflussnahme

■ Märkte nach der Art der gehandelten Güter

Nach der Art der gehandelten Sachgüter und Dienstleistungen lassen sich Märkte in Faktor- und Gütermärkte unterteilen.

- **Faktormärkte** sind solche Märkte, auf denen die Produktionsfaktoren Boden, Arbeit und Kapital ausgetauscht werden.
  - Bebaute und unbebaute Grundstücke für private und gewerbliche Zwecke werden auf dem **Immobilienmarkt** gehandelt.
  - Die menschliche Arbeitskraft wird auf dem **Arbeitsmarkt** von arbeitslosen bzw. einen neuen Arbeitsplatz suchenden Personen angeboten. Als Nachfrager treten private und staatliche Wirtschaftsunternehmen, öffentlich-rechtliche Körperschaften und private Haushalte auf.
  - Der Produktionsfaktor Kapital wird entweder auf dem **Kapitalmarkt** (für langfristige Kapitalmittel) oder auf dem **Geldmarkt** (für kurzfristige Kapitalmittel) gehandelt.
- Auf **Gütermärkten** soll ein Ausgleich zwischen dem Angebot und der Nachfrage nach Konsumgütern bzw. Produktionsgütern erreicht werden.
- Auf dem **Konsumgütermarkt** kaufen private und öffentliche Haushalte angebotene Waren (Nahrungsmittel, Kleidung oder Einrichtungsgegenstände) bzw. fragen Dienstleistungen (z. B. von Kreditinstituten, Versicherungen, Ärzten oder Steuerberatern) nach.
- Auf dem **Produktionsgütermarkt** treten Unternehmen als Nachfrager solcher Güter auf (z. B. Maschinen, Anlagen, Betriebs- und Geschäftsausstattung, Roh-, Hilfs- und Betriebsstoffe), die als Produktionsmittel zur Herstellung von Konsum- bzw. Investitionsgütern dienen.

■ Märkte nach der Zahl der Anbieter und Nachfrager

- **Polypolistische Märkte** (poly = viel) sind dadurch gekennzeichnet, dass eine große Zahl von Anbietern und Nachfragern auf diesen Märkten auftreten.
- **Oligopolistische Märkte** (olig = wenige) zeichnen sich dadurch aus, dass aufseiten der Anbieter, der Nachfrager **oder** auf beiden Seiten nur wenige Marktteilnehmer auftreten.

- **Monopolistische Märkte** (mono = ein) liegen vor, wenn entweder nur ein Anbieter oder Nachfrager mehreren oder sehr vielen anderen Marktteilnehmern gegenübersteht.
  - Polypol: Effektenbörse
  - Oligopol auf der Anbieterseite: Mineralölmarkt, Markt für Fernlinienbusse
  - Oligopol auf der Nachfragerseite: Markt für Heimarbeit
  - Monopol auf der Anbieterseite: Notare, die allein für die Beurkundung von Willenserklärungen im Zisammenhang mit Immobilienkaufverträgen zuständig sind
  - Monopol auf der Nachfragerseite: Deutsche Bahn AG für Waggons (zumindest mehrheitlich)

Marktformen nach der Marktteilnehmerzahl

Zahl der Anbieter / Zahl der Nachfrager	einer	wenige	viele
einer	zweiseitiges Monopol	beschränktes Nachfragemonopol	Nachfragemonopol
wenige	beschränktes Angebotsmonopol	zweiseitiges Oligopol	Nachfrageoligopol
viele	Angebotsmonopol	Angebotsoligopol	Polypol

- **Märkte nach der Art der Preisbildung**
  - **Vollkommene Märkte** zeichnen sich dadurch aus, dass es für ein bestimmtes Gut nur einen einheitlichen Preis **(Gleichgewichtspreis)** geben kann. Bei der Börse sind die Bedingungen des vollkommenen Marktes am ehesten gegeben.
  - Bei den weitaus meisten Märkten handelt es sich jedoch um **unvollkommene Märkte.** Kennzeichen unvollkommener Märkte ist, dass es für ein bestimmtes Gut verschiedene Preise geben kann.
- **Märkte nach räumlichen bzw. räumlich-zeitlichen Gesichtspunkten**
  - Nach rein **räumlichen Gesichtspunkten** lassen sich etwa der Weltmarkt, der europäische Markt, der norddeutsche Markt oder der Markt einer bestimmten Stadt unterscheiden.
  - **Nach räumlich-zeitlichen Aspekten** sind Märkte zu unterscheiden, bei denen Angebot und Nachfrage für einen bestimmten Zeitraum an einem bestimmten Ort zusammentreffen (Versteigerungen, Auktionen, Börsen, private Gebrauchtwagenmärkte, Großmärkte für Gemüse, Blumen u. a.) bzw. solche Märkte, bei denen Angebot und Nachfrage nicht zur selben Zeit am selben Ort erfolgen (Arbeitsmarkt, Immobilienmarkt, Märkte für Textilien, Lebensmittel oder Freizeitangebote).

Märkte mit direkter staatlicher Einflussnahme

Im Gegensatz zu den bisher dargestellten Marktarten sind die folgenden direkt von staatlichen Maßnahmen beeinflusst.

- **Märkte nach dem Umfang der Marktzutrittsmöglichkeiten**
  - Bei **offenen Märkten** steht es jedermann frei, als Anbieter oder Nachfrager am Marktgeschehen teilzunehmen.
  - Zu **geschlossenen Märkten** haben nicht alle Personen Zutritt. So ist es auf der Anbieterseite der Deutschen Bahn AG vorbehalten, bestimmte Beförderungsdienstleistungen zu erbringen. Durch gesetzliche Regelungen ist es der Nachfragerseite untersagt, bestimmte

Waren frei zu erwerben (Alkohol oder Tabak für Jugendliche, Medikamente, Waffen oder Sprengstoff für die meisten Personen).

- **Märkte nach dem Umfang der staatlichen Marktbeeinflussung**
  - Auf **freien Märkten** spielt sich das Marktgeschehen ohne staatliche Interventionen (Eingriffe) ab.
  - Bei **reglementierten (gelenkten) Märkten** greift der Staat in das Marktgeschehen ein, um wirtschafts- oder sozialpolitische Ziele zu verwirklichen.
    - Für strukturschwache Wirtschaftsbereiche gewährt der Staat **Subventionen** (Kohle, Eisen und Stahl).
    - Auf dem Arbeitsmarkt greift der Staat dadurch sozialpolitisch lenkend ein, dass er z.B. Schwerbehinderten oder Müttern den Zugang zu Arbeitsplätzen oder deren Erhalt sichert oder für Pflegekräfte gesetzliche Mindestlöhne festlegt.

Zusammenfassung

Markt

Begriff

Zusammentreffen von Angebot und Nachfrage, wobei der Güterpreis auf funktionsfähigen Märkten die Aufgabe des Ausgleichs zwischen Angebot und Nachfrage erfüllt

Marktarten

- **nach der Art der gehandelten Güter**
  - Faktormärkte
  - Gütermärkte
- **nach der Zahl der Anbieter und Nachfrager**
  - Polypol
  - Oligopol
  - Monopol
- **nach der Art der Preisbildung**
  - vollkommene Märkte
  - unvollkommene Märkte
- **nach räumlichen bzw. räumlich-zeitlichen Gesichtspunkten**
- **nach dem Umfang der Marktzutrittsmöglichkeiten**
  - offene Märkte
  - geschlossene Märkte
- **nach dem Umfang der staatlichen Marktbeeinflussung**
  - freie Märkte
  - reglementierte Märkte

Aufgaben 32

(1) Beschreiben Sie den Begriff des Marktes und seine Funktion!

(2) Welche Aufgabe übernimmt der Güterpreis auf funktionsfähigen Märkten?

(3) Wann ist ein Markt nicht funktionsfähig?

(4) Um welche Marktart handelt es sich in folgenden Fällen?
   a) Zwei große Anbieter beliefern eine Vielzahl von Nachfragern.
   b) Ein Arbeitnehmer sucht einen neuen Arbeitsplatz.
   c) Eine Familie schließt eine Hausratversicherung ab.
   d) Für ein bestimmtes Gut gibt es am Markt nur einen einheitlichen Preis.

3 Anbieter- und Nachfragerverhalten

Anbieter sind daran interessiert, die von ihnen erzeugten, hergestellten oder zu verteilenden Güter am Markt absetzen zu können. Nachfrager möchten, dass ein ausreichendes Angebot an Waren und Dienstleistungen zur Deckung ihres Bedarfs bereitsteht. Dabei sind die Nachfrager bestrebt, ihre Beschaffung zu möglichst niedrigen Preisen zu realisieren, während die Anbieter in der Regel versuchen werden, einen möglichst hohen Preis zu erzielen.

3.1 Anbieterverhalten

Das Güterangebot der privaten Anbieter wird im Einzelnen durch folgende **Einflussgrößen** bestimmt:

- vom zu erzielenden Verkaufspreis des angebotenen Gutes,
- von den Preisen der Güter, die mit dem zu veräußernden Gut in engem Zusammenhang stehen (komplementäre und substitutive Güter),
- von den Preisen der Produktionsfaktoren,
- von den Zielsetzungen des Anbieters (Ausweitung des Marktanteils, Sicherung eines angemessenen Gewinns),
- von der Marktsituation (konjunkturelle Lage, Konkurrenzsituation, Bevölkerungsentwicklung, Wachstumsbranche).

Der Zusammenhang zwischen dem Preis und der angebotenen Menge eines Gutes wird dabei in einer **Angebotsfunktion** dargestellt. Die anderen Faktoren bleiben bei diesen Überlegungen unberücksichtigt, da sie nur schwer zahlenmäßig darstellbar sind.

3.1.1 Typische Angebotsfunktion

Für das typische Verhalten von Anbietern ist es charakteristisch, dass sie versuchen, bei steigenden Absatzpreisen ihr Angebot mengenmäßig auszuweiten. Für die Angebotsfunktion gelten entsprechend folgende Zusammenhänge zwischen Preis und Menge:

- **Mit steigendem Preis eines Gutes steigt die angebotene Gütermenge.**
- **Mit sinkendem Preis eines Gutes nimmt die angebotene Gütermenge ab.**

Der Eigentümer von Aktien möchte eine bestimmte Anzahl dieser Wertpapiere an der Börse veräußern. Die Absatzmenge richtet sich dabei nach dem voraussichtlich zu erzielenden Kurswert.

Kurswert der Aktie	anzubietende Menge
245 EUR	55
250 EUR	75
255 EUR	90
260 EUR	100
265 EUR	105

Das Verkaufsangebot dieses einzelnen Aktienanbieters stellt sich wie folgt dar:

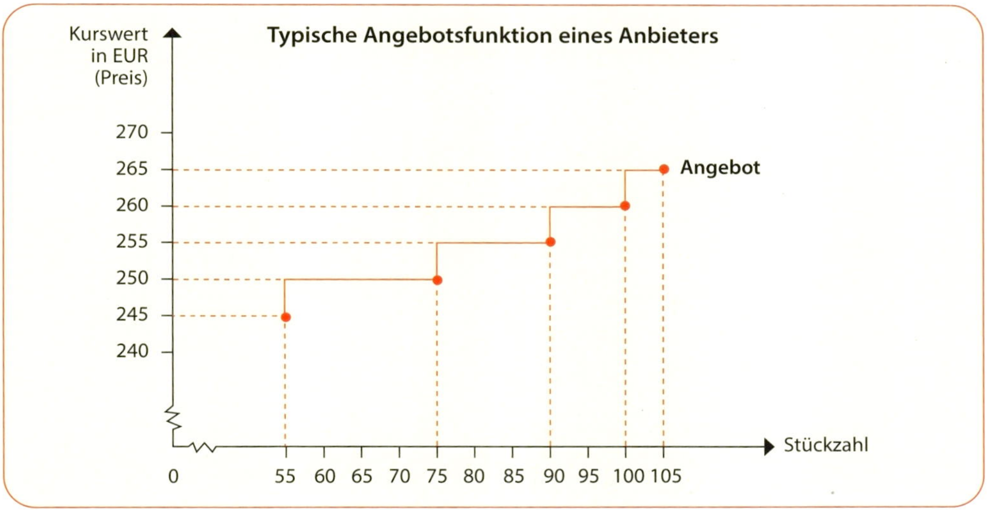

Betrachtet man das Gesamtverkaufsangebot aller Inhaber dieser Aktie, werden also alle individuellen Angebotskurven zu einer Kurve zusammengefasst (aggregiert), so erhält man die **typische Angebotsfunktion** aller Anbieter eines bestimmten Gutes (hier einer bestimmten Aktie).

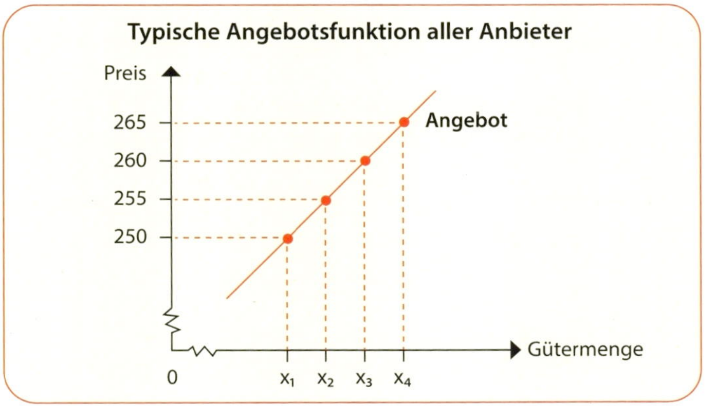

Im Normalfall gilt also:

- **Je höher der Preis, desto höher die angebotene Menge.**
- **Je niedriger der Preis, desto geringer die angebotene Menge.**

31 Merkur-Nr. 0124

3.1.2 Atypische Angebotsfunktion

Abweichend von dieser typischen Angebotsfunktion kann die angebotene Menge mit steigendem Preis abnehmen oder mit sinkendem Preis zunehmen.

> Steigt der Preis für die Unze Feingold und erwarten die Eigentümer weitere Preissteigerungen, werden die Verkaufsaufträge aus Spekulationsgründen zurückgehalten, sodass die angebotene Menge sinkt.

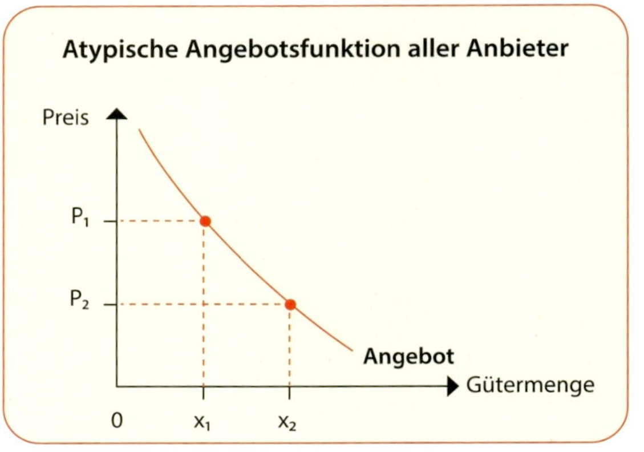

3.1.3 Sonderfälle

Neben dem typischen und atypischen Anbieterverhalten gibt es zwei Sonderfälle.

- Beim **vollkommen preiselastischen Angebot** wird auch bei steigender Nachfrage der Preis des Gutes nicht erhöht.

> Die unausgelasteten Kapazitäten im Schiffbau werden die Anbieter auch dann nicht zu Preiserhöhungen veranlassen, wenn die Nachfrage steigt, um die neuen Absatzchancen nicht zu gefährden.

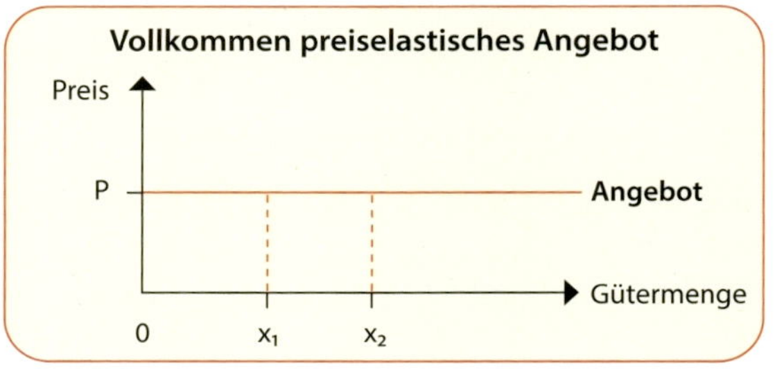

- Beim **vollkommen preisunelastischen Angebot** können zwar die Güterpreise, nicht jedoch (kurz- bzw. mittelfristig) die Gütermengen erhöht werden.

> Anbieter einer bestimmten Dienstleistung (z.B. Transport von Satelliten in den Weltraum) können ihre Kapazitäten (kurz- oder mittelfristig) nicht erhöhen. Sie sind nur in der Lage, die Preise für ihre Transportfunktion anzuheben.

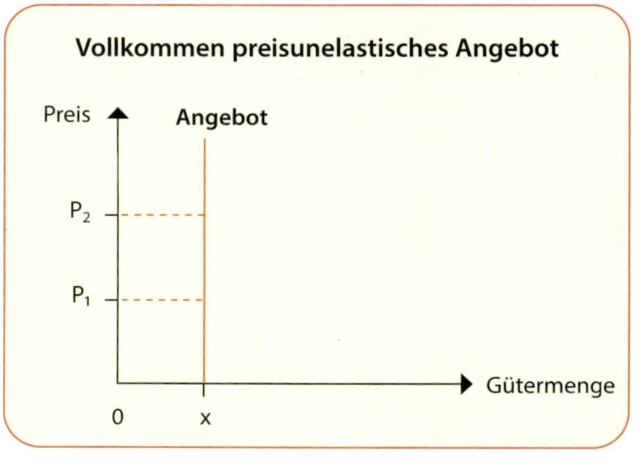

3.2 Nachfragerverhalten

Ähnlich wie das Güterangebot orientiert sich auch die Nachfrage der privaten Haushalte an bestimmten Einflussgrößen. Die von den privaten Haushalten nachgefragten Mengen eines Gutes hängen insbesondere von folgenden **Faktoren** ab:

- vom Preis des nachgefragten Gutes,
- vom verfügbaren Einkommen und Vermögen,
- von der individuellen Bedürfnisstruktur,

> Bei gleichen Preisen und gleichem verfügbaren Einkommen kann die Nachfrage von zwei Haushalten nach einem Gut aufgrund der jeweiligen Bedürfnislage verschieden sein. Haushalte mit Kindern werden andere Güter nachfragen als Haushalte ohne Kinder. Manche Familien fragen stärker Sportartikel nach, andere wieder mehr Bücher.

- von den Erwartungen der Nachfrager über die zukünftige wirtschaftliche Entwicklung.

> Eine angekündigte Erhöhung von Verbrauchsteuern (etwa Mineralöl-, Tabak- oder Kaffeesteuer) wird die Haushalte veranlassen, ihre Konsumpläne so weit als möglich schon vor dem jeweiligen Stichtag zu realisieren, um so zumindest für kurze Zeit der Steuererhöhung auszuweichen.

Wie bei der Angebotsfunktion werden auch bei der **Nachfragefunktion** nur quantifizierbare Faktoren berücksichtigt, also die Güterpreise in Abhängigkeit von der nachgefragten Menge. Subjektive Größen wie Bedürfnisstruktur und Erwartungshaltungen bleiben folglich unberücksichtigt.

3.2.1 Typische Nachfragefunktion

Für das normale Nachfragerverhalten ist kennzeichnend, dass die in einer bestimmten Zeiteinheit nachgefragte Menge eines Gutes umso größer ist, je niedriger sein Preis ist.

Somit besteht bei der typischen Nachfragefunktion zwischen Preis und Menge folgender Zusammenhang:

- **Mit steigendem Preis sinkt die nachgefragte Gütermenge.**
- **Mit sinkendem Preis steigt die nachgefragte Gütermenge.**

Ein Kaufinteressent möchte eine bestimmte Anzahl Aktien an der Börse erwerben. Die nachgefragte Menge wird sich nach dem derzeit gültigen Kurswert ausrichten.

Kurswert der Aktie	nachgefragte Menge
245 EUR	105
250 EUR	100
255 EUR	90
260 EUR	75
265 EUR	55

Das Kaufangebot dieses einzelnen Interessenten stellt sich wie folgt dar:

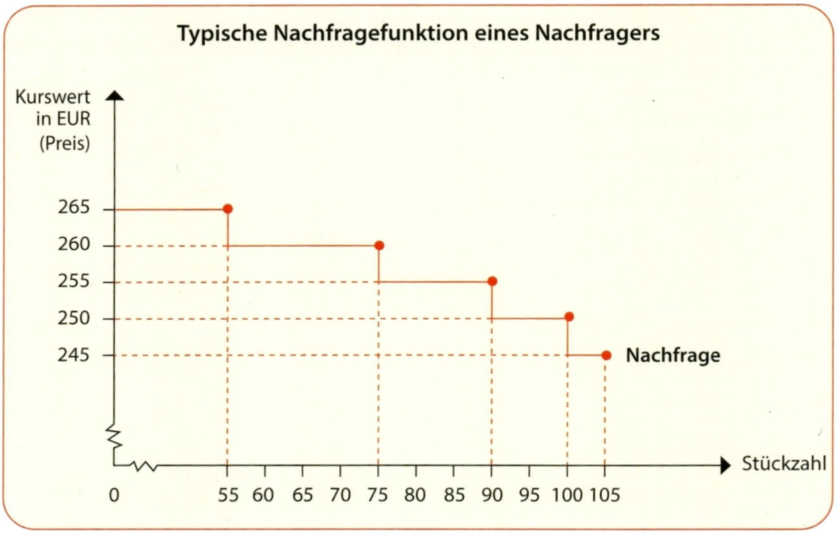

Betrachtet man das Gesamtkaufangebot aller an dieser Aktie Interessierten, so erhält man die **typische Nachfragefunktion** aller Nachfrager eines bestimmten Gutes (hier einer bestimmten Aktie).

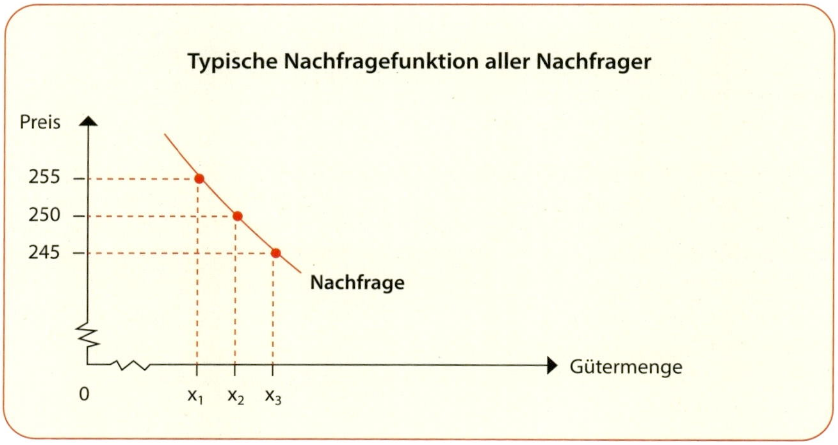

Im Normalfall gilt also:

- **Je höher der Preis, desto niedriger die nachgefragte Menge.**
- **Je niedriger der Preis, desto höher die nachgefragte Menge.**

3.2.2 Atypische Nachfragefunktion

Werden von den Haushalten bei steigenden Preisen größere bzw. bei sinkenden Preisen geringere Mengen eines Gutes nachgefragt, spricht man vom atypischen Nachfrageverhalten.

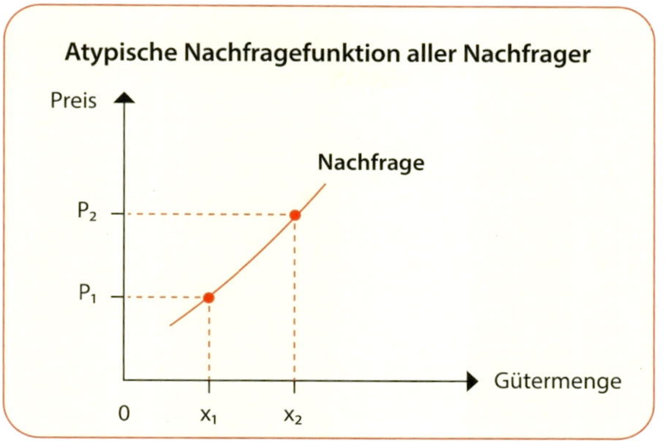

- Im 19. Jahrhundert stellte der englische Nationalökonom Robert Giffin im Londoner Armenviertel fest, dass der Brotverbrauch mit steigendem Brotpreis anstieg. Infolge des erhöhten Brotpreises mussten die Arbeiter auf höherwertige Lebensmittel verzichten und waren deshalb gezwungen, mehr Brot zu konsumieren.
- Nimmt ein Nachfrager den Preis eines Gutes als Qualitätsmaßstab, so wird er mit steigendem Preis mehr, mit sinkendem Preis weniger nachfragen.

3.2.3 Sonderfälle

Ähnlich wie beim Anbieterverhalten gibt es neben der typischen und atypischen Nachfragefunktion zwei Sonderfälle.

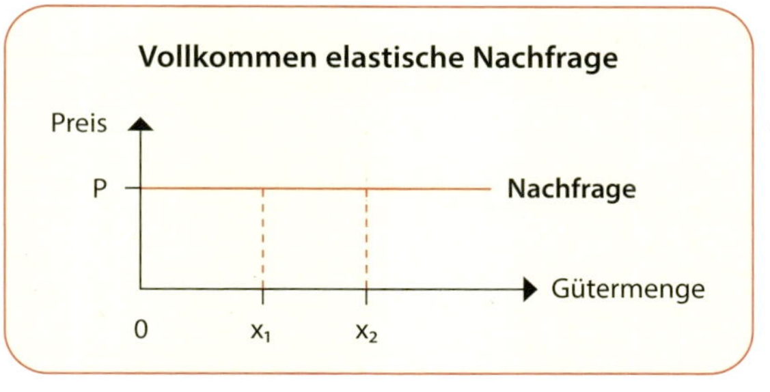

- Bei **vollkommen elastischer Nachfrage** führt eine geringe Preiserhöhung dazu, dass von diesem Gut keine Menge mehr nachgefragt wird bzw. bei einer geringen Preissenkung sehr hohe Mengen nachgefragt werden.

  Die vollkommen elastische Nachfrage richtet sich zum einen nach der Art des Gutes, zum anderen aber auch nach den Bedürfnisstrukturen der Nachfrager. Ist es zum Beispiel für Haushalte unerheblich, ob sie als Gemüse Broccoli oder Blumenkohl verzehren, wird eine geringe Preiserhöhung bei einem dieser Güter dazu führen, dass die Haushalte das andere Gut nachfragen.

- Bei **vollkommen unelastischer Nachfrage** wird eine feste Menge zu jedem beliebigen Preis nachgefragt. Eine Erhöhung oder Senkung des Preises führt zu keiner Mengenänderung.

  Die vollkommen unelastische Nachfrage tritt bei lebensnotwendigen Gütern auf. Bei Preiserhöhungen können Haushalte auf diese Güter (z. B. Energie und Trinkwasser) weder verzichten noch sie durch andere ersetzen.

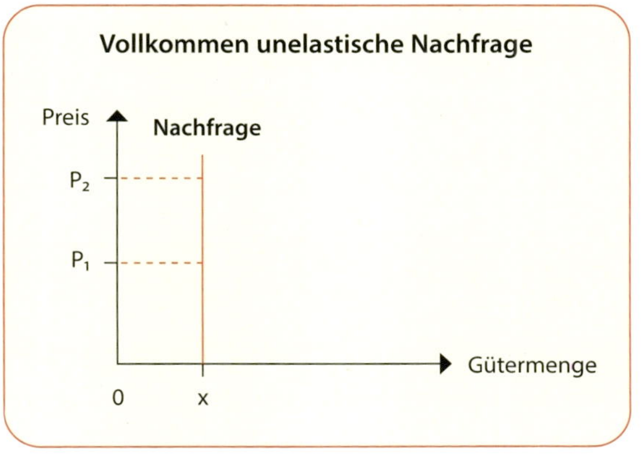

▶ Zusammenfassung

Anbieter- und Nachfragerverhalten

Angebotsfunktion

stellt den Zusammenhang zwischen dem **Preis** und der **angebotenen Menge** eines Gutes dar

- **typische Angebotsfunktion**
  mit steigendem Preis eines Gutes steigt die angebotene Gütermenge, mit sinkendem Preis nimmt sie ab
- **atypische Angebotsfunktion**
  mit steigendem Preis eines Gutes nimmt die angebotene Gütermenge ab, mit sinkendem Preis nimmt sie zu
- **vollkommen preiselastisches Angebot**
  der Güterpreis bleibt bei steigender Nachfrage konstant
- **vollkommen preisunelastisches Angebot**
  der Preis eines Gutes steigt bei konstantem Angebot

Nachfragefunktion

stellt den Zusammenhang zwischen dem **Preis** und der **nachgefragten Menge** eines Gutes dar

- **typische Nachfragefunktion**
  mit steigendem Preis eines Gutes sinkt die nachgefragte Gütermenge, mit sinkendem Preis steigt sie
- **atypische Nachfragefunktion**
  mit steigendem Preis eines Gutes nimmt die nachgefragte Gütermenge zu, mit sinkendem Preis nimmt sie ab
- **vollkommen preiselastische Nachfrage**
  eine geringe Preiserhöhung führt dazu, dass keine Gütermenge mehr nachgefragt wird, eine geringe Preissenkung führt zu sehr starkem Nachfragezuwachs
- **vollkommen preisunelastische Nachfrage**
  eine Senkung oder Erhöhung des Güterpreises hat keinen Einfluss auf die nachgefragte Menge

Aufgaben 33

(1) Welche Interessen verfolgen Anbieter und Nachfrager am Markt?

(2) Nennen Sie Einflussgrößen, die das Anbieterverhalten bestimmen!

(3) Stellen sie grafisch eine typische Angebotsfunktion dar und erläutern Sie die Zusammenhänge zwischen Güterpreis und Gütermenge!

(4) Bilden Sie ein Beispiel für ein Gut, dessen Angebotsfunktion atypisch verlaufen könnte!

(5) Erläutern Sie die Aussage, dass bei einem vollkommen preisunelastischen Angebot zwar die Güterpreise, nicht aber die Gütermengen erhöht werden können!

(6) Nennen Sie Größen, die auf das Nachfrageverhalten Einfluss nehmen!

(7) Welche Zusammenhänge zwischen Güterpreis und Gütermenge vermittelt die typische Nachfragefunktion?

(8) Bei welcher vollkommen elastischen Nachfrage führt eine geringe Preisänderung dazu, dass dieses Gut nicht mehr nachgefragt wird? Bilden Sie ein Beispiel!

(9) Bei welchen Gütern kann eine vollkommen unelastische Nachfrage unterstellt werden?

4 Preisbildung

Angebots- und Nachfrageverhalten wurden bisher getrennt untersucht und die entsprechenden Abhängigkeiten zwischen Preis und Menge dargestellt. Aber erst durch gemeinsame Betrachtung von Angebot und Nachfrage wird der **Preisbildungsmechanismus** auf verschiedenen Märkten deutlich.

4.1 Preisbildung auf vollkommenen polypolistischen Märkten

Als vollkommen gelten solche **polypolistischen Märkte,** auf denen zwischen vielen Anbietern und vielen Nachfragern **vollständige Konkurrenz** besteht.

Die **Bedingungen des vollkommenen Marktes sind:**

- Die gehandelten **Güter sind homogen,** d. h. vollkommen gleichartig.

  > Aktien einer bestimmten Gesellschaft; Goldbarren; Wein eines bestimmten Jahrganges, einer Lage und Rebsorte; Strom

- Anbieter und Nachfrager verfügen über **vollständige Marktübersicht** (Markttransparenz), d.h., jeder Marktteilnehmer ist über Qualitäten, Mengen und Preise aller Angebote und über den Bedarf der Nachfrager informiert.

  > Die Besucher eines Wochenmarktes können sich über das Angebot an Frischfisch umfassend informieren. Die Verkäufer selbst überblicken das Angebot der Konkurrenten.

- Anbieter und Nachfrager **reagieren augenblicklich auf Änderungen der Marktsituation.**

  > Die Käufer von Frischfisch auf dem Wochenmarkt können augenblicklich auf Preissenkungen reagieren. Die Konkurrenten sind in der Lage, eine entsprechende Preissenkung sofort nachzuvollziehen.

- Zwischen Käufer und Verkäufer bestehen **keine Präferenzen** (Bevorzugungen), d. h., bei homogenen Produkten dürfen keine sachlichen, zeitlichen, räumlichen oder persönlichen Präferenzen dazu führen, dass ein bestimmter Anbieter oder ein bestimmter Nachfrager bevorzugt wird.

  > Tatsächlich bestehen häufig vielfältige Präferenzen: So entscheiden bei baugleichen Produkten die sachliche Präferenz (Bevorzugung einer bestimmten Produktmarke), die räumliche (die Nähe zum Marktpartner), die zeitliche (etwa Lieferfrist) und die persönliche Präferenz (langjährige Geschäftsbeziehung) über den Kauf einer Ware.

- Alle Anbieter und Nachfrager haben **freien Zutritt zum Markt,** d. h., weder staatliche Maßnahmen noch natürliche Gegebenheiten oder wettbewerbswidriges Verhalten anderer Anbieter bzw. Nachfrager beschränken den Marktzutritt.

  > Folgende Gegebenheiten machen einen freien Marktzutritt unmöglich:
  >
  > - Im Dienstleistungsgewerbe ist der Zugang zu bestimmten Berufsgruppen von der Erfüllung staatlich festgelegter Qualifikationen (z. B. bei Ärzten oder Apothekern) abhängig.
  > - Ein Großabnehmer verpflichtet – wettbewerbswidrig – seinen Lieferanten, an keinen anderen Abnehmer Waren zu veräußern.
  > - Aus räumlichen Gesichtspunkten ist eine Ausweitung der Zahl der Anbieter auf dem Nürnberger Christkindl-Markt nicht möglich.

Auf vollkommenen Märkten bildet sich zwischen Angebot und Nachfrage ein **Gleichgewichtspreis,** d. h. ein Preis, zu dem der Markt geräumt wird: Angebotene und nachgefragte Mengen gleichen sich aus. Dieser Gleichgewichtspreis ist für alle Marktteilnehmer ein Datum, d. h., Anbieter und Nachfrager können nur als **Mengenanpasser** reagieren.

Banken erhalten von Aktienkäufern und -verkäufern Aufträge. Dabei können sowohl Käufer als auch Verkäufer ihre Aufträge begrenzen. Ein Käufer kann beispielsweise die Bank beauftragen, eine Aktie höchstens zu 90 EUR zu kaufen. Sollte der Kurs am Kauftag diesen Betrag überschreiten, so wird der Auftrag nicht ausgeführt. Andererseits kann ein Verkäufer Order erteilen, seine Aktien für mindestens 82 EUR zu verkaufen. Ist der Kurs am Verkaufstag unter die Order gesunken, bleibt der Auftrag ebenfalls unausgeführt. Die Banken geben nun die Kauf- und Verkaufsaufträge ihrer Kunden an die Börse weiter.

Kaufaufträge (Nachfrage)	**Verkaufsaufträge** (Angebot)
35 Stück zu 84 EUR höchstens	80 Stück zu 84 EUR mindestens
40 Stück zu 85EUR höchstens	55 Stück zu 85 EUR mindestens
45 Stück zu 86 EUR höchstens	20 Stück zu 86 EUR mindestens
30 Stück zu 88 EUR höchstens	30 Stück zu 88 EUR mindestens
20 Stück zu 90 EUR höchstens	35 Stück zu 90 EUR mindestens
170 Stück Nachfrage insgesamt	220 Stück Angebot insgesamt

Es liegt nun im Aufgabenbereich des Börsenmaklers festzustellen, bei welchem Kurs der **höchste Umsatz** erzielt werden kann. Dazu muss ermittelt werden, welche Umsätze bei den einzelnen Kursen möglich sind.

Mögliche Kurse	**durchführbare Kaufaufträge** (Nachfrage)	**durchführbare Verkaufsaufträge** (Angebot)	**Umsatz**
80 EUR	170 Stück	-- Stück	-- Stück
84, EUR	170 Stück	80 Stück	80 Stück
85 EUR	135 Stück	135 Stück	135 Stück
86, EUR	95 Stück	155 Stück	95 Stück
88 EUR	50 Stück	185 Stück	50 Stück
90 EUR	20 Stück	220 Stück	20 Stück
94 EUR	-- Stück	220 Stück	-- Stück

In diesem Beispiel wird der größte Umsatz bei 85 EUR je Aktie getätigt, weil hier der Gleichgewichtskurs (Gleichgewichtspreis) erreicht ist. Der **Gleichgewichtspreis** bringt also Angebot und Nachfrage zum Ausgleich, er räumt den Markt.

Geht man von einem Preis von 90 EUR aus, so werden 220 Aktien angeboten, jedoch nur 20 nachgefragt. Es besteht also ein **Angebotsüberhang** von 200 Aktien. Diese Marktsituation führt zur Konkurrenz der Anbieter auf dem Aktienabsatzmarkt und erzwingt laufende Preissenkungen. Diese Bewegung entlang der Angebots- und Nachfragekurve setzt sich fort, bis das Marktgleichgewicht erreicht ist.

Bei einem Kurs von 84 EUR besteht andererseits ein **Nachfrageüberhang,** da 170 Stück nachgefragt, aber nur 80 Stück angeboten werden. Diese Marktsituation führt zu einem Konkurrenzdruck der Nachfrager und damit zu steigenden Preisen. Neue Anbieter werden durch die steigenden Preise angelockt und die alten Anbieter werden ihr Angebot so lange ausweiten, bis das Marktgleichgewicht erreicht ist.

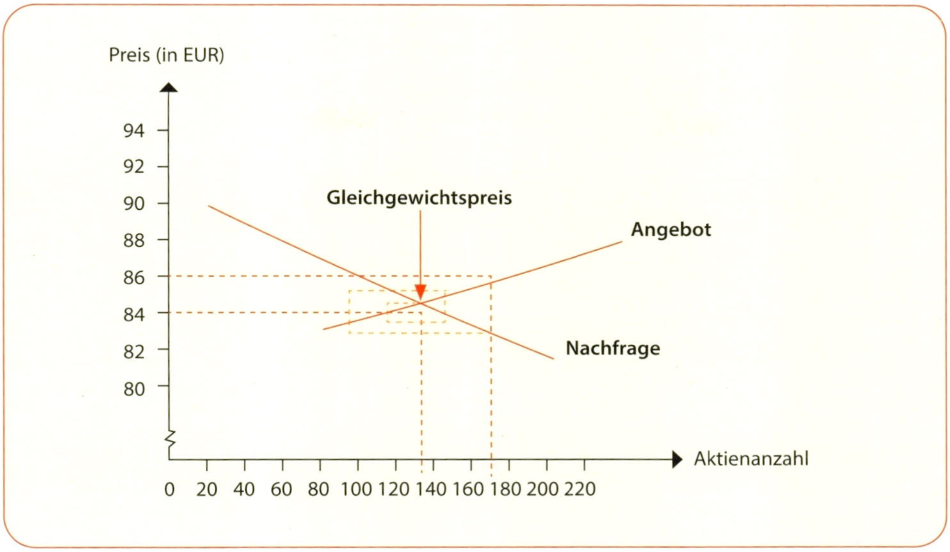

Formuliert man diese Erkenntnisse nun allgemeiner, so kann Folgendes festgestellt werden:

- **Mit steigendem Preis nehmen das mengenmäßige Angebot zu und die mengenmäßige Nachfrage ab.**
- **Mit sinkendem Preis nehmen das mengenmäßige Angebot ab und die mengenmäßige Nachfrage zu.**

Wechselwirkungen zwischen Angebot, Nachfrage und Preis

Die den Preis-Mengenmechanismus beeinflussenden wirtschaftlichen Daten unterliegen ständigen Veränderungen, sodass ein bestimmter Gleichgewichtspreis nur vorübergehend maßgeblich ist.

Sich ändernde Bedürfnisse, steigende Einkommen, neu am Markt angebotene Produkte, Veränderungen in der Zahl der Anbieter oder Nachfrager, das Steigen oder Fallen der Preise anderer Güter, Modetrends u. a. nehmen Einfluss auf das Angebots- und Nachfrageverhalten.

- Eine **Nachfrageerhöhung** führt zu einer Verschiebung der Nachfragekurve nach „rechts", eine **Nachfragesenkung** zu einer Verschiebung nach „links".

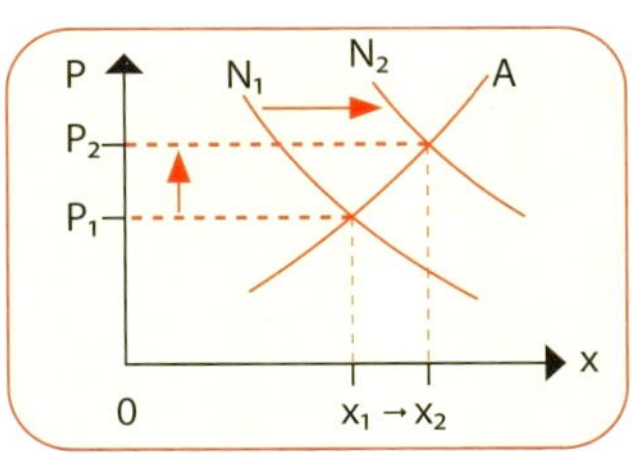

Steigende Nachfrage (Preis steigt)

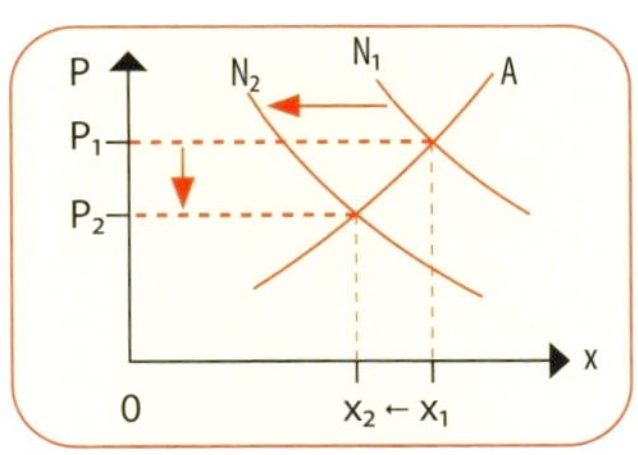

Sinkende Nachfrage (Preis sinkt)

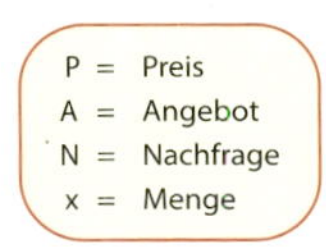

Die Nachfrage nach Dieselfahrzeugen nimmt aufgrund der am Markt verstärkt angebotenen Hybrid- und Elektroautos ab.

Bei gleichbleibendem Güterangebot führt eine **Nachfrageerhöhung** zu steigenden Preisen, eine **Nachfragesenkung** hingegen zu fallenden Preisen.

- Entsprechend bewirkt eine **Angebotserhöhung** eine Verschiebung der Angebotskurve nach „rechts", eine **Angebotsverminderung** eine Verschiebung nach „links".

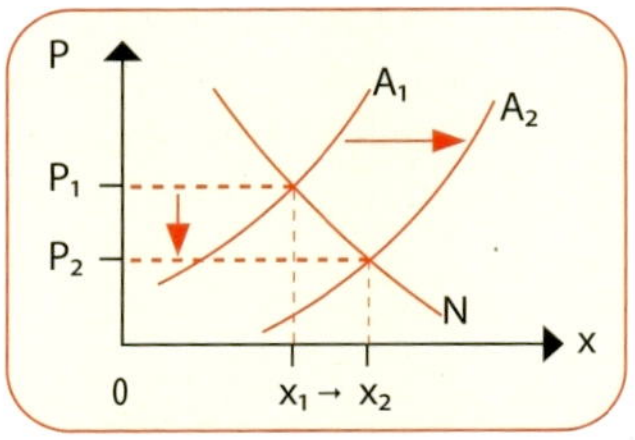

Steigendes Angebot (Preis sinkt)

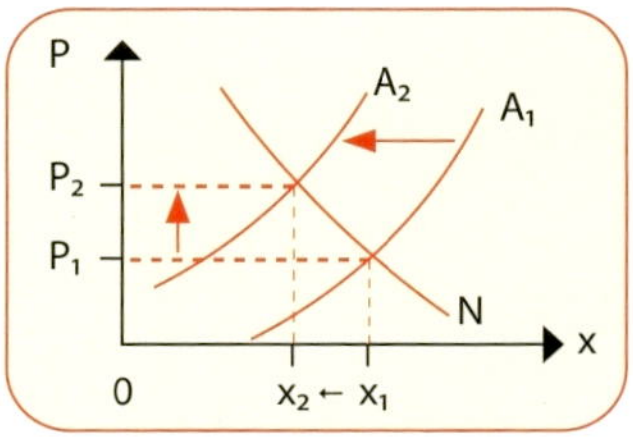

Sinkendes Angebot (Preis steigt)

P = Preis
A = Angebot
N = Nachfrage
x = Menge

> Infolge einer verminderten Kaffeeernte können die Röstereien ihre bisherigen Angebotsmengen nicht aufrechterhalten.

Bei gleichbleibender Nachfrage führt eine **Angebotserhöhung** damit zu sinkenden Preisen, eine **Angebotssenkung** wiederum zu steigenden Preisen.

Funktionen des Gleichgewichtspreises

Der Gleichgewichtspreis auf vollkommenen Märkten nimmt besondere Funktionen wahr.

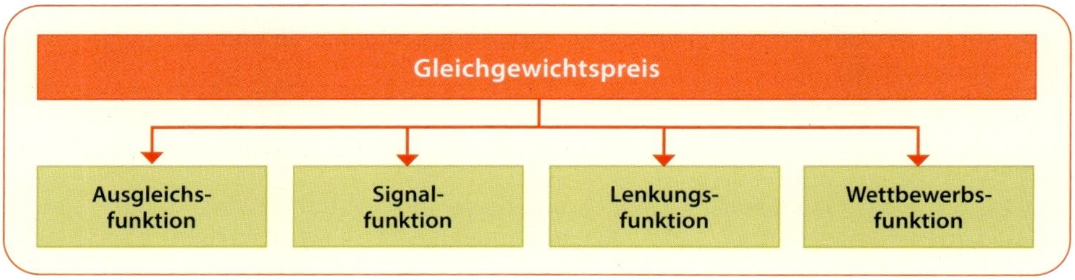

- **Ausgleichsfunktion**

  Angebot und Nachfrage werden ausgeglichen, Kauf- und Verkaufsangebote stimmen mengenmäßig überein. Jeder Marktteilnehmer kann wie geplant zu dem gegebenen Preis ein bestimmtes Gut veräußern oder erwerben.

- **Signalfunktion**

  Abweichungen vom Gleichgewichtspreis signalisieren Marktänderungen. So kann ein fallender Preis bei gleichbleibender Nachfrage auf ein erhöhtes Güterangebot hindeuten oder bei gleichbleibendem Angebot eine sinkende Nachfrage anzeigen. Steigende Preise signalisieren entgegengesetzte Markttendenzen. Der sich einstellende Marktpreis ist entsprechend ein Anzeichen für die „Knappheit" von Gütern.

- **Lenkungsfunktion**

  Bildet sich der Preis am Markt frei nach Angebot und Nachfrage, werden die Anbieter dort Produktion und Verkauf konzentrieren, wo die größte Nachfrage (damit der höchste Preis) zu erwarten ist. Andererseits werden die Nachfrager bestrebt sein, dort ihren Bedarf zu realisieren, wo die niedrigsten Preise verlangt werden. Der Marktpreis lenkt damit Angebot und Nachfrage auf die jeweils günstigsten Märkte.

- **Wettbewerbsfunktion**

  Alle Anbieter, die zum gegebenen Gleichgewichtspreis ein Gut nicht anbieten wollen oder aufgrund ihrer Kostenstruktur nicht anbieten können, scheiden aus diesem Teilmarkt aus. Sie müssen entweder ihre unternehmerische Tätigkeit einstellen oder sich dem Wettbewerb auf anderen Märkten stellen. Abnehmer, die den Marktpreis nicht zahlen wollen (aber können), müssen diesen Bedarf zurückstellen oder versuchen, ihn auf anderen Märkten (durch andere Güter) zu befriedigen.

4.2 Preisbildung auf unvollkommenen polypolistischen Märkten

Der vollkommene Markt ist ein idealtypisches Modell, das in der Wirklichkeit (vielleicht mit Ausnahme der Börse) nicht erreicht wird. Häufig werden eine oder mehrere Anforderungen, die an einen vollkommenen Markt gestellt werden, **nicht** erfüllt.

- Selbst Pkw eines Typs sind durch die Möglichkeit unterschiedlicher Ausstattung, Motorisierung oder Farbe keine homogenen, sondern heterogene Güter, d. h. grundsätzlich verschiedenartig.
- Für einen Nachfrager, der in einer Großstadt ein Elektrogerät erwerben möchte, ist es nicht möglich, sich über die Konditionen der zahlreichen Anbieter Informationen zu beschaffen.
- Viele Nachfrager erwerben aufgrund persönlicher Präferenzen die Produkte eines bestimmten Herstellers oder tätigen ihre Einkäufe vorzugsweise in ausgewählten Geschäften.

Fehlen also eine oder mehrere Voraussetzungen, die für einen vollkommenen Markt gefordert werden, liegt ein – wie in der Realität üblich – **unvollkommener Markt** vor.

Der Polypolist auf einem unvollkommenen Markt besitzt einen monopolistischen Absatzbereich, innerhalb dessen er den Preis ändern kann, ohne mit einer Reaktion seiner Mitanbieter oder einer stärkeren Ab- bzw. Zuwanderung von Kunden rechnen zu müssen. Dieser Preisspielraum ergibt sich u. a. deshalb, weil die Güter heterogen sind, keine Markttransparenz herrscht oder bestimmte Präferenzen für Marken, Geschäfte oder Produkte bestehen.

Zwar kann der Anbieter sich innerhalb des Preisspielraumes ähnlich wie ein Monopolist verhalten. Der entscheidende Unterschied zum Monopol besteht jedoch darin, dass auf dem polypolistischen Markt Mitwettbewerber vorhanden sind, mit denen sich die Anbieter den Gesamtmarkt teilen müssen. Das hat eine bestimmte Eingrenzung der Monopolstellung zur Folge:

- **Erhöht** der Anbieter seinen Preis über den oberen Grenzpunkt hinaus, muss er mit der Abwanderung eines großen Teils seiner Kunden rechnen.
- **Unterschreitet** der Anbieter mit seinem Preis den unteren Grenzpunkt, so kann er von einer Zuwanderung von Nachfragern ausgehen.

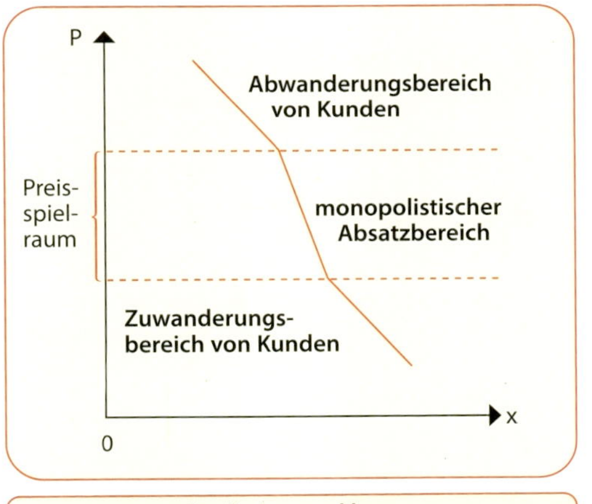

P = Preis x = Menge

4.3 Preisbildung im Oligopol

In hoch entwickelten Volkswirtschaften ist die Angebotsform des Oligopols am stärksten verbreitet (z. B. in der Automobil-, Mineralöl- und Zigarettenindustrie).

Durch den **Einsatz preispolitischer Maßnahmen** kann der Oligopolist das Marktgeschehen zwar beeinflussen, er muss jedoch mit sofortigen Gegenmaßnahmen seiner Konkurrenten rechnen, deren Reaktionen nach Art und Stärke zudem kaum vorhersehbar sind. Auf einem oligopolistischen Markt, auf dem sich nur einige wenige Anbieter die gesamte Nachfrage teilen, wird für das einzelne Unternehmen eine preispolitische Maßnahme des Konkurrenten besonders deutlich spürbar, da – falls das Unternehmen seinerseits nicht augenblicklich reagiert – eine erhebliche Nachfrageveränderung die Folge sein kann.

Die geknickte Preis-Absatz-Kurve zeigt die Besonderheiten der **oligopolistischen Preisbildung:**

- **Senkt ein Oligopolist den Preis** von P_1 auf P_2, so erhöht sich die auf ihn entfallende Nachfrage nicht wesentlich, denn seine Konkurrenten werden ihrerseits mit sofortigen Preissenkungen reagieren und dementsprechend einen Teil der möglichen zusätzlichen Nachfrage abfangen.
- **Erhöht ein Oligopolist seinen Preis** von P_1 auf P_3 und ziehen die Konkurrenten nicht mit, wird ein drastischer Nachfragerückgang von x_1 auf x_3 die Folge sein. Auch hier erweist es sich für den einzelnen Oligopolisten als nicht sinnvoll, den Preis zu verändern.

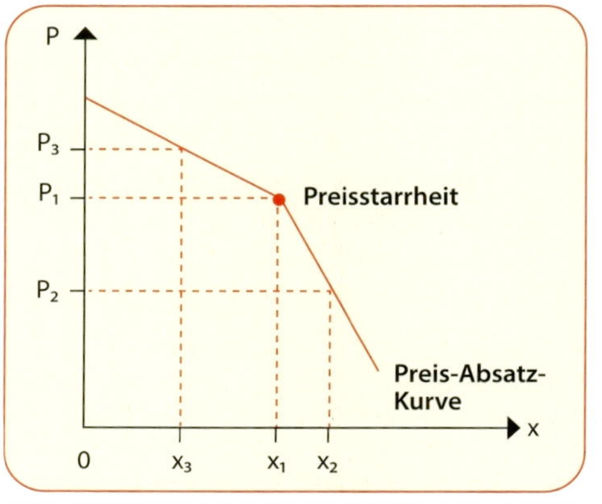

P = Preis x = Menge

Ein Oligopolist wird daher bei der Preisbildung sowohl die Reaktion der Nachfrager als auch die seiner Mitkonkurrenten beachten. Er wird – unter den idealtypischen Bedingungen eines vollkommenen Marktes – selbst keine aktive Preispolitik betreiben. Für die in der Wirklichkeit anzutreffenden unvollkommenen oligopolistischen Märkte (u. a. keine augenblickliche Reaktion auf Änderungen der Marktsituation, Präferenzen der Marktteilnehmer, keine vollständige Marktübersicht) lassen sich zwei grundlegende **Preisbildungsstrategien** unterscheiden.

▶ Kampfverhalten

In diesem Fall versucht ein Unternehmen, seine Konkurrenten durch „Kampfpreise" vom Markt zu drängen. Langfristig könnte diese Strategie zu einer Monopolstellung dieses Unternehmen führen; andererseits ist aber die Gefahr vorhanden, dass Konkurrenten die Preissenkungen nachvollziehen, sodass das den Preiskampf auslösende Unternehmen selbst vom Markt verdrängt wird.

▶ Koalitionsverhalten

Im Normalfall werden sich die an einem Oligopol beteiligten Unternehmen „friedlich" verhalten, d. h., sie werden preispolitisch nicht miteinander konkurrieren.

Die **Preisgestaltung** geschieht im Wege des gegenseitigen Beobachtens oder durch stillschweigendes Verhalten. Preiserhöhungen oder -senkungen werden gemeinsam (kollektive

Preispolitik) durchgeführt. Häufig ist es der „Preisführer" – etwa das Unternehmen mit dem größten Marktanteil – der eine Preisveränderung ausführt und alle anderen Unternehmen des Oligopols folgen nach. Es muss sich kein „Einheitspreis" am Markt bilden, die Preisdifferenzen zwischen den Anbietern werden allerdings nicht erheblich sein.

In diesem Fall wird der Wettbewerb zwischen den konkurrierenden Unternehmen also nicht auf der Preisebene, sondern vielmehr in einer Qualitäts-, Service- und Werbekonkurrenz ausgetragen.

Für ein **Nachfrage-Oligopol** darf erwartet werden, dass sich die wenigen Abnehmer gemeinsam über preispolitische Vorgehensweisen gegenüber den zahlreichen Anbietern verständigen.

4.4 Preisbildung im Monopol

Ein **Angebotsmonopolist,** der auf seinem Markt einer Vielzahl von Nachfragern gegenübersteht, kann den Preis für sein Gut frei festlegen. Dabei hängt von diesem festgelegten Preis die abgesetzte Menge ab. Entsprechend gilt: Je höher der Preis, desto geringer die abgesetzte Menge und umgekehrt.

Dem Monopolisten ist eine Nachfragekurve vorgegeben, die zugleich seine Preis-Absatz-Funktion darstellt, d.h., sie gibt ihm darüber Auskunft, zu welchen Preisen er welche Mengen absetzen kann.

Der Angebotsmonopolist wird also auf vollkommenen Märkten die Menge anbieten, die ihm den höchsten Gewinn verspricht. In der Realität (auf unvollkommenen Märkten) wird diese dem Monopolisten mögliche freie Preis-Mengen-Bestimmung durch unterschiedliche Interessengruppen beschränkt. So können die Verbraucherverbände, die politischen Parteien, die Regierung, die Gewerkschaften oder die öffentliche Meinung dazu beitragen, dass der Angebotsmonopolist nicht mehr sein Gewinnmaximum realisieren kann oder will.

Für ein **Nachfrage-Monopol** darf erwartet werden, dass der einzelne Abnehmer seine Preisvorstellungen gegenüber den zahlreichen Anbietern durchsetzen wird.

▶ Zusammenfassung

Preisbildung

Vollkommener polypolistischer Markt

Der **Gleichgewichtspreis** ist für alle Marktteilnehmer ein **Datum,** Preisbildungsspielräume gibt es nicht. Der einzelne Anbieter oder Nachfrager kann nur über die Gütermenge am Markt reagieren.

Unvollkommener polypolistischer Markt

Der einzelne Anbieter besitzt einen **Preisbildungsspielraum** (monopolistischer Absatzbereich), in dem er die Preise ändern kann, ohne mit Reaktionen der Konkurrenten oder der Kunden rechnen zu müssen.

Oligopol

- Auf **vollkommenen oligopolistischen Märkten** hat der einzelne Anbieter keinen Preisbildungsspielraum.

- Auf **unvollkommenen oligopolistischen Märkten** versucht der einzelne Anbieter entweder die Konkurrenten durch Preiskampf vom Markt zu drängen oder er stimmt sich in der Preisgestaltung mit ihnen ab.

Monopol

- Auf **vollkommenen monopolistischen Märkten** kann der einzelne Anbieter den Preis des Gutes frei bestimmen. Von diesem festgelegten Preis hängt dann die abzusetzende Menge ab.
- Auf **unvollkommenen monopolistischen Märkten** verwehren häufig Interessengruppen die Realisierung dieser Preis-Mengen-Festlegung.

Aufgaben 34

(1) Welche Bedingungen werden an einen vollkommenen Markt gestellt?

(2) Erläutern Sie folgende Aussage: Zwischen Käufern und Verkäufern bestehen keine Präferenzen!

(3) Welche Aufgabe übernimmt der Gleichgewichtspreis auf vollkommenen polypolistischen Märkten?

(4) Für eine Aktie liegen folgende Kauf- bzw. Verkaufsaufträge vor:

Kaufaufträge:	*Verkaufsaufträge:*
20 Stück zu 40 EUR höchstens	*5 Stück zu 40 EUR mindestens*
25 Stück zu 44 EUR höchstens	*15 Stück zu 44 EUR mindestens*
35 Stück zu 48 EUR höchstens	*35 Stück zu 48 EUR mindestens*
15 Stück zu 50 EUR höchstens	*10 Stück zu 50 EUR mindestens*
5 Stück zu 52 EUR höchstens	*15 Stück zu 52 EUR mindestens*

Ermitteln Sie den Preis, der Angebot und Nachfrage ausgleicht!

(5) Ordnen Sie den Ziffern des nachfolgenden Marktmodells die unter a) bis f) genannten Begriffe zu!

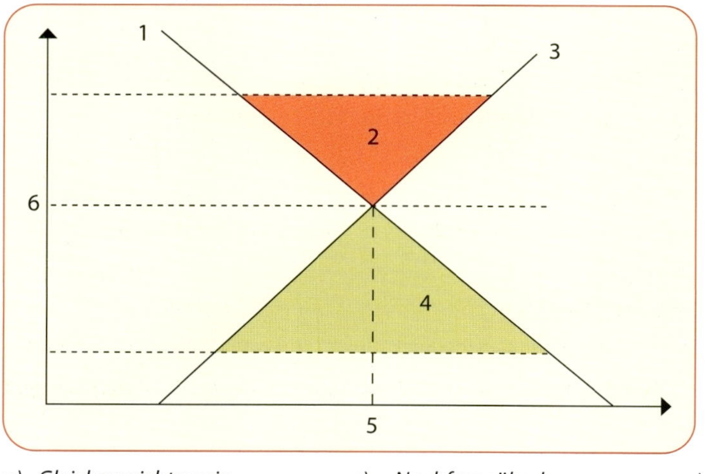

a) Gleichgewichtspreis
b) Angebotskurve
c) Nachfrageüberhang
d) Gleichgewichtsmenge
e) Nachfragekurve
f) Angebotsüberhang

(6) *Die nachfolgende Grafik enthält verschiedene Situationen eines vollkommenen Marktes. Bei welchem Preis*

a) *wird der Markt geräumt?*

b) *wird die Menge M1 angeboten?*

c) *finden sich kein Anbieter und kein Nachfrager, sodass kein Umsatz stattfindet?*

d) *wird die Menge M1 nachgefragt?*

e) *entspricht die nachgefragte der angebotenen Menge?*

f) *ist die angebotene Menge kleiner als die nachgefragte Menge?*

g) *liegt der Gleichgewichtspreis?*

h) *ist die angebotene Menge größer als die nachgefragte Menge?*

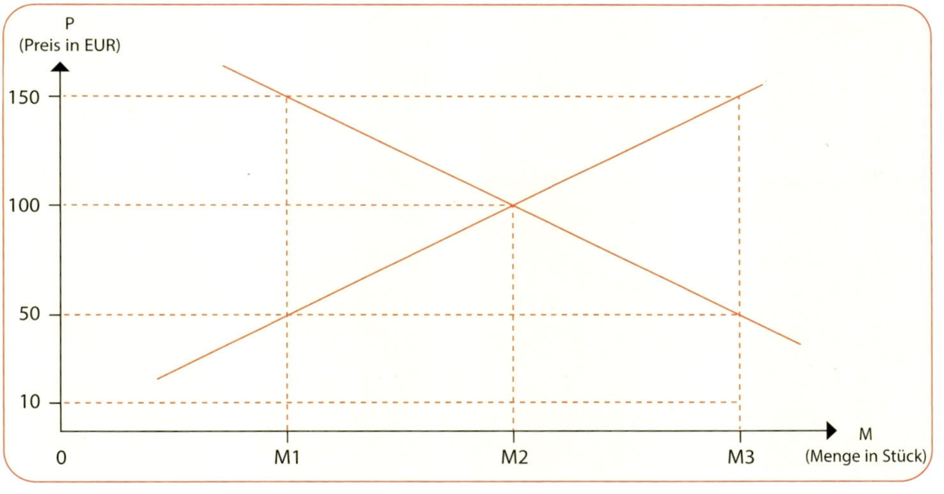

(7) *Beschreiben Sie den Einfluss, den steigende bzw. fallende Preise auf das mengenmäßige Angebot bzw. die mengenmäßige Nachfrage haben werden!*

(8) *Konstruieren Sie jeweils ein Beispiel für eine Einflussgröße, die*

a) *eine Verschiebung der Nachfragekurve nach rechts (Nachfrageerhöhung),*

b) *eine Verschiebung der Angebotskurve nach links (Angebotsverminderung)*

zur Folge hat!

(9) *Erläutern Sie die Funktion des Gleichgewichtspreises auf vollkommenen Märkten!*

(10) *Welche Auswirkungen hat eine Preiserhöhung über den oberen Grenzpunkt des monopolitischen Absatzbereiches für einen Anbieter auf einem unvollkommenen polypolistischen Markt?*

(11) *Beschreiben Sie die in der Realität anzutreffenden Preisbildungsmechanismen im Oligopol!*

(12) *Verdeutlichen Sie die Preisbildungsspielräume eines Monopolisten in Abhängigkeit von der Gütermenge!*

5 Preis- und Mengenpolitik des einzelnen Unternehmens bei unterschiedlichen Marktsituationen

5.1 Vollkommene Märkte

Beim vollkommenen Polypol und beim vollkommenen Oligopol hat das einzelne Unternehmen keinen Preisbildungsspielraum, der Preis ist ein Datum, d.h. eine fest vorgegebene Größe. Eine Anpassung an das Marktgeschehen kann also nur über die Kalkulation der Absatzmenge erfolgen. Der Monopolist kann hingegen auch auf vollkommenen Märkten den Preis seines Gutes frei bestimmen und wird in Abhängigkeit von diesem festgelegten Preis ebenfalls seine Gütermenge ermitteln.

Um die optimale Absatzmenge bei gegebenem Marktpreis für einen Polypolisten festzulegen, sind folgende Überlegungen erforderlich:

- Der Verlauf der **Gesamtkostenkurve** zeigt, dass für dieses Unternehmen mit zunehmender Produktion bzw. zunehmendem Verkauf die Gesamtkosten steigen.
- Die **Durchschnittskostenkurve** (Gesamtkosten durch abgesetzte Gütermenge) zeigt, welche Stückkosten dem Unternehmen bei verschiedenen Ausbringungsmengen entstehen.
- Der **Grenzkostenkurvenverlauf** zeigt dem Unternehmen für jede Ausbringungsmenge die Kosten an, die ihm bei der Produktion **einer zusätzlichen Einheit** entstehen.

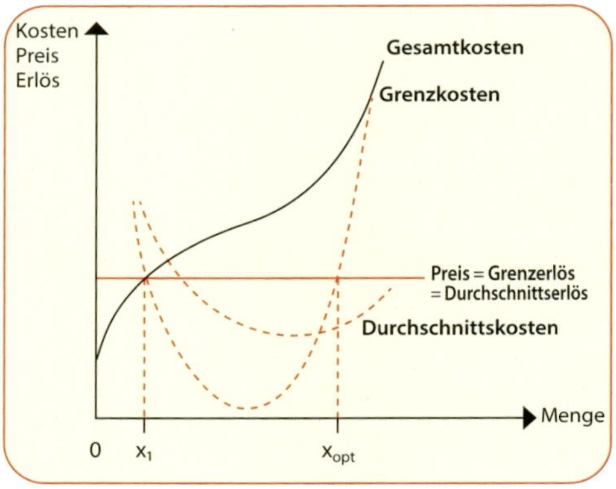

- Der **Durchschnittserlös** ist derjenige Erlös, den der Anbieter für eine abgesetzte Gütereinheit erzielt (Gesamterlös durch abgesetzte Gütermenge). Der Kurvenverlauf ist beim Polypol konstant, da er für jede abgesetzte Einheit den gleichen Preis erzielt (einheitlicher Marktpreis). Durchschnittserlös und Preis sind dementsprechend gleich. Da auch für jede zusätzlich angebotene Einheit der gleiche Preis erzielt wird, ist der Grenzerlös gleich dem Durchschnittserlös gleich dem Preis.

Die **optimale Ausbringungsmenge** liegt für einen Polypolisten dort, wo die Grenzkosten dem Grenzerlös entsprechen. Dies ist im Punkt x_{opt} der Fall und nicht im Punkt x_1, da bis zum Punkt x_1 die Grenzkosten immer höher sind als die Grenzerlöse.

Beim bisher unterstellten **Kostenkurvenverlauf** steigen die Kosten nicht gleichmäßig an, sondern nehmen pro zusätzlicher Ausbringungseinheit zunächst weniger stark, dann stärker zu. Wird hingegen ein **linearer Kostenkurvenverlauf** angenommen, d.h., die Kosten steigen pro Ausbringungseinheit gleichmäßig, ergibt sich die Ermittlung der optimalen Ausbringungsmenge wie nebenstehend:

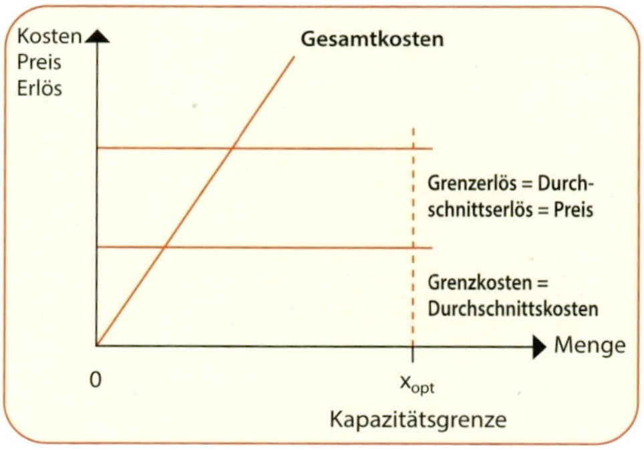

Der Anbieter wird die Menge ausbringen, die er mit den bestehenden Kapazitäten erzeugen oder veräußern kann.

Unterstellt man auch für einen Monopolisten einen linearen Kostenkurvenverlauf, wird er ebenfalls dort seine optimale Absatzmenge finden, wo Grenzerlös und Grenzkosten gleich sind. Dem optimalen Angebotspreis wird durch die Preis-Absatz-Funktion der optimale Preis zugeordnet.

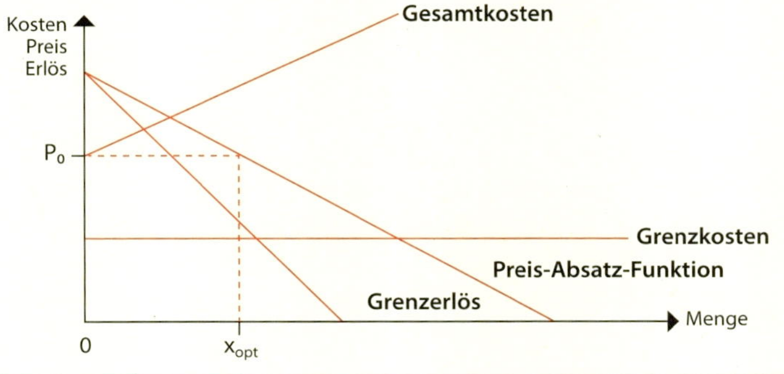

5.2 Unvollkommene Märkte

Je unvollkommener ein Markt, d. h. je mehr Präferenzen der Kunden für bestimmte Anbieter oder Produkte bestehen, je heterogener die angebotenen Güter sind, je weniger Markttransparenz der einzelne Marktteilnehmer hat, desto größer sind die **Preisbildungsspielräume** des einzelnen Unternehmens.

- Der **Polypolist** kann in dem monopolistischen Bereich seiner Preis-Absatz-Funktion die Güterpreise variieren. In diesem Abschnitt der Kurve ist die Nachfrage relativ preisunelastisch, d. h., weder die Konkurrenten noch die Nachfrager werden auf eine Preisänderung reagieren. Zu diesem festgelegten Preis muss der Polypolist – ebenso wie der Monopolist auf einem vollkommenen Markt – die abzusetzende Gütermenge kalkulieren.

  Digitalkameras der Marke „Star" werden von Händlern mit einem Durchschnittspreis von 750 EUR angeboten. Ein einzelner Verkäufer, der diese Preisvorgabe um 25 EUR nach oben oder unten verlassen möchte, wird nicht unbedingt damit rechnen müssen, dass seine Konkurrenten mit ihrer Preissetzung nachziehen oder dass er bedeutende Nachfrageänderungen einzurechnen hat. Unterschreitet der einzelne Polypolist allerdings den ihm durch den monopolistischen Absatzbereich vorgegebenen Grenzpreis, werden die Mitanbieter nachziehen müssen, um zu verhindern, dass sich erhebliche Nachfrageverschiebungen ergeben.

- **Oligopolisten** auf unvollkommenen Märkten sind entweder Preisanpasser (sie folgen einem Marktführer) oder sie wagen einen Preiskampf mit der Konkurrenz, d. h., sie können zwar den Preis frei festlegen, müssen aber damit rechnen, selbst vom Markt verdrängt zu werden. In beiden Fällen wird der Oligopolist – ausgehend vom Güterpreis – die entsprechende Menge bestimmen.

- Das monopolistische Verhalten auf unvollkommenen Märkten weicht nicht wesentlich von dem auf vollkommenen Märkten ab. Der **Monopolist** muss auf unvollkommenen Märkten bei seiner Preissetzung beachten, dass zu hohe Güterpreise sowohl neue Konkurrenten auf diesen gewinnträchtigen Markt ziehen könnten als auch dass der Widerstand verschiedener Institutionen (Behörden, Verbände) herausgefordert würde.

6 Kooperation und Konzentration von Unternehmen aus wettbewerbsrechtlicher Sicht

6.1 Gründe für die Zusammenarbeit von Unternehmen

Die Möglichkeit, die **Leistungsfähigkeit** der einzelnen Beteiligten **zu steigern,** führt häufig zur Zusammenarbeit von Unternehmen. Leistungsfähiger wird ein Unternehmen etwa dadurch, dass es ihm gelingt, die anfallenden Kosten im Beschaffungs-, Herstellungs- oder Absatzbereich zu senken bzw. die Qualität der hergestellten oder angebotenen Waren und Dienstleistungen zu verbessern.

- **Beschaffungsbereich**

  Der gemeinsame Einkauf von Gütern ermöglicht es, günstigere Rabatte, Boni oder Skonti in Anspruch zu nehmen bzw. bessere Zahlungsbedingungen auszuhandeln. Zudem wird es durch höhere Beschaffungsmengen möglich, die Kosten der Anlieferung benötigter Waren zu verringern.

- **Herstellungsbereich**

  Die Zusammenarbeit von Unternehmen kann sich auf Forschungs- und Entwicklungstätigkeiten beziehen, aber auch durch eine bessere Kapazitätsauslastung zu einer Kostensenkung beitragen.

  > Mehrere kleinere Ingenieurbüros beabsichtigen, ihre Konstruktionsarbeiten in Zukunft rechnerunterstützt durchzuführen. Da die Kosten des dazu benötigten CAD-Systems (CAD = **c**omputer-**a**ided **d**esign) hoch sind, beschließen sie, die Anlage gemeinsam zu erwerben und zu nutzen.

- **Absatzbereich**

  Im Absatzbereich lassen sich Kosteneinsparungen verwirklichen, wenn u.a. der Vertrieb (gemeinsamer Fuhrpark, gemeinsame Vertriebsorganisation) oder die Werbung gemeinschaftlich durchgeführt werden.

Maßnahmen, die zur Steigerung der unternehmerischen Leistungsfähigkeit beitragen, dienen letztlich dem Zweck, im Wettbewerb mit anderen Anbietern konkurrenzfähig zu werden und zu bleiben.

Vor allem die verschiedenen **Kooperationsformen** ermöglichen es, gemeinsame Interessen zu verwirklichen, ohne die Eigenständigkeit des einzelnen Unternehmens aufzugeben.

6.2 Kooperationsformen

Kooperation bedeutet **Zusammenarbeit.** Rechtlich und wirtschaftlich selbstständig bleibende Unternehmen vereinbaren **vertraglich** die Zusammenarbeit, um ihre Leistungsfähigkeit am Markt zu verbessern.

Kooperationsformen

gemeinsames Handeln

gegenseitige Unterstützung in bestimmten Bereichen, etwa bei
- Forschungs- und Entwicklungsarbeiten
- Absatzaktivitäten
- Nutzung von Räumlichkeiten

Formen engerer Zusammenarbeit

gemeinsame Planung und Durchführung von Maßnahmen etwa in den Bereichen
- Einkauf
- Vertrieb
- Organisation
- Verwaltung

Gemeinsames Handeln

In diesem Fall beschließen die beteiligten Unternehmen, sich in bestimmten Bereichen gegenseitig zu unterstützen und gemeinsam anstehende Aufgaben zu lösen. Diese Zusammenarbeit kann sich beziehen auf:

Forschungs- und Entwicklungsarbeiten

Raketen am Fließband

Mit der Trägerrakete Ariane 6 will Europa neue Wege beschreiten – nicht nur technisch: Kosten und Fertigungszeit sollen sich im Vergleich zum Vorgängermodell halbieren. Möglich mache das eine fließbandähnliche Produktion, bei der die Maschinen immer ausgelastet seien, sagte der Standortleiter des Herstellers Ariane Group in Bremen, Jürgen Lassmann. Die Taktfertigung sei ein Novum im europäischen Raketenbau. Die Produktion der Oberstufe soll im kommenden Frühjahr in Bremen beginnen. Diese soll wiederzündbar sein und daduch Satelliten in unterschiedlichen Umlaufbahnen aussetzen können.

Künstlerische Darstellung der neuen Ariane-6-Trägerrakete
Quelle: ESA/David Ducros, www.dlr.de

Quelle: Westfälischer Anzeiger vom 7. November 2017

Absatzaktivitäten

- Schaffung von **Gütezeichen** (vgl. S. 72),
- **Gemeinschaftswerbung,** bei der die beteiligten Unternehmen namentlich nicht in Erscheinung treten (vgl. S. 392),
- **sich ergänzende Leistungsangebote.**

■ **Nutzung von Räumlichkeiten**

In den Geschäftsräumen vieler Supermärkte bieten selbstständige Einzelhändler ergänzende Waren und Dienstleistungen (Reinigung, Backwaren, Tabakwaren, Zeitschriften oder Blumen) an.

▶ Formen engerer Zusammenarbeit

Festere Zusammenschlüsse haben die Aufgabe, die Existenz und Wettbewerbsfähigkeit der beteiligten selbstständig bleibenden Unternehmen zu sichern. Gemeinsam können etwa der Einkauf, der Vertrieb, die Organisation und die Verwaltung geplant und durchgeführt werden. Ziel dieser Maßnahmen ist, sich am Markt auch gegen Großunternehmen behaupten zu können.

Einkaufsgenossenschaften (Edeka eG, REWE eG, ZEG Zweirad-Einkaufsgenossenschaft eG)

Einkaufsgenossenschaften sind Zusammenschlüsse von Einzelhändlern nicht nur zum Zweck des gemeinsamen Einkaufs. Nachdem zunächst die Beschaffung von preisgünstigeren Waren im Vordergrund gestanden hat, erstrecken sich die Aufgaben mittlerweile auch auf gemeinsame Werbung, Lagerhaltung und Organisationsfragen.

6.3 Konzentrationsformen und Konzentrationskontrolle

Unter **Konzentration** (Zusammenfassung) versteht man sowohl Formen der Zusammenarbeit als auch Zusammenschlüsse, bei denen die Unternehmen mindestens einen Teil ihrer wirtschaftlichen Selbstständigkeit aufgeben.

Im Gegensatz zur **Kooperation** besteht bei den meisten Formen der Konzentration viel eher die Gefahr, dass der Wettbewerb zwischen vorher konkurrierenden Unternehmen eingeschränkt oder gar vollkommen unterbunden wird. Beherrschen einige wenige Unternehmen den Markt, können sich kleinere Mitwettbewerber nicht mehr behaupten. Es besteht die Gefahr, dass Preise willkürlich festgelegt werden und sich nicht mehr durch Angebot und Nachfrage bilden oder dass die Wahlmöglichkeiten der Verbraucher beim Erwerb eines bestimmten Gutes erheblich eingeschränkt werden.

Derartige Konzentrationsformen können am Markt in verschiedenen Formen in Erscheinung treten:

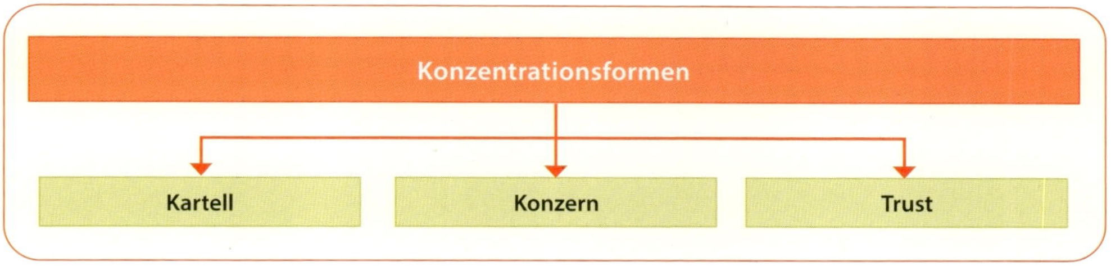

6.3.1 Kartell

Kartelle sind **Vereinbarungen** zwischen **rechtlich selbstständig** bleibenden Unternehmen. Festgelegt wird, dass die Partner in einem bestimmten Bereich gemeinsam vorgehen wollen.

So vereinbaren selbstständig bleibende Unternehmen bei „Mittelstandskartellen" *(§ 3 GWB)*, Rationalisierungen wirtschaftlicher Vorgänge gemeinsam durchzuführen, um so die eigene Wettbewerbsfähigkeit (kleinerer und mittlerer Unternehmen) zu verbessern.

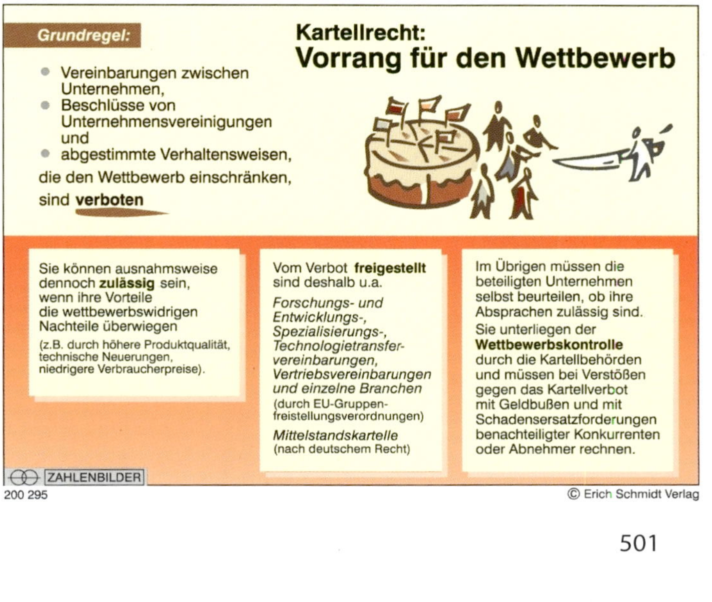

200 295 © Erich Schmidt Verlag

Da mit Kartellen die Gefahr verbunden ist, dass die Konkurrenz zwischen verschiedenen Anbietern ausgeschlossen wird, lässt das **Gesetz gegen Wettbewerbsbeschränkungen** (GWB) (vgl. S. 524 f.) allerdings dort Ausnahmen zu, wo angenommen werden kann, dass Wettbewerbsbeschränkungen gesamtwirtschaftlich wünschenswert und sinnvoll sein könnten.

So sind etwa freiwillige Vereinbarungen *(§ 2 GWB)* zulässig, die zur Verbesserung der Warenerzeugung oder -verteilung oder zur Förderung des technischen oder wirtschaftlichen Fortschritts beitragen. Auch Vereinbarungen zur Rationalisierung wirtschaftlicher Vorgänge sind erlaubt *(§ 3 GWB)*.

6.3.2 Konzern

Konzerne sind Zusammenschlüsse von Unternehmen, die zwar **rechtlich selbstständig** bleiben, ihre **wirtschaftliche Eigenständigkeit allerdings aufgeben,** indem sie **unter eine einheitliche Leitung** gestellt werden. Dabei sind drei Formen der oftmals **kapitalmäßigen Beteiligung** zu unterscheiden.

▶ **Kapitalverflechtung** (Gleichordnung)

Jedes einzelne Unternehmen ist kapitalmäßig mit dem anderen verbunden und unter einer einheitlichen Leitung gleichgeordnet *(§ 18 II AktG)*.

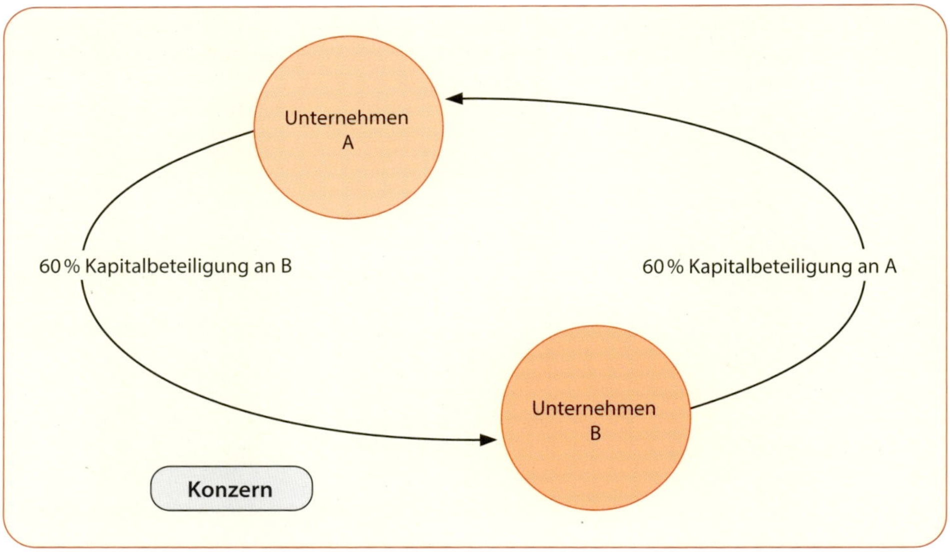

▶ **Muttergesellschaft und Tochtergesellschaften** (einseitige Beherrschung)

Übt ein Unternehmen durch kapitalmäßige Bindungen die Herrschaft über ein oder mehrere Unternehmen aus und unterstellt sie damit einer einheitlichen Leitung, ist gleichfalls ein Konzern anzunehmen *(§ 18 I AktG)*.

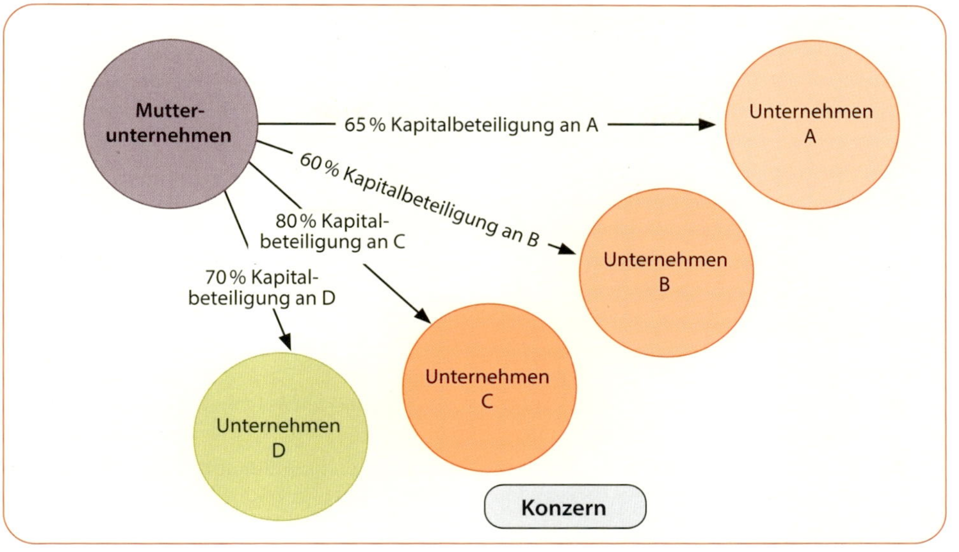

▶ Holding

Wird für mehrere Unternehmen eine Leitungsgesellschaft errichtet, die kapitalmäßig an den einzelnen Unternehmen beteiligt ist, für diese aber nur **Verwaltungs- und Organisationsaufgaben** übernimmt, liegt eine Holdinggesellschaft vor. Die Holding (Dachgesellschaft) hat die Funktion einer Muttergesellschaft, ohne allerdings selbst zu produzieren oder andere veräußerbare Leistungen zu erstellen.

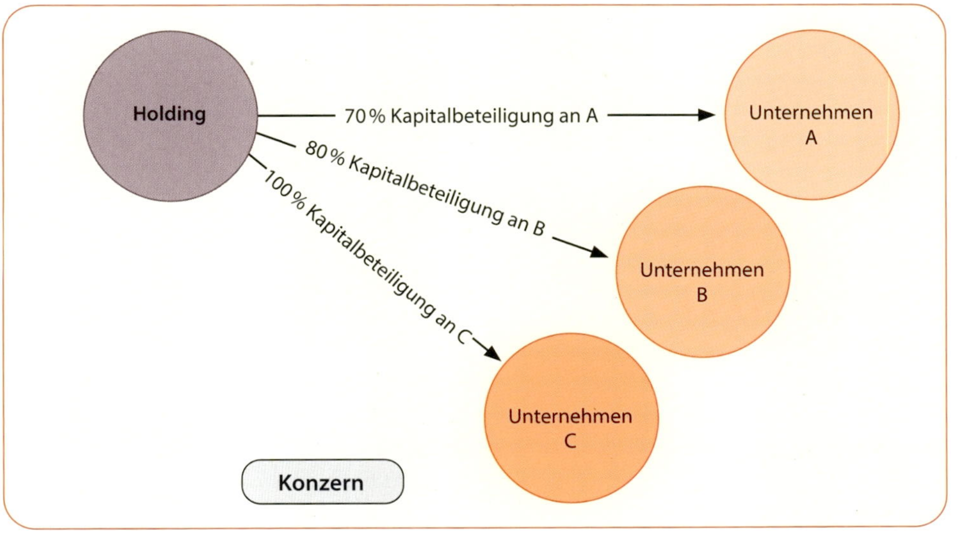

▶ Missbrauchsaufsicht über marktbeherrschende Unternehmen

Großunternehmen können eine derartige Macht am Markt erlangen, dass der Wettbewerb, wenn nicht aufgehoben, so doch stark eingeschränkt wird. Marktbeherrschung ist anzunehmen, wenn ein Unternehmen im Verhältnis zu seinen Mitwettbewerbern eine **überragende Marktstellung** hat *(§ 19 GWB)*. Diese überragende Marktstellung wird z. B. aus seinem Marktanteil oder seiner Verflechtung mit anderen Unternehmen abgeleitet.

Das Vorliegen einer Marktbeherrschung wird nach bestimmten Kriterien beurteilt. So gilt ein Unternehmen als marktbeherrschend, wenn es auf seinem Markt einen Anteil von 40 Prozent erreicht.

Verhält sich nun ein marktbeherrschendes Unternehmen missbräuchlich, d. h. behindert oder benachteiligt es andere Mitwettbewerber, kann die Kartellbehörde einschreiten und dieses Verhalten unterbinden.

Missbräuchlich sind z. B.:

- der Verkauf von Waren unter Selbstkosten, nur um die Mitwettbewerber vom Markt zu vertreiben oder
- das Erzwingen von besonders günstigen Bedingungen bei Lieferanten und das gleichzeitige Verbot, diese Konditionen auch anderen Abnehmern zu gewähren.

Ein Konzern wird in diesem Zusammenhang als Einheit betrachtet, d. h., ist ein Konzernteil marktbeherrschend und verhält sich missbräuchlich, können alle Konzernmitglieder für dieses Verhalten verantwortlich gemacht werden.

6.3.3 Trust

Der Trust ist ein Zusammenschluss von Unternehmen, die ihre **rechtliche und wirtschaftliche Selbstständigkeit aufgeben** und durch diese **Fusion** (Verschmelzung) eine neue Gesellschaft bilden. Solche Zusammenschlüsse sind vor dem Vollzug beim **Bundeskartellamt** anzumelden und dürfen erst **nach der Genehmigung** vollzogen werden *(§ 39 I GWB)*.

Freier Wettbewerb läuft im Idealfall so ab: Es gibt eine Vielzahl von Anbietern, die um die Gunst ihrer Kunden konkurrieren. Wenn ein Anbieter seine Preise senkt und die Konkurrenz damit unterbietet, werden die Kunden wegen der günstigeren Preise zu diesem Anbieter wechseln bzw. mehr zusätzliche Güter und Dienstleistungen kaufen. Dieser Marktmechanismus sorgt theoretisch für einen optimalen Ausgleich von Angebot und Nachfrage. Allerdings kann dieser Wettbewerb für einzelne Unternehmen anstrengend und unbequem sein. Um mitzuhalten, sind Unternehmen dazu gezwungen, günstige Angebote zu machen, hohe Qualität zu bieten und neue Produkte zu entwickeln. Um sich dem zu entziehen und höhere Gewinne einzustreichen, sprechen manche Unternehmen ihre Preise, Mengen oder Kundengruppen mit den Konkurrenten verbotenerweise ab. Koordinieren mehrere Unternehmen ihr Verhalten auf dem Markt, spricht man von einem Kartell. Die Geschädigten sind die Verbraucher, die höhere Preise als bei einem funktionierenden Wettbewerb des Marktes zahlen müssen. Im Jahr 2017 hat das Bundeskartellamt rund 60 Millionen Euro Bußgelder gegen 16 Unternehmen und elf Manager verhängt. Am 15. Januar 2018 feierte das Bundeskartellamt sein 60-jähriges Bestehen. Grundlage der Arbeit ist das „Gesetz gegen Wettbewerbsbeschränkungen", das oft auch als „Grundgesetz der Marktwirtschaft" bezeichnet wird. Als die Behörde 1958 ihre Arbeit aufnahm, lag der Fokus auf der Entflechtung großer deutscher Industriebranchen wie Stahl, Zement und Papier. Nach Schätzungen gab es 1930 in Deutschland noch mehr als 2000 Kartelle. Heute rücken die Verbraucher immer mehr in den Mittelpunkt der 345 Behörden-Mitarbeiter. Aktuell läuft eine Untersuchung gegen Facebook wegen missbräuchlicher Datensammlungen.

Das Kartellamt kann einen derartigen Zusammenschluss verbieten, wenn zu erwarten ist, dass damit eine marktbeherrschende Stellung des neuen Unternehmens entsteht oder verstärkt wird *(§ 36 I GWB)*. Allerdings kann der Bundesminister für Wirtschaft und Technologie zu einem zuvor vom Bundeskartellamt untersagten Zusammenschluss dennoch die Erlaubnis erteilen *(***Ministererlaubnis** *gemäß § 42 GWB)*, wenn gesamtwirtschaftliche Vorteile überwiegen oder ein überragendes Interesse der Allgemeinheit an der Fusion gegeben ist.

358 Millionen Euro Bußgelder

Kartellamt ahndet 19 Firmen wegen verbotener Absprachen

Bonn – Wegen verbotener Absprachen hat das Bundeskartellamt im Januar 2020 Bußgelder von insgesamt 358 Millionen Euro verhängt.

Betroffen waren 19 Firmen, wie die Bonner Behörde am Dienstag mitteilte. Es ging unter anderem um Händler von Pflanzenschutzmitteln, Hersteller von Kfz-Schildern sowie Aluminium-Schmieden. Ein kleiner Teil der Bußgelder wurde natürlichen Personen – also Managern – aufs Auge gedrückt.

Im Vorjahr hatten die Bußgelder bei 848 Millionen Euro gelegen, während sie 2018 ähnlich hoch waren wie jetzt. „Wirtschaftlich schwierige Zeiten sind keine Rechtfertigung für Kartellabsprachen", sagte Behördenchef Andreas Mundt. Die Kartellverfolgung bleibe ganz oben auf der Agenda.

Kartellabsprachen sind grundsätzlich verboten: Sie hemmen den Wettbewerb, was beim Kunden zu höheren Kosten führt.

Wie viel der Staat nach Verhängung der Bußgelder letztendlich in die Kasse bekommt, ist noch unklar. Denn die betroffenen Unternehmen können den Bußgeldbescheid vor dem Düsseldorfer Oberlandesgericht kippen oder abmildern lassen. Allerdings hat der Gang vor das OLG seine Tücken, denn das Gericht kann den Vorgang auch strenger bewerten als die Bonner Behörde und die Zahlungsverpflichtungen erhöhen. dpa

Quelle: Westfälischer Anzeiger vom 30. Dezember 2020

Die Vorschriften über die Zusammenschlusskontrolle des GWB gelten, wenn im letzten Geschäftsjahr vor dem Zusammenschluss:

- die beteiligten Unternehmen weltweit insgesamt Umsatzerlöse von mehr als 500 Mio. EUR **und**
- mindestens ein beteiligtes Unternehmen im Inland Umsatzerlöse von mehr als 25 Mio. EUR

erzielt haben *(§ 35 I GWB)*.

6.4 Bedeutung von Unternehmenszusammenschlüssen

Zusammenschlüsse von Unternehmen können dazu beitragen, die Angebote der Beteiligten zu vereinheitlichen. Das einzelne Unternehmen sieht sich nicht mehr der Notwendigkeit ausgesetzt, seine Leistungen marktgerecht anzubieten, d. h. sowohl die Wünsche der Konsumenten als auch die Aktivitäten der Konkurrenten zu berücksichtigen. Die Folge kann in überhöhten Preisen oder minderwertigen bzw. veralteten Produkten bestehen.

Vor allem **marktbeherrschende Unternehmen** erreichen ihre Erfolge (Gewinnzuwachs, Ausweitung des Marktanteils) nicht selten auf Kosten der anderen Marktteilnehmer. Derartige Unternehmen können nach Belieben den anderen Marktteilnehmern ihre Bedingungen diktieren und sie gegebenenfalls vom Markt verdrängen.

Zudem verringert sich durch die Konzentration der Anbieter die Auswahlmöglichkeit des Abnehmers. Der Grundsatz der Vertragsfreiheit ist in Verhandlungen mit einem übermächtigen Anbieter (oder Nachfrager) kaum zu verwirklichen. Bei allen Unternehmenszusammenschlüssen besteht grundsätzlich die Gefahr eines Missbrauchs der entstehenden wirtschaftlichen Macht zum Nachteil der schwächeren Mitkonkurrenten oder Nachfrager. Zudem darf nicht unberücksichtigt bleiben, dass Großunternehmen auch eine erhebliche politische Macht darstellen, d.h. auf die Meinungsbildung und Gesetzgebung Einfluss nehmen können.

Andererseits ist es für die Leistungsfähigkeit vor allem kleinerer Unternehmen erforderlich, so weit wie nötig ihre Aktivitäten abzustimmen, um sich gegen Großunternehmen bzw. die internationale Konkurrenz behaupten zu können.

Ein **freier Wettbewerb** ist die beste Garantie dafür, dass Anbieter in Konkurrenz miteinander marktgerechte Leistungen hervorbringen. Die Sicherung dieser Auseinandersetzungen zwischen Unternehmen ist Aufgabe der staatlichen Wettbewerbspolitik.

▸ Zusammenfassung

Kooperations- und Konzentrationsformen zwischen Unternehmen

Kooperationsformen

- Rechtlich und wirtschaftlich selbstständig bleibende Unternehmen vereinbaren, sich bei der Lösung anstehender Aufgaben zu unterstützen.
- Diese Kooperation kann vollzogen werden durch:
  - **gemeinsames Handeln**
  - **Formen engerer Zusammenarbeit** wie Einkaufsgenossenschaften.

Konzentrationsformen

Kartell

- Rechtlich selbstständig bleibende Unternehmen treffen Vereinbarungen.
- Sie behalten in allen Bereichen, die von dieser Vereinbarung nicht betroffen werden, ihre wirtschaftliche Eigenständigkeit.

Konzern

- Zusammenschlüsse von Unternehmen, die rechtlich selbstständig bleiben, ihre wirtschaftliche Eigenständigkeit allerdings völlig aufgeben.
- Konzerne können entstehen durch:
  - **Kapitalverflechtung,** d.h., jedes Unternehmen ist am anderen kapitalmäßig beteiligt.
  - **einseitige Beherrschung,** d.h., eine Muttergesellschaft ist an mehreren Tochtergesellschaften kapitalmäßig beteiligt.
  - **die Gründung einer Holding,** d.h. einer Dachgesellschaft, die selbst keine veräußerbaren Leistungen erstellt, aber Kapitalbeteiligungen an allen Unternehmen besitzt.

Trust

- Zusammenschlüsse von Unternehmen, die ihre rechtliche und wirtschaftliche Selbstständigkeit aufgeben.
- Durch diese **Fusion** entsteht ein neues Unternehmen.

Ziel der Kooperations- und Konzentrationsformen

- Steigerung der Leistungsfähigkeit und damit der Wettbewerbsfähigkeit der beteiligten Unternehmen.

Aufgaben 35

(1) *Beschreiben Sie Gründe, die Unternehmen zur Zusammenarbeit veranlassen könnten!*

(2) *Nennen Sie Kooperationsmöglichkeiten zwischen Unternehmen und bilden Sie Beispiele!*

(3) *Grenzen Sie Kartelle von Konzernen und Trusts ab!*

(4) *Welche Formen der kapitalmäßigen Beteiligung lassen sich bei Konzernen unterscheiden?*

(5) *Bei allen Zusammenschlüssen von Unternehmen besteht grundsätzlich die Gefahr, dass die damit verbundene Macht zu Ungunsten anderer Marktteilnehmer ausgenutzt wird. Welche Folgen können sich für Mitkonkurrenten und Konsumenten aus der missbräuchlichen Ausnutzung einer marktbeherrschenden Stellung ergeben?*

(6) *Welche Argumente sprechen für eine Zusammenarbeit von Unternehmen?*

7 Verbraucherschutz auf den Märkten

Selbst in einer sozialen Marktwirtschaft wie die der Bundesrepublik Deutschland befindet sich der **private Endverbraucher** in der schwächeren Marktposition. Auf den in der Realität vorzufindenden unvollkommenen Märkten, die zudem durch Kooperations- und Konzentrationsbestrebungen der Anbieter gekennzeichnet sind, besitzen die Unternehmen grundsätzlich einen Informationsvorsprung sowie in der Regel mehr politischen Einfluss und wirtschaftliche Macht, sodass sie das Marktgeschehen stärker bestimmen, als es aus sozialen Gesichtspunkten für den Endverbraucher wünschenswert ist.

Entsprechend gehört es zu den gesellschaftspolitischen Aufgaben, die Stellung der Verbraucher direkt und indirekt zu stärken. In diesem Sinne versteht man unter **Verbraucherschutz** alle Maßnahmen, die unmittelbar dazu geeignet sind, den Endverbraucher vor Täuschungen, Übervorteilungen und der Gefährdung seiner Sicherheit und Gesundheit zu bewahren.

Zunächst müssen Informationsdefizite bei den Verbrauchern abgebaut werden. Dazu tragen die Massenmedien, Verbraucherverbände aber auch die Anbieter selbst bei. Zu diesen **Informationen** zählen Angaben über Produkte und deren Beschaffenheit, Preise, Einkaufsstätten sowie die Aufklärung über Rechte und Pflichten bei Vertragsabschlüssen.

7.1 Verbraucherberatung

Säulen der Verbraucherberatung sind insbesondere die in der **Arbeitsgemeinschaft der Verbraucher** *(AgV)* zusammengeschlossenen Verbraucherzentralen mit ihren Beratungsstellen in vielen Städten des Bundesgebietes. Durch ihre **Presse- und Öffentlichkeitsarbeit** informieren sie über die Qualität von Waren und Dienstleistungen, vergleichen Angebote (Stiftung Warentest) und berichten über aktuelle Verbraucherfragen.

Bei Verstößen von Unternehmen gegen das Wettbewerbsrecht oder z. B. gegen allgemeine Geschäftsbedingungen, die den Bestimmungen des BGB (vgl. S. 54 ff.) widersprechen, leiten die Verbraucherzentralen **Abmahnungen oder Klagen** ein, d. h. lassen gerichtlich die entsprechenden Maßnahmen untersagen.

Im Rahmen der **Einzelfallberatung** gewähren die Beratungsstellen – unter Mithilfe von Fachleuten aus den Verbraucherzentralen – gezielt Hilfe und Rat etwa in Versicherungs-, Kredit-/Umschuldungs-, Energie-, Umwelt-, Reise-, Ernährungs- und Rechtsfragen oder unterstützen Verbraucher bei Reklamationen.

Im Wettbewerb mit ihren Konkurrenten müssen die Unternehmen daher bei ihren Entscheidungen über die Gestaltung der auf die jeweiligen Beschaffungs- und Absatzmärkte ausgerichteten Leistungsprozesse **Rechtsnormen beachten, die den Verbraucher direkt oder** – durch Sicherung eines redlichen wirtschaftlichen Wettbewerbs bzw. Aufrechterhaltung einer marktwirtschaftlichen Wettbewerbsordnung – **indirekt schützen.**

7.2 Rechtsnormen zum direkten Schutz des Verbrauchers

Besondere Bedeutung kommt dem **rechtlichen Verbraucherschutz** zu, der **direkt** die Stellung des Endverbrauchers am Markt stärken will.

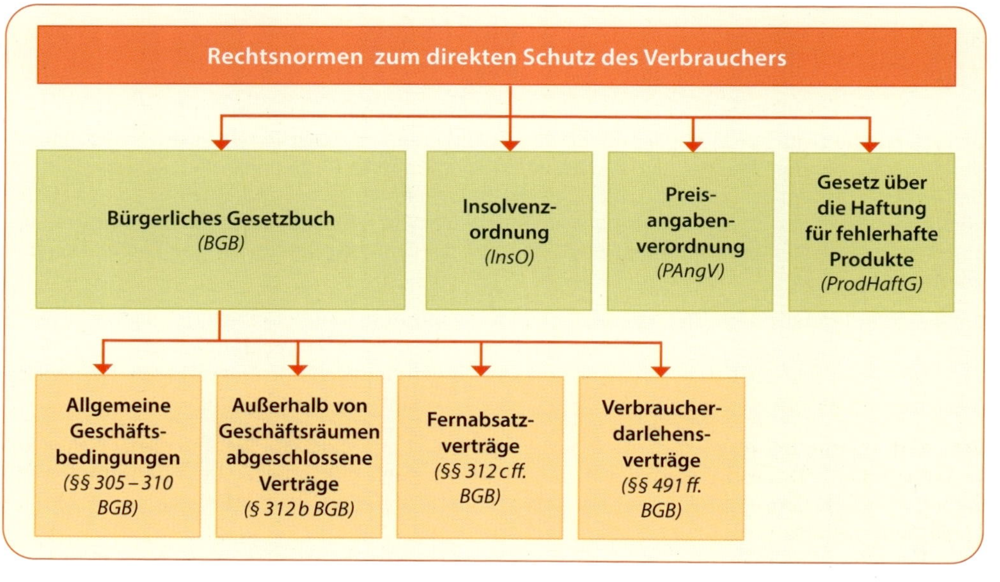

7.2.1 Bürgerliches Gesetzbuch *(BGB)*

Um die Rechtsstellung des Verbrauchers am Markt direkt zu stärken, regelt das BGB allgemeine Geschäftsbedingungen, außerhalb von Geschäftsräumen abgeschlossene Verträge, Fernabsatzverträge und Verbraucherdarlehensverträge.

7.2.1.1 Allgemeine Geschäftsbedingungen

Die Bestimmungen des BGB zu den allgemeinen Geschäftsbedingungen *(§§ 305–310 BGB)* sollen den Verbraucher vor solchen Vertragsbestandteilen in **allgemeinen Geschäftsbedingungen** („dem Kleingedruckten") schützen, die ihn gegenüber den Anbietern unverhältnismäßig benachteiligen (vgl. S. 54 ff.).

7.2.1.2 Außerhalb von Geschäftsräumen abgeschlossene Verträge

Zu den außerhalb von Geschäftsräumen abgeschlossenen Verträgen *(§ 312 b I BGB)* zählen solche,

- die bei gleichzeitiger Anwesenheit von Verbraucher und Unternehmer an einem Ort außerhalb der Geschäftsräume des Unternehmers abgeschlossen werden;
- bei denen der Verbraucher unmittelbar zuvor außerhalb der Geschäftsräume persönlich angesprochen wird und dann den Vertrag in den Geschäftsräumen oder per Fernkommunikationsmitteln abschließt;
- die auf einem Ausflug abgeschlossen werden, der vom Unternehmer oder mit dessen Hilfe organisiert worden ist.

Dabei stehen dem Unternehmer Personen gleich, die in seinem Namen oder Auftrag handeln.

Bei den außerhalb von Geschäftsräumen geschlossenen Verträgen

- hat der Unternehmer – ebenso wie auch bei den Fernabsatzverträgen – besondere **Informationspflichten** zu erfüllen *(§ 312 d I BGB);*
- steht dem Verbraucher – ebenso wie auch bei den Fernabsatzverträgen – ein **Widerrufsrecht** gemäß § 355 BGB zu *(§ 312 g I BGB).*

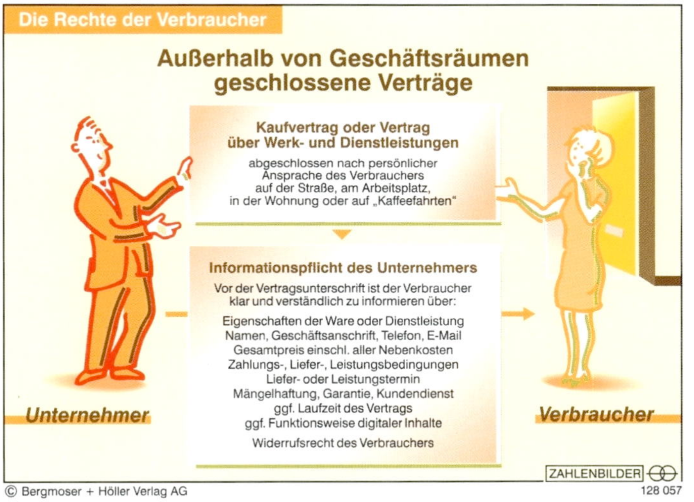

 128 057

7.2.1.3 Fernabsatzverträge

Die Bestimmungen des BGB zu den Fernabsatzverträgen *(§§ 312 c ff. BGB)* regeln die Anbahnung und den Abschluss von Verträgen zwischen einem Unternehmer und einem Verbraucher über die Lieferung von Waren oder über die Erbringung von Dienstleistungen, die **ausschließlich über Fernkommunikationsmittel** abgewickelt werden. Zudem muss der Vertragsabschluss im Rahmen eines für den Fernabsatz organisierten Vertriebs- oder Dienstleistungssystems erfolgen *(§ 312 c I BGB).* Als Fernabsatz wird nicht nur der Abschluss von

 128 058

Verträgen per Internet (Onlineshopping im Rahmen des E-Commerce), sondern auch **jede andere Art von Fernkommunikation** wie insbesondere Briefe, Kataloge, Telefonate, Telefaxe, E-Mails, SMS sowie Rundfunk- und Mediendienste verstanden *(§ 312 c II BGB).*

Die Vorschriften für Fernabsatzverträge finden **keine** Anwendung auf *(§ 312 BGB):*

- Teilzeitwohnrechtsverträge,
- Finanzdienstleistungen (z. B. Bankgeschäfte, Versicherungsverträge),
- Immobilienverträge,
- Verträge über die Lieferung von Lebensmitteln, Getränken oder sonstigen Gegenständen des täglichen Bedarfs,
- Beförderung oder Lieferung von Speisen und Getränken,
- Automatenverträge und
- Telekommunikationsdienste.

Bei Fernabsatzverträgen steht dem Verbraucher ein **Widerrufsrecht** nach § 355 BGB zu *(§ 312 g I BGB).*

Vor Abschluss eines Fernabsatzvertrages muss der Unternehmer den Verbraucher u. a. informieren über *(§ 312 d I BGB):*

- wesentliche Eigenschaften der Ware oder Dienstleistung,
- Identität und Anschrift des Unternehmers,
- den Gesamtpreis der Ware oder Dienstleistung einschließlich aller Steuern und sonstiger Preisbestandteile, ggf. zusätzlich anfallender Fracht-, Liefer- oder Versandkosten,
- ggf. die Laufzeit des Vertrages oder die Bedingungen der Kündigung unbefristeter Verträge oder sich automatisch verlängernder der Verträge, Mindestdauer,
- Zahlungs-, Liefer- und Leistungsbedingungen; Liefertermin,
- Mängelhaftung, Garantie, Kundendienst,
- das Widerrufsrecht und die Kosten der Rücksendung im Widerrufsfall.

© Bergmoser + Höller Verlag AG 128 055

Bei **Fernabsatzverträgen** steht dem Verbraucher ein **Widerrufsrecht** nach *§ 312 g I BGB zu.* Dies verpflichtet den Unternehmer dazu, den Käufer insbesondere über die Bedingungen, die Fristen und das Verfahren für die Ausübung des Widerrufsrechts zu unterrichten. Der Unternehmer kann diese umfassenden Informationspflichten dadurch erfüllen, dass er das dafür vorgesehene Muster für die **Widerrufsbelehrung**[1] zutreffend ausfüllt und dem Verbraucher vor Vertragsabschluss in Textform übermittelt. Die Verwendung dieses Musters für die Widerrufsbelehrung ist jedoch nicht vorgeschrieben.

Das Widerrufsrecht bei Fernabsatzverträgen erlischt 14 Tage nach Erhalt der Ware. Der Widerruf muss vom Verbraucher **ausdrücklich** erklärt werden, einer Begründung bedarf es nicht *(§ 355 I BGB)*. Es reicht, diesen Widerruf der rückzusendenden Ware beizulegen. Zur Fristwahrung genügt die rechtzeitige Absendung des Widerrufs.

Der Verbraucher kann seine Erklärung des Widerrufs ausüben, indem er entweder das nachfolgende **Muster-Widerrufsformular** oder eine **andere eindeutige Willenserklärung auf der Webseite des Unternehmers** ausfüllt und übermittelt. Der Händler muss dem Verbraucher den Zugang des Widerrufs unverzüglich auf einem dauerhaften Datenträger (z. B. Brief, Telefax, E-Mail) bestätigen *(§ 356 I BGB)*.

Muster-Widerrufsformular

(Wenn Sie den Vertrag widerrufen wollen, dann füllen Sie bitte dieses Formular aus und senden Sie es zurück.)

- An [hier ist der Name, die Anschrift und gegebenenfalls die Telefaxnummer und E-Mail-Adresse des Unternehmers durch den Unternehmer einzufügen]:
- Hiermit widerrufe(n) ich/wir (*) den von mir/uns (*) abgeschlossenen Vertrag über den Kauf der folgenden Waren /die Erbringung der folgenden Dienstleistung (*)
- Bestellt am /erhalten am (*)
- Name des/der Verbraucher(s)
- Anschrift des/der Verbraucher(s)
- Unterschrift des/der Verbraucher(s) (nur bei Mitteilung auf Papier)
- Datum

(*) Unzutreffendes streichen.

Quelle: Bundesgesetzblatt Teil I Nr. 58 vom 27. September 2013, S. 3665

Empfangene Leistungen sind im Widerrufsfall unverzüglich zurückzugewähren, und zwar spätestens binnen 14 Tagen ab Widerruf. Der Verbraucher muss daher die Ware binnen dieses Zeitraumes zurücksenden, der Unternehmer den Kaufpreis unter Verwendung desselben Zahlungsmittels erstatten, das der Verbraucher bei der Zahlung verwendet hat *(§ 357 BGB)* . Die Rücksendekosten der Ware trägt der Käufer, wenn er vorab vom Unternehmer über diese Pflicht informiert worden ist *(§ 357 VI BGB)*. Die Gefahr der Rücksendung der Waren trägt der Unternehmer.

Informiert der Händler jedoch über die Möglichkeit des Widerrufs nicht oder nicht korrekt, verlängert sich die Widerrufsfrist um 12 Monate (insgesamt also 12 Monate und 14 Tage).

Ein Widerruf ist **nicht** möglich *(§ 312g BGB)*,

- wenn Waren speziell für Kunden gefertigt wurden,

  Dies trifft allerdings **nicht** zu, wenn die zu liefernde Ware auf Bestellung des Kunden aus vorgefertigten Standardbauteilen zusammengefügt wird, die mit geringem Aufwand wieder getrennt werden könnten.

1 Vgl. **„Muster für die Widerrufsbelehrung bei außerhalb von Geschäftsräumen geschlossenen Verträgen und bei Fernabsatzverträgen mit Ausnahme von Verträgen über Finanzdienstleistungen"** als Anlage 1 (zu Artikel 246a § 1 Absatz 2 Satz 2) des Anhangs zu Artikel 2 Nummer 7 des Gesetzes zur Umsetzung der Verbraucherrechterichtlinie und zur Änderung des Gesetzes zur Regelung der Wohnungsvermittlung vom 20. September 2013.

- bei Lieferung von Audio- oder Videoaufzeichnungen sowie Software, sofern diese Datenträger vom Verbraucher entsiegelt worden sind,
- bei Lieferung von Zeitungen, Zeitschriften und Illustrierten,
- bei Erbringung von Wett- oder Lotteriedienstleistungen.

Besonderheit

Mit dem **Gesetz für faire Verbraucherverträge** hat der Gesetzgeber die Position der Verbraucher bei der Vertragskündigung erneut gestärkt: Unternehmen, die über eine Webseite Verbrauchern den Abschluss von Dauerschuldverhältnissen, also von Laufzeitverträgen (wie z.B. Abonnements von Zeitungen oder Online-Diensten, Handy-, Gas- und Stromlieferungsverträge, Mitgliedschaft im Fitnessstudio), ermöglichen, müssen auf der Webseite eine Bestätigungsschaltfläche anbieten, über deren Betätigung der Verbraucher die Kündigungserklärung online angeben kann.

Dieser **Kündigungsbutton** muss gut lesbar mit nichts anderem als den Wörtern „jetzt kündigen" oder mit einer ähnlichen entsprechend eindeutigen Formulierung beschriftet sein. Der Unternehmer muss dem Verbraucher die Kündigung sofort auf elektronischem Wege in Textform bestätigen. Damit entfällt für Verbraucher der oft mühsamere Umweg der Kündigung von Laufzeitverträgen über andere Kommunikationskanäle wie Brief oder E-Mail.

Wird der Kündigungsbutton nicht zur Verfügung gestellt, kann der Verbraucher den Laufzeitvertrag jederzeit und ohne Einhaltung einer Kündigungsfrist kündigen *(§ 312k BGB).*

7.2.1.4 Verbraucherdarlehensverträge

Für entgeltliche Darlehensverträge zwischen einem Unternehmer als Darlehensgeber und einem Verbraucher als Darlehensnehmer **(Verbraucherdarlehensvertrag)** gelten die Bestimmungen der §§ 491 ff. BGB. Darüber hinaus stehen Verbraucher, die zur Finanzierung von Anschaffungen bei einem Unternehmer

- den Kaufpreis durch Raten begleichen (**Teilzahlungsgeschäft** *[§§ 501 ff. BGB]*) oder
- **Ratenlieferungsverträge** *(§ 505 BGB)* abschließen,

ebenfalls unter dem Schutz des BGB.

▶ Bedeutung der Verbraucherdarlehensverträge

Im heutigen Wirtschaftsleben sind kreditfinanzierte Käufe von besonderer Bedeutung. Vor allem bei höherwertigen Gebrauchsgütern kann die Kaufsumme häufig nicht in voller Höhe aus angesparten Mitteln beglichen werden. Das BGB bestimmt, unter welchen Voraussetzungen Verbraucherdarlehensverträge rechtswirksam sind.

▶ Bestimmungen für Verbraucherdarlehensverträge *(§ 492 BGB)*

Die Darlehensgewährung bedarf der **schriftlichen Form.** In der Vertragsurkunde müssen enthalten sein:

- der **Nettodarlehensbetrag,** gegebenenfalls die Höchstgrenze des Darlehens,
- der **Gesamtbetrag aller** vom Verbraucher zu entrichtenden **Teilzahlungen** einschließlich Zinsen und sonstiger Kosten,
- die **Art und Weise der Darlehensrückzahlung,**
- der **Zinssatz und alle sonstigen Kosten** des Darlehens einschließlich etwaiger Vermittlungskosten,

- der **effektive Jahreszins**[1] oder mindestens der anfängliche effektive Jahreszins,
- Kosten einer **Restschuld- oder sonstigen** mit dem Verbraucherdarlehensvertrag im Zusammenhang stehenden **Versicherung,**
- eventuell zu bestellende **Sicherheiten.**

Gemäß § 495 I BGB steht dem Verbraucher beim Darlehensvertrag ein **Widerrufsrecht** nach § 355 BGB zu.

Die gesetzlichen Bestimmungen zu den Verbraucherdarlehensverträgen **gelten insbesondere dann nicht, wenn** *(§ 491 II BGB)*:

- das auszuzahlende Darlehen 200 EUR nicht übersteigt,
- ein Arbeitgeber mit seinem Arbeitnehmer einen Verbraucherdarlehensvertrag abschließt, bei dem die Zinsen unter den marktüblichen Sätzen liegen.

7.2.2 Insolvenzordnung *(InsO)*

Die Insolvenzordnung gestattet es auch zahlungsunfähigen Privatpersonen,[2] in „Verbraucherkonkurs" zu gehen. Das maximal vierstufige **Verbraucherinsolvenzverfahren** schafft die rechtlichen Voraussetzungen dafür, einerseits dem Verbraucher, der nicht in der Lage ist, seine Zahlungsverpflichtungen zu erfüllen, einen finanziellen Neubeginn zu ermöglichen, ohne dabei andererseits die berechtigten Interessen der Gläubiger an einer bestmöglichen Befriedigung ihrer Ansprüche zu vernachlässigen.

> Rund 1430 Schuldnerberatungsstellen bundesweit bieten Menschen in finanziellen Notlagen eine Beratung an. Für das Jahr 2020 wertete das Statistische Bundesamt die Angaben von rund 143000 Schuldnern in 593 Beratungsstellen aus. Das Ergebnis: Alleinlebende Männer und Frauen sind die zwei größten Schuldnergruppen. Zusammen stellen sie fast die Hälfte der überschuldeten Menschen. Zu Beginn der Beratung hatten die Ratsuchenden, die eine Schuldnerberatungsstelle aufsuchten, durchschnittlich etwa 29230 Euro Schulden. Hauptgründe, warum Menschen in die Schuldenfalle geraten, waren der Verlust des Arbeitsplatzes (19,7 Prozent) oder eine Krankheit, Sucht oder ein Unfall (16,5 Prozent).

Dieses Ziel soll zunächst dadurch erreicht werden, dass der Schuldner mit den Gläubigern in zwei Stufen den Versuch unternimmt, sich **gütlich** über eine Schuldenbereinigung zu einigen.

Mittellosen Schuldnern werden auf Antrag die Kosten des Entschuldungsverfahrens gestundet.

1 Der effektive Jahreszins ist die in einem Prozentsatz des Nettodarlehensbetrages angegebene Gesamtbelastung pro Jahr.

2 Gemäß § 304 InsO ist das Verbraucherinsolvenzverfahren auf **natürliche Personen** anzuwenden, die **keine** selbstständige wirtschaftliche Tätigkeit ausüben oder ausgeübt haben. Daneben können auch **Kleinunternehmer mit überschaubaren Vermögensverhältnissen** das Verbraucherinsolvenzverfahren nutzen, sofern gegen den Kleinunternehmer keine Forderungen aus Arbeitsverhältnissen (z. B. ausstehende Löhne/Gehälter, Sozialversicherungsbeiträge oder Steuern [Lohn-, Kirchensteuer, Solidaritätszuschlag]) bestehen. Als überschaubar gelten die Vermögensverhältnisse dann, wenn der Kleinunternehmer weniger als 20 Gläubiger hat.

Ablauf des maximal 4-stufigen Verbraucherinsolvenzverfahrens gemäß Insolvenzordnung *(InsO)*

Zahlungsunfähigkeit *(§ 17 InsO)*
einer natürlichen Person *(§ 304 InsO)*

↓

1. Außergerichtliches Schuldenbereinigungsverfahren *(§ 305 I (1) InsO)*

Der Schuldner verhandelt *ohne das Gericht* mit den Gläubigern, um auf der Basis eines konkreten Vorschlags zur Schuldenbereinigung (= **erster Schuldenbereinigungsplan** – z. B. Zahlungs- und Tilgungsplan) **gütlich** eine Einigung zu erzielen.

erfolgreich →

z. B.
- **Ratenzahlung**
- **Teilerlass**
- **Stundung**

erfolglos ↓

2. Gerichtliches Schuldenbereinigungsverfahren *(§§ 305–310 InsO)*

Der Schuldner stellt beim Amtsgericht – unter Vorlage entsprechender Unterlagen, darunter auch ein **weiterer Schuldenbereinigungsplan** – den Antrag auf Eröffnung des gerichtlichen Insolvenzverfahrens.

Das Gericht unternimmt einen erneuten Versuch einer gütlichen Einigung zwischen Gläubigern und Schuldner, indem es

- die beteiligten Gläubiger zur Stellungnahme auffordert. Im Gegensatz zum außergerichtlichen Verfahren gilt das Schweigen eines Gläubigers nun als Zustimmung.
- auf Antrag eines Gläubigers oder des Schuldners die Zustimmung einzelner Gläubiger ersetzen kann, wenn mehr als die Hälfte der Gläubiger nach Kopfzahl und nach der Höhe der Forderungen zustimmt.

Während dieser Zeit ruht der Antrag auf Eröffnung des gerichtlichen Insolvenzverfahrens.

erfolgreich
(Annahme des Schuldenbereinigungsplans hat die Wirkung eines Vergleichs im Sinne des § 794 I Nr. 1 ZPO) →

Vergleich
Gericht stellt die Annahme des Schuldenbereinigungsplans durch Beschluss fest *(§ 308 I InsO)*.

erfolglos
(bei Einwendungen gegen den Schuldenbereinigungsplan) ↓

3. Vereinfachtes Insolvenzverfahren *(§§ 311–314 i.V.m. §§ 286–303 InsO)*

Der Antrag auf Eröffnung des gerichtlichen Insolvenzverfahrens wird wieder aufgenommen:

- Das Gericht fordert die Gläubiger auf, ihre Forderungen anzumelden. Zu diesem Zweck wird die Eröffnung des Insolvenzverfahrens im Bundesanzeiger und ggf. auch in der örtlichen Tagespresse veröffentlicht.
- Der vom Gericht eingesetzte **Treuhänder** verteilt die pfändbaren Einkünfte und das restliche pfändbare Vermögen des Schuldners an die Gläubiger.
- Die Restschuldbefreiung wird angekündigt, sofern der Schuldner während der Wohlverhaltensperiode seinen Verpflichtungen nachkommt, sich also redlich verhält.

↓

4. Wohlverhaltensperiode

Der Schuldner kommt während dieser Zeit seinen Verpflichtungen nach. Das bedeutet u. a., dass er den pfändbaren Teil seines Arbeitseinkommens (aufgrund der Abtretungserklärung durch Überweisung des Arbeitgebers) an einen **Treuhänder** zahlt, der diese Beträge einmal jährlich gleichmäßig an alle Gläubiger verteilt.

Schuldner kann Verfahrenskosten nicht bezahlen →

Damit auch dem mittellosen Schuldner die Möglichkeit zur Restschuldbefreiung offensteht, kann dieser die **Stundung der Verfahrenskosten** beantragen.
Nach Erteilung der Restschuldbefreiung ist der Schuldner dazu verpflichtet, den ihm gestundeten Betrag aus seinem Einkommen und Vermögen an die Staatskasse zu zahlen.

bei unredlichem Verhalten →

keine Restschuldbefreiung

bei redlichem Verhalten ↓

Restschuldbefreiung

Der Schuldner wird vom Gericht für schuldenfrei erklärt. Damit ist er von allen Vermögensansprüchen befreit, die zum Zeitpunkt der Verfahrenseröffnung (z. B. Kredit-, Bürgschafts- oder Steuerschulden) gegen ihn bestanden haben. Geldstrafen, Unterhaltsverpflichtungen und Schadensersatz sind jedoch auch nach Ende der Wohlverhaltensperiode weiter zu zahlen.

Außergerichtliches Schuldenbereinigungsverfahren

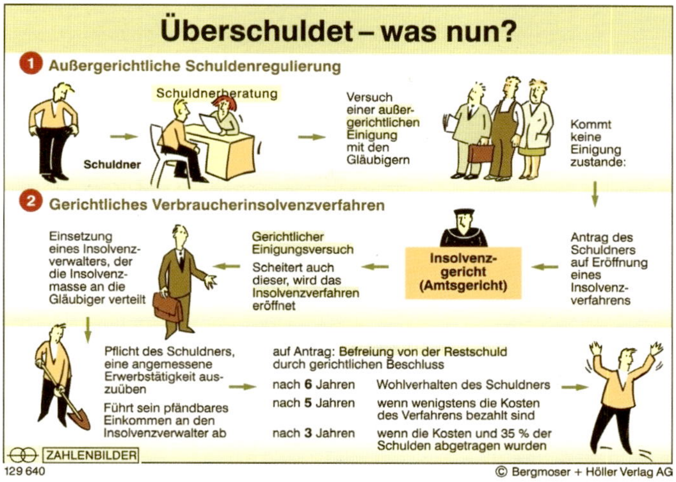

129 640 © Bergmoser + Höller Verlag AG

Bei der ersten Stufe des **außergerichtlichen Schuldenbereinigungsverfahrens** wendet sich der Schuldner an eine zur qualifizierten Schuldnerberatung geeignete Person (z. B. Rechtsanwalt, Notar) oder Stelle (z. B. Schuldnerberatungsstelle der Kommunen oder der freien Wohlfahrtsverbände wie etwa Caritas, Arbeiterwohlfahrt). Mit deren Hilfe legt der Schuldner den Gläubigern für den Einigungsversuch seine Einkommens- und Vermögensverhältnisse offen und unterbreitet einen konkreten Vorschlag zur Schuldenbereinigung (erster Schuldenbereinigungsplan), der an alle Gläubiger versandt wird.

Gerichtliches Schuldenbereinigungsverfahren

Kommt eine außergerichtliche Einigung nicht zustande, beginnt die zweite Stufe, das **gerichtliche Schuldenbereinigungsverfahren.** Zu diesem Zweck stellt der Schuldner beim Amtsgericht den Antrag auf Eröffnung des Insolvenzverfahrens. Dazu hat er vorzulegen:

- den Nachweis über den – innerhalb der letzten sechs Monate vor Antragstellung – erfolglosen außergerichtlichen Einigungsversuch mit den Gläubigern,
- den Antrag auf Erteilung der Restschuldbefreiung oder die Erklärung, dass die Restschuldbefreiung nicht beantragt werden soll,
- ein Verzeichnis des vorhandenen Vermögens und Einkommens (Vermögensverzeichnis),
- ein Verzeichnis der Gläubiger und der ihnen geschuldeten Beträge,
- einen weiteren Schuldenbereinigungsplan, der auch berücksichtigt, ob und inwieweit Bürgschaften, Pfandrechte und andere Sicherheiten der Gläubiger den Plan berühren sollen *(gegenüber dem ersten Schuldenbereinigungsplan handelt es sich hier um einen eigenständigen Plan, der sich jedoch weitgehend auf diesen stützt),*
- eine Erklärung, dass der pfändbare Teil des Einkommens für die Dauer von sechs Jahren an einen vom Gericht zu bestimmenden Treuhänder abgetreten wird sowie
- die Erklärung, dass die Angaben in den eingereichten Verzeichnissen richtig und vollständig sind.

Dieser Antrag auf Verfahrenseröffnung bewirkt, dass
- Gehaltsabtretungen des Schuldners drei Jahre nach Verfahrenseröffnung unwirksam werden,
- Gehaltspfändungen nur für einen Monat nach Verfahrenseröffnung Bestand haben,
- Zwangsvollstreckungen einzelner Gläubiger unzulässig sind.

Vereinfachtes Insolvenzverfahren

Scheitert auch der erneute Versuch einer gütlichen Einigung, wird nun der **Antrag auf Eröffnung des gerichtlichen Insolvenzverfahrens wieder aufgenommen.** Nachdem die pfändbaren Einkünfte und das restliche pfändbare Vermögen des Schuldners an die Gläubiger verteilt worden sind, wird die Restschuldbefreiung angekündigt, sofern sich der Schuldner während der **Wohlverhaltensperiode** redlich verhält.

Wohlverhaltensperiode

Nach Ablauf der sechsjährigen[1] Wohlverhaltensperiode, die bereits mit der Eröffnung des Verbraucherinsolvenzverfahrens begonnen hat, kann der redliche Schuldner, der während dieses Zeitraumes seinen Verpflichtungen nachgekommen ist, von einem Gericht durch Beschluss für schuldenfrei erklärt werden (**Restschuldbefreiung).** Das bedeutet, dass der Schuldner von den Gläubigern wegen der nicht erfüllten Verbindlichkeiten nun nicht mehr behelligt werden darf. Nachdem die Entscheidung des Insolvenzgerichts rechtskräftig geworden ist, wird das Insolvenzverfahren aufgehoben. Der rechtskräftige Beschluss ist zusammen mit dem Beschluss über die Aufhebung des Verfahrens öffentlich bekannt zu machen.

Allerdings ist diese **Restschuldbefreiung** an mehrere **Voraussetzungen** gebunden:

- Der Schuldner zahlt den pfändbaren Teil seines Arbeitseinkommens (aufgrund der Abtretungserklärung durch Überweisung des Arbeitgebers) an einen **Treuhänder,** der diese Beträge einmal jährlich an alle Gläubiger verteilt, sofern die gestundeten Verfahrenskosten beglichen sind. Als zusätzlichen Anreiz erhält der Schuldner vom Treuhänder im fünften Jahr 10 % des pfändbaren Teils der Bezüge und im sechsten Jahr 15 % als „Belohnung" für sein redliches Verhalten zurück.

  Sind die gestundeten Verfahrenskosten noch nicht bezahlt, werden die Gelder an den Schuldner nur dann abgeführt, wenn dessen Einkommen den Betrag, der gemäß § 115 I ZPO als Bemessungsgrundlage für die Prozesskostenhilfe dient, nicht übersteigt.
- Der Schuldner übt eine angemessene Erwerbstätigkeit aus oder bemüht sich um eine solche und nimmt jede zumutbare Tätigkeit an.
- Der Schuldner verpflichtet sich, Vermögen, das er durch Erbschaft erwerben sollte, zur Hälfte an den Treuhänder herauszugeben.
- Der Schuldner zeigt jeden Wechsel des Wohnsitzes und der Arbeitsstätte an.

Die Restschuldbefreiung ist zu versagen, wenn dies im Schlusstermin von einem Insolvenzgläubiger beantragt worden ist und wenn der Schuldner:

- wegen einer Insolvenzstraftat (z. B. Bankrott) rechtskräftig verurteilt worden ist,
- in den letzten drei Jahren vor dem Antrag auf Eröffnung des Insolvenzverfahrens oder nach diesem Antrag vorsätzlich oder grob fahrlässig schriftlich unrichtige oder unvollständige Angaben über seine wirtschaftlichen Verhältnisse gemacht hat, um einen Kredit zu erhalten, Leistungen aus öffentlichen Kassen zu beziehen oder Leistungen an öffentliche Kassen zu vermeiden,
- in den letzten zehn Jahren vor Antragstellung Restschuldbefreiung erteilt oder versagt worden ist,
- im letzten Jahr vor Antragstellung unangemessen Schulden gemacht oder Vermögen verschwendet hat,

---

1 Die 6-jährige Wohlverhaltensperiode gilt für Verfahren, die vor dem 17. Dezember 2019 beantragt worden sind. Unter bestimmten Voraussetzungen kann deren Verfahrensdauer auf 5 bis 3 Jahre verkürzt werden. Für Verfahren, die zwischen dem 17. Dezember 2019 und dem 30. September 2020 beantragt worden sind, gelten Übergangsregelungen. Für alle Verfahren, die nach dem 1. Oktober 2020 beantragt worden sind, beträgt die Wohlverhaltensperiode 3 Jahre.

- Auskunfts- oder Mitwirkungspflichten vorsätzlich oder grob fahrlässig verletzt hat oder
- in den zur Verfahrenseröffnung vorzulegenden Verzeichnissen seines Vermögens und seines Einkommens, seiner Gläubiger und der gegen ihn gerichteten Forderungen vorsätzlich oder grob fahrlässig unrichtige oder unvollständige Angaben gemacht hat.

Die Versagung der Restschuldbefreiung ist öffentlich bekannt zu machen.

7.2.3 Preisangabenverordnung *(PAngV)*

Die **Preisangabenverordnung** regelt die Auszeichnung von Waren oder Leistungen, die für **Endverbraucher** bestimmt sind.

Wer als Unternehmer Endverbrauchern Waren oder Leistungen anbietet oder als Anbieter gegenüber Endverbrauchern für Waren oder Leistungen unter Angabe von Preisen wirbt, hat die Preise so anzugeben, wie sie einschließlich der Umsatzsteuer und sonstiger Preisbestandteile zu zahlen sind (**Gesamtpreise** – *§§ 2, 3 I PAngV)*. Mit den Preisen sind auch die üblichen Verkaufs- oder Leistungseinheiten und die Gütebezeichnungen anzugeben *(§ 3 II PAngV)*.

Der Einzelhandel ist zur doppelten Preisauszeichnung verpflichtet: Neben dem Gesamtpreis ist – auf einen Blick wahrnehmbar – auch der sogenannte **Grundpreis je Mengeneinheit** (einschließlich der Umsatzsteuer und sonstiger Preisbestandteile – *§ 2 PAngV*) unmissverständlich, klar erkennbar und gut lesbar anzugeben *(§ 4 I PAngV)*.

Diese doppelte Preisauszeichnungspflicht erstreckt sich auf alle Waren, die nach Gewicht, Volumen, Länge oder Fläche

- in Fertigpackungen (z. B. abgepacktes Obst, eingeschweißte Käsestücke),
- in offenen Packungen (z. B. Schälchen mit Heidelbeeren) oder
- als Verkaufseinheiten ohne Umhüllung (z. B. Wand- oder Bodenfliesen)

angeboten werden *(§ 4 I PAngV)* und zuvor in Abwesenheit des Verbrauchers abgepackt und verschlossen, abgefüllt oder abgemessen worden sind. In der Regel ist die Mengeneinheit für den Grundpreis jeweils auf 1 Kilogramm, 1 Liter, 1 Kubikmeter, 1 Meter oder 1 Quadratmeter der Ware bezogen *(§ 5 I PAngV)*.

Grundpreis je Mengeneinheit — Gesamtpreis

Bietet ein Einzelhändler einem Endverbraucher jedoch unverpackte Waren an, die in dessen Anwesenheit, durch den Verbraucher selbst oder auf dessen Veranlassung abgemessen werden, so ist lediglich der Grundpreis anzugeben *(§ 4 II PAngV)*.

Auf die Angabe des Grundpreises kann verzichtet werden, wenn dieser mit dem Gesamtpreis identisch ist *(§ 4 I PAngV)*. Von der Grundpreisauszeichnung ausgenommen sind insbesondere Waren, die in Getränken- und Verpflegungsautomaten oder von kleinen Direktvermarktern (z. B. Hofläden) sowie von kleinen Einzelhandelsgeschäften (z. B. Kiosken, Ständen auf Märkten oder Volksfesten) angeboten werden, bei denen die Warenausgabe überwiegend im Wege der Bedienung erfolgt *(§ 4 III Abs. 3 PAngV)*.

▶ Preisangaben im Handel *(§ 10 PAngV)*

- Waren, die vom Verbraucher unmittelbar entnommen werden können, sind durch Preisschilder oder Beschriftung der Waren auszuzeichnen. Dies gilt auch für Waren, die innerhalb oder außerhalb des Verkaufsraumes in **Schaufenstern, Schaukästen, auf Regalen, Verkaufsständen oder in sonstiger Weise** sichtbar angeboten werden *(§ 10 I PAngV)*.
- Waren, die nicht unter den zuvor genannten Voraussetzungen im Verkaufsraum angeboten werden, sind durch Preisschilder, Beschriftung der Ware, Anbringung oder Auslage von Preisverzeichnissen oder Beschriftung der Behältnisse oder Regale, in denen sich die Waren befinden, auszuzeichnen *(§ 10 II PAngV)*.
- Bei Waren, die nach **Musterbüchern** angeboten werden (z. B. bei Tapeten, Teppichböden, Stoffen), müssen die Preise für die Verkaufseinheit auf den Mustern oder den damit verbundenen Preisschildern bzw. in Preisverzeichnissen angegeben sein *(§ 10 III PAngV)*.
- Waren, die nach **Katalogen, Warenlisten oder auf Bildschirmen** angeboten werden, sind dadurch zu kennzeichnen, dass die Preise neben den Warenabbildungen oder -beschreibungen angegeben werden bzw. den Anmerkungen oder angeschlossenen Preisverzeichnissen entnommen werden können *(§ 10 IV PAngV)*.
- Ausnahmen von dieser Preisangabenpflicht gelten für Kunstgegenstände, Sammlerstücke und Antiquitäten, für Waren, die in Werbevorführungen angeboten werden sowie für Blumen und Pflanzen, die unmittelbar vom Freiland oder Treibhaus verkauft werden *(§ 10 VI PAngV)*.

▶ Zusätzliche Preisangabenpflicht bei Werbung mit Preisermäßigungen für Waren *(§ 11 PAngV)*

Wer zur Angabe eines Gesamtpreises verpflichtet ist, hat gegenüber Endverbrauchern bei jeder Bekanntgabe einer Preisermäßigung für eine Ware den **niedrigsten Gesamtpreis** anzugeben, den der Einzelhändler innerhalb der letzten 30 Tage vor der Preisermäßigung vom Verbraucher gefordert hat *(§ 11 I PAngV)*.

Von dieser Regelung ausgenommen sind individuelle Preisermäßigungen sowie Preisermäßigungen wegen drohenden Verderbs für schnell verderbliche Waren oder für Waren mit kurzer Haltbarkeit, wenn dies für die Verbraucher in geeigneter Weise kenntlich gemacht wird *(§ 11 IV PAngV)*.

7.2.4 Gesetz über die Haftung für fehlerhafte Produkte *(Produkthaftungsgesetz – ProdHaftG)*

▶ Bedeutung des Produkthaftungsgesetzes

Die Bestimmungen dieses Gesetzes beziehen sich **ausschließlich auf den Ersatz für Folgeschäden,** die durch den Ge- und Verbrauch eines Produktes an anderen Sachen oder an Personen entstehen. Bei Mängeln am Produkt selbst gelten jedoch – wie bisher – z. B. die kaufvertraglichen Gewährleistungsrechte aus der Lieferung mangelhafter Ware (vgl. S. 107 f.). Insofern ergänzt das Produkthaftungsgesetz die bislang bestehenden gesetzlichen Regelungen.

▶ Bestimmungen des Produkthaftungsgesetzes

Derjenige, der ein **fehlerhaftes Produkt** ausliefert, haftet für anschließend damit verursachte Personen- und Sachschäden. Entscheidend ist dabei allerdings nicht das Herstellungs-, sondern das Auslieferungsdatum, also der Termin, an dem das Produkt „in den Verkehr gebracht worden ist" *(§§ 16, 19 ProdHaftG)*.

Die **Produkthaftung** gilt für bewegliche Sachen *(§ 2 ProdHaftG)*, also alle Waren außer Grundstücken mit ihren Bestandteilen sowie Schiffen, die ins Schiffsregister eingetragen sind. Ausgenommen von der Haftung sind zudem landwirtschaftliche Produkte *(§ 2 ProdHaftG)*. Die Beweislast, dass ein Schaden eingetreten ist, liegt beim Geschädigten. Voraussetzung ist nicht, dass den Auslieferer ein Verschulden trifft.

Fehlerhaft ist ein Produkt dann, wenn es nicht die Sicherheit bietet, die vom Käufer erwartet werden kann *(§ 3 ProdHaftG)*. Dies ist insbesondere dann der Fall, wenn das Produkt bei der Auslieferung nicht dem aktuellen Stand von Wissenschaft und Technik entspricht *(§ 1 ProdHaftG)*.

> Eine Ware, die bereits vor einem Jahr hergestellt wurde, bisher auf Lager lag und jetzt erst an den Kunden ausgeliefert wird, muss dem derzeitigen technischen und wissenschaftlichen Know-how entsprechen.

Das Produkthaftungsgesetz geht also von einem wesentlich schärfer formulierten **Fehlerbegriff** aus als das Gewährleistungsrecht des BGB bei der Lieferung mangelhafter Waren (vgl. S. 103ff.). Während das BGB dann von mangelhafter Ware spricht, wenn eine Sache einen Sach- oder Rechtsmangel aufweist, ist nach dem ProdHaftG **jeder Sicherheitsmangel** ein Fehler.

Zur Haftung verpflichtet ist zunächst der **Hersteller des Produktes.** Als Hersteller gelten auch *(§ 4 ProdHaftG):*

- Lieferanten von Teilen des Endproduktes,
- Personen, die sich durch das Anbringen ihres Namens oder ihrer Marke am Produkt als Hersteller ausgeben,
- Lieferanten, die Waren aus Ländern außerhalb der Europäischen Union beziehen.

Kann der Hersteller eines Produktes nicht festgestellt werden, haftet zunächst der **Lieferant der Ware.** Ist es diesem allerdings innerhalb eines Monats nach Aufforderung durch einen Geschädigten möglich, den Hersteller oder seinen eigenen Lieferanten zu benennen, ist er von der Haftung befreit.

Wird eine Person durch ein fehlerhaftes Produkt geschädigt, haftet der Hersteller oder Lieferant bis zum Höchstbetrag von 85 Millionen EUR *(§ 10 ProdHaftG)*. Bei Sachschäden erhält der Geschädigte bis zu einem Betrag von 500 EUR keinen Ausgleich. Erst für Sachschäden, die diese Selbstbeteiligungsgrenze überschreiten, haftet der Hersteller oder Lieferant *(§ 11 ProdHaftG)*. Schmerzensgeld als Ersatz für immaterielle Schäden sieht das Gesetz nicht vor.

Die **Haftungspflicht** erlischt grundsätzlich 10 Jahre nach dem Zeitpunkt, zu dem das Produkt ausgeliefert wurde *(§ 13 ProdHaftG)*. Ein Geschädigter muss allerdings innerhalb von drei Jahren nach Eintritt des Schadens und nachdem er den Produktfehler entdeckt und den Haftenden ausfindig gemacht hat, seine **Ansprüche anmelden** *(§ 12 ProdHaftG)*.

7.3 Rechtsnormen zum indirekten Schutz des Verbrauchers

Andere Rechtsnormen zielen **nicht unmittelbar** auf den Verbraucherschutz ab, erfüllen diese Aufgabe aber **indirekt,** indem sie:

- den redlichen Wettbewerb zwischen den einzelnen Anbietern aufrechterhalten bzw.
- die marktwirtschaftliche Wettbewerbsordnung erhalten.

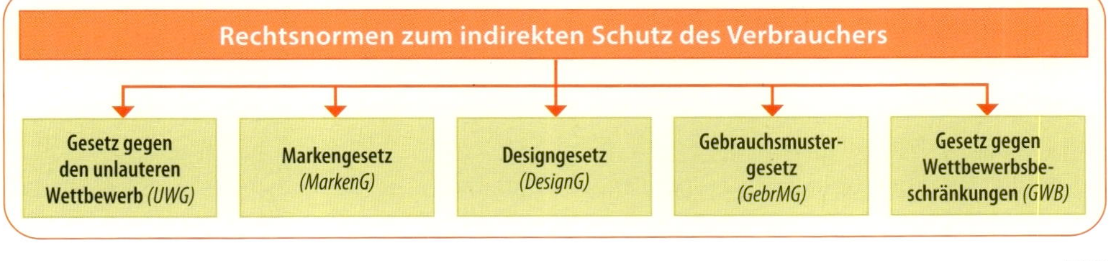

Diese Gesetze garantieren, dass eine ausreichende Anzahl von Unternehmen eine Vielzahl von Gütern zu angemessenen Preisen am Markt anbietet, ohne dass Mitwettbewerber versuchen, sich mit unerlaubten Mitteln auf Kosten ihrer Konkurrenten wirtschaftliche Vorteile zu erkämpfen.

7.3.1 Gesetz gegen den unlauteren Wettbewerb *(UWG)*

Bei allen zur Förderung seines Verkaufserfolges eingesetzten Maßnahmen hat das Unternehmen darauf zu achten, dass es seine Konkurrenten nicht durch **wettbewerbswidrige Maßnahmen** bei deren eigenen Bemühungen um die Kunden einschränkt oder behindert. Das **UWG** will damit einen fairen Wettstreit zwischen allen Unternehmen am Markt sicherstellen und gleichzeitig die Konsumenten vor irreführenden geschäftlichen Handlungen schützen. Somit stellt das UWG eine Rechtsnorm dar, die **indirekt** über die Stärkung des unverfälschten Wettbewerbs den Schutz des Verbrauchers bewirkt.

Nimmt ein Unternehmen unzulässige geschäftliche Handlungen vor, kann es auf **Beseitigung oder Unterlassung in Anspruch genommen werden.** In diesem Fall wird das Unternehmen von einem Mitkonkurrenten, einem Verbraucherverband, einer Industrie- und Handelskammer, einer Handwerkskammer, einer Zentrale zur Bekämpfung des unlauteren Wettbewerbs oder einem Abmahnverein aufgefordert, diese Handlungen zu unterlassen *(§ 8 UWG)*. Ein einzelner Konsument ist allerdings nicht berechtigt, gegen wettbewerbswidriges Verhalten vorzugehen.

Wer dem Verbot der unzulässigen geschäftlichen Handlungen vorsätzlich oder fahrlässig zuwider handelt, kann zum Ersatz des daraus entstehenden Schadens verpflichtet werden *(§ 9 UWG)*.

Als wettbewerbswidrig werden u. a. grundsätzlich folgende Handlungsweisen eingestuft:

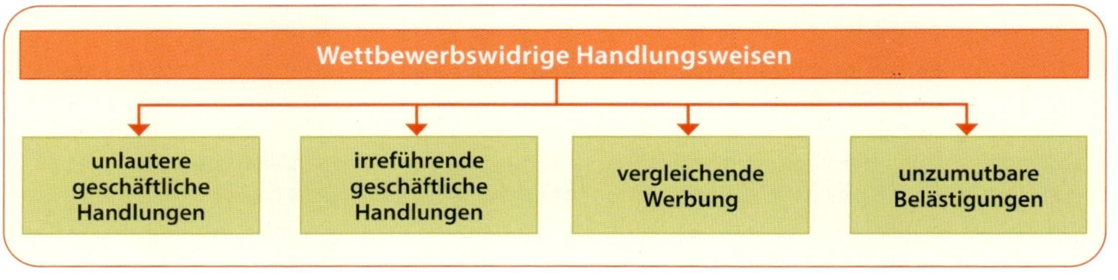

▶ Unlautere geschäftliche Handlungen *(§§ 3, 4 UWG)*

Unlautere geschäftliche Handlungen, die den Wettbewerb zum Nachteil der Mitbewerber, von Verbrauchern oder anderer Marktteilnehmer verfälschen, sind unzulässig *(§ 3 UWG)*.

Dazu zählen etwa Maßnahmen, die *(§§ 4, 4a UWG)*:

- die Entscheidungsfreiheit des Verbrauchers durch Druck beeinflussen wollen.

  Belästigungen: Passanten auf öffentlichen Straßen einzeln anzusprechen, um sie zu veranlassen, ein Geschäft aufzusuchen und dort Waren oder Dienstleistungen zu erwerben, ist unlauter. Die plötzliche Zwangslage, sich mit einem Angebot beschäftigen zu müssen, kann bei manchen Personen dazu führen, die Ware oder Dienstleistung nur deshalb zu erwerben, um der Belästigung zu entgehen.

- den Werbecharakter von geschäftlichen Handlungen verschleiern.
- die Bedingungen zur Inanspruchnahme von Preisnachlässen, Zugaben oder Geschenken nicht eindeutig angeben.
- die Teilnahmebedingungen bei Preisausschreiben oder Gewinnspielen nicht eindeutig angeben.

- das Unternehmen eines Mitbewerbers, dessen Waren, Dienstleistungen oder persönliche Verhältnisse herabsetzen.
- Mitbewerber gezielt behindern.

> **Boykott:** Ein Informationsdienst für den Handel forderte Facheinzelhändler auf, solche Hersteller zu benennen, die ihre Waren auch an Verbrauchermärkte lieferten. Ziel der Aktion war die Vorbereitung von Maßnahmen, mit denen bei den Herstellern eine Liefersperre für Verbrauchermärkte erreicht werden konnte. Die Wettbewerbsfähigkeit der Facheinzelhändler sollte hier mit unlauteren Mitteln verbessert werden.

- Waren oder Dienstleistungen anbieten, die Nachahmungen derer von Mitbewerbern sind.

▶ Irreführende geschäftliche Handlungen *(§ 5 UWG)*

Irreführend ist eine geschäftliche Handlung dann, wenn:

- Angaben über die Verfügbarkeit, Art, Ausführung, Zusammensetzung, Menge, Verwendungsmöglichkeiten, Beschaffenheit, geografische oder betriebliche Herkunft nicht zutreffen.

> - Mit dem Zusatz „de Paris" darf nicht für ein Parfüm aus Deutschland geworben werden.
> - Eine Warenhauskette bot in der Bundesrepublik Deutschland Quarzuhren mit der Werbeaussage „eine Markenuhr, die sich jeder leisten kann" an. Die Uhren wurden in Asien hergestellt und über Versandhändler und Warenhausgruppen vertrieben. Die Werbung war deshalb irreführend, weil der angesprochene Personenkreis mit „Markenuhr" eine über den Fachhandel vertriebene Qualitätsuhr versteht.

- Angaben über den Preis oder die Art und Weise, wie er berechnet wird, oder die Lieferungsbedingungen nicht stimmen.

> - Eine Werbung mit dem Zusatz „empfohlener Preis" ist unzulässig.
> - Die Ankündigung, für gebrauchte Gegenstände „Höchstpreise" zu zahlen, ist irreführend. Ein Einzelhändler warb mit folgendem Text: „Alt gegen Neu. Wir zahlen für Ihr altes Fernseh-, Video- und Hi-Fi-Gerät Höchstpreise. Auch dann, wenn Sie kein Neugerät erwerben." Das Gericht hielt es hingegen durchaus für möglich, dass Konkurrenten bei der Inzahlungnahme von Altgeräten höhere Preise gewähren und untersagte die Werbeaussage.

- Angaben über den Werbenden, seine Identität, sein Vermögen, seine Befähigungen, Auszeichnungen oder Ehrungen nicht korrekt sind.

> - Ein Fahrlehrer erwarb 2012 eine bereits 1992 gegründete Fahrschule. 2017 inserierte er in einer Zeitung „25 Jahre Fahrschule Rainer S.". Diese Werbung ist irreführend, da er das Unternehmen nicht selbst 25 Jahre leitete.
> - Unzulässig ist die Werbung mit Fotos des Unternehmens dann, wenn der werbende Kaufmann selbst nur einen Teil der abgebildeten Gebäude nutzt.

- mit der Herabsetzung eines Preises geworben wird, obwohl er nur für eine unangemessen kurze Zeit gültig ist.

▶ Vergleichende Werbung *(§ 6 UWG)*

Vergleichende Werbung bezieht die von einem Mitbewerber angebotenen Waren oder Dienstleistungen ein.

Unlauter handelt, wer:

- diesen Vergleich nicht auf Waren und Dienstleistungen für den gleichen Bedarf bezieht.
- nicht objektiv nachprüfbare Eigenschaften oder den Preis der Ware oder Dienstleistung vergleicht.
- die Ware, Dienstleistung, Tätigkeit oder die persönlichen Verhältnisse des Mitbewerbers herabsetzt oder verunglimpft.

- **Unzumutbare Belästigungen** *(§§ 7, 7 a UWG)*

Unzumutbares Belästigen bedeutet, durch geschäftliche Handlungen – insbesondere durch Werbung – Marktteilnehmer anzusprechen, obwohl erkennbar ist, dass diese Werbung nicht erwünscht ist.

Eine unzumutbare Belästigung ist stets gegeben bei Werbung

- gegenüber Verbrauchern per Telefonanruf, Fax oder E-Mail, durch die der Umworbene hartnäckig angesprochen wird, obwohl er dies erkennbar nicht wünscht;
- mit einem Telefonanruf gegenüber einem Verbraucher, ohne dass dessen vorherige ausdrückliche Einwilligung[1] vorliegt;
- unter Verwendung einer automatischen Anrufmaschine, eines Faxgerätes oder E-Mail, ohne dass die vorherige ausdrückliche Einwilligung des Adressaten vorliegt;
- mit einer Nachricht, bei der insbesondere die Identität des Absenders verschleiert oder verheimlicht wird oder bei der keine gültige Adresse vorhanden ist, an die der Empfänger eine Aufforderung zur Einstellung solcher Nachrichten richten kann.

Verstöße gegen diese Verbote können mit Geldbußen (z. B. bis zu 300 000 EUR bei Werbung mit einem Telefonanruf oder unter Verwendung einer automatischen Anrufmaschine gegenüber einem Verbraucher ohne dessen vorherige ausdrückliche Einwilligung) geahndet werden *(§ 20 UWG)*.

Verbraucher, die weiterhin mit unerlaubter Telefonwerbung belästigt werden oder für die die Rufnummer des gewerblichen Anrufers nicht erkennbar ist, können dies einer Verbraucherzentrale oder der Bundesnetzagentur (www.bundesnetzagentur.de) melden. Die dann gegen den entsprechenden Anrufer eingeleiteten Maßnahmen reichen von der Abmahnung bis zum Bußgeldverfahren.

Darüber hinaus können Verbraucher den telefonischen Abschluss von Verträgen zur Lieferung von Zeitungen, Zeitschriften und Illustrierten sowie Wett- und Lotteriedienstleistungen widerrufen *(§ 312g BGB)*. Die Frist beginnt, wenn der Verbraucher eine schriftliche Belehrung (E-Mail, Telefax) über sein **Widerrufsrecht** erhalten hat. Bei unerlaubten Werbeanrufen beträgt diese Frist einen Monat, sonst – je nach Einzelfall – zwischen zwei Wochen und einem Monat.

7.3.2 Markengesetz *(MarkenG)*

Eine **Marke** hat den Zweck, Waren und Dienstleistungen eines Unternehmens zu kennzeichnen und von denen anderer Anbieter abzugrenzen *(§ 3 MarkenG)*. Von diesem Gesetz geschützt sind alle Marken, geschäftliche Bezeichnungen (dazu zählen Namen/Kennzeichnungen von Unternehmen sowie die Bezeichnungen von Büchern, Filmen und ähnlichen Werken) und Angaben zur geografischen Herkunft von Waren und Dienstleistungen *(§ 2 MarkenG)*.

Die mit einer solchen Marke gekennzeichneten Waren und Dienstleistungen:

- weisen den Verbraucher auf ein bestimmtes Unternehmen als Herkunftsstätte hin,
- garantieren – aus Sicht des Verbrauchers – eine gleichbleibende oder verbesserte Beschaffenheit, wodurch sich der in dieser Annahme bestätigte Kunde veranlasst sieht, diese Ware oder Dienstleistung erneut nachzufragen.

1 Der Werbende ist verpflichtet, diese ausdrückliche Einwilligung des Verbrauchers in die Telefonwerbung zum Zeitpunkt der Erteilung zu dokumentieren und diesen Nachweis ab Erteilung der Einwilligung sowie nach jeder Verwendung 5 Jahre aufzubewahren *(§ 7 a UWG)*.

Da sich somit **in der Marke der Ruf symbolisiert, den eine Ware oder Dienstleistung genießt,** erstreckt sich der Schutz des Markenrechts auf die **Werbeleistungen** eines Gewerbetreibenden. Dies äußert sich insbesondere darin, dass die Marken im Geschäftsleben eine Bedeutung haben, ohne dass dem Kunden der Hersteller der Ware oder Dienstleistung bekannt sein muss.

> Bei Marken, die vielen Menschen bekannt sind wie etwa Aspirin oder Odol, dürften nur wenige in der Lage sein, Bayer in Leverkusen bzw. die Lingner-Werke in Düsseldorf als Hersteller dieser Produkte zu benennen.

Marken sind als Zeichen – insbesondere Wörter, Abbildungen, Zahlen oder dreidimensionale Gestaltungen – eintragungsfähig.

Die Anmeldung zur Eintragung einer Marke in ein Register ist beim Deutschen Patent- und Markenamt einzureichen und muss enthalten *(§ 32 MarkenG):*

- Angaben, die es erlauben, die Identität des Anmelders festzulegen,
- eine Wiedergabe der Marke,
- ein Verzeichnis der Waren und Dienstleistungen, für die die Eintragung beantragt wird.

Der Schutz der eingetragenen Marke dauert – beginnend mit dem Anmeldetag – zunächst zehn Jahre *(§ 47 I MarkenG),* kann aber immer wieder um jeweils zehn Jahre verlängert werden *(§ 47 II MarkenG),* sodass sich praktisch ein zeitlich unbegrenzter Schutz ergibt.

7.3.3 Designgesetz *(DesignG)*

Das Designgesetz schützt die aus der individuellen Schöpferkraft des Urhebers entstandene Leistung, die in einem Design (zwei- oder dreidimensionale Darstellung eines Erzeugnisses oder eines Teils davon) dargestellt ist, gegen Nachahmungen.

Der Designschutz kann beim Deutschen Patent- und Markenamt beantragt werden. Der Schutz beginnt mit der Eintragung in das Designregister *(§ 27 DesignG)* und endet spätestens 25 Jahre nach dem Anmeldetag. Wird der Schutz des eingetragenen Designs nicht durch die Zahlung einer Gebühr am Ende einer jeden Schutzperiode (jeweils fünf Jahre) aufrechterhalten, endet die Schutzdauer *(§ 28 DesignG).* Derjenige, der ein Design eingetragen hat, besitzt das ausschließliche Nutzungsrecht und kann daher Dritten verbieten, es ohne seine Zustimmung zu verwenden *(§ 38 DesignG).*

> Ein Hersteller exklusiver Glas- und Porzellanwaren beauftragt einen namhaften Künstler, ein gewerblich zu verwertendes Tafelservice zu kreieren. Die in ihrer Form- und Farbgestaltung neuen und einmaligen ästhetisch wirkenden Einzelerzeugnisse des Services fallen als Produktdesign nur dann unter den Schutz des DesignG, wenn der Hersteller als Berechtigter das Modell schriftlich zur Eintragung in das Designregister angemeldet hat.
>
> Nach spätestens 25 Jahren könnte das Tafelservice von jedermann nachgebildet werden.

7.3.4 Gebrauchsmustergesetz *(GebrMG)*

Während sich das Designgesetz auf ein neues und individuelles Erzeugnis, das ästhetisch wirkt, erstreckt, schützt das Gebrauchsmustergesetz eine **technische Leistung.**

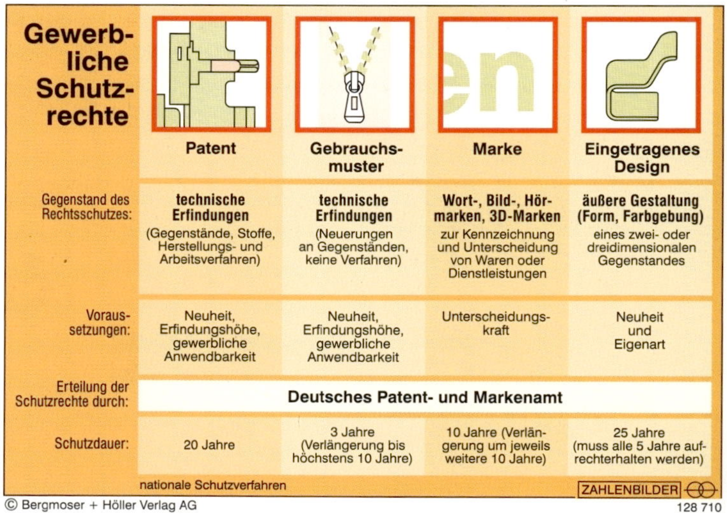

Gewerbliche Schutzrechte	Patent	Gebrauchsmuster	Marke	Eingetragenes Design
Gegenstand des Rechtsschutzes:	**technische Erfindungen** (Gegenstände, Stoffe, Herstellungs- und Arbeitsverfahren)	**technische Erfindungen** (Neuerungen an Gegenständen, keine Verfahren)	**Wort-, Bild-, Hörmarken, 3D-Marken** zur Kennzeichnung und Unterscheidung von Waren oder Dienstleistungen	**äußere Gestaltung (Form, Farbgebung)** eines zwei- oder dreidimensionalen Gegenstandes
Voraussetzungen:	Neuheit, Erfindungshöhe, gewerbliche Anwendbarkeit	Neuheit, Erfindungshöhe, gewerbliche Anwendbarkeit	Unterscheidungskraft	Neuheit und Eigenart
Erteilung der Schutzrechte durch:	**Deutsches Patent- und Markenamt**			
Schutzdauer:	20 Jahre	3 Jahre (Verlängerung bis höchstens 10 Jahre)	10 Jahre (Verlängerung um jeweils weitere 10 Jahre)	25 Jahre (muss alle 5 Jahre aufrechterhalten werden)

nationale Schutzverfahren

ZAHLENBILDER 128 710

© Bergmoser + Höller Verlag AG

Dazu zählen Erfindungen, die

- neu sind,
- auf einem (im Sinne des Standes der Technik) erfinderischen Schritt beruhen **und**
- gewerblich anwendbar sind *(§ 1 I GebrMG),* d. h. auf irgendeinem gewerblichen Gebiet hergestellt oder benutzt werden können *(§ 3 II GebrMG).*

Das Gebrauchsmustergesetz findet daher auf solche kleinen Erfindungen Anwendung, die einerseits wegen ihres eindeutigen technischen Charakters als eingetragenes Design nicht schutzfähig sind, für die sich aber andererseits ein Patent nicht eignet oder lohnt.

Der Gebrauchsmusterschutz, der sich beginnend mit dem auf die Anmeldung folgenden Tag zunächst auf einen Zeitraum von drei Jahren erstreckt *(§ 23 I GebrMG)* – wobei diese Frist zunächst um weitere drei und sodann um jeweils zwei Jahre bis auf maximal zehn Jahre verlängert werden kann *(§ 23 II GebrMG)* –, entsteht durch die Eintragung in das beim Deutschen Patent- und Markenamt geführte Gebrauchsmusterregister. Dabei findet jedoch keine sachliche Überprüfung des Gegenstandes auf Neuheit, erfinderischen Schritt und gewerbliche Anwendbarkeit statt *(§ 8 GebrMG).*

Unfallverhütungsschuhe, die durch eine neue, dem Gebrauchszweck dienliche Formgebung technisch entscheidend verbessert worden sind, würden auf Antrag des Erfinders unter den Schutz des GebrMG fallen. Die schriftlich beim Deutschen Patent- und Markenamt einzureichende Anmeldung müsste enthalten:

- den Antrag auf Eintragung des Gebrauchsmusters, in dem der Gegenstand des Gebrauchsmusters kurz und technisch genau als „Unfallverhütungsschuhe" bezeichnet ist,
- den Schutzanspruch, in dem angegeben ist, was als schutzfähig unter Schutz gestellt werden soll,
- eine Beschreibung der Unfallverhütungsschuhe,
- eine Zeichnung der Unfallverhütungsschuhe.

Nach spätestens zehn Jahren würde der Gebrauchsmusterschutz für die Unfallverhütungsschuhe entfallen.

7.3.5 Gesetz gegen Wettbewerbsbeschränkungen *(GWB)*

Während Rechtsnormen wie vor allem

- das Gesetz gegen den unlauteren Wettbewerb,
- das Markengesetz,
- das Designgesetz und
- das Gebrauchsmustergesetz

den unzulässigen Wettbewerb zwischen den einzelnen Anbietern untereinander verhindern, also **den einen Konkurrenten vor dem anderen schützen,** zielt das Gesetz gegen Wettbewerbsbeschränkungen *(GWB)* eher auf den **Erhalt der marktwirtschaftlichen Wettbewerbsordnung,** in der die Rechtssubjekte frei und im Wettbewerb miteinander wirtschaftlich handeln.

Mit den Bestimmungen des Kartellrechts (vgl. S. 501 f.) kommt der Staat seiner wettbewerbspolitischen Ordnungsfunktion nach. Das Gesetz gegen Wettbewerbsbeschränkungen wendet sich aber nicht nur gegen wettbewerbsbeschränkende Verträge, Beschlüsse, aufeinander abgestimmte Verhaltensweisen oder Empfehlungen zwischen selbstständigen Unternehmen, sondern enthält insbesondere auch **Vorschriften über die Kontrolle marktbeherrschender Unternehmen sowie unternehmerische Kooperations- und Konzentrationsformen** (vgl. S. 498 ff.). Das GWB **verbietet grundsätzlich** solche Vereinbarungen zwischen Unternehmen, die eine Verhinderung, Einschränkung oder Verfälschung des Wettbewerbs bezwecken oder bewirken *(§ 1 GWB).*

Verstößt ein Unternehmen gegen das GWB oder eine Verfügung der Kartellbehörde, kann es zum Ersatz des entstandenen Schadens verpflichtet werden *(§ 33 GWB).*

▶ Zusammenfassung

Rechtlicher Verbraucherschutz

Rechtsnormen zum direkten Schutz des Verbrauchers

- **Bürgerliches Gesetzbuch**
  - Schutz vor unangemessenen Bestimmungen in allgemeinen Geschäftsbedingungen
  - Schutz bei außerhalb von Geschäftsräumen abgeschlossenen Verträgen
  - Schutz bei Fernabsatzverträgen, die per Internet oder über jede andere Art von Fernkommunikation zustande gekommen sind
  - insbesondere Schutz bei kreditfinanzierten Käufen
- **Insolvenzordnung**
  Verbraucherinsolvenzverfahren ermöglicht zahlungsunfähigen Verbrauchern durch Ratenzahlung, Teilerlass, Stundung, Vergleich oder Restschuldbefreiung einen finanziellen Neubeginn
- **Preisangabenverordnung**
  Schutz vor unzureichender oder falscher Preisauszeichnung
- **Produkthaftungsgesetz**
  - Schutz vor fehlerhaften Produkten
  - Ersatz der durch den Ge- oder Verbrauch eines Produktes entstandenen Folgeschäden

Rechtsnormen zum indirekten Schutz des Verbrauchers

durch Aufrechterhaltung des redlichen Wettbewerbs zwischen den einzelnen Anbietern

- **Gesetz gegen den unlauteren Wettbewerb**
  verbietet unlautere geschäftliche Handlungen, irreführende geschäftliche Handlungen, bestimmte Arten von vergleichender Werbung und unzumutbare Belästigungen
- **Markengesetz**
  Schutz der Werbeleistungen eines Gewerbetreibenden
- **Designgesetz**
  Schutz eines individuellen Designs
- **Gebrauchsmustergesetz**
  Schutz einer kleinen technischen Erfindung

durch Erhaltung der marktwirtschaftlichen Wettbewerbsordnung

- **Gesetz gegen Wettbewerbsbeschränkungen**
  - Schutz vor Vereinbarungen zwischen selbstständigen Unternehmen, die eine Verhinderung, Einschränkung oder Verfälschung des Wettbewerbs bezwecken oder bewirken
  - Kontrolle marktbeherrschender Unternehmen sowie des Zusammenschlusses von Unternehmen

Aufgaben

36

(1) *Selbst in einer sozialen marktwirtschaftlichen Ordnung ist Verbraucherschutz notwendig. Begründen Sie diese Aussage und beschreiben Sie, was unter dem Begriff „Verbraucherschutz" zu verstehen ist!*

(2) *Welche Bedeutung kommt den Rechtsvorschriften zu, die auf den direkten Schutz des privaten Endverbrauchers abzielen?*

(3) *Was versteht man unter Verträgen, die außerhalb von Geschäftsräumen zustande kommen?*

(4) *Erläutern Sie das Widerrufsrecht, das bei Fernabsatzverträgen zur Anwendung kommt!*

(5) *Definieren Sie die nachfolgenden Begriffe:*

   a) *Fernabsatzvertrag,*

   b) *Verbraucherdarlehensvertrag!*

(6) *Welche Einzelangaben muss der schriftliche Verbraucherdarlehensvertrag enthalten?*

(7) *Zählen Sie die vier Stufen des Verbraucherinsolvenzverfahrens auf!*

(8) *Was versteht man unter Restschuldbefreiung?*

(9) *An welche Voraussetzungen ist die Restschuldbefreiung geknüpft?*

(10) *Verschaffen Sie sich unter Rückgriff auf die Zusammenschau zum „Ablauf des maximal vierstufigen Verbraucherinsolvenzverfahrens gemäß Insolvenzordnung" (vgl. S. 514) einen Überblick über das Entschuldungsverfahren. Klären Sie dabei auch alle relevanten Begriffe! Stellen Sie anschließend Ihre Ergebnisse in Form eines Kurzvortrages anhand der von Ihnen erstellten Stichpunkte vor!*

(11) *Welcher Unterschied besteht zwischen dem Gesamtpreis und dem Grundpreis gemäß Preisangabenverordnung?*

(12) *Der Grundpreis für eine Ware liegt bei 34,99 EUR je Quadratmeter. Ermitteln Sie für eine Menge von 135 m² den vom Verbraucher zu entrichtenden Gesamtpreis unter Berücksichtigung von 15 % Rabatt!*

(13) *Frau Wending erwirbt im Facheinzelhandel zusammen mit einem OLED-Fernsehgerät einen DVD-Festplattenrecorder. In einem Möbelfachgeschäft ersteht sie eine zu ihrer Wohnungseinrichtung passende TV/-Videoeinheit.*

Erläutern Sie, durch welche Rechtsnormen Frau Wending in den folgenden Fällen geschützt ist und stellen Sie die Rechte dar, die die Kundin zur Wahrnehmung ihrer Interessen ausüben wird!

   a) *Bereits sechs Wochen nach dem Kaufdatum ist der Senderspeicher des OLED-Fernsehgerätes defekt, sodass die Frequenzen der Fernsehsender nur noch manuell eingestellt werden können.*

   b) *Durch das Gewicht der Elektrogeräte stürzt das Möbelstück aufgrund eines Verarbeitungsfehlers in sich zusammen. Dabei erleiden das Fernsehgerät und der Recorder Totalschaden.*

   c) *Die Fernbedienung des Fernsehgerätes versagt ihren Dienst.*

(14) *Welchen Zweck verfolgt das UWG?*

(15) *Verdeutlichen Sie, wann geschäftliche Handlungen als „irreführend" anzusehen sind!*

(16) *Grenzen Sie das Markengesetz sowohl gegen das Designgesetz als auch gegen das Gebrauchsmustergesetz ab!*

(17) *Was versteht man unter*

a) einer Marke,

b) einem eingetragenen Design?

(18) *Welche Schutzfristen sind für eingetragene Marken und Designs sowie für Gebrauchsmuster möglich?*

(19) *Stellen Sie am Beispiel Ihres Ausbildungsbetriebes die Bedeutung des Marken- und Musterschutzes dar!*

(20) *Welche besondere Bedeutung hat das Gesetz gegen Wettbewerbsbeschränkungen im Vergleich zu jenen Rechtsnormen, die den einen Konkurrenten vor dem anderen schützen?*

1 Notwendigkeit der Besteuerung

Bund, Länder und Gemeinden müssen vielfältige Aufgaben wahrnehmen wie u. a. in den Bereichen soziale Sicherung, Verteidigung, Verkehr, Bildung und Städtebau. Zur Finanzierung dieser Ausgaben benötigt der Staat Einnahmen.

Diese Staatseinnahmen werden hauptsächlich durch **Abgaben** erzielt, die sich aus Steuern, Gebühren und Beiträgen zusammensetzen:

- **Steuern** sind zwangsweise zu zahlende Abgaben, denen keine unmittelbare Gegenleistung gegenübersteht.
- **Gebühren** werden für die Inanspruchnahme öffentlicher Dienstleistungen erhoben.

  Gebühren für Leistungen der Gerichte, für das Ausstellen eines Reisepasses oder Führerscheins, für die Beglaubigung von Urkunden

- **Beiträge,** die der Finanzierung gemeinschaftlicher Einrichtungen dienen, werden im Gegensatz zu den Gebühren schon dann fällig, wenn lediglich die **Möglichkeit** der Leistungsinanspruchnahme besteht.

  Anliegerbeiträge von Grundstückseigentümern für Straßenbau und Kanalisation, Kurtaxe, Rundfunk- und Fernsehbeiträge

Die Gegenüberstellung der erwarteten Einnahmen und der geplanten Ausgaben des Bundes erfolgt im **Bundeshaushalt.** Länder und Gemeinden erstellen ebenfalls einen jährlichen Haushaltsplan. Übersteigen die Ausgaben die Einnahmen, muss sich der Staat durch die Aufnahme von Krediten verschulden.

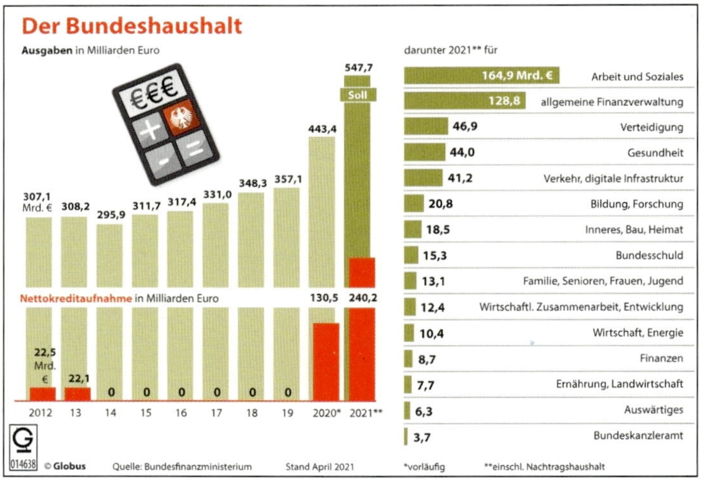

Ausgaben in Höhe von 498,6 Mrd. EUR und eine Neuverschuldung von 179,8 Mrd. EUR – so sah der Bundeshaushalt 2021 aus, den der Deutsche Bundestag am 11.12.2020 in dritter Lesung beschlossen hat. Doch die Corona-Pandemie, die die Wirtschaftsentwicklung in Deutschland weiterhin stark beeinträchtigt, machte wieder einen Strich durch die Rechnung. Die Hilfsprogramme und Unterstützungsmaßnahmen, die die wirtschaftlichen Folgen der Pandemie und des monatelangen (Teil-)Lockdowns abfedern sollen, sind weiterhin notwendig und mussten sogar aufgestockt werden. Deshalb hat der Bundestag im April 2021 einen Nachtragshaushalt beschlossen. Die Ausgaben im Bundeshaushalt 2021 belaufen sich nun auf insgesamt 547,7 Mrd. EUR – fast 50 Mrd. EUR mehr als ursprünglich veranschlagt. Die Nettokreditaufnahme wird mit 240,2 Mrd. EUR beziffert. Am stärksten steigen im Nachtragshaushalt 2021 die Ausgaben für die Position „allgemeine Finanzverwaltung", in denen auch die Corona-Hilfen für Unternehmen enthalten sind (plus 35,9 Mrd. EUR). Die Ausgaben des Bundesgesundheitsministeriums, das für die Bekämpfung der Corona-Pandemie zuständig ist, werden um 8,7 Mrd. EUR erhöht. Die Ausgaben im Haushaltstitel Bundesschuld – darin sind beispielsweise die Zinszahlungen für Schulden enthalten – klettern um 4,5 Mrd. EUR.

2 Steuerarten

Steuern können nach folgenden Gesichtspunkten gegliedert werden:

▶ Einteilung nach dem Steuerempfänger

Maßgeblich ist hierbei, wem die Erträge der einzelnen Steuern zufließen.

- **Bundessteuern,** die ausschließlich der Bund erhält (z. B. Versicherungsteuer, Kraftfahrzeugsteuer, Solidaritätszuschlag).
- **Landessteuern,** die die einzelnen Bundesländer erhalten (z. B. Biersteuer, Erbschaft- und Schenkungsteuer).
- **Gemeindesteuern,** die den Gemeinden zufließen (z. B. Grundsteuer, Hundesteuer, Vergnügungsteuer).
- **Gemeinschaftsteuern,** die Bund und Ländern zu bestimmten Anteilen zufließen (z. B. Lohn- und Einkommensteuer [je 42,5 % an den Bund und an die Länder sowie 15 % an die Kommunen], Körperschaftsteuer [je 50 % an den Bund und an die Länder]). Die Höhe dieser Anteile wird jeweils gesetzlich festgelegt.
- **Kirchensteuern,** die den verschiedenen steuererhebungsberechtigten Religionsgemeinschaften (der evangelischen oder der römisch-katholischen Kirche) zur Erfüllung ihrer Aufgaben dienen.

▶ Einteilung nach der Erhebungsart

- **Direkte Steuern,** die vom Steuerzahler unmittelbar an das Finanzamt abzuführen sind (z. B. Einkommen- sowie Erbschaft- und Schenkungsteuer).
- **Indirekte Steuern,** die in den Güterpreisen enthalten sind, von den Unternehmen eingezogen und an das Finanzamt weitergeleitet werden (z. B. Umsatzsteuer).

▶ Einteilung nach dem Steuergegenstand

- **Besitzsteuern** sind entweder
  - **Personensteuern,** die bei natürlichen (z. B. Einkommensteuer) und juristischen (z. B. Körperschaftsteuer) Personen erhoben werden oder
  - **Realsteuern,** die auf Objekte bezogen werden (z. B. Gewerbesteuer, Grundsteuer).
- **Verkehrsteuern,** bei denen der Warenumsatz (Umsatzsteuer) und der Umschlag bestimmter Werte (z. B. Grundstücke) besteuert wird.

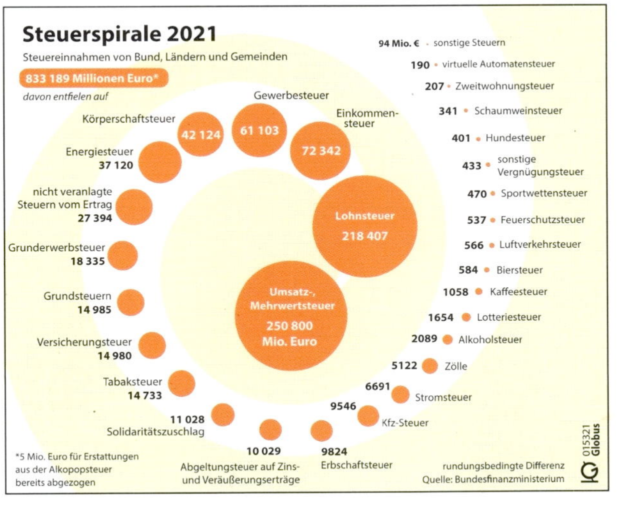

- **Verbrauchsteuern,** die für den Konsum bestimmter Waren erhoben werden (z. B. Mineralölsteuer).

Steuern nach dem Steuergegenstand

- **Besitzsteuern**
  - Personensteuern
    - Einkommensteuer
    - Lohnsteuer
    - Kirchensteuer
    - Erbschaft- und Schenkungsteuer
    - Körperschaftsteuer
    - Kapitalertragsteuer
  - Realsteuern (Objektsteuern)
    - Grundsteuer
    - Gewerbesteuer
    - Hundesteuer
- **Verkehrsteuern**
  - Umsatzsteuer
  - Grunderwerbsteuer
  - Kraftfahrzeugsteuer
  - Versicherungsteuer
  - Lotteriesteuer
  - Vergnügungsteuer
- **Verbrauchsteuern**
  - Mineralölsteuer
  - Tabaksteuer
  - Kaffeesteuer
  - Biersteuer
  - Branntweinsteuer
  - Schaumweinsteuer

3 Steuererhebungsverfahren am Beispiel der Personensteuern

Für den Einzug der aufgrund der erzielten Steuereinnahmen wichtigsten Personensteuern, und zwar der Lohn- und Einkommensteuer, finden zwei Verfahren Anwendung, und zwar das Abzugs- und das Veranlagungsverfahren.

▶ Abzugsverfahren

Bei jeder Lohn- und Gehaltszahlung ist der Arbeitgeber verpflichtet, manuell (mithilfe entsprechender Tabellen) oder maschinell (elektronisch) die anfallende **Lohnsteuer** zu ermitteln, einzubehalten und an das Finanzamt abzuführen.

Der Bruttolohn eines Arbeitnehmers mindert sich demnach

- um die **Lohnsteuer,**
- um die **Kirchensteuer** (für Mitglieder einer anerkannten Religionsgemeinschaft),
- um den **Solidaritätszuschlag**[1],
- um die **Arbeitnehmeranteile zur gesetzlichen Sozialversicherung,** also um die anteiligen Beiträge zur Kranken-, Pflege-, Renten- und Arbeitslosenversicherung.

▶ Veranlagungsverfahren

Die **Einkommensteuer** wird im Wege der Veranlagung erhoben. Der Steuerpflichtige hat hierzu dem Finanzamt eine **elektronische Steuererklärung** einzureichen. Die Angaben beziehen sich auf einen vergangenen Veranlagungszeitraum (in der Regel das letzte Kalenderjahr) und müssen jeweils bis zum 31. Juli vorgelegt werden (vgl. S. 539). Inzwischen können Steuererklärungen auch elektronisch über das Internet abgegeben werden.

1 Der seit 1998 erhobene Solidaritätszuschlag in Höhe von 5,5 % der jeweiligen Lohn- bzw. Einkommensteuer ist ab 2021 für insgesamt 90 % der Steuerpflichtigen abgeschafft worden.

Das Finanzamt, das die Steuererklärung automationsgestützt bearbeitet, teilt dem Steuerpflichtigen in einem **Steuerbescheid** die Steuerschuld mit. Da Belege nicht mehr zusammen mit der Steuererklärung eingereicht werden müssen, ist aus der bisherigen Belegvorlagepflicht nun eine Belegvorhaltepflicht geworden. Daher kann die Finanzbehörde bei Bedarf die entsprechenden Nachweise bis zu einem Jahr nach der Festsetzung der Steuer anfordern. Der Steuerpflichtige kann dann diese Unterlagen (z.B. Spendenbescheinigungen, Rechnungen, Zahlungsbelege) auch scannen und dem Finanzamt als digitale Dokumente (z.B. als PDF-Dateien) übermitteln.

Die vom Steuerpflichtigen im Veranlagungszeitraum bereits monatlich bzw. vierteljährlich geleisteten Vorauszahlungen werden auf die vom Finanzamt ermittelte Steuerschuld angerechnet, sodass entweder eine Nachzahlung zu leisten ist bzw. der überzahlte Betrag erstattet wird.

Neben der Einkommensteuer werden u.a. auch die Körperschaft- und die Erbschaftsteuer im Veranlagungsverfahren erhoben.

4 Personensteuern

4.1 Einkommensteuer[1]

Gegenstand der Einkommensteuer ist das Einkommen natürlicher Personen. Alle Einkünfte eines Steuerpflichtigen innerhalb eines Kalenderjahres werden nach seinen Angaben in der Steuererklärung veranlagt.

▶ Einkunftsarten

Das Einkommensteuergesetz unterscheidet sieben Arten von Einkünften *(§ 2 EStG):*

Einkunftsarten	Beispiele
1. Einkünfte aus **Land- und Forstwirtschaft**	Wald- und Landbau, Tierhaltung
2. Einkünfte aus **Gewerbebetrieb**	Unternehmen des Handels und der Industrie, Handwerksbetriebe
3. Einkünfte aus **selbstständiger Arbeit**	Arzt, Rechtsanwalt, Steuerberater
4. Einkünfte aus **nichtselbstständiger Arbeit**	Löhne von Arbeitnehmern
5. Einkünfte aus **Kapitalvermögen**[2]	Zinsen, Dividenden
6. Einkünfte aus **Vermietung und Verpachtung**	Wohnungen, Grundstücke
7. **sonstige Einkünfte**	Spekulationsgewinne

1 Alle Angaben zur Einkommensteuer beziehen sich auf den Veranlagungszeitraum 2022.

2 Mit der **Abgeltungsteuer** werden alle privaten Kapitalerträge wie z.B. Zinsen und Dividenden – aber auch Kursgewinne aus Aktienverkäufen – oberhalb des **Sparerpauschbetrages** in Höhe von 801/1 602 EUR (Unverheiratete/Verheiratete) pauschal mit 25 % (zuzüglich Solidaritätszuschlag und ggf. Kirchensteuer) besteuert. Die kontoführende Bank oder Sparkasse berechnet die Kapitalerträge, behält die vom Kapitalanleger darauf zu entrichtenden Steuerbeträge ein und führt sie direkt an das Finanzamt ab. Die Differenz zwischen Kapitalertrag und Steuerbetrag wird dem entsprechenden Konto des Kapitalanlegers gutgeschrieben. Die so bereits pauschal versteuerten Kapitalerträge müssen dann in der individuellen Einkommensteuererklärung nicht mehr angegeben werden, da mit dem pauschalen Steuerabzug die Einkommensteuer auf diese Kapitalerträge „abgegolten" ist.

▶ Ermittlung des zu versteuernden Einkommens

Die sich aus den verschiedenen Einkunftsarten ergebenden Einkünfte eines Steuerpflichtigen können vor der Besteuerung um bestimmte **abzugsfähige Ausgaben** gemindert werden.

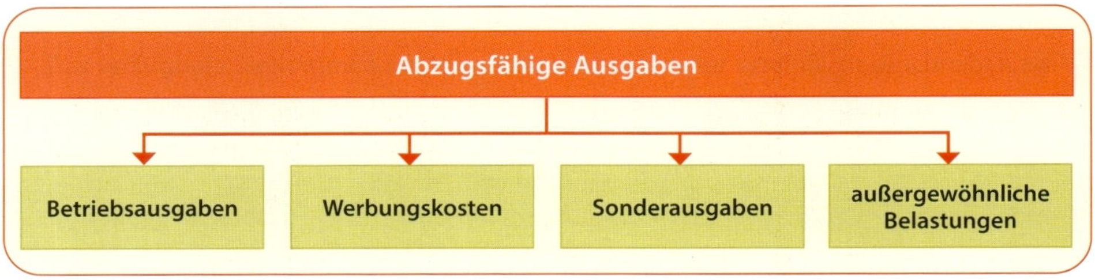

■ Betriebsausgaben *(§ 4 EStG)*

Hierbei handelt es sich um Aufwendungen, die durch den Betrieb des Steuerpflichtigen oder seinen selbstständig ausgeübten Beruf verursacht werden.

- Abschreibung von Gegenständen des Anlagevermögens
- Steuerberatungskosten

Betriebsausgaben kommen nur bei Einkünften aus Land- und Forstwirtschaft, Gewerbebetrieb und selbstständiger Arbeit in Betracht.

■ Werbungskosten *(§ 9 EStG)*

Dies sind Aufwendungen eines Steuerpflichtigen, die dem Erwerb, der Sicherung und Erhaltung der Einnahmen dienen und somit durch die Berufsausübung hervorgerufen werden. Sie können bei Einkünften aus nichtselbstständiger Arbeit, Kapitalvermögen, Vermietung und Verpachtung sowie bei sonstigen Einkünften anfallen und jeweils dort abgezogen werden.

Werbungskosten eines Steuerpflichtigen mit Einkünften aus nichtselbstständiger Arbeit:

- Kosten der Fahrten zwischen Wohnung und Arbeitsstätte
- Beiträge zu Berufsverbänden (Gewerkschaftsbeiträge)
- Aufwendungen für Arbeitsmittel (Fachliteratur, Berufskleidung)
- Aufwendungen zur beruflichen Fortbildung (Kursgebühren)
- Steuerberatungskosten

Bei Einkünften aus nichtselbstständiger Arbeit sind Werbungskosten nur anzugeben und zu belegen, wenn sie den Betrag von **1 000 EUR** übersteigen. Dieser **Arbeitnehmer-Pauschbetrag**[1] wird bei dieser Einkunftsart stets abgezogen.

■ Sonderausgaben *(§ 10 EStG)*

Sonderausgaben sind Aufwendungen der privaten Lebensführung und stehen mit keiner Einkunftsart in einem wirtschaftlichen Zusammenhang. Sie sind vom Gesetzgeber aus sozial-, gesellschafts- und wirtschaftspolitischen Gründen für abzugsfähig erklärt worden. Sonderausgaben sind entweder unbeschränkt oder im Rahmen bestimmter Höchstbeträge beschränkt abzugsfähig.

---

1 Mit dem geplanten Steuerentlastungsgesetz 2022 soll der Arbeitnehmer-Pauschbetrag rückwirkend zum 1. Januar 2022 auf 1 200,00 EUR angeboben werden.

Sonderausgaben

unbeschränkt abzugsfähig	beschränkt abzugsfähig

unbeschränkt abzugsfähig

- **gezahlte Kirchensteuer**
  Die von den Mitgliedern anerkannter Religionsgemeinschaften zu entrichtende Kirchensteuer, die je nach Bundesland im Regelfall 8 oder 9 % beträgt, wird in einem Prozentsatz der Einkommensteuer/Lohnsteuer festgesetzt
  Mit Ausnahme von Baden-Württemberg und Bayern beträgt der Kirchensteuersatz 9 %

beschränkt abzugsfähig

- **Vorsorgeaufwendungen**
  Beiträge zu privaten Kranken-, Unfall- und Haftpflichtversicherungen, der gesetzlichen Sozialversicherung und der privaten Lebensversicherung
- **Berufsausbildungskosten**
  Kosten der eigenen Berufsausbildung oder Weiterbildung in einem bisher nicht ausgeübten Beruf
- **Spenden**
  Ausgaben zur Förderung mildtätiger, kirchlicher, religiöser, wissenschaftlicher und staatspolitischer Zwecke

Ein Urteil des Bundesverfassungsgerichts aus dem Jahr 2008 hat die Politik in die Pflicht genommen: Beiträge, die der Bürger für eine Mindestabsicherung gegen Krankheits- und Pflegerisiken zahlt, müssen steuerfrei gestellt werden. Das daraufhin von Bundestag und Bundesrat verabschiedete Gesetz sieht entsprechend vor, dass die Basis-Krankenversicherung und die gesetzliche Pflegeversicherung in voller Höhe abzugsfähig sein werden. Damit, so die Angaben aus dem Bundesfinanzministerium, würden die Bürger allein in der laufenden Legislaturperiode um 10 Milliarden Euro entlastet. Die Erleichterungen werden insgesamt 16 Millionen Bürgern zugutekommen, 85 Prozent aller Steuerbelasteten.

BÜRGERENTLASTUNGSGESETZ

BEITRÄGE FÜR KRANKEN- UND PFLEGEVERSICHERUNG SIND AB 2010 STÄRKER VON DER STEUER ABSETZBAR

max. absetzbar – alte Regelung		max. absetzbar – neue Regelung
1.500 EUR Arbeitnehmer und Beihilfeberechtigte	+ 400 EUR	1.900 EUR
2.400 EUR für Steuerpflichtige, die Beiträge allein zahlen, z.B. Selbstständige		2.800 EUR

außerdem gilt:
- wenn Beiträge für Basisversorgung (ohne Komfortleistung wie Chefarztversorgung etc.) über der Höchstgrenze liegen, sind sie trotzdem absetzbar
- liegen Beiträge unter der Höchstgrenze, kann die Differenz mit anderen Versicherungsbeiträgen „aufgefüllt" werden

Beispiele

ledige Arbeitnehmer		Selbstständiger, privat versichert	
Beiträge für Kranken- und Pflegeversicherung	1.489 EUR	Beiträge für Kranken- und Pflegeversicherung	4.000 EUR
andere Versicherungsbeiträge	402 EUR	davon Basis (ohne Komfortleistung)	3.800 EUR
absetzbar	1.900 EUR	**absetzbar trotz Höchstgrenze**	3.800 EUR

Quelle: Bundesministerium der Finanzen.

Quelle: Bundesverband Deutscher Banken: Schul/Bank, Informationsdienst für Schule und Lehrer, 07/2009, S. 1

Im Einzelnen sieht das Gesetz vor, dass Arbeitnehmer, die nicht privat krankenversichert sind, bis zu 1 900 Euro im Jahr absetzen können (bislang 1 500 Euro); Steuerpflichtige, die ihre Beiträge allein tragen, bis zu 2 800 Euro (bislang 2 400 Euro). Wenn die Höchstgrenzen durch die Beitragszahlungen für Kranken- und Pflegeversicherung noch nicht ausgeschöpft sind, kann die Differenz durch Zahlungen für die Arbeitslosen-, Haftpflicht-, Unfall- und Berufsunfähigkeitsversicherung aufgestockt werden. Umgekehrt gilt: Wenn die Krankenversicherungsbeiträge für die Basisversorgung (ohne Komfortleistungen) über der Höchstgrenze von 1 900 bzw. 2 800 Euro liegen, sind sie trotzdem in voller Höhe absetzbar.

- **Außergewöhnliche Belastungen** *(§§ 33, 33 a EStG)*

  Als außergewöhnliche Belastungen sind Aufwendungen abziehbar, die dem Steuerpflichtigen zwangsläufig etwa durch Krankheit, Körperbehinderung, Berufsausbildung der Kinder oder Unterstützung bedürftiger Angehöriger erwachsen.

  Die als außergewöhnliche Belastungen anfallenden Kosten können allerdings nicht in voller Höhe steuermindernd abgezogen werden. In jedem Fall muss der Steuerpflichtige einen Teil der Aufwendungen als **„zumutbare Belastung"** selbst tragen.

Vereinfachte Ermittlung des zu versteuernden Einkommens eines Gewerbetreibenden

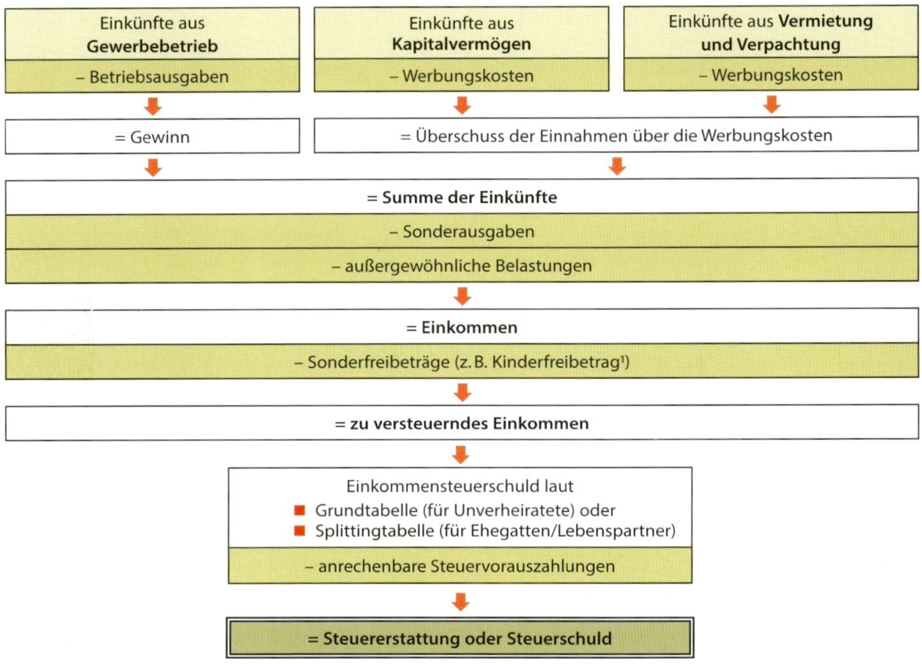

Aufbau des Einkommensteuertarifs

Die Höhe der zu zahlenden Einkommensteuer wird durch die **Tarifformel** des Einkommensteuergesetzes bestimmt. Diese Tarifformel wird auf das „zu versteuernde Einkommen", das ein Steuerpflichtiger in einem Kalenderjahr erzielt hat, angewandt und ergibt so die festzusetzende Einkommensteuer in Euro und Cent.

Gemäß Haushaltbegleitgesetz enthält die Tarifformel des Einkommensteuertarifs bereits seit 2004 **keine Stufenbildung** für die elektronische Einkommensteuer-Berechnung. Aus Gründen des Umfangs ist die aktuelle Einkommensteuer-Tabelle jedoch auch weiterhin in Stufen von 36 EUR aufgestellt worden. Die Einkommensteuer wird dabei aus dem ausgewiesenen zu versteuernden Einkommen berechnet.

1 Für jedes steuerlich zu berücksichtigende Kind wird 2022 ein **Kinderfreibetrag** in Höhe von 2 730 EUR je Elternteil gewährt, sofern kein Kindergeld in Anspruch genommen worden ist. Zusätzlich wird für jedes zu berücksichtigende Kind ein **Freibetrag für den Betreuungs- und Erziehungs- oder Ausbildungsbedarf** von 1 464 EUR jährlich abgezogen. Bei Ehegatten/Lebenspartnern, die zusammen zur Einkommensteuer veranlagt werden, verdoppeln sich die zuvor genannten Beträge.

Während Unverheiratete nach der **Grundtabelle** besteuert werden, gilt für Ehegatten/Lebenspartner der „Splittingtarif". Dabei werden die Einkünfte der Ehegatten/Lebenspartner addiert und die zu entrichtende Einkommensteuer anhand der **Splittingtabelle** ermittelt.

Der **Einkommensteuertarif 2022** setzt sich aus **drei Tarifzonen** zusammen *(§ 32 a I EStG):*

	Grundtabelle (alle Euro-Angaben beziehen sich auf das zu versteuernde Einkommen eines Steuerpflichtigen)
Tarifzone 1 (→ Grundfreibetrag):	Bis zu 9984 EUR (bzw. 10347 EUR)[1] wird keine Einkommensteuer fällig (Existenzminimum).
Tarifzone 2 (→ Progressionszone):	Mit zunehmender Höhe des zu versteuernden Einkommens steigt auch der Steuersatz: ■ Von 9985 EUR (bzw. 10348 EUR)[1] steigt der 14%ige Eingangssteuersatz linear auf etwa 24,0 % bei 14926 EUR an. ■ Im Bereich von 14927 EUR bis 58596 EUR steigt der Steuersatz weniger steil bis auf 42 % an.
Tarifzone 3 (→ Proportionalzone):	Ab 58597 EUR gilt der gleichbleibende Spitzensteuersatz von 42 %. Der Spitzensteuersatz steigt ab einem Jahreseinkommen ab 277826 EUR auf 45 %.

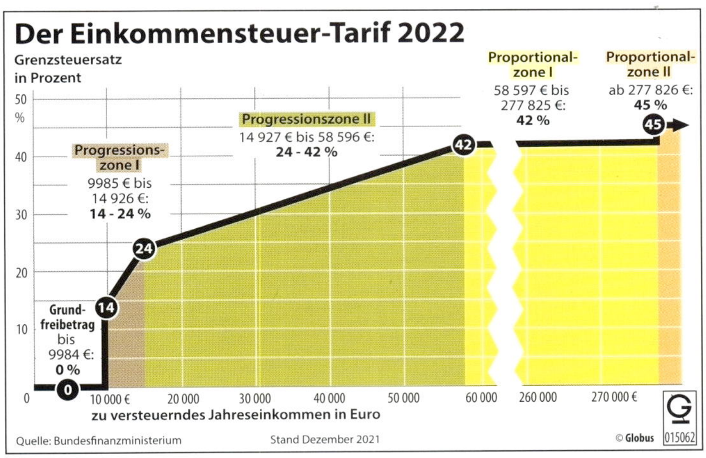

Zum Jahresbeginn 2022 wurde der steuerliche Grundfreibetrag angehoben. Er stieg von 9744 Euro (2021) auf 9984 Euro. Außerdem wurde der Tarifverlauf bei der Einkommensteuer leicht verändert, um die sogenannte „Kalte Progression" im Steuersystem zu mildern. Sie führt dazu, dass wegen des steigenden Steuersatzes von einer Lohnerhöhung nur wenig übrig bleibt. Deshalb wurden die übrigen Tarifeckwerte für 2022 leicht nach rechts verschoben. Der Eingangssteuersatz von 14 % beginnt 2022 ab einem zu versteuernden Einkommen von 9985 Euro. Der Spitzensteuersatz von 42 % greift künftig bei einem zu versteuernden Einkommen von 58597 Euro (vorher 57919 Euro). Seit 2007 gibt es noch einen zusätzlichen höheren Spitzensteuersatz von 45 %, der zuletzt bei Einkommen ab 274613 Euro pro Jahr angesetzt wurde („Reichensteuer"). Auch dieser Wert wurde Anfang 2022 auf 277826 Euro angehoben – bei Verheirateten gilt der doppelte Betrag. Lohn- und Einkommensteuer gehören übrigens zu den ergiebigsten Steuern in Deutschland. Zusammen brachten sie dem Fiskus im Jahr 2020 rund 268 Milliarden Euro und damit über ein Drittel der gesamten Steuereinnahmen.

1 Änderungen des Einkommensteuertarifs, die sich durch das geplante Steuerentlastungsgesetz 2022 ergeben, indem der Grundfreibetrag von derzeit 9984,00 EUR rückwirkend ab dem 1. Januar 2022 auf 10347,00 EUR angehoben werden soll.

Berechnung der Einkommensteuer 2022 für ausgewählte zu versteuernde Einkommen						
zu versteuerndes Einkommen	Steuerpflichtige ist alleinstehend (➔ **Grundtabelle**)			Steuerpflichtige ist verheiratet/verpartnert (➔ **Splittingtabelle**)		
	Einkommensteuer	Durchschnittsbelastung	Grenzbelastung*	Einkommensteuer	Durchschnittsbelastung	Grenzbelastung*
Euro	Euro	in %	in %	Euro	in %	in %
18 000	1 694,00	9,41	25,23	0,00	0,00	0,00
20 000	2 207,00	11,04	26,06	4,00	0,02	14,03
22 000	2 737,00	12,44	26,89	304,00	1,38	16,04
24 000	3 283,00	13,68	27,71	646,00	2,69	18,06
26 000	3 845,00	14,79	28,54	1 026,00	3,95	20,08
28 000	4 424,00	15,80	29,36	1 448,00	5,17	22,10
30 000	5 020,00	16,73	30,19	1 910,00	6,37	24,00

* Die Grenzbelastung gibt an, mit welchem Steuersatz der zuletzt verdiente Euro des Einkommens versteuert werden muss.

Datenquelle: Interaktiver Steuerrechner des Bundesministeriums der Finanzen (https://www.bmf-steuerrechner.de [04. 04. 2022])

4.2 Lohnsteuer[1]

Bei Arbeitnehmern wird die vom Arbeitslohn zu zahlende Lohnsteuer im Wege des Abzugsverfahrens vom Arbeitgeber einbehalten und an das Finanzamt abgeführt. Die Lohnsteuer ist somit nur eine Erhebungsform der Einkommensteuer bei **Einkünften aus nichtselbstständiger Arbeit,** also keine Steuer eigener Art.

▶ ELStAM-Datenbank *(elektronische Lohnsteuerkarte)*

Grundlage des Lohnsteuerabzugs sind die **lohnsteuerlichen Merkmale** des Arbeitnehmers, die in der ELStAM-Datenbank (ELStAM = **E**lektronische **L**ohn**st**euer**a**bzugs**m**erkmale) gespeichert sind. Bereits seit Januar 2013 stellt die Finanzverwaltung den Arbeitgebern diese für die Entgeltabrechnung relevanten Daten (z. B. Steuerklasse, Steuerfreibeträge, Zahl der Kinderfreibeträge, Religionszugehörigkeit) elektronisch zum Abruf bereit.

▶ Steuerklassen

Steuerpflichtige werden in sechs unterschiedliche Steuerklassen eingeteilt, die die persönlichen Verhältnisse des Arbeitnehmers berücksichtigen.

Steuerklasse	Personenkreis der Arbeitnehmer
I	■ Unverheiratete (Ledige, Verwitwete, Geschiedene) und dauernd Getrenntlebende ohne Kinder
II	■ Unverheiratete, wenn ihnen der Alleinerziehungsfreibetrag zusteht, weil mindestens ein Kind zu berücksichtigen ist
III	■ Ehe-/Lebenspartner A, wenn der Ehe-/Lebenspartner B – keinen Arbeitslohn bezieht **oder** – in Steuerklasse V eingestuft ist ■ Verwitwete für das Kalenderjahr, das dem Todesjahr des Ehe-/Lebenspartners folgt

1 Die Angaben zur Lohnsteuer beziehen sich auf den Veranlagungszeitraum 2022. Indem mit dem geplanten Steuerentlastungsgesetz 2022 sowohl der Grundfreibetrag als auch der Arbeitnehmer-Pauschbetrag rückwirkend zum 1. Januar 2022 angehoben werden soll, werden Arbeitnehmerinnen und Arbeitnehmer zeitnah durch geringere Beträge bei der Lohn- und Kirchensteuer sowie ggf. beim Solidaritätszuschlag entlastet.

IV	■ Ehe-/Lebenspartner A, wenn der Ehe-/Lebenspartner B ebenfalls Arbeitslohn bezieht und ebenso in Steuerklasse IV eingestuft ist
V	■ Ehe-/Lebenspartner A, wenn der Ehe-/Lebenspartner B ebenfalls Arbeitslohn bezieht und in Steuerklasse III eingestuft ist
VI	■ Steuerpflichtige, die aus mehr als einem Arbeitsverhältnis Einkünfte beziehen

Die für einen Arbeitnehmer maßgebliche Steuerklassenzuordnung beeinflusst über den unterschiedlich hohen Lohnsteuer- und Solidaritätszuschlagsabzug (und Kirchensteuerabzug für Mitglieder anerkannter Religionsgemeinschaften) die Höhe des monatlichen Nettoentgelts.

Dabei ist bei **gleichem monatlichen Bruttolohn/-gehalt** die Steuerbelastung:

- in den **Steuerklassen I und IV** gleich hoch,
- in der **Steuerklasse II** geringer als in Klasse I,
- in der **Steuerklasse III** am geringsten, da entweder nur ein Ehe-/Lebenspartner Arbeitslohn bezieht (Alleinverdiener) oder der mitarbeitende in der Regel weniger verdienende Ehe-/Lebenspartner durch die Einstufung in Steuerklasse V trotz geringeren Entgelts der hohen Steuerbelastung der Klasse V unterliegt,
- in der **Steuerklasse V** im Vergleich zu den Klassen I bis IV hoch, da der mitarbeitende in der Regel mehr verdienende Ehe-/Lebenspartner, der in Steuerklasse III eingestuft ist, trotz höheren Entgelts der geringeren Steuerbelastung der Klasse III unterliegt,
- in der **Steuerklasse VI** am höchsten, da in der Regel aus mehreren Arbeitsverhältnissen Einkünfte bezogen werden.

Auszug aus der Allgemeinen Lohnsteuertabelle 2022 (Monat) (Stand: April 2022)

		Ausgewiesene Steuerbeträge (ohne Kinderfreibeträge)					
Bruttolohn/-gehalt in EUR (monatlich)	Steuerklasse / Betrag in EUR	I	II	III	IV (ohne Faktor)	V	VI
1 184,00	Lohnsteuer	3,91	0,00	0,00	3,91	120,25	132,33
	Kirchensteuer (9 %)	0,35	0,00	0,00	0,35	10,82	11,90
	Solidaritätszuschlag	0,00	0,00	0,00	0,00	0,00	0,00
	Summe der Steuern	4,26	0,00	0,00	4,26	131,07	144,23
1 577,00	Lohnsteuer	68,83	5,50	0,00	68,83	237,75	274,08
	Kirchensteuer (9 %)	6,19	0,49	0,00	6,19	21,39	24,66
	Solidaritätszuschlag	0,00	0,00	0,00	0,00	0,00	0,00
	Summe der Steuern	75,02	5,99	0,00	75,02	259,14	298,74
2 249,00	Lohnsteuer	211,91	125,83	9,33	211,91	471,50	502,33
	Kirchensteuer (9 %)	19,07	11,32	0,83	19,07	42,43	45,20
	Solidaritätszuschlag	0,00	0,00	0,00	0,00	0,00	0,00
	Summe der Steuern	230,98	137,15	10,16	230,98	513,93	547,53
3 176,00	Lohnsteuer	430,16	341,41	168,66	430,16	770,91	807,16
	Kirchensteuer (9 %)	38,71	29,82	15,17	38,71	69,38	72,64
	Solidaritätszuschlag	0,00	0,00	0,00	0,00	0,00	0,00
	Summe der Steuern	468,87	371,23	183,83	468,87	840,29	879,80

▶ Steuerklassenkombinationen von Arbeitnehmer-Ehe-/Lebenspartnern

Arbeitnehmer-Ehe-/Lebenspartner konnten bislang für den Lohnsteuerabzug frei entscheiden,

- ob sie entweder **beide** in die **Steuerklasse IV** eingeordnet werden oder
- ob einer von ihnen (der höher verdienende Ehe-/Lebenspartner) nach der **Steuerklasse III** (mit dem geringeren Lohnsteuerabzug) und der andere (der geringer verdienende Ehe-/Lebenspartner) nach der **Steuerklasse V** (mit dem höheren Lohnsteuerabzug) besteuert wird.

Gemeinsam veranlagte Arbeitnehmer-Ehe-/Lebenspartner können auf Antrag auch das **Faktorverfahren** wählen, bei dem die **Steuerklassenkombination IV und IV (mit Faktor)** zur Anwendung kommt. Durch diesen Faktor wird der Lohnsteuerabzug zwischen den Arbeitnehmer-Ehe-/Lebenspartnern gemäß ihres Anteils am Familieneinkommen neu verteilt. Das Faktorverfahren verpflichtet die Arbeitnehmer-Ehe-/Lebenspartner allerdings gleichzeitig auch zwingend dazu, dem Finanzamt am Ende des Jahres eine Einkommensteuererklärung abzugeben.

Arbeitnehmer-Ehe-/Lebenspartner, die das Faktorverfahren beantragen wollen, müssen dem Finanzamt zu Beginn des Jahres die voraussichtliche Höhe der Jahresgehälter beider Ehe-/Lebenspartner mitteilen. Das Finanzamt, das aus diesen Angaben dann einen Faktor – mit drei Nachkommastellen ohne Rundung – ermittelt, trägt diesen Faktor jeweils zur Steuerklasse IV ein, wenn der Faktor kleiner als 1 ist.

Da **Lohnersatzleistungen** (wie z. B. Arbeitslosen-, Kranken- oder Elterngeld) nach dem Nettoentgelt berechnet werden, wirkt sich das Faktorverfahren, das zu einem höheren Nettoentgelt führt, auch auf die Höhe der staatlichen Lohnersatzleistungen aus.[1] Indem beim Faktorverfahren die Steuerklassenkombination IV und IV zur Anwendung kommt, wird gleichzeitig auch der zumeist bei Frauen hohe Lohnsteuerabzug gemildert, wenn die Arbeitnehmer-Ehe-/Lebenspartner die Steuerklassenkombination III und V gewählt haben.

Faktorberechnung für gemeinsam veranlagte Ehe-/Lebenspartner 2022 in einem voll sozialversicherungspflichtigen Beschäftigungsverhältnis

voraussichtlicher Jahresbruttoarbeitslohn (höher verdienende Ehe-/Lebenspartner): 38 400,00 Euro, Bundesland: NRW

(weitere Angaben zum Steuerpflichtigen: Vorsorgeaufwendungen: gesetzliche Rentenversicherung West, gesetzliche Krankenversicherung, Zusatzbeitrag der gesetzlichen Krankenversicherung: 1,1 %, Pflegeversicherung mit Zuschlag in Höhe von 0,35 %)

voraussichtlicher Jahresbruttoarbeitslohn (geringer verdienende Ehe-/Lebenspartner): 22 000,00 Euro, Bundesland: NRW

(weitere Angaben zum Steuerpflichtigen: Vorsorgeaufwendungen: gesetzliche Rentenversicherung West, gesetzliche Krankenversicherung, Zusatzbeitrag der gesetzlichen Krankenversicherung: 1,1 %, Pflegeversicherung mit Zuschlag in Höhe von 0,35 %)

Auf Antrag ermittelt das Finanzamt aus diesen Angaben:

- die **voraussichtliche Einkommensteuerschuld beider Ehe-/Lebenspartner:** 6 480,00 Euro,
- die **Summe der errechneten Lohnsteuern beider Ehe-/Lebenspartner bei der Steuerklassenkombination IV und IV (ohne Faktor):** 6 669,00 Euro,
- den **Faktor:** 0,971 (6 480,00 Euro geteilt durch 6 669,00 Euro = 0,971)

1 Arbeitnehmer-Ehe-/Lebenspartner, die bald Elterngeld oder andere Lohnersatzleistungen beantragen wollen und statt der Steuerklassenkombination IV und IV (mit Faktor) die für sie günstigere Kombination III und V wählen, erhalten mehr Elterngeld oder höhere andere Lohnersatzleistungen (z. B. Arbeitslosengeld I).

Lohnsteuervergleich bei Arbeitnehmer-Ehe-/Lebenspartnern				
mögliche Steuerklassenkombinationen der Arbeitnehmer-Ehe-/Lebenspartner	Lohnsteuer des höher verdienenden Ehe-/Lebenspartners *(jährlich)*	Lohnsteuer des geringer verdienenden Ehe-/Lebenspartners *(jährlich)*	Summe der Lohnsteuer *(jährlich)*	Differenz der Summe der Lohnsteuer zur ermittelten Einkommensteuerschuld
III und V	2 056,00 Euro	3 963,00 Euro	6 019,00 Euro	– 461,00 Euro
V und III	9 307,00 Euro	0,00 Euro	9 307,00 Euro	+ 2 827,00 Euro
IV und IV (**ohne** Faktor)	5 203,00 Euro	1 466,00 Euro	6 669,00 Euro	+ 189,00 Euro
IV und IV (**inkl.** Faktor)	5 052,00 Euro	1 423,00 Euro	6 475,00 Euro	– 5,00 Euro

– Nachzahlung an das Finanzamt
\+ Erstattung des überzahlten Betrages seitens des Finanzamtes

Quelle: https://www.bmf-steuerrechner.de
(Link: Berechnung der Lohnsteuer → Faktorverfahren 2022 [04. 04. 2022])

▶ Antragsveranlagung *(§ 46 II Nr. 8 EStG)*

Es ist möglich, dass im Laufe eines Kalenderjahres zu viel Lohnsteuer einbehalten wurde. Dies kann etwa dadurch geschehen, dass:

- der Steuerpflichtige (oder sein Ehe-/Lebenspartner) nicht das ganze Jahr über in einem Beschäftigungsverhältnis gestanden hat,
- sich Änderungen im Familienstand (Heirat, Tod) oder der Kinderzahl ergeben haben,
- dem Steuerpflichtigen Werbungskosten, Sonderausgaben oder außergewöhnliche Belastungen entstanden sind, die über den Pauschal- bzw. Freibeträgen liegen.

Die überzahlte Lohnsteuer wird dem Arbeitnehmer nach Ablauf des Jahres erstattet. Dies geschieht im Wege der Einkommensteuererklärung, die der Arbeitnehmer beim Finanzamt beantragen **kann,** und zwar bis spätestens **vier Jahre nach Ablauf** des Veranlagungszeitraumes (also für 2022 bis spätestens 31. Dezember 2026).

In bestimmten Fällen ist auch für Arbeitnehmer zur Feststellung der Jahressteuerschuld eine Veranlagung zur Einkommensteuer **zwingend vorgeschrieben.** Hierbei handelt es sich insbesondere um jene Fälle, in denen Arbeitnehmer neben ihrem Arbeitslohn noch andere einkommensteuerpflichtige Einkünfte bezogen haben (z. B. aus Vermietung und Verpachtung) oder in denen das Finanzamt aufgrund eines Antrages auf Lohnsteuerermäßigung einen Freibetrag eingetragen hat. Ist ein Arbeitnehmer zur Abgabe einer Einkommensteuererklärung verpflichtet, muss er als unberatener Steuerpflichtiger seine jährliche Steuererklärung bis spätestens **sieben Monate nach Ablauf des Veranlagungszeitraumes** abgeben (also für 2022 bis spätestens 31. Juli 2023). Steuerpflichtige, die einen Steuerberater beauftragt haben, müssen ihre Steuererklärung bis spätestens **14 Monate nach Ablauf des Veranlagerungszeitraumes** beim Finanzamt eingereicht haben (also für 2022 bis spätestens 29. Februar 2024).

Bei der Veranlagung zur Einkommensteuer werden zu viel einbehaltene Steuern erstattet, aber auch zu wenig erhobene Steuern nachgefordert.

4.3 Körperschaftsteuer

Die Körperschaftsteuer ist die „Einkommensteuer" der juristischen Personen. Besteuerungsgrundlage ist also das „Einkommen", das eine juristische Person im Geschäftsjahr erzielt hat.

▶ Steuerbefreiung

Von der Körperschaftsteuer sind u.a. politische Parteien, Berufsverbände sowie gemeinnützige, mildtätige oder kirchliche Körperschaften befreit *(§ 5 KStG)*.

▶ Steuersätze

Der Steuersatz auf einbehaltene und ausgeschüttete Gewinne beträgt einheitlich 15 % des zu versteuernden Einkommens *(§ 23 KStG)*.

Das zu versteuernde Einkommen einer Aktiengesellschaft beträgt 1 Mio. EUR. Die Körperschaftsteuer errechnet sich wie folgt:

zu versteuerndes Einkommen		1 000 000 EUR
davon tarifmäßige Körperschaftsteuer von 15 %	=	**150 000 EUR**

5 Realsteuern

5.1 Grundsteuer[1]

Grundsteuerpflichtig ist der Grundbesitz, d.h. der Grund und Boden land- und forstwirtschaftlicher Betriebe, Betriebsgrundstücke und private Grundstücke sowie darauf errichtete Gebäude *(§§ 1 f. GrStG)*.

▶ Steuerbefreiungen

Nicht der Grundsteuer unterliegen der Grundbesitz des Staates und der Kirche sowie Grundbesitz, der zu gemeinnützigem oder mildtätigem Zweck genutzt wird oder der zum Zweck der Wissenschaft, Erziehung bzw. der Krankenversorgung dient.

▶ Steuersätze

Besteuerungsgrundlage ist der von der Finanzbehörde festgelegte **Einheitswert** des Grundbesitzes.

Dieser Einheitswert wird mit einer **Steuermesszahl** multipliziert. Sie beträgt *(§§ 14 f. GrStG)*:

- für Betriebe der Land- und Forstwirtschaft 6 ‰
- für bebaute Grundstücke allein 3,5 ‰
- für Einfamilienhäuser
  - für die ersten 38 346,89 EUR des Einheitswertes 2,6 ‰
  - für den Rest des Einheitswertes 3,5 ‰
- für Zweifamilienhäuser 3,1 ‰
- für unbebaute Grundstücke 3,5 ‰

1 Ab 2025 wird eine Grundsteuerreform greifen. Dann sollen der Wert des Bodens und die durchschnittlichen Mieten eine Rolle spielen. Die Bundesländer können dabei eigene Regelungen beschließen.

Einheitswert x Steuermesszahl = Steuermessbetrag

Auf den Steuermessbetrag wird nun der **Hebesatz** angewendet, der von Gemeinde zu Gemeinde unterschiedlich ist und im Durchschnitt etwa 350 % beträgt, in der Spitze bis zu 900 %.

Der Einheitswert eines unbebauten Grundstückes beträgt 50 000 EUR, die Steuermesszahl damit 3,5 ‰ und der Hebesatz der entsprechenden Gemeinde 320 %.

	Einheitswert	=	50 000 EUR
x	Steuermesszahl 3,5 ‰		
=	Steuermessbetrag	=	175 EUR
x	Hebesatz 320 %		
=	Grundsteuerschuld	=	**560 EUR**

5.2 Gewerbesteuer

Steuergegenstand ist der Gewerbebetrieb, d. h. seine Ertragskraft **(Gewerbeertrag).**

Die Gewerbesteuer, die zu den **Gemeindesteuern** zählt, stellt die wichtigste Einnahmequelle der Kommunen zur Bestreitung ihrer öffentlichen Ausgaben dar.

▶ Gewerbeertrag

Grundlage für die Ermittlung des Gewerbeertrages ist der ermittelte **Gewinn,** so wie er nach den Vorschriften des Einkommensteuer- oder Körperschaftsteuergesetzes festzulegen ist.

▶ Steuermesszahl und Hebesatz

Die Steuermesszahl des auf volle 100 EUR abgerundeten Gewerbeertrages beträgt für Personenunternehmen und Kapitalgesellschaften einheitlich 3,5 %. Steuerfrei bleibt für Einzelunternehmen und Personengesellschaften ein Betrag von 24 500 EUR, für juristische Personen bleibt ein Betrag von 5 000 EUR steuerfrei.

Der sich so ergebende Steuermessbetrag wird mit dem von den Gemeinden in einem Prozentsatz festgelegten **Hebesatz** – er liegt zwischen 140 und 550 % – multipliziert. Das Ergebnis ist die fällige Gewerbesteuerschuld.

Ermittlung der Gewerbesteuer am Beispiel einer OHG

Gewerbeertrag	50 611,00 EUR	
abgerundeter Gewerbeertrag	50 600,00 EUR	
abzüglich Freibetrag	24 500,00 EUR	
Bemessungsgrundlage	26 100,00 EUR	
x Steuermesszahl 3,5 %	913,50 EUR	(= Steuermessbetrag)
x Hebesatz der Gemeinde (z. B. 400 %)	**3 654,00 EUR**	(= Gewerbesteuerschuld)

6 Verkehrsteuern

6.1 Umsatzsteuer

Die Umsatzsteuer, die auch **Mehrwertsteuer** genannt wird, belastet grundsätzlich den gesamten privaten und öffentlichen Verbrauch von Gütern (Waren und Dienstleistungen).

▶ Steuerschuldner *(§ 2 UStG)*

Steuerschuldner ist der Unternehmer, d. h., natürliche und juristische Personen, die eine gewerbliche oder berufliche Tätigkeit selbstständig ausüben.

▶ Steuerbare Umsätze *(§ 1 UStG)*

Der Umsatzsteuer unterliegen folgende Vorgänge:

- **Lieferungen** und **sonstige Leistungen** eines Unternehmers im Inland gegen Entgelt,
- **Eigenverbrauch** bei Entnahme von Waren für private Zwecke oder bei privater Nutzung betrieblicher Gegenstände,
- **Einfuhr von Waren** in das Inland (Einfuhrumsatzsteuer).

▶ Steuerfreie Umsätze *(§ 4 UStG)*

Das Umsatzsteuergesetz sieht zahlreiche Steuerbefreiungen vor wie z. B. beim Export von Gütern, Umsätze im Geld- und Kapitalverkehr, Arzthonorare.

▶ Umsatzsteuerbefreiung *(§ 19 UStG)*

Bei Unternehmen, deren Umsatz (zuzüglich der darauf entfallenden Umsatzsteuer) im vorangegangenen Kalenderjahr 22 000 EUR nicht überstiegen hat und im laufenden Kalenderjahr voraussichtlich 50 000 EUR nicht übersteigt, wird die geschuldete Umsatzsteuer nicht erhoben. Macht ein solcher Kleinunternehmer von diesem **Wahlrecht** auf Steuerbefreiung Gebrauch, so entfällt für ihn gleichzeitig das Recht, die ihm in Rechnung gestellte Vorsteuer abzuziehen **(Vorsteuerabzug).** Da diese Steuerbefreiung ohne Vorsteuerabzug für einen Kleinunternehmer keineswegs immer vorteilhaft ist, kann er gegenüber dem Finanzamt den Verzicht auf die Steuerbefreiung erklären, um den Vorsteuerabzug vornehmen zu können. Allerdings ist er an diese Erklärung für mindestens fünf Kalenderjahre gebunden.

▶ Steuersätze *(§ 2 UStG)*

Der **allgemeine Steuersatz** beträgt zurzeit 19 %. Daneben gilt für bestimmte Umsätze ein **ermäßigter Steuersatz** von 7 % (z. B. für Lebensmittel, Bücher, Zeitungen, Zeitschriften sowie im Bahnverkehr).

▶ Berechnung der Zahllast *(§ 15 UStG)*

Jeder Unternehmer wendet den jeweiligen Steuersatz auf seine Umsätze an und stellt die Umsatzsteuer seinen Kunden in Rechnung. An das Finanzamt muss er jedoch nicht den gesamten vereinnahmten Steuerbetrag abführen, sondern er kann die ihm von seinen Lieferanten in Rechnung gestellte Umsatzsteuer, die sogenannte **Vorsteuer,** abziehen. Als Differenz ergibt sich die **Zahllast,** die er bis zum 10. des folgenden Monats an das Finanzamt weiterleiten muss.

Umsatzsteuer – Vorsteuer = Zahllast

Durch den Abzug der Vorsteuer wird erreicht, dass letztlich nur der auf jeder einzelnen Umsatzstufe erzielte **Mehrwert** besteuert wird (Mehrwertsteuer).

In der Kette der Umsatzstufen wird die Mehrwertsteuer vom Erzeuger der Ware bis zum Endverbraucher offen überwälzt. Jeder Unternehmer lässt sich von seinem Abnehmer sowohl die Zahllast, die er an das Finanzamt abführt, als auch die Umsatzsteuer, die ihm seine Vorlieferanten in Rechnung stellten, bezahlen. Die Umsatzsteuer ist somit für den Unternehmer ein **durchlaufender Posten,** der ihn **nicht** belastet. Normalerweise **trägt der Endverbraucher die Umsatzsteuer.** Nur wenn es z.B. einem Handelsunternehmen in Ausnahmefällen nicht gelingt, einen über dem Einkaufspreis liegenden Verkaufserlös zu erzielen, wird es einen Teil der Mehrwertsteuer selbst tragen müssen.

Mehrstufiger Warenweg mit Vorsteuerabzug

Umsatzstufen	Rechnungen		Umsatzsteuer	– Vorsteuer	= Zahllast
Textilfabrik	Nettopreis + 19 % USt Bruttopreis	1 000,00 EUR 190,00 EUR 1 190,00 EUR	190,00 EUR	—	190,00 EUR
↓ Großhandel	Nettopreis + 19 % USt Bruttopreis	1 700,00 EUR 323,00 EUR 2 023,00 EUR	323,00 EUR	190,00 EUR	133,00 EUR
↓ Einzelhandel ↓ ENDVERBRAUCHER	Nettopreis + 19 % USt Bruttopreis	2 500,00 EUR 475,00 EUR 2 975,00 EUR	475,00 EUR	323,00 EUR	152,00 EUR
	Probe:		988,00 EUR – 513,00 EUR = 475,00 EUR		

▶ Ausstellung von Rechnungen *(§ 14 UStG)*

Bei Lieferungen und Leistungen an ein anderes Unternehmen müssen Nettopreis und Umsatzsteuer **getrennt** ausgewiesen werden, weil der Käufer die in Rechnung gestellte Umsatzsteuer bei der Ermittlung seiner Zahllast als Vorsteuer abziehen kann.

Bei Rechnungen an Endverbraucher ist der gesonderte Ausweis der Umsatzsteuer **erst ab einem Rechnungsbetrag von 250 EUR** (Kleinbetragsrechnungen) erforderlich. Bei solchen Rechnungen über Kleinbeträge sind zumindest der Bruttobetrag – also das Entgelt und der darauf entfallende Umsatzsteuerbetrag in einer Summe – sowie der Umsatzsteuersatz anzugeben.

6.2 Versicherungsteuer

Die Versicherungsteuer, die zu den **Verkehrsteuern** gehört, belastet die Umsätze aus Versicherungsverhältnissen. Voraussetzung ist, dass der Versicherungsnehmer seinen Wohnsitz oder gewöhnlichen Aufenthalt im Inland hat oder sich der versicherte Gegenstand bei Begründung des Vertragsverhältnisses im Inland befand. Die Versicherungsteuer ist umsatzsteuerfrei *(§ 4 Nr. 10 a UStG)*.

▶ Steuerschuldner

Steuerschuldner und -träger ist der Versicherungsnehmer. Der Versicherer haftet für die Steuerschuld. Er hat die Steuer für Rechnung des Versicherungsnehmers zu entrichten und überwälzt die Steuer offen auf den Versicherten.

▶ Steuerpflichtige Umsätze *(§ 3 VersStG)*

Der Versicherungsteuer unterliegen:

- Prämien
- Beiträge
- Vorbeiträge
- Vorschüsse
- Nachschüsse
- Umlagen
- Eintrittsgelder
- Gebühren für die Ausfertigung des Versicherungsscheines
- sonstige Nebenkosten

Bei der Verrechnung von Gutschriften oder Erstattungen mit Prämienrechnungen gilt der Differenzbetrag als Versicherungsentgelt.

▶ Steuerfreie Umsätze *(§ 4 VersStG)*

Von der Versicherungsteuer befreit sind u. a.:

- Lebensversicherungen
- private Krankenversicherungen
- gesetzliche Sozialversicherung
- Pensionsversicherungen
- Rückversicherungen

▶ Steuersätze *(§ 6 VersStG)*

Der allgemeine Steuersatz beträgt zurzeit 19 % des Versicherungsentgelts.

Abweichend vom allgemeinen Steuersatz gelten für einige Versicherungen andere Steuersätze. So beträgt die Steuer bei der

- **Feuerversicherung** 22 % des Versicherungsentgelts,
- **Hagelversicherung** 0,3 ‰ der Versicherungssumme pro Jahr,
- **Seeschiffskaskoversicherung** 3 % des Versicherungsentgelts.

Zusammenfassung

Steuern

Notwendigkeit der Besteuerung

Steuern
- sind zwangsweise Abgaben ohne unmittelbare Gegenleistung
- dienen zur Finanzierung notwendiger Staatsausgaben

Steuerarten

Einteilung nach
- **dem Steuerempfänger** (Bundes-, Landes-, Gemeinde-, Gemeinschaft- und Kirchensteuern)
- der **Erhebungsart** (direkte und indirekte Steuern)
- dem **Steuergegenstand** (Besitz-, Verkehr- und Verbrauchsteuern)

Steuererhebungsverfahren am Beispiel der Einkommensteuer

- **Abzugsverfahren**
  bei der Lohnsteuer sofortiger Steuerabzug vom Lohn oder Gehalt
- **Veranlagungsverfahren**
  bei der Einkommensteuer nachträgliche Besteuerung der erzielten Einkünfte unter Verrechnung der bereits geleisteten Vorauszahlungen

Einkommensteuer

- Gemeinschaftsteuer, direkte Steuer, Besitzsteuer
- aus den 7 Einkunftsarten ergeben sich die Einkünfte des Steuerpflichtigen
- die Einkünfte werden um
  - Betriebsausgaben
  - Werbungskosten
  - Sonderausgaben
  - außergewöhnliche Belastungen

  gemindert
- danach ergibt sich das zu versteuernde Einkommen
- auf dieses Einkommen wird der Tarif der Grund- bzw. Splittingtabelle angewandt, um die zu entrichtende Einkommensteuer zu ermitteln

Lohnsteuer

- Gemeinschaftsteuer, direkte Steuer, Besitzsteuer
- besondere Erhebungsform der Einkommensteuer
- zahlbar bei Einkünften aus nichtselbstständiger Arbeit

Körperschaftsteuer

- Gemeinschaftsteuer, direkte Steuer, Besitzsteuer
- besteuert wird das Einkommen der juristischen Personen
- Steuersatz 15 %

Grundsteuer

- Gemeindesteuer, direkte Steuer, Besitzsteuer
- besteuert wird der Grundbesitz
- Grundsteuerschuld = Einheitswert x Steuermesszahl x Hebesatz

Gewerbesteuer

- Gemeindesteuer, direkte Steuer, Besitzsteuer
- besteuert wird die Ertragskraft

Umsatzsteuer (Mehrwertsteuer)

- Gemeinschaftsteuer, indirekte Steuer, Verkehrsteuer
- die Umsatzsteuer wird normalerweise vom Endverbraucher getragen
- der Steuersatz beträgt 7 % (ermäßigter Steuersatz) bzw. 19 % (allgemeiner Steuersatz)
- Besteuerung des „Mehrwerts“ einer Warenlieferung oder Dienstleistung auf jeder Wirtschaftsstufe (Hersteller, Großhändler, Einzelhändler, Endverbraucher)

Versicherungsteuer

- Bundessteuer, indirekte Steuer, Verkehrsteuer
- besteuert wird das Entgelt für bestimmte Versicherungen
- der Steuersatz beträgt i. d. R. 19 % des Versicherungsentgelts

35 Merkur-Nr. 0124

Aufgaben

(1) *Begründen Sie die Notwendigkeit der Besteuerung!*

(2) *Grenzen Sie Steuern, Gebühren und Beiträge voneinander ab!*

(3) *Welchen Zweck erfüllt das Veranlagungsverfahren?*

(4) *Um welche Einkunftsart handelt es sich im folgenden Fall?*

Ein Großhändler erzielte im letzten Jahr folgende Einkünfte:

- a) *erwirtschafteter Gewinn aus seinem Handelsbetrieb,*
- b) *Zinsen aus dem einem Geschäftsfreund gewährten Darlehen,*
- c) *Gewinnbeteiligung als Kommanditist eines Handwerksbetriebes,*
- d) *Gewinn aus dem Verkauf eines Grundstückes, das der Kaufmann erst vor einem Jahr günstig gekauft hatte,*
- e) *Einkünfte aus der Vermietung einer Eigentumswohnung.*

(5) *Grenzen Sie Betriebsausgaben, Werbungskosten, Sonderausgaben und außergewöhnliche Belastungen gegeneinander ab!*

(6) *Einem Steuerpflichtigen sind im Veranlagungszeitraum folgende abzugsfähige Ausgaben entstanden. Handelt es sich dabei um Betriebsausgaben, Werbungskosten, Sonderausgaben oder außergewöhnliche Belastungen?*

- a) *Gezahlte Kirchensteuer*
- b) *Eigenanteil an einer Sehhilfe*
- c) *Gewerkschaftsbeiträge*
- d) *Jahresabonnement der Zeitschrift „Die Börse"*
- e) *Spende zugunsten der Deutschen Krebshilfe*
- f) *Hypothekenzinsen für die vermietete Eigentumswohnung*
- g) *Eigenanteil an den Aufwendungen einer Badekur*
- h) *Abschreibung auf die neu angeschaffte EDV-Anlage*
- i) *Prämie für die private Unfallversicherung*
- j) *Steuerberatungskosten*
- k) *Haftpflichtversicherungsprämie für den privat genutzten Pkw*
- l) *Haftpflichtversicherungsprämie für den geschäftlich genutzten Lieferwagen*

(7) *Ermitteln Sie via Internet für 2022 die tarifliche Einkommensteuer (nebst Kirchensteuer) für ein zu versteuerndes Jahreseinkommen eines Unverheirateten bzw. Verheirateten/Verpartnerten in Höhe von 25 786 EUR!*

(8) *Warum ist es für einen Arbeitnehmer in der Regel vorteilhaft, eine Antragsveranlagung durchzuführen?*

(9) *Ein Zweifamilienhaus mit einem Einheitswert von 200 000 EUR liegt in einer Gemeinde, die einen Grundsteuerhebesatz von 480 % fordert. Berechnen Sie die Höhe der Grundsteuerschuld!*

(10) *Berechnen Sie auf der Grundlage des für eine KG ermittelten Gewerbeertrages in Höhe von 134 645 EUR die Gewerbesteuerschuld, wenn sich der Hebesatz der zuständigen Gemeinde auf 470 % beläuft!*

(11) Erläutern Sie die Begriffe:

a) Mehrwert

b) Vorsteuer

c) Zahllast!

(12) Ein Großhändler berechnet für eine Warenlieferung an einen Einzelhändler einen Nettopreis von 4500 EUR. Die Mehrwertsteuer beträgt 19 %, die Vorsteuer 475 EUR. Welchen Betrag muss der Großhändler als Zahllast an das Finanzamt abführen?

(13) Nehmen Sie kritisch Stellung zu folgender Behauptung: „Wirtschaftlich trägt stets der Endverbraucher die Umsatzsteuer.“!

Wirtschaftsordnungen

1 Wirtschaftsordnung als Teil der Gesellschaftsordnung

Die Gesamtheit der kulturellen, sozialen, politischen, rechtlichen und wirtschaftlichen Beziehungen in einer Gesellschaft wird als **Gesellschaftsordnung** bezeichnet.

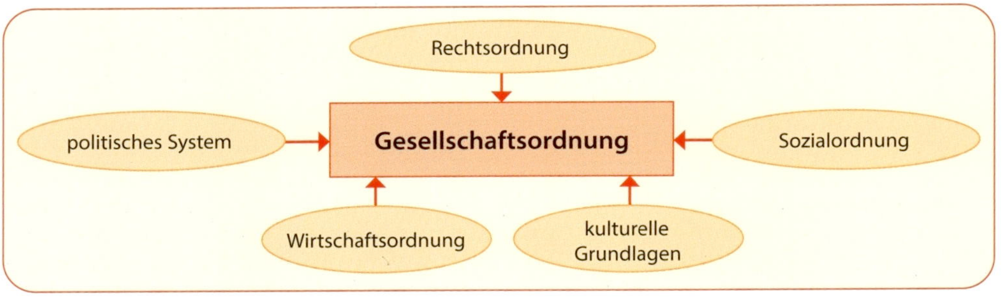

Unter **Wirtschaftsordnung** versteht man die reale Erscheinungsform einer Volkswirtschaft, d.h. die in einem Staat geltenden Regeln für den Aufbau und Ablauf des Wirtschaftens.

Die Gestaltung einer Wirtschaftsordung ist weitgehend von bestimmten gesellschaftspolitischen Grundsatzentscheidungen abhängig. Dabei ist es besonders wesentlich, auf welche Weise die **Planung wirtschaftlicher Handlungen** erfolgen soll.

Aufgrund der Knappheit der Güter (vgl. S. 18) müssen in jeder Wirtschaftsordnung **drei Grundfragen** gelöst werden:

- **WAS** soll produziert werden, d.h., welche Güter (Waren und Dienstleistungen) sollen in welchen Mengen wann hergestellt bzw. angeboten werden?
- **WIE** sollen die Güter produziert werden, d.h., in welcher Kombination der Produktionsfaktoren (Arbeitskräfte, Produktionsstätten, Rohstoffe, Maschinen, Technologien usw.) sollen diese erstellt werden?
- **WEM** sollen die Güter zur Verfügung gestellt werden, d.h., wer soll in den Genuss der Waren und Dienstleistungen kommen?

Zur Beantwortung dieser dreiteiligen Fragestellung gibt es **zwei gegensätzliche Lösungsmöglichkeiten:**

- die **dezentrale Lösung** kennt eine Vielzahl voneinander unabhängiger Entscheidungen der Wirtschaftssubjekte (insbesondere der Produzenten und Konsumenten);
- die **zentrale Lösung** verfolgt die Durchführung von Entscheidungen durch eine zentrale Behörde (Planungskommission), deren Anweisungen sich die Wirtschaftssubjekte unterwerfen müssen.

Die Gestaltungsmöglichkeiten wirtschaftlicher Planung sind also davon abhängig, ob der **Freiheit des Individuums** (Individualprinzip) oder dem **Staat** als Vertreter der Gesamtgesellschaft (Kollektivprinzip) der größte Entfaltungs- und Wirkungsbereich zuerkannt wird.

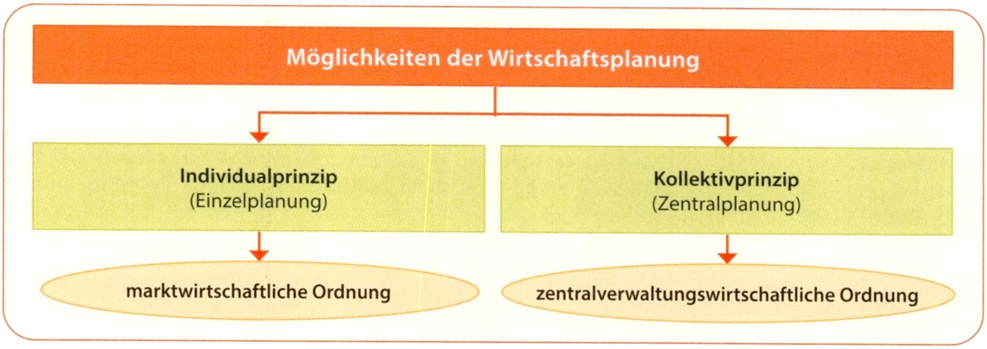

▶ Individualprinzip *(Einzelplanung)*

Im Mittelpunkt des individualistischen Prinzips steht der Mensch. Der Einzelne ist in seinen Entscheidungen frei und unabhängig; alle Einzelwesen zusammengefasst bilden den Staat. Die geistigen Wurzeln des Individualprinzips liegen im **Liberalismus** (lat. liber = frei), der sich als politische und ökonomische Bewegung gegen den Absolutismus (unbeschränkte Herrschaft) der Fürsten in den zurückliegenden Epochen Europas entwickelt hat.

Bei der Individualplanung sind die **einzelnen Wirtschaftssubjekte** in der Volkswirtschaft Träger der ökonomischen Planentscheidungen. Unternehmen und Haushalte bestimmen **selbstständig** über ihr wirtschaftliches Handeln durch Angebot und Nachfrage. Die Folge dieser Vorgehensweise ist eine **marktwirtschaftliche Ordnung.**

▶ Kollektivprinzip *(Zentralplanung)*

Das Kollektivprinzip weist dem Individuum eine gegenüber der Gesellschaft **untergeordnete Stellung** zu. Der Mensch ist in erster Linie ein Sozialwesen (Gemeinschaftswesen), das sich den Prinzipien von Staat und Gesellschaft unterzuordnen hat. Diese kollektivistische Ordnung beruht weitgehend auf den von **Karl Marx** (1818 – 1883) aufgestellten Thesen und hat ein **sozialistisches bzw. kommunistisches System** zum Ziel.

Bei der Kollektivplanung übernimmt eine **zentrale Behörde als staatliche Institution** die Entscheidung über die Gestaltung der Wirtschaftsplanung einer Volkswirtschaft. Die einzelnen Wirtschaftssubjekte erhalten im Rahmen der getroffenen Gesamtentscheidung einen begrenzten wirtschaftlichen Handlungsspielraum. Die Anwendung des Kollektivprinzips auf die Wirtschaft führt zu einer **zentralverwaltungswirtschaftlichen Ordnung.**

2 Idealtypische Wirtschaftsordnungen

Unter idealtypischen Wirtschaftsordnungen werden solche Systeme zur Gestaltung der Wirtschaft verstanden, die zwar in Wirklichkeit nicht anzutreffen sind, aber die Grundprinzipien besonders deutlich erkennen lassen. Es handelt sich um **Modelle,** die die wesentlichen und kennzeichnenden Merkmale der Wirtschaftsordnungen in ihrer „reinen" Form hervorheben.

Unterschieden werden idealtypische Modelle mit den Gestaltungsformen:

- **dezentrale Planung** in marktwirtschaftlicher Ordnung **(Modell der freien Marktwirtschaft),**
- **zentrale Planung** unter staatlicher Wirtschaftsführung **(Modell der Zentralverwaltungswirtschaft).**

In beiden Arten der Wirtschaftsordnungen müssen demnach die ökonomischen Abläufe geplant werden, da ohne **Planung** vernünftiges wirtschaftliches Handeln nicht möglich ist (im Übrigen ist im Begriff „Wirtschaft" das Moment des Planens bereits enthalten). Der wesentliche Unterschied zwischen den Modellen besteht darin, dass in Staaten mit marktwirtschaftlicher Ordnung **jeder Wirtschaftende** (Verbraucher, Handwerker, Arbeitnehmer, Unternehmen, Gemeinde usw.) eigene Wirtschaftspläne aufstellt und durchführt (Planung „von unten"), während in zentralverwaltungswirtschaftlichen Systemen das Wirtschaften durch **einen Plan einer staatlichen Stelle** gelenkt wird (Planung „von oben").

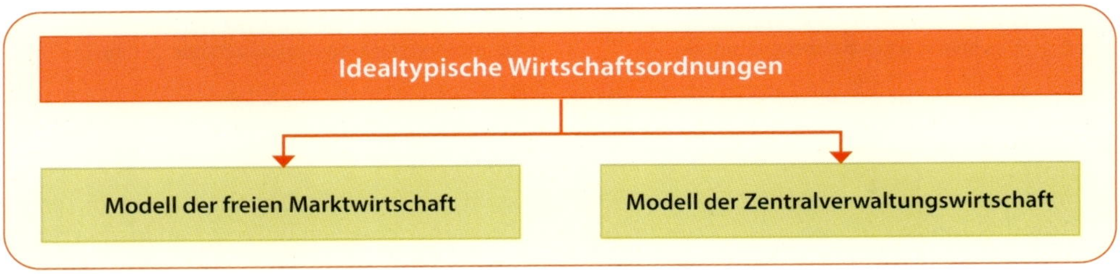

2.1 Modell der freien Marktwirtschaft

2.1.1 Funktionsweise des Modells

Das Modell der freien Marktwirtschaft ist durch eine **dezentrale Entscheidungsfindung** gekennzeichnet: Die Wirtschaftseinheiten Haushalte, Unternehmen und Staat erstellen ihre Wirtschaftspläne selbst und führen sie eigenverantwortlich aus; sie allein entscheiden, welche Güter auf welche Weise und für wen produziert, angeboten und verbraucht werden sollen. Angebot und Nachfrage, die auf dem **Markt** zusammentreffen, sind das Ergebnis der in den Einzelplänen der Produzenten und Verbraucher ausgewiesenen Entscheidungen. Der sich auf dem freien Markt bildende **Preis** reguliert Produktion und Konsum.

2.1.2 Ordnungsmerkmale des Modells

Zur Funktion eines marktwirtschaftlichen Systems müssen bestimmte **Grundvoraussetzungen** erfüllt sein:

▶ Liberale Rechtsordnung

Freie Marktwirtschaft kann sich nur dort entfalten, wo die Rechte des einzelnen Wirtschaftssubjektes besonders stark ausgeprägt sind und die Ansprüche der Gesellschaft in den Hintergrund treten.

- **Privateigentum**

  Grundlegende Voraussetzung für individuelle ökonomische Entscheidungen ist das uneingeschränkte Recht auf Eigentum, insbesondere an den Produktionsmitteln (am „Kapital", daher „Kapitalismus").

- **Vertragsfreiheit**

  Jeder Einzelne hat das Recht, seine Beziehungen zu anderen durch freie Vereinbarungen zu ordnen. Die Gestaltung von Verträgen (Kauf-, Miet-, Leih-, Pachtverträgen usw.) wird den Vertragsparteien überlassen.

- **Gewerbe- und Niederlassungsfreiheit**

  Entscheidungen über Gründung, Tätigkeitsbereich und Standort eines Unternehmens können ohne staatliche Eingriffe getroffen werden.

- **Wettbewerbsfreiheit**

  Das Funktionieren der Marktwirtschaft setzt voraus, dass auf offenen Märkten im freien Spiel der Kräfte zahlreiche Anbieter um die Gunst der Nachfrager werben können.

- **Arbeitsplatzwahl**

  Freie Wahl des Berufes und des Arbeitsplatzes müssen garantiert sein.

- **Produktions- und Konsumfreiheit**

  Die Entscheidungen über Art und Menge des Güterangebotes liegen beim Produzenten. Die Entscheidung, welche und wie viele Waren und Dienstleistungen nachgefragt werden, trifft der Konsument.

▶ Ordnungsfunktion des Staates

Im Modell der freien Marktwirtschaft beschränkt sich die Aufgabe des Staates auf die **Sicherung der marktwirtschaftlichen Grundlagen** durch Gestaltung und Wahrung einer liberalen Rechtsordnung. Darüber hinaus hat der Staat **Leben und Eigentum der Bürger** gegen innere und äußere Feinde zu schützen. Er hat kein Recht, in das Wirtschaftssystem einzugreifen; ihm fällt die Funktion des Aufpassers zu.

Modell der freien Marktwirtschaft

Voraussetzungen

- Vertragsfreiheit
- Wettbewerbsfreiheit
- Recht auf Privateigentum
- Produktions- und Konsumfreiheit
- neutrale Stellung des Staates mit Sicherungsfunktion

Merkmale

- dezentrale, individuelle Planung
- freie Preisbildung
- Angebots- und Absatzrisiko
- Markt als Lenkungsorgan
- ökonomisches Handeln nach dem erwerbswirtschaftlichen Prinzip

2.1.3 Mängel der freien Marktwirtschaft

Im Kapitalismus des 19. und frühen 20. Jahrhunderts suchte man das von der industriellen Revolution geprägte Modell der freien Marktwirtschaft zu verwirklichen. Allerdings konnte es sich in der wirtschaftlichen Realität nicht bewähren. Es gelang der „unsichtbaren Hand des Marktes" nicht, das eigennützige Handeln des Einzelnen mit den Interessen des Gemeinwohls in Einklang zu bringen.

Trotz beachtlicher wirtschaftlicher Erfolge (Zeitalter der Industrialisierung, Beginn der Massenproduktion, Entwicklung neuer Produkte, Erschließung der Weltmärkte) wurde eine Reihe von Missständen deutlich, die sich als **Mängel dieser Wirtschaftsordnung** herausstellten:

- Infolge der **Konzentration wirtschaftlicher Macht** bei den großen Produktionsunternehmen (z. B. Bergbau, Eisen- und Stahlindustrie) bildeten sich Oligopole und Monopole (vgl. S. 478).

Der **freie Wettbewerb** wurde eingeschränkt und die Steuerungsfunktion des Güterpreises auf dem Markt erlag weitgehend.

- Diese Entwicklung bewirkte eine starke **Vermögenskonzentration** bei wenigen Großunternehmen und Einzelpersonen auf Kosten der abhängigen und vermögenslosen Arbeitnehmer.
- **Unzumutbare Arbeitsbedingungen** und die **Verelendung breiter Bevölkerungsschichten** führten zu **Wirtschaftskrisen** und **Arbeitslosigkeit.**
- Da das Angebot an Waren und Dienstleistungen nur unter **Rentabilitätsgesichtspunkten** erfolgte, blieben vielfältige Bedürfnisse der Allgemeinheit dann unbefriedigt, wenn kein ausreichender Gewinn zu erwarten war. Die im Modell unterstellte Macht der Konsumenten war keineswegs so stark, dass sie die Produktivkräfte hätte steuern können.

2.2 Modell der Zentralverwaltungswirtschaft

Das Modell der Zentralverwaltungswirtschaft ist durch eine **zentrale Entscheidungsfindung** gekennzeichnet: Der Umfang von Produktion und Verbrauch wird für einen bestimmten Zeitraum im Voraus durch staatliche Stellen in Jahres- und Mehrjahresplänen festgelegt. Die einzelnen Wirtschaftssubjekte verfügen über keine individuelle Entscheidungsfreiheit. Ein weit gespanntes Informations- und ein umfangreiches Überprüfungssystem sind notwendig, um **Planung und Kontrolle** wirtschaftlicher Produktion und Nachfrage zu gewährleisten.

2.3 Modellvergleich von Marktwirtschaft und Zentralverwaltungswirtschaft

Marktwirtschaft	Systemmerkmale	Zentralverwaltungswirtschaft
Individualprinzip	Grundordnung	Kollektivprinzip
dezentral durch alle Wirtschaftssubjekte (Unternehmen, Haushalte, Staat)	Planungsmöglichkeit in der Volkswirtschaft	zentral durch staatliche Planungsbehörde
kann wirtschaftlich frei entscheiden	Individuum	hat sich den Planvorgaben unterzuordnen
Privateigentum	Eigentum an Produktionsmitteln	gesellschaftliches Eigentum (Staatseigentum und genossenschaftliches Eigentum)
Erwirtschaftung von Gewinn	Ziele von Unternehmen	Erfüllung eines bestimmten Planes
freies Unternehmertum der Privatwirtschaft	Unternehmensgestaltung	Staatsunternehmen
auf dem Markt durch Angebot und Nachfrage	Preisbildung	staatlich festgesetzte Preise
durch Tarifpartner	Lohnfestsetzung	durch staatliche Behörde
Durchsetzen von Löhnen sowie verbesserten Arbeitsbedingungen für Arbeitnehmer	Aufgaben der Gewerkschaften	Verbreitung parteilicher bzw. staatlicher Zielsetzungen
kein Eingriff in den Wirtschaftskreislauf	Funktion des Staates	gestaltet den Wirtschaftsablauf

3 Realtypische Wirtschaftsordnung am Beispiel der sozialen Marktwirtschaft

Die „reinen" Formen der freien Marktwirtschaft und der Zentralverwaltungswirtschaft stellen **modellhafte Grenzfälle** dar, die in extremem Gegensatz zueinander stehen und real nicht existieren. Eine **realtypische Wirtschaftsordnung** ist demgegenüber ein solches System, das in der Wirklichkeit vorkommt. Diese Wirtschaftsordnung stellt eine **Mischform** dar, die in unterschiedlichem und sich veränderndem Maße Elemente der Marktwirtschaft und der Zentralverwaltungswirtschaft enthält.

3.1 Wesen der sozialen Marktwirtschaft in der Bundesrepublik Deutschland

Die Wirtschaftsordnung der Bundesrepublik Deutschland wird als soziale Marktwirtschaft bezeichnet. Diese Konzeption, die vorrangig das Individualprinzip vertritt und im Weiteren soziale Elemente zu berücksichtigen sucht, bestimmt die Wirtschaftspolitik seit 1948.

Das im Mai 1949 in Kraft getretene Grundgesetz schreibt keine bestimmte Wirtschaftsordnung verpflichtend vor; allerdings bildet die Verfassung einen Rahmen zur Gestaltung der Wirtschaftsabläufe. Neben der Festlegung, dass die Bundesrepublik Deutschland ein **sozialer Staat** ist, garantiert das Grundgesetz u. a. Gewerbefreiheit, Vereinigungsfreiheit, freie Berufs- und Arbeitsplatzwahl sowie den Schutz des Privateigentums.

Nach dem 2. Weltkrieg und im Anschluss an die Währungsreform (1948) entschied sich die erste Bundesregierung, mit der **sozialen Marktwirtschaft** ein weiterentwickeltes Marktmodell einzuführen. Mit ihm sollten die Fehler der liberalistischen Wirtschaftsauffassung vermieden werden.

Ziel dieser Wirtschaftsordnung ist es, auf Grundlage eines **funktionierenden Wettbewerbs** die **freie Initiative** mit einem gerade durch die marktwirtschaftliche Leistung gesicherten **sozialen Fortschritt** zu verbinden. Versucht wird demnach die Verknüpfung des Prinzips der Freiheit auf dem Markt mit dem des sozialen Ausgleichs und der sozialen Gerechtigkeit.

3.2 Ordnungsmerkmale der sozialen Marktwirtschaft

▶ Elemente der sozialen Marktwirtschaft

■ Eigentumsordnung

In der sozialen marktwirtschaftlichen Ordnung der Bundesrepublik Deutschland befindet sich der größte Teil der Produktionsmittel im **Privatbesitz.** Darüber hinaus sind auch Staat und Verbände (z. B. Gewerkschaften) Eigentümer von Produktionsmitteln.

Das Grundgesetz schreibt die **Sozialpflicht des Eigentums** vor, d. h., sein Gebrauch soll zugleich dem Wohle des Volkes dienen.

- Im öffentlichen Interesse ist die Enteignung eines Grundstückes gegen Entschädigung des Eigentümers möglich (Straßenbau, Errichtung von Schulen und Krankenhäusern usw.).
- Privatwald muss auch für Spaziergänger zugänglich sein.

- **Unabhängigkeit der Wirtschaftssubjekte**

  Unternehmen und Haushalte können ihre wirtschaftlichen Entscheidungen im Rahmen der sozialen Bindung **frei und eigenverantwortlich** treffen. Das einzelne Unternehmen plant sein Angebot von Waren oder Dienstleistungen aufgrund der Nachfrageerwartung. Die Haushalte planen den Einsatz des Produktionsfaktors Arbeitskraft und entscheiden frei über ihre Einkommensverwendung.

- **Marktpreisbildung**

  Aufgrund des freien Wettbewerbs übernimmt der **Preisbildungsmechanismus des Marktes** eine wichtige Steuerungsfunktion in der marktwirtschaftlichen Ordnung. Allerdings kommt es immer wieder zu Ungleichgewichten mit Inflation, Konjunkturschwankungen und Arbeitslosigkeit. Ergänzend müssen deshalb staatliche Maßnahmen hinzutreten, um Fehlentwicklungen zu lindern und den Wettbewerb zu sichern. In bestimmten Bereichen kommt es somit zur Festlegung von **politischen Preisen:** Mindestpreise in der Landwirtschaft, öffentliche Tarife im Verkehrswesen, Mieten für Sozialwohnungen.

  Aus sozialen Gründen ist auch der überwiegende Teil des **Arbeitsmarktes** dem Mechanismus der Marktpreisbildung nur begrenzt unterworfen. So ist z. B. teilweise ein Mindestlohn tarifvertraglich gewährleistet.

- **Tarifautonomie der Sozialpartner**

  Das Tarifvertragsgesetz sieht vor, dass Löhne, Gehälter und Arbeitsbedingungen durch Gewerkschaften und Arbeitgeberverbände im Rahmen ihrer Tarifhoheit **frei ausgehandelt** werden können. Zur Durchsetzung dieser Ziele stehen als Kampfmaßnahmen Streik und Aussperrung zur Verfügung.

Ordnungsfunktionen des Staates

In der sozialen Marktwirtschaft fällt dem Staat die Aufgabe zu, durch bestimmte Eingriffe unerwünschte ökonomische und soziale Folgen des marktwirtschaftlichen Geschehens zu verhindern. Hierzu zählen staatliche Maßnahmen zur Wettbewerbs- und Sozialordnung sowie in der allgemeinen Wirtschaftspolitik.

- **Wettbewerbspolitik**

  Zur Aufrechterhaltung des für die marktwirtschaftliche Ordnung **unverzichtbaren Wettbewerbs** hat der Staat Gesetze und Verordnungen erlassen. Hierzu zählen insbesondere:

  - Gesetz gegen Wettbewerbsbeschränkungen *(GWB)*, das die Konzentration von Unternehmen beschränken will (vgl. S. 502, S. 524),
  - Gesetz gegen den unlauteren Wettbewerb *(UWG)*, mit dem wettbewerbswidrige Handlungsweisen von Marktteilnehmern bekämpft werden sollen (vgl. S. 520 ff.).

- **Sozialpolitik**

  Im Rahmen seiner Sozialpolitik ist es dem Staat in den vergangenen Jahrzehnten gelungen, ein engmaschiges Netz sozialer Sicherheit zu knüpfen. Während einige Bausteine dieses **sozialen Netzes** (z. B. Kinder-, Elterngeld) der breiten Bevölkerung zugutekommen, werden andere Sozialleistungen (z. B. Lohnfortzahlung, Rente wegen Erwerbsunfähigkeit, Sozialhilfe, Wohngeld, Beihilfen, Ausbildungsförderung) gezielt an den eng begrenzten Personenkreis gezahlt, der die jeweiligen Anspruchsvoraussetzungen (z. B. Mitgliedschaft im jeweiligen Zweig der Sozialversicherung verbunden mit vorherigen Beitragszahlungen, bestimmte Einkommensmerkmale) erfüllt.

Das soziale Netz in Deutschland ist aus vielen Knoten geknüpft – großen und kleinen. Größter Knoten ist die Rentenversicherung mit rund 344 Milliarden Euro im Jahr 2020. Es folgen die gesetzliche Krankenversicherung mit 260 Milliarden Euro und die Beamtenpensionen mit gut 65 Milliarden Euro. Wesentlich kleinere Knoten – dennoch für viele Menschen wichtig – sind beispielsweise das Wohngeld, die Ausbildungsförderung oder das Elterngeld. Alle direkten Sozialleistungen zusammengenommen erreichten im Jahr 2020 einen Umfang von rund 1 119 Milliarden Euro. Das entsprach 33,6 Prozent der gesamten deutschen Wirtschaftsleistung (Bruttoinlandsprodukt). Schließt man noch die steuerlichen Leistungen ein, so ergibt sich sogar eine Summe von 1 153 Milliarden Euro.

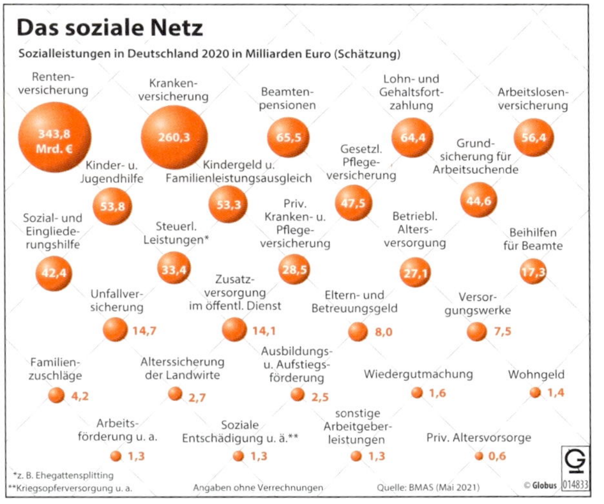

Allerdings scheint das sowohl vom Staat als auch den Unternehmen und privaten Haushalten finanzierte System der sozialen Sicherung an die Grenzen der Belastbarkeit gestoßen zu sein. Angesichts absolut steigender Sozialleistungen drängt sich die Frage auf, ob und ggf. wie das soziale Netz auch langfristig finanzierbar ist. Insbesondere die missbräuchliche Inanspruchnahme der Sozialversicherung, der aktuelle Abbau von Sozialleistungen sowie die trotz eingeleiteter Reformen ständig steigenden Beitragssätze zur gesetzlichen Sozialversicherung machen den Umbau des bestehenden Systems notwendig.

Wirtschaftspolitische Zielsetzungen des Staates

Mithilfe der Wirtschaftspolitik versucht der Staat durch vielfältige Aktivitäten, auf den **konjunkturellen Verlauf des Wirtschaftsgeschehens** einzuwirken. Seine **Hauptziele** sind dabei (vgl. S. 567 ff.):

- Stabilität des Preisniveaus,
- Vollbeschäftigung,
- außenwirtschaftliches Gleichgewicht und
- Wirtschaftswachstum.

Darüber hinaus ist der Staat im Rahmen seiner wirtschaftspolitischen Maßnahmen bestrebt, auch den **abgeleiteten Zielen** (vgl. S. 572 ff.) Rechnung zu tragen. Insbesondere geht es dabei um Fragen

- einer gerechteren Einkommensverteilung,
- des Umweltschutzes bzw. einer verantwortungsbewussten Umweltpolitik,
- einer gerechteren Verteilung der vorhandenen Arbeit.

Als Hauptträger der Wirtschaftspolitik stehen dem Staat folgende Instrumente zur Verfügung (vgl. S. 597 ff.):

- Geldpolitik,
- Fiskalpolitik,
- Außenwirtschaftspolitik,
- Lohnpolitik.

▶ Zusammenfassung

Wirtschaftsordnungen

Wirtschaftsordnung als Teil der Gesellschaftsordnung

- **Möglichkeiten der Wirtschaftsplanung**
  - **Einzelplanung** (Individualprinzip) im marktwirtschaftlichen System
  - **Zentralplanung** (Kollektivprinzip) im zentralverwaltungswirtschaftlichen System

Idealtypische Wirtschaftsordnungen

- **Modell der freien Marktwirtschaft**
  - **dezentrale Entscheidungsfindung** bei der Wirtschaftsplanung
  - **liberale Rechtsordnung** mit Privateigentum sowie Vertrags-, Gewerbe-, Niederlassungs-, Berufswahl-, Wettbewerbs-, Produktions- und Konsumfreiheit
  - **staatliche Ordnungsfunktion** beschränkt auf die Sicherung der marktwirtschaftlichen Grundlagen und des Schutzes von Leben und Eigentum der Bürger
- **Modell der Zentralverwaltungswirtschaft**
  - **zentrale Entscheidungsfindung** durch staatliche Stellen, die Produktion und Verbrauch in Jahres- und Mehrjahresplänen festlegen und den Wirtschaftsablauf kontrollieren

Realtypische Wirtschaftsordnung am Beispiel der sozialen Marktwirtschaft in der Bundesrepublik Deutschland

- **Ordnungsmerkmale**
  - Privateigentum und Sozialpflicht des Eigentums
  - Unabhängigkeit der Wirtschaftssubjekte
  - Marktpreisbildung
  - Tarifautonomie der Sozialpartner
  - staatliche Maßnahmen zur Wettbewerbs- und Sozialpolitik sowie zur allgemeinen Wirtschaftspolitik

Aufgaben

38

(1) *Erläutern Sie die Grundfragen, die sich infolge der Güterknappheit bei der Planung wirtschaftlichen Handelns ergeben!*

(2) *Beschreiben Sie Möglichkeiten der Wirtschaftsplanung an den Beispielen des Individual- und Kollektivprinzips!*

(3) *Erklären Sie den Unterschied zwischen idealtypischen und realtypischen Wirtschaftsordnungen!*

(4) *Nennen Sie Grundvoraussetzungen in der liberalen Rechtsordnung des Modells der freien Marktwirtschaft!*

(5) *Begründen Sie, warum der Individualismus die geistige Grundlage des marktwirtschaftlichen Modells darstellt!*

(6) *Welche Rolle fällt dem Staat im System der freien Marktwirtschaft zu?*

(7) *Begründen Sie das Auftreten bestimmter Mängel im Modell der freien Marktwirtschaft!*

(8) *Erläutern Sie den Begriff „soziale Marktwirtschaft"!*

(9) *Beschreiben Sie die unverzichtbaren Ordnungselemente der sozialen Marktwirtschaft!*

(10) *Wodurch unterscheidet sich die Funktion des Staates in der realen Ordnung der sozialen Marktwirtschaft von der Stellung des Staates im idealtypischen Modell der freien Marktwirtschaft?*

(11) *Vergleichen Sie Konzeption und Wirklichkeit des Systems der sozialen Marktwirtschaft!*

Entstehung des Bruttoinlandsproduktes

Innerhalb der **Entstehungsrechnung,** einem Teilbereich der volkswirtschaftlichen Gesamtrechnung, wird die wirtschaftliche Leistung aller Wirtschaftsbereiche, die **Bruttowertschöpfung,** statistisch erfasst. Damit lässt sich die Frage beantworten, welchen Beitrag jeder einzelne Wirtschaftsbereich zur Entstehung des Bruttoinlandsproduktes beigetragen hat.

Um die Bruttowertschöpfung statistisch erfassen zu können, werden zunächst alle durch Produktion neu geschaffenen Güter eines Wirtschaftsbereiches aufaddiert. Da zur Erstellung dieser Produktionswerte jedoch häufig Vorleistungen notwendig sind (z. B. werden im Produktionsprozess gelieferte Roh-, Hilfs- und Betriebsstoffe eingesetzt), müssen – um die doppelte Erfassung zu vermeiden – diese aus anderen Wirtschaftsbereichen stammenden Vorleistungen vom Produktionsergebnis abgezogen werden.

	Produktionswert zu den jeweiligen Herstellungspreisen
–	Vorleistungen
=	**Summe der Bruttowertschöpfung der Wirtschaftsbereiche**
+	Gütersteuern *(z. B. Mehrwert-, Mineralöl-, Tabak- oder Versicherungsteuer)*
–	Gütersubventionen *(z. B. Subventionen auf öffentliche Personenbeförderung)*
=	**Bruttoinlandsprodukt**

Unterschied zwischen Bruttoinlandsprodukt und Bruttonationaleinkommen

Die Berechnung des Bruttoinlandsproduktes erfolgt unabhängig davon, ob die Güter von In- oder Ausländern des Wirtschafts**raumes** erstellt worden sind (**Inlandskonzept,** das die Produktionsleistung zeigt). Damit unterscheidet sich das Bruttoinlandsprodukt vom **Bruttonationaleinkommen.** Denn diese Größe erfasst den Gesamtwert aller erzeugten Güter nach Wirtschafts**einheiten** (**Inländerkonzept,** das die Einkommensleistung aller Inländer weltweit zeigt, also unabhängig davon, ob die Güter im In- oder Ausland erstellt worden sind).

	Bruttoinlandsprodukt *(Inlandskonzept)*
–	Inlandseinkommen von Ausländern
+	Auslandseinkommen von Inländern
=	**Bruttonationaleinkommen** *(Inländerkonzept)*

→ „Saldo der Erwerbs- und Vermögenseinkommen" zwischen In- und Ausland (als einer von insgesamt drei Bestandteilen des „Saldos der Primäreinkommen aus der übrigen Welt")

Verwendung des Bruttoinlandsproduktes

Im Rahmen der **Verwendungsrechnung** der volkswirtschaftlichen Gesamtrechnung wird ermittelt, wie das Bruttoinlandsprodukt verbraucht worden ist. Dabei ist jedoch zu beachten, dass neben dem Bruttoinlandsprodukt einer Volkswirtschaft, also dem Gesamtwert der selbst erzeugten Güter, auch die aus dem Ausland importierten Waren und Dienstleistungen zur Verfügung stehen.

Diese Güter können eingesetzt werden:

- für den **Konsum:**
  - Individualkonsum *(Konsumausgaben der privaten Haushalte und der privaten Organisationen ohne Erwerbszweck sowie die den privaten Haushalten zufließenden sozialen Sachtransfers des Staates wie z. B. die Dienstleistungen des Gesundheits- und Erziehungswesens),*
  - Kollektivkonsum *(Konsumausgaben des Staates abzüglich der sozialen Sachtransfers des Staates),*

- als **Investitionen** zur Erhaltung, Erweiterung oder Modernisierung von Maschinen, Anlagen, Gebäuden, Straßen, Flughäfen u. a.,
- für die Ausfuhr (Exporte) abzüglich der Einfuhr (Importe) [= **Außenbeitrag**].

Damit lässt sich das Bruttoinlandsprodukt auch als Gesamtwert jener Güter beschreiben, die während eines Jahres in einer Volkswirtschaft ausgegeben, also für die Zwecke Konsum, Investitionen und Außenbeitrag eingesetzt worden sind.

2.2 Bruttonationaleinkommen

Da sich mit der Erzeugung von Gütern der Wert der zu ihrer Erstellung benötigten Maschinen und Anlagen durch ständige Abnutzung verringert, wird das Bruttoinlandsprodukt um Abschreibungen gekürzt.

	Bruttoinlandsprodukt
–	Abschreibungen
=	**Nettoinlandsprodukt**

Das Nettoinlandsprodukt gibt den Wert der in einer Periode im Inland erzeugten Güter an. Allerdings waren an dieser Güterherstellung auch ausländische Produktionsfaktoren beteiligt. Zu ihnen zählen etwa die von Ausländern bereitgestellten Patente und Lizenzen oder auch die Arbeitskraft jener im Ausland lebenden Erwerbspersonen, die im Inland arbeiten.

> Grenzgänger, die z. B. ihren Wohnsitz in Dänemark haben, gehen ihrer Arbeit in der Bundesrepublik Deutschland nach.

Andererseits werden vom Inland auch Patente und Lizenzen an das Ausland vergeben bzw. im Inland wohnende Personen arbeiten im Ausland.

Einkommen, die aus dem Ausland bezogen werden, erhöhen das Nettoinlandsprodukt ebenso wie die von der Europäischen Union (EU) empfangenen Subventionen. Einkommen, die an das Ausland fließen, vermindern das Nettoinlandsprodukt. Gleiches gilt für die an die EU geleisteten Produktions- und Importabgaben.

	Nettoinlandsprodukt
+	Saldo der Primäreinkommen aus der übrigen Welt
=	**Nettonationaleinkommen** *(Primäreinkommen)*

Saldo der Primäreinkommen aus der übrigen Welt:

- Saldo der Erwerbs- und Vermögenseinkommen
- Saldo der empfangenen Subventionen
- Saldo der geleisteten Produktions- und Importabgaben

Werden dem Nettonationaleinkommen die Abschreibungen wieder hinzugerechnet, erhält man wiederum das Bruttonationaleinkommen.

	Nettonationaleinkommen *(Primäreinkommen)*
+	Abschreibungen
=	**Bruttonationaleinkommen**

2.3 Volkseinkommen

Das Nettonationaleinkommen (Primäreinkommen) gibt den im Inland neu geschaffenen Gesamtwert der Güter eines Jahres an. Bei der Produktion dieser Güter sind Einkommen entstanden, die an Haushalte und Unternehmen fließen. In diesen Werten sind aber noch Produktions- und Importabgaben (z. B. indirekte Steuern oder Zölle) enthalten, die beim Austausch der Güter auf den Märkten angefallen sind, bzw. Subventionen, die der Staat bestimmten Unternehmen gewährt hat. Berücksichtigt man diese Größen, erhält man das **Volkseinkommen.**

	Nettonationaleinkommen *(Primäreinkommen)*
–	Produktions- und Importabgaben
+	Subventionen
=	**Volkseinkommen**

Das Volkseinkommen gibt also an, welche Einkommen durch den Einsatz der Produktions-„Faktoren" Arbeit (→ **Lohn**), Unternehmerleistung (→ **Gewinn**) und Kapital (→ **Zins**) erzielt worden sind.

Verteilung des Volkseinkommens

Das Volkseinkommen, das der **Verteilungsrechnung** des Bruttoinlandsproduktes entstammt, wird gebildet durch:

- das **Arbeitnehmerentgelt** (Nichtunternehmereinkommen): Bruttolöhne und -gehälter aus nichtselbstständiger Arbeit zuzüglich der Arbeitgeberbeiträge zur Sozialversicherung,
- das **Unternehmens- und Vermögenseinkommen:** Unternehmensgewinne sowie Zinsen, Dividenden, Mieten und Pachten.

Jahr	**Volkseinkommen insgesamt** in jeweiligen Preisen *(in Mrd. EUR)*	**Arbeitnehmer-entgelt** in jeweiligen Preisen *(in Mrd. EUR)*	**Lohnquote** (= prozentualer Anteil des Arbeitnehmer-entgelts am Volks-einkommen) *(in %)*	**Unternehmens- und Vermögens-einkommen** in jeweiligen Preisen *(in Mrd. EUR)*	**Gewinnquote** (= prozentualer Anteil des Unternehmens- und Vermögens-einkommens am Volkseinkommen) *(in %)*
1991	1 231,9	855,8	69,5	376,1	30,5
2000	1 547,2	1 117,4	72,2	429,8	27,8
2010	1 905,1	1 295,4	68,0	609,7	32,0
2015	2 259,4	1 564,8	69,3	694,5	30,7
2016	2 345,5	1 625,1	69,3	720,4	30,7
2017	2 444,2	1 696,3	69,4	747,9	30,6
2018	2 537,5	1 773,7	69,9	763,8	30,1
2019	2 608,2	1 855,5	71,1	752,7	28,9
2020	2 528,2	1 852,1	73,3	676,1	26,7

In Anlehnung an: Institut der deutschen Wirtschaft Köln: Deutschland in Zahlen, Ausgabe 2020, Köln 2020, S. 58 sowie Daten des Statistischen Bundesamtes (Destatis)

Dieses zunächst erzielte Einkommen (**primäre Einkommensbildung**) wird durch staatliche Maßnahmen umverteilt (**sekundäre Einkommensbildung**). Über Abgaben (insbesondere Steuern) und Sozialversicherungsbeiträge finanziert der Staat seine Aufgaben bzw. leitet einen Teil in Form von sozialen Unterstützungen (**Transferzahlungen** wie z. B. Kindergeld, Renten oder Arbeitslosengeld) wieder an die Haushalte zurück.

Das **verfügbare Einkommen** der Haushalte lässt sich daher vereinfacht beschreiben als:

	Volkseinkommen
–	nicht ausgeschüttete Gewinne der Unternehmen
–	Einkommen- und Vermögensteuern *(z. B. Einkommen-, Lohn-, Körperschaftsteuer)*
–	Vermögen und Unternehmereinkommen des Staates
–	Arbeitnehmerbeiträge zur Sozialversicherung
+	Transferzahlungen
=	**verfügbares Einkommen**

Dieses verfügbare Einkommen kann von den Haushalten zur Bestreitung des Lebensunterhaltes ausgegeben (**konsumtive Einkommensverwendung**) oder gespart werden (**nicht konsumtive Einkommensverwendung**).

Jahr	verfügbares Einkommen der privaten Haushalte[1] *(in Mrd. EUR)*	Konsumausgaben der privaten Haushalte in jeweiligen Preisen[2] *(in Mrd. EUR)*	Sparen der privaten Haushalte[3] *(in Mrd. EUR)*	Sparquote der privaten Hauhalte (= Sparen in Prozent des verfügbaren Einkommens) *(in %)*
2014	1 734,5	1 563,9	170,6	9,8
2015	1 782,3	1 602,9	179,4	10,1
2016	1 841,5	1 653,7	187,8	10,2
2017	1 905,2	1 702,4	202,8	10,6
2018	1 975,8	1 752,1	223,7	11,3
2019	2 021,6	1 802,9	218,7	10,8
2020	2 035,1	1 708,0	327,1	16,1
2021	2 074,0	1 763,0	311,0	15,0

[1]einschließlich der Einkommen privater Organisationen ohne Erwerbszweck sowie die Zunahme betrieblicher Versorgungsansprüche
[2]einschließlich privater Organisationen ohne Erwerbszweck
[3]einschließlich der Zunahme betrieblicher Versorgungsansprüche

Quelle: Deutsche Bundesbank: Monatsbericht März 2022, Seiten 66*, 72*

▶ Zusammenfassung

Daten zum Wirtschaftsgeschehen

Erweiterter Wirtschaftskreislauf

- **Güter- und Geldströme** zwischen Unternehmen, Haushalten, Bankensystem, Staat und Ausland

Messzahlen der gesamtwirtschaftlichen Leistung

- **Bruttoinlandsprodukt** als Gesamtwert aller von In- und Ausländern während eines Jahres in einer Volkswirtschaft erzeugten Güter (Waren und Dienstleistungen)
- **Bruttonationaleinkommen** als Gesamtwert aller von Inländern weltweit während eines Jahres in einer Volkswirtschaft erzeugten Güter (Waren und Dienstleistungen)
- **Volkseinkommen** als Ergebnis der durch die Produktionsfaktoren Arbeit, Unternehmerleistung und Kapital erzielten Einkommen

Aufgaben

39

(1) *Beschreiben Sie Unterschiede zwischen dem Modell des einfachen und des erweiterten Wirtschaftskreislaufes!*

(2) *Der nachfolgende erweiterte Wirtschaftskreislauf spiegelt ausschließlich den Geldstrom zwischen den beteiligten Wirtschaftseinheiten wider. Ordnen Sie den nachfolgenden Zahlungsvorgängen die entsprechende Ziffer aus der Grafik zu!*

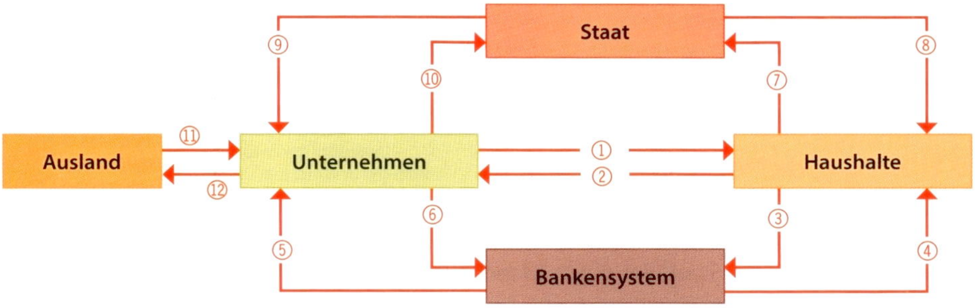

a) *Eine Kommune begleicht die Rechnung eines Bauunternehmens für die Modernisierung einer Kläranlage.*
b) *Eine Berufsschülerin bezahlt ihre Einkäufe an der Kasse eines Warenhauses.*
c) *Eine pensionierte Beamtin erhält ihre monatlichen Altersbezüge.*
d) *Zahlung von Körperschaftsteuer.*
e) *Der Inhaber eines Sportstudios überweist die fällige Einkommensteuer.*
f) *Zinszahlungen der Banken für Spareinlagen der Privatkunden.*
g) *Zinszahlungen der Banken für Spareinlagen der Geschäftskunden.*
h) *Auszahlung des Arbeitslosengeldes II.*
i) *Ein deutscher Importeur überweist die Eingangsrechnung an seinen amerikanischen Lieferanten.*
j) *Überweisung der Kfz-Steuer für einen Lkw.*
k) *Ein Arbeitnehmer bezahlt Zinsen für die Inanspruchnahme seines Dispositionskredites.*
l) *Ein Unternehmen in Berlin erhält für gelieferte Ware von seinem japanischen Kunden die vereinbarte Abschlagszahlung.*
m) *Ein Unternehmen bezahlt Zinsen für die Inanspruchnahme des eingeräumten Kontokorrentkredites.*
n) *Auszahlung der Löhne.*

Die „Wirtschaftsweisen" haben ihre Prognose zum Wirtschaftswachstum nach unten korrigiert. Gingen sie im November 2021 noch von einem Plus von 4,6 % für das Jahr 2022 aus, rechnen sie nun nur noch mit einem Wachstum von 1,8 %. Hintergrund ist der russische Angriffskrieg gegen die Ukraine. „Durch den Krieg werden die wegen der Corona-Pandemie bereits angespannten Lieferketten zusätzlich beeinträchtigt. Gleichzeitig belasten die nochmals kräftig gestiegenen Preise für Erdgas und Erdöl die Unternehmen und den privaten Konsum", erklären die Expertinnen und Experten des Sachverständigenrates. Für das Jahr 2022 erwarten die Fachleute zur Begutachtung der gesamtwirtschaftlichen Entwicklung – so die offizielle Bezeichnung des Expertengremiums – die höchste Inflation seit der Wiedervereinigung. Allerdings ist die vorliegende Prognose mit sehr großer Unsicherheit behaftet. Die Auswirkungen des Krieges seien nur schwer abschätzbar. Die Verschärfung des Konflikts sowie eine Ausweitung der Sanktionen können die deutsche und die europäische Wirtschaft deutlich stärker belasten.

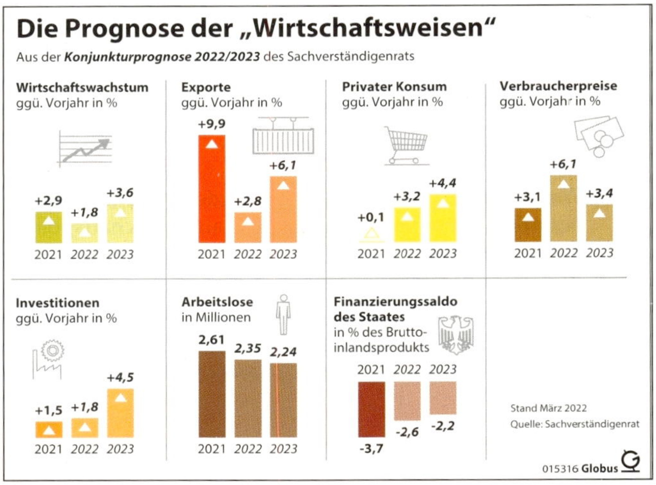

In einem hoch industrialisierten Land wie der Bundesrepublik Deutschland, das insbesondere durch seine **Exportorientierung** mit den Volkswirtschaften anderer Staaten eng verbunden (und damit von ihnen abhängig) ist, reichen die Selbststeuerungskräfte der Marktwirtschaft allein nicht aus, um konjunkturelle Schwankungen und damit Krisen zu überwinden. Aus diesem Grunde muss versucht werden, den Wirtschaftsablauf durch eine **aktive Wirtschaftspolitik** zu beeinflussen.

Das Gesetz zur Förderung der Stabilität und des Wachstums der Wirtschaft (Stabilitätsgesetz – *StabG)* verpflichtet Bund und Länder, „bei ihren wirtschaftlichen und finanzpolitischen Maßnahmen die Erfordernisse des **gesamtwirtschaftlichen Gleichgewichts** zu beachten" *(§ 1 StabG).* Zur Erreichung dieses Gleichgewichts sind die Maßnahmen so zu treffen, dass sie im Rahmen der marktwirtschaftlichen Ordnung gleichzeitig beitragen:

- zur **Stabilität des Preisniveaus,**
- zu einem **hohen Beschäftigungsstand** (Vollbeschäftigung),
- zu **außenwirtschaftlichem Gleichgewicht,**
- zu **stetigem und angemessenem Wirtschaftswachstum.**

3.2.1 Stabilität des Preisniveaus

Unter **Geldwertstabilität** versteht man, dass im Durchschnitt die Preise aller Güter in einer Volkswirtschaft gleich bleiben. Dies bedeutet jedoch **nicht,** dass jeder einzelne Preis unverändert bestehen muss. Preissteigerungen einzelner Güter müssten lediglich durch Preissenkungen anderer Güter ausgeglichen werden.

In keinem Land ist es der Wirtschaftspolitik bisher gelungen, auf Dauer eine **absolute Preisstabilität** zu erreichen. Aus diesem Grunde wird heute auch lediglich eine **relative Preisstabilität** gefordert, was einer jährlichen Steigerung des allgemeinen Preisniveaus von etwa 2 – 3 % entspricht.

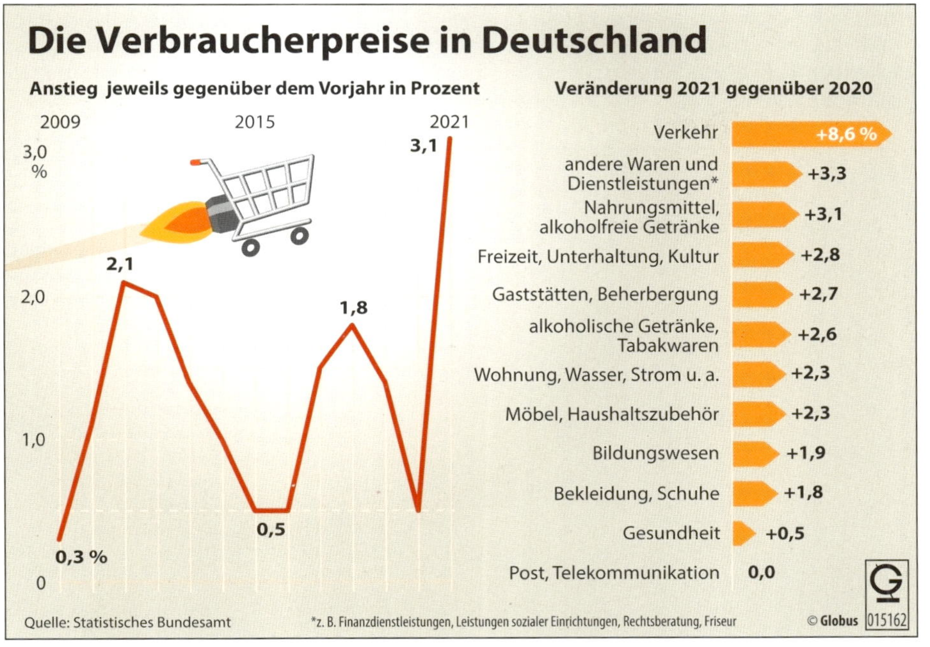

3.2.2 Vollbeschäftigung

Das Ziel eines **hohen Beschäftigungsgrades** ist zu einer Hauptaufgabe der Wirtschaftspolitik geworden. Im umfassenden Sinne versteht man unter Vollbeschäftigung die Auslastung sämtlicher Produktionsfaktoren, d. h. den vollständigen Einsatz des gesamtwirtschaftlichen Produktionspotenzials durch die vorhandenen Arbeitskräfte und die Kapitalmittel. In der öffentlichen Diskussion wird Vollbeschäftigung jedoch nur auf die **Auslastung des Produktionsfaktors Arbeit** bezogen. Die Beschäftigungslage wird danach an folgenden statistischen Werten gemessen:

- **Arbeitslosenquote,** die das Verhältnis der Zahl der registrierten Arbeitslosen zur Gesamtzahl der Erwerbspersonen in Form eines Prozentsatzes angibt,
- **Verhältnis der Zahl der offenen Stellen** zur **Gesamtzahl der registrierten Arbeitslosen.**

Was die im Stabilitätsgesetz enthaltene Zielvorgabe eines hohen Beschäftigungsstandes konkret bedeutet, wird von Zeit zu Zeit neu definiert.

Ein gewisser Prozentsatz an Arbeitslosigkeit besteht grundsätzlich, und zwar aus folgenden Gründen:

- **konjunkturelle Arbeitslosigkeit,** die dadurch hervorgerufen wird, dass in der Phase des Konjunkturabschwungs Arbeitskräfte nicht beschäftigt werden, weil die gesamtwirtschaftliche Nachfrage zur Auslastung der Produktionsmöglichkeiten nicht ausreicht,
- **saisonale Arbeitslosigkeit** infolge jahreszeitlich bedingter Zustände (Bauindustrie, Landwirtschaft, Tourismus usw.),
- **strukturelle Arbeitslosigkeit** durch technischen Fortschritt, Nachfrageveränderungen, Rohstoffverknappung usw.

- **friktionelle Arbeitslosigkeit:** Als Folge mangelnder Übersicht über den Arbeitsmarkt stellt sich kurzfristig eine „Sucharbeitslosigkeit" ein, und zwar zwischen dem Zeitpunkt der Aufgabe des bisherigen (z. B. durch Betriebsstilllegung oder Insolvenz) und der Aufnahme eines neuen Beschäftigungsverhältnisses (Fluktuationsarbeitslosigkeit).

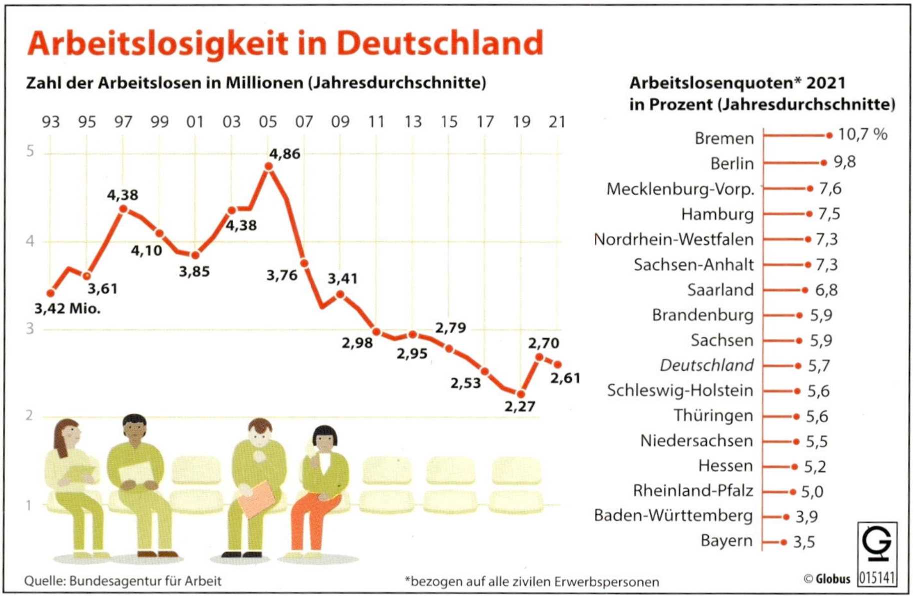

Die Arbeitslosigkeit in Deutschland ist nach einem deutlichen Anstieg 2020 im Jahr 2021 wieder etwas gesunken. Waren im Jahresdurchschnitt 2020 rund 2,70 Millionen Männer und Frauen arbeitslos gemeldet, so waren es im vergangenen Jahr mit 2,61 Millionen rund 90 000 weniger. Die Quote sank von 5,9 (2020) auf 5,7 Prozent (2021). In Westdeutschland waren im Jahresdurchschnitt 2,01 Millionen Menschen arbeitslos gemeldet, dies entsprach einer Quote von 5,4 Prozent. Im Osten waren es rund 607 000; damit lag die ostdeutsche Jahresquote bei 7,1 Prozent. Die höchsten Arbeitslosenquoten gab es in Bremen und Berlin mit 10,7 bzw. 9,8 Prozent. Die geringste Arbeitslosigkeit hatten Baden-Württemberg und Bayern mit Quoten von 3,9 und 3,5 Prozent.

3.2.3 Außenwirtschaftliches Gleichgewicht

Infolge der zunehmenden internationalen Verflechtungen der Volkswirtschaften ist es ein weiteres Ziel der Wirtschaftspolitik, auf ein außenwirtschaftliches Gleichgewicht hinzuarbeiten. Hierunter wird der **Ausgleich der Zahlungsbilanz** verstanden. Außenwirtschaftliches Gleichgewicht liegt vor, wenn die Devisenabflüsse einer Volkswirtschaft den Devisenzuflüssen entsprechen (vgl. S. 620 ff.).

Der Import von Gütern muss mit Devisen bezahlt werden, die im Wesentlichen aus Exporten stammen. Ein langfristiger **Importüberschuss** würde somit zur Zahlungsunfähigkeit gegenüber dem Ausland führen. Andauernde **Exportüberschüsse** können demgegenüber zu einer Erhöhung des Geldumlaufs und damit zu steigendem Preisniveau („importierte Inflation") führen, da die Exporteure die ausländischen Zahlungsmittel über das Bankensystem in inländische Währung umtauschen.

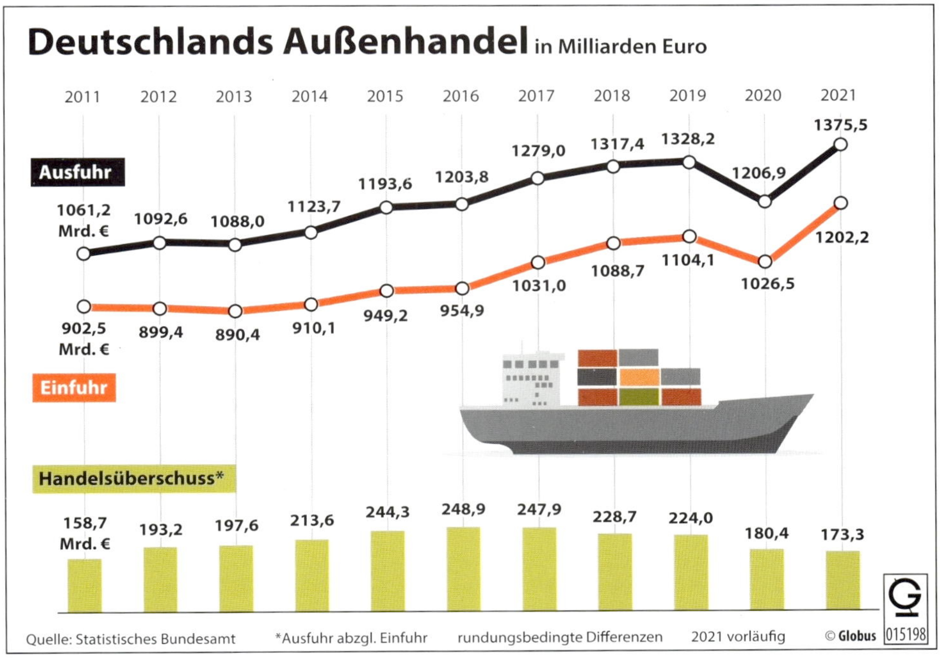

Nach dem Einbruch in der Corona-Krise 2020 hat Deutschlands Außenhandel 2021 wieder Rekordwerte erzielt: Die Ausfuhren stiegen auf 1375,5 Mrd. EUR und die Einfuhren erreichten eine Höhe von 1202,2 Mrd. EUR. Damit lagen sowohl die Exporte als auch die Importe über dem Niveau des Vorkrisenjahres 2019. 2020 waren beide gegenüber 2019 gesunken. Der Außenhandelsüberschuss erreichte 2021 eine Höhe von 173,3 Mrd. EUR und sank damit zum fünften Mal in Folge. Der größte Teil der deutschen Exporte ging mit einem Gesamtwert von 122,1 Mrd. EUR in die USA. Zweit- und drittgrößte Exportpartner waren China und Frankreich. Die meisten importierten Waren kamen 2021 aus China.

3.2.4 Wirtschaftswachstum

Gesamtwirtschaftliches Wachstum (vgl. S. 634 ff.) liegt dann vor, wenn die Produktion von Waren und Dienstleistungen in einem Jahr größer als im Vorjahr ist.

In der Bundesrepublik Deutschland wird nach dem Stabilitätsgesetz unter stetigem und angemessenem Wirtschaftswachstum eine Erhöhung des **Bruttoinlandsproduktes** von jährlich 4 % verstanden. Dieses Wachstumsziel wurde in den letzten Jahren nicht erreicht. Das Wirtschaftswachstum unterlag vielmehr erheblichen Schwankungen.

Zweifel an der Orientierung „Wachstum um jeden Preis" sind heute durchaus angebracht (vgl. S. 640 ff.). Es wird die Forderung nach einem **qualitativen Wachstum** laut, das zu einer Steigerung der Lebensqualität beiträgt, was sich z. B. ausdrückt in einem vermehrten Bildungsangebot, einer besseren Gesundheits- und Altersvorsorge sowie vor allem in besseren Umweltbedingungen. Qualitatives Wachstum bedingt die Produktion von umweltfördernden Gütern sowie den Einsatz solcher Technologien, die Umweltschäden vermeiden.

Erreichte Jahreswerte der wirtschaftlichen Ziele in der Bundesrepublik Deutschland

Jahr	**Verbraucherpreisindex**[1] *Veränderung gegenüber dem Vorjahr in % (Gesamtindex: 2015 = 100)*	**Arbeitslosenquote**[1] *in %*			**Zahlungsbilanz: Veränderung der Währungsreserven**[2] *in Mio. EUR*	**Wirtschaftswachstum**[1]: *Veränderung des Bruttoinlandsproduktes gegenüber dem Vorjahr in % (preisbereinigt)*
		West	Ost	Deutschland		
2000	1,4	8,4	18,5	10,7	– 5844	2,9
2005	1,5	11,0	20,6	13,0	– 2182	0,7
2010	1,1	6,6	12,0	7,7	+ 1613	4,2
2015	0,5	5,7	9,2	6,4	– 2213	1,7
2016	0,5	5,6	8,5	6,1	+ 1686	2,2
2017	1,5	5,3	7,6	5,7	– 1269	2,5
2018	1,8	4,8	6,9	5,2	+ 392	1,5
2019	1,4	4,7	6,4	5,0	– 544	0,6

Quelle: Daten zusammengestellt aus:
1 Institut der Deutschen Wirtschaft Köln: Deutschland in Zahlen, Ausgabe 2020, Köln 2020, S. 15, 21, 66
2 Deutsche Bundesbank: Monatsbericht Dezember 2021, S. 76* (Abnahme: -, Zunahme: +)

3.2.5 Abgeleitete Ziele

▶ Gerechtere Einkommensverteilung

Bereits aus einer der grundlegenden Aufgaben staatlicher Wirtschaftspolitik, und zwar dem sozialen Ausgleich zwischen Marktteilnehmern, wird deutlich, dass ein weiteres Ziel die **gerechtere Einkommensverteilung** sein muss.

Obwohl es dem Staat untersagt ist, direkt in Tarifvertragsverhandlungen einzugreifen, verbleiben ihm eine Reihe von wirtschafts- und sozialpolitischen Maßnahmen, um Einkommensströme zu lenken. Staatliche Sparförderungen, die Gestaltung des Steuersystems oder Sozialleistungen an private Haushalte **(Transferleistungen)** stellen Maßnahmen dar, mit denen Einkommen umverteilt werden können.

▶ Umweltschutz

Die bereits beim Wirtschaftswachstum angesprochenen Probleme (vgl. S. 640ff.) lassen ein weiteres Ziel der Wirtschaftspolitik erkennen, den **Umweltschutz.** Es ist mittlerweile als Aufgabe des Staates im Grundgesetz *(Art. 20 a GG)* verankert.

Heute müssen bei allen Entscheidungen zur Sicherung der Leistungsfähigkeit einer Volkswirtschaft auch Überlegungen zur Verringerung bzw. Vermeidung von Umweltbelastungen einbezogen werden. Nur so gelingt es, umfassende und den Anforderungen einer modernen Gesellschaft entsprechende Vorgaben staatlichen Handelns zu entwickeln.

Eine verantwortungsbewusste **Umweltpolitik**

- **erhält eine lebenswerte Umwelt,** die den Menschen vor Schäden an Leib und Leben (z.B. Erkrankungen der Atemwege, Stress, Allergien) bewahrt,
- **schützt die natürlichen Lebensgrundlagen** wie Luft, Wasser, Boden, aber auch Flora und Fauna vor nachteiligen Beeinträchtigungen (z.B. Bodenverdichtungen, Zersiedelung der Landschaft, Nährstoff-Ungleichgewichten, Klimawandel, Störungen des Naturhaushaltes),
- **beseitigt bereits vorhandene Umweltschäden** (z.B. Sanierung von Deponien, in denen Abfälle, Chemikalien usw. unsachgemäß abgelagert worden sind; Entsorgung radioaktiver Abfälle).

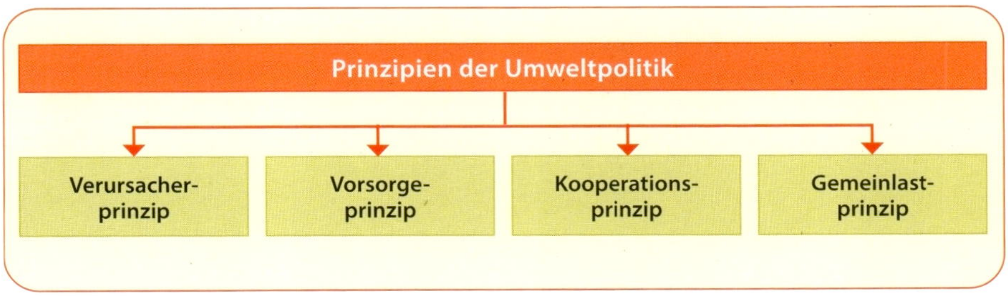

Verursacherprinzip

Das Verursacherprinzip, nach dem derjenige die **Kosten zur Vermeidung, Beseitigung oder zum Ausgleich von Umweltbelastungen tragen soll, der für ihre Entstehung verantwortlich ist,** stellt ein allgemein akzeptiertes Prinzip der Umweltpolitik dar.

Eine konsequente Umsetzung dieses Konzeptes kann folgenden marktwirtschaftlichen Selbstheilungsprozess auslösen: Solange sich Unternehmen, deren Leistungserstellungsprozess in erheblichem Maße die Umwelt belastet, nicht starker Konkurrenz von umweltbewussten Betrieben ausgesetzt sehen, werden sie die Kosten des Umweltschutzes über die Preise auf den Endverbraucher abwälzen. Demzufolge werden Güter aus solchen umweltbelastenden Produktionsprozessen immer teurer, weil sich die Kosten des Umweltschutzes auch im Preis des Gutes niederschlagen. Der Konsument, der bei steigenden Preisen seine Nachfrage nach diesen Gütern verringert, wird bestrebt sein, auf weniger umweltbelastende Erzeugnisse umzusteigen.

In der Praxis bereitet die konsequente Anwendung des Verursacherprinzips als umweltpolitische Leitlinie allerdings Probleme. So ist es oft nicht exakt und vollständig möglich, **Umweltkosten zu erfassen, zu identifizieren, zu bewerten und zuzurechnen.** Die Frage, wen man für eine durch Phosphor und Stickstoff hervorgerufene Algenüberproduktion in der Nordsee oder gar für das Waldsterben bzw. den Klimawandel verantwortlich machen soll, verdeutlicht anschaulich die Schwierigkeiten eines konsequenten Einsatzes des Verursacherprinzips.

Mit dem **Umwelthaftungsgesetz** *(UmweltHG)* hat der Gesetzgeber eine vom Verschulden unabhängige **Gefährdungshaftung** eingeführt. Soweit ein Schaden nicht durch höhere Gewalt verursacht wurde *(§ 4 UmweltHG),* ist der Inhaber einer Anlage zum Ersatz aller Personen- und Sachschäden verpflichtet *(§ 1 UmweltHG),* die durch eine von der Anlage ausgehende Umwelteinwirkung (z.B. durch Gase, Dämpfe, Strahlen,

Druck und Wärme) entstehen. Die vom Geschädigten nachzuweisende Schadensursache wird schon dann dem Betreiber der Anlage angelastet, wenn diese geeignet ist, den entstandenen Schaden zu verursachen *(§ 6 I UmweltHG)*. Diese Ursachenvermutung gilt jedoch nicht, wenn die Anlage bestimmungsgemäß betrieben wurde, d.h. die besonderen Betriebspflichten eingehalten worden sind und auch keine Störung des Betriebes vorliegt *(§ 6 I UmweltHG)*. Darüber hinaus verpflichtet das Umwelthaftungsgesetz bestimmte Anlagebetreiber zur Deckungsvorsorge, etwa durch Abschluss eines Haftpflichtversicherungsvertrages *(§ 19 UmweltHG)*.

- **Vorsorgeprinzip**

  Grundgedanke des Vorsorgeprinzips ist es, **Umweltschäden möglichst von vornherein zu vermeiden als nachträglich wieder zu beseitigen,** zumal die Korrektur eingetretener Schäden i.d.R. mit erheblichen finanziellen Aufwendungen verbunden ist. Das konsequente, direkte Bekämpfen von Umweltproblemen an der Quelle ihrer Entstehung trägt nicht nur zur unmittelbaren Durchsetzung aktueller umweltpolitischer Zielsetzungen bei, sondern gewährleistet auch, dass künftigen Generationen eine möglichst intakte Umwelt hinterlassen werden kann.

- **Kooperationsprinzip**

  Alle am Wirtschaftsleben Beteiligten (Staat, Unternehmen und Verbraucher) arbeiten einvernehmlich zur Durchsetzung umweltpolitischer Zielsetzungen zusammen. Damit baut das Kooperationsprinzip nicht nur auf die **Mitverantwortlichkeit und Mitwirkung,** sondern auch auf die **Beteiligung des Bürgers** an umweltpolitischen Entscheidungsprozessen, um so neues Umweltbewusstsein zu schaffen bzw. vorhandenes zu stärken.

- **Gemeinlastprinzip**

  In den Fällen, bei denen die Anwendung des Verursacherprinzips mit Schwierigkeiten verbunden ist, sind Maßnahmen nach dem Gemeinlastprinzip zu ergreifen. Dabei **trägt die öffentliche Hand die Kosten für die Sanierung von Umweltschäden.** Allerdings erscheint diese Vorgehensweise aus ökonomischer und ökologischer Sicht nur dann vertretbar, wenn zur Beseitigung eines akuten Notstandes rasch gehandelt werden muss. Da der generelle Einsatz des Gemeinlastprinzips den Verursacher von Umweltschäden aus seiner Verantwortung, für die Kosten der von ihm verursachten Schäden aufzukommen, entlassen würde, stellt dieses Prinzip eher einen umweltpolitischen „Notbehelf" dar.

Gerechtere Verteilung der vorhandenen Arbeit

Grundsätzlich wird auch die **gerechtere Verteilung der vorhandenen Arbeit** als Ziel der Wirtschaftspolitik formuliert.

Wenn aus ökologischen und sozialen Gründen ein Wachstum um jeden Preis abgelehnt wird, müssen die Aufgaben in Sach- und Dienstleistungsunternehmen auf alle gerechter verteilt werden. Dabei wird zum einen an eine **Verkürzung der Arbeitszeit** des einzelnen Arbeitnehmers gedacht. Andere Denkmodelle gehen von einer **flexibleren Arbeitszeitgestaltung** aus, indem mehr Teilzeitbeschäftigungen angeboten werden oder Arbeitnehmer selbst bestimmen, wie lange sie pro Woche, Monat oder Jahr arbeiten möchten.

3.2.6 Zielkonflikte der Wirtschaftspolitik

Das Stabilitätsgesetz fordert die gleichzeitige Verfolgung der vier grundlegenden Ziele staatlicher Wirtschaftspolitik. Die Praxis zeigt jedoch, dass es kaum möglich ist, diese Vorgaben stets **gleichzeitig** zu verwirklichen. Es kommt daher zu **Zielkonflikten,** die die wirtschaftspolitischen Entscheidungsträger zwingen, Schwerpunkte zu setzen.

Trotz aller bekannter Schwierigkeiten darf in der Wirtschaftspolitik keines der vier Ziele völlig vernachlässigt werden. Als Grundregel sollte gelten:

- In Zeiten steigender Arbeitslosigkeit und bei stabilem Preisniveau hat das Ziel der Vollbeschäftigung Vorrang.
- Bei hohem Beschäftigungsgrad und steigenden Preisen sollte das Ziel der Geldwertstabilität nachhaltig verfolgt werden.

Welche Zielkonflikte sich im Einzelnen ergeben können, soll an dem – um die abgeleiteten Ziele erweiterten – **magischen Viereck** verdeutlicht werden.

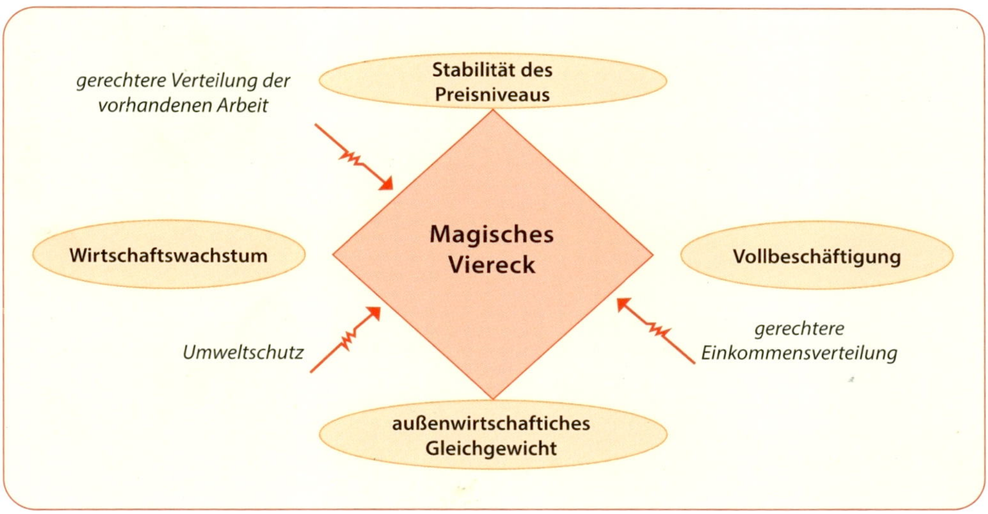

Ein Zielkonflikt besteht insbesondere zwischen der **Stabilität des Preisniveaus** und der **Vollbeschäftigung.** Die Erfahrungen der letzten Jahre zeigen, dass eine Förderung der Investitionstätigkeit zum Zweck der Vollbeschäftigung und des Wirtschaftswachstums mit einem gewissen Maß an Preissteigerungen erkauft werden muss. Die von Unternehmen realisierten Umweltschutzmaßnahmen gefährden darüber hinaus die Stabilität des Preisniveaus, wenn die Kosten dieser Maßnahmen zu steigenden Güterpreisen führen und diese Preissteigerungen nicht durch entsprechende Preissenkungen anderer Waren und Dienstleistungen ausgeglichen werden.

Die wichtigsten Ziele der deutschen Wirtschaftspolitik sind vor mehr als einem halben Jahrhundert gesetzlich verankert worden. Sie heißen: angemessenes Wirtschaftswachstum, Vollbeschäftigung, Preisstabilität und außenwirtschaftliches Gleichgewicht. So steht es im sogenannten Stabilitätsgesetz aus dem Jahr 1967. Diese vier Ziele gleichzeitig zu erreichen, gleicht einer Quadratur des Kreises und erfordert wohl magische Fähigkeiten (deswegen auch die Bezeichnung „magisches Viereck"). Das Wirtschaftsjahr 2020 stand stark unter dem Einfluss der Corona-Pandemie. Am deutlichsten zeigt es sich am Wirtschaftswachstum. Gegenüber dem Vorjahr ist die deutsche Wirtschaft um 4,8 Prozent gesunken. Nur während der weltweiten Finanzkrise im Jahr 2009 gab es einen noch größeren Einbruch (-5,7 Prozent). Die Verbraucherpreise stiegen mit durchschnittlich 0,5 Prozent langsamer als im Vorjahr. Die Arbeitslosigkeit stieg von 5,0 auf 5,9 Prozent (im Jahresdurchschnitt waren 2,7 Millionen Männer und Frauen arbeitslos). Das Ziel außenwirtschaftliches Gleichgewicht wurde mit einem Leistungsbilanzüberschuss von 234 Milliarden Euro verfehlt.

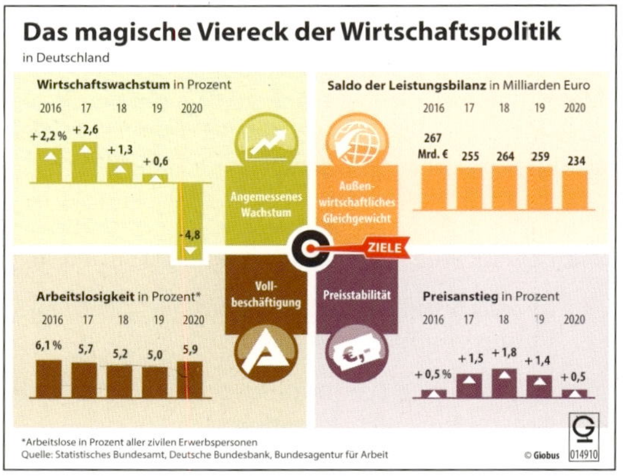

▶ Zusammenfassung

Wirtschaftspolitik

Träger

- Regierungen und Parlamente
- Bankensystem
- Interessenverbände der Arbeitgeber und Arbeitnehmer

Hauptziele

- Das **Stabilitätsgesetz** verpflichtet Bund und Länder, mit ihren wirtschaftlichen und finanzpolitischen Maßnahmen gleichzeitig
  - zur **Stabilität des Preisniveaus,**
  - zu hohem **Beschäftigungsstand** (Vollbeschäftigung),
  - zu **außenwirtschaftlichem Gleichgewicht und**
  - zu stetigem und angemessenem **Wirtschaftswachstum**

  beizutragen, damit **gesamtwirtschaftliches Gleichgewicht** erreicht wird

Abgeleitete Ziele

- **Gerechtere Einkommensverteilung**
- **Umweltschutz** durch Umsetzung des Verursacher-, Vorsorge-, Kooperations- und Gemeinlastprinzips
- **gerechtere Verteilung der vorhandenen Arbeit**

Zielkonflikte

Nicht alle Ziele der Wirtschaftspolitik können **gleichzeitig** und **in gewünschtem Umfang** verwirklicht werden

Aufgaben 40

(1) *Nennen Sie Träger der Wirtschaftspolitik in der Bundesrepublik Deutschland!*

(2) *Beschreiben Sie die einzelnen Phasen, die sich über Jahre immer wieder im Konjunkturverlauf feststellen lassen!*

(3) *Erläutern Sie die vier grundlegenden sowie die abgeleiteten Ziele der Wirtschaftspolitik!*

(4) *Welche der folgenden Arten der Arbeitslosigkeit werden durch die nachfolgenden Sachverhalte angesprochen?*

① *konjunkturelle Arbeitslosigkeit*
③ *strukturelle Arbeitslosigkeit*
② *saisonale Arbeitslosigkeit*
④ *friktionelle Arbeitslosigkeit*

Ordnen Sie den Sachverhalten die Ziffer vor der jeweils zutreffenden Art der Arbeitslosigkeit zu!

Sachverhalte:

a) *Zwischen der Kündigung des alten und der Aufnahme eines neuen Beschäftigungsverhältnisses vergeht einige Zeit.*
b) *Witterungsbedingt nehmen in den Wintermonaten die Aktivitäten in der Landwirtschaft ab.*
c) *Durch eine Änderung der Verbrauchsgewohnheiten lässt die Nachfrage in einem bestimmten Wirtschaftsbereich nach, sodass dort Arbeitsplätze abgebaut werden müssen.*
d) *Arbeitslosigkeit ergibt sich als Folge einer unzureichenden volkswirtschaftlichen Gesamtnachfrage.*

(5) *Die Sicherung des qualitativen Wachstums ist eine wesentliche Aufgabe der Wirtschaftspolitik. Was kennzeichnet diese Art des Wachstums?*

(6) *Diskutieren Sie, ob sich die Ziele „Vollbeschäftigung" und „gerechtere Verteilung der vorhandenen Arbeit" überhaupt in Einklang bringen lassen!*

(7) *Erläutern Sie die Prinzipien der Umweltpolitik!*

(8) *Welchem Prinzip der Umweltpolitik sollte der Vorrang gegeben werden? Begründen Sie Ihre Meinung!*

(9) *Beurteilen Sie das „Verursacherprinzip" hinsichtlich seiner Möglichkeiten, Umweltschäden einzudämmen!*

(10) *Zeigen Sie Konflikte auf, die sich zwischen den einzelnen Zielen der Wirtschaftspolitik ergeben und schlagen Sie Lösungen vor!*

3.3 Gesamtwirtschaftliche Ungleichgewichte

Mit den Mitteln der staatlichen Wirtschaftspolitik (vgl. S. 597 ff.) wird eine Regierung bemüht sein, Geldwertstabilität, Vollbeschäftigung, Wirtschaftswachstum und außenwirtschaftliches Gleichgewicht zu sichern. Doch nicht immer gelingt es, dieser Aufgabe gerecht zu werden. Einflüsse aus dem Ausland, aber vor allem wirtschaftliche Entwicklungen im Inland können dazu führen, dass diese Zielvorgaben nicht oder in nicht ausreichendem Maße erreicht werden. **Geldwert-, Beschäftigungs- und Konjunkturschwankungen** sind daher für die Leistungsfähigkeit einer Volkswirtschaft immer wieder neue Herausforderungen.

37 Merkur-Nr. 0124

Die Konsumausgaben der privaten Haushalte für Waren und Dienstleistungen werden auf der Basis von Stichproben in regelmäßig durchgeführten Haushaltsbefragungen ermittelt und nach Art und Menge der eingekauften Waren und Dienstleistungen aufgeschlüsselt. Diese Aufzeichnungen führen zu den sogenannten „Warenkörben". Berücksichtigt werden etwa 600 genau beschriebene Waren und Dienstleistungen, die mit dem Ziel ausgewählt worden sind, den Verbrauch der privaten Haushalte hinreichend genau zu repräsentieren. Die Einzelpreise für jedes im **Warenkorb** enthaltene Gut werden jeweils zur Monatsmitte in 190 Berichtsgemeinden erhoben, die sich regional über die gesamte Bundesrepublik Deutschland verteilen und dabei Großstädte ebenso abdecken wie mittlere und kleinere Gemeinden. Insgesamt werden dabei Preise in ungefähr 40 000 Berichtsstellen (z. B. Einzelhandelsbetriebe, Dienstleister) erfragt. Sodann werden Durchschnittspreise festgelegt, mit denen die Güter im Warenkorb bewertet werden.

An dieser Erfassung der Kaufkraft des Geldes über den Verbraucherpreisindex wird aber auch Kritik geübt. Qualitätsverbesserungen bei Waren und Dienstleistungen können nicht über die Preise berücksichtigt werden. Man erhält „mehr für sein Geld". Steigt das Einkommen, wird der gehobene Bedarf (Luxusgüter) zulasten des Grundbedarfs (lebensnotwendige Güter) zunehmen. Diese Änderungen der Nachfragestrukturen können nur unzureichend oder mit erheblicher zeitlicher Verzögerung in den Warenkörben berücksichtigt werden. Der Warenkorb muss also von Zeit zu Zeit den veränderten Bedingungen angepasst werden. Zudem sagt die Kaufkraft des Geldes nicht alles über die Entwicklung des „Wohlstandes" aus. Steigt der Nominallohn schneller als das Preisniveau, so steigt der **Reallohn.**[1] Der Verbraucher kann sich also trotz gestiegener Preise „mehr leisten" als vorher.

Einkommen aus Lohn und Gehalt je Arbeitnehmer und Monat		
Jahr	**Bruttolöhne und -gehälter** (Inländer) in EUR	**Nettolöhne und -gehälter*** (Inländer) in EUR
1995	1 999	1 330
2000	2 093	1 407
2005	2 228	1 524
2010	2 403	1 638
2015	2 773	1 862
2016	2 842	1 906
2017	2 915	1 949
2018	3 007	2 008
2019	3 099	2 079

* Bruttolöhne und -gehälter ohne Lohnsteuer und Arbeitnehmerbeiträge zur Sozialversicherung

Quelle: Institut der Deutschen Wirtschaft Köln: Deutschland in Zahlen, Ausgabe 2020, Köln 2020, S. 61

1 Im Gegensatz zum Reallohn lässt der Nominallohn die tatsächliche Kaufkraft des Arbeitsentgeltes unberücksichtigt.

Veränderung je Arbeitnehmer und Monat (Inländer) gegenüber dem Vorjahr				
Jahr	**nominal** in %	**real*** in %	**nominal** in %	**real*** in %
2001	2,3	0,3	3,4	1,4
2006	0,9	– 0,7	– 0,1	– 1,7
2008	2,5	– 0,1	1,9	– 0,6
2010	2,7	1,6	4,2	3,1
2011	3,5	1,3	2,7	0,5
2015	3,0	2,5	2,8	2,3
2016	2,5	2,0	2,3	1,8
2017	2,6	1,0	2,2	0,7
2018	3,2	1,4	3,0	1,3
2019	3,1	1,6	3,6	2,1

* Deflationiert mit dem Verbraucherpreisindex (Reallohnentwicklung aus Arbeitnehmersicht).

Quelle: Institut der Deutschen Wirtschaft Köln: Deutschland in Zahlen, Ausgabe 2020, Köln 2020, S. 61

3.3.1.3 Inflation

Als Inflation (inflare = aufblähen, vermehren) **wird eine Wirtschaftssituation bezeichnet, in der das Preisniveau ständig steigt.** Entsprechend nimmt die Kaufkraft des Geldes stetig ab, sodass man also für eine Geldeinheit **weniger** Waren bzw. Dienstleistungen erhält. Die Veränderung des Preisniveaus wird über den Verbraucherpreisindex gemessen.

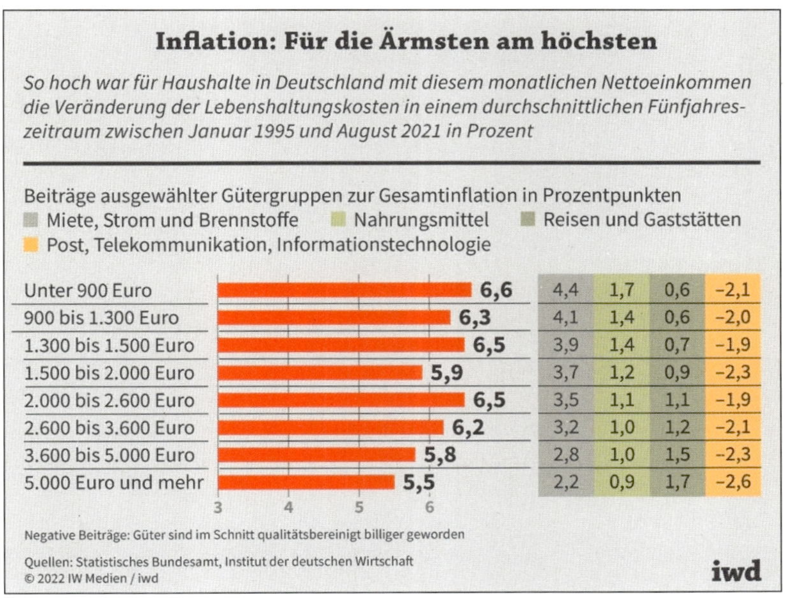

Quelle: iwd: Informationen aus dem Institut der deutschen Wirtschaft Köln, Nr. 1 vom 6. Januar 2022, Seite 12

Folgende Situationen werden jedoch **nicht** als Inflation eingestuft:

- **Preiserhöhungen treten nur bei einzelnen Gütern auf** wie etwa saisonbedingt bei bestimmten Obstsorten im Winter,
- **Preise steigen einmalig und nicht stetig** wie etwa nach einer Erhöhung der Mehrwertsteuer, nach Missernten oder in Krisensituationen,
- ständig steigende Preise, sofern die **Preissteigerungen nur gering ausfallen** (unter 3% pro Jahr).

▶ Arten der Inflation

In Abhängigkeit **von der Höhe der Preisniveauänderungen** oder der **Art der Preisbildung am Markt** lassen sich verschiedene Inflationsarten unterscheiden.

- **Inflationsarten in Abhängigkeit von der Stärke der Preisniveausteigerungen**

  Die Festlegung der Inflationsart in Abhängigkeit von der Stärke der Preisniveausteigerungen (Inflationsrate) ist mehr oder weniger willkürlich. Von **„schleichender Inflation"** wird etwa dann gesprochen, wenn die Preissteigerung unter 10 % pro Jahr liegt. Andere Definitionen gehen davon aus, dass bei Überschreitung der auf Sparbüchern mit vertraglicher Kündigungsfrist üblichen Zinsen inflationäre Tendenzen feststellbar sind. Grundsätzlich ist die Abgrenzung zwischen Preisniveaustabilität und dem Beginn einer schleichenden Inflation schwierig.

  Der andere Extrempunkt der Inflationsratenskala ist die **„Hyperinflation"**. Ab einer über 50% liegenden Preisniveausteigerung pro Jahr wird eine Kaufkraftverringerung mit diesem Namen belegt. Dazwischen gibt es Abstufungen wie „galoppierende Inflation" oder „trabende Inflation".

In Deutschland herrschte nach dem 1. Weltkrieg eine galoppierende Inflation.

Preisentwicklung in den Jahren von 1914 – 1923 in Mark		
Jahr	**1 kg Roggenbrot**	**1 US-Dollar**
1914	0,32	4,20
1919	0,80	8,90
1920	2,37	40,00
1921	3,90	77,00
Jan. 1923	250,00	18 000,00
Febr. 1923	389,00	40 000,00
Juni 1923	1 428,00	150 000,00
Juli 1923	3 465,00	350 000,00
Aug. 1923	69 000,00	4 500 000,00
Sept. 1923	1 512 000,00	100 000 000,00
Okt. 1923	1 743 000 000,00	25 000 000 000,00
Nov. 1923	201 000 000 000,00	4 200 000 000 000,00
Dez. 1923	399 000 000 000,00	4 200 000 000 000,00

- **Inflationsarten nach der Erkennbarkeit der Preisniveausteigerungen**

  Bilden sich die Preise weiterhin frei am Markt und ist für jedermann erkennbar, dass der Geldwert ständig fällt, spricht man von **„offener Inflation"**.

  Bleibt das Preisniveau auf den ersten Blick dadurch relativ stabil, dass der Staat durch vorgeschriebene Höchst- bzw. Festpreise den allgemeinen Preisanstieg unterbindet, ist die Situation einer **„verdeckten oder zurückgestauten Inflation"** gegeben. Die Preise steigen zwar nicht für jedermann ersichtlich. Da das Güterangebot immer geringer wird (Rationierung und Zuteilung sind die Folgen der Güterverknappung), erhält der Nachfrager „weniger für sein Geld". Der Nachfrageüberhang, der sich jedoch durch den staatlich verfügten Preisstopp nicht beseitigen lässt, führt zur Bildung von den für eine verdeckte Inflation typischen „Schwarzmärkten", auf denen benötigte Waren zu völlig überhöhten Preisen angeboten werden.

In der Bundesrepublik Deutschland liegt das Preisniveau seit einigen Jahren im Bereich der relativen Preisniveaustabilität.

Offizielle Preise und Schwarzmarktpreise nach dem 2. Weltkrieg

Ware	offizieller Preis 1947	Schwarzmarkt-Preise 1946/1947
1 kg Fleisch	2,20 RM	60–80 RM
1 kg Brot	0,37 RM	20–30 RM
1 kg Kartoffeln	0,12 RM	4 RM
1 kg Zucker	1,07 RM	120–180 RM
20 Zigaretten	2,80 RM	70–100 RM (US-Zigaretten)
		50 RM (Franz.-Zigaretten)
1 l Speiseöl	2,50 RM	150–180 RM (1946)
1 l Speiseöl		230–360 RM (1947 – 48)
1 kg Butter	4,00 RM	350–550 RM
1 kg Milchpulver		140–160 RM
1 Flasche Wein	2,00 RM	30–40 RM
1 l Schnaps		300 RM
1 l Benzin		8–12 RM
1 Kaffee-Tasse		20 RM
1 Stück T-Seife		30–50 RM
1 Messer		35 RM
1 Glühbirne		40 RM
1 Paar Schuhe (Leder)	0,35 RM	500–800 RM
1 Kleid		250–1 200 RM
1 Fahrrad		1 500 RM
1 Pelzmantel		6 000 RM
1 Opel P 4		10 000 RM

Wo die offiziellen Preise fehlen, bestand nur ein minimales oder überhaupt kein Warenangebot. Zur Veranschaulichung des Preisniveaus sei der monatliche Lohn eines Arbeiters angeführt: Er bewegte sich 1945 – 1948 zwischen 150 und 200 RM.

Quelle: Rothenberger, K.-H.: Die Hungerjahre nach dem Zweiten Weltkrieg. Boppard 1980, S. 140

Ursachen der Inflation

Verschiedene Erklärungsansätze versuchen, die Ursachen zunehmender Preisniveausteigerungen bei abnehmendem Geldwert zu beschreiben.

Maßnahmen zur Bekämpfung der Deflation

Um die Ursachen der Deflation zu bekämpfen, muss wieder das Gleichgewicht zwischen Güter- und Geldmenge hergestellt werden. Eine Möglichkeit besteht darin, die Geldmenge mit Mitteln der **Geldpolitik** (vgl. S. 598 ff.) zu erhöhen. Ob eine expansive Geldpolitik wirksam ist, hängt letztlich davon ab, ob es gleichzeitig gelingt, die Zukunftserwartungen wieder positiver zu gestalten. Der Staat ist gefordert, verstärkt **Aufträge an die Wirtschaft** zu vergeben. Durch **Subventionen und steuerliche Anreize** wird er zudem versuchen, Investitionen zu fördern. Um den privaten Konsum anzukurbeln, bieten sich Steuersenkungen, der Abbau von Sparprämien oder höhere Ausgaben an Rentner und Arbeitslose an.

Der durch den Importüberschuss hervorgerufenen Gütermengenausweitung im Inland wirkt eine **Abwertung der Währung** entgegen (vgl. S. 613 f.).

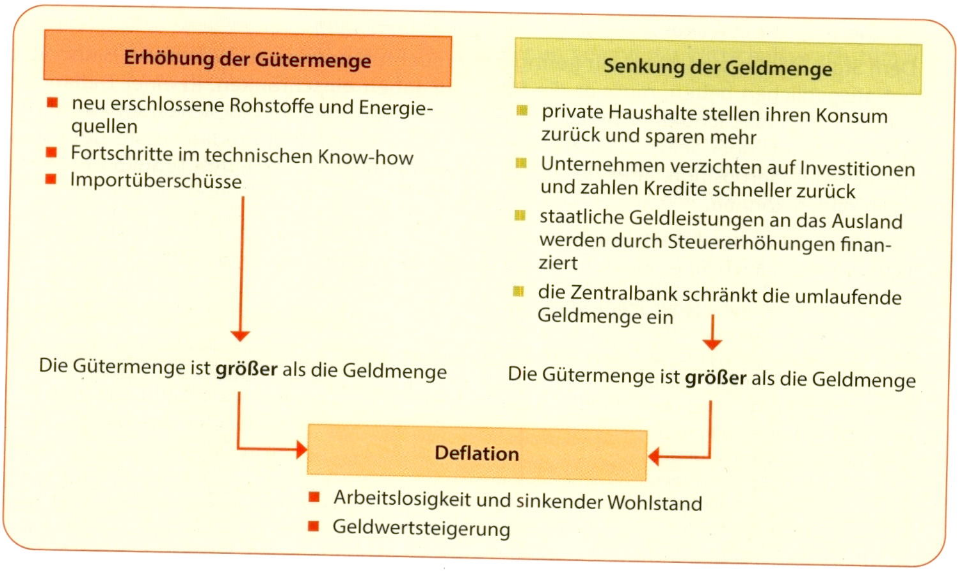

3.3.1.5 Stagflation

Diese Wortschöpfung aus **Stagnation** (Stillstand) **und Inflation** (Geldentwertung) will ausdrücken, dass Arbeitslosigkeit und Preisniveausteigerungen **gemeinsam** auftreten können. Die Angebots-Inflationstheorie bietet dafür den Erklärungsansatz.

Ausgangspunkt sind zunehmende Preissteigerungen. Sie sorgen dafür, dass die reale Nachfrage abnimmt. Um die Gefahren einer sich ausweitenden Inflation zu dämpfen, verringert die Zentralbank die umlaufende Geldmenge und verteuert die Kreditaufnahme bei Banken und Sparkassen (restriktive Geldpolitik). Der Staat kann seinerseits über steuerliche Maßnahmen zusätzlich darum bemüht sein, die Preisniveaustabilität wieder zu erreichen. Auf die Maßnahmen der Zentralbank und des Staates reagieren die Unternehmen und Haushalte mit der Kürzung ihrer Ausgaben.

Die Nachfrage nach Gütern und Arbeit verringert sich. Auftragsrückgänge in der Industrie führen zur Einschränkung der Produktion und damit auch der Beschäftigung. Die Lohn- und Preissteigerungen werden hingegen zunächst kaum gestoppt.

Gäbe es auf allen Märkten einen **funktionsfähigen Wettbewerb** zwischen den Unternehmen, würden bei verringerter Produktion und wachsenden Lagerbeständen die Güterpreise fallen. Da aber auf den meisten Märkten die Funktionsfähigkeit des Wettbewerbs eingeschränkt ist, werden Unternehmen versuchen, ihre Gewinnrückgänge durch steigende Preise aufzufangen. Die Inflation wird bei zunehmender Arbeitslosigkeit weiter angeheizt.

- Preissteigerungen
- Verteuerung von Krediten
- Verringerung der Geldmenge
- Ausgabenkürzungen von Unternehmen und Haushalten
- Einschränkung der Produktion

führen zur

Stagflation

mit

- hoher Arbeitslosigkeit
- gleichzeitig weiter steigender Inflation
- sinkendem Wirtschaftswachstum

Diese für die Wirtschaft äußerst kritische Situation konnte z. B. in den Jahren 1973/74 und 1979/80 beobachtet werden. Durch Absprachen der Erdöl exportierenden Länder (OPEC) verteuerte sich der Verkaufspreis für diesen Rohstoff und Energieträger stetig. Unternehmen versuchten, die notwendigen Mehrausgaben zur Beschaffung des Öls über erhöhte Absatzpreise abzuwälzen, die Nachfrage stagnierte. Vielen Volkswirtschaften wurde es damit vorübergehend unmöglich, ihre wirtschaftspolitischen Ziele noch zu verwirklichen.

3.3.2 Beschäftigungsniveau und Wirtschaftswachstum im Konjunkturverlauf

Die wirtschaftliche Entwicklung einer Volkswirtschaft vollzieht sich nicht regelmäßig, sondern unterliegt ständigen Schwankungen. Einmal nimmt das Bruttoinlandsprodukt – die Größe, die wirtschaftliches Wachstum beschreibt – zu, dann folgt wieder eine Phase abnehmender Wachstumsraten. Diese Berg- und Talfahrt beruht auf **Konjunkturschwankungen,** also Abweichungen vom normalen Wachstumspfad, die für eine hoch entwickelte Wirtschaft kennzeichnend sind. In stagnierenden Volkswirtschaften verändert sich die gesamtwirtschaftliche Leistung nicht („Nullwachstum").

Die langfristige Entwicklung, der Trend, zeigt kein Wachstum, aber auch keinen Schrumpfungsprozess. In schrumpfenden Volkswirtschaften zeigt der Trend nach unten, die Wirtschaftsleistungen nehmen ständig ab.

Stellt man die Abweichungen der wirtschaftlichen Entwicklung vom Trend grafisch dar, zeigt sich eine **Wellenlinie.** Eine Welle mit Wellental und -berg nennt man **Konjunkturzyklus.** Welche Zeit ein solcher Zyklus durchläuft, ist nicht allgemein verbindlich festzulegen. Für die Bundesrepublik Deutschland konnte nach 1945 eine **Zyklusdauer von vier bis fünf Jahren** festgestellt werden.

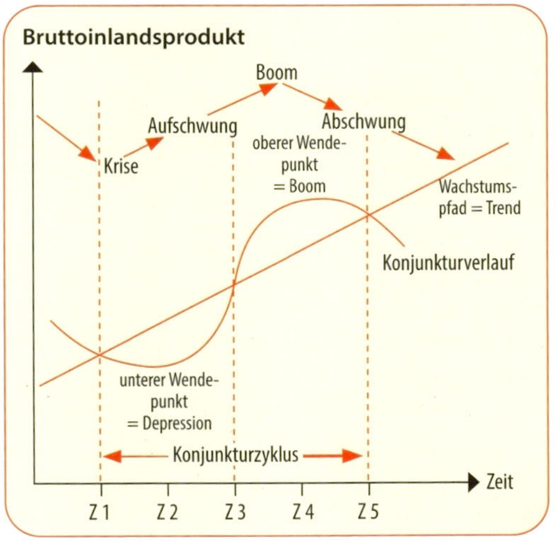

- Die **Krise (Depression)** wird begleitet von hoher Arbeitslosigkeit und unausgelasteten Produktionskapazitäten. Alle Wirtschaftssubjekte setzen wenig Vertrauen in die zukünftige Entwicklung. Entsprechend nehmen die Kaufbereitschaft der Verbraucher und die Investitionsbereitschaft der Unternehmen ab. Da weniger Geld nachgefragt wird, sinken die Kreditzinsen. Mangelnde Nachfrage führt zu Umsatzeinbußen. Gefüllte Läger erzwingen die weitere Einschränkung der Produktion. Es kommt zu Betriebsaufgaben und Insolvenzen. Erst wenn die Talsohle, also der untere Wendepunkt, durchschritten ist, macht sich allmählich wieder Optimismus breit.
- Im **Aufschwung (Expansion)** beschleunigt sich langsam die Produktionsleistung. Mit zunehmendem Vertrauen in die wirtschaftliche Zukunft steigt die Güternachfrage. Unternehmen investieren wieder und stellen neue Arbeitskräfte ein. Mit der Nachfrage nach Krediten wächst der Zins.
- Die **Hochkonjunktur (Boom)** ist bereits durch Engpässe bei der Beschaffung von Produktionsfaktoren gekennzeichnet. Die angeheizte Konsumgüternachfrage erhöht das Preisniveau. Noch wird erheblich investiert. Arbeitskräfte sind nur noch schwer zu finden, das Lohnniveau steigt entsprechend. Gelingt es den Unternehmen nicht mehr, die gestiegenen Kosten über die Preise abzuwälzen, kommt es zu ersten Gewinneinbußen. Die Gesamtnachfrage nach Produktionsfaktoren stagniert.
- Der **Abschwung (Rezession)** beschreibt den sich allmählich verstärkenden Rückgang der wirtschaftlichen Aktivitäten. Die Zukunftschancen werden erneut pessimistisch beurteilt. Die Nachfrage nimmt ab, die Produktion wird gedrosselt, Arbeitskräfte werden entlassen, die Investitionsneigung sinkt rapide. Die Volkswirtschaft stürzt erneut in eine Krise.

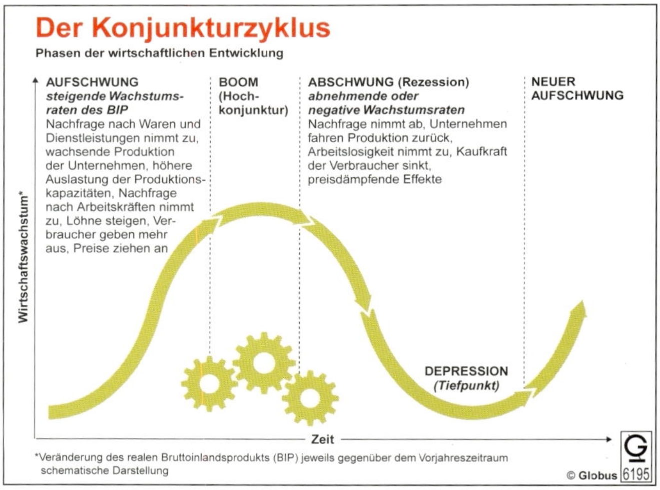

Die Entwicklung der Konjunktur verläuft typischerweise in Wellen: Aufschwung, Boom, Abschwung und Depression bilden die vier Phasen der wirtschaftlichen Entwicklung. Im Aufschwung nehmen die Aufträge der Unternehmen aus dem In- und/oder aus dem Ausland zu, Produktion und Gewinne steigen, die Unternehmen weiten ihre Kapazitäten aus: Sie investieren beispielsweise in neue Fabrikhallen und Maschinen, stellen zusätzliche Mitarbeiter ein und bilden verstärkt aus. Mehr Mitarbeiter bedeuten in der Masse mehr Einkommen (ebenso wie Lohnerhöhungen für die Mitarbeiter), und mehr Einkommen heißt mehr Konsum, denn ein großer Teil des Mehrverdienstes wird wieder ausgegeben. Die wachsende Binnennachfrage wiederum stützt und verstärkt den Aufschwung. Auch der Staat profitiert gleich mehrfach. Er nimmt zusätzliche Steuern von Unternehmen, Erwerbstätigen und Verbrauchern ein, muss weniger Mittel für Erwerbslose aufbringen, und auch die Rentenkassen füllen sich. In dieser Phase kann der Staat aufs Schuldenmachen verzichten, ja bestenfalls sogar Schulden abbauen. – Die Abschwungphase verläuft ähnlich, allerdings mit negativem Vorzeichen. Auch hier tragen die Wirtschaftssubjekte mit ihrem Verhalten – Verbraucher geben weniger aus, Unternehmen entlassen Mitarbeiter – im ungünstigsten Fall zu einer Verschärfung der Lage bei, sodass die Wirtschaft oft erst mit geldpolitischen Maßnahmen oder Konjunkturpaketen wieder auf Touren kommt.

Das **Bruttoinlandsprodukt** stellt einen Indikator dar, um Konjunkturschwankungen zu messen. Neben diesem „Anzeiger" gibt es eine Reihe weiterer wirtschaftlicher Größen, die die Abweichungen vom Trend beschreiben oder sogar Voraussagen über zukünftige Entwicklungen (Prognosen) zulassen.

Überblick über Konjunkturindikatoren und deren Entwicklung im Konjunkturzyklus

Indikator	Phasen im Konjunkturzyklus			
	Aufschwung	Hochkonjunktur	Abschwung	Krise
Arbeitslosigkeit	–	– –	+	+ +
offene Stellen	+	+ +	–	– –
Güternachfrage der Haushalte	+	+ +	–	– –
Preisniveausteigerung	0	+ +	+	–
Zinsniveau	+	+ +	–	– –
Investitionen	+ +	+	–	– –
Gewinne	+ +	+	–	– –
Lagerbestände	–	– –	+	+ +
Zukunftserwartungen	+ +	+	–	– –

0 gleichbleibend   + + starke Zunahme   + Zunahme   – – starke Abnahme   – Abnahme

Insbesondere die Entwicklung zweier Indikatoren im Konjunkturverlauf spricht dafür, dass sich **die staatliche Wirtschaftspolitik um eine Verstetigung der Konjunktur bemüht.** Starke Preisniveausteigerungen im überhitzten Klima des Booms können inflationäre Tendenzen fördern. Zunehmende Arbeitslosigkeit in Abschwung und Krise führen zu erheblichen sozialpolitischen Problemen. Preisniveaustabilität und Vollbeschäftigung lassen sich daher eher durch ein stetiges und angemessenes Wirtschaftswachstum sichern als in einer konjunkturellen Entwicklung, die sich durch starke Ausschläge vom Trend darstellt.

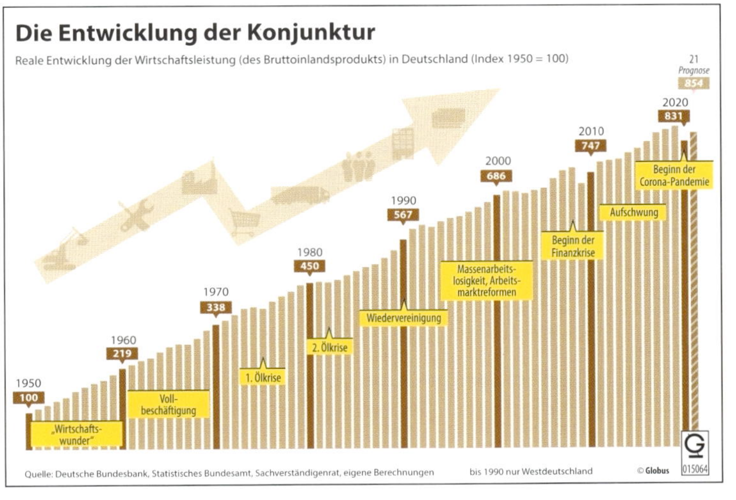

Mit der Währungsreform im Jahr 1948 und der Geburt der Bundesrepublik Deutschland im Jahr 1949 begann die Geschichte der deutschen Konjunktur. „Wirtschaftswunder" und „Wohlstand für alle" (Wirtschaftsminister Ludwig Erhard), Vollbeschäftigung und Überbeschäftigung, Ölkrisen und Rezessionen, Vereinigungsboom, Massenarbeitslosigkeit und Arbeitsmarktreformen, Finanzkrise und neuer Aufschwung – so könnte man einige Kapitel der Wirtschaftsentwicklung von damals bis heute überschreiben. Insgesamt betrachtet war es eine Erfolgsgeschichte. Denn in den vergangenen sieben Jahrzehnten hat sich die gesamtwirtschaftliche Leistung fast verneunfacht – und zwar real, also Preissteigerungen abgerechnet. Das heißt, dass die Menschen von heute mehr als neunmal so viele Güter und Dienstleistungen produzieren wie die Bundesbürger Anfang der 50er-Jahre.

▶ Zusammenfassung

Gesamtwirtschaftliche Ungleichgewichte

Geldwertschwankungen

- Der **Binnenwert des Geldes** gibt Auskunft über die **Kaufkraft** des Geldes im Inland.

  $$\textbf{Kaufkraft} = \frac{1}{\text{Preisniveau}}$$

  Steigt das Preisniveau, sinkt die Kaufkraft.

  Sinkt das Preisniveau, steigt die Kaufkraft.
- Der **Verbraucherpreisindex** ist ein Indikator für Preisniveauveränderungen.
- Als **Inflation** bezeichnet man eine Wirtschaftslage, in der das Preisniveau ständig steigt und die Kaufkraft abnimmt.
- In der **Deflation** fällt das Preisniveau ständig, die Kaufkraft des Geldes steigt.
- **Stagflation** beschreibt eine Wirtschaftslage, in der Arbeitslosigkeit und steigendes Preisniveau gemeinsam auftreten.

Schwankungen im Beschäftigungsniveau und im Wirtschaftswachstum

- Hoch entwickelte Volkswirtschaften sind durch einen **Wachstumspfad** beschrieben, der Jahr für Jahr ein zunehmendes Bruttoinlandsprodukt verzeichnet.
- **Konjunkturschwankungen** sind Abweichungen von diesem Pfad.
- Alle vier bis fünf Jahre wiederholt sich ein **Konjunkturzyklus,** der durch die Phasen Krise, Aufschwung, Hochkonjunktur und Abschwung beschrieben wird.
- In der Krise ist die Arbeitslosigkeit am höchsten, im Abschwung gibt es erhebliche Probleme am Arbeitsmarkt, im Aufschwung werden neue Mitarbeiter von Unternehmen gesucht, in der Hochkonjunktur reichen die zur Verfügung stehenden Arbeitskräfte häufig nicht aus, um alle offenen Stellen zu besetzen.

Aufgaben 41

(1) *Beschreiben Sie den Begriff „Binnenwert des Geldes"!*

(2) *In welchem Verhältnis stehen Kaufkraft und Preisniveau?*

(3) *Erläutern Sie, wie der Verbraucherpreisindex ermittelt wird!*

(4) *Unterstellt, der Wert eines Warenkorbes im Basisjahr betrage 10 000 Geldeinheiten. Für das Berichtsjahr werden 12 500 Geldeinheiten ermittelt. Welche Entwicklung hat damit die Kaufkraft des Geldes genommen?*

(5) *Welche Kritik lässt sich gegen die Ermittlung der Kaufkraft des Geldes über den Verbraucherpreisindex vorbringen?*

(6) Aufgrund einer allgemeinen Tariferhöhung steigt das monatliche Bruttoentgelt einer Angestellten ab Mai des Jahres von 2 099,84 EUR auf 2 162,84 EUR. Um wie viel Prozent hat sich der Nominallohn erhöht?

(7) Welche der nachfolgenden Aussagen kennzeichnet zutreffend, dass im Betrachtungszeitraum die Preise stärker als die Nettolöhne gestiegen sind?

a) Der Reallohn ist gestiegen.

b) Der Nominallohn ist gestiegen.

c) Der Reallohn ist gesunken.

d) Der Nominallohn ist gesunken.

(8) Für die drei zurückliegenden Jahre 01 bis 03 wurden jeweils Inflationsraten in Höhe von 2 % ermittelt. Als Basisjahr gelte das Jahr 00, sodass der maßgebliche Preisindex 100 beträgt. Ermitteln Sie den Preisindex für

a) das Jahr 01,

b) das Jahr 02 und

c) das Jahr 03.

(9) Folgende Preisindizes sind gegeben:

- Preisindex des Jahres 00: 100 (= Basisjahr)
- Preisindex des Jahres 01: 105,5
- Preisindex des Jahres 02: 110,0
- Preisindex des Jahres 03: 116,0
- Preisindex des Jahres 04: 121,0

a) Was sagt der Verbraucherpreisindex des Jahres 03 aus?

b) Wie hoch ist die Inflationsrate des Jahres 04 gegenüber dem Vorjahr 03 in Prozent?

c) In welchem Jahr stimmen Preisindex und Inflationsrate überein?

d) Wie hoch ist die Inflationsrate des Jahres 01 gegenüber dem Basisjahr in Prozent?

(10) Welche Wirtschaftssituation charakterisiert eine Inflation?

(11) Stellen Sie verschiedene Inflationsarten dar!

(12) Auf welche Ursachen führt der Erklärungssatz der Angebotsinflation Preisniveausteigerungen zurück?

(13) Erklären Sie inflatorische Entwicklungen aus Sicht der Quantitätstheorie des Geldes!

(14) Diskutieren Sie Auswirkungen der Inflation!

(15) Beschreiben Sie Ursachen der Deflation!

(16) Welche Maßnahmen bieten sich zur Eindämmung einer Deflation an?

(17) Diskutieren Sie die Behauptung: „Auf Dauer sind die Auswirkungen einer Deflation gefährlicher als die einer Inflation"!

(18) Stellen Sie Entwicklungen dar, die zu einer Stagflation führen können, und erläutern Sie, welche Auswirkungen dieses wirtschaftliche Ungleichgewicht mit sich bringt!

Die **Geldpolitik** wirkt über den Liquiditätsspielraum der Banken und die Zinshöhe auf die gesamtwirtschaftliche Nachfrage nach Konsum- und Investitionsgütern ein. In die gleiche Richtung zielen Veränderungen in der Höhe der Staatsausgaben. Mit der **Fiskalpolitik** nimmt der Staat direkt Einfluss auf die Gesamtnachfrage. Über die **Außenwirtschaftspolitik** werden Maßnahmen der Geld- und Finanzpolitik flankiert, also unterstützt und abgesichert. Gleiches gilt für die **Lohnpolitik,** mit der der Staat bemüht ist, auf die Lohn- und Preisentwicklung, aber auch auf die Vermögensbildung einzuwirken.

4.2.1 Geldpolitik

In der Bundesrepublik Deutschland kann der Staat nicht selbst konjunkturellen Schwankungen durch den Einsatz geldpolitischer Mittel begegnen. Verantwortlich für die Geldpolitik ist das **Europäische System der Zentralbanken (ESZB).**

4.2.1.1 Träger der Geldpolitik

Dem Europäischen System der Zentralbanken gehören die Europäische Zentralbank (EZB) und die nationalen Zentralbanken (NZB) an. Die Deutsche Bundesbank ist die nationale Zentralbank der Bundesrepublik Deutschland. Sie hat die allgemeine Wirtschaftspolitik der Bundesregierung zu unterstützen, soweit dies unter Wahrung der Aufgaben im ESZB möglich ist.

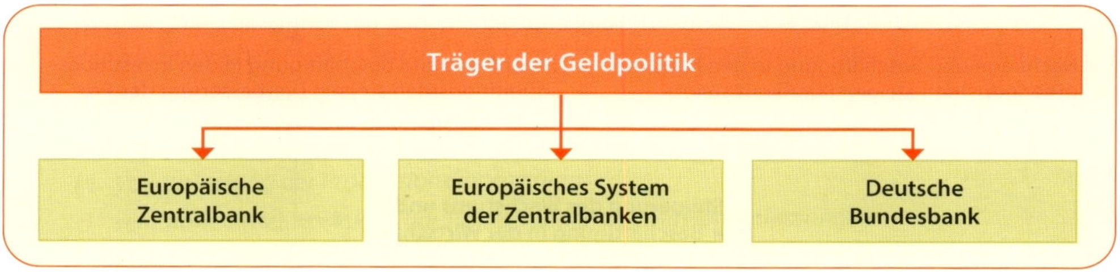

4.2.1.1.1 Europäische Zentralbank

Die Europäische Zentralbank mit Sitz in Frankfurt am Main wacht über die europäische Währung – den Euro. Sie ist unabhängig von politischen Weisungen oder Vorgaben der am Europäischen Währungssystem beteiligten Regierungen. Ihr vorrangiges Ziel ist es, die **Geldwertstabilität** in den beteiligten Staaten **zu sichern.** Nachrangig soll die allgemeine Wirtschaftspolitik der Europäischen Währungsunion unterstützt werden.

> Was die Deutsche Bundesbank einst für die D-Mark war, ist die Europäische Zentralbank (EZB) für den Euro: Hüterin der Währung und der Geldwertstabilität. Seit dem 1. Januar 1999, dem Geburtstag des Euro, ist sie zuständig für die Geldpolitik in den Euroländern. Die EZB, die wie die Deutsche Bundesbank ihren Sitz in Frankfurt am Main hat, ist gemäß dem Vertrag von Maastricht unabhängig von der Politik. Ihre oberste Aufgabe ist die Sicherung der Preisstabilität – sie soll zum Beispiel eine zu hohe Inflation verhindern. Erster Präsident der EZB war der Niederländer Wim Duisenberg, derzeitiger Präsident ist der Italiener Mario Draghi. Wichtigstes Gremium ist der Zentralbankrat (EZB-Rat); er tagt in der Regel zweimal monatlich und setzt unter anderem die Leitzinsen fest. Der Zentralbankrat besteht aus dem sechsköpfigen Direktorium sowie den Präsidenten der Zentralbanken der 19 Länder, die an der Europäischen Währungsunion teilnehmen.

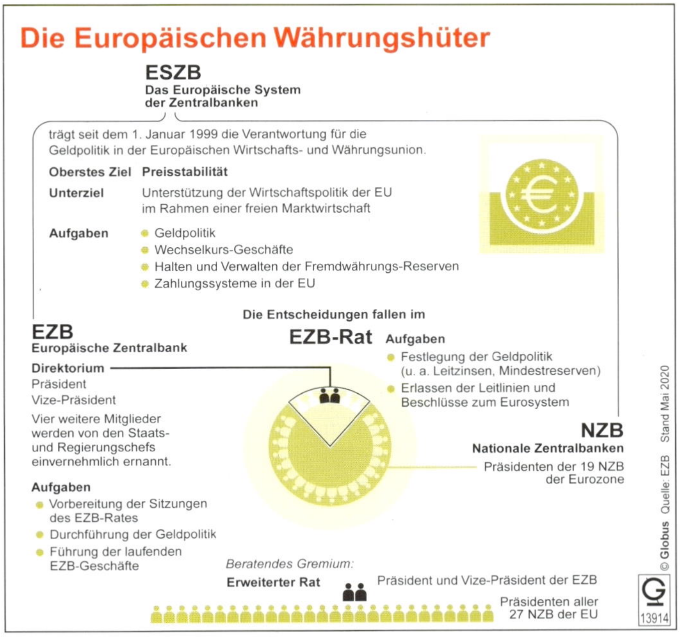

Im Einzelnen obliegen der Europäischen Zentralbank:

- die Geldpolitik festzulegen und auszuführen, d.h. Leitzinsen zu bestimmen und Zentralbankgeld bereitzustellen,
- die Währungsreserven der Mitgliedstaaten zu halten und zu verwalten,
- die Euro-Banknoten drucken zu lassen.

Organe der Europäischen Zentralbank

Zur Wahrnehmung ihrer Aufgaben benötigt die Europäische Zentralbank bestimmte Organe.

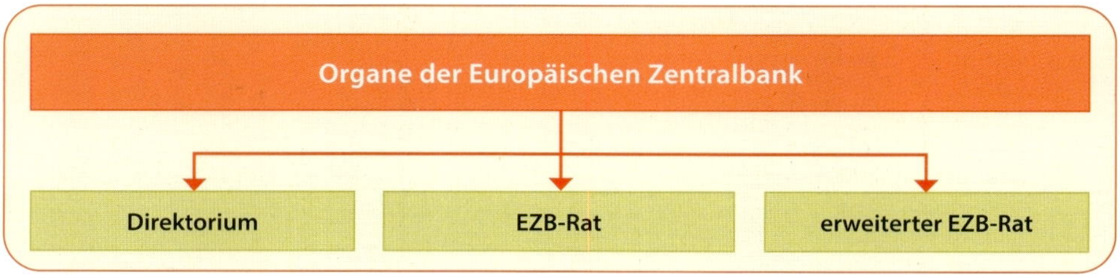

- Dem **Direktorium** gehören der Präsident der EZB, dessen Vizepräsident und vier weitere Mitglieder an. Es ist das geschäftsführende Organ des Systems der Europäischen Zentralbanken.
- Den **EZB-Rat** bilden das Direktorium und die Präsidenten der nationalen Zentralbanken, die am Euro-Währungsgebiet teilnehmen. Der EZB-Rat trifft mit einfacher Stimmenmehrheit alle geldpolitischen Entscheidungen und erlässt Weisungen für die beteiligten nationalen Zentralbanken.
- Der **erweiterte EZB-Rat** stellt das Bindeglied zwischen allen EU-Staaten innerhalb und außerhalb der Euro-Währungsunion dar und hat vorrangig beratende Funktion. Neben den Mitgliedern des EZB-Rates gehören ihm daher auch die Zentralbank-Präsidenten der Staaten der Europäischen Union an, die noch nicht Mitglied der Währungsunion sind.

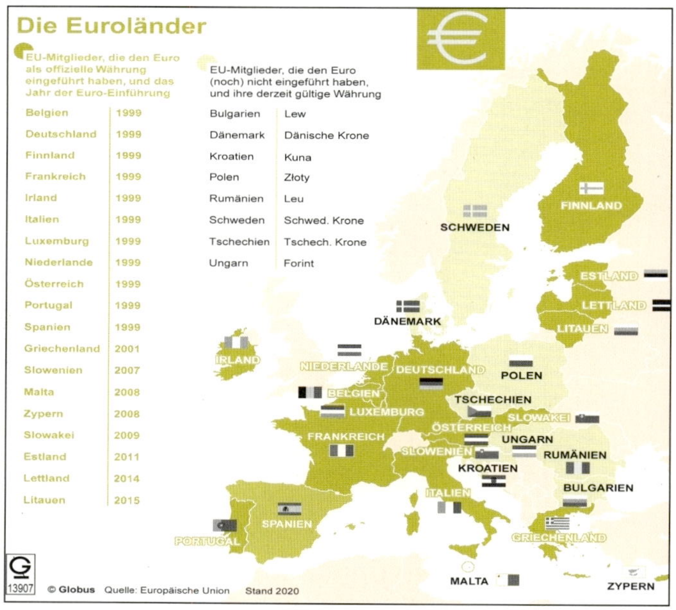

Der Euro ist in 19 Mitgliedstaaten der Europäischen Union offizielle Währung. Eingeführt wurde er im Jahr 1999 mit den EU-Gründungsmitgliedern Belgien, Deutschland, Frankreich, Italien, Luxemburg und Niederlande und fünf weiteren der neun bis dahin zusätzlich der EU beigetretenen Staaten. Die alten Währungen wurden stufenweise abgelöst. Zunächst behielten sie als Bargeld und als Untereinheit des Euro ihre Gültigkeit, während der Euro virtuell für bargeldlose Zahlungen und Buchhaltungszwecke genutzt wurde. Anfang 2002 wurden dann die ersten Euro-Banknoten und -Münzen eingeführt. Die EU-Mitgliedstaaten, die den Euro noch nicht als offizielle Währung eingeführt haben, werden der Eurozone beitreten, sobald sie die Bedingungen für die Übernahme erfüllt haben. Ausnahme ist Dänemark, das vertraglich ausgehandelt hat, von der Euro-Teilnahme befreit zu sein. Gültig ist der Euro auch in den meisten Außengebieten der Euroländer, wie den Kanaren, den Azoren oder Französisch-Guayana.

Vor dem Hintergrund anhaltender Finanzierungsschwierigkeiten einzelner Euroländer (z.B. Portugal, Spanien) haben die Staats- und Regierungschefs der Euro-Staatenländer im Oktober 2012 den **Europäischen Stabilitätsmechanismus** (ESM) auf den Weg gebracht. Mit diesem dauerhaften Euro-Rettungsschirm soll sichergestellt werden, dass der Euro verlässlich gegen künftige Schuldenkrisen einzelner Euroländer gewappnet ist.

© Bergmoser + Höller Verlag AG 715 595

Gleichzeitig löst der ESM den bereits im Mai 2010 begründeten ersten Euro-Rettungsschirm, den **EFSF** (European Financial Stability Facility), ab. Deutschlands Anteil am aufgestockten Rettungsschirm liegt bei der vom Bundesverfassungsgericht festgelegten Grenze in Höhe von 190 Milliarden Euro.

Die Corona-Pandemie hat in vielen Ländern zu schweren Rezessionen geführt. Wegen der Lockdowns wurde zum Teil die Produktion in Betrieben heruntergefahren, Teile des Handels und der Gastronomie, Kinos, Theater, Friseursalons und viele mehr mussten schließen. Die Folge waren schwere Konjunktureinbrüche: schrumpfende Wirtschaftsleistung und steigende Arbeitslosigkeit. Die Steuereinnahmen der Staaten brachen weg, während sie gleichzeitig Kredite aufnehmen mussten, um die vielfältigen Unterstützungsmaßnahmen für die Wirtschaft, die Beschäftigten und die Rettung von Arbeitsplätzen zu finanzieren. So hat die Corona-Pandemie auch erhebliche Auswirkungen auf die Staatsfinanzen der 19 Euro-Länder. Der aktuellen EU-Prognose zufolge wird es kein Euro-Land geben, das den Staatshaushalt 2020 nicht mit einem Defizit abschließt. Zudem wird sich der Schuldenstand (ausgedrückt in Prozent des Bruttoinlandsprodukts) in allen Ländern erhöhen. Laut Vertrag von Maastricht liegt die Grenze beim jährlichen Defizit bei drei Prozent und beim Schuldenstand bei maximal 60 Prozent. Doch wegen der Coronakrise wurden auf Vorschlag der EU-Kommission diese Regeln erstmals ausgesetzt. Das erlaubt die „allgemeine Ausweichklausel“, die 2011 nach der Wirtschafts- und Finanzkrise in den europäischen Stabilitäts- und Wachstumspakt eingefügt wurde, um in Krisen mehr Spielraum zu erlauben.

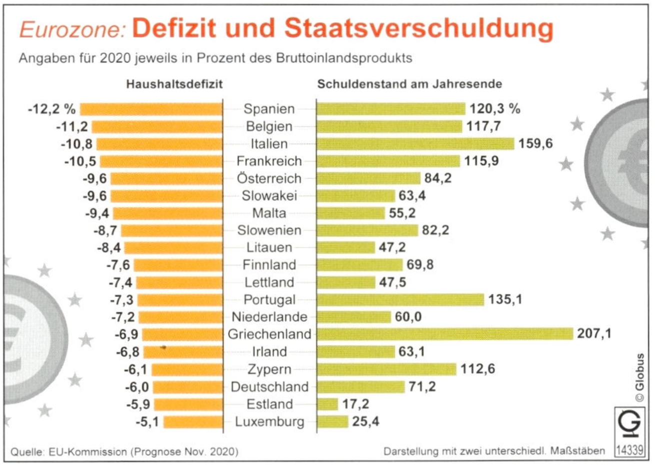

4.2.1.1.2 Europäisches System der Zentralbanken

Das ESZB hat die Aufgabe übernommen, die einheitliche Geldpolitik für das Euro-Währungsgebiet zu koordinieren. Es trägt für die gemeinschaftliche Geldpolitik Verantwortung.

Soweit es mit den Zielen und Aufgaben im ESZB vereinbar ist, können aber auch die nationalen Zentralbanken eigene Aufgabenbereiche übernehmen. So zeichnet die Deutsche Bundesbank, die weiterhin in den Bereichen Bankenaufsicht, Statistik und Außenwirtschaft tätig ist, nach wie vor für die Abwicklung des Zahlungsverkehrs im Inland und mit dem Ausland verantwortlich.

> Die **Deutsche Bundesbank** hat ihre alleinige Funktion als Hüterin der Währung an das Europäische System der Zentralbanken abgegeben, ist aber in der Bundesrepublik Deutschland dafür zuständig, die Beschlüsse des ESZB national umzusetzen.

4.2.1.1.3 Deutsche Bundesbank

Die Deutsche Bundesbank ist in das System der Europäischen Zentralbanken eingebunden. Sie hat ihren Sitz in Frankfurt am Main und ist eine Person des öffentlichen Rechts. Ihr Grundkapital beträgt 2,5 Milliarden EUR.

▶ Organe der Deutschen Bundesbank

Wie jede juristische Person benötigt auch die Deutsche Bundesbank zur Wahrnehmung ihrer Aufgaben bestimmte Organe *(§ 7 ff. BBankG):*

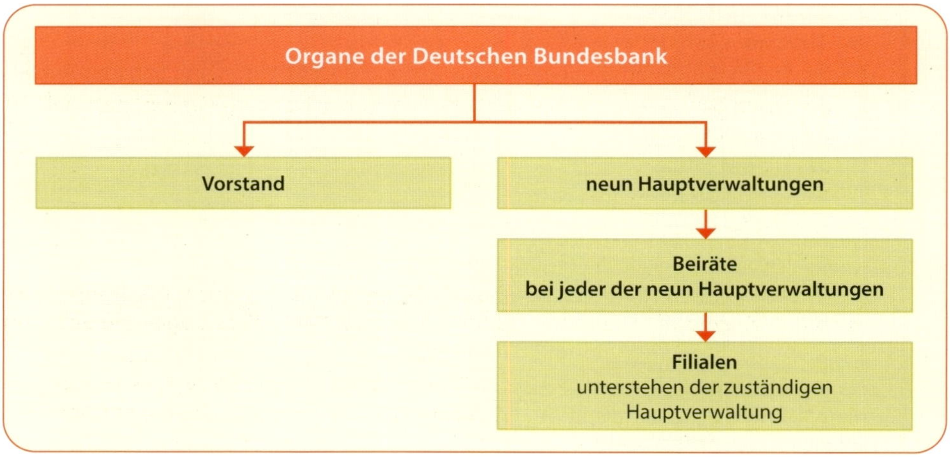

- Der **Vorstand** *(§ 7 BBankG)* als oberstes Organ der Deutschen Bundesbank, der aus dem Präsidenten, dem Vizepräsidenten und vier weiteren Mitgliedern besteht,
  - leitet und verwaltet die Bank,
  - berät unter dem Vorsitz des Präsidenten oder des Vizepräsidenten,
  - fasst seine Beschlüsse mit einfacher Mehrheit der abgegebenen Stimmen. Bei Stimmengleichheit gibt die Stimme des Vorsitzenden den Ausschlag.

Die sechs Mitglieder des Vorstandes werden vom Bundespräsidenten bestellt. Die Bestellung des Präsidenten und des Vizepräsidenten sowie eines weiteren Mitglieds erfolgt auf Vorschlag der Bundesregierung, die der übrigen drei Mitglieder auf Vorschlag des Bundesrates im Einvernehmen mit der Bundesregierung. Die Bundesregierung und der Bundesrat haben bei ihren Vorschlägen den Vorstand anzuhören.

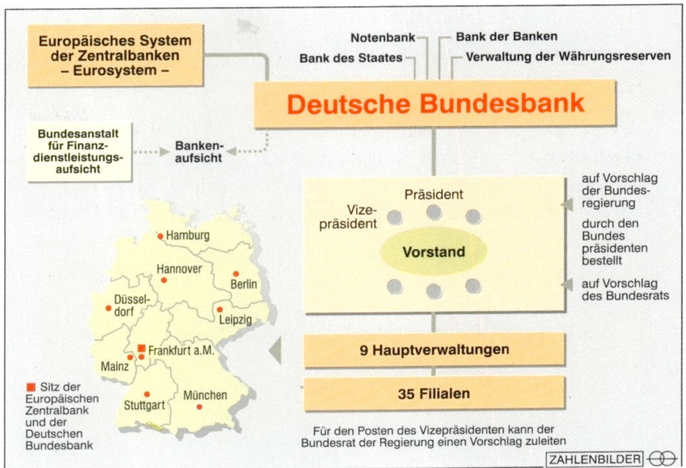

 459 120

Die Vorstandsmitglieder werden für eine Amtszeit von acht Jahren, ausnahmsweise auch für kürzere Zeit, mindestens jedoch für fünf Jahre bestellt. Bestellung und Ausscheiden sind im Bundesanzeiger zu veröffentlichen.

- Die Deutsche Bundesbank unterhält je eine **Hauptverwaltung** für den Bereich
  1. des Landes Baden-Württemberg,
  2. des Freistaates Bayern,
  3. der Länder Berlin und Brandenburg,
  4. der Freien Hansestadt Bremen und der Länder Niedersachsen und Sachsen-Anhalt,
  5. der Freien Hansestadt Hamburg und der Länder Mecklenburg-Vorpommern und Schleswig-Holstein,
  6. des Landes Hessen,
  7. des Landes Nordrhein-Westfalen,
  8. der Länder Rheinland-Pfalz und Saarland und
  9. der Freistaaten Sachsen und Thüringen *(§ 8 I BBankG).*

  Die insgesamt **neun Hauptverwaltungen** werden jeweils von einem Präsidenten geleitet, der dem Vorstand der Deutschen Bundesbank untersteht. Diese tragen die Bezeichnung Präsident der Hauptverwaltung *(§ 8 II BBankG).*

  Bei jeder Hauptverwaltung besteht ein **Beirat,** der regelmäßig mit dem Präsidenten der Hauptverwaltung zusammentrifft und mit ihm über die Durchführung der in seinem Bereich anfallenden Arbeiten berät.

  Die Deutsche Bundesbank darf **Filialen** unterhalten, die der zuständigen Hauptverwaltung unterstehen *(§ 10 BBankG).*

Aufgaben und Ziele der Deutschen Bundesbank

Zielsetzung der Deutschen Bundesbank ist es, die allgemeine Wirtschaftspolitik der Bundesregierung zu unterstützen, soweit es unter Wahrung ihrer Aufgabe innerhalb des ESZB möglich ist. Demnach hat die Zentralbank insbesondere folgende Ziele zu verfolgen:

- Erhaltung der Kaufkraft des Geldes,
- Vollbeschäftigung der Wirtschaft,
- Ausgleich der Zahlungsbilanz,
- Sicherung des Wirtschaftswachstums.

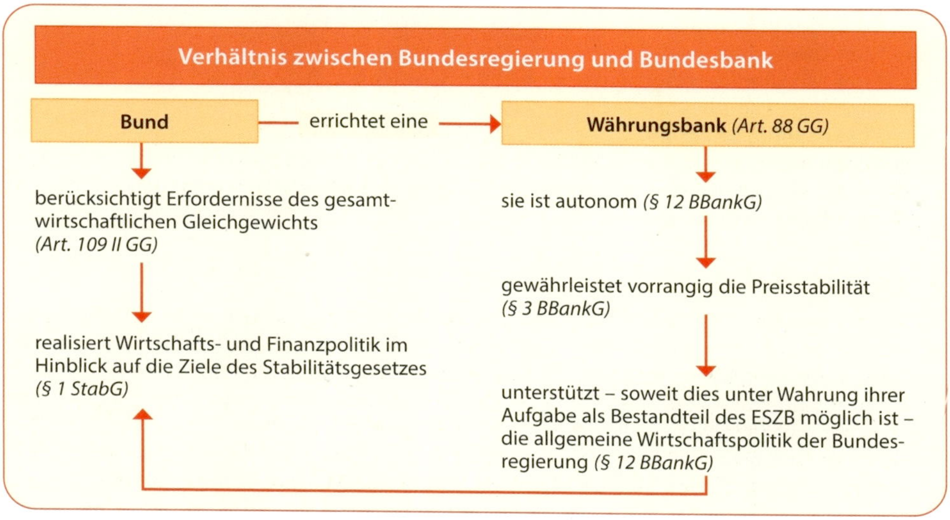

Zur Wahrnehmung dieser Aufgaben hat die Deutsche Bundesbank das ausschließliche Recht zur Ausgabe von Banknoten; diese sind das einzige unbeschränkte gesetzliche Zahlungsmittel *(§ 14 I BBankG)*.

Quelle: Deutsche Bundesbank

4.2.1.2 Giralgeldschöpfung

Um das geldpolitische Instrumentarium (vgl. S. 607 ff.) zu verstehen, ist es zunächst notwendig, sich einen Überblick über die **„Geldschöpfung"** zu verschaffen. An der „Geldproduktion" beteiligt sind das ESZB und – unter anderem – die Deutsche Bundesbank.

▶ Passive Giralgeldschöpfung

Zahlt ein Kunde bei seiner Bank Bargeld auf sein Konto ein, so erhöhen sich nicht nur seine Sichteinlagen, sondern gleichzeitig auch der Kassenbestand der Bank. Man spricht hier von **passiver Giralgeldschöpfung,** da die Einlagen der Kunden Forderungen gegen das Kreditinstitut darstellen. Das gesamtwirtschaftliche Geldangebot wird davon **nicht** beeinflusst, da nur das dem Wirtschaftskreislauf entzogene Bargeld in Buchgeld umgewandelt wurde, das die Sichteinlagen erhöht.

▶ Aktive Giralgeldschöpfung

Anders verhält es sich bei der **aktiven Giralgeldschöpfung.** Sie findet dann statt, wenn eine Geschäftsbank ihrerseits Kredite vergibt oder Wertpapiere ankauft und die Ausgaben mit Gutschriften auf Girokonten bezahlt. Die Geschäftsbank muss allerdings damit rechnen, dass sie zu irgendeinem Zeitpunkt das Giralgeld in Bargeld auszahlen muss. Da erfahrungsgemäß aber nur ein geringer Teil aller Zahlungen in Bargeld abgewickelt wird, genügt es, wenn die Geschäftsbanken eine kleine **Kassenreserve** in bar halten. Zudem sind sie verpflichtet, einen bestimmten Prozentsatz der Kundeneinlagen, **die Mindestreserve,** bei der Bundesbank zu hinterlegen. Nur der diese Mindestreserve übersteigende Betrag, die **Überschussreserve,** kann damit von den Geschäftsbanken zur Kreditvergabe eingesetzt werden.

Bank A erhält eine Kundeneinzahlung über 10 000 EUR. 10 % davon muss sie für eventuelle Barauszahlungen als Kassenreserve halten. Die bei der Bundesbank zu hinterlegende Mindestreserve beträgt 30 %. Damit kann die Bank Kredite in Höhe von 6 000 EUR gewähren.

Ein Kreditnehmer zahlt mit diesem Geld eigene Verbindlichkeiten. Sein Gläubiger bringt den erhaltenen Betrag zur Bank B. Davon werden nun 600 EUR (10 %) an Kassenreserve und 1 800 EUR (30 %) als Mindestreserve zurückbehalten. Die Überschussreserve beträgt jetzt 3 600 EUR.

Über den **Geldschöpfungsmultiplikator** lässt sich nun errechnen, wie aus einer Bareinzahlung von 10 000 EUR **zusätzliches Giralgeld** geschöpft wird, falls die jeweiligen Überschussreserven stets voll ausgeliehen werden:

$$\text{Geldschöpfungsmultiplikator} = \frac{1}{\text{Kassenreserve} + \text{Mindestreserve}} = \frac{1}{0{,}10 + 0{,}30} = \underline{\underline{\mathbf{2{,}5}}}$$

Aus 10 000 EUR Bareinlage können damit 25 000 EUR Giralgeld geschaffen werden.

4.2.1.3 Orientierungsgrößen der Geldpolitik

Das Bankensystem richtet seine geldpolitischen Entscheidungen vor allem an der Zentralbankgeldmenge **(Geldbasis)** aus, weil es diese Größe unmittelbar selbst beeinflussen kann. Eine ausschließliche Orientierung an den Beständen der Geldmengen M1, M2 und M3 **(Geldvolumen)** ist deshalb problematisch, da das Geldvolumen auch vom Verhalten der übrigen Wirtschaftseinheiten, also den privaten Haushalten, den Unternehmen, dem Staat oder dem Ausland, abhängt.

Geldmenge M3						
Geldmenge M2				Repogeschäfte *(kurzfristige Wertpapiere mit Rückkaufvereinbarung, mit denen sich Kreditinstitute und/oder Versicherungsunternehmen refinanzieren)*	Geldmarktfondsanteile und Geldmarktpapiere	kurzfristige Bankschuldverschreibungen mit einer Ursprungslaufzeit bis zu zwei Jahren
Geldmenge M1		Einlagen bei Kreditinstituten mit einer vereinbarten Laufzeit von bis zu zwei Jahren	Einlagen bei Kreditinstituten mit einer vereinbarten Kündigungsfrist von bis zu drei Monaten			
Bargeldumlauf *(Banknoten und Münzen)*	täglich fällige Einlagen *(Buchgeld)*					

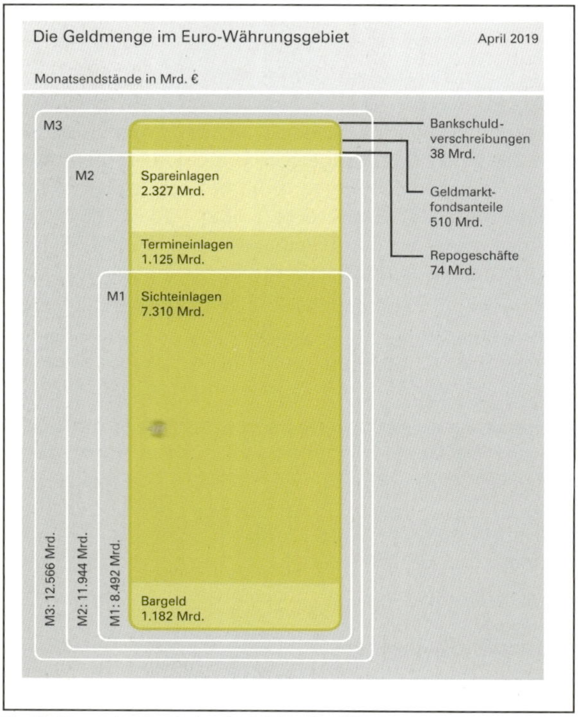

Quelle: Deutsche Bundesbank: Geld und Geldpolitik, Frankfurt 2019, S. 75

Eine durch Kreditaufnahme finanzierte verstärkte Nachfrage der privaten Haushalte nach Konsumgütern führt bei den Kreditinstituten zu einer aktiven Giralgeldschöpfung. Diese zusätzlichen Nachfrageimpulse auf den Gütermärkten wirken in den monetären Bereich zurück, indem die Geldmenge steigt, auch ohne dass die Zentralbank ihrerseits diese Geldmengenausweitung durch Maßnahmen einer expansiven Geldpolitik verursacht hat.

4.2.1.4 Geldpolitisches Instrumentarium

Die Europäische Zentralbank und die nationalen Zentralbanken verfügen über eine Reihe von **zins- und liquiditätsbeeinflussenden geldpolitischen Mitteln,** um das Ziel der Geldwertstabilität erreichen zu können.

Die geldpolitischen Mittel, die dem ESZB zur Steuerung der freien Liquiditätsreserven bei den Geschäftsbanken zur Verfügung stehen, beeinflussen deren Kreditangebotsspielraum.

Das geldpolitische Instrumentarium trägt über eine Veränderung der Kreditnachfrage zu einer **Erhöhung oder Senkung des Zinsniveaus** bei. Damit wird letztlich die gesamtwirtschaftliche Nachfrage nach Gütern (Waren und Dienstleistungen) und somit die Preisentwicklung beeinflusst, wenngleich auch zwischen Einsatz und Wirkungsdauer des Instruments oft ein größerer Zeitraum verstreicht.

Leitzins	↑	↓
Geldmarktzinsen	↑	↓
Bankzinsen Kapitalmarktzinsen	↑	↓
Nachfrage nach Krediten Geldmenge	↓	↑
Nachfrage auf Gütermärkten	↓	↑
Preisentwicklung	↓	↑

Quelle: Deutsche Bundesbank: Geld und Geldpolitik, Frankfurt 2019, S. 160

Fiskalpolitik

einnahmenpolitische Mittel

- Steuerpolitik
- Veränderung von Abschreibungsvorschriften

ausgabenpolitische Mittel

- direkte Staatsausgaben
- Kreditaufnahme
- Stilllegung von Geldmitteln

Einnahmenpolitische Mittel

Steuerpolitik

Der Staat versucht in diesem Fall, dem Wirtschaftskreislauf finanzielle Mittel zu entziehen oder zuzuführen. Entscheidend für die Wirksamkeit dieser Maßnahmen ist allerdings, dass:

- der Staat diese Mittel nicht auf andere Weise in den Wirtschaftsprozess zurückführt,
- die Wirtschaftssubjekte auch tatsächlich auf die Mittelveränderung reagieren,
- die Steuermaßnahme schnell wirksam wird.

Erhöht der Staat die Steuern, darf er die Mehreinnahmen nicht zur Finanzierung zusätzlicher Staatsausgaben bereitstellen. Entsprechend ist es für die Wirksamkeit einer Steuersenkung wesentlich, dass nicht gleichzeitig geplante Staatsausgaben gekürzt werden.

Grundsätzlich wirken Steueränderungen nur indirekt auf die Ausgabenbereitschaft von Unternehmen und Privathaushalten. Bei einer Steuersenkung ist es denkbar, dass die zusätzlichen Mittel nicht wie gewünscht investiert oder konsumiert, sondern angespart bzw. zur vorzeitigen Rückzahlung von Krediten verwendet werden. Auch eine Steuererhöhung führt nicht zwangsläufig zu einer Abschwächung der Konjunktur. So können die privaten Haushalte zunächst ihren Konsum aufrechterhalten, indem sie Sparguthaben auflösen oder Kredite aufnehmen, während es den Unternehmen trotz höherer Belastungen lohnenswert erscheint, weiter zu investieren. Diesen Weg werden die Unternehmen dann einschlagen, wenn sie sich auch für die Zukunft gute Gewinne versprechen.

Soll eine Steueränderung rasch konjunkturelle Wirkungen zeigen, muss sie so schnell wie möglich greifen. Hier ist es eigentlich nur die monatlich vom Arbeitgeber einzubehaltende und an das Finanzamt abzuführende **Lohnsteuer,** die das von den privaten Haushalten erzielte Einkommen aus nichtselbstständiger Arbeit auch kurzfristig spürbar beeinflusst. Schon bei der im Veranlagungsverfahren erhobenen **Einkommensteuer** ist mit einem längeren Wirkungszeitraum zu rechnen, da sich die Angaben der Steuererklärung stets auf das vergangene Kalenderjahr beziehen. Eine Anhebung der **Umsatzsteuer** würde aufgrund dessen, dass diese Steuer für den Unternehmer normalerweise einen durchlaufenden Posten darstellt, vorrangig den Konsum der privaten Haushalte belasten.

Die wirtschaftlichen Wirkungen von Steueränderungen sind umstritten. Zudem ließen laufende Erhöhungen oder Minderungen der Steuerlast keine längerfristigen Planungsperspektiven bei den Wirtschaftseinheiten, insbesondere beim Staat und den Unternehmen, zu. Daher wird dieses Mittel der Konjunkturpolitik selten eingesetzt.

Zur Konjunktursteuerung kann die Einkommen- und Körperschaftsteuer um höchstens 10 % und für längstens ein Jahr erhöht (damit würde die Konsumgüternachfrage verringert) oder vermindert (damit würde die Nachfrage belebt) werden *(§ 26 StabG).*

- **Veränderung von Abschreibungsvorschriften**

Abschreibungen stellen für Unternehmen Kosten dar. In einer Rezession kann es daher sinnvoll sein, Unternehmen durch günstigere Abschreibungsmöglichkeiten dazu zu veranlassen, mehr zu investieren. Indem durch zusätzliche Sonderabschreibungen der steuerpflichtige Gewinn zunächst geringer ausgewiesen wird, eröffnet sich Unternehmen ein entsprechend größerer Spielraum, um Investitionen zu finanzieren.

Aber auch bei dieser Maßnahme muss einschränkend festgestellt werden, dass nur dann vermehrt investiert wird, wenn auch die Zukunftserwartungen positiv sind. Mit Abschreibungserleichterungen schafft der Staat daher auch nur Anreize, greift aber nicht direkt ins Wirtschaftsgeschehen ein.

§ 26 StabG gibt dem Staat die Möglichkeit, Abschreibungen zu erweitern oder einzuschränken. So können – um die Investitionsgüternachfrage zu dämpfen – Sonderabschreibungen für einen gewissen Zeitraum untersagt werden.

▶ Ausgabenpolitische Mittel

Mit den nachfolgenden Instrumenten kann der Staat die Volkswirtschaft unmittelbarer beeinflussen.

- **Direkte Staatsausgaben**

Über Einschränkungen oder Erhöhungen seiner Ausgaben für Waren und Dienstleistungen, die einen Teil der gesamtwirtschaftlichen Nachfrage darstellen, versucht der Staat, die Konjunktur zu beeinflussen. Aber auch hier sprechen verschiedene Argumente gegen die Wirksamkeit fiskalpolitischer Maßnahmen:

- Große Bereiche der staatlichen Ausgaben sind nicht kurzfristig veränderbar. Tarifvertragsabschlüsse (für Beschäftigte im öffentlichen Dienst), sozialpolitische Aufgaben (Zuschüsse zur Sozialversicherung) oder internationale Abkommen und Vereinbarungen (Zahlungen im Rahmen der Europäischen Union, Entwicklungshilfe) lassen eine rasche Veränderung kaum zu.
- Viele Investitionen der öffentlichen Hand werden nicht vom Bund oder den Ländern finanziert, sondern sind in Gemeindehaushalten festgelegt. Die einzelne Kommune kann dabei aber der Notwendigkeit einer geplanten Ausgabe (z. B. Erweiterung des Wasserwerkes, Ausbau der Kanalisation) Vorrang vor konjunkturellen Überlegungen einräumen.

- **Kreditaufnahme**

Erhöhte Staatsausgaben wirken nur dann konjunkturbelebend, wenn das entstehende Finanzdefizit mit neuen Krediten bei der Notenbank finanziert wird. Diese staatliche Politik wird als **Deficit-Spending** bezeichnet. In der Volkswirtschaft wird dadurch mehr Geld in Umlauf gebracht und die Nachfrage angekurbelt. Allerdings besteht damit grundsätzlich die Gefahr, einer Geldentwertung **(Inflation)** Vorschub zu leisten.

- **Stilllegung von Geldmitteln**

  Abnehmende Staatsausgaben vermindern einen konjunkturellen Boom. Die Bundesregierung ist nach Zustimmung des Bundesrates berechtigt, den Bundeshaushalt und die Länderhaushalte zu kürzen *(§ 5 StabG)*. Die eingesparten Geldmittel müssen dann an die Deutsche Bundesbank abgeführt werden. Diese unverzinste **Konjunkturausgleichs-Rücklage** dient außerdem dem Ziel, in einer Rezession Mittel zur Ausgabensteigerung heranziehen zu können.

Probleme der Fiskalpolitik

Die Fiskalpolitik ist in der Regel **antizyklisch** angelegt. Sie soll einen ungezügelten Boom abbremsen oder in einer sich abzeichnenden Konjunkturkrise belebend wirken. Häufig greifen die eingesetzten Mittel aber zu spät. Die staatlichen Entscheidungswege sind zu lang oder der Konjunkturverlauf wurde falsch eingeschätzt.

> So führte der Einsatz des fiskalpolitischen Instrumentariums in den 70er-Jahren zu einem drastischen Anstieg der Staatsverschuldung in der Bundesrepublik Deutschland, die auch nicht in späteren günstigen Konjunkturphasen abgebaut wurde.

Ob die Fiskalpolitik überhaupt ein geeignetes Mittel der Konjunktursteuerung darstellt, wird einerseits bejaht, andererseits aber auch völlig abgelehnt. Isoliert eingesetzt – ohne Abstimmung mit anderen Mitteln der staatlichen Wirtschaftspolitik –, scheint die Fiskalpolitik nicht besonders geeignet, wirtschaftliche Kontinuität zu sichern.

4.2.3 Außenwirtschaftspolitik

Die internationale Verknüpfung der Volkswirtschaften, verschiedene wirtschaftpolitische Strategien und unterschiedliche wirtschaftliche Entwicklungen in den Staaten der Welt machen es erforderlich, dass jedes einzelne Land darauf bedacht ist, sein außenwirtschaftliches Gleichgewicht (vgl. S. 570 f.) zu sichern. Störungen im Außenhandel können die konjunkturstabilisierenden Maßnahmen im Inland unterlaufen und die heimische Volkswirtschaft empfindlich stören. Importierte Inflation, internationale Zahlungsunfähigkeit aufgrund einer fortlaufend negativen Zahlungsbilanz (vgl. S. 620 ff.) oder eine Überhitzung der inländischen Konjunktur (Boom) durch dauernde Zahlungsbilanzüberschüsse sind nur einige Auswirkungen außenwirtschaftlicher Ungleichgewichte.

Um Störungen aus dem Außenhandel aufzufangen und damit gleichzeitig die inländische Konjunktur zu festigen, stehen in einer Volkswirtschaft verschiedene Instrumente zur Verfügung. Sie wirken **protektionistisch,** schützen also die heimische Wirtschaft vor der Auslandskonkurrenz, schränken aber damit gleichzeitig den ungehinderten internationalen Güterverkehr ein.

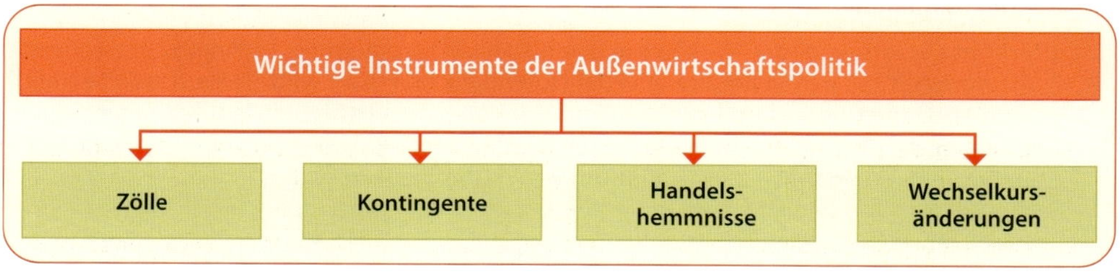

Zölle

Zölle sind Abgaben (Steuern), die vom Staat erhoben werden, wenn Waren die Zollgrenze überschreiten. Das Zollgebiet entspricht nicht immer dem Staatsgebiet.

Kontingente

Kontingente (Anteile, begrenzte Mengen) sind vom Staat festgelegte **Importquoten** zur direkten Beeinflussung der Einfuhrmengen oder -werte. Zwar wird damit die heimische Wirtschaft vor einem Überangebot ausländischer Konkurrenzprodukte geschützt, gleichzeitig aber auch der Preismechanismus des Marktes außer Kraft gesetzt.

In der Außenwirtschaftsordnung (AWV) ist in § 30 eine genehmigungsbedürftige Einfuhr vorgesehen. Bei Waren mit beschränkter Einfuhrmenge (kontingentierte Waren), die aus einer Einfuhrliste zu entnehmen sind, muss der Importeur vor Vertragsabschluss eine Einfuhrgenehmigung beim „Bundesamt für gewerbliche Einfuhr" oder beim „Bundesamt für Ernährung und Forstwirtschaft" beantragen.

Mengenmäßig ist etwa der Import von Agrarprodukten aus Nichtmitgliedsländern der EU beschränkt.

Handelshemmnisse

Von wesentlicher Bedeutung sind heute auch Handelshemmnisse, die über **bürokratische Anordnungen oder Verfügungen** aufgebaut werden. Verschärfte Abfertigungs- und Genehmigungsverfahren beim Zoll, die Vorgabe bestimmter technischer Standards für Importwaren (z. B. strenge Umwelt- und Sicherheitsbestimmungen beim Import von Kraftfahrzeugen in die USA), notwendige Gesundheitszeugnisse oder Herkunftsnachweise für Güter schränken indirekt den freien Warenaustausch in erheblichem Maße ein.

Wechselkursänderungen

Wechselkursänderungen (vgl. S. 624 ff.) **verschieben die internationalen Preisrelationen.** Bei einer **Aufwertung** der heimischen Währung (z. B. von 1 EUR = 1,15 US-Dollar auf 1 EUR = 1,20 US-Dollar) werden ausländische Waren und Dienstleistungen im Inland billiger und deutsche Güter im Ausland teurer. Entsprechend steigt die Importmenge und die Nachfrage aus dem Ausland lässt nach.

Bei einer **Abwertung** der heimischen Währung (z. B. von 1 EUR = 1,15 US-Dollar auf 1 EUR = 1,10 US-Dollar) verteuern sich ausländische Güter im Inland und deutsche Produkte werden für Bezieher im Ausland preisgünstiger. Entsprechend sinkt die Importmenge und die Nachfrage aus dem Ausland steigt.

	Aufwertung des Euros	Abwertung des Euros
Euro-Wert	steigt	sinkt
Exporte	sinken	steigen
Importe	steigen	sinken

Änderungen der Preisrelationen zwischen den Währungen beeinflussen den internationalen Güteraustausch entscheidend. Eine Aufwertung der heimischen Währung wird im Normalfall zu einer Abnahme der Exporte und einer Zunahme der Importe führen. Einer Abwertung folgt entsprechend eine Exportzunahme und eine Importabnahme. Vereinfacht wird dabei gleichzeitig unterstellt, dass mit einer Aufwertung die Beschäftigung im Inland nachlässt und das Volkseinkommen sinkt, während eine Abwertung die Inlandsbeschäftigung anregt und das Volkseinkommen steigen lässt.

Folgen von Wechselkursänderungen auf die Verbraucherpreise

	Aufwertung	Abwertung
Importpreise	↓	↑
Exportpreise	↑	↓
Güternachfrage im Inland	↓	↑
Preisentwicklung (Annahme: gleichbleibendes Angebot)	↓	↑

Quelle: Deutsche Bundesbank: Geld und Geldpolitik, Frankfurt 2019, S. 163

4.2.4 Lohnpolitik

Mit diesem wirtschaftspolitischen Instrument könnte der Staat versuchen, direkt Einfluss auf die Einkommenshöhe der Bevölkerung zu nehmen. Damit die z. B. durch eine expansive Fiskalpolitik erzielte Wirtschaftsankurbelung nicht durch Lohn- und Preissteigerungen unterlaufen wird, soll Einfluss auf solche Gruppen und Verbände ausgeübt werden, die für die Entwicklung des Lohn- und Preisniveaus verantwortlich sind. Diese Vorstellungen scheitern aber vor allem an den Handlungsstrukturen im Tarifbereich.

Denn der Staat hat **kaum die Möglichkeit, auf Lohnabschlüsse Einfluss zu nehmen.** Die tarifvertraglichen Vereinbarungen handeln Arbeitgeber- und Arbeitnehmervertreter selbstständig und ohne staatliche Einmischung aus **(Tarifautonomie)**. Nur dort, wo es um Abschlüsse im öffentlichen Dienst geht, wo also der Staat in seiner Rolle als Arbeitgeber an den Verhandlungen teilnimmt, kann er die Lohnerhöhungen selbst mitbestimmen. Sonst bleibt ihm nur der moralische Appell an die Tarifpartner, Lohnabschlüsse konjunktur- und stabilitätsgerecht zu gestalten. Die Verantwortung für die Lohnpolitik liegt somit in erster Linie bei den Tarifvertragsparteien **(Sozialpartner),** also bei den Gewerkschaften, einzelnen Arbeitgebern sowie den Vereinigungen von Arbeitgebern.

Will der Staat zur Bekämpfung konjunktureller Ungleichgewichte massiv in das Marktgeschehen eingreifen, wird er einen **Lohn- oder Preisstopp** festlegen. Solche Maßnahmen sind allerdings kaum mit einer freien marktwirtschaftlichen Ordnung vereinbar, sondern bergen eher die Gefahr, dass:

- Preise festgeschrieben werden; (Damit wird aber gleichzeitig der über die Preisbildung für Waren und Dienstleistungen ablaufende Steuerungsmechanismus am Markt außer Kraft gesetzt. Der Preis eines Gutes ist nicht mehr Anzeiger für dessen Knappheit. Das Wechselspiel zwischen Angebot und Nachfrage nimmt keinen Einfluss mehr auf die Bildung des Marktpreises.)
- Anbieter bei einem Preisstopp ihre Produktion einschränken. (Als Folge bilden sich „schwarze Märkte" für die besonders gefragten Güter, auf denen dann doch ein höherer Preis als der durch den Staat festgelegte gefordert wird.)

In der Bundesrepublik Deutschland wurde aufgrund dieser Tatsachen und in Anbetracht anderer Nachteile (späteres Nachholen der jetzt unterlassenen Lohn- und Preissteigerungen, Probleme bei der Überwachung vor allem der Preisfestschreibungen) ein Lohn- oder Preisstopp stets abgelehnt. Alternativ zum Lohnstopp sieht daher das Stabilitätsgesetz vor, dass sich in der **„konzertierten Aktion"** die Tarifvertragspartner und der Staat gemeinsam über **Lohnleitlinien,** also Obergrenzen der Lohnfestlegung, verständigen *(§ 3 StabG),* die sich am Produktivitätsfortschritt der Volkswirtschaft ausrichten.

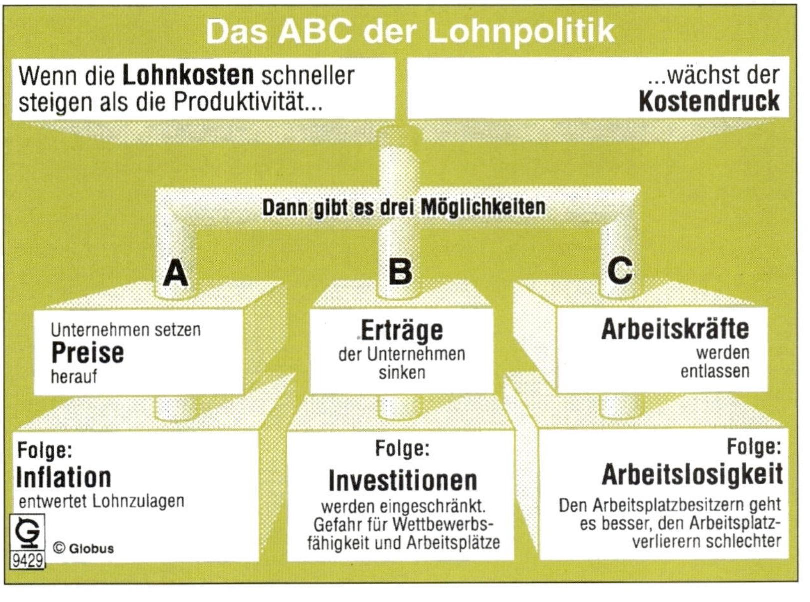

Zusammenfassung

Staatliche Wirtschaftspolitik

Bereiche

Ordnungspolitik
Schaffung eines rechtlichen Rahmens, der das Miteinander aller Wirtschaftssubjekte bestimmt

Strukturpolitik
gezielter Eingriff in Teilbereiche des Wirtschaftslebens, um Ungleichgewichte zu verhindern oder auszugleichen

Prozesspolitik
Durchsetzung übergeordneter Ziele (insbesondere durch konjunkturpolitische Maßnahmen)

Mittel

Geldpolitik
wirkt über den Liquiditätsspielraum der Banken und die Zinshöhe auf die Nachfrage nach Konsum- und Investitionsgütern

Instrumente:
- Offenmarktgeschäfte
  - Mengentender
  - Zinstender
- ständige Fazilitäten
  - Spitzenrefinanzierungsfazilitäten
  - Einlagenfazilitäten
- Mindestreservepolitik

Fiskalpolitik
verändert die Höhe der Staatsausgaben

Instrumente:
- Steuerpolitik
- Abschreibungsvorschriften
- direkte Staatsausgaben
- Kreditaufnahme
- Stilllegung von Geldmitteln

Außenwirtschaftspolitik
steuert den Güterverkehr mit dem Ausland

Instrumente:
- Zölle
- Kontingente
- Handelshemmnisse
- Wechselkursänderungen

Lohnpolitik
nimmt Einfluss auf die Lohn- und Preisgestaltung

Instrumente:
- Lohn- und Preisstopps
- Lohnleitlinien

Aufgaben

42

(1) *Welche Aufgaben stellen sich der Wirtschaftspolitik eines Landes?*

(2) *Beschreiben Sie die drei Teilbereiche der staatlichen Wirtschaftspolitik!*

(3) *Wie stellt sich das Verhältnis zwischen Bundesregierung und Bundesbank bei der Steuerung der Geldpolitik dar?*

(4) *Erläutern Sie die Möglichkeiten der Geldschöpfung!*

(5) *Berechnen Sie jeweils mithilfe des Geldschöpfungsmultiplikators, wie viel Giralgeld im Rahmen der aktiven Giralgeldschöpfung aus einer Bareinlage eines Bankkunden maximal geschaffen werden kann, wenn die jeweilige Überschussreserve stets voll ausgeliehen wird!*

	Bareinlage	Kassenreserve	Mindestreserve
a)	150 000 EUR	5 %	30 %
b)	150 000 EUR	15 %	25 %
c)	800 000 EUR	10 %	20 %
d)	800 000 EUR	5 %	35 %

(6) *Skizzieren Sie die Aufgaben der verschiedenen Träger der Geldpolitik im System der Europäischen Zentralbanken!*

(7) *Welche Aufgaben erfüllt die Deutsche Bundesbank in diesem Rahmen und im Verhältnis zur Bundesregierung?*

(8) *Welche Folgen für andere am Wirtschaftsleben Beteiligte haben Veränderungen der Geldpolitik durch die verschiedenen geldpolitischen Instrumente?*

(9) *Welche Möglichkeiten hat der Staat, die Höhe seiner Ausgaben zu verändern?*

(10) *Bilden Änderungen bei Abschreibungsvorschriften ein wirksames Mittel zur Konjunktursteuerung? Begründen Sie Ihre Ansicht!*

(11) *Welche Instrumente der außenwirtschaftlichen Absicherung wirken Ihrer Meinung nach nicht marktkonform, setzen also das freie Spiel zwischen Angebot und Nachfrage außer Kraft?*

(12) *Welche Vor- und Nachteile ergeben sich für inländische Wirtschaftseinheiten aus einer Aufwertung der inländischen Währung?*

(13) *Beurteilen Sie, ob Lohn- und Preisstopps ein geeignetes Mittel zur Konjunktursteuerung sein können!*

(14) *Welches wirtschaftspolitische Ziel verfolgt die Europäische Zentralbank (EZB) durch ihre Geldpolitik vorrangig?*

a) Vollbeschäftigung
b) außenwirtschaftliches Gleichgewicht
c) Umweltschutz
d) Stabilität des Preisniveaus
e) stetiges und angemessenes Wirtschaftswachstum
f) gerechtere Einkommensverteilung

(15) *Welche der folgenden Maßnahmen unterstützen tendenziell eine Konjunkturbelebung?*

a) Die Europäische Zentralbank (EZB) erhöht den Mindestreservesatz.
b) Die Abschreibungsmöglichkeiten werden ausgedehnt.

c) *Die EZB erleichtert den Geschäftsbanken die Aufnahme von Krediten.*

d) *Es wird ein Konjunkturzuschlag auf die Einkommensteuer erhoben.*

e) *Der Beitragssatz zur gesetzlichen Krankenversicherung wird gesenkt.*

(16) *Welches Instrument der antizyklischen Fiskalpolitik eignet sich in der Rezession zur Konjunkturbelebung?*

a) *Erhöhung der Einkommen- und Körperschaftsteuer*

b) *Einschränkung der Abschreibungsmöglichkeiten*

c) *Ausdehnung der staatlichen Aktivitäten – etwa durch verstärkte Investitionen der öffentlichen Hand*

d) *Bildung von Rücklagen für den Aufschwung*

e) *Erhöhung der Gewerbesteuer*

(17) *Gemäß Stabilitätsgesetz sind Bund und Länder verpflichtet, „bei ihren wirtschaftlichen und finanzpolitischen Maßnahmen die Erfordernisse des gesamtwirtschaftlichen Gleichgewichtes zu beachten." Mit welchen fiskalpolitischen Maßnahmen sollten die Beteiligten einer sich abzeichnenden Konjunkturschwäche entgegenwirken?*

a) *Erhöhung der Steuersätze*

b) *Senkung der Steuersätze*

c) *Erhöhung der Abschreibungssätze*

d) *Senkung der Abschreibungssätze*

e) *Erhöhung der Investitionen der öffentlichen Hand*

f) *Senkung der Investitionen der öffentlichen Hand*

(18) *Welche Maßnahmen eignen sich, um die Konsumgüternachfrage der privaten Haushalte zu steigern?*

a) *Erhöhung der Kfz-Steuer*

b) *Ausweitung der staatlichen Sozialleistungen*

c) *Senkung bzw. Abschaffung des Solidaritätszuschlages*

d) *Senkung der Körperschaftsteuer*

e) *Senkung der Abschreibungssätze*

f) *Erhöhung des Arbeitnehmer-Pauschbetrages (Werbungskostenpauschale)*

g) *Der Anteil der Länder an der Umsatzsteuer wird zulasten des Bundes erhöht*

(19) *Welche Maßnahmen eignen sich, um die Kosten in den Unternehmen zu senken?*

a) *Senkung der Kfz-Steuer*

b) *Erhöhung der Gewerbesteuer*

c) *Senkung der Lohnnebenkosten*

d) *Erhöhung der Umsatzsteuer*

e) *Senkung der Insolvenzgeldumlage*

(20) *Welches konjunkturelle Ziel verfolgt die EZB, wenn sie eine Zinssenkung beschließt?*

a) *Die Sparneigung soll erhöht werden.*

b) *Die Investitionsneigung soll gebremst werden.*

c) *Die Investitionsneigung soll erhöht werden.*

d) *Die steigende Inflation soll gebremst werden.*

5 Außenwirtschaft und Außenwirtschaftspolitik

5.1 Bedeutung des Außenhandels für die Bundesrepublik Deutschland

Die Bundesrepublik Deutschland unterhält vielfältige internationale Handelsbeziehungen mit den Staaten der Welt. Kaffee, Tee, Kakao, Tabak, Gewürze, Südfrüchte und andere Waren können nur aus anderen Ländern bezogen werden. Insbesondere aber sind es Rohstoffe, die aus dem Ausland eingeführt werden müssen wie z.B. Erdöl, Eisenerz, Gold, Silber, Kupfer, Blei, Chrom, Aluminium und Kautschuk. Demgegenüber produzieren die Unternehmen in der Bundesrepublik Deutschland zahlreiche Güter, die nicht allein im Inland verbraucht oder die speziell für ausländische Abnehmer hergestellt werden: Maschinen, Fahrzeuge, optische und feinmechanische Geräte, chemische Produkte und landwirtschaftliche Erzeugnisse.

Die Bundesrepublik Deutschland ist ein besonders **exportorientierter Industriestaat,** wobei der Hauptanteil des deutschen Außenhandels mit nur wenigen Ländern abgewickelt wird. Die größten Abnehmer und Lieferanten sind europäische Nationen und die Vereinigten Staaten von Amerika.

Die Bundesrepublik Deutschland gehört zu den größten Exportstaaten der Welt und erwirtschaftet über den Außenhandel bedeutende Exportüberschüsse. Sie ist damit in den Prozess der **internationalen Arbeitsteilung** (vgl. S. 27 ff.) integriert, bei dem jedes Land die Waren anbietet, zu deren Erstellung es die besten Möglichkeiten im Vergleich zu anderen besitzt. Hierbei spielen insbesondere der hohe Ausbildungsstand der Arbeitskräfte, die modernen Produktionsstätten und das Maß des technischen Wissens eine wesentliche Rolle. Viele Arbeitsplätze sind von den erfolgreichen Außenhandelsaktivitäten abhängig, sodass es gilt, die **internationale Wettbewerbsfähigkeit** der deutschen Wirtschaft zu erhalten und auszubauen.

5.2 Zahlungsbilanz

Zu den wichtigsten wirtschaftspolitischen Zielen jeder Volkswirtschaft gehört der Ausgleich von Zahlungsein- und -ausgängen im wirtschaftlichen Verkehr mit dem Ausland. Die Ergebnisse dieser außenwirtschaftlichen Tätigkeiten werden in Form der **Zahlungsbilanz** veröffentlicht.

Die Zahlungsbilanz beeinhaltet – ähnlich wie jedes Unternehmen zum Ende einer bestimmten Rechnungsperiode eine Bilanz als Ergebnisrechnung seiner Geschäftstätigkeit aufstellt – die wertmäßige Gegenüberstellung aller wirtschaftlichen Transaktionen eines Landes mit dem Ausland für einen bestimmten Zeitraum. Diese Zahlungsbilanz wird von der Deutschen Bundesbank erstellt und in ihren Monatsberichten publiziert. Darüber hinaus veröffentlicht auch das Statistische Bundesamt in Wiesbaden die Zahlungsbilanz.

5.2.1 Teilbilanzen der Zahlungsbilanz

Die Zahlungsbilanz setzt sich aus verschiedenen **Teilbilanzen** zusammen, die unterschiedliche Vorgänge mit dem Ausland erfassen.

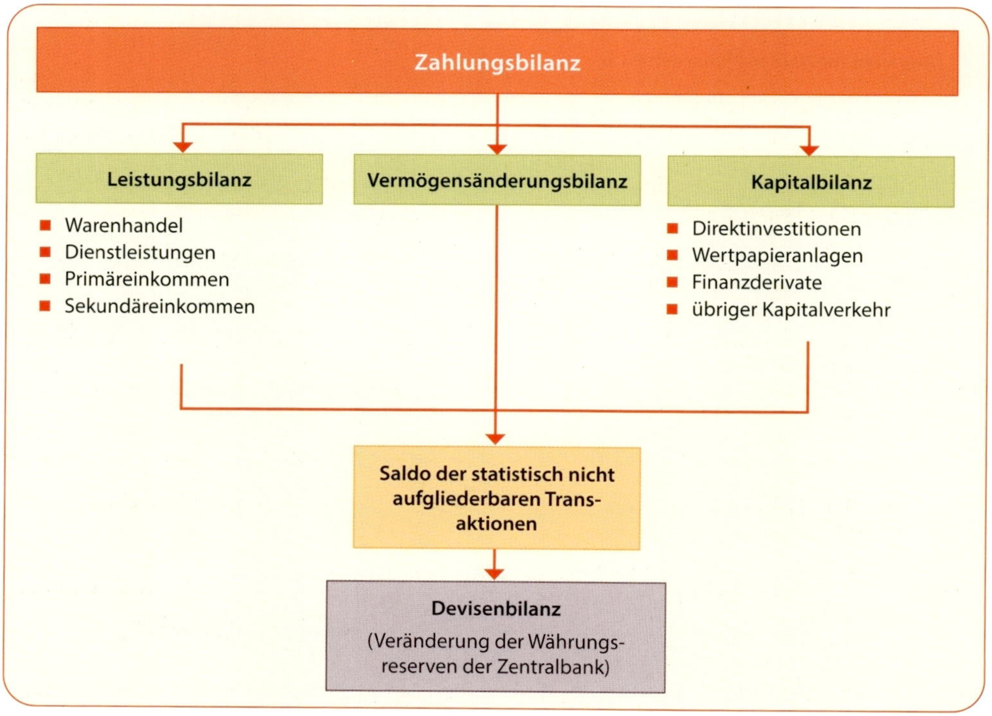

▶ Leistungsbilanz („Aktivseite" der Zahlungsbilanz)

Die Leistungsbilanz erfasst alle Ein- und Ausfuhren von Waren und Dienstleistungen, die Primäreinkommen (insbesondere Löhne, Zinsen), die über die Grenzen zu- oder abfließen, sowie die Sekundäreinkommen (einseitige Leistungen als regelmäßige Zahlungen) zwischen In- und Ausland.

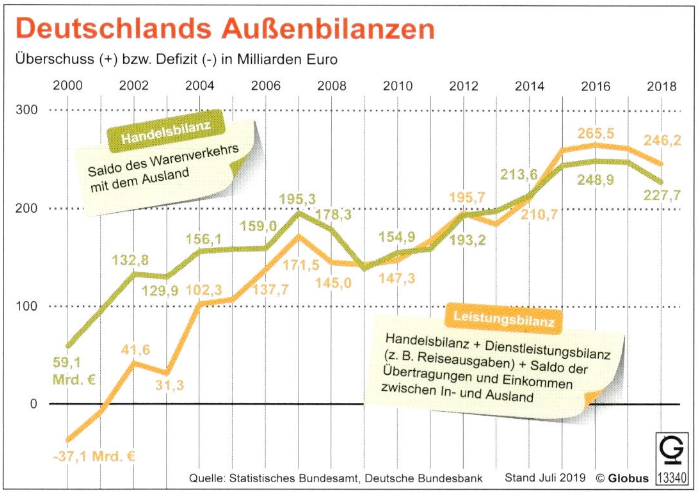

Warenhandel (Handelsbilanz)

Der Warenhandel erfasst den gesamten außenwirtschaftlichen Warenverkehr (Ex- und Importe). Die Warenexporte, die als Forderungen zu Einnahmen führen, werden bilanziell den Warenimporten, die als Verbindlichkeiten Ausgaben darstellen, gegenübergestellt. Zum Warenhandel gehört auch der Transithandel, bei dem ein Inländer Waren im Ausland erwirbt, die er an einen Gebietsfremden weiterveräußert, ohne die Waren zuvor ins Ausland gebracht zu haben.

Ist der Wert der Warenexporte größer als der der Warenimporte **(Exportüberschuss)**, so überwiegt die Aktivseite der Handelsbilanz **(aktive Handelsbilanz)**.

A | Handelsbilanz *(in Mio. EUR)* | P

A		P	
Warenexporte	100	Warenimporte	80
		Saldo	20
	100		100

Liegt der Wert der Warenimporte über dem der Warenexporte **(Importüberschuss)**, so ist die Passivseite der Bilanz größer **(passive Handelsbilanz)**.

A | Handelsbilanz *(in Mio. EUR)* | P

A		P	
Warenexporte	70	Warenimporte	100
Saldo	30		
	100		100

Dienstleistungen

Diese Teilbilanz erfasst sowohl die Inanspruchnahme von Dienstleistungen der Inländer im Ausland als auch der Ausländer im Inland. Dazu zählen etwa: Einnahmen und Ausgaben im Auslandsreiseverkehr, Fracht- und Versicherungskosten des Außenhandels, Lizenzgebühren, grenzüberschreitende Lohnveredelungen sowie bestimmte Reparaturleistungen.

- **Primäreinkommen**

  Zu dieser Kategorie zählen insbesondere die Einkommen aus nichtselbstständiger Tätigkeit und Kapitalerträge, die Inländern aus dem Ausland zufließen oder Ausländer aus dem Inland beziehen.

- **Sekundäreinkommen**

  Hier werden Leistungen an das Ausland bzw. vom Ausland ausgewiesen, denen keine unmittelbaren Gegenleistungen gegenüberstehen und die nicht nur einmalig anfallen. Zu diesen regelmäßigen „unentgeltlichen" Sach- oder Geldleistungen gehören Überweisungen von ausländischen Arbeitnehmern in deren Heimatländer sowie Zahlungen an internationale Organisationen wie die EU oder die UNO.

▶ Vermögensänderungsbilanz

Schuldnererlasse, Erbschaften, Schenkungen, Erbschaft- und Schenkungsteuer, also Transfers, denen keine erkennbaren Leistungen gegenüberstehen und die als „einmalig" zu betrachten sind, werden als Vermögensänderungen verbucht. Hierzu zählen etwa auch Zuschüsse für Infrastrukturmaßnahmen der Europäischen Union an die Bundesrepublik Deutschland.

▶ Kapitalbilanz („Passivseite" der Zahlungsbilanz)

In dieser Teilbilanz der Zahlungsbilanz werden alle Kapitalbewegungen zwischen dem In- und Ausland erfasst, die sich in veränderten Finanzpositionen – wie etwa Unternehmensbeteiligungen, Wertpapieren oder Einlagen – niederschlagen. Ein positiver Saldo der Kapitalbilanz zeigt eine entsprechende transaktionsbedingte Zunahme des Nettoauslandsvermögens, ein negativer dessen Abnahme.

- **Direktinvestitionen**

  Neben Kapitalbeteiligungen – etwa in Form von Aktien – und langfristigen Darlehen inländischer Investoren im Ausland oder ausländischer Investoren im Inland werden hier auch kurzfristige Finanzbeziehungen zwischen verbundenen Unternehmen erfasst. Zu den Direktinvestitionen zählt zudem der grenzüberschreitende Erwerb oder die Veräußerung von Immobilien.

- **Wertpapieranlagen**

  Käufe und Verkäufe von Wertpapieren wie etwa Aktien, Investment- und Geldmarktfonds, Geldmarktpapiere sowie Optionsscheine (selbstständig handelbare Wertpapiere, die etwa das Recht zum Bezug von Aktien verbriefen) werden in dieser Rubrik verbucht.

- **Finanzderivate**

  Finanzderivate, zu denen Options- und Termingeschäfte gehören, sind Rechte, die sowohl der Absicherung von Kursrisiken als auch der Spekulation dienen.

- **Übriger Kapitalverkehr**

  Die hier erfassten Positionen reichen von den kurz- und langfristigen Finanzbeziehungen inländischer Unternehmen und Privatpersonen zum Ausland über die ausländischen Kreditbeziehungen öffentlicher Stellen (vorrangig Entwicklungshilfekredite) bis hin zu den Auslandstransaktionen der Banken.

▶ Saldo der statistisch nicht aufgliederbaren Transaktionen

Diese „Restposten" entstehen dadurch, dass Ungenauigkeiten bei der statistischen Erfassung auftreten oder bestimmte Transaktionen statistisch nicht erfassbar bzw. nicht genau periodengerecht zurechenbar sind.

▶ Devisenbilanz

Diese Teilbilanz gibt Auskunft über die Veränderungen des Bestandes an den Währungsreserven der Zentralbank, also an den Gold- und Devisenbeständen der Deutschen Bundesbank. Hier wird also der Wert der von ihr angekauften oder verkauften ausländischen Zahlungsmittel ausgewiesen.

5.2.2 Zahlungsbilanzschema und Zahlungsbilanzausgleich

▶ Zahlungsbilanzübersicht

Die Zahlungsbilanz eines Landes ist **buchtechnisch stets ausgeglichen,** d.h., dem Saldo aller Transaktionen im Leistungs-, Vermögens- und Kapitalverkehr entspricht der Saldo der Devisenbilanz. Einen „Saldo der Zahlungsbilanz" kann es daher nicht geben, sodass sich Defizite oder Überschüsse immer nur auf einzelne Teilbilanzen beziehen können.

▶ Zusammenstellung wichtiger Posten der Zahlungsbilanzen der Bundesrepublik Deutschland

Die nachfolgende Übersicht verdeutlicht, wie das Zahlungsbilanzergebnis rechnerisch erfasst wird. Einem Überschuss oder Fehlbetrag im Leistungs-, Vermögensänderungs- und Kapitalbilanzsaldo entspricht der Zu- oder Abfluss an Währungsreserven.

Wichtige Posten der deutschen Zahlungsbilanz (Angaben in Mrd. EUR)

Position	2019 r)	2020 r)	2021 r)
I. Leistungsbilanz	+ 262,9	+ 238,7	+ 265,3
1. Warenhandel	+ 215,5	+ 190,0	+ 192,4
Einnahmen	1 303,7	1 186,8	1 367,4
Ausgaben	1 088,3	996,9	1 175,0
nachrichtlich:			
Außenhandel 1)	+ 224,0	+ 180,4	+ 172,8
Ausfuhr	1 328,2	1 206,9	1 375,4
Einfuhr	1 104,1	1 026,5	1 202,6
2. Dienstleistungen	− 18,1	+ 2,7	+ 0,3
darunter:			
Reiseverkehr	− 45,9	− 14,7	− 21,9
3. Primäreinkommen	+ 115,4	+ 98,8	+ 126,6
darunter:			
Vermögens-einkommen	+ 115,5	+ 97,0	+ 126,1
4. Sekundäreinkommen	− 49,8	− 52,7	− 54,1
II. Vermögensänderungsbilanz	− 0,9	− 5,8	− 1,4
III. Kapitalbilanz 2)	+ 186,3	+ 216,5	+ 314,7
1. Direktinvestitionen	+ 75,6	− 3,5	+ 101,8
2. Wertpapieranlagen	+ 69,7	+ 42,9	+ 255,1
3. Finanzderivate 3)	+ 24,5	+ 96,3	+ 61,0
4. Übriger Kapitalverkehr 4)	+ 17,1	+ 80,9	− 135,0
5. Währungsreserven	− 0,5	− 0,1	+ 31,9
IV. Statistisch nicht aufgliederbare Transaktionen 5)	− 75,7	− 16,4	+ 50,9

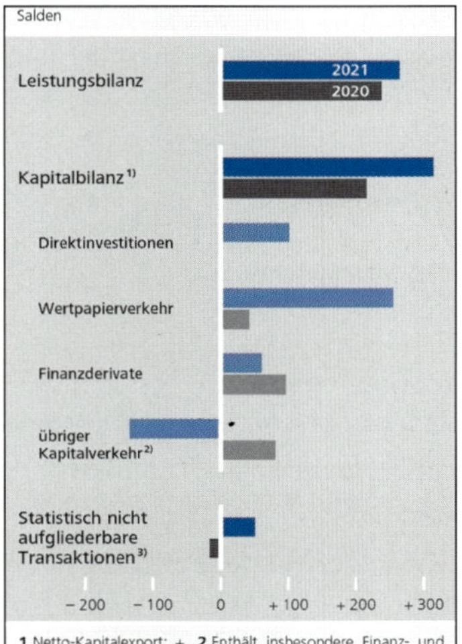

1 Netto-Kapitalexport: +. 2 Enthält insbesondere Finanz- und Handelskredite sowie Bargeld und Einlagen. 3 Statistischer Restposten.

1 Spezialhandel nach der amtlichen Außenhandelsstatistik (Quelle: Statistisches Bundesamt). 2 Zunahme an Netto-Auslandsvermögen: + / Abnahme an Netto-Auslandsvermögen: −. 3 Saldo der Transaktionen aus Optionen und Finanztermingeschäften sowie Mitarbeiteraktienoptionen. 4 Enthält insbesondere Finanz- und Handelskredite sowie Bargeld und Einlagen. 5 Statistischer Restposten, der die Differenz zwischen dem Saldo der Kapitalbilanz und den Salden der Leistungs- sowie der Vermögensänderungsbilanz abbildet.

Quelle: Deutsche Bundesbank, Monatsbericht März 2022, S. 46, 48.

5.3 Außenwert des Geldes

Wertmaßstab für die Kaufkraft des Geldes im Inland ist der **Binnenwert des Geldes.** Er zeigt an, ob man heute für einen bestimmten Geldbetrag mehr oder weniger Ware erhält als vor einigen Jahren. Der **Außenwert des Geldes** ist hingegen ein Wertmaßstab für die Kaufkraft der inländischen Währung im Ausland. Über den Wechselkurs wird das jeweilige Austauschverhältnis zwischen inländischer Währung zu anderen Währungen bestimmt.

Wechselkurse können Kurstabellen entnommen werden, die eine **„Preisliste" für die Ware „ausländisches Geld"** darstellen. Dabei wird häufig zwischen **Sorten** und **Devisen** unterschieden. Während Banknoten und Münzen in ausländischer Währung **Sorten** (ausländisches Bargeld) darstellen, sind **Devisen** die im bargeldlosen Zahlungsverkehr zur Verfügung stehenden Zahlungsmittel in ausländischer Währung wie z. B. auf ausländische Währung lautende Schecks und Wechsel, die im Ausland zahlbar sind.

Ein Euro ist nicht gleich ein Euro, da die Kaufkraft des Euros in Urlaubsländern sehr unterschiedlich ist. Je nachdem, in welches Land man reist, steigt oder sinkt die Kaufkraft des mitgebrachten Geldes.

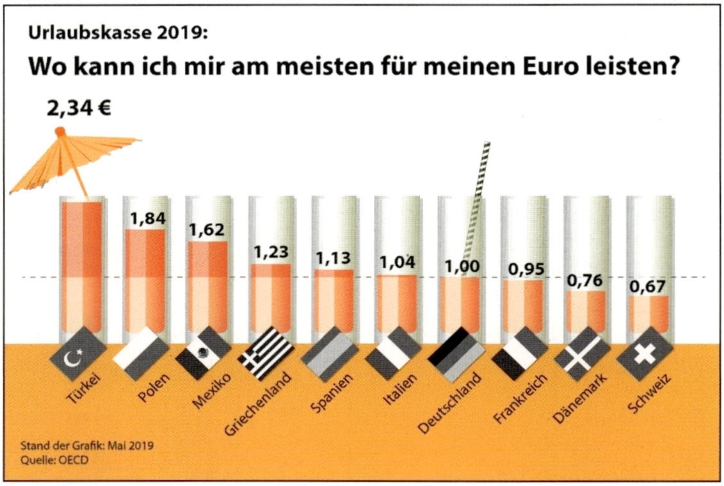

Quelle: https://bankenverband.de/newsroom/presse-infos/urlaubskasse-2019, Abruf am 04.02.2020

Außenwert des Geldes (Wechselkurse)

für Sorten	**für Devisen** (de viso = auf Sicht)
■ ausländische Banknoten und Münzen	■ Überweisungen, Schecks und Wechsel ■ umgangssprachlich auch Ausdruck für ausländische Banknoten und Münzen

Im Euro-Währungsgebiet gibt es **keinen eigenständigen Devisenmarkt** der im Euro aufgegangenen nationalen Währungen, sondern nur noch Notierungen des Euros gegenüber Drittwährungen (wie z. B. US-Dollar, Japanischer Yen, Schweizer Franken oder Britisches Pfund). Die Verantwortung für eine einheitliche Geldpolitik im Euro-Währungsgebiet ist auf das Europäische System der Zentralbanken (ESZB) übergegangen, sodass seit der Einführung des Euros eigenständige Interventionen der nationalen Zentralbanken an den Devisenmärkten zur Beeinflussung der Wechselkurse nicht mehr zulässig und möglich sind.

Für den Euro gibt es kein offizielles Fixing unter Beteiligung der Europäischen Zentralbank (EZB) oder der nationalen Zentralbanken. Allerdings veröffentlicht die EZB seit dem 4. Januar 1999 arbeitstäglich je Drittwährung einen **EZB-Mittelkurs (Referenzkurs),** und zwar sowohl für die wichtigsten internationalen Währungen als auch für die Währungen jener Länder, mit denen Beitrittsverhandlungen zur Europäischen Union aufgenommen worden sind. Diese Euro-Referenzkurse werden in Form der **Mengennotierung** veröffentlicht. Dies bedeutet, dass jeweils ein Euro mit der entsprechenden Menge Fremdwährung gleichgesetzt wird (z.B. 1 EUR = 1,1342 US-Dollar, Stand Februar 2022).

5.3.1 Freie Wechselkurse

Bildet sich das Austauschverhältnis zwischen den Währungen frei am Devisenmarkt durch Angebot und Nachfrage, spricht man von **freien (flexiblen) Wechselkursen.** Die Notenbanken der einzelnen Länder sind hier nicht verpflichtet, ihre jeweilige Währung zu stützen. Die Kurse können fließen (floaten). Lassen mehrere Länder Schwankungen ihrer Wechselkurse untereinander nur in gewissen Bandbreiten zu, während im Verhältnis zu Drittländern aber Angebot und Nachfrage auf den Devisenmärkten die Wechselkurse bestimmen, spricht man von **Block-floating.**

Die Mitglieder des Europäischen Währungssystems (EWS) halten untereinander bestimmte Bandbreiten ein, lassen ihre Währungen gegenüber anderen Ländern jedoch frei floaten.

Die **Kursbildung von freien Wechselkursen** erfolgt nach den gleichen Grundsätzen wie die Preisbildung bei Waren:

- Mit steigendem Kurs werden mehr Devisen angeboten, bei fallendem Kurs weniger.
- Mit steigendem Kurs sinkt die Devisennachfrage, bei fallendem Kurs nimmt sie zu.
- Bei freier Wechselkursbildung sorgen Angebot und Nachfrage dafür, dass sich ein **Gleichgewichtskurs** einpendelt, zu dem der Markt geräumt wird.

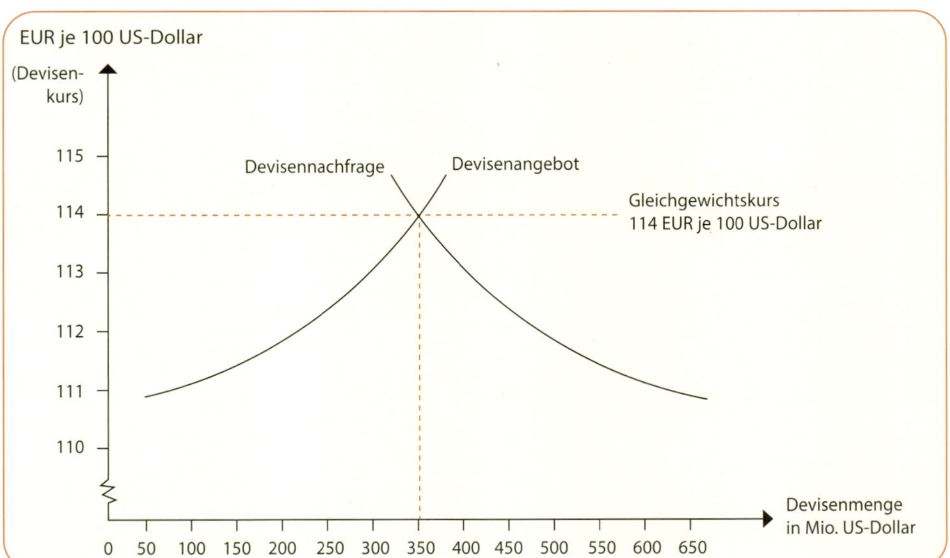

▶ Vor- und Nachteile freier Wechselkurse

Überlässt man die Bildung der Austauschrelation von Währungen dem Angebot und der Nachfrage am Markt, ergeben sich für die jeweiligen Volkswirtschaften Vor- und Nachteile.

Unternehmen, die stark im Auslandsgeschäft tätig sind, fehlt eine sichere Kalkulationsbasis. Sie wissen bei längeren Auslandsverpflichtungen nicht, zu welchem Kurs sie Devisen in heimische Währung tauschen können. Aber auch Im- oder Exportüberschüsse gibt es längerfristig nicht. Erwirtschaftet ein Land seine Exportüberschüsse durch Preisvorteile auf dem Weltmarkt, wird sich bei steigender Güternachfrage aus dem Ausland der Kurs der Währung letztendlich erhöhen. Damit wird der Preisvorteil ausgeglichen, die Auslandsnachfrage geht zurück und die Währungsrelation pendelt sich auf einem neuen Gleichgewichtskurs ein.

Neben dem **Warenhandel** bestimmt auch der **Kapitalverkehr** die Parität zwischen den Währungen. Ist die Geldmenge aufgrund anhaltend guter Konjunktur knapp, steigen die Zinsen für Kapitalanlagen. Ausländische Investoren werden das höhere Zinsniveau durch Kapitalimporte nutzen. Damit wird der Wechselkurs der inländischen Währung steigen und gleichzeitig werden die Exportchancen der heimischen Wirtschaft verringert. Ein verteuertes Güterangebot auf den Weltmärkten führt dann zu sinkender Nachfrage und nachgebenden Devisenkursen.

5.3.2 Feste Wechselkurse

▶ Absolut feste Wechselkurse

Bei festen Wechselkursen bildet sich das Austauschverhältnis der Währungen nicht durch Angebot und Nachfrage auf den Devisenmärkten. Wird der Wechselkurs vom Staat oder einer Notenbank festgelegt, handelt es sich um **absolut feste Wechselkurse.** In diesen Fällen gibt es keinen offiziellen Devisenmarkt. Der An- und Verkauf kann nur an den dafür zuständigen Stellen zu staatlich festgelegten Kursen erfolgen. Die Einfuhr inländischer Währungen aus dem Ausland ist verboten oder nur in geringem Umfang erlaubt.

▶ Relativ feste Wechselkurse

Wird die Schwankung eines Wechselkurses nur in bestimmten Bandbreiten zugelassen und ist die entsprechende Notenbank bei Über- oder Unterschreitung dieser Bandbreite verpflichtet einzugreifen, d. h. Devisen anzukaufen oder zu verkaufen, handelt es sich um **relativ feste Wechselkurse.**

> Im europäischen Währungssystem (EWS) sind für solche Mitgliedstaaten, die den Euro **nicht** eingeführt haben (z. B. Dänemark und Schweden) Leitkurse in Euro festgelegt. Gegenüber diesen Leitkursen dürfen die nationalen Währungen innerhalb gewisser Bandbreiten nach oben und nach unten schwanken. Für z. B. Dänemark wurde als Schwankungsbandbreite der Dänischen Krone ± 2,25 % vereinbart. Bei einem Überschreiten der Bandbreite sind also jeweils mindestens zwei Notenbanken zur Intervention verpflichtet.

▶ Vor- und Nachteile fester Wechselkurse

Bei fest vorgegebenen Währungsrelationen können alle am internationalen Wirtschaftsgeschehen Beteiligten sicher kalkulieren. Bei der Abwicklung von Aufträgen besteht nicht die Gefahr, dass durch stark steigende oder fallende Wechselkurse die vorherigen Berechnungsgrundlagen nicht mehr stimmen und möglicherweise erhebliche Einbußen aus dem Außenhandel hingenommen werden müssen.

Diesem Vorteil stehen aber auch entscheidende Nachteile gegenüber. Um den Kurs nicht über den oberen Interventionspunkt ansteigen zu lassen, benötigt eine Volkswirtschaft ausreichend Devisen. Sind die Devisenvorräte erschöpft, kann die jeweilige Regierung nur noch den Leitkurs heraufsetzen und damit die **eigene Währung abwerten.** Der Außenwert des Geldes sinkt. Demzufolge verbilligen sich Exporte, während Importe teurer werden. Durch die steigende Nachfrage aus dem Ausland erhält damit die Preisentwicklung im Inland Auftrieb.

Ist der Leitkurs zu hoch, muss die entsprechende Notenbank Devisen kaufen, um den Kurs nicht unter den unteren Interventionskurs sinken zu lassen. Langfristig wird die Regierung nicht umhin können, die **eigene Währung aufzuwerten,** d. h. den Leitkurs herabzusetzen. Damit verteuern sich Exporte, während Importe preisgünstiger werden. Es werden entsprechend weniger Inlandsprodukte aus dem Ausland nachgefragt und die Preisentwicklung im Inland wird gedämpft.

Nicht nur bei festen Wechselkursen kann eine Auf- oder Abwertung der inländischen Währung erforderlich werden. Auch bei freier Kursentwicklung gibt es Situationen, in denen sich die Zentralbank zu ähnlichem Verhalten veranlasst sieht. Ist der Binnenwert des Geldes gefährdet, kann ebenfalls eine Veränderung der Währungsparitäten notwendig werden.

5.4 Währungssysteme

Unter „Währung" versteht man die **Geldordnung eines Landes.** Durch staatliche Rechtsnormen wird festgelegt, welche Geldart anerkanntes Zahlungsmittel ist und damit von jedermann zur Begleichung von Verbindlichkeiten angenommen werden muss. In der Bundesrepublik Deutschland erfüllt der Euro diese Aufgabe.

Eine Währung soll stabil sein, d. h., sie muss sowohl die Funktionsfähigkeit des Geldwesens im Inland garantieren als auch nach außen die Wechselkurse sichern.

Um den internationalen Zahlungsverkehr abzuwickeln, bedurfte es stets eines Zahlungsmittels, das von allen Beteiligten angenommen wurde. Während heute diese Funktion von einigen besonders stabilen Währungen übernommen wird, bildeten früher Edelmetalle oder goldgedeckte Währungen das anerkannte Währungssystem.

5.5 Internationale Organisationen und Abkommen

Die Förderung der wirtschaftlichen Zusammenarbeit im Außenhandel ist Ziel verschiedener internationaler Organisationen und zwischenstaatlicher Abkommen. Den Ausbau der Handelsbeziehungen zwischen den Staaten der Welt unterstützen u. a. folgende Einrichtungen:

▶ Europäische Union (EU)

Die 27 Staaten der Europäischen Union (Belgien, Bulgarien, die Bundesrepublik Deutschland, Dänemark, Estland, Finnland, Frankreich, Griechenland, Irland, Italien, Kroatien, Lettland, Litauen, Luxemburg, Malta, Niederlande, Österreich, Polen, Portugal, Rumänien, Schweden, Slowakei, Slowenien, Spanien, Tschechien, Ungarn, Zypern) haben einen gemeinsamen Markt errichtet. In diesem einheitlichen **Binnenmarkt,** in dem es keine Grenzen mehr gibt, ist der freie Verkehr von Waren, Personen, Dienstleistungen und Kapital gewährleistet.

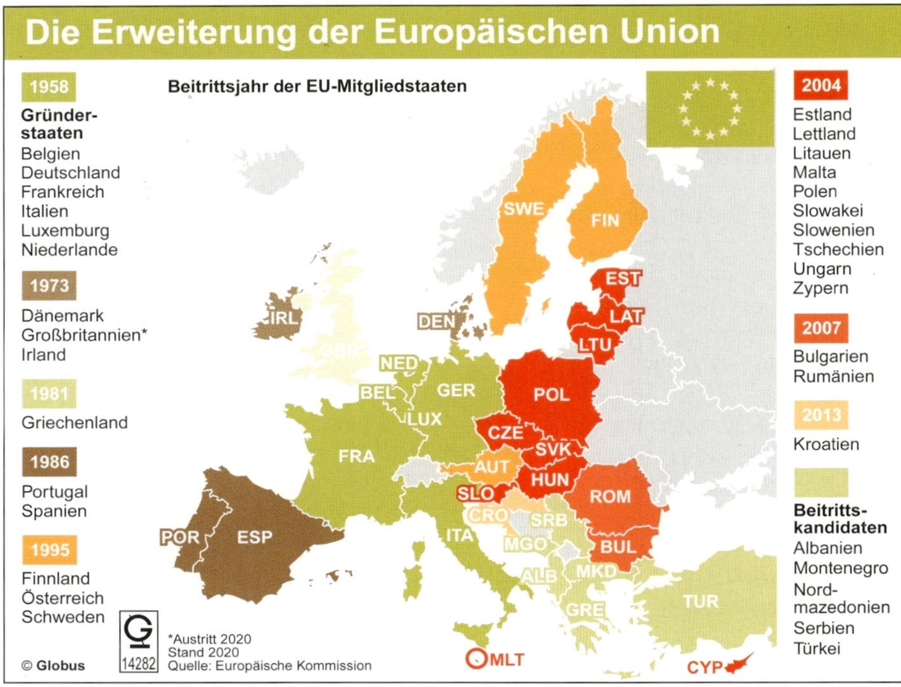

Mit der Unterzeichnung der „Römischen Verträge" am 25. März 1957 wurde die Europäische Gemeinschaft aus der Taufe gehoben. Als offizielles Gründungsdatum der Europäischen Union (EU) gilt der 1. Januar 1958. Gründungsmitglieder waren Belgien, Deutschland, Frankreich, Italien, Luxemburg und die Niederlande. Diese sechs Staaten hatten bereits mit Inkrafttreten des Vertrags zur Gründung der Europäischen Gemeinschaft für Kohle und Stahl im Jahr 1952 die Produktion und den Vertrieb in diesem Wirtschaftsbereich unter eine gemeinsame Verwaltung gestellt. Die EU umfasst heute – nach einer Reihe von Erweiterungen sowie einem Austritt – 27 Mitgliedstaaten. Fünf weitere Länder haben den Status von Kandidatenländern; das heißt, sie haben die Mitgliedschaft beantragt und stehen darüber in Verhandlung mit der EU oder warten auf den Verhandlungsbeginn: Albanien, Montenegro, Nordmazedonien, Serbien und die Türkei.

Die **wichtigsten Organe der EU** sind:

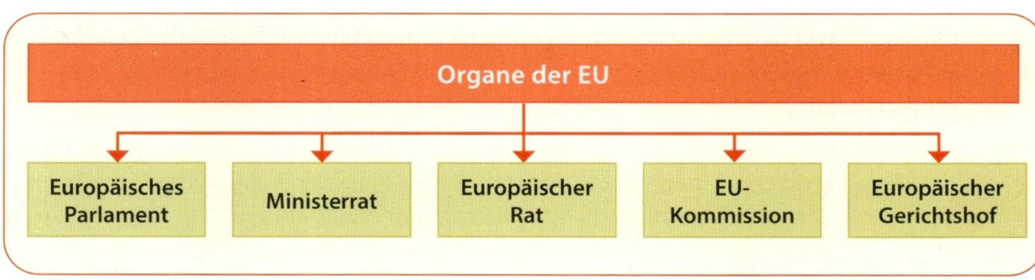

Die Europäische Union (EU) ist ein Zusammenschluss von derzeit 27 Staaten. Sie sind souverän und unabhängig, bündeln jedoch einige ihrer Hoheitsrechte, um mehr Einfluss zu erlangen und effizienter handeln zu können. Durch die von den Mitgliedstaaten geschaffenen Institutionen und Organe können Entscheidungen zu Fragen von gemeinsamem Interesse demokratisch getroffen werden. An der Beschlussfassung in der EU sind mehrere Institutionen beteiligt, insbesondere das direkt von den EU-Bürgern gewählte Europäische Parlament, der Rat der EU, die Europäische Kommission und der Europäische Rat, der die Regierungen der 27 Mitgliedstaaten vertritt.

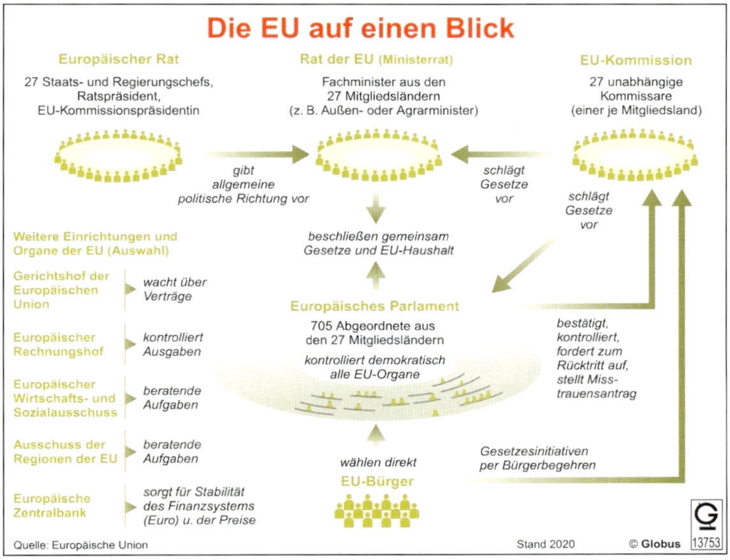

Europäisches Parlament

Bisher fehlte den Abgeordneten in Straßburg das parlamentarische Grundrecht, Gesetze zu beschließen, sodass dieses Gremium lediglich kontrollierende und beratende Funktionen erfüllt. Durch die in Maastricht und Amsterdam unterzeichneten Verträge über die politische Union wurden die Mitwirkungsrechte des Europäischen Parlaments allerdings beträchtlich erweitert. Darüber hinaus bestätigt es alle fünf Jahre die EU-Kommission in ihrem Amt.

Ministerrat

Ohne den Ministerrat geht nichts in der EU. Er ist die gesetzgebende Kraft der Gemeinschaft. 27 Mitglieder, Fachminister der einzelnen Länder, beschließen über die Vorschläge der Kommission.

Europäischer Rat

Gebildet durch die jeweiligen Staats- und Regierungschefs der Mitgliedsländer, fasst dieser Rat keine verbindlichen Beschlüsse, sondern legt die Richtung fest, in der sich die Europäische Union weiterentwickeln soll.

EU-Kommission

Die Kommission ist die eigentliche Regierung der EU. Ihre 27 Mitglieder erarbeiten Vorschläge und führen sie nach Zustimmung durch den Ministerrat auch aus. Diese Beschlüsse stellen dann für alle Mitgliedsländer verbindliche Rechtsnormen dar.

Europäischer Gerichtshof

Von Luxemburg aus wacht der Europäische Gerichtshof über die Einhaltung der in der EU geltenden Rechtsnormen. Verstöße eines Mitgliedstaates gegen EU-Recht werden dort von Richtern verhandelt, die aus den einzelnen Mitgliedsländern stammen.

▶ Weltbank und Internationaler Währungsfonds

Sowohl die Weltbank als auch der Internationale Währungsfonds sind Sonderorganisationen der Vereinten Nationen in New York. Die Weltbank fördert wichtige Entwicklungsvorhaben in der Dritten Welt durch die Vergabe langfristiger Darlehen. Ihre Unterorganisation IDA (Internationale Entwicklungsgesellschaft) vergibt zinsfreie Kredite an die ärmsten Entwicklungsländer, während die IBRD (Bank für Wiederaufbau und Entwicklung) ebenfalls eine Unterorganisation der Weltbank, durch günstige Kredite private Entwicklungsprojekte in Schwellen- und Entwicklungsländern fördert.

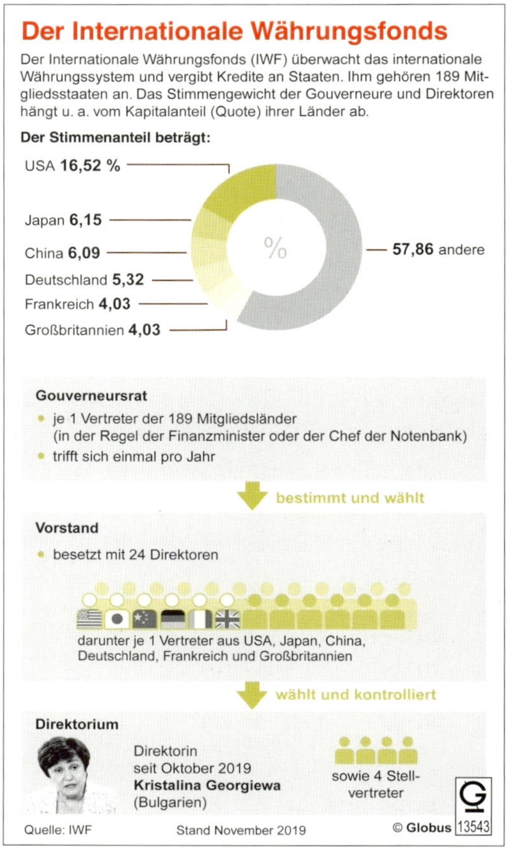

Aufgabe des Internationalen Währungsfonds (IWF) ist die Überwachung der internationalen Währungs- und Wechselkurspolitik. An die Mitglieder (189 Staaten) vergibt der IWF Kredite zur Überwindung von Zahlungsschwierigkeiten, sogenannte **Sonderziehungsrechte.**

> 1967 haben die Mitglieder des Internationalen Währungsfonds eine neue Art internationaler Liquidität geschaffen, die Sonderziehungsrechte (SZR). Diese Sonderziehungsrechte „funktionieren" nach folgendem Prinzip: Die Mitglieder schaffen durch den Fonds ein „Papiergeld", verteilen dieses Geld unter sich und verpflichten sich, dieses Geld zur Erfüllung von Verbindlichkeiten zu akzeptieren. Jedem Land werden Sonderziehungsrechte zugeteilt, in deren Rahmen es die benötigten Devisen von anderen Ländern erhalten kann. So kann die Bundesrepublik Deutschland zum Beispiel Sonderziehungsrechte erhalten und dafür von den USA Dollar erwerben. Die USA ihrerseits erhalten dafür Sonderziehungsrechte, die sie wiederum im Bedarfsfalle zum Erwerb von japanischen Yen usw. verwenden können. Die Sonderziehungsrechte sind also so gut wie Devisen.

▶ Internationale Handelskammer (IHK)

Aufgabe der Internationalen Handelskammer mit Sitz in Paris ist die Schaffung von Voraussetzungen für einen freien Welthandel. Die zur Vereinheitlichung der Lieferungsbedingungen im Außenhandel festgelegten allgemein gültigen Vertragsbestimmungen, die **In**ternational **Co**mmercial **Terms** (Incoterms) sind ein Ergebnis dieser Bemühungen. Incoterms legen im internationalen Handel etwa fest, welche Kosten (z. B. bei der Lieferung von Waren) Käufer oder Verkäufer zu tragen haben.

▶ Welthandelsorganisation (WTO)

Ziel der Mitglieder der WTO (World Trade Organization) ist die Senkung von Zöllen und die Abschaffung von Handelshemmnissen (Einfuhrbeschänkungen) im internationalen Warenverkehr. Der Sitz ist Genf.

▶ Handels- und Entwicklungskonferenz der Vereinten Nationen (UNCTAD)

Die UNCTAD mit Sitz in Genf befasst sich vorrangig mit den Handelsbeziehungen zwischen Industrie- und Entwicklungsländern. Diese „ständige Weltwirtschaftskonferenz" koordiniert die Tätigkeiten anderer Organisationen des internationalen Handels. Sie arbeitet Vorschläge zur Lösung der Handels- und Finanzprobleme der Entwicklungsländer aus.

5.6 Probleme der Weltwirtschaft

Die Notwendigkeit zum **internationalen Handelsverkehr** ergibt sich dadurch, dass die meisten Länder nicht alle benötigten Güter selbst besitzen oder herstellen können. Manchen fehlt es an Rohstoffen oder Energieträgern, anderen an landwirtschaftlichen Produkten oder industriellen Erzeugnissen. Der Außenhandel zwischen den Staaten ermöglicht es, dass sich bestimmte Länder auf die Erzeugung solcher Produkte konzentrieren, die sie aufgrund klimatischer Bedingungen, dem Vorhandensein von Rohstoffen, dem Ausbildungsstand der Arbeitskräfte und dem Grad des technischen Wissens am besten herstellen können. Durch den Außenhandel wird demnach die **internationale Arbeitsteilung** (vgl. S. 27 ff.) gefördert.

Im internationalen Handelsverkehr zeigen sich jedoch einige besondere **Hindernisse,** die einen ungehinderten Austausch von Gütern erschweren oder sogar unmöglich machen:

▶ Mangel an Devisen

Abschlüsse im Außenhandel können nur auf der Basis solcher Währungen vorgenommen werden, die internationale Anerkennung besitzen (z. B. US-Dollar, Schweizer Franken, Euro). Gelingt es einem Land nicht, durch Exportgeschäfte in den Besitz dieser Währungen zu gelangen, kann es selbst auch keine Waren in ausreichender Menge aus dem Ausland erwerben. Sind zudem aufgrund der wirtschaftlichen Lage sowohl der Kreditspielraum dieses Landes als auch die Kreditwürdigkeit eingeschränkt, wird der entsprechende Staat weitgehend vom internationalen Handel isoliert.

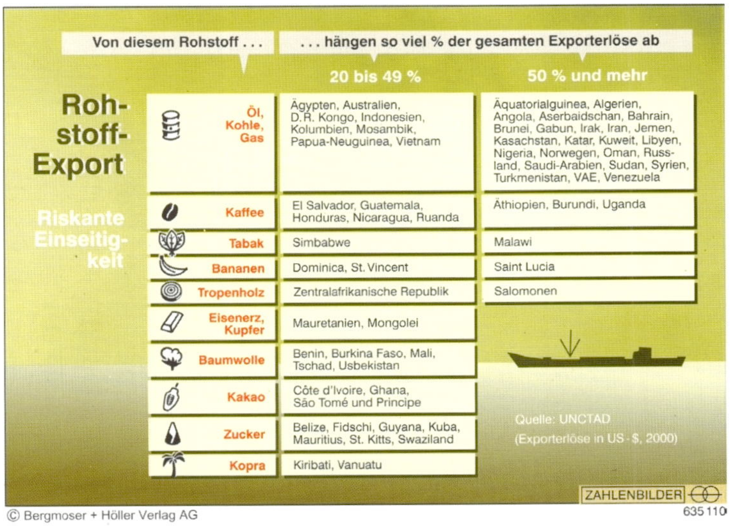

▶ Handelsbeschränkungen

Durch Ex- und Importbeschränkungen, den Aufbau von Zollschranken, Handelsboykotten gegenüber bestimmten Ländern oder staatlichen Subventionen (einseitige Begünstigung einheimischer Waren und Dienstleistungen gegenüber ausländischen Anbietern) wird der freie Welthandel beschränkt. Damit ist es nicht möglich, Güter im gewünschten Umfang auszutauschen.

▶ Handelsrisiken

Unsichere politische Verhältnisse, kriegerische Auseinandersetzungen und die teilweise Unmöglichkeit der Durchsetzung von Zahlungsansprüchen können zum Verlust von Warenlieferungen oder zum Zahlungsausfall führen. Trotz gewisser Absicherungsmöglichkeiten für Auslandsgeschäfte bedingen solche Ereignisse, dass bestehende Handelsbeziehungen abgebrochen oder beabsichtigte nicht zustande kommen können.

▶ Verringerung der Rohstoffreserven und Zunahme von Umweltbelastungen

Für eine nicht allzu ferne Zukunft stellt sich die Frage, ob angesichts der zunehmenden Umweltbelastungen, des Bevölkerungswachstums und der schwindenden Rohstoff- und Energievorräte die Weltwirtschaft überhaupt noch in der Lage sein wird, alle anstehenden Aufgaben zu lösen.

Das Energie-Dilemma

Ein Überblick über Probleme und Risiken bei der Nutzung der wichtigsten Energiequellen

Erdöl	Umwelt-/Klimabelastung begrenzte Vorkommen	hohe Importabhängigkeit Versorgungs- und Preisrisiken
Erdgas	begrenzte Vorkommen Versorgungs- und Preisrisiken	hohe Importabhängigkeit
Kohle	Umwelt-/Klimabelastung Braunkohle: Flächenverbrauch, massive Eingriffe in die Natur	Inlands-Steinkohle: hohe Förderkosten
Atomkraft	höchste Systemanforderungen Importabhängigkeit (Uran)	Sicherheitsrisiken Endlagerung radioaktiver Abfälle ungeklärt
Wasserkraft	begrenzte Kapazität Ausbaupotenzial in Deutschland weitgehend erschöpft	
Windkraft	schwankendes Aufkommen Landschaftsverbrauch	Netzanbindung, Netzregulierung Speicherung noch ungelöst
Solarenergie (Wärme)	hohe Anlaufinvestitionen schwankendes Aufkommen	
Solarenergie (Strom)	hohe Anlaufinvestitionen schwankendes Aufkommen	Speicherung noch ungelöst
Biokraftstoff	begrenzte Kapazität Flächenverbrauch	Bio-Ethanol: ungünstige Energiebilanz

ZAHLENBILDER

 370 580

Der Aufschwung der Industriestaaten zu ihrer heutigen wirtschaftlichen Leistungskraft ist untrennbar verbunden mit der Entwicklung des industriellen Energiesystems. Dieses System nutzt die in der Erde gespeicherten **fossilen Energieträger** (Kohle, Erdöl, Erdgas) zur Erzeugung von Kraft, Licht und Wärme.

Inzwischen stößt das bestehende **Energiesystem** jedoch in vielfacher Hinsicht an seine Schranken. Da die Vorräte an fossilen Brennstoffen begrenzt sind, ist eine Verknappung und Verteuerung dieser Energieträger unvermeidlich. Schon heute stehen alte und neue Industrieländer in einem harten Wettbewerb um kostengünstige Energiequellen. Da sich ein großer Teil der Öl- und Gasvorkommen in politisch unruhigen Zonen der Erde befindet, sind konfliktbedingte Versorgungskrisen nicht ausgeschlossen. Zugleich steht die fossile Energiewirtschaft wegen ihrer **umwelt- und klimaschädlichen Auswirkungen** am Pranger. Um den Klimawandel wenigstens zu verlangsamen, müßte die Verbrennung fossiler Brennstoffe rasch und spürbar eingeschränkt werden.

Ein Ersatz durch andere Energieträger ist bisher allerdings nur in begrenztem Umfang realisierbar. Zudem haben auch diese Alternativen ihre Schattenseiten, sei es in wirtschaftlicher, gesellschaftlicher oder ökonomischer Hinsicht. Beispiel **Atomenergie:** Galt sie vor drei bis vier Jahrzehnten noch als Ideallösung für die Stromversorgung der Zukunft, so sind die Sicherheitsrisiken und ungelösten Langzeitprobleme der Atomtechnologie heute nicht mehr zu bestreiten. Beispiel **Solarenergie:** Sie steht an sich zwar unbegrenzt zur Verfügung, fällt aber – wie die Windenergie – nur mit großen Schwankungen an. Der Aufbau der notwendigen Infrastruktur fordert riesige Investitionen; für die Speicherung der gewonnenen Energie fehlt es noch an technischen Lösungen. Beispiel **Biokraftstoff:** Der Anbau dafür geeigneter Nutzpflanzen ist sehr flächenintensiv; er konkurriert mit der Erzeugung von Nahrungsmitteln und ruft deshalb auch ethische Bedenken hervor.

Zusammenfassung

Außenwirtschaft und Außenwirtschaftspolitik

Zahlungsbilanz

- Alle wirtschaftlichen Transaktionen mit dem Ausland werden in der Zahlungsbilanz erfasst.
- Zahlungsbilanz = Leistungsbilanz, Vermögensänderungsbilanz und Kapitalbilanz.
- Die Zahlungsbilanz ist buchtechnisch stets ausgeglichen. Überschüsse oder Defizite sind nur in den Teilbilanzen möglich.

Außenwert des Geldes

- Maßstab für die Kaufkraft der inländischen Währung im Ausland.
- Wechselkurse geben die Austauschrelationen zwischen verschiedenen Währungen wider.
- Bilden sich die Austauschrelationen durch Angebot und Nachfrage, spricht man von freien Wechselkursen.
- Legt ein Staat bzw. eine Notenbank die Relationen fest oder werden Bandbreiten vorgegeben, in denen der Wechselkurs schwanken darf, handelt es sich um feste Wechselkurse.
- Abwertung der Währung bedeutet: Der Außenwert des Geldes sinkt, Exporte werden billiger, Importe teurer.
- Aufwertung der Währung bedeutet: Der Außenwert des Geldes steigt, Exporte werden teurer, Importe billiger.

Währungssysteme

Systeme der Geldordnung einzelner Staaten

Internationale Organisationen und Abkommen

Zum Ausbau der Handelsbeziehungen zwischen den Staaten der Welt tragen etwa die Europäische Union, die Weltbank, der Internationale Währungsfonds, die Internationale Handelskammer oder die Welthandelsorganisation bei.

Probleme der Weltwirtschaft

- Mangel an Devisen
- Handelsbeschränkungen
- Handelsrisiken
- Verringerung der Rohstoffreserven und Zunahme von Umweltbelastungen

Aufgaben

43

(1) Welche Bedeutung kommt dem Außenhandel für die Bundesrepublik Deutschland zu?

(2) Die Zahlungsbilanz eines Landes ist stets ausgeglichen. Woraus resultieren:
   a) eine positive Handelsbilanz,
   b) eine positive Kapitalbilanz?

(3) In welchen Teilbilanzen werden folgende Vorfälle verbucht?
   a) Die Bundesrepublik Deutschland zahlt an die UNO 25 Mio. EUR.
   b) Ein deutsches Unternehmen zahlt für sein Auslieferungslager in Frankreich Miete.
   c) Niederländische Touristen entrichten den Fahrpreis für eine Dampferfahrt auf dem Rhein.

d) *Ein Deutscher erbt von einem Verwandten aus Kanada 250 000 Dollar.*

e) *Ein deutsches Sägewerk bezieht aus Norwegen Holz. Den Transport übernimmt eine englische Reederei.*

(4) *Erläutern Sie den Begriff „Außenwert des Geldes"!*

(5) *Freie Wechselkurse bilden sich grundsätzlich wie Warenpreise. Nennen Sie einige Modellannahmen zur Kursbildung!*

(6) *Beschreiben Sie Vor- und Nachteile freier Wechselkurse!*

(7) *Wann ist bei festen Wechselkursen eine Auf- bzw. Abwertung der Währung erforderlich? Welche Folgen haben diese Maßnahmen auf Im- und Exporte?*

(8) *Stellen Sie die wichtigsten Organe der Europäischen Union vor!*

(9) *Diskutieren Sie Probleme, die den internationalen Handel erschweren!*

6 Wachstum und Wachstumspolitik

Die Sicherung des Wirtschaftswachstums ist grundlegende Aufgabe der Wirtschaftspolitik eines Staates. So verlangt das „Gesetz zur Förderung der Stabilität und des Wachstums der Wirtschaft", dass Bund und Länder in der Bundesrepublik Deutschland ihre wirtschafts- und finanzpolitischen Maßnahmen in der Weise ausrichten, dass sie zu einem stetigen und angemessenen Wirtschaftswachstum beitragen *(§ 1 StabG).*

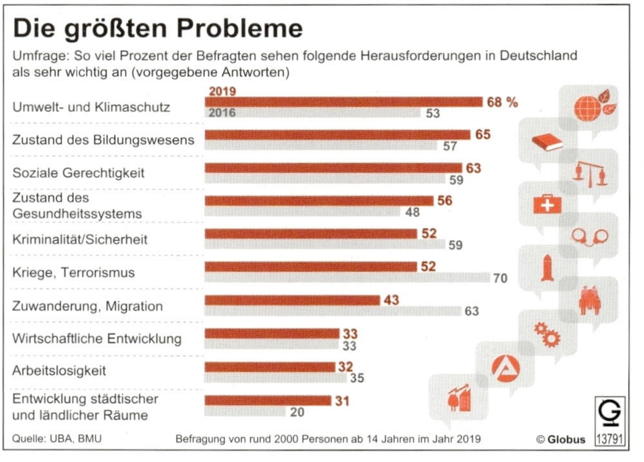

Die In regelmäßigen Abständen befragt das Umweltbundesamt die Bevölkerung zur Bedeutung des Umwelt- und Klimaschutzes. In einer ersten Zwischenerhebung wurden etwa 2 000 Personen ab 14 Jahren gebeten, aus einer Liste mit Herausforderungen die wichtigsten zu benennen. 68 % stufen den Umwelt- und Klimaschutz als sehr wichtige Herausforderung ein. Damit steigt das Umweltbewusstsein weiter an. 2016 nannten noch 53 % der Befragten den Umwelt- und Klimaschutz als sehr wichtiges Problem. Eine ähnlich hohe Bedeutung haben die Themen Bildung (65 %) und soziale Gerechtigkeit (63 %). Von den fünf zentralen Akteuren – Umweltverbände, Bundesregierung, Städte und Gemeinden, Bürger und Industrie – tun nach der Meinung der Befragten vor allem die Umweltverbände genug für den Naturschutz. Das sagen 70 % der Befragten. Bei der Bundesregierung und der Industrie sehen nur 18 bzw. elf Prozent der Bevölkerung genug grünes Engagement. Im Jahr 2016 lag die Zufriedenheit mit der Regierung noch bei 34 %. Die Einschätzung, dass die Bürgerinnen und Bürger genug tun, ist im Vergleich zur letzten Befragung aus dem Jahr 2018 wieder gestiegen – von 19 auf 27 %.

Begründet wird dieses Ziel damit, dass das **Wirtschaftswachstum:**

- Arbeitsplätze sichere,
- den Wohlstand der Bürger erhöhe,
- zu einer gerechteren Verteilung des Einkommens und Vermögens zwischen allen am Wirtschaftsleben Beteiligten beitrage.

Kritiker der Forderung nach stetigem wirtschaftlichen Wachstum halten entgegen, dass „Wachstum um jeden Preis":

- den Katalog der Umweltbelastungen weiter steigere,
- die natürlichen Ressourcen der Erde noch schneller ausschöpfe,
- keinesfalls mehr Lebensqualität für die Menschen bedeute.

Doch was ist eigentlich unter Wirtschaftswachstum zu verstehen?

6.1 Begriff des wirtschaftlichen Wachstums

Die gesamtwirtschaftliche Leistung eines Landes wird üblicherweise am **realen Bruttoinlandsprodukt** (vgl. S. 560 ff.) gemessen. Dieser **Wachstumsindikator** dient der Wirtschaftspolitik jedoch nicht nur zur Beurteilung und Gestaltung der konjunkturellen Entwicklung des Landes, sondern auch zur Messung des Wohlstandes der Volkswirtschaft.

Positive Zuwachsraten des Bruttoinlandsproduktes bescheinigen entsprechendes Wachstum. Bleibt der Indikator konstant, liegt „Nullwachstum" vor. Sinkt er gar, spricht man von negativem Wachstum oder besser von einem Schrumpfungsprozess der Wirtschaft.

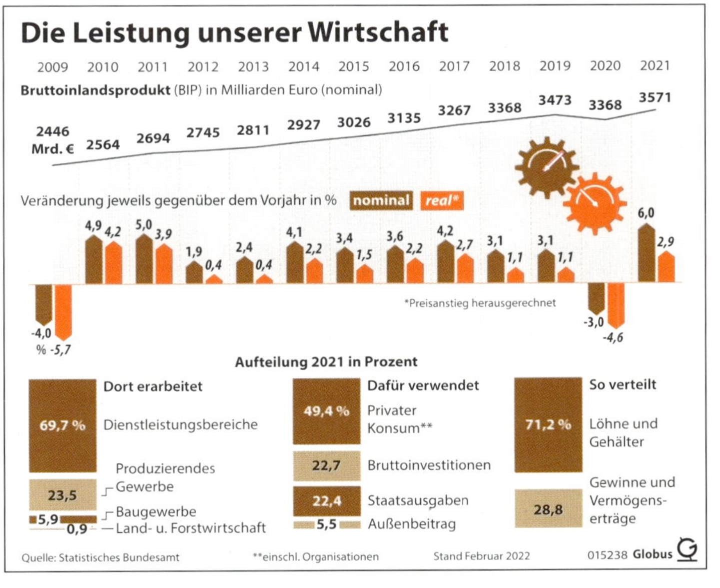

Deutschlands Wirtschaft ist etwas besser durch das zweite Jahr der Pandemie gekommen als zunächst angenommen: Das Wirtschaftswachstum im Gesamtjahr 2021 fiel positiver aus als noch in der ersten Schnellmeldung des Statistischen Bundesamtes Anfang 2022. Das nominale Bruttoinlandsprodukt (BIP) stieg im Vergleich zum ersten Corona-Jahr um 6,0 %. Rechnet man den Preisanstieg heraus, lag das Plus noch bei 2,9 %. Dabei verlief die Entwicklung innerhalb des Jahres recht unterschiedlich. Trotz zunehmender Liefer- und Materialengpässe wuchs das BIP im Sommer 2021 deutlich an – im zweiten Quartal 2021 preisbereinigt noch um fast elf Prozent. Allerdings stoppten die vierte Corona-Welle sowie die erneuten Verschärfungen der Corona-Schutzmaßnamen das starke Wachstum zum Jahresende (plus 1,8 % im 4. Quartal 2021). Insgesamt lag das BIP mit 3 571 Milliarden Euro leicht über dem Vorjahreswert. – Im BIP spiegelt sich die gesamtwirtschaftliche Leistung wider. In ihm wird der Wert aller produzierten Güter und geleisteten Dienste zusammengefasst. Die Arbeiten eines kleinen Handwerksbetriebs sind im BIP ebenso enthalten wie die Produktion eines Industriekonzerns. Die Leistungen des Transportgewerbes, des Dienstleistungssektors, des Handels, der Banken und Versicherungen sowie der Landwirtschaft spiegeln sich darin genauso wider wie die des Staates, der Kirchen, der Gewerkschaften und anderer Organisationen. Ins BIP fließen zudem auch Schätzungen für die Bereiche Schwarzarbeit, Prostitution, Drogenhandel und Tabakschmuggel ein.

Doch diese Prozentwerte sagen nicht unbedingt etwas über die Vorteile aus, die für den Bürger mit dem Wachstumsanstieg verbunden sind. Steigt das Bruttoinlandsprodukt etwa um 4%, die Bevölkerung aber im gleichen Zeitraum um 10%, nutzt das erreichte Wirtschaftswachstum dem Einzelnen wenig.

Die Corona-Pandemie hat die Weltwirtschaft im Jahr 2020 in eine schwere Rezession geführt. Der Internationale Währungsfonds (IWF) hat errechnet, dass die globale Wirtschaftsleistung um 3,2% gegenüber 2019 geschrumpft ist. Die Industrieländer mussten sogar einen Rückgang von 4,6% verzeichnen. Die USA, die größte Volkswirtschaft der Welt, kamen auf ein Minus von 3,5%. In Deutschland sank das Bruttoinlandsprodukt um fast fünf Prozent. Für 2021 sieht der IWF eine deutliche wirtschaftliche Erholung. Die Gruppe der G7, die sieben Industrieländer umfasst, werden der IWF-Prognose zufolge im laufenden Jahr ein deutliches Wirtschaftswachstum verzeichnen. Allen voran die USA, die voraussichtlich ein Plus von sieben Prozent verbuchen können. Die deutsche Wirtschaft wächst der Prognose zufolge im Jahr 2021 um 3,6%; für 2022 könnte das Wachstum nach Einschätzung der IWF-Experten über vier Prozent betragen.

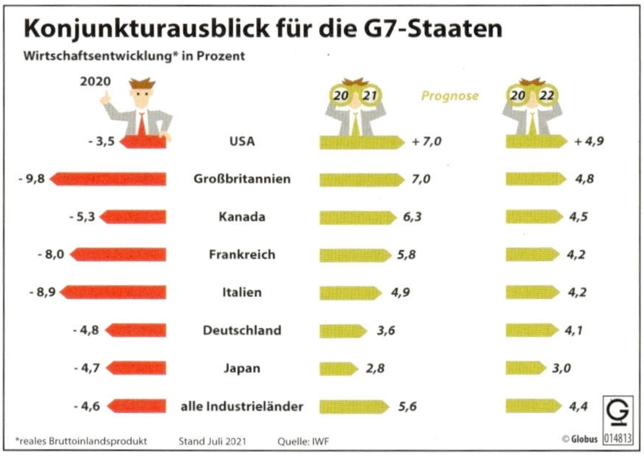

Dieser Wettlauf zwischen der Mehrerzeugung von Gütern und der Entwicklung der Bevölkerungszahl ist für viele Entwicklungsländer charakteristisch. Vorrangiges Ziel in diesen Staaten ist vor allem die Deckung elementarer Grundbedürfnisse, während in hoch entwickelten Industrienationen eine Steigerung des Bruttoinlandsproduktes durch vermehrte Angebotsvielfalt, neue Dienstleistungs- oder Freizeitbranchen gekennzeichnet ist.

Wenn stark der Mensch die Erde beansprucht, spiegelt der ökologische Fußabdruck wider. Anfang der 1990er Jahre erfunden, dient dieses Werkzeug als eine Art Buchhaltungssystem für unsere natürlichen Ressourcen. Berechnet wird er in globalen Hektar (gha): je kleiner der Wert, desto besser. Besonders die Industrieländer erreichen extrem hohe Werte. Angeführt wird der Ländervergleich laut Living Planet Report 2018 von Katar, es folgen Luxemburg, die Vereinigten Arabischen Emirate und die Mongolei. Ihre Fußabdrücke sind viel größer als ihre eigene biologische Kapazität. Auch die USA und Kanada sowie viele europäische Länder können ihren Ressourcenbedarf nicht im eigenen Land decken. Sie müssen Lebensmittel, Waren und andere Leistungen importieren. Ein Beispiel ist Soja: Für den Anbau von Sojapflanzen, die unter anderem in deutschen Ställen als Energiefutter landen, wird in Südamerika großflächig Regenwald gerodet. Auf der anderen Seite gibt es Länder, die mit viel weniger auskommen (müssen). Dazu zählen beispielsweise Eritrea und Osttimor. Rein rechnerisch steht jedem Menschen auf der Welt nur eine Fläche von 1,7 gha zur Verfügung. Auch der Fußabdruck eines Menschen in Deutschland ist fast drei Mal so groß, wie er eigentlich sein sollte.

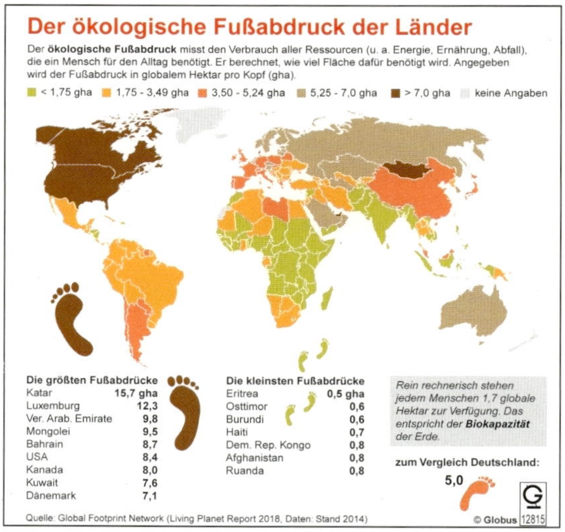

6.2 Bestimmungsgründe des Wachstums

Sieht man von konjunkturellen Schwankungen der Wirtschaft ab, kann man die Steigerung des Bruttoinlandsproduktes auch mit einer Ausweitung der Produktionsfaktoren Arbeit, Kapital, Boden und technisches Wissen (Know-how) gleichsetzen. Da der Bestand an natürlichen Ressourcen gleich bleibt und das Bruttoinlandsprodukt pro Kopf der Bevölkerung als Maßstab für Wachstum maßgeblich sein sollte, sind für das Wirtschaftswachstum vor allem der **technische Fortschritt** und das **Angebot an Kapital** entscheidend.

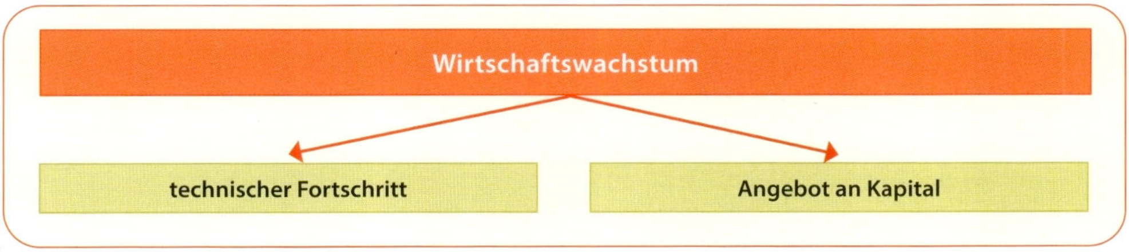

▶ Technischer Fortschritt

Neuartige Güter tragen dazu bei, dass der Wohlstand der Bevölkerung eines Landes zunimmt. Von den durch Verbesserungen des Know-how möglichen **Produktinnovationen** gehen in vielen Wirtschaftsbereichen Wachstumsimpulse aus: Konsumenten fragen neue Güter nach. Unternehmen sind gezwungen, durch erhöhte Forschungs- und Entwicklungstätigkeiten den Wissensvorsprung anderer Anbieter auszugleichen, wollen sie nicht selbst in Absatzprobleme geraten.

Innovationen bei Produktionsverfahren bewirken, dass bei gleichbleibendem Einsatz der Produktionsfaktoren eine größere oder qualitativ hochwertigere Gütermenge erstellt bzw. die gleiche oder qualitativ bessere Gütermenge mit geringerem Faktoreinsatz erzeugt werden kann.

Im Bereich der erneuerbaren Energien hat der technische Fortschritt zu alternativen Energiequellen geführt, die vor allem als Photovoltaik, Solarwärme, Windkraft, Wasserkraft, Geothermie immer effektiver genutzt werden können und so einen wertvollen Beitrag zum Umweltschutz leisten.

▶ Angebot an Kapital

Je mehr investiert wird, desto schneller kann die Wirtschaft wachsen. Das Angebot an Kapital ergibt sich durch die Summe aus vergangenen und neuen Investitionen. Dieser **Kapitalstock** wächst also nur so lange, wie neue Investitionen die Abschreibungen für Verschleiß und Veralterungen der bisherigen Anlagen übersteigen. Um Wachstumswirkung zu haben, müssen Investitionen daher grundsätzlich höher ausfallen als die jährliche Abschreibungsrate der Wirtschaft. Im Allgemeinen bedeutet diese höhere Investitionsquote aber auch, dass – vom Staat oder den Bürgern – entsprechend mehr gespart werden muss, um dem Kapitalmarkt die notwendigen Mittel zuzuführen.

6.3 Wachstumspolitische Maßnahmen

Technischer Fortschritt und Kapitalstock sind die treibenden Kräfte des Wachstums. Will der Staat dem Ziel des stetigen Wirtschaftswachstums zuarbeiten, muss er in einer marktwirtschaftlichen Ordnung **Rahmenbedingungen schaffen,** die die Erhöhung beider Faktoren auf Dauer sichern.

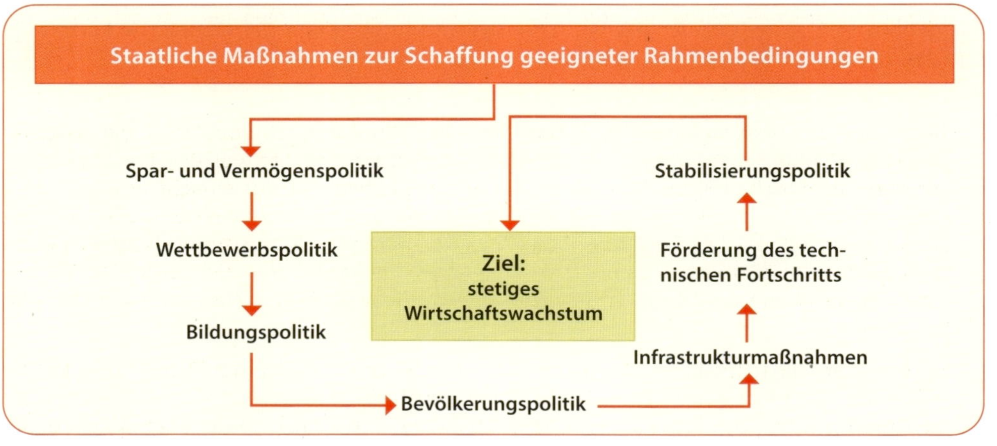

▶ Spar- und Vermögenspolitik

Ohne Sparen keine Investitionen. Wird das Gesamteinkommen der privaten Haushalte zu Konsumzwecken verbraucht, können keine Gelder angelegt und über das Bankensystem den Unternehmen zu Investitionen zur Verfügung gestellt werden. **Der Staat fördert daher die Sparneigung seiner Bürger** durch entsprechende Anreize (z.B. Vermögensbildung im Rahmen des Vermögensbildungsgesetzes, Einkommensteuervergünstigungen im Rahmen der Sonderausgaben für geleistete Lebensversicherungsbeiträge, Wohnungsbauprämie nach dem Wohnungsbau-Prämiengesetz).

Zudem ist es erforderlich, über die Vermögenspolitik Zuwächse möglichst gleichmäßig zu verteilen. Wachstum soll nicht nur einer Bevölkerungsgruppe zugute kommen, sondern muss allen einen angemessenen Zugewinn ermöglichen. Steuergesetze, die in Abhängigkeit von der Höhe des Einkommens oder vom Wert der zufließenden Erbschaften bzw. Schenkungen gestaffelte Abgaben verlangen, tragen zu diesem Ziel bei.

▶ Wettbewerbspolitik

Mehr Spielraum für den Wettbewerb führt zu **mehr Konkurrenz zwischen den Unternehmen.** Er dient indirekt der Innovationsfreudigkeit und fördert Produktionsausweitungen. Mit entsprechenden Rechtsnormen kann der Staat dazu beitragen, dass auf den Märkten freier Wettbewerb möglich ist. Aber auch der Abbau noch bestehender Marktzutrittsschranken wie bei Energie- und Versorgungsunternehmen oder im Gesundheitsbereich schafft dem Wettbewerb größere Freiräume.

▶ Bildungspolitik

Bildungspolitik zu betreiben ist für jeden Staat ein Stück **Zukunftssicherung.** Schulen, Universitäten und andere Aus- und Fortbildungseinrichtungen sorgen dafür, dass das fachliche Können der Arbeitskräfte den ständig wachsenden Ansprüchen moderner Arbeitsplätze gerecht wird. Wissen ist einerseits für den Einzelnen von persönlichem Wert, andererseits stellt es für die Gesellschaft ein bedeutendes Investitionsgut dar.

Die Unternehmen selbst fördern durch gezielte Fortbildungsmaßnahmen, eigene Ausbildungsstätten oder die Freistellung von Arbeitnehmern zur beruflichen Weiterqualifikation dieses „Wissenspotenzial". Während diese Bildungsangebote eher zweckgerichtet gestaltet sind, nehmen heute viele Bürger in ihrer Freizeit an Bildungsmaßnahmen teil, um sich – je nach individueller Neigung – zusätzliche fachliche oder allgemein bildende Kenntnisse anzueignen.

▶ Bevölkerungspolitik

Misst man das wirtschaftliche Wachstum am realen Bruttoinlandsprodukt, ist die **Bevölkerungsentwicklung nicht ohne Einfluss auf die Wachstumsrate.** Stetiges Wachstum kann bei gleichem technischen Know-how und gleicher Jahresarbeitszeit nur erreicht werden, wenn die Bevölkerungszahl zunimmt. Mehr Konsumenten und mehr Arbeitskräfte tragen dann zur positiven wirtschaftlichen Entwicklung bei. Starke Geburtenrückgänge führen hingegen dazu, dass ganze Industriezweige aus Arbeitskräftemangel ihre Kapazitäten nicht auslasten können oder die Nachfrage nach bestimmten Gütern (etwa Baby- oder Kinderartikel) stagniert bzw. zurückgeht.

Bezieht man wirtschaftliches Wachstum auf das reale Bruttosozialprodukt pro Kopf der Bevölkerung, führt eine starke Geburtenzunahme selbst bei guter wirtschaftlicher Entwicklung zu schrumpfenden Wachstumsraten. Daher versuchen Staaten wie China oder Indien, durch Geburtenkontrolle die Bevölkerungsentwicklung nicht zu stark explodieren zu lassen. Länder mit geringem Bevölkerungswachstum bieten hingegen Anreize für mehr Geburten, wie es z. B. in der Bundesrepublik Deutschland entweder durch die Zahlung von Kinder- und Elterngeld oder die einkommensteuerliche Begünstigung von Familien mit Kindern (Kinderfreibeträge) geschieht.

▶ Infrastrukturmaßnahmen

Voraussetzung für eine ausreichende Investitionstätigkeit von Unternehmen ist weiterhin **eine geeignete Infrastruktur,** die in aller Regel vom Staat geschaffen wird. Die Bereitstellung von Wasser und Energie, der Ausbau des Verkehrsnetzes, die Abfallentsorgung, die Sicherung der Gesundheit der Bevölkerung oder die Aufrechterhaltung der öffentlichen Ordnung dienen dabei nicht nur wirtschaftlichen Interessen, sondern kommen direkt auch jedem Bürger zugute.

▶ Förderung des technischen Fortschritts

Der Staat fördert mit erheblichen Mitteln die private und öffentliche Forschung. **Grundlagenforschung** an Universitäten und anderen Institutionen kommt letztendlich allen Unternehmen zugute. Gezielte **Forschungsaufträge** in zukunftsträchtige Technologien sichern das Wissen für die nächsten Jahrzehnte.

Aber auch private Unternehmen haben erkannt, dass ihre **Forschungs- und Entwicklungsinvestitionen** mindestens genauso wichtig sind wie Produktionsausweitungen im Anlagevermögen. Gerade ein Land wie die Bundesrepublik Deutschland, die ihre seit Jahren aktive Handelsbilanz (vgl. S. 621) insbesondere dem hohen technischen Standard ihrer Produkte verdankt, darf auf diesem Sektor nicht in Rückstand zur internationalen Konkurrenz geraten.

▶ Stabilisierungspolitik

Selbst wenn Privathaushalte mit hoher Sparquote in großem Umfang Mittel für Investitionen bereitstellen, bedeutet dies nicht zwangsläufig, dass Unternehmen auch bereit sind, diese Gelder in Anspruch zu nehmen. Voraussetzung dafür ist nicht zuletzt eine **stetige voraus-**

schaubare Wirtschaftspolitik, die Krisen im Inneren und nach außen vermeidet. Ein Klima, in dem Unternehmen ihre Zukunftsaussichten und Gewinnchancen positiv beurteilen, beeinflusst deren Investitionstätigkeit maßgeblich.

6.4 Grenzen des Wachstums

Immer wieder begegnet man den Argumenten, dass ohne **quantitatives Wachstum,** also der rein mengenmäßigen Steigerung des realen Bruttoinlandsproduktes,

- Arbeitsplätze gefährdet seien,
- die Sozialversicherung in bisherigem Rahmen nicht mehr finanzierbar wäre,
- der allgemeine Wohlstand infrage stünde,
- die Zukunft allgemein wenig rosig aussehe.

Andererseits werden Zweifel am Wachstum um jeden Preis geäußert, für das

- noch größere Umweltschäden,
- die Aufzehrung der natürlichen Rohstoff- und Energievorräte,
- eine verminderte Lebensqualität für den Bürger

in Kauf zu nehmen seien.

Der globale Klimawandel, die Verschlechterung der Qualität von Luft und Wasser, eine vom Aussterben bedrohte Tier- und Pflanzenwelt, die Ausbeutung der Rohstoff- und Energiereserven, die durch Umweltbelastungen hervorgerufenen Gesundheitsschäden der Menschen – eine Liste, die sich noch lange fortsetzen ließe – skizzieren die aktuellen Umweltprobleme.

Weniger Fleisch essen, auf Ökostrom umstellen oder aufs Fliegen verzichten – jeder einzelne Bürger kann seinen Beitrag zum Umweltschutz leisten. Knapp zwölf Tonnen Kohlendioxid pro Jahr verursacht jeder von uns in Deutschland im Durchschnitt. Das geht aus dem CO2-Rechner des Umweltbundesamtes hervor. Der Durchschnittsbürger ernährt sich sowohl von Fleisch als auch von Gemüse, kauft keine Bioprodukte, fährt einen Mittelklassewagen und fliegt einmal im Jahr in den Urlaub. Würde er das Auto abschaffen und sich stattdessen beim Carsharing anmelden und viel mit den öffentlichen Verkehrsmitteln fahren, könnte er seinen Kohlendioxid-Ausstoß im Bereich Mobilität von rund 2,2 Tonnen im Jahr auf 0,9 Tonnen reduzieren. Verzichtet er zudem auch noch aufs Fliegen, schrumpft seine Kohlendioxid-Bilanz in diesem Lebensbereich auf 0,24 Tonnen im Jahr. Eine Umstellung auf vegetarische Ernährung mit vielen regionalen und Bio-Produkten verkleinert den Ausstoß von 1,74 Tonnen auf 1,16 Tonnen. Auch im Bereich Heizung und Strom sowie beim Konsum kann jeder seinen Beitrag zum Klimaschutz leisten.

Grundsätzlich stellt sich die Frage, wer für die Kosten des Umweltschutzes (ggf. in welchem Umfang) aufkommen soll und wie weiteren Zerstörungen vorgebeugt werden kann. Die konsequente Durchsetzung des Verursacher-, Vorsorge-, Kooperations- und Gemeinlastprinzips umreißt das Aufgabenfeld einer verantwortungsbewussten effizienten Umweltpolitik.

Aber wirtschaftliches Wachstum muss nicht notwendigerweise mit weiteren Umweltschäden einhergehen! Eine Gesellschaft, die grundsätzlich auf Wachstumsinvestitionen verzichtet, beschneidet zudem nicht nur die heutigen sozialen Errungenschaften, sondern gefährdet gleichzeitig die Zukunft der nächsten Generationen.

Entscheidend scheint daher zu sein, in Zukunft **qualitatives Wachstum** zu unterstützen. Dazu ist sowohl der Staat als auch jedes Wirtschaftssubjekt gefordert.

- Der Staat muss **Rechtsnormen erlassen,** die helfen, weitere Umweltschäden zu vermeiden. Darüber hinaus ist die **Einhaltung staatlicher Vorgaben** bezüglich des Gewässer- und Lärmschutzes, der Reinhaltung der Luft sowie der Abfallbeseitigung **zu kontrollieren.**

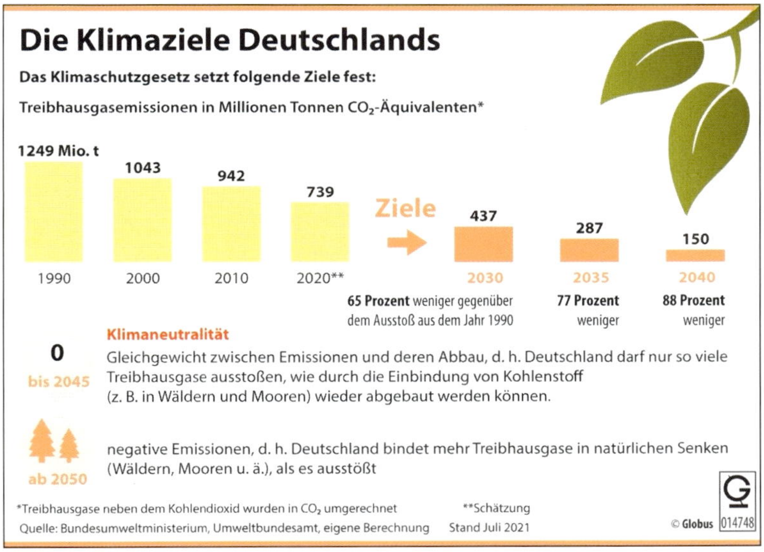

Deutschland hat sich neue Ziele zum Klimaschutz gesetzt. Bis zum Jahr 2045 soll Deutschland klimaneutral sein, d.h., der Ausstoß und der Abbau von Treibhausgasen müssen bis dahin ausgeglichen sein. Auf dem Weg dorthin sieht das veränderte Klimaschutzgesetz einige Etappenziele vor: Im Jahr 2030 soll der Ausstoß von Treibhausgasen um 65 Prozent gegenüber dem Niveau aus dem Jahr 1990 reduziert werden. Für das Jahr 2040 gilt ein Minderungsziel von mindestens 88 Prozent. Nach dem Jahr 2050 strebt Deutschland negative Emissionen an. Dann sollen mehr Treibhausgase in natürlichen Senken wie Wäldern und Mooren eingebunden als ausgestoßen werden.

- **Technologien sind umweltfreundlich zu gestalten.** Produktionsverfahren sollten möglichst rohstoff- und energieschonend ausgelegt werden. Dabei anfallende Kosten dürfen nicht zulasten der Allgemeinheit gehen, sondern müssen vom Hersteller getragen werden. Bereits bei der Konzeption eines neuen Produktes oder Produktionsverfahrens müssen Umweltaspekte (z.B. Recycling- oder Entsorgungseignung) mit berücksichtigt werden.

Digitale Technologien können fast die Hälfte dazu beitragen, dass Deutschland seine Klimaziele bis zum Jahr 2030 erfüllt. Das zeigt eine aktuelle Studie des Digitalverbands Bitkom. Der erste Teil dieser Studie betrachtet vier von sieben Anwendungsbereichen, in denen besonders viel Kohlendioxid eingespart werden kann: industrielle Fertigung, Mobilität, Gebäude sowie Arbeit. Der größte Einspareffekt kann im Bereich „industrielle Fertigung" erzielt werden. Maßgebliche Technologie ist zum einen die Automatisierung in der Produktion. Zum anderen sorgt der sogenannte digitale Zwilling für deutliche Einsparungen. Dabei werden digitale Abbilder von kompletten Produktionszyklen verwendet, um ein Verfahren zunächst digital statt am realen Objekt zu testen. Das spart massiv an Material, Energie und Ressourcen. Insgesamt können im industriellen Bereich rund 61 Megatonnen Kohlendioxid gespart werden. Das setzt allerdings eine gezielte und beschleunigte Digitalisierung voraus. Bei einer moderaten Entwicklung liegt das Einsparpotenzial bei 35 Megatonnen. Lag im Jahr 2019 der Kohlendioxidausstoß in Deutschland noch bei 805 Megatonnen, so darf er 2030 lediglich 543 Megatonnen betragen. Es müssten also 262 Megatonnen weniger ausgestoßen werden.

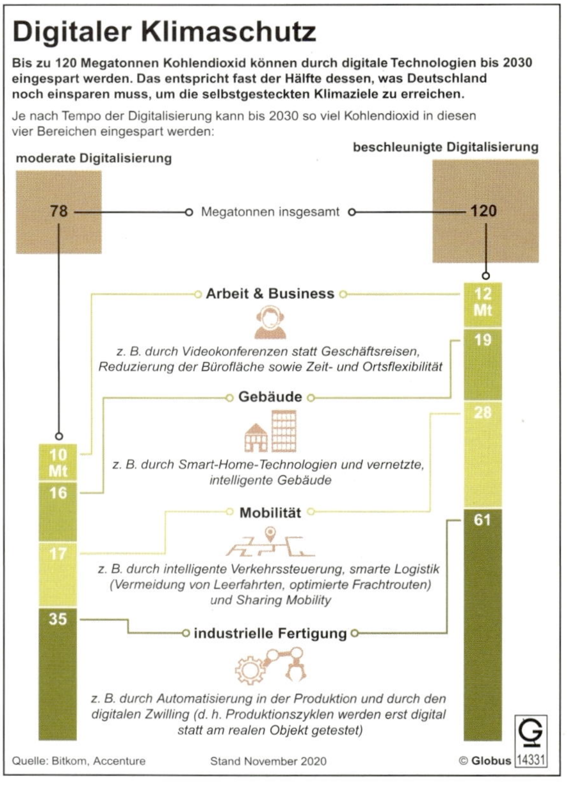

- **Reduzierung der in Unternehmen anfallenden Abfälle,** nicht zuletzt durch die Verringerung unnötiger Verpackungsmaterialien (Müllvermeidung).
- **Die Rückgewinnung (Recycling) und Rückführung wertvoller Rohstoffe in den Produktionsprozess** müssen bis an die Grenze des technisch Möglichen vorangetrieben werden.
- Ein entscheidender Schritt zu größerem Umweltbewusstsein wäre auch dadurch erreichbar, dass **umweltfreundliche Produkte zu niedrigeren Preisen angeboten würden** als umweltschädigende. Über den Preismechanismus könnten dann die unerwünschten Waren vom Markt verdrängt werden.
- **Von jedem einzelnen Verbraucher muss ökologisch verantwortungsbewusstes Handeln gefordert werden.**

Einstellung zum Klimaschutz: Oft eine Frage des Milieus

So viel Prozent der Befragten in Deutschland, die zu diesem Milieu zählen, stimmten im Jahr 2018 der jeweiligen Aussage zu

	Etabliert	Mittelschicht	Kritisch-kreativ	Traditionell	Prekär
Energie					
Die Energiewende in Deutschland geht zu langsam voran, um das Klima effektiv zu schützen	32,0	31,0	69,0	42,0	41,0
Ich beziehe momentan Ökostrom	38,4	37,5	59,2	42,0	32,6
Mobilität					
Ich nutze ein Auto mindestens mehrmals die Woche	82,0	82,0	68,0	72,0	70,0
Ich nutze öffentliche Verkehrsmittel mindestens mehrmals die Woche	17,0	11,0	24,0	15,0	20,0
Carsharing ist eine gute Alternative zum Besitz eines eigenen Autos	47,0	53,4	70,8	61,5	65,4
Ernährung					
Für die Landwirtschaft ist es entscheidend, dass die Umwelt nicht verschmutzt wird und die Temperatur nicht weiter steigt	35,0	41,0	61,0	39,0	44,0
Für umweltfreundliche Produkte bin ich bereit, mehr Geld zu zahlen	28,7	11,4	65,9	20,5	13,3
Ich habe zum Lebensmitteleinkauf schon mal eigene Gläser, Tüten etc. mitgebracht, um Verpackungsmüll zu vermeiden	56,7	57,1	71,4	54,3	47,1

Die Milieus basieren auf einer Klassifikation, die einerseits den sozialen Status und andererseits die Zugehörigkeit zu einer Generation berücksichtigt. Sie ist nicht immer trennscharf:
Etabliert: 40 bis 70 Jahre alt, mittleres bis hohes Bildungsniveau, hohes bis sehr hohes Einkommen
Mittelschicht: 40 bis 70 Jahre alt, mittleres Bildungsniveau und mittleres Haushaltseinkommen
Kritisch-kreativ: 30 bis 70 Jahre alt, mittleres bis hohes Bildungsniveau, mittleres bis hohes Einkommen
Traditionell: über 70 Jahre alt, Wunsch nach wenig Veränderung
Prekär: Geringverdiener und Empfänger staatlicher Transfers, niedrigeres Bildungsniveau

Repräsentative Befragung von 2.017 Personen im Spätsommer 2018

Quellen: Bundesministerium für Umwelt, Naturschutz, nukleare Sicherheit und Verbraucherschutz, Umweltbundesamt, Institut der deutschen Wirtschaft

iwd

Quelle: iwd: Informationen aus dem Institut der deutschen Wirtschaft Köln, Nr. 3 vom 3. Februar 2022

Unter den genannten Voraussetzungen wären **qualitatives Wachstum und Umweltschutz gemeinsam zu verwirklichen,** wobei ein Gleichgewicht zwischen Ökonomie und Ökologie entsteht. Die Umweltindustrie hat damit gute Aussichten, der Wachstumsgarant für die Zukunft zu werden.

Maßnahmen zum Klimaschutz, zum Artenschutz, zur Luftreinhaltung sowie zur Wärmedämmung von Gebäuden sind nicht nur gut für die Umwelt – sie schaffen in Deutschland auch Arbeitsplätze und Umsatz. Für das Jahr 2019 belief sich dieser nach Angaben des Statistischen Bundesamtes auf 73,6 Milliarden Euro. Damit erzielte die Umweltbranche einen Umsatzzuwachs von 3,1 % im Vergleich zu 2018. Der wirtschaftlich bedeutendste Bereich war demnach der Klimaschutz. Auch die Zahl der Beschäftigten im Bereich Umweltschutz stieg 2019 im Vorjahresvergleich um 5,4 % auf 305 000 Menschen mit einem „Green Job“. Zuletzt war der Umsatz wegen Einbrüchen bei der Windenergie noch zurückgegangen.

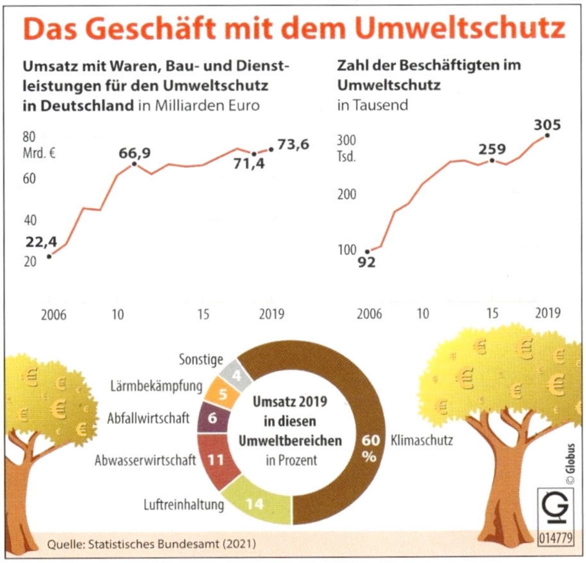

▶ Zusammenfassung

Wachstum und Wachstumspolitik

Indikator für wirtschaftliches Wachstum

- reales Bruttoinlandsprodukt

Träger des wirtschaftlichen Wachstums

- technischer Fortschritt, also innovative Produkte und Produktionsverfahren
- Kapitalangebot (also der Kapitalstock, der sich aus der Summe früherer und neuer Investitionen errechnet)

Wachstumspolitische Maßnahmen

- Spar- und Vermögenspolitik
- Wettbewerbspolitik
- Bildungspolitik
- Bevölkerungspolitik
- Infrastrukturmaßnahmen
- Förderung des technischen Fortschritts
- Stabilisierungspolitik

Grenzen des Wachstums

- Zunahme von Umweltbelastungen
- begrenzte Rohstoff- und Energiereserven
- Verminderung der Lebensqualität

Quantitatives Wachstum kann nicht ausschließliche Zielsetzung der Wachstumspolitik sein. Eher können qualitatives Wachstum und Umweltschutz in Einklang gebracht werden, z. B. durch

- Erlass und Kontrolle staatlicher Vorgaben zur Beseitigung und Vermeidung von Umweltbelastungen
- umweltfreundlich gestaltete Technologien
- Abfallreduzierung in Unternehmen
- Rückgewinnung und -führung von Rohstoffen in den Produktionsprozess
- gesteigertes Umweltbewusstsein
- ökologisch verantwortungsbewusstes Handeln der Verbraucher

Aufgaben 44

(1) Mit welchen Argumenten wird das Ziel des stetigen Wirtschaftswachstums begründet?

(2) Worin sehen Sie negative Auswirkungen eines stetigen Wachstums für den Einzelnen und die Gesamtgesellschaft?

(3) Was versteht man unter „Nullwachstum"?

(4) *Beschreiben Sie die Bestimmungsgründe des Wirtschaftswachstums!*

(5) *In welcher Größenordnung müssen Investitionen getätigt werden, damit von ihnen Wachstumsimpulse ausgehen?*

(6) *Mit welchen Maßnahmen kann der Staat das wirtschaftliche Wachstum anregen?*

(7) *Warum dehnen Unternehmen trotz vorhandener Investitionsmittel ihre Produktion möglicherweise nicht weiter aus?*

(8) *Wie schafft staatliche Wettbewerbspolitik günstige Bedingungen für ein stetiges Wirtschaftswachstum?*

(9) *In welcher Weise hat die Bevölkerungsentwicklung Einfluss auf die Wachstumsrate?*

(10) *Unter welchen Bedingungen sind qualitatives Wachstum und Umweltschutz gemeinsam zu verwirklichen?*

(11) *Erläutern Sie am Beispiel Ihres Ausbildungsbetriebes, inwieweit sich qualitatives Wachstum und Umweltschutz in Einklang bringen lassen könnten!*

(12) *Ausgaben, die ausschließlich dazu dienen, wachstumsbedingte Schädigungen und Verschlechterungen der Lebens-, Arbeits- und Umweltsituation zu vermindern, auszugleichen oder vorbeugend zu vermeiden, werden als defensive oder kompensatorische Ausgaben bezeichnet.*

Zeigen Sie anhand der im Schaubild dargestellten „Kosten des Wachstums" Lösungsmöglichkeiten auf, die zu einer Verringerung dieser defensiven Ausgaben beitragen können!

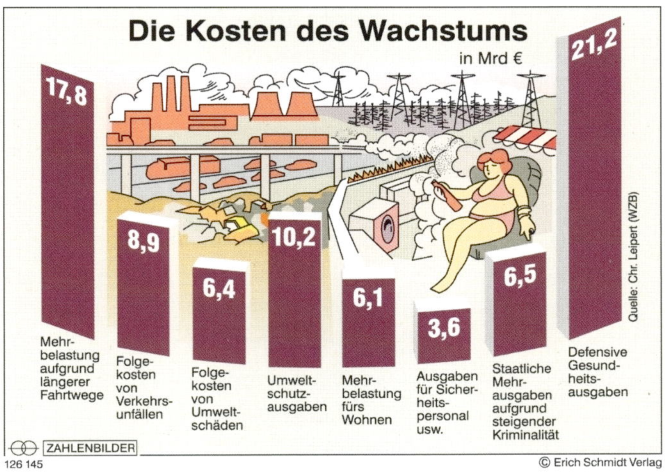

(13) *Nennen Sie Beispiele aus Ihrer Privatsphäre, wo Sie durch ein ökologisch verantwortungsbewusstes Handeln qualitatives Wachstum unterstützen!*

Verzeichnis der Gesetze und Rechtsverordnungen

AFG	Arbeitsförderungsgesetz
AGG	Allgemeines Gleichbehandlungsgesetz (Antidiskriminierungsgesetz)
AktG	Aktiengesetz
AltTZG	Altersteilzeitgesetz
AO	Abgabenordnung
ArbGG	Arbeitsgerichtsgesetz
ArbZG	Arbeitszeitgesetz
AVB	Allgemeine Versicherungsbedingungen
BBankG	Bundesbankgesetz
BBiG	Berufsbildungsgesetz
BDSG	Bundesdatenschutzgesetz
BEEG	Gesetz zum Elterngeld und zur Elternzeit
BetrVG 1972	Betriebsverfassungsgesetz 1972
BewG	Bewertungsgesetz
BGB	Bürgerliches Gesetzbuch
BiRiLiG	Bilanzrichtliniengesetz
ChemG	Gesetz zum Schutz vor gefährlichen Stoffen (Chemikaliengesetz)
DesignG	Gesetz über den rechtlichen Schutz von Design (Designgesetz)
DrittelbG	Gesetz über die Drittelbeteiligung der Arbeitnehmer im Aufsichtsrat (Drittelbeteiligungsgesetz)
EStG	Einkommensteuergesetz
FPfZG	Familienpflegezeitgesetz
GebrMG	Gebrauchsmustergesetz
GefStoffVO	Verordnung zum Schutz vor Gefahrstoffen (Gefahrstoffverordnung)
GenG	Genossenschaftsgesetz
GewO	Gewerbeordnung
GG	Grundgesetz
GmbHG	Gesetz betreffend die Gesellschaft mit beschränkter Haftung
GRG	Gesundheitsreformgesetz
GrStG	Grundsteuergesetz
GVG	Gerichtsverfassungsgesetz
GWB	Gesetz gegen Wettbewerbsbeschränkungen (Kartellgesetz)
GwG	Gesetz über das Aufspüren von Gewinnen aus schweren Straftaten (Geldwäschegesetz)
HGB	Handelsgesetzbuch
InsO	Insolvenzordnung

JArbSchG	Jugendarbeitsschutzgesetz
KSchG	Kündigungsschutzgesetz
KStG	Körperschaftsteuergesetz
MarkenG	Markengesetz
MitbestG	Mitbestimmungsgesetz
MuSchG	Gesetz zum Schutz von Müttern bei der Arbeit, in der Ausbildung und im Studium (Mutterschutzgesetz)
PAngV	Preisangabenverordnung
PartGG	Gesetz über Partnerschaftsgesellschaften Angehöriger Freier Berufe (Partnerschaftsgesellschaftsgesetz)
PflegeVG	Gesetz zur sozialen Absicherung des Risikos der Pflegebedürftigkeit (Pflege-Versicherungsgesetz)
PflegeZG	Pflegezeitgesetz
ProdHaftG	Gesetz über die Haftung für fehlerhafte Produkte (Produkthaftungsgesetz)
ProdSG	Gesetz über die Bereitstellung von Produkten auf dem Markt (Produktsicherheitsgesetz)
PublG	Gesetz über die Rechnungslegung von bestimmten Unternehmungen und Konzernen
RRG	Gesetz zur Reform der gesetzlichen Rentenversicherung
ScheckG	Scheckgesetz
SGB	Sozialgesetzbuch
StabG	Gesetz zur Förderung der Stabilität und des Wachstums der Wirtschaft (Stabilitätsgesetz)
StGB	Strafgesetzbuch
TKG	Telekommunikationsgesetz
TzBfG	Teilzeit- und Befristungsgesetz
TVG	Tarifvertragsgesetz
UmweltHG	Gesetz über die Umwelthaftung (Umwelthaftungsgesetz)
UStG	Umsatzsteuergesetz
UWG	Gesetz gegen den unlauteren Wettbewerb
VermBG	Vermögensbildungsgesetz (5.)
VerpackG	Gesetz über das Inverkehrbringen, die Rücknahme und die hochwertige Verwertung von Verpackungen (Verpackungsgesetz)
VersStG	Versicherungsteuergesetz
WpHG	Wertpapierhandelsgesetz
ZKG	Gesetz über die Vergleichbarkeit von Zahlungskontoentgelten, den Wechsel von Zahlungskonten sowie den Zugang zu Zahlungskonten mit grundlegenden Funktionen (Zahlungskontengesetz)
ZPO	Zivilprozessordnung

Stichwortverzeichnis

A

Abfindung 255
Abgaben 528
Ablauforganisation 329 ff.
Ablaufplanung 330 ff.
Absatzformen 389 f.
Absatzmärkte 359 ff.
Absatzmethoden 388 ff.
Absatzvermittler 354
Absatzwege 389
Abschlussprüfung 203
Abschwung 567, 590
Abteilungen 355
Abwertung 613
Abzahlungsdarlehen 438
Abzugsverfahren 530
AG 155 ff.
AGB 54 ff., 508
Akkordlohn 239 f.
Aktien 460 ff.
Aktiengesellschaft 155 ff.
aktive Giralgeldschöpfung 605 f.
allgemeine Geschäftsbedingungen 54 ff.
Allgemeines Gleichbehandlungsgesetz 257 ff.
Altersteilzeit 245 f.
Altersteilzeitgesetz 245 f.
Amtsgerichte 124
Anbieterfunktion 480 ff.
Anerkennung und Lob 314
Anfechtbarkeit von Rechtsgeschäften 47 f.
Anfrage 68
Angebot 68 ff.
Angebot an die Allgemeinheit 69
Angebot mit Fristsetzung 69
Angebotsarten 68 f.
Angebotsinflation 585 f.
Angebotsinhalte 70 ff.
Angebotsüberhang 476, 488
Angebotsvergleich 80
Angebotswiderruf 70
Angebot unter Abwesenden 70
Angebot unter Anwesenden 69
Anmeldevorschriften 134 f.
Annahme 48 f.
Annahmeverzug 101 ff.
Annuitätendarlehen 437 f.
Anstalten 165
Antrag 49
Antrag auf Erlass eines Mahnbescheids 117 f.
Antragsveranlagung 539
Arbeit 21, 169 f.
Arbeitnehmerbegriff 292
Arbeitnehmer-Pauschbetrag 532
Arbeitsbedingungen 170 ff.
Arbeitsfeldvergrößerung 177 ff.
Arbeitsfeldverkleinerung 174 ff.
Arbeitsgerichte 262
Arbeitsgerichtsbarkeit 262 ff.
Arbeitskampfmaßnahmen 236
Arbeitslosengeld I 283
Arbeitslosengeld II 284
Arbeitslosenversicherung 267, 280
Arbeitslosigkeit 569 f.
Arbeitsmarkt 359
Arbeitsplatzgestaltung 182
Arbeitsschutzrecht 182, 247 ff.
Arbeitsteilung 24 ff.
Arbeitsvermittler 189
Arbeitszeit 207, 248
Arbeitszeitgesetz 247 f.
Arbeitszeitmodelle 242 ff.
Arbeitszeitverkürzung 574 f.
Arbeitszerlegung 26
Arbeitszeugnis 216 ff.
arglistige Täuschung 48
artgemäße Lagerung 88
Art, Güte und Beschaffenheit der Ware 70 f.
Arthandlungsvollmacht 222
Aufbauorganisation 321 ff.
Aufgabenanalyse 322
aufgabenorientierter Führungsstil 308
Aufgabensynthese 322
Aufgabenverteilung 323
Auflösung 140, 143, 145, 148, 153, 157, 162
Aufschwung 567, 590
Aufsichtsrat 152, 157, 161
Auftrag 81
Auftragsbestätigung 81
Aufwertung 613
Ausbildungsberufsbild 202 f.
Ausbildungsdauer 201
Ausbildungsordnung 201 ff.
Ausbildungsrahmenplan 205 f.
Ausbildungsvergütung 208
Ausbildungsvertrag 205 ff.
Ausfallbürgschaft 444
ausführende Arbeit 169
Ausgleichsabgabe 252
Auskunfteien 441
Außenbeitrag 562
Außenfinanzierung 434
Außenverhältnis 142 f., 145 f.
Außenwert des Geldes 624 ff.
Außenwirtschaft 619 ff.
außenwirtschaftliches Gleichgewicht 570 f.
Außenwirtschaftspolitik 612 ff.
außergerichtliches Mahnverfahren 113 f.
außergewöhnliche Belastungen 534 f.
außerhalb von Geschäftsräumen abgeschlossene Verträge 509
Aussperrung 236
autoritärer Führungsstil 309 f.

B

BankKarte 423 f.
Bargeld 401 f.
bargeldlose Zahlung 412 ff.
Barscheck 410 f.
Barzahlung 405 ff.
Barzahlungsrabatt 387
Basisjahr 579
Basiskonto 408
Basiszinssatz 109
Baustellenfertigung 351
Bedarf 17 f.
Bedürfnisse 17 f.
Beförderungskosten 72
Beglaubigung 46 f.
Beiträge 528
Beitragsbemessungsgrenzen 267 f.
Beitragssätze 267 f.
berufliche Arbeitsteilung 25 f.
Berufsbildung 25 f.
Berufsgenossenschaft 183
Berufsschule 210, 212
Berufsspaltung 26
Berufung 125, 262
Beschaffungsmärkte 359
Beschaffungsplan 63 ff.
Beschaffungszeitpunkt 66
Beschäftigungsgrad 367
beschränkte Geschäftsfähigkeit 40
Besitz 42
besonderer Kündigungsschutz 255
Bestellmenge 92
Bestellung 81
Bestellungsannahme 81
Bestimmungskauf 51
Beteiligungsfinanzierung 434
Betriebe zur Gewinnung von Rohstoffen und Naturprodukten 349
Betriebsausgaben 532
Betriebsmittel 23, 63, 356
Betriebsrat 292 ff.
Betriebsstoffe 356
Betriebsvereinbarung 293
Betriebsverfassungsgesetz 291 ff.
Betriebsversammlung 293
betriebswirtschaftliche Produktionsfaktoren 23 f.
Beurkundung 47
Beurteilungsgespräch 199
Beweislastumkehr 106
Bewerbungsunterlagen 193 f.
Bezugskalkulation 80
Bezugsquellen 66 f.
BGB-Gesellschaft 146 f.
Bilanz 345, 432
Binnenwert des Geldes 578
Blankokredit 444
Block-floating 625
Blockunterricht 213
Boden 21 f.
Bonus 75
Boom 567, 589 f.
Bringschulden 77
Bruttoinlandsprodukt 559 ff.
Bruttonationaleinkommen 561 ff.
Buchgeld 401
Bundesanleihen 458
Bundesarbeitsgericht 263 f.
Bundesgerichtshof 125 f.
Bundeshaushalt 528
Bundesvereinigung der Deutschen Arbeitgeberverbände 234
bürgerlicher Kauf 52, 102, 106
Bürgschaft 444

C

Chargenfertigung 350
Chemikaliengesetz 182
Courtage 229

D

Darlehensvertrag 57 f.
Datenflussdiagramm 334 f.
Deflation 586 ff.
Depression 567, 590
Designgesetz 523
Deutsche Bundesbank 602 ff.
Deutscher Gewerkschaftsbund 233 f.
Devisenbilanz 623
Devisenmangel 631
Devisentermingeschäft 362 f.
Dienstleistungen 621
Dienstleistungsbetriebe 351 ff.
Dienstleistungsunternehmen 357
Dienstvertrag 56
Direktorialprinzip 329
Distanzkauf 107
Dividende 157, 461
Drittelbeteiligungsgesetz 297 f.
duales System 210 ff.
durchschnittliche Lagerdauer 94
durchschnittlicher Lagerbestand 93

E

Effekten 457
Eigenkapitalrentabilität 343 f.
Eigentum 41 f.
Eigentumsvorbehalt 447 f.
Eignungstest 195
Eignungsuntersuchung 196
Einbruchdiebstahlversicherung 287
eingetragene Genossenschaft 159 ff.
Einigung 41
Einigungsstelle 293
Einkommensbildung 557 f.
Einkommensentstehung 558
Einkommensteuer 531 ff.
Einkommensteuertarif 534 ff.
Einkommensverteilung 572

Einkommensverwendung 557 f.
Einkunftsarten 532
Einlagenfazilitäten 609
Einlagengeschäfte 353
Einlagepflicht 141
Einliniensystem 326
Einrede der Vorausklage 444
Einspruch gegen einen Vollstreckungsbescheid 116
Einzelfertigung 350
Einzelkosten 371
Einzelprokura 223
Einzelunternehmen 138 f.
Einzelwerbung 392
ELStAM-Datenbank 536
Elterngeld 251 f.
ElterngeldPlus 252
engere Zusammenarbeit 500 f.
Entlohnung 237 ff.
Entscheidungsprozesse 328 f.
Entscheidungssysteme 328 f.
Entwicklung und Wesen des Geldes 399 ff.
Erfüllungsort 75 f.
Ergänzungsinvestitionen 431 f.
Erklärungsirrtum 47 f.
Errichtungsinvestitionen 430
Ersatzinvestitionen 430
Ersatzlieferung 107
Ersatz vergeblicher Aufwendungen 108
Erweiterungsinvestitionen 431
Europäisches System der Zentralbanken 602 f.
Europäische Union 627 f.
Europäische Zentralbank 566, 598 f.
Existenzbedürfnisse 17
Expansion 590 f.
Exportüberschuss 621
EZB-Rat 600

F

Factoring 452
Fahrlässigkeit 99, 101 f.
Fälligkeitsdarlehen 437 f.
falsche Übermittlung 48
Familienpflegezeitgesetz 260 f.
Fazilitäten 609
Fernabsatzverträge 509 ff.
Fertigungsbetriebe 349 f.
Fertigungstypen 350 f.
Fertigungsverfahren 351 f.
feste Wechselkurse 626
festverzinsliche Wertpapiere 458 ff.
Feuerversicherung 287
Filialprokura 223
Finanzierung aus Abschreibungen 433 f.
Finanzierungsarten 432 ff.
Firma 130 ff.
Fiskalpolitik 609 ff.
fixe Kosten 367 f.
Fließfertigung 351
Forderungen 403 f.
Formfreiheit 46
Formkaufmann 128
Frachtführer 228
freibleibendes Angebot 69
freie Berufe 129
freie Marktwirtschaft 550 ff.
freie Wechselkurse 625 f.
fristlose Kündigung 208
Führung 306 ff.
Führungsstile 308 ff.
Führungstechniken 311 ff.
funktionsorientierte Aufbauorganisation 323 f.
Funktionssystem 326 f.
Fusion 504

G

Garantie 445
Gattungskauf 51
Gattungssachen 41
Gebietskörperschaften 165
Gebrauchsgüter 18 f.
Gebrauchsmustergesetz 524 f.
Gebühren 528
Gefahrensymbole 183
Gefahrstoffverordnung 183 f.
Gefahrübergang 76 f.
Geldarten 403
Geldbasis 605
Gelddarlehen 437 f.
Gelddarlehensvertrag 57 f.
Geldersatzmittel 403 ff.
Geldkredite 437 ff.
Geldkreislauf 31
Geldmarkt 360
Geldmenge 605
Geldpolitik 598 ff.
geldpolitisches Instrumentarium 607 ff.
Geldschöpfungsmultiplikator 605
Geldschulden 77
Geldwäschegesetz 411
Geldwertschwankungen 578 ff.
Geldwertstabilität 568 f.
Geld-Wirtschaft 400 f.
Gemeinkosten 371
Gemeinlastprinzip 574
gemeinsames Handeln 499
gemischte Prokura 223
Generalhandlungsvollmacht 221
Generalversammlung 161
Generationenvertrag 276, 278
Genossenschaft 159 ff.
gerechtere Einkommensverteilung 572
gerechter Lohn 238
gerichtliches Mahnverfahren 114 ff.
Gerichtsstand 70, 77 f.
Geringverdienergrenze 270
Gesamtkapitalrentabilität 344
Gesamtkosten 370
Gesamtprokura 223
Gesamtvertretung 142
Geschäftsbesorgungsvertrag 45, 58
Geschäftsfähigkeit 39 f.
Geschäftsführer 152

Geschäftsführung 141 f., 144, 147, 149, 158
Geschäftsunfähigkeit 39
Gesellschaft bürgerlichen Rechts 146 f.
Gesellschafterversammlung 152
Gesellschaft mit beschränkter Haftung 153 f.
Gesellschaftsformen mit beschränkter Haftung 149 ff.
Gesetze 36
Gesetz gegen den unlauteren Wettbewerb 519 ff.
Gesetz gegen Wettbewerbsbeschränkungen 524 f.
gesetzliche Kündigung 220 f.
Gesundheitsfonds 272 f.
Gewerbeordnung 248
Gewerbesteuer 541 f.
Gewinnbeteiligung 144
Gewinndruckinflation 585
Gewinnschwelle 372 f.
Gewinnverteilung 141, 157 f.
Gewinnverwendung 152
Gewohnheitsrecht 36
Giralgeldschöpfung 605
Girokonto 408
Glasbruchversicherung 287
Gläubigerarten 473
Gläubigerpapiere 456
Gleichbehandlungsgesetz 257 ff.
Gleichgewichtspreis 488, 490 f.
Globalisierung 27 f.
GmbH 152 f.
GmbH & Co. KG 145 f.
Gratifikationen 241
Grenzen des Wachstums 640 ff.
Grundbuch 448
Grundfreibetrag 35, 535
Grundkapital 155 f.
Grundkündigungsfrist 220
Grundpfandrechte 448
Grundschuld 449
Grundsteuer 540 f.
Grundtabelle 535 f.
Gründung 139 f., 144, 146 ff., 150 f., 155, 158, 160
Gruppenarbeit 178 f.
Gruppenfertigung 351
Güter 18 f.
Güterkreislauf 31
Gütermarkt 360
Gütezeichen 71, 499
GWB 524 f.

H

Haftpflichtversicherung 288
Haftung 145, 148 f., 161
halbbare Zahlung 408 ff.
Handelsbeschränkungen 631
Handelsbetriebe 352 f.
Handelsbrauch 36
Handelsgewerbe 128
Handelshemmnisse 613
Handelskauf 52, 102, 106
Handelsmakler 229
Handelsregister 132 ff.
Handelsrisiken 632
Handelsvertreter 229
Handlungsbevollmächtigter 221 f., 225 f.
Hartz IV 284
Hauptversammlung 157
Hebesatz 541
Hemmung der Verjährung 122 f.
Hilfsstoffe 356
Hochkonjunktur 567, 590
Höchstbestand 93
Holding 503
Holschulden 76
Humanisierung der Arbeit 174 ff.
Hypothek 448 f.

I

Importüberschuss 586 ff.
Individualbedürfnisse 18
Individualprinzip 549
Individualversicherungen 284 ff.
Industrieobligationen 458
Inflation 581 ff.
Inhaberaktien 461
Inhaltsirrtum 48
inhaltsorientierte Ablaufplanung 330
Inkassoinstitut 114
Innenfinanzierung 433
Innenverhältnis 140 f., 144
Insolvenz 470
Insolvenzordnung 508, 513 ff.
Insolvenzplan 474
Insolvenzverfahren 470 ff.
Interessenverbände 567
Interessenvertretung der Arbeitnehmer 291 ff.
Interessenwegfall 53
internationale Arbeitsteilung 27 f.
internationale Handelskammer 630
internationale Kreditkarten 425
internationaler Währungsfonds 630
interpersonaler Konflikte 180 f.
Inventar 90
Inventur 89 f.
Investitionsanlässe 430 ff.
Investitionsgütermarkt 361
Investition und Finanzierung 429 ff.
Investmentzertifikate 462 f.
irreführende geschäftliche Handlungen 521
Istkaufmann 128

J

Jahresabschluss 163
Jobenlargement 178
Jobenrichment 178
Jobrotation 177 f.
Jugendarbeitsschutzgesetz 248 f.
Jugend- und Auszubildendenvertretung 295 ff.
juristische Personen 37 f.

K

kalkulierter Verkaufspreis 385 f.
Kampfverhalten 492

Kannkaufmann 128
Kapital 22
Kapitalbeschaffungsmaßnahmen 433 ff.
Kapitalbilanz 622
Kapitalgesellschaften 149 f., 152
Kapitalmarkt 360
Kapitalrentabilität 343 f.
Kapitalwertpapiere 456 ff.
Kartell 501 f.
Kassenreserve 605
Kauf auf Abruf 53
Kauf auf Probe 51
Kaufkraft 18, 578, 581
kaufmännischer Angestellter 215 ff.
kaufmännischer Auszubildender 201 ff.
kaufmännischer Geschäftsbetrieb 129
Kaufmannseigenschaft 128 ff.
Kaufvertrag 49 ff.
Kaufvertragsarten 51 ff.
Kaufvertragserfüllung 50
Kaufvertragsstörungen 98 ff.
Kauf zur Probe 51
Kennzeichnung 383
KG 143 ff.
KGaA 158 f.
Kirchensteuer 533
Klageandrohung 114
Klage auf Annahme der Ware 102
Klage auf Zahlung 120
Kleinbetragsrechnung 543
Kleingewerbe 128
Know-how 22
Koalitionsverhalten 492
Kollegialsystem 329
Kollektivbedürfnisse 18
Kollektivprinzip 549
Kollektivwerbung 392
Kommanditaktionär 158
Kommanditgesellschaft 143 ff.
Kommanditgesellschaft auf Aktien 158 f.
Kommanditist 144 f.
Kommissionär 227 f.
Kommunalobligationen 459 f.
Kommunikationspolitik 390 ff.
Komplementär 143 f.
Konflikthandhabung 179 ff.
Konjunkturindikatoren 591
Konjunkturschwankungen 589
Konjunkturverlauf 589 ff.
Konjunkturzyklus 567, 589 ff.
Konsumgüter 18 f.
Konsumgütermarkt 360
Kontingente 613
Kontokorrentkredit 439 f.
Kontovertrag 58
Konzentration 501 ff.
Konzern 502 ff.
Kooperationsformen 498 ff.
Kooperationsprinzip 574
kooperativer Führungsstil 309 ff.
Körperschaften 165
Körperschaftsteuer 540
Kostenarten 366 ff.
Kostenbegriff 364 f.
Kostendruckinflation 584 f.
Kostenlehre 364 ff.
Kostenverlauf 496
Kraftfahrtversicherung 287
Krankenversicherung 269 ff.
Kreditantrag 440 ff.
Kreditarten 435 ff.
Kreditfinanzierung 435
Kreditinstitute 353 f.
Kreditkarten 403
Kreditsicherungsmöglichkeiten 443 ff.
Kreditwürdigkeitsprüfung 441 ff.
Krise 590
Kritik und Tadel 314
kritische Absatzmenge 371 ff.
Kulanz 388
Kulturbedürfnisse 17
Kundenkreditkarte 425
Kündigung 45, 208 f., 220 f.
Kündigungsdarlehen 437 f.
Kündigungsschutz 253 ff.
Kündigungsschutzklage 255
Kurantgeld 401
Kursnotierungen 464 f.
Kurswert 156, 461
Kurszusätze 465

L

Lagebericht 163
Lager 85 ff.
Lagerarten 86
Lagereinrichtung 86 f.
Lagerkennzahlen 90 ff.
Lagerkontrolle 88 ff.
Landesarbeitsgerichte 262
Landgerichte 125
Leasing 449 ff.
Lebensversicherung 286
Leihvertrag 57
Leistungsbereitschaft 170 ff.
Leistungsbilanz 620 f.
Leistungslöhne 238 ff.
Leistungsprozesse 348 ff.
leitende Arbeit 169
Leitungswasserversicherung 287
Lernort Berufsschule 212
Lernort Betrieb 212
Lieferantendatei 67
Lieferung mangelfreier Ware 103 ff.
Lieferungsbedingungen 72 ff.
Lieferungsverzug 98 ff.
Lieferzeit 73
Liniensystem 326
Liquidation 468 ff.
Liquidität 469
Lohnformen 238 ff.

Lohngerechtigkeit 238
Lohnpolitik 614 f.
Lohnsteuer 536 ff.
Lombardkredit 446
Luxusbedürfnisse 17

M

magisches Viereck 575 f.
Mahnbescheid 116 ff.
Mahnung 114
Mahnverfahren 113 ff.
Management by Delegation 312
Management by Exception 311
Management by Objectives 312 f.
Mängelarten 103 f.
Mangelausschluss 105
Mängelrüge 106
Manteltarifvertrag 235
Marken 71
Markengesetz 523 f.
Marketing 355, 375 ff.
Markt 32, 476 ff.
Marktarten 477
Märkte 359 ff.
Marktpreis 386
Massenfertigung 351
Materialbeschaffung 356
Mehrliniensystem 326 f.
Mehrwertsteuer 542 f.
Meldebestand 92
Methodenkompetenz 211
Mietvertrag 56
Minderung des Kaufpreises 108
Mindestbestand 92
Mindestreserve 605
Mindestreservepolitik 609
Mindeststammkapital 152
Minijob 245
Minimalprinzip 19
Minuten-Service 407 f.
Missbrauchsaufsicht 504
Mitarbeiterbeteiligung 241
Mitarbeiterführung 313 ff.
Mitbestimmung 291 ff.
Mitbestimmungsgesetz 1976 298 f.
mittelbare Barzahlung 407 f.
monetäre Inflationstheorie 585
Monopol 493
Musterprotokoll 150 f.
Mutterschutzgesetz 249 f.

N

Nacherfüllung 107 f.
Nachfragefunktion 483
Nachfrageinflation 584
Nachfragerverhalten 483 ff.
Nachfrageüberhang 488
Nachfristsetzung 100
Nachhaltigkeit 340
Nachschusspflicht 161
Namensaktien 461
Naturaltausch-Wirtschaft 400
natürliche Personen 37 f.
Nennbetragsaktien 155 f.
Nennwert 155 f., 461
Nettoinlandsprodukt 562
Nettonationaleinkommen 562
Neubeginn der Verjährung 123
Nichtigkeit von Rechtsgeschäften 47
Nominalzins 465
Notverkauf 102

O

objektives Recht 37
offene Handelsgesellschaft 140 ff.
Offenmarktgeschäfte 608
öffentliches Recht 35
öffentliche Versorgungsbetriebe 354
Öffentlichkeitsarbeit 391
OHG 140 ff.
Ökologie 20
ökonomisches Prinzip 19 f.
Oligopol 492 f.
Onlinebanking 412
Organisation 317 ff.

P

Pachtvertrag 57
Partnerschaftsgesellschaft 148
passive Giralgeldschöpfung 605
Passivgeschäfte 353
Personalakte 196 f.
Personalauswahl 191 ff.
Personalbedarfsplan 188
Personalbeschaffung 188 ff.
Personalbestandsplan 187
Personalbeurteilung 196 ff.
Personalkredite 444 ff.
Personalleasing 190 f.
Personalplanung 187 f.
Personalpolitik 186 ff.
Personengesellschaften 139 ff.
personenorientierte Aufbauorganisation 325
personenorientierter Führungsstil 308 f.
Personensteuern 531 ff.
Personenunternehmen 138 ff.
Personenversicherungen 285 f.
persönlicher Verkauf 391
Pfandbriefe 459
Pflegeversicherung 274 ff.
Pflegezeitgesetz 259 f.
Planung 304
Plastikgeld 422 ff.
Platzkauf 107
Point-of-Sale-Banking 425 f.
Police 284
Polypol 487 ff., 491
Prämienlohn 238, 241

Preisangabenverordnung 508, 517 f.
Preisbildung 487 ff.
Preisdifferenzierung 387
Preisnachlässe 75 f.
Preisniveau 578
Preispolitik 385 ff.
Preisstrategien 387
Primäreinkommen 622
Privatentnahme 142
Privatrecht 34
Probezeit 207
Probleme der Weltwirtschaft 631 ff.
Produktdiversifikation 384
Produktelimination 384
Produktgestaltung 376
Produktgütermarkt 361
Produkthaftungsgesetz 518 f.
Produktinnovation 383
Produktionsfaktoren 21 ff.
Produktionsgüter 18 f.
Produktivität 342
Produktsicherungsgesetz 182
Produkt- und Sortimentspolitik 376 ff.
Produktvariation 384
Prokura 222 ff.
Prüfungsanforderungen 203 ff.
Public Relations 391
Publizitätspflicht 163 f.

Q

Quittung 406

R

Rabatt 75
Ramschkauf 52
Ratenkauf 74
Rationalisierungsinvestitionen 431
Rationalprinzip 19 f.
raumorientierte Ablaufplanung 332 f.
Realkredite 446 ff.
Realsteuern 540 ff.
Rechnungslegung 163 f.
Rechnungsprüfung 50
Rechte 42
Rechtsfähigkeit 38 f.
Rechtsgeschäfte 45 ff.
Rechtsmangel 105
Rechtsobjekte 40 ff.
Rechtsordnung 34 ff.
Rechtsquellen 35 ff.
Rechtsschutzversicherung 288
Rechtssubjekte 37 ff.
Regelkreis 335 ff.
Regelverjährungsfrist 121
Reinvermögen 90
Rentabilität 343 f.
Rentenmarkt 464
Rentenschuld 449
Rentenversicherung 276 ff.
Rentenversicherungsreform 277 f.
Reparatur 107
Restschuldbefreiung 516
Revision 125, 263
Riester-Rente 279
Rohstoffe 356
Rollenkonflikte 179 f.
Rücktritt vom Kaufvertrag 53, 100, 107, 110
Rückwärtskalkulation 365
Rügefristen 106 f.

S

Sachdarlehensvertrag 57 f., 438
Sachen 41 f.
Sachgüter 18 f.
Sachleistungsunternehmen 354 ff.
Sachmangel 104
Sachversicherungen 287 f.
Saldo der statistisch nicht aufgliederbaren Transaktionen 622
Sammelwerbung 392
Sanierung 469
Satzungen 36
Schadensersatz 108
Schadensersatz statt der Leistung 100, 110
Schadensersatz wegen Nichterfüllung 53
Schadensersatz wegen Pflichtverletzung 100, 109 f.
Schadensersatz wegen Verzögerung der Leistung 100, 109 f.
Schecks 403
Scheidegeld 401
Scheingeschäft 47
Schenkung 45
Scherzgeschäft 47
Schickschulden 77
Schlichtung 236
Schriftform 46
Schufa 441
Schuldenbereinigungsverfahren 515 ff.
Schwerbehindertenrecht 252 f.
Sekundäreinkommen 622
Selbsteintritt des Spediteurs 228
Selbstfinanzierung 433
Selbsthilfeverkauf 102 f.
SEPA-Dauerauftrag 417
SEPA-Lastschriftverfahren 418 ff.
SEPA-Sammelüberweisung 417
SEPA-Überweisung 415 ff.
SEPA-Zahlungen 413 ff.
Serienfertigung 350
Serviceleistungen 387 f.
Sicherungsinvestitionen 432
Sicherungsübereignung 447
Sittenwidrigkeit 47
Skonto 74 f., 440 f.
Sofortkauf 53, 73
Sonderausgaben 532 f.
Sonn- und Feiertagsarbeit 248
Sorten 624
Sortenfertigung 350
Sortimentsgestaltung 383 ff.

soziale Marktwirtschaft 553 ff.
Sozialgerichtsbarkeit 282
Sozialhilfe 283 f.
Sozialkompetenz 211
Sozialpartner 233 ff.
Sozialpolitik 554 f.
Sozialversicherung 266 ff.
Sparguthaben 403
Spar- und Vermögenspolitik 638
Spediteur 228
Spezialhandlungsvollmacht 222
Spezialisierung 25
Spezifikationskauf 51
Spitzenrefinanzierungsfazilitäten 609
Sprungrevision 125
Stabilität des Preisniveaus 568 f.
Stabilitätsgesetz 568
Stabliniensystem 327 f.
Stabsstellen 327, 355
Stagflation 588 f.
Stammaktien 460
Stammeinlage 152
Stammkapital 151
Stellenanzeigen 189
Steuerarten 529 f.
Steuererhebungsverfahren 530
Steuerklassen 536 ff.
Steuermesszahl 540
Steuern 528 ff.
Stille Gesellschaft 139
Streik 237
Stückaktien 155 f.
Stückgeldakkord 240
Stückkauf 51
Stückkosten 370
Stücksachen 41
Stückzeitakkord 240
Sturmversicherung 287
subjektives Recht 37
Substitution von Produktionsfaktoren 24

T

Tageskauf 53
Tarifautonomie 234
Tarifvertragsarten 235
Tarifvertragsparteien 233 f.
Tarifvertragsverhandlungen 236 f.
Tauschmittel 401
technische Arbeitsteilung 26
Teilhaberpapiere 457
Teilhafter 144 f.
Teilkaskoversicherung 287
Teilzahlungsgeschäfte 436 f.
Teilzeit 244 ff., 256 f.
Teilzeit- und Blockunterricht 213
Termingeld 403
Terminkauf 53
Testament 45
Tiefstand 567
Trust 504

U

Übergabe 41 f.
Überschussreserve 605
Über- und Unterforderung 180
UG (haftungsbeschränkt) 150, 154 ff.
Umlageverfahren 276
Umsatzrentabilität 344
Umsatzsteuer 542 f.
Umschlagshäufigkeit 93
Umweltschutz 572 ff.
unbeschränkte Geschäftsfähigkeit 40
UNCTAD 631
Unfallverhütungsvorschriften 183
Unfallversicherung 280 f.
unlautere geschäftliche Handlungen 520
unmittelbare Barzahlung 406
Unternehmensformen 137 ff.
Unternehmenshierarchie 169 f.
Unternehmenskrisen 467 ff.
Unternehmergesellschaft (haftungsbeschränkt) 150, 154 ff.
unternehmerische Entscheidungsprozesse 302 ff.
unvollkommene Märkte 497
unzumutbare Belästigungen 521 f.
Urlaub 249
Urproduktion 26
UWG 519 ff.

V

variable Kosten 368 f.
Veranlagungsverfahren 530 f.
verbale Arbeitsanweisung 333
Verbraucherberatung 507 f.
Verbraucherdarlehensverträge 512 f.
Verbraucherinsolvenzverfahren 513 f.
Verbraucherpreisindex 578 ff.
Verbraucherschutz 507 ff.
Verbrauchsgüterkauf 106
verfügbares Einkommen 564
vergleichende Werbung 521
Vergütung 208
Verjährung 120 ff.
Verjährungsfristen 121 ff.
Verkaufsbedingungen 387 f.
Verkaufsförderung 391
Verkehrsteuern 542 ff.
Verlustbeteiligung 141
Vermögensänderungsbilanz 622
Verordnungen 36
Verpackung 376 ff.
Verpackungsgesetz 378
Verpackungskosten 73 f.
Verpackungsregister LUCID 380
Verpflichtungsgeschäft 41
Verrechnungsschecks 419 ff.
Versicherungen 266 ff.
Versicherungsinstitute 353
Versicherungsteuer 544
Versicherungsvertrag 58

Versorgungsbetriebe 354
vertragliche Kündigung 221
Vertragsarten 48 ff.
Vertragsfreiheit 54
Vertragshändler 227
Vertretung 142 f., 147, 149, 158
Vertriebspolitik 388 ff.
Verursacherprinzip 573
Verzinsung 465
Verzugsschaden 110
Verzugszinsen 109
Volkseinkommen 563 f.
volkswirtschaftliche Arbeitsteilung 26 f.
volkswirtschaftliche Produktionsfaktoren 21 ff.
Vollbeschäftigung 569 f.
Vollkaskoversicherung 287
vollkommene Märkte 496 f.
Vollstreckungsbescheid 116
Vollzeitarbeit 243
Vorauszahlung 74 f.
vorgegebene Verkaufspreise 386
Vorsatz 99, 101
Vorsorgeprinzip 574
Vorstand 161 f.
Vorstellungsgespräch 194 ff.
Vorwärtskalkulation 385
Vorzugsaktien 460

W

Wachstum 634 ff.
Wahrheitspflicht 217
Währungssysteme 627 f.
Wandelschuldverschreibungen 462
Warenart 63 f.
Warenausgabe 88
Warenbeschaffung 63 ff.
Warenbilanz 621
Warendatei 67
Wareneingangsprüfung 50, 87
Wareneingang und Warenkontrolle 87
Warengeld-Wirtschaft 400
Warenhandel 621
Warenkorb 580
Warenkredite 435 ff.
Warenmenge 64 f.
Warenpreis 65
Warenschulden 76
Warnstreik 236
Wechselkursänderungen 613 f.
Wechselkurse 624 ff.
Weisungssysteme 325 ff.
Weiterbildung 213
Weiterverarbeitung 27
Weltbank 630
Welthandelsorganisation 630
Werbearten 391 f.
Werbeerfolgskontrolle 396 f.
Werbefunktionen 393
Werbegrundsätze 395
Werbemittel 393 f.
Werbeträger 393
Werbung 390 ff.
Werbungskosten 532
Werkstattfertigung 351
Werkstoffe 23, 356
Werkvertrag 56
Wertaufbewahrungsmittel 402
Wertmesser und Recheneinheit 402 f.
Wertpapiergeschäfte 353
Wettbewerbspolitik 554
Wettbewerbsverbot 141
Widerrufsrecht 437, 509 ff.
Widerspruch gegen einen Mahnbescheid 116
Willenserklärung 45 ff.
wirtschaftliche Güter 18
Wirtschaftlichkeit 31, 342 f., 557 f.
Wirtschaftsbereiche 26 f.
Wirtschaftskreislauf 31 f., 557 f.
Wirtschaftsordnungen 548 ff.
Wirtschaftspolitik 557 ff., 566 ff., 595 ff.
Wirtschaftswachstum 571 f.
Wohlverhaltensperiode 516
Wohlwollenspflicht 217

Z

Zahllast 543
Zahlschein 409
Zahlung bei Lieferung 74
Zahlung nach Lieferung 74
Zahlungsanweisung 409
Zahlungsarten 405 ff.
Zahlungsbedingungen 73 ff.
Zahlungsbilanz 620 ff.
Zahlungsbilanzausgleich 623
Zahlungsbilanzschema 623
Zahlungsdiensterahmenvertrag 58
Zahlungsdienstevertrag 45, 58
Zahlungserinnerung 114
Zahlungsgeschäfte 353
Zahlungsmittel 402
Zahlungsverkehr 399 ff.
Zahlungsverzug 108 ff.
Zahlungszeitpunkt 74 f.
Zeitlohn 239
zeitorientierte Ablaufplanung 330 ff.
Zentrale Stelle Verpackungsregister 380
Zentralverwaltungswirtschaft 552
Zession 445 f.
Zielbeziehungen 303
Ziele erwerbswirtschaftlicher Unternehmen 341 ff.
Ziele gemeinwirtschaftlicher Unternehmen 346
Ziele genossenschaftlicher Unternehmen 346
Zielkauf 74, 436
Zielsetzungen von Unternehmen 340 ff.
Zinskosten 94
Zinstender 608
Zivilgerichtsbarkeit 124 f.
Zölle 613
ZSVR 380
Zwangsvollstreckung 119